Körperschaftsteuer

Finanz und Steuern
Band 5

Matthias Alber/Michael Szczesny/Hartmut Sell

Körperschaftsteuer

Finanz und Steuern Band 5

20. überarbeitete und aktualisierte Auflage

Schäffer-Poeschel Verlag Stuttgart

Bibliografische Information der Deutschen Nationalbibliothek

Die Deutsche Nationalbibliothek verzeichnet diese Publikation in der Deutschen Nationalbibliografie; detaillierte bibliografische Daten sind im Internet über http://dnb.dnb.de/ abrufbar.

Print:	ISBN 978-3-7910-5732-3	Bestell-Nr. 20239-0005
ePub:	ISBN 978-3-7910-5734-7	Bestell-Nr. 20239-0100
ePDF:	ISBN 978-3-7910-5733-0	Bestell-Nr. 20239-0154

Matthias Alber/Michael Szczesny/Hartmut Sell
Körperschaftsteuer
20. überarbeitete und aktualisierte Auflage, Oktober 2024

Reinsburgstr. 27, 70178 Stuttgart
www.schaeffer-poeschel.de | service@schaeffer-poeschel.de

Bildnachweis (Cover): © Umschlag: Stoffers Grafik-Design, Leipzig

Produktmanagement: Rudolf Steinleitner
Lektorat: Claudia Lange

Schäffer-Poeschel Verlag Stuttgart
Ein Unternehmen der Haufe Group SE

Autoren

Prof. Matthias Alber
Professor für Steuerrecht an der Hochschule für öffentliche Verwaltung und Finanzen Ludwigsburg

Hartmut Sell
Dipl.-Finanzwirt, Steuerberater, Regierungsdirektor a.D., Wildeck

Prof. Dr. Michael Szczesny
Professor für Steuerrecht an der Hochschule für öffentliche Verwaltung und Finanzen Ludwigsburg

Bearbeiterübersicht:

Sell: Teil C 12, Teil E, Teil H, Teil I
Alber/Szczesny: Teil A, Teil B, Teil C 1–11, Teil C 13, Teil D, Teil F, Teil G, Teil J, Teil K

Vorwort zur 20. Auflage

Das vorliegende Lehrbuch bietet eine vertiefende systematische Darstellung des Körperschaftsteuerrechts. Umfassend behandelt werden die Bereiche verdeckte Gewinnausschüttungen, verdeckte Einlagen, Zinsschranke, Organschaft, Liquidation, Kapitalerhöhung und -herabsetzung sowie die Besteuerung ausgewählter Rechtsformen. Darüber hinaus werden die folgenden Themen intensiv beleuchtet: Sachliche Steuerbefreiungen nach § 8b KStG und Ausnahmefälle; Verlustabzugsbeschränkungen nach § 8c, § 8d KStG; steuerliches Einlagekonto i. S. d. § 27 KStG; Anwendung des Teileinkünfteverfahrens auf der Ebene der Anteilseigner nach § 3 Nr. 40 Buchst. a–i EStG.

Die Ausführungen geben den Rechtsstand 31.08.2024 wieder; berücksichtigt sind unter anderem die Änderungen durch das Gesetz zur Modernisierung des Körperschaftsteuerrechts vom 25.06.2021 (BGBl I 2021, 2050) mit der darin enthaltenen Option zur Körperschaftsbesteuerung, das Jahressteuergesetz (JStG) 2022 (BGBl I 2022, 2294) sowie das Gesetz zur Stärkung von Wachstumschancen, Investitionen und Innovation sowie Steuervereinfachung und Steuerfairness (Wachstumschancengesetz) vom 27.03.2024 (BGBl I Nr. 108). Neben aktuellen Verwaltungsanweisungen sind darüber hinaus die wesentlichen Entwicklungen im Bereich der nationalen Rechtsprechung und der Rechtsprechung des EuGH eingearbeitet.

Dieses Lehrbuch ist bestens geeignet sowohl für die steuerliche Ausbildung im Bereich der Körperschaftsteuer, z. B. für das Steuerstudium an (Fach-)Hochschulen, als auch zur Vorbereitung auf die Steuerberaterprüfung. Das Buch ist aber auch für den »Steuerpraktiker« eine unerlässliche Hilfe, um mit Steuerfragen zu Kapitalgesellschaften und ihren Anteilseignern in der täglichen Beratungspraxis souverän umgehen zu können.

Ludwigsburg/Wildeck, im September 2024

Die Verfasser

Inhaltsverzeichnis

Teil C Einkommen ... 151

Abkürzungsverzeichnis

a.A.	anderer Ansicht
a.a.O.	am angegebenen Ort
ABl. EG	Amtsblatt der Europäischen Gemeinschaften
Abs.	Absatz
Abschn.	Abschnitt
abw. Wj.	abweichendes Wirtschaftsjahr
abzb.	abziehbar
AE	Anteilseigner
AEAO	Anwendungserlass zur Abgabenordnung
ÄndG	Änderungsgesetz
ÄndR	Änderungsrichtlinien
ÄndVO	Änderungsverordnung
a.F.	alte Fassung
AfA	Absetzung für Abnutzung
AG	Aktiengesellschaft
AG	Die Aktiengesellschaft, Zeitschrift für das gesamte Aktienwesen
AG & Co. KG	Kommanditgesellschaft mit einer AG als persönlich haftendem Gesellschafter
AK	Anschaffungskosten
AktG	Aktiengesetz
Alt.	Alternative
amtl.	amtlich
Anh.	Anhang
Anl.	Anlage
Anm.	Anmerkung
AO	Abgabenordnung
a.o.	außerordentlich(er)
AP	Ausgleichsposten
ARD	Arbeitsgemeinschaft der öffentlich-rechtlichen Rundfunkanstalten Deutschlands
arg. ex	argumentum ex (Umkehrschluss)
Art.	Artikel
AStG	Gesetz über die Besteuerung bei Auslandsbeziehungen (Außensteuergesetz)
AV	Anlagevermögen
AWD	Außenwirtschaftsdienst des Betriebs-Beraters (siehe auch RIW/AWD)
Az.	Aktenzeichen
BA	Betriebsausgabe(n)
BAG	Bundesarbeitsgericht
BAnz.	Bundesanzeiger
BaWü	Baden-Württemberg
Bay	Bayern
BB	Betriebsberater

BBK	Buchführung, Bilanz, Kostenrechnung, Zeitschrift für das gesamte Rechnungswesen
Bd.	Band
BdF	Bundesminister(ium) der Finanzen
BE	Betriebseinnahmen
Beschl.	Beschluss
beschr.	beschränkt
Betr. AvG	Gesetz zur Verbesserung der betrieblichen Altersversorgung
BewG	Bewertungsgesetz
BFH	Bundesfinanzhof
BFHE	Sammlung der Entscheidungen und Gutachten des Bundesfinanzhofs
BFH/NV	Sammlung amtlich nicht veröffentlichter Entscheidungen des Bundesfinanzhofs
BFuP	Betriebswirtschaftliche Forschung und Praxis
BgA	Betrieb gewerblicher Art
BGB	Bürgerliches Gesetzbuch
BGBl	Bundesgesetzblatt
BGH	Bundesgerichtshof
BGHZ	Entscheidungen des Bundesgerichtshofs in Zivilsachen
BilMoG	Bilanzrechtsmodernisierungsgesetz
BiRiLiG	Bilanzrichtliniengesetz
Bl.	Blatt
Bln	Berlin
BMF	Bundesministerium der Finanzen
BMG	Bemessungsgrenze
Bp	Betriebsprüfung
BR	Bundesrat
BR-Drucks.	Bundesratsdrucksache
Brem	Bremen
bspw.	beispielsweise
BStBl	Bundessteuerblatt
BT-Drucks.	Bundestagsdrucksache
Buchst.	Buchstabe
BV	Betriebsvermögen
BVerfG	Bundesverfassungsgericht
BVerfGE	Entscheidungen des Bundesverfassungsgerichts
BVerwG	Bundesverwaltungsgericht
BVerwGE	Entscheidungen des Bundesverwaltungsgerichts
BW	Buchwert
bzw.	beziehungsweise
DB	Der Betrieb
DB	Durchführungsbestimmungen
DBA	Abkommen zur Vermeidung der Doppelbesteuerung
dgl.	dergleichen
d.h.	das heißt

DIHT	Deutscher Industrie- und Handelstag
Doppelbuchst.	Doppelbuchstabe
D/P/M	Dötsch/Pung/Möhlenbrock, Die Körperschaftsteuer (Kommentar)
DRK	Deutsches Rotes Kreuz
Drucks.	Drucksache
DStG	Die Steuer-Gewerkschaft
DStJG	Jahrbuch der Deutschen Steuerjuristischen Gesellschaft
DStPr	Deutsche Steuerpraxis
DStR	Deutsches Steuerrecht
DStZ	Deutsche Steuer-Zeitung, Ausgabe A
DStZ/E	Deutsche Steuer-Zeitung/ Eildienst (ab 1990: StE)
DV	Durchführungsverordnung
EAV	Ergebnisabführungsvertrag
EBITDA	Earnings before Interest, Taxes, Depreciation and Amortization
EFG	Entscheidungen der Finanzgerichte
eG	eingetragene Genossenschaft
EG	Europäische Gemeinschaft
EGAktG	Einführungsgesetz zum Aktiengesetz
EGBGB	Einführungsgesetz zum bürgerlichen Gesetzbuch
EGHGB	Einführungsgesetz zum Handelsgesetzbuch
EGKStRG	Einführungsgesetz zum Körperschaftsteuer-Reformgesetz
EGStGB	Einführungsgesetz zum Strafgesetzbuch
EHZ	Erhebungszeitraum
Eink.	Einkünfte
einschl.	einschließlich
EK	Eigenkapital
ErbSt	Erbschaft- und Schenkungsteuer
ErbStG	Erbschaft- und Schenkungsteuergesetz
Erl.	Erlass
ESt	Einkommensteuer
EStDV	Einkommensteuer-Durchführungsverordnung
EStG	Einkommensteuergesetz
EStH	Einkommensteuer-Handbuch
EStR	Einkommensteuer-Richtlinien
e.V.	eingetragener Verein
evtl.	eventuell
EW	Einheitswert
EWG	Europäische Wirtschaftsgemeinschaft
EU	Europäische Union
EuGH	Europäischer Gerichtshof
F.	Fach
f.	folgende
ff.	fortfolgende
Ffm	Frankfurt am Main
FA	Finanzamt

FinBeh	Finanzbehörde
FinMin	Finanzministerium
FinVerw	Finanzverwaltung
FG	Finanzgericht
FGO	Finanzgerichtsordnung
FK	Fremdkapital
Fn	Fußnote
FR	Finanz-Rundschau
FRL	Fusions-Richtlinie
FSt	Institut Finanz und Steuern
GAV	Gewinnabführungsvertrag
GbR	Gesellschaft bürgerlichen Rechts
gem.	gemäß
GenG	Genossenschaftsgesetz
Ges.	Gesellschafter
GewSt	Gewerbesteuer
GewStDV	Gewerbesteuer-Durchführungsverordnung
GewStG	Gewerbesteuergesetz
GewStR	Gewerbesteuer-Richtlinien
GG	Grundgesetz für die Bundesrepublik Deutschland
ggf.	gegebenenfalls
gl. A.	gleicher Ansicht
GmbH	Gesellschaft mit beschränkter Haftung
GmbH & Co. KG	Kommanditgesellschaft mit einer GmbH als persönlich haftendem Gesellschafter
GmbHG	Gesetz betreffend die Gesellschaften mit beschränkter Haftung
GmbHR	GmbH-Rundschau
Gr.	Gruppe
grds.	grundsätzlich
GrS	Großer Senat des BFH
GStB	Gestaltende Steuerberatung
G+V-Rechnung	Gewinn- und Verlustrechnung
H	Hinweis
HB	Handelsbilanz
Hbg	Hamburg
HBil	Handelsbilanz
HdU	Handbuch der Unternehmensbesteuerung
Hess	Hessen
HFA	Hauptfachausschuss (des Instituts der Wirtschaftsprüfer)
HFR	Höchstrichterliche Finanzrechtsprechung
HGB	Handelsgesetzbuch
h. L.	herrschende Lehre
h. M.	herrschende Meinung
Hrsg.	Herausgeber
HS	Halbsatz

i.d.F.	in der Fassung
i.d.R.	in der Regel
IDW	Institut der Wirtschaftsprüfer
i. E.	im Einzelnen
i. Gr.	in Gründung
i.H.d.	in Höhe der (des)
i.H.v.	in Höhe von
INF	Die Information über Steuer und Wirtschaft
insbes.	insbesondere
InvStRefG	Investmentsteuerreformgesetz
InvZul	Investitionszulage
InvZulG	Investitionszulagengesetz
i.R.d.	im Rahmen der (des)
i.S.d.	im Sinne des
IStR	Internationales Steuerrecht
i.S.v.	im Sinne von
i.V.m.	in Verbindung mit
IWB	Internationale Wirtschaftsbriefe
i. Z. m.	in Zusammenhang mit
JbFfStR/JbFStR	Jahrbuch der Fachanwälte für Steuerrecht
jPöR	juristische Person des öffentlichen Rechts
JStG	Jahressteuergesetz
JÜ	Jahresüberschuss
jur. Pers.	juristische Person
KAG	Kapitalanlagegesellschaft
KapErhG	Gesetz über die Kapitalerhöhung aus Gesellschaftsmitteln und über die Verschmelzung von Gesellschaften mit beschränkter Haftung (Kapitalerhöhungsgesetz)
KapErhStG	Gesetz über steuerrechtliche Maßnahmen bei Erhöhung des Nennkapitals aus Gesellschaftsmitteln (Kapitalerhöhungs-Steuergesetz)
KapGes	Kapitalgesellschaft
KapSt	Kapitalertragsteuer
Kfz	Kraftfahrzeug
KG	Kommanditgesellschaft
KGaA	Kommanditgesellschaft auf Aktien
KiSt	Kirchensteuer
Kj.	Kalenderjahr
KO	Konkursordnung
Kö	Körperschaft
KÖSDI	Kölner Steuerdialog
KSt	Körperschaftsteuer
KStDV	Körperschaftsteuer-Durchführungsverordnung
KStG	Körperschaftsteuergesetz
KStR	Körperschaftsteuer-Richtlinien
KWG	Kreditwesengesetz

lfd.	laufend
Limited	Kapitalgesellschaft englischen Rechts/mit beschränkter Haftung
LSt	Lohnsteuer
LSW	Lexikon des Steuer- und Wirtschaftsrechts
lt.	laut
m.a.W.	mit anderen Worten
m.E.	meines Erachtens
Mio.	Million(en)
MoMiG	Gesetz zur Modernisierung des GmbH-Rechts und zur Bekämpfung von Missbräuchen
mtl.	monatlich
MU	Mitunternehmer
MV	Mecklenburg-Vorpommern
m.w.H.	mit weiteren Hinweisen
m.w.N.	mit weiteren Nachweisen
nabzb.	nichtabziehbar
Nds	Niedersachsen
n.F.	neue Fassung
NJW	Neue Juristische Wochenschrift
NL	Niederlande
Nr.	Nummer
nrkr.	nichtrechtskräftig
Nrn.	Nummern
NSt	Neues Steuerrecht von A bis Z, Kommentar-Zeitschrift für das gesamte Steuerrecht
NRW	Nordrhein-Westfalen
n.v.	nicht amtlich veröffentlicht
NV	naamlose vennootschap (Aktiengesellschaft niederländischen Rechts)
NW	Nordrhein-Westfalen
NWB	Neue Wirtschafts-Briefe für Steuer- und Wirtschaftsrecht
o.a.	oben angegeben
o.ä.	oder ähnlichem
OECD	Organization for Economic Cooperation and Development
OECD-MA	OECD-Musterabkommen
öff.	öffentlich
OFD	Oberfinanzdirektion
OG	Organgesellschaft
oGA	offene Gewinnausschüttung
OHG	offene Handelsgesellschaft
OLG	Oberlandesgericht
OT	Organträger
o.V.	ohne Verfasser
PersGes	Personengesellschaft
PV	Privatvermögen
R	Richtlinie(nabschnitt)

RAP	Rechnungsabgrenzungsposten
RdNr.	Randnummer
Rdvfg	Rundverfügung
RFH	Reichsfinanzhof
RG	Reichsgericht
RGBl	Reichsgesetzblatt
RGZ	Reichsgerichtshof in Zivilsachen
RhPf	Rheinland-Pfalz
RIW/AWD	Recht der Internationalen Wirtschaft, Außenwirtschaftsdienst des Betriebs-Beraters
rkr.	rechtskräftig
Rn.	Randnummer
Rs.	Rechtssache
RStBl	Reichssteuerblatt
Rumpf-Wj.	Rumpfwirtschaftsjahr
RWP	Rechts- und Wirtschaftspraxis
Rz.	Randziffer
s.	siehe
s. a.	siehe auch
SA	société anonyme (Aktiengesellschaft französischen Rechts)
Saarl	Saarland
Sachs	Sachsen
SachsAnh	Sachsen-Anhalt
s. b. Ertrag	sonstiger betrieblicher Ertrag
SBV	Sonderbetriebsvermögen
SchlHol	Schleswig-Holstein
Schr.	Schreiben
SE	Europäische (Aktien-)Gesellschaft (Societas Europaea)
SEStEG	Gesetz über steuerliche Begleitmaßnahmen zur Einführung der Europäischen Gesellschaft und zur Änderung weiterer steuerrechtlicher Vorschriften
s. o.	siehe oben
SolZ	Solidaritätszuschlag
SolZG	Solidaritätszuschlagsgesetz
sonst.	sonstige
Sp.	Spalte
StandOG	Standortsicherungsgesetz
StändG	Steueränderungsgesetz
StAnpG	Steueranpassungsgesetz
StB	Der Steuerberater
StBereinigungsG	Steuerbereinigungsgesetz
Stbg	Die Steuerberatung
StBil	Steuerbilanz
StbJb	Steuerberater-Jahrbuch
StbKongrRep	Steuerberater-Kongress-Report

StBp	Die steuerliche Betriebsprüfung
StEd	Steuer-Eildienst (bis 1989: DStZ/E)
StEK	Steuererlasse in Karteiform
StEntlG	Steuerentlastungsgesetz
StKongrRep	Steuerkongress-Report
Stpfl.	Steuerpflichtiger
stpfl.	steuerpflichtig
StPflicht	Steuerpflicht
str.	strittig (streitig)
StRefG	Steuerreformgesetz
StRK	Steuerrechtsprechung in Karteiform
StSenkG	Steuersenkungsgesetz
StStud	Steuer und Studium
StuB	Steuer und Buchhaltung
StuW	Steuer und Wirtschaft, Zeitschrift für die gesamte Steuerwissenschaft
StVergAbG	Steuervergünstigungsabbaugesetz
StVj.	Steuerliche Vierteljahreszeitschrift
StW	Steuerwarte
s. u.	siehe unten
TB	Teilbetrieb
TEV	Teileinkünfteverfahren
Thür	Thüringen
TW	Teilwert
tw.	teilweise
Tz.	Textziffer
u. a.	unter anderem
UBG	Unternehmensbeteiligungsgesellschaften
u. E.	unseres Erachtens
UG	Unternehmensgesellschaft (haftungsbeschränkt)
UmwG	Umwandlungsgesetz
UmwStG	Umwandlungssteuergesetz
UmwStG 1977	Gesetz über steuerliche Maßnahmen bei Änderung der Unternehmensform (Umwandlungssteuergesetz) vom 06.09.1976 BGBl I 1976, 2641, mit späteren Änderungen
UmwStG 1995	Umwandlungssteuergesetz vom 28.10.1994 BGBl I 1994, 3267, mit späteren Änderungen
unbeschr.	unbeschränkt
URefG	Unternehmensteuerreformgesetz 2008
Urt.	Urteil
USt	Umsatzsteuer
UStDV	Umsatzsteuer-Durchführungsverordnung
UStG	Umsatzsteuergesetz
UStR	Umsatzsteuer-Richtlinien
u. U.	unter Umständen

VAG	Gesetz über die Beaufsichtigung der privaten Versicherungsunternehmungen (Versicherungsaufsichtsgesetz)
vEK	für Ausschüttungen verwendbares Eigenkapital (verwendbares Eigenkapital)
VermBG	Vermögensbildungsgesetz
VermG	Vermögensgesetz
Vfg.	Verfügung
VG	Vermögensgegenstand
vGA	verdeckte Gewinnausschüttung
vgl.	vergleiche
VO	Verordnung
V+V	Vermietung und Verpachtung
VVAG	Versicherungsverein auf Gegenseitigkeit
VZ	Veranlagungszeitraum
WaBeschG	Wachstumsbeschleunigungsgesetz
WG	Wirtschaftsgut
WiB	Wirtschaftsrechtliche Beratung
wistra	Zeitschrift für Wirtschaft/Steuer/Strafrecht
Wj.	Wirtschaftsjahr
WM	Wertpapier-Mitteilungen
w. N.	weitere Nachweise
z. B.	zum Beispiel
ZfB	Zeitschrift für Betriebswirtschaft
ZfbF	Zeitschrift für betriebswirtschaftliche Forschung
ZGR	Zeitschrift für Unternehmens- und Gesellschaftsrecht
z. T.	zum Teil
zust.	zustimmend
zutr.	zutreffend
zvE	zu versteuerndes Einkommen
zzgl.	zuzüglich

Teil A Stellung und Entwicklung des Körperschaftsteuerrechts

Die Körperschaftsteuer erfasst das Einkommen der im Körperschaftsteuergesetz genannten Körperschaften, Personenvereinigungen und Vermögensmassen. Rechtsgrundlagen sind das KStG vom 15.10.2002 und die KStDV vom 22.02.1996 jeweils in der aktuellen Fassung.

Durch das Körperschaftsteuerreformgesetz vom 31.08.1976 erfolgte eine grundlegende Neuordnung des Systems. Die selbständige Körperschaftsbesteuerung wurde zwar beibehalten, die Doppelbelastung ausgeschütteter Gewinne aber durch Anrechnung der Körperschaftsteuer auf die Einkommensteuer bzw. Körperschaftsteuer der Anteilseigner beseitigt (System der Vollanrechnung). Damit wurden die ausgeschütteten Gewinne einer Körperschaft im wirtschaftlichen Ergebnis passgenau auf der Basis der individuellen Leistungsfähigkeit des jeweiligen Anteilseigners besteuert.

Das Anrechnungsverfahren, das von der Praxis schnell angenommen wurde, wurde dennoch kritisiert. Es sei zu kompliziert, nicht europatauglich und zu anfällig gegenüber Missbrauch. Auf der Grundlage der Brühler Empfehlungen zur Reform der Unternehmensbesteuerung wurde durch das Steuersenkungsgesetz vom 23.10.2000 BGBl I 2000, 1433 das Anrechnungsverfahren ab 2001/2002 durch das so genannte Halbeinkünfteverfahren abgelöst.

Damit kehrte man zum klassischen Besteuerungssystem der Körperschaftsteuer zurück. Auf der Gesellschaftsebene werden die erwirtschafteten Gewinne unabhängig vom Ausschüttungsverhalten einem festen Steuersatz unterworfen, bei Ausschüttung erfolgt eine weitere Besteuerung beim Anteilseigner. Das Problem der Doppelbelastung wurde durch einen niedrigeren Einheitssteuersatz auf der Gesellschaftsebene sowie eine Teilentlastung auf der Ebene der Anteilseigner – allerdings im Vergleich zum Anrechnungsverfahren – nur annähernd gelöst.

Die deutsche Wirtschaft begrüßte den Systemwechsel vor allem wegen der Absenkung des Körperschaftsteuersatzes von 40 % auf (jetzt) 15 %, ferner die damit stufenweise einhergehende Absenkung des Einkommensteuerspitzensatzes von ursprünglich 53 % bis auf 45 %; ferner die Steuerfreistellung von Gewinnen aus der Veräußerung von Beteiligungen an inländischen Kapitalgesellschaften durch eine Körperschaft, sowie die aneinander angeglichene steuerliche Behandlung von inländischen und ausländischen Dividenden.

Das Halbeinkünfteverfahren hat sich nach fast einem Jahrzehnt seit 2009 im Zusammenhang mit der Einführung der Abgeltungsteuer auf Kapitalerträge zu einem Teileinkünfteverfahren gewandelt. Mit dem Systemwechsel ist aber keinesfalls eine Beruhigung in der Entwicklung des Körperschaftsteuerrechts eingetreten. Diese war und ist Gegenstand weiterer Änderungen durch Gesetzgebung und Rechtsprechung.

Von den zahlreichen Änderungen seien an dieser Stelle vor allem genannt die

- Entstrickung bei Kapitalgesellschaften (§ 12 KStG),
- Optionsmodell für Personengesellschaften (§ 1a KStG),
- grundlegende Umgestaltung der bisherigen Gesellschafterfremdfinanzierung (§ 8a KStG a. F.) unter Berücksichtigung einer Zinsschrankenregelung nach § 4h EStG und § 8a KStG sowie kapitalersetzender Gesellschafterkredite (§ 8b Abs. 3 KStG),

- Neuregelung des Verlustabzugs (§ 8c KStG und § 8d KStG),
- mehrfachen Änderungen bei der körperschaftsteuerlichen Organschaft (Mehrmütterorganschaft; organschaftlicher Ausgleichsposten, Einlagelösung) und schließlich
- Absenkung des Körperschaftsteuersatzes von 25 % auf 15 % seit 2008.

Durch das Gesetz zur Vermeidung von Umsatzsteuerausfällen beim Handel von Waren im Internet und zur Änderung weiterer steuerlicher Vorschriften (UStAVermG) vom 11.12.2018 (BGBl I 2018, 2338) wurde § 8c KStG Abs. 1 Satz 1 KStG aufgehoben und die Sanierungsklausel in § 8c Abs. 1a KStG wieder rückwirkend angewandt.

Die letzten größeren Veränderungen erfolgten mit dem Gesetz zur Modernisierung des Körperschaftsteuerrechts (KöMoG) vom 25.06.2021. In diesem Gesetz wurde für bestimmte Personengesellschaften und Partnerschaftsgesellschaften die Möglichkeit geschaffen, nach § 1a KStG zur Körperschaftsteuer zu optieren. Zudem wurde erstmals ab dem Veranlagungszeitraum 2022 der Wechsel der bisherigen Behandlung von Minderabführungen und Mehrabführungen im Rahmen einer ertragsteuerlichen Organschaft hin zur sog. Einlagelösung vollzogen.

Teil B Steuerpflicht

1 Anwendungsbereich des Körperschaftsteuergesetzes

1.1 Allgemeines

Unter die **unbeschränkte Steuerpflicht** fallen **nur die in § 1 Abs. 1 KStG aufgeführten** sechs Gruppen von Körperschaften, Personenvereinigungen und Vermögensmassen. Die Aufzählung ist grundsätzlich abschließend (R 1.1 Abs. 1 Satz 1 KStR). Sie umfasst keineswegs alle privat- und öffentlich-rechtlichen Körperschaften. Zum einen fallen **juristische Personen des öffentlichen Rechts** als solche nicht unter das KStG. Sie sind nur steuerpflichtig

- im Bereich der unbeschränkten Steuerpflicht:
  mit ihren Betrieben gewerblicher Art (§ 1 Abs. 1 Nr. 6 KStG);
- im Bereich der beschränkten Steuerpflicht:
  bei Bezug inländischer Einkünfte, die dem Steuerabzug (zum Beispiel Kapitalertragsteuer) unterliegen (§ 2 Nr. 2 KStG).

Der Begriff der Kapitalgesellschaft ist einer erweiternden Auslegung nicht zugänglich (R 1.1 Abs. 1 Satz 2 KStR). Aufgrund der abschließenden Aufzählung unbeschränkt steuerpflichtiger Gebilde in §§ 1 und 3 KStG ergibt sich durch **Umkehrschluss** weiterhin:

Nicht zu den körperschaftsteuerpflichtigen Gebilden i. S. v. §§ 1 und 3 KStG gehören die Personengesellschaften.

Dies sind insbesondere OHG, KG, Gesellschaft bürgerlichen Rechts (GbR) sowie ähnliche Gesellschaften und Gemeinschaften (zum Beispiel atypisch stille Gesellschaft). Häufig sind hierbei die Gesellschafter Mitunternehmer eines Gewerbebetriebs. Gleichgültig aber, ob es sich um gewerbliche Mitunternehmer (i. d. R. bei OHG und KG) oder nichtgewerbliche Gemeinschaften, z. B. GbR, die kein Gewerbe betreibt, handelt, unterliegen diese Personengesellschaften nicht selbständig der Körperschaftsteuer (und auch nicht der Einkommensteuer).

Vielmehr werden die Einkünfte anteilig den Gesellschaftern zugerechnet und bei diesen als Einkünfte der Einkommensteuer unterworfen (bzw. der Körperschaftsteuer, wenn der Gesellschafter ein körperschaftsteuerpflichtiges Unternehmen ist). Handelt es sich um gewerbliche Mitunternehmer, erzielen die Gesellschafter aufgrund der Klassifikationsnorm § 15 Abs. 1 Nr. 2 EStG gewerbliche Einkünfte.

Im Rahmen der **beschränkten Steuerpflicht** gemäß § 2 KStG ist der Kreis der Steuersubjekte **weiter** als bei der unbeschränkten Steuerpflicht **gespannt.**

Er umfasst nach dem Wortlaut – vorbehaltlich der Einschränkung durch § 3 KStG – alle Körperschaften, Personenvereinigungen und Vermögensmassen des privaten und öffentlichen Rechts (mit bestimmten inländischen Einkünften i. S. d. § 49 EStG).

Denn anders als in § 1 Abs. 1 KStG sind nicht bestimmte Körperschaften usw. aufgezählt. Trotzdem fallen unter den Begriff der »Personenvereinigungen« auch im Rahmen der beschränkten Steuerpflicht nicht die Personengesellschaften.

Ob eine **ausländische Personenvereinigung** unter das KStG fällt, hängt davon ab, mit welcher Rechtsform des deutschen Rechts sie im Wesentlichen vergleichbar ist (vgl. H 1.1

und H 2 [Ausländische Gesellschaften, Typenvergleich] KStH). Maßgebend ist hier für die Frage der Rechtsfähigkeit das internationale Privatrecht, für die Frage der Körperschaftsteuerpflicht die Organisationsstruktur. Vgl. auch BFH vom 03.02.1988 BStBl II 1988, 588, BFH vom 23.06.1992 BStBl II 1992, 972 sowie vom 20.08.2008 BStBl II 2009, 263 zu einer nach dem Recht des Staates Florida gegründeten US-amerikanischen LLC.

BEISPIEL

Die »société anonyme« (SA) (Frankreich) entspricht in wesentlichen Punkten der deutschen AG.

Bei Bezug inländischer Einkünfte sind sie beschränkt steuerpflichtig (§ 2 Nr. 1 KStG).

Praxishinweis: Auch britische Limited bleiben KSt-Subjekte

- Aus **steuerlicher Sicht** kommt es für die britischen Limited durch den Brexit allerdings nicht zu einem Wechsel des Besteuerungssystems. Dies wurde mit dem Brexit-StBG geregelt, mit dem ein **neuer § 12 Abs. 4 KStG** in das Gesetz **klarstellend** aufgenommen wurde: »(4) Einer unbeschränkt steuerpflichtigen Körperschaft mit Sitz im Vereinigten Königreich Großbritannien und Nordirland ist nach dem Austritt des Vereinigten Königreichs Großbritannien und Nordirland aus der Europäischen Union das Betriebsvermögen ununterbrochen zuzurechnen, das ihr bereits vor dem Austritt zuzurechnen war.«
- Sie wurde durch die allgemeinere Bestimmung des § 8 Abs. 1 Satz 4 KStG ersetzt, die in allen offenen Fällen anzuwenden ist (§ 36 Abs. 3c i.d.F. des StAbwG). Eine Aufdeckung der stillen Reserven in dem deutschen Betrieb der Limited droht also nicht. Eine solche Gesellschaft wird damit auch nach dem Brexit als Körperschaft i.S.v. § 1 Abs. 1 KStG behandelt. Voraussetzung für die Eigenschaft als Körperschaftsteuersubjekt war nämlich bereits bisher auch bei **Drittstaatengesellschaften** nur, dass das ausländische Gebilde eine **körperschaftliche Struktur** aufweist. Das ist der Fall, wenn der ausländische Rechtsträger einer inländischen Körperschaft in den wesentlichen Aspekten vergleichbar ist. Ob das der Fall ist, ist durch einen »**Typenvergleich**« der rechtlichen Strukturtypen festzustellen (vgl. H 1.1 »Ausländische Gesellschaften, Typenvergleich« KStH m.w.N.). Dabei ist zu prüfen, ob die inländische Gesellschaft nach ihrem durch das ausländische Recht geregelten Aufbau und ihrer wirtschaftlichen Stellung einer deutschen Körperschaft entspricht.
- Auch wenn eine Limited nach dem Brexit aus deutscher Sicht **zivilrechtlich** eine **Personengesellschaft** darstellt, folgt das Steuerrecht anderen Prinzipien. Eine Körperschaft mit statuarischem Sitz (»Satzungssitz«) in einem Drittstaat, die ihre Geschäftsleitung (»Verwaltungssitz«) aber in Deutschland hat, ist danach steuerlich eine (nicht rechtsfähige) Körperschaft, weil eine Verlegung der Geschäftsleitung nach Deutschland schon nach bisheriger deutscher Auffassung zwar die Auflösung der Gesellschaft, nicht aber ihre Vollbeendigung zur Folge hat. Dies gilt nun auch für britische Kapitalgesellschaften nach dem Brexit, die bereits bisher ihre Geschäftsleitung in Deutschland haben. Eine Limited ist körperschaftlich strukturiert, sodass sie unter § 1 Abs. 1 KStG fällt. Sie wird **steuerlich also nicht als Personengesellschaft** behandelt. Da die (nicht rechtsfähige) Gesellschaft ihre Geschäftsleitung im Inland hat, ist sie **(weiterhin) unbeschränkt körperschaftsteuerpflichtig**.

- Fraglich war, welche steuerlichen Folgen die Löschung der Ltd. aus dem britischen Handelsregister nach dem 31.12.2020 nach sich zieht. Die Finanzverwaltung hat hierzu mit Schreiben vom 19.07.2023 BStBl I 2023, 1567 Stellung genommen. Körperschaftsteuerlich besteht zwar mit der Löschung kein Steuersubjekt mehr. Allerdings kommt es nicht zu der sonst üblichen Liquidationsbesteuerung (vgl. § 11 KStG; § 16 GewStDV). Vielmehr führt die Löschung der Limited im Companies House zu einer **Schlussbesteuerung unter Aufdeckung der stillen Reserven** und zu einer Auskehrung des Eigenkapitals der Limited unter Einbehalt von Kapitalertragsteuer, soweit für diese Auskehrung nicht das steuerliche Einlagekonto verwendet wird.
- Auf Ebene des/der Gesellschafter führt die Löschung der Limited zu den Steuerfolgen einer Auflösung nach § 17 Abs. 4 EStG sowie § 20 Abs. 1 Nr. 2 EStG – Vollausschüttung mit Teileinkünfteverfahren bzw. Abgeltungsteuer, sofern es sich um eine Beteiligung im Privatvermögen handelte. Im zweiten Schritt erfolgt eine Einlage aus dem Privatvermögen in die GbR, OHG bzw. das Einzelunternehmen mit dem Teilwert. Wurde die Beteiligung an der Limited im Betriebsvermögen gehalten, folgt die Besteuerung auf Ebene der Gesellschafter den allgemeinen Regeln für Gewinne aus der Auflösung von Körperschaften.

1.2 Maßgeblichkeit der Rechtsform

Entscheidend für die Körperschaftsteuerpflicht ist nach ständiger Rechtsprechung des BFH die Rechtsform eines Gebildes. Dies dient der Rechtssicherheit und Berechenbarkeit der steuerlichen Folgen.

Somit ist für die Entscheidung über die persönliche Steuerpflicht im Rahmen der §§ 1 bis 3 KStG für die Einordnung rechtsfähiger und nichtrechtsfähiger Gebilde bürgerliches Recht, insbes. Handels- und Gesellschaftsrecht maßgebend.

Für die Anwendung wirtschaftlicher Betrachtungsweise ist kein Raum. Die Einschaltung einer weiteren Rechtspersönlichkeit zwischen natürliche Personen und den Rechtsverkehr ist steuerlich zu beachten (vgl. BFH vom 05.03.1969 BStBl II 1969, 350).

Auch in Grenzfällen ist steuerlich allein auf die formale Rechtsgestaltung abzustellen (vgl. BFH vom 04.11.1958 BStBl III 1959, 50).

BEISPIEL

Bei einer ins Handelsregister eingetragenen KG soll vieles wirtschaftlich auf einen Verein hindeuten (Annahme).

LÖSUNG Das Gebilde ist trotzdem nicht als nichtrechtsfähiger Verein i.S.v. § 1 Abs. 1 Nr. 5 KStG, sondern als nicht körperschaftsteuerpflichtige Personenvereinigung (Handelsgesellschaft) zu behandeln.

1.2.1 Einpersonen-GmbH

1.2.1.1 Selbständige Körperschaftsteuerpflicht

Es ist gesellschaftsrechtlich zulässig, dass ein einziger Gesellschafter sämtliche Anteile einer GmbH hält.

Nach § 1 GmbHG kann bereits die Gründung durch **einen** Gesellschafter erfolgen.

Die GmbH ist körperschaftsteuerlich ohne Rücksicht auf ihre wirtschaftliche Selbständigkeit ein eigenständiges Steuersubjekt. Dies gilt auch für die Einmann-GmbH.

Eine wirtschaftliche Betrachtungsweise derart, dass die Gesellschaft mit ihrem einzigen Gesellschafter identifiziert wird, ist unmöglich.

Das ganze Körperschaftsteuerrecht beruht auf der Anerkennung der besonderen Rechtsnatur dieser Gesellschaftsform. Die Gesellschaft steht rechtlich völlig unabhängig neben dem Gesellschafter.

BEISPIEL

A hält zu 100 % die Anteile an der A-GmbH.

LÖSUNG Auch wenn eine natürliche Person sämtliche Anteile an einer GmbH hält, bleibt die GmbH als juristische Person selbständig körperschaftsteuerpflichtig gemäß § 1 Abs. 1 KStG. Der Alleingesellschafter ist nicht per se Gewerbetreibender, sondern kann als Geschäftsführer Einkünfte aus § 19 EStG, als Bezieher von Ausschüttungen der GmbH Einkünfte aus § 20 Abs. 1 Nr. 1 EStG erzielen.

Diese Grundsätze gelten auch bei **Ehegatten- und Familien-GmbH** uneingeschränkt (vgl. z. B. BFH vom 25.10.1960 BStBl III 1961, 69).

1.2.1.2 Durchgriff durch die Rechtsform?

Die Kapitalgesellschaft ist nach der BFH-Rechtsprechung ein selbständig körperschaftsteuerpflichtiges Subjekt (vgl. BFH vom 05.05.1959 BStBl III 1959, 369), weil an die gewählte Rechtsform anzuknüpfen ist (vgl. BFH vom 17.07.1968 BStBl II 1968, 695).

Diese konsequente Rechtsprechung des BFH führt dazu, dass schuldrechtliche Beziehungen zwischen der Kapitalgesellschaft und ihren Gesellschaftern grundsätzlich auch steuerlich anzuerkennen sind.

Trotz der grundsätzlichen Anerkennung der Vorschaltung einer GmbH wird steuerlich – je nach dem Grad der Einflussnahme der Gesellschafter (des Gesellschafters) – sehr wohl bei der steuerlichen Anerkennung der Beziehungen Gesellschaft – Gesellschafter differenziert (vgl. z. B. BFH vom 05.05.1959 und 04.08.1959 BStBl III 1959, 369 und 374). Insbesondere bei beherrschenden und Alleingesellschaftern können vertragliche Beziehungen nicht oder nur eingeschränkt anzuerkennen sein, weil »**verdeckte Gewinnausschüttungen**« angenommen werden. Vgl. C 4. 5. 1.

Eine weitere Einschränkung ergibt sich aus § 35 Abs. 3 GmbHG. Diese Vorschrift erklärt § 181 BGB für anwendbar. Das hat zur Folge, dass Verträge des Alleingesellschafters mit der GmbH nur dann rechtswirksam sind, wenn er vom Selbstkontrahierungsverbot befreit worden ist (§ 181 BGB). Ohne diese Befreiung ist der Vertrag schwebend unwirksam (§§ 177, 184 BGB), so dass das steuerliche Nachzahlungsverbot mit der Folge einer verdeckten Gewinnausschüttung eingreift.

1.2.2 GmbH & Co. KG

Bei einer KG darf handelsrechtlich die alleinige persönlich haftende Gesellschafterin (Komplementärin) eine juristische Person sein (insbesondere GmbH und AG).

Es entstehen die

- GmbH & Co. KG bzw.
- AG & Co. KG.

Typischerweise sind die Kommanditisten auch gleichzeitig Gesellschafter der GmbH.

Eine solche Rechtsform ist auch steuerlich anerkannt (z. B. BFH vom 17.01.1973 BStBl II 1973, 269).

Eine GmbH & Co. KG ist **keine Kapitalgesellschaft** i. S. v. § 1 Abs. 1 Nr. 1 KStG und nicht als eine solche körperschaftsteuerpflichtig (vgl. BFH vom 25.06.1984 BStBl II 1984, 751).

Die in § 15 Abs. 3 Nr. 2 EStG erfolgte gesetzliche Fundierung bzw. Festschreibung der sog. Gepräge-Rechtsprechung, die durch den o. a. Beschluss des Großen Senats aufgegeben worden war, lässt die Verneinung der Körperschaftsteuerpflicht einer GmbH & Co. KG durch den BFH unberührt. So auch H 1.1 (GmbH & Co. KG) KStH.

BEISPIEL

GmbH & Co. KG
An der X-KG sind beteiligt
- die Y-GmbH als Komplementärin zu 10 %,
- die natürlichen Personen A und B als Kommanditisten zu je 45 %.

A und B sind gleichzeitig Gesellschafter der Y-GmbH zu je 50 %.

LÖSUNG Die KG bleibt trotz der hier vorliegenden Mischform eine Personengesellschaft, ist daher nicht körperschaftsteuerpflichtig.

Der Gewinn der KG wird einheitlich und gesondert festgestellt. Die Kommanditisten unterliegen mit ihren Gewinnanteilen der ESt. Nur die GmbH selbst ist mit ihrem Gewinnanteil an der KG körperschaftsteuerpflichtig (§ 1 Abs. 1 Nr. 1 KStG).

Die Motive für die Wahl dieser Rechtsform sind steuerlich unerheblich. Dies gilt auch bei Gründung zum Zweck einer angestrebten Steuerersparnis (vgl. BFH vom 17.10.1951 BStBl III 1951, 223). Über die Frage des Bestehens einer GmbH & Co. KG wird i. R. d. einheitlichen und gesonderten Gewinnfeststellung für die KG (§§ 179 ff. AO) entschieden; vgl. auch BFH vom 25.06.1984 BStBl II 1984, 751. Die dortige Entscheidung ist für die KSt der GmbH bindend (§ 182 Abs. 1 AO; BFH vom 03.07.1956 BStBl III 1956, 308).

Infolge des prägenden Charakters der Beteiligung der GmbH an der KG sind allerdings die Einkünfte der KG unter den Voraussetzungen des § 15 Abs. 3 Nr. 2 EStG stets und insgesamt als gewerbliche Einkünfte zu behandeln. Eine solche gewerblich geprägte Personengesellschaft ist gegeben, wenn
- sie keine Tätigkeit i. S. d. § 15 Abs. 1 Nr. 1 EStG ausübt und
- ausschließlich eine oder mehrere Kapitalgesellschaften persönlich haftende Gesellschafter sind und
- nur diese oder Personen, die nicht Gesellschafter sind (gemäß Gesellschaftsvertrag), zur Geschäftsführung befugt sind.

Auch bei der GmbH & Co. KG ist eine **Angemessenheitsprüfung** hinsichtlich der Gewinnbeteiligung der GmbH vorzunehmen. Wenn der GmbH ein zu niedriger Gewinnanteil zugewiesen wurde, liegen bei ihr insoweit verdeckte Gewinnausschüttungen vor. In solchen Fällen ist der Gewinnanteil der GmbH und damit auch der Gesamtgewinn der KG um die verdeckte Gewinnausschüttung zu erhöhen (vgl. BFH vom 15.11.1967 BStBl III 1968, 159 sowie vom 06.08.1985 BStBl II 1986, 17).

1.3 Abgrenzungsregel des § 3 Abs. 1 KStG

Die Vorschrift dient der Abgrenzung der Körperschaftsteuerpflicht nichtrechtsfähiger Gebilde von der Einkommen- bzw. Körperschaftsteuerpflicht ihrer Beteiligten. Dabei ist die **Körperschaftsbesteuerung** des Gebildes selbst **subsidiär.**

Für die Abgrenzung der KSt-Pflicht sind drei Gruppen von Gebilden zu unterscheiden:

1. **Juristische Personen**
   Juristische Personen i. S. v. **§ 1 Abs. 1 Nr. 1 bis 4 KStG** sind ohne weiteres selbständig körperschaftsteuerpflichtig. Dies ergibt sich allein aus ihrer Rechtsform. Denn sie sind rechtlich und wirtschaftlich Eigentümer ihres Vermögens.
   Als berechtigte Bezieher der Einkünfte schließen sie ihre Gesellschafter vom unmittelbaren Bezug von Einkünften rechtlich aus. Ihr Einkommen haben sie daher selbst zu versteuern und nicht ihre Gesellschafter. Vgl. auch 1.2. Nicht erforderlich ist, dass sie tatsächlich Einkommen- oder Körperschaftsteuer zahlen.
   Hiervon zu unterscheiden ist die Ausschüttung von Gewinnanteilen an die Mitglieder juristischer Personen. Dies ist lediglich eine »mittelbare« Versteuerung – nicht die im § 3 Abs. 1 KStG genannte unmittelbare Versteuerung bei anderen Personen –, und zwar aufgrund einer **Gewinnverwendung** der juristischen Person (z. B. aufgrund eines gesellschaftsrechtlichen Ausschüttungsbeschlusses).
2. **Personengesellschaften des Handelsrechts**
   Die Personengesellschaften des Handelsrechts (**OHG**, KG) sind ebenso unproblematisch **niemals** selbst körperschaftsteuerpflichtig. Daran hat sich auch durch das am 01.01.2024 in Kraft getretenen MoPeG vom 10.08.2021 (BGBl I 2021, 3436) und den ebenfalls durch das KrZwMFördG neu eingefügten § 14a AO, der den Begriff der Personenvereinigung steuergesetzlich legal definiert, nichts geändert. Es liegt vielmehr mit der Neufassung in § 3 Abs. 1 KStG lediglich eine redaktionelle Änderung vor, die keine materielle Bedeutung besitzt.
   Bei diesen Gesellschaften tritt auch steuerlich das gemäß § 39 Abs. 2 Nr. 2 Satz 2 AO nach dem MoPeG weiterhin fingierte Gesamthandsverhältnis hinter dem Einzelrecht der Mitunternehmer auf **unmittelbaren** Bezug des Gewinnanteils zurück.
   Die Mitunternehmer der OHG und KG sind somit **unmittelbar** Einkommensträger i. S. v. § 3 Abs. 1 KStG. Die Gewinnanteile können bei ihnen nach dem EStG (Einzelperson als Gesellschafter) oder KStG (Körperschaft i. S. v. §§ 1 bis 3 KStG als Gesellschafter) zu versteuern sein.
   Auch (und gerade) die Zurechnung des Gewinns nach Bruchteilen gemäß § 39 Abs. 2 Nr. 2 AO ist »unmittelbare Einkommenszurechnung« i. S. v. § 3 Abs. 1 KStG.
   Auch hier ist mithin die Rechtsform maßgebend. Auch bei – wirtschaftlich betrachtet – körperschaftsähnlicher Gesamtverfassung muss eine OHG oder KG stets als – nicht der Körperschaftsteuer unterliegende – Personengesellschaft behandelt werden.
   Ihr Gewinn ist unmittelbar von den Gesellschaftern anteilig zu versteuern (§ 3 Abs. 1 KStG, § 39 Abs. 2 Nr. 2 AO, § 15 Abs. 1 Nr. 2 EStG). Vgl. BFH vom 04.11.1958 BStBl III 1959, 50.
   Unmittelbar steuerpflichtig sind auch regelmäßig die Beteiligten bei **ähnlichen** Gesellschaften, z. B.
   - Rechtsfähige wie nichtrechtsfähige GbR (§ 705 Abs. 2, § 740 BGB),
   - stiller Gesellschaft (§§ 230 ff. HGB),

- ehelicher bzw. fortgesetzter Gütergemeinschaft,
- Erbengemeinschaft.

3. **Sonstige Personenvereinigungen und Vermögensmassen**
   Abgrenzungsfragen tauchen nur bei den übrigen nichtrechtsfähigen Personenvereinigungen auf, die also
   - weder juristische Personen i. S. v. § 1 Abs. 1 Nr. 1 bis 4 KStG
   - noch OHG, KG oder ähnliche Gesellschaft

   sind; vgl. hierzu BFH vom 25.06.1984 BStBl II 1984, 751.
   Aus dem Bereich der sonstigen nichtrechtsfähigen Gebilde sind zunächst einmal alle nichtrechtsfähigen Vermögensmassen stets körperschaftsteuerpflichtig (§ 1 Abs. 1 Nr. 5 KStG). Problematisch ist lediglich die Einordnung nichtrechtsfähiger Personenvereinigungen.
   Wie fließend die Grenzen zwischen dem nichtrechtsfähigen Verein und der GbR sind, kommt bereits in § 54 BGB zum Ausdruck. Danach gelten für den nichtrechtsfähigen Verein die Vorschriften über die GbR (§§ 705 ff. BGB).
   Je nach Gesamtverfassung kann es sich also handeln um
   - einen **nichtrechtsfähigen Verein,** der der Körperschaftsteuer gemäß § 1 Abs. 1 Nr. 5 KStG unterliegt **oder**
   - um eine GbR, die nicht der Körperschaftsteuer unterliegt. Abgrenzungsregel ist auch hier der § 3 Abs. 1 KStG.

   Danach tritt bei nichtrechtsfähigen Personenvereinigungen eine Besteuerung nach dem KStG nur ein, wenn die Einkünfte nicht bereits unmittelbar bei den Gesellschaftern der Einkommensteuer (Körperschaftsteuer) zu unterwerfen sind.
   § 3 Abs. 1 KStG ist somit eine **weitere** Voraussetzung für die Körperschaftsteuerpflicht nichtrechtsfähiger Personenvereinigungen. Hierdurch soll bei Personenvereinigungen eine Doppelbelastung mit Einkommensteuer und Körperschaftsteuer vermieden werden.

Abgrenzungsmerkmale sind:
Der nichtrechtsfähige Verein unterscheidet sich von einer Personengesellschaft dadurch, dass er vereinsrechtlich und nicht gesellschaftsrechtlich organisiert ist (vgl. § 54 BGB). Das kommt nach Auffassung der Finanzverwaltung im BMF-Schreiben vom 19.05.2022 BStBl I 2022, 742, Tz. 280–283, in **folgenden Indizien** zum Ausdruck:

a) Der nichtrechtsfähige Verein tritt nach außen wie nach innen hin unter einem **Gesamtnamen** als einheitliches Ganzes auf.
b) Im Innenverhältnis hat ein nichtrechtsfähiger Verein genau wie ein eingetragener Verein **Organe,** deren Entscheidungen sich das einzelne Mitglied nicht entziehen kann (Vorstand, Mitgliederversammlung).
c) Der Bestand eines nichtrechtsfähigen Vereins ist **vom Wechsel der Mitglieder unabhängig.** (Bei Personengesellschaften entsteht auf jeden Fall bei vollständigem Austausch der Gesellschafter ein anderes Steuersubjekt.)

BEISPIEL

Bei einem nach seiner Gesamtverfassung als nichtrechtsfähiger Verein zu beurteilenden Personenzusammenschluss haben die »Mitglieder« keinen Anspruch an den Einkünften des Vereins und können daher insoweit nichts bei der Einkommensteuer zu versteuern haben.

LÖSUNG Daher unterliegt der Verein selbständig mit seinen Einkünften der Körperschaftsteuer. Würde es sich um eine GbR handeln, wären die anteiligen Einkünfte unmittelbar von den Gesellschaftern zu versteuern (§ 3 Abs. 1 KStG, § 15 Abs. 1 Nr. 2 EStG).

ÜBERSICHT Zusammenfassender Überblick

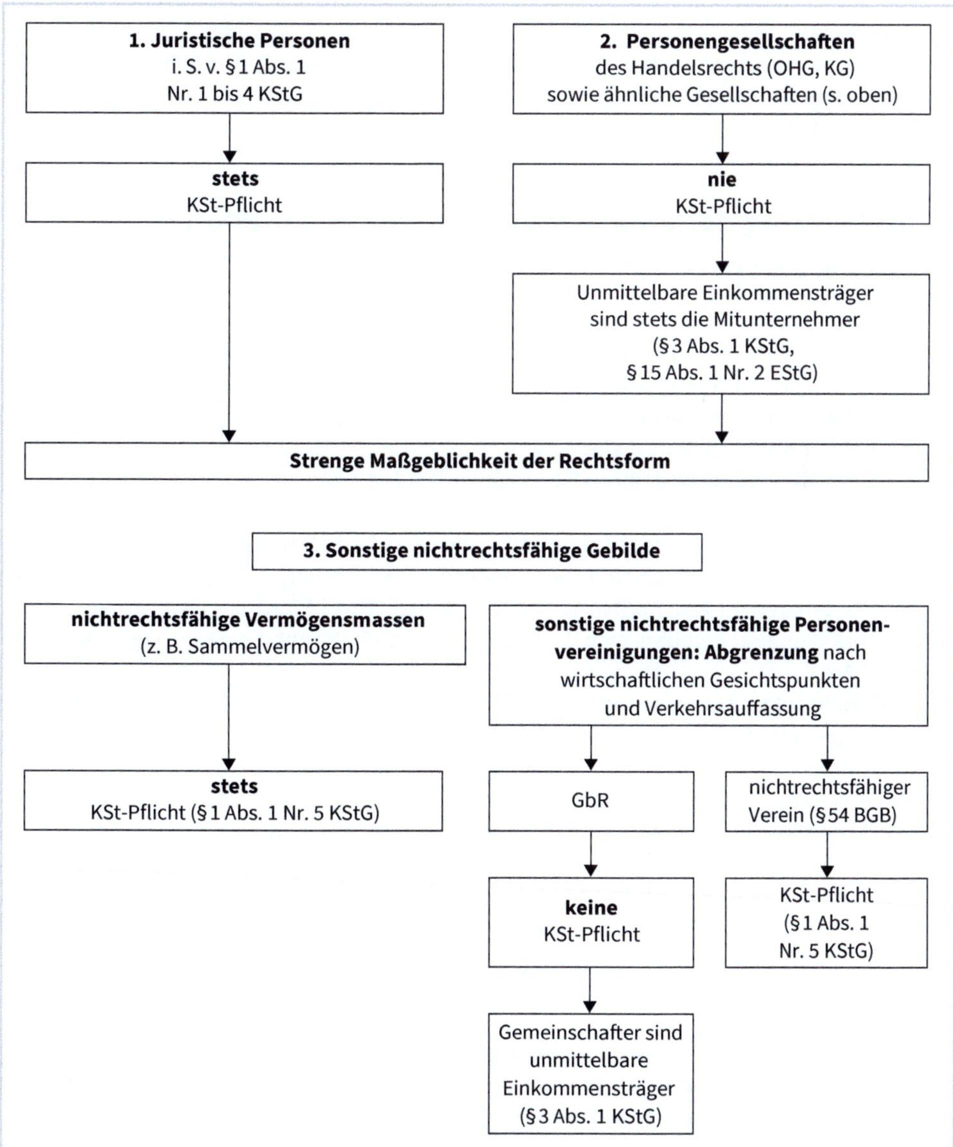

1.4 Zielsetzung des Körperschaftsteuergesetzes

Seit 01.01.2002 wurde das frühere Anrechnungsverfahren durch das Halbeinkünfteverfahren abgelöst. Dabei unterlag das Einkommen der Kapitalgesellschaft bis zum 31.12.2007 einer **definitiven** (d. h. **endgültigen**) **KSt von 25% (§ 23 Abs. 1 KStG),** seit **01.01.2008 beläuft sich der KSt-Satz auf 15%.**

Im geltenden System ist es unbeachtlich, ob die Körperschaft ihren Gewinn ausschüttet oder »thesauriert«.

Als Ausgleich für die damit eintretende **Doppelbelastung** ausgeschütteter Gewinne mit KSt und ESt versteuert der Anteilseigner Gewinnausschüttungen i. S. d. § 20 Abs. 1 Nr. 1 EStG mit dem Sondersteuersatz von 25% (Abgeltungsteuer nach § 32d Abs. 1 EStG) bzw. – im Optionsfall nach § 32d Abs. 2 Nr. 3 EStG im Teileinkünfteverfahren (d. h. nur 60% der Dividenden sind steuerpflichtig).

2 Bedeutung der unbeschränkten und beschränkten Steuerpflicht

Ähnlich wie bei der Einkommensteuer ist auch bei der Körperschaftsteuer zwischen unbeschränkter und beschränkter Steuerpflicht zu unterscheiden.

Der **unbeschränkten Steuerpflicht** unterliegen alle Körperschaften, die

- in § 1 Abs. 1 KStG aufgeführt sind und
- ihre Geschäftsleitung oder ihren Sitz im Inland haben.

Es kommt hier zur Methode der »Sitzbesteuerung«. Das bedeutet, die Körperschaften unterliegen mit sämtlichen inländischen und ausländischen (steuerpflichtigen) Einkünften der Körperschaftsteuer (§ 1 Abs. 2 KStG, § 2 Abs. 1 Nr. 1 bis 3, 5 bis 7 EStG), sog. »Welteinkommen«.

Einschränkungen ergeben sich insbesondere durch Doppelbesteuerungsabkommen (DBA); § 2 AO.

Die **beschränkte Körperschaftsteuer-Pflicht** bedeutet nur eine »Quellenbesteuerung«. Bei der Körperschaftsteuer sind bei der beschränkten Steuerpflicht zwei klassische Arten zu unterscheiden:

1. Körperschaften usw. ohne Geschäftsleitung und Sitz im Inland (§ 2 Nr. 1 KStG): Diese ausländischen Körperschaften sind steuerpflichtig nur mit inländischen Einkünften i. S. v. § 49 EStG.
2. Sonstige (inländische) Körperschaften, die nicht unbeschränkt steuerpflichtig sind (§ 2 Nr. 2 KStG): Diese Körperschaften – im Wesentlichen Körperschaften des öffentlichen Rechts – sind steuerpflichtig nur mit steuerabzugspflichtigen inländischen Einkünften. Weitere Beschränkungen ergeben sich durch DBA.

Daneben gibt es noch eine **partielle Steuerpflicht** von nach § 5 Abs. 1 KStG persönlich von der Körperschaftsteuer befreiten Körperschaften mit steuerabzugspflichtigen inländischen Einkünften (§ 5 Abs. 2 Nr. 1, § 32 Abs. 1 Nr. 1 KStG).

Hieraus wird bereits ersichtlich, dass der **Umfang der Besteuerung unterschiedlich** ist, je nachdem ob eine Körperschaft unbeschränkt oder beschränkt steuerpflichtig ist.

BEISPIELE

a) Die Euro-AG mit Sitz und Geschäftsleitung in München hat je eine Betriebsstätte (§ 12 AO) in München, Vaduz (Liechtenstein) und Amsterdam (Niederlande).
LÖSUNG Die AG ist gemäß § 1 Abs. 1 KStG unbeschränkt steuerpflichtig und unterliegt an sich nach § 1 Abs. 2 KStG mit sämtlichen inländischen und ausländischen Betriebsstättengewinnen der KSt.
Aufgrund des DBA-Niederlande ist der Bundesrepublik allerdings das Besteuerungsrecht hinsichtlich der niederländischen Betriebsstätte entzogen. Im Ergebnis unterliegen hier der KSt die inländischen und die in Liechtenstein erzielten Einkünfte.
b) Die Euro-AG mit Sitz und Geschäftsleitung in Liechtenstein hat je eine Betriebsstätte in München, Vaduz und Amsterdam.
LÖSUNG Die AG ist beschränkt steuerpflichtig gemäß § 2 Nr. 1 KStG. Der KSt unterliegt nur der Gewinn aus der inländischen Betriebsstätte München (§ 49 Abs. 1 Nr. 2a EStG).

Auch bei der **Erhebungsform** ergeben sich **Unterschiede** zwischen unbeschränkter und beschränkter Steuerpflicht.

Während die Körperschaftsteuer bei unbeschränkter Steuerpflicht durch Veranlagung erhoben wird, ist bei beschränkter Steuerpflicht eine Veranlagung für Einkünfte, die dem Steuerabzug unterliegen, ausgeschlossen.

Hierfür ist die Körperschaftsteuer unter Umständen durch den Steuerabzug abgegolten (§ 32 Abs. 1 Nr. 1 und 2 KStG).

BEISPIEL

Eine ausländische Kapitalgesellschaft ohne Sitz und Geschäftsleitung im Inland und damit beschränkt steuerpflichtig gemäß § 2 Nr. 1 KStG bezieht Dividenden einer inländischen AG, die der 25%igen Kapitalertragsteuer (§ 43 Abs. 1 Nr. 1, § 43a Abs. 1 Nr. 1 EStG) unterliegen.

Die Einkünfte sollen nicht in einem inländischen Betrieb der Kapitalgesellschaft angefallen sein.

LÖSUNG Die Körperschaftsteuer für diese Einkünfte ist durch den Kapitalertragsteuer-Abzug abgegolten (§ 32 Abs. 1 Nr. 2 KStG).

Die Steuerbefreiung nach § 8b Abs. 1 KStG soll hier nicht greifen infolge der Abschirmwirkung der KapSt (vgl. 4.2.3.1.3).

3 Unbeschränkte Steuerpflicht

3.1 Die einzelnen Steuersubjekte

Der Kreis der **unbeschränkt** steuerpflichtigen Körperschaften ist in § 1 Abs. 1 KStG **abschließend** aufgezählt. Man kann sie wie folgt zusammenfassen:

a) sämtliche juristische Personen des privaten Rechts (§ 1 Abs. 1 Nr. 1 bis 4 KStG) – soweit aufgezählt;

b) Vereine ohne Rechtspersönlichkeit, nichtrechtsfähige Anstalten, Stiftungen und andere Zweckvermögen des privaten Rechts (§ 1 Abs. 1 Nr. 5 KStG) – soweit das Einkommen nicht nach § 3 Abs. 1 KStG von anderen Steuerpflichtigen zu versteuern ist;
c) Betriebe gewerblicher Art von juristischen Personen des öffentlichen Rechts (§ 1 Abs. 1 Nr. 6 KStG).

3.1.1 Kapitalgesellschaften

Die – in der Nr. 1 aufgeführten – Kapitalgesellschaften (insbesondere auch die Europäische Gesellschaft, SE) sind auch die bedeutendste Gruppe der körperschaftsteuerpflichtigen Gebilde.

3.1.1.1 Aktiengesellschaft

Die Aktiengesellschaft (AG) ist eine Gesellschaft mit eigener Rechtspersönlichkeit, also eine juristische Person. Ihre Gesellschafter (Aktionäre) sind mit Einlagen auf das in Aktien zerlegte Grundkapital beteiligt, ohne persönlich für die Verbindlichkeiten der Gesellschaft zu haften (vgl. § 1 AktG).

Die AG haftet vielmehr nur mit ihrem Vermögen. Das Eigenkapital der AG setzt sich bilanziell wie folgt zusammen (vgl. § 266 HGB):

Eigenkapital in der Handelsbilanz der AG **Aktiva vereinfachte Darstellung) Passiva**	
	1. Gezeichnetes Kapital (Grundkapital) 2. Kapitalrücklage a) Gesetzliche Rücklage b) Sonstige Gewinnrücklagen 3. Gewinnvortrag/Verlustvortrag 4. Jahresüberschuss/Jahresfehlbetrag

Diese Posten sind grds. gesondert auszuweisen (§ 266 Abs. 3 A HGB).

Zur Bilanzaufstellung unter teilweiser oder vollständiger Ergebnisverwendung vgl. C 4. 2. 2.

Zur **Gründung** der AG ist **nur eine Person** erforderlich (§ 2 AktG).

Vorgeschrieben ist auch die Feststellung einer **Satzung** mit bestimmtem Inhalt. Die Satzung muss u. a. enthalten:

- Firma (§ 4 AktG),
- Sitz (§ 5 AktG),
- Gegenstand des Geschäftsbetriebs (§ 23 Abs. 3 Nr. 2 AktG),
- Höhe des Grundkapitals (§ 7 AktG).

Die Satzung bedarf der notariellen Beurkundung (§ 23 AktG). Mit der Übernahme der Aktien durch die Gründeraktionäre ist die Gesellschaft **errichtet** (§ 29 AktG).

Die Vorgründungsgesellschaft (bis zur Errichtung) wird als Einzelunternehmen, GbR (§§ 705 ff. BGB) bzw. OHG behandelt. Als juristische Person **entsteht** die AG aber erst mit der Eintragung in das Handelsregister (§ 41 Abs. 1 Satz 1 AktG).

Von der Errichtung bis zur Eintragung liegt eine – noch nicht rechtsfähige – Vorgesellschaft eigener Art vor. Soweit das AktG nicht die Rechtsfähigkeit voraussetzt, gilt bereits Aktienrecht (im Rahmen der Gründungsvorschriften).

Wegen des Beginns der Steuerpflicht siehe 6.1.

Organe der AG sind

a) **Vorstand** (§§ 76 ff. AktG) als geschäftsführendes Organ.
b) **Aufsichtsrat** (§§ 95 ff. AktG) als Kontrollorgan, insbesondere
   - Bestellung und Abberufung des Vorstands,
   - Überwachung der Geschäftsführung,
   - Prüfung des Jahresabschlusses.
c) **Hauptversammlung** (§§ 118 ff. AktG) als oberstes Organ.
   Sie ist zuständig gemäß § 119 AktG vor allem für
   - Bestellung der Mitglieder des Aufsichtsrats,
   - Beschluss über die Verwendung des Bilanzgewinns.

Das Grundkapital der AG ist in Aktien zerlegt. Eine Aktie

- verbrieft einen Anteil am Grundkapital,
- verkörpert also die gesamten Mitgliedschaftsrechte.

Aktien lauten entweder auf einen bestimmten Nennbetrag (kleinste Stückelung 1 €) oder sind Stückaktien.

Die vollen Mitgliedschaftsrechte bei (normalen) Stammaktien beinhalten:

- Anspruch auf Gewinn (Dividendenberechtigung; § 58 Abs. 4 AktG),
- Stimmrecht (§ 12 Abs. 1 AktG),
- Bezugsrecht (§ 186 AktG; als vom Stammrecht »abgespaltenes« Sonderrecht zum Bezug junger Aktien),
- Anspruch auf Liquidationserlös (§ 271 Abs. 2 AktG).

Bei sog. Vorzugsaktien (§ 139 AktG) bestehen Vorrechte bei der Gewinnausschüttung, es kann aber das Stimmrecht ausgeschlossen sein.

3.1.1.2 GmbH

Die Rechtsverhältnisse der GmbH sind im GmbH-Gesetz (GmbHG) geregelt.

Die GmbH ist eine rechtsfähige Gesellschaft, die nur mit ihrem Vermögen haftet (§ 13 Abs. 2 GmbHG). Das gezeichnete Kapital besteht aus Stammeinlagen (§ 5 GmbHG). Den Gesellschaftern steht ein der Stammeinlage entsprechender Geschäftsanteil zu (§ 14 GmbHG).

Die Gesellschafter haften der GmbH gegenüber nur beschränkt (mit ihren Einlagen), ggf. mit Nachschüssen (§ 26 GmbHG).

Das Eigenkapital der GmbH setzt sich bilanziell wie folgt zusammen:

Aktiva	Passiva
	1. Gezeichnetes Kapital (Stammkapital) 2. Kapitalrücklagen (sonstige) Gewinnrücklagen Gewinnvortrag/Verlustvortrag Jahresüberschuss/Jahresfehlbetrag

Diese Posten sind grds. gesondert auszuweisen (§ 266 Abs. 3A HGB). Vgl. aber C 4.2.1 und C 4. 2. 2.

Eine GmbH kann auch von **einer einzelnen Person** gegründet werden (§ 1 GmbHG).

Die Gesellschaft wird durch notariellen Gesellschaftsvertrag (Mindestinhalt § 3 GmbHG) errichtet (§ 2 GmbHG). Die hierdurch entstehende Gründergesellschaft (GmbH i. Gr.) ist noch keine juristische Person, unterliegt aber bereits dem GmbH-Recht. Als juristische Person entsteht die GmbH – wie die AG – erst mit der Eintragung in das Handelsregister (§ 11 Abs. 1 GmbHG).

Das Mindest-Stammkapital (Summe aller Einlagen) der (»Voll«-)GmbH beträgt **25 000 €.**

Hervorzuheben sind weiterhin folgende Regelungen:

- Erfordernis einer Mindesteinlage von 12 500 € (§ 7 Abs. 2 GmbHG).
- Erfordernis eines Sachgründungsberichts.
- Behandlung von Gesellschafterdarlehen nach Art eines nachrangigen Haftkapitals.

Organe der GmbH sind

- der Geschäftsführer (§§ 6, 35 GmbHG), Aufgaben: Vertretung und Geschäftsführung,
- die Gesellschafterversammlung (§ 48 GmbHG), als Beschlussorgan (insbesondere Gewinnverwendungsbeschluss),
- **ggf.** der Aufsichtsrat.
  Dieser ist nur bei mehr als 500 Arbeitnehmern Pflichtorgan (gem. BetrVerfG).

Die GmbH eignet sich wegen der häufig dispositiven Natur der Rechtsnormen des GmbHG – im Gegensatz zur AG – besonders für die **mittelständische Wirtschaft,** insbesondere auch **Familienbetriebe.**

Zu beachten sind jedoch die **Prüfungs- und Publizitätspflichten.**

Eine GmbH kann vereinfacht als **Unternehmergesellschaft** (haftungsbeschränkt) mit einem Stammkapital von (zunächst) **1 €** gegründet werden, § 5a GmbHG.

3.1.1.3 Sonstige Kapitalgesellschaften

Unter § 1 Abs. 1 Nr. 1 KStG fällt die **KGaA** (§§ 278 ff. AktG) als Unterart der AG. Da mindestens einer der Gesellschafter den Gläubigern unbeschränkt haftet (Komplementär), weist diese Gesellschaftsform eine **Doppelnatur** auf, nämlich

- die einer AG hinsichtlich des Kommanditkapitals und
- die einer KG hinsichtlich des Komplementärkapitals.

Folgerichtig unterliegen die Gewinnanteile des Komplementärs der KGaA **nicht** der KSt, sondern sind bei der Einkommensermittlung als abzugsfähige Ausgaben zu behandeln (§ 9 Nr. 2 KStG). Beim Komplementär liegen Einkünfte aus Gewerbebetrieb vor (§ 15 Abs. 1 Nr. 3 EStG). Dadurch wird eine Doppelbelastung dieser Gewinnanteile mit KSt und ESt vermieden.

Unter § 1 Abs. 1 Nr. 1 KStG fallen auch

- die Unternehmergesellschaft (UG) haftungsbeschränkt,
- ggf. die britische Limited (vgl. i. E. BMF vom 06.01.2014 BStBl I 2014, 111).

Seit der Ergänzung der Nr. 1 um den Zusatz »einschließlich optierender Gesellschaften im Sinne des § 1a« durch das KöMoG vom 25.06.2021 (BGBl I 2021, 2050) erstreckt sich die Nr. 1

auch auf Personen- und Partnerschaftsgesellschaften, die nach § 1a auf Antrag für Zwecke der Besteuerung nach dem Einkommen wie eine Kapitalgesellschaft behandelt werden (vgl. dazu 3.1.7).

3.1.2 Erwerbs- und Wirtschaftsgenossenschaften (§ 1 Abs. 1 Nr. 2 KStG)

Ausgewählter Literaturhinweis **Herzig,** Verdeckte Gewinnausschüttungen bei Mitgliedergeschäften von Genossenschaften, BB 1990, 603

Erwerbs- und Wirtschaftsgenossenschaften sind nach § 1 des Genossenschaftsgesetzes (GenG) Gesellschaften mit nicht geschlossener Mitgliederzahl, die die Förderung des Erwerbs oder der Wirtschaft ihrer Mitglieder mittels gemeinschaftlichen Geschäftsbetriebs bezwecken. Diese Genossenschaften erlangen Rechtsfähigkeit durch Eintragung in das Genossenschaftsregister als »eG« (eingetragene Genossenschaft), z. B. Volksbanken eG oder Bäuerliche Bezugs- und Absatzgenossenschaften eG. Hierunter fällt auch die Europäische Genossenschaft.

Nicht der Körperschaftsteuer unterliegen dagegen Genossenschaften des öffentlichen Rechts und i. d. R. die in § 3 Abs. 2 KStG aufgeführten Realgemeinden wie Deich-, Wasser- und Fischereigenossenschaften. Die Mitglieder von Genossenschaften i. S. d. § 1 Abs. 1 Nr. 2 KStG unterliegen mit ihren Gewinnanteilen grds. der Abgeltungsteuer.

Wegen der Abzugsfähigkeit genossenschaftlicher Rückvergütungen vgl. § 22 KStG und E 12. Vgl. auch BMF vom 02.08.1983 FR 1983, 431.

3.1.3 Versicherungsvereine auf Gegenseitigkeit (§ 1 Abs. 1 Nr. 3 KStG)

VVaG sind Personenvereinigungen, bei denen die Mitglieder eine »Schadens- bzw. Gefahrengemeinschaft« bilden. Wagnisse und Schäden werden genossenschaftlich verteilt. Die Mitglieder sind also zugleich die Versicherten.

Der VVaG erlangt Rechtsfähigkeit durch die Genehmigung der staatlichen Aufsichtsbehörde. Dies ist das Bundesaufsichtsamt für das Versicherungs- und Bausparwesen. Neben dem VAG sind bei den »großen« VVaG auch wesentliche Bestimmungen des AktG unmittelbar oder entsprechend anwendbar.

Für die steuerliche Behandlung gelten Sondervorschriften (§§ 20 bis 21a KStG).

3.1.4 Sonstige juristische Personen des privaten Rechts (§ 1 Abs. 1 Nr. 4 KStG)

Ausgewählter Literaturhinweis **Märkle/Alber,** Der Verein im Zivil- und Steuerrecht, 13. Aufl. Stuttgart 2022

3.1.4.1 Begriff der juristischen Person

Dass das KStG vor allem auf juristische Personen abzielt, erkennt man an der Vorschrift des § 1 Abs. 1 Nr. 4 KStG. Durch diese Vorschrift wird gleichzeitig klargestellt, dass der Begriff der juristischen Person im bürgerlichen Recht und KSt-Recht der gleiche ist. Ist die sonstige juristische Person des privaten Rechts nicht gem. § 5 KStG von der Körperschaftsteuer befreit, erstreckt sich ihre unbeschränkte Steuerpflicht auf sämtliche Einkünfte (§ 1 Abs. 2 KStG), aber da sie nicht § 1 Abs. 1 Nr. 1 bis 3 unterfällt, sind nicht alle von ihr erzielten Einkünfte gem. § 8 Abs. 2 KStG als Einkünfte aus Gewerbebetrieb zu behandeln; vielmehr kann sie zum Beispiel auch Einkünfte aus Kapitalvermögen im Sinne von § 20 EStG erzielen (vgl. BFH vom 04.05.2022 – I R 19/18, BFH/NV 2022, 1210 zu einem rechtsfähigen Verein).

Wenn eine steuerliche Vorschrift an einen Rechtsbegriff des privaten Rechts anknüpft, darf die wirtschaftliche Betrachtungsweise nicht dazu führen, den rechtlichen Inhalt solcher Begriffe für das Steuerrecht abweichend vom privaten Recht zu bestimmen (vgl. BFH vom 24.02.1959 BStBl III 1959, 201).

Die KSt-Pflicht ergibt sich daher bei allen in § 1 KStG aufgeführten juristischen Personen des Privatrechts kraft ihrer Rechtsform.

Rechtsfähigkeit kann durch

- Eintragung in ein Register (Handelsregister, Vereinsregister) oder
- staatliche Verleihung

begründet werden.

3.1.4.2 Arten der sonstigen juristischen Personen des privaten Rechts

Unter § 1 Abs. 1 Nr. 4 KStG fallen alle rechtsfähigen Personenvereinigungen und Vermögensmassen, deren Rechtsverhältnisse durch **privatrechtliche** Vorschriften geregelt sind, und die – im Gegensatz zu den juristischen Personen des öffentlichen Rechts – keine hoheitlichen Befugnisse besitzen.

Das sind rechtsfähige

- Vereine des BGB,
- Stiftungen des BGB,
- Anstalten.

Bei rechtsfähigen **Vereinen** gibt es zwei Arten:

1. **Nichtwirtschaftliche (»ideelle«) Vereine (§ 21 BGB)**
   Diese sind nicht auf einen wirtschaftlichen Geschäftsbetrieb gerichtet, sondern verfolgen zumeist ideelle Zwecke, zum Beispiel sportliche, kulturelle, politische Zwecke usw. Sie erlangen Rechtsfähigkeit durch Eintragung im (beim zuständigen Amtsgericht geführten) Vereinsregister (§ 21 BGB).
   Bei dieser Gruppe sind zu beachten
   a) (bei nicht persönlich steuerbefreiten Vereinen) die sachliche Steuerbefreiung für Mitgliederbeiträge (§ 8 Abs. 5 KStG, R 8.11 KStR);
   b) bestimmte persönliche Steuerbefreiungen (§ 5 Abs. 1 Nr. 9 KStG);
2. **Wirtschaftliche Vereine (§ 22 BGB)**
   Diese – seltenen – Vereine sind auf einen wirtschaftlichen Geschäftsbetrieb gerichtet. Sie erlangen ihre Rechtsfähigkeit durch Verleihung durch die örtlich zuständige Landesregierung, z. B. Privatärztliche Verrechnungsstelle e. V.
   Die Tätigkeit dieser Vereine ist gewerblicher Natur. Sie dienen in erster Linie den geschäftlichen Interessen ihrer einzelnen Mitglieder. Deshalb können solche Vereine nicht wegen Gemeinnützigkeit nach § 5 Abs. 1 Nr. 9 KStG persönlich steuerbefreit sein (BFH vom 16.11.1954 BStBl III 1955, 12).

Im Einzelnen gilt Folgendes:

- Die persönliche Steuerpflicht knüpft hier übrigens **nicht** etwa an das Vorliegen eines wirtschaftlichen Geschäftsbetriebs i.S.v. § 14 AO an, sondern an die Rechtsform.

BEISPIEL

In der Funktaxi-Zentrale e.V. haben sich die örtlichen selbständigen Taxiunternehmer zusammengeschlossen. Gegen Zahlung eines Jahresbeitrags vermittelt die Zentrale ständig Taxikunden über Funk und betreibt Werbung für diesen Zweck.

LÖSUNG Der Verein dient unmittelbar den wirtschaftlichen Interessen seiner Mitglieder. Als wirtschaftlicher Verein i.S.v. § 22 BGB unterliegt er nach § 1 Abs. 1 Nr. 4 KStG der Körperschaftsteuer. Er erzielt Einkünfte aus Gewerbebetrieb (§ 15 Abs. 1 Nr. 1 EStG). Die persönliche Steuerpflicht knüpft nicht etwa an einen wirtschaftlichen Geschäftsbetrieb i.S.v. § 14 AO an, sondern lediglich an die Rechtsform.

Die sachliche Steuerpflicht ergibt sich aus allgemeinen Merkmalen; vgl. R 8.1 KStR. Hier dürften die Merkmale eines Gewerbebetriebs erfüllt sein.

Die Mitgliederbeiträge fallen nicht unter die sachliche Befreiung des § 8 Abs. 5 KStG, weil sie unmittelbar Entgelte für konkrete wirtschaftliche Vorteile (Kundenvermittlung und -werbung) darstellen.

- Wenn ein wirtschaftlicher Verein Mitgliedschaftsrechte gewährt, die wirtschaftlich eine kapitalmäßige Beteiligung darstellen und übertragbar sind (vgl. BFH vom 23.09.1970 BStBl II 1971, 47), liegen bei den Mitgliedern Einnahmen aus § 20 Abs. 1 Nr. 1 EStG vor.
- **Rechtsfähige Stiftungen** (§§ 80 ff. BGB) werden errichtet durch Stiftungsgeschäft.
- **Stiftungen** und **Anstalten** können ihre Rechtsfähigkeit nur durch staatliche Verleihung erlangen. Häufig werden sie nach § 5 Abs. 1 Nr. 9 KStG steuerbefreit sein. Sog. **Familienstiftungen** unterliegen auch der **ErbSt** (§ 1 Abs. 1 Nr. 4 ErbStG). Die Besteuerung erfolgt in Abständen von 30 Jahren.

3.1.5 Nichtrechtsfähige Personenvereinigungen und Vermögensmassen (§ 1 Abs. 1 Nr. 5 KStG)

3.1.5.1 Keine Erfassung der Personengesellschaften

Wie bereits in 1.3 dargestellt, fallen die Personengesellschaften des Handelsrechts (OHG, KG) sowie ähnliche Gesellschaften (GbR usw.) nicht unter das KStG, ohne dass es einer Abgrenzung nach wirtschaftlichen Gesichtspunkten gemäß § 3 Abs. 1 KStG bedarf.

3.1.5.2 Nichtrechtsfähige Zweckvermögen

Diese Vermögensmassen fallen unter § 1 Abs. 1 Nr. 5 KStG.

Es handelt sich um wirtschaftlich selbständige, einem bestimmten Zweck dienende Vermögensmassen, die dem Eigentum und der Verfügungsmacht ihrer (ehemaligen) Eigentümer – der Widmenden – (Spender, Stifter) endgültig entzogen sind, und zwar in der Weise, dass die Erfüllung des Verwendungszwecks rechtlich gesichert ist.

Hierunter fallen nichtrechtsfähige

- Anstalten,
- Stiftungen,
- für einen bestimmten Zweck aufgebrachte Sammelvermögen (vgl. § 1914 BGB).

BEISPIEL

Eine Illustrierte ruft zu Spenden gegen eine Hungersnot in Afrika auf. Die Einzahlung erfolgt auf ein Sonderkonto.

LÖSUNG Weder die Spender noch die Illustrierte haben Verfügungsmacht über das Vermögen. Erträge in Form von Zinsen versteuert nicht ein Inhaber des Kontos. Vielmehr unterliegt das Sammelvermögen selbständig der Körperschaftsteuer gemäß § 1 Abs. 1 Nr. 5 KStG mit Einkünften aus Kapitalvermögen (§ 8 Abs. 1 KStG, § 20 Abs. 1 Nr. 7 EStG). Der Freibetrag gemäß § 24 KStG ist zu beachten.

Die Vorschrift des § 3 Abs. 1 KStG ist für Vermögensmassen (Zweckvermögen) bedeutungslos. Denn die Zweckvermögen sind der Verfügungsmacht der widmenden Personen ja entzogen. Der Hauptunterschied zwischen Personenvereinigungen und Zweckvermögen ist, dass

- Personenvereinigungen Mitglieder haben,
- Zweckvermögen dagegen lediglich durch eine Vermögensmasse ohne Inhaber verkörpert werden.

Nichtrechtsfähige Vermögensmassen können **sämtliche Einkünfte** i.S.d. § 2 Abs. 1 EStG erzielen. Dies setzt eine Tätigkeit rechtsfähiger Personen für Rechnung der Vermögensmasse voraus (vgl. BFH vom 05.11.1992 BStBl II 1993, 388).

3.1.5.3 Vereine ohne Rechtspersönlichkeit

Durch das Gesetz zur Modernisierung des Personengesellschaftsrechts (MoPeG) vom 10.08.2021 (BGBl I 2021, 3436) wurde § 54 BGB mit Wirkung zum 01.01.2024 neu gefasst, um ihn an die weitgehende Anerkennung nicht eingetragener Vereine als rechtsfähig anzupassen. Zu diesem Zweck wurde im Rahmen des Kreditzweitmarktförderungsgesetzes (KrZwMFördG) vom 22.12.2023 (BGBl I 2023 Nr. 411; BStBl I 2024, 144) eine Änderung des Begriffs »nicht rechtsfähige Vereine« durch den Begriff »Vereine ohne Rechtspersönlichkeit« vorgenommen. Für steuerliche Zwecke definiert § 14a Abs. 1 i.V.m. Abs. 2 Nr. 1 AO Vereine ohne Rechtspersönlichkeit i.S.d. § 54 BGB als rechtsfähige Personenvereinigungen.

Im Einzelnen gilt Folgendes:

- Es handelt sich um Gebilde, die in der Verfolgung ihrer Zwecke von der Einzelpersönlichkeit ihrer Mitglieder unabhängig sein wollen und im Rechtsverkehr als einheitliches Ganzes unter einem Gesamtnamen auftreten, ohne den Status einer juristischen Person zu besitzen (vgl. § 54 BGB).
- Ein Mitgliederwechsel berührt den Bestand des Vereins nicht.
- Für einen Verein ist kennzeichnend, dass das Rechtsgebilde ein Organ besitzt (Vorstand o.Ä.), dessen Entscheidungen sich das einzelne Mitglied nicht entziehen kann.
- Diese Wesensmerkmale werden in einer Satzung niedergelegt (vgl. BMF vom 19.05.2022, BStBl I 2022, 742, Tz. 280–283).

Weitere Voraussetzung ist beim Verein ohne Rechtspersönlichkeit, dass das Einkommen nicht unmittelbar bei einem anderen Einkommensträger zu versteuern ist. Wegen dieser Abgrenzung zwischen nichtrechtsfähigem Verein und GbR vgl. im Einzelnen 1.3.

BEISPIELE

a) Eine Firmenbelegschaft betreibt durch ihren Betriebsrat eine Kantine.
LÖSUNG Es handelt sich um einen Verein ohne Rechtspersönlichkeit, da u.a. der Bestand der Kantine von der Belegschaftsfluktuation unabhängig ist.
Der Verein ist unbeschränkt körperschaftsteuerpflichtig gemäß § 1 Abs. 1 Nr. 5 KStG (vgl. BFH vom 18.12.1996 BStBl III 1997, 496).

b) Die politischen Parteien (CDU, FDP, SPD usw.) sind regelmäßig nichtrechtsfähige Personenvereinigungen i. S. v. § 1 Abs. 1 Nr. 5 KStG.
LÖSUNG Sie sind – abgesehen von einem wirtschaftlichen Geschäftsbetrieb i. S. v. § 14 AO – stets persönlich steuerbefreit (§ 5 Abs. 1 Nr. 5 KStG).

3.1.5.4 Andere Zweckvermögen des privaten Rechts

Zweckvermögen ist eine selbständige, einem bestimmten Zweck gewidmete Vermögensmasse, die aus dem Vermögen des Widmenden ausgeschieden ist. Dabei muss das Ausscheiden des gewidmeten Vermögens aus dem Vermögen des Widmenden eine gewisse Sicherheit für die dauerhafte und nicht beliebig rückgängig zu machende Verwendung des ausgesonderten Vermögens für den bestimmten Zweck bieten (vgl. RFH vom 18.12.1937, RStBl 1938, 284). Seit der Reform des Investmentsteuerrechts 2018 gelten inländische Investmentfonds (§ 1 Abs. 2 InvStG) nach § 6 Abs. 1 Satz 1 InvStG als Zweckvermögen nach § 1 Abs. 1 Nr. 5 KStG (ausländische Investmentfonds gelten als Zweckvermögen nach § 2 Nr. 1 KStG, § 6 Abs. 1 Satz 2 InvStG).

3.1.5.5 Ausländische Körperschaften

Auch ausländische Körperschaften, Personenvereinigungen und Vermögensmassen können der Körperschaftsteuer unterliegen, wenn sie zumindest eines der beiden Merkmale Sitz oder Geschäftsleitung im Inland haben.

Bezeichnung und Rechtsnatur ausländischer Körperschaften und Personenvereinigungen stimmen häufig nicht mit deutschem Recht überein.

Für die Einordnung unter die unbeschränkt Steuerpflichtigen nach § 1 Abs. 1 KStG gilt hier:

a) Die **Rechtsfähigkeit** ist nach **internationalem Privatrecht** zu beurteilen.
b) Das Bestehen der **persönlichen Steuerpflicht** ist dagegen ausschließlich nach **deutschem Steuerrecht** zu beurteilen (vgl. BFH vom 03.02.1988 BStBl II 1988, 588).

So ist zwar bei ausländischen juristischen Personen die Rechtsfähigkeit ohne weiteres auch im Inland anzuerkennen. Dies führt jedoch nicht zwingend zur Bejahung der Körperschaftsteuerpflicht.

Vielmehr ist auch hier die Abgrenzung von KStG und EStG zu beachten, nämlich die Abgrenzungsregel des § 3 Abs. 1 KStG.

So sind nach ausländischem Recht **rechtsfähige** Personengesellschaften, die wirtschaftlich im Wesentlichen der OHG, KG oder GbR entsprechen, **nicht** körperschaftsteuerpflichtig, da auch in diesem Fall nach den leitenden Gedanken der ESt und Körperschaftsteuer diese Gesellschafter (Mitunternehmer) als unmittelbare Einkommensträger i. S. v. § 3 Abs. 1 KStG anzusehen sind. Siehe 1.3.

Nur bei kapitalistisch-korporativer Organisationsstruktur kann die Körperschaftsteuerpflicht bejaht werden. Vgl. auch BMF vom 01.02.1980 DB 1981, 139.

BEISPIEL

Eine OHG nach französischem (italienischem; spanischem; portugiesischem) Recht ist nach internationalem Privatrecht eine juristische Person (im romanischen Rechtskreis vorherrschend).

LÖSUNG Bei Sitz oder Geschäftsleitung im Inland besteht jedoch **keine** KSt-Pflicht (§ 3 Abs. 1 KStG, § 15 Abs. 1 Nr. 2 EStG), da die Gebilde trotz eigener Rechtspersönlichkeit eher der deutschen Mitunternehmerschaft vergleichbar sind.

3.1.6 Betriebe gewerblicher Art von juristischen Personen des öffentlichen Rechts (§ 1 Abs. 1 Nr. 6, § 4 KStG)

VERWALTUNGSANWEISUNGEN BMF vom 09.01.2015 BStBl I 2015, 111; BMF vom 21.06.2017 BStBl I 2017, 880; BMF vom 28.01.2019 BStBl I 2019, 97

3.1.6.1 Allgemeines

Die juristischen Personen des **öffentlichen** Rechts fallen in ihrer Eigenschaft als Körperschaften **nicht** unter die unbeschränkte Körperschaftsteuerpflicht.

Es handelt sich um juristische Personen mit gewissen **hoheitlichen** Befugnissen, deren Rechtsverhältnisse durch die Vorschriften des öffentlichen Rechts geregelt sind. Die öffentlich-rechtliche Rechtsnatur kann sich aus Bundes- oder Landesrecht ergeben.

Danach sind Körperschaften des öffentlichen Rechts u. a.

- die Gebietskörperschaften (Bund, Länder, Kreise, Gemeinden, Gemeindeverbände, Landschaftsverbände),
- die öffentlich-rechtlichen Religionsgemeinschaften,
- die Universitäten und Studentenwerke,
- die Träger der Sozialversicherung,
- die Kammern und Innungen (zum Beispiel IHK, Steuerberaterkammern, Kreishandwerkerschaft),
- die öffentlich-rechtlichen Rundfunkanstalten. Vgl. R 4.1 Abs. 1 Satz 2 KStR.

Der Grund für die fehlende Aufführung in § 1 Abs. 1 KStG ist darin zu sehen, dass die Ausübung der öffentlichen Gewalt – Wahrnehmung **hoheitlicher Aufgaben** –nicht der Besteuerung unterliegen kann. Zum Begriff der »Ausübung öffentlicher Gewalt« vgl. BFH vom 28.01.1988 BStBl II 1988, 473.

BEISPIEL

Die Hausmüllentsorgung der Kommunen und Landkreise ist Hoheitsbetrieb (vgl. BFH vom 23.10.1996 BStBl II 1997, 139).

Die steuerliche Behandlung der Abfallentsorgung wurde in R 4.5 Abs. 6 KStR wie folgt geregelt:

Zusammenfassung:	
Sachverhalt:	**Rechtliche Beurteilung:**
Entsorgung von Hausmüll	**Hoheitliche Tätigkeit**
Aufgaben im Rahmen des sog. »Dualen Systems«	**BgA**
Entsorgung von gewerblichen Siedlungsabfällen	**Hoheitliche Tätigkeit**
Beseitigung von Gewerbemüll	**Hoheitliche Tätigkeit**
Verwertung von Gewerbemüll	**BgA**

Soweit sich die Körperschaften der öffentlichen Hand aber privatwirtschaftlich betätigen, müssen sie – schon aus Gründen der Wettbewerbsneutralität – der Besteuerung unterliegen.

Eine wirtschaftliche Betätigung ist möglich

a) im Rahmen eines Betriebs gewerblicher Art (§ 1 Abs. 1 Nr. 6, § 4 KStG; vgl. 3.1.6.2) und/ oder
b) in privatrechtlicher Rechtsform (vgl. 3.1.6.10).

Zweck des § 1 Abs. 1 Nr. 6 KStG ist die **Gleichstellung** solcher Betätigungen mit Unternehmen der freien Wirtschaft. Voraussetzung ist allerdings die Ausgestaltung der Betätigung als »Betrieb gewerblicher Art« i. S. d. § 4 KStG.

Dies ist der Fall, wenn sich die juristischen Personen des öffentlichen Rechts durch ihre Einrichtungen in den wirtschaftlichen Verkehr einschalten und eine Tätigkeit entfalten, die sich von einem privaten gewerblichen Unternehmen nicht wesentlich unterscheidet.

Es genügt auch eine **mittelbare** Einschaltung in Form von Eigenversorgungseinrichtungen, die den Bedarf der Trägerkörperschaft decken sollen. Vgl. aber 3.1. 6. 2.

Es ist auch denkbar, dass der Betrieb selbst eine juristische Person des öffentlichen Rechts darstellt (§ 4 Abs. 2 KStG). Vgl. 3.1. 6. 4.

Steuersubjekt ist nicht etwa der jeweilige Betrieb, sondern stets die **juristische Person** des öffentlichen Rechts **selbst** hinsichtlich ihrer **einzelnen** Betriebe i. S. v. § 1 Abs. 1 Nr. 6 KStG (R 4.1 Abs. 3 KStR und H 4.1 [Allgemeines] KStH), soweit diese nicht zulässigerweise zusammengefasst sind. Vgl. auch BFH vom 01.08.1979 BStBl II 1979, 716. Die Vorschrift des § 1 Abs. 1 Nr. 6 KStG bezieht sich ausschließlich auf **inländische** juristische Personen des öffentlichen Rechts.

Die Steuerpflicht **ausländischer** juristischer Personen des öffentlichen Rechts richtet sich nach § 2 Nr. 1 KStG (R 1.1 Abs. 3 Satz 2 KStR).

3.1.6.2 Begriff des Betriebs gewerblicher Art

3.1.6.2.1 Begriffsmerkmale

Die Begriffsmerkmale des Betriebs gewerblicher Art sind:

a) Einrichtung,
b) die einer nachhaltigen wirtschaftlichen Tätigkeit dient
c) zur Erzielung von Einnahmen und
d) die sich innerhalb der Gesamtbetätigung der juristischen Person des öffentlichen Rechts wirtschaftlich heraushebt sowie
e) **nicht** Land- und Forstwirtschaft darstellt.

Damit sollen grds. alle Einrichtungen der öffentlichen Hand der Körperschaftsteuer unterworfen werden, die das äußere Bild eines Gewerbebetriebs haben. Vgl. BFH vom 30.11.1989 BStBl II 1990, 246.

Zu a): Einrichtung

Der Begriff Einrichtung ist weit auszulegen. Organisatorische Verselbständigung ist nicht erforderlich. Sogar die Miterledigung der Arbeiten in einem Hoheitsbetrieb (vgl. 3.1.6.6 ff.) kann unbeachtlich sein; vgl. auch BFH vom 14.04.1983 BStBl II 1983, 491 und R 4.1 Abs. 2 und 4 KStR.

BEISPIELE

a) Die Friedhofsverwaltung einer Gemeinde ist ein Hoheitsbetrieb, soweit sie Aufgaben des Bestattungswesens wahrnimmt. Blumenverkäufe und Grabpflegeleistungen sind dagegen wirtschaftliche, vom Hoheitsbetrieb abgrenzbare Tätigkeiten.
b) Die (geerbte und weiterbetriebene) Steuerberatungskanzlei einer Körperschaft des öffentlichen Rechts ist ein Betrieb gewerblicher Art (vgl. BFH vom 30.11.1989 [a.a.O.]).

Die Einrichtung kann sich ergeben aus

- einer besonderen Leitung,
- einem geschlossenen Geschäftskreis,
- aus der Buchführung oder
- aus einem ähnlichen, auf eine Einheit hindeutenden Merkmal. Vgl. H 4.1[Einrichtung] KStH.

Eine Einrichtung kann auch gegeben sein, wenn der Jahresumsatz i. S. v. § 1 Abs. 1 Nr. 1 UStG aus der wirtschaftlichen Tätigkeit beträchtlich ist (über 130 000 €, R 4.1 Abs. 4 Satz 2 ff. KStR).

Zu b): Nachhaltige wirtschaftliche Betätigung

Wirtschaftlicher Charakter ist gegeben bei Einschaltung in den Wirtschaftsablauf, typischerweise unter Wettbewerbsbedingungen, aber auch ggf. aufgrund einer Monopolstellung.

BEISPIEL

Überlassung von Standplätzen durch Gemeinden auf Wochenmärkten ist wirtschaftliche Tätigkeit (trotz »Monopolstellung«); H 4.5 Marktveranstaltungen (Wochen- und Krammärkte) KStH.

Wirtschaftliche Betätigung ist alles, was über eine **bloße Vermögensverwaltung** hinausgeht (vgl. § 14 Satz 3 AO).

BEISPIEL

Die bloße Vermietung von Grundbesitz durch eine Stadtgemeinde an Dauermieter ist keine wirtschaftliche Betätigung, da sich ihre Tätigkeit auf typische Vermieterleistungen beschränkt (Nutzungsüberlassung).

LÖSUNG Da die Stadtgemeinde insoweit nicht körperschaftsteuerpflichtig ist, werden die erzielten Überschüsse nicht der Körperschaftsteuer unterworfen.

Vermögensverwaltung liegt vor, wenn sich die Tätigkeit auf die Nutzung des Vermögens beschränkt (abgesehen von dem gesetzlich geregelten Fall der **Betriebsverpachtung;** § 4 Abs. 3 KStG).

Dies ist der Fall bei

- bloßer Vermietung und Verpachtung von Grundbesitz ohne gewerblichen Charakter (keine darüberhinausgehenden Tätigkeiten).
- Verwaltung von Wertpapierbesitz (ohne Betätigung innerhalb der Gesellschaft, etwa durch entscheidenden Einfluss auf die laufende Geschäftsführung).

Die Beteiligung an einer Mitunternehmerschaft stellt stets einen Betrieb gewerblicher Art dar, R 6 Abs. 2 Satz 2 KStR, BFH vom 25.05.2015 BStBl II 2016, 172 (zunächst uneingeschränkt bis VZ 2008 gem. BMF vom 08.02.2016 BStBl I 2016, 237).

Dies gilt auch für eine Beteiligung an einer Kapitalgesellschaft.

Von der Entscheidung, ob die **Beteiligung an einer Kapitalgesellschaft** Betriebsvermögen eines Betriebs gewerblicher Art einer juristischen Person des öffentlichen Rechts ist oder nicht, hängt die Höhe der steuerlichen Belastung der Gewinnausschüttungen aus der Beteiligung ab (vgl. § 32 Abs. 1 Nr. 2 KStG).

An sich gilt die Steuerbefreiung nach § 8b Abs. 1 KStG auch für Betriebe gewerblicher Art (BgA) i. S. d. § 1 Abs. 1 Nr. 6, § 4 KStG. Die Steuerbefreiung wird jedoch nur bei Zugehörigkeit der Kapitalbeteiligung zum (Betriebsvermögen des) BgA wirksam.

Bei Halten der Beteiligung im Hoheitsbereich ist die juristische Person selbst mit den Dividenden beschränkt stpfl. nach § 2 Nr. 2 KStG. Infolge der – wenn auch nach § 44a Abs. 8 Nr. 2 EStG nur (Erhebung der KapSt i. H. v. 15 %) greift die Abgeltungswirkung des § 32 Abs. 1 Nr. 2 KStG. Zur Beteiligung von jPöR an Kapitalgesellschaften und Personengesellschaften im Einzelnen:

aa) Beteiligung an Kapitalgesellschaften

Nach R 4.1 Abs. 2 Satz 2 KStR begründet die Beteiligung einer jPöR an einer Kapitalgesellschaft grundsätzlich keinen eigenständigen BgA. Wichtig: **Es gilt § 2 Nr. 2 i. V. m. § 32 KStG.**

In **R 4.1 Abs. 2 Satz 3 ff. KStR** ist folgende Formulierung enthalten:

»[3]Die Beteiligung einer jPöR an einer Kapitalgesellschaft **stellt einen BgA** dar, **wenn** mit ihr tatsächlich ein entscheidender Einfluss auf die laufende Geschäftsführung des Unternehmens ausgeübt wird. [4]Eine geringfügige Beteiligung stellt einen BgA dar, wenn die jPöR zusammen mit anderen jPöR die Kapitalgesellschaft beherrscht und im Zusammenwirken mit diesen jPöR tatsächlich einen entscheidenden Einfluss auf die Geschäftsführung der Gesellschaft ausübt. [5]Die Beteiligung an einer ausschließlich vermögensverwaltend tätigen Kapitalgesellschaft ist kein BgA.«

Nicht geregelt ist die Frage, wann eine Beteiligung an einer Kapitalgesellschaft einem BgA als gewillkürtes Betriebsvermögen zugeordnet werden kann. Deshalb müssen hier gem. § 8 Abs. 1 KStG i. V. m. R 4.2 Abs. 1 Satz 3 und 6 EStR die einkommensteuerrechtlichen Grundsätze gelten. Eine Zuordnung ist dann als gewillkürtes Betriebsvermögen möglich, wenn die Beteiligung in einem gewissen objektiven Zusammenhang mit dem Betrieb steht und ihn zu fördern bestimmt und geeignet ist.

Überlässt die jPöR wesentliche Betriebsgrundlagen entgeltlich an eine Eigengesellschaft, liegt eine Betriebsaufspaltung vor, die auf Ebene der jPöR einen Verpachtungs-BgA begründet. Neben den zur Nutzung überlassenen Wirtschaftsgütern gehört dann auch die Beteiligung an der Eigengesellschaft zum Betriebsvermögen dieses BgA.

Ist eine jPöR unmittelbar oder mittelbar mehrheitlich an einer Kapitalgesellschaft beteiligt, die eine Dauerverlusttätigkeit ausübt und trägt ausschließlich die jPöR die Verluste aus diesem Dauerverlustgeschäft, ist unter den Voraussetzungen des § 8 Abs. 7 Satz 2 KStG keine verdeckte Gewinnausschüttung anzunehmen (§ 8 Abs. 7 Satz 1 Nr. 2 KStG).

BEISPIEL

An einer GmbH sind die Gemeinde A zu 51 % und ein privater Dritter D zu 49 % beteiligt. Die GmbH betreibt zum einen ÖPNV mit Jahresverlusten von 1.000 € und daneben die Stromversorgung mit Jahresgewinnen von 10.000 €.

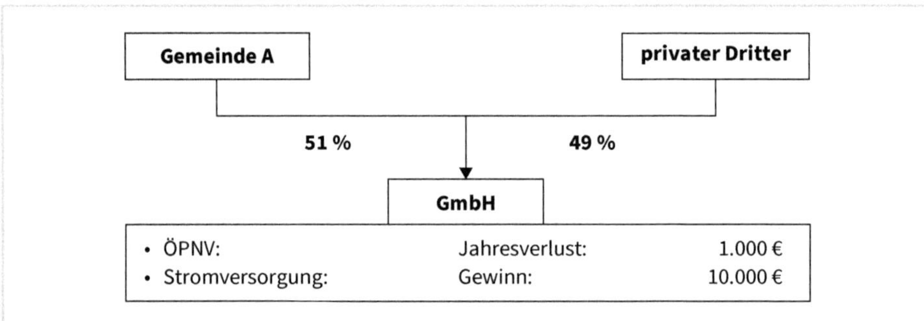

LÖSUNG Damit bei der GmbH § 8 Abs. 7 KStG angewendet werden kann, muss sich die Gemeinde A verpflichten, den jährlich rechnerisch auf D entfallenden Verlustanteil aus dem Dauerverlustgeschäft ÖPNV i. H. v. 490 € zu tragen, z. B. durch Einlagen. Leistet sie diese Einlagen, dürfen diese im Falle einer Liquidation nicht an A, sondern nur an D ausgekehrt werden.

§ 8 Abs. 7 Satz 2 KStG enthält eine abschließende Aufzählung der Gründe, aus denen ein kostendeckendes Entgelt nicht erhoben wird. Die begünstigten wirtschaftlichen Geschäfte müssen den folgenden Bereichen zuzurechnen sein, denen die genannten Betätigungen beispielhaft zuzuordnen sind:

- Verkehrsbereich (z. B. ÖPNV, Flughafenbetriebe, Parkraumbewirtschaftung, Hafen- und Fährbetriebe),
- Umweltbereich (z. B. Gewerbemüllentsorgung, soweit nicht hoheitlich),
- Sozialbereich (z. B. Kindergärten, Tageseinrichtungen für Kinder, Einrichtungen der Jugend- und Erwachsenenhilfe, Senioreneinrichtungen),
- Kulturbereich (Bibliotheken, Zoologische Gärten, Museen, kulturelle Ausstellungen, Kinos, Opern, Theater, Bühnen),
- Bildungsbereich (Schulen und Kurstätigkeit von Kammern – soweit nicht hoheitlich – oder Volkshochschulen),
- Gesundheitsbereich (Krankenhäuser, Bäder, Kuranlagen, Sportanlagen).

Die Begünstigung setzt voraus, dass die Kapitalgesellschaft die Geschäfte selbst tätigt. Überlässt die Kapitalgesellschaft nur Wirtschaftsgüter an Dritte, damit diese vergleichbare Geschäfte tätigen können, liegt grundsätzlich bei der Kapitalgesellschaft kein begünstigtes Geschäft vor (z. B. die Überlassung einer Multifunktionshalle an verschiedene Veranstalter).

Übt die Kapitalgesellschaft Tätigkeiten aus, die bei der jPöR zu einem Hoheitsbetrieb gehören würden und erzielt daraus Dauerverluste, ist gem. § 8 Abs. 7 Satz 2 HS 2 KStG die Rechtsfolge der vGA nicht zu ziehen. Denn hoheitliche Tätigkeiten führen, werden sie durch jPöR selbst ausgeübt, nicht zu einem BgA (vgl. § 4 Abs. 5 Satz 1 KStG) und Verluste im Rahmen dieser Tätigkeit sind folglich für die jPöR steuerlich irrelevant. Unter § 8 Abs. 7 Satz 2 HS 2 KStG fällt z. B. das Schulschwimmen in einem von der Kapitalgesellschaft betriebenen öffentlichen Bad. Von der Sonderregelung erfasst sind nur »hoheitliche« Tätigkeiten, die die Kapitalgesellschaft selbst ausübt.

Werden mehrere BgA in einer Eigengesellschaft zusammengefasst und findet auf die Eigengesellschaft § 8 Abs. 7 Satz 1 Nr. 2 KStG Anwendung, so ist gem. § 8 Abs. 9 KStG eine Spartenrechnung vorzunehmen. Voraussetzung für die Anwendbarkeit des § 8 Abs. 9 KStG ist folglich, dass eine Eigengesellschaft i. S. d. § 8 Abs. 7 Satz 1 Nr. 2 KStG vorliegt und diese mindestens zwei Tätigkeiten (davon ein Dauerverlustgeschäft) ausübt. Damit wird verhindert, dass ein Gewinn- und Verlustausgleich zwischen Tätigkeiten erfolgt, die – würde die jPöR diese selbst ausüben – nicht verrechenbar wären.

Für die Spartenzuordnung sind zunächst die **»hoheitlichen« Dauerverlustgeschäfte** i. S. d. § 8 Abs. 7 Satz 2 HS 2 KStG **jeweils einer gesonderten Sparte** zuzuordnen (§ 8 Abs. 9 Satz 1 Nr. 1 KStG). Eine Zusammenfassung dieser »hoheitlichen« Tätigkeiten scheidet aus.

Danach sind die Tätigkeiten, die entweder nach § 4 Abs. 6 Satz 1 KStG zusammenfassbar sind (unabhängig davon, ob es sich um Dauerverlustgeschäfte oder Gewinngeschäfte handelt) oder übrige Dauerverlustgeschäfte (keine »hoheitlichen« Dauerverlustgeschäfte), nach Maßgabe des § 4 Abs. 6 Satz 1 EStG jeweils einer gesonderten Sparte zuzuordnen (§ 8 Abs. 9 Satz 1 Nr. 2 KStG).

Alle übrigen Tätigkeiten sind einer einheitlichen Sparte zuzuordnen (Sparte i. S. d. § 8 Abs. 9 Satz 1 Nr. 3 KStG). In diese Sparte sind auch Geschäfte einzuordnen, die – ohne Dauerverlustgeschäfte zu sein – in einzelnen Wirtschaftsjahren Verluste bzw. Anlaufverluste erzielen.

Für jede sich hiernach ergebende Sparte ist der Gesamtbetrag der Einkünfte getrennt zu ermitteln (§ 8 Abs. 9 Satz 2 KStG). Nach § 8 Abs. 9 Satz 4 KStG darf keine Verlustverrechnung zwischen den einzelnen Sparten vorgenommen werden. Die allgemeinen Verwaltungs- und Servicekosten (z. B. Kosten für Buchführung oder Beratung) oder vergleichbare Kosten der Kapitalgesellschaft sind den einzelnen Sparten sachgerecht zuzuordnen (BMF vom 12.11.2009, BStBl I 2009, 1303).

BEISPIEL

Im VZ 01 betreibt die Kapitalgesellschaft ein Theater mit einem Verlust von 30, in den Stadtteilen A und B jeweils ein Bad mit Verlusten von 30 bzw. 40, ein BHKW, das aus der Stromgewinnung einen Überschuss von 120 erzielt, den ÖPNV mit einem Verlust von 160, ein reines Schulschwimmbad mit einem Verlust von 40, die Hausmüllentsorgung mit einem Gewinn von 10, die Grundstücksverwertung mit einem Gewinn von 30 und erstmals eine EDV-Servicetätigkeit mit einem Anlaufverlust von 5.

LÖSUNG Die Tätigkeiten der Eigengesellschaft sind zwingend folgenden Sparten zuzuordnen:

- Sparte »Schulschwimmbad« (Verlust 40) als »hoheitliches« Dauerverlustgeschäft,
- Sparte »Theater« (Verlust 30) als Dauerverlustgeschäft,
- Sparte »Bäder A und B« (Verlust 70) als gleichartig zusammengefasste Tätigkeiten,

- Sparte »Stromversorgung/Verkehrsbetrieb« (Verlust 40) als auf Grund § 4 Abs. 3 KStG zusammengefasste Tätigkeiten,
- Sparte »übrige Tätigkeiten«, bestehend aus der mit Gewinnerzielungsabsicht betriebenen Tätigkeit der Hausmüllentsorgung, der Grundstücksverwertung und der EDV-Servicetätigkeit (Gewinn 35).

Die Verluste der vier Verlustsparten sind gesondert festzustellen. Der Gewinn aus der Sparte »übrige Tätigkeiten« ist bei der Einkommensermittlung der Gesellschaft für den VZ 01 zu berücksichtigen.

bb) Beteiligung an Personengesellschaften

Nach dem BFH-Urteil vom 25.03.2015 (I R 52/13, BStBl II 2016, 172) begründet die **Beteiligung an einer gewerblich tätigen Mitunternehmerschaft immer einen BgA.** Dies gilt selbst dann, wenn die Tätigkeit bei den jPöR keine BgA darstellen würde (ebenso BFH, Urteil vom 18.01.2023 (I R 16/19, BStBl II 2023, 1096):

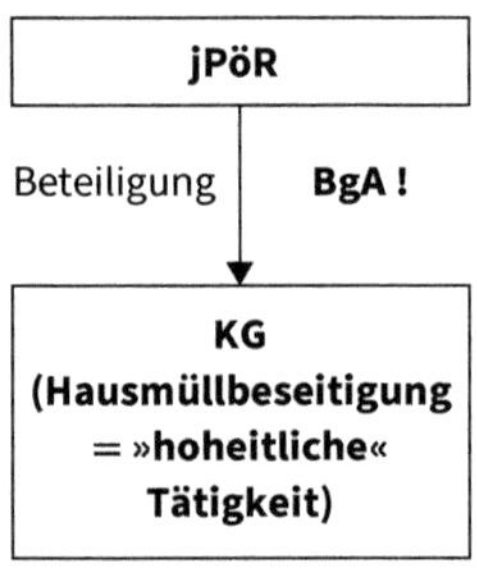

Nach dem **BMF-Schreiben vom 21.06.2017 (BStBl I 2017, 880)** gelten folgende Grundsätze:

- JPöR sind nur mit ihren BgA jeweils unbeschränkt körperschaftsteuerpflichtig (§ 1 Abs. 1 Nr. 6 KStG).
- Aus der Beteiligung an der Personengesellschaft resultiert bei der beteiligten jPöR auf Grund des § 4 KStG nur dann ein BgA, soweit die Einkünfte der Personengesellschaft nicht vermögensverwaltend oder land- und forstwirtschaftlich sind.
- Dies gilt unabhängig von der Rechtsform der Personengesellschaft.
- Auch der Umstand, dass an der Personengesellschaft nur jPöR beteiligt sind, hat hierauf keinen Einfluss.
- Außerdem sind in diesem BMF-Schreiben neben Grundsätzen zur Einkommensermittlung auch Einzelheiten zur gesonderten und einheitlichen Feststellung dargestellt.

BEISPIEL

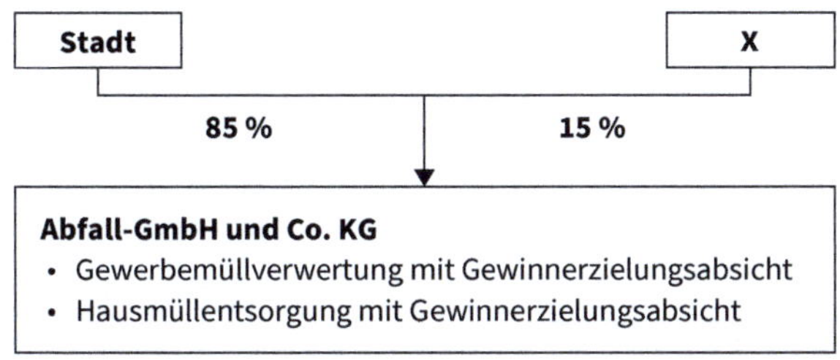

LÖSUNG Bei der Stadt A liegen zwei Mitunternehmer-BgA vor (BgA »Gewerbemüllverwertung« und BgA »Hausmüllentsorgung«)

Dies gilt unabhängig davon, dass die Hausmüllentsorgung, sofern von der Stadt A selbst ausgeübt, eine hoheitliche Tätigkeit darstellt und deshalb keine BgA begründen würde.

Exkurs: Übertragung von Anteilen an einer Kapitalgesellschaft auf einen Betrieb gewerblicher Art

Die Einlage einer Beteiligung an einer Kapitalgesellschaft in einen Betrieb gewerblicher Art zur besseren Kapitalausstattung und zur Minderung von laufenden Verlusten ist steuerlich grundsätzlich möglich. Die Beteiligung kann in diesem Fall nach R 4.2 Abs. 1 EStR als gewillkürtes Betriebsvermögen behandelt werden.

Aber: Ohne eine Einlage würden Dividendeneinkünfte bei der Körperschaft des öffentlichen Rechts der beschränkten Steuerpflicht nach § 2 Nr. 2 Satz 1 KStG unterliegen. In diesem Fall wäre die Körperschaftsteuer durch den Kapitalertragsteuerabzug abgegolten, vgl. § 32 Abs. 1 Nr. 2 KStG und Tz. 11 des BMF-Schreibens zu § 8b KStG vom 28.04.2003 (BStBl I 2003, 292). Nach § 44a Abs. 8 Satz 1 Nr. 2 EStG wäre der Kapitalertragsteuerabzug nur in Höhe von drei Fünfteln vorzunehmen.

BEISPIEL

Einlage von Aktien in BgA
Eine Gemeinde besitzt 3000 Aktien der NWS-AG (Beteiligung unter 10%). 2000 Aktien werden vom Stadtkämmerer im Rahmen der nicht gewerblichen Vermögensverwaltung verwaltet, 1000 Aktien sind beim Eigenbetrieb Schwimmbad aktiviert. Im VZ 2023 wurde eine Dividende i. H. v. insgesamt 30000 € ausgeschüttet (Hinweis: SolZ ist zu vernachlässigen).

Der laufende vorläufige Verlust des Schwimmbads im VZ 2023 betrug 80000 €. Der Leiter der Schwimmbadverwaltung verkaufte deshalb am 01.12.2023 die 1000 Aktien, die 10000 € gekostet hatten, für 70000 €.

LÖSUNG 2000 Aktien gehören zur Vermögensverwaltung (Dividende 20000 €) und unterliegen nach § 2 Nr. 2 KStG der beschränkten KSt-Pflicht. Der KapSt-Abzug nach § 44a Abs. 8 Satz 1 Nr. 2 EStG ist im Falle des § 2 Nr. 2 KStG unabhängig von einer etwaigen Steuerbefreiung nach § 8b Abs. 1 KStG vorzunehmen (hier: drei Fünftel von 25% = 15% von 20000 € = 3000 €). Dieser hat nach § 32 Abs. 1 Nr. 2 KStG abgeltende Wirkung (vgl. BMF zu § 8b KStG vom 28.04.2003, BStBl I 2003, 292, Tz. 11).

Soweit die Dividende auf den BgA Schwimmbad entfällt (i. H. v. 1000 Aktien = Dividende 10000 €), liegen i. H. v. 10000 € Betriebseinnahmen vor. Diese sind wegen § 8b Abs. 4 KStG in voller Höhe steuerpflichtig (d. h. es erfolgt keine außerbilanzmäßige Abrechnung). Die KapSt i. H. v. 2500 € (25 % von 10000 €) kann im Rahmen der KSt-Veranlagung 2023 für den BgA Schwimmbad voll angerechnet werden.

Der Gewinn aus dem Aktienverkauf i. H. v. 60000 € (1000 Aktien im Betriebsvermögen des Schwimmbads) ist ebenfalls eine Betriebseinnahme. Dieser Gewinn ist nach § 8b Abs. 2 i. V. m. Abs. 3 Satz 1 KStG im Ergebnis zu 95 % steuerfrei (außerbilanzmäßige Abrechnung im VZ 2023 i. H. v. 57000 €).

Das zvE 2023 des BgA Schwimmbad beläuft sich deshalb auf insgesamt ./. 67000 € (./. 80000 € + 10000 € + 60000 € ./. 57000 €).

Zu c): Einnahmeerzielungsabsicht
Wie beim Unternehmerbegriff im USt-Recht ist **keine** Gewinnerzielungsabsicht (§ 4 Abs. 1 Satz 2 KStG), sondern lediglich Einnahmeerzielungsabsicht erforderlich. (Vgl. § 8 Abs. 1 Satz 2 KStG.)

Zu d): Wirtschaftliche Heraushebung innerhalb der Gesamtbetätigung (R 6 Abs. 5 KStR)
Die wirtschaftliche Heraushebung innerhalb der Gesamtbetätigung liegt vor bei Ausstattung mit gewisser wirtschaftlicher Selbständigkeit. Das bedeutet, dass die Betätigung von einigem wirtschaftlichen Gewicht sein muss (H 4.1 [Wirtschaftliches Gewicht] KStH).

Zur Vermeidung von Abgrenzungsschwierigkeiten enthält R 4.1 Abs. 5 Satz 4 KStR eine betragsmäßige Grenze: Nur **bei nachhaltigem Übersteigen eines Jahresumsatzes von 45000 €** liegt ein Betrieb gewerblicher Art vor (Regelvermutung).

Dagegen kommt es für das Gewicht der ausgeübten Tätigkeit weder auf das im BFH vom 11.01.1979 BStBl II 1979, 746 angesprochene Verhältnis der Einnahmen aus der wirtschaftlichen Tätigkeit zum Gesamthaushalt der juristischen Person des öffentlichen Rechts noch auf das im BFH vom 14.04.1983 BStBl II 1983, 491 angesprochene Verhältnis der Einnahmen aus der wirtschaftlichen Tätigkeit zu einem bestimmten Teil des Gesamthaushalts der juristischen Person des öffentlichen Rechts an (R 4.1 Abs. 5 Satz 3 KStR).

Zu e): Keine Land- und Forstwirtschaft
Auch die **Verpachtung** eines land- und forstwirtschaftlichen Betriebs begründet **keinen** Betrieb gewerblicher Art (R 6 Abs. 4.1 Satz 3 KStR).

3.1.6.2.2 Unmaßgebliche Merkmale (§ 4 Abs. 1 Satz 2 KStG)
Unmaßgebliche Merkmale sind:
a) Gewinnerzielungsabsicht (s. o.),
b) Beteiligung am allgemeinen wirtschaftlichen Verkehr.

Zu b): Auch ohne Auftreten Dritten gegenüber auf dem freien Markt kommt es zu einer Konkurrenz mit den Unternehmen des freien Marktes durch die so genannten Selbstversorgungsbetriebe wie hauseigene Druckereien oder Beschaffungsstellen.

Dadurch, dass diese Betriebe ihre Lieferungen und Leistungen fast ausschließlich ihrem Träger gegenüber erbringen, entziehen sie dem freien Markt Nachfrage in Form des Bedarfs des öffentlich-rechtlichen Trägers. Trotzdem ist für diese Betriebe ein Einkommen zu ermitteln (Klarstellung in § 8 Abs. 1 Satz 2 KStG). Demnach sind auch Verluste steuerrelevant und nicht etwa »Liebhaberei«.

Reine Selbstversorgungsbetriebe (d. h. Betriebe ohne oder nur mit geringfügigen Umsätzen an Dritte) werden jedoch nach BMF vom 07.10.1974 BStBl I 1974, 911 aus Vereinfachungsgründen **nicht** als Betriebe gewerblicher Art behandelt, da sie in der Regel keinen Überschuss erwirtschaften.

3.1.6.3 Versorgungsbetriebe (§ 4 Abs. 3 KStG)

Zu den Betrieben gewerblicher Art zählen nach § 4 Abs. 3 KStG auch die so genannten Versorgungsbetriebe (Versorgung der Bevölkerung mit Wasser, Gas, Elektrizität, Wärme; öffentlicher Verkehr und Hafenbetrieb).

Der Grund für diese Einbeziehung in die Besteuerung ist ebenfalls in der Konkurrenzsituation zur freien Wirtschaft zu sehen. Wird aber ein Betrieb gewerblicher Art (z. B. Versorgungsbetrieb) in privatrechtlicher Form geführt (z. B. Stadtwerke GmbH), erfolgt die Besteuerung nach den für diese Rechtsform geltenden Vorschriften (vgl. R 4.1 Abs. 7 KStR).

3.1.6.4 Betriebe gewerblicher Art als juristische Personen des öffentlichen Rechts (§ 4 Abs. 2 KStG)

Ein Betrieb gewerblicher Art ist auch unbeschränkt steuerpflichtig, wenn er selbst eine juristische Person des öffentlichen Rechts ist.

> **BEISPIEL**
>
> Kreis-, Stadt- und Verbandssparkassen sind trotz kommunaler Gewährsträgerschaft selbst juristische Personen des öffentlichen Rechts. Da ihr Tätigkeitsfeld durch das Sparkassengeschäft ausgefüllt wird, können sie sich nicht darauf berufen, dass Körperschaften des öffentlichen Rechts als solche nicht unter das KStG fallen.

3.1.6.5 Verpachtung von Betrieben gewerblicher Art (§ 4 Abs. 4 KStG)

Im Wege der Anpassung des BMF-Schreibens vom 12.11.2009 nimmt die Finanzverwaltung an, dass **kein** Verpachtungs-BgA vorliegt, wenn eine jPöR einen BgA zwar gegen Entgelt verpachtet, der Pächter aber einen Zuschuss mindestens in Höhe der Pacht erhält (Rz. 15a). Dies gilt, wenn zwischen der Pacht und dem Zuschuss eine rechtliche und tatsächliche Verknüpfung besteht; es mangelt dann an einer entgeltlichen Verpachtung (vgl. BMF vom 15.12.2021, BStBl I 2021, 2483).

> **BEISPIEL**
>
> Die Verpachtung einer gemeindeeigenen Gaststätte samt Inventar (»Ratskeller«) begründet z.B. einen Betrieb gewerblicher Art, wenn sie keinerlei Zuschuss von der Gemeinde erhält.

Wichtig: Nach R 4.1 Abs. 5 Sätze 6 und 7 KStR kommt es in den Fällen der Verpachtung eines Betriebs gewerblicher Art für die Beurteilung, ob beim Verpächter ein Betrieb gewerblicher Art vorliegt, **nicht auf die Pachteinnahmen**, sondern auf die **Umsätze des Pächters** an.

Verpachtungsbetriebe können **nicht** durch Aufgabeerklärung entsprechend den für die Verpachtung von Betrieben natürlicher Personen geltenden Grundsätzen (vgl. § 16 Abs. 3b

EStG, R 16 Abs. 5 EStR) »aufgegeben« werden, sondern nur durch Einstellung oder Veräußerung des Betriebs; vgl. BFH vom 11.01.1979 BStBl II 1979, 716; hierzu H 4.3 (Aufgabe des Verpachtungsbetriebs) KStH.

3.1.6.6 Hoheitsbetriebe (§ 4 Abs. 5 KStG; R 4.4 KStR)

Der wirtschaftliche Charakter fehlt einer Tätigkeit jedoch stets dann, wenn mit ihr überwiegend öffentliche Gewalt ausgeübt wird.

Diese Betätigungen heißen Hoheitsbetriebe. Ausübung der öffentlichen Gewalt ist eine Erfüllung **öffentlich-rechtlicher Aufgaben,** die aus der **Staatsgewalt** abgeleitet sind und **staatlichen Aufgaben** dienen (H 4.4 [Hoheitsbetrieb] KStH). Öffentliche Gewalt ist insbesondere anzunehmen, wenn für den Leistungsempfänger Annahmepflicht auf Grund gesetzlicher oder behördlicher Anordnung besteht. Andererseits reichen Zwangs- und Monopolrechte für sich allein noch nicht aus (§ 4 Abs. 5 Satz 2 KStG). Entscheidend ist die Verwirklichung der gesetzlich übertragenen Funktion durch hoheitliche Mittel (vgl. BFH vom 30.06.1988 BStBl II 1988, 910).

Typische Hoheitsbetriebe sind z. B. Friedhöfe (beschränkt auf das Bestattungswesen), Straßenreinigung, Abwasserableitung. Die Abfallentsorgung ist eine hoheitliche Tätigkeit (R 4.5 Abs. 6 KStR); zum Umfang vgl. BMF vom 13.03.1987 BStBl I 1987, 373. Zu Müllverbrennungsanlagen vgl. BMF vom 26.07.1982 DB 1982, 1701.

Wegen der Abgrenzung in weiteren Einzelfällen vgl. R 4.5 KStR und H 4.5 KStH.

3.1.6.7 Abgrenzung der Hoheitsbetriebe von Wirtschaftsbetrieben

Die verschiedenen Tätigkeiten einer juristischen Person des öffentlichen Rechts sind für sich zu beurteilen.

Wirtschafts- und Hoheitsbereich sind für Besteuerungszwecke zu trennen.

Juristische Person des öffentlichen Rechts	
Hoheitsbereich Ausübung der öffentlichen Gewalt durch Erfüllung öffentlich-rechtlicher Aufgaben	**Wirtschaftlicher Bereich** Tätigkeitsfeld, das sich nicht wesentlich von der Tätigkeit von Unternehmern auf dem freien Markt unterscheidet und in Konkurrenzsituation zum freien Markt steht (H 4.4 [Hoheitsbetrieb – Ausübung öffentlicher Gewalt] KStH)
Kein(e) Betrieb(e) gewerblicher Art	**Betrieb(e) gewerblicher Art**
Keine KSt-Pflicht der juristischen Person des öffentlichen Rechts (kein § 1 Abs. 1 Nr. 1 und 6 KStG)	**Unbeschränkte KSt-Pflicht der juristischen Person des öffentlichen Rechts** (§ 1 Abs. 1 Nr. 6 KStG) hinsichtlich jedes Betriebs gewerblicher Art

Enthält eine Tätigkeit nebeneinander Elemente des hoheitlichen und wirtschaftlichen Bereichs, ist keine Aufteilung vorzunehmen, sondern eine Zuordnung zu dem Bereich, dessen Merkmale nach ihrer Gewichtigkeit überwiegen (H 4.1 [Überwiegende Zweckbestimmung] KStH).

3.1.6.8 Einzelfragen zur Gewinn- und Einkommensermittlung bei BgA

3.1.6.8.1 BFH-Urteil vom 15.01.2015 (I R 48/13) zu gemischt veranlassten Aufwendungen

Für die Berücksichtigung von Betriebsausgaben gelten die allgemeinen Grundsätze zur betrieblichen Veranlassung gem. § 8 Abs. 1 KStG i.V.m. § 4 Abs. 4 EStG. Sind Betriebsausgaben demnach ausschließlich im BgA entstanden, können sie auch bei diesem abgezogen werden. Schwierigkeiten bereiten allerdings gemischt veranlasste Aufwendungen, die sowohl mit dem BgA als auch mit dem hoheitlichen Bereich der jPöR im Zusammenhang stehen.

Nach R 8.2 Abs. 3 Satz 1 KStR sind Aufwendungen der jPöR, die dieser aus der Unterhaltung des BgA erwachsen, auch ohne besondere Regelung in angemessenem Umfang als Betriebsausgaben des BgA abziehbar. Trägt der BgA Aufwendungen, die sowohl mit dem BgA als auch mit dem hoheitlichen Bereich der jPöR im Zusammenhang stehen, und lassen sich diese Aufwendungen trennen, ist aufzuteilen. Der durch den BgA veranlasste Teil ist als Betriebsausgaben abzugsfähig. Übernimmt der BgA auch die dem hoheitlichen Bereich zuzuordnenden Kosten, sind hierfür verdeckte Gewinnausschüttungen an die Trägerkörperschaft anzunehmen.

Die Frage, ob entstehende Aufwendungen dem steuerpflichtigen oder steuerbefreiten Bereich zuzuordnen sind, stellt sich bei jPöR genauso wie bei gemeinnützigen Körperschaften des privaten Rechts. Deshalb ist es u.a. nach der Verfügung der OFD Münster vom 29.04.2005, S 2729–199-St 13–33, gerechtfertigt, die Grundsätze des BFH-Urteils vom 27.03.1991, BStBl II 1991, 103 (»Gewichtungstheorie«) auch bei der Zuordnung von Ausgaben zum hoheitlichen Bereich bzw. zu den BgA anzuwenden, wenn keine Aufteilung der Aufwendungen nach objektiven Maßstäben möglich ist. Aber: Nach dieser »Gewichtungstheorie« können Aufwendungen nicht dem BgA zugeordnet werden, wenn diese auch ohne den BgA entstanden wären.

Nach dem BFH-Urteil vom 15.01.2015 (I R 48/13, BStBl II 2015, 713) können vorrangig durch den ideellen (außersteuerlichen) Bereich eines Sportvereins veranlasste Aufwendungen, die durch einen Gewerbebetrieb mitveranlasst sind, anteilig dem gewerblichen Bereich zuzuordnen sein (Änderung der Rechtsprechung). Die gewerbliche Mitveranlassung kann aber nur berücksichtigt werden, wenn objektivierbare zeitliche oder quantitative Kriterien für die Abgrenzung der Veranlassungszusammenhänge vorhanden sind. Sind die ideellen und gewerblichen Beweggründe untrennbar ineinander verwoben, ist nur der primäre Veranlassungszusammenhang zu berücksichtigen.

3.1.6.8.2 Gemischt genutzte Wirtschaftsgüter des BgA und des hoheitlichen Bereichs

Nach H 8.2 »Betriebsvermögen« KStH gelten für die Begrifflichkeit des notwendigen Betriebsvermögens die Regelungen der R 4.2 EStR entsprechend.

Wesentliche Betriebsgrundlagen des BgA sind auch ohne entsprechende Widmung stets als notwendiges Betriebsvermögen des BgA zu behandeln (BFH vom 14.03.1984, I R 223/80, BStBl II 1984, 496). Wesentliche Betriebsgrundlagen des BgA können deshalb nicht Gegenstand eines steuerlich anzuerkennenden Überlassungsvertrags der Trägerkörperschaft an den BgA sein. Bei gemischter Nutzung eines Wirtschaftsgutes, das kein Grundstück oder Grundstücksteil ist, liegt notwendiges Betriebsvermögen vor, wenn die betriebliche Nutzung mehr als 50% beträgt.

Die Annahme von Betriebsvermögen des BgA ist ausgeschlossen, wenn das Wirtschaftsgut zum Hoheitsvermögen der Trägerkörperschaft gehört. Die Zugehörigkeit zum Hoheitsvermögen ist entsprechend den Regelungen in R 4.2 Abs. 1 Satz 5 EStR zu prüfen. Danach gehört das Wirtschaftsgut bei gemischter Nutzung zum Hoheitsvermögen, wenn es zu mehr als 90% hoheitlich genutzt wird und kein Grundstück oder Grundstücksteil ist.

Auch die Annahme von gewillkürtem Betriebsvermögen ist bei BgA entsprechend den Regelungen in R 4.2 Abs. 1 Satz 3 und 6 EStR möglich. Als gewillkürtes Betriebsvermögen können Wirtschaftsgüter behandelt werden, die in einem gewissen objektiven Zusammenhang mit dem Betrieb stehen und ihn zu fördern bestimmt und geeignet sind. In Betracht kommen damit Wirtschaftsgüter, die weder zum notwendigen Betriebsvermögen des BgA gehören noch Hoheitsvermögen darstellen. Eine Zuordnung zum gewillkürten Betriebsvermögen ist bei einer betrieblichen Nutzung von mind. 10%–50% möglich. Erforderlich ist allerdings eine Dokumentation der Zuordnung zum Betriebsvermögen des BgA. Bei bilanzierenden BgA geschieht dies über den Ausweis in der Bilanz; zu BgA mit Einnahmen-Überschuss-Rechnung, vgl. BMF vom 17.11.2004, BStBl I 2004, 1064.

Werden Wirtschaftsgüter gemischt genutzt und gehören die Wirtschaftsgüter zum Betriebsvermögen des BgA (nach R 4.2 Abs. 1 Satz 1 und 4 EStR), sind die Aufwendungen einschließlich AfA, soweit sie der hoheitlichen Nutzung zuzurechnen sind, keine Betriebsausgaben (vgl. R 4.7 Abs. 1 Satz 1 EStR). Diese Aufwendungen sind (außerbilanziell) zu neutralisieren.

Werden Wirtschaftsgüter gemischt genutzt und gehören die Wirtschaftsgüter zum Hoheitsvermögen (nach R 4.2 Abs. 1 Satz 5 EStR), sind die Aufwendungen einschließlich AfA, soweit sie der Nutzung des BgA zuzurechnen sind, als Betriebsausgaben im BgA zu erfassen (vgl. R 4.7 Abs. 1 Satz 2 EStR).

Bei gemischt genutzten Gebäuden gilt gem. R 4.2 Abs. 3 Satz 1 i.V.m. Abs. 4 EStR jedes Gebäudeteil, das nicht in einem einheitlichen Nutzungs- und Funktionszusammenhang steht, als selbständiges Wirtschaftsgut. Die Anschaffungs- oder Herstellungskosten des gesamten Gebäudes sind grds. im Verhältnis der Nutzflächen der einzelnen Gebäudeteile zur Nutzfläche des ganzen Gebäudes aufzuteilen. Die Vermietung eines Gebäudes oder Gebäudeteils durch den BgA zu hoheitlichen oder zu gemeinnützigen Zwecken gilt als fremdbetriebliche Nutzung (R 4.2 Abs. 4 Satz 3 EStR).

3.1.6.8.3 Verdeckte Gewinnausschüttung bei BgA und Vereinbarungen zwischen BgA und ihren Trägerkörperschaften

Aufgrund der Verselbständigung des BgA für steuerliche Zwecke können Regelungen zwischen der jPöR und dem BgA (z.B. Darlehen, Mietverträge, Konzessionsabgaben usw.) trotz mangelnder zivilrechtlicher Selbständigkeit anerkannt werden. Allerdings gilt dies nach R 8.2 Abs. 1 Satz 3 KStR nur, wenn die Regelungen klar und eindeutig sind und im Voraus vereinbart werden. Es gelten damit die gleichen Grundsätze, wie sie bei Alleingesellschaftern einer Kapitalgesellschaft Anwendung finden (H 8.2 »Vereinbarungen« KStH).

a) Miet- und Pachtverhältnisse:
Einschränkungen ergeben sich bei der Anerkennung von Miet- und Pachtverhältnissen zwischen der jPöR und dem BgA, wenn die zur Nutzung überlassenen Wirtschaftsgüter wesentliche Betriebsgrundlagen des BgA darstellen. Denn wesentliche Betriebsgrundlagen des BgA können nicht Gegenstand eines steuerlich anzuerkennenden Überlassungsvertrags der Trägerkörperschaft an den BgA sein (vgl. unter VI, Tz. 2). In diesen Fällen ist eine verdeckte Gewinnausschüttung anzunehmen. Überlässt der BgA ein Wirtschaftsgut im Rahmen eines grundsätzlich anzuerkennenden Miet- oder Pachtvertrages an die jPöR zu einem nicht unter fremden Dritten üblichen Entgelt, liegt eine verdeckte Gewinnausschüttung vor (R 8.5 Abs. 1 KStR).
b) Verzinsliche Darlehen:
Regelungen zwischen der jPöR und deren BgA über verzinsliche Darlehen sind steuerrechtlich nur anzuerkennen, soweit der BgA mit einem angemessenen Eigenkapital ausgestattet ist (vgl. R 8.2 Abs. 2 Satz 1 KStR). Ein Anhaltspunkt hierfür ist die Kapitalstruktur gleichartiger Unternehmen in privatrechtlicher Form (BFH vom 09.07.2003, I R 48/02, BStBl II 2004, 425). Nach Ansicht der Finanzverwaltung (vgl. R 8.2 Abs. 2 Satz 3 KStR) ist ein BgA grundsätzlich mit einem angemessenen Eigenkapital ausgestattet, wenn das Eigenkapital mindestens 30 % des Aktivvermögens beträgt. Daneben besteht aber die Möglichkeit unter Bezugnahme auf das o. g. Urteil, die Kapitalstruktur gleichartiger Betriebe der Privatwirtschaft heranzuziehen, um zu belegen, dass das angemessene Eigenkapital weniger als 30 % beträgt (vgl. H 8.2 »Angemessene Eigenkapitalausstattung« KStH). Wird eine geringere Eigenkapitalquote nicht nachgewiesen, ist ein von der jPöR gewährtes Darlehen insoweit als Eigenkapital zu behandeln mit der Folge, dass die hierfür geleisteten Zinsen als verdeckte Gewinnausschüttung gelten.
c) Unverzinsliche Darlehen:
Gewährt die jPöR ihrem BgA ein unverzinsliches Darlehen, ist dies als Eigenkapital zu behandeln (vgl. R 8.2 Abs. 2 Satz 6 KStR).
d) Überhöhte Konzessionsabgaben:
Werden überhöhte Konzessionsabgaben geleistet, liegt eine verdeckte Gewinnausschüttung vor.
e) Überführung von Wirtschaftsgütern:
Werden Wirtschaftsgüter (teilweise) unentgeltlich in einen anderen BgA derselben Trägerkörperschaft oder in den Hoheitsbereich der Trägerkörperschaft überführt, liegt eine verdeckte Gewinnausschüttung vor (vgl. H 8.2 [Überführung von Wirtschaftsgütern] KStH).
f) Nicht begünstigte dauerdefizitäre BgA:
Liegen die Voraussetzungen des § 8 Abs. 7 Satz 2 KStG nicht vor und übt der BgA ein Dauerverlustgeschäft aus, ist eine verdeckte Gewinnausschüttung anzunehmen.

3.1.6.9 Zusammenfassung von BgA

3.1.6.9.1 Grundsätze

BgA können gem. **§ 4 Abs. 6 KStG** mit einem oder mehreren anderen BgA zusammengefasst werden, wenn

- sie gleichartig sind (**Nr. 1**),
- zwischen ihnen nach dem Gesamtbild der tatsächlichen Verhältnisse objektiv eine enge wechselseitige technisch-wirtschaftliche Verflechtung von einigem Gewicht besteht (**Nr. 2**) oder
- BgA i. S. d. **§ 4 Abs. 3 KStG** (= Versorgungs- und Verkehrsbetriebe) vorliegen (**Nr. 3**).

Für die Anwendung von § 4 Abs. 6 KStG verlangt die **Finanzverwaltung keine organisatorische Verflechtung**, sondern lässt es ausreichen, dass zur Ausübung des steuerlichen Wahlrechts für den zusammengefassten BgA lediglich eine eigenständige Gewinnermittlung vorgenommen wird (BMF vom 12.11.2009 BStBl I 2009, 1303, Rz 1 Satz 5, Rz 3). Wegen hieran bestehender Zweifel hat der BFH mit Beschluss vom 31.01.2024 (V R 43/21, DStR 2024, 548) das BMF zum Beitritt in einem Revisionsverfahren aufgefordert.

BEISPIEL 1

Die Stadt A unterhält die zwei getrennt voneinander organisierten Bäder A und B. Die Bäder A und B bilden jeweils Einrichtungen i. S. d. § 4 Abs. 1 KStG, die jeweils einen BgA darstellen.

LÖSUNG Die Stadt kann die beiden BgA infolge ihrer Gleichartigkeit steuerlich nach § 4 Abs. 6 Satz 1 Nr. 1 KStG zu einem BgA zusammenfassen.

Ein BgA kann nach § 4 Abs. 6 Satz 2 KStG aber **nicht** mit einem **Hoheitsbetrieb** zusammengefasst werden. Im Einzelnen bedeutet dies:

- Die Zusammenfassung von Verpachtungsbetrieben ist nach R 4.2 Satz 3 KStR ausschließlich nach § 4 Abs. 6 Satz 1 Nr. 1 KStG zulässig. Entscheidend ist die jeweilige Tätigkeit des Pächters.
- Die jPöR hat ein Wahlrecht, ob und in welchem Umfang bestehende BgA steuerlich zusammengefasst werden oder eine Zusammenfassung beibehalten wird (vgl. BMF-Schreiben vom 12.11.2009, BStBl I 2009, 1303 Rn. 1).
- Sind BgA nach § 4 Abs. 6 KStG zusammengefasst worden, so kann dieser zusammengefasste BgA ggf. auch weiter mit einem anderen BgA zusammengefasst werden. Für die Zusammenfassung eines BgA mit einem anderen zusammengefassten BgA müssen die Zusammenfassungsvoraussetzungen nur zwischen diesem BgA und einem der »BgA« des zusammengefassten BgA vorliegen (Mitschlepptheorie). Für die Anwendbarkeit des § 4 Abs. 6 Satz 1 Nr. 2 KStG muss die Voraussetzung »von einigem Gewicht« jedoch im Verhältnis zum zusammengefassten BgA vorliegen (vgl. BMF vom 12.11.2009, BStBl I 2009, 1303 Rn. 5).

BEISPIEL 2

Die Gemeinde A unterhält drei Bäder (X, Y und Z) jeweils als eigenständige BgA. Über ein BHKW besteht zwischen dem Bad X und den Stadtwerken eine enge wechselseitige technisch-wirtschaftliche Verflechtung von einigem Gewicht.

LÖSUNG Die Bäder bilden jeweils einen eigenständigen BgA, die allerdings nach § 4 Abs. 6 Satz 1 Nr. 1 KStG zu einem Bäder-BgA zusammengefasst werden können, weil sie gleichartig sind. Die Stadtwerke stellen einen Versorgungs-BgA i. S. d. § 4 Abs. 3 KStG dar.

Eine enge wechselseitige technisch-wirtschaftliche Verflechtung von einigem Gewicht besteht nur zwischen den Stadtwerken und dem Bad X.

Ist diese Verflechtung zusätzlich zum zusammengefassten Bäder-BgA nach der Gesamtschau von einigem Gewicht, ist eine Zusammenfassung des Versorgungs-BgA mit dem Bäder-BgA nach § 4 Abs. 6 Satz 1 Nr. 2 KStG möglich **(Mitschlepptheorie)**.

BEISPIEL 3

Wie Beispiel 2a. Die Gemeinde A unterhält drei Bäder (X, Y und Z) jeweils als eigenständige BgA. Über ein BHKW besteht zwischen dem Bad X und den Stadtwerken eine enge wechselseitige technisch-wirtschaftliche Verflechtung von einigem Gewicht.

LÖSUNG Es könnten im ersten Schritt auch nur die BgA Bad Y und Z wegen Gleichartigkeit nach § 4 Abs. 6 Satz 1 Nr. 1 KStG zu einem Bäder-BgA zusammengefasst werden und daneben könnten die Stadtwerke mit dem BgA X nach § 4 Abs. 6 Satz 1 Nr. 2 KStG zu einem Versorgungs-Bad-BgA, aufgrund der engen wechselseitigen technisch-wirtschaftlichen Verflechtung von einigem Gewicht, zusammengefasst werden.

- Soll ein nach § 4 Abs. 6 Satz 1 Nr. 2 KStG zusammengefasster BgA nach § 4 Abs. 6 Satz 1 Nr. 3 KStG mit einem anderen BgA weiter zusammengefasst werden, setzt dies voraus, dass beide BgA als Verkehrs- oder Versorgungs-BgA anzusehen sind, d. h. von dem jeweiligen Tätigkeitsbereich geprägt sind.
- Soll ein nach § 4 Abs. 6 Satz 1 Nr. 2 oder 3 KStG zusammengefasster BgA nach § 4 Abs. 6 Satz 1 Nr. 1 KStG mit einem anderen BgA weiter zusammengefasst werden, setzt dies voraus, dass beide BgA als gleichartig anzusehen sind (vgl. BMF vom 12.11.2009, BStBl I 2009, 1303 Rn. 6).

BEISPIEL 4

Die Stadt verwaltet die Bäder A, B und C in einer Einrichtung i. S. d. § 4 Abs. 1 Satz 1 KStG. Am Bad A (ein großes Bad) ist ein kleines Blockheizkraftwerk errichtet. Zwischen diesem Großbad und dem Blockheizkraftwerk besteht eine enge wechselseitige technisch-wirtschaftliche Verflechtung von einigem Gewicht, bei dem wegen der unterschiedlichen Dimension der zusammengefassten Betriebe der Badbetrieb das Gepräge gibt. Daneben unterhält die Stadt einen Verkehrsbetrieb.

LÖSUNG Der Verkehrsbetrieb ist ein Verkehrs-BgA i. S. d. § 4 Abs. 3 KStG. Das Blockheizkraftwerk ist isoliert betrachtet ein Versorgungs-BgA i. S. d. § 4 Abs. 3 KStG. Beide BgA könnten deshalb nach § 4 Abs. 6 Satz 1 Nr. 3 KStG zusammengefasst werden.

Die Bäder bilden als Einrichtung einen einheitlichen BgA. Zu diesem Bäder-BgA besteht keine enge wechselseitige technisch-wirtschaftliche Verflechtung von einigem Gewicht. Diese besteht nur zum Großbad A und dem eigenständigen Versorgungs-BgA. Eine Zusammenfassung dieses Versorgungs-BgA nach § 4 Abs. 6 Satz 1 Nr. 2 KStG mit dem Großbad A wäre nur möglich, wenn es verwaltungsmäßig aus dem Bäder-BgA herausgelöst und zu einem eigenständigen BgA verselbständigt würde.

In diesem Fall würde der zusammengefasste Großbad-Blockheizkraftwerk-BgA nicht als Versorgungsbetrieb gelten, weil ihm der Bäderbereich das Gepräge gibt; eine Zusammenfassung mit dem Verkehrs-BgA nach § 4 Abs. 6 Satz 1 Nr. 3 KStG (**Kettenzusammenfassung**) scheidet dann aus.

- Ist infolge einer Zusammenfassung i. S. d. § 4 Abs. 6 KStG ein BgA entstanden, muss dieser BgA für die Anwendbarkeit des § 8 Abs. 7 KStG ein **Dauerverlustgeschäft** unterhalten (vgl. BMF vom 12.11.2009, BStBl I 2009, 1303 Rn. 22).

3.1.6.9.2 Verlustnutzungen bei zusammengefassten BgA (§ 8 Abs. 8 KStG)

Die Vorschriften des Verlustabzugs sind auf den jeweiligen BgA anzuwenden. Aus der zulässigen Zusammenfassung von BgA, die **nicht gleichartig** sind, entsteht ein neuer BgA, der Verlustvorträge, die im Einzelfall bei den bisherigen BgA vor Zusammenfassung festgestellt worden sind, nicht übernehmen kann (§ 8 Abs. 8 Satz 2 KStG). Diese Verlustvorträge sind erst wieder »nutzbar«, wenn die jPöR einen BgA, wie er bis zur Zusammenfassung bestand, künftig wieder unterhält. Entsprechendes gilt, wenn ein BgA, in dem nicht gleichartige Tätigkeiten zulässigerweise zusammengefasst worden sind, getrennt wird.

Wird einem BgA, in dem mehrere nicht gleichartige Tätigkeiten zusammengefasst sind, (z. B. ÖPNV und Hafenbetrieb) ein weiterer Tätigkeitsbereich (z. B. Wasserversorgung) zugeführt, liegt ein neuer BgA vor, der über keinen Verlustvortrag verfügt. Veränderungen innerhalb eines Tätigkeitsbereichs (z. B. Erweiterung des Verkehrsbetriebs von Bussen um Straßenbahnen) sind dagegen unschädlich (vgl. BMF vom 12.11.2009 BStBl I 2009, 1303 Rn. 64). Ein Rücktrag von Verlusten des zusammengefassten BgA auf die einzelnen BgA vor der Zusammenfassung ist nach § 8 Abs. 8 Satz 3 KStG ebenfalls unzulässig. Nach § 8 Abs. 8 Satz 5 KStG gelten die Einschränkungen des § 8 Abs. 8 Sätze 2–4 KStG nicht, wenn **gleichartige BgA** zusammengefasst oder getrennt werden.

3.1.6.10 Einkommensermittlung bei Betrieben gewerblicher Art (R 8.2 KStR)

Nach H 8.2, Einkunftsart, KStH, sind Einkünfte aus einem Betrieb gewerblicher Art stets als Einkünfte aus Gewerbebetrieb zu behandeln. Nach § 8 Abs. 1 Satz 2 KStG ist bei BgA i. S. d. § 4 KStG die Absicht, Gewinne zu erzielen und die Beteiligung am allgemeinen wirtschaftlichen Vorhaben nicht erforderlich. Dadurch wird ausdrücklich klargestellt, dass abweichend von den Grundsätzen zur »Liebhaberei« die auftretenden Verluste stets steuerlich relevant sind. Das zu versteuernde Einkommen des Betriebs gewerblicher Art unterliegt nach Abzug eines Freibetrags von 5000 € (§ 24 KStG) bei der Körperschaftsteuer einem Steuersatz i. H. v. 15 % (§ 23 Abs. 1 KStG).

Zu BgA und Kapitalertragsteuer vgl. BMF vom 28.01.2019, BStBl I 2019, 97.

Zur angemessenen Eigenkapitalausstattung von Betrieben gewerblicher Art (30 % des Aktivvermögens) vgl. R 8.2 Abs. 2 KStR und BFH vom 09.07.2003 (BStBl II 2004, 425).

BEISPIEL

zu R 8.2 Abs. 2 KStR

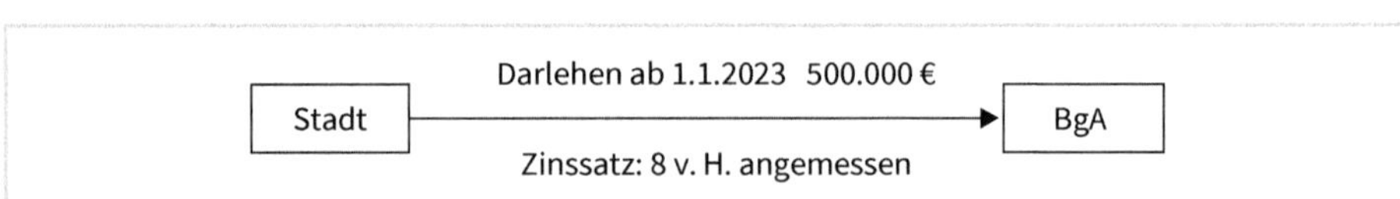

Das Aktivvermögen des BgA beträgt am 01.01.2023 1 Mio. €. Das tatsächliche Eigenkapital des BgA beläuft sich auf **200000 €.**

Das erforderliche Eigenkapital muss grundsätzlich mindestens **300000 € betragen (30% von 1 Mio. € nach R 8.2 Abs. 2 Satz 3 KStR)**. Es ergeben sich folgende steuerliche Auswirkungen:

- Die Zinsen für den Darlehensbetrag i. H. v. **400000 € = 32000 €** (8% von 400000 €) sind im VZ 2023 **abziehbare Betriebsausgaben**.
- Die Zinsen für den Darlehensbetrag i. H. v. **100000 €** (erforderliches Eigenkapital 300000 € ./. tatsächliches Eigenkapital 200000 €) = **8000 €** sind als **vGA** anzusehen und führen bei der Einkommensermittlung des BgA im VZ 2023 **nach § 8 Abs. 3 Satz 2 KStG zur außerbilanzmäßigen Einkommenskorrektur**.

VARIANTE:
Das Darlehen wird im VZ 2023 tatsächlich mit 10% verzinst (angemessen 8%).

In diesem Fall beträgt die **vGA beim BgA im VZ 2023**

- 8000 € (8% von 100000 € nach R 8.2 Abs. 2 KStR) und zusätzlich
- 10000 € (2% von 500000 € nach R 8.5 Abs. 1 KStR) insg. = 18000 €

Steuerliche Folgen:

- außerbilanzmäßige Einkommenskorrektur im VZ 2023 nach § 8 Abs. 3 Satz 2 KStG,
- KapSt (vgl. BMF vom 28.01.2019, BStBl I 2019, 97 Tz. 24).

Miet- und Pachtzinsen des BgA an die Trägerkörperschaft können steuerlich nur anerkannt werden, wenn die von der Trägerkörperschaft überlassenen Wirtschaftsgüter keine wesentlichen Grundlagen des Betriebs gewerblicher Art darstellen. Vgl. H 8.2, Miet- und Pachtverträge, KStH. Andernfalls würde das durch den Betrieb gewerblicher Art erzielte Einkommen um die Miet- oder Pachtzinsen gemindert und die Trägerkörperschaft müsste diese nicht versteuern, während ein Alleingesellschafter einer GmbH, der dieser wesentliche Betriebsgrundlagen verpachtet, nach den Grundsätzen der Betriebsaufspaltung die durch die Vermietung oder Verpachtung erzielten Einkünfte als Einkünfte aus Gewerbebetrieb versteuern muss.

BEISPIEL

zu H 8.2, Miet- oder Pachtverträge, KStH
Das Marktamt der Stadt Stuttgart erzielt aus der Vermietung von Marktständen in der Markthalle und bei Messen Einnahmen i.H.v. 90000 €. Als Aufwand wurden (einschließlich AfA für die Markthalle) 40000 € verbucht. Um den Marktbetrieb zu erweitern, überließ die Stadt zum 01.01.2023 dem Marktamt ein weiteres Grundstück samt Lagerhalle. Wert Grund und Boden: 300000 € Wert der Halle: 200000 €.

Die Halle (Baujahr 1990) wurde von der Stadt am 01.07.2021 zum Preis von 380000 € erworben.

LÖSUNG Die Vermietung der Marktstände in der Markthalle stellt einen BgA nach § 4 KStG dar. Dasselbe gilt auch für die Überlassung von Standplätzen gegen Entgelt auf Wochenmärkten (vgl. BFH vom 17.05.2000, BStBl II 2001, 558).

Nach H 8.2, Miet- oder Pachtverträge, KStH, wird die Lagerhalle (wesentliche Grundlage) notwendiges Betriebsvermögen des BgA. Die Zahlung einer Pacht durch den BgA an die Stadt wäre deshalb keine Betriebsausgabe, sondern eine verdeckte Gewinnausschüttung i.S.d. § 8 Abs. 3 Satz 2 KStG.

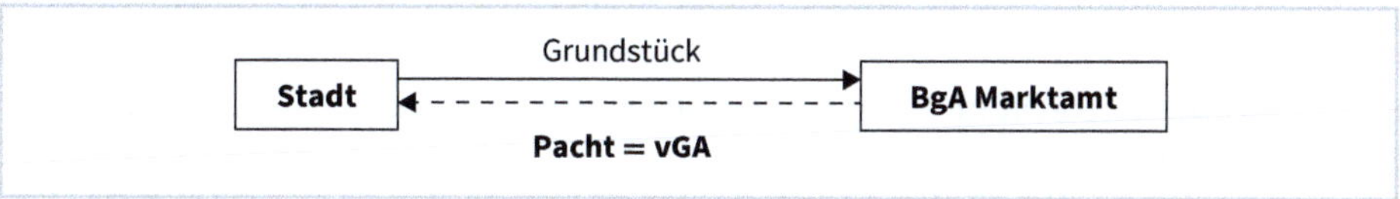

Da die Einlage innerhalb von 3 Jahren nach der Anschaffung durch die Stadt erfolgte, ist der Einlagewert nach § 6 Abs. 1 Nr. 5 Buchst. a EStG zu ermitteln. D.h. Anschaffungskosten 380000 € ./. 11400 € AfA von 2% im Hoheitsbereich für 1 1/2 Jahre = 368600 € Einlagewert. Im Betriebsvermögen des BgA beträgt deshalb die jährliche AfA nach § 7 Abs. 4 Nr. 1 EStG im VZ 2023 3% von 368600 € = 11058 €.

Dreiecksfall bei BgA: Werden Wirtschaftsgüter, die Betriebsvermögen eines Betriebs gewerblicher Art sind, ohne entsprechende Gegenleistung in einen anderen BgA überführt, ist dies im 1. Schritt als vGA des abgebenden BgA 1 in den Hoheitsbereich sowie im 2. Schritt als verdeckte Einlage bei dem aufnehmenden BgA 2 zu berücksichtigen (vgl. H 8.2, Überführung von WG, KStH).

BEISPIEL

Dreiecksfall bei BgA

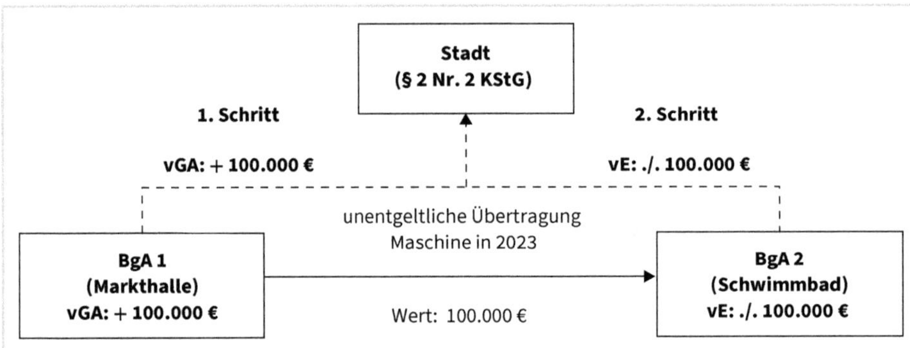

LÖSUNG Werden – wie hier – Wirtschaftsgüter ohne entsprechende Gegenleistung (unentgeltlich) von einem BgA in einen anderen BgA bzw. in das Hoheitsvermögen der Trägerkörperschaft überführt, ist darin eine vGA begründet (vgl. auch BFH vom 24.04.2002 BStBl II 2003, 412). D. h. beim BgA 1 ist im Rahmen der Einkommensermittlung für den VZ 2023 nach § 8 Abs. 3 Satz 2 KStG für die vGA eine außerbilanzmäßige Einkommenskorrektur i. H. v. 100 000 € erforderlich.

Dies führt bei der Trägerkörperschaft nach § 2 Nr. 2 KStG zur KapSt-Pflicht i. H. v. 15 % (§ 20 Abs. 1 Nr. 10 Buchst. b EStG i. V. m. § 43 Abs. 1 Nr. 7 Buchst. c EStG und § 43a Abs. 1 Nr. 2 EStG) und bei Überführung in der BgA 2 gleichzeitig zu einer verdeckten Einlage.

Beim BgA 2 ist die Einlage der Maschine im VZ 2023 gewinnerhöhend zu verbuchen (Maschine 100 000 € an Ertrag 100 000 €); dieser Ertrag ist als verdeckte Einlage bei der Einkommensermittlung 2023 nach § 8 Abs. 3 Satz 3 KStG wieder außerbilanzmäßig abzurechnen. Außerdem ergibt sich beim BgA 2 ein Zugang beim steuerlichen Einlagekonto zum 31.12.2018 i. H. v. 100 000 € (vgl. des BMF-Schreibens vom 28.01.2019 BStBl I 2019, 97 Tz. 42).

Die KapSt auf vGA entsteht gem. § 44 Abs. 6 Satz 2 EStG im Zeitpunkt der Bilanzfeststellung oder spätestens acht Monate nach Ablauf des Wirtschaftsjahres.

3.1.7 Das Optionsrecht für Personengesellschaften zur Körperschaftsteuer (§ 1a KStG)

3.1.7.1 Hintergrund

Mit der Einführung einer Option durch das Gesetz zur Modernisierung des Körperschaftsteuerrechts vom 25.06.2021 (BGBl I 2021, 2050) für Personenhandels- und Partnerschaftsgesellschaften (§ 1a KStG) besteht die Möglichkeit für die genannten Personengesellschaften, sich wie eine Körperschaft besteuern zu lassen. Am **10.11.2021** hat die Finanzverwaltung ihr **BMF-Schreiben (BStBl I 2021, 2212, nachfolgend als »BMF« bezeichnet**; die nachfolgend zitierten Randziffern beziehen sich auf dieses Schreiben) zur Auslegung der Regelung veröffentlicht.

Mit dem Gesetz zur Stärkung von Wachstumschancen, Investitionen und Innovation sowie Steuervereinfachung und Steuerfairness (**Wachstumschancengesetz**) sind zuletzt einige Änderungen verabschiedet worden (BGBl I 2024, Nr. 108). Der Anwendungsbereich des Optionsmodells nach § 1a KStG ist ausgeweitet worden (bisher »Personenhandels- und Partnerschaftsgesellschaften«), so dass ab 2024 **auch die eingetragene GbR** optieren kann (§ 1a Abs. 1 Sätze 1 bis 4 KStG). Außerdem ist auch in Fällen einer Neugründung sowie eines Formwechsels eine Optionsausübung möglich (§ 1a Abs. 1 Satz 7 Nr. 1 und 2 KStG). Bei der für eine Buchwertfortführung erforderlichen Miteinbringung von funktional wesentlichem Sonderbetriebsvermögen (vgl. §§ 1 und 25 UmwStG i. V. mit § 20 Abs. 1 und 2 UmwStG sowie Rz. 20.07 ff. UmwSt-Erlass) kann auf die Einbringung der Beteiligung an der Komplementärin verzichtet werden (§ 1a Abs. 2 Satz 2 Halbsatz 2 KStG). Damit soll allein die Zurückbehaltung der Beteiligung an der Komplementärin die steuerneutrale Ausübung der Option nicht ausschließen. Als weitere Maßnahme in Bezug auf die Ausschüttungsfiktion ist der Zufluss erst bei tatsächlicher Entnahme anzunehmen. Ein kapitalertragsteuerpflichtiger Zufluss soll demnach erst dann vorliegen, wenn die Beträge tatsächlich entnommen werden. Dies gilt auch bei beherrschenden Gesellschaftern.

Überblick über die gesetzliche Regelung in § 1a KStG

§ 1a Abs. ...	Aussagen
1	Grundsätze (Antrag unwiderruflich, begünstigte und nicht begünstigte Gesellschaften, Besteuerung wie eine Kapitalgesellschaft)
2	Übergang zur Körperschaftsbesteuerung = (fiktive) Einbringung nach § 20 UmwStG
3	Rechtsfolgen auf Gesellschafterebene (Beteiligung gilt als Beteiligung an einer Kapitalgesellschaft)
4	Rückoption = (fiktive) Umwandlung nach §§ 3 ff. UmwStG

3.1.7.2 Anwendungsbereich des Optionsmodels

Zugelassene Gesellschaften

Begünstigt sind Personenhandels- oder Partnerschaftsgesellschaften. Dies sind vor allem **OHG, KG und PartG** (mit oder ohne beschränkte Berufshaftung).

Nicht begünstigt war ursprünglich die **GbR**; mit dem Wachstumschancengesetz gehört die eingetragene GbR ab dem VZ 2024 (vgl. § 34 Abs. 1 KStG) auch zu den optionsfähigen Gesellschaften. Die nichteingetragene GbR, atypisch stille Gesellschaften, Erben- und Grundstücksgemeinschaften sind nicht begünstigt (auch nicht, wenn und soweit sie gewerbliche Einkünfte i. S. des EStG erzielen).

Auf die Frage, ob eine OHG oder KG aktiv gewerblich tätig ist, kommt es nicht an. Es können also auch rein vermögensverwaltende, aber **gewerblich geprägte Gesellschaften** optieren. Dies gilt auch für Besitzunternehmen einer **Betriebsaufspaltung**. Selbst Personenhandelsgesellschaften, die vermögensverwaltend und nicht gewerblich geprägt sind, können nach dem Gesetzeswortlaut optieren (also z.B. eine KG, die **ausschließlich Einkünfte aus V+V** erzielt).

Bei einer GmbH&Co. KG ist die Option auch dann möglich, wenn nur eine **einzige Person als Kommanditist** beteiligt ist und eine vermögensmäßige Beteiligung der Komplementär-GmbH nicht besteht; Rz. 2 BMF). Einzelunternehmen sind demgegenüber nicht begünstigt.

Für **ausländische Gesellschaften** bedarf es traditionell eines gesellschaftsrechtlichen Rechtstypenvergleichs. Dabei wird untersucht, ob sich die betreffende ausländische Gesellschaft gesellschaftsrechtlich mit einer inländischen Gesellschaftsform vergleichen lässt.

Ausdrücklich von der Optionsmöglichkeit ausgeschlossen sind **Investmentfonds** in der Rechtsform einer Personengesellschaft.

Nach § 1a Abs. 1 Satz 7 Nr. 2 KStG in der Fassung des Wachstumschancengesetzes ist es jetzt auch möglich, dass eine **Kapitalgesellschaft in eine optierende Personengesellschaft formwechselt;** dies stellt ertragsteuerlich einen Formwechsel eines Körperschaftsteuersubjekts in ein anderes Körperschaftsteuersubjekt dar. Voraussetzung für den »neutralen« Formwechsel in die optierende Personengesellschaft ist, dass innerhalb eines Monats nach Anmeldung zum Handelsregister ein entsprechender Antrag gestellt wird (§ 1a Abs. 1 Satz 7 Nr. 2 KStG).

Übersicht

Antragsberechtigt	Nicht begünstigt
Eingetragene GbR	(Rechtsfähige) nicht eingetragen GbR
OHG	Nicht rechtsfähige GbR (§§ 740 ff. BGB)
KG	Atypisch stille Gesellschaften und andere reine Innengesellschaften
Partnerschaftsgesellschaften	Investmentfonds
EWIV (Europäische wirtschaftliche Interessen- vereinigung)	Gesellschaften mit Geschäftsleitung im Aus- land, die keiner der deutschen KSt vergleichba- ren Steuer unterliegen
Vergleichbare ausländische Rechts- formen (zu- mindest wenn sich die Geschäftsleitung im In- land befindet)	Einzelunternehmen (nur nach vorheriger Ein- bringung ein GmbH&Co. KG)
	Erbengemeinschaften
	Grundstücksgemeinschaften

Nachweis der Voraussetzungen

Nach Rz. 6 BMF muss das Vorliegen der persönlichen Voraussetzungen der Option zunächst bei Antragstellung und dann aber auch auf Anforderung für jedes Jahr bei Abgabe der Körperschaftsteuererklärung von der optierenden Gesellschaft **nachgewiesen** werden. Generell sind Änderungen der persönlichen Voraussetzungen der Finanzbehörde mitzuteilen.

Wird der Nachweis nicht erbracht, ist wie folgt zu unterscheiden:

- Bei Nichterbringung des Nachweises für das **Erstjahr** wird das Finanzamt die Option mit (rechtsmittelfähigem) Verwaltungsakt ablehnen (Rz. 22 BMF).
- Kann der Nachweis in einem **späteren Jahr** nicht mehr erbracht werden, wird die Finanzverwaltung von einem (zwingenden) Rückoptionsfall ausgehen (Rz. 90 BMF).

Vorteilsanalyse

Gedacht ist die Vorschrift vor allem für Personengesellschaften, die ihre Gewinne **(weitgehend) thesaurieren**. Werden Gewinne zu einem größeren Teil entnommen, wird die Option i. d. R. nicht sinnvoll sein. Bei Anwendung der Option greift vollumfänglich die Körperschaftsbesteuerung, also der KSt-Satz von 15 % (zzgl. SolZ) und ca. 15 % Gewerbesteuer (je nach Hebesatz der Gemeinde). Eine Anrechnung der GewSt auf die ESt nach § 35 EStG erfolgt dann nicht mehr.

Untersuchungen zeigen, dass eine hohe tarifliche Einkommensbesteuerung der Gesellschafter eine notwendige Voraussetzung für eine ertragsteuerlich vorteilhafte Optionsausübung ist (vgl. etwa Rickermann, DB 2021, 1561). Hinzu kommt letztlich auch die Gewerbesteuerbelastung, die zu einem maßgeblichen ertragsteuerlichen Entscheidungsfaktor wird. Aber auch der Einfluss der Finanzierung der Gesellschaft auf die ertragsteuerliche Vorteilhaftigkeit der Option zur Körperschaftsbesteuerung darf nicht unterschätzt werden. Denn insoweit unterscheidet sich die Betsteuerung der Zinsen für das Gesellschafterdarlehen sowie der Betriebsausgabenabzug der Zinsen zwischen Personengesellschaft und Kapitalgesellschaft durchaus. Zu berücksichtigen ist zudem, dass Finanzierungen meist nur teilweise von den Gesellschaftern kommen.

Es gibt allerdings bereits bisher die Möglichkeit einer begünstigten Besteuerung thesaurierter Gewinne bei Personenunternehmen, nämlich die Regelung des **§ 34a EStG**. Danach werden nicht entnommene Gewinne – zunächst – mit einem Sondersteuersatz von 28,25 % besteuert. In dieser Höhe entstehen nachversteuerungspflichtige Beträge, die bei einer späteren Entnahme einer zusätzlichen Besteuerung i. H. von 25 % unterworfen werden (in Anlehnung an die Dividendenbesteuerung bei Kapitalgesellschaften). Diese Regelung bleibt weiterhin bestehen und steht nun in einer **Gestaltungskonkurrenz** zu § 1a KStG.

§ 34a EStG hat gegenüber § 1a KStG den Vorteil, dass diese Vorschrift **flexibler** ist. Dies zeigt sich einerseits beim Weg in und aus der begünstigten Besteuerung: § 34a EStG kann jährlich gewechselt werden; es können auch nur Teile des Gewinns in die Thesaurierungsbegünstigung gebracht werden. Der Antrag nach § 34a EStG ist keine fiktive Einbringung i. S. von § 20 UmwStG und ein späterer »Nichtantrag« ist keine Rückumwandlung.

Entstehen in einem späteren Jahr **Verluste**, wird in einem Anwendungsfall des § 34a EStG schlichtweg kein Antrag gestellt; die Verluste können dann auf Gesellschafterebene genutzt und von den Mitunternehmern mit anderen Einkünften ausgeglichen werden. Bei einer **Option** nach § 1a KStG ist dies nicht der Fall; hier sind die **Verluste im KSt-Bereich gefangen** und können nur in der Gesellschaft zurück- oder vorgetragen werden (wobei es im Erstjahr einer Option innerhalb der Gesellschaft keinen Verlustrücktrag geben kann, wie dies auch bei einer echten Einbringung nach § 20 UmwStG der Fall ist).

Es **entfällt** die Notwendigkeit, Eigenkapital der Gesellschaft für **private Steuern** der Gesellschafter zu entnehmen, da die Ertragsteuern vollumfänglich auf Ebene der Gesellschaft anfallen. Das reduziert natürlich das (bisherige) Entnahmevolumen durchaus erheblich, was bei Vergleichsberechnungen zur Vorteilhaftigkeit der Option berücksichtigt werden muss.

Verfahrensfragen zum Antrag

Form des Antrags (Rz. 9–11 BMF): Der Antrag ist **elektronisch**, also nach amtlich vorgeschriebenem Datensatz durch Fernübertragung, zu stellen.

Zivilrechtsfragen (Rz. 12 BMF)

Der Antrag muss **von der Gesellschaft bzw. ihren gesetzlichen Vertretern** gestellt werden. Es ist natürlich – wieder anders als bei § 34a EStG – nicht möglich, dass einzelne Gesellschafter optieren, andere aber nicht (eine tatsächliche Umwandlung ist schließlich auch nicht für einzelne Gesellschafter getrennt möglich).

Hinsichtlich der Mehrheitserfordernisse für die Entscheidung über die Option **verweist** § 1a Abs. 1 Satz 1 2. Halbsatz KStG auf **§ 217 Abs. 1 UmwG**. Diese Vorschrift hat folgenden Wortlaut:

> *(1) [1]Der Umwandlungsbeschluss der Gesellschafterversammlung bedarf der Zustimmung aller anwesenden Gesellschafter; ihm müssen auch die nicht erschienenen Gesellschafter zustimmen. [2]Der Gesellschaftsvertrag der formwechselnden Gesellschaft kann eine Mehrheitsentscheidung der Gesellschafter vorsehen. [3]Die Mehrheit muss mindestens drei Viertel der abgegebenen Stimmen betragen.*

Somit benötigt die Optionserklärung einen **Gesellschafterbeschluss**, der ähnlich eines Beschlusses über den tatsächlichen Formwechsel in eine GmbH ausgestaltet sein muss. Der – zivilrechtlich wirksame – Gesellschafterbeschluss muss bereits im **Zeitpunkt der Antragstellung** vorliegen (Rz. 12 BMF). Eine notarielle Beurkundung der Beschlussfassung ist nicht erforderlich.

Im Grundsatz wird für die Option also ein **einstimmiger Beschluss** der Gesellschafterversammlung benötigt, dem dann auch noch nachträglich die nicht bei der Versammlung anwesenden Gesellschafter zustimmen müssen.

Eine im **Gesellschaftsvertrag** enthaltene Regelung, wonach ein Formwechsel mit einer **Drei-Viertel-Mehrheit** beschlossen werden kann, reicht für den Beschluss über die Inanspruchnahme der Option aus, so dass in diesen Fällen nur eine ¾-Mehrheit der abgegebenen Stimmen notwendig ist (Rz. 12 BMF). Bei **ausländischen Gesellschaften** gelten die Formerfordernisse des ausländischen Gesellschaftsrechts.

Ein **Nachweis** über den zivilrechtlich wirksam gefassten Beschluss muss dem Optionsantrag beigefügt werden (Rz. 12 a. E. BMF).

Antragstellung (Rz. 13–15 BMF)

Der Antrag ist grundsätzlich bei dem für die gesonderte und einheitliche Feststellung der Einkünfte der Personenhandels- oder Partnerschaftsgesellschaft örtlich zuständigen Finanzamt in elektronischer Form zu stellen. Diese Zuständigkeit bestimmt sich grundsätzlich nach § 18 AO (also i. d. R. **Geschäftsleitungs-Finanzamt** nach § 18 Abs. 1 Nr. 2 AO). Zur Zuständigkeit bei **ausländischen** Personengesellschaften vgl. Rz. 14 BMF (i. d. R. Finanzamt, das bisher für die gesonderte und einheitliche Feststellung zuständig war).

Maßgeblich sind jeweils die **Verhältnisse bei Antragstellung** (Rz. 15 BMF). Bei einem anschließenden Zuständigkeitswechsel bleibt der Antrag dennoch wirksam.

Nach einem Antrag wird sich teilweise (je nach Organisation des Finanzamtes) allerdings wohl ein Zuständigkeitswechsel ergeben, da eine optierende Gesellschaft auch für die Zuständigkeitsregeln der AO **als Körperschaft** gilt. Es ist davon auszugehen, dass für die optierenden Gesellschaften weitgehend die Körperschaftsteuerstellen/-finanzämter zuständig sind.

Antragsfrist (Rz. 16–19 BMF)

Zeitlich ist der Antrag **einen Monat vor Beginn des Wirtschaftsjahrs** zu stellen, ab dem die Besteuerung wie eine Kapitalgesellschaft gelten soll. Eine (rückwirkende) Antragstellung im Rahmen der Feststellungs- bzw. Steuererklärungen kommt nicht in Betracht (anders als bei § 34a EStG; diese Regelung ist insoweit wesentlich flexibler). Die Option kann erstmals für Wirtschaftsjahre ausgeübt werden, die nach dem 31.12.2021 beginnen (§ 34 Abs. 1a KStG, Rz. 1 BMF); bei abweichendem Wirtschaftsjahr kann die Option also frühestens für den Gewinn des Wirtschaftsjahres 2022/2023 in Anspruch genommen werden.

BEISPIEL 1

Ein Antrag für **2024** (wenn Wirtschaftsjahr=Kalenderjahr) musste somit **bis spätestens 30.11.2023** gestellt sein. Nach Stellung des Antrags kann er für 2024 nicht mehr widerrufen werden. Ab 2025 kann dann allerdings wieder zur normalen Personengesellschaftsbesteuerung rückoptiert werden (dies muss dann allerdings spätestens bis zum 30.11.2024 beantragt werden; vgl. die Verweisung in § 1a Abs. 4 Satz 3 auf Abs. 1 Satz 2 KStG).

Anträge für **2025** müssen bis zum 30.11.2024 gestellt werden.

BEISPIEL 2

Die optierende Personengesellschaft hat ein **abweichendes Wirtschaftsjahr** mit Abschlussstichtag 30.06.

Die Option kann erstmals für das Wirtschaftsjahr 2022/2023 ausgeübt werden. Dazu musste bis zum 31.05.2022 ein entsprechender Antrag gestellt werden.

Die Frist von einem Monat vor Beginn des Wirtschaftsjahres soll auch bei **neu gegründeten Gesellschaften** gelten (Rz. 16 BMF). Im Ergebnis führte dies dann dazu, dass ein Antrag für das Erstjahr einer neu gegründeten Gesellschaft überhaupt nicht gestellt werden konnte (Rz. 18 BMF). Die Finanzverwaltung hatte dies daraus abgeleitet, dass der Antrag von der Gesellschaft zu stellen ist (§ 1a Abs. 1 Satz 2 KStG); wenn sie noch nicht gegründet ist, kann sie aber keinen Antrag stellen. Gemäß § 1a Abs. 1 Satz 7 Nr. 1 KStG in der Fassung des **Wachstumschacengesetzes** kann **künftig auch eine neu gegründete Gesellschaft** (innerhalb eines Monats nach Abschluss des Gesellschaftsvertrages) einen Optionsantrag mit Wirkung für das bereits laufende (erste) Wirtschaftsjahr stellen und mithin von Beginn an wie eine Kapitalgesellschaft besteuert werden; eine Eintragung in eine Register bedarf es dazu nicht.

Ein **verspäteter Antrag** (z. B. am 02.12.2023 für 2024) soll nicht automatisch als Antrag für das nächste Wirtschaftsjahr gelten (also für 2025). Dafür ist dann ggf. ein neuer Antrag zu stellen (Rz. 19 BMF).

Folgen des Antrags (Rz. 20–23 BMF)

Sind die Voraussetzungen der Option erfüllt, kann das Finanzamt einen Antrag nicht ablehnen; der Antrag ist **nicht zustimmungsbedürftig**. Insbesondere kann sich eine Ablehnung nicht auf § 42 AO stützen (zumal es sich nicht um eine zivilrechtliche Gestaltung, sondern um die Ausübung eines rein steuerlichen Wahlrechts handelt).

Geht das Finanzamt von einem wirksamen Antrag aus, ergeht darüber **kein Verwaltungsakt** und auch keine gesonderte Mitteilung. Die Mitteilung über die Erteilung einer Körperschaftsteuernummer soll jedoch als konkludente Information dienen, dass das Finanzamt von einem wirksamen Antrag ausgeht (Rz. 21 BMF). Dem Finanzamt soll es aber z. B. im späteren Veranlagungsverfahren immer noch möglich sein, eine abweichende Entscheidung zu treffen und die Option dabei also abzulehnen.

Die **ablehnende Entscheidung** über den Antrag ist allerdings ein Verwaltungsakt, der mit Einspruch angegriffen werden kann (Rz. 22 BMF).

Der Antrag ist nach dem eindeutigen Gesetzeswortlaut in § 1a Abs. 1 Satz 1 KStG **unwiderruflich** (so auch Rz. 23 BMF). Er erfordert also einen **Blick in die (zumindest nähere) Zukunft** für die voraussichtliche Gewinnentwicklung und sonstige Aspekte hinsichtlich des Fortgangs des Unternehmens.

Eine **Bindungsfrist** sieht das Gesetz nicht vor. Allerdings gibt es eine faktische Bindung, da die **Rückoption erhebliche steuerliche Nachteile** mit sich bringt.

3.1.7.3 Der Weg in die Körperschaftsteuer

Gesetzeswortlaut des § 1a Abs. 2 KStG

> *(2) [1]Der Übergang zur Körperschaftsbesteuerung gilt als Formwechsel im Sinne des § 1 Absatz 3 Nummer 3 des Umwandlungssteuergesetzes. [2]Die §§ 1 und 25 des Umwandlungssteuergesetzes sind entsprechend anzuwenden; dabei schließt allein die Zurückbehaltung der Beteiligung an einer Komplementärin der optierenden Gesellschaft die Anwendung des § 20 Absatz 2 des Umwandlungssteuergesetzes nicht aus. [3]Als Einbringungszeitpunkt gilt das Ende des Wirtschaftsjahrs, das dem Wirtschaftsjahr im Sinne des Absatzes 1 Satz 2 unmittelbar vorangeht; § 9 Satz 3 des Umwandlungssteuergesetzes ist nicht anzuwenden. [4]Das im Einbringungszeitpunkt in der Steuerbilanz auszuweisende Eigenkapital wird auf dem steuerlichen Einlagekonto der optierenden Gesellschaft er fasst. [5]Die zur Vertretung der Gesellschaft ermächtigten Personen gelten als gesetzliche Vertreter der optierenden Gesellschaft.*

Die Option als fiktive Umwandlung

§ 1a Abs. 2 KStG verweist vollumfänglich auf die **Einbringungsregelungen in eine Kapitalgesellschaft** im Zuge eines Formwechsels. Ein Optionsantrag führt also zu einer fiktiven Einbringung i. S. von § 20 UmwStG, ist aber auch nur unter den Voraussetzungen des § 20 Abs. 2 Satz 2 UmwStG zum Buchwert möglich. Eine Ausnahme gilt allerdings für die Rückwirkungsregelungen in § 20 Abs. 5 und 6 UmwStG; diese sind ausdrücklich von der Anwendung ausgeschlossen (der Optionsantrag muss bereits einen Monat vor Beginn des Wirtschaftsjahres gestellt sein, so dass sich kein Rückwirkungsproblem stellen kann; vgl. Rz. 25 BMF). Liegen die Voraussetzungen für einen Buchwertansatz (ganz oder teilweise) nicht vor, bedeutet dies nicht, dass der Antrag unwirksam wäre und die Sache damit einfach ins Leere laufen würde. Der **Antrag bleibt vielmehr wirksam**, führt aber dann zu einem steuerpflichtigen Einbringungsgewinn

Die **Grundvoraussetzungen für eine Buchwerteinbringung** gestalten sich daher wie folgt:

Voraussetzung	Anmerkungen
Der (fiktiv) Einbringende muss ein **EU-/ EWR- Gesellschafter** sein (Verweis auf § 1 UmwStG und damit auch auf die persönlichen Vorausset- zungen des § 1 Abs. 4 UmwStG).	Somit werden sich **Drittstaatengesellschafter**, die an der Personengesellschaft beteiligt sind, als Optionshindernisse herausstellen. Für sie ist nämlich das UmwStG nicht anwendbar und sie müssten somit einen Einbringungsgewinn versteuern (Ansatz der gemeinen Werte). Daran ändert auch die ebenfalls mit dem KöMoG vorgenommene Teilglobalisierung des UmwStG nichts (Artikel 3 des Gesetzes), weil davon Ein- bringungsfälle nicht betroffen sind.
Es müssen **alle wesentlichen Betriebsgrundlagen** der einzelnen Mitunternehmeranteile auf die (fiktive) Kapitalgesellschaft übergehen. Dazu gehören auch wesentliche Betriebsgrundlagen im Sonderbetriebsvermögen.	Vorhandenes **Sonderbetriebsvermögen** wird damit ebenfalls zum **Optionshindernis**. Dies gilt zumindest dann, wenn die Finanzverwaltung die Option als Sperrfristverstoß i. S. von § 6 Abs. 5 Satz 6 EStG ansehen wird, wenn ein Wirtschaftsgut des Sonderbetriebsvermögens (Grundstücke, Beteiligungen, immaterielle Wirt- schaftsgüter usw.) vor der Option nach § 6 Abs. 5 Satz 3 EStG (zunächst zum Buchwert) vom bisherigen Sonderbetriebsvermögen in das Gesamthandsvermögen übertragen wurde.
Die Übertragung muss gegen **Gewährung von (neuen) Gesellschaftsrechten** erfolgen (Aus- gliederung, Sachgründung, Sachkapitalerhöhung, Bargründung mit Sachagio oder Barkapitalerhöhung mit Sachagio).	Hierauf kommt es hier nicht an, da es sich um einen fiktiven Formwechsel handelt, der sich nicht tatsächlich zivilrechtlich vollzieht.
Die Wirtschaftsgüter müssen bei der übernehmenden Gesellschaft der **Besteuerung mit Körperschaftsteuer** unterliegen (§ 20 Abs. 2 Satz 2 Nr. 1 UmwStG).	Dies wird **erfüllbar** sein. Eine Ausnahme gilt dann, wenn die optierende Gesellschaft gemeinnützig wäre (was sie als Personengesellschaft zuvor nicht sein konnte).
Der eingebrachte Mitunternehmeranteil darf **kein Negativkapital** haben.	Auch dies kann ein **Optionshindernis** sein, wenn zumindest ein Teil der Gesellschafter über ein negatives Kapitalkonto verfügt. Gestaltungen sind hier allenfalls noch vor Beginn des Wirtschaftsjahres möglich, für das die Option erstmals gelten soll (z. B. durch eine Einlage des betroffenen Gesellschafters).
Deutsche Besteuerungsrechte an den übertragenen Wirtschaftsgütern dürfen **nicht ausgeschlossen oder beschränkt** werden.	I. d. R. wird diese Voraussetzung erfüllbar sein. Ausnahmen können aber dann vorliegen, wenn sich durch die Option die DBA-rechtliche Zuordnung von Wirtschaftsgütern ändern sollte.
Sonstige Gegenleistungen (Hauptfall in der Praxis: eingeräumte Darlehensforderungen) dürfen nur höchstens i. H. von 25 % der Buchwerte der übertragenen Wirtschaftsgüter oder i. H. von 500 000 € (= Sockelbetrag, maximal aber i. H. der Buchwerte) gewährt werden.	Da keine zivilrechtliche Umwandlung vorliegt, können keine sonstigen Gegenleistungen eingeräumt werden; diese Voraussetzung ist also **kein Problem**. Was bisher in der Mitunternehmerschaft als Eigenkapital behandelt wurde, wird auch in der optierenden Gesellschaft Eigenkapital; was Fremdkapital war, wird bzw. bleibt Fremdkapital.

Voraussetzung	Anmerkungen
Vorherige Sperrfristen (z. B. nach § 6 Abs. 5 Satz 6 EStG, nach § 16 Abs. 3 Satz 4 EStG nach einer Realteilung oder auch nach § 7 g Abs. 4 EStG) führen bei früheren Vorgängen rückwirkend zu einem Besteuerungstatbestand.	Wie bei einer echten Einbringung dürfte auch eine Option zu einem **Sperrfristverstoß** führen. Darauf wird bei Prüfung der Vorteilhaftigkeit einer Option zu achten sein.
§ 34a EStG-Fälle: Eine Einbringung in eine GmbH ist ein zwingender Nachversteuerungstatbestand.	Dies wird auch bei der Option nach § 1a KStG so sein (Rz. 48 BMF). **Damit ist eine Hauptzielgruppe der Option faktisch aus dem Anwendungsbereich ausgeschlossen.** Bei Ausübung der Option besteht allenfalls die Möglichkeit der Verteilung der ESt aus der **Nachversteuerung auf höchstens zehn Jahre** (§ 34a Abs. 6 Satz 2 EStG; zinslos).

Die **Feststellungslast** für die Anwendbarkeit des UmwStG im Allgemeinen und den Buchwertansatz im Besonderen liegt – wie bei »echten« Umwandlungen auch – bei der antragstellenden Gesellschaft und ihren Gesellschaftern (Rz. 27 BMF).

Die Verwaltung weist darauf hin (Rz. 24), dass auch bei einer Option **ein Anschaffungs- und Veräußerungsvorgang fingiert** werde (Verweis auf Rn. 00.02 UmwSt-Erlass).

Einbringungsgegenstand sind – ebenfalls wie beim echten Formwechsel – die **Mitunternehmeranteile** der einzelnen Gesellschafter (und nicht der Betrieb der Gesellschaft); **Einbringende** sind die **Mitunternehmer.**

Probleme entstehen, wenn die zivilrechtlichen Gesellschafter nicht zugleich als steuerliche Mitunternehmer anzusehen sind oder ein Nichtgesellschafter als Mitunternehmer eingestuft werden muss (vgl. dazu BFH vom 22.06.2017, IV R 42/13, DStR 2017, 2563). Im ersteren Falle wird ein solcher Gesellschafter grundsätzlich den steuerlichen Regelungen des stillen Gesellschafters unterworfen. Seine Hafteinlage, die handelsrechtlich als Eigenkapital auf dem Kapitalkonto I erfasst wird, wird in der Steuerbilanz als Fremdkapital ausgewiesen. Da § 20 UmwStG nicht eingreift, kommt es insoweit zur Aufdeckung stiller Reserven in diesem Gesellschaftsanteil, die sich richtigerweise nach den Grundsätzen über den Einbringungsfolgengewinn/-verlust richten. Ist umgekehrt der Mitunternehmer zivilrechtlich kein Gesellschafter, kann er im Rahmen des fiktiven Formwechsels keine (fiktiven) Anteile an der Kapitalgesellschaft erhalten; auch hier ist also § 20 UmwStG nicht anwendbar; es kommt ebenfalls zur Aufdeckung stiller Reserven.

Die Voraussetzungen für den Buchwertansatz werden also **für die einzelnen Gesellschafter getrennt geprüft** (vgl. Rn. 20.03 UmwSt-Erlass). Daraus folgt, dass zurückbehaltenes Sonderbetriebsvermögen nur für den jeweiligen Einbringenden schädlich ist. Die Aufdeckung stiller Reserven über Zwischenwertanträge ist für jeden einzelnen Gesellschafter möglich. Ferner kommen mehrere »500 000-Freibeträge« (§ 20 Abs. 2 Nr. 4 UmwStG) in Betracht.

Gerade bei **Partnerschaftsgesellschaften** ist es denkbar, dass die Gewinnermittlung bisher nach **§ 4 Abs. 3 EStG** erfolgte. Nach der Option geht dies nicht mehr, so dass ein **zwingender Übergang zur Bilanzierung** notwendig ist (Rz. 24 BMF). Ein dabei entstehender **Übergangsgewinn** ist im Wirtschaftsjahr vor der erstmaligen Wirkung der Option zu versteuern (also bei Option für 2024 im Jahr 2023). Eine Verteilung des Gewinns auf drei Jahre wird von der Verwaltung ausgeschlossen (obwohl Rz. 24 BMF dazu keine Aussage enthält), weil auch bei tatsächlichen Einbringungen keine Verteilung möglich ist (H 4.6 [Keine Verteilung des Übergangsgewinns] EStH).

Einbringungsfähige Mitunternehmeranteile sind nicht nur solche aus gewerblichen Gesellschaften, sondern auch Gesellschaften mit land- und forstwirtschaftlichen oder freiberuflichen Einkünften (Rz. 29 BMF). Auch für zwar vermögensverwaltende, aber gewerblich geprägte Gesellschaften ist eine entsprechende Anwendung des § 20 UmwStG möglich.

Handelt es sich bei der optierenden Gesellschaft nicht um eine Mitunternehmerschaft (sondern z. B. eine **vermögensverwaltende**, nicht gewerblich geprägte **Personenhandelsgesellschaft**, also eine »V+V-KG«), kommt § 20 UmwStG nicht zur Anwendung mit der Folge, dass der **Ansatz eines Buch- oder Zwischenwertes ausgeschlossen** ist (vgl. Rn. 30 und 40 BMF). Alternativ soll im Fall einer Beteiligung an einer Kapitalgesellschaft § 21 Absatz 1 Satz 2 UmwStG zu prüfen sein; liegt ein qualifizierter Anteilstausch vor, kann somit zumindest hinsichtlich einer miteingebrachten Beteiligung ein Ansatz des Buchwerts bzw. der Anschaffungskosten in Betracht kommen.

BEISPIEL 1

Die ABC-KG vermietet Grundstücke, die sie vor 15 bzw. 20 Jahren erworben hat. Außerdem ist sie mit 60 % an der D-GmbH beteiligt (keine Betriebsaufspaltung, da an diese GmbH nichts verpachtet wird). Die ABC-KG stellt den Optionsantrag ab 2023.

LÖSUNG

Ein Fall des § 20 UmwStG liegt nicht vor; ein Buchwertansatz kommt also nicht in Betracht. Vielmehr gelten die Grundstücke als zum gemeinen Wert an die optierende Gesellschaft veräußert (Rz. 24 BMF i.V. mit Rn. 00.02 UmwSt-Erlass). Dies löst hier allerdings keine Steuerbelastung aus, da diese (fiktiven) Veräußerungen außerhalb der Zehn-Jahres-Frist des § 23 Abs. 1 Satz 1 Nr. 1 EStG stattfinden.

Im Gegenteil: Durch die fiktiven Veräußerungen ergeben sich bei der optierenden Gesellschaft **erhöhte AfA-Bemessungsgrundlagen.** § 7 Abs. 1 Satz 5 EStG ist hier nämlich nicht anwendbar, da es sich nicht um Einlagen, sondern um fiktive Veräußerungen handelt.

Grunderwerbsteuer kann ebenfalls nicht anfallen, da es sich nur um einen (fiktiven) Formwechsel handelt (selbst ein echter Formwechsel wäre selbst nicht grunderwerbsteuerpflichtig). Eine Sperrfristverletzung i. S. von § 5 Abs. 3 Satz 3 GrEStG kann hier nicht vorliegen, da die Grundstücke schon länger als zehn Jahre im Bestand der ABC-KG sind (keine Übertragung nach § 5 Abs. 1 oder 2 GrEStG innerhalb der letzten zehn Jahre).

Hinsichtlich der (fiktiv) mit eingebrachten 60 %-Beteiligung an der D-GmbH liegen zwar ebenfalls die Voraussetzungen des § 20 UmwStG mangels vorheriger Mitunternehmerschaft nicht vor. Es ist jedoch separat § 21 UmwStG zu prüfen. Da hier eine Mehrheitsbeteiligung vorliegt, kommt für die Beteiligung der Ansatz der Anschaffungskosten in Betracht, so dass keine Gewinnrealisierung erfolgt.

BEISPIEL 2

Wie Beispiel 1, aber mit den Abweichungen, dass die Grundstücke allesamt innerhalb der letzten zehn Jahre erworben wurden und die Beteiligung an der D-GmbH nur 40 % und nicht 60 % umfasst. Außerdem verfügt die ABC-KG über ein umfangreiches, nach 2008 erworbenes Aktienpaket mit erheblichen stillen Reserven.

LÖSUNG

In diesem Fall würde sich eine Option negativ auswirken und ist deshalb nicht zu empfehlen:

- Hinsichtlich der vorhandenen **Grundstücke** wird nun der Besteuerungstatbestand des § 23 Abs. 1 Satz 1 Nr. 1 EStG verwirklicht (**privates Veräußerungsgeschäft**). Es liegt ein (fiktiver) Verkauf innerhalb der Zehn-Jahres-Frist vor.
- Für die **Beteiligung** an der D-GmbH wird eine (fiktive) Veräußerung nach **§ 17 Abs. 1 EStG** angenommen. Ein Ansatz der AK nach § 21 Abs. 1 Satz 2 UmwStG kommt mangels Mehrheitsbeteiligung nicht in Betracht.
- Auch für die **Aktien** ergibt sich eine Gewinnrealisierung; hier ist die Rechtsgrundlage § 20 Abs. 2 Satz 1 Nr. 1 EStG.

Grunderwerbsteuerpflicht besteht allerdings auch in diesem Fall **nicht**, da die Grundstücke zwar noch nicht zehn Jahre im Bestand der ABC-KG sind, aber dennoch keine Sperrfrist nach § 5 Abs. 3 GrEStG läuft (originärer Erwerb der Grundstücke durch die KG und keine Übertragungen von den Gesellschaftern nach § 5 Abs. 1 oder 2 GrEStG).

Buchwertantrag/»Ein-Sekunden-Wirtschaftsjahr«

Es ist auch möglich, bei der (fiktiven) Einbringung aus einer Mitunternehmerschaft die **gemeinen Werte oder Zwischenwerte** anzusetzen. Jedenfalls ist deshalb neben der Optionserklärung auch noch ein **formeller Buchwertantrag** notwendig, wenn man – was der Regelfall sein wird – den Buchwertansatz beanspruchen möchte. Das Wahlrecht kann für jeden Mitunternehmer getrennt ausgeübt werden (Rz. 32 BMF i.V. mit Rn. 20.21 und 20.22 UmwSt-Erlass). Den **Buchwertantrag** muss man bei der übernehmenden (fiktiven) Kapitalgesellschaft, also bei der optierenden Gesellschaft stellen.

Nach Rz. 41 BMF gilt als **Einbringungszeitpunkt** das Ende des Wirtschaftsjahres, das dem Wirtschaftsjahr der erstmaligen Ausübung der Option zur Körperschaftsbesteuerung unmittelbar vorangeht (so auch das Gesetz in § 1a Abs 2 Satz 3 KStG). Infolgedessen ist für die optierende Gesellschaft (wie für den übernehmenden Rechtsträger im Rahmen eines echten Formwechsels) bereits für die letzte juristische Sekunde des Vorjahres eine steuerliche Schlussbilanz unter Zugrundelegung der ggf. aufgestockten Werte (vgl. Rz. 29 ff. BMF) aufzustellen und eine Körperschaftsteuererklärung sowie von inländischen Gesellschaften eine Erklärung zur gesonderten Feststellung des steuerlichen Einlagekontos abzugeben.

Daraus ergibt sich Folgendes:

- Bereits für das **Jahr vor der Option** (also bei Option für 2024 zum 31.12.2023 bzw. für 2023) ist eine steuerliche Schlussbilanz und eine **KSt-Erklärung** abzugeben (mit Anlage KSt 1 F zum steuerlichen Einlagekonto).
- Ein **Gewinn** wird sich in dieser Steuerbilanz bzw. -erklärung für das »Ein-Sekunden-Wirtschaftsjahr« i.d.R. **nicht** ergeben (also handelt es sich regelmäßig um eine »Null-Erklärung«, die dann aber für dieses Jahr neben die Erklärung zur gesonderten und einheitlichen Feststellung tritt). Das **Buchwertwahlrecht** muss aber mit dieser Bilanz ausgeübt werden (also schon für 2023). Das BMF-Schreiben äußert sich nicht dazu, ob dabei auch ein **konkludenter Antrag** möglich ist (analog zur Verfügung des Bayer. LfSt vom 11.11.2014, DStR 2015, 429; Ausnahme bei widersprüchlichem Verhalten).

Entsteht ein Einbringungsgewinn, ist dieser **zum steuerlichen Einbringungsstichtag zu versteuern**. Da dieser eine logische Sekunde vor dem Beginn des Optionsjahres liegt (§ 1a Abs. 2

Satz 2 KStG), ergibt sich ein Einbringungsgewinn also ggf. zu diesem Zeitpunkt (bei Option für 2024 also zum 31.12.2023 und damit noch im Jahr 2023).

Sonderbetriebsvermögen

Keine Aussage enthält das Gesetz zu **vorhandenem Sonderbetriebsvermögen** bei der optierenden Gesellschaft.

Schon im Vorfeld des BMF-Schreibens bestand **weitgehende Übereinstimmung** in der Fachliteratur, dass vorhandenes Sonderbetriebsvermögen **vor** dem Wirksamkeitsstichtag des Optionsantrags (also vor Beginn des Wirtschaftsjahres, für das die Option erstmals wirken soll) **in das Gesellschaftsvermögen der optierenden Gesellschaft übertragen** werden muss. Ansonsten kommt ein Buchwertansatz nicht in Betracht. Dies gilt zumindest dann, wenn es sich bei diesem Sonderbetriebsvermögen gleichzeitig auch um eine **wesentliche Betriebsgrundlage** des jeweiligen Mitunternehmeranteils handelt (was z.B. bei überlassenen Grundstücken sehr häufig der Fall ist).

Werden wesentliche Betriebsgrundlagen eines Mitunternehmers im Sonder-BV nicht vorher bzw. im zeitlichen Zusammenhang mit dem Optionsstichtag in das Gesamthandsvermögen übertragen, **scheitert** für diesen Mitunternehmer der **Buchwertansatz**. Der jeweilige Mitunternehmeranteil gilt als aufgegeben (§§ 16 Abs. 3 i.V. mit Abs. 1 Satz 1 Nr. 2, 34 EStG) mit der Folge der vollständigen Aufdeckung der stillen Reserven (Ausnahme bei einer Überführung in des bisherigen Sonder-BV des Mitunternehmers in dessen eigenes Betriebsvermögen; dann greift insoweit der – zwingende – Buchwertansatz nach § 6 Abs. 5 Satz 2 EStG). Dies gilt auch (und gerade) für den (anteiligen) **Geschäfts-/Firmenwert.**

Fraglich war mit Einführung der Optionsregelung, ob eine vorherige Übertragung des wesentlichen Sonder-BV in das Gesellschaftsvermögen zu einem Anwendungsfall des § 6 Abs. 5 Satz 3 Nr. 2 EStG führt (Folge: Die Option wäre ein Sperrfristverstoß nach der Körperschaftsklausel des § 6 Abs. 5 Satz 6 EStG) oder ob eine Einheitsbetrachtung mit dem fiktiven Formwechsel möglich ist, wie man dies auch bei einer echten Einbringung gestalten kann. Hier hat die Verwaltung eine für den Steuerpflichtigen günstige Lösung gefunden.

BMF vom 10.11.2021 BStBl I 2021, 2212 Rz. 34:
Werden die einem Sonderbetriebsvermögen zugehörigen funktional wesentlichen Betriebsgrundlagen gesondert auf die optierende Personengesellschaft in zeitlichem und wirtschaftlichem Zusammenhang mit der Ausübung der Option übertragen, liegt ein einheitlicher Vorgang vor, der insgesamt unter § 20 UmwStG fallen kann. Ein Anwendungsfall des § 6 Absatz 5 Satz 3 EStG wird dadurch nicht begründet.

Damit ist zumindest das **Problem der Körperschaftsklausel für die Praxis entschärft**, wenn man eine Übertragung »in zeitlichem und wirtschaftlichem Zusammenhang« vollzieht. Wo hier die Grenzlinien sind, lässt Rz. 34 BMF offen. Sinnvollerweise sollte eine solche Übertragung (= Übergang wirtschaftliches Eigentum) auf den Zeitpunkt der Wirkung der Option erfolgen (also auf den 31.12.2023, 24 Uhr, wenn ab 2024 optiert wird).

Die vorherige Übertragung muss noch nicht **bereits im Antragszeitpunkt** (also bei einem Antrag für 2024 bis 30.11.2023) nachgewiesen werden. Es reicht aus, die Übertragung noch mit Vertrag vom Dezember 2023 auf den 31.12.2023 vorzunehmen, so dass an diesem Stichtag die Voraussetzung der Einbringung aller wesentlichen Betriebsgrundlagen erfüllt ist.

Die an dieser Stelle großzügige Verwaltungslinie hilft zwar ertragsteuerlich, **nicht aber grunderwerbsteuerlich**. Dort ist nämlich in § 5 Abs. 3 Satz 3 GrEStG ausdrücklich und mit voller Absicht geregelt, dass die Option einen **Sperrfristverstoß** darstellt und somit zur **Grunderwerbsteuerpflicht** führt. Damit ist für Grundstücke bereits aus diesem Grund eine vorherige Übertragung in das Gesamthandsvermögen wenig sinnvoll.

Außerdem ändert die o.g. Verwaltungslinie in Rz. 34 BMF nichts daran, dass die **Körperschaftsklausel** des § 6 Abs. 5 Satz 6 EStG in den Fällen zur Anwendung kommt, in denen die Übertragung nach § 6 Abs. 5 Satz 3 Nr. 2 EStG **nicht** in zeitlichem und wirtschaftlichem Zusammenhang mit dem Optionsantrag erfolgt ist (z.B. vor zwei Jahren).

Die Finanzverwaltung weist – zutreffend – in Rz. 36 BMF darauf hin, dass durch zurückbehaltene Wirtschaftsgüter (die dem Buchwertansatz dann entgegenstehen) auch eine **Betriebsaufspaltung** begründet werden kann. Insoweit sollen dann nach Maßgabe des § 6 Abs. 5 Satz 2 EStG die Buchwerte fortzuführen sein. Diese Aussage kann m.E. dann zu einer steuergünstigen Situation genutzt werden, wenn sich faktisch der **gesamte Betrieb im Sonder-BV** des Mitunternehmers einer optierenden Gesellschaft befindet (einschließlich Geschäftswert). Dann gehen nämlich keine stillen Reserven auf die (fiktive) Körperschaft über und die stillen Reserven im verpachteten Vermögen sind wegen des Buchwertübergangs auf das neue Besitzunternehmen nicht aufzudecken.

In diesem Zusammenhang ist **auch auf bisher unerkanntes Sonderbetriebsvermögen zu achten.** Es ist durchaus häufiger feststellen, dass Grundstücke, Beteiligungen oder auch immaterielle Wirtschaftsgüter zwar Sonderbetriebsvermögen darstellen und auch wesentliche Betriebsgrundlagen sind, dies aber bisher (oft auch mangels Auswirkung) nicht erkannt und deshalb auch keine Sonderbilanz aufgestellt wurde. Stellt sich ein solcher Sachverhalt **nachträglich in einer Betriebsprüfung** heraus, wird der Betriebsprüfer den Buchwertansatz nachträglich versagen.

Beteiligungen an der Komplementär-GmbH

Beteiligungen an der Komplementär-GmbH gehören in aller Regel zum notwendigen Sonderbetriebsvermögen und können auch eine **wesentliche Betriebsgrundlage** des Mitunternehmeranteils sein (z.B. bei einer Ein-Mann/Frau-GmbH&Co. KG oder wenn die Beteiligung an der Komplementär-GmbH dem Kommanditisten größere Einflussmöglichkeiten verschafft als seine Kommanditbeteiligung. In diesen Fällen mussten bisher auch die Anteile an der Komplementär-GmbH vor einer Option zunächst in das Gesamthandsvermögen der Personengesellschaft übertragen werden, wodurch dann eine sog. **Einheits-GmbH&Co. KG** entsteht (Rz. 32 BMF).

Übersicht über die Aussagen der OFD NRW vom 21.06.2016, DB 2016, 1907:

Beteiligung an der KG	Beteiligung an der Komple- mentär-GmbH	Ergebnis
0 bis 50%	**< 50%**	**Keine** funktional wesentliche Betriebsgrundlage, da keine maßgebende Einflussnahme auf die Komplementär-GmbH möglich
	> 50%	**Funktional wesentliche Betriebsgrundlage**, da unmittelbare Einflussnahme auf die Geschäftsführung möglich

Beteiligung an der KG	Beteiligung an der Komple- mentär-GmbH	Ergebnis
> 50 % und < 100 %	0 bis 100 %	**Keine** funktional wesentliche Betriebsgrundlage, da der Kom- manditist bereits aufgrund der mehrheitlichen Beteiligung an der KG dort seinen geschäftlichen Betätigungswillen durchset- zen kann.
100 %	0 bis 100 %	**Funktional wesentliche Betriebsgrundlage,** da die Beteili- gung an der Komplementär-GmbH überhaupt die Mitunterneh- merstellung erst ermöglicht. Der Fall (100 %-Kommanditist; also »Ein-Mann/Frau-GmbH & Co. KG«) wird allerdings vom BFH im Revisionsverfahren IV R 15/19 (Urteil vom 21.12.2021) anders gesehen. Das Urteil ist im Bundessteuerblatt veröffentlicht worden BStBl II 2022, 651 und damit allgemein anwendbar.

Mit dem Wachstumschancengesetz (ab VZ 2024) ist geregelt worden, dass die Zurückbehaltung der Komplementärbeteiligung im Falle der Option einer GmbH & Co. KG einer Anwendung des § 20 Abs. 2 UmwStG nicht entgegensteht (vgl. § 1a Abs. 2 Satz 2 KStG).

Ausgliederung

Eine andere Überlegung in diesem Zusammenhang ist, die wesentlichen Betriebsgrundlagen im Sonderbetriebsvermögen noch vor der Ausübung der Option **in ein anderes Betriebsvermögen zu überführen oder zu übertragen** (z. B. in das Gesamthandsvermögen einer anderen, ggf. auch erst eigens dafür gegründeten Immobilien- oder Beteiligungs-GmbH & Co. KG nach **§ 6 Abs. 5 Satz 3 Nr. 2 EStG**). Die Finanzverwaltung hält hier allerdings an der Gesamtplanbetrachtung fest (Rz. 35 BMF, mit dem sie – anders als bei der Anwendung von § 6 Abs. 3 EStG – auch tatsächliche Umwandlungen beschränkt.

BMF vom 10.11.2021 BStBl I 2021, 2212 Rz. 35:
Bei einer Übertragung oder Überführung von funktional wesentlichen Betriebsgrundlagen in ein anderes Betriebsvermögen in zeitlichem und wirtschaftlichem Zusammenhang mit der Option zur Körperschaftsbesteuerung ist zu prüfen, ob infolge der Gesamtplanrechtsprechung die Voraussetzungen für die Anwendung von § 20 UmwStG nicht vorliegen (Randnr. 20.07 UmwStE). Die Grundsätze zu Rn. 10 des BMF-Schreibens vom 20. November 2019 (BStBl I Seite 1291) sind nicht anzuwenden.

Zurückbehaltene unwesentliche Wirtschaftsgüter des Sonder-BV

Befinden sich **nicht wesentliche Wirtschaftsgüter im Sonderbetriebsvermögen**, müssen diese nicht vorab auf die optierende Gesellschaft übertragen werden. Dennoch wird zu überlegen sein, was mit diesen Wirtschaftsgütern passiert. Bei der optierenden Gesellschaft gibt es nämlich nach der Option kein Sonderbetriebsvermögen mehr. Werden diese Wirtschaftsgüter nun nicht in die Gesellschaft übertragen, kommt es zu einer **Zwangsentnahme mit Aufdeckung der stillen Reserven**, sofern keine Überführung in ein anderes Betriebsvermögen in Betracht kommt (z. B. in das eigene Betriebsvermögen des Mitunternehmers oder in das Sonderbetriebsvermögen bei einer anderen Mitunternehmerschaft, an der der Gesellschafter der optierenden Gesellschaft ebenfalls beteiligt ist).

BEISPIEL

Die O-KG hält alle Kommanditanteile an der U-KG. Die O-KG überlässt der U-KG unwesentliche Wirtschaftsgüter, die dort bisher als Sonderbetriebsvermögen I behandelt wurden.

Für die U-KG soll zur KSt zum 01.01.2023 optiert werden.

LÖSUNG

Durch die Option gibt es nun ab 31.12.2022 kein Sonder-BV mehr. Die überlassenen Wirtschaftsgüter wären grundsätzlich zu entnehmen. Da sie aber zum Gesamthandsvermögen der O-KG gehören, werden diese Wirtschaftsgüter nun zum Buchwert (nach § 6 Abs. 5 Satz 3 Nr. 1 EStG vom Sonder-BV bei der U-KG in das (nun auch steuerliche) Gesamthandsvermögen der O-KG überführt. Es kommt also nicht zu einem Entnahmegewinn.

Zu solchen Wirtschaftsgütern können z. B. der optierenden Gesellschaft **gewährte Darlehen** gehören. Darlehensforderungen sind keine wesentlichen Betriebsgrundlagen. Deren Zurückbehaltung gefährdet den Buchwertansatz für den fiktiven Formwechsel nicht; die Darlehensforderungen sind anschließend Privatvermögen. Ein Entnahmegewinn kann insoweit regelmäßig nicht entstehen, da Darlehensforderungen keine stillen Reserven enthalten. Die Zinsen führen anschließend zu Einnahmen aus Kapitalvermögen i. S. von § 20 Abs. 1 Nr. 7 EStG (vgl. § 1a Abs. 3 Satz 2 Nr. 3 KStG), werden aber i. d. R. nach § 32d Abs. 2 Nr. 1 Buchst. b EStG **dem vollen persönlichen Einkommensteuersatz** unterliegen.

Auch **negatives Sonderbetriebsvermögen**, also z. B. einer **Bankschuld aus der Refinanzierung des Gesellschaftsanteils**, geht mit der Option in das Privatvermögen des jeweiligen Gesellschafters über. Da auch Schulden keine wesentlichen Betriebsgrundlagen sind, ist der Buchwertansatz damit sicherlich nicht gefährdet. Für einen anschließenden Abzug der Schuldzinsen als Werbungskosten auf die Beteiligung ist allerdings für die Beteiligung an der optierenden Gesellschaft eine **Option in das Teileinkünfteverfahren** nach § 32d Abs. 2 Nr. 3 EStG erforderlich (Abzug dann nach § 3c Abs. 2 EStG mit 60 %); ansonsten wären die Schuldzinsen steuerlich verloren.

Ergänzungsbilanzen

Ergänzungsbilanzen sind ein Phänomen transparenter Besteuerung. Mit Ergänzungsbilanzen einzelner Mitunternehmer – egal ob positiv oder negativ – wird man sicherlich **wie bei einer echten Einbringung** umzugehen haben. Das Kapital in der Ergänzungsbilanz wird also mit den Kapitalkonten des Mitunternehmers in der Gesamthandsbilanz und seiner Sonderbilanz (soweit die dortigen Wirtschaftsgüter mit übergehen) addiert bzw. saldiert (Rz. 39 BMF).

Die in einer **negativen Ergänzungsbilanz** ausgewiesenen Minderwerte führen zu entsprechenden Wert-Abstockungen in der Steuerbilanz der übernehmenden (fiktiven) Kapitalgesellschaft. Ergibt sich hierbei ein negativer Buchwert des eingebrachten Betriebsvermögens oder Mitunternehmeranteils, so erfolgt in Höhe des Negativbetrags eine entsprechende Aufstockung in der Steuerbilanz, da sich Aktiv- und Passivposten nach § 20 Abs. 2 Satz 2 Nr. 2 UmwStG ausgleichen müssen. Die in einer **positiven Ergänzungsbilanz** ausgewiesenen Werte führen demgegenüber zu einer Aufstockung in der Steuerbilanz der übernehmenden Kapitalgesellschaft. Der Ausgleich der Abweichung zur Handelsbilanz erfolgt über die Bildung eines passiven Ausgleichspostens, der zu einem Zugang zum steuerlichen Einlagekonto führt.

Für Mitunternehmer mit hohen Mehrwerten in ihrer Ergänzungsbilanz aus ihrem Einstieg in die Gesellschaft wird dies regelmäßig ein Argument gegen die Option sein. Für solche Gesellschafter hat die Steuerminderung aus den Mehrwerten in der Ergänzungsbilanz einen wichtigen Finanzierungsvorteil, auf den sie sicherlich ungern verzichten wollen oder können. Künftig kommen die Abschreibungen aus seinen Mehrwerten allen Gesellschaftern in Form einer KSt- und GewSt-Minderung zugute; zivilrechtlichen Ausgleichsvereinbarung sind daher naheliegend.

Eine Rückoption löst nach § 1a Abs. 4 Satz 2 KStG einen fiktiven Formwechsel zurück in die Personengesellschaft aus. Die steuerlichen Folgen ergeben sich aus § 9 i. V. m. §§ 3–8 UmwStG. Erfolgt die Rückoption innerhalb des Abschreibungszeitraums der durch die Mehrwerte aufgestockten Wirtschaftsgüter, so enthält die steuerliche Schlussbilanz die fortgeführten Buchwerte. Soll der Rückweg auf Buchwertbasis erfolgen, fließen diese Werte in die Bücher der Personengesellschaft ein und kommen allen Gesellschaftern zugute und nicht nur solchen Gesellschaftern, die vor der Option über positive Ergänzungsbilanzen verfügten. Verfügt die rückoptierende Gesellschaft aber nicht über einen ausschüttbaren Gewinn i. S. d. § 7 UmwStG, kann es ggf. zur Nichtberücksichtigung eines Übernahmeverlusts kommen (§ 4 Abs. 6 Satz 4 UmwStG, § 4 Abs. 6 Satz 6 UmwStG).

Folgen der fiktiven Buchwerteinbringung

Nach der fiktiven Einbringung unterliegen die **erhaltenen Anteile** der siebenjährigen Sperrfrist gemäß § 22 Abs. 1 UmwStG; für mit eingebrachte Anteile (also wenn die Personengesellschaft eine Beteiligung an einer Kapitalgesellschaft hält) gilt die Sperrfrist nach § 22 Abs. 2 UmwStG für die eingebrachten Anteile (ebenfalls sieben Jahre). Sollten die erhaltenen Anteile an der optierenden Gesellschaft oder die eingebrachten Anteile innerhalb von sieben Jahren veräußert werden, **löst dies also eine rückwirkende Einbringungsgewinnbesteuerung aus** (Einbringungsgewinn I oder II). Ebenso gelten die Ersatztatbestände des § 22 Abs. 1 Satz 6 UmwStG (einschließlich der Billigkeitsregelungen in Rn. 22.23 des UmwSt-Erlasses; vgl. dazu die Verweisung in Rz. 97 BMF).

Nach Verwaltungsauffassung (Rz. 97 BMF) stellt aber auch eine **Rückoption** eine **Sperrfristverletzung** dar. Damit hat man sich dann auf jeden Fall eine **(faktische) siebenjährige Bindungsfrist** an die Option eingefangen. Eine **Ausnahme** soll nach Rz. 97 BMF für die Beendigung der Option kraft Gesetzes nach § 1a Abs. 4 Satz 7 KStG gelten. Dies sind Fälle, in denen die optierende Gesellschaft (= bisherige zivilrechtliche Personengesellschaft) **tatsächlich durch Formwechsel in eine Körperschaft umgewandelt** wird.

Folgen für vorhandene Verluste

Im Rahmen der Option stellt sich auch die Frage, welche Folgen sich für die vorhandene Verluste ergibt Dabei ist zu differenzieren:

- **Einkommensteuerliche Verluste** bleiben bei den Mitunternehmern (dort weiterhin Verlustvortrag über § 10d EStG).
- **Gewerbesteuerliche Verluste** sind demgegenüber verloren (Rz. 47 BMF); sie gehen ebenso wie beim echten Formwechsel nicht auf die optierende Gesellschaft über (§ 23 Abs. 5 UmwStG).
- Soweit noch **verrechenbare Verluste i. S. von § 15a Abs. 4 EStG** bestehen, sind diese mit dem fiktiven Formwechsel ebenfalls verloren (wie es auch bei einem echten Form-

wechsel der Fall wäre); Rz. 47 BMF. Fraglich könnte allenfalls sein, ob diese verrechenbaren Verluste nach einer späteren Rückoption wiederaufleben. Ebenso verhält es sich mit einem Verlust i. S. von § 15b EStG.

- Ebenso ist ein **Zinsvortrag** und ein **EBITDA-Vortrag** aus der Zinsschranke verloren (Verweis in Rz. 59 BMF auf § 20 Abs. 9 UmwStG).

Gutschrift auf dem steuerlichen Einlagekonto (§ 27 KStG; Rz. 41–42 BMF)
Nach § 1a Abs. 2 Satz 4 KStG wird das im Einbringungszeitpunkt in der Steuerbilanz **auszuweisende Eigenkapital** vollumfänglich auf dem steuerlichen Einlagekonto der optierenden Gesellschaft erfasst. Da die optierende Gesellschaft nicht über ein Stammkapital verfügt, wird kein Betrag dafür abgerechnet. Es gelten im Übrigen die Regelungen des § 27 KStG. Für die spätere **Verwendung des Einlagekontos** muss dann Entsprechendes gelten. Es kommt also die allgemeine **Verwendungsreihenfolge** des § 27 Abs. 1 Satz 3 und 5 KStG zur Anwendung; vor einem Bestand im steuerlichen Einlagekonto gilt also immer erst der ausschüttbare Gewinn (= Gewinne der Vorjahre) als ausgeschüttet.

Der Zugang im steuerlichen Einlagekonto ist bereits in dem Jahr zu erfassen, in dem der (fiktive) steuerliche Übertragungsstichtag liegt. Für die Abgrenzung zwischen Eigen- und Fremdkapitalkonten verweist Rz. 42 BMF auf die BMF-Schreiben vom 11.07.2011 (BStBl I 2011, 713 (dort: Tz. I.2)), vom 30.05.1997 (BStBl I 1997, 627 (= Abgrenzung von EK und FK für § 15a EStG-Zwecke) und vom 26.07.2016 (BStBl I 2016, 684).

BEISPIEL

Die XY-KG optiert mit Wirkung ab 2024 nach § 1a KStG zur Körperschaftsteuer. Die Gesellschafterkonten der Gesellschafter weisen folgende Bestände aus:

	X	Y	Summe
Kapitalkonto I	**1 000 000**	**1 000 000**	**2 000 000**
Kapitalkonto II (= Kapitalkonto im steuerlichen Sinne mit Minderung um Verluste)	**2 400 000**	**3 800 000**	**6 200 000**
Darlehenskonto Gesamthandsbilanz (Schuld)	3 250 000	2 100 000	5 350 000
Darlehensforderungen Sonderbilanzen	3 250 000	2 100 000	5 350 000
Ergänzungsbilanzen	**./. 2 000 000**	**5 000 000**	**3 000 000**
Maßgeblicher Buchwert für die Einbringung (ohne Bestände auf den Darlehenskonten)	**1 400 000**	**9 800 000**	**11 200 000**

Die Darlehenskonten sind **nicht** als Kapitalkonten im Sinne der Option anzusehen (auch nicht im Sonder-Betriebsvermögen, weil das Sonder-BV nicht mit eingebracht wird).

Als **Zugang im steuerlichen Einlagekonto** sind zum 31.12.2023 somit 11 200 000 € anzusetzen (kein Betrag im Stammkapital, also in voller Höhe; auch das Kapitalkonto I gilt nicht als Stammkapital; vgl. § 1a Abs. 2 Satz 4 KStG). Für 2023 ist dazu bereits eine Anlage KSt 1 F zur KSt-Erklärung abzugeben (Rz. 41 BMF).

Die bisher im Sonderbetriebsvermögen von X und Y ausgewiesenen **Gesellschafterforderungen** werden nach der Option zu deren **Privatvermögen**. Ein **Entnahmeproblem** ergibt sich dadurch in aller Regel nicht, weil in den Darlehensforderungen keine stillen Reserven enthalten sind (Ausnahme ggf. dann, wenn die Gesellschafter die Forderungen früher zu einem Wert unter dem Nennwert von einem Dritten erworben hätten, was hier nicht der Fall ist). **Zinsen** für diese Gesellschafterdarlehen unterliegen nach der Option dann der Regelung des § 32d Abs. 2 Nr. 1 Buchst. b EStG, so dass dafür der Abgeltungsteuersatz von 25 % nicht zur Anwendung kommt; vielmehr greift dann dafür – wie einer »echten« GmbH auch – der **persönliche ESt-Satz** von X und Y.

Die umgekehrt in der Gesamthandsbilanz passivierten Gesellschafterdarlehensverpflichtungen gehen mit der Option auf die (fiktive) Körperschaft über. Dies ist aber **keine (ggf. schädliche) sonstige Gegenleistung** i. S. von § 20 Abs. 2 Satz 2 Nr. 4 UmwStG.

Aufgrund des Umstands, dass trotz des Zugangs bereits zum 31.12.2023 an diesem Stichtag kein ausschüttbarer Gewinn zur Verfügung stand, muss es m. E. möglich sein, im Erstjahr der Option die Entnahmen aus dem Einlagekonto zu finanzieren (ohne KapSt-Pflicht). Eine klare Aussage enthält das BMF-Schreiben jedoch nicht; die Lösung ergibt sich m. E. aber aus allgemeinen Grundsätzen, die auch bei einem echten Formwechsel zum 31.12.2023 zur Anwendung kommen würden.

Da es sich nicht um eine echte Umwandlung handelt und die Kapitalkonten in den Handelsbilanzen unverändert bestehen bleiben und fortgeführt werden, liegt in dem »Zusammenwerfen« der (unterschiedlich hohen) Kapitalkonten für steuerliche Zwecke kein Schenkungsteuertatbestand. Anders kann es m. E. durchaus dadurch sein, dass durch die Verwässerung von Ergänzungsbilanzen Abschreibungsvolumen auf die Mitgesellschafter übergeht und sich somit auch Steuervorteile verschieben. Dies sollte Anlass sein, in diesen Fällen für einen zivilrechtlichen Ausgleich unter den Gesellschaftern zu sorgen.

Grunderwerbsteuer

Grunderwerbsteuerfragen im Umfeld der Personengesellschaften sind derzeit im Fluss. Durch das Personengesellschaftsmodernisierungsgesetz (MoPeG) vom 10.08.2021 (BGBl I 2021, 3436), das am 01.01.2024 in Kraft getreten ist, hat der Gesetzgeber das Gesellschaftsvermögen einer (Außen-)Personengesellschaft von seinem historischen Fundament des »gemeinschaftlichen Vermögens der Gesellschafter« mehr (§ 718 BGB a. F.) gelöst und die gesamthänderische Bindung beseitigt (§ 719 BGB a. F.). Stattdessen kennt das Zivilrecht nunmehr ausdrücklich ein »Vermögen der Gesellschaft« (§ 713 BGB n. F.).

Das Grunderwerbsteuerrecht knüpft jedoch seit jeher an das Gesamthandsprinzip des Zivilrechts an. Es begann daher eine Diskussion darüber, ob und in welchem Umfang das Steuerecht hierauf reagieren müsse (vgl. etwa Desens, GmbHR 2023, 772). In dem Ende August 2023 vom Bundeskabinett verabschiedeten Regierungsentwurf zum Wachstumschancengesetz sind erstmalig Änderungen des Grunderwerbsteuergesetzes enthalten. Um der Wirtschaft bezüglich der Auswirkungen des MoPeG auf zum 31.12.2023 laufende Nachbehaltensfristen der §§ 5 Abs. 3 Satz 1, 6 Abs. 3 Satz 2 und 7 Abs. 3 Satz 1 GrEStG zumindest Rechtssicherheit zu verschaffen, sieht der Regierungsentwurf eine – wie es heißt – gesetzliche Klarstellung vor. Dafür regelt § 23 Abs. 25 GrEStG, dass allein der weitgehende Entfall des Gesamthandsvermögens nicht zu einer Verletzung laufender Nachbehaltensfristen führt. Zudem wird klargestellt, dass die derzeit laufenden Nachbehaltensfristen unverändert fortgelten und diese unverändert verletzt werden, wenn sich der Anteil am Gesellschaftsvermögen innerhalb der Nachbehaltensfrist vermindert.

Nach Anrufung des Vermittlungsausschusses zum Wachstumschancengesetz kam es dann jedoch durch das Kreditzweitmarktförderungsgesetz, dem der Bundesrat am 15.12.2023 zugestimmt hatte, zu einer gesetzlichen Regelung in § 39 Abs. 2 Nr. 2 AO, nach der rechtsfähige Personengesellschaften für Ertragsteuerzwecke als Gesamthand gesehen werden. Zudem ist in § 24 GrEStG befristet für drei Jahre vorgesehen, Personengesellschaften weiterhin für Zwecke der Grunderwerbsteuer als Gesamthand zu sehen.

Grunderwerbsteuer kann somit derzeit durch die Option für von der Personengesellschaft schon langfristig gehaltene Grundstücke nicht entstehen, da sich an der zivilrechtlichen Zuordnung eines vorhandenen (Betriebs-)Grundstücks nichts ändert. Die Grunderwerbsteuerfreiheit ließe sich in diesen Fällen allerdings auch durch einen tatsächlichen Formwechsel erreichen, wenn die Grundstücke bisher zum Gesamthandsvermögen einer (tatsächlich) formzuwechselnden Personengesellschaft gehört haben.

Nachteilig wird die Option allerdings dann, wenn ein Grundstück innerhalb der Behaltensfrist des § 5 Abs. 3 GrEStG in das Gesellschaftsvermögen der Personengesellschaft übertragen wurde. Zur »Vermeidung von Steuergestaltungen« hat der Gesetzgeber am Ende des Gesetzgebungsverfahrens zum KöMoG in **§ 5 Abs. 3 GrEStG** noch einen neuen Satz 3 angefügt (nachfolgend in Fettdruck dargestellt); vgl. dazu auch Rz. 58 BMF:

> *(3) [1]Die Absätze 1 und 2 sind insoweit nicht anzuwenden, als sich der Anteil des Veräußerers am Vermögen der Gesamthand innerhalb von zehn Jahren nach dem Übergang des Grundstücks auf die Gesamthand vermindert. [2] … (Sonderregelung für den Brexit) … **[3]Bei der Anwendung des Satzes 1 gilt die Ausübung der Option nach § 1a des Körperschaftsteuergesetzes als Verminderung des Anteils des Veräußerers am Vermögen der Gesamthand, wenn die Option innerhalb der jeweils für Satz 1 geltenden Frist ausgeübt und wirksam wird.***

Somit führt die Option nach dem eindeutigen Willen des Gesetzgebers (BT-Drucks. 19/29843, 49) zu einem **Sperrfristverstoß** für die vorherige Übertragung des Grundstücks von einem Mitunternehmer auf die Gesamthand (nach § 5 Abs. 2 Satz 1 GrEStG).

Und **weitere grunderwerbsteuerliche Verhinderungsregelungen** im Zusammenhang mit der Option sieht das Gesetz auch noch weitere Restriktionen vor. Die Neuregelungen in § 5 Abs. 1 Satz 2 und Abs. 2 Satz 2 GrEStG soll verhindern, dass ein Grundstück **bei bereits zuvor ausgeübter Option** ohne Erhebung von Grunderwerbsteuer in das Gesamthandsvermögen der optierenden Gesellschaft übertragen werden könnte. Für diese Fälle soll dann § 5 Abs. 1 Satz 1 GrEStG (Übertragung von mehreren Miteigentümern) und § 5 Abs. 2 Satz 1 GrEStG (Übertragung von einem Alleineigentümer) nicht anwendbar sein. Eine Ausnahme gilt nur dann, wenn die Option schon länger als zehn Jahre zurückliegt und die Beteiligung am Vermögen der Gesamthand ebenfalls schon länger als diese Frist besteht (derzeit kann diese Ausnahme also überhaupt nicht greifen).

Von dem neuen § 6 Abs. 3 Satz 4 GrEStG wird der Fall erfasst, dass das Grundstück **von einer Gesamthand auf eine optierte Gesellschaft** i. S. des § 1a KStG übertragen wird; auch dieser Vorgang soll also von vornherein der Grunderwerbsteuer unterliegen.

3.1.7.4 Folgen einer Option für die laufende Besteuerung

Laufende Besteuerung der Gesellschaft

Eine optierende Personengesellschaft unterliegt der **KSt-Belastung** von 15 % (+ SolZ) und der Ge- wSt. Eine Anrechnung der GewSt auf die ESt nach § 35 EStG der Gesellschafter erfolgt dann natürlich nicht mehr.

Auch für **GewSt-Zwecke** wird eine optierende Gesellschaft wie eine Kapitalgesellschaft und deren Gesellschafter wie Gesellschafter einer Kapitalgesellschaft zu behandeln (vgl. § 2 Abs. 8 GewStG). Sie bekommt dann natürlich auch den **Freibetrag** nach § 11 Abs. 1 Satz 3 Nr. 1 GewStG i. H. von 24 500 € **nicht mehr**.

Sofern die bisherige Gesellschaft ihren Gewinn durch **Einnahmen-Überschuss-Rechnung** ermittelt, ist zu beachten, dass die Gewinnermittlung nach § 4 Abs. 3 EStG für die optierende Gesellschaft nicht mehr möglich ist (§ 1a Abs. 3 Satz 6 KStG; Rz. 60 BMF). Es ist ein **Übergang zur Gewinnermittlung durch Bestandsvergleich** vorzunehmen. Die entsprechenden Maßnahmen in der Buchhaltung für die künftige Bilanzierung sind rechtzeitig anzugehen.

Beteiligungserträge

Hält die optierende Gesellschaft **Beteiligungen an (echten) Kapitalgesellschaften oder an anderen optierenden Gesellschaften**, unterliegen Dividenden (oder Entnahmen) aus diesen Gesellschaften der Steuerfreiheit für Dividenden in § 8b Abs. 1 KStG (mit 5%-Pauschale); vor einer Option unterliegen erhaltene Ausschüttungen der Personengesellschaft demgegenüber der Teileinkünftebesteuerung. Entsprechendes gilt, wenn solche Beteiligungen veräußert werden (Steuerbefreiung nach § 8b Abs. 2 KStG mit 5%-Pauschale bzw. Nichtabzugsfähigkeit eines Veräußerungsverlustes nach § 8b Abs. 3 Satz 3 KStG). Verlorene Darlehensforderungen gegenüber solchen Tochtergesellschaften fallen unter das Abzugsverbot in § 8b Abs. 3 Satz 4 ff. KStG. Das **Teilabzugsverbot** des § 3c Abs. 2 EStG für Aufwendungen im Zusammenhang mit den Beteiligungen an diesen Tochtergesellschaften (»Beteiligungsaufwand«) ist nach einer Option **nicht mehr anwendbar**.

Bei **Anteilen an Investmentfonds** gelten die günstigeren Teilfreistellungen für Körperschaften (also z. B. für einen Aktienfonds 80% statt 60%, wie dies bei einem Personenunternehmen der Fall wäre; Rz. 59 BMF i.V. mit § 20 Abs. 1 Satz 3 InvStG).

Weitere Folgen

§ 4 Abs. 4a EStG (Kürzung des Schuldzinsenabzugs bei Überentnahmen) kann nach der Option nicht mehr zur Anwendung kommen (Rz. 53 BMF). Eine **Anrechnung der GewSt nach § 35 EStG** kommt ebenfalls nicht (mehr) in Betracht (weder auf Ebene der optierenden Gesellschaft noch auf Ebene der Gesellschafter; dazu auch s. u.).

Verluste sind in der optierenden Gesellschaft gefangen und können – unabhängig von § 15a EStG, also selbst bei positivem Kapitalkonto – **nicht auf Gesellschafterebene genutzt** werden. Bei einem Anteilseignerwechsel greift **§ 8c KStG** ein (während bei »Nichtoption« für die gewerbesteuerlichen Verluste § 10a GewStG zur Anwendung kommt).

Wie bereits dargelegt, muss für eine optierende Gesellschaft auch ein **steuerliches Einlagekonto** geführt werden (mit Einlagen aus Zugängen und Entnahmen als »Leistungen«). Problematisch wird die Anwendung des § 27 KStG insoweit, wie sich der Wortlaut auf das gezeichnete Kapital der Gesellschaft bezieht.

§ 28 KStG ist nicht anwendbar, da diese Vorschrift unmittelbar auf Veränderungen im Nennkapital abstellt.

Auch eine optierende Gesellschaft kann **verdeckte Gewinnausschüttungen** und **verdeckte Einlagen** geben (Rz. 69 ff. BMF). Eine außerbetriebliche Sphäre hat eine optierende Gesellschaft nach der Option nicht mehr (Rz. 53 BMF).

Organschaft

Eine optierende Gesellschaft kommt als **Organträger einer ertragsteuerlichen Organschaft** in Frage (entweder neu oder in Fortführung eines bisher bestehenden Gewinnabführungsvertrags; Rz. 55 BMF). Der fiktive Formwechsel soll aber kein wichtiger Grund für die Beendigung des GAV sein.

Dabei ist allerdings fraglich, ob die **einschränkenden Anerkennungsvoraussetzungen für Personengesellschaften** gelten (insbesondere in § 14 Abs. 1 Satz 1 Nr. 2 KStG) oder ob Kapitalgesellschaftsrecht gilt. M. E. ist Kapitalgesellschaftsrecht anwendbar, so dass auch eine rein vermögens- verwaltende optierende Gesellschaft Organträgerin sein kann.

Nicht in Betracht kommt nach (streitiger) Verwaltungsauffassung (Rz. 56 BMF) allerdings eine Stellung als **Organgesellschaft**, da die dafür zulässigen Rechtsformen in §§ 14, 17 KStG abschließend aufgezählt sind; dazu gehören (optierende) Personengesellschaften nicht. Das BMF begründet die Ablehnung vor allem mit zivilrechtlichen Aspekten (keine Eintragungspflicht von Unternehmensverträgen mit Personenhandels- und Partnerschaftsgesellschaften).

Laufende Besteuerung der Gesellschafter

Gesetzeswortlaut des § 1a Abs. 3 KStG:

> *(3) Aufgrund der Option gilt die Beteiligung an einer optierenden Gesellschaft für Zwecke der Besteuerung nach dem Einkommen als Beteiligung eines nicht persönlich haftenden Gesellschafters an einer Kapitalgesellschaft. Beim Gesellschafter führen daher insbesondere*
>
> 1. *durch das Gesellschaftsverhältnis veranlasste Einnahmen zu Einkünften im Sinne des § 20 Absatz 1 Nummer 1 des Einkommensteuergesetzes,*
> 2. *Einnahmen, die er von der Gesellschaft für seine Tätigkeit im Dienst der Gesellschaft bezieht, zu Einkünften im Sinne des § 19 des Einkommensteuergesetzes,*
> 3. *Einnahmen aus der Hingabe von Darlehen zu Einkünften im Sinne des § 20 Absatz 1 Nummer 7 oder Absatz 2 Satz 1 Nummer 7 des Einkommensteuergesetzes und*
> 4. *Einnahmen aus der Überlassung von Wirtschaftsgütern zu Einkünften im Sinne des § 21 oder § 22 des Einkommensteuergesetzes.*
>
> *Die §§ 13 bis 16, 18 und 35 des Einkommensteuergesetzes sind vorbehaltlich des Satzes 4 nicht anzuwenden. Soweit entsprechende Einnahmen bei einem Gesellschafter einer Kapitalgesellschaft anderen Einkunftsarten zuzurechnen wären, gilt abweichend von Satz 3, dass auch die Einnahmen des Gesellschafters der optierenden Gesellschaft zu diesen Einkünften gehören. Gewinnanteile gelten erst dann als ausgeschüttet, wenn sie entnommen werden. § 4 Absatz 3 des Einkommensteuergesetzes ist bei einer optierenden Gesellschaft nicht anzu- wenden. In den Fällen des Satzes 2 Nummer 2 gelten die optierende Gesellschaft als lohnsteuerlicher Arbeitgeber und der Gesellschafter als Arbeitnehmer.*

Entnahmen

Eindeutig ist, dass alle Entnahmen aus einer optierenden Gesellschaft **steuerlich zu Dividenden** führen und damit der Abgeltungsteuer von 25 % unterliegen (Ergänzung in § 20 Abs. 1 Nr. 1 Satz 1 EStG). Alternativ kann u. U. auch das Teileinkünfteverfahren (z. B. bei Anteilen im Betriebsvermögen) oder auch § 8b Abs. 1 KStG (bei einer Körperschaft oder einer anderen optierenden Gesellschaft als Anteilseigner) zur Anwendung kommen. Dies gilt grundsätzlich ebenso für Sachentnahmen wie z. B. der privaten Kfz- Nutzung, wobei der Abzug der KapSt hier auf Schwierigkeiten stößt.

Von erheblicher praktischer Bedeutung war die ursprünglich im Gesetz verwendete **Formulierung *»oder ihre Auszahlung verlangt werden kann«***. Hieraus folgte, dass entnahmefähige Gewinnanteile immer als ausgeschüttet gelten. Auf die tatsächliche Entnahme kam es danach nicht an. Mit dem Wachstumschancengesetz (a. a. O.) nahm der Gesetzgeber eine Änderung der Ausschüttungsfiktion dahingehend vor, dass ein kapitalertragsteuerpflichtiger Zufluss erst bei tatsächlicher Entnahme anzunehmen ist (§ 1a Abs. 3 Satz 5 KStG).

Die Frage, ob Gewinnausschüttungen von optierten Personengesellschaften in den Anwendungsbereich des § 43b Abs. 1 Satz 1 EStG fallen, wird kontrovers diskutiert (vgl. Prinz/Ekinci, FR 2023, 552; Mögele/Steiner/Ullmann, IStR 2023, 377). § 43b EStG regelt die Entlastung von der deutschen Kapitalertragsteuer auf Dividenden und andere Gewinnausschüttungen einer im Inland unbeschränkt steuerpflichtigen Kapitalgesellschaft, die einer in einem anderen EU-Mitgliedstaat ansässigen Muttergesellschaft oder einer dort gelegenen Betriebsstätte zufließen. Gewinnausschüttungen optierter Personengesellschaften werden insoweit gemäß § 1a Abs. 3 Satz 2 Nr. 1 KStG bei der Muttergesellschaft als Kapitalerträge i. S. d. § 20 Abs. 1 Nr. 1 EStG qualifiziert.

Problematisch ist hier vor allem, ob bei Gewinnausschüttungen von optierten Personengesellschaften auch der persönliche Anwendungsbereich des § 43b EStG eröffnet ist. Nach den Vorgaben der Mutter-Tochter-Richtlinie müssen Gesellschaften »ohne Wahlmöglichkeit« der deutschen Körperschaftsteuer unterliegen (Art. 2 Buchst. a Ziff. iii MTR). Dies lässt sich bei den optierenden Gesellschaften nicht sagen. Ob sich hierüber der Telos der Richtlinie, eine Doppelbesteuerung zu vermeiden, hinwegsetzten kann, erscheint jedenfalls fraglich. Die Finanzverwaltung vertritt daher die Auffassung, § 43b EStG sei auf die optierende Gesellschaft nicht anwendbar (Rz. 52 BMF).

Für die (fiktiven) Dividenden gelten die allgemeinen Regeln des **§ 32d EStG** (z. B. mit Wahlrecht zum Teileinkünfteverfahren ab einer Beteiligung von 25 % oder 1 % und qualifizierter beruflicher Tätigkeit für die optierende Gesellschaft nach § 32d Abs. 2 Nr. 3 EStG).

Eine **GewSt-Anrechnung nach § 35 EStG** kommt bei Gesellschaftern einer optierenden Gesellschaft **nicht mehr** in Betracht (Rz. 85 BMF).

Kapitalkonten/Gewinnanteile

Zivilrechtlich werden die **Kapitalkonten der Gesellschaft** fortgeführt. Fraglich ist, ob für eine optierende Gesellschaft nun eine Steuerbilanz in dem Sinne aufzustellen ist, dass das gesamte Eigenkapital **einheitlich als Gesamtsumme für alle Gesellschafter** auszuweisen ist. Die Eigenkapitalbestände vermischen sich bei dieser Vorgehensweise steuerlich vollständig. So sieht es wohl die Finanzverwaltung, wenn sie in Rz. 100 BMF für die optierenden Gesellschaften die **Übermittlung einer E-Bilanz für eine Körperschaft** nach § 5b Abs. 1 Satz 1 EStG verlangt.

Die **zivilrechtliche Gewinnermittlung und -verteilung** findet weiterhin nach den Prinzipien des Personengesellschaftsrechts statt. Verzinsungen der Kapitalkonten wird man dabei als Teile der Gewinnverteilung ansehen können bzw. müssen, während die Verzinsung von Fremdkapitalkonten bei den Gesellschaftern zu Einnahmen aus Kapitalvermögen führen wird.

Die Gewinnanteile und damit die Bemessungsgrundlage für künftige Entnahmen der Gesellschafter (steuerlich: Dividenden) werden sicherlich weiterhin nach dem **Gewinnverteilungsschlüssel** des Gesellschaftsvertrags auf die (handelsrechtlichen) Kapitalkonten der einzelnen Mitunternehmer verteilt. Steuerlich kommt es dann darauf aber nicht mehr an.

Dienstverträge

Die Option gilt **auch lohnsteuerlich**; Dienstverhältnisse mit den Gesellschaftern werden dann also anerkannt und unterliegen der Lohnversteuerung als Einkünfte i. S. von § 19 EStG (statt Sonderbetriebseinnahmen). Entnahmen führen (fiktiv) zu Dividenden, die der Kapitalertragsteuer unterliegen (mit Anwendung von § 32d EStG usw.). Die optierende Gesellschaft wird insoweit zum lohnsteuerlichen Arbeitgeber (Rz. 83 BMF).

Auch die **steuerwirksame Bildung von Pensionsrückstellungen** für Pensionszusagen an tätige Gesellschafter einer optierenden Gesellschaft ist nun möglich.

Es wird allerdings jeweils zu prüfen sein, ob es sich bei den bisherigen Vereinbarungen über die Tätigkeit der Gesellschafter um **schuldrechtliche Regelun**gen oder um reine Gewinnverteilungsabreden handelt. M. E. dürften nur schuldrechtliche Regelungen zur Anerkennung eines Dienstverhältnisses führen; ggf. müssen die Fälle hier auch umgestaltet werden. Ein reines »Gewinnvorab« wird hier zur Anerkennung eines steuerlichen Dienstverhältnisses nicht ausreichen.

Veräußerung von Anteilen an einer optierenden Gesellschaft

Die Veräußerung von Anteilen an einer optierenden Gesellschaft führt bei einem Gesellschafter, der seinen Anteil im Privatvermögen hält, zu einem Veräußerungsgewinn i. S. von **§ 17 Abs. 1 EStG**. Dies wird durch eine Ergänzung in § 17 Abs. 1 Satz 3 EStG sichergestellt. Bei Beteiligungen unter 1 % können auch Einkünfte aus Kapitalvermögen i. S. von § 20 Abs. 2 Nr. 1 EStG vorliegen.

Ist Gesellschafterin eine (**tatsächliche**) **Kapitalgesellschaft** (oder auch eine **andere optierende Gesellschaft**), unterliegt die Veräußerung der Tochtergesellschaft der Begünstigung des **§ 8b Abs. 2 KStG**; die Sperrfristbehaftung des § 22 Abs. 1 UmwStG innerhalb der dortigen Siebenjahresfrist ist allerdings zu beachten.

Erwerb von Anteilen an einer optierenden Gesellschaft

Der Erwerber des Anteils an einer optierenden Gesellschaft muss sich mit der Option abfinden; insbesondere kann er also seine Anschaffungskosten **nicht** steuerlich in einer Ergänzungsbilanz **aktivieren** (und hat damit dann auch kein steuerliches Abschreibungsvolumen).

Erbschaftsteuer/Umsatzsteuer

Durch Ergänzungen in §§ 13a, 13b ErbStG werden optierende Gesellschaften erbschaft- und schenkungsteuerlich **weiterhin wie Mitunternehmerschaften** (Verweis auf § 13b Abs. 1 Nr. 2 ErbStG) und nicht als Kapitalgesellschaften **angesehen** (womit z. B. nicht die 25 %-Grenze für Kapitalgesellschaften gilt; eine Beteiligung von unter 25 % an einer optierenden Gesellschaft wird auch nicht zu schädlichem Verwaltungsvermögen). Dies ist konsequent, da die Wirkungen der **Option auf die Ertragsteuern begrenzt** bleiben soll. Allerdings führt dies zu einer unterschiedlichen Behandlung, da erbschaftsteuerlich dann **weiterhin Sonderbetriebsvermögen denkbar** ist.

Auch auf die **Umsatzsteuer** hat die Option keine Auswirkung.

3.1.7.5 Rückoption

Grundsätze
Da es **keine Bindungsfrist** gibt, kann bereits nach einem Jahr wieder »rückoptiert« werden (also nach einer Option für 2023 dann ab Anfang 2024 wieder zurück zur normalen Personengesellschaftsbesteuerung). Wie bei der Option selbst muss auch der Antrag auf Rückoption **spätestens einen Monat vor Beginn des Wirtschaftsjahres** in elektronischer Form an das zuständige Finanzamt übermittelt werden.

Die Rückoption stellt allerdings eine (fiktive) Umwandlung aus einer Kapital- in eine Personengesellschaft i. S. der §§ 3–9 UmwStG dar. Wie beim Weg in die Option gelten grundsätzlich die gesamten Regeln dieser Umwandlungsform – und bekanntlich ist diese Umwandlungsform die systematisch anspruchsvollste und häufig – trotz Buchwertansatz – auch teuerste des deutschen Umwandlungssteuerrechts.

Insbesondere werden in Höhe der zuvor **entstandenen Gewinnrücklagen** (und nur wenn solche entstanden sind, hat die Option schließlich Sinn gemacht) fiktive Bezüge nach § 7 UmwStG entstehen; das vorhandene Eigenkapital wird also – ohne die vorherigen Einlagen – einer fiktiven Dividendenbesteuerung im Teileinkünfteverfahren unterworfen. Der bisherige Steuervorteil ist damit weg (zumindest für beteiligten natürliche Personen; für beteiligte Körperschaften greift § 8b Abs. 1 KStG – mit 5%-Pauschale – für die § 7 UmwStG-Erträge).

Natürlich kann es auch zu **Übernahmegewinnen und -verlusten** i.S. von § 4 Abs. 4 ff. UmwStG kommen, die nach den üblichen Regeln zu ermitteln und versteuern sind.

Rückwirkungsfragen stellen sich allerdings nicht, da die Rückoption schon vor dem Beginn des Wirtschaftsjahres ausgeübt werden muss, ab dem § 1a KStG nicht mehr zur Anwendung kommen soll. § 9 Satz 3 UmwStG findet nach § 1a Abs. 4 Satz 2 KStG somit keine Anwendung.

Konsequenterweise gilt dann aber nach einer Rückoption auch die **Sperrfrist des § 18 Abs. 3 UmwStG**. Eine Veräußerung der Mitunternehmeranteile innerhalb von fünf Jahren nach der Rückoption unterliegt dann also der Gewerbesteuer, ohne dass die entstehende Gewerbesteuer auf die Einkommensteuer der Gesellschafter angerechnet werden könnte.

Außerdem sind die **Anteile an der optierenden Gesellschaft** nach § 22 Abs. 1 UmwStG sieben Jahre lang **sperrfristbehaftet**, so dass eine Rückoption innerhalb von sieben Jahren automatisch auch einen rückwirkenden Einbringungsgewinn I auf den Zeitpunkt des Beginns der Option darstellt. Sperrfristbehaftet sind ebenso Anteile an Kapitalgesellschaften, die die optierende Gesellschaft selbst hält (»**eingebrachte Anteile**«; in diesem Fall richtet sich die Sperrfristbehaftung nach § 22 Abs. 2 UmwStG).

Frühere **Ergänzungsbilanzen** aus der Zeit vor einer Option dürften bei einer Rückoption wohl nicht wieder aufleben; diese Frage ist aber nicht endgültig geklärt.

Zwangsweise Rückoptionsfälle
Nach § 1a Abs. 4 Satz 4 KStG wird eine Rückoption **automatisch** (ohne Antrag) ausgelöst, sobald die Voraussetzungen des § 1a Abs. 1 KStG entfallen. Das ist z.B. dann der Fall, wenn eine Gesellschaft aufgrund des Ausscheidens des vorletzten Gesellschafters zivilrechtlich beendet wird, die Gesellschaft damit als aufgelöst gilt (§ 1a Abs. 4 Satz 5 und 6 KStG = **Anwachsungsfälle**). Es kommt zur (fiktiven) Liquidation der Gesellschaft nach den Regeln des § 11 KStG. Fällt der verbleibende Gesellschafter als Rechtsperson jedoch unter das UmwStG, kann die Gesellschaft auf diesen nach §§ 11 ff. UmwStG umgewandelt werden.

3.2 Geschäftsleitung oder Sitz im Inland bei Körperschaften i. S. d. § 1 KStG

3.2.1 Allgemeines

Die in § 1 KStG bezeichneten Körperschaften usw. sind nur dann unbeschränkt steuerpflichtig, wenn sie

- ihre Geschäftsleitung (§ 10 AO) oder
- ihren Sitz (§ 11 AO)

im Inland haben.

Für die unbeschränkte Steuerpflicht braucht also nur eines der beiden Merkmale im Inland gegeben sein.

BEISPIELE

Eine GmbH hat

a) ihren Sitz im Ausland, ihre Geschäftsleitung im Inland,
b) ihren Sitz im Inland, ihre Geschäftsleitung im Ausland,
c) Sitz und Geschäftsleitung im Inland,
d) Sitz und Geschäftsleitung im Ausland.

LÖSUNG Die GmbH ist in den Fällen a) bis c) unbeschränkt steuerpflichtig,

Im Fall d) ist sie nicht unbeschränkt steuerpflichtig, bei Vorliegen inländischer Einkünfte i. S. v. § 49 EStG ist sie beschränkt steuerpflichtig (§ 2 Nr. 1 KStG).

3.2.2 Geschäftsleitung (§ 10 AO)

Diese befindet sich am **Mittelpunkt der geschäftlichen Oberleitung,** also dort, wo die leitenden Personen die wesentlichen Entscheidungen treffen. Hierbei kommt es auf die tatsächlichen Verhältnisse an. Das Merkmal ist Tatfrage (vgl. RFH vom 20.12.1933 RStBl 1934, 140). Maßgeblich ist also der Ort der entscheidenden geschäftlichen Willensbildung.

In der Regel sind dies die Geschäftsräume des Unternehmens, wenn hier die leitenden Personen ihre Arbeits- bzw. Besprechungsräume haben (»Vorstandsetage«) und hier tatsächlich auch ihre Entscheidungen üblicherweise treffen. Dagegen ist der Ort, an dem die geschäftlichen Entscheidungen ausgeführt werden, unbeachtlich, also etwa die Büroräume für die Verwaltung und Korrespondenzabteilung. Regelmäßig wird vermutet, dass Ort der Geschäftsleitung dort ist, wo sich die **Büroräume des (der) leitenden Geschäftsführer(s)** befinden. Denn es kommt nicht darauf an, wo die Willenserklärungen wirksam werden (s. o.), sondern an welchem Ort sie abgegeben werden (vgl. RFH vom 23.06.1938 RStBl 1938, 949).

Sind zur Ausübung der Leitung Geschäftsräume nicht erforderlich und auch nicht vorhanden (oder: sind sie vorhanden, werden aber praktisch nicht benutzt), so kann Ort der Geschäftsleitung auch die Privatwohnung der leitenden Person, ja sogar ein (ständig bewohntes) Hotelzimmer sein (vgl. RFH vom 03.07.1934 RStBl 1934, 1078). Die Finanzverwaltung nimmt im AEAO vom 05.02.2024 (BStBl I 2024, 177) nun erstmals ausführlich Stellung zu den Voraussetzungen für die Begründung einer inländischen (Geschäftsleitungs-) Betriebsstätte, nachdem in der Vergangenheit vermehrt finanzgerichtliche Verfahren hierzu aufgetreten sind (vgl. etwa BFH vom 23.03.2022 – III R 35/20, BStBl II 2022, 844; FG Berlin-Brandenburg vom 28.06.2023 – 11 K 11108/17, DStR 2023, 2715; dazu Töben/Schrepp, DStR 2023, 2708).

BEISPIELE

a) Der Gesellschafter-Geschäftsführer einer Patentverwertungs-GmbH mit Sitz in Eupen (Belgien) trifft alle Entscheidungen von seinem Wohnhaus in Aachen aus. Ort der Geschäftsleitung ist Aachen.
LÖSUNG Die GmbH ist unbeschränkt körperschaftsteuerpflichtig (§ 1 Abs. 1 KStG).
Es ist unerheblich, dass sich im Inland keine eigentlichen Betriebsräume befinden.

b) Der Alleingesellschafter einer GmbH (Betriebsgebäude mit Verwaltungsräumen in Aachen, Sitz in Spa/Belgien) trifft alle Entscheidungen in seinem privaten Wohnhaus in Spa. Ort der Geschäftsleitung ist Spa.
LÖSUNG Die GmbH ist lediglich beschränkt steuerpflichtig (§ 2 Nr. 1 KStG, § 49 EStG).

Sind die an sich gesetzlich zur Vertretung berufenen Personen (Vorstandsmitglieder, Geschäftsführer) vertraglich in ihrer Entscheidungsbefugnis so eingeengt, dass der maßgebliche geschäftliche Wille von anderen Personen gebildet wird, kommt es darauf an, an welchem Ort letztere die maßgeblichen Entscheidungen treffen.

BEISPIEL

Ein GmbH-Geschäftsführer muss gemäß Anstellungsvertrag und Satzung bei Fragen von einiger Bedeutung die Entscheidung der Gesellschafter einholen. Wo ist der Ort der Geschäftsleitung?

LÖSUNG Ort der Geschäftsleitung ist dort, wo die Gesellschafter ihre Willensbildung vollziehen. Das ist dort, wo üblicherweise die Gesellschafterversammlung stattfindet.

Die Geschäftsleitung eines Unternehmens kann begrifflich zu einem bestimmten Zeitpunkt **nur einem einzigen Ort** zuzuordnen sein (anders als bei natürlichen Personen, die einen Mehrfachwohnsitz haben können). Aber eine **Verlegung** ist möglich. Bei Verlegung der Geschäftsleitung vom Inland in das Ausland (oder umgekehrt) – ohne dass der Sitz im Inland liegt –, kommt es zum **Wechsel** der persönlichen Steuerpflicht. Außerdem ist § 12 KStG zu beachten. Vgl. C 7.

3.2.3 Sitz (§ 11 AO)

Der Sitz wird durch Gesellschaftsvertrag, Satzung oder Gesetz festgelegt, ist also leicht und unzweifelhaft zu bestimmen. Für die GmbH vgl. z. B. § 3 GmbHG. Es handelt sich um ein rein rechtliches Merkmal. Sitz und Geschäftsleitung brauchen nicht übereinzustimmen. Ein inländischer Sitz ist nur von Bedeutung, wenn sich die Geschäftsleitung nicht im Inland befindet.

BEISPIEL

Eine GmbH hat (rechtlichen) Sitz und (tatsächliche) Geschäftsleitung im Ausland. Liegt beschränkte oder unbeschränkte Steuerpflicht vor?

LÖSUNG Da keines der beiden – alternativen – Merkmale im Inland gegeben ist, ist die GmbH nicht unbeschränkt steuerpflichtig gemäß § 1 Abs. 1 KStG, sondern beschränkt steuerpflichtig gemäß § 2 Nr. 1 KStG, wenn sie inländische Einkünfte (§ 49 EStG) hat.

3.3 Umfang der sachlichen Steuerpflicht

3.3.1 Grundsatz

Die unbeschränkte Steuerpflicht erstreckt sich auf sämtliche – nicht nach § 3 EStG usw. steuerbefreite – Einkünfte i. S. d. § 2 Abs. 1 EStG, also
- inländische und
- ausländische Einkünfte (§ 1 Abs. 2 KStG).

Es entspricht dem Wesen der unbeschränkten Steuerpflicht, dass der »Staat der Geschäftsleitung bzw. des Sitzes« im Prinzip ein uneingeschränktes Besteuerungsrecht hat ohne Rücksicht auf die Belegenheit oder eine sonstige Inlandsbeziehung der Einkunftsquellen.

3.3.2 Einschränkungen

Praktische Einschränkungen dieses Grundsatzes ergeben sich aus
a) Doppelbesteuerungsabkommen (DBA),
b) sonstigen zwischenstaatlichen Vereinbarungen.

3.3.3 Doppelbesteuerungsabkommen

Nach einem Doppelbesteuerungsabkommen (DBA) kann das Besteuerungsrecht der Bundesrepublik entzogen sein. Die DBA sind – als völkerrechtliche Vereinbarungen – überstaatliches Recht und gehen insoweit dem KStG vor (§ 2 AO). Typischerweise wird das Besteuerungsrecht einem der Vertragsstaaten entzogen. Dies geschieht durch die Freistellungsmethode.

BEISPIEL

Eine GmbH mit Sitz (und Geschäftsleitung) in Münster unterhält auch eine Betriebsstätte i. S. d. DBA-Niederlande (Art. 5 Abs. 2 Nr. 2 DBA-NL) in Venlo (Niederlande).

LÖSUNG Die Einkünfte aus der Betriebsstätte in den Niederlanden sind in der Bundesrepublik steuerfrei zu lassen (Art. 7 Abs. 2 Satz 1 DBA-NL).

4 Beschränkte Steuerpflicht

4.1 Allgemeines

§ 2 KStG enthält außer der auf inländische Einkünfte beschränkten Steuerpflicht der **ausländischen Körperschaften** (§ 2 Nr. 1 KStG) daneben eine auf steuerabzugspflichtige inländische Einkünfte beschränkte Steuerpflicht sonstiger nicht unbeschränkt steuerpflichtiger Körperschaften; das sind die **Körperschaften des öffentlichen Rechts mit kapitalertragsteuerpflichtigen inländischen Einkünften** (§ 2 Nr. 2 KStG).

Einen Sonderfall beschränkter Steuerpflicht - vergleichbar dem § 2 Nr. 2 KStG - enthält § 5 Abs. 2 Nr. 1 KStG. Nach dieser Vorschrift sind an sich persönlich von der KSt befreite Gebilde ebenfalls mit inländischen steuerabzugspflichtigen Einkünften partiell (d. h. teilweise, im Ergebnis also »beschränkt«) steuerpflichtig.

Nach Auffassung der FinVerw begründet § 5 Abs. 2 Nr. 1 KStG **keinen** Sonderfall der beschränkten Steuerpflicht (vgl. 4.4.1).

Die drei (bzw. zwei) Arten beschränkter Steuerpflicht können sich **nicht** überschneiden, insbesondere nicht § 2 Nr. 1 und § 2 Nr. 2 KStG. Dies wird in § 2 KStG in dem Zusatz »sonstige« Körperschaften (§ 2 Nr. 2 KStG) zum Ausdruck gebracht.

Unbeschränkt steuerpflichtige, aber nach § 5 KStG befreite Körperschaften, Personenvereinigungen oder Vermögensmassen müssen sich zwar ebenfalls den Abzug von Kapitalertragsteuer gefallen lassen. Rechtsgrundlage dafür ist § 5 Abs. 2 Nr. 1 KStG, nicht § 2 Nr. 2 KStG. Vgl. dazu auch 4. 4. 1.

Unter § 2 Nr. 2 KStG fallen somit nur inländische Körperschaften usw. des öffentlichen Rechts.

Zusammenfassend ist also zwischen folgenden drei Arten beschränkter Steuerpflicht zu unterscheiden:

1. Ausländische Körperschaften usw. mit inländischen Einkünften i. S. d. § 49 EStG (§ 2 **Nr. 1** KStG).
2. Sonstige nicht unbeschränkt steuerpflichtige Körperschaften (das sind ausschließlich die inländischen Körperschaften des öffentlichen Rechts) mit steuerabzugspflichtigen inländischen Einkünften (§ 2 **Nr. 2** KStG).
3. Inländische Körperschaften, Personenvereinigungen und Vermögensmassen, die an sich unter § 1 Abs. 1 KStG fallen, aber nach § 5 Abs. 1 KStG persönlich von der KSt befreit sind, mit steuerabzugspflichtigen inländischen Einkünften (**partielle Steuerpflicht gemäß § 5 Abs. 2 Nr. 1 KStG**).

4.2 Ausländische Körperschaften (§ 2 Nr. 1 KStG)

4.2.1 Allgemeines

Nach § 2 Nr. 1 KStG sind Körperschaften **ohne** Geschäftsleitung und Sitz im Inland beschränkt steuerpflichtig, wenn sie inländische Einkünfte i. S. v. § 49 EStG erzielen, z. B. Betriebsstättengewinne nach § 49 Abs. 1 Nr. 2 EStG oder Einkünfte aus der Vermietung inländischen Grundbesitzes nach § 49 Abs. 1 Nr. 6 EStG.

Die Steuerpflicht ist gleichzeitig beschränkt auf die inländischen Einkünfte gemäß § 49 EStG. Ob die Einkünfte im Inland verbleiben oder in das Ausland transferiert werden, ist unbeachtlich. Die inländischen Einkünfte i. S. v. § 49 EStG erfüllen insoweit eine Doppelfunktion. Sie sind

a) Tatbestandsmerkmal (objektive Voraussetzung) für die beschränkte Steuerpflicht nach § 2 Nr. 1 KStG **und**
b) Rechtsfolge (Umfang der sachlichen Steuerpflicht) zugleich.

Diese Art der beschränkten Körperschaftsteuerpflicht entspricht mithin § 1 Abs. 4 EStG.

BEISPIEL

Die Surprise SA (Aktiengesellschaft französischen Rechts) mit Sitz und Geschäftsleitung in Paris unterhält eine Betriebsstätte (§ 12 AO) in Düsseldorf.

LÖSUNG Die Körperschaft ist beschränkt steuerpflichtig nach § 2 Nr. 1 KStG, da und soweit sie inländische Einkünfte erzielt (§ 8 Abs. 2 KStG, § 49 Abs. 1 Nr. 2 a EStG).

4.2.2 Kreis der Steuerpflichtigen

Nach § 2 Nr. 1 KStG können alle Körperschaften, Personenvereinigungen und Vermögensmassen (ohne Sitz und Geschäftsleitung im Inland) beschränkt steuerpflichtig sein – soweit sie inländische Einkünfte i. S. d. § 49 EStG haben. Denn in § 2 Nr. 1 KStG sind – im Gegensatz zu § 1 Abs. 1 KStG – nicht bestimmte Körperschaften usw. aufgezählt. Daher können im Prinzip alle – im Ausland ansässigen – Körperschaften usw. sowohl des privaten wie öffentlichen Rechts nach § 2 Nr. 1 KStG beschränkt steuerpflichtig sein. Dies ist heute vor allem bei der Einräumung von Rechten zur Nutzung eines Immaterialguts (»IP-Überlassung«) von Bedeutung. Die Einnahmen der ausländischen Gesellschaft (Lizenzvergütungen) unterliegen regelmäßig einer beschränkten Steuerpflicht gem. § 2 Nr. 1 KStG im Inland. Diese ergibt sich für ausländische Kapitalgesellschaften i. d. R. aus § 49 Abs. 1 Nr. 2 Buchst. f EStG, insbesondere bei Nutzungsüberlassung von gewerblichen Schutzrechten wie Patenten und Marken (nach § 31 KStG i. V. m. § 50a Abs. 1 Nr. 3, Abs. 2 Satz 1 EStG grds. mit deutscher Quellenbesteuerung).

Nach dem Wortlaut der Vorschrift fallen alle rechtsfähigen und nichtrechtsfähigen Gebilde ohne Sitz und Geschäftsleitung im Inland unter diese Form der beschränkten KSt-Pflicht (vgl. BFH vom 05.11.1992 BStBl II 1993, 388).

Soweit es sich um nichtrechtsfähige Personenvereinigungen handelt, wird allerdings die persönliche Steuerpflicht durch § 3 KStG wieder ausgeschlossen.

BEISPIELE

a) Eine ausländische Personengesellschaft (etwa der OHG oder KG vergleichbar) hat eine inländische Betriebsstätte ihres Gewerbebetriebs.
   LÖSUNG Die Personengesellschaft ist nicht beschränkt körperschaftsteuerpflichtig aufgrund des § 3 Abs. 1 KStG, da die auf die Gesellschaft entfallenden Gewinnanteile bereits nach § 15 Abs. 1 Nr. 2 EStG i. V. m. § 49 Abs. 1 Nr. 2 a EStG unmittelbar bei diesen nach § 1 Abs. 4, § 49 EStG im Rahmen der beschränkten Einkommensteuerpflicht der Gesellschafter erfasst werden.

b) Eine liechtensteinische Anstalt ist eine sonstige juristische Person des privaten Rechts i. S. v. § 1 Abs. 1 Nr. 4 KStG, die bei Bezug inländischer Einkünfte i. S. d. § 49 EStG beschränkt stpfl. ist (vgl. BFH vom 27.07.1988 BStBl II 1989, 101).

Die persönlichen Befreiungen nach § 5 Abs. 1 KStG gelten bei der beschränkten Steuerpflicht nach § 2 Nr. 1 KStG **nicht** – mit Ausnahme von gemeinnützigen, mildtätigen oder kirchlichen EU-/EWR-Körperschaften (§ 5 Abs. 2 Nr. 2 KStG).

4.2.3 Die inländischen Einkünfte (§ 8 Abs. 1 KStG, § 49 EStG)

4.2.3.1 Allgemeines

§ 49 EStG schafft keine neuen Einkunftsbegriffe. § 49 EStG schränkt nur den Umfang der steuerpflichtigen Einkünfte i. S. d. § 2 Abs. 1 EStG ein.

Die Zuordnung von Einkünften zu einer bestimmten Einkunftsgruppe i. S. d. § 49 EStG ist über die §§ 13–24 EStG hinaus vom Vorliegen zusätzlicher Tatbestandsmerkmale abhängig, insbesondere von

- der Belegenheit im Inland (§ 49 Abs. 1 Nr. 1 und 6 EStG),
- einer inländischen Betriebsstätte (§ 49 Abs. 1 Nr. 2 EStG).

Es wird also eine Auswahl unter den inländischen Einkunftsquellen getroffen.

Aus der erschöpfenden Aufzählung der Gruppen inländischer Einkünfte in § 49 Abs. 1 EStG können beschränkt Steuerpflichtige (§ 2 Nr. 1 KStG) **nicht** Einkünfte erzielen aus

- § 49 Abs. 1 Nr. 4 EStG (nichtselbständige Arbeit),
- § 49 Abs. 1 Nr. 7 EStG (Renten aus der gesetzlichen Rentenversicherung u. Ä.),
- § 49 Abs. 1 Nr. 8a EStG (Abgeordnetenbezüge),
- § 49 Abs. 1 Nr. 10 EStG (Bezüge aus betrieblicher Altersversorgung).

Denn diese Einkunftsgruppen setzen als Bezieher eine natürliche Person voraus.

Darüber hinaus können beschränkt körperschaftsteuerpflichtige Gebilde, insbesondere **Kapitalgesellschaften,** auch **keine Einkünfte aus selbständiger Arbeit** (§§ 18, 49 Abs. 1 Nr. 3 EStG) erzielen, vgl. BFH vom 20.02.1974 BStBl II 1974, 511; BFH vom 01.12.1982 BStBl II 1983, 213 und vom 20.06.1984 BStBl II 1984, 828.

4.2.3.1.1 Isolierende Betrachtungsweise (§ 49 Abs. 2 EStG)

Im Ausland gegebene Besteuerungsgrundlagen bleiben außer Betracht, soweit bei ihrer Berücksichtigung inländische Einkünfte i S. d. § 49 EStG nicht angenommen werden könnten und dadurch eine Besteuerungslücke eintreten würde (vgl. R 49.3 EStR).

Dadurch werden **Subsidiaritätsklauseln** (z. B. § 20 Abs. 8 EStG) weitgehend **bedeutungslos.** Vgl. auch BFH vom 01.12.1982 BStBl II 1983, 367.

BEISPIELE

a) Zum Betriebsvermögen einer ausländischen Kapitalgesellschaft (ohne Sitz und Geschäftsleitung im Inland) gehört Grundbesitz i. S. v. § 49 Abs. 1 Nr. 6 EStG im Inland. Eine inländische Betriebsstätte ist nicht vorhanden.
LÖSUNG Normalerweise wären die Einkünfte hieraus Einkünfte aus Gewerbebetrieb (§ 15 i. V. m. § 21 Abs. 3 EStG – Subsidiaritätsprinzip).

Da aber bei einer bloßen Vermögensverwaltung Einkünfte aus § 49 Abs. 1 Nr. 2 Buchst. a EStG zu verneinen sind, sind die Einkünfte aufgrund der isolierenden Betrachtungsweise als Einkünfte aus § 49 Abs. 1 Nr. 6 EStG (§ 21 EStG) zu versteuern. Der Grundbesitz wird bei dieser Betrachtungsweise isoliert vom ausländischen Gewerbebetrieb nur nach den inländischen Besteuerungsmerkmalen beurteilt.
Auf diese Weise wird – aus Gründen der Gleichbehandlung – eine sonst eintretende Besteuerungslücke vermieden.

b) **Abwandlung**
Die Kapitalanlage gehört zu einer inländischen Betriebsstätte der Kapitalgesellschaft.
LÖSUNG Es liegen auch bezüglich der Einkünfte aus der Vermietung gewerbliche Einkünfte (§§ 15, 49 Abs. 1 Nr. 2a EStG) vor.

Aufgrund der isolierenden Betrachtungsweise ist auch die Vorschrift des § 8 Abs. 2 KStG, wonach bei nach HGB buchführungspflichtigen Steuerpflichtigen **alle Einkünfte** als Einkünfte aus Gewerbebetrieb anzusehen sind, insoweit gegenstandslos.

Bei Vorhandensein einer inländischen Betriebsstätte einer ausländischen Körperschaft (insbes. Kapitalgesellschaft oder vergleichbare Körperschaft, vgl. § 49 Abs. 1 Nr. 2f Satz 2 EStG) gehören jedoch i.d.R. auch alle anderen inländischen Einkunftsquellen zu den Einkünften aus Gewerbebetrieb i.S.d. § 49 Abs. 1 Nr. 2a EStG.

§ 49 Abs. 1 Nr. 2f EStG ist zu beachten. Vgl. 4.2.3.3.3.

4.2.3.1.2 Einschränkungen durch Doppelbesteuerungsabkommen

Die Erfassung inländischer Einkünfte i.S.v. § 49 EStG kann durch DBA weiter eingeschränkt sein.

BEISPIEL

Ein holländisches Bauunternehmen (Rechtsform: NV – entspricht der AG) unterhält im Inland eine Baustelle von zehn Monaten Dauer.

LÖSUNG Es handelt sich zwar um Einkünfte i.S.v. § 49 Abs. 1 Nr. 2a EStG, da eine Baustelle von mehr als sechs Monaten Dauer nach § 12 Satz 2 Nr. 8 AO als Betriebsstätte anzusehen ist.

Das Besteuerungsrecht ist jedoch der Bundesrepublik entzogen (Art. 7 Abs. 2 Satz 1 DBA-NL), da die Baustelle nicht eine Dauer von mehr als zwölf Monaten aufweist und daher keine Betriebsstätte i.S.d. DBA-NL ist (Art. 5 Abs. 3 DBA-NL).

4.2.3.1.3 Abgeltung der Körperschaftsteuer durch Steuerabzug

Folgende Punkte sind zu beachten:

a) Grundsatz

Die Körperschaftsteuer wird grds. durch Veranlagung erhoben (§ 31 Abs. 1 KStG, § 25 EStG). Für steuerabzugspflichtige Einkünfte ist jedoch die Körperschaftsteuer durch den Steuerabzug **abgegolten** (§ 32 Abs. 1 Nr. 2 KStG). Diese Regelung entspricht § 50 Abs. 2 Satz 1 EStG.

In Betracht kommen

- Kapitalertragsteuer (§ 43 EStG),
- Steuerabzug nach § 50a Abs. 1 und 2 EStG.

Infolge der Abgeltungswirkung können die Steuerabzugsbeträge nicht auf die KSt angerechnet werden.

Ein Abzug von **Betriebsausgaben,** die in wirtschaftlichem Zusammenhang mit steuerabzugspflichtigen Einkünften stehen, ist nicht möglich, § 8 Abs. 6 KStG (entspricht z. B. § 43a Abs. 2 EStG).

BEISPIELE

a) Eine liechtensteinische AG (Sitz Vaduz) ist zu 5 % an einer inländischen AG beteiligt. Die Dividende von 75 000 € beträgt nach Abzug von 25 % KapSt 56 250 €. Die Beteiligung ist fremdfinanziert (Schuldzinsen: 10 000 €).
LÖSUNG Die AG ist beschränkt steuerpflichtig gemäß § 2 Nr. 1 KStG mit den inländischen Einkünften i. S. d. §§ 49 Abs. 1 Nr. 5 a, 49 Abs. 2 EStG.
Eine Veranlagung findet jedoch nicht statt, da die KSt durch den Kapitalertragsteuerabzug (§ 43 Abs. 1 Nr. 1 EStG) abgegolten ist (§ 32 Abs. 1 Nr. 2 KStG). Die KapSt kann nicht angerechnet werden.
Somit wird die Steuerbefreiung i. S. d. § 8b Abs. 1 KStG für ausländische Körperschaften als Anteilseigner ausgehebelt.
Hinweis: Bei einer abgeltenden Wirkung der Körperschaftsteuer kann bei einer beschränkt steuerpflichtigen Kapitalgesellschaft als Bezieherin der Einkünfte der abgeltende Steuerabzug nach § 32 Abs. 1 Nr. 2 KStG definitiv wirken; eine solche definitive Wirkung des Steuerabzugs kann zu einer wirtschaftlich höheren Besteuerung führen als bei Dividenden, die an Gesellschaften mit Sitz in Deutschland ausgeschüttet werden, und damit einen Verstoß gegen die Kapitalverkehrsfreiheit darstellen. Liegt ein solcher Verstoß vor, kann ein Anspruch auf nachträgliche Erstattung der einbehaltenen und abgeführten Kapitalertragsteuer auf eine analoge Anwendung des § 50d Abs. 1 Satz 2 EStG gestützt werden, vgl. FG Düsseldorf Urteil vom 02.03.2022 (7 K 1424/18 KE, EFG 2022, 598, Rev. unter VIII R 21/22 anhängig).
Die Schuldzinsen, obwohl Betriebsausgaben (§ 4 Abs. 4 EStG) in wirtschaftlichem Zusammenhang mit den inländischen Einkünften (§ 50 Abs. 1 Satz 1 EStG), sind dessen ungeachtet nicht abzugsfähig (§ 8 Abs. 6 KStG).

b) **Abwandlung**
Es handelt sich um eine in den Niederlanden ansässige NV (AG niederländischen Rechts) mit inländischer Betriebsstätte (in Deutschland).
LÖSUNG Hier steht das Besteuerungsrecht den Niederlanden als »Wohnsitzstaat« zu (Art. 13 Abs. 1 DBA-NL). Die Einkünfte sind daher in der Bundesrepublik steuerfrei (§ 2 AO, Art. 20 Abs. 2 Satz 1 DBA-NL).
Der Bundesrepublik verbleibt allerdings trotzdem als »Quellenstaat« die Berechtigung zum Kapitalertragsteuer-Abzug (Art. 13 Abs. 2 DBA-NL), der aber nach Art. 13 Abs. 3 DBA-NL auf 15 % begrenzt ist (Art. 13 Abs. 4 DBA-NL [sog. **Suspensionsklausel**], d. h. Absenkung auf 10 % hier nicht anwendbar).

b) Ausnahmeregelung; Anrechnung von Kapitalertragsteuer

Die Körperschaftsteuer ist dann **nicht** durch den KapSt-Abzug abgegolten, wenn die Einkünfte im Rahmen eines inländischen land- und forstwirtschaftlichen oder Gewerbebetriebs angefallen sind, Umkehrschluss aus § 32 Abs. 1 Nr. 2 KStG. Dies ist z. B. der Fall, wenn das Kapitalvermögen usw. zum Betriebsvermögen einer inländischen Betriebsstätte gehört (vgl. § 50 Abs. 2 Satz 2 Nr. 1 EStG).

Bei Einnahmen i. S. d. § 20 Abs. 1 Nr. 1 und 2 EStG ist in diesem Fall (ohne Rücksicht auf die Einkunftsart) die Kapitalertragsteuer auf die Körperschaftsteuer des beschränkt Steuerpflichtigen anrechenbar (§ 36 Abs. 2 Nr. 2 EStG).

Die Dividenden sind zu 95 % steuerfrei nach § 8b Abs. 1 und 5 KStG.

BEISPIEL

Eine in Liechtenstein ansässige AG unterhält im Inland eine unselbständige Verkaufsfiliale. Im Betriebsgewinn dieser Filiale von 120 000 € ist eine Gewinnausschüttung von 14 000 € (vor KapSt) aus der Beteiligung an einer inländischen AG enthalten.

LÖSUNG Die liechtensteinische AG ist beschränkt steuerpflichtig gemäß § 2 Nr. 1 KStG mit inländischen Einkünften i. S. v. § 49 Abs. 1 Nr. 2a EStG aus ihrer inländischen Betriebsstätte (§ 12 AO).

Zum Gewinn aus Gewerbebetrieb gehören auch die Kapitalerträge (§ 20 Abs. 8 EStG); die isolierende Betrachtungsweise – § 49 Abs. 2 EStG – ist nicht anwendbar.

Da es sich mithin bei den Kapitalerträgen um Betriebseinnahmen einer inländischen gewerblichen Betriebsstätte handelt, ist ausnahmsweise die Körperschaftsteuer nicht durch den KapSt-Abzug abgegolten (§ 32 Abs. 1 Nr. 2 KStG, § 50 Abs. 2 Satz 2 Nr. 1 EStG), d. h. die Kapitalertragsteuer ist anrechenbar. Die Dividende hat zu Recht den Betriebsstättengewinn erhöht.

Die Dividende ist jedoch zu 95 % steuerfrei nach § 8b Abs. 1 und 5 KStG. Die Einkünfte aus Gewerbebetrieb sind daher außerbilanziell um 13 300 € zu mindern auf 120 000 € ./. 13 300 € = 106 700 €.

Auf die festzusetzende KSt ist anzurechnen: Kapitalertragsteuer: 25 % = 3 500 € (§ 36 Abs. 2 Nr. 2 EStG).

Zwei weitere Ausnahmen von der Abgeltungswirkung sind zu beachten:
1. wenn bei der Körperschaft während eines Kalenderjahrs sowohl unbeschränkte Steuerpflicht als auch beschränkte Steuerpflicht i. S. d. § 2 Nr. 1 EStG bestanden hat; in diesen Fällen sind die während der beschränkten Steuerpflicht erzielten Einkünfte in eine Veranlagung zur unbeschränkten Körperschaftsteuerpflicht einzubeziehen (entspricht § 2 Abs. 7 Satz 3 EStG),
2. für Einkünfte, die dem Steuerabzug nach § 50a Abs. 1 Nr. 1, 2 oder 4 EStG unterliegen, wenn der Gläubiger der Vergütungen eine Veranlagung zur Körperschaftsteuer beantragt. Wenn die Körperschaft für Einkünfte, die einem Steuerabzug nach § 50a Abs. 1 Nr. 1, 2 oder 4 EStG unterliegen, einen Antrag auf Veranlagung zur Körperschaftsteuer (vgl. § 50 Abs. 2 Satz 2 Nr. 5 EStG) stellt, tritt die Abgeltungswirkung also nicht ein.

§ 32 Abs. 2 Nr. 2 KStG gilt nur für beschränkt steuerpflichtige Körperschaften i. S. d. § 2 Nr. 1 KStG, die nach den Rechtsvorschriften eines Mitgliedstaats der EU oder des EWR gegründet sind und deren Sitz und Ort der Geschäftsleitung sich innerhalb des Hoheitsgebiets eines dieser Staaten befindet (einschließlich Europäische Gesellschaft (SE) und Europäische Genossenschaft (SCE)).

4.2.3.1.4 Ermittlung der Einkünfte

Die Ermittlung der Einkünfte richtet sich nach § 2 Abs. 2 EStG.

a) Einkünfte i. S. d. § 49 Abs. 1 Nr. 1–3 EStG

Anzusetzen ist der **Gewinn** aus dem inländischen Betrieb, der inländischen Betriebsstätte oder der im Inland ausgeübten oder verwerteten Tätigkeit. Er kann nach § 4 Abs. 3 EStG oder durch Bestandsvergleich zu ermitteln sein. Nach Handelsrecht kann Buchführungspflicht bestehen insbesondere für Zweigniederlassungen und Personengesellschaften. Auch § 141 AO ist auf den inländischen Betrieb bzw. die inländische Betriebsstätte anzuwenden.

Als Formen der **Verteilung bzw. Aufteilung des Betriebsergebnisses** (vgl. etwa den Beispielsfall bei Baldamus, IStR 2012, 317, 322) auf das Ausland und die inländische(n) Betriebsstätte(n) usw. kommen die so genannte **direkte und indirekte Methode** in Betracht:

aa) **Direkte Methode**

Diese Methode erfordert gesonderte Buchführung für den inländischen Betrieb bzw. die Betriebsstätte (vgl. BFH vom 28.06.1972 BStBl II 1972, 789).

Künstliche Gewinnverlagerungen müssen ausgeschlossen sein. Daher ist das Buchführungsergebnis ggf. zu berichtigen, wenn die Verrechnungspreise im Verhältnis der inländischen und ausländischen Betriebsstätten zueinander nicht wie zwischen fremden selbständigen Unternehmen angesetzt wurden. Verrechnungspreise sind bei Handelsware die üblichen Verkaufspreise (Marktpreise einschließlich Handelsspanne).

Außerdem kann nach den bestehenden DBA das Buchführungsergebnis noch zu korrigieren sein, z. B. um so genannte Managementkosten (vgl. Schlussprotokoll Tz. 6 zum DBA-NL). **Geschäftsführungs- und allgemeine Verwaltungskosten** einer (ausländischen) Hauptniederlassung sind **anteilig** einer inländischen Betriebsstätte zuzurechnen, **wenn und soweit** die Aufwendungen durch eine spezielle Leistung der Hauptniederlassung an die Betriebsstätte ausgelöst worden sind **oder** die den Aufwendungen zugrunde liegende Leistung im Gesamtunternehmensinteresse liegt und damit auch der inländischen Betriebsstätte zugutekommt, vgl. BFH vom 20.07.1988 BStBl II 1989, 140.

Aufgrund der direkten Methode kann sich bei einem Gesamtverlust des multinationalen Unternehmens ein inländischer Betriebsstättengewinn ergeben (und umgekehrt).

Vgl. im Einzelnen Klein, IWB 2021, 46 sowie BMF vom 24.12.1999 BStBl I 1999, 1076 (Betriebsstätten-Verwaltungsgrundsätze) sowie vom 22.12.2016 BStBl I 2017, 182 (Verwaltungsgrundsätze Betriebsstätten-Gewinnaufteilung).

bb) **Indirekte Methode**

Hier wird das multinationale Gesamtergebnis entsprechend dem Beitrag der nationalen Unternehmensteile nach einem geeigneten Schlüssel aufgeteilt, zum Beispiel nach Umsatzverhältnis, Zerlegungsmaßstäben der GewSt o. Ä.

Bei Bestehen eines DBA ist diese Methode meist nur in besonders gelagerten Fällen anwendbar und bedarf eines bilateralen Verständigungsverfahrens der Finanzbehörden beider Vertragsstaaten).

Schuldrechtliche Verträge zwischen der inländischen Betriebsstätte und dem ausländischen Unternehmen sind infolge der rechtlichen Gläubiger-Schuldner-Identität steuerlich unbeachtlich, auch wenn ggf. (z. B. aufgrund devisenrechtlicher Bestimmungen) Vergütungen als im **Rechtssinne** geschuldet angesehen werden (vgl. BFH vom 27.07.1965 BStBl III 1966, 24 und BFH vom 20.07.1988 [a. a. O.]).

Wegen der **Mitwirkungspflichten** der Körperschaft vgl. **§ 90 Abs. 2 AO** und BFH vom 20.07.1988 BStBl II 1989, 140.

Bei der Gewinnermittlung der inländischen Betriebsstätte sind alle Aufwendungen abzugsfähige Betriebsausgaben, die mit ihr in einem wirtschaftlichen Zusammenhang stehen (§ 4 Abs. 4 und § 50 Abs. 1 Satz 1 EStG). Dabei ist es unerheblich, ob

- die Aufwendungen im Inland oder Ausland anfallen und
- ob sie von der ausländischen Betriebsstätte oder der inländischen Betriebsstätte getragen werden.

b) Einkünfte i. S. d. § 49 Abs. 1 Nr. 5–8 und 9 EStG

Einkünfte sind hier der Überschuss der Einnahmen über die Werbungskosten (§§ 8, 9, 11 EStG).

Der Sparer-Pauschbetrag (§ 20 Abs. 9 EStG) ist grds. anwendbar (§ 50 Abs. 1 Satz 3 EStG). Die Kapitaleinkünfte sind grds. in die Veranlagung einzubeziehen (§ 8 Abs. 10 Satz 1 KStG).

Der Abzug von Werbungskosten ist nur insoweit zulässig, als ein wirtschaftlicher Zusammenhang mit inländischen Einkünften besteht (§ 50 Abs. 1 Satz 1 EStG).

Zu Ausnahmeregelungen i. Z. m. der Abgeltungsteuer vgl. § 8 Abs. 10 Satz 2 KStG.

4.2.3.2 Inländische Einkünfte aus Land- und Forstwirtschaft (§ 49 Abs. 1 Nr. 1 EStG)

Der Betrieb wird im Inland betrieben, soweit die bewirtschafteten Ländereien im Inland belegen sind. Hofgebäude und Inventar können im Ausland liegen; die Leitung kann vom Ausland aus erfolgen.

Es kann sich auch um gepachtete Flächen oder Bewirtschaftung aufgrund sonstiger Nutzungsberechtigungen handeln.

Auch Veräußerungsgewinne (§ 14 EStG) fallen unter § 49 Abs. 1 Nr. 1 EStG.

Aufgrund von DBA ergeben sich keine Einschränkungen des Besteuerungsrechts, da regelmäßig das Belegenheitsprinzip gilt.

4.2.3.3 Einkünfte aus Gewerbebetrieb (§ 49 Abs. 1 Nr. 2 EStG)

Nachfolgend wird nur auf § 49 Abs. 1 Nr. 2 Buchst. a und e EStG eingegangen.

4.2.3.3.1 Einkünfte gemäß § 49 Abs. 1 Nr. 2a EStG

Es muss sich um gewerbliche Einkünfte i. S. d. **§§ 15 oder 16 EStG** handeln.

Inländische Einkünfte aus Gewerbebetrieb liegen insoweit jedoch nur vor, soweit die Einkünfte durch eine **inländische Betriebsstätte** (§ 12 AO) **oder einen ständigen inländischen Vertreter** (§ 13 AO) erzielt werden (vgl. BFH vom 13.11.1990 BStBl II 1991, 95).

> **BEISPIEL**
>
> Eine ausländische Körperschaft ohne inländische Betriebsstätte oder ständigen inländischen Vertreter verkauft durch Versandhandel Waren in das Inland.
>
> **LÖSUNG** Die Gewinne hieraus unterliegen nicht der Körperschaftsteuer, da keine inländischen Einkünfte i. S. d. § 49 Abs. 1 Nr. 2a EStG vorliegen.
>
> Der Versandhandel begründet grds. keine inländische Betriebsstätte.

a) Begriff der (inländischen) Betriebsstätte

Betriebsstätte ist jede feste örtliche Anlage oder Einrichtung, die in der Verfügungsgewalt des Unternehmers steht und in der bestimmte Betriebshandlungen verrichtet werden (§ 12 **Satz 1** AO). Feste örtliche Anlagen sind z. B. Auslieferungslager oder Filialen, aber auch ein unbebautes Grundstück, das als Lager dient (mit Zu- und Abgängen von Waren).

Es muss eine **Entfaltung gewerblicher Tätigkeit auf dieser Anlage von einiger Dauer** sein.

BEISPIELE

a) Anlagen, die ausschließlich Wohnzwecken, Erholungszwecken, Sportzwecken o.Ä. dienen, sind keine Betriebsstätten, da es an einer gewerblichen Betätigung insoweit mangelt. Vgl. auch R 2.9 GewStR.
b) Im Inland wird lediglich ein Werbebüro unterhalten. Dies reicht als gewerbliche Betätigung aus (nicht jedoch meist aufgrund eines DBA).

Eine Aufzählung typischer Betriebsstätten ist in § 12 Satz 2 AO enthalten. Für Baustellen und Montagen ist die Regelung in § 12 Satz 2 Nr. 8 AO zu beachten (voraussichtliche oder tatsächliche Dauer von mehr als sechs Monaten).

Dieser Betriebsstättenbegriff i.S.d. § 49 Abs. 1 Nr. 2a EStG, § 12 AO wird durch die bestehenden DBA meist eingeschränkt.

BEISPIEL

Die holländische Baugesellschaft (Rechtsform NV, entspricht AG) unterhält eine Baustelle in Wesel (D) von zehnmonatiger Dauer. Der Gewinn hieraus (zutreffend ermittelt) beträgt 1 000 000 €.

LÖSUNG Es handelt sich bei der Baustelle zwar um eine Betriebsstätte i.S.v. § 12 Satz 2 Nr. 8 AO (Dauer mehr als sechs Monate), so dass inländische Einkünfte i.S.v. § 49 Abs. 1 Nr. 2a EStG vorliegen.

Das Besteuerungsrecht ist der Bundesrepublik für die Einkünfte aus dieser Baustelle jedoch entzogen, da die Baustelle nach Art. 5 Abs. 3 DBA-NL nicht als Betriebsstätte gilt (nicht länger als 12 Monate).

»Klassische« Betriebsstätte ist eine **rechtlich unselbständige Zweigniederlassung** mit einer gewissen Selbständigkeit in wirtschaftlicher Beziehung (häufig mit eigener Buchführung und Organisation).

Die Annahme einer inländischen Betriebsstätte kann je nach den Verhältnissen des Einzelfalles aber auch in Betracht kommen, wenn im Rahmen der inländischen Tätigkeit lediglich Büroräume des inländischen Auftraggebers unter Einräumung entsprechender Verfügungsmacht benutzt werden (vgl. BFH vom 03.02.1993 BStBl II 1993, 462 betreffend ausländische Hotel-Management-Kapitalgesellschaft). Dies kann z.B. bei ausländischen Unternehmensberaterfirmen, die ihre Aufträge zur Überprüfung und Verbesserung der technischen und kaufmännischen Organisation inländischer Unternehmen durch bloße – zeitlich beschränkte – Entsendung von Angestellten in diese inländischen Unternehmen erledigen, zur Annahme der beschränkten Steuerpflicht führen (vgl. FinMin NRW vom 01.07.1982 DStZ/E 1982, 228 sowie OFD Karlsruhe vom 16.09.2014, S 130.1/316-St 222).

Die Geschäftsleitungsbetriebsstätte i.S.v. § 12 Satz 2 Nr. 1 AO setzt **keine** feste Geschäftseinrichtung oder Anlage voraus (vgl. BFH vom 23.03.2022, BStBl II 2022, 844; BFH vom 28.07.1993 DB 1994, 76). Eine Betriebsstätte kann aber auch in der Betriebsstätte eines Dritten begründet werden, wenn der Unternehmer rechtlich befugt ist, die Einrichtung oder Anlagen nach den Bedürfnissen seines Unternehmens zu nutzen und wenn er eigene Arbeitnehmer beschäftigt oder ihm überlassene, seinen Weisungen unterliegende Arbeitnehmer oder Subunternehmer dort tätig werden (vgl. BFH in BFH/NV 2018, 233, Rz 11, m.w.N.; BFH vom 18.02.2021, BStBl II 2021, 627, Rz 21, m.w.N.).

Keine Betriebsstätten i.S.v. § 12 AO eines ausländischen Unternehmens sind Filialen, Zweigniederlassungen usw., die in die **Rechtsform einer Kapitalgesellschaft** (AG, GmbH) gekleidet werden (Maßgeblichkeit der Rechtsform).

Die juristischen Personen sind selbst Einkommensträger. Bei Sitz oder Geschäftsleitung im Inland ist die Filiale usw. selbst unbeschränkt körperschaftsteuerpflichtig (§ 1 Abs. 1 Nr. 1 KStG).

Im Verhältnis zur ausländischen Muttergesellschaft sind ggf. Gewinnkorrekturen gemäß § 1 AStG i. V. m. den Betriebsstätten-Verwaltungsgrundsätzen zur internationalen Einkunftsabgrenzung (vgl. BMF vom 24.12.1999 BStBl I 1999, 1076) erforderlich. Ein Vorteil liegt aber bereits in der Anerkennung schuldrechtlicher Verträge zwischen der Tochter- und Muttergesellschaft dem **Grunde** nach.

Ist keine Betriebsstätte i. S. v. § 12 AO vorhanden, ist noch zu prüfen, ob die Einkünfte nicht aufgrund der Bestellung einer Person zum inländischen ständigen Vertreter erzielt wurden.

b) Begriff des ständigen inländischen Vertreters (§ 13 AO)

a) Der Vertreter muss für eine gewisse Dauer bestellt sein und allgemeine Vollmacht zu Rechtshandlungen (insbesondere Vertragsabschlüssen) haben.
   Kein ständiger Vertreter liegt vor bei Vertretungsvollmacht nur für den Einzelfall (aufgrund Einzelvollmacht).
b) Es muss ein sachliches Weisungsrecht der ausländischen Körperschaft gegenüber dem Vertreter bestehen. Der Vertreter braucht aber zur Körperschaft nicht in einem Arbeitsverhältnis zu stehen.
   Ständiger Vertreter kann auch ein **selbständiger Gewerbetreibender** sein (R 49.1 EStR und H 49.1 [Ständiger Vertreter] EStH).
   Die Tätigkeit darf dabei im Rahmen einer **eigenen** gewerblichen Tätigkeit des Vertreters ausgeübt werden, z. B. Agenten, Generalagenten; vgl. BFH vom 28.06.1972 BStBl II 1972, 785.
c) **Ausnahmeregelung**
   Nicht unter den Begriff des ständigen Vertreters fallen aber
   - **Kommissionäre** und **Makler,** sofern die Tätigkeit für die ausländische Körperschaft in die ordentliche Geschäftstätigkeit fällt,
   - **Agenten,** die Handelsvertreter i. S. v. § 84 HGB sind, aber ohne allgemeine Vollmacht zu Vertragsabschlüssen sind und kein Warenlager unterhalten (R 49.1 EStR).

BEISPIEL

Ein Handelsvertreter mit Warenlager, durch das die Waren der ausländischen Gesellschaft ausgeliefert werden, sowie mit allgemeiner Vollmacht zu Vertragsabschlüssen ist ein »ständiger Vertreter«.

Einschränkungen des Begriffs durch DBA sind zu beachten.

Es ist auch denkbar, dass gleichzeitig eine Betriebsstätte und ein ständiger Vertreter vorliegen.

BEISPIEL

Einer der Angestellten lässt sich weisungsgemäß in der Bundesrepublik nieder. Er mietet auf Kosten der ausländischen Kapitalgesellschaft Räume und übernimmt die Überwachung der Warenlieferungen in das Inland.

LÖSUNG Es handelt sich um einen ständigen Vertreter (§ 13 AO). Außerdem liegt auch eine Betriebsstätte (§ 12 AO) vor – selbst bei Anmietung unter dem Namen des Angestellten (vgl. BFH vom 30.01.1974 BStBl II 1974, 327).

Einkünfte i. S. d. § 49 Abs. 1 Nr. 2 Buchst. a EStG liegen auch bei einer ausländischen Körperschaft vor bei

- Einkünften aus der Beteiligung an einer inländischen Personengesellschaft (OHG, KG) oder als atypisch stille Gesellschafterin (§ 15 Abs. 1 Nr. 2 EStG).
  Hierzu muss die Personengesellschaft ihren Betrieb (bzw. eine Betriebsstätte oder einen ständigen Vertreter) im Inland haben.
- Einkünften aus der Veräußerung und Aufgabe eines inländischen Gewerbebetriebs (§ 16 Abs. 1 und Abs. 3 EStG); zur Veräußerung eines Mitunternehmeranteils an einer inländischen KG vgl. BFH vom 18.05.1983 BStBl II 1984, 771.

Hierfür ist Belegenheit des **veräußerten Betriebs** (der Betriebsstätte) **im Inland** erforderlich.

- Einkünften aus einer **Betriebsverpachtung im Ganzen,** falls ein ständiger Vertreter bestellt wurde und solange keine Aufgabeerklärung abgegeben wurde, also noch ein »ruhender Gewerbebetrieb« gegeben ist (vgl. § 16 Abs. 3b EStG); BFH vom 12.04.1978 BStBl II 1978, 494. Inländischer ständiger Vertreter i. S. d. § 13 AO kann auch der Pächter des Gewerbebetriebs sein, wenn er die allgemeinen Merkmale erfüllt. Ist dagegen kein inländischer Vertreter vorhanden, kommt es unter dem Gesichtspunkt der »Entstrickung« zur Aufdeckung der stillen Reserven mit anschließender Einkunftserzielung nach den §§ 21, 49 Abs. 1 Nr. 6 EStG.

Zur **Vermietung** oder **Veräußerung** von zum Betriebsvermögen gehörenden inländischem unbeweglichen Vermögen (Grundbesitz), Sachinbegriffen und Rechten vgl. § 49 Abs. 1 Nr. 2 Buchst. f EStG und 4.2.3.3.3.

4.2.3.3.2 Einkünfte gemäß § 49 Abs. 1 Nr. 2 Buchst. e EStG

Hierunter fallen Einkünfte aus der Veräußerung von **Beteiligungen** an Kapitalgesellschaften i. S. d. § 17 EStG, die **nicht** zu einem inländischen Betriebsvermögen gehören.

Hierzu muss der **Sitz oder die Geschäftsleitung der Kapitalgesellschaft im Inland** sein.

4.2.3.3.3 Vermietung und Veräußerung von inländischem Grundbesitz, Sachinbegriffen und Rechten (§ 49 Abs. 1 Nr. 2 Buchst. f EStG)

Stets führen ohne weiteres zu inländischen Einkünften aus Gewerbebetrieb die

- Vermietung und Verpachtung oder
- Veräußerung
- von zu einem **inländischen BV** gehörendem
- unbeweglichen Vermögen (insbesondere Grundbesitz),
- Sachinbegriffen und
- Rechten, die
  - im Inland belegen oder
  - in ein inländisches Register eingetragen oder
  - in einer inländischen Betriebsstätte bzw. Einrichtung verwertet werden,

Auf diese Fälle ist mithin die isolierende Betrachtungsweise (§ 49 Abs. 2 EStG) nicht anwendbar. Sog. Drittlizenzen (Lizenzbeziehungen zwischen einander nicht nahestehenden Personen i.S.d § 1 Abs. 2 AStG) unterliegen ab dem 01.01.2023 keiner beschränkten Besteuerung mehr, dies gilt rückwirkend auch für alle noch offenen Fälle (vgl. zur beschränkten Steuerpflicht von Einkünften aus der Überlassung oder Übertragung der in einem inländischen Register eingetragenen Rechte [sog. Registerfälle] durch das JStG 2022 Grotherr, DStZ 2023, 21). Lizenzbeziehungen zwischen nahestehenden Personen unterliegen hingegen dem Grunde nach der beschränkten Steuerpflicht, wenn nicht ein DBA der beschränkten Steuerpflicht entgegensteht.

BEISPIEL

Zu einem ausländischen Betrieb gehört ein Grundstück im Inland. Wie sind die

1. Vermietung,
2. Veräußerung innerhalb der Zehnjahresfrist des § 23 Abs. 1 Nr. 1 EStG,
3. Veräußerung außerhalb der Zehnjahresfrist

zu behandeln?

LÖSUNG Es liegen Einkünfte vor aus

1. Vermietung	Veräußerung	
	2. innerhalb Zehnjahresfrist	3. außerhalb Zehnjahresfrist
§ 49 Abs. 1 Nr. 2 Buchst. f Doppelbuchst. aa EStG	§ 49 Abs. 1 Nr. 8 Buchst. a EStG	§ 49 Abs. 1 Nr. 2 Buchst. f Doppelbuchst. bb EStG

4.2.3.4 Inländische Einkünfte aus selbständiger Arbeit (§ 49 Abs. 1 Nr. 3 EStG)

Einkünfte aus freiberuflicher Tätigkeit setzen als Einkunftsbezieher **natürliche Personen** voraus, weil bei dieser Einkunftsart der persönliche Einsatz der Arbeitskraft bestimmend ist. Bei beschränkt steuerpflichtigen **Kapitalgesellschaften** kann daher auch nicht bei Leistungen, die ihrem Wesen nach bei einer natürlichen Person in den Bereich der selbständigen Arbeit fallen könnten (wie Verwertung von Urheberrechten), eine Verwertung selbständiger Arbeit im Inland angenommen werden.

A.A. vgl. BFH vom 20.06.1984 BStBl II 1984, 828 und BFH vom 01.12.1982 BStBl II 1983, 213, wonach in diesem Fall bereits nach den inländischen Besteuerungsmerkmalen eine gewerbliche Betätigung vorliegt; bestätigt durch § 49 Abs. 1 Nr. 2 Buchst. d EStG.

U.E. kommt es in der Praxis bei ausländischen Kapitalgesellschaften im Regelfall **nicht** zur Besteuerung nach § 49 Abs. 1 Nr. 3 EStG.

Vielmehr kommt nur die Zuordnung zu folgenden Einkunftsgruppen in Betracht:

a) § 49 Abs. 1 Nr. 2 Buchst. a EStG – bei Erzielung der Einkünfte aus zeitlich begrenzter Überlassung von Rechten sowie Überlassung gewerblicher Erfahrungen (Know-how) durch eine inländische Betriebsstätte.
b) § 49 Abs. 1 Nr. 2 Buchst. f EStG – im Falle zeitlich begrenzter Überlassung von Rechten (falls nicht durch eine inländische Betriebsstätte der ausländischen Körperschaft erzielt).

In den genannten Fällen kommt der Steuerabzug nach § 50a Abs. 1 Nr. 3 EStG in Betracht – vorbehaltlich eines DBA.

BEISPIELE

a) Eine ausländische Kapitalgesellschaft (ohne Betriebsstätte im Inland) schließt mit inländischen Unternehmen Know-how-Verträge ab.
LÖSUNG Die Vergütungen sind
- keine Einkünfte aus § 49 Abs. 1 Nr. 2 Buchst. a EStG: mangels Betriebsstätte;
- keine Einkünfte aus § 49 Abs. 1 Nr. 3 EStG: mangels Verwertung freiberuflicher Tätigkeit im Inland;
- keine Einkünfte aus § 49 Abs. 1 Nr. 6 EStG: bereits mangels »zeitlich begrenzter« Überlassung; Know-how entzieht sich der zeitlich begrenzten Überlassung sowie aufgrund von § 49 Abs. 1 Nr. 2 Buchst. f EStG.

Daher liegen Einkünfte aus § 49 Abs. 1 Nr. 2 Buchst. f EStG vor. Nach § 50a Abs. 2 Satz 1 EStG ist ein 15 %iger Steuerabzug vorzunehmen, vorbehaltlich eines DBA (vgl. dazu § 50d EStG).
Die Körperschaftsteuer ist durch die Steuerabzugspflicht abgegolten (§ 32 Abs. 1 Nr. 2 KStG).

b) Die Vergütungen werden durch eine inländische Betriebsstätte der ausländischen Kapitalgesellschaft erzielt.
LÖSUNG Es liegen Einkünfte i.S.v. § 49 Abs. 1 Nr. 2 Buchst. a i.V.m. der Subsidiaritätsklausel des § 49 Abs. 1 Nr. 2 Buchst. f Satz 1 EStG vor. Wegen des Steuerabzugs siehe a).
Die Kapitalgesellschaft erzielt keine Einkünfte aus selbständiger Arbeit, sondern sie übt bereits nach den im Inland gegebenen Besteuerungsmerkmalen eine gewerbliche Tätigkeit aus. Diese gewerblichen Einkünfte fallen unter § 49 Abs. 1 Nr. 2 Buchst. a EStG.

4.2.3.5 Inländische Einkünfte aus Kapitalvermögen (§ 49 Abs. 1 Nr. 5 EStG)

Falls das Kapitalvermögen i.S.d. § 49 Abs. 1 Nr. 5 EStG einer ausländischen Körperschaft **nicht** zu

- einem inländischen Betrieb der Land- und Forstwirtschaft oder
- einer inländischen gewerblichen Betriebsstätte der ausländischen Körperschaft gehört, kommt regelmäßig die isolierende Betrachtungsweise (§ 49 Abs. 2 EStG) zum Zuge. Dann beziehen auch Kapitalgesellschaften Einkünfte aus § 49 Abs. 1 Nr. 5 EStG.

BEISPIELE

Eine ausländische Kapitalgesellschaft aus einem Nicht-DBA-Staat (ohne Sitz und Geschäftsleitung im Inland) bezog folgende Einkünfte:

a) Zinsen Bundesanleihe.
LÖSUNG Es liegen keine inländischen Einkünfte aus § 49 Abs. 1 Nr. 5 Buchst. c EStG vor.

b) Anleihezinsen Niederlande (emittiert über eine inländische Bank).
LÖSUNG Es liegen keine inländischen Einkünfte i.S.d. § 49 Abs. 1 Nr. 5 Buchst. c EStG vor.

c) Zinsen aus Darlehen an Unternehmer in Hamburg; das Darlehen ist durch eine Grundschuld an einem inländischen Grundstück des Darlehensnehmers abgesichert.
LÖSUNG Es liegen inländische Einkünfte gem. § 49 Abs. 1 Nr. 5 Buchst. c Doppelbuchst. aa EStG vor (keine Kapitalertragsteuer). Der Sparer-Pauschbetrag von 801 € ist gem. § 50 Abs. 1 Satz 3 EStG **abzuziehen.**
Die Regelungen zur Abgeltungsteuer gelten grds. **nicht** bei der KSt.
Die Einkünfte sind – abweichend von § 2 Abs. 5 Buchst. b EStG – in das zu versteuernde Einkommen einzubeziehen. Vgl. § 8 Abs. 10 Satz 1 KStG.

Bei Zugehörigkeit des Kapitalvermögens zu einer inländischen Betriebsstätte der ausländischen Körperschaft liegen Einkünfte aus § 49 Abs. 1 Nr. 2 Buchst. a EStG vor, auch ohne dass die einschränkenden Merkmale des § 49 Abs. 1 Nr. 5 EStG erfüllt sind.

BEISPIEL

Der inländischen Betriebsstätte werden Guthabenzinsen für Termingelder bei einer inländischen Sparkasse gutgeschrieben.

LÖSUNG Die Zinsen werden als Betriebseinnahmen im Gewinn der inländischen Betriebsstätte erfasst (§ 49 Abs. 1 Nr. 2 Buchst. a EStG). Es besteht Kapitalertragsteuerpflicht: 25% (§ 43a Abs. 1 Nr. 1 EStG).

Bei steuerabzugspflichtigen Kapitalerträgen entfällt bei Zugehörigkeit zu den Gewinneinkünften die Abgeltungswirkung (§ 32 Abs. 1 Nr. 2 KStG).

Aufgrund von DBA wird der Bundesrepublik zum Teil das Besteuerungsrecht entzogen und dem Staat zugewiesen, in dem die Körperschaft Sitz/Geschäftsleitung hat (Sitzstaatprinzip).

4.2.3.6 Inländische Einkünfte aus Vermietung und Verpachtung (§ 49 Abs. 1 Nr. 6 EStG)

Darunter fallen – wenn keine Zugehörigkeit des Miet- oder Pachtobjektes zu einer inländischen Betriebsstätte (§ 49 Abs. 1 Nr. 2 Buchst. a EStG) oder zu einem ausländischen Betriebsvermögen (§ 49 Abs. 1 Nr. 2 Buchst. f EStG) gegeben ist –

a) Vermietung und Verpachtung von
   - im Inland belegenen **unbeweglichen Vermögen** (§ 21 Abs. 1 Nr. 1 EStG),
   - im Inland belegenen Sachinbegriffen (§ 21 Abs. 1 Nr. 2 EStG);
b) Einkünfte aus **zeitlich begrenzter Überlassung** von Rechten (§ 21 Abs. 1 Nr. 3 EStG) bei
   - Eintragung in ein inländisches öffentliches Register oder
   - Verwertung in einer (fremden) inländischen Betriebsstätte (bei nicht geschützten Erfindungen) oder in einer anderen Einrichtung; vgl. BFH vom 05.11.1992 BStBl II 1993, 407.

Einkünfte aus der »**Verwertung von Rechten**« unterliegen gemäß § 50a Abs. 1 Nr. 3 EStG dem Steuerabzug und sind deshalb gemäß § 32 Abs. 1 Nr. 2 KStG nicht veranlagungsfähig.

Auch hier sind die Ausnahmen des § 32 Abs. 2 KStG zu beachten. Vgl. 4.2. 3. 9.

BEISPIELE

a) Eine ausländische Kapitalgesellschaft vermietet ein Grundstück in Berlin.
   LÖSUNG Es liegen **keine** inländischen Einkünfte gem. § 21 Abs. 1 Nr. 1, § 49 Abs. 1 Nr. 6 EStG vor, sondern aus § 49 Abs. 1 Nr. 2 Buchst. f EStG.
b) Eine ausländische Kapitalgesellschaft verpachtet im Inland einen Gewerbebetrieb
   aa) a) nach Aufgabeerklärung.
   bb) b) ohne Aufgabeerklärung. Der Pächter ist zum Vertreter bestellt.

LÖSUNG

a) Der Aufgabegewinn fällt unter § 16 Abs. 3, § 49 Abs. 1 Nr. 2 Buchst. a EStG. Die Verpachtung führt u. E. zu Einkünften aus § 49 Abs. 1 Nr. 2 Buchst. f EStG.
b) Es liegt ein »ruhender Betrieb« vor (§ 16 Abs. 3 b EStG). Die Kapitalgesellschaft erzielt weiterhin Einkünfte aus § 15 Abs. 1 Nr. 1 EStG (§ 49 Abs. 1 Nr. 2 Buchst. a EStG). Vgl. 4.2.3. 3. 1.
c) Eine ausländische Kapitalgesellschaft ohne inländische Betriebsstätte überlässt einem inländischen Unternehmen eine geschützte (oder nicht registrierte) Erfindung gegen laufende Lizenzzahlungen.

LÖSUNG Die Kapitalgesellschaft erzielt Einkünfte aus § 49 Abs. 1 Nr. 2 Buchst. f Doppelbuchst. aa EStG. Falls die Einkünfte nicht aufgrund eines DBA steuerfrei sind (häufig erfolgt Zuweisung des Besteuerungsrechts für Lizenzen an den »Wohnsitzstaat«), ist der Steuerabzug gem. § 50a Abs. 1 Nr. 3 EStG mit 15 % vorzunehmen. Hierdurch ist die Körperschaftsteuer abgegolten (§ 32 Abs. 1 Nr. 2 KStG).

4.2.3.7 Inländische Einkünfte aus Veräußerungsgeschäften (§ 49 Abs. 1 Nr. 8 EStG)

Die Erfassung ist beschränkt auf Einkünfte aus Veräußerungsgeschäften mit **inländischen Grundstücken** oder inländischen **grundstücksgleichen Rechten** (§ 23 Abs. 1 Nr. 1 EStG).

BEISPIELE

a) Eine ausländische Kapitalgesellschaft veräußert ein zu ihrem ausländischen Gewerbebetrieb gehörendes, im Inland belegenes Grundstück binnen eines Zehnjahreszeitraums.
LÖSUNG Es liegen Einkünfte aus § 49 Abs. 1 Nr. 2 Buchst. f Doppelbuchst. bb EStG vor (keine Anwendung des § 49 Abs. 2 EStG – isolierende Betrachtungsweise).
b) Veräußerung einer Beteiligung i. S. d. § 17 EStG an einer inländischen Kapitalgesellschaft (z. B. 30 %iger GmbH-Anteil) durch eine ausländische AG binnen eines Jahres nach Erwerb.
c) Die Beteiligung gehört zum Betriebsvermögen des ausländischen Betriebs.
d) Die Beteiligung gehört zum Betriebsvermögen einer inländischen Betriebsstätte des ausländischen Betriebs.

LÖSUNG

a) Es erfolgt Besteuerung nach § 17 EStG (§ 49 Abs. 1 Nr. 2 Buchst. e EStG).
b) Es liegen Einkünfte gem. § 49 Abs. 1 Nr. 2 Buchst. a EStG vor. (Die Subsidiaritätsklausel ist anzuwenden, nicht die isolierende Betrachtungsweise.)

4.2.3.8 Inländische Einkünfte gemäß § 49 Abs. 1 Nr. 9 EStG

Hierunter fallen sonstige Einkünfte i. S. d. § 22 Nr. 3 EStG in Form von inländischen

a) unterhaltenden Darbietungen,
b) Einkünften aus der Nutzung beweglicher Sachen im Inland und
c) Einkünften aus der
   - zeitlich begrenzten Überlassung von Rechten und
   - Überlassung von Know-how (vgl. BFH vom 14.02.1973 BStBl II 1973, 412, m. w. N.)

aufgrund der isolierenden Betrachtungsweise, falls die Vorgänge nicht unter § 49 Abs. 1 Nr. 1 bis 8 EStG fallen (§ 49 Abs. 1 Nr. 9 letzter HS EStG).

BEISPIELE

Nutzung beweglicher Sachen im Inland

a) Eine ausländische Kapitalgesellschaft (Nicht-DBA-Staat) vermietet einen Kran im Inland. Die Mieterträge betragen im Veranlagungszeitraum 60 000 €, Betriebsausgaben (Wartung, AfA) 40 000 €.
LÖSUNG Die Mieteinnahmen fallen unter § 49 Abs. 1 Nr. 9 EStG mangels inländischer Betriebsstätte (§ 49 Abs. 2 EStG). Es liegt auch keine »Sachinbegriff« i. S. d. § 49 Abs. 1 Nr. 2 Buchst. f EStG vor.
Es ist kein Steuerabzug gemäß § 50a Abs. 1 EStG vorzunehmen.
Die Einkünfte sind in die KSt-Veranlagung einzubeziehen.

b) Der Sachverhalt entspricht Beispiel a), aber der Kran gehört zum Betriebsvermögen einer inländischen Betriebsstätte der ausländischen Körperschaft.
LÖSUNG Hier ist die isolierende Betrachtungsweise nicht anzuwenden. Vielmehr liegen Einkünfte aus § 49 Abs. 1 Nr. 2 Buchst. a EStG vor (Anwendung der Subsidiaritätsklausel § 49 Abs. 1 Nr. 9 letzter HS EStG).
Auch in diesem Fall ist kein Steuerabzug gemäß § 50a Abs. 1 EStG vorzunehmen. Auch hier dürfen die Betriebsausgaben den Gewinn mindern (§ 50 Abs. 1 Satz 1 EStG).

4.2.3.9 Beschränkte Steuerpflicht bei umgekehrt hybriden Fällen, § 49 Abs. 1 Nr. 11 EStG

§ 49 Abs. 1 Nr. 11 EStG, mit dem Art. 9a der ATAD-Richtlinie umgesetzt werden soll, verhindert ab den VZ 2022 (§ 52 Abs. 45a Satz 4 EStG) durch einen neuen Tatbestand für beschränkt Steuerpflichtige eine sog. Besteuerungsinkongruenz. § 49 Abs. 1 Nr. 11 EStG erfasst gem. Satz 1 ausschließlich Einkünfte aus der Beteiligung an einer Personengesellschaft (oder Gemeinschaft), deren Sitz oder Ort der Geschäftsleitung in Deutschland liegt oder die in ein inländisches Register eingetragen ist. Weitere Voraussetzung für die Annahme im Inland beschränkt steuerpflichtiger Einkünften ist, dass dem im Ausland ansässigen Beteiligten (allein oder zusammen mit dem ihm nach § 1 Abs. 2 AStG nahestehenden Personen) mehr als die Hälfte der Stimmrechte, der Anteile am Kapital, des Gewinns oder Liquidationserlöses zustehen, die bei einer in Deutschland ansässigen Personengesellschaft entstehen kann, die im Ansässigkeitsstaat ihrer ausländischen Muttergesellschaft als intransparent angesehen wird.

BEISPIEL:

Eine KG hat ihren Sitz und ihre Geschäftsleitung in Deutschland. Die KG ist ausschließlich vermögensverwaltend tätig und erzielt aus der Vergabe von Krediten Zinseinkünfte. An der KG ist die in den USA ansässige US Corp. zu mehr als 50% beteiligt. Diese hat die deutsche Personengesellschaft für steuerliche Zwecke in den USA unter Anwendung der sog. Check-the-Box Regelung als intransparente Gesellschaft behandelt.

LÖSUNG Aus deutscher Perspektive werden für ertragsteuerliche Zwecke die Zinseinkünfte aufgrund des Transparenzprinzips nicht der KG, sondern den (ausländischen) Gesellschaftern zugerechnet. In den USA werden die Zinseinkünfte jedoch ebenfalls nicht besteuert, da aufgrund der Anwendung der Check-the-Box Regelung die deutsche KG aus US-Sicht als intransparente Gesellschaft behandelt wird (umgekehrt hybrid). Aus Sicht der USA liegen daher im Ausschüttungsfalle Dividenden vor. Seit dem TCJA (Tax Cuts and Jobs Act of 2017; vgl. hierzu etwa Maywald, DB 2019, 1404) sind 100% vieler Auslandsdividenden, die an US-Stpfl. gezahlt werden, die eine Mindestbeteiligung von 10% der ausländischen KapGes. halten, bei Erfüllung einer einjährigen Haltefrist steuerbefreit; ausländische Steuern (d.h. KSt, KapESt) werden nicht mehr angerechnet. Ebenfalls ist davon auszugehen, dass die Einkünfte nicht im Rahmen der sog. GILTI-Besteuerung in den USA berücksichtigt werden. Die US Corp. Ist auch nicht gem. § 49 Abs. 1 Nr. 1 bis 10 EStG in Deutschland beschränkt steuerpflichtig, da eine vermögensverwaltende Personengesellschaft keine Betriebsstätte darstellt; Zinseinkünfte werden von der beschränkten Steuerpflicht nicht erfasst. Im Ergebnis unterliegen die Zinseinkünfte folglich weder in den USA noch in einem anderen Staat oder nach den Vorschriften des § 49 Abs. 1 Nr. 1 bis 10 EStG einer Besteuerung. Da auch die übrigen Voraussetzungen erfüllt sind, unterliegt die US Corp. mit den Zinseinkünften seit 2022 der beschränkten Steuerpflicht gem. § 49 Abs. 1 Nr. 11 EStG.

4.2.3.10 Veranlagung, Steuersatz

a) Veranlagung und Abgeltungswirkung des Steuerabzugs
Auch bei beschränkter Steuerpflicht wird die Körperschaftsteuer im Prinzip durch Veranlagung erhoben (§ 31 Abs. 1 KStG, § 25 EStG).

Dieser Grundsatz ist jedoch eingeschränkt durch das grundsätzliche Verbot der Einbeziehung von steuerabzugspflichtigen Einkünften in die Veranlagung (§ 32 Abs. 1 Nr. 2 KStG), vorbehaltlich Ausnahmen nach § 32 Abs. 2 KStG.

b) Verlustausgleich
Der Ausgleich von Verlusten mit positiven Einkünften ist **auch für die beschränkte Steuerpflicht grundsätzlich zulässig.**

c) Steuersatz
Bei beschränkter Steuerpflicht nach § 2 Nr. 1 KStG gilt ebenfalls der **Steuersatz von 15%** gem. § 23 Abs. 1 KStG.

Aber: Die Freibeträge nach §§ 24, 25 KStG gelten **nicht** bei beschränkter Steuerpflicht.

4.3 Sonstige beschränkt steuerpflichtige Körperschaften usw. (§ 2 Nr. 2 KStG)

4.3.1 Kreis der Steuersubjekte

Unter die zweite Art der beschränkten Steuerpflicht fallen »sonstige nicht unbeschränkt steuerpflichtige« Körperschaften usw. Dies können **nur inländische Körperschaften** usw. **des öffentlichen Rechts** sein.

Durch das Wort »sonstige« wird klargestellt, dass sich die beschränkte Steuerpflicht nach § 2 Nr. 1 und 2 KStG **nicht** überschneiden können.

Weiterhin fallen auch **nicht** unter § 2 KStG die subjektiv befreiten Körperschaften, die steuerabzugspflichtige inländische Einkünfte beziehen. Die beschränkte (»partielle«) Steuerpflicht dieser Gebilde wird erst durch § 5 Abs. 2 Nr. 1 KStG begründet (vgl. 4.4.1).

Körperschaften des öffentlichen Rechts sind insbesondere

- Gebietskörperschaften (Bund, Länder, Gemeinden, Gemeindeverbände),
- Kammern, Innungen.

4.3.2 Voraussetzungen und sachlicher Umfang der Steuerpflicht

Neben der Eigenschaft als inländische Körperschaft usw. des öffentlichen Rechts ist objektive Voraussetzung der Bezug »inländischer Einkünfte, die dem Steuerabzug unterliegen«. Dieser Begriff ist weder auf steuerabzugspflichtige Kapitalerträge noch auf unter § 49 EStG fallende steuerabzugspflichtige Einkünfte beschränkt (vgl. BFH vom 11.12.1956 BStBl II 1957, 49).

Vielmehr fallen grds. **alle** inländischen Einkünfte, die einem Steuerabzug unterliegen, unter die Vorschrift (ausgenommen naturgemäß Einkünfte aus § 19 EStG und Aufsichtsratsvergütungen nach § 18 Abs. 1 Nr. 3 EStG!).

Dem Steuerabzug unterliegen

- Kapitalerträge i.S.v. § 43 EStG (Steuersatz bei Dividenden: 25 %),
- Vergütungen i.S.v. § 50a Abs. 1 EStG (Steuersatz: 15 %).

Die sachliche Steuerpflicht erstreckt sich nur auf diese steuerabzugspflichtigen Einkünfte.

4.3.3 Ausschluss der Veranlagung, Abgeltungswirkung

Eine Veranlagung der nach § 2 Nr. 2 KStG beschränkt Steuerpflichtigen findet grds. **nicht** statt. Die KSt ist grds. durch den Steuerabzug abgegolten (**§ 32 Abs. 1 Nr. 2 KStG**).

Ausnahmen ergeben sich aus § 32 Abs. 2 und 4 KStG.

Nach § 32 Abs. 3 KStG gelten Besonderheiten bei Einkünften aus sog. »Wertpapierleihe« (Steuerabzug 15 %).

Zur Senkung der **25 %igen** Belastung mit KapSt bei **Dividenden** (§ 20 Abs. 1 Nr. 1 und 2 EStG) sieht § 44a Abs. 7 bis 9 EStG für bestimmte Körperschaften eine **Nichterhebung** der KapSt bzw. eine Erhebung der KapSt nur i.H.v. 15 % für bestimmte Kapitalerträge unter bestimmten Voraussetzungen vor.

BEISPIEL

Die Stadt Stuttgart ist an einer inländischen **GmbH** beteiligt und bezieht von ihr 14 000 € Dividende. Bei der Auszahlung wurden (3/5 von 25 % =) 15 % Kapitalertragsteuer einbehalten (§ 43 Abs. 1 Nr. 1 i.V.m. § 44a Abs. 8 Nr. 2 EStG).

LÖSUNG Die Stadt Stuttgart ist – obwohl inländische Körperschaft – nicht unbeschränkt steuerpflichtig (vgl. § 1 Abs. 1 KStG).

Sie ist aber mit den steuerabzugspflichtigen Kapitalerträgen beschränkt steuerpflichtig gem. § 2 Nr. 2 KStG. Eine Veranlagung findet aber nicht statt, da die Körperschaftsteuer insoweit durch den erhobenen 15 %igen Steuerabzug abgegolten ist (§ 32 Abs. 1 Nr. 2 KStG).

4.4 Partielle Steuerpflicht gemäß § 5 Abs. 2 Nr. 1 KStG

4.4.1 Systematische Einordnung

In § 5 Abs. 2 Nr. 1 KStG ist **kein** Hinweis auf § 2 Nr. 2 KStG enthalten. Nach der amtlichen Begründung sollen die unter § 5 Abs. 1 KStG fallenden Gebilde trotz persönlicher Befreiung weiterhin zu den unbeschränkt Körperschaftsteuerpflichtigen i.S.v. § 1 Abs. 1 KStG gehören.

Nach Auffassung der **Finanzverwaltung** begründet § 5 Abs. 2 Nr. 1 KStG **keinen Sonderfall** der beschränkten Steuerpflicht, sondern schränkt lediglich die Steuerfreiheit bei unbeschränkter Steuerpflicht ein. Vom **Personenkreis** her gehört § 5 Abs. 2 Nr. 1 KStG zur unbeschränkten Steuerpflicht, von der **Wirkung** auf den sachlichen Umfang der Besteuerung ähnelt sie vor allem dem § 2 Nr. 2 KStG.

4.4.2 Voraussetzungen und sachlicher Umfang der Steuerpflicht

Die persönlichen Steuerbefreiungen des § 5 Abs. 1 KStG gelten insoweit nicht, als diese Körperschaften inländische Einkünfte, die dem Steuerabzug (im Wesentlichen Kapitalertragsteuer) unterliegen, erzielen (§ 5 Abs. 2 Nr. 1 KStG).

Insoweit sind diese Körperschaften partiell (beschränkt) steuerpflichtig. Auch hier ist die KSt durch den Steuerabzug abgegolten (§ 32 Abs. 1 Nr. 1 KStG).

Der Bezug inländischer steuerabzugspflichtiger Einkünfte ist – wie in den Fällen des § 2 KStG – Tatbestandsmerkmal und Rechtsfolge zugleich.

4.4.3 Einschränkungen der partiellen Steuerpflicht

Folgende Einschränkungen der partiellen Steuerpflicht sind zu beachten:

a) Abstandnahme vom Kapitalertragsteuerabzug gem. § 44a Abs. 4 EStG:
Dies ist hier der Fall, wenn eine steuerbefreite inländische Körperschaft von einer anderen steuerbefreiten Körperschaft Gewinnanteile bezieht.
b) Nichterhebung der Kapitalertragsteuer bei bestimmten Erträgen gem. § 44a Abs. 7 EStG bei Zufluss der Kapitalerträge insbesondere an steuerbefreite Körperschaften i. S. d. § 5 Abs. 1 Nr. 9 KStG.
c) Nichterhebung der Hälfte der Kapitalertragsteuer bei bestimmten Erträgen gem. § 44a Abs. 8 EStG bei Zufluss der Kapitalerträge an nach § 5 Abs. 1 KStG steuerbefreite Körperschaften (mit Ausnahme des § 5 Abs. 1 Nr. 9 KStG; vgl. hierzu b)).

5 Zusammenfassender Überblick »Persönliche Steuerpflicht«

	Unbeschränkte Steuerpflicht § 1 Abs. 1 KStG	**Beschränkte Steuerpflicht**		**Sondertatbestand § 5 Abs. 2 Nr. 1 KStG**
		§ 2 Nr. 1 KStG	**§ 2 Nr. 2 KStG**	
1. Voraussetzungen	a) In § 1 Abs. 1 KStG aufgezählte Körperschaft b) Sitz (§ 10 AO) oder Geschäftsleitung (§ 11 AO) im Inland	a) Körperschaft usw. ohne Sitz oder Geschäftsleitung im Inland b) Inländische Einkünfte (§ 49 EStG)	a) Nicht unbeschränkt steuerpflichtige sonstige Körperschaft (inländische Körperschaft des öffentlichen Rechts) b) Inländische Einkünfte, die dem Steuerabzug unterliegen	a) Nach § 5 Abs. 1 KStG persönlich von der Körperschaftsteuer befreite Körperschaft usw. b) Inländische Einkünfte, die dem Steuerabzug unterliegen

	Unbeschränkte Steuerpflicht § 1 Abs. 1 KStG	Beschränkte Steuerpflicht		Sondertatbestand § 5 Abs. 2 Nr. 1 KStG
		§ 2 Nr. 1 KStG	§ 2 Nr. 2 KStG	
2. Umfang der sachlichen Steuerpflicht	Alle – steuerpflichtigen – Einkünfte (§ 1 Abs. 2 KStG, § 2 Abs. 1 Nr. 1–3, 5–7 EStG) a) inländische b) ausländische	**Nur** inländische Einkünfte i. S. d. § 49 EStG (insbes. ohne § 19 EStG)	Inländische Einkünfte, die dem Steuerabzug unterliegen	Inländische Einkünfte, die dem Steuerabzug unterliegen
3. Einschränkungen zu 2.	Steuerbefreiungen ausländischer Einkünfte durch DBA	Steuerbefreiungen durch DBA	–	–
4. Erhebungsform	**Generell Veranlagung** (§ 31 Abs. 1 KStG, § 25 EStG)	**Grundsatz:** Veranlagung **Ausnahme:** Abgeltung der KSt durch Steuerabzug bei steuerabzugspflichtigen inländischen Einkünften (§ 32 Abs. 1 Nr. 2 KStG) **Keine Abgeltung** in den Fällen des § 32 Abs. 2 KStG (z. B. falls Einkünfte in einem inländischen Betrieb angefallen sind)	**Ausschließlich** Steuerabzug **grds.** Abgeltung der Körperschaftsteuer (§ 32 Abs. 1 Nr. 2 KStG)	**Ausschließlich** Steuerabzug **stets** Abgeltung der Körperschaftsteuer (§ 32 Abs. 1 Nr. 1 KStG) Ggf. **Nichterhebung** von KapSt (§ 44a Abs. 4, 7 und 8 EStG)

6 Beginn, Ende und Wechsel der Steuerpflicht

6.1 Beginn

Das KStG regelt nicht den Zeitpunkt des Beginns der Körperschaftsteuerpflicht. Also sind die zivilrechtlichen Regelungen sowie wirtschaftliche Gesichtspunkte heranzuziehen.

6.1.1 Juristische Personen (§ 1 Abs. 1 Nr. 1–4 KStG)

Bei den in § 1 Abs. 1 Nr. 1 KStG aufgeführten juristischen Personen liegt es zunächst nahe, als Beginn der persönlichen Steuerpflicht den Zeitpunkt der zivilrechtlichen Entstehung anzunehmen. Die **rechtliche Existenz der juristischen Personen beginnt mit der Eintragung in das jeweils vorgesehene Register:**

Art der juristischen Person	Zivilrechtliche Entstehung durch
Kapitalgesellschaften, z. B. • AG • KGaA • GmbH • UG (haftungsbeschränkt) – § 5a GmbHG –	Eintragung in das Handelsregister (§ 41 Abs. 1 AktG, § 11 Abs. 1 GmbHG)
Genossenschaften (eG)	Eintragung in das Genossenschaftsregister (§ 13 GenG)
VVaG	Erteilung der Erlaubnis zum Geschäftsbetrieb der Aufsichtsbehörde
Sonstige rechtsfähige Gebilde des Privatrechts • Eingetragener Verein (e. V.) – nichtwirtschaftlicher Verein – wirtschaftlicher Verein • Rechtsfähige Anstalten, Stiftungen und sonstige Vermögensmassen	• Eintragung in das Vereinsregister (§ 21 BGB) • Verleihung (§ 22 BGB) • staatliche Genehmigung oder Verleihung

Die Eintragung in das jeweilige Register hat **konstitutive** Wirkung. Typischerweise geht aber dem zivilrechtlichen Entstehungszeitpunkt eine in mehreren Stufen verlaufende Gründungsphase voraus, insbesondere bei den Kapitalgesellschaften (Regelfall).

Erläutert sei dies an den Kapitalgesellschaften. Die zivilrechtliche Gründung der Kapitalgesellschaften läuft in **drei Stufen** ab: Vor der Registereintragung werden zwei Vorstadien durchlaufen: Vorgründungsgesellschaft und Vorgesellschaft.

6.1.1.1 Vorgründungsgesellschaft

Die Vorgründungsgesellschaft entsteht durch Vereinbarung der künftigen Gesellschafter über die Gründung einer bestimmten Kapitalgesellschaft (Vorvertrag). Ihr Zweck ist also die Gründung einer anderen Gesellschaft.

Die Vorgesellschaft ist entweder eine

- **GbR** (§§ 705 ff. BGB) oder
- bei Aufnahme eines Grundhandelsgewerbes ggf. eine – nicht eingetragene – **OHG** (§§ 105 ff. HGB).

Sie ist rechtlich in keinem Falle identisch mit der später entstehenden juristischen Person.

Die steuerliche Behandlung der Vorgründungsgesellschaft entspricht ihrer zivilrechtlichen Natur. Sie ist also eine Personengesellschaft, also nicht körperschaftsteuerpflichtig.

Bei gewerblicher Betätigung liegt Mitunternehmerschaft vor (§ 15 Abs. 1 Nr. 2 EStG), für die eine einheitliche und gesonderte Gewinnfeststellung (§§ 179 ff. AO) durchzuführen ist. Die Gründer erzielen somit selbst Einkünfte (im Regelfall aus Gewerbebetrieb).

Dies gilt unabhängig davon, ob es später zum Abschluss des förmlichen Gesellschaftsvertrags und der Eintragung der Kapitalgesellschaft in das Handelsregister kommt.

Wegen der fehlenden Personenidentität ist ein Verlustausgleich zwischen Vorgründungsgesellschaft und nachfolgender Vorgesellschaft bzw. juristischer Person (siehe unter 6.1.1.2) ausgeschlossen.

6.1.1.2 Vorgesellschaft

Durch Abschluss des förmlichen Gesellschaftsvertrags (z. B. § 2 Abs. 1 GmbHG) entsteht die so genannte Vorgesellschaft (z. B. GmbH in Gründung), als unmittelbare Vorstufe einer Kapitalgesellschaft.

Soweit AktG und GmbHG nicht ausdrücklich die rechtliche Existenz der Kapitalgesellschaft voraussetzen, gelten bereits Aktien- bzw. GmbH-Recht.

Bereits zivilrechtlich gelten Vorgesellschaft und nach Eintragung rechtlich entstandene Kapitalgesellschaft als dieselbe Person (Einheits- und Identitätstheorie, RGZ 82, 288).

Auch im Steuerrecht geht man von dieser Identität aus (vgl. BFH vom 14.10.1992 BStBl II 1993, 352). Rechtsprechung und Verwaltung nehmen allerdings als Zeitpunkt des Beginns der Körperschaftsteuerpflicht den Abschluss des formgültigen Gesellschaftsvertrags erst an, falls folgende weitere Voraussetzungen gegeben sind:

- Vorhandensein von Vermögen (dies ist bereits der Fall bei geleisteten Einlagen oder bestehenden Einzahlungsansprüchen),
- keine ernsten Hindernisse für die Eintragung in das Handelsregister und
- alsbaldiges Nachfolgen der Eintragung.

Die Aufnahme einer nach außen gerichteten Geschäftstätigkeit bereits zu diesem Zeitpunkt ist nicht erforderlich. Die KSt-Pflicht einer Kapitalgesellschaft hat also nichts mit der Aufnahme ihrer Geschäftstätigkeit zu tun. Vielmehr bewirkt die nachfolgende Eintragung, dass die Vorgesellschaft – rückwirkend – vom Abschluss des förmlichen Gesellschaftsvertrags an ohne Weiteres eintritt, so auch H 1.1[Beginn der Steuerpflicht] KStH). Vgl. auch BFH vom 14.10.1992 BStBl II 1993, 352.

Die Identität von Vorgesellschaft und (eingetragener) GmbH ist auch nach einem Wechsel der »Vorgesellschafter« gegeben (vgl. BFH vom 14.10.1992 [a. a. O.]).

6.1.1.3 Unechte Vorgesellschaft

Kommt es **nicht** zur Eintragung der Vorgesellschaft, so liegt – wie schon bei der Vorgründungsgesellschaft – weiterhin auch bei der Vorgesellschaft eine **Personengesellschaft** vor (GbR oder OHG, »verunglückte Gründung«, »unechte Vorgesellschaft«; H 1.1 (Unechte Vorgesellschaft) KStH).

Wurde das Unternehmen bisher von einer **Einzelperson** betrieben, steht der **Weiterbehandlung als Einzelunternehmen** nichts im Wege, falls keine Aufnahme von Gesellschaftern vorgesehen war.

6.1.1.4 Keine vertragliche Rückbeziehung der Gründung?

Eine vertragliche Rückbeziehung der Gründung auf einen Zeitpunkt vor dem Abschluss des Gesellschaftsvertrags kann lt. BFH steuerlich **nicht** anerkannt werden (vgl. BFH vom 20.10.1982 BStBl II 1983, 247).

Auch eine entsprechende Anwendung des § 20 Abs. 6 UmwStG (Rückbeziehung bis zu acht Monaten) kommt lt. BFH nicht in Betracht. A.A. ist die FinVerw: Nach dem Schreiben des BMF vom 14.06.1982 BStBl I 1982, 624 ist eine Anwendung des § 20 Abs. 6 UmwStG im Billigkeitswege möglich. Dies setzt aber Aufnahme der Geschäftstätigkeit spätestens auf den steuerlichen Übertragungsstichtag voraus, da hier die Betriebsvoraussetzungen bereits erfüllt sein müssen; vgl. BMF vom 11.11.2011 (UmwSt-Erlass), Rn. 20.14.

Eine Ausnahme wird vor allem bei geringfügigem Zeitunterschied, verbunden mit unwesentlichen Steuerbeträgen zu machen sein.

Das **Hauptproblem sind Tätigkeitsvergütungen an Gründungspersonen:**

- Bis zum Abschluss des förmlichen GmbH-Gesellschaftsvertrags lägen an sich **nichtabziehbare** Vergütungen i. S. d. § 15 Abs. 1 Nr. 2 Satz 1 HS 2 EStG vor.
- Erst ab dem Beginn der Vorgesellschaft können eigentlich als Betriebsausgaben abziehbare Vergütungen gegeben sein.

Kommt es **nicht** zur Eintragung einer Vorgesellschaft als GmbH, ist die »fehlgeschlagene« GmbH-Vorgesellschaft **nicht** körperschaftsteuerpflichtig (BMF vom 18.03.2010 BStBl II 2010, 991).

6.1.1.5 Heilung von Formmängeln

Ist der Gesellschaftsvertrag nicht in der erforderlichen notariellen Form abgeschlossen, kommt es aber dennoch nachfolgend zur Eintragung der Gesellschaft in das Handelsregister, so ist nach h. M. bereits dadurch der Formmangel geheilt. Auch in diesem Fall ist mithin die Gründergesellschaft bereits körperschaftsteuerpflichtig.

Im Übrigen ist nach § 41 Abs. 1 AO die Unwirksamkeit eines Rechtsgeschäfts wegen Formmangel unerheblich, soweit und solange die Beteiligten das wirtschaftliche Ergebnis dieses Rechtsgeschäfts eintreten und bestehen lassen.

Auf die Beachtung der Formvorschriften kann es für die Körperschaftsteuerpflicht nicht ankommen, da die Körperschaftsteuerpflicht der Gründergesellschaft entscheidend an die Rechtsform der durch Eintragung entstandenen Kapitalgesellschaft anknüpft.

6.1.1.6 Steuerliche Behandlung von Gründungskosten

a) Fall 1: Verdeckte Gewinnausschüttung

Übernimmt eine Kapitalgesellschaft die eigenen Gründungskosten, die zivilrechtlich von den Gesellschaftern zu tragen sind, liegt nach dem BFH-Urteil vom 11.10.1989 (BStBl II 1990, 89) eine **verdeckte Gewinnausschüttung** vor. Nach dem BMF-Schreiben vom 25.06.1991 (BStBl I 1991, 661) können die Gründungskosten nur dann als **Betriebsausgaben** anerkannt werden, wenn die **Übernahme der Gründungskosten** durch die GmbH **im Gesellschaftsvertrag vorgesehen ist**, grundsätzlich die Kosten ihrer Art nach im Einzelnen aufgeführt werden und der Gesamtbetrag des Gründungsaufwands im Gesellschaftsvertrag ziffernmäßig ausgewiesen wird.

b) Fall 2: Betriebsausgaben bei der GmbH

Sofern die Übernahme der Gründungskosten im Gesellschaftsvertrag geregelt ist, kommt nach Auffassung der Finanzverwaltung ein Abzug der Gründungskosten als Betriebsausgaben bei der Kapitalgesellschaft bereits dann in Betracht, **wenn die einzelnen Kosten zusammengefasst als Gesamtbetrag in der Satzung ausgewiesen sind**. Hierbei ist ausreichend, wenn ein Höchstbetrag beziffert wird, bis zu dem die Gesellschaft die Gründungskosten selbst trägt (z. B. **Formulierung: Die GmbH trägt die Gründungskosten bis zu einem Betrag von 2 500 €**). Vgl. auch OFD Karlsruhe vom 07.01.1999 (FR 1999, 276).

c) Fall 3: Anschaffungskosten beim Gesellschafter

Sofern der Gesellschafter selbst die Gründungskosten (Beratungskosten) trägt, gilt nach dem **BFH-Urteil vom 20.04.2004 (BStBl II 2004, 597)** Folgendes:

Die Gründungskosten (Beratungskosten) sind nicht **Werbungskosten bei den Einkünften aus Kapitalvermögen nach § 20 Abs. 1 Nr. 1 EStG**, sondern **Anschaffungskosten der Beteiligung i. S. d. § 17 EStG** (Nebenkosten des Erwerbs).

Hinweis: Kosten einer Kapitalerhöhung dürfen hingegen von der Gesellschaft auch ohne ausdrückliche Regelung im Gesellschaftsvertrag übernommen werden (Ausnahme für Kosten der Übernahme der neuen Anteile durch die Gesellschafter, also für die notarielle Beurkundung der Übernahmeerklärung; diese Kosten sind zwingend vom Gesellschafter zu tragen).

BEISPIEL 1

Zur Vorgründungs- und Vorgesellschaft

A und B schließen am 10.02.2024 einen notariell beurkundeten Vorvertrag zum Abschluss eines Gesellschaftsvertrages. Dementsprechend bereiten sie die beabsichtigte GmbH-Gründung und die Geschäftsaufnahme – Groß- und Einzelhandel mit Personal-Computern aller Art sowie dazugehöriger Software – vor. Bereits am 15.03.2018 eröffnen sie das Geschäftslokal und tätigen die ersten Umsätze. Der eigentliche Gesellschaftsvertrag wird jedoch erst am **01.08.2024** notariell beurkundet; die daraufhin unverzüglich beantragte Eintragung der GmbH im für sie zuständigen Handelsregister datiert vom **21.11.2024.**

Im Übrigen wurden folgende steuerlich zutreffende Betriebsergebnisse errechnet:

10.02. bis 14.03.2024	./. 7896 €	vorbereitende Betriebsausgaben, nach § 4 Abs. 3 EStG aufgezeichnet
15.03. bis 31.07.2024	./. 21520 €	
01.08. bis 20.11.2024	+ 18900 €	Verlust/Gewinn nach § 5 EStG ermittelt
21.11. bis 31.12.2024	+ 46150 €	

10.02. bis 31.07.2024

- Vorgründungsgesellschaft = gewerbliche Mitunternehmerschaft i. S. d. § 15 Abs. 1 Satz 1 Nr. 2 EStG; § 3 Abs. 1 KStG schließt die KSt-Pflicht aus;
- gesondertes und einheitliches Feststellungverfahren i. S. d. §§ 179, 180 Abs. 1 Nr. 2 Buchst. a, 182 AO (Beteiligung mehrerer an den Einkünften):
  anteilige gewerbliche Verluste für A und B von jeweils (7896 € + 21520 € = 29416 € : 2 =) 14708 € (ausgleichsfähig nach § 2 Abs. 3 EStG und ggf. abzugsfähig im Rahmen des § 10d EStG);
- wegen der Höhe des (Verlust-)Anteils vgl. auch § 709 Abs. 3 BGB bzw. § 120 HGB;
- gewerbesteuerlich sind die bis zum 14.03.2024 angefallenen vorbereitenden Betriebsausgaben nicht zu berücksichtigen (R 2.5 Abs. 2 GewStR; vgl. auch BFH, Urteil vom 01.09.2022, IV R 13/20, BStBl II 2024, 121).

01.08. bis 31.12.2024

- Körperschaft als Steuerrechtssubjekt i. S. d. §§ 1, 3 Abs. 1 KStG mit
  gewerblichen Einkünften kraft Rechtsform (vgl. § 8 Abs. 2 KStG); GmbH als juristische Person und Vorgesellschaft werden steuerlich zusammengefasst (»**Identitätstheorie**«): Gewinn 65050 € (wird bei der Körperschaftsteuer-Veranlagung für 2024 ohne Rücksicht auf etwaige Gewinnausschüttungen erfasst, vgl. § 8 Abs. 3 Satz 1 KStG).

VARIANTE Aufgrund Meinungsverschiedenheiten von A und B wird die Geschäftstätigkeit zum 20.11.2024 eingestellt und rechtzeitig vor der Handelsregistereintragung der entsprechende Antrag zurückgezogen.

10.02. bis 20.11.2024

- gewerbliche Mitunternehmerschaft i. S. d. § 15 Abs. 1 Satz 1 Nr. 2 EStG;
  § 3 Abs. 1 KStG schließt die KSt-Pflicht aus; wegen der nicht zustande gekommenen juristischen Person **keine Zusammenfassung der Vorgesellschaft mit einer Kapitalgesellschaft möglich** (vgl. auch BFH-Urteil vom 18.03.2010, IV R 88/06, a. a. O.);
- gesondertes und einheitliches Feststellungsverfahren i. S. d. §§ 179, 180 Abs. 1 Nr. 2 Buchst. a, 182 AO (Beteiligung mehrerer an den Einkünften): anteilige gewerbliche Verluste für A und B von jeweils (7896 € + 21520 € ./. 18900 € = 10516 € : 2 =) 5258 € (ausgleichsfähig nach § 2 Abs. 3 EStG und ggf. abzugsfähig im Rahmen des § 10d EStG).
- **Aber:** Gewerbesteuerlich sind die bis zum 14.03.2024 angefallenen vorbereitenden Betriebsausgaben **nicht zu** berücksichtigen **(R 2.5 Abs. 2 GewStR).**

BEISPIEL 2

Die Kaufleute Reich und Raff planen seit dem 02.01.01, wegen der gestiegenen Nachfrage nach Dämmstoffen eine Vertriebs-GmbH zu gründen.

Am 01.04.1 verpflichteten sie sich durch formgerechten Vorvertrag zum Abschluss eines Gesellschaftsvertrags. Ab diesem Zeitpunkt bereiteten sie auch die Eröffnung einer gemieteten Verkaufshalle vor.

Um bereits das Frühjahrsgeschäft in 01 auszunutzen, eröffneten sie den Verkauf bereits am 02.05.2001.

Erst am 01.11.01 schlossen sie einen notariellen Gesellschaftsvertrag und meldeten die GmbH zur Eintragung in das Handelsregister an. Die Eintragung erfolgte am 02.01.2002. Folgende (zutreffend ermittelten) Betriebsergebnisse wurden erzielt:

01.04.2001–30.04.2001:	./. 5000 €	(vorbereitende Betriebsausgaben)
02.05.2001–31.10.2001:	./. 120000 €	
01.11.2001–31.12.2001:	+ 24000 €	

LÖSUNG Mit Abschluss des Vorvertrags am 01.04.2001 haben Reich und Raff eine GbR gegründet. Da diese gewerblich tätig wird, liegt eine Mitunternehmerschaft i. S. v. § 15 Abs. 1 Nr. 2 EStG vor. Der Gewinn ist einheitlich und gesondert festzustellen (§§ 179, 180 Abs. 1 Nr. 2a AO) für die Zeit vom 01.04.2001 bis 31.10.2001, nämlich bis zum Zeitpunkt der Entstehung der GmbH in Gründung, i. H. v. ./. 5000 € ./. 120000 € = ./. 125.000 €. Dieser Verlust ist auf Reich und Raff je zur Hälfte zu verteilen, falls keine abweichende Gewinnverteilung besteht.

Mit dem Tage des Abschlusses des notariellen Gesellschaftsvertrags 01.11.2001 beginnt die Körperschaftsteuerpflicht der Vorgesellschaft in Einheit mit der erst am 02.01.2002 zivilrechtlich entstandenen GmbH, da die Geschäftstätigkeit am 01.11.2001 bereits aufgenommen war.

Der Körperschaftsteuer unterliegt in 01 bereits der Gewinn vom 01.11.2001 bis 31.12.2001 = 24000 €.

Wichtig: Ein **Verlustausgleich** zwischen Vorgesellschaft und Vorgründungsgesellschaft ist **nicht möglich**.

Beginn, Ende und Wechsel der Steuerpflicht		
Zeitpunkt	**Stadium**	**Steuerliche Behandlung**
a) Beschluss der Gründer zur Errichtung einer Gesellschaft **(Vorvertrag)**	Vorgründungsgesellschaft	• **Keine** Körperschaftsteuerpflicht • Behandlung als **GbR oder OHG** – einheitliche und gesonderte Gewinnfeststellung – Gründer können Einkünfte aus § 15 Abs. 1 Nr. 2 EStG haben, falls bereits Gewerbebetrieb
b) Abschluss des formgültigen **Gesellschaftsvertrags** (z. B. bei GmbH gemäß § 2 Abs. 1 GmbHG)	Vorgesellschaft (z. B. GmbH in Gründung)	• Körperschaftsteuerpflicht • Obwohl die Vorgesellschaft noch keine juristische Person ist, Behandlung in Einheit mit der durch Eintragung entstehenden Körperschaft als dasselbe Rechtssubjekt (aus Zweckmäßigkeitsgründen) • Beginn der Steuerpflicht aber erst u. E. bei Vorliegen folgender weiterer Voraussetzungen: – Vorhandensein von Vermögen – keine ernsten Hindernisse für Eintragung in das Handelsregister – alsbaldiges Nachfolgen der Eintragung (also nicht bei »verunglückter« Gründung)
c) **Eintragung** in das Register	Juristische Person	Regelmäßig Körperschaftsteuerpflicht Nach der zivilrechtlichen Entstehung ist Tätigkeit unerheblich.

6.1.2 Nichtrechtsfähige Körperschaften

Hier entsteht die persönliche Steuerpflicht mit dem Abschluss des Gesellschaftsvertrags bzw. der Feststellung einer Satzung. Soweit weder Gesellschaftsvertrag noch Satzung vorgesehen sind, kann auch der Geschäftsbeginn zum Beginn der Steuerpflicht führen. Vgl. auch H 1.1 (Beginn der Steuerpflicht) KStH.

Ein nichtrechtsfähiger Verein ist mit der Feststellung der Satzung errichtet.

6.2 Ende der Steuerpflicht

6.2.1 Grundsatz

Juristische Personen behalten ihre rechtliche Existenz bis zu dem Zeitpunkt, in dem sie im jeweiligen Register gelöscht werden (bzw. eine staatliche Genehmigung oder Verleihung zurückgenommen wird).

Für das **Ende der persönlichen Steuerpflicht** sind jedoch maßgebend:

- die tatsächliche Beendigung der geschäftlichen Betätigung und
- die Beendigung der Verteilung des gesamten vorhandenen Vermögens an die Gesellschafter und sonst berechtigten Personen und
- ggf. der Ablauf eines gesetzlich vorgeschriebenen Sperrjahres.

Erst wenn alle drei Voraussetzungen erfüllt sind, fällt die Steuerpflicht weg und es ist eine Liquidationsbesteuerung nach § 11 KStG vorzunehmen (vgl. C 9).

6.2.2 Verschmelzung (§ 2 UmwG), Spaltung (§ 123 UmwG) und Vermögensübertragung (§ 174 UmwG)

Bei diesen Vorgängen erlischt die alte Gesellschaft nach vollständiger Vermögensübertragung auf eine andere Gesellschaft im Wege der Gesamtrechtsnachfolge (**Auflösung ohne Abwicklung**). Hierdurch endet also die Körperschaftsteuerpflicht. Nach § 2 Abs. 1 UmwStG wird eine Umwandlung steuerlich auf den Umwandlungsstichtag zurückbezogen.

Rechtlich fällt die umgewandelte Gesellschaft erst im Zeitpunkt der Eintragung der Umwandlung weg.

Steuerlich wird die Beendigung der Steuerpflicht bereits mit Wirkung vom Umwandlungsstichtag (§ 2 UmwStG) fingiert.

6.2.3 Formwechselnde Umwandlung von Kapitalgesellschaften (§§ 226–250 UmwG)

Hierbei findet keine Vermögensübertragung statt, sondern lediglich eine Veränderung desselben Rechtssubjekts in seiner äußeren Rechtsform im Wege der Satzungsänderung. Die handelsrechtliche Personenidentität wird auch steuerlich anerkannt. Die persönliche Steuerpflicht fällt nicht weg, soweit ein Formwechsel auf eine andere Kapitalgesellschaft stattfindet.

6.2.4 Verlegung von Sitz und/oder Geschäftsleitung in das Ausland

Die unbeschränkte Steuerpflicht fällt auch weg ab dem Zeitpunkt, ab dem Sitz und Geschäftsleitung (beide Merkmale) sich nicht mehr im Inland befinden.

Bezieht die Körperschaft in diesen Fällen keine inländischen Einkünfte i. S. v. § 49 EStG, fällt die persönliche Steuerpflicht überhaupt weg.

Bei Bezug inländischer Einkünfte i. S. v. § 49 EStG ist die Körperschaft noch beschränkt steuerpflichtig gemäß § 2 Nr. 1 KStG. Es liegt dann lediglich ein Wechsel in der Art der persönlichen Steuerpflicht vor.

6.2.5 Wegfall des Bezugs inländischer Einkünfte

Bezieht eine nach § 2 Nr. 1 KStG beschränkt steuerpflichtige Körperschaft keine inländischen Einkünfte i. S. d. § 49 EStG mehr oder eine nach § 2 Nr. 2 KStG beschränkt steuerpflichtige inländische Körperschaft des öffentlichen Rechts keine inländischen steuerabzugspflichtigen Einkünfte mehr, fällt auch hier die persönliche Steuerpflicht gänzlich weg.

Bezieht eine nach § 5 Abs. 2 Nr. 1 KStG persönlich befreite Körperschaft keine inländischen steuerabzugspflichtigen Einkünfte mehr, fällt lediglich die partielle Steuerpflicht nach § 5 Abs. 2 Nr. 1 KStG weg. Die Körperschaft – obwohl steuerbefreit – gehört weiter zu den nach § 1 Abs. 1 KStG **unbeschränkt** steuerpflichtigen Subjekten.

Bei bisher unbeschränkter Steuerpflicht (§ 1 Abs. 1 KStG) oder nach § 2 Nr. 1 KStG beschränkter Steuerpflicht ist im Falle der Verlegung von Geschäftsleitung bzw. Betriebsstätte in das Ausland die Vorschrift § 12 KStG zu beachten (vgl. C 10).

7 Persönliche Steuerbefreiungen (§§ 5, 6 KStG)

7.1 Geltungsbereich

§ 5 KStG regelt die Befreiung bestimmter Körperschaften, Personenvereinigungen und Vermögensmassen von der Körperschaftsteuer. Die Vorschrift setzt grundsätzlich die unbeschränkte Steuerpflicht i. S. d. § 1 Abs. 1 KStG voraus. Durch § 5 Abs. 2 Nr. 2 KStG werden ausländische steuerbegünstigte EU-/EWR-Körperschaften, die die Voraussetzungen der Steuerbefreiung nach § 5 Abs. 1 Nr. 9 KStG erfüllen, den inländischen steuerbegünstigten Körperschaften gleichgestellt. Sie sind demnach mit ihren inländischen Einkünften von der Körperschaftsteuer befreit. Ihre wirtschaftlichen Geschäftsbetriebe werden – wie bei inländischen steuerbegünstigten Körperschaften – wie bisher besteuert.

Auf andere ausländische Körperschaften sind die Befreiungen des § 5 KStG nicht anwendbar. Ausnahmen können sich durch DBA ergeben. Danach können bestimmte ausländische gemeinnützige Organisationen auch in der Bundesrepublik als Vertragsstaat auf der Grundlage der Gegenseitigkeit steuerfrei sein, wenn sie die Steuerfreiheit bei Sitz oder Geschäftsleitung im Inland beanspruchen könnten.

Einer Befreiung nach § 5 KStG bedarf es andererseits nicht für inländische Körperschaften, die nicht nach § 1 Abs. 1 KStG unbeschränkt steuerpflichtig sind. Dies ist der Fall bei den inländischen juristischen Personen des öffentlichen Rechts.

BEISPIEL

Die Steuerberaterkammern (als öffentlich-rechtliche Berufsverbände) sind Körperschaften des öffentlichen Rechts und fallen daher nicht unter die unbeschränkte Steuerpflicht nach § 1 Abs. 1 KStG. Einer Befreiung nach § 5 Abs. 1 KStG bedarf es für die Kammern nicht, da bereits aufgrund fehlender persönlicher Steuerpflicht keine Körperschaftsteuer erhoben wird. Eine Steuerpflicht ergibt sich nur, soweit ein BgA i. S. d. § 4 KStG unterhalten wird.

Die Befreiung der Berufsverbände in § 5 Abs. 1 Nr. 5 KStG erstreckt sich daher – folgerichtig – nur auf Berufsverbände **ohne** öffentlich-rechtlichen Status.

Die Steuerbefreiungen sind abschließend aufgezählt. Der Katalog ist einer erweiternden Auslegung nicht zugänglich.

7.2 Allgemeiner Regelungsinhalt

Trotz der Überschrift »persönliche Befreiungen« ergibt sich eine uneingeschränkte persönliche (subjektive) Befreiung nur bei den in § 5 Abs. 1 Nr. 1, 2, 2 a und 15 KStG aufgeführten Unternehmen.

Dagegen enthalten die übrigen Vorschriften des § 5 Abs. 1 KStG eingeschränkte sachliche Steuerbefreiungen. Werden bestimmte Voraussetzungen erfüllt, tritt Steuerfreiheit bzw. insoweit Steuerfreiheit ein.

Systematisch gesehen liegt bei § 5 KStG **nicht** etwa eine weitere Art beschränkter Steuerpflicht neben § 2 KStG vor. Es handelt sich vielmehr um subjektive und objektive Steuerbefreiungen, die nur auf unter § 1 Abs. 1 KStG fallende, an sich also unbeschränkt steuerpflichtige Gebilde anwendbar sind.

7.3 Maßgebender Zeitpunkt bzw. Zeitraum für die Voraussetzungen der Steuerfreiheit

Bezüglich des maßgeblichen Zeitpunkts bzw. des Zeitraums für die Voraussetzungen der Steuerfreiheit ist Folgendes zu beachten:

a) Bei den in § 5 Abs. 1 Nr. 1 und 2 KStG aufgezählten Unternehmen ergibt sich die – vollständige – subjektive Befreiung bereits aus der gegebenen Existenz der betreffenden Gebilde.
b) Bei den **sachlichen Befreiungen** müssen die Voraussetzungen für die Steuerfreiheit während des gesamten VZ vorgelegen haben. Dies muss aus der für gemeinnützige Gebilde geltenden Vorschrift des § 60 Abs. 2 AO geschlossen werden.
   Danach muss die Satzung den vorgeschriebenen Erfordernissen bei der Körperschaftsteuer **während des ganzen VZ** entsprechen.
c) Darüber hinaus gilt im Bereich der gemeinnützigen Gebilde bei nachträglicher Änderung der so genannten Vermögensbindung (i. S. v. § 55 Abs. 1 Nr. 4 AO) diese Voraussetzung für die Steuerfreiheit als **von Anfang an nicht erfüllt.**
   Die Folge ist eine nachträgliche Steuererhebung für die letzten zehn Jahre vor der Änderung der Bestimmung über die Vermögensbindung (§ 61 Abs. 3 AO).
d) Lediglich bei Kassen i. S. v. § 5 Abs. 1 Nr. 3 KStG ist es ausreichend, wenn die Voraussetzungen am Ende des VZ vorliegen.

7.4 Umfang der Steuerbefreiung

7.4.1 Vollständige subjektive Befreiung

Nur bei § 5 Abs. 1 Nr. 1, 2, 2a und 15 KStG liegt eine völlige persönliche Steuerbefreiung vor. Die aufgeführten Unternehmen sind auch mit **allen** Einrichtungen befreit, die von ihr in eigener Regie betrieben werden. Das gilt auch, wenn es sich um Betriebe gewerblicher Art einer Körperschaft des öffentlichen Rechts oder wirtschaftliche Geschäftsbetriebe handelt.

7.4.2 Ausschluss der Befreiung für wirtschaftliche Geschäftsbetriebe (§ 14 AO)

7.4.2.1 Allgemeines

Bei den Befreiungstatbeständen des § 5 Abs. 1 Nr. 5, 7, 9, 12 KStG ist die Befreiung ausgeschlossen, soweit ein **wirtschaftlicher Geschäftsbetrieb** besteht.

Der Begriff hat bei den einzelnen Befreiungstatbeständen zum Teil unterschiedlichen Inhalt.

Befreiungsvorschrift des KStG	Ausschluss der Befreiung
§ 5 Abs. 1 Nr. 5 – Berufsverbände § 5 Abs. 1 Nr. 7 – Politische Parteien	Wirtschaftlicher Geschäftsbetrieb i. S. v. § 14 AO (**R 5.7 Abs. 4 KStR**)
§ 5 Abs. 1 Nr. 9 – Gemeinnützige Körperschaften usw.	Wirtschaftlicher Geschäftsbetrieb i. S. v. § 14 AO, soweit kein (steuerlich unschädlicher) Zweckbetrieb (**§§ 64–68 AO**)
§ 5 Abs. 1 Nr. 12 – Bestimmte gemeinnützige Siedlungsunternehmen	Einschränkungen des wirtschaftlichen Geschäftsbetriebs auf die in den Befreiungsvorschriften genannten Zwecke

7.4.2.2 Wirtschaftlicher Geschäftsbetrieb

Tatbestandsmerkmale des wirtschaftlichen Geschäftsbetriebs sind:

a) selbständige nachhaltige Tätigkeit,
b) Absicht der Erzielung von Einnahmen oder anderer wirtschaftlicher Vorteile,
c) **keine** bloße Vermögensverwaltung (§ 14 Satz 3 AO).

Gewinnerzielungsabsicht ist **nicht** erforderlich (§ 14 Satz 2 AO), wohl aber – da (anders als in § 1 Abs. 1 Nr. 6 KStG) nicht ausdrücklich ausgeschlossen – Beteiligung am allgemeinen wirtschaftlichen Verkehr. Vgl. R 5.7 Abs. 4 KStR sowie R 2.1 (5) GewStR.

Zu a) Selbständigkeit

Eine Tätigkeit ist selbständig, wenn sie sich vom begünstigten Zweck abhebt und mit ihm keine Einheit bildet.

Dies ist der Fall bei einer von der Tätigkeit der Geschäftsstelle des Verbands (§ 5 Abs. 1 Nr. 5 KStG), der Partei (§ 5 Abs. 1 Nr. 7 KStG) oder der gemeinnützigen Körperschaft (§ 5 Abs. 1 Nr. 9 KStG) abgrenzbaren Tätigkeit.

Unter die **nicht** steuerpflichtigen Tätigkeiten der Geschäftsstelle fallen auch Hilfsgeschäfte, z. B. der Verkauf von Altmaterial.

Wegen der Nachhaltigkeit vgl. H 15.2 [Nachhaltigkeit – Einzelfälle] EStH.

Zu b) Einnahmeerzielungsabsicht

Die Einnahmeerzielungsabsicht kann im Verhältnis zu den Mitgliedern und/oder Dritten bestehen.

Im Verhältnis zu Mitgliedern fehlt es an dieser Voraussetzung, wenn für die Tätigkeit ausschließliche Mitgliedsbeiträge erhoben werden. Hierzu gehören auch beitragsähnliche Umlagen, die von allen Mitgliedern gleicher Höhe oder nach einem bestimmten Maßstab erhoben werden.

Wirtschaftliche Geschäftsbetriebe sind aber z.B. entgeltliche Mitgliederberatung und Steuerberatung (Buchführung und/oder Erstellung von Steuererklärungen).

Wegen der steuerlichen Behandlung des Anzeigengeschäfts in Vereinszeitschriften vgl. BFH vom 08.03.1967 BStBl II 1967, 373.

BEISPIEL

Ein nicht öffentlich-rechtlicher Berufsverband gibt eine Verbandszeitschrift heraus.

Sie enthält
- einen redaktionellen Teil zur allgemeinen Information der Mitglieder,
- einen Anzeigenteil.

Der Bezugspreis ist im Mitgliedsbeitrag enthalten.

LÖSUNG Der redaktionelle Teil ist kein wirtschaftlicher Geschäftsbetrieb (R 5.7 Abs. 4 Satz 12 KStR; vgl. auch BFH vom 12.05.2022, V R 37/20, BStBl II 2022, 603). Die Mitgliederinformationen sind Verbandszweck, also keine selbständige Tätigkeit. Bei dem Bezugspreis handelt es sich auch nicht um ein Entgelt für die Gewährung besonderer Vorteile.

Der Anzeigenteil dient der Erzielung besonderer Einnahmen. Inserentenwerbung – unter Mitgliedern wie Dritten – und Anzeigenaufnahme sind als selbständige nachhaltige Tätigkeit unter Beteiligung am allgemeinen wirtschaftlichen Verkehr anzusehen. Es liegt daher insoweit ein wirtschaftlicher Geschäftsbetrieb vor (§ 14 AO); vgl. **R 5.7 Abs. 4 Satz 13 KStR**.

Der Verkauf von Getränken und Esswaren bei einer Sportveranstaltung eines gemeinnützigen Vereins ist ein wirtschaftlicher Geschäftsbetrieb (vgl. BFH vom 21.08.1985 BStBl II 1986, 88). Dasselbe gilt bei einer Festveranstaltung (vgl. BFH vom 21.08.1985 BStBl II 1986, 92).

Altkleidersammlungen zur Mittelbeschaffung sind ebenfalls grds. stpfl. wirtschaftliche Geschäftsbetriebe.

Zu c) Vermögensverwaltung (§ 14 Satz 3 AO)

Diese liegt in der Regel bei bloßer Vermögensnutzung vor (R 5.7 Abs. 5 KStR), z.B. bei
- verzinslicher Anlage von Kapitalvermögen oder
- Vermietung und Verpachtung unbeweglichen Vermögens.

BEISPIEL

Eine politische Partei (§ 5 Abs. 1 Nr. 5 KStG) erzielte im VZ Zinsen aus Guthaben bei Kreditinstituten 5000 €.

LÖSUNG Diese Einkünfte unterliegen nicht der Besteuerung, da sie im Wege der bloßen Vermögensverwaltung erzielt wurden. Außerdem ist keine KapSt einzubehalten (§ 44a Abs. 4 Nr. 1 EStG).

Keine Vermögensverwaltung, sondern ein wirtschaftlicher Geschäftsbetrieb liegt vor

aa) im Bereich der Kapitalnutzung
Bei Beteiligung an einer Kapitalgesellschaft, wenn mit ihr tatsächlich ein entscheidender Einfluss auf die laufende Geschäftsführung der Kapitalgesellschaft ausgeübt wird, zum Beispiel durch Sperrminorität (mehr als 25% der Stimmrechte) oder Beherrschung (insbes. bei mehr als 50% der Stimmrechte), R 5.7 Abs. 5 i.V.m. R 4.1 Abs. 2 Sätze 2 bis 5 KStR; ebenso Beteiligung an einer gewerblichen Personengesellschaft (auch bei Kommanditbeteiligung). Die Beteiligung an einer gewerblich geprägten vermögensverwaltenden Personengesellschaft stellt jedoch keinen wirtschaftlichen Geschäftsbetrieb dar (AEAO Tz. 3 zu § 64 Abs. 1).

bb) im Rahmen der Vermietung und Verpachtung,
wenn nach allgemeinen einkommensteuerlichen Grundsätzen die Tätigkeit gewerblichen Charakter annimmt.

> **BEISPIEL**
>
> Die kurzfristige Saalvermietung an wechselnde Benutzer ist ein wirtschaftlicher Geschäftsbetrieb, da keine bloße private Vermögensnutzung mehr vorliegt.

Entgeltliche Bandenwerbung in Sportstätten ist ein steuerschädlicher wirtschaftlicher Geschäftsbetrieb (vgl. BFH vom 13.03.1991 BStBl II 1992, 101).

Die Verpachtung des Rechts zur Werbeflächen-Nutzung an ein unabhängiges Werbeunternehmen bleibt dagegen (steuerfreie) Vermögensverwaltung (AEAO zu § 67a AO Allgemeines Nr. 9).

Die entgeltliche Werbung auf der Sportkleidung ist stets als stpfl. wirtschaftlicher Geschäftsbetrieb zu behandeln.

Steuersubjekt ist vorbehaltlich des § 64 Abs. 3 AO nicht der einzelne wirtschaftliche Geschäftsbetrieb, sondern der Verband, die Partei oder gemeinnützige Organisation.

Die Ergebnisse aller wirtschaftlicher Geschäftsbetriebe werden zusammengefasst (eine Veranlagung; vgl. § 64 Abs. 2 AO).

Der Freibetrag nach § 24 KStG ist vom gesamten zu versteuernden Einkommen der Körperschaft abzuziehen.

Zur Zuordnung bzw. Aufteilung der Einnahmen und Ausgaben auf den steuerfreien und stpfl. Bereich vgl. AEAO Tz. 6 zu § 64 Abs. 1.

7.4.2.3 Zweckbetriebe

Ein wirtschaftlicher Geschäftsbetrieb kann – allerdings **nur bei nach § 5 Abs. 1 Nr. 9 KStG steuerfreien Körperschaften** usw. – **steuerlich unschädlich** sein, wenn er die Voraussetzungen eines **Zweckbetriebs** (§§ 65–68 AO) erfüllt (§ 64 AO).

§ 65 AO enthält die allgemeinen Tatbestandsmerkmale für die Annahme eines steuer**un**schädlichen Zweckbetriebs. Voraussetzungen sind:

a) Zweck des wirtschaftlichen Geschäftsbetriebs muss die Verwirklichung der steuerbegünstigten Satzungszwecke sein.
b) Die Satzungszwecke dürfen nur durch solche(n) Geschäftsbetrieb(e) erreicht werden können.

c) Kein Auftreten des wirtschaftlichen Geschäftsbetriebs im Wettbewerb zu nicht begünstigten Betrieben derselben oder ähnlichen Art in größerem Umfang als unvermeidbar.

Gesetzlich geregelte Einzelfälle von Zweckbetrieben beinhalten die §§ 66–68 AO.

Die unschädliche Umsatzgrenze bei sportlichen Veranstaltungen (§ 67a Abs. 1 AO) beträgt 45 000 €.

BEISPIEL

Die Einnahmen (einschl. USt) aus dem jährlichen Sommerfest eines

a) Haus- und Grundbesitzervereins,
b) als gemeinnützig anerkannten Sportvereins

betragen **nicht** mehr als 35 000 €, der Gewinn 9 000 €.

LÖSUNG

a) Beim Haus- und Grundbesitzerverein (§ 5 Abs. 1 Nr. 5 KStG) stellt die gesellige Veranstaltung einen steuerpflichtigen wirtschaftlichen Geschäftsbetrieb dar, da § 64 (Abs. 3) und § 65 AO hier nicht gelten. Der Verein ist mit den Überschüssen aus dem wirtschaftlichen Geschäftsbetrieb nach § 5 Abs. 1 Nr. 5 Satz 2 KStG, § 14 AO steuerpflichtig.

Gewinn = Einkommen	9 000 €
./. Freibetrag (§ 24 KStG)	5 000 €
zu versteuerndes Einkommen	4 000 €

b) Bei dem gemeinnützigen Verein i. S. v. § 5 Abs. 1 Nr. 9 KStG liegt zwar ebenfalls ein wirtschaftlicher Geschäftsbetrieb vor. Nach § 64 Abs. 3 AO ist der Gewinn von 9 000 € aber KSt- und GewSt-frei (keine Überschreitung der Umsatz-Freigrenze von 45 000 €).

Vgl. auch 8.3.1. 2. 6. **Gesellige Veranstaltungen** sind wirtschaftliche Geschäftsbetriebe.

Aber: Freigrenze gem. **§ 64 Abs. 3 AO:** Übersteigen die Einnahmen (einschl. USt) aus (allen) wirtschaftlichen Geschäftsbetrieben, die keine Zweckbetriebe sind, nicht 45 000 € im VZ, so unterliegen die Geschäftsbetriebe weder der Körperschaftsteuer noch der Gewerbesteuer.

7.4.2.4 Partielle Steuerpflicht steuerabzugspflichtiger Einkünfte (§ 5 Abs. 2 Nr. 1 KStG)

Die Befreiungen sind ausgeschlossen für inländische Einkünfte, die dem Steuerabzug unterliegen (§ 5 Abs. 2 Nr. 1 KStG). Hierbei handelt es sich im Wesentlichen um kapitalertragsteuerpflichtige Kapitalerträge (§ 43 EStG).

Der Körperschaftsteuer hierfür ist durch den Steuerabzug abgegolten (§ 32 Abs. 1 Nr. 1 KStG), soweit die Kapitalerträge nicht zu einem wirtschaftlichen Geschäftsbetrieb gehören. Vgl. 8.3.1. 2. 6.

8 Einzelne Steuerbefreiungen

8.1 Berufsverbände ohne öffentlich-rechtlichen Charakter (§ 5 Abs. 1 Nr. 5 KStG)

8.1.1 Abgrenzung zu den öffentlich-rechtlichen Berufsverbänden

Einer Befreiung bedarf es nicht für öffentlich-rechtliche Berufsverbände, da sie bereits nicht unter § 1 Abs. 1 KStG fallen. Berufsverbände, die Körperschaften des öffentlichen Rechts sind, fallen mithin nicht unter § 5 Abs. 1 Nr. 5 KStG.

BEISPIELE

Ärzte-, Steuerberater-, Rechtsanwalts-, Notarkammern; Handwerkerinnungen fallen nicht unter das KStG (Umkehrschluss aus § 1 Abs. 1 KStG).

Die öffentlich-rechtlichen Berufsverbände sind nur insoweit steuerpflichtig, als sie einen Betrieb gewerblicher Art i. S. v. § 1 Abs. 1 Nr. 6 KStG unterhalten.

8.1.2 Voraussetzungen der Befreiung

Voraussetzung ist die Wahrung der allgemeinen wirtschaftlichen Belange aller Angehörigen des Berufs (R 5.7 Abs. 1 KStR) – unabhängig von der Mitgliedschaft der Angehörigen des Berufsstands oder Wirtschaftszweigs zum Verband.

Hierunter fällt auch die Einnahme wirtschaftspolitischer Grundeinstellungen, die Erhalt und Fortbestand der Mitgliedsunternehmen sicherstellen soll (z. B. Erhaltung der freien Marktwirtschaft, vgl. BFH vom 16 12.1981 BStBl II 1982, 465, sog. **Industrie-Club-Urteil;** BFH vom 18.09.1984 BStBl II 1985, 92).

Zu den Berufsverbänden i. S. d. § 5 Abs. 1 Nr. 5 KStG können Berufsverbände der Arbeitgeber und der Arbeitnehmer, z. B. Arbeitgeberverbände und Gewerkschaften, Wirtschaftsverbände, Bauernvereine und Hauseigentümervereine gehören (R 5.7 Abs. 2 KStR).

BEISPIELE

Deutsche Steuergewerkschaft (DStG), Gewerkschaft ver.di fallen unter § 5 Abs. 1 Nr. 5 KStG (als Arbeitnehmervertretungen).

Keine Berufsverbände sind z. B.
- Mietervereine,
- Lohnsteuerhilfevereine,

weil beide keine aus einer Erwerbstätigkeit abgeleiteten Interessen ihrer Mitglieder vertreten, vgl. BFH vom 17.05.1966 BStBl III 1966, 525.

Der Verband muss die Voraussetzungen für die **Befreiung nach Satzung und tatsächlicher Geschäftsführung** erfüllen. Stimmen Satzung und tatsächliche Geschäftsführung **nicht** überein, ist Letztere entscheidend (vgl. BFH vom 22.11.1955 BStBl III 1956, 29).

Für den Charakter als steuerfreier Berufsverband ist eine Weiterleitung von Beiträgen an politische Parteien von mehr als 10 % seiner Einnahmen generell schädlich (R 5.7 Abs. 3 Satz 1 KStR). Der Besteuerung unterliegen in diesem Fall die Einkünfte des Berufsverbands i. S. d. § 2 EStG und die Verwendung von Mitteln zur Unterstützung bzw. Förderung politischer Parteien i. S. v. § 5 Abs. 1 Nr. 5 Satz 4 KStG (vgl. R 5.7 Abs. 3 Satz 4 KStR).

Eine Mittelüberlassung liegt auch bei verdeckten Zuwendungen vor, z. B. bei Zuwendungen ohne ausreichende Gegenleistung (vgl. BFH vom 04.03.1986 BStBl II 1986, 373). Das gilt auch bei einer unentgeltlichen oder verbilligten Raumüberlassung und bei einer zinslosen oder zinsverbilligten Darlehensgewährung. Eine mittelbare Unterstützung oder Förderung politischer Parteien ist anzunehmen, wenn der Berufsverband den Wahlkampf eines Abgeordneten finanziert (R 5.7 Abs. 3 Satz 7 KStR).

Wird die Zehnprozentgrenze nicht überschritten, bleibt die Steuerbefreiung des Berufsverbands hinsichtlich der begünstigten Tätigkeit erhalten.

Stpfl. und ganz oder teilweise steuerbefreite Berufsverbände unterliegen im Fall der Verwendung von Mitteln für die unmittelbare oder mittelbare Unterstützung oder Förderung politischer Parteien einer besonderen Körperschaftsteuerpflicht. Die Körperschaftsteuer beträgt 50 % der Zuwendungen (§ 5 Abs. 1 Nr. 5 Satz 4 KStG).

Die Berufsverbände sind außerdem steuerpflichtig mit einem wirtschaftlichen Geschäftsbetrieb (§ 5 Abs. 1 Nr. 5 Satz 2 KStG); vgl. 7.4.2. 1.

BEISPIEL

Ein **Berufsverband** i. S. d. § 5 Abs. 1 Nr. 5 KStG (Rechtsform e. V.) wendet im Jahr 2024 einer politischen Partei 5 500 € zu. Die Einnahmen des Berufsverbands in 2023 betragen 70 000 €.

Außerdem unterhält der Berufsverband einen wirtschaftlichen Geschäftsbetrieb, der 2024 einen Gewinn i. H. v. 20 000 € erzielt.

LÖSUNG Der Berufsverband wendet der politischen Partei nicht mehr als 10 % seiner Einnahmen zu. Damit tritt keine volle KSt-Steuerpflicht ein. Der Berufsverband ist partiell körperschaftsteuerpflichtig hinsichtlich des wirtschaftlichen Geschäftsbetriebs. Außerdem fällt die besondere KSt gem. § 5 Abs. 1 Nr. 5 Satz 4 KStG an.

Gewinn aus wirtschaftlichem Geschäftsbetrieb

Einkommen in VZ 2024	20 000 €
./. Freibetrag gem. § 24 KStG	./. 5 000 €
Zu versteuerndes Einkommen 2024	**15 000 €**
KSt (§ 23 Abs. 1 KStG): 15 % von 15 000 € =	**2 250 €**
Besondere KSt auf Parteizuwendungen gem. § 5 Abs. 1 Nr. 5 Satz 4 KStG (50 % von 5 500 € =)	**+ 2 750 €**
Festzusetzende KSt 2024	**5 000 €**

VARIANTE Der Berufsverband wendet der politischen Partei in 2024 10 000 € zu. Neben dem wirtschaftlichen Geschäftsbetrieb (Gewerbebetrieb) erhält der Berufsverband noch Zinsen aus Sparguthaben i. H. v. 2 201 €; die damit im Zusammenhang stehenden Werbungskosten belaufen sich auf 300 €. Außerdem hat er Einkünfte aus Vermietung und Verpachtung i. H. v. 8 000 €.

LÖSUNG Der Berufsverband wendet der politischen Partei mehr als 10 % seiner Einnahmen zu. Damit tritt für den VZ 2024 gem. § 5 Abs. 1 Nr. 5 Satz 2 Buchst. b KStG volle KSt-Pflicht ein.

Sämtliche Einkünfte des Berufsverbands unterliegen der KSt. Im vorliegenden Fall bezieht er Einkünfte aus Gewerbebetrieb sowie aus Kapitalvermögen und aus Vermietung und Verpachtung. Die Mitgliederbeiträge bleiben gem. § 8 Abs. 5 KStG bei der Ermittlung des Einkommens außer Ansatz. Grundsätzlich ist auch § 13 KStG zu berücksichtigen. Allerdings im vorliegenden Fall ohne Folgen. Hinsichtlich des wirtschaftlichen Geschäftsbetriebs bestand bereits partielle KSt-Pflicht. Die anderen Einkünfte unterliegen nicht der Bilanzierungspflicht. Außerdem fällt noch die besondere KSt i. S. d. § 5 Abs. 1 Nr. 5 Satz 4 KStG an.

Einkommensermittlung:

Einkünfte aus Gewerbebetrieb	20 000 €
Einkünfte aus Kapitalvermögen	1 201 €
(Zinsen 2 201 € – Sparer-Pauschbetrag 1 000 €, vgl. R 8.1 Abs. 2 KStR)	
Einkünfte aus Vermietung und Verpachtung	8 000 €
Summe der Einkünfte = Einkommen	29 201 €
./. Freibetrag gem. § 24 KStG	./. 5 000 €
Zu versteuerndes Einkommen 2024	**24 201 €**
KSt (§ 23 Abs. 1 KStG): 15 % von 24 201 € = 3 630 €	
Besondere KSt auf Parteizuwendungen gem. § 5 Abs. 1 Nr. 5 Satz 4 KStG (50 % von 10 000 € =)	**+ 5 000 €**
Festzusetzende KSt 2024	**8 630 €**

8.2 Politische Parteien (§ 5 Abs. 1 Nr. 7 KStG)

Unter diese Vorschrift fallen nur politische Parteien i. S. d. § 2 des Parteiengesetzes sowie ihre Gebietsverbände, z. B. Orts-, Kreis-, Bezirks- und Landesverbände.

Im Parteiengesetz ist ein Katalog unzulässiger Spendenvorgänge zur Verhinderung der »Umwegfinanzierung« enthalten (§ 25 ParteienG); hervorzuheben sind hier die (verbotenen) **Durchlaufspenden von Berufsverbänden**. Parteispenden **von Körperschaften** sind **nicht** spendenabzugsfähig.

Politische Vereine sind dagegen **nicht** befreit. Hierbei handelt es sich um Vereine, die eine unmittelbare Einflussnahme auf die staatliche Willensbildung anstreben, in dem sie z. B. erhebliche Teile ihrer Mittel politischen Parteien zuführen.

Während die Parteien selbst steuerbefreit sind und Spenden an sie abzugsfähig sind, sind politische Vereine steuerpflichtig, Spenden an sie aber nicht abzugsfähig. Politische Vereine fallen auch nicht unter die Befreiung nach § 5 Abs. 1 Nr. 9 KStG.

Zwar ist nach § 52 Abs. 2 AO auch die allgemeine Förderung des demokratischen Staatswesens als gemeinnützig anerkannt. Bei politischen Vereinen handelt es sich jedoch um bestimmte Einzelinteressen.

Unter § 5 Abs. 1 Nr. 7 KStG fallen auch kommunale **Wählergemeinschaften** (so genannte **Rathausparteien**).

BEISPIELE

a) Z. B. CDU, CSU, SPD, FDP sind als Parteien i. S. d. § 2 ParteienG steuerbefreit.
b) Die Mittelstandsvereinigung der CDU ist kein politischer Verein, sondern eine in die Organisationsstruktur der Partei (CDU) eingebundene Teilorganisation, vgl. BFH vom 28.01.1988 DB 1989, 156, mithin Teil der Partei i. S. d. § 2 ParteienG und somit ebenfalls nach § 5 Abs. 1

Nr. 7 KStG befreit. Dies gilt für entsprechende Organisationen der anderen Parteien entsprechend. Zur Frage der selbständigen Körperschaftsteuerpflicht von regionalen Untergliederungen vgl. AEAO Tz. 2 zu § 51 Abs. 1.

Auch die politischen Parteien sind **steuerpflichtig** mit Einkünften aus einem **wirtschaftlichen Geschäftsbetrieb** i. S. v. § 14 AO (§ 5 Abs. 1 Nr. 7 Satz 2 KStG).

Hierbei gelten dieselben Grundsätze wie bei den Berufsverbänden. Vgl. 7.4.2.1 und 7.4.2.3.

8.3 Gemeinnützige, mildtätige und kirchliche Körperschaften (§ 5 Abs. 1 Nr. 9 KStG)

Nach § 5 Abs. 1 Nr. 9 KStG sind Körperschaften, die
a) nach Satzung und
b) nach tatsächlicher Geschäftsführung
c) ausschließlich und
d) unmittelbar
gemeinnützigen (§ 52 AO), mildtätigen (§ 53 AO) oder kirchlichen (§ 54 AO) Zwecken dienen, steuerbefreit.

Die Begriffsbestimmungen sind in der AO geregelt (§§ 51–68 AO).

Die Befreiung kann bei Vorliegen der Voraussetzungen von **allen** unter § 1 Abs. 1 KStG fallenden Körperschaften usw. in Anspruch genommen werden, also auch z. B. von Kapitalgesellschaften und Genossenschaften.

Wegen der weiteren Verwaltungsanweisungen zur Gemeinnützigkeit vgl. AEAO zu §§ 51–68 AO.

8.3.1 Voraussetzungen (Überblick)

Anmerkung: Eine Darstellung des speziellen Gemeinnützigkeitsrechts würde den Rahmen dieses Lehrbuchs sprengen. Hinweis auf Dötsch/Pung/Möhlenbrock, Die KSt, Kommentierung zu § 5 Abs. 1 Nr. 9 KStG.

ÜBERSICHT Steuerliche Auswirkungen der verschiedenen Tätigkeitsbereiche des gemeinnützigen Vereins

Ideeller Bereich	Vermögensverwaltung
• **Keine KSt und GewSt** • **Keine USt bei Mitgliedsbeiträge**n (bislang gilt Abschn. 1.4. UStAE = **Nichtsteuerbarkeit der Mitgliedsbeiträge**; entgegen EuGH vom 21.03.2002, UR 2002, 320). Dies ist für den Verein steuerlich von Vorteil, wenn er keine größeren Investitionen tätigt und pauschale Mitgliedsbeiträge erhebt (keine USt, kein Vorsteuerabzug).	• **Keine KSt und GewSt** • **USt i. d. R. steuerfrei**, wenn steuerpflichtig **7 %**

Ideeller Bereich	Vermögensverwaltung
• **Aber: »Wahlrecht« aufgrund Vereinsrechtsprechung** Sofern ein Verein größere Investitionen tätigt und steuerpflichtige Mitgliedsbeiträge erhebt, kann er unter Berufung auf das EuGH-Urteil vom 21.03.2002 und die BFH-Urteile vom 11.10.2007, V R 69/06, DB 2008, 40 und vom 03.04.2008, V R 74/07, DStR 2008, 1481 die Mitgliedsbeiträge der **USt (7%)** unterwerfen und ggfs. den **vollen Vorsteuerabzug (19%)** aus Investitionen vornehmen. Bei Sportvereinen greift jedoch die Steuerbefreiung nach § 4 Nr. 22 b USt (vgl. BMF-Schreiben vom 04.02.2019, npoR 2019, 138). Nach dem BFH-Urteil vom 21.04.2022, V R 48/20, besteht das »Wahlrecht« von Sportvereinen, sich entweder für eine Umsatzbesteuerung ihrer Leistungen mit der Möglichkeit des (höheren) Vorsteuerabzugs oder aber für die Steuerfreiheit ihrer Leistungen (ohne Vorsteuerabzug) zu entscheiden, nicht mehr.	Wirtschaftlicher Geschäftsbetrieb i. S. v. § 14 AO (**R 5.7 Abs. 4 KStR**)
§ 5 Abs. 1 Nr. 9 – Gemeinnützige Körperschaften usw.	Wirtschaftlicher Geschäftsbetrieb i. S. v. § 14 AO, soweit kein (steuerlich unschädlicher) Zweckbetrieb (**§§ 64–68 AO**)
Zweckbetriebe (§§ 65 bis 68 AO)	**Wirtschaftliche Geschäftsbetriebe (§ 64 AO)**
(z. B. sportliche und kulturelle Veranstaltungen)	(z. B. Vereinsfeste, Vereinsgaststätte und Werbung)
• **Keine KSt und GewSt** • Ein **Zweckbetrieb »sportliche Veranstaltungen«** liegt nach § 67a Abs. 1 AO vor, wenn die **Zweckbetriebsgrenze von 45 000 €** nicht überschritten ist. • **USt i. d. R. ermäßigter Steuersatz 7% (§ 12 Abs. 2 Nr. 8 Buchst. a Sätze 1 und 3 UStG)**	• **KSt und GewSt**, wenn die **Besteuerungsgrenze von 45 000 €** nach § 64 Abs. 3 AO überschritten wird **und** Überschuss hieraus den **Freibetrag von 5 000 €** übersteigt. • **Steuersatz bei der KSt: 15%** • **USt: Regelsteuersatz 19%** • Der Gewinn eines wirtschaftlichen Geschäftsbetriebs von nach § 5 Abs. 1 Nr. 9 KStG steuerbefreiten Körperschaften unterliegt nach § 44a Abs. 7 Satz 1 Nr. 1 EStG nicht der KapSt.
Aber: **Umsatzsteuerbefreiung »von Amts wegen«** nach § 4 Nr. 20 Buchst. a Satz 2 UStG, z. B. bei Musikvereinen, wenn dies von der zuständigen Landesbehörde bescheinigt wird (**es besteht kein Wahlrecht**, vgl. auch Urteil des BVerwG vom 04.05.2006, UR 2006, 517 und Abschn. 4.21.5 Abs. 2 UStAE).	

ÜBERSICHT Besteuerung der wirtschaftlichen Geschäftsbetriebe nach § 64 AO

Partielle Steuerpflicht bei wirtschaftlichen Geschäftsbetrieben (wG) wegen Überschreitens der Besteuerungsgrenze (§ 5 Abs. 1 Nr. 9 Satz 2 KStG i. V. m. § 64 Abs. 3 AO)?

Fall 1:

Bruttoumsatz aller wG übersteigt nicht die Besteuerungsgrenze von 45.000 €

↓

Überschuss wG unterliegt nicht der KSt und nicht der GewSt (egal, wie hoch dieser ist)

↓

USt-Regelsteuersatz (Ausnahme: Kleinunternehmerregelung nach § 19 UStG, Umsatzgrenze in Höhe von 22.000 €)

Fall 2:

Bruttoumsatz aller wG übersteigt die Besteuerungsgrenze von 45.000 €

↓

Überschuss wG übersteigt nicht den Freibetrag bei der KSt (§ 24 KStG) und bei der **GewSt** (§ 11 Abs. 1 Nr. 2 GewStG), in Höhe von **je 5.000 €**

↓

Überschuss wG unterliegt nicht der KSt und nicht der GewSt

↓

USt-Regelsteuersatz (Ausnahme: Kleinunternehmerregelung nach § 19 UStG)

Fall 3:

Bruttoumsatz aller wG übersteigt die Besteuerungsgrenze von 45.000 €

↓

Überschuss wG übersteigt den Freibetrag bei der KSt und GewSt in Höhe von je 5.000 €

↓

Überschuss wG unterliegt sowohl der KSt als auch der GewSt; USt-Regelsteuersatz

↓

Gestaltungsmaßnahmen zur Vermeidung der Steuerpflicht prüfen

↓

insbesondere Auslagerung von wirtschaftlichen Aktivitäten

BEISPIEL

Partielle Steuerpflicht bei wirtschaftlichen Geschäftsbetrieben

Bruttoumsatz aus wirtschaftlichen Geschäftsbetrieben in 2024:	35 000 €
Überschuss:	6 000 €

LÖSUNG

- Die Besteuerungsgrenze i. H. v. 45 000 € nach § 64 Abs. 3 AO ist **nicht** überschritten.
- Der Überschuss i. H. v. 6 000 € unterliegt **nicht** der KSt und der GewSt.

VARIANTE
Besteuerungsgrenze ist überschritten

	2024	**2025**
Umsätze wirtschaftliche Geschäftsbetriebe (Besteuerungsgrenze nach § 64 Abs. 3 AO überschritten)	50 000 €	53 000 €
Überschuss	5 000 €	8 000 €

LÖSUNG

• **Freibetrag KSt und GewSt**	./. **5 000 €**	./. **5 000 €**
• zvE	0 €	3 000 €
• KSt und GewSt (insgesamt ca. 30 %)	**0 €**	**900 €**

8.3.1.1 Begünstigte Zwecke

Begünstigt sind:

a) **Gemeinnützige Zwecke (§ 52 AO)**
Das erfordert Förderung der Allgemeinheit auf materiellem, geistigem oder sittlichem Gebiet (§ 52 Abs. 1 Satz 1 AO), z. B. Heil- und Pflegeanstalten; Turn- und Sportvereine; Theater, Museen u. v. m.
Keine Förderung der Allgemeinheit liegt vor, wenn der betroffene Personenkreis fest abgeschlossen ist oder wegen seiner Abgrenzung (z. B. nach beruflichen Merkmalen) nur sehr klein sein kann; vgl. im Einzelnen BFH vom 13.12.1978 BStBl II 1979, 482.
Keine Gemeinnützigkeit kann auch gegeben sein, wenn bei einem Verein der Allgemeinheit der Zugang durch eine Praxis hoher Aufnahmegebühren und/oder Mitgliedsbeiträge **faktisch** versperrt wird. Vgl. BFH vom 13.08.1997 BStBl II 1997, 794 und vom 13.11.1996 BStBl II 1998, 711. Für Sportvereine hat die FinVerw daher »Unschädlichkeitsgrenzen« festgelegt: Danach sind durchschnittliche Mitgliedsbeiträge und Umlagen von zusammen bis 1 023 € je Mitglied und Jahr sowie Aufnahmegebühren bis durchschnittlich 1 534 € unschädlich (AEAO zu § 52 AO 1.1 Allgemeines). **Zusätzlich** darf eine **Investitionsumlage von höchstens 5 113 € innerhalb von zehn Jahren je Mitglied erhoben werden** (AEAO zu § 52 AO 1.2 Investitionszulage).
§ 52 Abs. 2 AO enthält einen **abschließenden Katalog** gemeinnütziger Zwecke, aufgeführt ist auch die **allgemeine Förderung des demokratischen Staatswesens.** Hierbei handelt es sich um die »staatspolitischen« Zwecke, also um die Förderung der politischen Parteien, jedoch **nicht** der politischen Vereine sowie Wählergemeinschaften und »Rathausparteien«.

Wegen der Untergliederung der gemeinnützigen Zwecke im Hinblick auf ihre **Spendenabzugsfähigkeit** vgl. C 3.2.4.

b) **Mildtätige Zwecke (§ 53 AO)**
Unterstützung von Personen, die infolge ihres körperlichen, geistigen oder seelischen Zustands auf Hilfe anderer angewiesen sind oder wirtschaftlich hilfsbedürftig sind, z. B. bei Unterbringung im Waisenhaus.

c) **Kirchliche Zwecke (§ 54 AO)**
Diese liegen vor bei Förderung der Religionsgemeinschaften, die Körperschaften des öffentlichen Rechts sind, z. B. Priesterseminare.

8.3.1.2 Gemeinsame Voraussetzungen (§§ 55–63 AO)

Weitere allgemeine Voraussetzungen enthalten die §§ 55 bis 63 AO. Vgl. hierzu im Einzelnen AEAO zu §§ 55 bis 63 AO.

8.3.1.2.1 Selbstlosigkeit (§ 55 AO)

Selbstlosigkeit liegt vor, wenn

- durch die Tätigkeit nicht in erster Linie eigenwirtschaftliche Zwecke verfolgt werden (vgl. hierzu BFH vom 13.12.1978 BStBl II 1979, 482 und vom 26.04.1989 BStBl II 1989, 670), und
- die Mittel ausschließlich für satzungsmäßige Zwecke verwendet werden. Zu Begriff und Umfang der »Mittel« vgl. BFH vom 23.10.1991 BStBl II 1992, 62;
- eine zeitnahe Verwendung der Mittel erfolgt (vorbehaltlich § 62 AO).

Steuerbegünstigte Körperschaften müssen ihre Mittel spätestens in den auf den Zufluss folgenden zwei Kalenderjahren für die steuerbegünstigten satzungsmäßigen Zwecke verwenden (§ 55 Abs. 1 Nr. 5, § 62 Abs. 3 AO).

Untersagt sind auch

- überhöhte Vergütungen an Mitglieder, Gesellschafter, Angestellte,
- Beteiligung der Mitglieder/Gesellschafter an etwaigen stillen Reserven bei Ausscheiden oder Auflösung.

In § 55 Abs. 1 Nr. 1 AO ist ausdrücklich bestimmt, dass eine steuerbefreite Körperschaft weder unmittelbar noch mittelbar politische Parteien mit ihren Mitteln unterstützen oder fördern darf.

8.3.1.2.2 Ausschließlichkeit (§ 56 AO)

Diese Voraussetzung liegt vor, wenn die Körperschaft **ausschließlich** die steuerbegünstigten satzungsmäßigen Zwecke verfolgt. Vgl. hierzu BFH vom 23.11.1988 BStBl II 1989, 391 (392 unter 4.).

Ein nichtbegünstigter Zweck schließt die Steuerbefreiung der Körperschaft daher **insgesamt** aus. Dies gilt jedoch **nicht** bei

- wirtschaftlichen Geschäftsbetrieben gem. §§ 14 und 64 AO (partiell steuerpflichtig, soweit nicht Zweckbetrieb i. S. d. § 65 AO),
- unschädlichen Nebentätigkeiten i. S. d. § 58 AO (steuerfrei) und
- Vermögensverwaltung gem. § 14 Satz 3 AO (steuerfrei); vgl. BFH vom 23.10.1991 BStBl II 1992, 62, und AEAO Tz. 1 zu § 56.

8.3.1.2.3 Unmittelbarkeit (§ 57 AO)

Unmittelbarkeit bedeutet, dass die Körperschaft die steuerbegünstigten Zwecke selbst verwirklichen muss (auch durch Tätigwerden ihrer Mitglieder oder Angestellten und sonstigen Hilfspersonen).

Ausnahmen von diesem Grundsatz sind in § 57 Abs. 2 und § 58 Nr. 1 AO geregelt. Nach § 58 Nr. 1 AO wird die Steuerfreiheit von Fördervereinen ermöglicht, die selbst keine steuerbegünstigten Zwecke unmittelbar verwirklichen.

8.3.1.2.4 Steuerlich unschädliche Betätigungen (§ 58 AO)

In § 58 AO sind die verschiedenen Betätigungen aufgeführt, die nicht den Voraussetzungen »Ausschließlichkeit« und »Unmittelbarkeit« entgegenstehen.

Zeitnah zu verwendende Mittel durften in der Vergangenheit nicht zur Vermögensausstattung (sog. Endowment) weitergegeben werden. Mittlerweile können Überschüsse aus der Vermögensverwaltung, Gewinne aus wirtschaftlichen Geschäftsbetrieben und zusätzlich 15 % der sonstigen zeitnah zu verwendenden Mittel zur Vermögensausstattung (z. B. Gründung oder Kapitalausstattung von gemeinnützigen Tochter-Kapitalgesellschaften oder Stiftungen) weitergegeben werden (§ 58 Nr. 3 AO). Vgl. im Einzelnen AEAO zu § 58 Nr. 3 AO Nr. 3.

8.3.1.2.5 Übereinstimmung von Satzung und tatsächlicher Geschäftsführung (§§ 59–63 AO)

Diese Vorschriften dienen der Sicherung der Verfolgung der steuerbegünstigten Zwecke.

Die steuerbegünstigten Zwecke und die Art und Weise ihrer Realisierung müssen in der Satzung so genau festgelegt sein, dass das Vorliegen der satzungsmäßigen Voraussetzungen für die Steuerbefreiung geprüft werden kann (§ 60 Abs. 1 AO). Zu Vertrauensschutzregelungen bei fehlerhafter Satzung vgl. AEAO zu § 59 AO Nr. 4.

Weiterhin muss eine ausreichende **Vermögensbindung** gegeben sein (§ 61 AO).

Die **tatsächliche Geschäftsführung** der Körperschaft muss den satzungsmäßigen Bestimmungen über Art und Umfang der begünstigten Tätigkeit(en) entsprechen.

8.3.1.2.6 Rücklagen- und Vermögensbildung (§ 62 AO)

Die Regelungen zur Rücklagen- und Vermögensbildung sind in § 62 AO umfangreich dargestellt. Dabei ist auch eine sog. **Wiederbeschaffungsrücklage** möglich. Wird der jährliche Höchstbetrag der Mittel, die in die freie Rücklage hätten eingestellt werden können, in einem Jahr nicht ausgeschöpft, können Mittel in Höhe des nicht ausgeschöpften Betrages zusätzlich in den beiden Folgejahren in die freie Rücklage eingestellt werden. Zudem ist festgelegt, bis zu welchem Zeitpunkt Rücklagen gebildet werden können und aufzulösen sind. Vgl. i. E. AEAO zu § 62 AO.

8.3.1.2.7 Umfang der Steuervergünstigung (§§ 64–68 AO)

Gemäß § 64 AO gilt die Steuerfreiheit nach § 5 Abs. 1 Nr. 9 KStG insoweit **nicht**, als ein **wirtschaftlicher Geschäftsbetrieb** (§ 14 AO) unterhalten wird. Vgl. hierzu im Einzelnen 7.4. 2. 2.

Unschädlich ist jedoch ein sog. **Zweckbetrieb** (§ 65 AO); vgl. im Einzelnen 7.4. 2. 3. Siehe auch AEAO zu § 65 AO.

Z. B. sind nach **§ 68** Nr. 7 AO kulturelle Einrichtungen und Veranstaltungen einer steuerbegünstigten Körperschaft als Zweckbetrieb zu behandeln.

Zur Sicherung der Gemeinnützigkeit von Amateur-Sportvereinen, die auch Veranstaltungen mit bezahlten Sportlern durchführen, dient § 67a AO.

Sportveranstaltungen sind grundsätzlich als – **nicht stpfl.** – **Zweckbetrieb** zu behandeln, wenn die **Einnahmen** (einschl. USt) **45 000 € nicht übersteigen (Freigrenze** gem. § 67a Abs. 1 Satz 1 AO). Dies gilt **unabhängig** von der Teilnahme vereinseigener oder vereinsfremder **»bezahlter«** Sportler. Zur Vermeidung von Nachteilen besteht eine Optionsmöglichkeit nach § 67a Abs. 2 AO.

ÜBERSICHT Besteuerung sportlicher Veranstaltungen nach § 67a AO
Grundsatz: Einnahmen entscheidend

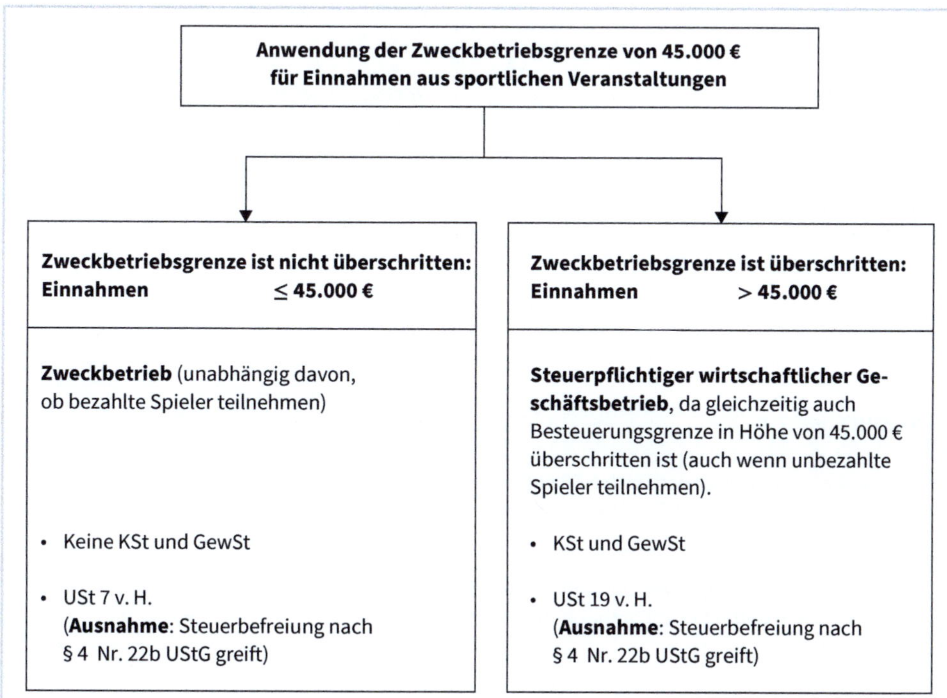

Ausnahme: Einstufung unbezahlter/bezahlter Spieler entscheidend

Verzicht auf Zweckbetriebsgrenze und Besteuerung nach § 67a Abs. 3 AO

Keine Teilnahme bezahlter Spieler

Zweckbetrieb
(unabhängig von der Höhe des Umsatzes, Gewinnes oder Verlustes).

Ein **Vereinssportler** ist **kein bezahlter Spieler** bei Zahlungen **bis zu 450 €** monatlich (vgl. AEAO Nr. 32 zu § 67a Abs. 3)

Teilnahme (mindestens eines) bezahlten Spielers

Wirtschaftlicher Geschäftsbetrieb
(die Einnahmen hieraus sind in die Besteuerungsgrenze einzubeziehen).

BEISPIEL

Sportliche Veranstaltungen nach § 67a AO
Ein Sportverein erzielt im VZ 2024 folgende Einnahmen:

Vereinsfeste	33000 €
sportliche Veranstaltungen mit bezahlten Sportlern	25000 €
sportliche Veranstaltungen mit unbezahlten Sportlern	20000 €

LÖSUNG

Fall 1: Anwendung der Zweckbetriebsgrenze nach § 67a Abs. 1 AO
Bei Anwendung der Zweckbetriebsgrenze nach § 67a Abs. 1 AO sind die sportlichen Veranstaltungen ein steuerbegünstigter Zweckbetrieb, da die Zweckbetriebsgrenze von 45000 € in 2024 nicht überschritten ist (Einnahmen: 25000 €+20000 €).

Der wirtschaftliche Geschäftsbetrieb »Vereinsfeste« führt im VZ 2024 ebenfalls nicht zur partiellen Körperschaftsteuer- und Gewerbesteuerpflicht, da durch den Umsatz von 33000 € die Besteuerungsgrenze nach § 64 Abs. 3 von 45000 € nicht überschritten wird.

Fall 2: Verzicht auf Zweckbetriebsgrenze
Im Fall der Option nach § 67a Abs. 2 und 3 AO (Verzicht auf Anwendung der Zweckbetriebsgrenze) müssen hingegen die Einnahmen aus sportlichen Veranstaltungen mit bezahlten Sportlern im VZ 2024 in die Besteuerungsgrenze einbezogen werden. Die Besteuerungsgrenze von 45000 € ist damit überschritten (33000 €+25000 €=58000 €), mit der Folge der partiellen Steuerpflicht der

wirtschaftlichen Geschäftsbetriebe »Vereinsfeste und sportliche Veranstaltungen mit bezahlten Sportlern«.

Allerdings ist insoweit ein steuerlicher und gemeinnützigkeitsunschädlicher Verlustausgleich möglich. Die Einnahmen und Überschüsse aus den sportlichen Veranstaltungen mit unbezahlten Sportlern bleiben jedoch weiterhin im steuerbegünstigten Zweckbetriebsbereich.

8.3.2 Verfahren

Ob die Voraussetzungen der Steuerbefreiung wegen Gemeinnützigkeit vorliegen bzw. ob partielle Steuerpflicht wegen wirtschaftlichen Geschäftsbetriebs gegeben ist, wird vom Finanzamt auf **Antrag** der Körperschaft durch Feststellung **oder** – falls noch keine Feststellung vorlag, von Amts wegen – auch ohne Antrag – im **Veranlagungsverfahren** entschieden (§ 60a Abs. 2 AO).

Sind die Voraussetzungen der Steuerbefreiung erfüllt, kann die Körperschaft **nicht** auf die Anwendung der Befreiungsvorschrift »verzichten« (keine »Options«-Möglichkeit).

8.3.2.1 Turnusmäßige Überprüfung

Ist eine Körperschaft in vollem Umfang steuerbefreit, entfällt aus Vereinfachungsgründen eine jährliche Veranlagung: Vielmehr wird anhand von Fragebogen lediglich eine turnusmäßige Überprüfung der Voraussetzungen im Abstand von einigen Jahren vorgenommen, i. d. R. alle drei Jahre. Vgl. AEAO zu § 59 AO Nr. 3.

8.3.2.2 Freistellungsbescheid und Bestätigungsverfahren bei Spenden (§ 60a AO)

Falls die Voraussetzungen der Steuerbefreiung erfüllt sind, wird ein Freistellungsbescheid erteilt. Diesen benötigt die Körperschaft zur Entgegennahme von Spenden.

Durch das sog. Wachstumschancengesetz (vom 27.03.2024, BGBl I Nr. 108) ist ein Zuwendungsempfängerregister gemäß § 60b AO gesetzlich verankert worden. In diesem Register speichert das BZSt insbesondere zu Zwecken des Sonderausgabenabzugs nach § 10b EStG und der Steuerermäßigung nach § 34 g EStG fortan automatisiert folgende Daten:

- Wirtschafts-Identifikationsnummer
- Name und Anschrift
- Steuerbegünstigte Zwecke nach den §§ 52 bis 54 AO
- Datum der Anerkennung als Partei i. S. d. § 2 PartG
- Datum der Anerkennung als Wählervereinigung
- Status als juristische Person des öffentlichen Rechts
- Zuständige Finanzbehörde
- Datum der Erteilung des letzten Freistellungsbescheides, der Anlage zum Körperschaftsteuerbescheid oder des Feststellungsbescheides nach § 60a AO
- Kontoverbindungen bei Banken/Kreditinstituten und Bezahldienstleistern

Die für die Besteuerung nach dem Einkommen zuständige Finanzbehörde übermittelt dem BZSt die vorstehenden Daten sowie unverzüglich jede Änderung dieser Daten. Überdies ist das BZSt befugt, die vorstehenden Daten zu offenbaren. Das Steuergeheimnis nach § 30 AO steht dem nicht entgegen.

Bei erstmalig begehrter Steuerbegünstigung nach positiver Überprüfung der Satzung erfolgt die Feststellung der satzungsmäßigen Voraussetzungen durch einen gesonderten Feststellungsbescheid nach § 60a AO.

8.3.2.3 Veranlagung

Soweit ein oder mehrere steuerpflichtige Geschäftsbetriebe bestehen, wird aufgrund jährlicher Steuererklärungen die Körperschaftsteuer veranlagt.

Der Freibetrag nach § 24 KStG ist zu beachten. Der Steuersatz beträgt 15% (§ 23 Abs. 1 KStG).

Zusammenfassendes Beispiel zur Körperschaftsteuer- und Gewerbesteuer-Veranlagung eines gemeinnützigen Vereins:

BEISPIEL

Ein gemeinnütziger Sportverein erzielt im VZ 2024 folgende Einnahmen und Ausgaben:

Ideeller Tätigkeitsbereich:

Beitragseinnahmen		44000 €
Spenden, staatliche Zuschüsse		30000 €
Steuerfreie Einnahmen insgesamt		74000 €
Ausgaben (z. B. für die Jugendmannschaften)		80000 €
Verlust aus dem ideellen Bereich	./.	**6000 €**

Wichtig: Der Verlust von 6000 € kann steuerlich **nicht** mit Gewinnen aus wirtschaftlichen Geschäftsbetrieben verrechnet werden, er kann aber gemeinnützigkeitsunschädlich mit sämtlichen Vereinsmitteln ausgeglichen werden.

Steuerfreie Vermögensverwaltung:

Zinseinnahmen und sonstige Kapitalerträge		18000 €
Ausgabe (Depotgebühren)	./.	1500 €
Überschuss	+	**16500 €**
Pachteinnahmen aus der Verpachtung von Räumlichkeiten und Grundstücken		24000 €
damit in Zusammenhang stehende Ausgaben (einschließlich AfA)	./.	28000 €
Verlust	./.	**4000 €**
Überschuss aus »einheitlicher« Vermögensverwaltung	+	**12500 €**

Hinweise:

- Abstandnahme von der Kapitalertragsteuer durch die Vorlage einer NV-Bescheinigung (Gültigkeitsdauer: drei Jahre) oder einer amtlich beglaubigten Kopie des zuletzt erteilten Freistellungsbescheids (Vordruck Gem 2, Gültigkeitsdauer: fünf Jahre). Vgl. BMF vom 19.05.2022, BStBl I 2022, 742 Rz. 295.
- Obwohl aus der Verpachtung der Grundstücke ein Verlust von ./. 4000 € angefallen ist, kommt hier die Regelung im AEAO Nr. 4 zu § 55 Abs. 1 Nr. 1 zum Ausgleich von Verlusten aus der Vermögensverwaltung nicht zur Anwendung. Denn insgesamt ist aus dem Bereich der steuerfreien Vermögensverwaltung kein Verlust, sondern ein Überschuss i. H. v. 12500 € erzielt worden. Maßgebend ist also das Ergebnis der »einheitlichen« Vermögensverwaltung.

Zweckbetrieb: sportliche Veranstaltungen nach § 67a Abs. 1 AO:

Bruttoeinnahmen (**Zweckbetriebsgrenze von 45 000 € nicht überschritten**)		44 000 €
Ausgaben (Spielgegner, Schiedsrichter, Werbeaufwand für die Sportveranstaltungen, Reisekosten, Trainerkosten, Sportmaterialien, Vorsteuer und an das Finanzamt gezahlte Umsatzsteuer)	./.	48 000 €
Verlust aus dem Zweckbetrieb	./.	**4 000 €**

Aber: Die Zweckbetriebsgrenze nach § 67a Abs. 1 AO i. H. v. 45 000 € ist anzuwenden. Sie wurde nicht überschritten. Damit liegt ein steuerbegünstigter Zweckbetrieb vor. Ein Überschuss wäre von der Körperschaftsteuer und Gewerbesteuer befreit.

Der eingetretene Verlust darf deshalb steuerlich nicht mit den Überschüssen aus wirtschaftlichen Geschäftsbetrieben verrechnet werden. Gemeinnützigkeitsrechtlich kann dieser Zweckbetriebsverlust aber mit sämtlichen Vereinsmitteln ausgeglichen werden.

Steuerpflichtige wirtschaftliche Geschäftsbetriebe:

a) **a) Gesellige Veranstaltungen**
(Weihnachtsfeier, Faschingsveranstaltungen, Sommerfest)

Einnahmen (einschl. Umsatzsteuer)		24 000 €
Ausgaben (Saalmiete, Künstler, Musik, Vorsteuer und an das Finanzamt gezahlte Umsatzsteuer usw.)	./.	18 000 €
Überschuss	+	**6 000 €**

b) Selbstbewirtschaftete Vereinsgaststätte

Einnahmen (einschl. Umsatzsteuer)		40 000 €
Ausgaben (Waren, Löhne, Heizung und Beleuchtung, Betriebssteuern, Reinigung, Miet- und Pachtzinsen, Schuldzinsen, AfA, anteilige Verwaltungskosten und sonstige Unkosten, Vorsteuer und an das Finanzamt gezahlte Umsatzsteuer)	./.	28 000 €
Überschuss	+	**12 000 €**
Bruttoeinnahmen		
aus geselligen Veranstaltungen		24 000 €
aus der selbstbewirtschafteten Vereinsgaststätte	+	40 000 €
Umsatz insgesamt:		**64 000 €**

Die Besteuerungsgrenze nach § 64 Abs. 3 AO i. H. v. 45 000 € ist hier bei Weitem überschritten. Die Überschüsse aus den steuerpflichtigen wirtschaftlichen Geschäftsbetrieben unterliegen daher im VZ 2024 der Körperschaftsteuer und Gewerbesteuer. Sowohl die **Körperschaftsteuer** (§ 10 Nr. 2 KStG) als auch die **Gewerbesteuer** ist **nicht als Betriebsausgabe abzugsfähig** (§ 4 Abs. 5b EStG).

Steuerliche Auswirkungen:

• **Körperschaftsteuer:**		
Überschuss aus geselligen Veranstaltungen		6000 €
Überschuss aus der selbstbewirtschafteten Vereinsgaststätte	+	12000 €
Gesamtüberschuss = Einkommen		18000 €
Freibetrag nach § 24 KStG	./.	**5000 €**
Zu versteuerndes Einkommen 2024		**13000 €**
Körperschaftsteuer im VZ 2024 15 % = (§ 23 Abs. 1 KStG)		**1950 €**
• **Solidaritätszuschlag 5,5 % von 1950 € =**		**107 €**
• **Gewerbesteuer:**		
Gewinn aus Gewerbebetrieb		
= Einkommen)		18000 €
Freibetrag nach § 11 Abs. 1 Satz 3 Nr. 2 GewStG	./.	**5000 €**
Gewerbeertrag		**13000 €**
Steuermessbetrag		
(3,5 % von 13000 €)		**455 €**
Hebesatz z. B. 400 %		
Gewerbesteuer im EZ 2024 =		**1820 €**

Teil C Einkommen

1 Grundlagen der Besteuerung

Der zweite Teil des KStG regelt in den §§ 7–22, was der Körperschaftsteuer unterliegt (**sachliche Steuerpflicht**).

Die Vorschriften über die Einkommensermittlung gliedern sich in allgemeine Vorschriften (Grundsätze), die in den §§ 7–13 KStG niedergelegt sind und Sondervorschriften für
- die Organschaft (§§ 14–19 KStG),
- Versicherungsunternehmen (§§ 20, 21, 21a KStG) und
- Genossenschaften (§ 22 KStG).

Die Grundlagen der Besteuerung sind in § 7 KStG geregelt. Die Vorschrift stellt die allgemeinen Grundsätze für die Besteuerung der zur Körperschaftsteuer zu veranlagenden Körperschaften auf.

1.1 Bemessungsgrundlage

Die Körperschaftsteuer bemisst sich – wie die Einkommensteuer – nach dem zu versteuernden Einkommen (§ 7 Abs. 1 KStG). Das zu versteuernde Einkommen ist nach § 7 Abs. 2 KStG das Einkommen i.S.d. § 8 Abs. 1 KStG, ggf. vermindert um die Freibeträge der §§ 24 und 25 KStG. Der Begriff des zu versteuernden Einkommens ist der Einkommensteuer entlehnt (§ 2 Abs. 5 EStG). Der Begriff hat jedoch bei der Körperschaftsteuer einen modifizierten Inhalt. So sind z.B. nur bei bestimmten Körperschaften die Freibeträge nach §§ 24, 25 KStG zu berücksichtigen.

Zur Einkommensermittlung vgl. 2.1.1 und das Ermittlungsschema in R 7.1 KStR.

1.2 Für die Besteuerung bedeutsame Zeiträume

1.2.1 Veranlagungszeitraum

Da die Körperschaftsteuer eine Jahressteuer ist, ist Veranlagungszeitraum das Kj. (§ 7 Abs. 3 Satz 1 KStG, § 31 Abs. 1 KStG, § 25 Abs. 1 EStG). Abweichend hiervon ist bei der Liquidationsbesteuerung Veranlagungszeitraum der handelsrechtliche Abwicklungszeitraum (§ 11 Abs. 1 Satz 1 KStG); vgl. 9.3.

1.2.2 Ermittlungszeitraum

Ermittlungszeitraum für das Einkommen ist bei nicht nach dem HGB zur Buchführung verpflichteten Körperschaften usw. das Kalenderjahr (§ 7 Abs. 3 Satz 2 KStG). Das sind insbesondere die unter § 1 Abs. 1 Nr. 4 und 5 KStG fallenden Rechtsgebilde. Diese können auch andere Einkünfte als aus Gewerbebetrieb (Umkehrschluss aus § 8 Abs. 2 KStG) erzielen. Vgl. 2.1.2.

BEISPIEL

Nicht steuerbefreite Vereine mit Einkünften aus Kapitalvermögen oder Vermietung und Verpachtung.

Alle Einkünfte der vorgenannten Körperschaften sind nach dem Kalenderjahr zu ermitteln. Der Zeitraum verkürzt sich, falls die unbeschränkte oder beschränkte Steuerpflicht nicht jeweils während des ganzen Kalenderjahres bestanden hat (§ 7 Abs. 3 Satz 3 KStG), z. B. bei Neugründung einer Körperschaft. Veranlagungszeitraum bleibt jedoch das Kalenderjahr.

BEISPIEL

Ein eingetragener Verein wurde mit Ablauf des 30.09.2023 vollbeendigt.

LÖSUNG

Veranlagungszeitraum: Kj. 2023 (§ 7 Abs. 3 Satz 1 KStG).

Ermittlungszeitraum: 01.01. bis 30.09.2023 (§ 7 Abs. 3 Satz 3 KStG).

Bei der Liquidation umfasst dagegen der Besteuerungszeitraum (Ermittlungszeitraum und Veranlagungszeitraum) grds. den gesamten Abwicklungszeitraum; vgl. § 11 Abs. 1 Satz 3 KStG und 6.3.

1.2.3 Wirtschaftsjahr

Bei nach dem HGB zur Buchführung verpflichteten Körperschaften usw. ist Ermittlungszeitraum das Wirtschaftsjahr (§ 7 Abs. 4 Satz 1 KStG).

1.2.3.1 Betroffener Personenkreis

Unter den betroffenen Personenkreis fallen nach § 238 Abs. 1 HGB insbesondere Kaufleute kraft Rechtsform (vgl. § 6 Abs. 1 i. V. m. § 2 HGB). Hierzu gehören beispielsweise:

- AG (§ 3 Abs. 1 AktG),
- GmbH (§ 13 Abs. 3 GmbHG), UG (haftungsbeschränkt),
- KGaA (§ 278 Abs. 3 i. V. m. § 3 AktG),
- Genossenschaft (§ 17 Abs. 2 GenG) und
- VVaG (§ 16 VAG).

Des Weiteren sind vom betroffenen Personenkreis Kaufleute, die ein Handelsgewerbe betreiben (§ 1 HGB), erfasst. Hierunter fallen zum Beispiel wirtschaftliche Vereine i. S. v. § 22 BGB (§ 1 Abs. 1 Nr. 4 KStG). Außerdem sind von der Regelung Kaufleute kraft Eintragung im Handelsregister (§ 2, § 3 Abs. 2, 5 HGB) erfasst. Ist die Firma bzw. Gesellschaft im Zeitpunkt der Veranlagung noch nicht eingetragen, kann das Ergebnis eines abweichenden Wirtschaftsjahres der Veranlagung nur zugrunde gelegt werden, wenn die Eintragung unverzüglich betrieben wird.

Nach der Löschung im Handelsregister kann ein abweichendes Wirtschaftsjahr nicht beibehalten werden. Die Frage nach der Kaufmannseigenschaft ist bedeutsam insbesondere für Verbände, Vereine und Stiftungen, die einen wirtschaftlichen Geschäftsbetrieb (§ 14 AO) unterhalten.

Fehlt die Eintragung und somit die Buchführungspflicht, ist § 7 Abs. 4 Satz 1 KStG auf sie nicht anwendbar, auch wenn sie freiwillig Bücher führen. Hiervon werden aber im Verwaltungswege gewisse Ausnahmen gemacht. Auf kleine Betriebe, Stiftungen, Verbände und Vereine, die einer juristischen Person des öffentlichen Rechts angeschlossen sind oder von ihr verwaltet werden, sowie auf technische Überwachungsvereine kann, soweit diese Betriebe gezwungen sind, ihre Abschlüsse abweichend vom Kalenderjahr aufzustellen, § 7 Abs. 4 KStG entsprechend angewendet werden (R 7.3 Abs. 1 KStR). Bei Körperschaften i. S. d. § 5 Abs. 1 Nr. 9 KStG (vgl. R 7.3 Abs. 2 KStR). Die Buchführungspflicht kann auch auf anderen Vorschriften (z. B. § 141 AO) beruhen.

1.2.3.2 Wahl des Abschlusszeitpunkts

Die Regelung des § 7 Abs. 4 KStG entspricht inhaltlich § 4a Abs. 1 Nr. 2 und Abs. 2 Nr. 2 EStG: Nach § 7 Abs. 4 Satz 1 KStG ist daher auch ein vom Kj. abweichendes Wj. möglich.

Bei der Gründung oder sonstigen Entstehung der buchführungspflichtigen Körperschaft kann diese den Abschlusszeitpunkt und damit den Verlauf des Wj. frei wählen. Diese Wahl des Wj. darf nicht mit einer Umstellung des Wj. verwechselt werden. Eine Umstellung liegt nur vor, wenn sie im Rahmen eines bestehenden Betriebes erfolgt. Die Wahl ist nicht fristgebunden.

BEISPIEL

Beginn der Steuerpflicht und Geschäftseröffnung bei einer GmbH am 01.07.2024. Die GmbH wählt ein Wj. vom 01.07. bis 30.06.

LÖSUNG Die Wahl dieses vom Kj. abweichenden Wj. ist zulässig (§ 7 Abs. 4 Satz 1 KStG). Sie bedarf nicht des Einvernehmens des Finanzamts.

Hat eine Körperschaft mehrere Betriebe, so ist jeder Betrieb im Hinblick auf § 7 Abs. 4 KStG gesondert zu behandeln, d. h. das Wj. muss nicht parallel verlaufen. Vgl. R 4a Abs. 1 EStR.

1.2.3.3 Umstellung des Wirtschaftsjahres

1.2.3.3.1 Allgemeines

Nach § 7 Abs. 4 Satz 3 KStG ist bei den nach dem HGB zur Buchführung verpflichteten Körperschaften auch eine **Umstellung** des Wj. zulässig. Die Umstellung erfolgt durch handelsrechtlichen Beschluss der Verlegung des Abschlusszeitpunkts.

Dieser Beschluss muss vor oder spätestens zehn Tage nach dem gewünschten neuen Abschlusstag liegen, da sonst die Buchführung mangels zeitnaher körperlicher Inventur nicht mehr ordnungsmäßig ist.

BEISPIEL

Das bisherige Wj. einer GmbH umfasste den Zeitraum vom 01.01. bis 30.09. Am 31.03.2024 wurde das Wj. durch Beschluss der Gesellschafterversammlung auf den Zeitraum vom 01.04. bis 31.03. umgestellt.

LÖSUNG Bei Vorliegen der weiteren Voraussetzung (Einvernehmen mit dem Finanzamt) ist die Umstellung zulässig.

1.2.3.3.2 Einvernehmen mit dem Finanzamt

Bei der Umstellung sind drei Fälle zu unterscheiden:

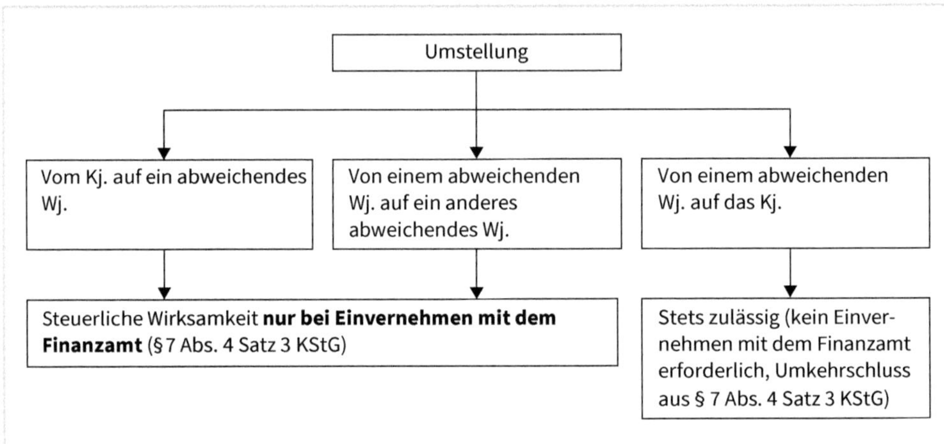

Die Umstellung des Abschlusszeitpunkts auf einen (bzw. einen anderen) vom Ende des Kalenderjahres abweichenden Abschlusszeitpunkt bedarf also stets des Einvernehmens mit dem Finanzamt.

1.2.3.3.3 Herbeiführung und Versagung des Einvernehmens

Herbeiführung bzw. Versagung des Einvernehmens der Umstellung des Wirtschaftsjahres können innerhalb und außerhalb des Veranlagungsverfahrens erfolgen.

1.2.3.3.4 Maßgebliche Umstellungsgründe

Die Zustimmung ist vom Finanzamt nur dann zu erteilen, wenn die Körperschaft gewichtige und in der Organisation des Betriebs gelegene Gründe für die Umstellung des Wj. anführen kann. Betriebsnotwendig braucht die Umstellung nicht zu sein. Es müssen aber wirtschaftlich einleuchtende bzw. ernsthafte betriebliche, d. h. betriebswirtschaftlich relevante Gründe vorgebracht werden können, damit willkürliche Umstellungen aus rein steuerlichen Gründen vermieden werden.

Die erstrebte Umstellung des Wj. muss eine für das Unternehmen auf Dauer nützliche Maßnahme sein und sich in ihrem Zweck nicht nur auf das Jahr der Umstellung selbst beschränken (vgl. BFH vom 09.01.1974 BStBl II 1974, 238).

Vgl. im Einzelnen R 4a EStR und H 4a (Rumpfwirtschaftsjahr) EStH.

1.2.3.3.5 Unmaßgebliche Gründe

Die Erlangung einer bloßen »Steuerpause« oder »anderer steuerlicher Vorteile« als jeweils einziges oder beherrschendes Umstellungsmotiv ist kein Zustimmungsgrund. In solchen Fällen muss das Finanzamt – ermessensfehlerfrei – die Zustimmung versagen (vgl. H 4a [Steuerpause/missbräuchliche Gestaltung] EStH; BFH vom 24.04.1980 BStBl II 1981, 50; vom 15.06.1983 BStBl II 1983, 672).

1.2.3.3.6 Rumpfwirtschaftsjahr

Ein Wj. umfasst grundsätzlich einen Zeitraum von zwölf Monaten (§ 8b Satz 1 EStDV). Es ist ausgeschlossen, dass es einen längeren Zeitraum umfasst (§ 240 Abs. 2 Satz 2 HGB, § 8b Satz 1 EStDV). Eine gesetzliche Ausnahme hiervon besteht lediglich im Falle der Liquidation. Vgl. 1.2.3.3.8 und 9.3.1.

Das Wj. kann einen kürzeren Zeitraum als ein Jahr umfassen bei

- Eröffnung (Erwerb) des Betriebs bzw. Beginn der Steuerpflicht (Neugründung der Körperschaft),
- Aufgabe (Veräußerung) des Betriebs bzw. Ende der Steuerpflicht;
- bei Kapitalgesellschaften, Genossenschaften und VVaG ist jedoch die Liquidationsbesteuerung (§ 11 KStG) zu beachten; vgl. 2.1.2 und 9.3.1.
- Umstellung des Wj. (§ 8b Nr. 2 EStDV i. V. m. § 8 Abs. 1 KStG),
- Wechsel zwischen unbeschränkter und beschränkter Steuerpflicht (str.).

BEISPIEL

Der Abschluss des Gesellschaftsvertrags zur Gründung der A-GmbH erfolgte am 01.01.2024, die Geschäftseröffnung aber bereits zum 01.09.2024. Wj. soll das Kj. sein.

LÖSUNG Im Wj. 24 entsteht im KSt-Bereich ein Rumpfwirtschaftsjahr vom 01.10.2024 –31.12.2024. Im VZ 2025 entspricht das Wj. dem Kj.

Eine »Eröffnung« liegt im KSt-Bereich noch nicht vor bei tatsächlicher Geschäftseröffnung, da erst die Entstehung der GmbH i. Gr. zum Beginn der persönlichen KSt-Pflicht führt und daher frühestens ab Abschluss des Gesellschaftsvertrags das Wj. der GmbH (i. Gr.) beginnen konnte.

Vom 01.09.2024 bis 30.09.2024 entstand allerdings ein weiteres Rumpfwirtschaftsjahr für die als Einzelunternehmen bzw. als Personengesellschaft (GbR) zu behandelnde Vorgründungsgesellschaft i. S. v. § 15 Abs. 1 Nr. 2 EStG.

Bei **Auflösung** einer Kapitalgesellschaft oder Genossenschaft im Laufe des Wj. kann ebenfalls ein Rumpfwirtschaftsjahr gebildet werden (vgl. R 11 Abs. 1 Satz 3 KStR), obwohl zum Auflösungszeitpunkt weder die persönliche Steuerpflicht endet noch der Gewerbebetrieb eingestellt wird. Das Rumpfwirtschaftsjahr reicht vom Schluss des vorangegangenen Wj. bis zum Auflösungszeitpunkt und ist nicht in die Liquidationsbesteuerung nach § 11 KStG einzubeziehen. Vgl. 9.3.1.

1.2.3.3.7 Liquidation

Eine gesetzliche Ausnahme von dem Grundsatz, dass ein Wj. nicht mehr als zwölf Monate umfassen darf, enthält die Vorschrift des § 11 Abs. 1 KStG. In diesem Fall ist Ermittlungszeitraum der gesamte Abwicklungszeitraum von der Auflösung bis zum Abschluss der Liquidation. Der Zeitraum soll jedoch drei Jahre nicht übersteigen (§ 11 Abs. 1 Satz 2 KStG). Vgl. dazu im Einzelnen 9.3.1.

1.2.3.3.8 Zuordnung des Gewinns/Verlustes

Nach § 7 Abs. 4 Satz 2 KStG wird der Gewinn/Verlust aus einem abweichenden Wj. dem Kj. zugeordnet, in dem das Wj. **endet.** Bei einer Umstellung eines abweichenden Wj. auf das Kj.

als Wj. werden regelmäßig die Ergebnisse zweier Wj. bei der Veranlagung des Umstellungsjahrs erfasst.

BEISPIEL

Die A-GmbH ermittelt den Gewinn zulässigerweise für das Wj. vom 01.04. bis 31.03. Am 15.03.2024 fasste die Gesellschafterversammlung den Beschluss, den Gewinn ab dem Jahre 2024 nach dem Kj. zu ermitteln. Sie hat folgende Gewinne ermittelt:

01.04.2023–31.03.2024		40 000 €
01.04.2023–31.12.2023	./.	5 000 €

LÖSUNG Die Umstellung bedurfte nicht des Einvernehmens mit dem Finanzamt (Umkehrschluss aus § 7 Abs. 4 Satz 3 KStG).

Durch die Umstellung entstand zulässigerweise das Rumpfwirtschaftsjahr 01.04.2023 bis 31.12.2023 (§ 8b Satz 2 Nr. 2 EStDV).

Bei der Veranlagung für den VZ 2023 sind anzusetzen (§ 7 Abs. 4 Satz 2 KStG):

Wj. 2023/2024		40 000 €
Rumpfwirtschaftsjahr 2023	./.	5 000 €
Einkünfte aus Gewerbebetrieb VZ 2023		35 000 €

1.3 Zurechnung des Einkommens

1.3.1 Grundsatz

Das Einkommen (bzw. zu versteuernde Einkommen) ist von demjenigen Steuerpflichtigen zu versteuern, der es erzielt hat. Obwohl in § 7 Abs. 1 KStG nicht vom (zu versteuernden) Einkommen des Steuerpflichtigen gesprochen wird, geht das KStG selbstverständlich von dem grundlegenden Gedanken des Einkommensteuer- und Körperschaftsteuerrechts aus, dass die körperschaftsteuerpflichtigen Rechtssubjekte selbständige Einkommensträger sind. Die subjektive Zurechnung des Einkommens richtet sich im Normalfall nach der zivilrechtlichen Lage. Das bedeutet, dass das gesamte zu versteuernde Einkommen originär von der Körperschaft usw. selbst zu versteuern ist.

1.3.2 Zurechnung bei wirtschaftlichem Eigentum/Treuhandverhältnissen

Einer die Einkommenszurechnung verlagernden Begründung eines vom Zivilrecht abweichenden wirtschaftlichen Eigentums i. S. v. § 39 Abs. 2 Nr. 1 AO sind enge Grenzen gesetzt. So kann zum Beispiel eine Kapitalgesellschaft ihr Gesellschaftsvermögen, soweit es zur Erhaltung des Nennkapitals erforderlich ist, nicht als Treuhänderin ihrer Gesellschafter (= Treugeber=wirtschaftliche Eigentümer i. S. v. § 39 Abs. 2 Nr. 1 AO) halten (vgl. BFH vom 29.01.1975 BStBl II 1975, 553). Das bedeutet, auch soweit die Kapitalgesellschaft lediglich als Treuhänderin bezeichnet wird, ist ihr das aus diesem Betriebsvermögen resultierende Einkommen selbst zuzurechnen und nicht unmittelbar ihren Gesellschaftern.

1.3.3 Insolvenz

Im Insolvenzfall bildet die Konkursmasse kein eigenes Steuersubjekt (insbesondere keine selbständige Vermögensmasse i.S.v. § 1 Abs. 1 Nr. 5 KStG). Vielmehr bleibt das bisherige Rechtssubjekt auch im Insolvenzfall Steuerpflichtiger (Einkommensträger); vgl. BFH vom 07.11.1963 BStBl III 1964, 70. Auch nach dem Beschluss der Auflösung einer Körperschaft bleibt das jeweilige Rechtssubjekt bestehen und kann noch eigenes Einkommen erzielen. Wegen des Endes der persönlichen Steuerpflicht vgl. B 6.2.1. Wegen der Liquidationsbesteuerung vgl. 9.

1.3.4 Betriebe gewerblicher Art (§ 1 Abs. 1 Nr. 6 KStG) und wirtschaftliche Geschäftsbetriebe (§ 14 AO)

Bei Betrieben gewerblicher Art i.S.v. § 1 Abs. 1 Nr. 6 KStG ist Steuerpflichtiger die Körperschaft des öffentlichen Rechts selbst hinsichtlich jedes einzelnen Betriebs, H 6 (Allgemeines) KStH. Die Körperschaft ist ggf. mehrfach nebeneinander mit dem jeweiligen Einkommen des einzelnen Betriebs zu veranlagen (**keine** Zusammenfassung – soweit die Betriebe selbst nicht zulässigerweise zusammengefasst sind) vgl. B 3.1.6.1. Das hat den Vorteil, dass auch der Freibetrag gemäß § 24 KStG für jeden einzelnen Betrieb zu berücksichtigen ist.

Bei wirtschaftlichen Geschäftsbetrieben (§ 14 AO) von nach § 5 Abs. 1 KStG steuerbefreiten Körperschaften ist die jeweilige Körperschaft Steuerpflichtiger. Dabei ist – im Gegensatz zu den Betrieben gewerblicher Art i.S.v. § 1 Abs. 1 Nr. 6 KStG – das Einkommen aller Geschäftsbetriebe zusammenzufassen, also nur eine Veranlagung durchzuführen. Vgl. **§ 64 Abs. 2 AO** und B 7.4.2.2.

2 Einkommensermittlung

2.1 Ableitung des Einkommensbegriffs aus dem Einkommensteuergesetz

2.1.1 Grundregel

Das KStG enthält lediglich eine ganz allgemein gehaltene Definition. Nach § 8 Abs. 1 KStG ist das Einkommen nach dem **EStG** und nach dem **KStG** (§§ 8–22 KStG) zu ermitteln.

Die Vorschriften des EStG sind anzuwenden, soweit sie nicht ausschließlich auf natürliche Personen zugeschnitten sind oder durch Sondervorschriften des KStG ersetzt sind.

Nicht anwendbar sind z.B. §§ 10 bis 10c EStG (Sonderausgaben) oder §§ 33 bis 33b EStG (außergewöhnliche Belastungen). Die Regelung des § 10b EStG (Spendenabzug) ist bei der Körperschaftsteuer ersetzt durch § 9 Abs. 1 Nr. 2 KStG. § 34 g EStG ist bei der Körperschaftsteuer nicht anwendbar.

2.1.2 Einkunftsarten

Eine Zusammenstellung der anwendbaren Vorschriften enthält R 8.1 KStR. Die Aufzählung hat keinen Gesetzesrang und bindet somit nur die Verwaltung. Die Finanzgerichte können somit die Vorschrift des § 8 Abs. 1 KStG im Einzelfall nach freier Überzeugung auslegen. So bestanden z. B. Auslegungsdiskrepanzen i. R. d. § 49 EStG bei der Körperschaftsteuer: Nach Ansicht des BFH können nach § 2 Nr. 1 KStG beschränkt steuerpflichtige Kapitalgesellschaften keine Einkünfte aus § 18 EStG erzielen (vgl. BFH vom 20.02.1974 BStBl II 1974, 511, ebenso BFH vom 01.12.1982 BStBl II 1983, 213 und BFH vom 20.06.1984 BStBl II 1984, 828). Vgl. B 4.2.3. Einkunftsarten

Alle Einkunftsarten – bis auf insbes. § 19 EStG und § 22 Nr. 4 und 5 EStG – sind denkbar. Nur bei Körperschaften i. S. d. § 1 Abs. 1 Nr. 1 bis 3 KStG sind alle Einkünfte als solche aus Gewerbebetrieb zu behandeln (**§ 8 Abs. 2 KStG**). Eine theoretische Ausnahme besteht bei Bezug von Einkünften aus § 19 EStG und § 22 Nr. 4 EStG durch eine Körperschaft usw. als Erbin. Zur Schenkung an eine GmbH als Zuwendungsempfänger, vgl. BFH vom 06.12.2016 BStBl II 2017, 324.

Zu welcher Einkunftsart Einkünfte im Einzelfall gehören, bestimmt sich tatbestandsmäßig nach den §§ 13 bis 24 EStG.

Andere steuerpflichtige Körperschaften (z. B. nicht gemeinnützige Vereine und Stiftungen):

- Ein Verein, der nicht unter die Steuerbefreiung nach § 5 Abs. 1 Nr. 9 KStG fällt (z. B. Skatclub, Feuerwehrkameradschaft, Geselligkeitsverein), kann grundsätzlich Bezieher sämtlicher Einkünfte i. S. d. § 2 Abs. 1 EStG sein (vgl. R 8.1 Abs. 2 KStR). Die Vorschrift des § 8 Abs. 2 KStG, wonach bei buchführungspflichtigen Körperschaften alle Einkünfte als Einkünfte aus Gewerbebetrieb zu behandeln sind, greift insoweit nicht. Auch die Unterscheidung in die vier verschiedenen Tätigkeitsbereiche bei den steuerbegünstigten Vereinen ist hier ohne Bedeutung. Im Übrigen wird für die Besteuerung zwischen rechtsfähigen und nicht rechtsfähigen Vereinen kein Unterschied gemacht.
- Erzielt z. B. ein steuerpflichtiger Verein im VZ 2024 Einkünfte aus Kapitalvermögen i. S. d. § 20 Abs. 1 Nr. 7 EStG, sind nach § 8 Abs. 10 KStG die Regelungen zur Abgeltungsteuer nicht anzuwenden. Damit können Verluste innerhalb dieser Einkunftsart uneingeschränkt verrechnet und tatsächliche Werbungskosten bei diesen Einkünften berücksichtigt werden.
- Mitgliederbeiträge, die aufgrund der Satzung von den Mitgliedern lediglich in ihrer Eigenschaft als Mitglied erhoben werden, bleiben auch bei nicht steuerbefreiten Vereinen aufgrund der sachlichen Steuerbefreiung in § 8 Abs. 5 KStG außer Ansatz (vgl. R 8.11 Abs. 2 KStR). Die damit im Zusammenhang stehenden Aufwendungen des Vereins (z. B. für ideelle Satzungszwecke) stellen jedoch nach § 10 Nr. 1 KStG i. V. m. § 3c Abs. 1 EStG nicht abziehbare Aufwendungen dar.
- Bei der Ermittlung des zu versteuernden Einkommens ist nach § 24 KStG ein Freibetrag i. H. v. 5 000 € zu berücksichtigen; der Steuersatz bei der Körperschaftsteuer beläuft sich auch für nicht gemeinnützige Vereine auf 15 % des zu versteuernden Einkommens.

Wegen der Sonderregelung für nach dem HGB zur Buchführung verpflichtete Körperschaften vgl. § 8 Abs. 2 KStG und 2. 1. 3. Wegen der Einkünfte bei beschränkter Steuerpflicht vgl. B 4.2.3.

2.1.3 Einkünfte bei nach dem Handelsgesetzbuch zur Buchführung verpflichteten Körperschaften

Eine Sonderregelung besteht für nach dem HGB buchführungspflichtige Körperschaften: hier sind alle Einkünfte i. S. d. EStG als Einkünfte aus Gewerbebetrieb zu behandeln (**§ 8 Abs. 2 KStG**).

Die Anwendung von § 8 Abs. 2 KStG ist auch auf andere Zuflüsse bzw. Aufwendungen als die unter § 2 Abs. 1 EStG fallenden einkommensteuerlichen Einkünfte vorzunehmen (vgl. BFH vom 08.07.1998, GmbHR 1998, 1134).

BEISPIEL

Eine GmbH betreibt - auf Veranlassung ihres beherrschenden Gesellschafters - ein Gestüt, das unstreitig nicht nach betriebswirtschaftlichen Grundsätzen geführt wird. Es entstehen ständig Verluste.

LÖSUNG Bei dem Gestüt handelt es sich anders als bei einer einkommensteuerlichen Liebhaberei, die keiner der sieben Einkunftsarten des EStG zugeordnet werden kann, körperschaftsteuerlich um eine Tätigkeit, die unter den Tatbestand der Einkunftsart § 15 EStG fällt. Einnahmen daraus sind Betriebseinnahmen, Aufwendungen sind BA. Es könnte jedoch eine **vGA** vorliegen. Diese wird nicht durch § 4 Abs. 5 (hier Nr. 4) EStG verhindert.

Danach ist bei Kapitalgesellschaften keine außerbetriebliche Sphäre außerhalb der Einkunftsarten vorhanden. Bei **beschränkter Steuerpflicht** gilt § 8 Abs. 2 KStG aufgrund der isolierenden Betrachtungsweise (§ 49 Abs. 2 EStG) **nicht;** vgl. B 4.2.3.1.1.

2.1.4 Zu- und Abflüsse außerhalb der Einkunftsarten

Auch bei der Körperschaftsteuer sind nur solche Zuflüsse und Abflüsse zu erfassen, die sich unter die Einkunftsarten § 2 Abs. 1 Nr. 1 bis 3, 5 bis 7 EStG einordnen lassen. Einmalige Vermögensanfälle wie beispielsweise Erbschaften (vgl. aber für den Betrieb einer Pflegeheim-GmbH bestimmte Erbschaft; sie unterliegt ungeachtet ihrer erbschaftsteuerrechtlichen Belastung der Körperschaftsteuer, BFH, Urteil vom 06.12.2016, I R 50/16, BStBl II 2017, 324), Schenkungen und Vermächtnisse lassen sich in der Regel nicht in einen kausalen Einkunftszusammenhang stellen. Bei buchführungspflichtigen Körperschaften liegen insoweit – trotz § 8 Abs. 2 KStG – grds. lediglich Einlagen vor (BFH vom 24.03.1993 BStBl II 1993, 799). Die Veräußerung von Wirtschaftsgütern, die nicht zum Betriebsvermögen gehören, fällt grunds. ebenfalls nicht unter eine der Einkunftsarten. Ausnahmen hiervon sind u. a. private Veräußerungsgeschäfte (§ 22 Nr. 2, § 23 EStG) oder die Veräußerung einer mindestens 1 %igen Beteiligung i. S. d. § 17 EStG.

BEISPIEL

Ein nicht steuerbefreiter Verein veräußerte durch notariellen Kaufvertrag vom 31.12.2024 mit Wirkung vom 01.01.2025 ein unbebautes Grundstück (kein Betriebsvermögen) für 150000 €. Der Erlös wurde am 31.12.2024 vereinnahmt. Das Grundstück war durch notariellen Kaufvertrag vom 30.12.2022 für 100000 € angeschafft worden. Außerdem trat der Verein dem Erwerber eine – voll realisierbare – Mietforderung von 1000 € gegen Zahlung des Nennbetrags ab.

LÖSUNG Die Veräußerung des Grundstücks führt zu einem Veräußerungsgeschäft i. S. d. § 23 Abs. 1 Nr. 1 EStG, da die Veräußerung innerhalb von zehn Jahren seit der Anschaffung erfolgte (Fristablauf 30.12.2022, 24.00 Uhr). Der Vorgang führt daher zu Einkünften aus § 23 EStG. Die entgeltliche Abtretung der Ertragsforderung führt bei dem Verein noch zu Einkünften aus Vermietung und Verpachtung (§ 21 Abs. 1 Nr. 4 EStG).

2.2 Verlustausgleich

Infolge der Geltung u. a. des § 2 Abs. 1 EStG ist auch bei der Körperschaftsteuer der Verlustausgleich möglich. Wie bei der ESt ist zu unterscheiden zwischen dem vorzunehmenden horizontalen Verlustausgleich, d. h. der Berücksichtigung von Verlusten bei der Einkunftsermittlung innerhalb derselben Einkunftsart und dem vertikalen Verlustausgleich i. S. d. § 2 Abs. 1 EStG, d. h. der Berücksichtigung bei der Bildung der Summe der Einkünfte.

Der vertikale Verlustausgleich hat dagegen bei buchführungspflichtigen Körperschaften (insbes. Kapitalgesellschaften) keine Bedeutung.

Den **Verlustausgleich** kann grundsätzlich nur die Körperschaft usw. **vornehmen**, die ihn in ihrer Person erlitten hat (vgl. R 10d Abs. 5 Satz 1 EStR). Eine Übertragung des Verlusts durch Rechtsgeschäft auf eine andere Körperschaft ist nicht möglich; ebenso grundsätzlich nicht im Wege der Gesamtrechtsnachfolge. Ist allerdings das Steuersubjekt selbst Gegenstand einer »Übertragung«, bekommt es also einen anderen Eigentümer, handelt es sich nicht um ein anderes, sondern immer noch dasselbe Steuersubjekt. Hier bleibt die Verlustverrechnung etwa im Rahmen des § 10d EStG bzw. § 10a GewStG zulässig, was sich gerade auch bei Kapitalgesellschaften zeigt. Werden die Anteile an einer GmbH ganz oder teilweise veräußert, bleibt der Verlustvortrag nach der Grundsystematik des Gesetzes bestehen, nur dass der Gesetzgeber mit § 8c KStG eine Ausnahmevorschrift (mit Rückausnahme nach § 8d KStG, sog. fortführungsgebundener Verlustvortrag) geschaffen hat, die dies gerade ausschließen soll. Wegen des Verlustausgleichs und -abzugs bei der Zinsschranke (§ 8a KStG), bei schädlichem Beteiligungserwerb (§ 8c, § 8d KStG) vgl. 5 und 6, bei Organschaft vgl. 13.4.2.2.

Kein Verlustausgleich ist möglich zwischen nicht zusammengefassten **Betrieben gewerblicher Art** einer juristischen Person des öffentlichen Rechts, da die Körperschaft Steuersubjekt hinsichtlich jedes einzelnen Betriebs ist. Eine Zusammenfassung ist insoweit nicht vorzunehmen (H 8.2 [Steuerrechtssubjekt i. S. d. § 1 Abs. 1 Nr. 6 KStG] KStH; vgl. B 3.1.6.1 ff.). Dagegen sind die Ergebnisse **sämtlicher** steuerpflichtiger wirtschaftlicher Geschäftsbetriebe einer im Übrigen nach § 5 Abs. 1 KStG steuerbefreiten Körperschaft zusammenzufassen; vgl. B 7.4.3.2 und § 64 Abs. 2 AO.

2.3 Einkunftsermittlung

Es gelten folgende Grundsätze:

Bei Überschusseinkünften (z.B. bei nicht steuerbefreiten Vereinen) ist der Überschuss der Einnahmen (§ 8 EStG) über die Werbungskosten (§ 9 EStG) anzusetzen. Ebenso ist bei den Einkünften aus Kapitalvermögen der Sparer-Pauschbetrag (§ 20 Abs. 9 EStG) von 1.000 € abzuziehen, nicht jedoch tatsächliche Werbungskosten.

Die Vorschriften über die Abgeltungsteuer für Kapitalerträge i. S. d. § 32d EStG gelten grds. **nicht** bei der KSt. In § 8 Abs. 10 KStG wird klargestellt, dass diese Einkünfte bei der Ermittlung des körperschaftsteuerlichen Einkommens **grds. einzubeziehen** und dabei die Regelungen zur Abgeltungsteuer nicht anzuwenden sind. Damit ist § 2 Abs. 5b EStG nicht anzuwenden. § 32d Abs. 2 Satz 1 Nr. 1 Satz 1 und Nr. 3 Satz 1 und Satz 3 bis 6 EStG sind aber entsprechend anzuwenden; in diesen Fällen ist § 20 Abs. 6 und 9 EStG nicht anzuwenden. D. h. tatsächliche Werbungskosten sind dann abzugsfähig, nicht aber der Sparer-Pauschbetrag.

Bei den Gewinneinkünften ist der **Gewinn** anzusetzen (§ 2 Abs. 2 Nr. 1, § 4 Abs. 1, § 4 Abs. 3, § 5, ggf. § 13a EStG). Bei den buchführungspflichtigen Körperschaften – also insbesondere GmbH, UG und AG – ist stets der Betriebsvermögensvergleich gemäß § 5 EStG durchzuführen.

BEISPIEL

Vergleichendes Beispiel zur Einkunftszuordnung und -ermittlung
Ein nicht nach § 5 Abs. 1 Nr. 9 KStG steuerbefreiter Verein (e. V.) erzielte im Kalenderjahr 2024 Zinsen für Kalenderjahr 2024 in Höhe von 18500 € aus einem Darlehen. Der Verein weist Aufwendungen in wirtschaftlichem Zusammenhang mit den Darlehenszinsen (Verwaltungskosten) von 50 € nach. Des Weiteren erzielt der Verein Mieteinnahmen aus der Vermietung eines bebauten Grundstücks im Inland in Höhe von 6000 €. Die zulässige AfA beträgt 4000 € (bis zum Zeitpunkt der Veräußerung, s. unten), Hausaufwendungen sind für das Kalenderjahr 2024 i. H. v. 8500 € entstanden. Hiervon hat der Verein 4000 € verspätet erst im März 2025 entrichtet.

Ende Dezember 2024 wurde das dem Verein seit 15 Jahren gehörende Grundstück gegen eine sofortige Barzahlung von 100000 € veräußert. Der noch nicht im Wege der AfA abgesetzte Restwert des Gebäudes betrug im Zeitpunkt der Veräußerung 60000 €. Die Anschaffungskosten des Grund und Bodens betrugen 10000 €.

LÖSUNG Der Einkommensbegriff ist aus dem Einkommensteuergesetz abzuleiten unter Berücksichtigung insbesondere der §§ 7, 8 KStG.

Der Verein kann Einkünfte aus allen Einkunftsarten erzielen (ausgenommen insbes. § 19 EStG).

a) **Einkünfte § 20 EStG**

Einnahmen § 20 Abs. 1 Nr. 7 EStG	18500 €
./. Sparer-Pauschbetrag (§ 20 Abs. 9 EStG)	./. 1.000 €
Einkünfte aus Kapitalvermögen	17500 €

Die Abgeltungsteuer von 25% nach § 32d Abs. 1 und 3 EStG gilt wegen des niedrigeren KSt-Satzes von 15% **grds. nicht** bei der KSt, auch soweit die Kapitalerträge unter § 20 EStG fallen. Es erfolgt somit regelmäßig Einbeziehung in die KSt-Veranlagung (§ 8 Abs. 10 KStG).

b) **Einkünfte aus § 21 EStG**

Einnahmen § 21 Abs. 1 Nr. 1 EStG		6000 €
./. Werbungskosten (§ 9 EStG)		
– Abzug der Aufwendungen (§ 9 Abs. 1 EStG) nur, soweit abgeflossen (§ 11 Abs. 2 Satz 1 EStG)	./.	4500 €
– AfA (§ 9 Abs. 1 Nr. 7 EStG)	./.	4000 €
Einkünfte aus Vermietung und Verpachtung	./.	2500 €

c) **Verlust aus Grundstücksveräußerung**
Die Veräußerung des Grundstücks führt nicht zu Einkünften, da sie auf der Vermögensebene liegt (kein Veräußerungsgeschäft i. S. d. § 23 Abs. 1 Nr. 1 EStG)

Summe, Gesamtbetrag der Einkünfte und Einkommen		15199 €
./. Freibetrag gem. § 24 KStG	./.	5000 €
zu versteuerndes Einkommen		10199 €

Abwandlung
Der Sachverhalt entspricht dem Beispiel, nur dass die – unveränderten – Angaben eine unbeschränkt steuerpflichtige GmbH betreffen sollen. (Der Buchwert des Grund und Bodens entspricht den Anschaffungskosten.)

LÖSUNG Da die GmbH als Formkaufmann nach den Vorschriften des HGB zur Führung von Büchern verpflichtet ist, sind bei ihr alle das Betriebsvermögen betreffenden Vermögensmehrungen und -minderungen als Einkünfte aus Gewerbebetrieb (§ 15 Abs. 1 Nr. 1 EStG) zu behandeln, **§ 8 Abs. 2 KStG**. Dazu gehört auch der Ertrag aus der Veräußerung des – zum Betriebsvermögen gehörenden – Grundstücks.

Die Gewinnermittlung muss nach §§ 4 Abs. 1, 5 EStG (Bestandsvergleich) erfolgen. Hierbei ist das Zu- und Abflussprinzip des § 11 EStG ohne Bedeutung.

Gewinnermittlung (als G+V-Rechnung) **2024**[1]

Betriebseinnahmen	
Zinserträge (§ 20 Abs. 8 EStG)	18500 €
Mieterträge (§ 21 Abs. 3 EStG)	6000 €
Veräußerungserlös Grundstück	100000 €
Betriebseinnahmen	**124500 €**
Betriebsausgaben (§ 4 Abs. 4 EStG)	
Verwaltungskosten (Darlehen)	50 €[2]
Grundstücksaufwendungen (ohne Rücksicht auf Verausgabungszeitpunkt)	8500 €
AfA Gebäude (bis zur Veräußerung)	4000 €
Restbuchwert Gebäude	60000 €
Buchwert Grund und Boden (= Anschaffungskosten)	10000 €
Betriebsausgaben	82550 €
Gewinn aus Gewerbebetrieb	
Gesamtbetrag der Einkünfte = Einkommen	**41950 €**

1 Kein Abzugsverbot als Betriebsausgaben für Aufwendungen i. Z. m. Kapitalerträgen (Umkehrschluss aus § 20 Abs. 9 Satz 1 EStG).

2 Kein Abzugsverbot als Betriebsausgaben für Aufwendungen i. Z. m. Kapitalerträgen (Umkehrschluss aus § 20 Abs. 9 Satz 1 EStG).

Handelt es sich um Einkünfte einer Körperschaft mit Gewinnermittlung durch Bestandsvergleich aus der Beteiligung an einer **vermögensverwaltenden Personengesellschaft,** bei der die Einkünfte als Überschuss der Einnahmen über die Werbungskosten (§ 2 Abs. 2 Nr. 2 EStG) zu ermitteln sind (keine gewerblich geprägte Personengesellschaft i.S.d. § 15 Abs. 3 Nr. 2 EStG), stellt sich das Problem der Umrechnung in einen nach Handels- und Steuerrecht zu ermittelnden Gewinnanteil. Vgl. hierzu im Einzelnen BMF vom 29.04.1994 BStBl I 1994, 282 (bestätigt: BMF vom 08.06.1999 BStBl I 1999, 592).

Nach der BFH-Rechtsprechung, vgl. BFH vom 11.04.2005 BStBl II 2005, 679, zu diesen sog. **Zebragesellschaften** ist den betrieblich beteiligten Gesellschaftern ein Anteil an den Einkünften aus Vermietung und Verpachtung oder Kapitalvermögen zuzurechnen und anschließend auf der Ebene des Gesellschafters in betriebliche Einkünfte umzuqualifizieren (vgl. BMF vom 29.04.1994 [a.a.O.], Rz. 2).

BEISPIEL

Nach BMF vom 29.04.1994 [a.a.O.], Rz. 11:

An der vermögensverwaltenden X-KG ist die Y-GmbH seit dem 01.01.2022 als Kommanditistin mit einer Einlage von 25000 € beteiligt. Der Anteil der Y-GmbH an den Verlusten der Jahre 2022–2024 beträgt ./. 5000 €, ./. 4000 € und ./. 3000 €. Im Jahr 2023 veräußert die X-KG außerhalb der zehnjährigen Veräußerungsfrist ein unbebautes Grundstück. Der Veräußerungsgewinn wird an die Gesellschafter ausgekehrt; auf die Y-GmbH entfallen 1500 € (im Verlustanteil 23 von ./. 4000 € enthalten). Zum 31.12.2024 veräußert die Y-GmbH ihre Beteiligung für 40000 €.

Die Y-GmbH hat die Verlustanteile 2022 und 2023 in den entsprechenden Jahren jeweils mit positiven Einkünften aus ihrer übrigen Tätigkeit ausgeglichen.

LÖSUNG Der Veräußerungsgewinn der GmbH aus der Beteiligung ist in 2024 zu versteuern; vgl. H 15.7 (1)[Einkunftsermittlung] EStH. Der Buchwert des »Beteiligungs«-Kontos der Y-GmbH im Zeitpunkt der Beteiligungsveräußerung ist wie folgt zu ermitteln:

Kapitaleinlage 2022	25000 €
Verlustanteil 2022	./. 5000 €
Verlustanteil 2023	./. 4000 €
Entnahme des Anteils am Veräußerungsgewinn 2023	./. 1500 €
Verlustanteil 2024	./. 3000 €
Buchwert Beteiligungskonto 31.12.2024	11500 €

Bei der Körperschaftsteuer-Veranlagung der Y-GmbH für das Jahr 2024 sind anzusetzen:

+ Veräußerungserlös (Beteiligung)	40000 €
./. Buchwert (Beteiligung)	./. 11500 €
Einkünfte aus Gewerbebetrieb 2024	25500 €

2.4 Steuerfreie Einnahmen nach dem EStG und anderen Gesetzen

2.4.1 Allgemeines

Bei der Körperschaftsteuer sind eine ganze Reihe sachlicher Steuerbefreiungen außerhalb des KStG zu beachten. Insbesondere sind bei der Ermittlung des zu versteuernden Einkommens § 3 EStG – unter Beachtung der Einzelaufzählung in R 8.1 Abs. 1 KStR, die Freibeträge für Veräußerungsgewinne nach Maßgabe von R 8.1 Abs. 2 und Abs. 3 KStR und die Steuerfreiheit der Investitionszulage gem. § 13 Satz 1 InvZulG zu beachten. Wegen weiterer Befreiungen außerhalb der Körperschaftsteuer vgl. R 5.18 KStR.

Mit steuerfreien Einnahmen im Zusammenhang stehende Ausgaben sind nach § 3c EStG auch bei der Körperschaftsteuer nicht (§ 3c Abs. 1 EStG) bzw. nur zu 60% (§ 3c Abs. 2 EStG) abziehbar (vgl. 2.5.1). Anwendbar sind auch die Freibeträge für Veräußerungsgewinne nach Maßgabe von R 8.1 Abs. 2 und 3 KStR; vgl. 2.4.2. Nach KStG sind Beteiligungserträge und Veräußerungsgewinne aus Anteilen an Kapitalgesellschaften im Ergebnis zu 95% stpfl. (§ 8b Abs. 1, 2, 3 und 5 KStG).

2.4.2 Freibeträge für Veräußerungsgewinne

Da es sich bei den Freibeträgen für Veräußerungsgewinne um sachliche Steuerbefreiungen handelt (R 8.1 Abs. 2 Satz 3 KStR), kommt eine Anwendung auch bei der Körperschaftsteuer mit den nachfolgenden Einschränkungen in Betracht. Der Freibetrag gemäß § 17 Abs. 3 EStG ist bei denjenigen Körperschaftsteuerpflichtigen anwendbar, die entsprechende Einkünfte aus § 17 EStG erzielen (können).

Hierbei ist zwischen nicht nach dem HGB buchführungspflichtigen Körperschaften (z. B. nicht steuerbefreiten Vereinen) und nach dem HGB buchführungspflichtigen Körperschaften (z. B. AG, GmbH, eG) zu unterscheiden, da Letztere nur Einkünfte aus Gewerbebetrieb haben können (§ 8 Abs. 2 KStG); vgl. R 8.1 Abs. 3 KStR. Der Freibetrag nach § 16 Abs. 4 EStG ist ausschließlich bei natürlichen Personen anwendbar, also nicht bei der KSt.

Veräußerungs-Freibetrag	Nach HGB buchführungspflichtige Körperschaften (R 8.1 Abs. 3 KStR)	Nicht buchführungspflichtige Körperschaften (R 8.1 Abs. 2 KStR)
• § 14 EStG • § 14a Abs. 1–3 und 5 EStG • § 17 Abs. 3 EStG • § 18 Abs. 3 EStG	für alle links aufgezählten §§ Anwendung generell ausgeschlossen (§ 8 Abs. 2 KStG)	• nicht anwendbar • nicht anwendbar • anwendbar • nicht anwendbar
• § 16 Abs. 4 EStG	nicht anwendbar	• nicht anwendbar

2.5 Nichtabziehbare Ausgaben nach dem EStG und anderen Gesetzen

Bei der Körperschaftsteuer sind unter anderem auch folgende Abzugsverbote zu beachten:

- § 3c Abs. 1 EStG: Abzugsverbot für Betriebsausgaben und Werbungskosten bei wirtschaftlichem Zusammenhang mit steuerfreien Einnahmen (vgl. 2.5.1);

- § 4 Abs. 5 und 7 EStG: nichtabziehbare Betriebsausgaben (z.B. Geschenke an Nicht-Arbeitnehmer mit Anschaffungskosten über 50 € – vgl. 2.5.2, Ausgleichszahlungen bei Organschaft);
- Geldbußen (§ 4 Abs. 5 Nr. 8 EStG und R 4.13 EStR; vgl. 2.5.3);
- Hinterziehungszinsen zu Betriebssteuern (§ 4 Abs. 5 Nr. 8 Buchst. a EStG; vgl. 2.5.4);
- Gewerbesteuer (für Zeiträume seit VZ 2008, § 4 Abs. 5 Buchst. b EStG);
- Parteispenden (§ 4 Abs. 6 EStG und § 9 Abs. 5 EStG; vgl. 3.2.4.4);
- Geldstrafen und ähnliche Rechtsnachteile (§ 10 Nr. 3 KStG, R 10.2 KStR; vgl. 3.6.1);
- für nichtabzugsfähige Zuwendungen an Pensions- und Unterstützungskassen (§§ 4c, 4d EStG);
- § 160 Satz 1 AO (Abzugsverbot für Betriebsausgaben und Werbungskosten bei Nichtbenennung des Empfängers).

Diese Ausgaben dürfen das Einkommen nicht mindern.

2.5.1 Abzugsverbot nach § 3c Abs. 1 EStG

Auch bei der Körperschaftsteuer dürfen Ausgaben, soweit sie mit steuerfreien Einnahmen in unmittelbarem wirtschaftlichem Zusammenhang stehen, grds. nicht als Betriebsausgaben oder Werbungskosten abgezogen werden (§ 3c Abs. 1 EStG, § 8 Abs. 1 und § 31 Abs. 1 KStG, R 8.1 Abs. 1 KStR). Unter dieses Abzugsverbot fallen daher z. B. Aufwendungen in unmittelbarem wirtschaftlichen Zusammenhang mit Einkünften, für die das Besteuerungsrecht der Bundesrepublik durch ein DBA entzogen ist.

BEISPIEL

Die GmbH hat den Erwerb einer Auslandsbetriebsstätte mit Darlehen finanziert. Das Besteuerungsrecht soll dem Betriebsstättenstaat zustehen (DBA). In der Handelsbilanz ist der Betriebsstättengewinn von 10 000 € enthalten. Handelsrechtlich zutreffend wurden dabei als Aufwand behandelt 12 500 € Schuldzinsen für ein Darlehen zur Finanzierung des Kaufpreises.

LÖSUNG Zur Ermittlung des steuerlichen Einkommens sind vom Jahresüberschuss 10 000 € abzuziehen (steuerfreie Einkünfte gemäß DBA).

Die für den Kredit aufgewendeten Schuldzinsen sind zwar begrifflich Betriebsausgaben (§ 4 Abs. 4 EStG), aber nach § 3c Abs. 1 EStG nicht abziehbar, also dem Einkommen hinzuzurechnen. Im Ergebnis bleibt der ausländische Gewinn von 10 000 € aufgrund der Abkommensbefreiung außer Ansatz.

Mit steuerfreien Einnahmen i. S. d. § 8b Abs. 1 KStG – unter Beachtung der Mindestbeteiligungsgrenze in § 8b Abs. 4 KStG i. H. v. 10 % – in Zusammenhang stehende Ausgaben werden bei der KSt nach § 8b Abs. 5 KStG i. H. v. 5 % als nicht abzugsfähige Ausgaben fingiert. Die tatsächlichen Aufwendungen i. d. Z. bleiben daher **in voller Höhe** abzugsfähig.

BEISPIEL

Bei einer GmbH liegen vor:

steuerfreie Beteiligungserträge (§ 8b Abs. 1 KStG)	Aufwendungen i. Z. m. den steuerfreien Erträgen	**nicht** abziehbare Aufwendungen (§ 8b Abs. 5 KStG)
d) 100 €	20 €	5 €
e) 100 €	110 €	5 €
f) – €	30 €	0 €

Die tatsächlichen Aufwendungen i. Z. m. den Dividenden bleiben mithin voll abziehbar. Dies gilt für inländische und ausländische Dividenden.

2.5.2 Nichtabziehbare Betriebsausgaben

Aus dem Katalog des § 4 Abs. 5 Satz 1 EStG sind bei der Körperschaftsteuer die Abzugsverbote für den Mehraufwand für die Verpflegung des Steuerpflichtigen gem. § 4 Abs. 5 Nr. 5 EStG sowie die Aufwendungen für Fahrten des Steuerpflichtigen zwischen Wohnung und Betrieb gem. § 4 Abs. 5 Nr. 6 EStG sowie die Aufwendungen für ein häusliches Arbeitszimmer bzw. Homeoffice gem. § 4 Abs. 5 Nr. 6 Buchst. b und c EStG nicht abzugsfähig.

Anwendung findet hingegen gem. R 8.1 Abs. 1 KStR die Abzugsverbote des § 4 Abs. 5 Satz 1 Nr. 1 bis 4, 7 bis 9 und Abs. 7 EStG. Der fehlende Verweis in R 8.1 Abs. 1 KStR auf die Vorschrift des § 4 Abs. 5 Satz 3 EStG ist durch die mangelnde Anwendbarkeit des § 12 EStG bei der Körperschaftsteuer bedingt. Dieser ist für Zwecke der Einkommensermittlung bei Körperschaften durch § 10 Nr. 2 und 3 KStG ersetzt.

In Abweichung zur Einkommensteuer gilt bei der Körperschaftsteuer der Grundsatz, dass auch Aufwendungen, die in unmittelbaren wirtschaftlichen Zusammenhang mit Tätigkeiten und Vorgängen außerhalb der Einkunftsarten des EStG stehen (»Liebhaberei«) grds. Betriebsausgaben bzw. Werbungskosten sind. Bei diesen Aufwendungen sind jedoch die Abzugsverbote des § 4 Abs. 5 Nr. 1 bis 4, 7 und 8 EStG sowie das Abzugsverbot für vGA (§ 8 Abs. 3 Satz 2 KStG) zu prüfen. Vgl. hierzu auch 2.1.3.

2.5.3 Geldbußen und ähnliche Rechtsnachteile

2.5.3.1 Vorbemerkung

Geldstrafen und Geldbußen sind auch bei der Körperschaftsteuer nichtabziehbare Aufwendungen. Das Abzugsverbot ergibt sich für

- **Geldbußen** und ähnliche Rechtsnachteile aus der Anwendbarkeit des § 4 Abs. 5 Nr. 8 EStG i. V. m. R 4.13 EStR (§ 8 Abs. 1 KStG i. V. m. R 8.1 Abs. 1 KStR).
- **Geldstrafen** und ähnliche Rechtsnachteile aus § 10 Nr. 3 KStG i. V. m. R 10.2 KStR.

Eine Parallelregelung zu § 10 Nr. 3 KStG enthält der § 12 Nr. 4 EStG. Ferner wird durch § 9 Abs. 5 EStG der Werbungskostenabzug von Geldbußen entsprechend ausgeschlossen.

Geldbußen u. ä. Sanktionen sind bei Körperschaften regelmäßig betrieblich veranlasst, jedoch greift das Abzugsverbot des § 4 Abs. 5 Nr. 8 EStG ein; vgl. R 4.13 EStR.

2.5.3.2 Ersatz von Geldbußen usw. an Arbeitnehmer und an Gesellschafter

Nicht unter das Abzugsverbot des § 4 Abs. 5 Nr. 8 EStG fällt der **Ersatz** von gegenüber **Arbeitnehmern** verhängten Geldbußen u.Ä. durch eine Körperschaft (Arbeitgeber), da hierin Arbeitslohn (Lohnaufwand) zu erblicken ist. Beim Arbeitnehmer ist die Geldbuße selbst nicht abziehbar nach § 4 Abs. 5 Nr. 8 i.V.m. § 9 Abs. 5 EStG.

Folgerichtig stellt ein Ersatz durch die Körperschaft an einen Gesellschafter, soweit kein Zusammenhang mit einem Dienstverhältnis besteht, eine **verdeckte Gewinnausschüttung** dar (keine Einkommensminderung nach § 8 Abs. 3 Satz 2 KStG). Beim Gesellschafter besteht wiederum Abzugsverbot.

2.5.3.3 Fallgruppen des Abzugsverbots

Die Punkte a) bis f) stellen die typischen Fallgruppen des Abzugsverbots dar.

a) Geldbußen, Abführung von Mehrerlösen (R 4.13 Abs. 2 und 3 EStR)

Zu den Geldbußen gehören alle Sanktionen, die gesetzlich als Geldbußen bezeichnet sind. In erster Linie sind dies die Geldbußen nach dem Ordnungswidrigkeitenrecht, die auch gegen juristische Personen und Personenvereinigungen möglich sind (§ 30 OWiG).

BEISPIELE

- Vom Kartellamt verhängte Geldbußen wegen verbotener Baupreisabsprachen oder anderer Verstöße gegen Wettbewerbsbeschränkungen,
- Geldbußen wegen Verstößen gegen Umweltbestimmungen und
- Geldbußen wegen Verstößen gegen außenwirtschaftliche Bestimmungen (z.B. Verkauf von Wertpapieren ins Ausland ohne Genehmigung).

Das Abzugsverbot gilt **nicht** für Nebenfolgen vermögensrechtlicher Art wie **Abführung des Mehrerlöses** oder die Einziehung von Gegenständen nach § 22 OWiG (im Gegensatz zur Einziehung nach § 74 StGB). Das Abzugsverbot greift in diesen Fällen nicht, da sonst bei der Bemessung der Geldbuße der aus der Tat gezogene Vorteil (§ 17 Abs. 4 OWiG) oder der durch die Tat erlangte Mehrerlös berücksichtigt wird (§ 4 Abs. 5 Nr. 8 Satz 4 EStG). Voraussetzung ist dabei, dass die Ertragsteuerbelastung bei der Bemessung des wirtschaftlichen Vorteils **nicht** berücksichtigt worden ist. Dies trifft regelmäßig bei Bußgeldbescheiden der EU zu.

BEISPIEL 1:

Gewinnabschöpfung brutto = Anwendung § 4 Abs. 5 Nr. 8 Satz 4 EStG

Eine Ordnungsbehörde setzt aufgrund einer Gesetzesüberschreibung für eine GmbH im VZ 2024 eine Geldbuße i.H.v. insgesamt 12 000 € fest, welche sich wie folgt zusammensetzt:

Buße (= Ahndungsteil)	2 000 €
Gewinnabschöpfung brutto	10 000 €
Geldbuße insgesamt	**12 000 €**
Nach § 4 Abs. 5 Nr. 8 Satz 4 EStG abzugsfähige Betriebsausgaben:	**10 000 €**
Nicht abzugsfähige Betriebsausgaben nach § 4 Abs. 5 Nr. 8 Satz 1 EStG:	**2 000 €**

BEISPIEL 2:

Gewinnabschöpfung netto=keine Anwendung § 4 Abs. 5 Nr. 8 Satz 4 EStG
Eine Ordnungsbehörde setzt aufgrund einer Gesetzesüberschreitung für eine GmbH im VZ 2024 eine Geldbuße i.H.v. 9100 € fest, welche sich wie folgt zusammensetzt:

Buße (= Ahndungsteil)	2000 €
Gewinnabschöpfung netto	7100 €
Geldbuße insgesamt	**9100 €**

Berechnung der Gewinnabschöpfung (netto):

Gewinn	10000 €
Ertragsteuern (KSt 10000 € × 15%=1500 €, GewSt 10000 € × 3,5%. × 400%=1400 €)	./. 2900 €
netto	7100 €
Abzugsfähige Betriebsausgaben:	**0 €**
Nicht abzugsfähige Betriebsausgaben nach § 4 Abs. 5 Nr. 8 Satz 1 EStG:	**9100 €**

b) Ordnungsgelder (R 4.13 Abs. 4 EStR)
Ordnungsgelder sind die so bezeichneten Unrechtsfolgen, die in den Verfahrensverordnungen ZPO, StPO, GVG oder in verfahrensrechtlichen Vorschriften anderer Gesetze vorgesehen sind. Bei diesen Ordnungsgeldern handelt es sich ihrer Funktion nach um den Geldbußen vergleichbare Rechtsnachteile z.B. Ordnungsgelder nach § 890 ZPO.

c) Verwarnungsgelder (R 4.13 Abs. 5 EStR)
Verwarnungsgelder sind vor allem die in § 56 OWiG so bezeichneten geldlichen Einbußen, die dem Betroffenen aus Anlass einer Ordnungswidrigkeit mit seinem Einverständnis auferlegt werden, z.B. gebührenpflichtige Verwarnungen.

d) Leistungen zur Erfüllung von Auflagen und Weisungen (R 4.13 Abs. 1 Satz 2 EStR)
Von der Absetzbarkeit ausgeschlossen sind auch Leistungen zur Erfüllung von Auflagen oder Weisungen. Gegenüber juristischen Personen (also z.B. gegenüber GmbH und AG) sind sie jedoch nach deutschem Strafrecht nicht zulässig (vgl. R 10.2 Satz 2 KStR).

e) Sanktionen der EU
Geldbußen, die von Organen der EU verhängt werden, werden ebenfalls vom Abzugsverbot erfasst. Denn ein Verstoß gegen EU-Recht soll steuerlich nicht günstiger als ein Verstoß gegen nationales Recht behandelt werden.

f) Ausländische Geldbußen
Entsprechend bisheriger Praxis schließt das Gesetz von einem ausländischen Staat verhängte ausländische Geldstrafen, nicht aber ausländische Geldbußen vom Abzug aus.

Im Ausland von einer Behörde oder einem Gericht festgesetzte Geldbußen, Ordnungsgelder und Verwarnungsgelder sind also als Betriebsausgaben abziehbar, wenn die zu ahndende Handlung im Zusammenhang mit einem Betrieb begangen worden ist.

2.5.3.4 Rückzahlung von Sanktionen

Die Rückzahlung von im Betrieb angefallenen Sanktionen darf nach § 4 Abs. 5 Nr. 8 letzter Satz EStG den Gewinn nicht erhöhen (im Unterschied zu den übrigen nichtabzugsfähigen BA des § 4 Abs. 5 EStG).

2.5.3.5 Kein Werbungskostenabzug

Aufgrund des § 9 Abs. 5 EStG gilt das für den Bereich der Betriebsausgaben vorgeschriebene Verbot des Abzugs von Geldbußen usw. entsprechend für den Bereich der Werbungskosten.

2.5.3.6 Verfahrenskosten

Verteidigungskosten und Gerichtskosten in Bußgeldverfahren sind weder »Geldbuße« noch bußgeldähnliche Rechtsfolge. Sie waren früher – wie bei Zusammenhang mit Strafverfahren – abzugsfähige BA oder WK, wenn das dem Verfahren zugrundeliegende Vergehen (Ordnungswidrigkeit) eindeutig dem Einkünftebereich zuzuordnen ist (vgl. BFH vom 19.02.1982 BStBl II 1982, 467). Es war mithin unerheblich, dass die Sanktion selbst unter das Abzugsverbot des § 4 Abs. 5 Nr. 8 EStG fällt (oder gar unter § 10 Nr. 3 KStG). Die Verfahrenskosten waren auch im Falle des Unterliegens der Körperschaft abzugsfähig. Durch eine Änderung des § 4 Abs. 5 Nr. 8 Satz 1 EStG durch das JStG 2019 sind Verfahrenskosten seit dem VZ 2019 nicht mehr abziehbar.

Wegen des Abzugsverbots für Geldstrafen und ähnliche Rechtsnachteile vgl. auch § 10 Nr. 3 KStG, R 10.2 KStR und 3.6.1.

2.5.4 Hinterziehungszinsen

Zu Betriebsteuern erhobene Hinterziehungszinsen sind nach § 4 Abs. 5 Nr. 8a EStG nicht abzugsfähige Betriebsausgaben (bestätigt durch BFH vom 07.12.1994 BStBl II 1994, 477). Das Abzugsverbot für Hinterziehungszinsen zu nicht abzugsfähigen Steuern (z. B. KSt) ergibt sich bereits aus § 10 Nr. 2 KStG.

2.5.5 Gewerbesteuer

Für Zeiträume seit VZ 2008 ist die GewSt nicht mehr als Betriebsausgabe abzugsfähig. Der gebuchte Aufwand ist daher bei der Einkommensermittlung hinzuzurechnen.

2.5.6 Abzugsverbot für hybride Konstellationen gemäß § 4k EStG

Mit den §§ 4k Abs. 1 bis 5 EStG soll der Abzug bestimmter inländischer Aufwendungen in Zusammenhang mit sog. hybriden Gestaltungen untersagt werden, wenn im Ergebnis eine Besteuerungsinkongruenz entsteht. § 4k EStG enthält damit die deutsche Umsetzungsnorm zu den Vorschriften über die Bekämpfung hybrider Gestaltungen gem. Art. 9 und 9b i. V. m. Art. 2 Abs. 9 der Richtlinie (EU) 2016/1164 zuletzt geändert durch die Richtlinie (EU) 2017/952, sog. ATAD-Richtlinie.

Unter hybriden Gestaltungen werden grenzüberschreitende Sachverhalte mit Finanzinstrumenten, Gesellschaftsformen oder Betriebsstättenstrukturen verstanden, die in den beteiligten Staaten unterschiedlich steuerlich behandelt werden und infolgedessen eine

Besteuerungsinkongruenz auslösen. Hinsichtlich Besteuerungsinkongruenzen können i. S. d. § 4k EStG drei Unterfälle unterschieden werden:

- **Deduction/Non-Inclusion-Inkongruenz** gem. §§ 4k Abs. 1 bis 3 EStG; bei dieser kommt es aufgrund eines Betriebsausgabenabzugs im Staat des Zahlungsschuldners (nachfolgend: Quellenstaat) bei gleichzeitiger steuerlicher Nichtberücksichtigung der Erträge im Staat des Zahlungsempfängers zu einer Besteuerungsinkongruenz (sog D/NI-Inkongruenz). Ursächlich für diese D/NI-Inkongruenz muss ein Qualifikations- oder Zurechnungskonflikt zwischen dem Quellenstaat Deutschland und dem Empfängerstaat sein. Als Ursache ist etwa die unterschiedliche steuerliche Behandlung entweder einer Finanzierung (§ 4k Abs. 1 EStG) oder einer Gesellschaftsform bzw. einer Betriebsstätte (§§ 4k Abs. 2 und 3 EStG).
- **Double Deduction-Inkongruenz** gem. § 4k Abs. 4 EStG dar. Bei dieser kommt es aufgrund eines Betriebsausgabenabzugs im Quellenstaat bei gleichzeitigem Betriebsausgabenabzug im Empfängerstaat zu einer Besteuerungsinkongruenz (sog. DD-Inkongruenz);
- **importierten Besteuerungsinkongruenzen** gem. § 4k Abs. 5 EStG; bei ihnen wird der Effekt einer Besteuerungsinkongruenz zwischen zwei Staaten ganz oder teilweise nach Deutschland verlagert.

Die Abzugsverbote des §§ 4k Abs. 1 bis 5 EStG sind nur einschlägig, wenn auch das allgemeine Tatbestandsmerkmal gem. § 4k Abs. 6 Satz 1 EStG erfüllt ist. Das allgemeine Tatbestandsmerkmal des § 4k Abs. 6 Satz 1 EStG ist erfüllt, wenn der Tatbestand der § 4k Abs. 1 bis 5 EStG entweder

- zwischen nahestehenden Personen i. S. d. § 1 Abs. 2 AStG bzw.
- zwischen einem Unternehmen und seiner Betriebsstätte verwirklicht wird oder wenn
- eine sog. strukturierte (hybride) Gestaltung i. S. d. § 4k Abs. 6 Satz 3 EStG vorliegt.

Das Bundesministerium für Finanzen hat am 13.07.2023 den Entwurf eines BMF-Schreibens zu § 4k EStG veröffentlicht (hierzu Link/Küpper, GmbHR 2023, 825). Insgesamt erweist sich die Regelung als sehr komplex; sie soll hier nicht im Einzelnen dargestellt werden; verwiesen sei stattdessen auf die Beiträge von Schrenk/Steiner/Ullmann, Erweiterung des materiellen Korrespondenzprinzips durch § 4k Abs. 1 EStG, DStZ 2021, 165; Baur/Schrenk/Ullmann, Formen der Steuerbelastung in § 4k EStG, Ubg 2022, 41; Schnitger/Haselmann, Die Anwendung des § 4k EStG und die erweiterten Mitwirkungspflichten, IStR 2022, 13; von Goldacker/Greif/Ullmann, Die Prüfung auf das Vorliegen einer importierten Besteuerungsinkongruenz nach § 4k Abs. 5 EStG, Ubg 2022, 189.

3 Besondere Vorschriften des KStG zur Einkommensermittlung

3.1 Allgemeines

Ein Grundsatz ist das Verbot der Einkommensminderung durch Gewinnverwendung (Gewinnverteilung). Daher dürfen offene wie verdeckte Gewinnausschüttungen das Einkommen nicht mindern (§ 8 Abs. 3 Sätze 1 und 2 KStG). Weiterhin ist ein tragender Grundsatz, dass Vorgänge auf gesellschaftsrechtlicher bzw. gesellschaftlicher Ebene das Einkommen nicht berühren dürfen.

Das gilt für gesellschaftsrechtliche Vermögensverminderungen, z.B. Kapitalherabsetzungen oder Gewinnausschüttungen genauso wie bei gesellschaftsrechtlichen Vermögensmehrungen, z.B. durch offene Einlagen der Gesellschafter oder verdeckte Einlagen (§ 8 Abs. 3 Satz 3 KStG).

3.2 Abziehbare Aufwendungen nach § 9 KStG

3.2.1 Überblick

Bei der Einkommensermittlung sind »auch« die nach § 9 KStG abziehbaren Aufwendungen (Beträge) abzuziehen. Die einzelnen Abzüge weisen einen unterschiedlichen Charakter auf.

§ 9 Abs. 1 Nr. 1 KStG trägt der **Doppelnatur** der KGaA Rechnung. Die auf den Komplementär (Mitunternehmer i.S.v. § 15 Abs. 1 Nr. 3 EStG) entfallenden Gewinnanteile werden, soweit sie nicht auf das Kommanditkapital entfallen, aus dem Körperschaftsteuer-Bereich ausgesondert und der Einkommensteuer zugeordnet, weil insoweit der Komplementär einer KGaA als unmittelbarer Einkommensträger (Rechtsgedanke des § 3 Abs. 1 KStG; § 15 Abs. 1 Nr. 3 EStG) angesehen wird. Damit handelt es sich bei § 9 Abs. 1 Nr. 1 KStG nicht um eine Regelung abziehbarer Ausgaben, sondern um eine Vorschrift zur Abgrenzung der Körperschaftsteuer von der Einkommensteuer, die der Vermeidung einer Doppelbelastung desselben Gewinns mit Körperschaftsteuer und Einkommensteuer dient (und damit vergleichbar mit § 3 KStG ist).

§ 9 Abs. 1 Nr. 2 KStG regelt die Abziehbarkeit von Ausgaben für steuerbegünstigte Zwecke, ersetzt damit die Vorschrift des § 10b EStG für den Bereich der Körperschaftsteuer. In **technischer Hinsicht** werden sämtliche Spenden, die den Gewinn bzw. die Einkünfte gemindert haben, zunächst hinzugerechnet. Anschließend werden die abziehbaren Spenden nach § 9 Abs. 1 Nr. 2 KStG abgezogen. Auch aus der amtlichen Begründung zu § 9 KStG geht hervor, dass die in § 9 Abs. 1 Nr. 2 KStG aufgeführten Spenden bei Körperschaften einen den Betriebsausgaben (oder Werbungskosten) vergleichbaren Charakter haben. Vgl. dazu im Einzelnen 3.2.4.1. Folgt man dieser Ansicht, ist § 9 Abs. 1 Nr. 2 KStG für den Bereich der Körperschaftsteuer als Einengung des Betriebsausgaben-/Werbungskostenabzugs zu verstehen. Diese Einstufung hat Bedeutung für den Verlustabzug (§ 10d EStG): Abziehbare Spenden erhöhen einen nach § 10d EStG abzugsfähigen Verlust (vgl. BFH vom 21.10.1981 BStBl II 1982, 177).

3.2.2 Kosten der Ausgabe von Gesellschaftsanteilen

Emissionskosten sind in voller Höhe abziehbare Betriebsausgaben, auch soweit ein Ausgabeaufgeld erhoben wird.

3.2.3 Gewinnanteile des Komplementärs einer KGaA

Wegen der Rechtsnatur der KGaA und der Wirkungen des § 9 Abs. 1 Nr. 1 KStG vgl. B 3.1.1.3.

Zu den bei der KGaA als abzugsfähige Ausgaben zu behandelnden Gewinnanteilen des Komplementärs gehören Geschäftsführervergütungen (Gehalt und sonstige Vergütungen,

z. B. Tantiemen), auf das Komplementärkapital entfallender Gewinn (einschließlich Vorwegverzinsung).

Da der Komplementär in jeder Beziehung wie ein Mitunternehmer behandelt wird (vgl. BFH vom 08.02.1984 BStBl II 1984, 381; BFH vom 23.10.1985 BStBl II 1986, 72 und BFH vom 21.06.1989 BStBl II 1989, 881), sind die Gewinnanteile nicht erst mit Zufluss bei ihm zu versteuern. Vielmehr ist der Gewinnanteil durch **Betriebsvermögensvergleich nach § 5 EStG** zu ermitteln (vgl. BFH vom 21.06.1989 [a a. O.]). Ob eine einheitliche und gesonderte Feststellung nach § 180 Abs. 1 Nr. 2 Buchst. a AO stattfinden muss, hat der BFH in dem vorgenannten Urteil vom 21.06.1989 offengelassen. **Das FG Köln hat mit Urteil vom 04.05.2022 – 12 K 1274/18 (EFG 2023, 84) entschieden, dass die Einkünfte der Komplementäre einer Kommanditgesellschaft auf Aktien (KGaA) nicht einheitlich und gesondert festzustellen sind (Rev. Anhängig unter I R 24/22. Nicht** abziehbar sind die Dividenden des Komplementärs auf von ihm gehaltenes Grundkapital (§ 8 Abs. 3 KStG). Insoweit liegen bei ihm als Anteilseigner der Kapitalgesellschaft Einnahmen i. S v. § 20 Abs. 1 Nr. 1 EStG vor, die der Abgeltungsteuer unterliegen bzw. nach dem Teileinkünfteverfahren besteuert werden (§ 3 Nr. 40 Buchst. d EStG).

BEISPIEL

X ist Komplementär der X-KGaA mit einem Komplementär-Kapital von 100 000 €. Außerdem ist er – neben den Kommanditaktionären – gleichzeitig am Grundkapital von 400 000 € mit 10 % beteiligt. Sein Geschäftsführergehalt bei der KGaA im VZ 2024 beträgt 120 000 € (angemessen). Sein Komplementärkapital wurde in 2024 mit 9 % (angemessen) verzinst, d. h. mit 9 000 €. Vom Restgewinn (nach Abzug des Gehalts und der Verzinsung) erhielt X auf sein Komplementärkapital eine 20 %ige Gewinnbeteiligung i. H. v. 50 000 €. Die KGaA schüttete in 2024 für 2023 eine 8 %ige Dividende auf das Grundkapital von 400 000 € aus.

LÖSUNG Die auf die Beteiligung des X als Komplementär entfallenden Einkommensteile der KGaA sind nicht von der KGaA, sondern unmittelbar von X als gewerbliche Einkünfte gemäß § 15 Abs. 1 Nr. 3 EStG zu versteuern, da dieser insoweit als Komplementär unmittelbarer Einkommensträger ist.

Nach § 9 Abs. 1 Nr. 1 KStG abzugsfähige Aufwendungen bei der KGaA sind:

Gehalt	120 000 €
Verzinsung des Komplementärkapitals	9 000 €
Gewinnanteil auf Komplementärkapital	50 000 €
	179 000 €

Soweit diese Beträge handelsrechtlich als Aufwand gebucht wurden, ist das Einkommen der KGaA nicht besonders nach § 9 Abs. 1 Nr. 1 KStG zu kürzen.

Die auf X entfallende Dividende von 8 % von 40 000 € = 3 200 € ist dagegen nicht nach § 9 Abs. 1 Nr. 1 KStG abzugsfähig, da es sich um eine nach § 8 Abs. 3 KStG nichtabziehbare Einkommensverteilung handelt, die von X bei Zufluss zu versteuern ist.

Es gilt grds. die Abgeltungsteuer (§ 32d Abs. 1 EStG) von 25 % von 3 200 € = 800 €.

Auf Antrag nach § 32d Abs. 2 Nr. 3 b EStG wird hier die Dividende nach dem Teileinkünfteverfahren (§ 3 Nr. 40 EStG) tariflich besteuert.

3.2.4 Ausgaben für steuerbegünstigte Zwecke (§ 9 Abs. 1 Nr. 2 KStG)

3.2.4.1 Allgemeines

Im Bereich der Körperschaftsteuer ist der Spendenabzug durch § 9 Abs. 1 Nr. 2 KStG geregelt. Diese Vorschrift ersetzt hier den § 10b EStG. Die Regelung des § 9 Abs. 1 Nr. 2 KStG ist eine **besondere Einkunftsermittlungsvorschrift.** Anders als bei der Einkommensteuer ist der Spendenabzug bei Körperschaften **nicht** der Sphäre außerhalb der Einkunftsermittlung zuzuordnen. Der Spendenabzug erfolgt gemäß nachfolgender Abbildung:

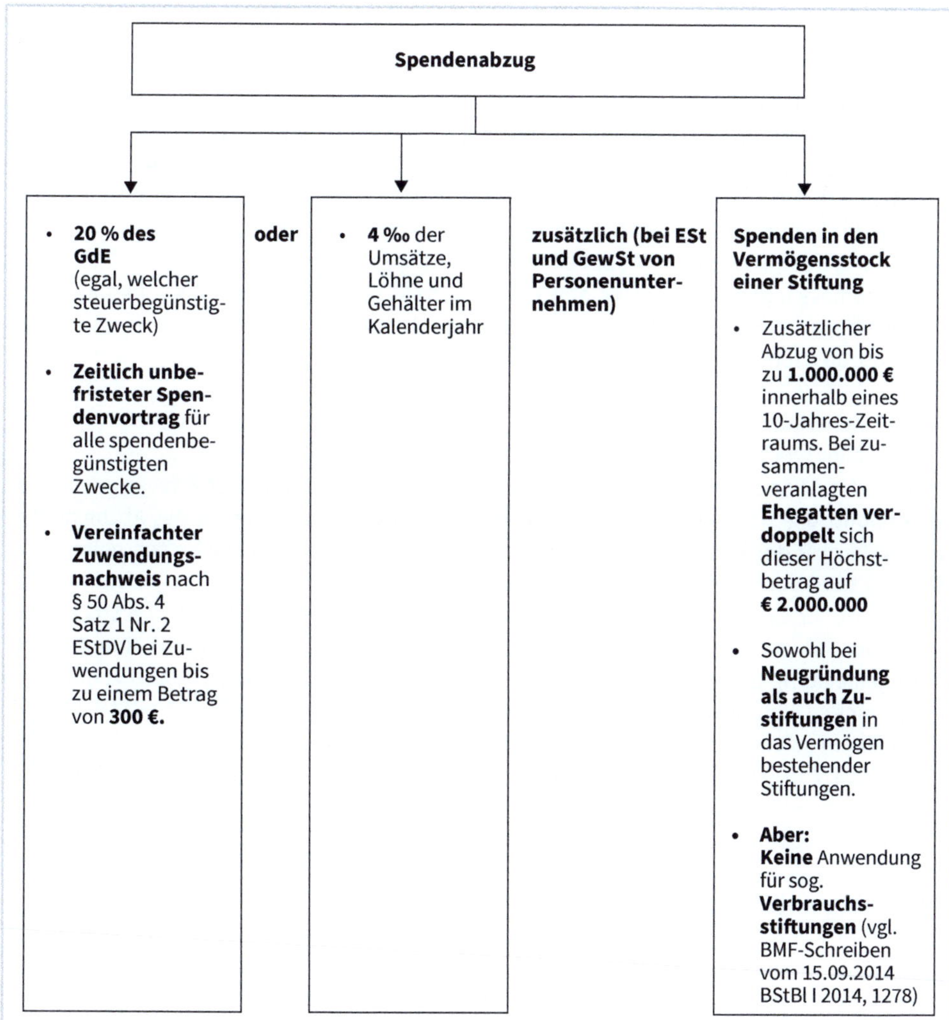

Soweit die Regelung des § 9 Abs. 1 Nr. 2 KStG dem § 10b EStG entspricht, gelten gemäß § 8 Abs. 1 KStG und R 8.1 Abs. 1 Nr. 2 KStR die Vorschriften § 50 EStDV, R 10b EStR, H 10b EStH auch bei der Körperschaftsteuer (R 9 Abs. 1 KStR). Der Kreis der begünstigten Empfänger entspricht dem bei der Einkommensteuer (vgl. § 9 Abs. 1 Sätze 2 – 7 KStG; § 10b Abs. 1

Sätze 2 – 7 EStG). Ausgenommen sind lediglich bestimmte in § 9 Abs. 1 Nr. 2 Satz 8 KStG genannte Mitgliedsbeiträge, z. B. zur Förderung des Sports. Der Spendenabzug gilt auch bei **beschränkter Steuerpflicht** i. S. v. § 2 Nr. 1 KStG (§ 50 Abs. 1 Satz 3 EStG).

3.2.4.2 Begünstigte Zwecke

Nach § 9 Abs. 1 Nr. 2 Satz 1 KStG sind (wie bei der ESt) Ausgaben für **grds. alle** gemeinnützigen Zwecke i. S. d. §§ 52 bis 54 AO begünstigt.

Zuwendungen an politische Parteien i. S. d. § 2 des Parteiengesetzes sowie Zuwendungen an unabhängige Wählergemeinschaften sind nicht abzugsfähig.

3.2.4.3 Spendenhöchstbeträge

Für den Spendenhöchstbetrag gelten wahlweise die folgenden **zwei alternativen Grenzen:**

- einheitlicher Höchstbetrag für gemeinnützige Zwecke: 20 % des Einkommens **oder alternativ**
- 4 ‰ der Summe der gesamten Umsätze und der Löhne und Gehälter des Kj. (vgl. BFH vom 04.12.1996 BStBl II 1997, 327).
- Zur Bemessungsgrundlage für den Höchstbetrag ist zu beachten: Als Einkommen im Sinne dieser Vorschrift gilt das Einkommen vor Abzug sämtlicher Spenden und vor Verlustabzug nach § 10d EStG (§ 9 Abs. 2 Satz 1 KStG).

3.2.4.4 Kein Abzug von Spenden an politische Parteien als Betriebsausgaben oder Werbungskosten

Nach § 4 Abs. 6 EStG sind Aufwendungen zur Förderung staatspolitischer Zwecke, also Spenden an politische Parteien, auch **keine abziehbaren BA**. Ein entsprechendes Abzugsverbot für den Bereich der Werbungskosten enthält § 9 Abs. 5 EStG. Die Vorschriften gelten über § 8 Abs. 1 KStG auch für die Körperschaftsteuer. Zu prüfen ist jedoch, ob die Aufwendungen ohne oder in Erwartung einer konkreten Ermittlung der nach § 9 Abs. 1 Nr. 2 KStG abziehbaren Spenden getätigt worden sind. Ist die Spende in Zusammenhang mit einer konkreten Gegenleistung getätigt worden, liegt terminologisch bereits keine Spende vor, da eine Spende einen Leistungsaustausch grds. ausschließt, vgl. BFH vom 01.04.1960 BStBl III 1960, 231. In einem solchen Fall wären getätigte Aufwendungen uneingeschränkt als BA gem. § 4 Abs. 4 EStG i. V. m. § 8 Abs. 1 KStG abziehbar, vgl. auch BFH vom 04.03.1986 BStBl II 1986, 373.

3.2.4.4.1 Ermittlungszeitraum für Spenden

a) Maßgeblichkeit der Aufwendungen im Wirtschaftsjahr

Nach R 9 Abs. 3 KStR kommt es auf die im – ggf. vom Kj. abweichenden – Wj. geleisteten Spenden an. Auf das Wj. abzustellen, wäre zumindest nicht zwingend gewesen. Die Anweisung erscheint unsystematisch, da es im Falle des Betriebsvermögensvergleichs **nicht** auf den Abfluss der Ausgaben (§ 11 Abs. 2 EStG) ankommt.

BEISPIEL

Ermittlung der abzugsfähigen Spenden nach dem Wj.
Eine GmbH hat ein Wj. jeweils vom 01.10. bis 30.09.

Sie spendet im Zeitraum:

• 01.10.2023 bis 31.12.2023	500 €
• 01.01.2024 bis 30.09.2024	1200 €
• 01.10.2024 bis 31.12.2024	2700 €

LÖSUNG Bei der Körperschaftsteuerveranlagung für 19 sind (im Rahmen der Höchstbeträge) 500 € + 1200 € = 1700 € Spenden zu berücksichtigen.

Entgegen dem Gesetzeswortlaut des § 9 Abs. 1 Nr. 2 KStG sind die abziehbaren Spenden nach der Anweisung des R 9 Abs. 3 KStR nach dem – hier abweichenden – Wj. zu ermitteln, **nicht** nach dem Kj.

b) Maßgeblichkeit des Einkommens des VZ oder der Summe der Umsätze sowie der Löhne und Gehälter des Kj.
Für die Berechnung des Höchstbetrags der abziehbaren Spenden ist auf das maßgebliche Einkommen des VZ bzw. die Summe der Umsätze, Löhne und Gehälter des Kj. abzustellen (im Unterschied zur Ermittlung der Ausgaben!); R 9 Abs. 4 KStR.

3.2.4.4.2 Maßgebliches Einkommen

Als Einkommen im Sinne dieser Vorschrift gilt das Einkommen vor Abzug sämtlicher Spenden und vor Abzug des Verlustabzugs (§ 10d EStG).

BEISPIEL zur Berechnung der Höhe der abzugsfähigen Spenden

Eine GmbH leistet im Wirtschaftsjahr (= Kalenderjahr) 2024 folgende Spenden:

für sportliche Zwecke	6000 €
für wissenschaftliche Zwecke	14000 €
an politische Parteien	10000 €
insgesamt	30000 €

Ordnungsgemäße Spendenbescheinigungen liegen vor.

Das körperschaftsteuerliche Einkommen der GmbH beträgt nach Abzug sämtlicher – als Betriebsausgaben behandelter – Spenden 70000 €. Die Summe der Umsätze und Löhne und Gehälter in 2024 beträgt 3000000 €.

LÖSUNG

Berechnung der abzugsfähigen Spenden:

Einkommen i.S.d. § 9 Abs. 1 Satz 1 Nr. 2 KStG (geregelt in § 9 Abs. 2 Satz 1 KStG)	70000 €
+ als Betriebsausgaben abgezogene Spenden	20000 €
+ nicht als Betriebsausgabe abziehbare Parteispende	10000 €
maßgebliches Einkommen	**100000 €**

Höchstbetrag 1. Alternative:

Spenden für sportliche und wissenschaftliche Zwecke	20 000 €	
Höchstbetrag (20 % von 100 000 € =)	./. 20 000 €	
abzugsfähig nach der 1. Alternative	0 €	**20 000 €**

Höchstbetrag 2. Alternative:

4 ‰ von 3 000 000 € (d. h. von der Summe der Umsätze + Löhne + Gehälter) =	**12 000 €**

Abzugsfähig ist also der höhere Betrag nach der 1. Alternative.

Einkommensermittlung:

eingangs ermittelter Ausgangsbetrag	100 000 €
Spenden für sportliche und wissenschaftliche Zwecke (§ 9 Abs. 1 Satz 1 Nr. 2 KStG)	./. 20 000 €
zu versteuerndes Einkommen 2024	**80 000 €**

Die Parteispende i. H. v. 10 000 € ist nicht im Rahmen des § 9 Abs. 1 Satz 1 Nr. 2 KStG abziehbar, da bei der Körperschaftsteuer Parteispenden steuerlich nicht berücksichtigt werden können. Ein Betriebsausgabenabzug ist auch nach § 4 Abs. 6 EStG ausgeschlossen.

3.2.4.5 Sachspenden

Nach § 9 Abs. 2 Satz 3 KStG sind § 6 Abs. 1 Nr. 4 Sätze 1 und 4 EStG anzuwenden. Wird das Wirtschaftsgut aus dem Betriebsvermögen zur Förderung steuerbegünstigter Zwecke i. S. v. § 10b Abs. 1 Satz 1 EStG einer steuerbefreiten Körperschaft i. S. v. § 5 Abs. 1 Nr. 9 KStG zugewendet, kann es aus dem Betriebsvermögen zum Buchwert ausscheiden (**ohne Aufdeckung stiller Reserven**); § 6 Abs. 1 Nr. 4 Satz 4 EStG. In diesem Fall ist die Spende ebenfalls nur i. H. d. Buchwerts anzusetzen. Bei Ansatz des Teilwerts (mit der Folge der Aufdeckung der stillen Reserven) darf die Spende i. H. d. Teilwerts angesetzt werden.

Bei Sachspenden aus dem Betriebsvermögen an **andere Empfänger** darf das Wirtschaftsgut das Betriebsvermögen nur zum Teilwert verlassen (§ 6 Abs. 1 Nr. 4 Satz 1 EStG). Hier entspricht der Wert der Spende stets dem Teilwert.

BEISPIEL

Eine GmbH spendet einem wissenschaftlichen Institut einer Universität ein Kfz:

Buchwert	10 000 €
Teilwert (entspricht Einkaufspreis im Zeitpunkt der Zuwendung)	12 000 €
gemeiner Wert (einschl. Umsatzsteuer)	15 000 €

LÖSUNG Die GmbH kann das Kfz zum Buchwert – **also erfolgsneutral** – als Spende zuwenden (§ 6 Abs. 1 Nr. 4 Satz 4 EStG). Als Wert der Spende sind dann 10 000 € anzusetzen, zuzüglich 19 % USt von 12 000 € = 2 280 €, zusammen also 12 280 €.

Bei erfolgswirksamer Aufdeckung der stillen Reserven von 12 000 € ./. 10 000 € = 2 000 € ist die Spende mit 12 000 € zuzüglich USt, also i. H. v. 14 280 € anzusetzen.

Sofern Sachspenden aus einem Betriebsvermögen Umsatzsteuer nach § 3 Abs. 1b UStG auslösen, vgl. BFH vom 03.11.1983 BStBl II 1984, 169, dann gehört diese Umsatzsteuer nach Auffassung der FinVerw zu den Spenden (obwohl insoweit keine Zuwendung an einen Empfänger vorliegt); so aber R 10b Abs. 1 Satz 4 EStR. Das Abzugsverbot gemäß § 10 Nr. 2 KStG gilt danach nicht.

3.2.4.6 Verzicht auf Aufwendungsersatz

Nach § 9 Abs. 2 Satz 4 KStG sind Aufwendungen zugunsten einer spendenempfangsberechtigten Körperschaft nur abzugsfähig, wenn die zuwendende Körperschaft auf einen vertraglichen oder satzungsmäßigen **Erstattungsanspruch** verzichtet. Der Anspruch darf nicht unter der Bedingung des Verzichts eingeräumt worden sein (§ 9 Abs. 2 Satz 5 KStG).

3.2.4.7 Einschränkung des Spendenabzugs

Folgende Grundsätze kommen zur Anwendung: Durch den einschränkenden Zusatz in § 9 Abs. 1 Nr. 2 KStG: »vorbehaltlich des § 8 Abs. 3 KStG« soll verhindert werden, dass verdeckte Gewinnausschüttungen, die in »Spendenform« gekleidet sind, als Einkommensverteilung das Einkommen unzulässigerweise mindern. Die Vorschrift hat im Wesentlichen Bedeutung für Betriebe gewerblicher Art von Körperschaften, die ihrer Trägerkörperschaft Zuwendungen machen. Solche Zuwendungen müssen als verdeckte Gewinnausschüttungen gewertet werden, soweit die Zuwendung nur auf die Tatsache zurückzuführen ist, dass die Körperschaft des öffentlichen Rechts Träger des Betriebs gewerblicher Art ist. Vgl. hierzu R 9 Abs. 6 KStR, BFH vom 01.02.1989 BStBl II 1989, 471 sowie BFH vom 09.08.1989 BStBl II 1990, 237.

BEISPIEL

Spendenabzug und verdeckte Gewinnausschüttung; Sachverhalt aus StB-Prüfung 2012, aktualisiert
Im Januar 2024 übertrug die A-UG (Gesellschafter-Geschäftsführer=X) diverse Aktien aus ihrem Anlagevermögen auf den örtlichen Tierschutzverein e. V. (Körperschaftsteuerfreistellungsbescheid liegt vor), dessen langjähriger Vorstandsvorsitzender der Sohn des X ist, der seinen Vater um Spenden für den Verein gebeten hatte.

Der Sohn des X erhält bei dem Verein wegen seiner hohen zeitlichen Beanspruchung satzungsgemäß eine monatliche Vergütung von 1000 €. Dem Verein droht aufgrund der finanziellen Folgen eines Wasserschadens die Zahlungsunfähigkeit.

Die Anschaffungskosten und der Buchwert der übertragenen Aktien betrugen 1000 €; der gemeine Wert der Aktien betrug im Januar 2024 aufgrund einer vorübergehenden Wertminderung 800 €. Der Vorgang wurde wie folgt gebucht:

Außerordentlicher Aufwand	1000 €	an	Wertpapiere	1000 €

Eine ordnungsgemäße Zuwendungsbestätigung liegt vor. Es handelt sich um die einzige Spende der A-UG seit ihrer Gründung 2020. Spenden an andere Organisationen sind nicht geplant.

LÖSUNG Gem. **§ 9 Abs. 1 Nr. 2 KStG** sind Spenden und Mitgliedsbeiträge nur »**vorbehaltlich § 8 Abs. 3 KStG**« abziehbare Aufwendungen. Liegt in einer Spende zugleich eine verdeckte Gewinnausschüttung, so kommt ein Abzug folglich nicht in Betracht (vgl. BFH Beschluss vom 19.12.2007 BFH/NV 2008, 988).

Die Voraussetzungen einer **verdeckten Gewinnausschüttung** liegen hier vor. In der Übertragung der Aktien liegt eine durch das **Gesellschaftsverhältnis** des X veranlasste Vermögensminderung, die sich auf die Höhe des Unterschiedsbetrags i. S. d. § 4 Abs. 1 Satz 1 EStG ausgewirkt hat und nicht auf einem entsprechenden Gewinnverteilungsbeschluss beruht.

Die Spende ist durch das Gesellschaftsverhältnis des X veranlasst. Für eine Veranlassung durch das Gesellschaftsverhältnis reicht es aus, wenn die Vermögensminderung einer dem Gesellschafter **nahestehenden Person** zugutekommt; **vgl. R 8.5 Abs. 1 Satz 3 KStR**.

Zur Begründung des »**Nahestehens**« reicht jede Beziehung eines Gesellschafters der Kapitalgesellschaft zu einer anderen Person aus, die den Schluss zulässt, sie habe die Vorteilszuwendung der Kapitalgesellschaft an die andere Person beeinflusst. Zum Kreis der dem Gesellschafter nahestehenden Personen zählen sowohl natürliche als auch juristische Personen – **H 8.5 III (Nahestehende Person – Kreis der nahestehenden Personen) KStH.**

Nach diesen Grundsätzen ist der Tierschutzverein e.V. aufgrund dessen Leitung durch den Sohn des X als eine dem X nahestehende Person einzustufen. Eine verdeckte Gewinnausschüttung ist bei der Übertragung von Wirtschaftsgütern mit deren **gemeinem Wert** zu bewerten – **H 8.6 (Hingabe von Wirtschaftsgütern) KStH.**

Nach **§ 8 Abs. 3 Satz 2 KStG** mindern verdeckte Gewinnausschüttungen das Einkommen nicht. Für Zwecke der Ermittlung des zu versteuernden Einkommens ist dem Jahresüberschuss daher ein Betrag i. H. v. 800 € hinzuzurechnen.

Außerbilanzielle Hinzurechnung im VZ 2024:	**+ 800 €**

Auf die verbleibende Gewinnminderung i. H. v. 200 € (gebuchte außerordentliche Aufwendungen in Höhe von 1 000 € zuzüglich außerbilanzielle Hinzurechnung i. H. v. 800 €) ist § 8b Abs. 3 Satz 3 KStG anzuwenden, wonach Gewinnminderungen im Zusammenhang mit dem Anteil an einer Körperschaft bei der Ermittlung des Einkommens nicht zu berücksichtigen sind (vgl. BMF-Schreiben zu § 8b KStG vom 08.04.2003 BStBl I, 292 unter Rz. 26). Für Zwecke der Ermittlung des zu versteuernden Einkommens ist dem Jahresüberschuss daher ein Betrag in Höhe von 200 € hinzuzurechnen.

Außerbilanzielle Hinzurechnung im VZ 2024:	+ 200 €
insgesamt:	**+ 1 000 €**

3.2.4.8 Vertrauenstatbestand und Haftungsregelung

Der Spendenabzug setzt grds. voraus, dass die Ausgabe der Spender-Körperschaft zu steuerbegünstigten Zwecken verwendet wird (vgl. BFH vom 05.02.1992 BStBl II 1992, 748).

In § 9 Abs. 3 Satz 1 KStG ist jedoch ein gesetzlicher Vertrauenstatbestand für die Spender-Körperschaft enthalten. Das Vertrauen auf die Richtigkeit der Spendenbestätigung gilt bei Erwirkung durch unlautere Mittel oder falsche Angaben oder bei Kenntnis der Unrichtigkeit der Bestätigung oder Unkenntnis aus grober Fahrlässigkeit nicht. § 9 Abs. 2 Sätze 2 bis 4 KStG enthalten darüber hinaus eine Haftungsregelung für den Aussteller der Bescheinigung bzw. für die Körperschaft. Der Haftungsbetrag beträgt pauschal 30 % der Zuwendung.

Eine Veranlasserhaftung kommt nur bei Vorsatz oder grober Fahrlässigkeit in Betracht (§ 9 Abs. 3 Satz 2 KStG). In den Fällen der Veranlasserhaftung ist nach § 9 Abs. 3 Satz 3 KStG vorrangig der Zuwendungsempfänger (inländische juristische Person des öffentlichen Rechts oder inländische öffentliche Dienststelle oder nach § 5 Abs. 1 Nr. 9 KStG steuerbefreite Körperschaft, Personenvereinigung oder Vermögensmasse) in Anspruch zu nehmen; die in diesen Fällen für den Zuwendungsempfänger handelnden natürlichen Personen sind nur in Anspruch zu nehmen, wenn die entgangene Steuer nicht nach § 47 AO erloschen ist und Vollstreckungsmaßnahmen gegen den Zuwendungsempfänger nicht erfolgreich sind.

3.2.4.9 Spendenvortrag für Zuwendungen oberhalb der Höchstbeträge

Nach § 9 Abs. 1 Nr. 2 Satz 9 KStG gilt ein zeitlich unbegrenzter »**Verlustvortrag**« für begünstigte Zuwendungen, die im Zuwendungsjahr die Höchstbeträge übersteigen. Der Abzug des übersteigenden Betrags erfolgt ebenfalls im Rahmen des »regulären« Spendenabzugs, begrenzt auf den jeweiligen Höchstbetrag im betreffenden Vortragsjahr.

BEISPIEL

Die GmbH hat im Jahre 2023 Ölgemälde im Wert von 100000 € (gemeiner Wert) dem Museum in X gegen Spendenbescheinigung übereignet. Das vorläufige Einkommen in 2023 beträgt 120000 €. Weitere Spenden i. S. v. § 9 Abs. 1 Nr. 2 KStG in 2024 i. H. v. 2000 €.

Einkommen 2024	150000 €
Einkommen 2025	180000 €
Weitere Spenden in 2025	4000 €

LÖSUNG

Ermittlung des Spendenabzugs 2023 und Spendenvortrags nach 2024 und 2025

Spenden 2023 (100000 € + 2000 €)		102000 €
Einkommen 2023	120000 €	
Spendenhöchstbetrag 20 % =		24000 €
Vortrag nach 2024		78000 €
Einkommen 2025	150000 €	
Spendenhöchstbetrag 20 % =		30000 €
Vortrag nach 2024		48000 €
+ weitere Spende 2024		4000 €
		52000 €
Einkommen 2023	180000 €	
Spendenhöchstbetrag 20 % =		36000 €
Vortrag nach 2024 ff. (zeitlich unbegrenzt)		16000 €

Einkommen im Jahr	**2023**	**2024**	**2025**
	120000 €	150000 €	180000 €
./. Spenden	24000 €	30000 €	6000 €
	96000 €	120000 €	144000 €

3.3 Nichtabziehbare Aufwendungen

3.3.1 Allgemeines

Nach § 10 KStG besteht ein Abzugsverbot für

- Aufwendungen für die Erfüllung von Satzungszwecken der empfangenden Körperschaft (§ 10 Nr. 1 KStG; vgl. 3.4),
- nichtabziehbare Steuern (§ 10 Nr. 2 KStG; vgl. 3.5),
- Geldstrafen und ähnliche Rechtsnachteile (§ 10 Nr. 3 KStG; vgl. 3.6),

- die Hälfte der Vergütungen an die Mitglieder des Aufsichtsrats oder ähnliche mit der Überwachung der Geschäftsführung beauftragte Personen (§ 10 Nr. 4 KStG; vgl. 3.7).

3.3.2 Subjektiver Geltungsbereich

Die Vorschrift des § 10 KStG gilt für alle Körperschaftsteuerpflichtigen, nicht nur für Kapitalgesellschaften.

3.3.3 Objektiver Anwendungsbereich

Das Abzugsverbot gilt für alle in § 10 KStG bezeichneten Aufwendungen, ohne Rücksicht darauf, ob es sich handelsrechtlich um Betriebsausgaben bzw. vom Charakter her um Betriebsausgaben (oder Werbungskosten) handelt (vgl. BFH vom 31.05.1967 BStBl II 1967, 540). § 10 KStG enthält keine erschöpfende Aufzählung nicht abziehbarer Aufwendungen. Dies wird durch das Wort »auch« im Einleitungssatz der Vorschrift klargestellt. Es sind daneben – über § 8 Abs. 1 KStG – die Abzugsverbote nach dem EStG und anderen Gesetzen zu beachten (z. B. § 4 Abs. 5 und § 4 Abs. 5b EStG). Vgl. 2.5.1. Außerdem können Aufwendungen der Körperschaft bereits deshalb nichtabziehbar sein, weil sie außerhalb der Einkünfteerzielung anfallen (vgl. 2.1.4), ohne dass sie kraft ausdrücklicher Vorschrift abgezogen werden können (z. B. nach § 9 KStG).

3.3.4 Verhältnis zu § 12 EStG

Die Vorschrift des § 12 EStG ist ausdrücklich **nicht** bei der Körperschaftsteuer anwendbar (vgl. R 8.1 Abs. 1 Nr. 1 KStR) Aufwendungen i. S. v. § 12 Nr. 1 EStG (Lebensführungskosten) setzen eine natürliche Person voraus. Des Weiteren ist § 12 Nr. 2 EStG für die Körperschaftsteuer durch § 8 Abs. 3 KStG substituiert (Unerheblichkeit der Einkommensverwendung). § 12 Nr. 3 EStG ist durch § 10 Nr. 2 KStG ersetzt.

3.3.5 Körperschaftsteuerbelastung der nichtabziehbaren Aufwendungen

Die Belastung mit Körperschaftsteuer ergibt sich aus dem auf das zu versteuernde Einkommen anzuwendenden Steuersatz (gem. § 23 Abs. 1 KStG 15 %). Diese Belastungshöhe kann sich bei Nicht-Kapitalgesellschaften infolge der Freibeträge gemäß §§ 24, 25 KStG verringern.

3.4 Aufwendungen zur Erfüllung von Satzungszwecken

3.4.1 Grundgedanke der Vorschrift

§ 10 Nr. 1 KStG bewirkt, dass Aufwendungen einer Körperschaft – vor allem von Stiftungen und Vereinen – zur Erfüllung der satzungsmäßigen Zwecke den Gewinn bzw. die Einkünfte und damit das Einkommen nicht mindern dürfen. Denn insoweit liegt eine Einkommensverwendung vor, die den Aufwendungen natürlicher Personen zur privaten Lebenshaltung vergleichbar ist (vgl. BFH vom 24.03.1993 BStBl II 1993, 637 [638]). Zugeschnitten ist die Vorschrift insbesondere auf Stiftungen und andere Zweckvermögen, die satzungsmäßig Aufwendungen – typischerweise in Form wiederkehrender Leistungen (z. B. Renten, dauernde Lasten) – an ihre Destinatäre – das sind die durch Stiftungsgeschäft mit Zuwendungen aus der Stiftung Bedachten – zu erbringen haben. Dürften solche Lasten das Einkommen mindern, verbliebe meist kein körperschaftsteuerpflichtiges Einkommen mehr.

3.4.2 Persönlicher Geltungsbereich

Obwohl von der Entstehungsgeschichte auf Stiftungen u. a. Zweckvermögen zugeschnitten, gilt die Vorschrift § 10 Nr. 1 KStG nach ihrem Wortlaut für sämtliche Körperschaften usw., insbesondere für Vereine. Für Kapitalgesellschaften und andere Gewerbetreibende hat die Vorschrift nahezu keine praktische Bedeutung. Zum einen ist der Gesellschaftszweck einer (nicht steuerbefreiten) GmbH (Gegenstand des Unternehmens) kein satzungsmäßiger Zweck i. S. v. § 10 Nr. 1 KStG. Andererseits dürfen gerade bei Kapitalgesellschaften Gewinnverwendungen bereits nach § 8 Abs. 3 KStG das Einkommen nicht mindern, auch wenn sie als »satzungsmäßiger Gewinnverwendungszweck« festgelegt sein sollten.

BEISPIEL

Eine (nicht steuerbefreite) GmbH muss ihren gesamten Gewinn satzungsgemäß an die sie zu 100 % beherrschende, nach § 5 Abs. 1 Nr. 9 KStG steuerbefreite Stiftung abführen.

LÖSUNG Die Gewinnabführung ist eine – offene oder verdeckte – Gewinnausschüttung und darf das Einkommen der GmbH nicht mindern (§ 8 Abs. 3 Satz 1 und 2 KStG). Auch ein Spendenabzug scheidet daher aus (vgl. den Vorbehalt in § 9 Abs. 1 Nr. 2 KStG; s. 3.4.4). Sofern die Beteiligung bei der Stiftung einen wirtschaftlichen Geschäftsbetrieb darstellt (vgl. AEAO Tz. 3 zu § 64 Abs. 1), ist die Stiftung mit den bezogenen Ausschüttungen partiell körperschaftsteuerpflichtig i. S. v. § 5 Abs. 1 Nr. 9 Satz 2, § 5 Abs. 2 Nr. 1 KStG, § 20 Abs. 1 Nr. 1 EStG. Kapitalertragsteuer ist zu erheben (§ 44a Abs. 4 und 7 EStG). Nach § 8b Abs. 5 KStG ist die Dividende im Ergebnis zu 95 % steuerfrei.

3.4.3 Satzungsmäßige Zwecke

Satzungsmäßige Zwecke sind Zwecke der Körperschaft, die durch Stiftungsgeschäft, Satzung oder sonstige Verfassung vorgeschrieben sind. Vgl. BFH vom 24.03.1993 BStBl II 1993, 637. Dienen dagegen Aufwendungen zur Erfüllung satzungsmäßiger Zwecke gleichzeitig der Einkünfteerzielung, ist § 10 Nr. 1 KStG nicht anwendbar. Vielmehr liegen abziehbare Betriebsausgaben oder Werbungskosten vor. § 10 Nr. 1 KStG hat auch Bedeutung bei nach § 5 Abs. 1 Nr. 9 KStG persönlich befreiten Vereinen mit steuerpflichtigen wirtschaftlichen Geschäftsbetrieben (§ 14 AO). Die Einkünfte aus einem wirtschaftlichen Geschäftsbetrieb dürfen nicht durch Ausgaben, die den steuerbegünstigten Vereinszwecken dienen, gemindert werden. Denn die Einnahmen zur Verfolgung der steuerbegünstigten Vereinszwecke in Form der echten Mitgliedsbeiträge sind sachlich steuerbefreit (§ 8 Abs. 5 KStG, R 8.11 KStR); vgl. 8. Das Abzugsverbot ergibt sich hier bereits aus § 3c Abs. 1 EStG (vgl. 2.5.1), so dass § 10 Nr. 1 KStG insoweit nur klarstellende Funktion hat.

3.4.4 Vorbehalt des Spendenabzugs

Aufgrund des § 10 Nr. 1 Satz 2 KStG bleibt der Spendenabzug (§ 9 Abs. 1 Nr. 2 KStG) vom Abzugsverbot ausgenommen. Hierdurch soll klargestellt werden, dass der Spendenabzug nicht deshalb ausgeschlossen sein soll, weil die Körperschaft mit der Spende zugleich satzungsgemäß vorgeschriebene Zwecke verfolgt.

3.5 Nichtabziehbare Steuern

3.5.1 Begriff

Die Vorschrift ist mit der einkommensteuerlichen Regelung in § 12 Nr. 3 EStG vergleichbar. Hiernach zählt gem. § 10 Nr. 2 KStG bei Körperschaften zu den nicht abziehbaren Steuern u.a.:

- Steuern vom Einkommen (Körperschaftsteuer und die einbehaltene Kapitalertragsteuer für die von der Körperschaft bezogenen Kapitalerträge sowie bei beschränkt steuerpflichtigen Körperschaften die einbehaltene Abzugsteuer gem. § 50a EStG),
  - sonstige Personensteuern wie Solidaritätszuschlag, Erbschaftsteuer bei Familienstiftungen und -vereinen gem. §§ 1 Abs. 1 Nr. 4, 9 Abs. 1 Nr. 4 ErbStG (vgl. BFH vom 14.09.1994 BStBl II 1995, 207).
  - Umsatzsteuer auf Umsätze, die Entnahmen oder verdeckte Gewinnausschüttungen sind (vgl. 3.5.2),
  - nicht abziehbare Vorsteuer auf nicht abziehbare Betriebsausgaben i.S.d. § 4 Abs. 5 Nr. 1–4, Nr. 7, Abs. 7 EStG sowie
  - nach § 10 Nr. 2 KStG auch mit nichtabziehbaren Steuern zusammenhängende Nebenleistungen (vgl. R 10.1 KStR).

3.5.2 Umsatzsteuer auf verdeckte Gewinnausschüttungen

Körperschaften können nach der Rechtsprechung des BFH alle Umsätze i.S.d. § 3 Abs. 1b und § 3 Abs. 9a UStG verwirklichen. Die Tatbestände des § 3 Abs. 1b UStG (Entnahme von Gegenständen) und § 3 Abs. 9a UStG (Nutzungsentnahme) können danach auch von Körperschaften verwirklicht werden. Sie sind daher sowohl bei Einzelunternehmern als auch bei Personen- und Kapitalgesellschaften sowie anderen Körperschaften i.S.d. KStG möglich.

Bejaht man bei einer vGA einen Umsatz i.S.d. § 3 Abs. 1b bzw. 9a UStG, fällt die Umsatzsteuer hierauf nach dem Gesetzeswortlaut unter das Abzugsverbot des § 10 Nr. 2 KStG, so dass sie bei der Einkommensermittlung hinzuzurechnen wäre. Da die vGA wertmäßig auch die Umsatzsteuer umfassen soll, da der gemeine Wert begrifflich die USt enthält, ordnet R 8.6 KStR zur Vermeidung einer Doppelerfassung an, dass die USt – gemeint ist die durch die vGA ausgelöste USt – nicht zusätzlich nach § 10 Nr. 2 KStG hinzuzurechnen ist. Das soll auch für eine damit zusammenhängende nicht abziehbare Vorsteuer gelten. Im Einzelnen bedeutet dies, dass gem. H 8.6 (Hingabe von Wirtschaftsgütern und Nutzungsüberlassungen) KStH die Einkommenserhöhung gem. § 8 Abs. 3 Satz 2 KStG zu erfolgen hat. Der Ansatz der vGA mit einem Bruttobetrag hat auch Bedeutung für die Ausschüttungsebene (Höhe der Leistung aus dem Einlagekonto § 27 KStG und Höhe der Einnahmen beim Anteilseigner), da eine Leistung aus dem Einlagekonto (§ 27 KStG) ebenfalls mit einem Bruttobetrag – nämlich Nettobetrag zuzüglich der durch die vGA (tatsächlich) ausgelösten USt[3] – anzusetzen ist.

Für den Ansatz des Vorteils beim Anteilseigner wiederum muss der übliche Endpreis (§ 8 Abs. 2 EStG) einschließlich der bei einem Verkauf zum üblichen Preis anfallenden USt angesetzt werden. Zu diesen Disgruenten vgl. H 8.6 (vGA und Kapitalertrag nach § 20 EStG) KStH. Bei verbilligten Leistungen an Gesellschafter liegen Lieferungen bzw. sonstige Leistungen i. S. d. § 1 Abs. 1 Nr. 1 UStG vor mit evtl. Entgeltskorrektur über die Mindestbemessungsgrundlage (§ 10 Abs. 5 UStG). Die auf die vGA entfallende Umsatzsteuer ist als Betriebsausgabe abziehbar, da kein Umsatz i. S. d. § 3 Abs. 1b und Abs. 9a UStG vorliegt.

Nach § 10 Nr. 2 KStG ist nichtabziehbar auch die Umsatzsteuer für Umsätze, die Entnahmen oder verdeckte Gewinnausschüttungen sind. Sofern die Umsatzsteuer auf eine verdeckte Gewinnausschüttung nach § 10 Nr. 2 KStG hinzuzurechnen wäre, hätte dies aufgrund der »Bruttoerfassung« der vGA zur Folge, dass die Umsatzsteuer zweimal hinzugerechnet würde. Sofern also eine vGA Umsatzsteuer nach § 3 Abs. 1b oder Abs. 9a UStG auslöst, ist diese Umsatzsteuer bei der Gewinnermittlung nicht zusätzlich nach § 10 Nr. 2 KStG hinzuzurechnen, weil sie über die Hinzurechnung des gemeinen Werts bzw. der erzielbaren Vergütung (Bruttobetrag einschl. USt) nach § 8 Abs. 3 Satz 2 KStG bereits erfasst ist (vgl. R 8.6 KStR).

Der Wertansatz der vGA ist also wie folgt zu ermitteln:

Bruttowert (gemeiner Wert bzw. erzielbare Vergütung)	
./.	tatsächliche Bruttozahlung des Gesellschafters
=	Wert der vGA (= Leistung)

Sofern die vGA Umsatzsteuer auslöst, ist die USt eine abziehbare Betriebsausgabe (Passivierung als Verbindlichkeit). Es erfolgt keine Hinzurechnung der USt nach § 10 Nr. 2 KStG gem. R 8.6 KStR.

3.5.3 Ausländische Steuern

Auch ausländische Steuern vom Einkommen einer Körperschaft sind nach § 10 Nr. 2 KStG nicht abziehbar. Allerdings ist – wie bei der Einkommensteuer – auch bei der Körperschaftsteuer ein Abzug der ausländischen Steuern bei der **Ermittlung der Einkünfte** möglich (§ 26 Abs. 1 Nr. 1 KStG, § 34c Abs. 2, 3 und 6 EStG, R 26 Abs. 3 KStR). Dieser Abzug bedeutet aber keine Ausnahmeregelung zum Abzugsverbot für Steuern vom Einkommen, sondern es handelt sich materiell um eine Beseitigung bzw. Milderung einer Doppelbesteuerung ausländischer Einkommensteile.

BEISPIEL 1

Die X-GmbH ist an der Y-AG (Schweiz) mit **6%** beteiligt. Die Y-AG schüttet in 2024 10000 € an die X-GmbH aus. Dabei wurde **schweizerische Verrechnungssteuer i. H. v. 35%**, d. h. 3500 € einbehalten.

---

3 Nach Verwaltungsauffassung jedoch Nettobetrag zuzüglich – volle – rechnerische USt von 19% (bzw. 7%).

LÖSUNG Da es sich bei der Beteiligung der X-GmbH an der Y-AG um eine **Streubesitzbeteiligung** (Beteiligung unter 10%) handelt, ist die Ausschüttung bei der X-GmbH nach § 8b Abs. 4 KStG steuerpflichtig. Die schweizerische Quellensteuer kann deshalb nach § 26 KStG auf die deutsche Körperschaftsteuer angerechnet werden. Allerdings ist zu beachten, dass ausländische Quellensteuer für Zwecke der Anrechnung um einen etwaigen **Ermäßigungsanspruch** zu kürzen ist. Dies ist dann relevant, wenn der ausländische Staat – wie im vorliegenden Fall – mehr Quellensteuer einbehält, als ihm nach dem geltenden DBA zusteht. Nach Art. 10 Abs. 2 Buchst. c DBA-Schweiz darf die Schweiz auf Dividenden nur eine Quellensteuer i.H.v. 15% erheben. Somit kann auf die deutsche Körperschaftsteuer nur eine Quellensteuer i.H.v. 15%=1.500 € angerechnet werden. Hinsichtlich der Differenz (20% von 10000 €=2000 €) kann die X-GmbH einen Ermäßigungsanspruch in der Schweiz geltend machen.

Eine Zusammenstellung über die Höhe der nach DBA höchstens anrechenbaren ausländischen Steuern ist auf der Internetseite des BZSt abrufbar. Das BZSt stellt auf seiner Homepage auch Vordrucke in ausländischer Sprache zur Geltendmachung des Ermäßigungsanspruchs im Ausland zur Verfügung.

Gewerbesteuerlich ergibt sich für diese Dividende keine Hinzurechnung nach § 8 Nr. 5 GewStG, da sie bereits im körperschaftsteuerlichen Einkommen enthalten ist. Sie darf deshalb nicht noch einmal hinzugerechnet werden.

BEISPIEL 2

Die X-GmbH ist an der Y-AG (Schweiz) mit **20%** beteiligt. Die Y-AG schüttet in 2024 10000 € an die X-GmbH aus. Dabei wurde **schweizerische Verrechnungssteuer** i.H.v. **35%**, d.h. 3500 € einbehalten.

LÖSUNG Da es sich bei der Beteiligung der X-GmbH an der Y-AG **nicht** um eine Streubesitzbeteiligung handelt, ist die Ausschüttung bei der X-GmbH nach **§ 8b Abs. 1 KStG i.V.m. § 8b Abs. 5 KStG steuerfrei.** Es entfällt somit keine deutsche Körperschaftsteuer auf die ausländischen Einkünfte, deshalb ist die ausländische Quellensteuer nicht auf die deutsche Körperschaftsteuer anrechenbar (§ 26 Abs. 1 Satz 1 KStG i.V.m. § 34c Abs. 1 Satz 5 EStG). Auch hinsichtlich der Körperschaftsteuer, die auf die 5%-Pauschale nach § 8b Abs. 5 KStG entfällt, kommt eine **Anrechnung nicht in Betracht.** Allerdings darf die Schweiz in diesem Fall nach Art. 10 Abs. 2 DBA-Schweiz keine Quellensteuer erheben (= sog. DBA-Schachtelprivileg). Wird dennoch Quellensteuer einbehalten, kann ein entsprechender **Ermäßigungsantrag** in der Schweiz gestellt werden.

3.5.4 Mit Steuern zusammenhängende Leistungen

Mit Steuern zusammenhängende Leistungen teilen stets das Schicksal der jeweiligen Steuer. Daher sind nach § 10 Nr. 2 2. HS KStG folgende Leistungen ebenfalls nichtabziehbar, wenn sie nichtabziehbare Steuern betreffen. Hierzu zählen Säumniszuschläge (§ 240 AO), Verspätungszuschläge (§ 152 AO), Zwangsgelder (§ 329 AO), Zinsen auf Steuernachforderungen, Stundungszinsen und Aussetzungszinsen (§§ 233a, 234, 237 AO).

Nach § 10 Nr. 2 KStG gehören zu den nichtabziehbaren Aufwendungen die auf die Steuern vom Einkommen und sonstigen Personensteuern sowie die Umsatzsteuer für Entnahmen und verdeckte Gewinnausschüttungen entfallenden Nebenleistungen. Als Betriebsausgabe abzugsfähig sind Verspätungszuschläge zur Kapitalertragsteuer sind abziehbare Betriebsausgaben (BFH vom 22.01.1997 BStBl II 1997, 584), nicht jedoch als Betriebsausgabe abziehbar sind auch Zinsen auf hinterzogene Betriebssteuern (i.S.v. § 235 AO; § 4 Abs. 5 Nr. 8 Buchst. a EStG und BFH vom 07.12.1994 BStBl II 1994, 477). Nach den allgemeinen Grundsätzen als Betriebseinnahmen zu besteuern sind Erstattungszinsen, vgl. § 20 Abs. 1 Nr. 7 Satz 3 EStG.

ÜBERSICHT Behandlung von Zinsen, vgl. R 10.1 Abs. 2 KStR

Nachzahlungs-, Stundungs- und Aussetzungszinsen zur KSt	Erstattungszinsen/ Prozesszinsen zur KSt	Erstattung von Nachzahlungszinsen	Rückzahlung von Erstattungszinsen
Nicht abzugsfähig	Steuerpflichtige Betriebseinnahmen; für Erstattungszinsen ist Billigkeitsregelung im BStBl I 2021, 353 zu beachten	Steuerfreie Erstattung nicht abziehbarer Ausgaben	Abzugsfähige Betriebsausgaben

3.5.5 Durchführung des Abzugsverbots

Es spielt keine Rolle, ob es sich um Vorauszahlungen oder Bildung/Erhöhung von Rückstellungen für solche Steuern und Nebenleistungen handelt. Die Hinzurechnung ist aber **nicht schematisch,** sondern nur insoweit vorzunehmen, als die Steuern in der Handelsbilanz bzw. Steuerbilanz als Aufwand behandelt worden sind. Rückstellungen für nichtabziehbare Steuern sind in die Steuerbilanz zu übernehmen und zwar trotz des Abzugsverbot nach § 10 Nr. 2 KStG. Denn im Rahmen der Gewinnermittlung/Bilanzierung handelt es sich um Betriebsausgaben; aufgrund des Maßgeblichkeitsgrundsatzes (§ 5 Abs. 1 Satz 1 EStG) besteht sogar eine Rückstellungspflicht, vgl. § 249 Abs. 1 HGB.

Zur Rückstellung für latente Körperschaftsteuer gemäß § 274 Abs. 1 HGB vgl. nachfolgend 3.5.6. Aus demselben Grunde sind auch Vorauszahlungen nichtabzugsfähiger Steuern innerbilanziell als Aufwand zu behandeln. Die Hinzurechnung erfolgt erst zum Zwecke der Einkommensermittlung außerhalb der Bilanz. Bei von der Kapitalgesellschaft bezogenen Gewinnanteilen/Dividenden aus Beteiligungen an anderen Kapitalgesellschaften entsteht der Anspruch (das Gläubigerrecht) auf den Gewinnanteil grds. mit der Beschlussfassung über die Ausschüttung durch die ausschüttende Gesellschaft und ist daher in diesem Zeitpunkt zu aktivieren. Der Dividendenertrag ist jedoch im Falle einer Beteiligung von mindestens 10 % im Ergebnis zu 95 % steuerfrei nach § 8b Abs. 1, 4 i. V. m. Abs. 5 KStG und insoweit bei der Einkommensermittlung außerbilanziell abzuziehen.

BEISPIEL

Die A-GmbH (Wj. = Kj.) ist an der B-AG zu 10 % beteiligt. Die Hauptversammlung der B-AG hat für das Wj. 2023/2024 vom 01.10.2023 bis 30.09.2024 am 30.12.2024 eine Dividende von 70 000 € (vor Abzug der Kapitalertragsteuer) beschlossen, die ab 02.01.2025 zahlbar war. Der A-GmbH wurde dementsprechend am 05.01.2025 eine Dividende von 52 500 € (netto, nach Abzug der 25%igen Kapitalertragsteuer – ohne SolZ –) auf einem ihrer Konten gutgeschrieben. Die A-GmbH buchte zu diesem Zeitpunkt: »Bank an Beteiligungserträge 52 500 €.« Die Bescheinigung über die einbehaltene KapSt erhielt die A-GmbH im Januar 2025; die Bilanz zum 30.09.2024 wurde im März 2025 erstellt. Der SolZ soll unberücksichtigt bleiben.

LÖSUNG Der Jahresüberschuss der A-GmbH für das Jahr 2024 ist im Ergebnis zutreffend. Die KapSt hätte als Beteiligungsertrag und gleichzeitig als Steueraufwand gebucht werden müssen. Das Einkommen ist jedoch gem. § 10 Nr. 2 KStG zu erhöhen um die Kapitalertragsteuer: 33 1/3% vom Nettobetrag von 52500 €=+17500 € und um 95% von 70 0000 €=66500 € zu mindern. Im Ergebnis werden lediglich 5% von 70000 €=3500 € versteuert.

3.5.6 Rückstellung für latente Körperschaftsteuer

Die Bildung und Auflösung einer Rückstellung für latente Steuern (insbes. Körperschaftsteuer) nach § 274 Abs. 1 HGB sind **nur** in der **Handelsbilanz** vorzunehmen. Auf das Steuerbilanzergebnis darf sich dies nicht auswirken.

3.5.7 Erstattung nichtabziehbarer Steuern

Erstattungen von Personensteuern dürfen folgerichtig den steuerlichen Gewinn **nicht erhöhen.** Sind sie handelsrechtlich als Ertrag behandelt worden, ist der steuerliche Gewinn entsprechend zu **mindern** (vgl. RFH vom 08.02.1938 RStBl 1938, 494). Die Kürzung erfolgt **außerhalb** der Bilanz.

BEISPIEL

Auszug aus der G+V-Rechnung der K-GmbH für das Wj. 2024

Gesamtleistung (Erträge)			400000 €
+ KSt-Erstattung für 2023			1000 €
=			401000 €
./. betrieblicher Aufwand		./.	278000 €
./. Steuern von Einkommen, Ertrag und Vermögen:			
Körperschaftsteuer-Vorauszahlung 2024		./.	36000 €
Körperschaftsteuer-Rückstellung 2024		./.	22000 €
Gewinn			65000 €
Gewinn lt. G+V-Rechnung (Handelsbilanz = Steuerbilanz)			65000 €
+ Hinzurechnung nach § 10 Nr. 2 KStG:			
Körperschaftsteuer-Vorauszahlung	36000 €		
Körperschaftsteuer-Rückstellung	22000 €		
	58000 €	+	58000 €
./. KSt-Erstattung für 2023		./.	1000 €
Einkommen			**122000 €**

Auch Erstattungen nichtabziehbarer Steuern sind grds. nicht schematisch bei der Einkommensermittlung abzuziehen, sondern nur insoweit, als sie den Gewinn erhöht haben.

Wie eine Erstattung zu behandeln ist die **Auflösung von Rückstellungen** für nichtabziehbare Steuern. Hier ist der Gewinn aus der Auflösung der Rückstellung bei der Einkommensermittlung abzusetzen. Für den Abzug von Erstattungen nichtabziehbarer Steuern bei der Einkommensermittlung kommt es aber **nicht** darauf an, ob und in welcher Weise sich die Durchführung des Abzugsverbots in einem früheren Jahr ausgewirkt hat. Ist z. B. in dem vorstehend abgewandelten Beispiel die gewinnerhöhende Aktivierung in 2023 nicht durch

Abzug vom Einkommen 2023 neutralisiert worden, so ist trotzdem das Einkommen 2024 nicht entsprechend zu mindern (vgl. analog BFH vom 30.01.2013 BStBl II 2013, 1048).

Von einer Erstattung nichtabziehbarer Steuern durch das Finanzamt zu unterscheiden ist die einer Körperschaft als Schadensersatz erstattete nichtabziehbare Steuer oder damit zusammenhängende Leistung. Solche Ersatzleistungen durch einen Vertragspartner (zum Beispiel steuerlichen Berater) bedeuten nicht eine Rückabwicklung dieses Steuerverhältnisses, sondern erfolgen auf privatrechtlicher Grundlage. Es handelt sich bei den Ersatzleistungen grds. um **steuerpflichtige Betriebseinnahmen** (vgl. BFH vom 08.12.1971 BStBl II 1972, 292; BFH vom 15.12.1976 BStBl II 1977, 220 und BFH vom 04.12.1991 BStBl II 1992, 696).

Sind der Körperschaft dagegen durch Verschulden eines steuerlichen Beraters Einnahmen entgangen, die nicht zu **Einkünften** i. S. d. EStG gehören (bzw. steuerfreie Betriebseinnahmen) sind, so dürfte auch eine Entschädigung hierfür nicht zu den (steuerpflichtigen) Einkünften gehören.

BEISPIEL

Durch Verschulden des Steuerberaters wurde ein Antrag auf Investitionszulage nach dem InvZulG für die A-GmbH nicht rechtzeitig gestellt. Zur Abgeltung seines Fehlers zahlte der Steuerberater 5 000 € an die A-GmbH.

LÖSUNG Da die Investitionszulage nach § 10 Satz 1 InvZulG eine steuerfreie Einnahme ist, ist u. E. auch eine Ersatzleistung des Steuerberaters hierfür an die A-GmbH **nicht** zu erfassen.

3.5.8 Erstattung von mit Steuern zusammenhängenden Leistungen

Einer Körperschaft zustehende bzw. zufließende Prozesszinsen auf **Erstattungsbeträge** (§ 236 AO) sind steuerpflichtige Erträge (vgl. BFH vom 18.02.1975 BStBl II 1975, 568).

Danach handelt es sich der Art nach um Zinsen aus sonstigen Kapitalforderungen i. S. v. § 20 Abs. 1 Nr. 7 EStG. Bei Kapitalgesellschaften kommt man über § 8 Abs. 2 KStG zu steuerpflichtigen Betriebseinnahmen. Die Steuerpflicht von Erstattungszinsen ist folgerichtig. Vgl. auch § 20 Abs. 1 Nr. 7 Satz 3 EStG und BFH vom 15.02.2012 BStBl II 2012, 697.

3.6 Geldstrafen und ähnliche Rechtsnachteile

3.6.1 Grundsätze

Nichtabziehbar sind auch die von den Gerichten verhängten **Strafen** und **ähnliche Rechtsnachteile,** selbst wenn sie mit einer der Besteuerung unterliegenden Tätigkeit des Bestraften zusammenhängen (vgl. BFH vom 21.07.1955 BStBl III 1955, 338 und vom 06.11.1968 BStBl II 1969, 74). Vgl. 2.5.2. Hinter dieser Wertung steht der Grundsatz der Einheitlichkeit der Rechtsordnung (»ordre public«).

3.6.2 Umfang des Abzugsverbots

Das Abzugsverbot umfasst in einem Strafverfahren **festgesetzte** Geldstrafen, sonstige Rechtsfolgen vermögensrechtlicher Art, bei denen der Strafcharakter überwiegt, und Leistungen zur Erfüllung von Auflagen oder Weisungen, soweit die Auflagen oder Weisungen nicht lediglich der Wiedergutmachung des durch die Tat verursachten Schadens dienen (vgl. im Einzelnen R 12.3 EStR, H 12.3 EStH und R 10.2 KStR).

a) Geldstrafen

Geldstrafen sind alle so bezeichneten Rechtsnachteile, die von einem Gericht verhängt werden (vgl. Art. 5 EGStGB). Allerdings sind nach **inländischem Strafrecht** Geldstrafen, Auflagen oder Weisungen gegenüber juristischen Personen **nicht** zulässig. Insoweit ist § 10 Nr. 3 KStG mithin gegenstandslos. Bedeutung kann nach § 10 Nr. 3 KStG hinsichtlich der von einem **ausländischen Gericht** verhängten Geldstrafen erlangen. Die im Ausland festgesetzten Sanktionen können jedoch abziehbar sein, wenn diese Sanktionen wesentlichen Grundsätzen der deutschen Rechtsordnung widersprechen (ordre public; vgl. R 12.3 EStR).

b) Sonstige Vermögensnachteile

Gegen juristische Personen können jedoch sonstige Rechtsfolgen vermögensrechtlicher Art, bei denen der Strafcharakter überwiegt, verhängt werden (§ 75 StGB). In Betracht kommt insbesondere die Einziehung von Gegenständen nach § 74 Abs. 2 Nr. 1 StGB. Vgl. H 12.3[Einziehung ...] EStH. Hierbei ist der Buchwert des eingezogenen Wirtschaftsguts, der als Aufwand gebucht worden ist, dem Einkommen hinzuzurechnen.

c) Leistungen zur Erfüllung von Auflagen oder Weisungen in einem Strafverfahren

Diese sind bei juristischen Personen nach **deutschem Strafrecht** unzulässig. Insoweit läuft § 10 Nr. 3 KStG wiederum leer.

d) Verfahrenskosten

Verfahrenskosten (Strafverteidigungs- und Gerichtskosten) sind weder »Strafe« noch »strafähnliche Rechtsfolge«. Sie waren bislang abziehbare Betriebsausgaben oder Werbungskosten, wenn die dem Verfahren zugrundeliegende Tat eindeutig dem betrieblichen Einkünftebereich zuzuordnen ist (vgl. BFH vom 19.02.1982 BStBl II 1982, 467). Nach § 10 Nr. 3 KStG i. d. F. des JStG 2019 sind seit dem VZ 2019 Verfahrenskosten steuerlich nicht mehr abziehbar.

Für Geldbußen (z. B. bei Ordnungswidrigkeiten) kann sich ein Abzugsverbot aus § 4 Abs. 5 Nr. 8 EStG ergeben. Das Abzugsverbot für Geldbußen gilt nach § 4 Abs. 5 Nr. 8 Satz 4 EStG jedoch nicht, soweit der wirtschaftliche Vorteil, der durch den Gesetzesverstoß erlangt wurde, abgeschöpft worden ist, wenn die Steuern vom Einkommen und Ertrag, die auf den wirtschaftlichen Vorteil entfallen, nicht abgezogen worden sind. Auch bei Geldbußen sind die mit diesen zusammenhängenden Verfahrenskosten seit 2019 keine abziehbaren Betriebsausgaben.

BEISPIEL

Zur Anwendung § 4 Abs. 5 Nr. 8 Satz 3 EStG bei Erstattung Geldbuße
Das Bundeskartellamt hat gegen die X-GmbH im VZ 2020 eine Geldbuße i. H. v. 80 000 € wegen einer Preisabsprache mit einem Konkurrenzunternehmen beim Verkauf von Waren verhängt, die seinerzeit gewinnmindernd verbucht worden ist. Nach einem Rechtsstreit hat das Kartellamt in 2024 einen Teil der Geldbuße jedoch wieder erstattet. Der Erstattungsbetrag i. H. v. 30 000 € wurde in der Gewinn- und Verlustrechnung zum 31.12.2024 als Ertrag verbucht. Es handelt sich dabei um den Teil der Geldbuße, der in 2020 vom Bundeskartellamt der Gewinnabschöpfung ohne Berücksichtigung der hierauf entfallenden Steuern vom Einkommen und Ertrag zugrunde gelegt wurde.

LÖSUNG Die in 2020 gezahlte Geldbuße war grundsätzlich eine nicht abziehbare Betriebsausgabe nach **§ 4 Abs. 5 Nr. 8 EStG**; die Ausnahmeregelung in **Satz 4** kam jedoch zum Ansatz, da die Gewinnabschöpfung **»brutto«, d. h. ohne Berücksichtigung der hierauf entfallenden Ertragsteuern** erfolgte. Dies bedeutet, dass der Erstattungsbetrag i. H. v. 30 000 € im VZ 2024 eine **steuerpflichtige Betriebseinnahme** ist und **nicht** nach § 4 Abs. 5 Nr. 8 Satz 3 EStG im Umkehrschluss bei der Einkommensermittlung wieder außerbilanzmäßig abzurechnen ist (**§ 4 Abs. 5 Nr. 8 Satz 4 HS 2 EStG**).

3.7 Aufsichtsratvergütungen

3.7.1 Allgemeines

Kraft ausdrücklicher (wenn auch systematisch nicht begründbarer) Regelung stellt die **Hälfte** von Aufsichtsratvergütungen nichtabziehbare Aufwendungen dar. Diese an die Überwachungsorgane von Körperschaften gezahlten Vergütungen stellen an sich nach § 4 Abs. 4 EStG Betriebsausgaben dar, die ohne die Vorschrift des § 10 Nr. 4 KStG in voller Höhe abzugsfähig wären. Das Abzugsverbot gilt für **alle** Körperschaftsteuerpflichtigen, nicht nur für Kapitalgesellschaften (auf die die Vorschrift natürlich zugeschnitten ist). § 10 Nr. 4 KStG gilt aber ebenso bei Genossenschaften und Betrieben gewerblicher Art von juristischen Personen des öffentlichen Rechts (insbesondere bei Sparkassen).

3.7.2 Personenkreis und Gremien i. S. v. § 10 Nr. 4 KStG

Die Aufzählung des Personenkreises und der Gremien im Gesetz ist beispielhaft. Außer den aufgezählten Gremien Aufsichtsrat, Verwaltungsrat und Grubenvorstand können z. B. auch Beiräte unter die Vorschrift fallen. Es ist auch denkbar, dass neben einem Aufsichtsrat ein Beirat bestellt wird. Aufgrund des Gesellschaftsvertrags kann die umfassende Kontrollbefugnis der Gesellschafter auf ein anderes Gesellschaftsorgan, wie einem zu bildenden Beirat, übertragen werden. Das gilt auch dann, wenn ein Aufsichtsrat besteht. Im Falle des obligatorischen Aufsichtsrates (z. B. AG) können die Gesellschafter ihre Überwachungsrechte, soweit sie nicht dem Aufsichtsrat obliegen, ebenfalls auf ein besonderes Organ übertragen, das neben dem Aufsichtsrat die Geschäftsführung überwacht.

Für die Frage der Abzugsfähigkeit der Vergütungen der Mitglieder ist es entscheidend, ob der Beirat eine erweiterte Geschäftsführung oder aber **Überwachungsfunktion** wahrnimmt (vgl. BFH vom 11.03.1981 BB 1981, 319). Aufgrund der beispielhaften Aufzählung gilt die Vorschrift für alle Personen, die die Geschäftsführung überwachen; vgl. 3.7.3.

3.7.3 Überwachungsfunktion

Unter das hälftige Abzugsverbot fallen Vergütungen jeder Art, die an mit der Überwachung der Geschäftsführung beauftragte Personen gewährt werden. Der Begriff der Überwachung ist **weit** auszulegen (R 10.3 Abs. 3 Satz 1 KStR). Das Abzugsverbot gilt für jede Tätigkeit eines Aufsichtsratsmitgliedes, die in dem möglichen Rahmen seiner Aufgaben liegt (R 10.3 Abs. 3 Satz 2 KStR).

BEISPIEL

Das Honorar für Finanzierungsberatung einer GmbH durch eines ihrer Verwaltungsratmitglieder fällt noch in den Rahmen der Überwachungstätigkeit und ist daher nur zur Hälfte abzugsfähig (H 10.3 [Finanzierungsberatung einer AG] KStH).

Nach dem BFH-Urteil vom 28.08.2003 (BStBl II 2004, 112) übt eine Tätigkeit als Aufsichtsratsmitglied i. S. d. § 18 Abs. 1 Nr. 3 EStG derjenige aus, der mit der Überwachung der Geschäftsführung einer Gesellschaft beauftragt ist. Dies ist dann nicht der Fall, wenn vom Beauftragten im Wesentlichen Aufgaben der Geschäftsführung wahrgenommen werden.

Es gelten hierbei folgende Abgrenzungskriterien:
§ 10 Nr. 4 KStG betrifft Mitglieder von Organen einer Körperschaft wie Aufsichtsrat, Verwaltungsrat oder andere Personen, die mit der Überwachung der Geschäftsführung beauftragt sind. Auf die tatsächliche Bezeichnung dieser Personen kommt es nicht an. Wesentlich ist die von ihnen ausgeübte Tätigkeit. Der Begriff der überwachenden Tätigkeit ist dabei zwar **weit auszulegen**. Hiervon ist allerdings dann nicht mehr auszugehen, wenn im Wesentlichen Aufgaben der Geschäftsführung selbst wahrgenommen werden. Ebenso wenig hat eine Tätigkeit überwachende Funktion, wenn jemand gegenüber der Geschäftsführung einer Kapitalgesellschaft **lediglich beratend tätig wird**. Zwar kann in beiden Funktionen die Geschäftsführung einer Kapitalgesellschaft beeinflusst werden; als wesentliches Merkmal der Überwachung fehlen der Beratungstätigkeit jedoch das Recht und die Pflicht zur Kontrolle der Geschäftsführung. Voraussetzung ist also, dass die beauftragte Person nicht ausschließlich beratende Funktion hat, sondern aufgrund der Überwachungsfunktion auch gesellschaftsrechtlich verantwortlich und ggf. schadenersatzpflichtig ist.

Auch eine Vergütung, die eine Kapitalgesellschaft einem Mitglied ihres Aufsichtsrats für die Einschaltung in Aufgaben der Geschäftsführung gewährt, fällt unter das hälftige Abzugsverbot (H 10.3 [Finanzierungsberatung einer AG] KStH). Dagegen fallen Vergütungen, die eine Kapitalgesellschaft an den vom Aufsichtsrat zur Unterstützung seiner Kontrollfunktion beauftragten Sachverständigen zahlt, nicht unter § 10 Nr. 3 KStG (vgl. BFH vom 30.09.1975 BStBl II 1976, 155; H 10.3 [Sachverständige] KStH). Das Abzugsverbot gilt auch bei »gemischter« Tätigkeit. Der Begriff der Überwachung der Geschäftsführung ist von der Rechtsprechung weit ausgelegt worden. Auch wenn diesem Organ Geschäftsführungshandlungen zugewiesen werden, verliert es nicht seine Eigenschaft als Überwachungsorgan.

Als Überwachungsorgane sind auch solche Einrichtungen anzusehen, die eine Zwischenstellung zwischen Geschäftsführung und Aufsichtsrat einnehmen, aber im Wesentlichen oder überwiegend eine überwachende Tätigkeit ausüben. Die Tätigkeit ist im Wesentlichen eine Überwachungstätigkeit, wenn der Beirat wesentlich die Rechte einer Gesellschafterversammlung wahrnimmt. Das gilt auch dann, wenn nach dem Gesellschaftsvertrag bestimmte Geschäfte der Zustimmung des Beirates bedürfen. Die Zustimmung stellt keine Handlung der Geschäftsführung, sondern eine Überwachungsfunktion dar.

BEISPIEL

Die A-GmbH ist eine Organgesellschaft der B-AG. Die A-GmbH hat neben einem Aufsichtsrat noch einen Beirat. Dem Beirat gehören leitende Angestellte der Obergesellschaft (B-AG) an. Der Beirat übt, soweit übertragbar, die Rechte der Gesellschafterversammlung aus und soll die Geschäftsführung beraten und unterstützen. Maßnahmen der Geschäftsführung von wesentlicher Bedeutung bedürfen der Zustimmung des Beirates.

LÖSUNG Bei dem Beirat der A-GmbH handelt es sich im Wesentlichen um ein Organ mit Überwachungsfunktion. Die Vergütungen an die Mitglieder des Beirates sind daher zur Hälfte dem Einkommen der A-GmbH wieder hinzurechnen.

Denn bei einer GmbH unterliegen Prüfung und Überwachung der Geschäftsführung der Bestimmung durch die Gesellschafter. Das Prüfungs- und Überwachungsrecht der Gesellschafter einer GmbH ist umfassend. Sie können jedes einzelne Geschäft prüfen, sich darüber berichten lassen, die Unterlagen einsehen und die persönliche Berichterstattung anordnen. Sie können auch einen Katalog zustimmungsbedürftiger Geschäfte aufstellen. Schließlich können sie auch mit diesen Überwachungsmaßnahmen ein Gremium beauftragen. Das ist z. B. ein Beirat (vgl. BFH vom 11.03.1981 BB 1981, 1319).

3.7.4 Begriff und Umfang der Vergütungen

Vergütungen i. S. v. § 10 Nr. 4 KStG sind **alle Leistungen**, die Entgelt für die Überwachung sind. Dazu gehören auch Tagegelder, Sitzungsgelder, Reisekostenersatz und sonstige Aufwandsentschädigungen. Eine Ausnahme besteht bei gesonderter Erstattung nachgewiesener Aufwendungen, die den tatsächlichen Aufwendungen entspricht. Diese Aufwendungen sind in voller Höhe abziehbar (R 10.3 Abs. 1 Satz 3 KStR).

BEISPIEL

Außer der Aufsichtsratvergütung wird ohne Nachweis ein Tagegeld von 20 € je Sitzungstag gewährt.

LÖSUNG Auch die Tagegelder unterliegen in diesem Falle dem hälftigen Abzugsverbot.

Die auf die Vergütungen entfallende Umsatzsteuer wirkt sich nach R 10.3 Abs. 2 KStR wie folgt aus: Unterliegt die Vergütung bei der Umsatzsteuer der Regelbesteuerung und nimmt die Körperschaft des Vorsteuerabzug (§ 15 UStG) in Anspruch, ist bei der Einkommensermittlung die Hälfte des **Nettobetrags** der Vergütung (also **ohne Umsatzsteuer**) hinzuzurechnen. Ist die Körperschaft nicht oder nur teilweise vorsteuerabzugsberechtigt, ist außerdem die Hälfte der gesamten oder der nichtabziehbaren Vorsteuer hinzuzurechnen.

BEISPIEL

Die – zum vollen Vorsteuerabzug berechtigte – X-GmbH hat die zu zahlende Verwaltungsratsvergütung für 2024 wie folgt verbucht:

Konto Vorsteuer	9 500 €			
Aufwandskonto Aufsichtsratvergütungen	50 000 €	an	sonstige Verbindlichkeiten	59 500 €

LÖSUNG Der Handelsbilanzgewinn ist für steuerliche Zwecke gem. § 10 Nr. 4 KStG um 50 % von 50 000 € = 25 000 € zu erhöhen.

Verdeckte Gewinnausschüttungen an Aufsichtsratsmitglieder fallen **nicht** unter § 10 Nr. 4 KStG, sondern **vorrangig** unter § 8 Abs. 3 Satz 2 KStG, sind also in voller Höhe bei der Einkommensermittlung hinzuzurechnen (vgl. BFH vom 20.01.1993 BStBl II 1993, 377).

3.7.5 Durchführung des Abzugsverbots

Da Aufsichtsratvergütungen usw. sowohl handelsrechtlich als auch nach § 4 Abs. 4 EStG Betriebsausgaben sind, werden im Regelfall die gesamten (Netto-)Vergütungen von der Körperschaft gewinnmindernd behandelt worden sein. Daher ist zur Ermittlung des Einkommens die Hälfte der Vergütungen dem Gewinn hinzuzurechnen.

3.8 Ermittlung des zu versteuernden Einkommens

Bemessungsgrundlage für die tarifliche KSt ist das zu versteuernde Einkommen. In R 7.1 KStR enthalten die Körperschaftsteuerrichtlinien ein **Ermittlungsschema**, das die bei der Einkommensteuer zu beachtenden Rechenstufen auch für die Körperschaftsteuer nachvollzieht.

Zu beachten ist die Zuordnung des Spendenabzugs auf der Rechenstufe vor dem Gesamtbetrag der Einkünfte; vgl. BFH vom 21.10.1981 BStBl II 1982, 177 und 3.2.4.1. In diesem Punkt weicht das körperschaftsteuerliche Einkommensermittlungsschema von dem einkommensteuerlichen ab. Bedingt ist dies dadurch, dass der BFH vom 21.10.1981 [a. a. O.] den Spendenabzug bei der Körperschaftsteuer dem Bereich der Einkunftsermittlung zuordnet.

Einkommensermittlung bei Körperschaften i. S. d. § 8 Abs. 2 KStG:

	Gewinn/Verlust lt. Steuerbilanz bzw. Jahresüberschuss- / -fehlbetrag laut Handelsbilanz ggf. korrigiert nach § 60 Abs. 2 EStDV
+ / ./.	**Hinzurechnungen/Kürzungen soweit gewinnmäßige Auswirkungen:**
+	offene Gewinnausschüttungen (§ 8 Abs. 3 Satz 1 KStG)
+	**verdeckte Gewinnausschüttungen (§ 8 Abs. 3 Satz 2 KStG)**
./.	offene Einlagen (§ 4 Abs. 1 EStG)
./.	**verdeckte Einlagen (§ 8 Abs. 3 Satz 3 KStG)**
+	**nicht abziehbare Steuern einschl. Nebenleistungen (§ 10 Nr. 2 KStG)**
./.	Erstattung nicht abziehbarer Steuern einschließlich Nebenleistungen (Umkehrschluss § 10 Nr. 2 KStG)
+	Geldstrafen/Geldbußen (§ 10 Nr. 3 KStG, § 4 Abs. 5 Nr. 8 EStG)

+	die Hälfte der Aufsichtsratsvergütungen (§ 10 Nr. 4 KStG)
+	andere nicht abziehbare Aufwendungen (z. B. § 4 Abs. 5 und 7 EStG, § 160 AO)
+ / ./.	**Kürzungen/Hinzurechnungen nach § 8b KStG**
./.	steuerfreie Einnahmen (z. B. Investitionszulagen nach § 13 InvZulG oder nach § 3 EStG, DBA)
+	Spenden (§ 9 Abs. 2 KStG)
=	steuerlicher Gewinn
./.	abzugsfähige Spenden (§ 9 Abs. 1 Nr. 2 KStG)
./.	Verlustabzug (§ 10d EStG i. V. m. § 8c KStG)
=	**zu versteuerndes Einkommen**

Vgl. hierzu auch R 7.1 Abs. 1 KStR.

4 Einkommensermittlung bei nach dem Handelsgesetzbuch zur Führung von Büchern verpflichteten Körperschaften

4.1 Einkommensermittlung als Gewinnermittlung

Bei den nach dem HGB zur Führung von Büchern verpflichteten Körperschaften, insbesondere GmbH und AG (§ 6 Abs. 2 HGB, § 238 Abs. 1 HGB), ist Einkommensermittlung vorwiegend Gewinnermittlung, da diese Körperschaften nach dem Körperschaftsteuergesetz ausschließlich Einkünfte aus **§ 15 EStG** erzielen (§ 8 Abs. 2 KStG) **und** handelsrechtlich alle Zu- und Abflüsse – wenn ein betrieblicher Zusammenhang besteht – Ertrag bzw. Aufwand darstellen (soweit sie sich nicht auf gesellschaftsrechtlicher Ebene bewegen, vgl. 4.4). Daher haben **steuerfreie Einnahmen** den Handelsbilanzgewinn in der Regel erhöht. Nichtabziehbare Aufwendungen nach dem Einkommensteuergesetz oder Körperschaftsteuergesetz sind dagegen als Aufwand behandelt worden.

Der Körperschaftsteuer unterliegt jedoch das Einkommen (§ 8 Abs. 1 KStG) unter Berücksichtigung einkommensteuerlicher, körperschaftsteuerlicher und sonstiger Abzugsverbote sowie sachlicher Steuerbefreiungen. Der Gewinnbegriff des § 4 Abs. 1 EStG gilt auch für die Körperschaftsteuer. Bei Kapitalgesellschaften gibt es allerdings keine »Entnahmen« i. S. d. § 4 Abs. 1 EStG, da diese eine Privatsphäre neben dem betrieblichen Bereich des Steuerpflichtigen voraussetzen. Bei der Körperschaftsteuer ist allerdings ein modifizierter **Einlagebegriff** zu beachten. Als Einlagen werden hier durch das Gesellschaftsverhältnis veranlasste Kapitalzuführungen eines Gesellschafters an die Kapitalgesellschaft bezeichnet. Diese dürfen ebenfalls das Einkommen der Kapitalgesellschaft nicht erhöhen (vgl. im Einzelnen 4.4).

Gleichwohl stellt der Unterschiedsbetrag zwischen dem Betriebsvermögen am Schluss des Wirtschaftsjahres und dem Betriebsvermögen am Schluss des vorangegangenen Wirtschaftsjahres noch nicht das körperschaftsteuerliche Einkommen (§ 8 KStG) dar. Vielmehr müssen – ausgehend vom Handelsbilanz- oder Steuerbilanzgewinn – Hinzurechnungen und Abrechnungen **außerhalb** der Handelsbilanz/Steuerbilanz vorgenommen werden.

Ergebnis:

	Gewinn nach Betriebsvermögensvergleich (§ 4 Abs. 1, § 5 EStG)
+	nichtabziehbare Aufwendungen (z. B. § 3c, § 4 Abs. 5 EStG, **§ 4 Abs. 5 b EStG**, § 10 KStG)
./.	steuerfreie Betriebseinnahmen (z. B. § 3 EStG, Investitionszulage; steuerfreie Auslandseinkünfte); zu 95 % steuerfreie Dividenden und Veräußerungsgewinne (§ 8b Abs. 1, 2 und 5 KStG)
=	**Einkommen**

Bei dem Einkommensermittlungsschema in R 7.1 KStR ist unterstellt, dass Zu- und Abflüsse auf gesellschaftsrechtlicher Ebene (z. B. Einlagen, Gewinnausschüttungen) und die nach § 9 Abs. 1 Nr. 2 KStG abziehbaren Spenden den Gewinn nicht beeinflusst haben. Die Finanzverwaltung berücksichtigt Spenden nicht bereits bei der Gewinnermittlung, aber immerhin vor der Rechenstufe »Gesamtbetrag der Einkünfte«. Für die Körperschaften, die gemäß § 8 Abs. 2 KStG nur Einkünfte aus Gewerbebetrieb haben, reduziert sich das **Schema der Einkommensermittlung** i. S. d. R 7.1 KStR wie folgt:

1.		Gewinn/Einkünfte aus Gewerbebetrieb (§ 8 Abs. 2 KStG) = Summe der Einkünfte
2.	./.	abzugsfähige Spenden und Beiträge (§ 9 Abs. 1 Nr. 2 KStG)
3.	+	zuzurechnendes Einkommen von Organgesellschaften (§§ 14, 17, 18 KStG)
4.	=	Gesamtbetrag der Einkünfte
5.	./.	Verlustabzug (§ 10d EStG)
6.	=	**Einkommen/zu versteuerndes Einkommen**

Dabei stellt Zeile 1 nicht den Handelsbilanz-/Steuerbilanz-Gewinn (Jahresüberschuss) dar, sondern das körperschaftsteuerliche Ergebnis nach Abzug sämtlicher steuerfreier Vermögensmehrungen sowie nach Hinzurechnung sämtlicher nichtabziehbarer Aufwendungen.

4.2 Handelsbilanz- und Steuerbilanzgewinn

4.2.1 Jahresüberschuss/Jahresfehlbetrag

Das Jahresergebnis der Kapitalgesellschaft – Jahresüberschuss oder Jahresfehlbetrag – ist nach § 266 Abs. 3 A V HGB auf der Passivseite der Handelsbilanz grds. **gesondert** auszuweisen. Ein Jahresfehlbetrag ist nicht auf der Aktivseite auszuweisen, sondern auf der Passivseite bei Pos. A V **offen abzusetzen**. Eine Verrechnung von Gewinn und Verlust mit dem gezeichneten Kapital (Grund- bzw. Stammkapital) ist grds. unzulässig.

Die Begriffe »Bilanzgewinn«/»Bilanzverlust« sind **nicht** identisch mit dem »Jahresüberschuss« bzw. »Jahresfehlbetrag« i. S. d. § 266 Abs. 3 A V HGB, insbesondere wegen der vor Feststellung des Jahresabschlusses möglichen Bildung und Auflösung von Rücklagen zu Lasten bzw. zugunsten des auszuweisenden Bilanzergebnisses. Vgl. 4.2.2.

Mit dem Jahresüberschuss bzw. Jahresfehlbetrag wird handelsrechtlich wie folgt verfahren: Der Jahresüberschuss eines abgelaufenen Wirtschaftsjahres wird nach der Feststellung des Jahresabschlusses häufig auf ein besonderes Konto übertragen, das so genannte **Ergebnisverwendungskonto** (Buchung: Bilanzkonto an Ergebnisverwendungskonto). Dort wird das Ergebnis so lange gesondert ausgewiesen, bis die Gesellschafterversammlung bzw. Hauptversammlung über seine Verwendung einen Beschluss gefasst hat. Die aufgrund des

Gewinnverwendungsbeschlusses zu treffenden Verfügungen sind Geschäftsvorfälle des neuen Wirtschaftsjahres. Sie sind erfolgsneutral.

In dem Ergebnisverwendungsbeschluss muss bestimmt werden, inwieweit der Jahresüberschuss verteilt wird. Dies kann durch Ausschüttungen an die Gesellschafter oder durch Zuweisungen an Dritte erfolgen (soweit satzungsmäßig bestimmt). Soweit Gewinnausschüttungen vorliegen, darf das Einkommen der Kapitalgesellschaft hierdurch nicht gemindert werden, vgl. 4.3; inwieweit der Gewinn von der Verteilung ausgeschlossen wird. Zu diesem Zweck kann die Hauptversammlung bzw. die Gesellschafterversammlung aus dem festgestellten Jahresüberschuss Beträge in »Gewinnrücklagen« (§ 266 Abs. 3 unter A III HGB) einstellen oder einem »Gewinnvortrag« (§ 266 Abs. 3 unter A IV HGB) zuführen, d. h. auf »neue Rechnung« vortragen. Auch hierdurch darf sich das körperschaftsteuerliche Einkommen nicht mindern, vgl. 4.3. Ein Jahresfehlbetrag wird als Verlustvortrag auf der Passivseite als Negativposten weitergeführt. Auch ausgehend von einem Jahresfehlbetrag eines Wirtschaftsjahres ist körperschaftsteuerlich zunächst eine reguläre Einkommensermittlung – insbes. mit Hinzurechnung nichtabziehbaren Aufwendungen – vorzunehmen.

4.2.2 Bilanzgewinn/Bilanzverlust

Vom **Jahresergebnis** ist das **Bilanzergebnis** zu unterscheiden. Die Bilanz darf nämlich auch unter Berücksichtigung der vollständigen oder teilweisen Verwendung des Jahresergebnisses aufgestellt werden (§ 268 Abs. 1 Satz 1 HGB). In diesem Falle tritt an die Stelle der Bilanzposten »Jahresüberschuss/Jahresfehlbetrag« und »Gewinnvortrag/Verlustvortrag« der Bilanzposten »Bilanzgewinn/Bilanzverlust«. Ein vorhandener Ergebnisvortrag ist mithin in die Position Bilanzgewinn/Bilanzverlust einzubeziehen. Dies muss in der Bilanz oder im Anhang gesondert angegeben werden.

Der Bilanzgewinn bzw. Bilanzverlust ergeben sich **nach** Vornahme der Korrekturen, die in § 158 Abs. 1 AktG vorgesehen sind (Verlängerung der G+V-Rechnung).

Somit sind **Bilanzgewinn/Bilanzverlust** wie folgt zu entwickeln:

	Jahresüberschuss/Jahresfehlbetrag
+/ ./.	Gewinnvortrag/Verlustvortrag aus dem Vorjahr
+	Entnahmen aus der Kapitalrücklage (vgl. § 272 Abs. 2 HGB)
+	Entnahmen aus Gewinnrücklagen (vgl. auch § 270 Abs. 2 HGB)
./.	Einstellungen in Gewinnrücklagen (vgl. auch § 270 Abs. 2 HGB)
=	**Bilanzgewinn/Bilanzverlust**

In den Fällen des § 268 Abs. 1 HGB erfolgt die Einbeziehung eines Ergebnisvortrags sowie die Bildung bzw. Auflösung von Rücklagen im Rahmen der Aufstellung der Bilanz durch Vorstand (AG) bzw. Geschäftsführung (GmbH). Diese Vorgänge sind daher noch im Rahmen des Jahresabschlusses zu buchen, sind also noch Geschäftsvorfälle des abgelaufenen Wirtschaftsjahrs (im Gegensatz zur späteren Gewinnverwendung durch Beschlussfassung der Hauptversammlung bzw. Geschäftsführung, die Geschäftsvorfälle des neuen Wirtschaftsjahrs sind).

Der Anknüpfungspunkt für die Besteuerung bleibt in diesen Fällen trotzdem der Jahresüberschuss (es wird für die Einkommensermittlung eine Rückrechnung vorgenommen). Dabei ist zu beachten, dass der zur Körperschaftsteuer heranzuziehende Gewinn **nicht** identisch mit dem Bilanzgewinn bzw. -verlust, wie er im handelsrechtlichen Jahresabschluss ausgewiesen wird (§ 266 Abs. 3 unter A V bzw. § 268 Abs. 1 HGB, § 152 AktG), ist. Eventuell vorhandene Abweichungen sind auf die unterschiedlichen Zwecke von handelsrechtlicher und steuerlicher Gewinnermittlung zurückzuführen. Ziel der steuerlichen Gewinnermittlung ist die Erfassung des tatsächlich erwirtschafteten Betriebsgewinns. Das Ziel der **handelsrechtlichen Gewinnermittlung** besteht darin, unabhängig vom wirklichen Betriebsergebnis den Betrag als Gewinn auszuweisen, der zur Ausschüttung an die Gesellschafter in Betracht kommt. Soweit nämlich Ansprüche des Gesellschafters auf den Gewinn bestehen, sind sie – bei der AG nach § 58 Abs. 4 AktG und bei der GmbH nach § 29 GmbHG – begrenzt auf das Bilanzergebnis (Jahresüberschuss/Jahresfehlbetrag, ggf. korrigiert um die in 4.3 beschriebenen Korrekturen).

Die Handelsbilanz hat bei der AG/GmbH die Funktion einer Gewinnverteilungs- bzw. -verwendungsbilanz. Im Gewinnverwendungsbeschluss nach Ablauf des Wirtschaftsjahres muss auch bestimmt werden, inwieweit der Bilanzgewinn von der Verteilung ausgeschlossen ist. Durch die Bildung von Gewinnrücklagen sowie die Zuführung zu den Gewinnrücklagen hat sich der ausgewiesene Bilanzgewinn gemindert, durch die Auflösung von Gewinnrücklagen zugunsten des Handelsbilanz-/Steuerbilanzgewinns erhöht. Ebenso wenn im Bilanzgewinn ein aufgelöster Gewinnvortrag aus dem Vorjahr enthalten ist.

Körperschaftsteuerlich darf der Gewinn aber weder durch Zuführung zur gesetzlichen noch durch Zuführungen zu sonstigen Gewinnrücklagen verändert werden. Die Auflösung von Rücklagen darf den steuerpflichtigen Gewinn ebensowenig berühren. Eine Auflösung erfolgt handelsrechtlich entweder zur Erhöhung des Bilanzgewinns oder sie erfolgt zum Ausgleich eines Jahresfehlbetrages. Die Bildung von Gewinnrücklagen in der Handelsbilanz ist bei der GmbH in das Belieben der Gesellschafterversammlung gestellt, während bei der AG zu unterscheiden ist zwischen der so genannten »gesetzlichen« Rücklage, in die nach § 150 AktG bestimmte Beträge einzustellen sind und der sonstigen Gewinnrücklage, die darüber hinaus freiwillig gebildet werden kann. Die Bildung freier Rücklagen ist bei der AG durch § 58 AktG zum Schutz der Aktionäre eingeschränkt.

Ohne die Vorschrift könnte sonst ständig der gesamte Jahresüberschuss in die Rücklage eingestellt werden, so dass keine Ausschüttungen erfolgen könnten. Weiterhin ist es für den handelsrechtlichen Abschluss ohne Bedeutung, ob die Rücklagenbildung aus steuerpflichtigem Gewinn oder steuerfreien Vermögensmehrungen herrührt. Körperschaftsteuerlich muss weiterhin zwischen Rücklagenbildung aus versteuertem Gewinn bzw. aus steuerfreien Vermögensmehrungen unterschieden werden. Bei Zuführung zu Rücklagen aus nicht der Körperschaftsteuer unterliegenden Vermögensmehrungen (z. B. Einlagen der Anteilseigner), die auch nicht zu Lasten des Handelsbilanzgewinns erfolgen, entfällt eine Korrektur außerhalb der Bilanz, da der Bilanzgewinn insoweit zutreffend ausgewiesen ist.

BEISPIEL

Die Handelsbilanz der X-AG zum 31.12.2024 zeigt folgendes Bild:

Aktiva			Passiva
	600 000 €		250 000
		gezeichnetes Kapital	€ 10 000
		gesetzliche Rücklage	€ 100 00
		andere Gewinnrücklagen	0 € 40 00
		KSt-Rückstellung	0 € 200 0
verschiedene Aktiva		Bilanzgewinn	00 €
	600 000 €		600 000 €

Aus dem Ergebnis für 2024 wurden 75 000 € in andere Gewinnrücklagen umgewandelt.

Im Bilanzgewinn sind 10 000 € aus der Auflösung des Gewinnvortrags 2023 enthalten.

LÖSUNG

Bilanzgewinn 2024		200 000 €
+ Zuführung zu Rücklagen 2024	+	75 000 €
./. Auflösung Gewinnvortrag 2023	./.	10 000 €
Jahresüberschuss 2024		**265 000 €**

Diese Entwicklung erfolgt außerhalb der Bilanz.

4.3 Abweichungen zwischen Handelsbilanz- und Steuerbilanzgewinn

Weitere Abweichungen zwischen Handelsbilanzgewinn und Gewinn laut Steuerbilanz können durch steuerlich unzulässige Wertansätze in der Handelsbilanz entstehen.

Diese können u. a. auf Unterschieden bei den Bewertungsvorschriften nach §§ 6 ff. EStG und §§ 252–256 HGB (insbesondere umfangreichere Aktivierungspflichten im Steuerrecht) sowie höheren Abschreibungsmöglichkeiten im Handelsrecht (hier ist z. T. eine Unterbewertung möglich) beruhen.

Eine Verpflichtung zur Aufstellung einer Steuerbilanz besteht zwar nicht (Umkehrschluss aus § 60 Abs. 2 Satz 2 EStDV i. V. m. R 8.1 Abs. 1 Nr. 2 KStR), auch nicht für die GmbH und AG. Jedoch ist außerhalb der Handelsbilanz ein Korrekturposten zur Anpassung an die steuerliche Gewinnermittlung zu bilden (§ 60 Abs. 2 Satz 1 EStDV).

BEISPIEL

Die Y-GmbH hat für 2024 nur eine Handelsbilanz, also keine Steuerbilanz aufgestellt. Der Handelsbilanzgewinn (Jahresüberschuss) beträgt 100 000 €. Es wird festgestellt, dass in 2024 zu Lasten des Handelsbilanzgewinns eine um 5 000 € zu hohe AfA vorgenommen und eine steuerlich unzulässige Rückstellung von 11 000 € gebildet wurde.

LÖSUNG

Handelsbilanzgewinn		100 000 €
+ Korrekturposten nach § 60 Abs. 2 Satz 1 EStDV (5 000 € + 11 000 € =)	+	16 000 €
steuerlicher Gewinn (vor Korrektur der Körperschaftsteuer-Rückstellung)		**116 000 €**

4.4 Gesellschaftliche Vermögensmehrungen und -minderungen

Gesellschaftliche Vermögensmehrungen (das sind offene und verdeckte Einlagen der Gesellschafter) und gesellschaftliche Vermögensminderungen (offene und verdeckte Gewinnausschüttungen und Rückzahlung von Kapital an die Gesellschafter) dürfen das Einkommen – im Gegensatz zu betrieblich veranlassten Vorgängen – nicht berühren.

Rechtsbeziehungen zwischen der Kapitalgesellschaft und den Gesellschaften können auf schuldrechtlicher Ebene oder auf der gesellschaftsrechtlichen Ebene erfolgen. Dabei sind folgende Fälle zu unterscheiden:

ÜBERSICHT Rechtsbeziehungen zwischen Kapitalgesellschaft und Gesellschafter

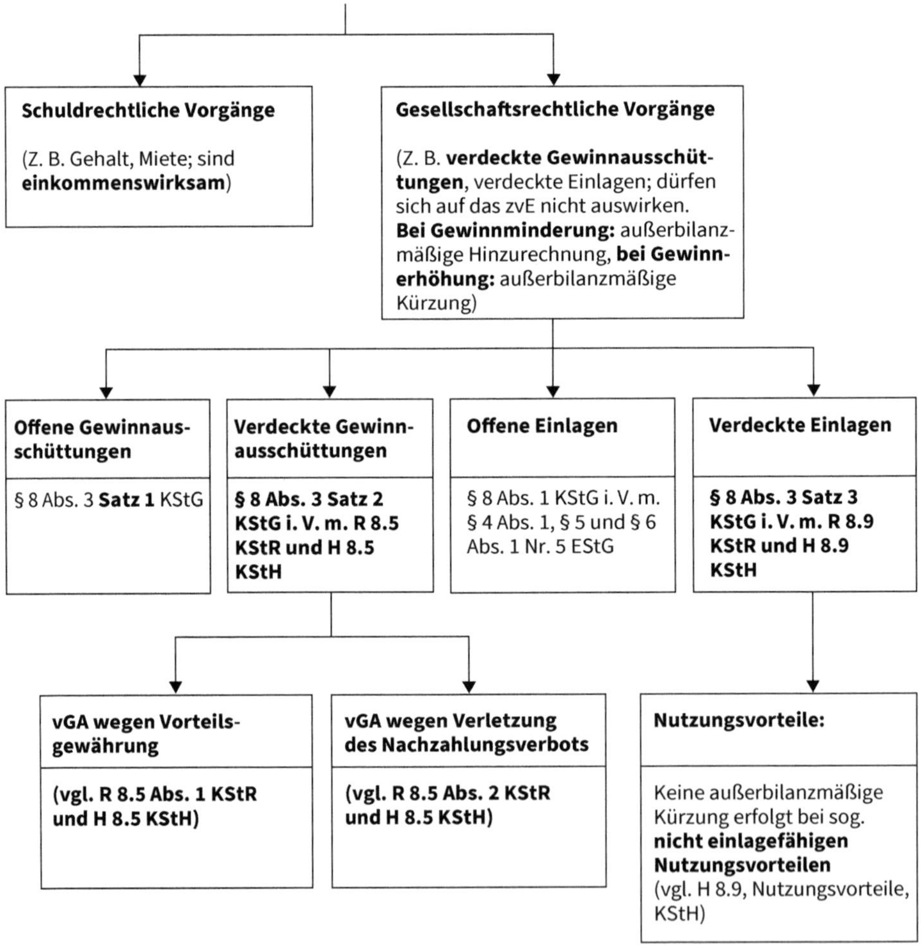

4.4.1 Gesellschaftliche Einlagen

Es ist ein anerkannter körperschaftsteuerlicher Grundsatz, dass gesellschaftliche Einlagen nicht der Körperschaftsteuer unterliegende Vermögensmehrungen sind. Sie erhöhen also nicht den steuerlichen Gewinn und damit auch nicht das Einkommen der Kapitalgesellschaft. Dies steht auch - soweit es sich um gesellschaftsrechtliche Einlagen handelt - im Einklang mit der handelsrechtlichen Handhabung.

Dass gesellschaftliche Einlagen den Gewinn einer Kapitalgesellschaft nicht erhöhen dürfen, ergibt sich aus dem - gemäß § 8 Abs. 1 KStG auch für die Körperschaftsteuer geltenden - Rechtsgedanken des § 4 Abs. 1 EStG (vgl. BFH vom 03.02.1971 BStBl II 1971, 408 und Beschluss des Großen Senats vom 26.10.1987 BStBl II 1988, 348). Zwar sind gesellschaftliche Einlagen - also Einlagen eines Gesellschafters in eine Kapitalgesellschaft - rechtlich nicht identisch mit Einlagen einer natürlichen Person in ihr Personenunternehmen (Einzelunternehmen oder Personengesellschaft). Im Bereich der Kapitalgesellschaften ist unter Einlagen die - offene oder verdeckte - Zuführung von Wirtschaftsgütern durch den Gesellschafter in die Gesellschaft zu verstehen. Doch vom wirtschaftlichen Grundgehalt her besteht zwischen beiden Einlageformen wesentliche Übereinstimmung. Daher sind auch beim körperschaftlichen Betriebsvermögensvergleich gesellschaftliche Einlagen abzuziehen (soweit sie das Betriebsvermögen und damit den Gewinn erhöht haben).

Gesellschaftliche Einlagen - als Oberbegriff - sind alle durch das Gesellschaftsverhältnis veranlassten Kapitalzuführungen eines Gesellschafters in die Kapitalgesellschaft (vgl. BFH vom 09.03.1983 BStBl II 1983, 744; BFH vom 11.04.1984 BStBl II 1984, 535 und BFH vom 14.11.1984 BStBl II 1985, 227).

4.4.1.1 Übersicht verschiedener gesellschaftsrechtlicher Einlagen

Vermögensmehrungen auf gesellschaftsrechtlicher Ebene liegen vor allem vor bei der Leistung von Einlagen durch die Gesellschafter bei Gründung der Körperschaft oder Kapitalerhöhung. Es handelt sich um gesellschaftsrechtlichen Vorschriften entsprechende Einlagen (vgl. BFH vom 19.02.1970 BStBl II 1970, 442) betr. handelsrechtliche Einlagen. Hierunter fallen Pflichteinlagen und freiwillige Einlagen. Typische Fälle für gesellschaftsrechtliche Einlagen sind bei Aktiengesellschaften insbesondere der Nennbetrag von Aktien, das Agio bei einer Überpari-Emission gem § 272 Abs. 2 Nr. 1 HGB sowie die Zuzahlung zur Einräumung von Vorzugsaktien gem. § 272 Abs. 2 Nr. 3 HGB. Bei GmbHs kommen gesellschaftsrechtliche Einlagen insbesondere in Form der Leistung(en) auf die Stammeinlage(n), sowie die Zahlung eines eventuellen Aufgelds auf die Stammeinlage oder eines Nachschusses gem. § 26 GmbHG in Frage.

Gesellschaftsrechtliche Einlagen können zu **Nennkapital** führen (Leistungen auf den Nennbetrag von Aktien bzw. Stammeinlagen) oder in die **Kapitalrücklagen** einzustellen sein (z. B. Ausgabeaufgeld). Bei der AG muss z. B. das Ausgabeaufgeld sogar kraft gesetzlicher Vorschrift (§ 150 Abs. 1 und 2 AktG i. V. m. § 272 Abs. 2 Nr. 1 HGB) in die Kapitalrücklage (§ 266 Abs. 3 A II HGB) eingestellt werden. Gesellschaftsrechtliche Einlagen haben meist handelsrechtlich den Gewinn nicht erhöht. Insoweit bedarf es keiner Korrektur des Gewinns für die Einkommensermittlung.

4.4.1.2 Verdeckte Einlagen (R 8.9 KStR)

Verdeckte Einlagen führen zwar zu einer Erhöhung des ausschüttbaren Vermögens der Kapitalgesellschaft, da sie anders als gesellschaftsrechtliche Einlagen nicht Nennkapital werden und auch nicht in die Kapitalrücklage einzustellen sind, sondern **handelsrechtlich** i. d. R. als **Ertrag** zu behandeln sind. Gleichwohl dürfen sie aber weder den steuerlichen Gewinn noch das Einkommen erhöhen (vgl. BFH vom 19.02.1970 BStBl II 1970, 442).

4.4.1.2.1 Begriff der verdeckten Einlage

Verdeckte Einlagen sind weder im HGB noch im KStG ausdrücklich gesetzlich geregelt. Lediglich § 27 KStG verwendet den Begriff »nicht in das Nennkapital geleistete Einlagen«:

Eine verdeckte Einlage liegt nach der BFH-Rechtsprechung vor, wenn ein Gesellschafter oder eine ihm nahestehende Person (vgl. R 8.9 Abs. 1 KStR) der Kapitalgesellschaft einen einlagefähigen Vermögensvorteil ohne Gegenleistung zuwendet und diese Zuwendung ihre Ursache im Gesellschaftsverhältnis hat (R 8.9 Abs. 3 KStR; BFH vom 15.10.1997, I R 80/96, BFH/NV 1998, 624; vom 12.12.2000, VIII R 22/92, BStBl II 2001, 385; vom 06.11.2003, IV R 10/01, BStBl II 2004, 416; vom 15.03.2017, I R 67/15; vom 31.01.2018, I R 25/16, BFH/NV 2018, 838; vgl. auch Beschluss des Großen Senats des BFH vom 09.06.1997, GrS 1/94, BStBl II 1998, 307).

Für die Annahme einer verdeckten Einlage müssen demnach drei Merkmale erfüllt sein:

1. Unmittelbare oder mittelbare Zuwendung

Die Zuführung des Vermögensvorteils in die Gesellschaft kann unmittelbar – durch den Gesellschafter selbst zu Lasten seines Vermögens – oder mittelbar durch eine dem Gesellschafter nahestehende Person zu Lasten deren Vermögens im Interesse des Gesellschafters – erfolgen (vgl. BFH vom 30.04.1968 BStBl II 1986, 720 sowie vom 06.04.1977 BStBl II 1977, 574; siehe auch R 8.9 Abs. 1 KStR). Eine nahestehende Person kann auch der Ehegatte sein; vgl. H 8.5III (Nahestehende Person) KStH.

BEISPIELE

Der Gesellschafter der GmbH verzichtet formgültig auf Rückzahlung eines – privat gegebenen – fälligen und voll werthaltigen Darlehens von 100 000 €, da die GmbH in Liquiditätsschwierigkeiten ist. Geschäftliche Erwägungen des Gesellschafters sind auszuschließen. Der Vorgang wurde von der GmbH wie folgt verbucht:

a) Darlehensverbindlichkeit 100 000 € an sonstige betriebliche Erträge 100 000 € bzw.
b) Darlehensverbindlichkeit 100 000 € an Kapitalrücklage 100 000 €.

LÖSUNG Der Schulderlass stellt eine verdeckte Einlage dar (unmittelbare, einlagefähige Vorteilszuwendung durch den Gesellschafter selbst). Vgl. BFH vom 29.05.1968 BStBl III 1968, 722.

Im Fall a) ist das Einkommen außerbilanziell um 100 000 € zu vermindern.

Im Fall b) hat die verdeckte Einlage den Gewinn nicht erhöht (bloßer Passiv-Passiv-Tausch), so dass eine außerbilanzielle Verminderung des Einkommens unterbleibt.

2. Einlagefähiger Vermögensvorteil

Einlagefähig sind nur Vermögensvorteile – also Wirtschaftsgüter –, die bei der empfangenden Kapitalgesellschaft bilanzierungsfähig sind. Dies folgt aus § 4 Abs. 1 Satz 1 EStG, der eine Neutralisierung, das heißt den Abzug von Einlagen i. S. v. § 4 Abs. 1 Satz 8 EStG von der Betriebsvermögensveränderung vorschreibt. § 4 Abs. 1 Satz 8 EStG ist über § 8 Abs. 1 KStG entsprechend anwendbar. Nichtbilanzierbare Werte können nicht von der Betriebsvermögensveränderung abziehbar sein. Die Beurteilung erfolgt nach Bilanzrecht (vgl. BFH vom 22.11.1983 BB 1984, 513 und BFH vom 26.10.1987 BStBl II 1988, 348).

Ohne Bedeutung ist hier jedoch das Aktivierungsverbot für unentgeltlich erworbene immaterielle Wirtschaftsgüter nach § 5 Abs. 2 EStG (vgl. BFH vom 20.08.1986 BStBl II 1987, 455 und BFH vom 26.10.1987 [a. a. O.], 353).

Das Vermögen der Kapitalgesellschaft muss sich somit erhöhen, und zwar entweder durch den Ansatz (die Erhöhung) eines Aktivpostens oder den Wegfall (die Verminderung) eines Passivpostens. Vgl. H 8.9 (Einlagefähiger Vermögensvorteil) KStH. Der Vermögensvorteil muss aus dem Vermögen des Anteilseigners (oder der nahestehenden Person) in das Vermögen der Kapitalgesellschaft gelangen und dabei im Zeitpunkt der Zuwendung bereits konkretisiert sein.

BEISPIEL

Für eine gegenüber dem beherrschenden Gesellschafter B erteilten Pensionszusage hat die GmbH eine – steuerlich anerkannte – Pensionsrückstellung zum 31.12.2024 mit 100 000 € passiviert.

Anfang 2025 verzichtet B rechtswirksam auf die bereits erdiente Pensionsanwartschaft (Verzicht auf past-service). Die GmbH buchte: »Pensionsrückstellung an sonstige Erträge 100 000 €«.

LÖSUNG Es liegt eine verdeckte Einlage vor (vgl. BFH vom 15.10.1977 BStBl II 1998, 305). Diese darf das Einkommen nicht erhöhen. Außerbilanziell wird das Einkommen der GmbH im VZ 2025 um 100 000 € reduziert.

3. Ursächlichkeit des Gesellschaftsverhältnisses

Die Ursächlichkeit des Gesellschaftsverhältnisses ist gegeben, wenn ein Nichtgesellschafter bei Anwendung der Sorgfalt eines ordentlichen Kaufmanns (§ 247 HGB) den Vermögensvorteil der Gesellschaft nicht eingeräumt hätte (H 8.5 III [Allgemeines] KStH und die dort zitierten BFH-Urteile). Diese Umschreibung der verdeckten Einlage bedeutet quasi – insoweit – eine Umkehrung des Begriffs der verdeckten Gewinnausschüttung (vgl. R 8.5 Abs. 1 KStR). Es besteht jedoch keine Deckungsgleichheit, da unentgeltliche Nutzungen und Leistungen zwar Gegenstand einer vGA, nicht jedoch einer verdeckten Einlage sein können.

Damit entsprechen die Phänotypen gesellschaftlich veranlasster Vorteilszuwendungen teilweise – bis auf die vorgenannte Ausnahme – denen der verdeckten Gewinnausschüttung, nur mit »umgekehrtem Vorzeichen«. Das Kriterium »Sorgfalt eines ordentlichen Kaufmanns« (vgl. § 247 HGB) ist handelsrechtlich ebenso hinreichend konkretisierbar wie die »Sorgfalt eines ordentlichen und gewissenhaften Geschäftsleiters« nach GmbHG/AktG i. S. d. verdeckten Gewinnausschüttung.

Damit ist – wie bei der verdeckten Gewinnausschüttung – u. E. auch die so genannte Fiktionstheorie anzuwenden, die gedanklich zunächst eine Abwicklung des Vorgangs zu Bedingungen wie unter Fremden mit anschließender Vorteilsgewährung (Rückgewähr eines Teilentgelts) fingiert. Die Anwendung der Fiktionstheorie hat bei verdeckten Einlagen jedoch ihre Grenzen: Insbesondere ist sie nicht anwendbar bei Gebrauchs- und Nutzungsüberlassung eines Wirtschaftsguts (vgl. oben zu 2.). Es bedarf keiner Einigkeit der Kapitalgesellschaft und des Anteilseigners, dass die Zuwendung mit Rücksicht auf das Gesellschaftsverhältnis erfolgt (vgl. BFH vom 14.08.1974 BStBl II 1975, 123 – wie bei einer vGA.

4.4.1.2.2 Nutzungs- und Gebrauchsüberlassung

Die Überlassung des Gebrauchs oder der Nutzung eines Wirtschaftsguts kann **nicht** Gegenstand einer Einlage sein (H 8.9 [Nutzungsvorteile] KStH und BFH vom 26.10.1987 BStBl II 1988, 348).

Das gilt für **unentgeltliche Dienstleistungen** eines Gesellschafters an seine Kapitalgesellschaft entsprechend (vgl. BFH vom 14.03.1989 BStBl II 1989, 633).

BEISPIEL

Der Gesellschafter-Geschäftsführer einer GmbH erbringt seine Tätigkeit in der Anlaufphase ohne Gegenleistung (keine Gehaltsvereinbarung), obwohl ein fremder Geschäftsführer ein Monatsgehalt von 10 000 € erhalten würde. Hierdurch erspart die GmbH im Wj. 120 000 € Lohnaufwand.

LÖSUNG Es liegt keine verdeckte Einlage vor.

Demnach stellt z. B. der Vorteil der **zinslosen** oder **zinsverbilligten Darlehnsgewährung** an eine Kapitalgesellschaft durch ihren Gesellschafter **keine Einlage** dar (H 8.9 [Nutzungsvorteile] KStH). Das gilt auch, wenn der Gesellschafter ein verzinsliches Darlehn aufnimmt, um die eigene Darlehnsgewährung an die Kapitalgesellschaft zu refinanzieren. Der Gewinn der Kapitalgesellschaft erhöht sich infolge des Fehlens eigenen Zinsaufwands entsprechend. Hieran nehmen die Gesellschafter anschließend in Form von Gewinnausschüttungen teil.

Verzichtet der GmbH-Gesellschafter ganz oder teilweise auf künftige Nutzungsentgelte (z. B. Gehalt, Pacht oder Zinsen), liegt **keine verdeckte Einlage** vor (vgl. H 8.9, Nutzungsvorteile, KStH). Es ergeben sich folgende steuerliche Auswirkungen:

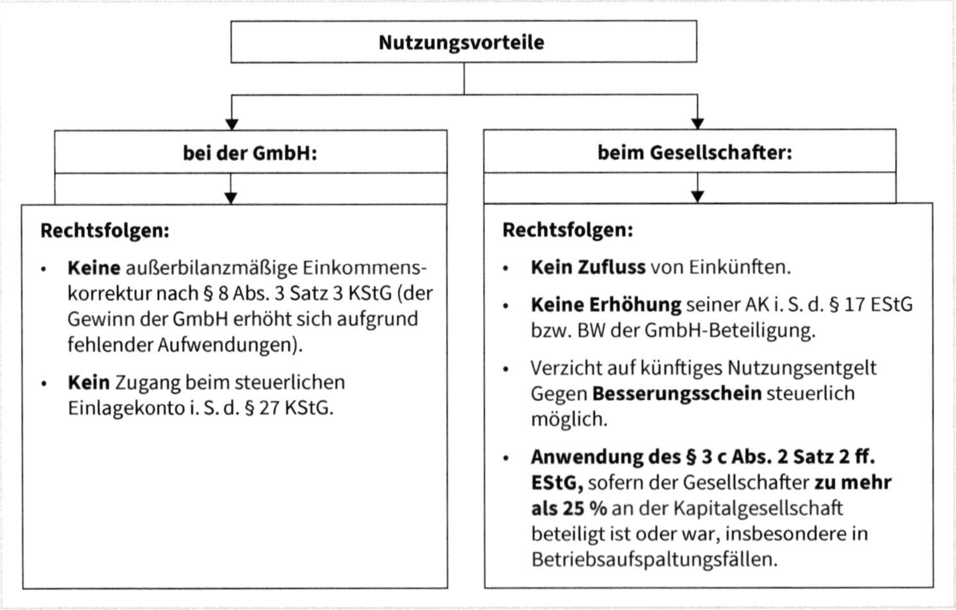

Wichtig: Abgrenzung Verzicht für Vergangenheit/Zukunft
Es kann nicht bei jedem Verzicht auf ein Nutzungsentgelt die Annahme einer verdeckten Einlage ausgeschlossen werden. Hierbei ist zu unterscheiden, ob auf ein erst **künftig entstehendes Nutzungsentgelt** verzichtet wird, oder aber auf ein bereits **entstandenes Nutzungsentgelt**; im letzteren Fall stellt der Verzicht eine **verdeckte Einlage** dar.

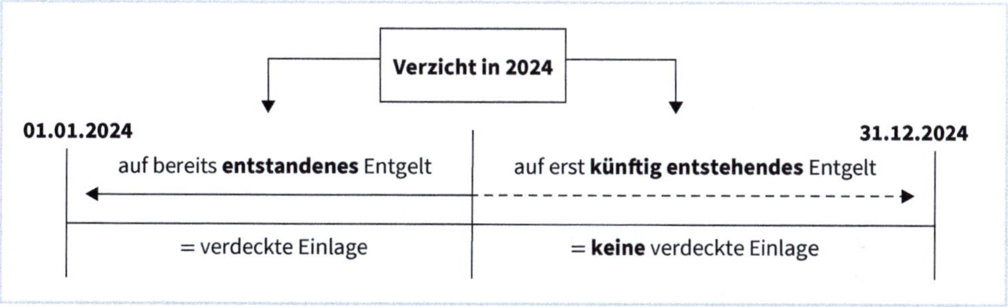

BEISPIEL 1

Der Gesellschafter gewährte seiner Kapitalgesellschaft ein Darlehen in Höhe von 100 000 € zu einem Zinssatz von 7 %. Aus gesellschaftsrechtlichen Gründen verzichtet er am 01.03.2024 auf die Zinsen ab März 2024.

LÖSUNG Der **Verzicht auf ein künftig entstehendes Nutzungsentgelt** (hier: ab März 2024) führt bei der Kapitalgesellschaft **nicht** zu einem bilanzierbaren Wirtschaftsgut, da hierdurch – nach den Grundsätzen des schwebenden Geschäftes – in einer Bilanz zum Zeitpunkt des Verzichts kein Passivposten wegfallen würde. Eine verdeckte Einlage des Gesellschafters liegt deshalb nicht vor, sodass eine Kürzung nach § 8 Abs. 3 Satz 3 KStG nicht in Betracht kommt. **Der Gewinn der Kapitalgesellschaft für 2024 erhöht sich um die ersparten Zinsaufwendungen**; die Einkünfte des Gesellschafters sind aufgrund fehlender Einnahmen entsprechend geringer. Sofern der Gesellschafter seiner GmbH von Anfang an ein zinsloses Darlehen eingeräumt hätte, hätten sich dieselben steuerlichen Auswirkungen ergeben.

BEISPIEL 2

Verzicht für die Vergangenheit: Verdeckte Einlage
Der Gesellschafter gewährte seiner GmbH ein verzinsliches Darlehen. Aus gesellschaftsrechtlichen Gründen verzichtet er **am 01.02.2024** auf den am 31.12.2023 fälligen Jahreszins für 2023 i. H. v. 7 000 €. Die Beteiligung gehört zu seinem Privatvermögen. Die GmbH hat zum 31.12.2023 einen Zinsaufwand i. H. v. 7 000 € verbucht. Der **Vergütungsanspruch** ist im Zeitpunkt des Verzichtes **werthaltig.**

LÖSUNG Bei der GmbH ist durch den Verzicht auf ein bereits entstandenes Nutzungsentgelt ein Passivposten weggefallen. Da dies zu einer bilanziellen Vermögensmehrung führt, liegt eine verdeckte Einlage vor. Als gesellschaftsrechtlicher Vorgang darf die verdeckte Einlage das zu versteuernde Einkommen der Kapitalgesellschaft nicht erhöhen. Sofern der Vorgang in 2024 gewinnerhöhend verbucht wurde (**Buchung: Sonstige Verbindlichkeiten 7 000 € an a. o. Ertrag 7 000 €**), ist dieser Betrag bei der GmbH **im Rahmen der Einkommensermittlung 2024 nach § 8 Abs. 3 Satz 3 KStG außerbilanzmäßig abzurechnen.** Diese Vermögensmehrung erhöht **zum 31.12.2024 gleichzeitig das** steuerliche Einlagekonto i. S. d. § 27 Abs. 1 KStG. Beim Gesellschafter liegen (im VZ 2023, wenn beherrschend) i. H. v. 7 000 € Einnahmen aus Kapitalvermögen i. S. d. § 20 Abs. 1 Nr. 7 EStG vor (**Einkommensverwendung**); aufgrund der verdeckten Einlage erhöhen sich jedoch die Anschaffungskosten seiner GmbH-Beteiligung i. S. d. § 17 EStG in 2024 um ebenfalls 7000 €. Sofern die erlassene Forderung im Zeitpunkt des Verzichts aber **nicht mehr werthaltig** gewesen wäre, würde sich der Zufluss und die Einlage auf den **werthaltigen Teil (ggf. 0 €)** beschränken (**vgl. H 8.9 [Forderungsverzicht] KStH**).

Handelt es sich dagegen nicht um einen bloßen Verzicht des Gesellschafters auf Einnahmen aus der Nutzung eines Wirtschaftsguts, sondern um den Verzicht auf die Zahlung bereits entstandener Zinsaufwendungen (Forderungsverzicht), liegt eine verdeckte Einlage vor, soweit die Kapitalgesellschaft diese Zinsen vor dem Verzicht durch den Gesellschafter als Verbindlichkeit ausweisen musste (vgl. BFH vom 24.05.1984 BStBl II 1984, 747).

4.4.1.2.3 Gesellschafterdarlehen, Verzicht auf Pensionsanwartschaft

Auch bei Hingabe von Gesellschafterdarlehen an eine überschuldete Kapitalgesellschaft handelt es sich **grundsätzlich nicht** um eine verdeckte Einlage; vgl. BFH vom 10.12.1975 BStBl II 1976, 226; BFH vom 16.07.1986 BFH/NV 1986, 326; sowie BFH vom 05.02.1992 BStBl II 1992, 533.

Nach Auffassung des BFH ist der Gesellschafter einer Kapitalgesellschaft zivilrechtlich frei, seine Gesellschaft entweder mit Eigen- oder mit Fremdkapital zu finanzieren. Solche Darlehen sind daher in der Handelsbilanz regelmäßig als **Fremdkapital** zu passivieren. Sie sind geeignet, eine Zinsverbindlichkeit gegenüber dem Gesellschafter entstehen zu lassen,

Zur steuerlichen Beurteilung von Gesellschafterdarlehen hat der BFH in seiner Entscheidung vom 11.07.2017, DStR 2017, 2098 das Vorliegen nachträglicher Anschaffungskosten bei Darlehensausfällen bzw. Verzichten drastisch eingeschränkt. In seiner Entscheidung vom 11.07.2017 entschied der BFH, dass mit der Aufhebung des Eigenkapitalersatzrechts durch das MoMiG die gesetzliche Grundlage für die bisherige Rechtsprechung zur Berücksichtigung von Aufwendungen des Gesellschafters aus eigenkapitalersetzenden Finanzierungshilfen als nachträgliche Anschaffungskosten im Rahmen des § 17 EStG entfallen ist. Entsprechend führen nach Ansicht des BFH Aufwendungen des Gesellschafters aus seiner Inanspruchnahme als Bürge für Verbindlichkeiten der Gesellschaft nicht mehr zu nachträglichen Anschaffungskosten auf seine Beteiligung.

Die bisherigen Grundsätze zur Berücksichtigung von nachträglichen Anschaffungskosten aus eigenkapitalersetzenden Finanzierungshilfen sind weiter anzuwenden, wenn der Gesellschafter eine eigenkapitalersetzende Finanzierungshilfe bis zum Tag der Veröffentlichung des Urteils geleistet hat oder wenn eine Finanzierungshilfe des Gesellschafters bis zu diesem Tag eigenkapitalersetzend geworden ist.

Erstmals in der Geschichte des BFH hat ein Einzelsenat eine **zeitliche Übergangsregelung** erlassen. Danach sind die bisherigen Grundsätze zur Berücksichtigung von nachträglichen Anschaffungskosten aus eigenkapitalersetzenden Finanzierungshilfen weiter anzuwenden, wenn der Gesellschafter eine eigenkapitalersetzende Finanzierungshilfe bis zum Tag der Veröffentlichung des vorliegenden Urteils am **27.09.2017 g**eleistet hat oder wenn eine Finanzierungshilfe des Gesellschafters bis zu diesem Tag eigenkapitalersetzend geworden ist. Die Einführung einer Übergangsregelung hielt der entscheidende Senat aus Gründen des Vertrauensschutzes für geboten. Angesichts der großen Bandbreite der vertretenen Auffassungen und der mangelnden Vorhersehbarkeit, wie die höchstrichterliche Rechtsprechung auf den Wegfall des Eigenkapitalersatzrechts reagieren würde, konnten nach Ansicht des entscheidenden Senats die Steuerpflichtigen trotz fehlender Vertrauensgrundlage nach

Aufhebung des Eigenkapitalersatzrechts ihr Finanzierungsverhalten nicht rechtssicher auf die geänderte Rechtslage einstellen.

a) BMF-Schreiben vom 05.04.2019, IV C 6 -S 2244/17/10001, BStBl I 2019, 257

Mit BMF-Schreiben vom 05.04.2019, a.a.O., hatte die Finanzverwaltung zunächst beschlossen, das BMF-Schreiben vom 21.10.2010 zur Behandlung nachträglicher Anschaffungskosten im Rahmen des § 17 Abs. 2 EStG aus Vertrauensschutzgründen weiterhin in allen offenen Fällen anzuwenden, bei denen auf die Behandlung des Darlehens/der Bürgschaft die Vorschriften des MoMiG anzuwenden sind, wenn die bisher als eigenkapitalersetzend angesehene Finanzierungshilfe bis einschließlich 27.09.2017 gewährt wurde oder wenn die Finanzierungshilfe bis einschließlich 27.09.2017 eigenkapitalersetzend geworden ist. In allen übrigen Fällen ist nach den Grundsätzen des oben genannten BFH-Urteils § 255 HGB für die Bestimmung der Anschaffungskosten i.S.v. § 17 Abs. 2 EStG maßgeblich. Nachträgliche Anschaffungskosten stellen damit nur noch solche Aufwendungen dar, die nach handels- und bilanzsteuerrechtlichen Grundsätzen zu einer offenen und verdeckten Einlage in das Kapital der Gesellschaft führen. Hierzu zählen insbesondere Nachschüsse (§§ 26ff GmbHG) und sonstige Zuzahlungen (§ 272 Abs. 2 Nr. 4 HGB) wie Einzahlungen in die Kapitalrücklage, Barzuschüsse oder der Verzicht auf eine werthaltige Forderung. Aufwendungen aus Fremdkapitalhilfen wie der Ausfall eines Darlehens oder der Ausfall mit einer Bürgschaftsregressforderung führen hingegen grundsätzlich nicht mehr zu Anschaffungskosten der Beteiligung.

b) Gesetzliche Neuregelung durch das JStG 2019

Mit dem JStG 2019 wurde aktuell in § 17 EStG ein **neuer Abs. 2a** eingefügt. Danach sind diese Verluste – weiterhin – als nachträgliche Anschaffungskosten bei § 17 EStG abzugsfähig, wenn die Darlehensgewährung oder Bürgschaftsübernahme **gesellschaftsrechtlich veranlasst** war. Der neue Abs. 2a in § 17 EStG gilt nach § 52 Abs. 25a EStG erstmals für (Anteils-)**Veräußerungen nach dem 31.07.2019** (= Zeitpunkt des Kabinettsbeschlusses zum »JStG 2019«). Entsprechendes gilt für Auflösungen der Kapitalgesellschaft nach § 17 Abs. 4 EStG. Auf **Antrag** ist eine Anwendung aber auch schon für Veräußerungen vor diesem Zeitpunkt möglich.

Mit dieser Neuregelung hat der Gesetzgeber nun also ein »**Nichtanwendungsgesetz**« zu der BFH-Entscheidung vom 11.07.2017 (BStBl II 2019, 208) verabschiedet. Hinsichtlich der Übergangsregelung ist zu beachten, dass für in der Zeit vom 28.09.2017 bis 31.07.2019 gewährte und später ausgefallene Finanzierungshilfen ein entsprechender **Antrag** erforderlich ist, um deren etwaigen Ausfall als nachträgliche Anschaffungskosten (mit 60%) berücksichtigen zu können. Der Antrag ist an keine gesonderte Frist bzw. besondere Form gebunden und ist dann auch erst im Jahr der Veräußerung bzw. Untergangs der Beteiligung (§ 17 EStG) zu stellen.

Nach der Verabschiedung des JStG 2019 im Bundestag am 07.11.2019 haben sich die Koalitionsfraktionen im Nachhinein auf eine geänderte Neuregelung geeinigt. Diese wurde nun mit folgendem Wortlaut mit dem **Gesetz zur Einführung einer Pflicht zur Mitteilung grenzüberschreitender Steuergestaltungen** vom 21.12.2019 (BGBl I 2019, 2875) in § 20 Abs. 6 Satz 4 ff. EStG verwirklicht.

Dieser Neuregelung liegt offensichtlich der Gedanke zugrunde, dass eine Verlustausgleichs- und -abzugsbeschränkung verfassungsrechtlich an dieser Stelle nicht so problematisch sei wie eine generelle Versagung der Verlustberücksichtigung, wie sie noch im Entwurf zum JStG 2019 vorgesehen war. Mit § 20 Abs. 6 Satz 6 EStG fällt auch der Abzug von Gesellschafterdarlehen spätestens seit 2024 unter die 20.000 €-Grenze fallen. Die Problematik ist im Zusammenhang mit Gesellschafterdarlehen bei GmbHs vor allem für solche Darlehen von Bedeutung, die bereits in der Vergangenheit und nun auch nach § 17 Abs. 2a EStG nicht zu nachträglichen Anschaffungskosten führen können, weil sie nicht gesellschaftsrechtlich veranlasst sind (also die sog. stehen gelassenen Darlehen), die bereits in der Vergangenheit nicht bei § 17 EStG abzugsfähig waren, weil sie in guten Zeiten der GmbH gewährt wurden und somit – zunächst – dem Bereich der Kapitalanlagen und nicht der Beteiligung zuzuordnen waren.

Für den Steuerpraktiker gilt es zunächst jedenfalls, die Abzugsmöglichkeit verlorener Gesellschafterdarlehen und -bürgschaftszahlungen zu sichern. Dies ist nach der Neuregelung in § 17 Abs. 2a EStG in den meisten Fällen wieder durchgängig möglich (zumindest mit 60%). Voraussetzung dafür ist aber, dass die Gewährung des Darlehens bzw. die Übernahme der Bürgschaftsverpflichtung im Gesellschaftsverhältnis veranlasst ist.In einem zweiten Schritt ist sodann zu prüfen, ob und in welcher Höhe ein **Abzug bei § 20 EStG** möglich ist.

4.4.1.2.4 Auswirkungen verdeckter Einlagen auf der Ebene der Kapitalgesellschaft

a) Bewertung

Verdeckte Einlagen sind bei der Kapitalgesellschaft grds. mit dem **Teilwert** anzusetzen (§ 6 Abs. 1 Nr. 5 Satz 1 1. HS EStG, § 6 Abs. 6 Satz 2 EStG). Die Begrenzung nach § 6 Abs. 1 Nr. 5 Buchst. a EStG gilt gemäß § 6 Abs. 6 Satz 3 EStG ebenfalls. § 6 Abs. 6 Satz 2 EStG gilt auch bei der verdeckten Einlage aus einem Betriebsvermögen des Gesellschafters. Die verdeckte Einlage einer im Privatvermögen gehaltenen Beteiligung **i. S. d.** § 17 EStG stellt für den Gesellschafter ein fiktives Veräußerungsgeschäft dar (vgl. § 17 Abs. 1 Satz 2 EStG). Die Beteiligung ist bei der Kapitalgesellschaft mit dem Teilwert anzusetzen (§ 6 Abs. 6 Satz 2 EStG, aber keine **Geltung** von § 6 Abs. 1 Nr. 5 Buchst. b EStG).

b) Keine Erhöhung des Einkommens

Hat die verdeckte Einlage den Jahresüberschuss (den Bilanzgewinn) der Kapitalgesellschaft erhöht, ist das Einkommen nach § 8 Abs. 3 Satz 3 KStG um die verdeckte Einlage zu mindern.

c) Steuerliches Einlagekonto (§ 27 KStG)

Bei dem steuerlichen Einlagekonto (vgl. hierzu im Einzelnen BMF vom 04.06.2003 BStBl I 2003, 366) ergibt sich i. H. d. verdeckten Einlage ein Zugang gem. § 27 Abs. 1 Satz 2 KStG; vgl. auch F 1.

4.4.1.2.5 Auswirkungen verdeckter Einlagen beim Anteilseigner

Folgende Auswirkungen sind zu beachten:

a) Bewertung

Bei Sacheinlagen ist grds. der Teilwert maßgebend (§ 6 Abs. 6 Satz 2 EStG). Es besteht Wertverknüpfung mit dem Ansatz bei der Kapitalgesellschaft.

b) Anschaffungskosten der Beteiligung
Sofern es sich um die Einlage von Wirtschaftsgütern handelt, erhöhen sich die Anschaffungskosten der Beteiligung um den Teilwert der verdeckten Einlage (§ 6 Abs. 6 Satz 2 EStG). Dies gilt sowohl bei Zugehörigkeit der Beteiligung zum **Privatvermögen** als auch zum **Betriebsvermögen**. Die verdeckte Einlage in Form überhöhter Zahlungen usw. an die Gesellschaft darf mithin beim Anteilseigner nicht zu einer sofortigen Minderung des Gewinns, der Einkünfte bzw. des Einkommens führen. Insoweit liegen keine Betriebsausgaben oder Werbungskosten vor (vgl. BFH vom 12.02.1980 BStBl II 1980, 494). Auswirkungen ergeben sich aber insbesondere bei einer späteren Veräußerung bei Beteiligung i. S. d. § 17 Abs. 1 EStG sowie entsprechend bei Liquidation für i. S. d. § 17 EStG beteiligte Anteilseigner (§ 17 Abs. 4 EStG).

c) Aus einer unentgeltlichen bzw. verbilligten Nutzungsüberlassung sowie Dienstleistung an die Kapitalgesellschaft erzielen die Gesellschafter keine Einkünfte. Sie können die ihnen entstandenen Aufwendungen als Werbungskosten bzw. Betriebsausgaben auf die Beteiligung abziehen, allerdings je nach dem Grad der Unentgeltlichkeit nur zu 60% nach dem Teileinkünfteverfahren (BMF vom 08.11.2010 BStBl I 2010, 1292 Abschn. 2; § 3c Abs. 2 EStG). Nachträgliche Anschaffungskosten auf ihre Beteiligung liegen hier nicht vor (vgl. BFH vom 26.10.1987 BStBl II 1988, 355 und BFH vom 14.03.1989 BStBl II 1989, 633).

d) Einlagebedingter Zufluss von Einkünften
Der **Verzicht des Anteilseigners auf Forderungen** kann zunächst zum Zufluss von Einnahmen im Rahmen einer Einkunftsart i. H. d. (noch werthaltigen Teils der) Forderungen führen; vgl. BFH vom 05.06.1997 BStBl II 1998, 307: Hierzu gehören u. a. Gehalts,- und Tantiemeforderungen gem. § 19 EStG, Mietforderungen gem. § 21 EStG sowie Zinsforderungen gem. § 20 Abs. 1 Nr. 7 EStG.

BEISPIEL

Die GmbH hat das Dezembergehalt 2024 des Anteilseigners A von 10000 € infolge Liquiditätsschwierigkeiten bisher nicht ausgezahlt und zum 31.12.2024 passiviert. Am 20.03.2025 verzichtet A auf das Dezembergehalt 2024. Die GmbH hat den Vorgang nicht gebucht.

LÖSUNG Auf Ebene der GmbH liegt eine verdeckte Einlage i. H. v. 10 000 vor. Beim zu versteuernden Einkommen in 2025 ergibt sich keine Änderung. Das steuerliche Einlagenkonto erfährt in 2025 einen Zugang in Höhe des Dezembergehalts 2024: + 10000 €

Auf Ebene des Anteilseigners erfolgt ein Zufluss der 10000 € gem. § 19 EStG in 20 (§ 38a Abs. 1 Satz 3 EStG). Dieser Arbeitslohn ist nach mehr als drei Wochen im VZ 2025 tatsächlich zugeflossen und daher als »sonstiger Bezug« in 2025 anzusetzen (R 39b.2 Abs. 2 Nr. 8 Satz 2 LStR; Ende des Lohnzahlungszeitraums = 31.12.2024). Zugleich erhöhen sich für den Gesellschafter die Anschaffungskosten seiner Beteiligung in 2025 um 10000 €.

4.4.1.2.6 Verzicht auf nicht mehr voll werthaltige Forderung
Ein auf dem Gesellschaftsverhältnis beruhender Verzicht eines Gesellschafters auf seine nicht mehr vollwertige Forderung gegenüber seiner Kapitalgesellschaft führt bei dieser zu einer Einlage i. H. d. niedrigeren Teilwerts der Forderung. Dies gilt auch dann, wenn die entsprechende Verbindlichkeit auf abziehbare Aufwendungen zurückgeht. I. H. d. Differenz zwischen Nennwert und Teilwert liegt körperschaftsteuerpflichtiger Gewinn vor. Der Verzicht

gegenüber der Kapitalgesellschaft im Wege der verdeckten Einlage führt bei dem Gesellschafter zum Zufluss des noch werthaltigen Teils der Forderung.

4.4.1.2.7 Mittelbare verdeckte Einlage

Eine verdeckte Einlage bei der Kapitalgesellschaft kann auch dann anzunehmen sein, wenn der Forderungsverzicht von einer dem Gesellschafter nahestehenden Person ausgesprochen wird (vgl. BFH vom 09.06.1997 BStBl II 1998, 307; sog. mittelbare verdeckte Einlage).

4.4.1.2.8 Verzicht auf Pensionsanwartschaft

Übersicht: Verzicht auf den sog. »Future-service«; BMF vom 14.08.2012 (BStBl I 2012, 874) und H 8.9 »Verzicht auf Pensionsanwartschaftsrechte« KStH

Pensionsverzicht auf »past-service«	**Pensionsverzicht** auf »future-service«
= verdeckte Einlage = **Zufluss von Arbeitslohn nach § 19 EStG** = **nachträgliche AK i. S. d. § 17 EStG**	= **keine** verdeckte Einlage = **kein Zufluss von Arbeitslohn nach § 19 EStG** = **keine nachträglichen AK i. S. d. § 17 EStG**
Ausnahmefall: Verzicht in der **Krise** zur Abwendung der Insolvenz **kein Zufluss von Arbeitslohn** (BMF-Schreiben vom 06.09.2005, BStBl I 2012, 875, und Bayerisches Landesamt für Steuern, Verfügung vom 15.02.2007, DStR 2007, 993)	**Aber:** Pensionsverzicht/Änderung der Pensionszusage darf den sog. **s/t-Anwartschaftsbarwert nicht unterschreiten (vgl. BMF-Schreiben vom 14.08.2012, BStBl I 2012, 874)**

Im Falle des vollständigen Verzichts auf eine Pensionsanwartschaft vor Eintritt des Versorgungsfalls liegt eine verdeckte Einlage in Höhe des bis zum Verzichtszeitpunkt bereits erdienten Anteils des Versorgunganspruchs vor. Bei einem teilweisen Verzicht ist eine verdeckte Einlage insoweit anzunehmen, als der Barwert der bis zu dem Verzichtszeitpunkt bereits erdienten Versorgungsleistungen des Gesellschafter-Geschäftsführers den Barwert der nach dem Teilverzicht noch verbleibenden Versorgungsleistungen übersteigt. Dies gilt unabhängig davon, ob sich die Verzichtsvereinbarung der Bezeichnung nach nur auf künftig noch zu erdienende Anwartschaften (sog. Future-Service) bezieht oder ob es sich dabei um eine durch das Gesellschaftsverhältnis veranlasste Änderung einer Pensionszusage handelt, die mit einer Reduzierung der bisher zugesagten Versorgungsleistungen verbunden ist.

Ermittlung des s/t-Anwartschaftsbarwerts für beherrschende Gesellschafter-Geschäftsführer:

$$\frac{\text{bisherige Pensionszusage} \times \text{ab Erteilung Pensionszusage bis zum Verzichtszeitpunkt } \textbf{abgeleistete Dienstzeit}}{\text{Zeitraum ab Erteilung Pensionszusage bis zur in der Pensionszusage vorgesehenen } \textbf{festen Altersgrenze}}$$

BEISPIEL

Verzicht auf Future-service:
Beherrschender Gesellschafter-Geschäftsführer einer GmbH, geb. 01.01.1971, Diensteintritt in die GmbH am 01.01.1997, Zusage am 01.01.2010 einer Alters- und Invalidenrente über 3000 €/monatlich, Pensionseintritt mit Vollendung des 66. Lebensjahres, Herabsetzung der Versorgungsanwartschaft am 01.01.2025 auf 2000 €/monatlich.

LÖSUNG Der erdiente Anteil der Versorgungsleistungen zum Zeitpunkt der Herabsetzung berechnet sich wie folgt:

$$\frac{\textbf{Pensionszusage 3000 € × 15} \text{ (tatsächlich geleistete Dienstjahre ab Zusageerteilung)}}{\textbf{30} \text{ (maximal mögliche Dienstjahre ab Zusageerteilung)}}$$

= 1.500 € / monatlich (= s/t-Anwartschaftsbarwert)

Ergebnis:
Da die nach Herabsetzung noch verbleibenden Versorgungsleistungen i. H. v. 2000 € monatlich noch höher als der bereits erdiente Anteil von 1500 € sind, beträgt der Wert der verdeckten Einlage nach § 8 Abs. 3 Satz 3 KStG 0 €.

Obwohl hierzu im BMF-Schreiben vom 14.08.2012 (a. a. O.) keine Aussage getroffen wurde, führt die Herabsetzung der Pensionszusage zu einer **Teilauflösung** der Rückstellung. Die Pensionsrückstellung wird zum Ende des Jahres der Reduzierung des Anspruchs wesentlich niedriger, weil der reduzierte Pensionsbetrag nach § 6a EStG auf die Gesamtlaufzeit bis zum Pensionsbeginn – und damit auch auf die zukünftigen Jahre – neu verteilt werden muss. Die Teilauflösung führt in 2025 zu einem bilanziellen Ertrag, der **nicht außerbilanziell** als verdeckte Einlage korrigiert werden kann und deshalb ggf. einen **Verlustvortrag** verbraucht. Ein gewinnmindernder Ausgleich erfolgt erst bis zum Eintritt des Pensionsfalls.

Im Fall des Verzichts ist also wie folgt zu differenzieren:

Problemstellung	Rechtliche Würdigung
Vollständiger Verzicht auf eine Pensionsanwartschaft vor Eintritt des Versorgungsfalls.	Es liegt eine verdeckte Einlage in Höhe des bis zum Verzichtszeitpunkt bereits erdienten Anteils des Versorgungsanspruchs vor.
Teilweiser Verzicht auf eine Pensionsanwartschaft vor Eintritt des Versorgungsfalls.	Es ist eine verdeckte Einlage insoweit anzunehmen, als der **Barwert** der bis zu dem Verzichtszeitpunkt bereits erdienten Versorgungsleistungen des Gesellschafter-Geschäftsführers den **Barwert** der nach dem Teilverzicht noch verbleibenden Versorgungsleistungen übersteigt.

Zur Berechnung des erdienten Barwerts führt die Finanzverwaltung aus, dass aus Vereinfachungsgründen bei einem beherrschenden Gesellschafter-Geschäftsführer der Teilanspruch aus den bisher zugesagten Versorgungsleistungen angesetzt wird, der dem Verhältnis der ab Erteilung der Pensionszusage bis zum Verzichtszeitpunkt abgeleisteten Dienstzeit (s) einerseits und der ab Erteilung der Pensionszusage bis zu der in der Pensionszusage vorgesehenen festen Altersgrenze (t) andererseits entspricht (zeitanteilig erdienter Anwartschaftsbarwert ab Pensionszusage – s/t).

Bei einem **nicht beherrschenden Gesellschafter-Geschäftsführer** ist insoweit nicht auf den Zeitpunkt der (erstmaligen) Erteilung einer Pensionszusage, sondern auf den Beginn des Dienstverhältnisses abzustellen (sog. m/n-Anwartschaftsbarwert).

Praxishinweis: Verzicht auf den werthaltigen Pensionsanspruch (Verzicht auf den sog. Past service)

Steuerliche Folgen bei der GmbH	Steuerliche Folgen beim Gesellschafter-GF
Der (Teil-)Verzicht vor Eintritt des vereinbarten Versorgungsfalls auf den bereits erdienten Teil des Pensionsanspruchs (Past service) ist bei Werthaltigkeit gesellschaftsrechtlich veranlasst. Es erfolgt eine verdeckte Einlage (außerbilanzmäßige Abrechnung des Ertrags nach § 8 Abs. 3 Satz 3 KStG). Diese ist als Zugang beim steuerlichen Einlagekonto nach § 27 KStG zu erfassen.	Zufluss von Arbeitslohn nach § 19 EStG in Höhe Teilwert der Pensionszusage. Die Tarifermäßigung nach § 34 Abs. 1 und Abs. 2 Nr. 4 EStG (»Fünftelung«) als Vergütung für eine mehrjährige Tätigkeit kommt insoweit in Betracht. Zugleich erhält der Gesellschafter-Geschäftsführer nachträgliche Anschaffungskosten auf die Beteiligung i. S. d. § 17 EStG in Höhe des Teilwerts.

4.4.1.2.9 Korrespondierende Besteuerung

Wie bei der vGA gibt es eine Abhängigkeit zwischen der Behandlung der verdeckten Einlage beim Anteilseigner und bei der Körperschaft.

Analog zur korrespondierenden Besteuerung von vGA bei der Kapitalgesellschaft und ihrem Anteilseigner regeln § 8 Abs. 3 und § 32a Abs. 2 KStG auch bei verdeckten Einlagen eine materielle und formelle Korrespondenz.

a) Materielle Korrespondenz

Soweit eine verdeckte Einlage das Einkommen des Gesellschafters unzutreffend gemindert hat (also durch Abzug als Betriebsausgaben oder Werbungskosten), wird das Einkommen der Gesellschaft entsprechend erhöht (§ 8 Abs. 3 Satz 4 KStG). Die Regelung in § 8 Abs. 3 Sätze 5 und 6 KStG bezieht durch vGA ausgelöste verdeckte Einlagen bei Schwestergesellschaften (»Dreiecksverhältnisse«) mit ein.

b) Formelle Korrespondenz

Soweit gegenüber den Gesellschaftern ein Steuerbescheid oder Feststellungsbescheid wegen einer verdeckten Einlage erlassen, aufgehoben oder geändert wird, kann gegenüber der empfangenden Körperschaft ein Steuerbescheid **entsprechend** erlassen, aufgehoben oder geändert werden (§ 32a Abs. 2 KStG).

Das folgende Beispiel verdeutlicht das Vorgehen bei der korrespondierenden Besteuerung.

BEISPIEL

X ist 40 %iger Gesellschafter der X-GmbH. Die Beteiligung ist bei X Betriebsvermögen. X begleicht eine Fremdverbindlichkeit der X-GmbH von 50 000 € und verbucht den Vorgang als Aufwand seiner Einzelfirma. Bei der X-GmbH wurde der Vorgang wie folgt gebucht:

Verbindlichkeiten 50 000 € an sonstiger betrieblicher Ertrag 50 000 €.

Der betreffende KSt-Bescheid der X-GmbH ist bestandskräftig.

Aufgrund einer Außenprüfung bei X wird der Gewinn um 50 000 € erhöht und die entsprechende verdeckte Einlage als Zugang auf dem Beteiligungskonto behandelt. Der ESt-Bescheid wird dementsprechend nach § 173 Abs. 1 Nr. 1 AO berichtigt.

LÖSUNG Da die einkommensteuerliche Behandlung der verdeckten Einlage bei dem Gesellschafter richtiggestellt wurde, kann der KSt-Bescheid der X-GmbH gemäß § 32a Abs. 2 KStG entsprechend berichtigt werden, d h. die unzutreffende Einkommenserhöhung bei der GmbH kann beseitigt werden (Umkehrschluss aus § 8 Abs. 3 Satz 4 KStG).

4.4.1.2.10 Kapitalgesellschaft als Erbe ihres Gesellschafters

Ist eine Kapitalgesellschaft Erbe ihres Gesellschafters, so ist das Nachlassvermögen bei der Kapitalgesellschaft nach **Einlagegrundsätzen** anzusetzen und zu bewerten. Der Erwerb ist unentgeltlich, da er nicht auf der unternehmerischen Tätigkeit der Kapitalgesellschaft beruht. Nachlassschulden sowie die durch den Erbanfall entstehenden Verbindlichkeiten mindern die Höhe des Wertes der Einlage. Sie sind deshalb erfolgsneutral zu Lasten der Einlage in der Steuerbilanz anzusetzen (vgl. BFH vom 24.03.1993 BStBl II 1993, 799).

Zuwendungen an **Kapitalgesellschaften** können auch ohne gesellschaftsrechtliche Bezüge der Schenkung- bzw. Erbschaftsteuer unterliegen. Im Gegensatz zu Personengesellschaften unterliegen auch **Körperschaften als Empfänger** einer Zuwendung der persönlichen Steuerpflicht (vgl. § 2 Abs. 1 Nr. 1 Buchst. d ErbStG). Zuwendungen können ggf. sowohl der Erbschaft- bzw. Schenkungsteuerpflicht und der Ertragsteuerpflicht unterliegen.

BEISPIEL

BFH vom 06.12.2016 BStBl II 2017, 324:
Der Heimbewohner und ledige Erblasser E setzte die Pflegeheim-GmbH, an der er nicht beteiligt war, als Alleinerbin ein mit der Auflage, das Erbvermögen (rd. 1 050 000 €) ausschließlich für Zwecke des Heimbetriebs (Instandhaltung, Modernisierung etc.) zu verwenden. Die zweckgebundene Verwendung des Nachlasses wurde durch die eingesetzte Testamentsvollstreckerin überwacht. Das Finanzamt setzte sowohl Erbschaftsteuer i. H. v. rd. 300 000 € als auch Körperschaftsteuer i. H. v. 173 000 € fest; d. h. das geerbte Vermögen wurde doppelt belastet mit **Erbschaftsteuer und Körperschaftsteuer** (Ertragsteuern).

Entscheidung des BFH:
Der **BFH bestätigte** die Auffassung des Finanzamtes und damit die **Doppelbelastung**. Die GmbH ist unbeschränkt körperschaftsteuerpflichtig (§ 1 Abs. 1 Nr. 1 KStG). Alle von ihr erzielten Einkünfte sind gemäß § 8 Abs. 2 KStG als Einkünfte aus Gewerbebetrieb zu erfassen (stRspr.) und zwar unabhängig davon, in welcher Form und in welcher Art sie der GmbH zufließen Die gilt auch für Erbschaften. Da die Zuwendung durch eigene gewerbliche Betätigung erlangt wurde und nicht gesellschaftsrechtlich veranlasst war, kommt eine Neutralisierung als verdeckte Einlage nicht in Betracht.

4.4.2 Vermögensminderungen

4.4.2.1 Einkommensverteilung

Auch unter der Herrschaft des Teileinkünfteverfahrens (sowie der Abgeltungsteuer für Gewinnausschüttungen beim Anteilseigner) ist eine von der Einkommensverteilung unabhängige Einkommensermittlung für die Körperschaft erforderlich. Denn das körperschaftsteuerliche Einkommen muss ungeschmälert der tariflichen Körperschaftsteuer unterworfen werden (§ 8 Abs. 1 und 3, § 23 KStG). Vermögensminderungen auf gesellschaftlicher bzw. gesellschaftsrechtlicher Ebene im Sinne einer Einkommensverwendung liegen vor allem vor bei den Gewinnausschüttungen (offene und verdeckte). § 8 Abs. 3 KStG verbietet eine Einkommensminderung durch Gewinnausschüttungen, da eine Gewinn (Einkommens-)verwendung vorliegt. Auf die körperschaftsteuerliche Einkommensermittlung muss es nach § 8 Abs. 3 Satz 1 KStG ohne Einfluss bleiben, ob der Gewinn verteilt wird oder nicht.

Steuerlich versteht man unter Gewinnausschüttungen alle Zuwendungen einer Körperschaft, durch die Gesellschafter oder ihnen nahestehende andere Personen aufgrund ihrer gesellschaftsrechtlichen Beziehungen in der Körperschaft begünstigt werden. Für den steuerlichen Begriff der Ausschüttung ist also entscheidend, dass den Zuwendungen an die Anteilseigner eine gesellschaftsrechtliche Beziehung zugrunde liegt und es sich nicht um eine bloße Kapitalrückzahlung handelt.

Hierunter fallen insbesondere offene, den gesellschaftsrechtlichen Vorschriften entsprechende oder nicht entsprechende Gewinnausschüttungen, Vorabausschüttungen bei GmbHs, verdeckte Gewinnausschüttungen i. S. d. § 8 Abs. 3 Satz 2 KStG (vgl. im Einzelnen 4.5.1 ff. sowie Ausschüttungen jeder Art auf Genussrechte, mit denen das Recht auf Beteiligung am Gewinn und am Liquidationserlös der Kapitalgesellschaft verbunden ist (§ 8 Abs. 3 Satz 2 KStG). Des Weiteren gehört hierzu die Auskehrung des Gesellschaftsvermögens bei Liquidation i. S. d. § 11 KStG (vgl. hierzu 9) sowie Ausgleichszahlungen i. S. v. § 304 AktG (§ 16 KStG) und Zahlungen aufgrund einer Dividendengarantie an außenstehende Anteilseigner gem. § 17 KStG i. V. m. § 16 KStG. Vgl. hierzu das ausdrückliche Abzugsverbot in § 4 Abs. 5 Nr. 9 EStG i. V. m. § 8 Abs. 1 KStG.

Kapitalrückzahlungen kommen vor bei **Kapitalherabsetzungen** und nach der **Auflösung** der Gesellschaft, indem das satzungsmäßige Gesellschaftskapital durch Liquidation verteilt wird, soweit es sich nicht nach § 28 Abs. 2 KStG um eine Gewinnausschüttung handelt. Die Unterscheidung zwischen Ausschüttungen und Kapitalrückzahlung hat auch weiterhin Bedeutung im Teileinkünfteverfahren bzw. der Abgeltungsteuer für Kapitalerträge bei den Anteilseignern.

Für das Abzugsverbot für Ausschüttungen nach § 8 Abs. 3 KStG ist es unerheblich, ob die Gewinnausschüttungen aus dem Jahresüberschuss des abgelaufenen Wj. der Gesellschaft stammt oder aus dem Jahresüberschuss früherer Jahre. Des Weiteren ist es nicht von Relevanz, ob steuerfreie Einnahmen oder steuerpflichtiger Gewinn ausgeschüttet wird. Dasselbe betrifft die Ausschüttungsform des Gewinns: Hierbei ist es unerheblich, ob die Gewinnausschüttung in Form von Geld- oder Sachwerten erfolgt bzw. ob es eine offene Gewinnausschüttung (Dividenden, Gewinnanteile) oder es sich um eine verdeckte Gewinnausschüttung handelt.

4.4.2.2 Kapitalherabsetzung

Wegen der Auswirkung auf das Einkommen der Kapitalgesellschaft vgl. im Einzelnen F 2.3.

4.5 Verdeckte Gewinnausschüttungen

4.5.1 Wesen und Zielsetzung der verdeckten Gewinnausschüttung

Die Nichtabziehbarkeit der vGA bei der Einkommensermittlung der Körperschaft ergibt sich aus **§ 8 Abs. 3 Satz 2 KStG**. Die Nichterfassung der vGA im Einkommen der ausschüttenden Körperschaft würde u. a. ausländische Anteilseigner begünstigen, da diese vGA allenfalls mit der durch eventuell abgeschlossene DBA höhenmäßig begrenzten Kapitalertragsteuer in Höhe von 15 % bzw. 10 % belastet wären. Zugleich würde ohne eine entsprechende Hinzurechnungsvorschrift für vGA es bei der GewSt zu einer nicht gewollten Minderung des aus dem körperschafsteuerpflichtigen Gewinn abgeleiteten Gewerberertrags kommen (BFH vom 24.03.1987 BStBl II 1987, 508). Die Nichtabziehbarkeit von vGA bedeutet vor allem auch eine konsequente Durchführung des Grundsatzes der Unabhängigkeit der Einkommensverteilung von der Einkommensermittlung (§ 8 Abs. 3 Satz 1 KStG).

Auch eine Sicherung der kaufmännischen Eigeninteressen der Gesellschaft wird als Argument ins Feld geführt (handelsrechtliches Verbot von vGA). Ziel der Besteuerung von verdeckter Gewinnausschüttung ist es danach auch, die im Gesellschaftsrecht (GmbHG und AktG) durchgeführte konsequente Trennung zwischen dem selbständigen Rechtssubjekt Gesellschaft und ihren Anteilseignern auch im Steuerrecht zu gewährleisten. Es soll sichergestellt werden, dass auch steuerlich die Kapitalgesellschaft im Verhältnis zu den Beteiligten ihre eigenen kaufmännischen Interessen verfolgen kann. Ist der Gewinn der Gesellschaft dadurch geschmälert worden, dass sie ihren Eigeninteressen als selbständiger Kaufmann widersprechende Interessen der Gesellschafter verfolgen musste, wird diese Gewinnschmälerung im Bereich des Steuerrechts durch das Institut der vGA wieder korrigiert.

Auch für vGA gilt nach § 43 Abs. 1 Nr. 1 EStG grds. die 25 %ige KapSt, die sich von der vollen vGA bemisst. Da bzw. wenn die vGA tatsächlich nicht der KapSt unterworfen wurde, unterliegt sie grds. der 25 %igen Abgeltungsteuer nach § 32d Abs. 3 EStG (BMF vom 19.05.2022 BStBl I 2022, 742 Rz. 144). Auf Antrag erfolgt unter den Voraussetzungen des § 32d Abs. 2 Nr. 3 EStG eine reguläre Einbeziehung in die ESt-Veranlagung. Dann gilt das Teileinkünfteverfahren; § 20 Abs. 6 und Abs. 9 EStG finden keine Anwendung.

Bei Zugehörigkeit der vGA zu den Gewinneinkünften gilt generell das Teileinkünfteverfahren, d h. 60 % der vGA sind stpfl. (vgl. § 3 Nr. 40 Buchst. d Satz 2 EStG, § 20 Abs. 8 EStG) und nach Regeltarif § 32a EStG zu versteuern (§ 32d Abs. 1 Satz 1 2. HS EStG). Die Beweislast, dass keine vGA vorliegt, liegt bei der Kapitalgesellschaft, weil die vGA Aufwendungen betrifft, deren Abzugsfähigkeit die Kapitalgesellschaft geltend macht, vgl. z. B. BFH vom 29.07.1992 BStBl II 1993, 139; vgl. aber auch H 8.6 [Beweislast] KStH.

4.5.2 Begriff

4.5.2.1 Keine gesetzliche Definition

Das KStG verwendet zwar den Begriff der vGA in § 8 Abs. 3 Satz 2 KStG und setzt die Existenz der vGA z. B. auch in § 32a KStG voraus. Eine gesetzliche Definition enthalten aber weder das KStG noch das EStG. Das ist verständlich, da bei der Vielzahl unterschiedlicher Sachverhalte, die zu einer vGA führen können, eine Definition so allgemein gehalten sein müsste, dass sie in der praktischen Anwendung auch nicht mehr Rechtssicherheit bewirken könnte.

4.5.2.2 Entwicklung der Merkmale durch Rechtsprechung und Verwaltung

Verdeckte Gewinnausschüttungen können in folgenden Fallgruppen vorliegen:

a) Fallgruppe I

Eine vGA i.S.d. § 8 Abs. 3 Satz 2 KStG ist eine **Vermögensminderung** oder **verhinderte Vermögensmehrung**, die durch das **Gesellschaftsverhältnis veranlasst** ist, sich auf die **Höhe des Unterschiedsbetrags (§ 4 Abs. 1 Satz 1 EStG) auswirkt** und **nicht** auf einem den gesellschaftsrechtlichen Vorschriften entsprechenden Gewinnverteilungsbeschluss beruht. Vgl. R 8.5 Abs. 1 KStR.

Dabei erweist sich die Zuwendung eines solchen **Sondervorteils** als durch das Gesellschaftsverhältnis verursacht, wenn ein ordentlicher und gewissenhafter Geschäftsleiter (§ 93 Abs. 1 Satz 1 AktG, § 43 Abs. 1 GmbHG) den Vermögensvorteil einer Person, die nicht Gesellschafter ist, unter sonst gleichen Umständen nicht gewährt hätte. Vgl. H 8.5 III [Allgemeines] KStH und die dort zitierte BFH-Rechtsprechung.

Eine vGA liegt mithin nicht vor, wenn die Vorteilszuwendung ihre Ursache nicht im Gesellschaftsverhältnis hat, sondern **betriebliche Gründe** für sie ausschlaggebend waren (vgl. BFH vom 01.04.1971 BStBl II 1971, 538). Dabei ist zu beachten, dass einem Geschäftsleiter ein gewisser Spielraum kaufmännischen Ermessens einzuräumen ist (vgl. BFH vom 27.11.1974 BStBl II 1975, 306).

Eine Abweichung vom Fremdvergleich ist ein (widerlegbares) Indiz für eine Veranlassung durch das Gesellschaftsverhältnis (vgl. BFH vom 19.03.1997 BStBl II 1997, 577). Verdeckte Gewinnausschüttungen können auch durch Leistungen der Kapitalgesellschaft an eine dem Gesellschafter nahestehende Person vorgenommen werden. Voraussetzung ist nicht, dass die Leistung an den Dritten einen Vermögensvorteil für den Gesellschafter bedeutet. Vgl. 4.5.2.4. und R 8.5 Abs. 1 Satz 3 KStR und H 8.5 III (Nahestehende Person) KStH.

b) Fallgruppe II

Weiterhin liegen vGA vor bei Leistungen (z.B.: Entgelten für Mitarbeit, Nutzungsüberlassung usw.) ohne klare, im Vorhinein getroffene wirksame Vereinbarung an **Gesellschafter mit beherrschendem Einfluss.** Vgl. 4.5.2.9 und H 8.5 III [Beherrschender Gesellschafter] KStH.

c) Fallgruppe III

Außerdem kann eine vGA vorliegen, wenn **nicht** entsprechend einer klaren und eindeutigen Vereinbarung verfahren wird (Nichtdurchführung einer Vereinbarung). Dies gilt jedoch nur, wenn die fehlende tatsächliche Durchführung darauf schließen lässt, dass die Vereinbarung lediglich die Unentgeltlichkeit der Leistung des Gesellschafters verdecken soll; vgl. BFH vom 28.10.1987 BStBl II 1988, 301; BFH vom 29.06.1994 BStBl II 1994, 952 und BFH vom 06.12.1995 BStBl II 1996, 383. Vgl. H 8.5 I [Tatsächliche Durchführung von Vereinbarungen] KStH.

Es gilt folgende Prüfungsreihenfolge für vGA:

Die vGA wegen Verletzung des Rückwirkungsverbots ist **vorrangig** zu prüfen, da in diesem Fall das gesamte Entgelt Gegenstand der vGA ist. Sofern keine vGA wegen Verletzung des Rückwirkungsverbotes vorliegt, muss **zusätzlich** untersucht werden, ob eine vGA wegen Vorteilsgewährung in Betracht kommt.

Prüfungsschema:

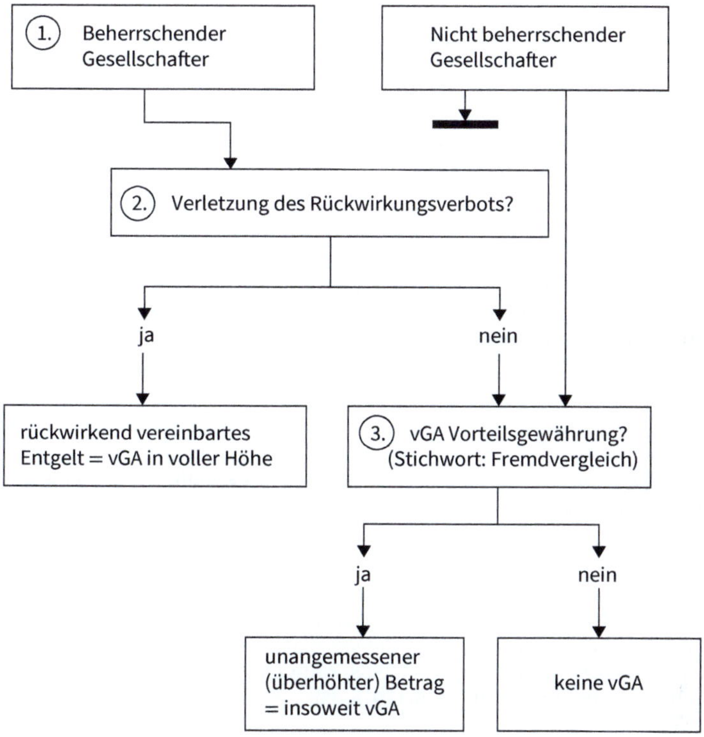

Wirkungsbereiche (Stufen) der verdeckten Gewinnausschüttung
Der Begriff der vGA ist grundsätzlich einheitlich für die Gesellschafts- und für die Gesellschafterebene zu beurteilen (vgl. BFH vom 21.12.1972 BStBl II 1973, 449). Ebenso sind Fälle möglich, dass eine vGA zur **Einkommenshinzurechnung** nach § 8 Abs. 3 KStG führt, dass aber eine Ausschüttung i.S.d. § 20 Abs. 1 Nr. 1 EStG nicht vorliegt, weil der Abfluss bei der Kapitalgesellschaft nicht verwirklicht wird (z.B. vGA in der Form einer überhöhten Pensionszusage).

Unterschiede können sich hinsichtlich des Ansatzes der vGA bei der Gesellschaft und beim Anteilseigner ergeben, wenn es beim Anteilseigner i.H.d. vGA zu einer bloßen Umschichtung innerhalb der Einkunftsarten kommt (vgl. 4.5.4.2) und wenn die vGA zwar zu zusätzlichen Einnahmen führt, sich aber die »Verwendung« dieser Einnahmen auf andere Einkunftsarten (bis zur Höhe der vGA) wieder als Aufwendungen einkünfte- bzw. einkommensmindernd auswirkt (vgl. 4.5.4.3). Zur korrespondierenden Besteuerung bei Gesellschaft und Anteilseigner vgl. § 8 Abs. 3 Satz 4 ff. und § 32a Abs. 1 KStG. Vgl. 4.5.6.3.

Die steuerlichen Auswirkungen einer vGA stellen sich in der Übersicht wie folgt dar:

a) Bei der Kapitalgesellschaft

- Sofern vGA zur **Einkommensminderung** (= Gewinnminderung) führt

↓

- **außerbilanzmäßige** Einkommenskorrektur nach **§ 8 Abs. 3 Satz 2 KStG** im Rahmen der Einkommensermittlung

Wichtig:

- Nach **H 8.5 I Grundsätze KStH** sowie dem BMF-Schreiben vom 28.05.2002 (BStBl I S. 603), ist die Gewinnerhöhung aufgrund einer vGA grundsätzlich **außerhalb der Steuerbilanz** hinzuzurechnen.

↓

Aber:

- Für die Leistung ist zu prüfen, ob eine **Einlagenrückgewähr i. S. d. § 27 Abs. 1 Satz 3 KStG** vorliegt, die zu einer Verringerung des steuerlichen Einlagekontos führt.

↓

- Bei einer vGA ist nach der Verwaltungspraxis grundsätzlich **keine KapSt** einzubehalten. Es gilt der Vorrang des Veranlagungs- vor dem Abzugsverfahrens (vgl. BFH-Urteil vom 03.07.1968, BStBl 1969 II S. 4 und BMF-Schreiben vom 18.01.2016, BStBl I 2016, 85).
- Dies gilt auch für **GmbH-Anteile im Privatvermögen** mit abgeltender Besteuerung von 25 v. H.; insoweit wird **§ 32 d Abs. 3 EStG** angewandt.
- Für **Anteile im Betriebsvermögen** mit zwingender Anwendung des Teileinkünfteverfahrens (Subsidiarität nach § 20 Abs. 8 EStG) und **für Optionsfälle des § 32 d Abs. 2 Nr. 3 EStG** (für Anteile im Privatvermögen mit Anwendung des Teileinkünfteverfahrens) gilt der Vorrang des Veranlagungs- vor dem Abzugsverfahren.

b) Beim Gesellschafter

- Sofern vGA dem Gesellschafter **zufließt**, ergibt sich bei ihm ein sonstiger Bezug i.S.d. § 20 Abs. 1 Nr. 1 Satz 2 EStG, der nach § 32 d Abs. 3 EStG (**Sondersteuersatz**) zu erfassen ist oder im Optionsfall nach § 32 d Abs. 2 Nr. 3 EStG dem **Teileinkünfteverfahren** nach § 3 Nr. 40 Satz 1 Buchst. d EStG unterliegt.

↓

- Wurde die vGA (z. B. überhöhtes Gehalt) bereits bisher versteuert, erfolgt beim Gesellschafter-Geschäftsführer eine **Umqualifizierung der Einkünfte** (z. B. von § 19 EStG nach § 20 Abs. 1 Nr. 1 Satz 2 EStG) und im Optionsfall Anwendung des **Teileinkünfteverfahrens** (§ 3 Nr. 40 Satz 1 Buchst. d EStG).
- Zur **korrespondierenden Besteuerung der vGA** beim Anteilseigner (im Falle der Bestandskraft des ESt-Bescheids), vgl. **§ 32a Abs. 1 KStG**.

- Sofern **vGA (= Leistung)** aus dem steuerlichen Einlagekonto i. S. d. § 27 Abs. 1 KStG erfolgt, liegen keine Einnahmen aus Kapitalvermögen vor (**§ 20 Abs. 1 Nr. 1 Satz 3 EStG ⇨ Verringerung AK der Anteile ⇨ ggf. Fall des § 17 Abs. 4 EStG, wenn AK insgesamt überschritten sind).**

↓

- Die Rückzahlung einer vGA durch den Gesellschafter ist nach **H 8.9, Rückgewähr einer vGA, KStH,** eine **Einlage**, die bei ihm zu nachträglichen AK auf seine Beteiligung i. S. d. § 17 EStG führt. **Die steuerlichen Folgen einer vGA können dadurch nicht beseitigt werden.**

Die verschiedenen Wirkungsbereiche (Stufen) können, müssen aber nicht sämtlich eintreten.

BEISPIEL

Der Gesellschafter-Geschäftsführer einer GmbH erhält ein Gehalt von 360 000 €. Angemessen ist nur ein Betrag von 240 000 €.

LÖSUNG Auswirkungen der vGA

GmbH: Hinzurechnung § 8 Abs. 3 Satz 2 KStG + zvE 120 000 €

Anteilseigner: Einnahme § 20 Abs. 1 Nr. 1 EStG, § 11 Abs. 1 EStG 120 000 € grds.: Abgeltungsteuer (§ 32d Abs. 1 EStG) 25% von 100 000 € = 25 000 € (kein Teileinkünfteverfahren); ggf. Einbeziehung in ESt-Veranlagung, insbesondere im Optionsfall nach § 32d Abs. 2 Nr. 3 EStG (dann mit Teileinkünfteverfahren).

4.5.2.3 Zuwendung an einen Gesellschafter

Eine vGA setzt ein **Gesellschafts- oder Mitgliedschaftsverhältnis** voraus, da es sonst nicht zur Ursächlichkeit des Gesellschaftsverhältnisses für die Vorteilsgewährung kommen könnte (H 8.5 I [Nichtkapitalgesellschaften und vGA] KStH und BFH vom 13.07.1994 BStBl II 1995, 198).

vGA sind **nicht** auf Kapitalgesellschaften beschränkt. Sie sind auch denkbar bei Genossenschaften an ihre Genossen (vgl. BFH vom 09.02.1972 BStBl II 1972, 361 und BFH vom 11.10.1989 BStBl II 1990, 88) sowie bei Versicherungsvereinen a.G.. an ihre Mitglieder (Versicherten, vgl. BFH vom 14.07.1976 BStBl II 1976, 731) und Vereinen an ihre Mitglieder (vgl. BFH vom 23.09.1970 BStBl II 1971, 47). Bei Vereinen ist zwar das Vereinsvermögen den Mitgliedern entzogen, so dass eine kapitalmäßige Beteiligung des Mitglieds fehlt. Nach BFH vom 23.09.1970 [a.a.O.] reicht jedoch ein gesellschaftsrechtliches Mitgliedschaftsverhältnis für die Annahme einer vGA. Daher ist das Einkommen beim Verein gemäß § 8 Abs. 3 Satz 2 KStG um die vGA zu erhöhen; beim Mitglied liegen Einkünfte i.S.d. § 22 Nr. 3 EStG vor. Die Anwendung des § 8 Abs. 3 Satz 2 KStG setzt **nicht** voraus, dass die vGA von **Nichtkapitalgesellschaften** zu Einnahmen aus Kapitalvermögen bei anderen Personen führt. Es ist jedoch darauf abzustellen, dass die eintretende Vermögensminderung bzw. verhinderte Vermögensmehrung letztlich zu einem Vorteil bei dem führt, der über Mitgliedschaftsrechte bzw. mitgliedschaftsähnliche Rechte den Einfluss auf das der Körperschaftsteuer unterliegende Gebilde hat (vgl. BFH vom 09.08.1989 BStBl II 1990, 237). Des Weiteren ist eine vGA auch bei Betrieben gewerblicher Art an die juristische Person des öffentlichen Rechts als Träger (vgl. BFH vom 14.03.1984 BStBl II 1984, 496 und BFH vom 09.08.1989 BStBl II 1990, 237) denkbar.

Die Wirkungen des **Teileinkünfteverfahrens**, insbesondere im **Betriebsvermögen**, können grds. **nur bei** Ausschüttungen von Kapitalgesellschaften und Genossenschaften eintreten (§ 3 Nr. 40 Buchst. d EStG). Auf die Höhe der Beteiligung kommt es normalerweise nicht an. Ausnahmen sind zu beachten beim sog. Rückwirkungsverbot bei beherrschender Beteiligung (H 8.5 III [Beherrschender Gesellschafter] KStH).

Das Gesellschaftsverhältnis besteht auch noch während einer Liquidation im Abwicklungszeitraum. vGA sind auch in diesem Stadium denkbar, und zwar zu Lasten des Liquidationsgewinns. Im Zeitpunkt der Vorteilsgewährung braucht das Gesellschaftsverhältnis nicht unbedingt schon oder noch zu bestehen. Auch **nachträgliche Vorteilsgewährungen** sind denkbar, die noch ursächlich auf die frühere Beteiligung zurückzuführen sind (vgl. § 24 Nr. 2 EStG (so auch BFH vom 29.04.2008 BStBl II 2011, 55)).

Eine vGA ist möglich, wenn die Leistung der Gesellschaft zwar **vor Begründung** des Gesellschaftsverhältnisses erbracht wird, ihren Grund aber in diesem Gesellschaftsverhältnis hat. Das gilt jedenfalls dann, wenn die Leistung in engem zeitlichen Zusammenhang mit der Begründung des Gesellschaftsverhältnisses steht und der Empfänger dann auch tatsächlich Gesellschafter wird (vgl. BFH vom 24.01.1989 BStBl II 1989, 419). Mittelbare Gesellschafterstellung reicht aus (BFH vom 14.07.2004 BStBl II 2011, 285).

4.5.2.4 Zuwendungen an dem Gesellschafter nahestehende Personen

Für eine vGA ist begrifflich Voraussetzung, dass ein Vorteil dem Gesellschafter selbst zugutekommt.

Der Vorteil kann allerdings darin bestehen, dass die Gesellschaft einer dem Gesellschafter nahestehenden Person eine Zuwendung macht, durch die der Gesellschafter – bei wirtschaftlicher Betrachtung – **mittelbar** einen gesellschaftlich veranlassten Vorteil erhält (vgl. BFH vom 22.02.1989 BStBl II 1989, 631). Vgl. R 8.5 Abs. 1 Satz 2 KStR.

Die verdeckte Gewinnausschüttung ist aber auch in diesen Fällen dem Gesellschafter zuzurechnen und **nicht** der nahestehenden Person, da diese die Zuwendung nur über den ihr nahestehenden Gesellschafter erlangt (vgl. BFH vom 13.07.1994 BStBl II 1995, 198 sowie BMF vom 08.03.1999, BStBl I 1999, 514). Es gilt weiter der **Prima-facie-Beweis**, dass der Vorteil mittelbar auch dem Gesellschafter zugutekommt (vgl. BFH vom 27.11.1974 BStBl II 1975, 306).

Diese Beweisregel gilt trotz des Beschlusses des BVerfG vom 10.03.1985 BStBl II 1985, 475 (Wegfall der Vermutungsregel bei Ehegatten bei der Feststellung einer Betriebsaufspaltung) **auch bei Ehegatten** weiter, vgl. BFH vom 02.03.1988 BStBl II 1988, 786; H 8.5 III [Kreis der nahestehenden Personen] KStH. Ebenso FG Saarland vom 10.12.1986 EFG 1987, 137, rkr.

Der **Begriff »nahestehende Person«** ist nicht gesetzlich definiert. Es kann sich dabei insbesondere um eine natürliche Person, Personenhandelsgesellschaft (vgl. BFH vom 01.10.1986 BStBl II 1987, 459) oder Kapitalgesellschaft handeln. Vgl. auch BFH vom 06.08.1985 BStBl II 1986, 17 und BFH vom 23.10.1985 BStBl II 1986, 195. Die Eigenschaft kann durch **persönliche wie durch sachliche Beziehungen zu dem Gesellschafter** begründet werden. Persönliche Beziehungen liegen z. B. vor bei Ehegatten (vgl. BFH vom 02.03.1988 BStBl II 1988, 786, s. o.), Verwandten und Verschwägerten und sonstigen Angehörigen (insbesondere i. S. v. § 15 AO, aber nicht Voraussetzung). Die für eine vGA notwendige gesellschaftsrechtliche Beziehungen stellt bspw. die Vorteilsgewährung zwischen Schwestergesellschaften eine Gewinnausschüttung zugunsten der Muttergesellschaft dar. Sachliche Beziehungen kommen zustande durch schuldrechtliche Verhältnisse, zum Beispiel ein Kunden- oder Lieferantenverhältnis zum Gesellschafter (nicht zur Gesellschaft!).

Gewährt die Gesellschaft einer Person, die einem ihrer Gesellschafter nahesteht, einen Vorteil, so spricht der Prima-facie-Beweis (Beweis des ersten Anscheins) dafür, dass der Vorteil **mittelbar** dem Gesellschafter zugewandt wird. Dies kann normalerweise nur dadurch widerlegt werden, dass die Zuwendung des Vorteils ihre Ursache ausschließlich in den Beziehungen der Kapitalgesellschaft zu der dem Gesellschafter nahestehenden Person hat. Dies muss die Kapitalgesellschaft darlegen (vgl. BFH vom 27.11.1974 BStBl II 1975, 306). Auch bei dem beherrschenden Gesellschafter nahestehenden Personen bedarf eine Vereinbarung über die Höhe eines Entgelts für eine Leistung der vorherigen und eindeutigen Regelung (Rückwirkungsverbot; vgl. BFH vom 29.04.1987 BStBl II 1987, 797; vom 02.03.1988 BStBl II 1988, 786 und BFH vom 22.02.1989 BStBl II 1989, 631).

Zur Frage der vGA (und verdeckten Einlagen) bei **»Schwestergesellschaften«** vgl. BFH vom 26.10.1987 BStBl II 1988, 348.

BEISPIEL

Eine Muttergesellschaft (M-GmbH) ist an zwei Tochtergesellschaften (T1-GmbH und T2-GmbH) als Alleingesellschafterin beteiligt.

T1 verkauft an T2 Wirtschaftsgüter (Anlagevermögen) für 100 000 €. Deren erzielbarer Preis beträgt 170 000 €.

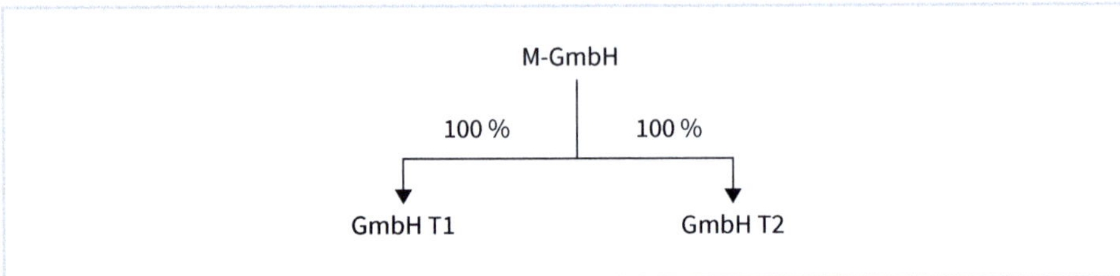

LÖSUNG (ohne USt)

Es liegt eine vGA von T1 an M i. H. v. 70 000 € vor. Es wird fingiert, als seien die Wirtschaftsgüter zum erzielbaren Preis von 170 000 € verkauft worden. Hierbei wird unterstellt, dass die T2 außer der tatsächlichen Zahlung von 100 000 € eine weitere Zahlung von 70 000 € an T1 geleistet hat. Die T1 hat 70 000 € als vGA an M weitergeleitet, die ihrerseits 70 000 € als verdeckte Einlage der T2 wieder zugeführt hat. Es ergeben sich folgende Auswirkungen:

Bei T1: Erhöhung des zu versteuernden Einkommens um die vGA von 70 000 € (§ 8 Abs. 3 Satz 2 KStG). Eine Buchung ist nicht vorzunehmen.

Bei M: Erhöhung des Einkommens um die vGA von 70 000 € abzüglich der steuerfreien Ausschüttung nach § 8b Abs. 1 und 5 KStG von (95 % von 70 000 € =) 66 500 € = 3 500 €. Der Buchwert der Beteiligung an der T2-GmbH ist um 70 000 € zu erhöhen.

Buchung bei M:

Beteiligung T2-GmbH	70 000 €	an	Beteiligungserträge	70 000 €

Bei T2: Erhöhung des Buchwertes der Wirtschaftsgüter. Durch die zusätzliche AfA wird die vGA insoweit stufenweise »neutralisiert«.

Buchung bei T2:

Maschinen	70 000 €	an	Erträge	70 000 €

Der Jahresüberschuss ist um 70 000 € zu erhöhen. Infolge der Buchung als Ertrag ist das Einkommen nach § 8 Abs. 3 Satz 3 KStG um 70 000 € zu verringern, da eine verdeckte Einlage vorliegt. Dies hat auch einen Zugang beim steuerlichen Einlagekonto i. S. d. § 27 KStG i. H. v. 70 000 € zur Folge.

4.5.2.5 Ursächlichkeit des Gesellschaftsverhältnisses

Die Ursächlichkeit ist immer dann gegeben, wenn die Gesellschaft bei Anwendung derjenigen Sorgfalt, die § 93 Abs. 1 Satz 1 AktG und § 43 Abs. 1 GmbHG einem ordentlichen und gewissenhaften Geschäftsleiter abverlangt, diesen Vorteil einer Person, die nicht Gesellschafter ist, nicht gewährt hätte. Diese Kriterien sind handelsrechtlich hinreichend objektivierbar. Gleichwohl besteht ein gewisser Beurteilungsspielraum.

Dagegen sind **handelsrechtlich unzulässige Leistungen** einer Kapitalgesellschaft an ihre Gesellschafter stets vGA; vgl. BFH vom 17.10.1984 BStBl II 1985, 69. Auf die Figur des ordentlichen und gewissenhaften Geschäftsleiters kann nicht abgestellt werden, wenn eine AG unter Verstoß gegen das aktienrechtliche Verbot der Einlagenrückgewähr Leistungen erbringt und damit dem Gesellschafter einen Vermögensvorteil zuwendet. Hier besteht – wie bei der so genannten Erstausstattung – **keine Vergleichsmöglichkeit** mit Geschäften, die der Geschäftsleiter mit Dritten hätte abschließen können (BFH vom 17.10.1984, a. a. O.).

4.5.2.6 Unmaßgebliche Merkmale

Folgende Merkmale sind unbeachtlich:

a) Wissen und Wollen der Gesellschaft nicht erforderlich

Voraussetzung für die Annahme einer vGA ist **nicht**, dass die Vorteilszuwendung mit Wissen und Wollen der Gesellschaft erfolgt (vgl. BFH vom 14.10.1992 BStBl II 1993, 356). Auch bedarf es bei einer Vertragsabwicklung mit der Kapitalgesellschaft keiner Einigung der Parteien darüber, dass die Zuwendung mit Rücksicht auf das Gesellschaftsverhältnis erfolgen sollte (vgl. BFH vom 03.12.1969 BStBl II 1970, 229).

b) Rechtshandlung der Organe nicht erforderlich

Eine vGA setzt auch **nicht** voraus, dass die Vermögensminderung bzw. verhinderte Vermögensmehrung auf einer **Rechtshandlung der Organe** der Kapitalgesellschaft beruht (z. B. des GmbH-Geschäftsführers). Auch rein tatsächliche Handlungen können den Tatbestand der vGA erfüllen. Für die Entscheidung, ob eine Vermögensminderung auf einer Handlung beruht, die steuerrechtlich der Kapitalgesellschaft zuzurechnen ist, kommt es **nicht** auf **Handlungen** der **Organe** der Kapitalgesellschaft an, wenn diese – durch Tun oder Unterlassen – einem Gesellschafter oder einer ihm nahestehenden Person die Möglichkeit verschafft haben, über Gesellschaftsvermögen zu disponieren (vgl. BFH vom 14.10.1992, a. a. O., und H 8.5 I [Tatsächliche Handlungen] KStH).

4.5.2.7 Steuerliche Zurechnung einer verdeckten Gewinnausschüttung

Eine vGA ist inkongruent, d. h. eine verdeckte Gewinnausschüttung muss grundsätzlich derjenige Gesellschafter als Kapitalertrag nach § 20 Abs. 1 Nr. 1 Satz 2 EStG versteuern, dem der Vorteil gewährt wurde. Eine vGA ist deshalb immer inkongruent. Erhält den Vorteil eine dem Gesellschafter nahestehende Person, muss gleichwohl der Gesellschafter den Kapitalertrag versteuern (vgl. § 20 Abs. 5 EStG), es sei denn, die nahestehende Person ist selbst Gesellschafter. Vgl. H 8.5 [Nahestehende Person], [Zurechnung der vGA], KStH.

Wichtig: Zur **schenkungsteuerlichen Behandlung disquotaler Gewinnausschüttungen**, vgl. Ländererlasse vom 20.04.2018, BStBl I 2018, 632. Sofern es an »beachtlichen wirtschaftlich vernünftigen außersteuerlichen Gründen« fehlt, führt dies zu einer Schenkung des benachteiligten Mitgesellschafters an den begünstigten Mitgesellschafter. Ertragsteuerlich ist nach BMF vom 17.12.2013 (BStBl I 2014, 63) nur eine satzungsmäßige Öffnungsklausel erforderlich. Ein punktuell satzungsdurchbrechender Beschluss über eine inkongruente Vorabausschüttung, der von der Gesellschafterversammlung einstimmig gefasst worden ist und von keinem Gesellschafter angefochten werden kann, ist als zivilrechtlich wirksamer Ausschüttungsbeschluss nach Ansicht des BFH (Urteil vom 28.09.2022, VIII R 20/20, DStR 2022, 1606) der Besteuerung zugrunde zu legen (entgegen BMF vom 17.12.2013, BStBl I 2014, 63).

Hinweis: Keine Zurechnung eines Beteiligungsertrags gegenüber dem Gesellschafter bei Veruntreuung durch nahestehende Person

BEISPIEL

A ist alleiniger Gesellschafter-Geschäftsführer der X-GmbH in Frankfurt, die einen Buchhandel betreibt. Er hat am 01.01.2015 seinen Sohn S als Prokuristen angestellt. Dessen Aufgabenbereich betrifft den An- und Verkauf von Büchern. In den Folgejahren erwies sich S bei dieser Tätigkeit als korrekt und zuverlässig.

Im Jahre 2024 fingiert S jedoch Rechnungen an die X-GmbH für in Wirklichkeit gar nicht erbrachte Leistungen und verwendet die von der X gezahlten und von der X-GmbH als Ausgaben gebuchten Beträge in einem Gesamtbetrag von 20 000 € zur Finanzierung seiner materiell sehr anspruchsvollen Geliebten. Obwohl A seinen Organisations- und Überwachungspflichten im Rahmen seiner Geschäftsführertätigkeit ausreichend nachgekommen war, waren ihm diese fingierten Rechnungen nicht aufgefallen.

Diese Vorgänge werden im ersten Halbjahr 2025 durch die für die Bilanzerstellung 31.12.2024 beauftragten Wirtschaftsprüfer aufgedeckt und gelangen dem A dabei erstmals zur Kenntnis. Die Bilanz wird am 01.07.2025 erstellt und am 20.07.2025 mit der Steuererklärung 2024 beim zuständigen Finanzamt abgegeben. Ein KSt-Bescheid 2024 wurde bisher nicht erlassen.

Anfang September 2025 macht A gegen seinen in guten wirtschaftlichen Verhältnissen lebenden Sohn S die Rückzahlung dieser 20 000 € an die X-GmbH geltend.

LÖSUNG Die 20 000 € sind nicht dem Gesellschafter A zugeflossen, sondern dem Angestellten S für dessen private Interessen. S ist als Sohn eine dem A **nahestehende Person**. Eine vGA der X-GmbH an A wäre in diesem Fall zu bejahen, wenn A von den widerrechtlichen eigenmächtigen Geldentnahmen des S **gewusst hat und ihn gleichwohl bewusst gewähren ließ.** Bei S wäre es eine einkommensteuerrechtlich unbeachtliche Einkommensverwendung (vgl. BFH vom 19.06.2007, BStBl II 2007, 830, m. w. N.).

S hatte seine Arbeit seit 2015 korrekt durchgeführt. A durfte daher davon ausgehen, dass S auch in 2024 seinen Pflichten als Prokurist ohne Beanstandungen nachkommen würde. A waren die fingierten Rechnungen des S unbekannt und die **Geldentnahmen ohne sein Wissen und seine Duldung erfolgt.** Dies geht auch aus seiner Forderung vom September 2025 an S hervor, dieser solle an die X-GmbH 20 000 € zahlen. Zudem hatte A in 2024 sowohl seine ihm in seiner Eigenschaft als Geschäftsführer obliegenden Organisations- und Überwachungspflichten gem. § 43 Abs. 1 GmbHG als auch seine Kontrollpflichten als Gesellschafter gem. § 46 GmbHG ordnungsgemäß erfüllt. Die Zuwendung an S ist ohne Verschulden des A allein durch widerrechtliche Handlungsweisen des S als Prokurist veranlasst, aber **nicht durch das Gesellschaftsverhältnis.** Es liegt deshalb **keine vGA** wegen Vorteilsgewährung (fehlender Fremdvergleich) **i. S. d.** § 8 Abs. 3 Satz 2 KStG vor.

Allerdings hat S mit dieser Vorgehensweise seine Verpflichtungen aus dem Prokuristenvertrag verletzt, eine unerlaubte Handlung nach § 823 BGB begangen und ist gem. § 812 Abs. 2 Satz 1 BGB auf Kosten der GmbH ungerechtfertigt bereichert. Er ist rechtlich verpflichtet, diese 20 000 € an die X-GmbH zurückzuzahlen. Diesen Anspruch muss die X-GmbH in der Buchhaltung und der Bilanz ausweisen. Die Geldentnahmen fallen in das Jahr 2019. Bekannt werden sie allerdings erst in 2024 im Rahmen der Erstellung der Bilanz am 01.07.2025.

Im Rahmen der **Wertaufhellung** ist die **Forderung** daher schon in der **Bilanz zum 31.12.2024** zu erfassen, auch wenn die Forderung erst nach diesem Zeitpunkt bekannt und im September 2025 geltend gemacht wird.

4.5.2.8 Rückgewähr einer verdeckten Gewinnausschüttung

Die steuerlichen Folgen der Rückgewähr einer verdeckten Gewinnausschüttung stellen sich wie folgt dar: Nach H 8.9 [Rückgewähr einer vGA] KStH kann eine verdeckte Gewinnausschüttung durch Rückgewähransprüche **nicht rückgängig** gemacht werden. Ein Anspruch auf Rückgewähr einer verdeckten Gewinnausschüttung hat steuerlich vielmehr den Charakter einer **Einlageforderung**. Dadurch wird weder die Annahme einer vorherigen verdeckten Gewinnausschüttung i. S. d. § 8 Abs. 3 Satz 2 KStG noch einer Leistung i. S. d. § 27 KStG ausgeschlossen. Vgl. BFH vom 29.05.1996 (BStBl II 1997, 92). Die Rückzahlung bzw. Rückforderung verdeckter Gewinnausschüttungen ist deshalb steuerlich wie folgt zu beurteilen:

a) Außerbilanzmäßige Abrechnung nach § 8 Abs. 3 Satz 3 KStG
Die Rückzahlung der verdeckten Gewinnausschüttung bzw. die Bilanzierung eines Rückforderungsanspruchs darf sich bei der Kapitalgesellschaft als gesellschaftsrechtlich veranlasste **Einlage** nicht auf die Höhe ihres zu versteuernden Einkommens auswirken; bei gewinnerhöhender Verbuchung ist deshalb nach § 8 Abs. 3 Satz 3 KStG eine außerbilanzmäßige Abrechnung im Rahmen der Einkommensermittlung erforderlich. Dies gilt unabhängig davon, ob die Rückgewähr auf einem **gesetzlichen oder vertraglichen Rückforderungsanspruch** (Satzungsklausel, d. h. geschriebene Abrede im Gesellschaftsvertrag) beruht oder **freiwillig** erfolgt.

b) Zugang beim steuerlichen Einlagekonto
Die Einlage (die tatsächliche Rückzahlung des Gesellschafters) erhöht das steuerliche Einlagekonto i. S. d. § 27 KStG. Für einen Rückgewähranspruch (z. B. vertraglicher Rückgewähranspruch aufgrund Steuer- oder Satzungsklausel oder gesetzlicher Rückgewähranspruch nach §§ 30, 31 GmbHG) ist nach BFH vom 29.05.1996 (BStBl II 1997, 92) zu beachten, dass der Rückgewähranspruch erst im Zeitpunkt seiner Erfüllung im steuerlichen Einlagekonto i. S. d. § 27 KStG zu erfassen ist. Beim Gesellschafter entstehen in Höhe der tatsächlich zurückgezahlten Beträge zusätzliche Anschaffungskosten auf seine Beteiligung i. S. d. § 17 EStG. Sofern der Gesellschafter für die Zeit zwischen Vorteilsgewährung und Rückgewähr Zinsen entrichten muss (Verzinsung der vGA), sind diese Werbungskosten bei den Einkünften aus Kapitalvermögen. Das vollständige Abzugsverbot nach § 20 Abs. 9 EStG bzw. im Optionsfall nach § 32d Abs. 2 Nr. 3 EStG anteilig nach § 3c Abs. 2 EStG ist insoweit jedoch zu beachten.

Diese Grundsätze gelten im Übrigen auch für die **Rückgängigmachung** bereits vollzogener **offener Gewinnausschüttungen und für zurückgewährte Vorabausschüttungen**. Eine vollzogene Ausschüttung kann also nicht durch Aufhebung oder Änderung eines zuvor gefassten Gewinnverteilungsbeschlusses mit steuerlicher Wirkung rückgängig gemacht werden. Nach BFH vom 29.08.2000 (BStBl II 2001, 173) ist auch die Rückzahlung einer offenen Gewinnausschüttung eine **Einlage**, die beim **Gesellschafter nachträgliche Anschaffungskosten** i. S. d. § 17 EStG zur Folge hat. Auch die KapSt ändert sich durch die Rückgewähr einer überhöhten Vorabausschüttung nicht mehr (vgl. FG Hamburg vom 21.09.1999, EFG 2000, 39).

Sofern die Kapitalgesellschaft einen gesetzlichen oder vertraglichen **Rückgewähranspruch** (Einlageforderung) aktiviert hat und **später auf die Rückzahlung verzichtet**, stellt sich die Frage, ob dieser Verzicht auf die Rückgewähr eine erneute verdeckte Gewinnausschüttung darstellt. Vom BFH wurde hierzu im Urteil vom 13.11.1996 (BB 1997, 1241) Folgendes entschieden: Hat eine GmbH gegen ihren Gesellschafter einen Zahlungsanspruch, der seinen Rechtsgrund in der wirtschaftlichen Rückgängigmachung einer vGA hat, so findet § 8 Abs. 3 Satz 2 KStG nur auf die ursprüngliche Schadenszufügung Anwendung. Der spätere Verzicht der GmbH auf den Zahlungsanspruch ist steuerlich wie der Verzicht auf eine Einlageforderung zu behandeln, die für sich genommen keine vGA sein kann. Der spätere Verzicht der

GmbH auf diese Einlageforderung kann also keine erneute verdeckte Gewinnausschüttung auslösen.

4.5.2.9 Vorteilsausgleich

Eine vGA liegt **nicht** vor, wenn der gewährte Vorteil durch Gegenleistungen der begünstigten Gesellschaft aufgewogen wird. Wegen der Voraussetzungen vgl. BFH vom 01.08.1984 BStBl II 1985, 18. Wegen der zeitlichen Grenzen der Festlegung und Durchführung des Verlustausgleichs nach den »Verwaltungsgrundsätzen zur Einkunftsabgrenzung international verbundener Unternehmen« vgl. BMF vom 23.02.1983 BStBl I 1983, 218 ff., Tz. 2.3.3. Bei einem **beherrschenden Gesellschafter** bedarf es einer klaren und im Voraus getroffenen Vereinbarung über den Vorteilsausgleich (vgl. BFH vom 07.12.1988 BStBl II 1989, 248 und BFH vom 08.11.1989 BStBl II 1990, 244).

BEISPIEL

Klare und eindeutige Vereinbarung über Vorteilsausgleich liegt vor
Nach dem BFH-Urteil vom 07.12.1988 (BStBl II 1989, 248) setzt bei einem **beherrschenden Gesellschafter** die steuerrechtliche Berücksichtigung eines Vorteilsausgleichs voraus, dass er stets auf einer im Voraus getroffenen, klaren und eindeutigen Vereinbarung über den Grund und die Höhe der Gegenleistung beruht. Der BFH hat dies im Urteil vom 28.02.1990 (BStBl II 1990, 649) nochmals ausdrücklich bestätigt. Vgl. auch H 8.5 II [Vorteilsausgleich] KStH.

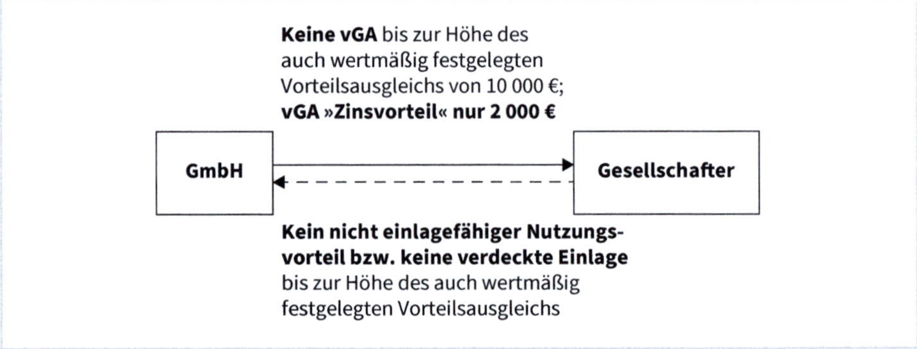

Liegt im Beispielsfall also eine schriftliche Vereinbarung des Inhalts vor, dass das zinslose Gesellschafterdarlehen nur deshalb eingeräumt wurde, weil die GmbH ihrerseits das Grundstück des Gesellschafters unentgeltlich nutzen konnte, und wird dies auch wertmäßig festgelegt, ist insoweit ein steuerlicher Vorteilsausgleich durchzuführen. Dies bedeutet, dass nur der darüber hinausgehende Betrag von 2000 € (12000 € ./. 10000 €) bei der Einkommensermittlung nach § 8 Abs. 3 Satz 2 KStG als verdeckte Gewinnausschüttung hinzugerechnet werden muss. Sofern die angemessene Pacht für das Grundstück z.B. 15000 € jährlich betragen würde, wäre im Falle eines steuerlichen Vorteilsausgleichs im Ergebnis im VZ 2024 ein nicht einlagefähiger Nutzungsvorteil i.H.v. 3000 € (15000 € ./. 12000 €) anzunehmen. D.h. eine verdeckte Gewinnausschüttung käme insoweit nicht in Betracht.

4.5.2.10 Erstausstattung der Kapitalgesellschaft

Das Verhalten eines ordentlichen und gewissenhaften Geschäftsleiters kann nicht Maßstab sein, wenn ein Rechtsgeschäft zu beurteilen ist, das nur mit Gesellschaftern abgeschlossen werden kann. Bei Rechtsverhältnissen, die im Rahmen der Erstausstattung einer Kapitalgesellschaft zustande gekommen sind, liegt eine vGA schon dann vor, wenn die Gestaltung darauf abstellt, den Gewinn der Kapitalgesellschaft nicht über eine angemessene Verzinsung des eingezahlten Nennkapitals und eine Vergütung für das Risiko des nicht eingezahlten Nennkapitals hinaus zu steigern. Vgl. BFH vom 02.02.1994 BStBl II 1994, 479 und H 8.5 V [Erstausstattung] KStH.

4.5.2.11 Rückwirkungsverbot bei beherrschender Beteiligung

Unabhängig von der Frage der Angemessenheit kommt eine vGA auch dann in Betracht, wenn z. B. im Falle der Mitarbeit eines Gesellschafters oder der Nutzungsüberlassung (Miete, Pacht oder Darlehen) durch einen Gesellschafter nicht von vornherein klar und eindeutig bestimmt ist, ob und in welcher Höhe ein Entgelt gezahlt werden soll oder wenn nicht einer klaren Vereinbarung gemäß verfahren wird (vgl. die in H 8.5 I [Tatsächliche Durchführung] KStH zitierten BFH-Urteile). Dieses **Rückwirkungsverbot** (oder Nachzahlungsverbot) gilt nur bei beherrschender Beteiligung (bzw. beherrschendem Einfluss), H 8. III [Beherrschender Gesellschafter] KStH.

Es gilt auch, wenn Leistungsempfänger eine dem beherrschenden Gesellschafter nahestehende Person ist (vgl. BFH vom 01.10.1986 BStBl II 1987, 459). Bei einer Beteiligung des Gesellschafters von **bis zu 50%** werden rückwirkende vertragliche Vereinbarungen nur beim Hinzutreten besonderer Umstände nicht anerkannt, und zwar bei Vorliegen gleichgerichteter Interessen.

Für die Prüfung, ob im Einzelfall eine beherrschende Stellung vorliegt und deshalb das Gebot der zivilrechtlich wirksamen, klaren und im Voraus abgeschlossenen Vereinbarung zu beachten ist, bietet sich **folgende Vorgehensweise** an:

1. Hat der Gesellschafter **die Mehrheit der Stimmrechte**, d. h. im Regelfall eine Beteiligung von mehr als 50%?
2. Wenn nein, liegen aber **gleichgerichtete Interessen** vor? Bei nahen Angehörigen dürfen gleich gerichtete Interessen jedoch nicht pauschal unterstellt werden; sie können im Einzelfall gleichwohl vorliegen.
3. Handelt es sich um eine dem beherrschenden Gesellschafter **nahestehende Person?** Auch insoweit gilt das Nachzahlungsverbot. Nahestehende Personen des beherrschenden Gesellschafters sind im Regelfall z. B. **Ehegatten und Kinder**.

BEISPIEL

Gleichgerichtete Interessen (H 8.5 III [Gleichgerichtete Interessen] KStH)

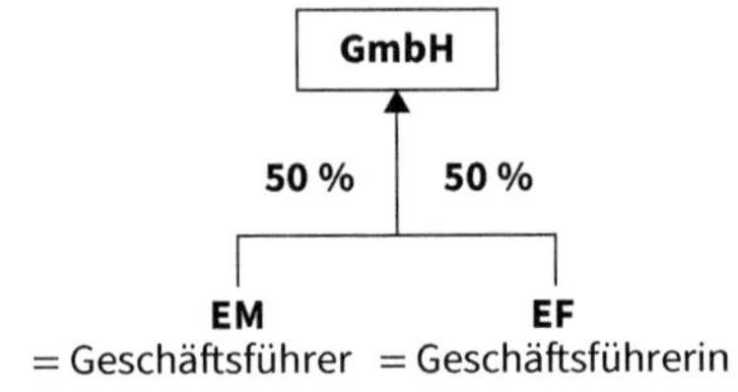

Die Ehegatten EM und EF sind zu jeweils 50 % an der GmbH beteiligt. Beide Gesellschafter-Geschäftsführer erhalten im VZ 2024 rückwirkend eine der Höhe nach angemessene Sondervergütung.

Es liegt eine **vGA wegen Verletzung des Rückwirkungsverbots aufgrund gleichgerichteter Interessen** von EM und EF vor.

4.5.2.11.1 Inhalt des Rückwirkungsverbots

Der beherrschende Gesellschafter hat regelmäßig die Wahl, ob er für eine Leistung an seine Gesellschaft einen **schuldrechtlichen oder gesellschaftsrechtlichen Ausgleich** sucht. Durch das von der BFH-Rechtsprechung entwickelte Ordnungsprinzip des Rückwirkungsverbots sollen insbesondere nachträgliche Gewinnmanipulationen in Form rückwirkender Vereinbarungen vermieden werden. Denn ein Gesellschafter mit beherrschendem Einfluss ist in der Lage, die Gesellschaft nach seinen Wünschen so zu beeinflussen, dass eine rückwirkende Gestaltung der Beziehungen zum Vorteil des Gesellschafters ausfällt (vgl. BFH vom 22.03.1972 BStBl II 1972, 501).

Daher müssen Vergütungen **im Voraus eindeutig und klar bestimmt** sein. Allgemein müssen bei schuldrechtlichen Verhältnissen zwischen Gesellschaft und beherrschenden Gesellschaftern von vornherein klare Verhältnisse geschaffen werden. Dies gilt selbst dann, wenn bereits ein gesetzlicher Vergütungsanspruch des Gesellschafters besteht (z. B. bei Arbeitsleistungen, gewerblichen Leistungen, Vereinbarungsdarlehn (gesetzlicher Zinsanspruch gemäß §§ 354 Abs. 2, 352 HGB); vgl. BFH vom 02.03.1988 BStBl II 1988, 590.

Die Bemessung von Sondervergütungen für den beherrschenden Gesellschafter-Geschäftsführer muss im Voraus so geregelt sein, dass allein durch Rechenvorgänge die Höhe der Vergütung ermittelt werden kann. Es muss ausgeschlossen sein, dass bei der Berechnung der Vergütung ein Spielraum verbleibt (vgl. BFH vom 30.01.1985 BStBl II 1985, 345). Nach dem Urteil des BFH vom 01.07.1992 BStBl II 1992, 975 enthält die vertragliche Bemessung der Tantieme eines beherrschenden Gesellschafter-Geschäftsführers nach dem »Gewinn gemäß GoB unter Berücksichtigung aller steuerlich zulässigen Maßnahmen« oder nach dem »Ergebnis der Steuerbilanz« keine klaren Rechtsgrundlagen für die Bemessung nach dem körperschaftsteuerlichen Einkommen. Schädlich wäre z. B. die Festlegung der Gewinnausschüttung als Bemessungsgrundlage für eine Tantieme.

Bei **Fehlen einer Detailvereinbarung** über eine vertragliche Nebenpflicht können nicht ohne weiteres die gesamten Vergütungen als vGA behandelt werden (vgl. BFH vom

28.10.1987 BStBl II 1988, 301). Zu Inhalt und Grenzen des Rückwirkungsverbots vgl. aber BFH vom 21.07.1982 BStBl II 1982, 761:

Danach können im Einzelfall auch nachträgliche Vereinbarungen anzuerkennen sein, wenn eine vorherige Vereinbarung nur infolge zwingender Umstände bzw. höherer Gewalt unterblieben war (z. B. Krankheit eines Verhandlungs- bzw. Vertragspartners) und wenn die rückständigen Vereinbarungen noch vor Beendigung des Wirtschaftsjahres nachgeholt werden. Ohne Bedeutung ist bei Verstößen gegen das Rückwirkungsverbot, dass durch Nachzahlungen die Angemessenheitsgrenze nicht überschritten wurde und dass die Leistungen bisher unentgeltlich erbracht wurden (vgl. BFH vom 10.11.1965 BStBl III 1966, 73) sowie dass es sich um **Nachzahlungen** für das **laufende Jahr** handelt (vgl. BFH vom 18.05.1972 BStBl II 1972, 721; einschränkend jedoch BFH vom 21.07.1982, a. a. O.). Allein die Tatsache, dass bei einer ansonsten klaren und eindeutigen Mietregelung zwischen einer GmbH und ihrem beherrschenden Gesellschafter-Geschäftsführer die Zahlung der Miete vereinbarungsgemäß jährlich im Zuge der Bilanzerstellung erfolgt, bedingt nicht die Annahme einer vGA (vgl. FG Saarland vom 20.08.1986, EFG 1987, 90, rkr).

Kein Verstoß gegen das Rückwirkungsverbot liegt auch vor bei Nachzahlung von eindeutig im Voraus festgelegten Vergütungen, die bei Fälligkeit wegen Liquiditätsschwierigkeiten auf Grund einer ausdrücklichen Vereinbarung nicht oder nicht in voller Höhe ausgezahlt werden konnten (vgl. BFH vom 12.12.1973 BStBl II 1974, 179).

Ein Forderungsverzicht schließt eine Vertragsdurchführung nicht aus. Das Steuerrecht anerkennt, wenn ein Gesellschafter zugunsten seiner inländischen Kapitalgesellschaft Nutzungs- oder Dienstleistungseinlagen erbringt. Es anerkennt ferner, wenn ein Gesellschafter auf eigene Forderungen gegen seine Kapitalgesellschaft »verzichtet«. Aus dem »Forderungsverzicht« eines Gesellschafters kann deshalb nicht generell auf einen »nicht durchgeführten Vertrag« rückgeschlossen werden. Vielmehr ist darauf abzustellen, ob die äußeren Umstände des Verzichts den Rückschluss auf das Fehlen einer von Anfang an ernstlich gewollten Verbindlichkeit der Kapitalgesellschaft erlauben (vgl. BFH vom 29.06.1994, DB 1994, 2320).

Das Rückwirkungsverbot hat Vorrang vor der Prüfung der Angemessenheit. Seine Anwendung ist daher unabhängig davon, ob die Gesamtvergütungen – auch unter Berücksichtigung der Nachzahlung – noch im Rahmen der Angemessenheitsgrenze liegen.

Begrifflich liegt eine (unzulässige) rückwirkende Vereinbarung insoweit vor, als im Zeitpunkt der Vereinbarung die Leistung des Gesellschafters bereits erbracht ist. Der Zeitpunkt der Leistung des Gesellschafters bildet mithin die zeitliche Grenze für das Rückwirkungsverbot.

Soweit rückwirkende Vereinbarungen auch für die Zukunft eine angemessene Entgeltsänderung beinhalten, sind sie anzuerkennen.

BEISPIEL

Der beherrschende Gesellschafter verpachtet ein Grundstück an die GmbH. Der monatliche Pachtzins wurde mit Vereinbarung vom 02.01.2024 auf 4000 € festgelegt. Die Pachtzahlungen erfolgten laufend.

Am 01.10.2024 vereinbarten die beteiligten Parteien eine Erhöhung des monatlichen Pachtzinses um 2000 € auf 6000 € rückwirkend ab 01.01.2024.

LÖSUNG Der Pachtzins von 6000 € kann als angemessen angesehen werden. Es liegt eine vGA wegen Verletzung des Rückwirkungsverbots wie folgt vor: 9 × 2000 € = 18000 €

Der angemessene Pachtzins beträgt 5000 €. In diesem Fall ergeben sich folgende steuerliche Auswirkungen: vGA wegen Verletzung des Rückwirkungsverbots 9 × 2000 € = 18000 €

und

vGA Vorteilsgewährung für 3 Monate 3 × 1000 € =	3000 €
vGA im VZ 2024 insgesamt	**21000 €**

Stimmt das zwischen einer GmbH und ihrem beherrschenden Gesellschafter schriftlich Vereinbarte mit dem tatsächlich Gewollten nicht überein, so kann das tatsächlich Gewollte nur dann der Besteuerung zugrunde gelegt werden, wenn von Anfang an zwischen den Vertragschließenden Übereinstimmung über das tatsächlich Gewollte bestand. Bestehende Zweifel gehen zu Lasten dessen, der sich auf das nur mündlich Vereinbarte beruft.

Aus einer jahrelangen Übung kann eine klare Vereinbarung frühestens ab dem Zeitpunkt abgeleitet werden, ab dem sie objektiv erkennbar nach außen in Erscheinung tritt.

Eine ursprünglich objektiv bestehende Unklarheit kann später beseitigt werden. Dies wirkt steuerlich nur ex nunc, d. h. mit Wirkung für die Zukunft (vgl. BFH vom 04.12.1991 BStBl II 1992, 362).

4.5.2.11.2 Zivilrechtliche Wirksamkeit

Im Verhältnis zwischen Gesellschaft und beherrschendem Gesellschafter ist eine vGA nach H 8.5 I [Zivilrechtliche Wirksamkeit] KStH immer dann anzunehmen, wenn eine zivilrechtlich wirksame Vereinbarung zwischen ihnen fehlt. Dies ist – neben dem Erfordernis einer klaren und im Voraus getroffenen Vereinbarung – eine eigenständige Voraussetzung für die Anerkennung eines Entgelts für eine Leistung des Gesellschafters.

Nach BFH u. a. vom 29.07.1992 BStBl II 1993, 139 kann eine mündliche Vereinbarung über monatlich wiederkehrende Leistungen im Allgemeinen aufgrund der Regelmäßigkeit der Leistungen und Gegenleistung, d. h. aufgrund ihrer tatsächlichen Durchführung, als ausreichend klar angesehen werden (vgl. H 8.5 III [Zivilrechtliche Wirksamkeit] KStH).

4.5.2.11.3 Betroffener Personenkreis

Das steuerliche Rückwirkungsverbot (Nachzahlungsverbot) gilt bei einer beherrschenden Beteiligung (vornehmlich an einer GmbH) – ohne Rücksicht darauf, ob es sich um einen Geschäftsführer handelt oder nicht (vgl. BFH vom 03.04.1974 BStBl II 1974, 497). Vgl. auch BFH vom 29.07.1992 BStBl II 1993, 247.

a) Beherrschung durch Stimmenmehrheit eines Gesellschafters

Ein Gesellschafter beherrscht eine Kapitalgesellschaft, wenn er den Abschluss des zu beurteilenden Rechtsgeschäfts erzwingen kann. Dabei kommt der Vorschrift des § 47 Abs. 4 GmbHG über einen Stimmrechtsausschluss des Gesellschafters bei Rechtsgeschäften zwischen ihm und der Gesellschaft keine Bedeutung zu (vgl. BFH vom 26.01.1989 BStBl II 1989, 455. Vgl. H 8.5 III [Stimmrechtsausschluss] KStH).

Das Erfordernis der Beherrschung ist im Falle der **Stimmenmehrheit** gegeben. Dies ist zum einen bei kapitalmäßiger Mehrheitsbeteiligung (mit entsprechenden Stimmrechten) gegeben (vgl. BFH vom 08.01.1969 BStBl II 1969, 347). Aber auch bei Beteiligung von nicht mehr als 50% kann Beherrschung vorliegen, zum Beispiel wenn der betreffende Gesellschafter durch Mehrstimmrechtsanteile eine Stimmenmehrheit hat (vgl. BFH vom 29.11.1974 BStBl II 1975, 366) oder wenn andere Gesellschafter zum Teil stimmrechtslose Anteile haben. Umgekehrt kann es trotz einer Mehrheitsbeteiligung an dieser Beherrschung fehlen, weil hierin stimmrechtslose Anteile enthalten sind.

BEISPIEL

A ist am Stammkapital der X-GmbH von 200000 € zu 50% – entsprechend 100000 € – beteiligt. Hiervon sind aber 10000 € mit dreifachem Stimmrecht ausgestattet.

LÖSUNG A besitzt mithin 100000 €+2×10000 €=120000 €[4] Stimmrechte, das sind 54,545% der gesamten Stimmrechte von 220000 €, ist mithin – obwohl nicht Mehrheitsgesellschafter – als beherrschender Gesellschafter anzusehen.

Auch durch (zusätzliche) mittelbare Beteiligung(en) kann sich Beherrschung ergeben (vgl. BFH vom 15.01.1964 BStBl III 1964, 163). Eigene Anteile der Gesellschaft bleiben bei den Stimmrechtsverhältnissen außer Betracht, da sie faktisch stimmrechtslos sind (Ruhen der Stimmrechte).

b) Gesellschafter mit gleichgerichteten Interessen

Außerdem kann sich Beherrschung durch das Zusammenwirken von Gesellschaftern mit übereinstimmenden Interessen ergeben, wenn sie zusammen die Mehrheit der Anteile (bzw. Stimmrechte) haben (vgl. BFH vom 26.07.1978 BStBl II 1978, 522; BFH vom 2301.1980 BStBl II 1980, 304; BFH vom 23.10.1985 BStBl II 1986, 195 und BFH vom 11.12.1985 BStBl II 1987, 469). Interessengleichrichtung dokumentiert sich vor allem unwiderlegbar bei zeitlich zusammenfallenden Beschlüssen, die diejenige Gesellschaftergruppe, die zusammen die Mehrheit hat, in gleichem Maße und in gleicher Weise begünstigt (z. B. übereinstimmende Gehaltserhöhungen oder Pensionszusagen).

Bei der Beteiligung naher Angehöriger, z. B. des nicht dauernd getrennt lebenden Ehegatten sowie abhängiger (d. h. minderjähriger, vgl. § 2 BGB) Kinder des Gesellschafters ist nur bei Interessengleichrichtung eine Zusammenrechnung vorzunehmen (vgl. BFH vom 14.06.1985 BStBl II 1986, 62). Die »Vermutungsregel« bei der Zusammenrechnung ist entfallen; vgl. den zur Betriebsaufspaltung ergangenen Beschluss des BVerfG vom 12.03.1985 BStBl II 1985, 475. Die Anteile (Stimmrechte) von Ehegatten können bei der Beurteilung einer beherrschenden Stellung nur dann zusammengerechnet werden, wenn konkrete Anhaltspunkte für gleichgerichtete Interessen der Eheleute bestehen (vgl. BFH vom 23.10.1985 BFH/NV 1986, 490 und vom 01.02.1989 BStBl II 1989, 522). Maßgebender Zeitpunkt für die Frage der Beherrschung ist der Zeitpunkt der zu beurteilenden Vereinbarung (Gehaltserhöhung usw.) oder des Vollzugs der Vermögensminderung oder verhinderten Vermögenswirkung. Vgl. R 8.5 Abs. 2 KStR.

Auf die **AG** können die Grundsätze des Rückwirkungsverbots i. d. R. nicht übertragen werden. Bei Mehrheitsaktionär-Vorstandsmitgliedern ist wegen der einschränkenden aktienrechtlichen Vorschriften (§§ 86, 87, 112 AktG) zumeist die Möglichkeit von den Interessen

4 Alternativ: 90000 €+3×10000 €=120000 €.

der AG zuwiderlaufenden Gehaltsmanipulationen ausgeschlossen, es sei denn aufgrund ganz besonderer Umstände, zum Beispiel Einflussnahme auf den Aufsichtsrat, vgl. BFH vom 15.12.1971 BStBl II 1972, 438. Die unterschiedliche Behandlung von Publikumsgesellschaften und mehr »personenbezogenen« Kapitalgesellschaften (GmbH!) ist verfassungskonform.

4.5.2.12 Wettbewerbsverbot

Folgende Grundsätze sind zu beachten:

a) Kein umfassendes Wettbewerbsverbot

In der Vergangenheit hatte der BFH insbesondere im Urteil vom 26.04.1989 BStBl II 1989, 673 die Auffassung vertreten, dass dem Gesellschafter-Geschäftsführer sowie einem Alleingesellschafter aufgrund des Wettbewerbsverbots jede Teilnahme am wirtschaftlichen Verkehr im eigenen Namen und für eigene Rechnung im Geschäftsbereich der Kapitalgesellschaft verboten sei.

Mit Urteil u. a. vom 30.08.1995 HFR 1996, 88 hatte der BFH seine bisherige Rspr. geändert. Danach ist zwischen der zivilrechtlichen Beurteilung eines Anspruchs auf Vorteilsherausgabe bzw. auf Schadensersatz und der steuerrechtlichen Annahme einer vGA zu unterscheiden. § 8 Abs. 3 Satz 2 KStG ist lt. BFH keine geeignete Rechtsgrundlage, um die von einem Gesellschafter im eigenen Namen und für eigene Rechnung ausgeübte Tätigkeit nur deshalb der eigenen GmbH zuzurechnen, weil sie auch unter deren Unternehmensgegenstand fällt. Damit gibt der BFH seine bisherige Ansicht auf, dass jedes Geschäft im Unternehmensbereich der Kapitalgesellschaft, das der beherrschende oder der Alleingesellschafter ohne vertragliche Befreiung vom Wettbewerbsverbot ausführt, als vGA zu behandeln sei.

b) Zivilrechtliche Beurteilung

Nach der Rspr. des BFH vom 30.08.1995 [a. a. O.] unterliegt der Alleingesellschafter (-Geschäftsführer) so lange keinem Wettbewerbsverbot, als er der GmbH Vermögen entzieht, das zur Deckung des Stammkapitals nicht benötigt wird. Der zivilrechtliche Anspruch auf Vorteilsherausgabe bzw. Schadensersatz ergibt sich jedoch nicht aus den allgemeinen Treuepflichten eines Alleingesellschafter-Geschäftsführers. Insoweit hatte der BFH seine anderslautende Rspr. (vgl. BFH vom 26.04.1989 BStBl II 1989, 673; BFH vom 11.02.1987 BStBl II 1987, 461) aufgegeben.

Der BFH lässt offen, ob etwas anderes gilt, wenn der Alleingesellschafter-Geschäftsführer mit seiner GmbH ein Wettbewerbsverbot vertraglich vereinbart. Auch dann ist jedoch die umfassende Dispositionsbefugnis des Alleingesellschafter-Geschäftsführers zu beachten, die es ihm erlaubt, das vertraglich vereinbarte Wettbewerbsverbot aufzuheben.

Ein Verstoß gegen das zivilrechtliche Wettbewerbsverbot liegt auch nicht automatisch deswegen vor, weil es an einer klaren und von vornherein abgeschlossenen Betriebsabgrenzung fehlt. Das Erfordernis einer klaren und von vornherein abgeschlossenen Vereinbarung ergibt sich nur aus der Rechtsprechung des BFH zur vGA gegenüber einem beherrschenden Gesellschafter. Es handelt sich, wie der BFH ausführt, um ein rein steuerrechtliches Kriterium, das nicht zur Beurteilung zivilrechtlicher Ansprüche herangezogen werden kann. Vgl. BFH vom 13.11.1996 DB 1997, 506. Nicht schon jede Betätigung des Allein-Geschäftsführers im Bereich des Unternehmensgegenstandes der GmbH ist ein Verstoß gegen ein (vertragliches) Wettbewerbsverbot. Ein solcher Verstoß liegt nur vor, wenn der Gesellschafter-Geschäftsführer entweder seine Treuepflicht als Gesellschafter oder seine Verhaltenspflichten als Geschäftsführer verletzt.

c) Steuerliche Beurteilung
Wenn auch zivilrechtlich kein Verstoß gegen das Wettbewerbsverbot und damit kein Anspruch auf Herausgabe bzw. Schadensersatz vorliegt, ist die Annahme einer vGA aus anderen Gründen nicht auszuschließen. Zum einen kann die vGA auf einem Verstoß gegen das Rückwirkungsverbot bei beherrschender Betätigung beruhen. Zum anderen kann eine vGA zu bejahen sein, wenn der Gesellschafter/Geschäftsführer konkrete Geschäftschancen genutzt hat, für deren Überlassung ein fremder Dritter ein Entgelt gezahlt hätte (sog. Geschäftschancen-Lehre).

d) Alleingesellschafter-Geschäftsführer
Der Alleingesellschafter-Geschäftsführer unterliegt zumindest so lange **keinem** Wettbewerbsverbot mit der Folge einer vGA, als er der GmbH kein Vermögen entzieht, das zur Deckung des Stammkapitals benötigt wird (vgl. BFH vom 12.10.1995 DB 1996, 507).

4.5.2.13 Zivilrechtliche Wirksamkeit von Vereinbarungen zwischen Gesellschaft und dem Gesellschafter

4.5.2.13.1 Form der Vereinbarung

Damit Leistungsbeziehungen zwischen Gesellschaft und Gesellschafter auch steuerlich anerkannt werden, bedürfen diese der **zivilrechtlichen Wirksamkeit** des zugrunde liegenden Vertragsverhältnisses. Die zivilrechtliche Wirksamkeit ist eine **eigenständige Voraussetzung** für die Anerkennung (vgl. BFH vom 02.02.1994 BStBl II 1994, 479). Wegen der allgemeinen Vertragsfreiheit steht es den Vertragsparteien grundsätzlich frei, Form und Inhalt eines Vertrages zu bestimmen. Eine Ausnahme gilt nur für diejenigen Geschäfte, für die durch das Gesetz eine bestimmte Form zwingend vorgeschrieben ist, wie z. B. der Verkauf und die Übereignung eines Grundstücks (vgl. § 311b BGB). Wegen der besonderen Beziehung zwischen Gesellschaft und Gesellschafter können die allgemeinen Grundsätze zur Vertragsfreiheit **nicht** ohne weiteres übertragen werden. Die **Schriftform** entsprechender Vereinbarungen hat die Rechtsprechung nicht für zwingend erforderlich gehalten.

4.5.2.13.2 Fehlende Vereinbarung bei beherrschenden Gesellschaftern

Nach BFH vom 24.01.1990 BStBl II 1990, 645 gilt, dass eine zwischen einer Kapitalgesellschaft und ihrem beherrschenden Gesellschafter mündlich abgeschlossene Vereinbarung trotz vereinbarter Schriftform zivilrechtlich wirksam sein, wenn davon auszugehen ist, dass die Vertragsparteien die Bindung an die Schriftformklausel aufheben wollten. Im Sinne der höchstrichterlichen Rechtsprechung ist eine zwischen einer Kapitalgesellschaft und ihrem beherrschenden Gesellschafter mündlich abgeschlossene Vereinbarung klar, wenn ein außenstehender Dritter zweifelsfrei erkennen kann, dass die Leistung der Gesellschaft auf Grund einer entgeltlichen Vereinbarung mit dem Gesellschafter erbracht wurde. Hiernach kann eine mündlich abgeschlossene Vereinbarung über monatlich wiederkehrende Leistungen auf Grund ihrer tatsächlichen Durchführung als klar angesehen werden. Mithin schreibt der BFH für derartige Vereinbarungen nicht zwingend die Schriftform vor. Die Gesellschaft bzw. der Gesellschafter hat jedoch den Nachweis zu erbringen, dass nach einer klaren und eindeutigen Vereinbarung verfahren worden ist.

Im Allgemeinen wird der Nachweis für das Bestehen einer mündlich getroffenen Vereinbarung dem Stpfl. obliegen (vgl. BFH vom 29.07.1992 BStBl II 1993, 247). Dies gilt besonders dann, wenn in einem bestehenden Vertragsverhältnis, wie z. B. einem Geschäftsführer- und Anstellungsvertrag, für Vertragsänderungen die Schriftform vorgesehen ist (vgl. FG Niedersachsen vom 29.03.1990 GmbHR 1991, 223). Lediglich bei Dauerschuldverhältnissen, deren Durchführung – wie z. B. die von Dienst- oder Mietverträgen – einen regelmäßigen Leistungsaustausch zwischen den Vertragsparteien voraussetzt, kann im Allgemeinen aufgrund der Regelmäßigkeit der Leistungen und des engen zeitlichen Zusammenhangs von Leistung und Gegenleistung bereits aus dem tatsächlichen Leistungsaustausch der Schluss gezogen werden, dass ihm eine mündlich abgeschlossene unentgeltliche Vereinbarung zugrunde liegt (vgl. BFH vom 29.07.1992 BStBl II 1993, 139).

Enthält der Geschäftsführervertrag zwischen einer GmbH und ihrem beherrschenden Gesellschafter jedoch die Klausel, dass Vertragsänderungen der Schriftform bedürfen und eine nur mündlich vereinbarte Aufhebung des Schriftformzwanges unwirksam sein soll, so ist eine nur mündlich vereinbarte Gehaltserhöhung mit der Folge zivilrechtlich **unwirksam**, dass der erhöhte Betrag steuerlich als vGA zu behandeln ist (vgl. BFH vom 31.07.1991 BStBl II 1991, 933). Allerdings ist die Aufhebung **wirksam**, wenn in der tatsächlichen Handhabung (z. B. Gehaltserhöhung) sich – zumindest konkludent – der Aufhebungswille hinsichtlich der Schriftformklausel manifestiert (vgl. BFH vom 24.07.1996 BStBl II 1997, 138). (Im Urteilsfall ist der BFH der Auffassung des FG gefolgt, dass die Aufhebung des Schriftformzwangs nicht wirksam war.)

BEISPIEL

A ist beherrschender Gesellschafter und Geschäftsführer einer GmbH. In dem schriftlich abgeschlossenen Anstellungsvertrag ist eine monatliche Vergütung in Höhe von 10 000 € vereinbart. Für Änderungen und Ergänzungen des Anstellungsvertrags war Schriftform vorgesehen. Ab 01.03.2024 wurde die monatliche Vergütung ohne schriftliche Vereinbarung erhöht auf 12 000 €. Die erhöhte Vergütung wurde monatlich bei Fälligkeit ausbezahlt; alle übrigen Konsequenzen wurden zeitnah gezogen (Abführung von Lohnsteuer und entsprechende Verbuchung).

LÖSUNG Die steuerliche Anerkennung der Erhöhung der Vergütung kann nicht deshalb versagt werden, weil die Vertragsparteien von der (ursprünglich) vereinbarten Schriftform abgewichen sind. Die insoweit getroffene Vertragsbestimmung kann jederzeit formlos aufgehoben werden (vgl. § 125 Satz 2 BGB). Etwas anderes würde nur dann gelten, wenn der ursprüngliche Vertrag die Bestimmung enthielte, dass die Vereinbarung über die Schriftform selbst nur durch eine schriftliche Vereinbarung aufgehoben werden kann.

Aber: Im vorliegenden Fall kann die Existenz der von vornherein abgeschlossenen mündlichen Vereinbarung über die Erhöhung der Vergütung zweifelsfrei aus den monatlichen Zahlungen und Verbuchungen der erhöhten Gehälter sowie aus der Abführung der Lohnsteuer von der erhöhten Vergütung gefolgert werden. Eine verdeckte Gewinnausschüttung wegen Verletzung des Nachzahlungsverbots liegt somit für die Gehaltserhöhung von 2 000 € seit 01.03.2024 nicht vor.

4.5.2.13.3 Zuständigkeit der Gesellschafterversammlung für Änderung und Aufhebung des Geschäftsführer-Dienstvertrags

Die Gesellschafterversammlung einer GmbH ist auch für die Änderungen des Dienstvertrags eines Geschäftsführers, die nicht mit der Begründung und Beendigung der Organstellung zusammenhängen, sowie für dessen vertragliche Aufhebung zuständig, soweit nach Gesetz oder Satzung keine anderweitige Zuständigkeit bestimmt ist. An seiner früheren Rechtsprechung, nach der dies in den Aufgabenbereich des Mitgeschäftsführers fällt, soweit ein solcher vorhanden und alleinvertretungsberechtigt ist, hält der Senat nicht mehr fest (vgl. BGH vom 25.03.1991 GmbHR 1991, 363).

Ist eine derartige Vereinbarung mit dem Gesellschafter-Geschäftsführer nach den Grundsätzen des BGH-Urteils zivilrechtlich nicht wirksam zustande gekommen, sind vereinbarte Gehaltserhöhungen steuerlich als vGA anzusehen.

4.5.2.14 Selbstkontrahierungsverbot

Bei Alleingesellschaftern ist das Verbot des Selbstkontrahierens (§ 181 BGB, § 35 Abs. 4 GmbHG) zu beachten. Ohne **satzungsmäßige Befreiung** gemäß § 181 BGB und **Eintragung in das Handelsregister** ist eine Vereinbarung zwischen dem Alleingesellschafter-Geschäftsführer und der von ihm vertretenen GmbH infolge zivilrechtlicher (schwebender) Unwirksamkeit auch steuerlich nicht anzuerkennen (vgl. auch H 8.5 I [Zivilrechtliche Wirksamkeit] KStH).

Vergütungen der Gesellschaft an den Gesellschafter gelten bei Verstoß gegen das Selbstkontrahierungsverbot in vollem Umfang als vGA, unabhängig davon, ob sie der Höhe nach möglicherweise angemessen sind (vgl. BFH vom 11.04.1990 BFH/NV 1991, 704).

Zivilrechtlich ist nicht mehr umstritten, ob die bestehende Befreiung eines Gesellschafters vom Selbstkontrahierungsverbot auch dann noch wirksam ist, wenn aus einer **zweigliedrigen** GmbH ein Gesellschafter ausscheidet, also eine **Einpersonen-GmbH entsteht**. Die zivilrechtlich offene Frage wurde durch einen Beschluss des BGH vom 08.04.1991 GmbHR 1991, 261 geklärt: Die dem Geschäftsführer einer mehrgliedrigen GmbH durch die Satzung erteilte und in das Handelsregister eingetragene Befreiung von den Beschränkungen des § 181 BGB erlischt danach nicht dadurch, dass aus der mehrgliedrigen Gesellschaft eine Einmann-Gesellschaft wird.

Diese zivilrechtliche Einschätzung stimmt überein mit dem Urteil des BFH vom 13.03.1991 BStBl II 1991, 597. Vgl. auch Vfg. der OFD Köln vom 26.07.1991 GmbHR 1991, 491.

4.5.2.15 Beweislast

Die **Beweislast** für das Vorliegen einer vGA obliegt nach Urteil des BFH vom 27.10.1992 BStBl II 1993, 569 grds. dem FA (H 8.6 [Beweislast – Grundsätze] KStH). Der BFH hat auch im Urt. vom 13.07.1994 BFH/NV 1995, 548 ausgeführt, dass die objektive Beweislast für das Vorliegen einer vGA beim FA liegt. Andererseits könne sich die Beweislast aber auch nach den Grundsätzen des Prima-facie-Beweises zu Lasten der KapGes im Einzelfall umkehren: Die betriebliche Veranlassung von Aufwendungen ist von der Körperschaft nachzuweisen, wenn nahezu alle Beweisanzeichen dafürsprechen, dass eine Zuwendung an den Gesellschafter ihre Grundlage in dem Gesellschaftsverhältnis hat (BFH vom 19.03.1997 BStBl II 1997, 577). Bei Vorliegen eines nur mündlich abgeschlossenen Vertrages hat nach dem Urteil des BFH vom 29.07.1992 BStBl II 1993, 247 die nachteiligen Folgen eines fehlenden Nachweises derjenige zu tragen, der sich auf die Existenz dieses Vertrages zur Begründung des BA-Abzugs beruft (H 8.5 I [Mündliche Vereinbarung] KStH).

4.5.3 Erhöhung des Einkommens (§ 8 Abs. 3 Satz 2 KStG)

4.5.3.1 Hinzurechnung der verdeckten Gewinnausschüttung nur bei Einkommensminderung

Meist haben vGA das Einkommen der Gesellschaft gemindert, zum Beispiel durch überhöhte (unangemessene) Vergütungen (Gehälter, Zinsen, Mieten). In diesen Fällen ist das Einkommen um die vGA zu erhöhen (§ 8 Abs. 3 Satz 1 KStG).

Es sind aber auch Fälle denkbar, in denen eine vGA das Einkommen nicht gemindert hat.

BEISPIEL

Der Gesellschafter veräußert ein unbebautes Grundstück zu einem – unstreitig – um 64 000 € überhöhten Kaufpreis von 264 000 €. Die GmbH buchte: Grundstück an Bank 264 000 €.

LÖSUNG Da sich das Einkommen der GmbH durch diese Buchung nicht gemindert hat, ist im Ergebnis die vGA auch nicht dem Einkommen der GmbH hinzuzurechnen.

4.5.3.2 Hinzurechnung nur der verdeckten Gewinnausschüttung

Die Höhe des hinzuzurechnenden Betrags hängt ausschließlich davon ab, in welcher Höhe das Einkommen durch die vGA gemindert wurde. Folglich ist das Einkommen der Gesellschaft nur um die bei ihr eingetretene **Vermögensminderung bzw. verhinderte Vermögensmehrung** zu erhöhen. Auf die Höhe eines Zuflussbetrags beim Gesellschafter kommt es in diesem Zusammenhang nicht an. Vgl. BFH vom 29.04.1987 BStBl II 1987, 733; BFH vom 22.02.1989 BStBl II 1989, 475 und BFH vom 14.03.1989 BStBl II 1989, 633.

4.5.3.3 Hinzurechnung außerhalb der Bilanz

Die Erhöhung des Einkommens nach § 8 Abs. 3 Satz 2 KStG erfolgt grds. **außerbilanziell**. Dieser Auffassung hat der BFH mit Urteilen vom 29.06.1994 BStBl II 2002, 367 sowie vom 16.12.1998 DStZ 1999, 618 zugestimmt. Wegen der Behandlung bei Pensionsrückstellungen an Gesellschafter-Geschäftsführer. Vgl. zu den Auswirkungen im Einzelnen sowie zur technischen Darstellung BMF vom 28.05.2002 BStBl I 2002, 603 und nachstehend C.4.5.3.4.

4.5.3.4 Zur Korrektur einer vGA außerhalb der Steuerbilanz

Mit dem BMF-Schreiben vom 28.05.2002 (BStBl I 2002, 603) hat die Finanzverwaltung zu den Konsequenzen einer vGA Stellung genommen. Dabei wurden folgende **Grundsatzentscheidungen** getroffen:

Das BFH-Urteil vom 29.06.1994 (BStBl II 2002, 366) wird angewandt. Der BFH hatte mit diesem Urteil entschieden, dass sich die Rechtsfolge des § 8 Abs. 3 Satz 2 KStG in einer außerbilanziellen Gewinnkorrektur erschöpft. Die Gewinnerhöhung aufgrund einer vGA i. S. d. § 8 Abs. 3 Satz 2 KStG ist dem Steuerbilanzgewinn deshalb außerhalb der Steuerbilanz hinzuzurechnen (BMF a. a. O., Rn. 2 und 3).

Ist die vGA bei der erstmaligen Veranlagung des Wirtschaftsjahres, in dem es zu der Vermögensminderung bzw. zu der verhinderten Vermögensmehrung gekommen ist, nicht hinzugerechnet worden und kann diese Veranlagung nach den Vorschriften der AO nicht mehr berichtigt oder geändert werden, so unterbleibt die Hinzurechnung nach § 8 Abs. 3 Satz 2 KStG endgültig (Rn. 4). Zu einer Leistung (i. S. d. Teileinkünfteverfahrens) kommt es unabhängig von der bilanziellen bzw. einkommensmäßigen Behandlung der vGA erst im

Zeitpunkt ihres tatsächlichen Abflusses (Rn. 5; vgl. auch H 27 [Abflusszeitpunkt] KStH). Entsprechendes gilt für den Zufluss beim Gesellschafter (Rn. 6).

Ein in der Bilanz unter Beachtung der entsprechenden Gewinnermittlungsvorschriften gebildeter Passivposten (z. B. eine Pensionsrückstellung i. S. d. § 6a EStG) ist im Hinblick auf eine vGA nicht zu korrigieren (Rn. 7). Zur weiteren zutreffenden Behandlung sind für Passivposten, denen ganz oder teilweise eine vGA zugrunde liegt, Nebenrechnungen zu führen. Dabei werden zwei Teilbeträge gebildet und jährlich fortentwickelt (Rn. 8 und 9):

Teilbetrag I:	Summe der vGA-Beträge i. S. d. § 8 Abs. 3 Satz 2 KStG für den betroffenen Passivposten (unabhängig von der tatsächlichen außerbilanziellen Hinzurechnung).
Teilbetrag II:	Summe der vGA-Beträge i. S. d. § 8 Abs. 3 Satz 2 KStG für den betroffenen Passivposten, die **tatsächlich** bei der Einkommensermittlung dem Steuerbilanzgewinn hinzugerechnet worden sind.

Teilbetrag I und II decken sich dann, wenn die vGA bereits ab dem Erstjahr entdeckt und hinzugerechnet worden ist **(= Regelfall).** Eine **Differenz** ergibt sich dann, wenn eine Hinzurechnung aus verfahrensrechtlichen Gründen in bestandskräftigen bzw. festsetzungsverjährten Jahren **nicht** mehr möglich ist (z. B. bei einer zu spät festgestellten vGA aus einer Pensionszusage). Die Teilbeträge sind aufzulösen, soweit die Verpflichtung in der Steuerbilanz gewinnerhöhend aufzulösen ist. Zur Vermeidung einer doppelten Erfassung ist die Gewinnerhöhung aus der Auflösung der Verpflichtung (bei Ausbuchung über Ertrag) bis zur Höhe des aufzulösenden **Teilbetrags II** aus sachlichen Billigkeitsgründen außerhalb der Steuerbilanz vom Steuerbilanzgewinn abzuziehen. Die außerbilanzielle Kürzung wird damit nur in dem Umfang zugestanden, in dem in früheren Jahren tatsächlich eine Hinzurechnung nach § 8 Abs. 3 Satz 2 KStG erfolgt ist (Rn. 9). Der BFH hat diese Verwaltungsauffassung im Urteil vom 21.08.2007 BStBl II 2008, 277 ausdrücklich bestätigt. Danach ist eine wegen Wegfalls der Verpflichtung gewinnerhöhend aufgelöste Pensionsrückstellung im Wege einer Gegenkorrektur nur um die tatsächlich bereits erfassten vGA der Vorjahre **außerbilanziell zu kürzen**. Die steuerlichen Auswirkungen sollen anhand nachstehender Beispielsfälle erläutert werden.

BEISPIEL 1: Überhöhte Gesamtvergütung als vGA

Eine GmbH zahlt in 2024 ihrem Gesellschafter-Geschäftsführer eine Jahresgesamtvergütung i. H. v. 300 000 €; angemessen sind 200 000 €.

LÖSUNG Der überhöhte Aufwand von 100 000 € ist nach § 8 Abs. 3 Satz 2 KStG außerhalb der Steuerbilanz zuzurechnen. Er erhöht das Einkommen 2024 (KSt 15 %).

Auf der Ebene des Anteilseigners gilt im VZ 2024 das Teileinkünfteverfahren (im Optionsfall nach § 32d Abs. 2 Nr. 3 EStG, andernfalls greift der Sondersteuersatz von 25 % nach § 32d Abs. 1 und Abs. 3 EStG). Die bisher als Einkünfte nach § 19 EStG erfassten Beträge sind i. H. v. 100 000 € in Einnahmen aus Kapitalvermögen umzuqualifizieren und unterliegen nach § 3 Nr. 40 Satz 1 Buchst. d EStG der Teileinkünftebesteuerung (steuerpflichtige Einkünfte also 60 000 €). Die Bildung eines Teilbetrags I und II ist hier nicht erforderlich, da keine Verpflichtung zu passivieren ist.

BEISPIEL 2: Tantieme als vGA

Eine GmbH vereinbart mit ihrem beherrschenden Gesellschafter-Geschäftsführer am 31.12.2024 eine Tantieme für 2024 i. H. v. 50 000 €; sie weist in der Bilanz zum 31.12.2024 eine entsprechende Verbindlichkeit aus. Die Tantieme wird vereinbarungsgemäß im Mai 2025 ausbezahlt.

LÖSUNG Grundfall: Auszahlung Tantieme

Die Gewinnminderung aufgrund der Tantiemeverbindlichkeit ist bei der Ermittlung des Einkommens der GmbH im VZ 2024 als vGA wegen Verletzung des Rückwirkungsverbots nach § 8 Abs. 3 Satz 2 KStG außerbilanzmäßig zuzurechnen. Die Auflösung der Verbindlichkeit bei Auszahlung in 2025 wirkt sich nicht auf den Steuerbilanzgewinn aus. Der Abfluss erfolgt in 2025; der Zufluss beim Anteilseigner erfolgt ebenfalls in 2025.

Im vorliegenden Sachverhalt belaufen sich der Teilbetrag I und der Teilbetrag II zum 31.12.2024 jeweils auf 50 000 €. Infolge der Auszahlung im Mai 2025 sind der Teilbetrag I und II in 2025 ebenfalls wieder aufzulösen; diese Auflösung hat keinen Einfluss auf die Einkommensermittlung für den VZ 2025 der GmbH.

4.5.4 Auswirkungen verdeckter Gewinnausschüttungen beim Anteilseigner

4.5.4.1 Einnahmen gemäß § 20 Abs. 1 Nr. 1 EStG

VGA führen grds. zu Kapitalerträgen. Dies setzt aber **tatsächlichen Zufluss** voraus. Bei Zugehörigkeit der Beteiligung zum Privatvermögen liegen Einnahmen i. S. v. § 20 Abs. 1 Nr. 1 EStG vor (»sonstige Bezüge« aus GmbH-Anteilen bzw. Aktien; vgl. § 20 Abs. 1 Nr. 1 Satz 2 EStG). Sie sind bei Zufluss zu besteuern (§ 11 Abs. 1 Satz 1 EStG). Bei Zugehörigkeit der Beteiligung zum **Betriebsvermögen** sind vGA als Betriebseinnahmen zu erfassen (§ 20 Abs. 8 EStG), und zwar sowohl bei Überschussrechnung (§ 4 Abs. 3 EStG) als auch Betriebsvermögensvergleich (§ 4 Abs. 1, § 5 EStG) im Jahr der Vorteilsgewährung. Im Privatvermögen gilt grds. die 25 %ige **Abgeltungsteuer** (§ 32d Abs. 1 und 3 EStG) – grds. **kein Teileinkünfteverfahren**. In der Praxis wird auch regelmäßig die 25 %ige KapSt nicht einbehalten worden sein. Auf Antrag ist unter weiteren Voraussetzungen (§ 32d Abs. 2 Nr. 3 EStG) eine Einbeziehung in die reguläre ESt-Veranlagung mit dem **Teileinkünfteverfahren** vorzunehmen. Außerdem ist § 32d Abs. 6 EStG zu beachten. Im Betriebsvermögen gilt das **Teileinkünfteverfahren,** d. h. Steuerpflicht der vGA zu **60 %** (§ 3 Nr. 40 Satz 2 EStG).

4.5.4.2 Umqualifizierung von Einkünften durch verdeckte Gewinnausschüttungen

Wenn eine Einnahme i. H. d. vGA bereits bei einer anderen Einkunftsart erfasst war, führt die Aufdeckung der vGA lediglich zu einer **Umqualifizierung** der Einnahme in einen Kapitalertrag sowie zu einem Ansatz als Einnahmen aus § 20 Abs. 1 Nr. 1 EStG.

BEISPIEL

Aufgrund einer Außenprüfung wird festgestellt, dass ein (lediger) GmbH-Gesellschafter-Geschäftsführer im **VZ** 2024 mit 195 000 € ein um 35 000 € überhöhtes Gehalt bezogen hat. Die 10 %ige Beteiligung gehört zum PV. KapSt wurde nicht einbehalten. Es wird **kein** Antrag nach § 32d Abs. 2 Nr. 3 EStG gestellt.

LÖSUNG I. H. v. 35 000 € vermindern sich die Einnahmen/Einkünfte aus § 19 EStG. Gleichzeitig erhöhen sich die Einnahmen aus § 20 Abs. 1 Nr. 1 EStG um 35 000 €. Diese unterliegen der Abgeltungsteuer von 25 % (§ 32d Abs. 1 und 3 EStG) und sind nicht in die Summe der Einkünfte/das zvE einzubeziehen (§ 2 Abs. 5 b EStG).

Einkünfte

Vor Aufdeckung der vGA		**Nach Aufdeckung der vGA**	
§ 19 EStG	195 000 €	§ 19 EStG	160 000 €
./. Arbeitnehmer- Pauschbetrag	1 230 €	./. Arbeitnehmer-Pauschbetrag	1 230 €
= Einkünfte § 20 Abs. 1 Nr. 1 EStG	193 770 €	= Einkünfte	158 770 €
		§ 20 Abs. 1 Nr. 1 EStG	*35 000 €*
		./. § 20 Abs. 9 EStG	*1 000 €*
		Einkünfte, Ansatz nach § 32d Abs. 3 EStG	*34 000 €*
		ESt 25 %	
Summe der Einkünfte	193 770 €	Summe der Einkünfte	158 770 €

Nach dem Beschluss des BFH vom 24.03.1987 (BStBl II 1987, 508) bestehen keine ernstlichen Zweifel, auch bei nachträglich aufgedeckten Gewinnausschüttungen, die vom Empfänger bereits bei anderen Einkünften versteuert sind, die Rechtsfolgen für vGA **uneingeschränkt** anzuwenden. Sie löst zunächst eine Erhöhung des zu versteuernden Einkommens der GmbH um die vGA (§ 8 Abs. 3 Satz 2 KStG) aus. Die tarifliche Körperschaftsteuer entsteht unabhängig von der Ausschüttung des Gewinns. Die Erfassung der vGA als Einnahme gem. § 20 Abs. 1 Nr. 1 EStG erfolgt grundsätzlich mit 25 % Abgeltungsteuer auf die vGA gem. § 32d Abs. 1 und 3 EStG bzw. im Betriebsvermögen im TEV nach § 3 Nr. 40 Satz 1 Buchst. d EStG zu 60 % der vGA. Hinsichtlich der **Gewerbesteuer** gibt es keine Zweifel, dass die vGA nachträglich der Gewerbesteuer unterworfen werden muss (§ 8 Abs. 1 und 2 KStG, § 15 EStG, § 7 GewStG).

4.5.4.3 Beurteilung als Fremdgeschäft (Fiktionstheorie)

Zur Ermittlung einer vGA ist ein **Vergleich** mit der **angemessenen** Vergütung, die ein ordentlicher und gewissenhafter Geschäftsleiter einem fremden Dritten gezahlt bzw. die er von einem fremden Dritten für eine Leistung der Gesellschaft gefordert hätte, durchzuführen: Es wird eine Abwicklung eines Rechtsgeschäfts zu Bedingungen wie unter Fremden unterstellt. Der Mehr- oder Minderbetrag einer Vergütung usw. stellt die verdeckte Gewinnausschüttung dar. Sodann wird eine Rückgewähr (Ausschüttung) eines Teilentgelts an den Gesellschafter i. H. d. Unterschiedsbetrags unterstellt.

Infolge der Unterstellung a) (Abwicklung wie unter Fremden) muss beim Gesellschafter untersucht werden, wie sich die angemessenen (Mehr-) Aufwendungen einkommensteuerlich auswirken. So werden z. B. in Höhe einer Zinsersparnis des Gesellschafters, die diesem als vGA zugerechnet wurde, Zinszahlungen fingiert, die je nach wirtschaftlichem Zusammenhang insbesondere Betriebsausgaben, Werbungskosten, Sonderausgaben gemäß § 10 EStG, außergewöhnliche Belastungen (§ 33 EStG) oder nichtabziehbare Kosten der Lebensführung (§ 12 EStG) sein können (vgl. BFH vom 25.09.1970 BStBl II 1971, 53). Ebenso können sich die Anschaffungskosten eines Wirtschaftsguts **erhöhen**.

Zur Anwendung der Fiktionstheorie bei vGA gilt Folgendes:

Beim Gesellschafter, der eine vGA erhält, ist nach der sog. **Fiktionstheorie** zu prüfen, ob im Zusammenhang mit der Erfassung der vGA nach § 20 Abs. 1 Nr. 1 Satz 2 EStG tatsächliche oder fiktive Betriebsausgaben, Werbungskosten oder (höhere) Anschaffungskosten berücksichtigt werden können. Die Anwendung der Fiktionstheorie ist auf das BFH-Urteil vom 14.08.1975 (BStBl II 1976, 88) zurückzuführen. Dabei wird unterstellt, dass die Kapitalgesellschaft vom Gesellschafter zunächst eine angemessene Gegenleistung erhält und diese dann ganz oder teilweise wieder an den Gesellschafter als vGA zurückgewährt wird. Der Vorgang wird also gedanklich in **zwei Schritte** unterteilt:

1. Der Gesellschafter entrichtet ein angemessenes Entgelt.
2. Er erhält das Entgelt (ganz oder teilweise) in Form einer verdeckten Gewinnausschüttung zurück.

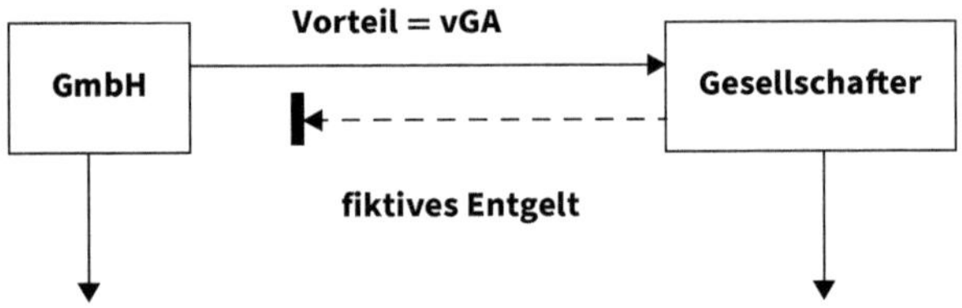

Steuerliche Folgen: (GmbH)

- Einkommenskorrektur nach § 8 Abs. 3 Satz 2 KStG
- Verwendung des steuerlichen Einlagekontos nach § 27 Abs. 1 Satz 3 KStG prüfen

Steuerliche Folgen: (Gesellschafter)

- Erfassung vGA nach § 15 oder § 20 EStG i. V. m. § 32 d Abs. 3 EStG bzw. § 3 Nr. 40 EStG (für Anteile im PV im Optionsfall nach § 32 d Satz 3 KStG prüfen Abs. 2 Nr. 3 EStG)
- **Zusätzliche BA, WK oder AK prüfen (Fiktionstheorie)**
- § 3 c Abs. 2 EStG ist nur bei Wiederinvestition in eine Kapitalbeteiligung und damit der Einkunftsart nach §§ 17, 20 Abs. 1 Nr. 1 EStG zu beachten. Bei der Einkunftsart § 20 EStG gilt jedoch das Abzugsverbot nach § 20 Abs. 9 EStG, sofern kein Optionsfall vorliegt (vgl. EStG).

4.5.4.4 Risikogeschäfte durch den Gesellschafter-Geschäftsführer

Nach der BFH-Rechtsprechung sind Goldoptionsgeschäfte (BFH vom 14.09.1994 BStBl II 1997,189), Devisentermingeschäfte (BFH vom 08.08.2001 BStBl II 2003, 487) und Wertpapier-Risikogeschäfte (BFH vom 31.03.2004 BFH/NV 2004, 1482) als Risikogeschäfte zu qualifizieren. Diese sind grundsätzlich **betrieblich veranlasst**. Denn Kapitalgesellschaften haben keine außerbetriebliche Sphäre. Hieraus erlittene Verluste stellen ebenso wie Kursverluste Betriebsausgaben dar; bei den realisierten Kursgewinnen handelt es sich um Betriebseinnahmen. Die Finanzverwaltung vertritt im BMF-Schreiben vom 14.12.2015 (BStBl I 2015, 1091) hingegen die Auffassung, dass der BFH im Urteil vom 31.03.2004 (BFH/NV 2004, 1482) sein Urteil vom 08.08.2001 (BStBl II 2003, 487) bestätigt und entschieden hat, dass die Tätigung von Risikogeschäften (Wertpapiergeschäfte) durch eine GmbH regelmäßig **nicht die Annahme rechtfertige**, die Geschäfte würden im privaten Interesse des (beherrschenden)

Gesellschafters ausgeübt. Die Gesellschaft sei grundsätzlich darin frei, solche Geschäfte und die damit verbundenen Chancen, zugleich aber auch Verlustgefahren, wahrzunehmen. Anders als von der Finanzverwaltung in den BMF-Schreiben vom 19.12.1996 (BStBl I 1997, 112) und vom 20.05.2003 (BStBl I 2003, 333) vertreten, gelte dies auch dann, wenn der Veranlassungszusammenhang zwischen den Aufwendungen und den Einnahmen aus den Risikogeschäften einerseits und dem eigentlichen Unternehmensgegenstand der GmbH andererseits ein allenfalls entfernter ist.

BEISPIEL

Die Gesellschafter-Geschäftsführer einer GmbH mit einem Stammkapital i. H. v. 50000 € sind EM mit 90% und seine EF mit 10%. Anfang 2024 trat eine nigerianische Firma an die Geschäftsführer der GmbH heran und bot eine Provision für die – wie es in einem Anschreiben heißt – Genehmigung zur Überweisung von 35 500 000 Dollar »auf Ihr Firmenkonto oder Privatkonto« an. Die Provision sollte 35% des eingezahlten Betrags betragen. Vor dem geplanten Geldtransfer sollte die GmbH allerdings noch für Sicherheiten und Auslagenersatz Zahlungen nach Nigeria leisten. In zwei Raten (im Mai sowie Juni 2024) wurden hierfür insgesamt 300000 € vom Bankkonto der GmbH abgebucht. Nach Überweisung dieser Gelder stellte die nigerianische Seite sämtliche Kontakte ein. Die Zahlungen wurden zunächst auf dem in der Buchführung der GmbH geführten Sachkonto, das mit »Herr EM, sonstige Verrechnung« überschrieben ist, erfasst. Im Rahmen des Jahresabschlusses nach Ablauf des Geschäftsjahres erfolgte eine Umbuchung der Beträge auf das Konto »**a. o. Aufwand**«.

LÖSUNG Nach dem Urteil des FG München vom 06.05.2003 (EFG 2003, 1268) stellt die Übernahme dieses Risikogeschäfts (»Afrikageschäft«) durch die GmbH eine vGA in Höhe von 300000 € dar. Es ist deshalb im Rahmen der Einkommensermittlung für den VZ 2024 nach § 8 Abs. 3 Satz 2 KStG eine außerbilanzmäßige Korrektur i. H. v. 300000 € erforderlich. Im Verhältnis zwischen einer Kapitalgesellschaft und ihrem beherrschenden Gesellschafter muss von vornherein klar und eindeutig dokumentiert werden, ob ein außerhalb des Satzungszwecks liegendes unübliches bzw. risikobehaftetes Geschäft auf Rechnung der Kapitalgesellschaft oder des Gesellschafters durchgeführt werden soll. Wird Klarheit über die Zuordnung zum Geschäftsbereich der Kapitalgesellschaft erst zu einem Zeitpunkt geschaffen, in dem sich der Verlust aus dem Geschäft bereits abzeichnet, liegt in der Verlustübernahme durch die Kapitalgesellschaft eine vGA. Auch nach Auffassung der Finanzverwaltung in dem BMF-Schreiben vom 19.12.1996 (a. a. O.) und 20.05.2003 (a. a. O.) ist im vorliegenden Fall eine vGA wegen Risikogeschäfte anzunehmen.

4.5.4.5 Verdeckte Gewinnausschüttung im Falle der Vermietung an den Gesellschafter-Geschäftsführer

Miet- und Pachtverträge zwischen einer Kapitalgesellschaft und ihrem Gesellschafter Geschäftsführer werden grundsätzlich für Zwecke des Zivil- und Steuerrechtes anerkannt. In den folgenden Konstellationen ist jedoch zu prüfen, ob eine verdeckte Gewinnausschüttung vorliegt:

1. Rückwirkungsgebot

Eine verdeckte Gewinnausschüttung liegt vor, wenn bei einer Vermietung durch einen beherrschenden Gesellschafter-Geschäftsführer an seine Gesellschaft gegen das Rückwirkungsverbot verstoßen wird.

2. Angemessenheit

Überlässt ein Gesellschafter seiner Kapitalgesellschaft ein Grundstück gegen eine zu hohe Miete/Pacht, führt dies zu einer verdeckten Gewinnausschüttung. Umgekehrt liegt eine vGA ebenfalls dann vor, wenn die Gesellschaft ihrem Gesellschafter ein Grundstück gegen ein zu geringes Nutzungsentgelt überlässt. Ebenfalls kann es zu einer verdeckten Gewinnausschüttung kommen, wenn eine Kapitalgesellschaft trotz eines geänderten Mietpreisniveaus es unterlässt durch eine entsprechende Änderungskündigung eine höhere Miete gegenüber Ihrem beherrschenden Gesellschafter-Geschäftsführer durchzusetzen. Ein solches Unterlassen kann als Verzicht auf eine Vermögenmehrung gewertet werden (vgl. BFH vom 07.12.1988 BStBl I 1989, 248). Hinsichtlich der Ermittlung der angemessenen Miete/Pacht stellte man bislang stets auf die ortsüblichen Werte ab, die sich z. B. aus Mietspiegeln der Gemeinden, Mietpreisen bei Vergleichsobjekten sowie aus Gutachten von Sachverständigen ergeben können. Ließ sich eine solche Miete nicht ermitteln (bspw. bei sog. »Luxusobjekten«) oder war nach den einkommensteuerlichen Liebhabereigrundsätzen (Totalüberschussprognose) keine absehbaren betrieblichen Gewinne zu erwarten, so setzte man regelmäßig die Kostenmiete an.

Fallgruppen im Kontext der BFH-Rechtsprechung zur Kostenmiete

Fallvariante	Stellungnahme
• Die ortsübliche Miete führt nach Abzug aller (anteiligen) Kosten zu einem (angemessenen) Gewinn.	• Ansatz der ortsüblichen Miete
• Es ist keine ortsübliche Miete ermittelbar.	• Ansatz der Kostenmiete zuzüglich angemessenen Gewinnaufschlag Dies kann bspw. dann vorkommen, wenn sich keine ortsübliche Miete auf Grund besonderer Ausstattung etc. ermitteln lässt.
• Die Immobilie war bereits im Betriebsvermögen der Kapitalgesellschaft und wurde bislang an einen fremden Dritten vermietet. Alternativ: Eine gleichartige und gleichwertige Immobilie wird parallel an einen fremden Dritten vermietet.	• **Interner Fremdvergleich** In Fällen des internen Fremdvergleichs (= vergleichbare Vermietung auch an fremde Dritte) kann von einer Angemessenheit ausgegangen werden, so dass i. d. R. keine Kostenmiete erforderlich ist.
• Die Kapitalgesellschaft erwirbt eine (ggf. die Gesellschaft mitgenutzte) Immobilie oder stellt sie eine solche her, um sie an den Gesellschafter zu vermieten.	• Fraglich, ob ortsübliche Miete feststellbar ist (s. o.) und die von Beginn an zu einem Gewinn führt. • I. d. R. daher Ansatz der Kostenmiete zuzüglich angemessenen Gewinnaufschlag
• »Bestands-Immobilie« wird vor der Vermietung an den Gesellschafter aufwendig saniert.	• Fraglich, ob ortsübliche Miete feststellbar ist (s. o.) und die von Beginn an zu einem Gewinn führt. • I. d. R. daher Ansatz der Kostenmiete zuzüglich angemessenen Gewinnaufschlag
• Immobilie wird seit Jahren gewinnbringend zum ortsüblichen Preis an den Gesellschafter vermietet. Im aktuellen Jahr fällt ein größerer Erhaltungs-/Sanierungsaufwand an.	• Ein einmaliger Erhaltungs-/Sanierungsaufwand amortisiert sich regelmäßig erst über mehrere Jahre (unabhängig von der bilanziellen Behandlung bei der Gesellschaft). Aus diesem Grund muss nicht sofort zur Kostenmiete umgeschwenkt werden. Allerdings kann ggf. unter dem Gesichtspunkt des Fremdvergleichsgrundsatzes eine **Mieterhöhung** notwendig werden.

4.5.4.6 Verdeckte Gewinnausschüttungen und Kapitalertragsteuer

VGA unterliegen als Einnahmen i.S.v. § 20 Abs. 1 Nr. 1 EStG bzw. Betriebseinnahmen grds. der 25 %igen Kapitalertragsteuer (§ 43 Abs. 1 Nr. 1, § 43a Abs. 1 Nr. 1, § 43 Abs. 4 EStG) und zwar von der vollen Einnahme.

Die Pflicht zur Einbehaltung von Kapitalertragsteuer entsteht erst im Zeitpunkt des tatsächlichen Zuflusses der vGA beim Gesellschafter (§ 44 Abs. 1 Satz 2 EStG und BFH vom 28.01.1981 BStBl II 1981, 612 und BFH vom 19.05.1982 BStBl II 1982, 631).

Der Kapitalertragsteuerabzug wird aber regelmäßig nicht vorgenommen worden sein, weil sich die Beteiligten der Vorteilsgewährung (der vGA) nicht bewusst waren oder sein wollten.

Im Rahmen der Abgeltungsteuer gilt generell: Hat die vGA tatsächlich nicht der KapSt unterlegen, ist sie der 25 %igen Abgeltungsteuer zu unterwerfen (§ 32d Abs. 1 und Abs. 3 EStG). Vgl. BMF vom 19.05.2022 BStBl I 2022, 742 Rz. 144. Ein nicht ausgeschöpfter Sparer-Pauschbetrag ist zu berücksichtigen.

4.5.4.7 Zufluss der verdeckten Gewinnausschüttung

Im Regelfall führt die vGA auch zu einem beim Gesellschafter zu besteuerndem Zufluss eines Vorteils.

Es können i.S.v. § 8 Abs. 3 Satz 2 KStG das Hinzurechnungsjahr und das Zuflussjahr zeitlich auseinanderfallen, insbesondere in zwei verschiedene VZ fallen.

BEISPIEL

Ein überhöhtes Gehalt hat bei der Gesellschaft in 2024 den Gewinn durch Ausweis einer sonstigen Verbindlichkeit gemindert. Dem Gesellschafter ist das Gehalt erst in 2025 zugeflossen.

LÖSUNG Die Einkommenserhöhung und Erhöhung der Körperschaftsteuerbelastung (15 % der vGA) treten bei der Gesellschaft für 2024 ein. Der Gesellschafter hat die vGA erst im Zuflussjahr 2025 zu versteuern.

4.5.5 Grundformen der verdeckten Gewinnausschüttung

Vertragliche Vereinbarungen, die eine Kapitalgesellschaft mit ihren Gesellschaftern schließt, können zivilrechtlich rechtsgültige Verträge sein. Sie werden grundsätzlich auch steuerlich anerkannt. Dies gilt aber – auch bei Anerkennung dem Grunde nach – nur insoweit, als nicht willkürliche Gewinnmanipulationen vorgenommen werden. Von der Entstehung her können insbesondere folgende Fallgruppen unterschieden werden. Zunächst ist der Fall zu untersuchen, bei dem der Vertrag dem **Grunde nach nicht** anzuerkennen, weil es an einer ernsthaften Vereinbarung bzw. der tatsächlichen Durchführung mangelt.

BEISPIEL

Bei einer als Darlehensvertrag bezeichneten Vereinbarung fehlt es angenommen an einer (wirksamen) Rückzahlungsvereinbarung. Es ist nicht damit zu rechnen, dass der Gesellschafter das erhaltene Kapital jemals zurückzahlt.

LÖSUNG Hier ist der gesamte an den Gesellschafter geleistete Betrag eine vGA.

Davon abzugrenzen ist der Fall, dass der Vertrag zwar dem Grunde nach, aber nicht der Höhe nach anzuerkennen, weil die **vertragliche Gegenleistung** der Gesellschaft für eine Leistung des Gesellschafters (Veräußerung eines Wirtschaftsguts, Nutzungsüberlassung, Kapitalüberlassung usw.) unangemessen hoch ist. Hier stellt der Unterschiedsbetrag zwischen dem tatsächlichen und dem angemessenen Entgelt eine vGA dar.

BEISPIEL

Verkauf eines Wirtschaftsguts durch den Gesellschafter an die Gesellschaft zu einem überhöhten Preis.

LÖSUNG Der Preisunterschied zum angemessenen Preis stellt eine vGA dar.

Der Vertrag ist dem Grunde nach anzuerkennen, die vertragliche Gegenleistung des Gesellschafters für eine Leistung der Gesellschaft ist aber **unangemessen niedrig**.

BEISPIEL

Vermietung eines Wirtschaftsguts durch die Gesellschaft an den Gesellschafter unter der sonst von Fremden erzielbaren Miete.

LÖSUNG Die Mietersparnis des Gesellschafters ist eine vGA.

Bei allen Vertragsformen sind vGA möglich. Typische Verträge sind dabei Dienstverträge (vgl. 4.5.8), Darlehensverträge (vgl. 4.5.9), Miet- und Pachtverträge (vgl. 4.5.10) und Kaufverträge (vgl. 4.5.10)

4.5.6 Bewertung der verdeckten Gewinnausschüttung

4.5.6.1 Vorteilszuwendung

4.5.6.1.1 Grundsätze

Der zu einer vGA führende Sondervorteil kann in Geld oder Geldeswert bestehen (vgl. § 8 Abs. 2 EStG). Es kann sich um materielle wie auch um immaterielle Werte (z.B. Geschäfts-/Firmenwerte) handeln (vgl. BFH vom 31.03.1971 BStBl II 1971, 536 und BFH vom 23.10.1985 BStBl II 1986, 178). Der Vorteil muss aber messbar, d.h. in Geld ausdrückbar sein (vgl. BFH vom 03.07.1968 BStBl II 1969, 15). Ideelle Vorteile haben keinen Geldwert (z.B. die luxuriöse Einrichtung eines Arbeitszimmers in den Betriebsräumen der GmbH für ihren Gesellschafter-Geschäftsführer). Als Vorteile kommen dabei insbesondere Preisvorteile für den Gesellschafter bei Verträgen im Rahmen eines Leistungsaustausches zwischen Gesellschaft und Gesellschafter sowie Zuwendungen an den Gesellschafter (ohne jede Gegenleistung des Gesellschafters bzw. ohne Rechtsgrund für die Gesellschaft) in Betracht. Der Vorteil muss dem Gesellschafter unmittelbar oder mittelbar (d.h. durch Zuwendung an eine ihm nahestehende Person) zugute kommen.

4.5.6.1.2 Einzelfälle

Bei der Bewertung der verdeckten Gewinnausschüttung sind z.B. folgende Sachverhalte zu beachten:

a) Kostenerstattung anlässlich einer Hauptversammlung

Die Erstattung von Fahrtkosten durch eine Kapitalgesellschaft, Genossenschaft oder einen VVaG für die Fahrt zur Teilnahme an der Hauptversammlung oder Generalversammlung an Gesellschafter, Genossen oder Mitglieder ist grds. eine verdeckte Gewinnausschüttung. Dagegen liegen abziehbare BA vor, wenn eine Genossenschaft oder ein VVaG den Mitgliedern der Vertreterversammlung die Fahrtauslagen ersetzt.

Anlässlich einer Hauptversammlung oder Generalversammlung entstandene Ausgaben zur Bewirtung von Gesellschaftern, Genossen oder Mitgliedern sind bis zur Höhe von umgerechnet 12,50 € je Gesellschafter usw. als BA abziehbar. Darüber hinausgehende Ausgaben sind vGA. Sitzungsgelder, Verpflegungsgelder und Übernachtungspauschalen in angemessener Höhe für Mitglieder der Vertreterversammlung einer Genossenschaft oder eines VVaG sind abziehbare BA.

Vgl. BMF vom 26.11.1984 BStBl I 1984, 591 unter Berücksichtigung des Urteils des BFH vom 24.08.1983 BStBl II 1984, 273.

b) Schmiergeldzahlungen

Schmiergeldzahlungen von Warenlieferanten an Gesellschafter-Geschäftsführer einer GmbH sind vGA, wenn die GmbH ihren Herausgabeanspruch gegenüber dem Gesellschafter nicht **zeitnah** geltend macht (vgl. BFH vom 29.04.1987 BStBl II 1987, 733).

c) Unentgeltliche Übertragung eines Geschäftswerts zwischen Schwester-Kapitalgesellschaften

Überträgt eine Kapitalgesellschaft einen bisher von ihr geführten Teilbetrieb auf ihre Schwester-Kapitalgesellschaft ohne Entgelt für einen vorhandenen Geschäftswert, so liegt eine vGA an die Mutter-Kapitalgesellschaft und gleichzeitig eine verdeckte Einlage der Mutter-Kapitalgesellschaft in die empfangene Schwester-Kapitalgesellschaft vor. Hierbei gilt das Aktivierungsverbot des § 5 Abs. 2 EStG nicht (vgl. BFH vom 20.08.1986 BStBl II 1987, 455). Die verdeckte Einlage des Firmenwerts ist mit dem **Teilwert** anzusetzen.

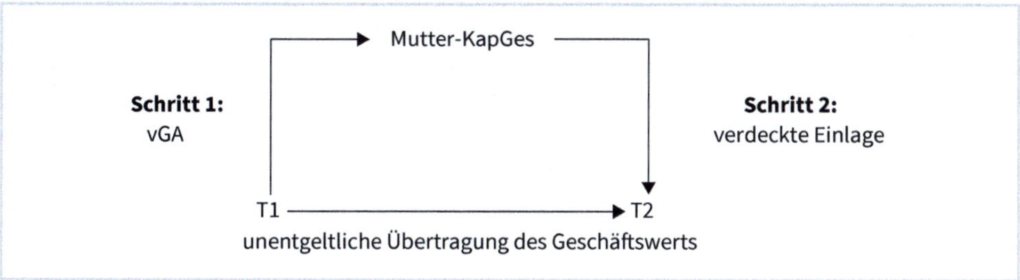

d) Verzicht der GmbH auf Einforderung der Mindesteinlage

Der Verzicht einer GmbH auf Einforderung der Mindesteinlage (§ 7 Abs. 2 GmbHG) und der dadurch für die Gesellschafter entstandene Vorteil ist bei Nichtverzinsung grds. eine vGA in Höhe der Zinsersparnis des Anteilseigners.

Dies gilt jedoch nicht (also keine vGA), wenn die GmbH im Falle des Einforderns der Mindesteinlage ernstlich mit dem Geltendmachen von Gegenansprüchen in mindestens der gleichen Höhe rechnen muss (vgl. BFH vom 14.08.1985 BStBl II 1986, 86).

e) Übernahme von Gründungskosten durch eine Kapitalgesellschaft

Wenn eine Kapitalgesellschaft die eigenen Gründungskosten begleicht, die eigentlich von den Gesellschaftern zu tragen sind, liegt eine verdeckte Gewinnausschüttung vor (vgl. BFH vom 11.10.1989 BStBl II 1990, 89). Denn nach § 26 Abs. 2 AktG hat eine AG und in entsprechender Anwendung der Vorschrift hat eine GmbH Gründungsaufwand nur zu tragen, wenn dies satzungsmäßig festgelegt ist. Siehe auch BMF vom 25.06.1991 BStBl I 1991, 661.

In der Satzung ist offenzulegen, wie weit das gezeichnete Kapital durch Gründungsaufwand vorbelastet ist. Zur Kennzeichnung des Gesamtaufwands reicht es nicht aus, dass die Kosten, aus denen er sich zusammensetzt, ihrer Art nach im Einzelnen namentlich genannt werden. Vielmehr sind die einzelnen Kosten zusammengefasst als Gesamtbetrag in der Satzung auszuweisen, Beträge, die noch nicht genau beziffert werden können, müssen geschätzt werden. Fehlt die bezifferte Benennung des Gründungsaufwands in der Satzung, ist die Klausel zivilrechtlich unwirksam und eine Kostenübernahme durch die GmbH führt zur Annahme einer vGA i. S. d. § 8 Abs. 3 Satz 2 KStG.

Ebenso stellt die Übernahme von Kosten der Übernahme neuer Anteile bei einer Kapitalerhöhung durch die GmbH vGA dar, nicht aber die eigentlichen Kosten der Kapitalerhöhung (BFH vom 19.01.2000 BStBl II 2000, 545).

4.5.6.2 Wertansatz bei Körperschaft und Anteilseigner

Besteht die verdeckte Gewinnausschüttung nicht in einer Geldzuwendung, ist sie zu bewerten, und zwar bei der Gesellschaft und dem Gesellschafter. Auf Ebene der Gesellschaft hat die Bewertung der verdeckten Gewinnausschüttung zum Ziel, die unzulässige Einkommensminderung durch eine Hinzurechnung auszugleichen. Im KStG fehlt allerdings eine ausdrückliche Bewertungsvorschrift für verdeckte Gewinnausschüttungen. Daher ist grds. nach §§ 1, 9 Abs. 1 BewG der gemeine Wert maßgebend (vgl. BFH vom 18.10.1967 BStBl II 1968, 105). So auch H 8.6 [Hingabe von Wirtschaftsgütern] KStH. Der Begriff des gemeinen Werts (§ 9 Abs. 2 BewG) kann jedoch nicht uneingeschränkt gelten. Die Einschränkungen ergeben sich aus dem Begriff der verdeckten Gewinnausschüttung.

Danach kommt es auf den durch einen ordentlichen und gewissenhaften Geschäftsleiter erzielbaren Erlös an. Folglich wird der Wert der verdeckten Gewinnausschüttung durch den erzielbaren Erlös bzw. die erzielbare Vergütung bestimmt. Das stimmt mit der Definition in § 9 Abs. 2 Sätze 1 und 2 BewG überein. Nicht anwendbar ist jedoch § 9 Abs. 2 Satz 3 BewG. Auch ungewöhnliche und persönliche Verhältnisse sind aus der Sicht des besagten Geschäftsleiters zu berücksichtigen. § 9 BewG gilt mithin bei der Bewertung von verdeckten Gewinnausschüttungen nur eingeschränkt (vgl. BFH vom 27.11.1974 BStBl II 1975, 306).

Beim Gesellschafter bestimmt sich der Vorteil u. E. begrifflich nach § 8 Abs. 2 EStG, also aus der Sicht des geldwerten Vorteils für den Gesellschafter (dürfte i. d. R. dem gemeinen Wert entsprechen). Aufgrund der korrespondierenden Besteuerung von vGA nach § 8 Abs. 3 und § 32a Abs. 1 KStG dürfte nunmehr eine rechtliche Bindung zwischen beiden Werten (bei Gesellschaft und Gesellschafter) bestehen.

4.5.6.3 Korrespondierende Besteuerung verdeckter Gewinnausschüttungen

4.5.6.3.1 Allgemeines

VGA sind auf Gesellschafts- und Gesellschafterebene künftig stets korrespondierend zu erfassen. Die Regelungen in § 8 Abs. 3 Satz 3, § 8b Abs. 1 Satz 2 ff., § 32a Abs. 1 KStG sowie § 3

Nr. 40 EStG sollen widersprüchliche Besteuerungsfolgen zwischen Gesellschafts- und Gesellschafterebene bei vGA verhindern.

4.5.6.3.2 Formale Korrespondenz bei verdeckten Gewinnausschüttungen

Wird ein KSt-Bescheid erstmalig erlassen, aufgehoben oder geändert und aufgrund dessen eine vGA gemäß § 8 Abs. 3 Satz 2 KStG (Einkommenshinzurechnung) berücksichtigt (oder nicht mehr berücksichtigt), so kann der Steuer- oder Feststellungsbescheid des Gesellschafters nach § 32a Abs. 1 KStG durch Ansatz der zugeflossenen vGA (oder bei deren Wegfall) korrespondierend erlassen, aufgehoben oder geändert werden (§ 32a Abs. 1 Satz 1 KStG). Wird der grundsätzliche Ansatz oder die Höhe der vGA bei der Körperschaft später, z. B. nach einem Rechtsbehelf, erneut geändert, kann der Steuerbescheid des Gesellschafters nach § 32a Abs. 1 KStG berichtigt werden. § 32a Abs. 1 KStG löst eine eigene Ablaufhemmung aus. Der Steuer- bzw. Feststellungsbescheid des Gesellschafters kann innerhalb eines Jahres nach Bestandskraft des Steuerbescheids der Körperschaft korrigiert werden (§ 32a Abs. 1 Satz 1 KStG). § 32a Abs. 1 KStG gilt auch für die Auswirkungen bei einer dem Gesellschafter nahestehenden Person (sog. Dreiecksverhältnisse; § 32a Abs. 1 Satz 1 KStG).

4.5.6.3.3 Materielle Korrespondenz bei verdeckten Gewinnausschüttungen

Eine vGA ist auf der Ebene des Gesellschafters nur dann »systemgerecht«, d. h. nach den vorgesehenen Besteuerungsregeln zu erfassen, wenn die vGA bei der Körperschaft tatsächlich das Einkommen nicht gemindert hat, also erforderlichenfalls dem Einkommen der Körperschaft (wieder) hinzugerechnet worden ist.

a) Anteilseigner ist eine Körperschaft

Die Beteiligungserträge sind bei der empfangenden Körperschaft nur dann noch nach § 8b Abs. 1 Satz 1 KStG steuerfrei (unter Beachtung des pauschalen 5 %igen Abzugsverbots nach § 8b Abs. 5 KStG, wenn die vGA bei der vorteilsgewährenden Körperschaft das Einkommen erhöht (d. h. nicht gemindert) hat (§ 8b Abs. 1 Satz 2 KStG).

b) Anteilseigner ist eine natürliche Person

Von der Hinzurechnung der vGA bei der ausschüttenden = vorteilsgewährenden Körperschaft ist nach § 3 Nr. 40 Satz 1 Buchst. d Satz 2 EStG die Gewährung des Teileinkünfteverfahrens – also der 40 %igen Steuerbefreiung – abhängig. Diese 60 %ige Steuerpflicht gilt bei Beteiligungen im **Betriebsvermögen** (§ 3 Nr. 40 Satz 2 EStG) sowie bei Beteiligungen im **Privatvermögen** in den Fällen des § 32d Abs. 2 Nr. 3 EStG; dies gilt bei Beteiligungen von mind. 25 % (oder von mind. 1 % bei beruflicher Tätigkeit mit maßgeblichem unternehmerischem Einfluss des Gesellschafters für die Kapitalgesellschaft).

Im Einzelnen sind folgende Fälle zu unterscheiden:

a) vGA hat das Einkommen der GmbH nicht gemindert

Regelung in § 32a Abs. 1 KStG zur formellen Bestandskraft

↓

Steuerliche Auswirkungen bei der GmbH:
Eine vGA hat nach § 8 Abs. 3 Satz 2 KStG das Einkommen nicht gemindert (wurde also im Rahmen der Einkommensermittlung **außerbilanzmäßig hinzugerechnet**).

↓

Steuerliche Folgen beim Anteilseigner:
Unabhängig von der Bestandskraft erfolgt nach § 32a Abs. 1 KStG eine **Änderung des Steuerbescheids** und die Besteuerung der vGA beim Anteilseigner nach § 32 d Abs. 1 und Abs. 3 EStG (**Sondersteuersatz**) bzw. nach dem **Teileinkünfteverfahren** nach § 3 Nr. 40 Satz 1 Buchst. d Satz 2 EStG i. V. m. § 32d Abs. 2 Nr. 3 EStG (natürliche Person) bzw. § 8b Abs. 1 Satz 2 und Abs. 5 KStG (Körperschaft). § 32a Abs. 1 Satz 2 KStG enthält hierfür eine eigenständige Regelung zur Ablaufhemmung.

Obwohl nach § 32a Abs. 1 Satz 1 KStG der Bescheid des Gesellschafters geändert werden »kann«, liegt nach der Gesetzesbegründung ein Ermessensspielraum des FA **nicht** vor. Vgl. Dötsch/Pung, DB 2007, 11 ff. sowie BFH vom 20.03.2009 DStR 2009, 795, und Kohlhepp, Tendenzen des BFH zur Auslegung des § 32a KStG, DStR 2009, 1416.

Nach dem BFH vom 29.08.2012 BStBl 2012, 839 ist die Regelung in § 32a KStG **verfassungsgemäß**.

b) vGA hat das Einkommen der GmbH gemindert

Dies gilt nach § 3 Nr. 40 EStG / § 8b Abs. 1 KStG aber auch umgekehrt:

Regelung zur **materiellen Bestandskraft** in § 3 Nr. 40 EStG, § 8b Abs. 1 KStG

↓

Steuerliche Auswirkungen bei der GmbH:
Eine vGA i. S. d. § 20 Abs. 1 Nr. 1 Satz 2 EStG hat das Einkommen der GmbH **gemindert** (es erfolgte also keine Hinzurechnung der vGA nach § 8 Abs. 3 Satz 2 KStG).

↓

Steuerliche Folgen beim Anteilseigner:
Nach § 32d Abs. 2 Nr. 4 EStG bzw. § 3 Nr. 40 Satz 1 Buchst. d Satz 2 EStG i. V. m. § 32 d Abs. 2 Nr. 3 EStG (natürliche Person) und § 8b Abs. 1 Satz 2 KStG (Körperschaft) erfolgt auf der Ebene des Anteilseigners keine abgemilderte Besteuerung der vGA im Teileinkünfteverfahren.

Nach BFH vom 18.09.2012 BStBl II 2013, 149 stehen der auf die Erfassung einer vGA (§ 8 Abs. 3 Satz 2 KStG) beruhende KSt-Bescheid einerseits und der ESt-Bescheid andererseits, der auf der Ebene des Anteilseigners für die vGA Kapitaleinkünfte i. S. d. § 20 Abs. 1 Nr. 1 Satz 2 EStG bzw. § 8b Abs. 1 KStG in die Steuerfestsetzung einbezieht, **nicht** im Verhältnis von Grundlagen- und Folgebescheid i. S. d. § 171 Abs. 10, § 175 Abs. 1 Nr. 1 AO. Hierüber ist vielmehr in dem jeweiligen Besteuerungsverfahren **selbstständig** zu ent-scheiden. Hieran hat sich durch die Schaffung der Korrespondenzregelungen in § 32a, § 8b Abs. 1 Sätze 2 bis 4 KStG, § 3 Nr. 40 Satz 1 Buchst. d Sätze 2 bis 3 EStG nichts geändert. Wird ein ESt-Bescheid des Gesellschafters einer Kapitalgesellschaft nach § 32a KStG unter Hinweis auf eine geänderte Erfassung einer vGA in einem KSt-Bescheid der GmbH geändert, besteht **kein Anspruch** auf Prozesszinsen aus § 236 Abs. 2 Nr. 2 Buchst. a AO.

Zusammenfassung:	
Bei der **Kapitalgesellschaft** kann die Veranlagung zwecks Einkommenskorrektur der **vGA** nach § 8 Abs. 3 Satz 2 KStG geändert werden. D. h. die vGA hat das Einkommen **nicht gemindert** (wurde also im Rahmen der Einkommensermittlung außerbilanzmäßig **hinzugerechnet**).	Bei der **Kapitalgesellschaft** hat die **vGA** den Gewinn **verringert**. Die Veranlagung kann nicht mehr geändert werden.
↓	↓
Nach § 32a Abs. 1 KStG kann die Veranlagung des **Anteilseigners** zwecks korrespondierender Erfassung der vGA geändert werden. Es erfolgt eine **ermäßigte Besteuerung der vGA beim AE** nach § 32d Abs. 3 EStG (Sondersteuersatz) bzw. § 3 Nr. 40 Satz 1 Buchst. d Satz 1 EStG (natürliche Person, Optionsfall nach § 32d Abs. 2 Nr. 3 EStG) bzw. § 8b Abs. 1 Satz 1 und Abs. 5 Satz 1 KStG (Körperschaft).	Nach § 32d Abs. 2 Nr. 4 EStG bzw. § 3 Nr. 40 Satz 1 Buchst. d Satz 2 EStG bzw. § 8b Abs. 1 Sätze 2 und 3 KStG sind beim Anteilseigner die Vorschriften des Sondersteuersatzes bzw. des Teileinkünfteverfahrens auf die vGA nicht anzuwenden.

4.5.7 Auswirkungen auf andere Steuern/Sonstige Gewinnauswirkungen

4.5.7.1 Gewerbesteuer

Ist bei der Körperschaftsteuer das Einkommen um die verdeckte Gewinnausschüttung zu erhöhen, so erhöht sich auch der Gewerbeertrag (§ 7 GewStG), da grds. vom körperschaftsteuerlichen Einkommen auszugehen ist (R 7.1 (4) GewStR).

Da die GewSt nicht als Betriebsausgabe abzugsfähig ist (§ 4 Abs. 5b EStG), darf die durch die vGA ausgelöste Mehr-GewSt nicht mehr das Einkommen und den Gewerbeertrag mindern.

4.5.7.2 Umsatzsteuer

4.5.7.2.1 Verbilligte Leistungen an den Gesellschafter (oder ihm nahestehende Personen)

Bei **verbilligten Leistungen** einer Kapitalgesellschaft an ihre Gesellschafter bzw. nahestehende Personen liegen keine Umsätze i.S.d. § 3 Abs. 1b, § 3 Abs. 9a UStG vor, sondern es handelt sich um Leistungen i.S.d. § 1 Abs. 1 Nr. 1 UStG. Vgl. 3.5.2 und nachfolgend 4.5.7.2.2. Hierbei wird aber u U. nicht das tatsächliche Entgelt der Umsatzsteuer unterworfen. Nach § 10 Abs. 5 UStG bemisst sich die Umsatzsteuer – aus Gründen der Gleichmäßigkeit der Besteuerung und um einen teilweise unversteuerten Verbrauch auszuschließen – nach einer Mindestbemessungsgrundlage, wenn das tatsächliche Entgelt darunter liegt. Die **Mindestbemessungsgrundlage** stellt sicher, dass bei verbilligten Leistungen mindestens die Werte als Bemessungsgrundlage anzusetzen sind, die nach § 10 Abs. 4 UStG auch für unentgeltliche Wertabgaben anzusetzen sind. Infolge des § 10 Abs. 4 Nr. 1 UStG kann § 10 Abs. 5 UStG bei teilentgeltlichen vGA ins Leere gehen.

Nach § 10 Nr. 2 KStG ist nichtabziehbar auch die Umsatzsteuer für Umsätze, die Entnahmen oder verdeckte Gewinnausschüttungen sind. Sofern die Umsatzsteuer auf eine verdeckte Gewinnausschüttung nach § 10 Nr. 2 KStG hinzuzurechnen wäre, hätte dies aufgrund der »Bruttoerfassung« der vGA zur Folge, dass die Umsatzsteuer zweimal hinzugerechnet würde. Sofern also eine vGA Umsatzsteuer nach § 3 Abs. 1b oder Abs. 9a UStG auslöst, ist diese Umsatzsteuer bei der Gewinnermittlung **nicht** zusätzlich nach § 10 Nr. 2 KStG **hinzuzurechnen**, weil sie über die Hinzurechnung des gemeinen Werts bzw. der erzielbaren Vergütung (Bruttobetrag einschl. USt) nach § 8 Abs. 3 Satz 2 KStG bereits erfasst ist (vgl. R 8.6 KStR).

Der Wertansatz der vGA ist also wie folgt zu ermitteln:

Bruttowert (gemeiner Wert bzw. erzielbare Vergütung)
./. **tatsächliche Bruttozahlung** des Gesellschafters
= Wert der vGA (= Leistung)

Sofern vGA Umsatzsteuer auslöst, gilt dass die USt als abziehbare Betriebsausgabe als Verbindlichkeit passiviert werden muss und zugleich eine Hinzurechnung der USt nach § 10 Nr. 2 KStG gem. R 8.6 KStR unterbleibt.

BEISPIEL

Eine GmbH (Fahrradhandel) liefert ihrem Gesellschafter im Mai 2024 unentgeltlich ein Fahrrad, das sie für 500 € + 19 % Umsatzsteuer erworben hat. Der Verkaufspreis würde 1190 € brutto betragen.

LÖSUNG Es liegt eine **vGA i.H.d. gemeinen Werts** (möglicher Verkaufswert) von 1190 € vor. Allerdings ergibt sich eine **Zurechnung bei der Einkommensermittlung** für 2024 nach § 8 Abs. 3 Satz 2 KStG nur wie folgt:

In Höhe der **fehlenden Ertragsbuchung** von 1000 € und 95 € aus dem USt-Aufwand (500 € × 19 v. H.), insgesamt 1095 €. Denn auf den **bilanziellen Gewinn** hat sich nur ein Betrag in Höhe von 1095 €

ausgewirkt. Die Verbuchung der Einkaufsrechnung (Wareneinkauf: 500 €, Vorsteuer: 95 €) bleibt unverändert.

Folgende Korrektur **wird außerhalb** der Bilanz (§ 8 Abs. 3 Satz 2 KStG) vorgenommen:

fehlender Ertrag =	1000 €
USt-Aufwand =	+ 95 €

Innerhalb der Bilanz wird folgende Korrektur zum 31.12.2024 vorgenommen:

Gewinnmindernde USt-Verbindlichkeit (R 8.6 KStR) =	./. 95 €
insgesamt	+ 1000 €

Der **gemeine Wert** in Höhe von 1190 € ist jedoch eine Leistung i.S.d. § 27 KStG (= abgeflossene vGA). Es ist zu prüfen, ob sich aufgrund der **abgeflossenen vGA** von 1190 € (= Leistung in 2024) im VZ 2024 eine Verwendung des steuerlichen Einlagekontos zum 31.12.2023 ergibt (**Einlagenrückgewähr i.S.d.** § 27 Abs. 1 Satz 3 KStG) ergibt. Dies wäre dann der Fall, wenn für die Verrechnung der vGA mit dem Eigenkapital lt. Steuerbilanz zum 31.12.2023 kein ausschüttbarer Gewinn vorhanden ist.

Die nach § 3 Abs. 1b Nr. 1 i.V.m. § 10 Abs. 4 Satz 1 Nr. 1 UStG zu zahlende Umsatzsteuer aufgrund der unentgeltlichen Wertabgabe in Höhe von 500 € × 19 % = 95 € stellt eine **abziehbare Betriebsausgabe** dar, die wegen R 8.6 KStR **nicht** nach § 10 Nr. 2 KStG bei der Einkommensermittlung hinzuzurechnen ist (Passivierung einer USt-Verbindlichkeit in der Bilanz zum 31.12.2024).

Durch die Erhöhung des Einkommens (Zurechnung vGA ./. USt-Nachholung) ergibt sich auch eine höhere Gewerbesteuerbelastung für 2024, für die ggf. eine entsprechende Rückstellung zu bilden ist (Abzugsverbot nach § 4 Abs. 5 b EStG beachten). Der Gesellschafter hat im VZ 2024 Einnahmen aus Kapitalvermögen nach § 20 Abs. 1 Nr. 1 Satz 2 EStG in Höhe von 1.190 €, davon im Optionsfall nach § 32 d Abs. 2 Nr. 3 EStG 60 % von 1190 € = 714 € steuerpflichtig (§ 3 Nr. 40 Satz 1 Buchst. d EStG).

4.5.7.2.2 Unentgeltliche Leistungen der Gesellschaft an ihre Gesellschafter

Unentgeltliche Leistungen der Gesellschaft an ihre Gesellschafter wirken sich außer bei der KSt ggf. auch auf die USt aus.

a) Umsatzsteuerliche Behandlung

Auch **unentgeltliche Wertabgaben** (UWA) von Kapitalgesellschaften an ihre Gesellschafter werden der Umsatzsteuer unterworfen, und zwar nach § 3 Abs. 1b bzw. § 3 Abs. 9a UStG. Somit ist bei unentgeltlichen verdeckten Gewinnausschüttungen an Gesellschafter umsatzsteuerliche Bemessungsgrundlage – bei Hingabe von Gegenständen – der **Einkaufspreis** zuzüglich der **Nebenkosten** für den Gegenstand zum Zeitpunkt der unentgeltlichen Wertabgabe (§ 10 Abs. 4 Nr. 1 UStG). Bei unentgeltlicher **Nutzungsüberlassung** an Gesellschafter bilden die bei der Leistung entstandenen **Kosten** die Bemessungsgrundlage (§ 10 Abs. 4 Nr. 2 UStG).

Die Umsatzsteuer gehört **nicht** zur Bemessungsgrundlage. Sie ist daher herauszurechnen.

b) Körperschaftsteuerliche Behandlung

R 8.6 KStR geht davon aus, dass der **gemeine Wert** des hingegebenen Wirtschaftsguts bzw. die erzielbare Vergütung im Falle der Nutzungsüberlassung auch die Umsatzsteuer umfasst, falls die vGA USt auslöst. Fraglich ist hierbei, ob damit die rechnerisch im gemeinen Wert enthaltenen USt (Variante a) oder die tatsächlich auf die UWA zu entrichtende USt gemeint ist (Variante b). Im Einzelnen hierzu und zur Problematik an dieser Auffassung vgl. bereits 3.5.2. U. E. – so mittlerweile wohl auch die Verwaltungsauffassung – kann nur die tatsächlich auf die UWA zu entrichtende USt gemeint sein (Variante b).

4.5.7.2.3 Überhöhtes Entgelt

Bei umsatzsteuerbaren Leistungen des Gesellschafters an die Kapitalgesellschaft gehört auch ein überhöhter Entgeltsteil wegen der inneren Verknüpfung mit der Leistung trotz der gesellschaftsrechtlichen Beziehungen zur umsatzsteuerlichen Bemessungsgrundlage (vgl. BFH vom 25.11.1987 BStBl II 1988, 210). Die Kapitalgesellschaft kann die Vorsteuer in der ausgewiesenen Höhe abziehen. Die (höhere) USt gehört hier daher nicht zur Ausschüttung.

4.5.7.3 Grunderwerbsteuer

Die Grunderwerbsteuer ist vom Wert der – **tatsächlichen** – **Gegenleistung** zu berechnen (§ 9 GrEStG). I. H. d. vGA kann **keine** Gegenleistung des Gesellschafters angenommen werden (vgl. BFH vom 26.10.1977 BStBl II 1978, 201).

4.5.7.4 Schenkungsteuer

VGA können freigebige Zuwendungen i. S. d. § 7 Abs. 1 ErbStG sein. Folgende Fälle sind zu unterscheiden:

a) Schenkung bei verdeckten Gewinnausschüttungen an nahestehende Personen

Ob verdeckte Gewinnausschüttungen an nahestehende Personen der Schenkungsteuerpflicht unterliegen bzw. diese schenkungsteuerlich behandelt werden, darüber bestand lange Zeit Uneinigkeit zwischen Rechtsprechung und Finanzverwaltung. Mit dem **gleichlautenden Länderlass** vom 20.04.2018 (BStBl I 2018, 632) hat sich die **Finanzverwaltung** nun der jüngeren (geänderten) **Rechtsprechung** des BFH **angeschlossen**.

BEISPIEL

Die M-GmbH, an der M zu 100 % beteiligt ist, gewährt der Ehefrau des M (F) eine um 1.000.000 € überhöhte Vergütung (vGA). Schenkungsteuerliche Folgen?

LÖSUNG Der BFH hat in drei unterschiedlichen Verfahren (BFH jeweils vom 13.09.2017 BStBl II 2018, 292, 296, 299 zur schenkungsteuerlichen Behandlung einer vGA an nahestehende Personen Stellung genommen und sich von seiner **früheren Rechtsprechung** (BFH vom 07.11.2007 BStBl II 2008, 258) distanziert. In den genannten Urteilsfällen waren überhöhte Mietzahlungen bzw. Zahlungen eines überhöhten Kaufpreises streitgegenständlich. Nach Auffassung des BFH stellt die Zahlung überhöhter vertraglicher Entgelte durch eine GmbH an eine dem Gesellschafter nahestehende Person **keine** gemischte freigebige Zuwendung der GmbH i. S. d. § 7 Abs. 1 Nr. 1 ErbStG an die nahestehende Person dar, wenn der Gesellschafter beim Abschluss der Vereinbarung zwischen der GmbH und der nahestehenden Person **mitgewirkt** hat. In einem solchen Fall beruht die Vorteilsgewährung auf dem Gesellschaftsverhältnis zwischen der GmbH und dem Gesellschafter. Innerhalb der Urteilsbegründung stellte der BFH bezüglich des Zahlungsgrunds auf das Gesellschaftsverhältnis zwischen GmbH und Gesellschafter ab. Dieses gilt nach Ansicht des BFH auch, wenn **mehrere Gesellschafter** an der GmbH beteiligt sind und zumindest ein Gesellschafter an der Vereinbarung, mit der ihm nahestehenden Person mitgewirkt hat oder der mitwirkende Gesellschafter über eine Muttergesellschaft an der GmbH beteiligt ist.

Für die Begründung einer vGA an eine dem Gesellschafter nahestehende Person können nach Ansicht des BFH die folgenden Personen mit nachfolgend aufgeführten Handlungen mitbeteiligt sein:

- Vertragsabschluss durch Gesellschafter-Geschäftsführer,
- Mit-Unterzeichnung des Vertrags durch den Gesellschafter,
- Erteilung einer Anweisung an den Geschäftsführer zum Vertragsabschluss,
- Zustimmung oder Hinwirkung zum Vertragsabschluss in sonstiger Weise.

Dies hat zur Folge, dass der **Gesellschafter selbst Schenker** i.S.v. § 7 Abs. 1 Nr. 1 ErbStG sein (Schenkung der Gesellschafter an nahestehende Personen) kann. Der BFH **widerspricht** der Auffassung der Finanzverwaltung im gleichlautenden Ländererlass vom 14.03.2012 (BStBl I 2012, 331, Tz. 2.6.1), wonach eine Schenkung der GmbH an die nahestehende Person angenommen wird. Ob tatsächlich eine Schenkung zwischen dem Gesellschafter und der nahestehenden Person vorliegt, hängt von der **Ausgestaltung der Rechtsbeziehung** zwischen ihnen ab, z.B. ob es sich um eine Schenkung, ein Darlehen oder einen Kaufvertrag handelt. Die Finanzverwaltung hat auf die dargestellte Rechtsprechung des BFH mit einer Änderung ihres gleichlautenden Ländererlasses vom 20.04.2018 BStBl I 2018, 632 (Tz. 2.6 ff.) reagiert.

Die Auffassung der Finanzverwaltung lässt sich wie folgt zusammenfassen:

Zahlt eine Kapitalgesellschaft auf Veranlassung eines Gesellschafters einer nahestehenden Person, die nicht Gesellschafter ist, überhöhte Vergütungen, liegt regelmäßig **keine** freigebige Zuwendung der Gesellschaft an die nahestehende Person vor. Das Gleiche gilt, wenn auf Veranlassung eines Gesellschafters eine nahestehende Person an die Kapitalgesellschaft für eine erbrachte Leistung der Kapitalgesellschaft eine zu geringe oder keine Vergütung zahlt. Anders als im Ertragsteuerrecht kommt es im **Schenkungsteuerrecht** nur auf die **Bereicherung** an. Die ertragsteuerrechtliche Annahme einer vGA aufgrund fehlender vorheriger klarer und eindeutiger Vereinbarung im Vorhinein führt nicht zwingend zu einer schenkungsteuerlichen Bereicherung des Bedachten. Das »**Nahestehen**« einer Person kann auf familienrechtlichen, gesellschaftsrechtlichen, schuldrechtlichen oder auch rein tatsächlichen Beziehungen beruhen (BFH vom 19.06.2007 BStBl II 2007, 830). In diesen Fällen liegt regelmäßig eine **freigebige Zuwendung i.S.d.** § 7 Abs. 1 Nr. 1 ErbStG zwischen dem Gesellschafter und der nahestehenden Person vor. Kommen mehrere Gesellschafter als Schenker in Betracht (z.B. Vater und Onkel des Begünstigten), kann eine **quotale Zuwendung** der Gesellschafter angenommen werden. **Ausnahmsweise** liegt **keine freigebige Zuwendung** i.S.d. § 7 Abs. 1 Nr. 1 ErbStG zwischen dem Gesellschafter und der nahestehenden Person vor, **wenn** nach der Ausgestaltung der zwischen ihnen bestehenden Rechtsbeziehung eine Gegenleistung für die überhöhte, zu geringe oder fehlende Vergütung vorliegt.

BEISPIEL

Die A-GmbH, an der A zu 100% beteiligt ist, gewährt dem Bruder (B) des A eine um 100000 € überhöhte unangemessene Vergütung (= vGA). Im Gegenzug verzichtet B auf die Rückzahlung eines Darlehens i.H.v. 100000 €, das er A gewährt hatte. Schenkungssteuerliche Folgen?

LÖSUNG In diesem Fall liegt zwar eine vGA der GmbH an A vor. Es liegt keine freigebige Zuwendung der GmbH an B vor. Daneben liegt in diesem Falle weder eine freigebige Zuwendung des A an B noch von B an A vor. Da B aufgrund der vertraglichen Abrede im Gegenzug für die überhöhte Vergütung auf die Rückzahlung des Darlehens verzichtete, fehlt es an einer Bereicherung des B.

Denkbar wäre m. E. auch eine vertragliche Vereinbarung, wonach in Höhe der überhöhten Zahlung (bzw. des unangemessenen Teils) eine Darlehensforderung des Gesellschafters begründet wird. Auch in diesem Falle fehlt es an einer (endgültigen) Bereicherung der nahestehenden Person.

Im Übrigen weist Tz. 2.6.3 des o. g. gleichlautende Ländererlasses vom 20.04.2018, BStBl I 2018, 632 darauf hin, dass die Steuer in den Fällen der vGA an nahestehende Personen (Tz. 2.6.2 des gleichlautenden Ländererlasses) erlischt, soweit ein Geschenk wegen eines (vorbehaltenen) Rückforderungsrechtes herausgegeben werden musste (§ 29 Abs. 1 Nr. 1 ErbStG).

b) Schenkung bei verdeckten Gewinnausschüttungen an Gesellschafter

Mit Urteil vom 30.01.2013 (BStBl II 2013, 930) hat der BFH entschieden, dass eine **vGA** an den Gesellschafter keine freigebige Zuwendung i. S. d. Schenkungsteuerrechts darstellt. Er wendet sich hierbei explizit gegen die bisher von der Finanzverwaltung im gleichlautenden Ländererlass vom 14.03.2012, a. a. O. vertretene Auffassung. Er begründet seine Ansicht insbesondere wie folgt:

- Im Verhältnis zwischen Kapitalgesellschaft und Gesellschafter gibt es neben betrieblich veranlassten Rechtsbeziehungen nur offene und verdeckte Gewinnausschüttungen sowie Kapitalrückzahlungen.
- Gesellschaftsrechtlich veranlasste Vorgänge können **nicht als freigebige Zuwendungen** qualifiziert werden. (Verdeckte) Gewinnausschüttungen beruhen auf dem Gesellschaftsverhältnis und erfolgen daher nicht freigebig.
- Für verdeckte Gewinnausschüttungen kann nichts anderes gelten als für Vermögensübertragungen des Gesellschafters auf die Kapitalgesellschaft (zur Rechtsprechung bei disquotalen Einlagen s. o. Tz. 2.1).
- Verdeckte Gewinnausschüttungen unterliegen der Einkommensteuer.

Diese Auffassung hat der BFH in seinem Beschluss vom 02.09.2015 (BFH/NV 2015, 1586) über die Nichtzulassungsbeschwerde des Finanzamts gegen das Urteil des FG Niedersachsen vom 12.11.2014 nochmals bestätigt. Der BFH verweist in seiner Begründung insbes. auf seine o. a. Entscheidung vom 30.01.2013; eine Revisionszulassung sei daher zur Fortbildung des Rechts nicht erforderlich.

Die Finanzverwaltung hatte bisher auf das o. g. Urteil des BFH vom 30.01.2013 mit einem **Nichtanwendungserlass** reagiert (gleichlautender Ländererlass vom 05.06.2013, BStBl I 2013, 1465). Mit dem überarbeiteten o. g. gleichlautenden Ländererlass vom 20.04.2018, BStBl I 2018, 632 (Tz. 2.6.1) erkennt die Finanzverwaltung das Urteil des BFH vom 30.01.2013 nun an. Der bisher entgegenstehende o. g. **Nichtanwendungserlass** wurde gleichzeitig **aufgehoben**.

Mit BMF-Schreiben vom 17.12.2013 (BStBl I 2014, 63) erkennt die Finanzverwaltung – unter Aufgabe ihrer bisherigen Auffassung – **inkongruente Gewinnausschüttungen** unter bestimmten Voraussetzungen (u. a. zivilrechtlich wirksame Satzungsregelungen) **steuerlich** nun ausdrücklich an. Bisher war ungeklärt, ob eine inkongruente Gewinnausschüttung auch ohne entsprechende Satzungsregelung bzw. ohne Öffnungsklausel steuerlich anzuerkennen ist. In seinem rechtskräftigen Urteil vom 30.06.2021 (13 K 272/19 G, F, EFG 2021, 1615) hatte das FG Münster dies noch ausdrücklich offengelassen, hat aber im Streitfall den entsprechenden Ausschüttungsbeschluss nicht beanstandet, weil die Ausschüttung – nach Aufnahme einer Öffnungsklausel in der Satzung – aufschiebend bedingt auf die Eintragung der

Satzungsänderung im Handelsregister erfolgen sollte. Eine endgültige Klärung hat nunmehr der BFH mit dem Urteil vom 28.09.2022 (VIII R 20/20, DStR 2022, 2602) zur inkongruenten Vorabgewinnausschüttung herbeigeführt. Er hat entschieden, dass die von der Gesellschafterversammlung in mehreren aufeinanderfolgenden Jahren jeweils einstimmig gefassten Beschlüsse über inkongruente Vorabausschüttungen als zivilrechtlich wirksame Ausschüttungsbeschlüsse der Besteuerung zugrunde gelegt werden können. Eine derart inkongruente Vorabgewinnausschüttung stellt auch keinen Gestaltungsmissbrauch i. S. d. § 42 AO dar und führt bei dem Gesellschafter, an den kein Gewinn verteilt wird, nicht zu steuerpflichtigen Einkünften i. S. v. § 20 Abs. 1 Nr. 1 Satz 1 EStG. In schenkungsteuerlicher Hinsicht musste sich der BFH in dieser Entscheidung nicht äußern. Bislang sieht die Finanzverwaltung bei einer inkongruenten Gewinnverteilung keine Gestaltungsmissbrauch, wenn »beachtliche wirtschaftlich vernünftige außersteuerliche Gründe« nachgewiesen werden. Fehlt es an »beachtlichen wirtschaftlich vernünftigen außersteuerlichen Gründen«, so führt dies dementsprechend zu einer Schenkung des benachteiligten Mitgesellschafters an den begünstigten Mitgesellschafter. Ob diese Grundsätze auch bei vGAs an nur einzelne Mitgesellschafter entsprechend gelten, bleibt nach dem Erlass unklar. Die Vereinbarung eines Ausgleichs zugunsten benachteiligter Gesellschafter ist empfehlenswert. Nach umstrittener Ansicht der Finanzverwaltung in R E 7.5. Abs. 7 Satz 10 und 11 ErbStR liegt aber regelmäßig eine freigebige Zuwendung vor, wenn ein Gesellschafter zugunsten eines Mitgesellschafters auf einen bereits entstandenen Gewinnanspruch verzichtet oder in den Fällen einer nicht leistungsbezogenen bestimmten inkongruenten Gewinnausschüttung.

4.5.7.5 Strafrechtliche und gesellschaftsrechtliche Gefahren der verdeckten Gewinnausschüttung

4.5.7.5.1 Untreue (§ 266 StGB) bei verdeckter Gewinnausschüttung

Die Anwendung des § 266 StGB hängt u. a. davon ab, ob die vGA ohne oder mit Zustimmung aller Gesellschafter erfolgt.

a) vGA ohne Zustimmung aller Gesellschafter

Ein Gesellschafter-Geschäftsführer handelt eigennützig, wenn er sich Vermögen der Gesellschaft (Fremdvermögen) seines Vorteils willen ohne Zustimmung der anderen Gesellschafter aneignet. Daraus folgt, dass vGA **ohne Zustimmung aller Gesellschafter stets** Untreuehandlungen i. S. d. § 266 StGB darstellen.

b) vGA mit Zustimmung aller Gesellschafter

Bei einer GmbH dürfen handelsrechtlich vGA vorgenommen werden, soweit das Stammkapital nicht angegriffen wird, wenn ein einstimmiger Gesellschafterbeschluss oder die Zustimmung aller Gesellschafter vorliegt. Es besteht insoweit bei der GmbH eine andere Rechtslage als bei der AG (oder KGaA), wo in § 58 Abs. 5 AktG ausdrücklich bestimmt ist, dass an die Aktionäre vor Auflösung der Gesellschaft »nur der Bilanzgewinn verteilt werden darf«. Von dieser Bestimmung darf auch bei Einstimmigkeit der Aktionäre nicht abgewichen werden.

Einer GmbH wird dagegen nicht ohne weiteres ein rechtswidriger Nachteil i. S. d. § 266 Abs. 1 StGB zugefügt, wenn der geschäftsführende Gesellschafter ihrem Vermögen mit Zustimmung aller Mitgesellschafter bereits erzielte Gewinne entnimmt, deren Entstehung er durch Falschbuchungen zum Zweck der Steuerhinterziehung verschleiert (vgl. BFH vom 29.05.1987 BB 1987, 1855 und BFH vom 24.08.1988 BB 1988, 2268).

Bei einer GmbH sind somit einverständliche Entnahmen und vGA sowie (zulässige) Vorabausschüttungen aus bereits erzielten Gewinnen »an sich erlaubt, also i.d.R. kein rechtswidriger Nachteil für die GmbH«. Ausnahmen bestehen bei Eintritt »schädlicher Folgen«, z.B. stammkapitalverzehrende Auszahlungen (§ 30 GmbHG).

4.5.7.5.2 Steuerhinterziehung bei verdeckter Gewinnausschüttung

Die Annahme einer Steuerhinterziehung setzt anders als bei der Frage des Vorliegens einer vGA – neben dem objektiven Tatbestand der niedrigeren Steuerfestsetzung (bei vGA infolge einer Vermögensminderung/verhinderten Vermögensmehrung grundsätzlich gegeben) – auch ein **subjektives Merkmal** voraus.

Steuerhinterziehung bei der vGA erfordert daher, dass der Gesellschafter den Vermögensvorteil für sich oder einen Dritten durch sein Tun willentlich herbeiführt, z.B. Verbuchung von erheblichen Kosten, die eindeutig der privaten Lebensführung eines Gesellschafters/Geschäftsführers zuzuordnen sind, als Betriebsausgabe bei der GmbH.

4.5.8 Verdeckte Gewinnausschüttungen bei Dienstverträgen

4.5.8.1 Steuerliche Anerkennung eines Dienstverhältnisses dem Grunde nach

4.5.8.1.1 Erfordernis eines Dienstverhältnisses

Vergütungen an Gesellschafter einer Kapitalgesellschaft können nur dann Arbeitslohn und damit bei ihr Betriebsausgaben (§ 4 Abs. 4 EStG) sein, wenn ein Dienstverhältnis (vgl. § 1 Abs. 1 LStDV) vorliegt.

Bei Gesellschafter-Geschäftsführern einer GmbH ergibt sich das Problem der Abzugsfähigkeit von Tätigkeitsvergütungen aus ihrer (möglichen) Doppelfunktion als Gesellschafter und daneben ggf. als Angestellte. Die Vergütungen sind nur dann keine vGA, wenn sie nicht durch das Gesellschaftsverhältnis, sondern durch ein Dienstverhältnis veranlasst sind.

Liegt kein Dienstverhältnis vor, sind alle Vergütungen an den Gesellschafter vGA (sofern auch nicht ein anderes Rechtsverhältnis ursächlich ist, z.B. ein Beratervertrag). Es liegen dann keine Einkünfte aus § 19 EStG beim Gesellschafter und keine Betriebsausgaben bei der Gesellschaft vor.

4.5.8.1.2 Erfordernis von Dienstleistungen

Die steuerliche Anerkennung setzt weiterhin voraus, dass der Gesellschafter tatsächlich eine entlohnenswerte (vergütungsfähige) Tätigkeit erbringt. Er muss also Dienste leisten, für die die Gesellschaft sonst fremde Personen entlohnen müsste. Andernfalls sind die Zahlungen nicht schuldrechtlich begründbar und daher gesellschaftlich veranlasst, also vGA (vgl. z.B. BFH vom 27.03.1963 [a.a.O.]). Ein formaler Dienstvertrag allein genügt mithin nicht; er ist zwar Voraussetzung, aber nicht Beweis für ein tatsächlich durchgeführtes Dienstverhältnis.

Außerdem muss eine Kapitalgesellschaft kraft Gesetzes einen Vertreter haben, die GmbH den Geschäftsführer (§ 35 GmbHG), die AG den Vorstand (§ 78 AktG). Geschäftsführer bzw. Vorstandsmitglieder üben die Geschäftsführung aus und tragen damit rechtliche Verantwortung. Da kein Außenstehender eine solche Stellung unentgeltlich auf sich nehmen würde, wird auch beim Gesellschafter-Geschäftsführer im Prinzip eine Vermutung für Entgeltlichkeit sprechen (vgl. BFH vom 10.05.1967 BStBl II 1967, 498). **Aber:** Eine ganz oder teilweise unentgeltliche Dienstleistung stellt keine verdeckte Einlage durch den Gesellschafter-Geschäftsführer dar (vgl. H 8.9 [Nutzungsvorteile] KStH).

Bei **beherrschenden** Gesellschaftern besteht überdies das so genannte **Rückwirkungs- oder Nachzahlungsverbot**.

4.5.8.1.3 Erfordernis eines Dienstvertrags

Es muss eine nach außen erkennbare Vereinbarung (Vertrag) zwischen dem Gesellschafter und der Kapitalgesellschaft vorliegen (vgl. BFH vom 18.05.1972 BStBl II 1972, 721). Es genügt daher nicht, dass der Gesellschafter als Tätigkeitsvergütung/Arbeitslohn bezeichnete Beträge bloß einseitig »entnimmt« (vgl. BFH vom 09.02.1972 BStBl II 1972, 361). Bei **Alleingesellschaftern** einer GmbH ist überdies zu beachten, dass zivilrechtliche und damit steuerliche Wirksamkeit nur vorliegt, wenn eine satzungsmäßige Befreiung des Gesellschafter-Geschäftsführers vom Verbot des Selbstkontrahierens (§ 181 HGB) vorliegt (§ 35 Abs. 4 GmbHG).

Für einen Dienstvertrag ist Schriftform zwar nicht Voraussetzung (z.B. BFH vom 18.05.1972 BStBl II 1972, 721), aber aus Beweisgründen u.E. dringend zu empfehlen. Außerdem ist die Vorlage des Vertrags beim FA sofort nach Vertragsabschluss anzuraten, um das Argument eines – steuerlich unbeachtlichen, d.h. nicht anzuerkennenden – rückwirkenden Vertragsabschlusses auszuräumen; vgl. 4.5. 2.11. Dasselbe gilt für **Änderungen** bestehender Verträge (insbesondere Gehaltserhöhungen, zusätzliche Vergütungen wie Tantiemen, Provisionen).

Bei Dienstverträgen kann es insbesondere beim Verstoß gegen das **Rückwirkungsverbot** (Nachzahlungsverbot) bei beherrschender GmbH-Beteiligung (vgl. 4.5.2.11) sowie bei einem Verstoß gegen das **Verbot des Selbstkontrahierens** (§ 181 BGB, § 35 Abs. 4 GmbHG; vgl. 4.5.2.14) und Vergütungen, die die **Angemessenheitsgrenze** übersteigen (vgl. 4.5.8.2), zu einer vGA kommen.

4.5.8.2 Übersteigen der Angemessenheitsgrenze

Die Gesamtvergütung des Gesellschafters muss sich in dem Rahmen bewegen, der auch bei einem fremden Angestellten in Betracht käme, der nicht Gesellschafter ist.

In die Beurteilung einzubeziehen sind **alle Vergütungen und Vorteile** im Rahmen des Dienstverhältnisses (vgl. BFH vom 11.09.1968 BStBl II 1968, 809): Gehälter, Provisionen, Tantiemen, Sachbezüge, Pkw-Nutzung, Wohnungsüberlassung, ggf. Pensionszusagen. **Nicht** einzubeziehen ist aber der Ersatz nachgewiesener Reisekosten (vgl. BFH vom 19.10.1965 BStBl III 1966, 72). Für die Annahme einer vGA muss ein krasses Missverhältnis feststellbar sein. Hierbei besteht aber ein nicht unerheblicher Beurteilungsspielraum.

Für die Beurteilung der Angemessenheit gibt es keine festen Regeln (vgl. BFH vom 05.10.1977 BStBl II 1978, 234 und BFH vom 11.12.1991 BStBl II 1992, 690). Die Überprüfung orientiert sich nach BFH vom 05.10.1994 BStBl II 1995, 549 insbesondere an Art und Umfang der Tätigkeit der Gesellschaft, vergleichbaren Geschäftsführergehältern anderer Betriebe sowie künftigen Ertragsaussichten des Unternehmens und dem Verhältnis des Gehalts zum Gesamtgewinn und zur verbleibenden Kapitalverzinsung der Gesellschaft. Eine Bewertung der Arbeitsleistung muss unter Berücksichtigung der maßgebenden betrieblichen Faktoren wie Branche, Wirtschaftsstufe, Zahl der Beschäftigten, Umsatz usw. erfolgen. Auch ein Fremdvergleich mit Geschäftsführervergütungen gleichartiger Betrieb für entsprechende

Leistungen kommt in Betracht (vgl. BFH vom 05.10.1977 BStBl II 1978, 234 und BFH vom 28.06.1989 BStBl II 1989, 854, 855).

4.5.8.3 Aktuelle Verwaltungsmeinung zur Angemessenheit der Geschäftsführer-Bezüge

a) Übersicht vGA »Angemessenheit der GF-Bezüge«

In einem ersten Schritt ist zu überprüfen, ob Vergütungsbestandteile **dem Grunde nach** vGA darstellen (vgl. BMF vom 14.10.2002 BStBl I 2002, 972). Hierzu gehören insbesondere Überstundenvergütungen, Pensionszusagen bei fehlender Erdienbarkeit, Ernsthaftigkeit oder Probezeit, (vgl. BMF vom 14.12.2012 BStBl I 2013, 58 und H 8.7 [Warte-/Probezeit] KStH), sog. »Nur-Tantiemen«, die keinen zulässigen Ausnahmefall i. S. d. BMF-Schreibens vom 01.02.2002 BStBl I 2002, 219) darstellen. Des Weiteren sind keine klaren und eindeutigen Tantiemevereinbarungen beim beherrschenden Gesellschafter-Geschäftsführer Anlass für die Annahme einer vGA. Gleiches gilt bei der Nichtdurchführung der Tantieme (keine Auszahlung, keine Schriftform). Umsatztantiemen sind dabei nur in Ausnahmefällen möglich. Hierzu gehören bspw. Branchenüblichkeit, die Aufbauphase eines Unternehmens oder die ausschließliche Vertriebszuständigkeit eines Gesellschafter-Geschäftsführers (vgl. auch H 8.8 [Umsatztantieme] KStH).

In einem zweiten Schritt ist sodann zu prüfen, ob Vergütungsbestandteile **der Höhe nach** vGA darstellen, z. B. die Angemessenheit der Tantieme gegeben ist (vgl. BMF vom 01.02.2002 BStBl I 2002, 219). Die Obergrenze für eine Gewinntantieme stellt bspw. 50 % des handelsrechtlichen Jahresüberschusses vor Abzug der Gewinntantiemen und der ertragsabhängigen Steuern (KSt, GewSt, SolZ) dar. Eine Verletzung der Regelaufteilung der Gesamtbezüge (75 % zu 25 %-Grenze) stellt ebenfalls eine vGA dar (vgl. H 8.8 [Grundsätze] KStH). Die Finanzverwaltung greift derartige Fälle allerdings nur noch auf, wenn zusätzlich Zweifel an der Angemessenheit der Gesamtausstattung bestehen oder das Abweichen vom Regelaufteilungsmaßstab ausnahmsweise als vGA-Indiz zu werten ist (vgl. OFD Düsseldorf vom 17.06.2004, S 2742 A-St 1). Zulässige sonstige Ausnahmefälle von der 75 %–25 %-Grenze stellen die Gründungsphase, Phasen vorübergehender wirtschaftlicher Schwierigkeiten, Tätigkeiten in stark risikobehafteten Geschäftszweigen (vgl. BMF vom 01.02.2002, a. a. O.) und eine stark schwankende Ertragslage dar (BFH vom 27.02.2003 BStBl II 2004, 132 und vom 04.06.2003 BStBl II 2004, 136).

In einem dritten Schritt ist zu überprüfen, ob die Gesamtvergütung überhöht ist, mithin eine vGA darstellt. Hierzu wird von der tatsächlichen Gesamtvergütung (Festgehalt, Tantieme und Pensionszusage) der angemessene Betrag abgezogen. Hierfür werden Gehaltsuntersuchungen herangezogen und bei ertragstarken GmbHs mit hohen GF-Vergütungen der sog. Halbteilungsgrundsatz gem. Tz. 16 des BMF-Schreibens vom 14.10.2002, a. a. O. herangezogen. In Höhe der Differenz ist eine vGA anzunehmen.

BEISPIEL zur Angemessenheit einer Tantieme

Ein Gesellschafter-Geschäftsführer erhält im Jahr 2024 die nachfolgend aufgeführten Vergütungsbestandteile. Es ist zu prüfen, ob und in welcher Höhe eine vGA vorliegt.

Festgehalt		300 000 €
Gewinntantieme		100 000 €
Pensionszusage (fiktive Jahresnettoprämie, vgl. H 8.7, Angemessenheit, KStH)		100 000 €
Insgesamt im VZ 2024		**500 000 €**
Angemessen (Fremdvergleich)	./.	300 000 €
vGA Vorteilsgewährung im VZ 2024		**200 000 €**

= 40 % der Gesamtvergütung. Sofern die Vergütungsbestandteile zeitgleich vereinbart worden sind, wird die vGA quotal (d. h. i. H. v. 40 %) auf die einzelnen Vergütungsbestandteile verteilt.

Davon entfallen auf

Festgehalt = (40 % von 300 000 €) 120 000 €

Beim Festgehalt ist zunächst eine Einkommenskorrektur gem. § 8 Abs. 3 Satz 2 KStG innerhalb des VZ 2024 durchzuführen. Hierbei ist eine Einlagenrückgewähr i. S. d. § 27 Abs. 1 Satz 3 KStG zu prüfen. Beim Gesellschafter findet eine Umqualifizierung der Einkünfte von § 19 EStG zu § 20 Abs. 1 Nr. 1 Satz 2 EStG statt. Im Optionsfall erfolgt die Anwendung des Teileinkünfteverfahrens gem. § 3 Nr. 40 Satz 1 Buchst. d i. V. m. § 32d Abs. 2 Nr. 3 EStG.

Gewinntantieme = (40 % von 100 000 €) 40 000 €

Auch bei der Gewinntantieme ist eine Einkommenskorrektur im VZ 2024 durchzuführen. Es ist hierzu eine Nebenrechnung zur Berechnung des Teilbetrags I und II i. S. d. BMF-Schreibens vom 28.05.2002 (BStBl I 2002, 603) durchzuführen. Der Abfluss erfolgt dabei i. d. R. zeitversetzt; erst dann ist eine Einlagenrückgewähr i. S. d. § 27 Abs. 1 Satz 3 KStG zu prüfen. Beim Gesellschafter findet im Zuflusszeitpunkt eine Umqualifizierung seiner Einkünfte von § 19 EStG zu § 20 EStG statt.

Pensionszusage = (40 % von 100 000 €) 40 000 €

Auch bezüglich der erhöhten Pensionszusage ist eine Einkommenskorrektur in Höhe von jeweils 40 % der jeweiligen Zuführung zur Pensionsrückstellung durchzuführen. Beträgt beispielsweise die Zuführung zur Pensionsrückstellung in der Bilanz zum 31.12.2023 180 000 €, beträgt der Korrekturbetrag davon 40 %, mithin 72 000 €. Hierzu ist eine Nebenrechnung (Teilbetrag I und II) erforderlich. Zunächst erfolgt dabei kein Abfluss; innerhalb der Pensionsanwartschaftsphase ist keine Einlagenrückgewähr gem. § 27 Abs. 1 Satz 3 KStG zu prüfen. Dies erfolgt erst ab dem Eintritt des Pensionsfalls. Beim Gesellschafter erfolgt der Zufluss erst bei Eintritt des Pensionsfalls.

b) Übersicht Angemessenheit Gesellschafter-Geschäftsführervergütungen

Kriterien für Prüfung der Angemessenheit

Interner Fremdvergleich	Externer Fremdvergleich	»Spezialität« bei ertragstarken GmbHs = Halbteilungsgrundsatz
• Nur mit **nicht nahestehenden fremden Dritten** bei entsprechender Tätigkeit und vergleichbarer Qualifikation.	• Nach **Tabelle »Auswertung Gehaltsuntersuchungen«** (s. u.). • Bei mehreren Geschäftsführern ist i. d. R. ein **angemessener Abschlag** erforderlich (bei 2 Geschäftsführern: Abschlag von jeweils 20 % bis 25 %).	• Der GmbH muss nach Abzug der Geschäftsführer-Vergütungen mindestens ein Jahresüberschuss (vor Ertragsteuern) in Höhe der gezahlten Geschäftsführer-Vergütung verbleiben (**vgl. Tz. 16 des BMF-Schreibens vom 14.10.2002, BStBl I, 972**).

4.5.8.4 Verzicht auf Tätigkeitsvergütung als verdeckte Einlage?

Vgl. auch H 8.9, Verzicht auf Tätigkeitsvergütungen, KStH.

a) BFH-Rechtsprechung

Der LSt-Senat des BFH hat sich in drei Entscheidungen u. a. auch mit der Frage befasst, ob der Verzicht eines Gesellschafter-Geschäftsführers auf noch nicht ausgezahlte Lohnbestandteile zu einer verdeckten Einlage und damit zu einem Zufluss von Arbeitslohn führt:

Im Urteil vom 03.02.2011 BStBl II 2014, 493 ging es um in einem Anstellungsvertrag vereinbarte Weihnachtsgelder eines (nicht beherrschenden) Gesellschafter-Geschäftsführers, die aber über viele Jahre lang nicht ausgezahlt wurden, obwohl sich die GmbH nicht in Zahlungsschwierigkeiten befand. Der BFH sah in dem (von ihm angenommenen) Verzicht auf die Weihnachtsgelder keine verdeckte Einlage, da die GmbH die Weihnachtsgelder nicht als Aufwand verbucht und auch keinen entsprechenden Passivposten in ihrer Bilanz ausgewiesen hatte. Deshalb habe der Gesellschafter eine tatsächliche Vermögenseinbuße erlitten, was die Annahme einer verdeckten Einlage ausschließe.

Ähnlich hat der BFH im Urteil vom 03.02.2011 BStBl II 2014, 491 zum Verzicht auf einen Tantiemeanspruch vor Fälligkeit entschieden. Ohne die Sache endgültig zu entscheiden (Zurückverweisung an das FG zur weiteren Sachverhaltsaufklärung) lehnt der BFH einen Zufluss der Tantieme im Verzichtszeitpunkt ab. Auf das Vorliegen einer verdeckten Einlage geht er dabei aber nicht näher ein. Offenkundig war aber auch hier für den BFH entscheidend, dass die GmbH den Tantiemebetrag noch nicht als Aufwand verbucht hatte und sich deshalb noch nicht bei der Ermittlung des Einkommens der Kapitalgesellschaft ausgewirkt hat.

Auch im Urteil vom 15.05.2013 BStBl II 2014, 495, hat der BFH zur lohnsteuerlichen Behandlung bestimmer Gehaltsbestandteile eines Gesellschafter-Geschäftsführers einer Kapitalgesellschaft Stellung genommen, die im Anstellungsvertrag vereinbart, tatsächlich aber nicht ausgezahlt wurden. Nach Ansicht des BFH kann eine zum Zufluss von Arbeitslohn führende verdeckte Einlage nur dann gegeben sein, soweit der Steuerpflichtige **nach Entstehung seines Gehaltsanspruchs** aus gesellschaftsrechtlichen Gründen auf diese verzichtet, da in diesem Fall eine Gehaltsverbindlichkeit in eine Bilanz hätte eingestellt werden müssen.

Hinweis: Verzichtet der Steuerpflichtige dagegen bereits vor Entstehung seines Gehaltsanspruchs auf diesen, wird er unentgeltlich tätig und es kommt nicht zum fiktiven Zufluss von Arbeitslohn beim Gesellschafter-Geschäftsführer.

b) Problemstellung und Bedeutung

Ein Verzicht auf Tätigkeitsvergütungen (Gehalt, Tantieme oder Pensionsansprüche) durch Gesellschafter-Geschäftsführer von Kapitalgesellschaften erfolgt i.d.R. in der Krise der Gesellschaft zur Abwendung der Insolvenz und zur Stärkung der Liquidität. Dies kann aber auch im Zusammenhang mit dem Ausscheiden des Gesellschafters und der Veräußerung seiner GmbH-Anteile oder aus sonstigen »privaten« Gründen geschehen. In diesen Fällen stellt sich dann für den Gesellschafter-Geschäftsführer die Frage, ob dieser Verzicht auf einen werthaltigen Vergütungsanspruch zu einem steuerpflichtigen Zufluss von Arbeitslohn nach § 19 EStG führt.

Vom BFH wurde nun entschieden, dass der Verzicht des Gesellschafter-Geschäftsführers auf bestehende oder künftige Entgeltansprüche bei ihm nicht zu Einnahmen aus nicht selbstständiger Arbeit führt, weil er dadurch eine tatsächliche Vermögenseinbuße erleidet.

c) Praxishinweise und aktuelle Verwaltungslinie

Die BFH-Entscheidungen vom 03.02.2011 (BStBl II 2014, 491) könnten bei vordergründiger Betrachtung dahingehend missverstanden werden, dass nunmehr ohne die Annahme eines Zuflusses jederzeit ein Verzicht durch den Gesellschafter-Geschäftsführer möglich ist. Dies ist aber nicht der Fall. Im Gegenteil. Richtigerweise muss nämlich ein bereits entstandener Vergütungsanspruch gewinnmindernd als »sonstige Verbindlichkeit« (oder Rückstellung) bilanziert werden. Durch den späteren Verzicht fällt dieser Passivposten weg. Diese bilanzielle Vermögensmehrung hat beim Gesellschafter-Geschäftsführer im Falle der Werthaltigkeit des Anspruchs als **verdeckte Einlage** einen Zufluss von Arbeitslohn nach § 19 EStG zur Folge. Bei richtiger Bilanzierung hätte der Zufluss von Arbeitslohn bejaht werden müssen (vgl. BFH vom 15.05.2013, a.a.O. und vom 15.06.2012).

Lediglich der Verzicht auf ein erst künftig entstehendes Nutzungsentgelt löst mangels Bilanzierbarkeit keine verdeckte Einlage aus. Beispielsweise verzichtet der Gesellschafter-Geschäftsführer im September 2024 mit Wirkung ab Oktober 2024 (ganz oder anteilig) auf sein monatliches Gehalt oder er verzichtet im Dezember 2024 auf sein Weihnachtsgeld für 2025. Dieser Gehaltsverzicht für die Zukunft wird steuerlich auch gegen Besserungsschein anerkannt. Nach der Verwaltungsauffassung im BMF-Schreiben vom 12.05.2014 (BStBl I 2014, 860) gilt Folgendes:

Dem **beherrschenden Gesellschafter** fließt eine eindeutige und unbestrittene Forderung gegen »seine« Kapitalgesellschaft bereits mit deren **Fälligkeit** zu (BFH vom 03.02.2011, m.w.N.). Ob sich der Vorgang in der Bilanz der Kapitalgesellschaft tatsächlich gewinnmindernd ausgewirkt hat, etwa durch die Bildung einer Verbindlichkeit, ist für die Anwendung dieser sog. Zuflussfiktion unerheblich, sofern eine solche Verbindlichkeit nach den Grundsätzen ordnungsmäßiger Buchführung hätte gebildet werden müssen.

Für den Zufluss beim Gesellschafter-Geschäftsführer durch eine verdeckte Einlage in die Kapitalgesellschaft kommt es darauf an, ob der Gesellschafter-Geschäftsführer **vor oder nach Entstehen seines Anspruchs** darauf verzichtet hat (H 8.9 KStH). Maßgeblich dafür ist, inwieweit Passivposten in eine Bilanz der Gesellschaft hätten eingestellt werden müssen, die zum Zeitpunkt des Verzichts erstellt worden wäre.

Wichtig: Auf die tatsächliche Buchung in der Bilanz der Gesellschaft kommt es für die Frage des Zuflusses aufgrund einer verdeckten Einlage hingegen **nicht** an.

H 8.9 Verzicht auf Pensionsanwartschaftsrechte und Verzicht auf Tätigkeitsvergütungen, KStH 2015

Verzicht des Gesellschafter-Geschäftsführers auf Gehaltsansprüche (Festgehalt, Weihnachts- , Urlaubsgeld, Gewinntantieme und Pensionsansprüche)

auf bereits entstandene Ansprüche
(für die Vergangenheit)

- **Verdeckte Einlage** in Höhe der **Werthaltigkeit** der Gehaltsansprüche. Dies gilt auch im Falle des Pensionsverzichts für den bereits erdienten Teil des Pensionsanspruchs (»**past-service**«).
- Bei der GmbH erfolgt in Höhe des **Teilwerts der Forderung** nach § 8 Abs. 3 Satz 3 KStG eine außerbilanzielle Abrechnung (bei Verbuchung über a. o. Ertrag) und ein Zugang beim steuerlichen Einlagekonto i. S. d. § 27 KStG.
- Beim Gesellschafter liegen (**in Höhe der Werthaltigkeit der Forderung**) Einkünfte nach § 19 EStG vor und Erhöhung seiner Anschaffungskosten der GmbH-Anteile i. S. d. § 17 EStG.

auf künftige Ansprüche
(für die Zukunft)

- **Keine verdeckte Einlage**. Dies gilt auch beim Pensionsverzicht für den sog. »**future-service**« (vgl. BMF-Schreiben vom 14.8.2012 BStBl I 2012, 874). Es er-geben sich weder bei der GmbH noch beim Gesellschafter-Geschäftsführer unmittelbare steuerliche Auswirkungen (keine Betriebsausgaben bei der GmbH, kein Zufluss von Arbeitslohn nach § 19 EStG, keine Erhöhung der Anschaffungskosten).
- Auch ein Gehaltsverzicht für die Zukunft **gegen Besserungsschein** ist steuerlich möglich.

4.5.8.4.1 Umsatztantiemen

Umsatztantiemen sind im Regelfall vGA, da nur in Sonderfällen bzw. in besonderen Branchen von einer gleichbleibenden Relation zwischen Umsatz und Gewinn ausgegangen werden kann.

Erforderlich ist auch **Branchenüblichkeit**. Vgl. BFH vom 05.10.1977 BStBl II 1978, 234 und BFH vom 28.06.1989 BStBl II 1989, 854.

Eine Umsatztantieme **ohne betragsmäßige und zeitliche Begrenzung** ist regelmäßig eine vGA (vgl. BFH vom 19.02.1999 BStBl II 1999, 321 = H 8.8 [Umsatztantieme] KStH).

4.5.8.4.2 Gewinntantiemen

Gewinntantiemen können – insbesondere bei Angemessenheit der Gesamtausstattung – anzuerkennen sein. Eine vGA ist immer dann anzunehmen, wenn die Tantiemezahlungen im Einzelfall die wirtschaftliche Funktion einer Gewinnausschüttung haben (vgl. BFH vom 02.12.1992 BStBl II 1993, 311), in dem ein Gewinnanspruch lediglich der Form nach in einen Gehaltsanspruch ausschließlich als Tantieme gekleidet worden war.

Es ist grds. ein bestimmtes Verhältnis zu den Festbezügen erforderlich (vgl. BFH vom 05.10.1994 BStBl II 1995, 549). Dies gilt auch bei **Rohgewinntantiemen** und **Nur-Gewinntantiemen** (vgl. BFH vom 26.01.1999 BStBl II 1999, 241).

4.5.8.4.3 Klare und eindeutige Berechnungsgrundlagen

Tantiemen sind **stets** als vGA zu behandeln, wenn deren Berechnungsgrundlage nicht im Voraus klar und eindeutig, sondern in nicht nachvollziehbarer Weise willkürlich festgelegt wird (vgl. BFH vom 17.12.1997 BStBl II 1998, 545).

BEISPIEL

Vgl. auch H 8.8 [Umsatztantieme] KStH

Die vertragliche Bemessung der Tantieme eines beherrschenden Gesellschafter-Geschäftsführers nach dem »Gewinn gemäß GoB unter Berücksichtigung aller steuerlich zulässigen Maßnahmen« oder nach dem »Ergebnis der Steuerbilanz« enthält keine klaren Rechtsgrundlagen für die Bemessung nach dem körperschaftsteuerlichen Einkommen zuzüglich des Aufwands für Gewerbesteuer (vgl. BFH vom 01.07.1992 BStBl II 1992, 75).

Steht eine im Übrigen klare Tantiemevereinbarung mit einem beherrschenden Gesellschafter unter dem vertraglichen Vorbehalt, dass die Gesellschafterversammlung die Tantieme höher oder niedriger festsetzen kann, dann besteht Unsicherheit und deshalb auch Unklarheit, ob der Tantiemeanspruch des Gesellschafter-Geschäftsführers letztlich Bestand haben wird. Deshalb ist steuerrechtlich in Höhe des Betrages der Rückstellung für die Tantieme eine vGA anzunehmen (vgl. BFH vom 29.04.1992 BStBl II 1992, 851).

Einkommensminderungen aufgrund einer Vereinbarung, nach der sich der Tantiemeanspruch erhöht, soweit der Anspruchsberechtigte Empfänger einer vGA ist, sind vGA (vgl. BFH vom 26.02.1992 BStBl II 1992, 691).

Zur Anpassung einer Tantieme bei unerwarteter Steigerung der Unternehmensgewinne vgl. BFH vom 10.07.2002 BStBl II 2003, 418: grds. Verhältnisse im Zusagezeitpunkt maßgebend; vGA nur bei Unterlassen einer Anpassung trotz Änderungsmöglichkeit.

4.5.8.4.4 Angemessenheit

Soweit Tantiemezusagen gegenüber einem oder mehreren Gesellschafter-Geschäftsführern insgesamt **50 %** des Jahresüberschusses übersteigen, spricht der Anscheinsbeweis für eine vGA (BFH vom 15.03.2000 BStBl II 2000, 547). Besonderheiten gelten in der Aufbauphase.

Die Jahresgesamtbezüge müssen i.d.R. mit **75% auf das Festgehalt** und zu **25% auf variable Vergütungen entfallen**. Bei Überschreitung dieser Grenze ist eine konkrete Einzelfallermittlung erforderlich (BFH vom 27.02.2003 BStBl II 2004, 132 und vom 04.06.2003 BStBl II 2004, 418).

Praxishinweise zur Angemessenheit und zur Obergrenze für die Gewinntantieme:

Die Obergrenze von **50%** gilt nach dem BMF-Schreiben vom 01.02.2002 (BStBl I 2002, 219) für **alle** Gesellschafter-Geschäftsführer zusammen. Vom BFH wurde dies mit Urteilen vom 15.03.2000 (BStBl II 2000, 547 und BFH/NV 2000, 1245) bestätigt. Diese Grenze ist auch bei Tantiemezusagen an **einen** Gesellschafter-Geschäftsführer maßgebend. Bemessungsgrundlage für die Gewinntantieme dem Grunde nach ist die im Voraus getroffene, klare und eindeutige, individuelle vertragliche Tantiemevereinbarung. Die Höhe der Vergütung muss allein durch **Rechenvorgänge** ermittelt werden können, ohne dass es noch der Ausübung von Ermessensakten seitens der Geschäftsführung oder der Gesellschafterversammlung bedarf (vgl. BFH vom 17.12.1997, BStBl II 1998, 545). Ob eine Gewinntantieme der Höhe nach angemessen ist, muss nach BFH vom 10.07.2002 (BStBl II 2003, 418) grundsätzlich anhand derjenigen Umstände und Erwägungen beurteilt werden, die **im Zeitpunkt der Tantiemezusage** gegeben waren bzw. angestellt worden sind (Stichwort: »Fremdvergleich«). Nach dem BMF-Schreiben vom 01.02.2002 (BStBl I 2002, 219) ist Bemessungsgrundlage zur Prüfung der 50%-Grenze der handelsrechtliche Jahresüberschuss vor Abzug der Gewinntantieme und der ertragsabhängigen Steuern (KSt, GewSt, SolZ). Der BFH hat im Urteil vom 04.06.2003 (BStBl II 2004, 136) bestätigt, dass schon aus Gründen der Praktikabilität auf den Jahresüberschuss **vor** Tantieme und **vor** Ertragsteuern abzustellen ist. Zur Regelaufteilung der Gesamtbezüge (sog. 75% – zu 25%-Grenze) kommen nach dem BMF-Schreiben vom 01.02.2002 (BStBl I 2002, 219) als Ausnahmefälle insbesondere nur innerhalb der Gründungsphase sowie in Phasen vorübergehender wirtschaftlicher Schwierigkeiten und Tätigkeiten in stark risikobehafteten Geschäftszweigen. Weitere Ausnahmefälle stellen nach Ansicht des BFH unter anderem die stark schwankende Ertragslage der Kapitalgesellschaft dar (BFH vom 27.02.2003 und vom 04.06.2003). Ob ein solcher Fall vorliegt, ist anhand der Gewinnprognose zu beurteilen. Hierdurch erfolgt zwar keine Abschaffung der »75%-25%-Grenze«, diese wird jedoch stark relativiert (vgl. auch OFD Düsseldorf vom 17.06.2004, S 2742 A-St 13). Die Finanzverwaltung hat die Erhöhung der Ausnahmefälle zudem mit der Veröffentlichung der BFH-Urteile in H 8.8 [Grundsätze] KStH akzeptiert.

4.5.8.4.5 Zur Vereinbarung einer Nur-Tantieme

Die Vereinbarung einer »Nur-Tantieme«, bei der die Vergütung lediglich aus einer prozentual am Gewinn bemessenen Tantieme besteht, ist nach dem BMF-Schreiben vom 01.02.2002 (a.a.O.) steuerlich grundsätzlich **nicht** anzuerkennen.

Nach dem BMF-Schreiben vom 01.02.2002 (a.a.O.) kann die Vereinbarung einer »Nur-Tantieme« allerdings in bestimmten **Ausnahmefällen** steuerlich anerkannt werden, nämlich insbesondere in der Gründungsphase der Gesellschaft sowie in Phasen vorübergehender wirtschaftlicher Schwierigkeiten und bei Tätigkeiten in stark risikobehafteten Geschäftszweigen. Auch bei Vorliegen einer derartigen Ausnahmesituation ist die »Nur-Tantieme« aber nur dann anzuerkennen, wenn die Obergrenze von **50%** (Tantieme darf also 50% des Jahresüberschusses nicht übersteigen) eingehalten und die Tantiemevereinbarung ausdrücklich zeitlich begrenzt ist.

4.5.8.4.6 Vorschüsse auf die Tantieme

Der Anspruch auf eine Gewinntantieme entsteht mit Ende des Geschäftsjahres und wird mit Feststellung des Jahresabschlusses fällig. Sofern **Abschlagszahlungen** auf die Gewinntantieme im Geschäftsführer-Anstellungsvertrag **nicht vereinbart sind** und auf den Tantiemeanspruch gleichwohl im laufenden Jahr (z.B. in 2024 für 2024) zinsfreie Vorauszahlungen geleistet werden, ist der Verzicht auf eine angemessene Verzinsung eine **vGA.** Dabei ist davon auszugehen, dass sich die GmbH und der Gesellschafter im Zweifel die Spanne zwischen banküblichen Soll- und Habenzinsen teilen (BFH vom 17.12.1997 BStBl II 1998, 545, sowie BFH vom 22.10.2003 BStBl II 2004, 307).

Aber: Um bei zinsfreien Abschlagszahlungen eine vGA zu vermeiden, müssen die Abschlagszahlungen bereits im Voraus im Geschäftsführer-Anstellungsvertrag im Einzelnen klar und eindeutig im Voraus vereinbart werden. Vgl. auch H 8.8, Vorschüsse auf Tantieme, KStH.

4.5.8.4.7 Berücksichtigung von Verlustvorträgen bei der Tantiemeberechnung

Der BFH hat hierzu im Urteil vom 17.12.2003 (BStBl II 2004, 524) wie folgt entschieden:

»Verspricht eine Kapitalgesellschaft ihrem Gesellschafter-Geschäftsführer eine Gewinntantieme, so muss ein bei ihr bestehender **Verlustvortrag** jedenfalls dann in die Bemessungsgrundlage der Tantieme einbezogen werden, wenn der tantiemeberechtigte Geschäftsführer für den Verlust verantwortlich oder zumindest mitverantwortlich ist. Anderenfalls liegt in Höhe des Differenzbetrags zwischen der tatsächlich zu zahlenden Tantieme und derjenigen, die sich bei Berücksichtigung des Verlustvortrags ergeben hätte, eine **vGA** vor.« Nach Auffassung des BFH entspricht es der inneren Logik einer Gewinntantieme, den Geschäftsführer sowohl an der positiven als auch an den negativen Folgen seiner Tätigkeit zu beteiligen. Dies geschieht durch die Einbeziehung von Verlustvorträgen in die Bemessungsgrundlage einer Gewinntantieme, die deshalb im Regelfall sachgerecht ist (vgl. auch H 8.8 [Verlustvorträge] KStH).

BEISPIEL

Einbeziehung von Verlustvorträgen bei der Gewinntantieme

Verlust 2023:	./.	400 000 €
Jahresüberschuss 2024:	+	1 000 000 €
Bilanzgewinn 31.12.2024:	+	600 000 €

Folgende Fälle sind zu unterscheiden:

Fall 1: Bemessungsgrundlage ist Jahresgewinn

Ist die Höhe einer Tantieme für den beherrschenden Gesellschafter-Geschäftsführer einer GmbH nach seinem Dienstvertrag von der Höhe des »Jahresgewinns« abhängig, so muss bereits nach dem BFH vom 25.04.1990 (BFH/NV 1991, 269) für die Tantieme § 86 AktG a.F. entsprechend herangezogen werden, wenn Vereinbarungen, die diesen Jahresgewinn näher definieren, fehlen. § 86 AktG a.F. schrieb vor, dass bei Zugrundelegung des Jahresgewinns als Maßstab die Beteiligung nach dem Jahresüberschuss, vermindert um einen Verlustvortrag aus dem Vorjahr und um die Beträge, die nach Gesetz oder Satzung aus dem Jahresüberschuss in offene Rücklagen einzustellen sind, zu berechnen ist. Die Zahlung einer ungekürzten Tantieme führt deshalb insoweit zu einer vGA.

Fall 2: Vereinbarung mit einem neuen Gesellschafter-Geschäftsführer (BMG ist Jahresüberschuss für 2024, Verlustvortrag aus 2023 wurde nicht in seiner Person erzielt)

Die Zugrundelegung des laufenden Jahresüberschusses ohne Berücksichtigung von Verlustvorträgen führt in diesem Fall nicht zur Annahme einer vGA, da eine solche Vereinbarung einem **Fremdvergleich** Stand hält und deshalb **nicht** durch das Gesellschaftsverhältnis veranlasst ist.

BEISPIEL

Keine Gewinntantieme möglich, obwohl kein bilanzieller Verlustvortrag besteht
Der Gesellschafter-Geschäftsführer erhält eine Gewinntantieme i.H.v. 20% des Jahresüberschusses vor Tantieme, vor Ertragsteuern und nach Berücksichtigung von Verlustvorträgen.

31.12.2023

Verschiedene Aktiva	225 000 €	Gez. Kapital	25 000 €
		Gewinnvortrag	**500 000 €**
		Jahresfehlbetrag 2023	**./. 300 000 €**
	225 000 €		225 000 €

31.12.2024

Verschiedene Aktiva	325 000 €	Gez. Kapital	25 000 €
		Gewinnvortrag	**200 000 €**
		Jahresüberschuss 2024	**56 000 €**
		Rückstellung Gewinntantieme	**20 000 €**
		Steuerrückstellungen (KSt/SolZ/GewSt)	24 000 €
	325 000 €		325 000 €

Im Beispielsfall wird durch den bestehenden Gewinnvortrag der Jahresfehlbetrag 2023 ausgeglichen. **Mangels bilanziellem Verlustvortrag** in der Bilanz zum 31.12.2024 könnte die Tantiemeberechnung von 20000 € (56000 €+20000 €+24000 €=100000 €, **davon 20%**) für das Jahr 2024 eigentlich steuerlich anerkannt werden.

4.5.8.5 Pensionszusagen an Gesellschafter-Geschäftsführer – Überblick

Ausgewählter Literaturhinweis Alber, »Steuerfalle« Pensionszusage/Pensionsverzicht, WPg 2017, 665

4.5.8.5.1 Überblick: Steuerliche Prüfung bei Pensionszusagen

1. Stufe: Pensionsrückstellung in der Steuerbilanz
Sofern eine Pensionszusage zivilrechtlich **unwirksam** ist, muss die Pensionsrückstellung in der **Handelsbilanz erfolgswirksam** aufgelöst werden. Dasselbe gilt für die **Steuerbilanz**. Sind die Voraussetzungen des § 6a EStG nicht erfüllt, ist die Pensionsrückstellung insoweit innerhalb der **Steuerbilanz erfolgswirksam** aufzulösen. Es müssen die nachfolgenden Formalia erfüllt sein: Zunächst muss die Schriftformerfordernis gem. § 6a Abs. 1 Nr. 3 EStG erfüllt sein. Des Weiteren darf keine Widerrufsklausel i.S.d. § 6a Abs. 1 Nr. 2 EStG i.V.m. R 6a Abs. 3 und 4 EStR vorhanden sein. Außerdem darf es keine Abhängigkeit geben von künftigen gewinnabhängigen Bezügen gem. § 6a Abs. 1 Nr. 2 EStG i.V.m. BMF vom 18.10.2013 BStBl I 2013, 1268. Weiterhin darf es keine Überversorgung des Bezugsberechtigten geben, so dass max. 75 % des Aktivgehalts bei einer endgehaltsunabhängigen Pensionszusage gewährt werden können, vgl. BFH vom 15.09.2004, BStBl II 2005, 176 und BMF vom 03.11.2004, BStBl I 2004, 1045. Ferner erfordert eine steuerlich anzuerkennende Pensionsrückstellung eine zutreffende Teilwertberechnung gem. § 6a Abs. 3 Satz 3 EStG i.V.m. BMF vom 16.12.2005, BStBl I 2005, 1054. Das Nachholverbot gem. § 6a Abs. 4 Satz 1 EStG (vgl. BFH vom 14.01.2009, BStBl II 2009, 457) ist zu beachten. Beim Sonderfall der »Nur-Pension« (BMF vom 13.12.2012, BStBl I 2013, 35) erfolgt eine Korrektur innerhalb der Bilanz zur Berichtigung der Überversorgung. Sofern gegen die genannten Kriterien verstoßen wird, löst dies eine gewinnerhöhende Auflösung der Pensionsrückstellung in der ersten noch änderbaren Steuerbilanz aus.

2. Stufe: vGA-Prüfung (außerhalb der Steuerbilanz)
Außerhalb der Steuerbilanz muss geprüft werden, ob und inwieweit die Pensionsverpflichtung auf einer vGA beruht. Die Prüfung erfolgt unter Bezug auf die nachfolgend aufgeführten Kriterien:

- Ernsthaftigkeit,
- Probezeit (Wartezeit),
- Erdienbarkeit,
- Unverfallbarkeit der Zusage,
- Angemessenheit (höchstens 75 % der Aktivbezüge).

Sofern die Prüfung ergibt, dass es sich um eine vGA handelt, ist zunächst eine außerbilanzmäßige Einkommenskorrektur nach § 8 Abs. 3 Satz 2 KStG im Jahr der Aufwandsbuchung bei der GmbH vorzunehmen. Gleichzeitig hat eine Prüfung einer Einlagenrückgewähr nach § 27 Abs. 1 Satz 3 KStG für Leistungen (vGA) erst bei »Pensionszahlungen« an den Gesellschafter zu erfolgen. Die VGA als Einnahme gem. § 20 Abs. 1 Nr. 1 Satz 2 EStG erfolgt im Zeitpunkt des Zuflusses beim Gesellschafter.

4.5.8.5.2 Überblick: Steuerliche Voraussetzungen bei Pensionszusagen

Steuerliche Voraussetzungen (neben § 6 a EStG)

Ernsthaftigkeit	Erdienbarkeit	Finanzierbarkeit	Angemessenheit
Vertragliche Pensions-Altersgrenze • Frühestens auf das **62. Lebensjahr** und • **Probezeit** (zusagefreie Zeit) für Gesellschafter-Geschäftsführer (**vgl. BMF-Schreiben vom 14.12.2012 BStBl I 2013, 58, und H 8.7 »Warte-/Probezeit« KStH 2015**). • Bei bestehender GmbH **2 bis 3 Jahre.** • Bei neuer GmbH **mindestens 5 Jahre.** • **Ausnahmen:** – Umwandlungsfälle – Begründung Betriebsaufspaltung – Vortätigkeit als Geschäftsführer **Hinweis:** Zum **Mindestpensionsalter** von **67 Jahren** (Neuzusage) und von **65 Jahren** (Altzusage) an beherrschende Gesellschafter-Geschäftsführer **vgl. BMF-Schreiben vom 09.12.2016 BStBl I 2016, 1427.**	Bei **beherrschenden** Gesellschafter-Geschäftsführern: • Zusage vor **Vollendung des 60. Lebensjahres** und • ab Erteilung noch **mindestens 10 Jahre aktive Tätigkeit** absehbar (vgl. BMF-Schreiben vom 09.12.2002, BStBl I 2003, 1393, sowie **BFH-Urteil v. 26.06.2013, Az.: I R 39/12**). Dadurch ist für die Unverfallbarkeit eines Pensionsanspruchs an den **Zeitpunkt der Erteilung** der Pensionszusage und nicht an den früheren Zeitpunkt der Betriebszugehörigkeit anzuknüpfen. Bei **nicht beherrschenden** Gesellschafter-Geschäftsführern: • Zusage vor **Vollendung des 60. Lebensjahres** und • Betriebszugehörigkeit **insgesamt 12 Jahre**, davon ab Erteilung mindestens 3 Jahre.	• Die Finanzierbarkeit einer Pensionszusage ist bei beherrschenden und nicht beherrschenden Gesellschafter-Geschäftsführern zu verneinen, wenn diese zu einer **Überschuldung der Gesellschaft im insolvenzrechtlichen Sinne führt.** • **Vgl. BMF-Schreiben vom 06.09.2005 (BStBl I 2005, 875).** • Bei Abschluss einer vollumfänglichen **Rückdeckungsversicherung** sind die Voraussetzungen der Finanzierbarkeit gegeben.	• Dem Grunde (»Üblichkeit«) und der Höhe nach (**Obergrenze von 75 % der Aktivbezüge einschließlich Ansprüche aus der gesetzlichen Rentenversicherung).** Dies gilt für beherrschende und nicht beherrschende Gesellschafter-Geschäftsführer. Vgl. BFH-Urteil vom 15.09.2004, (BStBl II 2005, 176). • Eine **Dynamisierung von maximal 3 %** jährlich ab Rentenbeginn ist steuerlich zulässig (zusätzlich zur 75 %-Grenze).

4.5.8.5.3 Probezeit

a) Dauer der Probezeit

Die Finanzverwaltung hat in den H 8.7 [Warte- / Probezeit] KStH und im BMF-Schreiben vom 14.12.2012 (BStBl I 2013, 58) zu dem Kriterium der »Probezeit« Stellung genommen. Die Probezeit ist der Zeitraum zwischen Dienstbeginn und der erstmaligen Vereinbarung einer schriftlichen Pensionszusage (**zusagefreie Zeit**). Nicht zur Probezeit gehört der – ggf. vertraglich vereinbarte – Zeitraum zwischen der Erteilung einer Pensionszusage und der erstmaligen Anspruchsberechtigung (**versorgungsfreie Zeit**). Von der Finanzverwaltung werden folgende Anforderungen an die Probezeit gestellt und dabei zwischen bestehenden und neu gegründeten GmbHs differenziert:

Für die steuerliche Beurteilung einer Pensionszusage bei einer **bestehenden GmbH** ist regelmäßig eine **Probezeit von zwei bis drei Jahren** als ausreichend anzusehen. Die Erteilung der Pensionszusage an den Gesellschafter-Geschäftsführer unmittelbar nach der Anstellung und ohne die unter Fremden übliche Erprobung ist nach ständiger BFH-Rechtsprechung i.d.R. nicht betrieblich, sondern durch das Gesellschaftsverhältnis veranlasst. Im Fall einer neu gegründeten Kapitalgesellschaft hat ein ordentlicher und gewissenhafter Geschäftsleiter einer neu gegründeten Kapitalgesellschaft einem gesellschaftsfremden Geschäftsführer erst dann eine Pension zuzusagen, wenn er die künftige wirtschaftliche Entwicklung und damit die künftige wirtschaftliche Leistungsfähigkeit der Kapitalgesellschaft zuverlässig abschätzen kann (ständige Rechtsprechung des BFH). Hierzu bedarf es i.d.R. eines **Zeitraums von wenigstens fünf Jahren**.

Von den oben ausgeführten Fällen gibt es jedoch zulässige Ausnahmefälle: Eine Probezeit ist bei solchen Unternehmen verzichtbar, die aus eigener Erfahrung Kenntnisse über die Befähigung des Geschäftsleiters haben und die die Ertragserwartungen aufgrund ihrer bisherigen unternehmerischen Tätigkeit hinreichend deutlich abschätzen können. Diese Kriterien sind bei einem Unternehmen erfüllt, das seit Jahren tätig war und lediglich sein Rechtskleid ändert, wie beispielsweise bei **Begründung einer Betriebsaufspaltung** oder einer **Umwandlung** (BFH vom 29.10.1997 BStBl II 1999, 318 und vom 23.02.2005 BStBl II 2005, 882) und der bisherige, bereits erprobte Geschäftsleiter das Unternehmen fortführt. Wird ein Unternehmen durch seine bisherigen leitenden Angestellten »aufgekauft« und führen diese Angestellten den Betrieb in Gestalt einer neu gegründeten Kapitalgesellschaft als Geschäftsführer fort (**sog. Management-Buy-Out**), so kann es ausreichen, wenn bis zur Erteilung der Zusagen nur **rund ein Jahr** abgewartet wird (BFH vom 24.04.2002 BStBl II 2002, 670).

b) Verstoß gegen die angemessene Probezeit

Sofern die Pensionszusage unter Verstoß gegen die angemessene Probezeit erteilt wurde, ist nach Tz. 2 des BMF-Schreibens vom 14.12.2012 (BStBl I 2013, 58) wie folgt zu unterscheiden:

1. Vor Ablauf der Probezeit tritt Versorgungsfall ein

Die Zuführungen zur Pensionsrückstellung und die Pensionszahlungen sind vGA nach § 8 Abs. 3 Satz 2 KStG und führen zu einer außerbilanzmäßigen Einkommenskorrektur (vgl. BMF vom 28.05.2002 BStBl I 2002, 603). Die Pensionszahlungen werden als Leistungen i.S.d. § 27 KStG behandelt. Dies gilt auch für Pensionszahlungen, die erst nach Ablauf der angemessenen Probezeit geleistet werden.

2. Versorgungsfall tritt nicht ein, aber an der unter Verstoß gegen die Probezeit erteilten Pensionszusage wird festgehalten

Ausschlaggebend ist die Situation im **Zeitpunkt der Zusage**, so dass die Anwartschaft auch nach Ablauf der angemessenen Probezeit **nicht** zu einer **fremdvergleichsgerechten** Pensionszusage wird (BFH vom 28.04.2010 BStBl II 2013, 41). Dies gilt auch dann, wenn die Pensionszusage in der Folgezeit geändert, also z. B. erhöht wird. Die Zuführungen zur Pensionsrückstellung werden **insgesamt als vGA** nach § 8 Abs. 3 Satz 2 KStG behandelt. Die Korrektur der vGA erfolgt außerhalb der Steuerbilanz (Tz. 7 und 8 des BMF-Schreibens vom 28.05.2002 BStBl I 2002, 603).

Wichtig: Mit dem BMF-Schreiben vom 14.12.2012 (BStBl I 2013, 58) folgt die Finanzverwaltung der Auffassung des BFH im Urteil vom 28.04.2010, a. a. O., wonach allein **die Situation im Zusagezeitpunkt** ausschlaggebend ist, so dass die Anwartschaft auch nach Ablauf der angemessenen Probezeit **nicht** in eine fremdvergleichsgerechte Versorgungszusage **»hineinwächst«**. Bei Aufhebung der ursprünglichen und Abschluss einer neuen Pensionszusage nach Ablauf der Probezeit sind die Zuführungen aufgrund der Altzusage zunächst vGA, die nach § 8 Abs. 3 Satz 2 KStG außerbilanziell zu korrigieren sind. Bei der Bildung der Pensionsrückstellung nach § 6a EStG aufgrund der neuen Pensionszusage ist der auf die Zeit vom Dienstantritt bis zum Zusagezeitpunkt entfallende Zuführungsbedarf rechnerisch als Aufwand im neuen Zusagejahr zu berücksichtigen (**Teilwertmethode nach § 6a EStG**). Ein Verstoß gegen das Nachzahlungsverbot liegt insoweit nicht vor.

BEISPIEL

Erteilung einer Pensionszusage an den beherrschenden Gesellschafter-Geschäftsführer einer neu gegründeten GmbH ohne Beachtung einer angemessenen Probezeit im Jahr der Anstellung (im VZ 2019, laufende Zuführung zur Pensionsrückstellung jährlich 100). Die Zusage wird steuerlich nicht anerkannt. Die Beteiligten heben deshalb die Zusage im VZ 2024 auf. Im VZ 2025 erteilt die GmbH erneut eine Pensionszusage in gleicher Höhe, die Probezeit ist nunmehr eingehalten.

LÖSUNG Die Aufhebung der Pensionszusage im VZ 2024 stellt beim Gesellschafter einen Verzicht auf seine Pensionsanwartschaftsrechte dar. Diese verdeckte Einlage löst im VZ 2024 beim Gesellschafter hinsichtlich des bis zum Verzichtszeitpunkt bereits erdienten Anteils des Versorgungsanspruchs in Höhe des Teilwerts der Pensionszusage einen Zufluss von vGA nach § 20 Abs. 1 Nr. 1 Satz 2 EStG aus und gleichzeitig eine Erhöhung der Anschaffungskosten seiner GmbH-Anteile i. S. d. § 17 EStG (vgl. H 8.9 [Verzicht auf Pensionsanwartschaftsrechte] KStH).

4.5.8.5.4 Ernsthaftigkeit

a) Allgemeines

Zur Berechnung von Pensionsrückstellungen für beherrschende Gesellschafter-Geschäftsführer von Kapitalgesellschaften und dem maßgeblichen Pensionsalter nach R 6a Abs. 8 EStR gilt Folgendes:

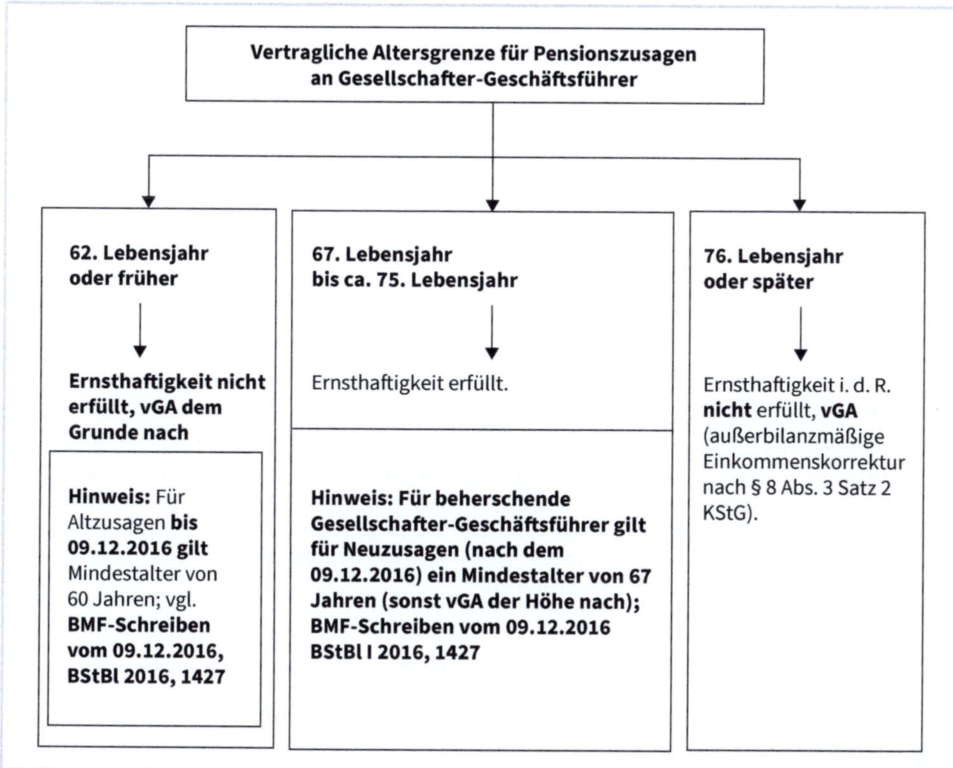

b) Altersgrenze bei Pensionszusagen

Den bis zur Verkündung des BFH-Urteils bestehenden Einschränkungen bei der Rückstellungsbildung in R 6a Abs. 8 EStR hat der **BFH** mit seinem Urteil vom 11.09.2013 BStBl II 2016, 1008 widersprochen. Nach seiner Auffassung ist für die Berechnung des Teilwerts der Pensionsrückstellung immer das **vereinbarte Pensionsalter** zugrunde zu legen. Ein zu niedriges Pensionsalter kann nach Auffassung des BFH allerdings – auf der 2. Stufe der Gewinnermittlung – zu einer vGA (und damit zu einer außerbilanziellen Hinzurechnung) führen. Eine Altersgrenze hat der BFH aber dafür nicht festgelegt.

Die Finanzverwaltung hat diese Rechtsauffassung des BFH im Schreiben vom 09.12.2016 aufgegriffen und dabei die Rechtsprechung des BFH durch Veröffentlichung im BStBl übernommen. Bei der **Rückstellungsberechnung** wird immer das **vertraglich vereinbarte Pensionsalter** zugrunde gelegt. Die gegenteiligen Aussagen in H 38 [Altersgrenze] KStH 2008 und in R 6a Abs. 8 EStR sind damit überholt. Entsprechend ist eine vGA-Prüfung wie folgt vorzunehmen: Bei Neuzusagen (= nach dem 09.12.2016 erteilte Zusagen) ist der **Ernsthaftigkeitsprüfung** das 62. Lebensjahr zugrunde zu legen. Für Altzusagen bleibt es beim bisherigen Mindestalter von 60 Jahren. Diese Regelungen gelten auch für nicht beherrschende Gesellschafter-Geschäftsführer. Der Höhe nach sind bei **Neuzusagen** an beherrschende Gesellschafter-Geschäftsführer (= nach dem 09.12.2016 erteilte Zusagen) Pensionszusagen auf ein Endalter unter 67 Jahren als **unangemessen** anzusehen (bei Behinderten: 62 Jahre).

Für **Altzusagen** gilt ein Mindestendalter zur Prüfung der Angemessenheit von 65 Jahren (bei Behinderten: 60 Jahre). Wurde bisher ein Endalter von unter 65 Jahren vereinbart, kann – zur Vermeidung einer vGA – bis zum Ende des Wirtschaftsjahrs, das nach dem 09.12.2016 beginnt (also i. d. R. bis 31.12.2017), noch eine Mindestaltersgrenze von 65 Jahren vereinbart werden.

BEISPIEL

Die A-GmbH hat ihrem beherrschenden Gesellschafter-Geschäftsführer am 20.12.2019 (= Neuzusage) eine Pensionszusage auf das 63. Lebensjahr erteilt. Bei einer Rückstellungsberechnung auf das 67. Lebensjahr ergibt sich eine Pensionsrückstellung i. S. v. § 6a Abs. 4 EStG i. H. v. 30000 €; bei einer Berechnung auf das 63. Lebensjahr würde sich demgegenüber eine Rückstellung i. H. v. 40000 € ergeben.

LÖSUNG Die Pensionszusage ist als ernsthaft anzusehen (Mindestalter von 62 Jahren für Neuzusagen eingehalten) und führt deshalb dem Grunde nach nicht zu einer vGA.

Die Pensionsrückstellung ist nach dem BFH-Urteil vom 11.09.2013 BStBl II 2014, 726 auf das 63. Lebensjahr zu berechnen. In der Steuerbilanz wird also eine Pensionsrückstellung i. H. v. 40000 € passiviert. In der Differenz der Rückstellungen vom 67. zum 63. Lebensjahr ist der Höhe nach eine vGA anzusetzen, da die Pensionszusage insoweit als unangemessen anzusehen ist, wie sie auf ein Endalter unter 67 Jahren erteilt worden ist. Außerbilanziell ist somit eine Hinzurechnung nach § 8 Abs. 3 Satz 2 KStG i. H. v. 10000 € vorzunehmen.

c) Zusammenfassung zu verdeckten Gewinnausschüttungen bei Pensionsrückstelllungen

	Ernsthaftigkeit (vGA dem Grunde nach)	Angemessenheit für Alter (vGA der Höhe nach)
Anwendungsbereich	Beherrschende und nicht beherrschende Gesellschafter-Geschäftsführer	Nur beherrschende Gesellschafter-Geschäftsführer
Neuzusagen	Mindestens 62. Lebensjahr	Mindestens 67. Lebensjahr
Altzusagen	Mindestens 60. Lebensjahr	Mindestens 65. Lebensjahr mit Anpassungsmöglichkeit im Wirtschaftsjahr, das nach dem 09.12.2016 beginnt (also i. d. R. bis 31.12.2017)
Rechtsfolge	Pensionszusage führt dem Grunde nach (also in voller Höhe) zu einer vGA	Pensionszusage führt in der Differenz der Rückstellungen zu einer vGA

4.5.8.5.5 Erdienbarkeit

a) Allgemeines

Für die steuerliche Berücksichtigungsfähigkeit einer Pensionsrückstellung muss diese vom begünstigten beherrschenden/nicht beherrschenden Gesellschafter-Geschäftsführer erdienbar sein. Hierzu darf der Gesellschafter-Geschäftsführer im Zeitpunkt der Pensionszusage das 60. Lebensjahr noch nicht vollendet haben. Außerdem müssen beim **beherrschenden** Gesellschafter-Geschäftsführer ab Erteilung der Zusage noch **mindestens zehn Jahre** aktive Tätigkeit zu erwarten sein. Dies gilt analog für den nicht beherrschenden Gesellschafter-Geschäftsführer. Bei diesem ist es jedoch ausreichend, wenn der Beginn seiner Betriebszugehörigkeit bei Erteilung der Zusage **mindestens neun Jahre zurückliegt** und er noch **mindestens drei Jahre** aktive Dienstzeit zu erwarten hat (insgesamt also zwölf **Jahre**). Vgl. auch BMF vom 09.12.2002 (BStBl I 2002, 1393).

Erdienbarkeit

Beherrschender Gesellschafter	**Nicht beherrschender Gesellschafter**
Keine vGA, wenn	**Keine vGA, wenn**
• die Pensionszusage **vor Vollendung des 60. Lebensjahres** erteilt wird **und** • **Erdienbarkeitsfrist 10 Jahre** erfüllt ist (beginnend im Zeitpunkt der Erteilung der Pensionszusage; keine Anrechnung vorheriger Dienstzeiten)	• die Pensionszusage **vor Vollendung des 60. Lebensjahres** erteilt wird **und** • der Zeitraum zwischen Pensionszusage und vorgesehenem Eintritt in den Ruhestand entweder – mindestens 10 Jahre beträgt **oder** – zwar nur mindestens 3 Jahre beträgt, der Gesellschafter-Geschäftsführer im vorgesehenen Zeitpunkt des Eintritts in den Ruhestand jedoch bereits seit **mindestens 12 Jahren** dem Betrieb der GmbH angehört (**9 + 3-Regel**)

BEISPIEL

Erteilung der Pensionszusage an den beherrschenden Gesellschafter-Geschäftsführer kurz **vor Vollendung des 64. Lebensjahres.**

LÖSUNG Erdienbarkeit nicht gegeben, sondern Annahme vGA, da 6 Jahre bis zur Vollendung des 70. Lebensjahres und Eintritt des Versorgungsfalls. Im Zusagezeitpunkt hatte der Anspruchsberechtigte das 60. Lebensjahr bereits vollendet, zudem betrug die restliche Erdienenszeit weniger als 10 Jahre **(BFH vom 23.07.2003 BStBl II 2003, 926).**

Eintritt des Versorgungsfalls **mit Vollendung des 70. Lebensjahres.**

b) Hinweise zur Erdienbarkeit: Nach dem BFH vom 15.03.2000 (BStBl II 2000, 504) sind bei einem nicht beherrschenden Gesellschafter-Geschäftsführer in die Mindestbetriebszugehörigkeit von zwölf Jahren (für das Erfordernis der Erdienbarkeit) nicht nur Zeiträume im Betrieb der GmbH einzubeziehen, sondern auch solche, in denen der Gesellschafter-Geschäftsführer zuvor in einem **Einzelunternehmen** tätig war, das er in die GmbH eingebracht oder das er an diese veräußert hat. D. h. – im Gegensatz zum beherrschenden Gesellschafter-Geschäftsführer – sind beim nicht beherrschenden Gesellschafter-Geschäftsführer für das Erfordernis der Erdienbarkeit auch frühere Tätigkeiten in einer »**Vorgängerfirma**« einzubeziehen.

Die Grundsätze über die Erdienbarkeit gelten auch dann, wenn eine **wesentliche Erhöhung der Pensionszusage** erfolgt. Beispielsweise, wenn zwei Jahre vor Eintritt des Pensionsfalls im 63. Lebensjahr die Pensionszusage von bisher 5000 € monatlich auf 9000 € erhöht wird. In Höhe von 4000 € handelt es sich um eine partielle Neuzusage, die nicht mehr erdienbar ist und auch einem Fremdvergleich nicht standhält. Insoweit liegt also eine vGA vor. Vgl. auch BFH vom 23.09.2008 BStBl II 2013, 39.

c) Erdienbarkeit bei Erhöhung von Pensionsansprüchen

Pensionszusagen können endgehaltsabhängig und endgehaltsunabhängig ausgestaltet werden. Je nach Ausgestaltung hat eine Veränderung des Aktivgehalts unmittelbare Auswirkungen auf die Höhe der Pensionsansprüche. Die Erdienbarkeit bei der Erhöhung von Pensionsansprüchen ist daher neu zu prüfen.

Endgehaltsabhängige Pensionszusage	Endgehaltsunabhängige Pensionszusage
• Die Pensionszusage wird in einem Prozentsatz zum (letzten) Aktivgehalt festgelegt (z. B. 75 % des letzten Aktivgehalts vor Pensionsbeginn).	• Die Pensionszusage lautet auf einen €-Betrag (z. B. 3000 € monatlich).
• Eine Änderung des Aktivgehalts hat in diesem Fall unmittelbare Auswirkung auf die Höhe des Pensionsanspruchs; mit jeder Änderung des Aktivgehalts ändert sich – automatisch und als zwingende Folge – die Höhe des Pensionsanspruchs. • Ein Überversorgungsproblem bei der An-wendung von § 6a EStG kann sich in diesem Fall nicht ergeben, da unter bilanzsteuerlichen Aspekten hier keine Vorwegnahme einer künftigen Einkommensentwicklung vorliegen kann (vgl. BMF vom 03.11.2004 BStBl I 2004, 1045 Rz. 16).	• Eine Änderung des Aktivgehalts hat in diesem Fall keine unmittelbare Auswirkung auf die Höhe des Pensionsanspruchs. (Mittelbare) Auswirkungen auf die Anerkennung der Pensionszusage können sich allerdings im Zusammenhang mit der Prüfung der sog. Überversorgung ergeben (75 %-Grenze). Dies gilt vor allem bei Gehaltsherabsetzungen.

Nach BFH vom 07.03.2018 BStBl I 2019, 70 führt der **Wechsel** des Durchführungswegs – hier: wertgleiche Umstellung einer Direktzusage in eine Unterstützungskassenzusage – nicht zu einer erneuten Prüfung der Erdienbarkeit. Der BFH hält diesbezüglich eindeutig am **Zehnjahreszeitraum** für die Erdienbarkeit von Pensionszusagen bei beherrschenden Gesellschafter-Geschäftsführern fest (unabhängig davon, dass die Unverfallbarkeitsfrist im BetrAVG, an die sich der BFH früher angelehnt hatte, mittlerweile auf fünf Jahre halbiert wurde und bei Gehaltsumwandlungen ganz entfallen ist). Die Erdienbarkeit ist nicht nur bei der erstmaligen Zusage, sondern auch bei **späteren Erhöhungen des Pensionsanspruchs** zu prüfen (BFH vom 23.09.2008 BStBl II 2013, 39). Erhöhungen im Rahmen der **üblichen jährlichen Lohnsteigerungen** sind allerdings nicht zu beanstanden und führen nicht zu einem Erdienbarkeitsproblem, wenn sie innerhalb eines Zeitraums von zehn Jahren vor dem Renteneintrittsalter erfolgen. Erhöhungen des Pensionsanspruchs müssen auch dann erdienbar sein, wenn sie sich bei einer **endgehaltsabhängigen Zusage** nur **mittelbar** aus einer Erhöhung des Aktivgehalts ergeben.

Neu ist die Aussage des BFH, dass für die Erdienbarkeitsprüfung immer auf den frühestmöglichen Zeitpunkt des Eintritts in den Ruhestand abzustellen ist (im Urteilsfall also auf das 60. Lebensjahr). In seinen Urteilen vom 23.01.1991 (BStBl II 1991, 379) und vom 29.10.1997 (BStBl II 1999, 318) hatte der BFH dies noch anders gesehen. Er bestreitet nun zwar, dass dies eine Rechtsprechungsänderung sei; m. E. ist diese Sichtweise jedoch nicht zutreffend. Die Aussage steht wohl im Kontext mit der oben erläuterten Entscheidung vom 11.09.2013 (BStBl II 2016, 1008) zum Berechnungsendalter bei beherrschenden Gesellschafter-Geschäftsführern, bei der der BFH ebenfalls das Vorliegen einer Rechtsprechungsänderung verneint, obwohl tatsächlich eine solche Änderung der Rechtsprechung vorliegt. Im Urteilsfall konnte der BFH offenlassen, ob der betroffene Gesellschafter-Geschäftsführer beherrschend an der GmbH beteiligt war oder nicht (er war selbst nur mit ca. 9% an der GmbH beteiligt; die Mehrheitsanteile hielten jedoch mittelbar über eine zwischengeschaltete Holding-GmbH seine Ehefrau und sein Sohn; er könnte eine nahestehende Person zu beherrschenden Gesellschaftern gewesen sein).

4.5.8.5.6 Einräumung einer Hinterbliebenenversorgung

Verstirbt der Pensionsberechtigte und es kommt zu einer Hinterbliebenenversorgung (z. B. Witwenrente), erfolgt eine ratierliche gewinnerhöhende Auflösung der Pensionsrückstellung in der Steuerbilanz; die laufenden Pensionszahlungen führen hingegen zu Betriebsausgaben. Verstirbt hingegen der Pensionsberechtigte, ohne dass eine Hinterbliebenenversorgung zum Tragen kommt, entfällt auf der Ebene der Kapitalgesellschaft die Verpflichtung zur Pensionszahlung vollständig. Die Pensionsrückstellung ist innerhalb der Handelsbilanz und der Steuerbilanz **erfolgswirksam** aufzulösen.

4.5.8.5.7 Steuerliche Folgen für die Rückdeckungsversicherung in vGA-Fällen

Nach dem BFH-Urteil vom 07.08.2002 BStBl II 2004, 131 stellen die **Beiträge für eine Rückdeckungsversicherung** auch dann **keine vGA** dar, wenn die Pensionszusage durch das Gesellschaftsverhältnis veranlasst ist und deshalb eine vGA i. S. d. § 8 Abs. 3 Satz 2 KStG vorliegt. Die Rückdeckungsversicherung ist vielmehr – unabhängig davon, ob die Pensionszusage eine vGA auslöst – eine betrieblich veranlasste Finanzierungsmaßnahme.

Dasselbe gilt im Falle eines Pensionsverzichts (= verdeckte Einlage). Diese Entscheidung wird damit begründet, dass bei der Kapitalgesellschaft **keine Vermögensminderung** eintritt, da sie selbst und nicht der Begünstigte der Pensionszusage die Bezugsberechtigte aus der Versicherung ist (Aktivierung der Ansprüche in der Bilanz der Gesellschaft mit dem anteiligen Deckungskapital) und eine solche Rückdeckungsversicherung nicht die Eignung hat, beim Gesellschafter einen sonstigen Bezug i. S. d. § 20 Abs. 1 Nr. 1 Satz 2 EStG auszulösen.

Eine vGA liegt auch dann nicht vor, wenn die Ansprüche aus der Rückdeckungsversicherung – anders als in dem vom BFH entschiedenen Fall – aus Gründen der Insolvenzsicherung an den begünstigten Gesellschafter-Geschäftsführer **verpfändet** sein sollten. Die Verpfändung ist nur aufschiebend bedingt. Der Gesellschafter-Geschäftsführer hat, solange der Insolvenzfall noch nicht eingetreten ist, weder rechtlich noch wirtschaftlich eine Zugriffsmöglichkeit auf den Anspruch aus der Rückdeckungsversicherung.

4.5.8.5.8 Finanzierbarkeit

Der BFH hat insbesondere mit den Urteilen vom 08.11.2000 (BStBl II 2005, 653), 20.12.2000 (BStBl II 2005, 657), 07.11.2001 (BStBl II 2005, 659), 04.09.2002 (BStBl II 2005, 662), 31.03.2004 (BStBl II 2005, 664) gegen die frühere Verwaltungspraxis zur Finanzierbarkeit entschieden. Nach dem BMF-Schreiben vom 06.09.2005 (BStBl I 2005, 875) sind die Grundsätze dieser Urteile anzuwenden. Aus der BFH-Rechtsprechung lassen sich die nachfolgenden Grundsätze ableiten:

Die Finanzierbarkeit ist im Zusagezeitpunkt und allenfalls bei wesentlichen Änderungen der Zusage zu überprüfen. Die spätere wirtschaftliche Entwicklung der Gesellschaft ist grundsätzlich unbeachtlich. **Ausnahme:** Die wirtschaftliche Situation der GmbH verschlechtert sich und es besteht zivilrechtlich die Möglichkeit zur Anpassung der Pensionszusage. Zur Prüfung der Finanzierbarkeit ist eine fiktive Überschuldungsbilanz der Gesellschaft nach insolvenzrechtlichen Grundsätzen aufzustellen. Die Finanzierbarkeit einer Pensionszusage ist lediglich dann zu verneinen, wenn anhand dieser Bilanz eine Überschuldung der Gesellschaft vorliegt.

Es sind alle materiellen und immateriellen Wirtschaftsgüter, insbesondere auch ein (originärer) Geschäftswert zu berücksichtigen. Zu berücksichtigen sind ebenso die Ertragslage zum Stichtag der Bilanzerstellung sowie die weiteren Ertragsaussichten. Der Wert der Pensionszusage ist mit dem im Zusagezeitpunkt gegebenen **Anwartschaftsbarwert** (§ 6a Abs. 3 Satz 2 Nr. 2 EStG) – soweit nachweisbar ggf. auch mit einem niedrigeren handelsrechtlichen Teilwert – anzusetzen. Eine bestehende Rückdeckungsversicherung erhöht das Aktivvermögen, künftig fällige Versicherungsbeiträge sind jedoch in die Prüfung einzubeziehen. Die Finanzierbarkeit ist für die einzelnen Risiken/Komponenten (z. B. Invalidität, Altersversorgung) **getrennt** durchzuführen. Ist die Pensionszusage nicht in voller Höhe finanzierbar, hat eine **Aufteilung** in einen finanzierbaren und einen nicht finanzierbaren Teil zu erfolgen. Lediglich hinsichtlich des nicht finanzierbaren Teils ist eine vGA anzunehmen und eine Hinzurechnung der jährlichen Zuführung außerhalb der Bilanz vorzunehmen.

4.5.8.5.9 Angemessenheit der Höhe nach

Die Pension muss der Höhe nach angemessen sein. Die **Obergrenze** einer angemessenen Altersversorgung einschließlich Ansprüche aus der gesetzlichen Rentenversicherung liegt bei **75 % der letzten Aktivbezüge**. Vgl. BFH vom 15.09.2004 (BStBl II 2005, 176), vom 20.12.2016 (BStBl II 2017, 678) und vom 23.08.2017 (BStBl II 2018, 208) sowie BMF vom 03.11.2004 (BStBl I 2004, 1045). **Hinweis: Dynamisierung bis zu 3 % ist zulässig.**

Die Vereinbarung von Dynamisierungsklauseln in aktiver Zeit (= sog. **Anwartschaftsdynamik**) oder in der späteren Auszahlungsphase (= sog. **Rentendynamik**) sind zulässig. Die Vereinbarung fester Steigerungssätze (**Dynamisierungsklausel**) von maximal **3 %** jährlich **ab Rentenbeginn** ist also steuerlich möglich. Sie dürfen noch zur 75 %-Grenze hinzukommen (vgl. BFH vom 31.07.2019, DStR 2019, 150).

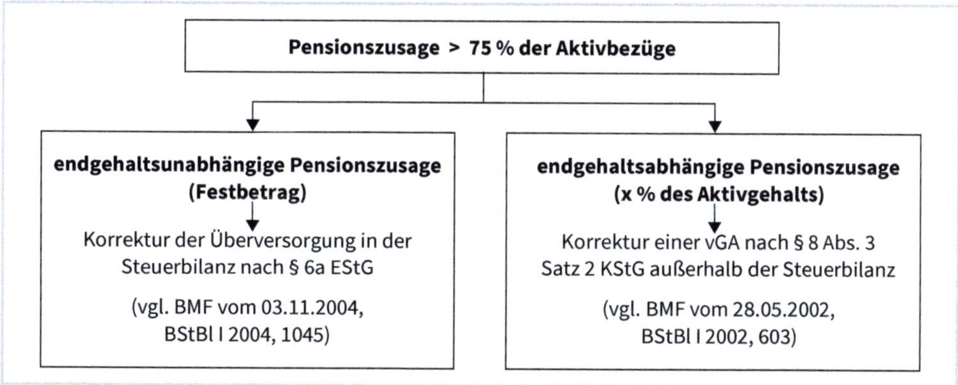

a) Steuerliche Folgen bei Gehaltsreduzierung

Die Obergrenze von 75 % der Aktivbezüge gilt auch, wenn die künftigen Aktivbezüge (zeitweilig) **herabgesetzt** werden. Dies hat eine »**Mischberechnung**« sowohl bei **endgehaltsunabhängiger** als auch bei **endgehaltsabhängiger** Pensionszusage zur Folge (vgl. BMF vom 03.11.2004 BStBl I 2004, 1045 Rz. 19).

BEISPIEL 1

Korrektur einer Überversorgung in der Steuerbilanz bei endgehaltsunabhängiger Pension
Der 45-jährige beherrschende Gesellschafter-Geschäftsführer bezieht im Jahr 2024 ein laufendes Aktivgehalt i. H. v. 10 000 € monatlich. Von seiner GmbH wird ihm eine Pensionszusage i. H. v. 10 000 € ab dem 65. Lebensjahr zugesagt. Ansprüche aus der gesetzlichen Rentenversicherung sollen aus Vereinfachungsgründen nicht bestehen.

LÖSUNG Es liegt eine **endgehaltsunabhängige Pensionszusage** vor. Der BFH geht davon aus, dass mit der hohen Festbetragszusage lediglich eine künftige Einkommensentwicklung vorweggenommen und damit **Aufwand aus der Zukunft bilanziell vorgezogen** werden soll. Es wird also nicht unterstellt, dass der Gesellschafter-Geschäftsführer später eine unangemessen hohe betriebliche Altersversorgung erhalten soll, sondern nur, dass bilanzieller Aufwand durch eine zunächst überhöhte Zusage in ein früheres Wirtschaftsjahr verlagert wird. Deshalb wird in diesem Fall – sowohl bei Fremdarbeitnehmern als auch bei Gesellschafter-Geschäftsführern – die Pensionsrückstellung nach § 6a EStG wegen Überversorgung nur aus einem Betrag von 75 % von 10 000 € = 7 500 € berechnet. Die zu hoch gebildete Rückstellung ist im Wege der **Bilanzberichtigung** zu korrigieren.

BEISPIEL 2

Korrektur einer vGA außerhalb der Bilanz bei endgehaltsabhängiger Pension
Die Pensionszusage des Gesellschafter-Geschäftsführers wird mit 100 % des Aktivgehalts festgelegt. Es liegt eine endgehaltsabhängige Pensionszusage vor (x % des Aktivgehalts).

LÖSUNG Die Pensionsrückstellung wird in diesem Fall nach § 6a EStG auf der Grundlage einer Pension i. H. v. 10 000 € (und nicht von 7 500 €) berechnet, da keine Vorwegnahme einer künftigen Einkommensentwicklung vorliegt. Eine Bilanzberichtigung ist nicht zulässig (vgl. BMF vom 03.11.2004 BStBl I 2004, 1045 Rz. 16).

Allerdings ist eine vGA insoweit anzunehmen, als die Pensionszusage 75% des Aktivgehalts überschreitet (außerbilanzielle Hinzurechnung). Dies bedeutet, dass jeweils 25% der Zuführung zur Pensionsrückstellung (100% ./. 75%=25%) außerbilanziell als vGA i.S.d. § 8 Abs. 3 Satz 2 KStG zu korrigieren sind, soweit dies verfahrensrechtlich noch zulässig ist. Die späteren Pensionszahlungen sind entsprechend in Versorgungsbezüge nach § 19 EStG und in Einnahmen aus Kapitalvermögen nach § 20 Abs. 1 Nr. 1 Satz 2 EStG (vGA) aufzuteilen.

b) (Bilanz-)steuerliche Behandlung einer »Nur-Pension«
Der BFH hat im Urteil vom 28.04.2010, BStBl II 2013, 41, erneut entschieden, dass er insoweit die Auffassung der Finanzverwaltung **nicht** teilt und eine sog. **Nur-Pensionszusage** eine **Überversorgung** nach sich zieht, welche die Auflösung der Pensionsrückstellung in der Bilanz zur Folge hat. In diesen Fällen kann also keine Pensionsrückstellung nach § 6a EStG gebildet werden. Nach H 8.7 [Nur-Pension] KStH und BMF vom 13.12.2012 (BStBl I 2013, 35) folgt die Finanzverwaltung der BFH-Rechtsprechung in allen noch offenen Fällen; das hiervon noch abweichende BMF-Schreiben vom 16.06.2008 (BStBl I 2008, 681) wurde aufgehoben.

4.5.8.5.10 Pension neben Aktivgehalt

a) BFH-Urteil vom 05.03.2008
Der BFH hat mit Urteil vom 05.03.2008 (BStBl II 2015, 409) entschieden, dass das Einkommen aus einer fortbestehenden (aktiven) Tätigkeit nach Erreichen der vertraglichen Altersgrenze auf die Versorgungsleistung (**im Streitfall: Abfindung des Pensionsanspruchs**) angerechnet werden muss. Sofern keine Berücksichtigung eines versicherungsmathematischen Abschlags erfolgt, liegt (zumindest teilweise) eine vGA vor. Nach Auffassung des BFH schließen sich uneingeschränkte Pensionszahlungen und Gehälter für die aktive Tätigkeit jedenfalls aus der Sicht des Leistenden grundsätzlich aus. Neben den Fällen mit Kapitalabfindung sind auch alle Fälle betroffen, in denen neben laufenden Pensionszahlungen ein Aktivgehalt bezogen wird.

In der Praxis war in diesen Fällen bereits bisher darauf zu achten, dass zivilrechtlich mit der Erreichung der Altersgrenze überhaupt ein **Auszahlungsanspruch** besteht. Dies ist dann nicht der Fall, wenn die Pensionszahlung nicht nur vom Erreichen einer Altersgrenze, sondern auch vom Ausscheiden aus dem Betrieb abhängig gemacht wird.

b) Weitere BFH-Entscheidungen und Alternativgestaltungen
Zu der Rechtsfrage, ob ein neben einer Pension gezahltes Gehalt im Rahmen eines Fremdvergleichs auf die Pensionszahlungen anzurechnen ist, wurde später vom FG Sachsen (Urteil vom 27.06.2012, 3 K 359/06, EFG 2013, 69) die Annahme einer vGA an den Gesellschafter-Geschäftsführer verneint. Im Streitfall reduzierte der Gesellschafter-Geschäftsführer nach Erreichen der Altersgrenze seine Arbeitszeit um 80% und bezog ein deutlich ermäßigtes Geschäftsführergehalt (25% des ursprünglich bezogenen Geschäftsführergehalts), sodass er unter Einbeziehung der Pensionszahlungen weniger als 50% des bisher bezogenen Geschäftsführergehalts erhielt.

Nach Auffassung des FG Sachsen verliere dadurch die Pensionszahlung nicht ihren Versorgungscharakter. Eine vGA liege auch dann nicht vor, wenn die Gesellschaft nicht auf der Anrechnung des Einkommens aus der fortgeführten Geschäftsführertätigkeit auf die parallel bezogenen Versorgungsleistungen eines Gesellschafter-Geschäftsführers besteht. Eine vGA sei auch nicht im Hinblick darauf anzunehmen, dass das Geschäftsführergehalt nach Absenkung der Arbeitszeit nicht proportional gemindert wurde.

Der BFH entschied daraufhin in dem Revisionsverfahren I R 60/12 mit seinem Urteil vom 23.10.2013 (Leitsätze):

> »Es ist aus steuerrechtlicher Sicht nicht zu beanstanden, wenn die Zusage der Altersversorgung nicht von dem Ausscheiden des Begünstigten aus dem Dienstverhältnis als Geschäftsführer mit Eintritt des Versorgungsfalls abhängig gemacht wird.
> In diesem Fall würde ein ordentlicher und gewissenhafter Geschäftsleiter zur Vermeidung einer verdeckten Gewinnausschüttung allerdings verlangen, dass das Einkommen aus der fortbestehenden Tätigkeit als Geschäftsführer auf die Versorgungsleistung angerechnet wird, oder aber den vereinbarten Eintritt der Versorgungsfälligkeit aufschieben, bis der Begünstigte endgültig seine Geschäftsführerfunktion beendet hat.
> Dass der Gesellschafter-Geschäftsführer seine Arbeitszeit und sein Gehalt nach Eintritt des Versorgungsfalls reduziert, ändert daran grundsätzlich nichts (Bestätigung und Fortführung des Senatsurteils vom 05.03.2008, I R 12/07).«

Die wesentlichen Aussagen der beiden Entscheidungen I R 12/07 sowie I R 60/12:

- In der **Anwartschaftsphase** ist eine Pensionszusage an den Gesellschafter-Geschäftsführer, die zwar die Vollendung des vereinbarten Pensionsalters (in der Regel 65./66./67. Lebensjahr) voraussetzt, nicht jedoch dessen Ausscheiden aus dem Betrieb oder die Beendigung des Dienstverhältnisses, körperschaftsteuerrechtlich grundsätzlich nicht zu beanstanden. Sie führt nicht von vorneherein wegen Unüblichkeit oder fehlender Ernsthaftigkeit zu einer verdeckten Gewinnausschüttung.
- In der **Auszahlungsphase** der Pension führt die parallele Zahlung von Geschäftsführergehalt und Pension – sowohl bei einem beherrschenden als auch bei einem nicht beherrschenden – Gesellschafter-Geschäftsführer zu einer verdeckten Gewinnausschüttung, soweit das Aktivgehalt nicht auf die Pensionsleistung angerechnet wird. Dies gilt sowohl bei monatlicher Pensionsleistung als auch bei Ausübung eines vereinbarten Kapitalwahlrechts bei Erreichen der vereinbarten Altersgrenze.
- Ferner gilt dies unabhängig davon, ob die Pensionsvereinbarung das Ausscheiden aus dem Dienstverhältnis voraussetzt oder Pensionsleistungen auch ohne die Voraussetzung des Ausscheidens bereits dann zugesagt sind, wenn das vereinbarte Pensionseintrittsalter erreicht ist.
- Laut BFH ist es dagegen zulässig, dass der »pensionierte« Gesellschafter-Geschäftsführer ggf. in anderer Funktion (z. B. als Berater) für die Kapitalgesellschaft tätig wird und neben einer solchen Funktion Altersbezüge vereinnahmen kann.

Nach Auffassung des BFH ist es nicht zu beanstanden, wenn die Zusage der Altersversorgung nicht von dem Ausscheiden des Begünstigten aus dem Dienstverhältnis als Geschäftsführer mit Eintritt des Versorgungsfalls abhängig gemacht wird.

Dem folgt für Zwecke des § 6a EStG auch die Finanzverwaltung (vgl. BMF vom 18.09.2017, BStBl I 2017, 1293). In diesem Schreiben wird aber weiterhin die Auffassung vertreten, dass eine Parallelzahlung von Pension und Gehalt zu einer vGA führt.

Mit **Urteil vom 15.03.2023** (I R 41/19, DStR 2023, 1307) hat der BFH seine Sichtweise allerdings etwas gelockert. Er hält zwar an seinem Grundsatz fest, dass ein Nebeneinander von

Pension und Gehalt zu einer vGA führt. Die Kritik daran wischt er mit einem Hinweis auf seine alte Rechtsprechung weg und hält den Grundsatz aufrecht »Wer noch laufendes Gehalt hat, braucht keine Altersversorgung«. Ein Stück weit schränkt der I. Senat des BFH aber das **Vorliegen einer vGA auf solche Fälle ein, in denen die Summe von Pensionszahlungen und laufendem Gehalt das frühere Aktivgehalt übersteigt**. Da diese Grenze im Urteilsfall bei weitem nicht erreicht war (K hatte nach seinem Wiedereinstieg als laufendes Gehalt neben seiner Pension nur 10% seines früheren Gehalts erhalten), gab der BFH der Klage statt. Auf die Begründung des Finanzgerichts mit den Besonderheiten des Sachverhalts (Rückkehr zur wirtschaftlichen Rettung der Gesellschaft und damit in deren vorrangigem Interesse) kam es somit nicht mehr an.

Der BFH begründet diese neue »100%-Grenze« mit einem (angeblichen) hypothetischen Fremdvergleich, den er allerdings selbst erfunden hat (warum 100% und nicht 90% oder 120%?). Zumindest gesteht er ein, dass man nicht erwarten könne, dass ein bereits »pensionierter« Geschäftsführer »umsonst« weiterarbeitet. Der ordentliche und gewissenhafte Geschäftsleiter wäre – so der BFH – bereit, ein laufendes Gehalt neben der Pensionszahlung bis zur Höhe des vorherigen Aktivgehalts weiterzuzahlen.

Eine Einschränkung hat der BFH dann doch noch parat: Er weist in Rz. 28 der Urteilsbegründung – recht kryptisch – darauf hin, dass eine Weiter- oder Folgebeschäftigung mit **reduzierten Arbeitszeiten/Aufgabenbereichen** dazu führen könne (müsse?), dass die Differenz zwischen Versorgung und letzten Aktivbezügen nicht vollständig ausgeschöpft werden könne, ohne eine vGA auszulösen. Vielmehr sei in diesem Fall eine **anteilige Kürzung** dieses (»unschädlichen«) Betrags erforderlich. Wie diese Kürzung zu ermitteln sein soll, lässt der BFH dann aber offen, weil im Urteilsfall keine Anhaltspunkte für eine Redu- zierung der Arbeitszeit bestanden hatten (K hatte nämlich wieder eine Vollzeittätigkeit für 1/10 seines früheren Gehalts aufgenommen und war auch wieder alleiniger Geschäftsführer!).

BEISPIEL:

Gesellschafter-Geschäftsführer G hatte bis zu seinem Pensionsbeginn ein Aktivgehalt von 10 000 € monatlich. Sein Pensionsanspruch beläuft sich auf 5 000 €. G arbeitet nach Erreichen seines Pensionsalters zu 40% seiner früheren Arbeitszeit bei einem Aktivgehalt von 4 000 € weiter.

LÖSUNG Zwar überschreitet auch in diesem Fall die Summe von Pension (5 000 €) und Aktivgehalt (4 000 €) das bisherige Aktivgehalt von 10 000 € nicht. Dennoch soll hier nach Rz. 28 des o.g. BFH-Urteils weiterhin eine vGA vorliegen, deren genaue Berechnung der BFH allerdings offenlässt. Dazu muss u.E. zunächst die Differenz zwischen der Pension und dem vorherigen Aktivgehalt ermittelt (= 5 000 €) und diese dann entsprechend der Teilzeitarbeitsquote reduziert werden (auf 40% von 5 000 € = 2 000 €). Dies bedeutet in diesem Beispiel ein zulässiges Aktivgehalt (neben der Pensionszahlung) von 2 000 €. Dann liegt hier bei einem Aktivgehalt von 4 000 € eine vGA i.H. von 2 000 € vor.

Die schlechtere – und u.E. unzutreffende – Lösung wäre, zunächst das bisherige Aktivgehalt von 10.000 € auf die Teilzeitquote von 40% zu reduzieren (= 4 000 €) und dann im zweiten Schritt mit der Pensionshöhe zu vergleichen. Dann würde die Pensionszahlung hier in voller Höhe zu einer vGA führen, da sich kein Differenzbetrag mehr ergeben würde.

Inwieweit **Alternativgestaltungen** (z.B. die Kündigung des Anstellungsvertrags und Vereinbarung einer freien Mitarbeit bzw. der Abschluss eines neuen Anstellungsvertrags zu geänderten Konditionen oder das Aufschieben des Pensionsbeginns) steuerlich anerkannt werden können, ist noch nicht abschließend geklärt. Insbesondere ist noch nicht entschieden, ob eine Weiterbeschäftigung des »pensionierten« Gesellschafter-Geschäftsführers bei der gleichen Gesellschaft in anderer Funktion (z. B. als freier Mitarbeiter oder Berater) unschädlich ist. Gemäß den Ausführungen des BFH vom 23.10.2013 (BStBl II 2015, 413) wäre eine solche Beschäftigung unschädlich. Der Gesellschafter muss aus dem Dienstverhältnis ausscheiden und die neue Tätigkeit darf nach Art und Umfang nicht der eines Geschäftsführers entsprechen. Eine Weiterbeschäftigung als Geschäftsführer mit reduzierter Arbeitszeit und niedrigerem Gehalt wäre dagegen nach dem Leitsatz eindeutig schädlich. Eine unentgeltliche Fortführung der Organstellung als Geschäftsführer ist dagegen unschädlich, da mangels Aktivgehalt keine Anrechnung mehr möglich und notwendig ist. eine aktive Beschäftigung des bei der einen Gesellschaft »pensionierten« Gesellschafter-Geschäftsführers bei einer anderen gesellschaftsrechtlich verbundenen Gesellschaft (z. B. Mutter-, Tochter oder Schwestergesellschaft) unschädlich ist.

Nach den Ausführungen des BFH in der Begründung des o. g. Urteils vom 23.10.2013 kann ein Geschäftsführer neben seinem laufenden Gehalt Altersbezüge beziehen, die aus einem anderen Dienstverhältnis herrühren. Eine gesellschaftsrechtliche Verbundenheit der betreffenden Gesellschaften dürfte dabei unschädlich sein. Bei Aufschiebung des Eintritts der Versorgungsfälligkeit die späteren Pensionszahlungen erhöht werden dürfen. Des Weiteren dürfte den Ausführungen des BFH in seinem Urteil vom 23.10.2013 entsprechend ein sog. Barwertausgleich möglich bzw. notwendig sein. Ohne Barwertausgleich könnte (BFH: »ggf.«) sich eine verdeckte Einlage ergeben (teilweiser Verzicht auf Pensionsanspruch).

4.5.8.5.11 Abfindung von Pensionsansprüchen

Das FG Münster weist in den Gründen seiner Entscheidung vom 23.03.2009 (EFG 2009, 1779) darauf hin, dass die **Vereinbarung von Abfindungsklauseln** in Pensionszusagen auch deshalb problematisch ist, weil diese zur Vermeidung eines schädlichen Widerrufsvorbehalts i. S. d. § 6a Abs. 1 Nr. 2 EStG die Abfindung zu Anwartschaftsbarwerten i. S. d. § 6a Abs. 3 Satz 2 Nr. 1 EStG (d. h. mit dem vollen, unquotierten späteren Pensionsanspruch bei Pensionsbeginn) vorsehen müssen (vgl. BMF vom 06.04.2005 BStBl I 2005, 619; BFH vom 10.11.1998 BStBl II 2005, 261). Eine Abfindung zu einem solchen Wert bei vorzeitigem Ausscheiden eines Gesellschafter-Geschäftsführers würde aber wegen der Abgeltung noch nicht erdienter Ansprüche körperschaftsteuerlich zu einer **vGA** führen (nur der ratierlich erdiente Anspruch ist unschädlich). Mit Urteil vom 14.03.2006 BFH/NV 2006, 1515 hat der BFH entschieden, dass die Zahlung einer Abfindung an den Gesellschafter-Geschäftsführer als Gegenleistung für einen **Pensionsverzicht** (zumindest) dann zu einer **vGA** führt, wenn der Anstellungsvertrag ein Abfindungsverbot enthält. Dabei nimmt der BFH daneben auch noch einen Zufluss von Arbeitslohn aufgrund der verdeckten Einlage **(Verzicht auf Pensionsanwartschaftsrechte)** an. Eine wirtschaftliche Neutralisierung beider Vorgänge scheidet angesichts ihrer wechselseitigen gesellschaftlichen Veranlassung aus.

a) Rechtslage zur Kapitalabfindung als vGA

Bezüglich einer Kapitalabfindung als mögliche vGA hat der BFH im Urteil vom 11.09.2013 BStBl II 2014, 726 und vom 23.10.2013 BStBl II 2014, 729 entschieden, dass bei Zahlung einer Abfindung gegen Verzicht auf die einem beherrschenden Gesellschafter-Geschäftsführer erteilte Pensionszusage aus Anlass der Übertragung von Gesellschaftsanteilen auf seinen Sohn die Abfindungszahlung als vGA qualifiziert. Der BFH nahm als Grund hierfür an, dass die

Zahlung durch das Gesellschaftsverhältnis veranlasst sei und zugleich die Pensionszusage so ausgestaltet worden sei, dass Versorgungsfälle bereits die dauernde Arbeitsunfähigkeit und die Beendigung des Geschäftsführervertrages mit oder nach Vollendung des 65. Lebensjahres vereinbart worden seien. Sofern eine GmbH ihrem beherrschenden Gesellschafter-Geschäftsführer an Stelle einer monatlich zahlbaren Rente »spontan« die Zahlung einer Kapitalabfindung der Versorgungsanwartschaft zusagt, ist nach Ansicht der BFH-Rechtsprechung die Abfindung regelmäßig als verdeckte Gewinnausschüttung zu qualifizieren. Zudem sei die Zahlung der Kapitalabfindung anstatt der Rente an das Schriftlichkeitserfordernis gem. § 6a Abs. 1 Nr. 3 EStG geknüpft. Die Kapitalabfindung des Gesellschafter-Geschäftsführers führt bei der GmbH auch zu der für eine vGA notwendigen Vermögensminderung, wenn der Begünstigte zeitgleich auf seine Anwartschaftsrechte aus der Versorgung verzichtet und die bislang aufwandswirksam ausgebauten Pensionsrückstellungen ertragswirksam aufgelöst werden. Insoweit gilt eine geschäftsvorfallbezogene, nicht jedoch die handelsbilanzielle Betrachtungsweise.

b) Auswirkungen der BFH-Rechtsprechung

Der BFH hat in seinem Urteil vom 11.09.2013 entschieden, dass eine nicht bereits in der ursprünglichen Pensionszusage vereinbarte Abfindung vor dem Pensionseintritt bei einem beherrschenden Gesellschafter-Geschäftsführer zu einer vGA (wegen Verstoß gegen das Rückwirkungsverbot) führt. Diese Abkehr von der bisherigen Verwaltungsauffassung könnte für bestehende Pensionszusagen gravierende Folgen haben, insbesondere ergeben sich folgende steuerliche Auswirkungen bei beherrschenden Gesellschafter-Geschäftsführern von Kapitalgesellschaften. Die Kapitalabfindung muss in diesen Fällen bereits im Zeitpunkt der ursprünglichen Erteilung einer Pensionszusage (= vorherig) klar und eindeutig vereinbart werden. Dies gilt bei einer späteren Vereinbarung selbst dann, wenn ein wirtschaftlicher Grund für die Abfindung vorliegt. Zur Vermeidung eines schädlichen Vorbehalts i.S.d. § 6a Abs. 1 Nr. 2 EStG ist die Abfindung in Höhe des Barwerts der künftigen Pensionsleistungen i.S.d. § 6a Abs. 3 Satz 2 Nr. 1 EStG (d.h. mit dem vollen, unquotierten Anspruch zum Zeitpunkt der Abfindung) zu vereinbaren. In der ursprünglichen Zusage muss die Abfindungsmöglichkeit vom Vorliegen eines wirtschaftlichen Grunds abhängig gemacht werden, der im Zeitpunkt der Abfindung auch tatsächlich vorliegen muss.

Für **nicht beherrschende** Gesellschafter-Geschäftsführer gelten weiterhin die bisherigen Grundsätze. Die Vereinbarung der Kapitalabfindung einer Pensionszusage ist in diesen Fällen auch noch nach Abschluss der ursprünglichen Pensionsvereinbarung anzuerkennen, wenn hierfür ein wirtschaftlicher Grund vorliegt, z.B. die Veräußerung der Anteile, die Liquidation oder Umwandlung der Gesellschaft. Der **Wechsel** eines nicht beherrschenden zu einem beherrschenden Gesellschafter führt zur Anwendung der Grundsätze für beherrschende Gesellschafter. Eine noch vor dem Hinzuerwerb getroffene Abfindungsvereinbarung ist anzuerkennen. Im umgekehrten Fall gelten nach der Minderung der Gesellschaftsrechte die Grundsätze für nicht beherrschende Gesellschafter (sofern keine gleich gerichteten Interessen mit anderen Gesellschaftern vorliegen).

4.5.8.6 Pensionsverzicht des Gesellschafter-Geschäftsführers und Übertragung von Pensionsansprüchen

4.5.8.6.1 Pensionsverzicht in der Krise zur Abwendung der Insolvenz

Zur Abwendung einer Insolvenz in der Unternehmenskrise besteht für den Gesellschafter-Geschäftsführer die Möglichkeit auf seine Pensionsrückstellung zu verzichten. Dies löst bei der GmbH in der Krise und beim Gesellschafter-Geschäftsführer die nachfolgend aufgeführten steuerlichen Folgen aus:

Steuerliche Folgen bei der GmbH	Steuerliche Folgen beim Gesellschafter-Geschäftsführer
Der Verzicht in der Krise zur Abwendung der Insolvenz ist betrieblich veranlasst. Hierfür ist ein Nachweis durch eine Überschuldungsbilanz erforderlich. Dies gilt unabhängig vom Bestehen einer Rückdeckungsversicherung. Keine verdeckte Einlage, kein Zugang beim steuerlichen Einlagekonto nach § 27 KStG. Keine außerbilanzmäßige Abrechnung des Ertrags aus der Auflösung der Pensionsrückstellung nach § 8 Abs. 3 Satz 3 KStG (vgl. BMF vom 06.09.2005 BStBl I 2005, 875, und Verfügung Bayerisches Landesamt für Steuern vom 15.02.2007, DStR 2007, 993).	Zufluss von Arbeitslohn in Höhe von 0 €. Nachträgliche Anschaffungskosten auf die Beteiligung i. S. d. § 17 EStG in Höhe von 0 €.

Alternativ zum Verzicht auf die Pensionsrückstellung durch den Gesellschafter-Geschäftsführer besteht die Möglichkeit eines sog. »Besserungsverzichts«, dessen steuerliche Folgen nachstehend dargestellt werden.

Hinweis: »Besserungsverzicht«

Der Pensionsverzicht ist auch gegen Besserungsschein möglich; nach Beendigung der wirtschaftlichen Krise ergibt sich dann wieder ein Aufwand bei der GmbH; der Gesellschafter-Geschäftsführer erlangt seinen Altersversorgungsanspruch wieder. Es ergeben sich folgende steuerliche Auswirkungen:

1. Schritt: Pensionsverzicht gegen Besserungsschein

Die Ausbuchung der Pensionsrückstellung führt zu einem gewinnerhöhenden Ertrag.

2. Schritt: Eintritt des Besserungsfalls

Die Einbuchung der Pensionsrückstellung führt zu einem gewinnmindernden Aufwand. Es handelt sich aber nicht um eine neue Pensionszusage, d. h. eine neue Erdienbarkeitsfrist ist nicht erforderlich. Der Umstand, dass der Gesellschafter-Geschäftsführer bei Eintritt des Besserungsfalls bereits das 60. Lebensjahr vollendet hat, ist deshalb steuerlich unschädlich (es liegt auch kein Fall des Nachholungsverbots des § 6a Abs. 4 Satz 2 EStG vor).

BEISPIEL

Der beherrschende Gesellschafter-Geschäftsführer B hat im VZ 2023 in der Krise der B-GmbH zur Abwendung der Insolvenz auf seine Pensionsansprüche verzichtet (betrieblich veranlasster Verzicht, Teilwert Pension: 0 €). Der Pensionsverzicht erfolgte gegen Besserungsschein. Der Besserungsfall tritt im VZ 2024 ein. B ist zu diesem Zeitpunkt 62 Jahre alt; die ursprüngliche Pensionszusage wurde auf das 65. Lebensjahr erteilt.

LÖSUNG Der betrieblich veranlasste Pensionsverzicht in der Krise in 2023 führt bei der B-GmbH zu einem gewinnerhöhenden Ertrag; bei B ist in 2023 kein Zufluss von Arbeitslohn anzunehmen. Bei Eintritt des Besserungsfalls im VZ 2024 hat die Wiedereinbuchung der Pensionsrückstellung mit dem sich nach § 6a Abs. 3 EStG ergebenden Wert einen gewinnmindernden Aufwand zur Folge. Das Nachholverbot nach § 6a Abs. 4 Satz 1 EStG steht dem nicht entgegen. Es handelt sich auch nicht um eine neue Pensionszusage, d.h. für B ist eine neue Erdienbarkeitsfrist nicht erforderlich. Der Umstand, dass B bei Eintritt des Besserungsfalls im VZ 2024 bereits das 60. Lebensjahr vollendet hat, ist deshalb steuerlich unschädlich.

4.5.8.6.2 Verzicht auf den sog. »future-service«

Im Falle des vollständigen Verzichts auf eine Pensionsanwartschaft vor Eintritt des Versorgungsfalls liegt eine verdeckte Einlage in Höhe des bis zum Verzichtszeitpunkt bereits erdienten Anteils des Versorgunganspruchs vor. Bei einem teilweisen Verzicht ist eine verdeckte Einlage insoweit anzunehmen, als der Barwert der bis zu dem Verzichtszeitpunkt bereits erdienten Versorgungsleistungen des Gesellschafter-Geschäftsführers den Barwert der nach dem Teilverzicht noch verbleibenden Versorgungsleistungen übersteigt. Dies gilt unabhängig davon, ob sich die Verzichtsvereinbarung der Bezeichnung nach nur auf künftig noch zu erdienende Anwartschaften **(sog. Future-Service)** bezieht oder ob es sich dabei um eine durch das Gesellschaftsverhältnis veranlasste **Änderung einer Pensionszusage** handelt, die mit einer Reduzierung der bisher zugesagten Versorgungsleistungen verbunden ist.

Die Formel für die **Ermittlung des s/t-Anwartschaftsbarwerts** für beherrschende Gesellschafter-Geschäftsführer lautet:

$$\frac{\text{Bisherige Pensionszusage} \times \text{ab Erteilung Pensionszusage bis zum Verzichtszeitpunkt } \textbf{abgeleistete Dienstzeit}}{\text{Zeitraum ab Erteilung Pensionszusage bis zur in der Pensionszusage vorgesehenen } \textbf{festen Altersgrenze}}$$

BEISPIEL

Verzicht auf future-service

Ein beherrschender Gesellschafter-Geschäftsführer einer GmbH, geb. 01.01.1970, hatte seinen Diensteintritt in die GmbH am 01.01.1996. Am 01.01.2009 wurde ihm einer Alters- und Invalidenrente über 3 000 € monatlich zugesagt. Mit Vollendung des 66. Lebensjahres geht der Gesellschafter-Geschäftsführer in Pension. Die Versorgungsanwartschaft wurde am 01.01.2024 auf 2000 € monatlich herabgesetzt. Wie hoch ist der erdiente Anteil der Versorgungsleistungen zum Zeitpunkt der Herabsetzung und damit verbunden der Wert der verdeckten Einlage?

LÖSUNG Der erdiente Anteil der Versorgungsleistungen zum Zeitpunkt der Herabsetzung berechnet sich wie folgt:

$$\frac{\text{Pensionszusage 3 000 €} \times 15 \text{ (tatsächlich geleistete Dienstjahre ab Zusageerteilung)}}{30 \text{ (maximal mögliche Dienstjahre ab Zusageerteilung)}}$$

= 1 500 € / monatlich (= s/t-Anwartschaftsbarwert)

Da die nach Herabsetzung noch verbleibenden Versorgungsleistungen i.H.v. 2000 € monatlich noch höher als der bereits erdiente Anteil von 1 500 € sind, beträgt der Wert der verdeckten Einlage nach § 8 Abs. 3 Satz 3 KStG 0 €.

Obwohl hierzu im BMF-Schreiben vom 14.08.2012 (BStBl I 2012, 874) keine Aussage getroffen wurde, führt die Herabsetzung der Pensionszusage zu einer Teilauflösung der Rückstellung. Die Pensionsrückstellung wird zum Ende des Jahres der Reduzierung des Anspruchs wesentlich niedriger, weil der reduzierte Pensionsbetrag nach § 6a EStG auf die Gesamtlaufzeit bis zum Pensionsbeginn – und damit auch auf die zukünftigen Jahre – neu verteilt werden muss. Die Teilauflösung führt in 2024 zu einem bilanziellen Ertrag, der nicht außerbilanziell als verdeckte Einlage korrigiert werden kann und deshalb ggf. einen Verlustvortrag verbraucht. Ein gewinnmindernder Ausgleich erfolgt erst bis zum Eintritt des Pensionsfalls.

Im Fall des Verzichts ist also wie folgt zu differenzieren:

Problemstellung	Rechtliche Würdigung
Vollständiger Verzicht auf eine Pensionsanwartschaft vor Eintritt des Versorgungsfalls.	Es liegt eine verdeckte Einlage in Höhe des bis zum Verzichtszeitpunkt bereits erdienten Anteils des Versorgungsanspruchs vor.
Teilweiser Verzicht auf eine Pensionsanwartschaft vor Eintritt des Versorgungsfalls.	Es ist eine verdeckte Einlage insoweit anzunehmen, als der Barwert der bis zu dem Verzichtszeitpunkt bereits erdienten Versorgungsleistungen des Gesellschafter-Geschäftsführers den Barwert der nach dem Teilverzicht noch verbleibenden Versorgungsleistungen übersteigt.

Zur Berechnung des erdienten Barwerts führt die Finanzverwaltung aus, dass aus Vereinfachungsgründen bei einem **beherrschenden Gesellschafter-Geschäftsführer** der Teilanspruch aus den bisher zugesagten Versorgungsleistungen angesetzt wird, der dem Verhältnis der ab Erteilung der Pensionszusage bis zum Verzichtszeitpunkt abgeleisteten Dienstzeit (s) einerseits und der ab Erteilung der Pensionszusage bis zu der in der Pensionszusage vorgesehenen festen Altersgrenze (t) andererseits entspricht (zeitanteilig erdienter Anwartschaftsbarwert ab Pensionszusage – s/t).

Bei einem **nicht beherrschenden Gesellschafter-Geschäftsführer** ist insoweit nicht auf den Zeitpunkt der (erstmaligen) Erteilung einer Pensionszusage, sondern auf den Beginn des Dienstverhältnisses abzustellen (sog. m/n-Anwartschaftsbarwert).

Der BFH hat mit Urteil vom 23.08.2017 BStBl II 2018, 208 (erneut) entschieden, dass bei einem Verzicht des Gesellschafter-Geschäftsführers gegenüber seiner Kapitalgesellschaft auf eine bereits erdiente (werthaltige) Pensionsanwartschaft, nur dann keine verdeckte Einlage zu sehen ist, wenn auch ein fremder Geschäftsführer unter sonst gleichen Umständen die Pensionsanwartschaft aufgegeben hätte. Kommt es allerdings insoweit zu einer verdeckten Einlage, handelt es sich um eine Vergütung für eine mehrjährige Tätigkeit, bei der die Anwendung der Fünftelregelung (§ 34 Abs. 1 und Abs. 2 Nr. 4 EStG) in Betracht kommt. Zur Anwendbarkeit der Fünftelregelung gilt Folgendes: Die fiktiv zugeflossene Pensionsanwartschaft ist – ebenso wie eine tatsächlich zugeflossene Abfindung (vgl. auch BFH vom 12.04.2007 BStBl II 2007, 581) – eine Vergütung für eine mehrjährige Tätigkeit des Gesellschafter-Geschäftsführers. Dementsprechend kommt die Anwendung der Fünftelregelung (§ 34 Abs. 1 und Abs. 2 Nr. 4 EStG) in Betracht.

4.5.8.6.3 Verzicht auf den werthaltigen Pensionsanspruch (Verzicht auf den sog. »past-service«)

Steuerliche Folgen bei der GmbH	Steuerliche Folgen beim Gesellschafter-Geschäftsfüher
Der (Teil-) Verzicht vor Eintritt des vereinbarten Versorgungsfalls auf den **bereits erdienten Teil** des Pensionsanspruchs (»past-service«) ist bei Werthaltigkeit **gesellschaftsrechtlich** veranlasst. Es kommt zu einer verdeckten Einlage, die eine außerbilanzielle Kürzung des Ertrags nach § 8 Abs. 3 Satz 3 KStG auslöst. Zugleich erfolgt ein Zugang beim steuerlichen Einlagekonto nach § 27 KStG (vgl. H 40 [Verzicht auf Pensionsanwartschaftsrechte] KStH).	Beim Gesellschafter-Geschäftsführer erfolgt ein Zufluss von Arbeitslohn nach § 19 EStG in Höhe des Teilwerts der Pensionszusage. Die Tarifermäßigung nach § 34 Abs. 1 und Abs. 2 Nr. 4 EStG (»Fünftelregelung«) für eine mehrjährige Tätigkeit kommt insoweit nicht in Betracht. Der Gesellschafter hat zudem nachträgliche Anschaffungskosten auf seine Beteiligung i. S. d. § 17 EStG in Höhe des Teilwerts.

BEISPIEL

Werthaltiger Verzicht auf past-service
Der Gesellschafter-Geschäftsführer einer GmbH verzichtet in 2024 auf seine Pensionszusage. Die GmbH hat in der Steuerbilanz eine Pensionsrückstellung von 500 000 € ausgewiesen.

FALL 1 Teilwert Pensionsanwartschaft des Gesellschafters 400 000 €

Verdeckte Einlage in Höhe von 400 000 €. Die GmbH bucht in 2024:

Pensionsrückstellung 500 000 € an a. o. Ertrag 500 000 €.

Es ergeben sich im VZ 2024 folgende steuerliche Auswirkungen:

Bei der GmbH: Außerbilanzmäßige Abrechnung in Höhe von 400 000 € (steuerpflichtig also 100 000 €); Zugang beim steuerlichen Einlagekonto i. S. d. § 27 KStG zum 31.12.2024 i. H. v. 400 000 €.

Beim Gesellschafter: Zufluss von Arbeitslohn nach § 19 EStG im VZ 2024 i. H. v. 400 000 €; nachträgliche Anschaffungskosten GmbH-Beteiligung i. S. d. § 17 EStG von 400 000 €.

4.5.8.6.4 Steuerfalle Pensionszusagen und Pensionsverzicht

Der Umgang mit bestehenden Pensionszusagen, die in der Vergangenheit an einen Gesellschafter-Geschäftsführer erteilt wurden, macht insbesondere dann Mühe, wenn die Zusagen »lästig« werden. Dies ist insbesondere dann der Fall, wenn die Anteile an der Gesellschaft im Rahmen eines **Share-Deals** veräußert werden sollen (die Käufer sind regelmäßig nicht bereit, eine Gesellschaft mit einer bestehenden Pensionsverpflichtung zu übernehmen), oder die Kapitalgesellschaft sich in einer wirtschaftlichen Krise befindet.

Nachfolgend werden die verschiedenen Möglichkeiten erläutert, wie man eine Pensionszusage »loswerden« kann. Es werden dabei jeweils die steuerlichen Konsequenzen auf Ebene der Gesellschaft und des Gesellschafter-Geschäftsführers sowie die jeweiligen Vor- und Nachteile dargestellt. Dies soll unter Berücksichtigung eines praktischen Falles aufgezeigt werden.

BEISPIEL

Im Zusammenhang mit einem Share-Deal wird vom Erwerber der GmbH-Anteile die Pensionsverpflichtung an die beiden Gesellschafter-Geschäftsführer nicht übernommen. Die beiden Gesellschafter-Geschäftsführer der GmbH (Beteiligung jeweils 50%, Alter 50 und 52 Jahre) haben vor Jahren jeweils eine Pensionszusage erhalten.

Der Wertansatz dieser Pensionsverpflichtungen beträgt zum 31.12.2023

in der StB (nach § 6a EStG):	400 000 €
in der HB:	700 000 €
Aufwand für eine vergleichbare Altersversorgung als Einmalbetrag bei einem Versicherungsunternehmen:	1 900 000 €

LÖSUNG Übersicht Verzicht auf den Pensionsanspruch

Pensions-verzicht

auf »past-service«	**auf »future-service«**
= verdeckte Einlage = **Zufluss von Arbeitslohn nach § 19 EStG** = **nachträgliche AK i. S. d. § 17 EStG**	= **keine** verdeckte Einlage = **kein Zufluss von Arbeitslohn nach § 19 EStG** = **keine nachträglichen AK i. S. d. § 17 EStG**
Ausnahmefall: Verzicht in der **Krise** zur Abwendung der Insolvenz (Nachweis durch Überschuldungsbilanz erforderlich) **kein Zufluss von Arbeitslohn** (BMF-Schreiben vom 06.09.2005 BStBl I 2005, 875, und Bayerisches Landesamt für Steuern, Verfügung vom 15.02.2007, DStR 2007, 993)	**Aber:** Pensionsverzicht/Änderung der Pensionszusage darf den sog. **s/t-Anwartschaftsbarwert nicht unterschreiten (vgl. BMF-Schreiben vom 14.08.2012 BStBl I 2012, 874)**

Verzichtet ein Gesellschafter-Geschäftsführer einer GmbH aus gesellschaftlichen Gründen auf einen bereits entstandenen werthaltigen Pensionsanspruch gegenüber seiner GmbH (sog. Verzicht auf den »past-service«), führt dies zu einer verdeckten Einlage (H 8.9 [Verzicht auf Pensionsanwartschaftsrecht] KStH).

Vorteile für die GmbH und ihren Gesellschafter-Geschäftsführer bei einem Pensionsverzicht:

Der Pensionsverzicht ist liquiditätsmäßig neutral möglich, da der Bankbestand der GmbH nicht berührt wird. Zudem ist es eine sinnvolle Lösung für die GmbH, wenn diese sich in der Krise befindet und keine Rückdeckungsversicherung abgeschlossen ist, jedoch Verlustvorträge in ausreichender Höhe vorhanden sind. Zudem ist bei einer angestrebten Übertragung der Anteile ein höherer Kaufpreis durchsetzbar, da die GmbH durch den Verzicht ohne Liquiditätsabfluss von einer Verbindlichkeit entlastet worden ist.

Nachteile dieser Gestaltung bilden das Zuflussproblem beim Gesellschafter-Geschäftsführer, wenn und soweit der Anspruch werthaltig ist. Dies ist insbesondere der Fall bei einer vorhandenen und ggf. verpfändeten Rückdeckungsversicherung. Soweit der Pensionsverzicht betrieblich veranlasst und nicht werthaltig ist, reichen häufig die körperschaftsteuerlichen, nicht jedoch die gewerbesteuerlichen Verlustvorträge aus (aufgrund von gewerbesteuerlichen Hinzurechnungen), um den außerbilanziell entstehenden Ertrag bei der GmbH auszugleichen.

Der Pensionsverzicht ist auch gegen **Besserungsschein** möglich; nach Beendigung der wirtschaftlichen Krise ergibt sich dann wieder ein Aufwand bei der GmbH; der Gesellschafter-Geschäftsführer erlangt seinen Altersversorgungsanspruch wieder. Dieser Aufwand unterliegt nicht dem Nachholverbot des § 6a Abs. 4 EStG, da d er Teilwert der Pensionsverpflichtung zum vorherigen Bilanzstichtag (also vor Eintritt des Besserungsfalles) 0 € betrug. Nicht entscheidend ist, ob der Vorgang als »**Verzicht**« oder als »**Widerruf**« bezeichnet wird. Die steuerliche Beurteilung ist unabhängig von der Bezeichnung. Das Vorliegen einer verdeckten Einlage (und damit der Zufluss von Arbeitslohn) kann also nicht damit verhindert werden, dass »Widerruf« als Überschrift über die Vereinbarung gewählt wird. Bei Verzicht auf einen werthaltigen Anspruch geht der **Teilwert** der verdeckten Einlage *über den Rückstellungsbetrag nach § 6a Abs. 3 EStG hinaus.* **Wichtig:** Der Pensionsverzicht ist mit dem Wert zu bewerten, den der Gesellschafter-Geschäftsführer für eine vergleichbare Altersversorgung als Einmalbetrag bei einem Versicherungsunternehmen aufwenden müsste (hier: 1900000 €).

Die Differenz ist nach Ansicht des BFH als **Aufwand** und (zusätzlicher) Ertrag nachzubuchen (vgl. BFH vom 15.10.1997 BStBl II 1998, 305). Dieser sieht Folgendes vor: Sofern der Teilwert der Pensionsanwartschaft über dem Buchwert der Pensionsrückstellung liegt, ist der Differenzbetrag zum Stichtag des Forderungsverzichts gleichzeitig als Aufwand der Kapitalgesellschaft und als Einlage zu behandeln. Der innerbilanziell gebuchte Ertrag wird dann außerbilanziell gekürzt und somit steuerfrei gestellt. Der Aufwand ist wiederum eine abzugsfähige Betriebsausgabe. Da der zu versteuernde Arbeitslohn den Rückstellungsbetrag nach § 6a EStG übersteigt, kommt es in Höhe von 760000 € zu einer steuerlichen »Definitivbelastung« des Gesellschafter-Geschäftsführers (Zufluss von Arbeitslohn i.H.v. 1900000 €; gleichzeitig Erhöhung der Anschaffungskosten der Beteiligung i.S.d. § 17 EStG in selber Höhe, jedoch Berücksichtigung des § 3c Abs. 2 EStG i.H.v. 60% von 1900000 € = 1140000 €). Soweit nur auf den sog. »future service« (also auf künftige, noch nicht erdiente Ansprüche) verzichtet wird, führt dies nicht zu einer verdeckten Einlage und damit auch nicht zu einem Zufluss von Arbeitslohn (vgl. BMF vom 14.08.2012 BStBl I 2012, 874). Allerdings reduziert sich die Pensionsrückstellung (= steuerpflichtiger Ertrag, der nicht außerbilanziell als verdeckte Einlage korrigiert werden kann).

4.5.8.6.5 Möglichkeiten zur Bereinigung von Pensionsrückstellungen

a) Übertragung der Pensionsverpflichtung auf einen Pensionsfonds

Die Übertragung einer Pensionsverpflichtung auf einen Pensionsfonds stellt eine Möglichkeit zur Bereinigung von Pensionsrückstellungen innerhalb einer Bilanz dar. Für die GmbH im Ausgangsfall bedeutet diese Lösung zunächst die ertragswirksame Ausbuchung der

Pensionsrückstellung. Zugleich stellen Zahlungen an den die Pensionsrückstellungen übernehmenden Pensionsfonds grundsätzlich Aufwand dar; eine Steuerfreistellung erfolgt beim Gesellschafter jedoch nur, wenn der über die Rückstellung hinausgehende Aufwand bei der GmbH auf zehn Jahre verteilt wird (§ 4e Abs. 3 EStG). Steuerlich stellt diese Maßnahme zunächst einen Zufluss beim Gesellschafter-Geschäftsführer dar; die jedoch steuerfrei gem. § 3 Nr. 66 EStG ist, wenn die GmbH einen Antrag auf Aufwandsverteilung nach § 4e Abs. 3 EStG stellt. Zugleich findet eine nachgelagerte Besteuerung für spätere Leistungen des Pensionsfonds nach § 22 Nr. 5 EStG. Der Vorteil dieser Maßnahme besteht zunächst darin, dass es sich hierbei um eine steuergünstige Lösung handelt, da diese Maßnahme einen steuerfreien Zufluss beim Gesellschafter und zugleich Aufwand innerhalb der GmbH darstellt. Der Nachteil dieser Maßnahme besteht darin, dass ein hoher Bedarf an Liquidität für diese Maßnahme erforderlich ist. Im Beispielsfall wird der Pensionsfonds für die Übernahme der Pensionsrückstellung ca. 1900000 € aufrufen. Zudem kann der korrespondierende Aufwand auf Ebene der GmbH nur über einen Zeitraum von zehn Jahren geltend gemacht werden, um die Steuerfreiheit dieser Maßnahme für den Gesellschafter-Geschäftsführer zu erhalten. Das Risiko dieser Maßnahme besteht zudem im »Kurzlebigkeitsrisiko« des Gesellschafter-Geschäftsführers, da die hohen Zahlungen in den Pensionsfonds bei frühzeitigem Tod des Gesellschafter-Geschäftsführers wirtschaftlich für die GmbH verloren wären.

b) Übertragung der Pensionsverpflichtung auf eine Schwester-GmbH (»Rentner-GmbH«)
Eine weitere Lösung besteht in der Übertragung der Pensionsrückstellung auf eine Schwester-GmbH. Auf Ebene der abgebenden Gesellschaft entsteht hierbei ein steuerlicher Aufwand in der Differenz zwischen dem Wert gem. § 6a EStG und dem »Kaufpreis« der Verpflichtungsübernahme. Die Differenz muss jedoch gem. § 4f EStG i. d. R. auf 15 Jahre verteilt werden. Eine Ausnahme hiervon besteht jedoch gem. § 4f Abs. 1 Satz 3 EStG bei Mitnahme von Altersversorgungsansprüchen bei Arbeitgeberwechsel sowie in § 7 g EStG-Fällen. Bei der übernehmenden GmbH entsteht gem. § 5 Abs. 7 EStG in ca. entsprechender Höhe ein steuerlicher Ertrag, der m. E. ebenfalls auf 15 Jahre verteilt werden kann (§ 5 Abs. 7 Satz 5 EStG). Die Verteilung ist allerdings nicht zweifelsfrei, da § 5 Abs. 7 Satz 5 EStG nicht direkt auf § 5 Abs. 7 Satz 4 EStG verweist.

In der Vergangenheit war fraglich, ob bei einer solchen Gestaltung beim Gesellschafter-Geschäftsführer ein Zufluss von Arbeitslohn vorliegt. Die Finanzverwaltung hat mit Schreiben vom 04.07.2017, DStR 2017, 1535 die BFH-Rechtsprechung vom 18.08.2016 (BStBl II 2017, 730) bestätigt nach der im Fall eines beherrschenden Gesellschafter-Geschäftsführers die Ablösung einer vom Arbeitgeber erteilten Pensionszusage beim Arbeitnehmer dann zum Zufluss von Arbeitslohn führt, wenn der Ablösungsbetrag auf Verlangen des Arbeitnehmers zur Übernahme der Pensionsverpflichtung an einen Dritten gezahlt wird. Hat der Arbeitnehmer kein Wahlrecht, den Ablösungsbetrag alternativ an sich auszahlen zu lassen, wird mit der Zahlung des Ablösungsbetrags an den die Pensionsverpflichtung übernehmenden Dritten der Anspruch des Arbeitnehmers auf die künftigen Pensionszahlungen (noch) nicht wirtschaftlich erfüllt. Zufluss von Arbeitslohn liegt in diesem Fall nicht vor. Im vorliegenden Praxisfall stellt sich somit die neue BFH-Rechtsprechung zur Übertragung auf eine »Rentner-GmbH« als Königsweg dar. In der Beratungspraxis besteht jedoch eine große Unsicherheit darüber, welcher Wert für die entgeltliche Übertragung zugrunde gelegt werden muss. U.E. sollte als Ablösungsanspruch mindestens der handelsrechtliche Wert der Pensionsverpflichtung zuzüglich des vom BFH geforderten Risikozuschlags von ca. 10% sein, d.h. 700000 €+10%=70000 €, insgesamt 770000 €. Es ergeben sich zusammenfassend folgende steuerliche Auswirkungen:

Bei der abgebenden GmbH fällt steuerlicher Aufwand i.H.v. 370000 € (Differenz zwischen Wert nach § 6a EStG von 400000 € zum »Kaufpreis« der Verpflichtungsübernahme) an. Dieser Aufwand muss nach § 4f EStG grundsätzlich auf 15 Jahre verteilt werden. Ein Sofortabzug kommt nur im Falle des § 4f Abs. 1 Satz 3 EStG in Betracht (Arbeitgeberwechsel und Fall des § 7g EStG). Bei der übernehmenden GmbH entsteht korrespondierend ein steuerlicher Ertrag i.H.v. 370000 €, da nach § 5 Abs. 7 Satz 1 EStG die Pensionsrückstellung mit dem Wert nach § 6a EStG zu passivieren ist. M.E. ist dieser Ertrag nach § 5 Abs. 7 Satz 5 EStG auf 15 Jahre zu verteilen. Von der Finanzverwaltung wurde hierzu jedoch im BMF-Schreiben vom 30.11.2017, BStBl I 2017, 1619 keine Aussage getroffen. Bei den Gesellschafter-Geschäftsführern findet kein Zufluss von Arbeitslohn statt. Nach Eintritt des Pensionsfalls wäre auch bei beherrschenden Gesellschafter-Geschäftsführern eine Abfindung des Pensionsanspruchs möglich. Eine vGA wird insoweit nicht angenommen (vgl. hierzu die vorstehenden Ausführungen unter b).

4.5.8.6.6 Weitere Möglichkeiten zur »Abfindung« des Pensionsanspruchs

Darüber hinaus bestehen folgende Möglichkeiten zur »Abfindung« des Pensionsanspruchs:

a) Liquidation der GmbH

Bei der Liquidation der GmbH erfolgt eine Einzahlung in eine Direktversicherung (Liquidationsdirektversicherung). Diese ist steuerfrei nach § 3 Nr. 65 Satz 1 Buchst. a EStG.

b) Erwerber übernimmt Versicherung

Bei dieser Alternative erfolgt eine Übernahme der Pensionsverpflichtung durch den Erwerber der Anteile; die entsprechende Pensionsverpflichtung verbleibt also in der GmbH. Bei dieser Lösung ist keine Liquidität erforderlich, da keine Ablösung der Pensionsrückstellungen erfolgt und zugleich keine Steuerprobleme ausgelöst werden. Gleichzeitig besteht für den Erwerber ein »Langlebigkeitsrisiko«.

c) Pensions-GmbH

In diesem Fall erfolgt ein Verkauf von Einzelwirtschaftsgütern (»asset deal« statt »share deal«) mit der Folge, dass eine Pensions-GmbH verbleibt. In diesem Fall ergibt sich kein Steuerproblem mit der Pensionszusage. Der Verkauf führt aber zu einer Gewinnrealisierung in der GmbH, die der KSt und GewSt unterliegt; der Erwerber des Unternehmens hat Abschreibungsvolumen und kann seine Finanzierungskosten in voller Höhe abziehen (§ 3c Abs. 2 EStG greift nicht).

4.5.8.7 Nebenleistungen zum Gehalt

Liegt ein (schriftlicher) Arbeitsvertrag mit dem beherrschenden Gesellschafter-Geschäftsführer vor und sind entsprechende Nebenleistungen nicht vereinbart, sind grundsätzlich vGA anzunehmen (vgl. BFH vom 15.12.1965 BStBl III 1966, 202). Bei rechtzeitiger vorheriger Vereinbarung und tatsächlicher Auszahlung liegt (lohnsteuerpflichtiger) Arbeitslohn vor.

Fehlt bei monatlich wiederkehrenden (nicht einmaligen oder gelegentlichen) Nebenleistungen eine vorherige Vereinbarung, liegt nach den Grundsätzen des BFH vom 24.01.1990,

BStBl II 1990, 645, kein Verstoß gegen das Nachzahlungsverbot und damit keine vGA vor, wenn alle Konsequenzen (z. B. laufende Auszahlung, Abführung von Lohnsteuer und Sozialversicherungsbeiträgen) zeitnah gezogen werden (vgl. H 8.5 I [zivilrechtliche Wirksamkeit, Dienstverträge] KStH).

a) Private Pkw-Nutzung

Für die private Kfz-Nutzung durch den Gesellschafter-Geschäftsführer gelten folgende Grundsätze: Sofern das Firmen-Kfz durch den (beherrschenden) Gesellschafter-Geschäftsführer auch privat genutzt wird, ist hierüber eine vorherige klare Vereinbarung erforderlich. Liegt eine solche vor, stellt die private Nutzung keine vGA, sondern einen als Arbeitslohn zu erfassenden geldwerten Vorteil dar, für den die allgemeinen lohnsteuerlichen Grundsätze bei Kfz-Überlassung für Privatfahrten von Arbeitnehmern anzuwenden sind (§ 8 Abs. 2 Satz 2 ff. EStG und R 8.1 (9) LStR, 1%-Regelung oder Fahrtenbuch mit Einzelnachweis der Kfz-Kosten). Vgl. hierzu das BMF-Schreiben vom 18.11.2009 BStBl I 2009, 1326.

Im Hinblick auf die Begrenzung der 1%-Regelung auf Fahrzeuge, die zu mehr als 50% betrieblich genutzt werden (§ 6 Abs. 1 Nr. 4 Satz 2 EStG), gilt bei Kapitalgesellschaften Folgendes: Die im Anstellungsvertrag geregelte Überlassung an einen Gesellschafter-Geschäftsführer gilt auch dann **insgesamt als betriebliche Nutzung**, wenn der Gesellschafter-Geschäftsführer das Fahrzeug auch zu Privatfahrten nutzt. Dies gilt auch für die erforderlichen Nutzungs- und Verbleibensvoraussetzungen nach § 7 g Abs. 1 Satz 1, Abs. 4 EStG bei Inanspruchnahme eines Investitionsabzugsbetrags. Wurde keine Vereinbarung getroffen, kann von einer vGA ausnahmsweise dann abgesehen werden, wenn die lohnsteuerlichen Konsequenzen der Kfz-Überlassung laufend gezogen worden sind oder das Verrechnungskonto des Gesellschafters laufend mit den (anteiligen) Kfz-Aufwendungen belastet worden ist.

Eine vGA ist auch dann nicht anzunehmen, wenn zwar eine Vereinbarung vorliegt, die Kfz-Nutzung jedoch nicht oder zu niedrig der LSt unterworfen wurde. Hier ist die Lohnversteuerung nachzuholen (BFH vom 23.04.2009 BStBl II 2010, 234). Eine vertragswidrige private Pkw-Nutzung durch den Gesellschafter-Geschäftsführer einer Kapitalgesellschaft stellt nach BFH vom 23.01.2008 DStR 2008, 865 und BFH vom 23.04.2009 BStBl II 2010, 234, in Höhe der Vorteilsgewährung (gemeiner Wert der Nutzungsüberlassung zuzüglich angemessener Gewinnaufschlag) eine verdeckte Gewinnausschüttung dar. Folgende Fälle sind nach Auffassung der Finanzverwaltung im BMF-Schreiben vom 03.04.2012 BStBl I 2012, 478, im Einzelnen zu unterscheiden:

- **Regelung im Anstellungsvertrag**
  Die private Nutzungsmöglichkeit ist im Anstellungsvertrag ausdrücklich geregelt und wird auch tatsächlich durchgeführt.
  Folge: Die Privatnutzung ist anhand der 1%-Regelung bzw. Fahrtenbuchmethode anzusetzen und als Arbeitslohn zu versteuern.
- **Abgabe von LSt-Anmeldungen**
  Die Privatnutzung ist im Anstellungsvertrag zwar nicht geregelt, es werden jedoch laufende Lohnsteueranmeldungen unter Berücksichtigung der privaten Kfz-Nutzung abgegeben. **Folge:** Die Privatnutzung ist anhand der 1%-Regelung bzw. Fahrtenbuchmethode anzusetzen und lohnzuversteuern.
- **Belastung des Verrechnungskontos**

Die Privatnutzung ist im Anstellungsvertrag zwar nicht geregelt, aber die private Kfz-Nutzung wird im Rahmen einer entgeltlichen Vereinbarung laufend dem Verrechnungskonto belastet bzw. abgerechnet.
Folge: Eine vGA liegt nicht vor, soweit die Belastung laufend mit einem angemessenen Betrag erfolgt (aus Vereinfachungsgründen kann der Belastungsbetrag nach der 1%-Regelung berechnet werden).

- **vGA wegen fehlender Vereinbarung**
  Es liegt weder eine Vereinbarung über die private Kfz-Nutzung vor noch wurde sie lohnversteuert oder dem Verrechnungskonto belastet.
  Folge: Es liegt eine vGA vor. Der Vorteil ist nach Auffassung des BFH im Urteil vom 23.01.2008 DStR 2008, 865, nicht gem. § 6 Abs. 1 Nr. 4 Satz 2 EStG mit 1% des Listenpreises, sondern nach Fremdvergleichsmaßstäben mit dem gemeinen Wert der Nutzungsüberlassung zuzüglich eines angemessenen Gewinnaufschlags zu bewerten. Die Finanzverwaltung in Baden-Württemberg hat – entsprechend BMF vom 03.04.2012 BStBl I 2012, 478 Rn. 4 – zur Bewertung der vGA im Fall 4 beschlossen, dass aus Vereinfachungsgründen der Wert der vGA der Höhe nach weiterhin nach der 1%-Regelung ermittelt werden kann. Dies ist aber nicht zwingend, d.h. die Gesellschaft kann die tatsächlich entstandenen Kosten nachweisen (BFH vom 23.02.2005 BStBl II 2005, 882). In diesem Fall ist ein Gewinnzuschlag von 15% zu berücksichtigen. Dieses faktische Wahlrecht kann jährlich neu ausgeübt werden. Innerhalb eines Jahres ist aber einheitlich zu verfahren.
- **vGA wegen vertragswidriger Pkw-Nutzung**
  Vertragswidrige Pkw-Nutzung, d.h. private Pkw-Nutzung ist im Anstellungsvertrag ausdrücklich verboten.
  Folge: Es liegt eine vGA vor. Nach den Entscheidungen des I. Senats vom 23.01.2008 DStR 2008, 865 und vom 17.07.2008 GmbHR 2009, 327 ist eine vertragswidrige Pkw-Nutzung durch das Gesellschaftsverhältnis zumindest mitveranlasst und führt damit stets zu einer vGA. In zwei weiteren Urteilen vom 21.03.2013 sowie in einem Urteil vom 18.04.2013 hat der BFH aber auch (nochmals) verdeutlicht, dass die 1%-Regelung nur zur Anwendung kommt, wenn feststeht, dass der Arbeitgeber dem Arbeitnehmer tatsächlich einen Dienstwagen zur privaten Nutzung arbeitsvertraglich oder doch zumindest auf Grundlage einer konkludent getroffenen Nutzungsvereinbarung überlassen hat. Nutzt der Gesellschafter-Geschäftsführer den betrieblichen Pkw allerdings unbefugt privat, liegt kein Arbeitslohn, sondern eine vGA vor.

b) Weihnachtsgeld

Es liegt eine vGA vor – ggf. zeitanteilig –, wenn erst im Laufe des Jahres (z.B. im Dezember des betreffenden Jahres) entschieden wird, ob und in welcher Höhe dem beherrschenden Gesellschafter-Geschäftsführer ein Weihnachtsgeld gezahlt wird; dies gilt unabhängig davon, ob das Weihnachtsgeld arbeitsrechtlich als Bestandteil des Jahreslohns oder als den Monat Dezember betreffende Sonderzahlung zu qualifizieren ist.

Vereinbarungen mit dem beherrschenden Gesellschafter-Geschäftsführer über Vergütungen sind vor Erbringen der damit abzugeltenden Leistung und nicht erst vor Zahlung der Vergütung abzuschließen. An den beherrschenden Gesellschafter-Geschäftsführer gezahlte Urlaubs- und Weihnachtsgelder sind als Vergütungen für seine Dienste im laufenden Geschäftsjahr zu beurteilen (vgl. BFH vom 11.12.1991 BStBl II 1992, 434). Das Urlaubs- und

Weihnachtsgeld für 2024 muss deshalb spätestens bis 31.12.2023 – im Voraus – vereinbart werden. Nach ständiger BFH-Rechtsprechung kommt es auch nicht darauf an, ob »vergleichbare« Arbeitnehmer im Betrieb ebenfalls eine Weihnachtsgratifikation erhalten haben (vgl. z. B. BFH vom 15.12.1965 BStBl III 1966, 202).

c) Urlaubsabgeltung

Die Abgeltung eines nicht in Anspruch genommenen, klar und eindeutig vereinbarten Urlaubsanspruchs durch eine entsprechende Zahlung ist keine vGA, wenn diese Abgeltung zwar nicht im Voraus vereinbart war, der Nichtwahrnehmung aber betriebliche Gründe zugrunde lagen (H 8.5 IV [Urlaub...] KStH).

Nach Auffassung der Finanzverwaltung und der BFH-Rechtsprechung sind für die Prüfung einer etwaigen vGA folgende Kriterien zu überprüfen: Wird eine Vereinbarung über die Urlaubsabgeltung geschlossen, ist der Aufwand in einer Rückstellung zu passivieren. Dies gilt auch dann, wenn die Vereinbarung eine Abgeltung vorsieht, die über das steuerlich anzuerkennende Maß hinausgeht (BMF vom 28.05.2002 BStBl I 2002, 603). Sofern der Urlaub von Gesellschafter-Geschäftsführern nicht in Anspruch genommen wird, ist eine Abgeltungszahlung für höchstens 30 Tage möglich. Die Höhe der Urlaubsrückstellung und der Abgeltungszahlung bemisst sich nach Auffassung der Finanzverwaltung anteilig nach der Gesamtvergütung (einschließlich variabler Gehaltsbestandteile), gerechnet auf 360 Tage.

Eine Urlaubsabgeltung ist im Hinblick auf BFH vom 06.10.2006 GmbHR 2007, 104 drei Jahre lang bis zur Verjährung möglich. Nach Auffassung des BFH wandelt sich der Anspruch des Geschäftsführers auf Gewährung des dienstvertraglich vereinbarten Urlaubs, der im abgelaufenen Kalenderjahr betriebsbedingt nicht in Anspruch genommen werden konnte, ohne weiteres Zutun der Beteiligten – auch ohne gesonderte Übertragungsvereinbarung – in einen auf Leistung von Geld gerichteten Abgeltungsanspruch des Geschäftsführers um. Dieser auf Geld gerichtete Anspruch des Geschäftsführers verfällt nicht, wenn er nicht bis zu einem bestimmten Zeitpunkt erfüllt wird, sondern unterliegt – soweit dienstvertraglich nichts anderes vereinbart ist – lediglich den allgemeinen schuldrechtlichen Bestimmungen von Verjährung und Verwirkung. Für die Höhe der Urlaubsrückstellung und eine spätere Abgeltung bedeutet dies im Einzelnen Folgendes:

Urlaubsanspruch 2022:	Urlaubsabgeltung bis spätestens 31.12.2025 (drei Jahre)
Urlaubsanspruch 2023:	Urlaubsabgeltung bis spätestens 31.12.2026 (drei Jahre)
Urlaubsanspruch 2024:	Urlaubsabgeltung bis spätestens 31.12.2027 (drei Jahre)

d) Auslagenersatz

Beispiele für Auslagenersatz sind Reisespesen, Ersatz von Telefonkosten, Taxi- oder Parkgebühren, Ersatz von Repräsentationsaufwendungen, sonstiger Aufwendungsersatz. Ein Ersatz dieser »Bagatellaufwendungen« ist allgemein üblich und deshalb auch beim beherrschenden Gesellschafter-Geschäftsführer auch ohne klare und rechtzeitige Vereinbarung keine vGA. Nach dem BFH vom 05.10.1977 BStBl II 1978, 234 kommt es allerdings für die Beurteilung, ob eine vGA vorliegt, nicht darauf an, »dass es sich um einen verhältnismäßig geringfügigen Wert handelt«.

e) Überstundenzuschläge, Zuschläge für Sonntags- und Nachtarbeit

In der Praxis häufen sich die Fälle, in denen GmbH-Gesellschafter-Geschäftsführern neben dem regulären Gehalt Zuschläge für Überstunden sowie Sonntags- und Feiertagsarbeit gezahlt werden, um die steuerlichen Vergünstigungen des § 3b EStG zu ermöglichen. Dieser Gestaltung hat der BFH für den Regelfall eine klare Absage erteilt (vgl. BFH vom 19.03.1997 BStBl II 1997, 577). Überstundenvergütungen u. a. sind mit dem Charakter der Geschäftsführungstätigkeit nicht vereinbar. Grundsätzlich liegen daher vGA vor.

Lediglich in (atypischen) Ausnahmefällen kann eine betriebliche Veranlassung solcher Vergütungen gegeben sein. Vgl. auch BMF vom 28.09.1998 BStBl I 1998, 1194 und BFH vom 14.07.2004 BStBl II 2005, 307, H 8.5 IV [Überstundenvergütung...] KStH 2015. Das entscheidende Kriterium lt. ständiger BFH-Rechtsprechung (vgl. BFH vom 14.07.2004 BStBl II 2005, 307 sowie vom 03.08.2005 BFH/NV 2006, 131 und vom 13.12.2006 BStBl II 2007, 393) ist, ob eine solche Vereinbarung auch mit vergleichbaren gesellschaftsfremden Personen abgeschlossen wurde.

Wurde eine bestimmte Vereinbarung nicht nur mit dem Gesellschafter-Geschäftsführer, sondern auch mit vergleichbaren gesellschaftsfremden Personen abgeschlossen, so kann dies nach Auffassung des BFH gegen eine Veranlassung der Vereinbarung durch das Gesellschaftsverhältnis sprechen. Eine solche Gestaltung weist nämlich darauf hin, dass die Vereinbarung speziell in dem betreffenden Unternehmen auf betrieblichen Gründen beruht. Hält die zu beurteilende Regelung in diesem Sinne einem **betriebsinternen Fremdvergleich** stand, so kann eine vGA im Einzelfall zu verneinen sein. Der BFH hat dies mit Beschluss vom 12.10.2010 BFH/NV 2011, 258 auch für eine Bäckerei-GmbH bestätigt.

f) Lohnsteuernachforderung

Wenn eine Kapitalgesellschaft Lohnsteuer ihres beherrschenden Gesellschafter-Geschäftsführers, z. B. für einen Sachbezug, übernimmt und der Anstellungsvertrag dem Gesellschafter-Geschäftsführer zwar das Recht zur privaten Nutzung des Pkw ein, die Kapitalgesellschaft aber nicht zur Übernahme der hierauf entfallenden LSt und KiSt verpflichtet, stellt der **Verzicht** der Kapitalgesellschaft auf die Rückforderung der abgeführten LSt und KiSt für den Sachbezug eine **vGA** dar. Die übernommene LSt und KiSt ist aber als vGA kein zusätzlicher Arbeitslohn.

BEISPIEL

Mehrarbeitslohn aus privater Pkw-Nutzung (brutto)	3000 €
hierauf entfallende LSt (von KapGes getragen)	1500 €
KiSt (9 %)	135 €
SolZ	rd. 82 €
vGA (von KapGes getragen)	1717 €

g) Arbeitszeitkonten bei Gesellschafter-Geschäftsführern

Zeitwertkonten erfreuen sich vor allem bei größeren Unternehmen schon seit vielen Jahren großer Beliebtheit. Dabei werden Teile des Gehalts eines Arbeitnehmers (vor allem Sonderzuwendungen wie Weihnachtsgeld, Urlaubsgeld, Tantiemen usw., aber auch Überstundenvergütungen oder laufende Gehälter) einem sog. Zeitwertkonto gutgeschrieben (»Arbeitszeitkonto«). Häufig – aber nicht ausschließlich – werden die auf einem solchen Zeitwertkonto gutgeschriebenen Beträge dafür verwendet, am Ende des Arbeitslebens vorzeitig in den Ruhestand gehen zu können. Dieser »Vorruhestand« wird dann durch Auszahlung der auf dem Zeitwertkonto gutgeschriebenen Beträge finanziert. Die Zeitwertkonten sind damit durchaus zu einem (weiteren) Instrument der betrieblichen Altersversorgung geworden. Es gibt aber auch Sachverhalte, in denen einen Ausgleich bereits in Phasen stattfindet, in denen das Unternehmen z. B. eine schlechte Auftragslage hat (was ursprünglich Intention der Arbeitszeitmodelle war, die in der Automobilindustrie »erfunden« wurden; sog. Flexi- oder Gleitzeitkonten).

Aus steuerlicher Sicht führen Zeitwertkontenmodelle bei den Arbeitnehmern grundsätzlich zur sog. nachgelagerten Besteuerung. Die Gutschrift auf dem Zeitwertkonto ist also noch kein zugeflossener Arbeitslohn im lohnsteuerlichen Sinne. Eine Versteuerung als Arbeitslohn erfolgt dann erst bei späterer Auszahlung aus dem Arbeitszeitkonto (vgl. BMF vom 17.06.2009 BStBl I 2009, 1286). Unabhängig davon kann der Arbeitgeber allerdings bereits eine gewinnwirksame Rückstellung, für die sich aus dem Zeitwertkonto ergebenden Verpflichtungen bilden. Steuerlich gesehen sind Zeitwertkontenmodelle also sehr vorteilhaft.

Für Organe von Kapitalgesellschaften (Geschäftsführer einer GmbH, Vorstände einer AG) hatte die Finanzverwaltung bisher in Tz. A. IV.2b ihres o. g. BMF-Schreibens vom 17.06.2009, a. a. O. eine Sonderregelung getroffen: Bei diesem Personenkreis sollte – unabhängig vom gleichzeitigen Vorliegen einer Beteiligung – bereits die Gutschrift auf dem Zeitwertkonto zum Zufluss von Arbeitslohn führen (Begründung: Zeitwertkonten seien nicht mit dem Aufgabenbild des Organs einer Körperschaft vereinbar). Für diesen Personenkreis ging die Verwaltung bisher also von einer vorgelagerten Besteuerung aus. Bereits im o. g. BMF-Schreiben war (ebenfalls in Tz. A. IV.2b) ergänzend darauf hingewiesen worden, »dass die allgemeinen Grundsätze der verdeckten Gewinnausschüttung unberührt bleiben«.

Hierzu hat dann in der Folge der BFH in der Tat entschieden, dass die Gutschrift auf einem Zeitwertkonto bei einem Gesellschafter-Geschäftsführer zu einer verdeckten Gewinnausschüttung (vGA) führt (BFH vom 11.11.2015 BStBl II 2016, 805). Offengeblieben war dabei allerdings, wann eine solche vGA dem Gesellschafter-Geschäftsführer zufließt, weil der BFH in diesem Urteilsfall nur über die Ebene der GmbH zu entscheiden hatte (dort: Aufwand aus der Passivierung der Verpflichtung aus dem Arbeitszeitkonto = nach § 8 Abs. 3 Satz 2 KStG außerbilanziell hinzuzurechnen). Die Verwaltung hat diese vGA bisher – in Anlehnung an das lohnsteuerliche BMF-Schreiben vom 17.06.2009 BStBl I 2009, 1286, durchaus konsequent – als bereits **mit der Gutschrift** auf dem Zeitwertkonto zugeflossen angesehen.

Gegen diese Auffassung waren beim BFH mehrere Revisionsverfahren anhängig; diese wurden allerdings aus verfahrensrechtlichen Gründen erledigt, da im Rahmen einer Anrufungsauskunft i. S. von § 42e EStG keine bestimmte Auskunft »erstreitbar« ist (vgl. z. B. BFH vom 27.02.2014, VI R 23/13, BStBl II 2014, 894; ebenso die Revisionsverfahren VI R 19/12, VI R 25/12 und VI R 26/12). Zur Frage des sofortigen Lohnzuflusses bei einem Fremdgeschäftsführer hatten das FG Köln (Urteil vom 26.04.2016, 1 K 1191/12, EFG 2016, 1238, nachgehend BFH VI R 17/16) und das FG Baden-Württemberg (Urteil vom 22.06.2017, 12 K 1044/15, EFG 2017, 1585, nachgehend BFH VI R 39/17) in der Vorinstanz einen Zufluss im Zeitpunkt der Gutschrift auf dem Zeitwertkonto abgelehnt. Der BFH hat mit Urteil vom 22.02.2018, VI R 17/16, BStBl II 2019, 496; Bestätigung durch das BFH-Urteil vom 04.09.2019, VI R 39/17) entschieden und den sofortigen Zufluss von Arbeitslohn bei einem Fremdgeschäftsführer verneint (entgegen dem o. g. BMF-Schreiben vom 17.06.2009, a. a. O.).

Infolge des o. g. BFH-Urteils vom 22.02.2018, a. a. O., wurde Abschnitt A.IV.2.b) des BMF-Schreibens vom 17.06.2009 mit BMF-Schreiben vom 08.08.2019 (BStBl I 2019, 874) wie folgt neu gefasst (Hervorhebungen nachträglich eingefügt):

> *»Vereinbarungen über die Einrichtung von Zeitwertkonten bei Arbeitnehmern, die zugleich **als Organ einer Körperschaft** bestellt sind – z. B. bei Mitgliedern des Vorstands einer Aktiengesellschaft oder Geschäftsführern einer GmbH – sind **lohn-/einkommensteuerlich grundsätzlich anzuerkennen**, wenn der Arbeitnehmer **nicht** an der Körperschaft **beteiligt** ist (z. B. Fremd-Geschäftsführer); siehe BFH-Urteil vom 22.02.2018 – VI R 17/16, a. a. O. Ist der Arbeitnehmer an der Körperschaft **beteiligt, beherrscht** diese aber **nicht** (z. B. Minderheits-Gesellschafter-Geschäftsführer), ist nach den allgemeinen Grundsätzen zu prüfen, ob eine vGA vorliegt. Liegt danach keine vGA vor, sind Vereinbarungen über die Einrichtung von Zeitwertkonten lohn-/einkommensteuerlich grundsätzlich anzuerkennen. Ist der Arbeitnehmer an der Körperschaft **beteiligt und beherrscht diese**, liegt eine vGA vor; siehe BFH-Urteil vom 11.11.2015 – I R 26/15, BStBl 2016 II S. 489. Vereinbarungen über die Einrichtung von Zeitwertkonten sind lohn-/einkommensteuerlich nicht anzuerkennen.*
>
> *Der Erwerb einer Organstellung hat keinen Einfluss auf das bis zu diesem Zeitpunkt aufgebaute Guthaben eines Zeitwertkontos. Nach Erwerb der Organstellung ist hinsichtlich der weiteren Zuführungen zu dem Konto eine vGA zu prüfen (s. oben). Nach Beendigung der Organstellung und Fortbestehen des Dienstverhältnisses kann der Arbeitnehmer das Guthaben entsprechend der unter A. I. dargestellten Grundsätze des BMF-Schreibens vom 17.06.2009, a. a. O., weiter aufbauen oder das aufgebaute Guthaben für Zwecke der Freistellung verwenden.«*

h) Arbeitgeberanteil zur Sozialversicherung

Die von der GmbH aufgewendeten Arbeitgeberanteile zur Sozialversicherung des Gesellschafter-Geschäftsführers, der unter steuerrechtlichen Gesichtspunkten einen beherrschenden Einfluss auf die Gesellschaft hat (mehr als 50 % Stimmrechte), sind vGA, wenn sie nicht im Voraus klar und eindeutig vereinbart sind (vgl. BFH vom 11.02.1987 BStBl II 1987, 461 (463)).

Die Steuerfreiheit nach § 3 Nr. 62 EStG setzt gesetzliche Sozialversicherungspflicht voraus. Diese entfällt bei einem Gesellschafter-Geschäftsführer, der unter sozialversicherungsrechtlichen Gesichtspunkten einen beherrschenden Einfluss auf die GmbH hat (insbesondere bei **mindestens** 50 % Beteiligung) oder aufgrund sonstiger Umstände ausüben kann.

i) Geburtstagsempfang für Gesellschafter-Geschäftsführer

Gibt eine GmbH aus Anlass des Geburtstages ihres Gesellschafter-Geschäftsführers einen Empfang, so sind die Aufwendungen auch dann vGA i. S. d. § 8 Abs. 3 Satz 2 KStG, wenn an dem Empfang nahezu ausschließlich Geschäftsfreunde teilnehmen (vgl. BFH vom 24.09.1980 BStBl II 1981, 108 sowie BFH vom 28.11.1991 BStBl II 1992, 359 und H 8.5 V [Geburtstag] KStH).

4.5.8.8 Angemessenheit der Gesamtbezüge eines Gesellschafter-Geschäftsführers

Die Vergütung des Gesellschafter-Geschäftsführers setzt sich regelmäßig aus mehreren Bestandteilen zusammen. Es finden sich Vereinbarungen über Festgehälter (einschl. Überstundenvergütung), zusätzliche feste jährliche Einmalzahlungen (z. B. Urlaubsgeld, Weihnachtsgeld), variable Gehaltsbestandteile (z. B. Tantieme, Gratifikationen), Zusagen über Leistungen der betrieblichen Altersversorgung (z. B. Pensionszusagen) usw.

Nach Auffassung der Finanzverwaltung im BMF-Schreiben vom 14.10.2002 BStBl II 2002, 972 gilt folgendes **Prüfungsschema**:

In der **ersten Stufe** sind alle vereinbarten Vergütungsbestandteile einzeln danach zu beurteilen, ob sie dem Grunde nach als durch das Gesellschaftsverhältnis veranlasst anzusehen sind. Ist dies der Fall, führt die Vermögensminderung, die sich durch die Vereinbarung ergibt, in vollem Umfang zu einer vGA. So ist beispielsweise die Vereinbarung von Überstundenvergütungen nicht mit dem Aufgabenbild eines Geschäftsführers vereinbar (vgl. BFH vom 19.03.1997 BStBl II 1997, 577 und vom 27.03.2001 BStBl II 2001, 655). In der **zweiten Stufe** sind die verbleibenden Vergütungsbestandteile danach zu beurteilen, ob sie der Höhe nach als durch das Gesellschaftsverhältnis veranlasst anzusehen sind. Vgl. z. B. zur Höhe der Gewinntantieme (Obergrenze 50 %) die Grundsätze des BMF vom 01.02.2002 [a. a. O.]. Soweit die gesellschaftliche Veranlassung reicht, führt dies zu vGA. In der **dritten Stufe** ist bezogen auf die verbliebene nicht durch das Gesellschaftsverhältnis veranlasste Vergütung zu prüfen, ob sie in der Summe als angemessen angesehen werden kann. Soweit die Vergütung die Grenze der Angemessenheit übersteigt, führt dies zu einer vGA.

Sind die einzelnen Vergütungsbestandteile nicht zeitgleich vereinbart worden und übersteigt die Vergütung die Angemessenheitsgrenze, ist der unangemessene Betrag in der Regel dem bzw. den zuletzt vereinbarten Bestandteilen zuzuordnen. Sind die einzelnen Vergütungsbestandteile zeitgleich vereinbart worden, ist der die Angemessenheitsgrenze übersteigende Betrag nach sachgerechten Kriterien (z. B. quotal) auf die einzelnen Vergütungsbestandteile zu verteilen.

4.5.9 Verdeckte Gewinnausschüttungen bei Darlehensverträgen

Es ist zu unterscheiden zwischen Darlehen der Gesellschaft an den Gesellschafter und umgekehrt.

4.5.9.1 Darlehen der Kapitalgesellschaft an den Gesellschafter

a) Darlehen zinslos oder zu einem unangemessen niedrigen Zinssatz
Sachverhalt: Ein Darlehen über 100 000 € wird von einer GmbH ihrem Gesellschafter gewährt. Der Gesellschafter zahlt im VZ 2024 0 € Zinsen:

tatsächlicher Zins (0 %)	0 €
angemessener Zins (4 %)	4 000 €
Differenz (Zinsverzicht) = vGA	**4 000 €**

Steuerliche Auswirkungen:

Der ganz oder teilweise Zinsverzicht der Gesellschaft (Zinsvorteil beim Gesellschafter) ist eine durch das Gesellschaftsverhältnis veranlasste verhinderte Vermögensmehrung. Dies gilt auch für eine Darlehensgewährung im Rahmen eines Gesellschafterverrechnungskontos. Vgl. auch H 8.5, Darlehenszinsen, KStH. Die vGA i. H. v. 4 000 € führt bei der GmbH im VZ 2024 nach § 8 Abs. 3 Satz 2 KStG zur außerbilanzmäßigen Einkommenskorrektur. Zugleich ist die verhinderte Vermögensmehrung ein Vermögensabfluss in 2024, so dass insoweit auch eine Verwendung des steuerlichen Einlagekontos nach § 27 Abs. 1 Satz 3 KStG zum 31.12.2023 (= Einlagenrückgewähr) zu prüfen ist (vgl. H 27 [Abflusszeitpunkt] KStH). Dies hätte eine Verringerung des steuerlichen Einlagekontos zum 31.12.2024 zur Folge.

Beim Gesellschafter ist die vGA im VZ 2024 als Einkünfte aus Kapitalvermögen nach § 20 Abs. 1 Nr. 1 Satz 2 EStG i. H. v. 4000 € zu versteuern. Anwendung des Sondersteuersatzes von 25 % (§ 32d Abs. 1 und Abs. 3 EStG) bzw. im Optionsfall (§ 32d Abs. 2 Nr. 3 EStG) steuerpflichtig nach § 3 Nr. 40 Satz 1 Buchst. d EStG 60 % = 2400 € (Ausnahme: Die Leistung erfolgt nicht aus dem ausschüttbaren Gewinn, sondern Verwendung des steuerlichen Einlagekontos, vgl. § 20 Abs. 1 Nr. 1 Satz 3 EStG i. V. m. § 17 Abs. 4 EStG). Außerdem ist beim Gesellschafter die Fiktionstheorie zu prüfen (d. h. Ansatz von fiktiven Zinszahlungen, ggf. liegen zusätzliche BA oder WK vor, Anwendung § 3c Abs. 2 EStG nur bei Verwendung des zinsverbilligten Darlehens für Erwerb einer Kapitalbeteiligung).

b) Darlehen zu einem überhöhten Zinssatz

Sachverhalt: Ein Darlehen der Kapitalgesellschaft an ihren Gesellschafter zu einem überhöhten Zinssatz führt zur Annahme einer verdeckten Einlage.

tatsächlicher Zins (8 %)	8000 €
angemessener Zins (4 %)	4000 €
Differenz (überhöhter Zins) = vGA	**4000 €**

Die GmbH verbucht den Zinsertrag in der Bilanz zum 31.12.2024 wie folgt:

Bank 8 000 € an a. o. Ertrag 8 000 €.

Steuerliche Auswirkungen:

Die verdeckte Einlage von 4000 € führt bei der GmbH im VZ 2024 nach § 8 Abs. 3 Satz 3 KStG zur außerbilanzmäßigen Abrechnung bei der Einkommensermittlung (vgl. R 8.9 Abs. 2 KStR); steuerpflichtig sind im VZ 2024 also nur 6000 €. Die verdeckte Einlage führt zu einem Zugang beim steuerlichen Einlagekonto nach § 27 KStG zum 31.12.2023 i. H. v. 4000 €. Beim Gesellschafter ergeben sich in 2024 nachträgliche AK auf die GmbH-Beteiligung i. S. d. § 17 EStG i. H. v. 4000 €; Zinsaufwand für das Darlehen (ggf. WK- oder BA-Abzug) nur i. H. v. 4000 €.

c) Angemessenheit der Verzinsung

Nach dem BFH-Urteil vom 28.02.1990 (BStBl II 1990, 649) sind folgende Fälle zu unterscheiden: Hat die **Gesellschaft selbst Kredit aufgenommen**, so berechnet sich die Höhe der verhinderten Vermögensmehrung nach den in Rechnung gestellten Sollzinsen, wenn und soweit davon ausgegangen werden kann, dass der dem Gesellschafter zinslos überlassene Darlehensbetrag andernfalls zur Kreditrückzahlung verwendet worden wäre. Hat die **Gesellschaft selbst keinen Kredit aufgenommen**, so bilden die banküblichen Habenzinsen die Untergrenze und die banküblichen Sollzinsen die Obergrenze der verhinderten Vermögensmehrung. Der im Einzelfall angemessene Betrag ist innerhalb der genannten Marge durch Schätzung zu ermitteln, wobei dem Risiko, dass das Darlehen nicht zurückgezahlt werden kann, besondere Bedeutung zukommt. In der Regel ist aber der Ansatz der Sollzinsen jedenfalls dann nicht gerechtfertigt, wenn die Gesellschaft keine Bankgeschäfte betreibt und deshalb auch nicht den damit verbundenen Aufwand hat. Sind keine anderen Anhaltspunkte für die Schätzung erkennbar, ist es nicht zu beanstanden, wenn von dem Erfahrungssatz ausgegangen wird, dass sich private Darlehensgeber und -nehmer die bankübliche Marge zwischen Soll- und Habenzinsen teilen. Hieran hat der BFH mit Urteil vom 22.02.2023, I R 27/20, BStBl II 2023, 840 festgehalten (kritisch hierzu Nolden/Borgmann, IStR 2024, 18).

d) Darlehensgewährung ist bereits dem Grunde nach steuerlich nicht anzuerkennen

In seltenen Fällen ist die Darlehensgewährung bereits dem Grunde nach nicht anzuerkennen. Hierbei ist bereits eine Darlehensgewährung eine vGA, wenn schon bei der Darlehenshingabe mit der Uneinbringlichkeit gerechnet werden muss (vgl. H 8.5 [Darlehensgewährung] KStH. Hingegen sind Zinsverzichte keine vGA, während Zinszahlungen verdeckte Einlagen darstellen. Faktoren, die gegen eine steuerliche Anerkennung eines Darlehensverhältnisses sprechen, sind u. a. das Fehlen einer Darlehensvereinbarung bzw. fehlende Vereinbarungen über Tilgung und Rückzahlung des Darlehens sowie das Fehlen einer banküblichen Sicherheit im Zeitpunkt der Darlehensgewährung (z. B. Hypothek oder Grundschuld, vgl. BFH vom 14.07.2004 BStBl II 2004, 1010). Nach Auffassung des BFH (BFH vom 14.04.1990 BStBl II 1990, 795) findet die durch den Ausfall einer Darlehensforderung eingetretene Vermögensminderung ihre Veranlassung im Gesellschaftsverhältnis, wenn es die Kapitalgesellschaft unterlassen hat, rechtzeitig, insbesondere bei Ausreichung des Darlehens, die erforderlichen Maßnahmen zu treffen, um das ihrem Gesellschafter gewährte Darlehen zu sichern und zurückzuerhalten.

Allerdings kann gem. BFH vom 29.10.1997 (BStBl II 1998, 573) aus dem Fehlen einer ausdrücklichen Vereinbarung über den Rückzahlungszeitpunkt und einer Abrede über die zu leistenden Sicherheiten nicht zwangsläufig auf das Vorhandensein einer verdeckten Gewinnausschüttung rückgeschlossen werden. Nach Auffassung des BFH bleibt ein Darlehensvertrag in der Regel zwischen einer Kapitalgesellschaft und ihrem beherrschenden Gesellschafter bzw. einer ihm nahestehenden Person auch dann noch ein Darlehensvertrag, wenn ihm eine Vereinbarung über den Rückzahlungszeitpunkt und/oder zu gewährende Sicherheiten fehlt.

Weitere Faktoren, die eine steuerliche Anerkennung einer Darlehensgewährung ausschließen, sind zudem die ungewöhnlich lange Laufzeit eines Darlehens (z. B. 50 Jahre), so dass faktisch keine ernsthafte Rückzahlungspflicht besteht sowie die Tatsache, dass die Gesellschaft bereits bei Darlehenshingabe mit der Uneinbringlichkeit rechnen muss; vgl. H 8.5 [Darlehensgewährung] KStH.

4.5.9.2 Darlehen des Gesellschafters an seine Kapitalgesellschaft

a) Vorherige Vereinbarung

Bei einem beherrschenden Gesellschafter (oder einer ihm nahestehenden Person) ist zur Vermeidung einer verdeckten Gewinnausschüttung wegen Verletzung des Nachzahlungsverbotes eine im Voraus getroffene, klare und eindeutige Vereinbarung über die Verzinsung erforderlich. Vgl. H 8.5 [Klare und eindeutige Vereinbarung] KStH .

Dies gilt auch, wenn ein gesetzlicher Zinsanspruch des Gesellschafters besteht (vgl. BFH vom 02.03.1988 BStBl II 1988, 590). Sofern die vorherige Vereinbarung fehlt, gelten Zinsen als vGA wegen der Verletzung des Nachzahlungsverbots.

BEISPIEL

Zur rückwirkenden Zinsvereinbarung

a) Der Gesellschafter A hat der A-GmbH ab 01.05.2024 ein langfristiges Darlehen über 100000 € eingeräumt. Nach dem Darlehensvertrag ist eine Verzinsung zunächst nicht vorgesehen, d.h. das Darlehen wird bis auf Weiteres zinslos gewährt. Der angemessene bankübliche Zinssatz würde in diesem Fall 7% jährlich betragen.

b) Am 01.09.2024 wurde jedoch zwischen dem Gesellschafter und der A-GmbH eine Nachtragsvereinbarung zum Darlehensvertrag geschlossen. Danach ist das Darlehen ab dem 01.05.2024 mit angemessenen 7% jährlich zu verzinsen. Die Zinsen sind jeweils am 31.12. zur Zahlung fällig. Die GmbH hat daraufhin die Zinszahlung für 2024 am 31.12.2024 wie folgt verbucht:

Zinsaufwand	4667 €	an	Bank	4667 €

LÖSUNG

zu a) A ist beherrschender Gesellschafter, nahestehende Person eines beherrschenden Gesellschafters oder es liegen gleichgerichtete Interessen mit anderen Gesellschaftern vor

Zinsvorteil Darlehen

Die zinslose Darlehensgewährung von A an die GmbH ist nach H 8.9 [Nutzungsvorteile] KStH, keine verdeckte Einlage. Es handelt sich vielmehr um einen nicht einlagefähigen Nutzungsvorteil. Unmittelbare steuerliche Auswirkungen ergeben sich dadurch in 2024 nicht.

Nachträgliche Verzinsung + 2333 €

Die nachträgliche Verzinsung ist in Höhe von 2333 € (4/8 von 4667 €) in 2024 eine verdeckte Gewinnausschüttung wegen Verletzung des Nachzahlungsverbotes nach R 8.5 Abs. 2 KStR. Dies gilt unabhängig davon, ob die Zinsen der Höhe nach angemessen sind. Zur Beherrschung, vgl. H 8.5 [Beherrschender Gesellschafter] KStH; zu gleichgerichteten Interessen, vgl. H 8.5 [Gleichgerichtete Interessen] KStH; zur nahestehenden Person H 8.5 [Nahestehende Person] KStH.

Die verdeckte Gewinnausschüttung in Höhe von 2333 € ist zunächst nach § 8 Abs. 3 Satz 2 KStG bei der Einkommensermittlung für 2024 außerbilanzmäßig hinzuzurechnen.

Die vGA stellt auch eine Leistung in 2024 dar. Es ist zu prüfen, ob insoweit in 2023 eine Verwendung des steuerlichen Einlagekontos nach § 27 Abs. 1 Satz 3 KStG zum 31.12.2023 und deshalb eine entsprechende Verringerung des Einlagekontos zum 31.12.2024 in Betracht kommt.

zu b) A ist kein beherrschender Gesellschafter, keine nahestehende Person und es liegen keine gleichgerichteten Interessen vor

Zinsvorteil Darlehen

Die zinslose Darlehensgewährung ist keine verdeckte Einlage (vgl. H 8.9 [Nutzungsvorteile] KStH).

Nachträgliche Verzinsung

Die nachträgliche Darlehensverzinsung ist keine verdeckte Gewinnausschüttung. Eine verdeckte Gewinnausschüttung wegen Vorteilsgewährung liegt nicht vor, da die Zinsen der Höhe nach angemessen sind. Eine verdeckte Gewinnausschüttung wegen Verletzung des Rückwirkungsverbots kommt ebenfalls nicht in Betracht, da A kein beherrschender Gesellschafter ist, insoweit auch keine gleichgerichteten Interessen mit anderen Gesellschaftern vorliegen und es sich bei ihm auch nicht um eine nahestehende Person eines beherrschenden Gesellschafters handelt. Die Zinsen sind deshalb bei der A-GmbH im VZ 2024 in vollem Umfang als Betriebsausgaben abziehbar.

b) Unangemessene Verzinsung

Der Höhe nach unangemessene Zinsen (zu hoch/zu niedrig) führen zu folgenden steuerlichen Auswirkungen:

- Zinsen zu hoch = vGA wegen Vorteilsgewährung
- Zinsen zu niedrig = nicht einlagefähiger Nutzungsvorteil, keine verdeckte Einlage

Sofern ein Gesellschafter-Darlehen unangemessen hoch verzinst wird, stellt die Differenz zwischen dem vereinbarten Zinssatz und dem im Fremdvergleich üblichen Zins eine verdeckte Gewinnausschüttung dar. Wird das Gesellschafter-Darlehen zu niedrig verzinst, liegt keine verdeckte Einlage des Gesellschafters vor, sondern ein nicht einlagefähiger Nutzungsvorteil (vgl. H 8.9 [Nutzungsvorteile] KStH).

c) Unverzinsliches Gesellschafterdarlehen

Ein unverzinsliches Darlehen des Gesellschafters an seine GmbH führt bei dieser nicht mehr zu einer gewinnerhöhenden Abzinsung. Nach § 6 Abs. 1 Nr. 3 EStG ist eine Abzinsung entgegen der früheren Rechtslage nicht mehr vorzunehmen.

4.5.10 Verdeckte Gewinnausschüttungen bei Miet- und Pachtverträgen; Leihe

4.5.10.1 Allgemeines

Es ist zwischen einer Vermietung (§ 535 BGB) bzw. Verpachtung (§ 581 BGB) der Gesellschaft an den Gesellschafter und umgekehrt zu unterscheiden. Zu verdeckten Gewinnausschüttungen kommt es bei diesen Vertragstypen in folgenden Grundfällen:

Durch Verstoß gegen das Rückwirkungsverbot bei beherrschender Beteiligung, vgl. 4.5.2.11. Dies ist der Fall bei Vermietung und Verpachtung ohne vorherige klare Miet- oder Pachtvereinbarung. Durch Übersteigen der Angemessenheitsgrenze. Bei Vermietung/Verpachtung von Wirtschaftsgütern durch die Gesellschaft an den Gesellschafter zu einem unangemessen niedrigen Nutzungsentgelt oder bei Vermietung/Verpachtung von Wirtschaftsgütern durch den Gesellschafter an die Gesellschaft zu einem unangemessen hohen Nutzungsentgelt.

4.5.10.2 Angemessenheitsprüfung

Angemessen ist diejenige Miete/Pacht, die die Gesellschaft bzw. der Gesellschafter von einem fremden Dritten erzielen könnte. Hierbei sind alle wertbeeinflussenden Merkmale wie Art, Größe und Lage zu berücksichtigen. VGA sind – mit Einschränkungen – mit dem gemeinen Wert zu bewerten. Maßgebend ist hier daher die erzielbare Marktmiete (vgl. BFH vom 27.11.1974 BStBl II 1975, 306 und vom 06.04.1977 BStBl II 1977, 569), wenn sie aus vergleichbaren, regelmäßig vermieteten/verpachteten Objekten abgeleitet werden kann.

Die Kostenmiete entspricht nicht dem gemeinen Wert, sondern dient allenfalls der Orientierung (als obere Grenze für die Wertermittlung).

Bei Pachtverträgen (zum Beispiel Verpachtung eines Betriebs) ist u. U. zu prüfen, welche durchschnittliche jährliche Pacht sich aufgrund des für die gesamte Pachtdauer zu entrichtenden Nutzungsentgelts ergibt. Bei der Schätzung des angemessenen Nutzungsentgelts ist eine angemessene Verzinsung zugrunde zu legen (vgl. hierzu BFH vom 31.03.1971 BStBl II 1971, 536).

4.5.10.3 Vermietung an den Gesellschafter

Bei der Vermietung an den Gesellschafter liegt grds. eine vGA vor, soweit das tatsächliche Nutzungsentgelt die angemessene Vergütung unterschreitet. Zum Ansatz der Kostenmiete vgl. aktuelle BFH-Rechtsprechung unter 4.5.4.5. Je nach Art der Nutzung des Miet-/Pachtobjekts kann beim Gesellschafter aber aufgrund der Fiktionstheorie der ihm als vGA zugerechnete teilweise Miet-/Pachtverzicht als fiktive Miet-/Pachtzahlung berücksichtigt werden; vgl. 4.5. 4. 5.

4.5.10.4 Vermietung an die Gesellschaft

Bei Vermietung an die Gesellschaft liegt eine vGA u.a. vor bei Verstoß gegen das Rückwirkungs(-Nachzahlungs-)verbot bei beherrschender Beteiligung.

Ist die Festlegung der Miet- oder Pachthöhe besonders schwierig, so liegt nach der BFH-Rechtsprechung kein Verstoß gegen das Rückwirkungsverbot vor, wenn wenigstens die Berechnungsgrundlagen für die Miethöhe im Voraus festgelegt worden sind. Eine Vereinbarung, wonach »das Nutzungsentgelt an der Obergrenze des Angemessenen liegen« soll, ist aber nicht hinreichend bestimmt und nicht anzuerkennen.

Steuerlich zu beachten ist aber eine Vereinbarung, wonach »die endgültige Miete/Pacht zu Beginn von einem Sachverständigen festgestellt werden« soll und »bis dahin Vorauszahlungen auf die Pacht geleistet werden, die abzurechnen sind« (vgl. BFH vom 10.03.1971 BStBl II 1971, 566).

BEISPIEL

Die Gesellschaft hat für die Nutzung eines dem zu 60% beteiligten Gesellschafter gehörenden Grundstücks eine monatliche Pacht von 1000 € im Voraus zu zahlen.

Am 20.12.2023 wurde die Pacht rückwirkend vom 01.01.2023 an durch schriftliche Vertragsänderung erhöht. Auch die erhöhte Pacht von monatlich 1500 € soll noch angemessen sein. Die Gesellschaft hat in 2023 18000 € als Betriebsausgaben gebucht. Die Nachzahlung von 6000 € wurde dem Gesellschafter am 15.12.2024 auf seinem Verrechnungskonto gutgeschrieben. Am 02.01.2025 ließ er sich den Betrag auszahlen.

LÖSUNG Infolge des Verstoßes gegen das Nachzahlungsverbot (Rückwirkungsverbot) bei beherrschender Beteiligung liegt in 2023 bei der Gesellschaft und dem Gesellschafter eine vGA i.H.v. 6000 € vor. Das Einkommen des Jahres 2023 der Gesellschaft ist um die Nachzahlung von 6000 € zu erhöhen. Dem Gesellschafter ist der Vorteil (§ 20 Abs. 1 Nr. 1 EStG) nicht erst mit Gutschrift auf seinem Verrechnungskonto in 2023 zugeflossen, sondern bereits im Zeitpunkt der Vereinbarung (20.12.2023; – entsprechend H 20.2 [Zuflusszeitpunkt...] EStH). Sofern eine Betriebsaufspaltung vorliegt, stellt die verdeckte Gewinnausschüttung einen Beteiligungsertrag des Besitzunternehmens dar (§ 20 Abs. 8 EStG); s. 4.5.10.5.1. Der Abfluss bei der Gesellschaft erfolgt im Jahre 2024. Dies hat noch Bedeutung für eine evtl. Verringerung des steuerlichen Einlagekontos i.S.d. § 27 Abs. 1 Satz 3 KStG.

Weiterhin liegt eine vGA vor im Falle einer überhöhten Miete oder Pacht, die über der Angemessenheitsgrenze liegt. Hier kommt es beim Gesellschafter u.U. nach Aufdeckung der vGA lediglich zu einer Umschichtung (Umqualifizierung) von Einkünften. I.H.d. vGA waren beim Gesellschafter vor Aufdeckung bereits Mieteinnahmen anzusetzen.

4.5.10.5 Besonderheiten bei Betriebsaufspaltung

4.5.10.5.1 Umqualifizierung bei überhöhter Pacht

Hier kommt es bei überhöhter Pacht zu einer in 4.5.10.4 beschriebenen Umschichtung (Umqualifizierung) der überhöhten Pacht.

BEISPIEL

Das Finanzamt stellt fest, dass das Besitzunternehmen von der Betriebskapitalgesellschaft eine um 35000 € zu hohe Pacht erhält.

LÖSUNG Beim Besitzunternehmen gehören im Falle der Betriebsaufspaltung sowohl die Beteiligung an der Betriebskapitalgesellschaft als auch das verpachtete Anlagevermögen zum (notwendigen) Betriebsvermögen.

Im Ergebnis bleibt der Gewinn des Besitzunternehmens innerbilanziell unverändert, da sowohl § 20 Abs. 1 Nr. 1 Satz 2 als auch § 21 Abs. 1 EStG subsidiäre Vorschriften sind. Der Gewinn ist – im Ergebnis – nicht um den Betrag der vGA zu erhöhen, da in derselben Höhe bereits vor der Aufdeckung Pachterträge als Betriebseinnahmen erfasst wurden. Es tritt lediglich eine Umqualifizierung dieser Betriebseinnahme ein.

Bilanzielle Auswirkungen bei dem Besitzunternehmen:

Beteiligungserträge	+ 35000 €
Pachterträge	./. 35000 €
Gewinn	+ / ./. 0 €

Hiervon sind steuerfrei 40 % von 35000 € = 14000 € (§ 3 Nr. 40 Satz 1 Buchst. d und Satz 2 EStG).

Die Einkünfte aus § 15 EStG des Besitzunternehmers verringern sich im Ergebnis um ./. 14000 € (Teileinkünfteverfahren, da Beteiligung an der GmbH im Betriebsvermögen).

4.5.10.5.2 Angemessene Pachthöhe

Für die **Angemessenheitsprüfung** gelten folgende **Grundsätze**:

Für die Ermittlung der angemessenen Miete/Pacht ist zunächst auf die ortsüblichen Werte abzustellen, die sich z. B. aus Mietspiegeln der Gemeinden, Mietpreisen bei Vergleichsobjekten sowie aus Gutachten von Sachverständigen ergeben können. Bei Einholung von Sachverständigengutachten über die Höhe der angemessenen Miete ist aber nicht immer eine Gewähr dafür, dass keine vGA vorliegt (vgl. BFH vom 11.10.1977 BStBl II 1978, 109). Vgl. dazu auch BFH vom 10.10.2018 DStR 2019, 376, wonach die ortsübliche Vergleichsmiete nicht auf der Grundlage statistischer Annahmen mit der sog. EOP-Methode bestimmt werden kann. Oftmals lässt sich gerade bei betrieblich genutzten Gebäuden eine ortsübliche Miete/Pacht aber nicht ermitteln. Für die Ermittlung der angemessenen Miet-/Pachthöhe sind dann folgende Faktoren zu berücksichtigen (zu näheren Einzelheiten vgl. auch Lang in Dötsch/Pung/Möhlenbrock, Die KSt, § 8 Abs. 3 KStG Teil D Tz. 1319 ff.):

- **Wertverzehr** der verpachteten Wirtschaftsgüter (AfA); i. d. R. ist hierbei von der linearen AfA auszugehen.
  Eine Vergütung für den Wertverzehr darf aber dann nicht angesetzt werden, wenn und soweit den Pächter eine Erneuerungspflicht für die überlassenen Wirtschaftsgüter trifft (**Substanzerhaltungsverpflichtung**). Der Wertverzehr wird in diesen Fällen dadurch abgegolten, dass die Wirtschaftsgüter bei Pachtende im gleichen Zustand zurückzuge-

ben sind. Demgegenüber führt eine reine Instandhaltungsverpflichtung noch nicht dazu, dass keine Vergütung für die Abschreibung vereinbart werden dürfte, da auch gut instand gehaltene Wirtschaftsgüter einem laufenden Werteverzehr unterliegen.

- **Kapitalverzinsung**; sie stellt einen Ausgleich dafür dar, dass das Besitzunternehmen sein Kapital nicht anderweitig zinsbringend anlegen kann. In der Vergangenheit akzeptierte die Finanzverwaltung hierfür als angemessene Sätze 5 bis 8% für Immobilien und 6 bis 10% für das übrige Vermögen; bei dem derzeit sehr niedrigen Marktzinsniveau können allerdings nur niedrigere Zinssätze zur Anwendung kommen. Bei Fremdfinanzierung wird ein Verpächter versuchen, seinen eigenen Finanzierungsaufwand »einzupreisen«.
- **Nebenkosten**, wenn und soweit sie vom Verpächter zu tragen sind. I. d. R. trägt jedoch in der Praxis der Pächter die Nebenkosten, so dass sich die Nebenkosten nicht nochmals in der Pacht niederschlagen dürfen (grundlegend vgl. BFH vom 04.05.1977 BStBl II 1977, 679).
- In Betriebsaufspaltungsfällen sind zudem die **Renditeerwartungen der Pächterin** (Betriebs-GmbH) zu berücksichtigen (vgl. BFH vom 04.05.1977 BStBl II 1977, 679).
  Die Renditeerwartungen der Betriebs-Gesellschaft stehen damit in einem **Spannungsverhältnis** zur angemessenen Kapitalverzinsung des Besitzunternehmens. Bei Verpachtungen unter Fremden ist davon auszugehen, dass die bestehenden Interessengegensätze entweder im Rahmen eines Kompromisses gelöst werden (Abstriche auf beiden Seiten) oder aber das Pachtverhältnis nicht zustande kommt. Insbesondere wird ein fremder Pächter ein Wirtschaftsgut nicht pachten, wenn er von vornherein weiß, dass er unter Berücksichtigung der geforderten Pacht keine angemessene Rendite mehr erzielen kann.

Praxishinweise: Der letztgenannte Aspekt kann in der Praxis helfen, eine nicht im Gesellschaftsverhältnis veranlasste Pachtminderung zu begründen, ohne die Nachteile des § 3c Abs. 2 EStG in Kauf nehmen zu müssen. In der Praxis gibt es Angemessenheitsdiskussionen häufig deshalb, weil das Pachtentgelt nicht an Veränderungen des Pachtumfangs angepasst wird. Dies kann z. B. dann der Fall sein, wenn zu Beginn einer Betriebsaufspaltung (neben einem Grundstück) in größerem Umfang auch Maschinen, Fahrzeuge usw. mitverpachtet werden. Werden Neuinvestitionen im beweglichen Anlagevermögen durch die Betriebs-GmbH vorgenommen, muss sich zwangsläufig auch die Pacht nach unten verändern; ansonsten liegen im Lauf der Zeit immer höhere vGA vor. Aber auch der umgekehrte Fall kommt vor, nämlich dass die Pachthöhe nicht an einen erhöhten Umfang der Verpachtung nach oben angepasst wird.

4.5.11 Verdeckte Gewinnausschüttungen bei Kaufverträgen, Lieferungs- und Leistungsverhältnissen

Zu vGA kann es bei Lieferungen und Leistungen zwischen der Gesellschaft und dem Gesellschafter kommen bei Verstoß gegen das Rückwirkungsverbot bei beherrschender Beteiligung oder einer unangemessenen Preisgestaltung. Diese liegt insbesondere bei Leistungen des Gesellschafters an die Gesellschaft vor, wenn der Gesellschafter einen unangemessen hohen Preis erhält bzw. im umgekehrten Fall, wenn die Gesellschaft einen unangemessen niedrigen Preis erhält.

Hierbei kann es sich um Einzelverkäufe oder Lieferungen im Rahmen des ordentlichen Geschäftsverkehrs der Gesellschaft oder des Gesellschafters handeln. Bei Verkäufen durch den Gesellschafter an die Gesellschafter kann es sich um zum Privatvermögen oder Betriebsvermögen gehörende Wirtschaftsgüter handeln.

4.5.11.1 Rückwirkungsverbot

Das Rückwirkungsverbot gilt nur bei beherrschender Beteiligung; vgl. 4.5.2.11. Es ist bei Kauf- bzw. Lieferverträgen vor allem in zwei Fällen zu beachten. Zunächst ist das Rückwirkungsverbot bei Lieferungen des Gesellschafters an die Gesellschaft zu beachten. Hierbei führen freiwillige nachträgliche Erhöhungen des Kaufpreises (Lieferentgelts) durch die Gesellschaft zu einer vGA (vgl. BFH vom 18.02.1970 BStBl II 1970, 26). Des Weiteren liegt ein Verstoß gegen das Rückwirkungsverbot bei Lieferungen der Gesellschaft an den Gesellschafter vor, wenn nachträgliche Verbilligungen des Kaufpreises jeder Art durch die Gesellschaft gewährt werden. Hierunter fallen auch Rückvergütungen (Boni, Rabatte usw.), wenn sie nicht im Voraus klar und eindeutig festgelegt waren. Dabei spielt es keine Rolle, ob das verbleibende Entgelt noch angemessen ist.

4.5.11.2 Angemessenheit

Angemessen ist bei Verkäufen/Lieferungen durch die Gesellschaft an den Gesellschafter der von Nichtgesellschaftern erzielbare Preis. Preisverbilligungen und Nachlässe jeder Art sind ohne Rücksicht auf die Bezeichnung vGA, soweit sie Nichtgesellschaftern nicht eingeräumt werden. Auch bei den so genannten echten Ein- und Verkaufsgesellschaften, die alle Geschäfte unmittelbar und ausschließlich für Rechte ihrer Gesellschafter tätigen, darf es nicht zu Gewinnschmälerungen zu Lasten der Gesellschaft kommen (vgl. BFH vom 18.09.1974 BStBl II 1975, 14). Daher sind so genannte Gewinnlosigkeitsvereinbarungen steuerlich unbeachtlich. Einen Ausweg bietet aber die Organschaft (Einkommenszurechnung auf den Organträger).

Umgekehrt liegt bei Verkäufen/Lieferungen durch den Gesellschafter an die Gesellschaft eine vGA vor, soweit die Gesellschaft einen zu hohen Einkaufspreis zahlt, den sie unter sonst gleichen Umständen einem Dritten nicht zahlen würde. Zur Überprüfung der Angemessenheit von Verrechnungspreisen wendet die Finanzverwaltung mehrere Methoden an (z.B. Einzelpreis- oder Rohgewinnvergleich mit vergleichbaren Unternehmen). Zu vGA beim Erwerb von Gegenständen des Anlagevermögens vgl. 4.5.2.2.1 sowie 4.5.11.3.

4.5.11.3 Einzelfälle

Die unterschiedlichen Auswirkungen, je nachdem, ob beim Gesellschafter die Beteiligung und/oder das veräußerte bzw. angeschaffte Wirtschaftsgut zum Betriebsvermögen oder Privatvermögen gehört, wird im folgenden Beispiel verdeutlicht.

BEISPIEL

Verkauf eines unbebauten Grundstücks (umsatzsteuerfrei) durch die Gesellschaft an den Gesellschafter zu einem zu niedrigen Verkaufspreis
Es betragen der Buchwert des Grundstücks bei der GmbH 70000 €, der vereinbarte und gezahlte Kaufpreis 90000 €, der Verkehrswert (gemeiner Wert) 106000 €. Das Grundstück gehört beim Gesellschafter zum Privatvermögen.

LÖSUNG Auswirkungen bei der Gesellschaft

Die Gesellschaft hat lediglich einen sonstigen betrieblichen Ertrag von 20000 € verbucht (Verkaufspreis 90000 € ./. Buchwert 70000 €). I. H. d. Unterschiedsbetrags zwischen gemeinem Wert 106000 € und Verkaufspreis 90000 € liegt eine verdeckte Gewinnausschüttung von 16000 € vor.

Es ist eine Hinzurechnung außerhalb der Bilanz zum Gewinn der GmbH von 16000 € vorzunehmen, da der sonstige betriebliche Ertrag der Gesellschaft 36000 € und nicht 20000 € hätte betragen müssen (Gewinnverzicht der Gesellschaft = »verhinderte Vermögensmehrung«).

Bilanzposten		–
Steuerlicher Ausgleichsposten		–
Zu versteuerndes Einkommen (§ 8 Abs. 3 Satz 2 KStG)	+	16000 €
Ausschüttung (bedeutsam für § 27 KStG)	+	16000 €
Gewerbeertrag	+	16000 €

Auswirkungen beim Gesellschafter

aa) **Bei Zugehörigkeit der Beteiligung zum Privatvermögen:**		
Einnahmen (§ 20 Abs. 1 Nr. 1 EStG)		16000 €
(grds. 25 % Abgeltungsteuer)		
bb) **Bei Zugehörigkeit der Beteiligung zum Betriebsvermögen bzw. im Optionsfall nach § 32d Abs. 2 Nr. 3 EStG:**		
Betriebseinnahmen (§§ 15, 20 Abs. 8 EStG) = Gewinnerhöhung beim Gesellschafter		16000 €
./. steuerfrei gemäß § 3 Nr. 40 Satz 2 EStG 40 %	./.	6400 €
+ Einkünfte aus § 15 EStG	+	9600 €
(tarifliche Besteuerung)		

Auswirkung des Anschaffungsvorgangs

Sowohl bei Zugehörigkeit des Grundstücks zum Privatvermögen wie auch zum Betriebsvermögen betragen die Anschaffungskosten 106000 €.

Die vGA von 16000 € gehört zu den Anschaffungskosten. Vgl. 4.5. 4. 3.

4.5.11.4 Verdeckte Gewinnausschüttungen bei GmbH & Co. KG

Typische Anlässe für vGA bei einer GmbH & Co. KG sind ein unangemessen niedriger Gewinnanteil der GmbH bzw. eine überhöhte Vergütung an den Gesellschafter-Geschäftsführer der Komplementär-GmbH.

a) Grundsätze der Gewinnverteilung

- Die GmbH ist nicht mit einer Kapitaleinlage an der KG beteiligt: Es reicht aus, wenn die GmbH eine Auslagenerstattung, bspw. der Geschäftsführergehälter und ein angemessenes Entgelt für ihr Haftungsrisiko in Anlehnung an eine Avalprovision erhält (vgl. BFH vom 03.02.1977 BStBl II 1977, 346).
- Die GmbH ist mit einer Kapitaleinlage an der KG beteiligt: Es ist zusätzlich eine entsprechende Beteiligung am Ergebnis der KG erforderlich (vgl. BFH vom 15.11.1967 BStBl II 1968, 152). Eine nicht angemessene Gewinnverteilung führt zu einer vGA, da der Verzicht der GmbH zugunsten der Kommanditisten in ihrer Eigenschaft als Gesellschafter der GmbH wirkt.

BEISPIEL

A+B sind je zu 50% sowohl Gesellschafter der Komplementär-GmbH als auch Kommanditisten der KG. Der erklärte Gewinn der KG beträgt 100 T€. Am Gewinn und Verlust sind beteiligt

A	zu 50%,
B	zu 50%,
GmbH	zu 0%.

Angemessen für die GmbH wären (als Haftungsvergütung) 7 T€.

LÖSUNG

	T€ Gewinnanteile lt. Gesellschaftsvertrag	T€ angemessene Gewinnverteilung (Korrektur)	T€ vGA	T€ gesondert festzustellender Gewinn
GmbH	0,0	+ 7,0		7,0
A	50,0	./. 3,5	+3,5	50,0
B	50,0	./. 3,5	+ 3,5	50,0
	100,0	0	+ 7,0	107,0

Über die vGA ist im Feststellungsverfahren der KG nach §§ 180, 181 AO zu entscheiden (vgl. BFH vom 24.03.1998 BStBl II 1998, 578). Die vGA ist bei A und B jeweils zu 40% steuerfrei (§ 3 Nr. 40 Satz 1 d und Satz 2 EStG) = außerbilanzielle Verringerung der Gewinnanteile um jeweils 1,4 T€ (Teileinkünfteverfahren).

b) vGA bei Geschäftsführer-Bezügen

Wenn der Gesellschafter-Geschäftsführer der GmbH als Kommanditist an der KG beteiligt ist, gehören vGA der Komplementär-GmbH zu den gewerblichen Einkünften des Kommanditisten, die ihm aus seiner Beteiligung an der GmbH&Co. KG zufließen. Eine solche vGA ist im Rahmen der einheitlichen Gewinnfeststellung der KG zu berücksichtigen, auch wenn hierbei über eine körperschaftsteuerliche Frage entschieden wird. Die vGA ist wie folgt zu berücksichtigen: Der Gewinnanteil der Komplementär-GmbH wird um die vGA erhöht.

Der bilanzielle Gewinnanteil des Kommanditisten bleibt im Ergebnis unverändert. Er setzt sich aus dem eigentlichen Gewinnanteil an der KG, der von der KG gezahlten (angemessenen) Geschäftsführervergütung sowie der vGA zusammen. Zu beachten ist aber die 40%ige Steuerbefreiung der vGA nach § 3 Nr. 40 Satz 1 d und Satz 2 EStG.

BEISPIEL

Am Gewinn der GmbH&Co. KG sind die Komplementär-GmbH zu 5% und die beiden Kommanditisten A und B zu je 47,5% beteiligt. Geschäftsführer der GmbH ist der Kommanditist A, dem auch die Geschäftsführung der KG obliegt. Die GmbH hat ihrem Gesellschafter-Geschäftsführer A Bezüge von 200000 € bezahlt. Die KG hat der GmbH die Kosten für den Geschäftsführer nur in der angemessenen Höhe von 130000 € erstattet. Der Handelsbilanzgewinn der KG beträgt 500000 €.

LÖSUNG I. H. d. unangemessenen Teils der Bezüge von 70 000 € liegt eine vGA vor.

Die gesonderte und einheitliche Gewinnfeststellung ist daher wie folgt durchzuführen:

		gesamt €		GmbH €		A €	B €
HB-Gewinn		500 000		25 000		237 500	237 500
+ Ersatz-Geschäftsführervergütung an GmbH	+	130 000	+	130 000		–	–
./. Sonderbetriebsausgabe GmbH	./.	200 000	./.	200 000		–	–
Hinzurechnung vGA bei GmbH + (§ 8 Abs. 3 Satz 2 KStG)	+	70 000	+	70 000		–	–
angemessene Geschäftsführervergütung A + (§ 15 Abs. 1 Nr. 2 EStG)	+	130 000		–	+	130 000	
+ vGA (Sondervergütung A)	+	70 000		–	+	70 000	–
Feststellung		700 000		25 000		437 500	237 500
davon steuerfrei (§ 3 Nr. 40 Satz 1 d EStG) 40 %	./.	28 000		–	./.	28 000	–
steuerlicher Gewinn		672 000		25 000		409 500	237 500

4.5.11.5 Verdeckte Gewinnausschüttungen bei GmbH & Still

Die Beteiligung der Gesellschafter-Geschäftsführer einer GmbH an dem Handelsgeschäft der Kapitalgesellschaft als stille Gesellschafter ist gesellschaftsrechtlich wirksam möglich und auch steuerrechtlich anzuerkennen (vgl. BFH vom 06.02.1980 BStBl II 1980, 477). Vgl. auch BFH/NV 1990, 63.

a) Typisch stille Beteiligung

Verdeckte Gewinnausschüttungen bei stillen Gesellschaftern, die zugleich Gesellschafter der Kapitalgesellschaft sind, können sich ergeben, soweit die Gewinnanteile unangemessen hoch sind. Die Angemessenheit hängt u. a. ab von dem erbrachten Kapitaleinsatz und dessen Verzinsung, den eingegangenen Risiken, dem Arbeitseinsatz und den Ertragsaussichten des Unternehmens. Maßgebend sind die Verhältnisse im Zeitpunkt der Vereinbarung der stillen Beteiligung.

Entscheidend ist der Vergleich der Kapitaleinsätze der Kapitalgesellschaft (GmbH) und des typischen stillen Gesellschafters. Die Einlage des stillen Gesellschafters ist im Regelfall mit dem Nennwert anzusetzen. Als Kapitaleinsatz der GmbH ist der Gesamtwert des Unternehmens unter Einbeziehung aller stillen Reserven anzusetzen. Hierzu gehört auch ein etwaiger Firmenwert. Der Vergleich des Gesamtwertes des Unternehmens mit dem Nennwert der stillen Beteiligung ergibt den für die Verteilung des Restgewinns maßgeblichen Gewinnverteilungsschlüssel.

BEISPIEL

Restgewinn der GmbH (nach Abzug evtl. Vergütungen für Einlageverzinsung und Haftungsrisiko)		500 000 €
Einlage des stillen Gesellschafters		100 000 €
gezeichnetes Kapital der GmbH	50 000 €	
+ Rücklagen	350 000 €	
+ stille Reserven (einschl. Firmenwert)	300 000 €	700 000 €

LÖSUNG Der Restgewinn ist im Verhältnis 100 000 € : 700 000 € zu verteilen.

Stiller:	1/8 von 500 000 € =	62 500 €
GmbH:	7/8 von 500 000 € =	437 500 €

b) Atypisch stille Beteiligung

Für die Gewinnbeteiligung sind die bei der GmbH & typisch Still geltenden Grundsätze (vgl. a) entsprechend anzuwenden. Die Grundsätze der GmbH & Co. KG gelten hier nicht.

4.5.12 Satzungsklauseln, Steuerklauseln, Rückzahlung verdeckter Gewinnausschüttungen

4.5.12.1 Allgemeines, Rückzahlung verdeckter Gewinnausschüttungen

Rechtsgestaltungen zwischen der Gesellschaft und ihren Gesellschaftern, die zu vGA führen, können grundsätzlich nicht mit rückwirkender Kraft beseitigt werden. Dies gilt normalerweise auch, wenn den Beteiligten die steuerlichen Folgen nicht bekannt waren.

Die Aufhebung von Rechtsfolgen, die zu verdeckten Gewinnausschüttungen geführt haben, sind daher im Normalfall steuerlich nicht mit rückwirkender Kraft möglich. Es ist gleichgültig, ob ein Rückforderungsanspruch auf einer Steuer- und Satzungsklausel (vgl. 4.5.12.3) oder auf einer gesetzlichen Vorschrift (z. B. Verbot stammkapitalverzehrender Auszahlungen, § 30 ff. GmbHG) beruht. Vgl. dazu BFH vom 10.03.1993 BStBl II 1993, 635; BFH vom 03.08.1993 BStBl II 1994, 561 und vom 29.05.1996 BStBl II 1997, 92; BMF vom 23.04.1985 DB 1985, 1437, H 8.6 [Rückgängigmachung] KStH.

BEISPIEL

Nachdem das Finanzamt bei einem Veräußerungsgeschäft einen um 50 000 € überhöhten Kaufpreis zugunsten eines Gesellschafters festgestellt hat, will die Gesellschaft vom Gesellschafter den im Jahre 2022 gezahlten überhöhten Teil des Kaufpreises im Jahre 2024 zurückfordern.

LÖSUNG Die vGA ist im Jahr 2022 verwirklicht und kann nicht mit rückwirkender Kraft beseitigt werden.

Eine verwirklichte vGA (z. B. überhöhtes Urlaubsgeld) kann – jedenfalls ohne vorherige Vereinbarung eines sog. »Vorteilsausgleichs« – durch eine Verringerung (z. B.) einer Gewinntantieme am Jahresende nicht beseitigt werden (vgl. BFH vom 10.03.1993 BStBl II 1993, 635). Kann eine vGA dagegen nicht mit rückwirkender Kraft beseitigt werden (Normalfall), stellt die Rückzahlung beim Gesellschafter eine Erhöhung der Anschaffungskosten der Beteiligung i. S. d. § 17 EStG dar. Dies gilt sowohl bei beherrschenden als auch bei nicht beherrschenden Gesellschaftern.

4.5.12.2 Vorrang der erfolgswirksamen Aktivierung zivilrechtlicher Ansprüche

Die zeitnahe erfolgswirksame Aktivierung zivilrechtlicher Ansprüche einer Kapitalgesellschaft gegen ihren Gesellschafter-Geschäftsführer hat Vorrang vor dem Rechtsinstitut der vGA i. S. d. § 8 Abs. 3 Satz 2 KStG (vgl. BFH vom 13.11.1996 BStBl II 1997, 89). Des Weiteren folgert der BFH daraus, dass dann auch kein Raum für den Abfluss einer Ausschüttung sei. Der BFH macht aber keine weiteren grundsätzlichen Ausführungen zur Tragweite dieser Entscheidung. Nach Wichmann (GmbHR 1997, 991) bestehen bei »handelsrechtlichen« vGA regelmäßig zivilrechtliche Ansprüche. Daher werden im Falle der Aktivierung dieser Ansprüche die Rechtsfolgen der vGA vermieden.

4.5.12.3 Satzungsklauseln (Steuerklauseln)

Zur Verhinderung einer späteren Behandlung als vGA haben Gesellschafter im Vertrag nicht selten vorsorglich bestimmt, dass ihre Organe (Vorstand, Geschäftsführer) nicht berechtigt seien, einem Gesellschafter (oder einem Gesellschafter nahestehenden Personen) Vorteile irgendwelcher Art zu gewähren, für die es keinen klaren rechtlichen Grund gäbe, und dass im Falle der Zuwiderhandlung der zugewendete Vorteil zu erstatten (zu ersetzen) sei (zivilrechtlich rückwirkender Rückforderungsanspruch).

Solche und ähnliche Klauseln können eine verwirklichte Gewinnausschüttung nach Auffassung der Verwaltung ebenfalls nicht rückwirkend beseitigen.

4.5.12.4 Zusammenfassender Fall: Rückforderung einer verdeckten Gewinnausschüttung von beherrschendem Gesellschafter

Die Auswirkungen einer vGA und ihrer Rückforderung werden an nachfolgendem Beispiel dargestellt.

BEISPIEL

Der beherrschende Gesellschafter A hat von der GmbH im Jahre 2022 eine vGA von 70000 € erhalten, die bisher bei den Einkünften aus § 19 EStG der ESt unterlag.

Im Jahre 2024 fordert und erhält die GmbH den Vorteil i. H. v. 70000 € aufgrund einer Steuerklausel zurück. Das Einkommen der GmbH in 2022 beträgt 0 € (vor Hinzurechnung der vGA). Die ESt-Belastung des A beträgt angenommen 50% (einschließlich KiSt und SolZ). Die Beteiligung gehört zum Privatvermögen.

Eine evtl. vGA soll in die Veranlagung einbezogen werden (§ 32d Abs. 2 Nr. 3 EStG).

LÖSUNG (nach Schreiben des BMF vom 06.08.1981 [a. a. O.])

Ebene der GmbH

Jahr 2022 – Jahr der Leistung der vGA

Erhöhung des zu versteuernden Einkommens (§ 8 Abs. 3 Satz 2 KStG)	+ 70000 €
Mehr-KSt 15% (außerdem Mehrbelastung mit GewSt)	+ 10500 €

Jahr 2024 – Jahr der Rückzahlung der vGA

Die Rückzahlung führt bei der GmbH nicht zur Erhöhung des Einkommens, sondern ist eine gesellschaftliche verdeckte Einlage i. S. d. § 8 Abs. 3 Satz 3 KStG. Im steuerlichen Einlagekonto (§ 27 KStG) zum 31.12.2024 ist ein Zugang von 70000 € auszuweisen. Der Rückgewährsanspruch ist (erst) im Zeitpunkt seiner Erfüllung zu erfassen (vgl. BFH vom 29.05.1996 BStBl II 1997, 92). Zudem tritt keine Änderung der KSt-Belastung ein: Die Rückzahlung ist kein Einkommen in 2024. Der Rückforderungsanspruch kann, obwohl bereits im Ausschüttungsjahr entstanden, erst in 2024 aktiviert werden (vgl. BFH vom 14.08.1975 BStBl II 1976, 88 [92]; BFH vom 23.05.1984 BStBl II 1984, 723; BFH vom 30.01.1985 BStBl II 1985, 345).

Ebene des Gesellschafters (ohne Berücksichtigung von Freibeträgen usw.)

Jahr 2022

Kapitalerträge: vGA		70 000 €
./. 40 % steuerfrei (§ 3 Nr. 40 Satz 1 d, § 32d Abs. 2 Nr. 3 EStG)		28 000 €
zu versteuern	+	42 000 €
./. Minderung der Einkünfte aus § 19 EStG	./.	70 000 €
Mindereinkünfte	./.	28 000 €
ESt und Nebensteuern 50 % (angenommen)	./.	14 000 €
= Minderbelastung des Gesellschafters		

Jahr 2024

Die Rückzahlung der vGA stellt **keine** negative Einnahme dar, sondern ist als Einlage zu behandeln. Hierdurch erhöhen sich die Anschaffungskosten der Beteiligung i. S. d. § 17 EStG um 70 000 €. Eine Steuerminderung durch Rückzahlung ist mithin aufgeschoben bis zu einer Veräußerung der Beteiligung oder bis zur Liquidation (vgl. § 17 Abs. 4 EStG). Die spätere Auskehrung des steuerlichen Einlagekontos führt nicht zu steuerpflichtigen Einnahmen des Gesellschafters, sondern zur Verringerung seiner Anschaffungskosten (§ 20 Abs. 1 Nr. 1 Satz 3 i. V. m. § 17 Abs. 4 EStG).

5 Zinsschranke (§ 8a KStG, § 4h EStG)

VERWALTUNGSANWEISUNG: BMF vom 04.07.2008 BStBl I 2008, 718

5.1 Überblick

Mit der Zinsschranke soll der Betriebsausgabenabzug für Schuldzinsen beschränkt werden. Mit dem Kreditzweitmarktförderungsgesetz vom 22.12.2023, BGBl I 2023 Nr. 411, wurden zuletzt Änderungen in § 4h EStG zur Anpassung an die Vorgaben der Anti-Tax-Avoidance-Directive (ATAD) vorgenommen. Der Gesetzgeber hat insoweit den Begriff der Zinsaufwendungen in § 4h Abs. 3 Satz 2 EStG sowie den Begriff der Zinserträge in § 4h Abs. 3 Satz 3 EStG erweitert auf wirtschaftlich gleichwertige Aufwendungen und sonstige Aufwendungen im Zusammenhang mit der Beschaffung von Fremdkapital bzw. auf wirtschaftlich gleichwertige Erträge im Zusammenhang mit Kapitalforderungen.

Nach BFH-Beschluss vom 18.12.2014 bestehen ernsthafte Zweifel an der Verfassungsmäßigkeit der Vorschrift (BStBl II 2014, 947). Dabei geht es nicht nur um Zinsen auf Gesellschafterdarlehen, sondern um alle Schuldzinsen (also auch für Bankfinanzierung). Vgl. im Einzelnen BMF, Rz. 11–39. Die Vorschrift gilt nur für Zinsaufwendungen/Zinserträge, die den Gewinn bzw. das körperschaftsteuerliche Einkommen gemindert bzw. erhöht haben, BMF, Rz. 18. Als Rechtsfolge wird eine nicht abzugsfähige Betriebsausgabe angenommen.

Die Regelung gilt bei allen Unternehmensrechtsformen, daher auch bei Körperschaften (vgl. § 8a KStG). Beim Empfänger liegen insoweit Zinserträge i. S. d. § 20 Abs. 1 Nr. 7 EStG vor. Hierfür gilt weder eine Steuerbefreiung nach § 8b Abs. 1 KStG noch nach § 3 Nr. 40 EStG.

Zinsaufwendungen einer Körperschaft sind zunächst bis zur Höhe der Zinserträge und darüber hinaus bis zu 30 % des um Zinsaufwendungen und Abschreibungen (§ 6 Abs. 2, § 6 Abs. 2a und § 7 EStG) erhöhten und um die Zinserträge verminderten maßgeblichen Einkommens sowie vor Abzug von Spenden (§ 9 Abs. 1 Nr. 2 KStG) und Verlustvortrag (§ 10d Abs. 2 EStG) (= **verrechenbares EBITDA**).

Übersteigt der negative Zinssaldo das verrechenbare EBITDA nicht, sind die gesamten Schuldzinsen abzugsfähig. Es entsteht ein **EBITDA-Vortrag** i. H. d. Differenz (vgl. § 4h Abs. 1 Satz 2 1. HS EStG), aber **kein Zinsvortrag** i. S. v. § 4h Abs. 1 Satz 5 EStG).

Übersteigt der negative Zinssaldo das verrechenbare EBITDA, sind Zinsaufwendungen, die danach nicht abgezogen werden dürfen, in die folgenden Wirtschaftsjahre vorzutragen (Zinsvortrag) – vgl. § 4h Abs. 1 Satz 5 EStG. Dann entsteht kein EBITDA-Vortrag. Für die Prüfung der 30 %-Grenze im Vortragsjahr bleiben diese vorgetragenen Zinsen jedoch unberücksichtigt; d. h. sie erhöhen **nicht** das maßgebliche Einkommen (§ 4h Abs. 1 Satz 6 EStG). Die Regelung kann dazu führen, dass ein Betrieb trotz tatsächlicher Verluste Gewinne versteuern muss.

BEISPIEL

Die A-GmbH erzielt im WJ 2024 ein Einkommen **vor** Zinsergebnis/Abschreibungen, Spendenabzug und Verlustabzug) von 20 000 000 €. Die Zinsaufwendungen betragen 15 Mio. € und die Abschreibungen betragen 9 000 000 €. Daher ergibt sich ein (vorläufiger) Verlust (vor § 4h EStG/§ 8a KStG) i. H. v. ./. 4 000 000 €:

Einkommen vor Zinsen und Abschreibungen		20 000 000 €
./. Zinsaufwendungen	./.	15 000 000 €
./. Abschreibungen	./.	9 000 000 €
Verlust (vor § 8a KStG)	./.	4 000 000 €

LÖSUNG Aufgrund der Zinsschranke sind die Zinsaufwendungen nur bis zum verrechenbaren EBITDA, also i. H. v. 30 % des Einkommens vor Zinsergebnis/Abschreibungen abzugsfähig (= 6 000 000 €). Nicht abzugsfähig sind 9 000 000 €. Es entsteht kein EBITDA-Vortrag. Vgl. 5.2.3 ff.

Damit ergibt sich ein zu versteuerndes Einkommen für VZ 2024 von 5 000 000 € (20 000 000 € ./. abziehbare Zinsen 6 000 000 € ./. AfA 9 000 000 €), obwohl die GmbH tatsächlich einen Verlust erzielt hat. Die übersteigenden Zinsaufwendungen von 9 000 000 € werden gesondert festgestellt und auf die Folgejahre vorgetragen (Zinsvortrag).

Ist bereits das maßgebliche Einkommen vor Zinsen und Abschreibungen **negativ**, entsteht kein verrechenbares EBITDA. Die betreffenden Zinsen sind dann insgesamt **nichtabzugsfähige BA**. Der **Zinsvortrag** nach § 4h Abs. 1 Satz 5, Abs. 4 EStG tritt neben den »normalen« Verlustvortrag i. S. d. § 10d Abs. 2 EStG. **Zinsaufwendungen** sind Vergütungen für Fremdkapital, die den maßgeblichen Gewinn gemindert haben (§ 4h Abs. 3 Satz 2 EStG).

Zinserträge sind Erträge aus Kapitalforderungen jeder Art und wirtschaftlich gleichwertige Erträge, die den maßgeblichen Gewinn erhöht haben (§ 4h Abs. 3 Satz 3 EStG). Auch die **Auf- und Abzinsung** unverzinslicher oder niedrig verzinslicher Verbindlichkeiten oder Kapitalforderungen führt zu Zinserträgen oder Zinsaufwendungen in diesem Sinne (§ 4h Abs. 3 Satz 4 EStG). Die Zinsaufwendungen und -erträge sind vor der Prüfung der 30 %-Grenze zunächst zu saldieren. Sind die Zinserträge höher als die Zinsaufwendungen, ist § 4h EStG bzw. § 8a KStG im Ergebnis – unabhängig von der Höhe der Zinsaufwendungen – **nicht** anzuwenden.

5.2 Ausnahmen von der Zinsschranke (§ 4h Abs. 2 EStG)

5.2.1 Freigrenze

Liegen die Zinsaufwendungen nach Saldierung mit den Zinserträgen unter 3000000 €, ist § 4h Abs. 1 EStG/§ 8a KStG nicht anwendbar, d. h. der Zinssaldo ist in voller Höhe abzugsfähig. Die Freigrenze gem. § 4h Abs. 2 Satz 1 Buchst. a EStG ist betriebsbezogen, gilt also für eine Körperschaft nur einmal (je WJ). Im Organkreis gilt sie ebenfalls nur einmal. BMF, Rz. 55–58. Die Freigrenze gilt ab 2010 dauerhaft i. H. v. 3000000 €. Es ist zu beachten, dass es sich nicht um einen Freibetrag handelt.

Die Freigrenze ist wie bisher betriebsbezogen. Eine Kapitalgesellschaft stellt grds. nur einen Betrieb dar (BMF, Rz. 7). Betriebstätten sind keine eigenständigen Betriebe (BMF, Rz. 9). Bei Organschaft stellt der gesamte Organkreis einen Betrieb dar (BMF, Rz. 10).

5.2.2 Konzernklauseln

Nach § 4h Abs. 2 Satz 1 Buchst. b EStG sind nicht konzernzugehörige und nur anteilmäßig konzernzugehörige Betriebe von der Zinsschranke ausgenommen. Nach § 4h Abs. 2 Satz 1 Buchst. c EStG sind konzernzugehörige Betriebe von der Zinsschranke ausgenommen, wenn ihre **Eigenkapitalquote** am Schluss des vorangegangenen Wirtschaftsjahrs gleich hoch oder höher als die des Konzerns ist. Eine Unterschreitung der Eigenkapitalquote bei dem Betrieb um bis zu 2 % der Eigenkapitalquote des Konzerns ist unschädlich (§ 4h Abs. 2 Buchst. c Satz 2 EStG). Zur Berechnung und Durchführung vgl. im Einzelnen § 4h Abs. 2 Sätze 3 ff. EStG. Zum Konzernbegriff vgl. BMF Rz. 59–68.

5.2.3 Besonderheiten für Körperschaften (§ 8a KStG)

a) Anwendbarkeit des § 4h EStG

§ 8a KStG erklärt § 4h Abs. 1 Satz 2 EStG auch für Kapitalgesellschaften für entsprechend anwendbar (§ 8a Abs. 1 KStG) mit ergänzenden Regelungen. Die geltende Regelung betrifft nicht nur Gesellschafterfremdfinanzierung, sondern auch Bankfinanzierung. Hiernach sind nichtabzugsfähige Zinsaufwendungen keine vGA, sondern nichtabziehbare BA.

b) Maßgebliches Einkommen

Zunächst wird in § 8a Abs. 1 Satz 1 KStG das maßgebliche Einkommen (statt des maßgeblichen Gewinns) als Bemessungsgrundlage der Zinsschranke festgelegt. Maßgebliches Einkommen (statt »Gewinn«) ist nach § 8a Abs. 1 Satz 2 KStG das Einkommen der Körperschaft vor Anwendung des § 4h EStG (also mit vollem Zinsabzug bzw. Zinsertrag), vor Verlustabzug i. S. v. § 10d EStG (Rück- und Vortrag) und vor Spendenabzug i. S. v. § 9 Abs. 1 Nr. 2 KStG. Daraus ergibt sich folgendes Schema:

Einkommen der Körperschaft (§ 8 Abs. 1 KStG) vor Anwendung des § 4h EStG
./. Zinserträge
\+ Zinsaufwendungen
\+ Abschreibungen (§ 6 Abs. 2 und 2 a, § 7 EStG)
\+ Verlustabzug (§ 10d Abs. 1 und 2 EStG)
Spendenabzug (§ 9 Abs. 1 Nr. 2 KStG)
maßgebliches Einkommen (= »steuerliches EBITDA«)

Das verrechenbare EBITDA beträgt somit 30% des maßgeblichen Einkommens=30% des steuerlichen EBITDA. Vgl. BMF Rz. 40–45.

Übersicht Zinsschranke bei Kapitalgesellschaften

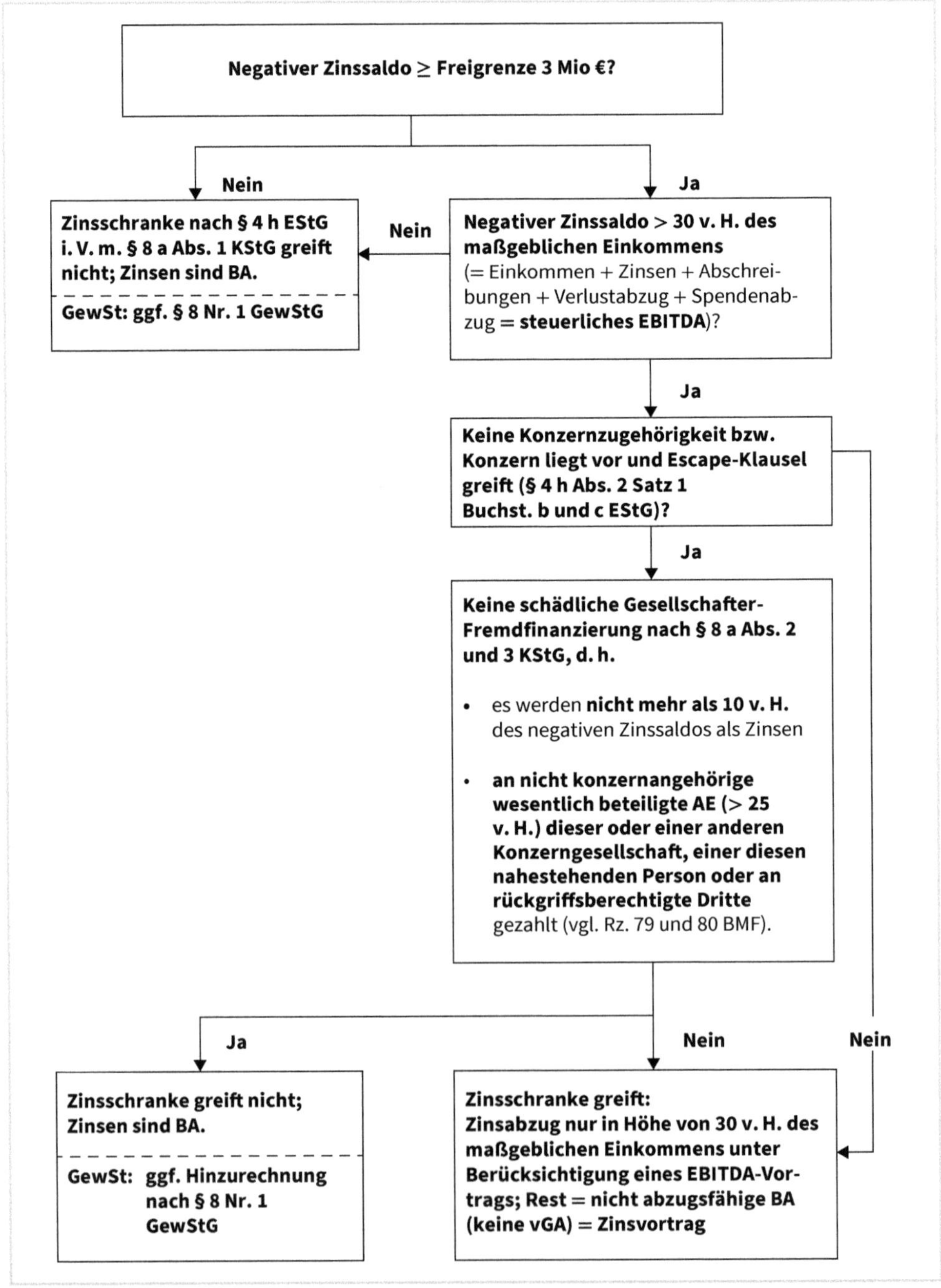

c) Rückausnahme bei fehlender Konzernzugehörigkeit – Gesellschafterfremdfinanzierung (§ 8a Abs. 2 KStG)
Nach § 4h Abs. 2 Satz 1 Buchst. b EStG sind nicht oder nur anteilsmäßig konzernzugehörige Betriebe zwar grundsätzlich von der Zinsschranke ausgenommen. Hierzu gilt jedoch folgende Rückausnahme: Für Körperschaften kommt der unbeschränkte Zinsabzug nach der Konzernklausel nur dann zur Anwendung, wenn keine schädliche Gesellschafterfremdfinanzierung vorliegt (§ 8a Abs. 2 Satz 1 KStG). Ein voller Zinsabzug ist hier daher nur möglich, wenn die Körperschaft nachweist, dass nicht mehr als 10 % des Schuldzinsüberhangs als Zinsen an einen wesentlich beteiligten Anteilseigner, diesem nahestehende Personen oder an rückgriffsberechtigte Dritte gewährt werden. Eine wesentliche Beteiligung in diesem Sinne ist bei unmittelbarer oder mittelbarer Beteiligung von mehr als 25 % gegeben. Die Beweislast für das Nichtvorliegen dieser Rückausnahme liegt bei der Körperschaft. Sie muss also nachweisen, dass die im Prinzip schädlichen Finanzierungsaufwendungen an den vorgenannten Personenkreis nicht mehr als 10 % des (saldierten) negativen Zinsergebnisses betragen. Greift aber diese Rückausnahme wegen Überschreitung der vorgenannten 10 %-Grenze, unterliegt der gesamte Zinsaufwandsaldo doch den allgemeinen Regeln der Zinsschranke (Alles-oder-Nichts-Prinzip). Betroffen von dieser Regelung sind z. B. Kapitalgesellschaften, die in einem größeren Umfang von ihren wesentlich beteiligten Gesellschaftern, diesen nahestehenden Personen und/oder rückgriffsberechtigten Dritten finanziert werden.

Vgl. BMF Rz. 79–83.

d) Rückausnahme von der Escape-Klausel (§ 8a Abs. 3 KStG)
Konzernangehörige Körperschaften (§ 4h Abs. 3 Sätze 5 und 6 EStG) fallen grundsätzlich unter die Escape-Klausel des § 4h Abs. 2 Satz 1 Buchst. c EStG, wenn die sog. Eigenkapitalquote der Körperschaft nicht niedriger ist als die des Gesamtkonzerns. Dennoch findet die Zinsschranke Anwendung, wenn »im Konzern« d. h. von der Körperschaft oder einem anderen demselben Konzern angehörigen Rechtsträger mehr als 10 % des Schuldzinssaldos als Zinsen an wesentlich beteiligte Anteilseigner einer konzernzugehörigen Gesellschaft, diesen nahestehende Personen oder an rückgriffsberechtigte Dritte i. S. d. § 8a Abs. 2 KStG gewährt werden. M. a. W. die »schädliche« Rückausnahme kann durch einen anderen konzernzugehörigen Rechtsträger ausgelöst werden, auch wenn die Körperschaft dies nicht beeinflussen kann.

Vgl. BMF Rz. 69–78.

e) Zinsvortrag (§ 4h Abs. 1 Satz 5 KStG)
Soweit Zinsaufwendungen aufgrund der Anwendung der Zinsschranke nicht abzugsfähig sind, sind sie auf folgende Jahre vorzutragen. Der Zinsvortrag wird gesondert festgestellt (§ 4h Abs. 4 Satz 1 EStG). Wird der Betrieb aufgegeben oder übertragen, geht ein nicht verbrauchter Zinsvortrag unter (§ 4h Abs. 5 Satz 1 EStG). Auch ein schädlicher Beteiligungsverkauf **i. S. d.** § 8c KStG führt grds. zum vollen bzw. anteiligen Untergang des Zinsvortrags – vorbehaltlich »nutzbarer« stiller Reserven in den übertragenen Anteilen. M. a. W. auf den Zinsvortrag sind insoweit die Regeln des § 8c KStG zum Ausschluss bzw. zur Einschränkung des Verlustvortrags i. S. d. § 10d Abs. 2 EStG analog anzuwenden (§ 8a Abs. 1 Satz 3 KStG).

f) EBITDA-Vortrag (§ 4h Abs. 1 Satz 3) – Überblick

Der Begriff des verrechenbaren EBITDA und des EBITDA-Vortrags wurde ab 2010 im Gesetzestext eingeführt. Es wird der negative Zinssaldo am Ende eines jeden Jahres mit 30% des steuerlichen EBITDA verglichen (= verrechenbares EBITDA). Das steuerliche EBITDA bedeutet Gewinn vor Zinsen und Abschreibungen (also vor Anwendung des § 4h EStG). Bei Körperschaften handelt es sich bei dem EBITDA nach wie vor um das Einkommen vor Abzug (Anwendung) von § 4h EStG bzw. § 8a KStG sowie vor § 9 Abs. 1 Nr. 2 KStG und § 10d EStG. Das verrechenbare EBITDA beträgt also begrifflich 30% des steuerlichen EBITDA.

Es ist zwischen Zinsvortrag und EBITDA-Vortrag zu unterscheiden: Soweit der negative Zinssaldo das verrechenbare EBITDA übersteigt, sind die Zinsen (wie bisher) nicht sofort abziehbar, sondern über den Zinsvortrag vorzutragen (§ 4h Abs. 1 Satz 5 EStG). Soweit – umgekehrt – das verrechenbare EBITDA den negativen Zinssaldo übersteigt, ist das »nicht verbrauchte« verrechenbare EBITDA nunmehr vorzutragen und in den folgenden fünf Jahren für einen entsprechend höheren Schuldzinsenabzug zu verwenden. Dabei wird der älteste EBITDA-Vortrag zuerst verbraucht (§ 4h Abs. 1 Satz 4 EStG) = »FIFO-Methode«. Übersteigt der negative Zinssaldo in einem der fünf Folgejahre das verrechenbare EBITDA, so ist der negative Zinssaldo bis zur Höhe des EBITDA-Vortrags abziehbar. Der fortgeschriebene EBITDA-Vortrag ist dann jeweils gesondert festzustellen und weiter vorzutragen.

BEISPIELE

a) Die GmbH hat im Jahr 2024 einen negativen Zinssaldo (= Zinsaufwand) von 5000000 € und ein verrechenbares EBITDA von 8000000 € (= 30% des »maßgeblichen Einkommens« = 30% des »steuerlichen EBITDA«).
   LÖSUNG Im Jahr 2024 kann die GmbH daher den gesamten Zinsaufwand von 5000000 € abziehen. Es verbleibt noch ein nicht verbrauchtes verrechenbares EBITDA i. H. v. 3000000 €. Dieses wird nach § 4h Abs. 4 EStG für die Zukunft gesondert festgestellt.
b) Bei der konzernangehörigen X-GmbH entstehen in den Jahren 2021 und 2022 Zinsaufwendungen (es sind keine Zinserträge vorhanden) in Höhe von 3000000 € bzw. 7000000 €, im Jahr 2023 in Höhe von 2000000 € und im Jahr 2024 in Höhe von 5000000 €. Der Eigenkapitalvergleich (Escape-Klausel) gelingt nicht.
   Das EBITDA beträgt im Jahr

2021:	20000000 €	davon 30%	= 6000000 €
2022:	10000000 €	davon 30%	= 3000000 €
2023:	15000000 €	davon 30%	= 4500000 €
2024:	1000000 €	davon 30%	= 300000 €

LÖSUNG

	2021	2022	2023	2024
Schuldzinsen	3000000 €	7000000 €	3000000 €	5000000 €
Freigrenze (3000000 €) unterschritten?	nein	nein	nein	nein
EBITDA (lt. Sachverhalt)	20000000 €	10000000 €	15000000 €	1000000 €
30 % des EBITDA	6000000 €	3000000 €	4500000 €	300000 €
EBITDA-Vortrag aus Vorjahren	0 €	3000000 €	0 €	1500000 €
Zinsabzug insgesamt höchstens	6000000 €	6000000 €	4500000 €	1800000 €
Abziehbarer Betrag	3000000 €	6000000 €	3000000 €	1800000 €
EBITDA-Vortrag in Folgejahre	3000000 €	0 €	1500000 €	0 €
Zinsvortrag	0 €	1000000 €	0 €	3200000 €

Im Jahr 2022 kann der EBITDA-Vortrag aus 2021 in Höhe von 3000000 € erstmals berücksichtigt werden. Im Jahr 2023 erhöht sich der EBITDA-Vortrag auf 1500000 € (0 €+1500000 €), da in diesem Jahr die Freigrenze ebenfalls überschritten ist (Zinsen 2023: 2000000 €+Zinsvortrag 1000000 €=insgesamt 3000000 €).

Ohne einen EBITDA-Vortrag wären im Jahr 2022 nur Schuldzinsen in Höhe von 3000000 € abzugsfähig; mit Antrag demgegenüber 6000000 €. Der EBITDA-Vortrag ist dann allerdings Ende 2022 zunächst vollständig verbraucht. In 2025 wird ein Zinsvortrag aus 2024 in Höhe von 3200000 € berücksichtigt (§ 4 h Abs. 1 Sätze 5 und 6 EStG).

Wegfall des nicht verbrauchten EBITDA-Vortrags/Zinsvortrags

Ein Gesellschafterwechsel hat folgende steuerliche Auswirkungen:

• Betriebsaufgabe oder **Betriebsveräußerung**	EBITDA-Vortrag / Zinsvortrag	**Wegfall zu 100 %,** § 4h Abs. 5 Satz 1 EStG
• Ausscheiden des Mitunter-nehmers aus einer Personengesellschaft	EBITDA-Vortrag / Zinsvortrag	**Wegfall anteilig,** § 4h Abs. 5 Satz 2 EStG
• Umwandlung einer GmbH in Personenunternehmen	EBITDA-Vortrag / Zinsvortrag	**Wegfall zu 100 %,** § 4 Abs. 2 Satz 2 UmwStG
• Gesellschafterwechsel bei einer Kapitalgesellschaft • Verschmelzung von Kapitalgesellschaften	Zinsvortrag EBITDA-Vortrag / Zinsvortrag	**Wegfall anteilig/vollständig** § 8c und § 8d KStG gilt entsprechend, § 8a Abs. 1 Satz 3 KStG **Wegfall zu 100 %,** § 12 Abs. 3 UmwStG
• **Abspaltung**	EBITDA-Vortrag / Zinsvortrag	**Wegfall anteilig,** § 15 Abs. 3 UmwStG
• Einbringung eines Betriebs in eine GmbH/Personengesellschaft	EBITDA-Vortrag / Zinsvortrag	**Wegfall zu 100 %,** §§ 20 Abs. 9, 24 Abs. 6 UmwStG

6 Verlust und Verlustabzug bei Körperschaften (§ 10d EStG, § 8 Abs. 1 und § 8c KStG)

6.1 Persönliche Berechtigung zum Verlustausgleich und Verlustabzug

6.1.1 Grundsatz

Die Voraussetzungen des Verlustabzugs richten sich grds. nach § 10d EStG (vgl. § 8 Abs. 1 KStG) sowie ergänzend nach dem UmwStG. Der Verlustabzug nach § 10d EStG ist daher nur bei der Körperschaft möglich, bei der auch der Verlust eingetreten ist (Erfordernis der Personengleichheit). Vgl. R 10 d Abs. 4 Satz 1 EStR.

6.1.2 Verlustabzug bei Umwandlung, Verschmelzung oder Auflösung der Körperschaft

Der Übergang von Verlusten ist im UmwStG generell nicht vorgesehen. § 4 Abs. 2 Satz 2 UmwStG bestimmt: Verrechenbare Verluste, verbleibende Verlustvorträge oder vom übertragenden Rechtsträger nicht ausgeglichene Verluste gehen nicht über. Damit ist gesetzlich fixiert, dass auch laufende Verluste im Wj. der Umwandlung nicht auf die Übernehmerin übergehen können.

Bei der formwechselnden Umwandlung einer Körperschaft auf eine Personengesellschaft oder natürliche Person (§ 4 Abs. 2 Satz 2 und § 9 Satz 1 UmwStG) ist ebenfalls kein Verlustvortrag möglich (§ 4 Abs. 2 Satz 2 i. V. m. § 14 Satz 1 UmwStG).

Im Fall der Verschmelzung und der übertragenden Umwandlung auf eine andere Körperschaft (§ 11 ff. UmwStG) tritt die übernehmende Körperschaft zwar auch in die Rechtsstellung der übertragenden Körperschaft ein (§ 12 Abs. 3 UmwStG). Allerdings bestimmt § 12 Abs. 3 2. HS i. V. m. § 4 Abs. 2 UmwStG, dass verrechenbare Verluste, verbleibende Verlustvorträge oder vom übertragenden Rechtsträger nicht ausgeglichene Verluste generell nicht von der übertragenden Gesellschaft auf die übernehmende Gesellschaft übergehen. Das bedeutet, dass die übernehmende Gesellschaft die Verluste der übertragenden Gesellschaft nach der Verschmelzung nicht mehr geltend machen kann.

6.2 Ermittlung des steuerlichen Verlusts

Maßgebend für die Ermittlung eines steuerlichen Verlusts einer Körperschaft, Personenvereinigung oder Vermögensmasse sind die einkommensteuerrechtlichen Vorschriften, die durch körperschaftsteuerrechtliche Sondervorschriften ergänzt werden (insbes. §§ 9, 10 KStG).

Einkünfte, die sachlich steuerbefreit sind, sind weder mit einem ohne sie im Verlustjahr entstandenen Verlust noch mit abziehbaren Verlusten aus anderen Jahren zu verrechnen. Nicht mit Verlusten verrechnet werden dürfen daher insbesondere aufgrund DBA steuerfreie Einkünfte sowie Investitionszulagen.

BEISPIEL

Jahresfehlbetrag GmbH	./. 5 000 €
+ nichtabziehbare BA (als Aufwand behandelt)	+ 2 000 €
./. Investitionszulage (als Ertrag gebucht)	./. 20 000 €
nicht ausgeglichener Verlust, daher abziehbar nach § 10d EStG	./. 23 000 €

Für die Ermittlung eines steuerlichen Verlustes gelten die gleichen Grundsätze wie für die Ermittlung eines positiven Einkommens, d. h. nichtabziehbare Ausgaben i. S. d. § 10 KStG vermindern den steuerlichen Verlust. Die nach § 9 KStG abziehbaren Beträge, insbesondere die abziehbaren Spenden, erhöhen den steuerlichen Verlust (vgl. BFH vom 21.10.1981 BStBl II 1982, 177).

6.3 Verlustabzug

Auch körperschaftsteuerliche Verluste sind grds. in folgender Weise und **Reihenfolge** zu berücksichtigen:

Zunächst ist bei der Einkunftsermittlung ein horizontaler Verlustausgleich vorzunehmen:

BEISPIEL

Eine GmbH hat zwei Betriebe:

Gewinn Betrieb 1	600 000 €
Verlust Betrieb 2	./. 550 000 €
Gewinn (§ 15 EStG)	50 000 €

Anschließend ist ein vertikaler Verlustausgleich, d. h. ein Ausgleich zwischen verschiedenen Einkunftsarten vorzunehmen. Dies kommt bei buchführungspflichtigen Körperschaften nicht vor, da sie nur Einkünfte aus Gewerbebetrieb erzielen können (§ 8 Abs. 2 KStG). Der gem. § 10d Abs. 1 EStG vorzunehmende **Verlustrücktrag** ist auf 1 000 000 € begrenzt. Zur Bekämpfung der wirtschaftlichen Folgen der Corona-Pandemie wurden diese Beträge für die Veranlagungszeiträume 2020 und 2021 auf 10 Mio. € angehoben. Um diese Erhöhungsbeträge bereits bei der Festsetzung der Vorauszahlungen für 2019 und bei den Veranlagungen 2019 und 2020 vor Durchführung der Veranlagungen für 2020/2021 nutzen zu können, sahen die §§ 110 und 111 EStG auf Antrag pauschale Verlustrückträge in Höhe von 30 % des bei der Festsetzung der Vorauszahlungen für 2019 bzw. bei der Veranlagung 2019 angesetzten Gesamtbetrags der Einkünfte (ohne darin enthaltene Einkünfte aus nichtselbständiger Arbeit) vor. Voraussetzung war, dass die Vorauszahlungen für 2020 auf 0 € herabgesetzt wurden.

Durch das Vierte Corona-Steuerhilfegesetz ist die Möglichkeit des erhöhten Verlustrücktrags auf die Veranlagungszeiträume 2022 und 2023 erweitert worden. Gleichzeitig ist – als Dauerregelung – der Verlustrücktrag auf die beiden vorangegangenen Veranlagungszeiträume erweitert worden. Durch das Wachstumschancengesetz sollte ursprünglich eine Erweiterung auf die drei vorangegangenen Veranlagungszeiträume erfolgen sowie die

Höhenbegrenzung dauerhaft auf 10 Mio. € angehoben werden. Beides ist jedoch letztlich nicht umgesetzt worden.

Der körperschaftsteuerliche **Verlustvortrag** gem. § 10d Abs. 2 EStG ist zeitlich unbegrenzt möglich. Hierbei besteht ein Wahlrecht zum Verlustrücktrag (§ 10d Abs. 1 Satz 6 EStG i. V. m. § 8 Abs. 1 KStG). Durch das Vierte Corona-Steuerhilfegesetz ist das Wahlrecht insoweit eingeschränkt worden, als ab dem Veranlagungszeitraum 2022 nur noch ein vollständiger, nicht aber ein teilweiser Verzicht auf den Verlustrücktrag möglich ist. Beim Verlustvortrag besteht hingegen kein Wahlrecht.

Der Verlustvortrag ist wie folgt begrenzt (sog. »Mindestgewinnbesteuerung«): Bis 1 000 000 € sind Verluste voll abzugsfähig (§ 10d Abs. 2 Satz 1 1. HS EStG) – »Sockelbetrag«.

Der Sockelbetrag ist auch bei mehrjährigem Besteuerungszeitraum i. R. einer Liquidation nur einmal zu gewähren (BFH vom 23.01.2013 BStBl II 2013, 508). Ein Verlustvortrag für einen übersteigenden Verlust ist auf 70 % des übersteigenden Einkommens begrenzt (§ 10d Abs. 2 Satz 1 2. HS EStG).

BEISPIEL

Eine GmbH hatte in 2024 einen steuerlichen Verlust von 1 500 000 €. Im VZ 2025 hat sie ein Einkommen von 1 300 000 €. Der Verlustrücktrag kommt nicht in Betracht.

LÖSUNG Verlustvortrag nach 2025:

voll	1 000 000 €
darüber hinaus 70 % des übersteigenden Einkommens (1 300 000 € ./. 1 000 000 €) = 70 % von 300 000 €	210 000 €
gesamter Verlustvortrag	1 210 000 €
zu versteuern 2025: 1 300 000 € ./. 1 210 000 € =	90 000 €

Nach BFH vom 22.08.2012 BStBl II 2013, 512 ist diese Mindestgewinnbesteuerung verfassungsgemäß. Hiergegen ist aber eine Verfassungsbeschwerde anhängig (BVerfG 2 BVR 2998/12). Vgl. auch Vorlagebeschluss des BFH vom 26.02.2014 BStBl II 2014, 1016 zu Definitiveffekten.

6.4 Durchführung des Verlustabzugs, Verfahrensfragen

Der Verlustabzug ist von Amts wegen vorzunehmen. Der Verlustvortrag ist bis zu einem Einkommen von 0 € vorzunehmen. Beim Verlustrücktrag besteht das Wahlrecht des § 8 Abs. 1 KStG i. V. m. § 10d Abs. 1 Satz 6 EStG.

Nach § 10d Abs. 1 Sätze 2 und 3 EStG, einer eigenständigen Berichtigungsvorschrift, sind die Steuerfestsetzungen der Abzugsjahre insoweit zu ändern, als der Verlustabzug aufgrund des Rücktrags zu gewähren oder zu berichtigen ist. Nach § 10d Abs. 4 Sätze 4 ff. EStG sind verfahrensmäßige Einschränkungen bei dem Verlustvortrag zu beachten.

Auch bei der Körperschaftsteuer ist eine gesonderte Feststellung des verbleibenden Verlustabzugs durchzuführen (§ 10d Abs. 4 EStG, §§ 8 Abs. 1, 31 Abs. 1 KStG).

6.5 Verlustabzugsbeschränkung § 8c KStG

Verwaltungsanweisungen BMF vom 28.11.2017 BStBl I 2017, 1645.

6.5.1 Gesetzliches Grundprinzip und Rechtsentwicklung

Verfügt eine Kapitalgesellschaft über einen Verlustvortrag oder auch über einen laufenden Verlust, kann eine Anteilsübertragung einen Wegfall der Verluste mit sich bringen.

Nach § 8c KStG führt nämlich die Übertragung von mehr als der Hälfte der Anteile grundsätzlich zu einem vollständigen Wegfall des Verlustvortrags einer Kapitalgesellschaft. Bei einer Übertragung **von mehr als 25 % bis 50 %** der Anteile entfiel der Verlustvortrag anteilig.

Die Behandlung des Verlusts bei einer Anteilsübertragung zeigt folgendes Schaubild:

Mehr als 50 %	Bis zu 50 %
Verlustvortrag geht vollständig verloren	Verlustabzug bleibt erhalten

Der Gesetzgeber hat im Lauf der Jahre seit 2008 vier **Ausnahmetatbestände** ergänzt:

Sanierungsklausel (§ 8c Abs. 1a KStG)	Diese Klausel wurde bereits im Jahr 2009 geschaffen, um bei Einstieg neuer Investoren in notleidende Unternehmen die Verluste u. U. erhalten zu können (»lex Opel«). Näheres dazu unten.
Konzernklausel (§ 8c Abs. 1 Satz 5 KStG; neu: Satz 4)	Bestimmte konzerninterne Umstrukturierungen sind unschädlich für die Verlustnutzung.
Stille-Reserven-Klausel (§ 8c Abs. 1 Satz 6 ff. KStG; neu: Satz 5 ff.)	Eine Verlusterhaltung i. H. der stillen Reserven (ggf. anteilig) ist möglich.
Fortführungsgebundener Verlustvortrag (§ 8d KStG)	Danach können Verluste (auf Antrag) erhalten bleiben, wenn der Geschäftsbetrieb weitgehend unverändert fortgeführt wird (und weitere Voraussetzungen erfüllt werden.

Mit BMF-Schreiben vom 28.11.2017 BStBl I 217, 1645 und gleich lautenden Ländererlassen vom 29.11.2017 BStBl I 2017, 1643 (GewSt-Fragen), wurde die Anweisung zur Anwendung des § 8c KStG **neu herausgegeben** und dabei vor allem um Verwaltungsregelungen zu den o. g. und bereits ab 2010 geltenden Ausnahmetatbeständen »Konzernklausel« und »Stille-Reserven-Klausel« erweitert. Aussagen zur Auslegung von § 8d KStG sind in dem BMF-Schreiben allerdings nicht enthalten; hierzu soll noch ein gesondertes BMF-Schreiben ergehen. Außerdem enthält das BMF-Schreiben **keine Aussagen zur Sanierungsklausel**, da man bei Abfassung des BMF-Schreibens nicht von einer positiven EuGH-Entscheidung ausging.

6.5.2 Vollständige Aufhebung von § 8c Abs. 1 Satz 1 KStG

Hintergrund: Entscheidung des BVerfG

Mit Beschluss vom 29.03.2017 BStBl II 2017, 1080 hatte das BVerfG die Regelung des § 8c Abs. 1 **Satz 1** KStG für die Jahre **bis 2015** als mit dem Grundgesetz unvereinbar erklärt. Das BVerfG hat dem Gesetzgeber aufgegeben, bis zum 31.12.2018 rückwirkend eine verfassungsmäßige Neuregelung zu treffen. Wäre bis zum 31.12.2018 keine Gesetzesänderung erfolgt, wäre § 8c

Abs. 1 Satz 1 KStG für die Jahre 2008 bis 2015 endgültig verfassungswidrig. Zwischenzeitlich liegt dem BVerfG auch die Frage nach der Verfassungswidrigkeit der Fälle des § 8c Abs. 1 **Satz 2** KStG vor (Vorlagebeschluss des FG Hamburg vom 29.08.2017, DStR 2017, 2377). Dieses Verfahren ist beim BVerfG unter dem Az. 2 BvL 19/17 anhängig.

Mit Beschluss vom 12.04.2023 – I B 74/22 (AdV) (FR 2023, 784) hat der BFH auf Antrag einer Organträgerin, die sich auf ernstliche Zweifel an der Verfassungsmäßigkeit des § 8c Abs. 1 Satz 1 KStG berief, Verlustfeststellungsbescheide von der Vollziehung ausgesetzt, in denen nicht genutzte Verluste aus Vorjahren bzw. Fehlbeträge aus früheren Erhebungszeiträumen wegen schädlichen Beteiligungserwerbs auf der Grundlage von § 8c Abs. 1 Satz 1 KStG in der im Jahr 2016 geltenden Fassung als nicht abziehbar qualifiziert worden waren.

6.5.3 (Vorläufige) Reaktion der Finanzverwaltung und Folgefragen

Im Hinblick auf die o. g. Entscheidung des BVerfG hatte die Finanzverwaltung die Steuerfestsetzungen und Feststellungen im Zusammenhang mit »Satz 1-Fällen« in den Jahren bis 2015 nach § 165 Abs. 1 Satz 4 AO vorläufig ausgesetzt (BMF vom 15.01.2018 BStBl I, 2 als besondere Form der vorläufigen Steuerfestsetzung und Rz. 66 des BMF-Schreibens vom 28.11.2017 BStBl I 2017, 1645). § 8c Abs. 1 **Satz 1** KStG war somit in den Jahren bis 2015 bis zu einer gesetzlichen Neuregelung vorläufig nicht mehr anzuwenden.

6.5.4 Reaktion des Gesetzgebers

Nach dem Regierungsentwurf des Gesetzes zur Vermeidung von Umsatzsteuerausfällen beim Handel von Waren im Internet und zur Änderung weiterer steuerlicher Vorschriften (»Jahressteuergesetz 2018«) war zunächst geplant, § 8c Abs. 1 **Satz 1** KStG (nur) für die Jahre bis **2015** vollständig aufzuheben. Im endgültig verabschiedeten Gesetzestext des JStG 2018 wurde Satz 1 aber nun vollständig, also auch für die aktuellen Jahre ab 2016 gestrichen. Damit greift nun § 8c KStG in allen Jahren nur noch dann ein, wenn innerhalb von fünf Jahren eine **Mehrheitsbeteiligung** übergeht. Somit fällt nun eine größere Zahl von Fällen aus dem Anwendungsbereich der Vorschrift heraus.

Hinweis: Dies gilt auch für Verluste bei der Gewerbesteuer, da § 10a Satz 10 GewStG für Körperschaften vollumfänglich auf § 8c KStG verweist. Die gesamten Sätze des § 8c Abs. 1 KStG verschieben sich dadurch um einen Satz nach vorne (Satz 1 enthält dann den Übergang einer Mehrheitsbeteiligung). Die Konzernklausel steht in Satz 4 statt bisher in Satz 5 und Aussagen zur Stille-Reserven-Klausel sind in § 8c Abs. 1 Satz 5 ff. KStG enthalten.

6.5.5 Praxisrelevante Rechtsfolgen

Der Übergang einer Mehrheitsbeteiligung (innerhalb von fünf Jahren) ist nach wie vor ein schädlicher Tatbestand (§ 8c Abs. 1 Satz 1 KStG). § 8c KStG hat also nach wie vor erhebliche Bedeutung für die Besteuerungspraxis.

Hinweis: Nach einer Entscheidung des **FG Münster** vom 23.08.2023, 9 K 2166/21 K,G,F (EFG 2023, 1644) liegt nach teleologischer und verfassungskonformer Reduktion des § 8c Abs. 1 Satz 1 KStG ein schädlicher Beteiligungserwerb nicht vor, wenn es durch Beteiligungserwerbe von mehr als 50 % innerhalb von fünf Jahren durch einen Erwerber **nicht zu einem**

change of control und damit einer veränderten wirtschaftlichen Identität der Gesellschaft kommt (Die Anteilseignerin war stets zu mehr als 50 % an der Gesellschaft beteiligt; Anteilserwerbe durch Übertragung Geschäftsanteile zu 49,8 % und disquotaler Kapitalerhöhung). Revision beim BFH (Az.: I R 53/23).

BEISPIEL

Bei der Verlust-GmbH (V-GmbH) sind im Jahr 2021 30 % der Anteile übergegangen. Im Jahr 2024 gehen weitere 30 % der Anteile über.

LÖSUNG Die Anteilsübertragung im Jahr **2021** führt nicht mehr zu einem Anwendungsfall von § 8c Abs. 1 Satz 1 KStG a. F. Im Jahr 2021 bleibt der Verlust also vollumfänglich erhalten, ohne dass ein Ausnahmetatbestand (Konzernklausel, Stille-Reserven-Klausel, Sanierungsklausel, § 8d KStG) zu prüfen wäre. Durch die weitere Übertragung von nochmals 30 % wird jedoch im Jahr **2024** (innerhalb von fünf Jahren) die 50 %-Schwelle überschritten, so dass nun ein Anwendungsfall von § 8c Abs. 1 Satz 1 KStG n. F. (Satz 2 a. F.) gegeben ist. Der zum Zeitpunkt der Anteilsübertragung vorhandene Verlust geht somit grundsätzlich verloren, soweit er nicht (ggf. teilweise) durch einen der o. g. Ausnahmetatbestände »gerettet« werden kann.

In diesem Zusammenhang gelten **die bisherigen Prinzipien** weiter (mit der im BMF-Schreiben vom 28.11.2017 BStBl I 2017, 1645, dargestellten Verwaltungsauffassung). Mithin bedeutet die Fortgeltung dieser Prinzipien, dass die Bestandskraft eines Bescheids mit der Anwendung von § 8c KStG vermieden werden muss.

Im Verhältnis zu § 8d KStG entfällt mit der Geltung des § 8c Abs. 1 Satz 1 KStG eine wesentliche Fallgruppe, in der ein potentieller Antrag gem. § 8d KStG nachteilige Auswirkungen auslösen konnte. Bei Übergang einer Minderheitsbeteiligung von bspw. 40 % unterlag bei einem Antrag gem. § 8d KStG der gesamte Verlustvortrag den Restriktionen des § 8d KStG. Bei einem i. S. d. § 8d KStG schädlichen Ereignis nach § 8d Abs. 2 KStG, bspw. der Aufnahme eines zusätzlichen Geschäftsbetriebs oder der Beteiligung an einer Mitunternehmerschaft) wäre der gesamte (fortführungsgebundene) Verlustvortrag entfallen, während gem. § 8c KStG lediglich 40 % des Verlustvortrags entfallen wären.

Risikobehaftet für Anträge gem. § 8d KStG bleiben somit nur Sachverhalte, bei denen ein Teil der Verluste über die **Stille-Reserven-Klausel** gerettet werden könnte, bei einem § 8d KStG-Antrag dann aber dennoch der gesamte Verlust zu § 8d KStG übergeht. Diese Fälle sind aber weniger risikobehaftet, weil § 8d Abs. 2 Satz 1 KStG die Stille-Reserven-Klausel auch für einen schädlichen Fall des § 8d Abs. 2 KStG für anwendbar erklärt. Dabei verbleibt dann also nur noch das Risiko, dass die beim Anteilserwerb vorhandenen stillen Reserven bis zum Eintritt des Ereignisses nach § 8d Abs. 2 KStG nicht mehr vorhanden gewesen wären.

6.5.6 Wiederbelebung der Sanierungsklausel (§ 8c Abs. 1a KStG)

a) Grundsätzliche Voraussetzungen für die Verlusterhaltung durch die Sanierungsklausel

Die Sanierungsklausel greift ein, wenn ein Beteiligungserwerb zum Zweck der Sanierung erfolgt. Begünstigt sind Maßnahmen, die darauf gerichtet sind, die Zahlungsunfähigkeit oder Überschuldung zu verhindern und zugleich die wesentlichen Betriebsstrukturen zu erhalten. Das Praxisproblem wird– ähnlich wie bei § 8d KStG – die Frage sein, wann die wesentlichen Betriebsstrukturen erhalten werden (und wann eben nicht). Das Gesetz arbeitet dabei –

anders als § 8d KStG – mit drei Musterfällen, in denen die Betriebsstrukturen erhalten bleiben sollen:

- Befolgung einer Betriebsvereinbarung mit Arbeitsplatzregelung,
- Erfüllung der Lohnsummenklausel des § 13a Abs. 1 und 4 ErbStG oder
- **Zuführung** von wesentlichem Betriebsvermögen **durch Einlagen** (mind. 25 % des vorherigen Aktivvermögens).

Die objektive Darlegungs- und Beweislast für das Vorliegen der Voraussetzungen der Sanierungsklausel liegen bei der Körperschaft, da es sich um einen Ausnahmetatbestand zum ansonsten greifenden § 8c Abs. 1 KStG handelt.

b) Praxisrelevante Einzelfragen bei Anwendung der Sanierungsklausel

aa) Betriebsvereinbarung mit einer Arbeitsplatzregelung

Durch eine Betriebsvereinbarung mit einer Arbeitsplatzregelung wird dem Umstand Rechnung getragen, dass ein Unternehmen eine Krisensituation häufig nur dann bewältigen kann, wenn es durch den Abbau von Arbeitsplätzen Kosten reduziert. Mit der Regelung soll sichergestellt werden, dass eine solche Entscheidung unter Beteiligung der Arbeitnehmervertreter getroffen wird. Nach Auffassung der Finanzverwaltung kann das in § 8c Abs. 1a Satz 3 Nr. 1 KStG genannte Arbeitsplatzkriterium auch durch Abschluss eines Tarifvertrags und dessen Befolgung erfüllt werden.

bb) Lohnsummenregelung

Das Arbeitsplatzmerkmal ist nach § 8c Abs. 1a Satz 3 Nr. 2 KStG dann erfüllt, wenn in den nächsten fünf Jahren nach dem Beteiligungserwerb die jährliche durchschnittliche Lohnsumme 80 % der Ausgangslohnsumme nicht unterschreitet.

Dies bedeutet, dass in den dem Beteiligungserwerb folgenden fünf Jahren die jährliche durchschnittliche Lohnsumme um nicht mehr als 20 % der Ausgangslohnsumme abgesenkt werden darf. Die Unterschreitung der Lohnsumme in einem Wirtschaftsjahr unter die 80 %-Grenze ist allerdings dann unschädlich, wenn sie in einem folgenden Wirtschaftsjahr (innerhalb des Fünfjahreszeitraums) wieder ausgeglichen wird; also, wenn sie innerhalb von fünf Jahren nicht < 400 % der Ausgangslohnsumme ist.

cc) Zeitnahe Zuführung von wesentlichem Betriebsvermögen

Die Betriebsvermögenszuführung im Wege der Einlage steht in zeitlichem Zusammenhang mit dem Beteiligungserwerb, wenn sie innerhalb von zwölf Monaten nach dem schädlichen Beteiligungserwerb i. S. d. § 8c Abs. 1 KStG erfolgt.

Eine Betriebsvermögenszuführung in Höhe von 25 % des in der Steuerbilanz zum Schluss des vorangegangenen Wirtschaftsjahres enthaltenen Aktivvermögens (Buchwerte) ist nur bei einem Anteilserwerb von 100 % erforderlich. Bei einem geringeren Beteiligungserwerb genügt eine entsprechend geringere Betriebsvermögenszuführung. Sofern z. B. nur 60 % der Anteile an einer Körperschaft erworben werden, sind auch nur 15 % (= 60 % von 25 %) neues Betriebsvermögen zuzuführen. Der Erlass von Verbindlichkeiten wird der Zuführung neuen Betriebsvermögens gleichgestellt. Dadurch werden auch Fälle begünstigt, bei denen Fremdkapitalgeber ihr Fremdkapital in Eigenkapital umwandeln. Dies gilt jedoch nur, soweit die Forderungen, auf die verzichtet wird, **werthaltig** sind. Damit dürfte eine Betriebsvermögenszuführung im Wege eines Forderungsverzichts nur in seltenen Ausnahmefällen in Betracht kommen. Zu beachten ist, dass Leistungen der Kapitalgesellschaft (z. B. auch vGA), die innerhalb von drei Jahren nach der Zuführung des neuen Betriebsvermögens erfolgen, nach § 8c Abs. 1a Satz 3 Nr. 3 Satz 5 KStG von dem zugeführten Betriebsvermögen wieder abzuziehen sind und damit nachträglich zu einem Wegfall dieser Voraussetzung führen können.

c) Verhältnis der Sanierungsklausel i. S. d. § 8c Abs. 1a KStG zu § 8d KStG

Sowohl die Sanierungsklausel nach § 8c Abs. 1a KStG als auch der fortführungsgebundene Verlustvortrag nach § 8d KStG führen zu einer Verlustverschonung und damit zu einer Ausnahme des Verlustuntergangs nach § 8c Abs. 1 KStG. Beide Regelungen haben allerdings sowohl unterschiedliche Voraussetzungen als auch unterschiedliche Vor- und Nachteile.

Für schädliche Beteiligungserwerbe nach dem 31.12.2007 und vor dem 01.01.2016 besteht kein Konkurrenzverhältnis der beiden Regelungen, da § 8d KStG erstmalig für Beteiligungserwerbe nach dem 31.12.2015 zur Anwendung kommt.

Sofern **nach dem 31.12.2015** die Voraussetzungen beider Regelungen vorliegen, ist u. a. zu beachten, dass sowohl § 8c Abs. 1a KStG als auch § 8d KStG in die Zukunft gerichtete Voraussetzungen haben. So darf nach § 8c Abs. 1a Satz 4 KStG innerhalb eines Zeitraums von fünf Jahren nach dem schädlichen Beteiligungserwerb kein Branchenwechsel erfolgen. Dagegen beinhaltet § 8d Abs. 2 KStG einen ganzen Katalog von zukünftig (zeitlich unbeschränkt) eintretenden schädlichen Ereignissen, die zu einem Untergang des fortführungsgebundenen Verlustvortrags führen.

Ein **Branchenwechsel** führt danach für Zwecke des § 8c Abs. 1a KStG innerhalb der ersten fünf Jahre zu einem rückwirkenden Ereignis, welches **rückwirkend** im Zeitpunkt des schädlichen Beteiligungserwerbs zum Untergang der nicht genutzten Verluste führt (nach Ablauf der Fünfjahresfrist ist ein Branchenwechsel dagegen unschädlich).

Im Regime des § 8d KStG ist dagegen ein zukünftiger Branchenwechsel ohne zeitliche Begrenzung stets ein schädliches Ereignis i. S. d. § 8d Abs. 2 Satz 2 Nr. 2 KStG, das jedoch nur zum Untergang des zum Schluss des dem schädlichen Ereignis **vorangegangenen VZ** festgestellten fortführungsgebundenen Verlustvortrags führt und sich damit nicht auf den ursprünglich festgestellten fortführungsgebundenen Verlustvortrag auswirkt.

Kölbl/Neumann (Ubg 2018, 324, 332) gehen aufgrund der engeren Tatbestandvoraussetzungen und der umfassenderen Rechtsfolge des § 8c Abs. 1a KStG selbst dann von einem **Vorrang der Sanierungsklausel** vor dem § 8d KStG aus, wenn zugleich ein Antrag zur Anwendung des § 8d KStG gestellt wurde. In Sanierungsfällen wird im Ergebnis der weiterhin nutzbare Verlust **nicht** zu einem fortführungsgebundenen und damit gefährdeten Verlustvortrag.

d) Verwaltungsmeinung und Literaturhinweise zu weiteren Auslegungsfragen

Eine bundeseinheitliche Verwaltungsregelung zur Auslegung der Sanierungsklausel gibt es bisher noch nicht; das BMF-Schreiben vom 28.11.2017 BStBl I 2017, 1645, enthält dazu keine Ausführungen. Allerdings hat die **OFD NRW** zeitnah nach der Gesetzesänderung eine **Verfügung** zur Auslegung von § 8c Abs. 1a KStG erlassen (Vfg. vom 20.12.2018, DB 2019, 26 = überarbeitete Fassung einer früheren Vfg. vom 30.03.2010, GmbHR 2010, 557). Diese Vfg. ist zwar nicht bundeseinheitlich abgestimmt, kann aber auch für Fälle in anderen Bundesländern als Orientierung dienen.

6.6 Grundprinzip der Verlustabzugsbeschränkung für Körperschaften nach § 8c Abs. 1 KStG

6.6.1 Überblick und Rechtsfolgen

Die für die nachfolgenden Kapitel zugrunde gelegte Verwaltungsanweisung ist das BMF-Schreiben vom 28.11.2017 BStBl I 2017, 1645 (nachfolgend BMF).

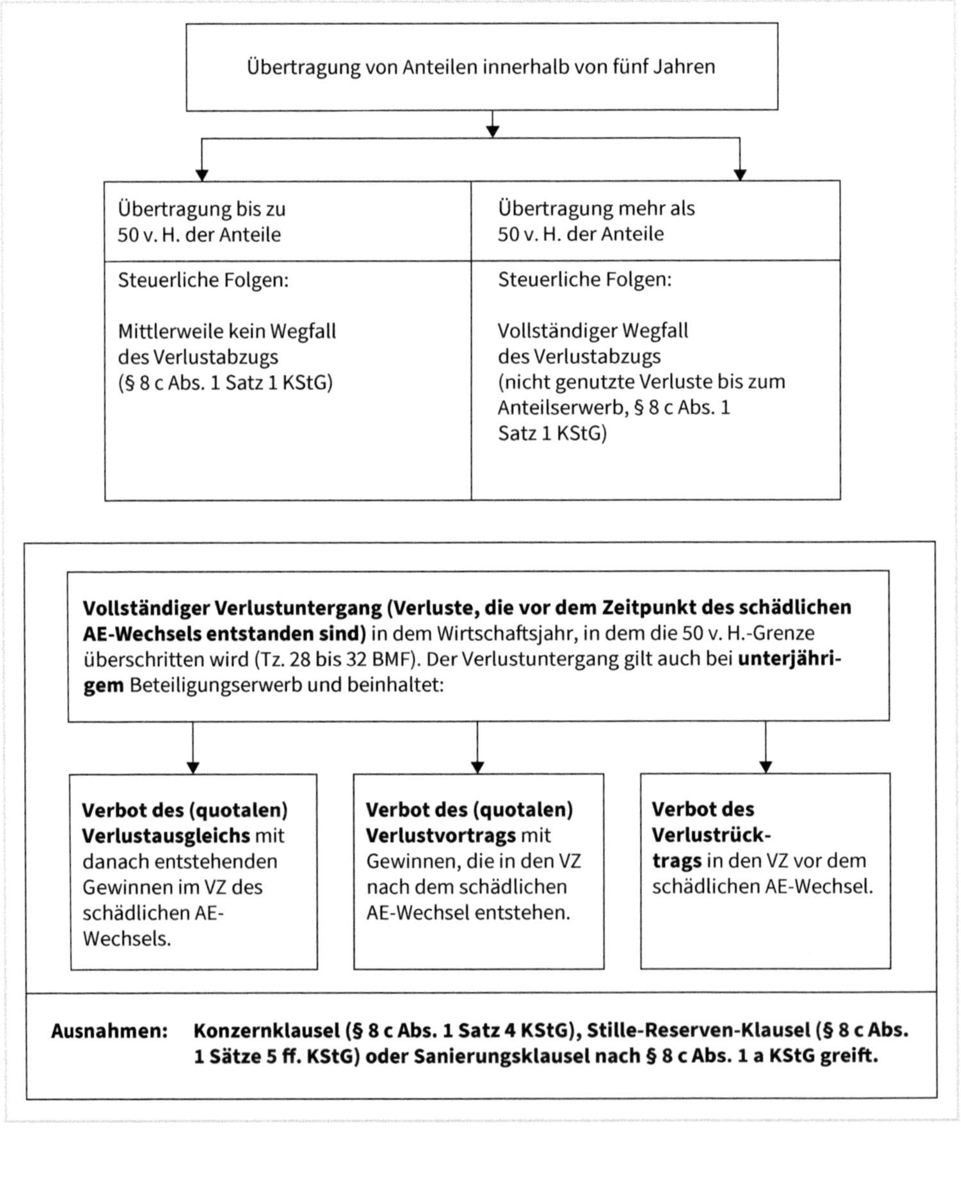

6.6.2 Einzelheiten zur Anteilsübertragung nach § 8c Abs. 1 KStG

Es ergeben sich folgende steuerliche Auswirkungen zur Anteilsübertragung:

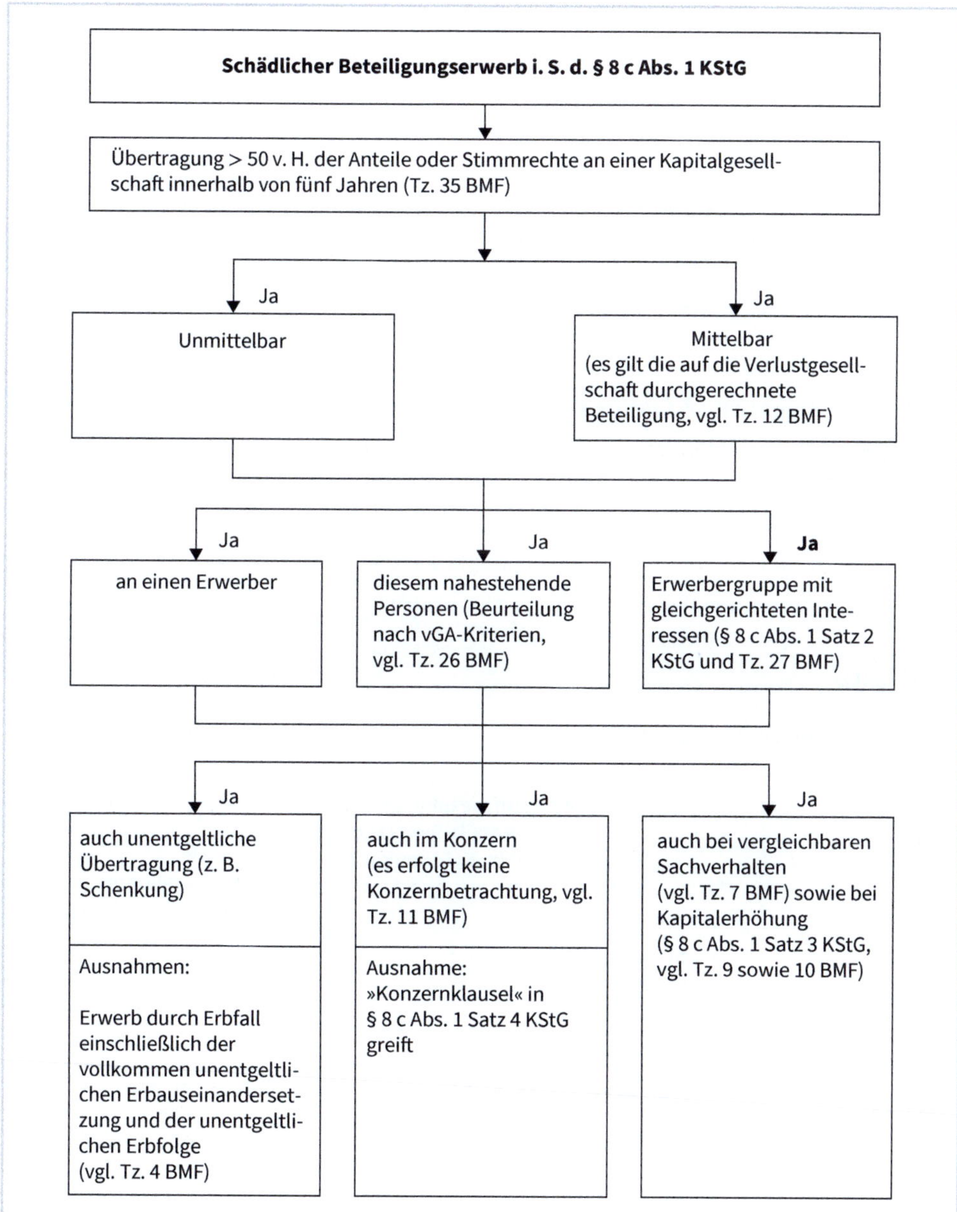

BEISPIEL

Anteiliger/vollständiger Wegfall des Verlustvortrags bei gestrecktem Anteilserwerb

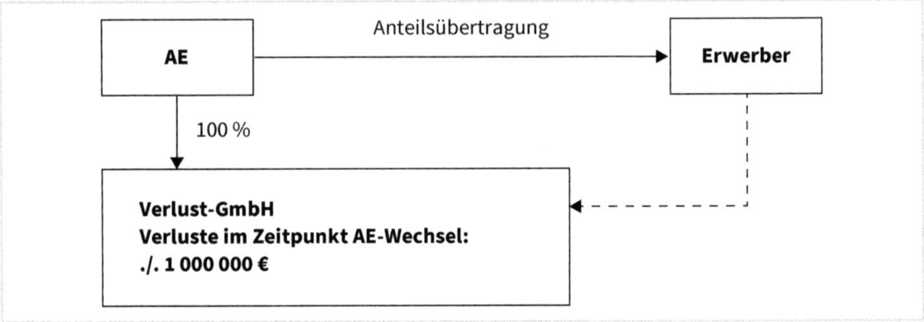

Fall 1:

AE überträgt am 01.05.2021 30 % seiner Anteile an einen Erwerber.

LÖSUNG Kein Wegfall des Verlustvortrags im VZ 2021 in Höhe von 30 %=300000 € (§ 8c Abs. 1 Satz 1 KStG).

Fall 2:

AE überträgt am 01.05.2021 30 % und am 01.08.2022 weitere 20 % seiner Anteile an diesen Erwerber.

LÖSUNG Keine weitere Anwendung des § 8c Abs. 1 Satz 1 KStG.

BEISPIEL

Anteiliger/vollständiger Wegfall des Verlustvortrags bei schädlichem Gesamtplan

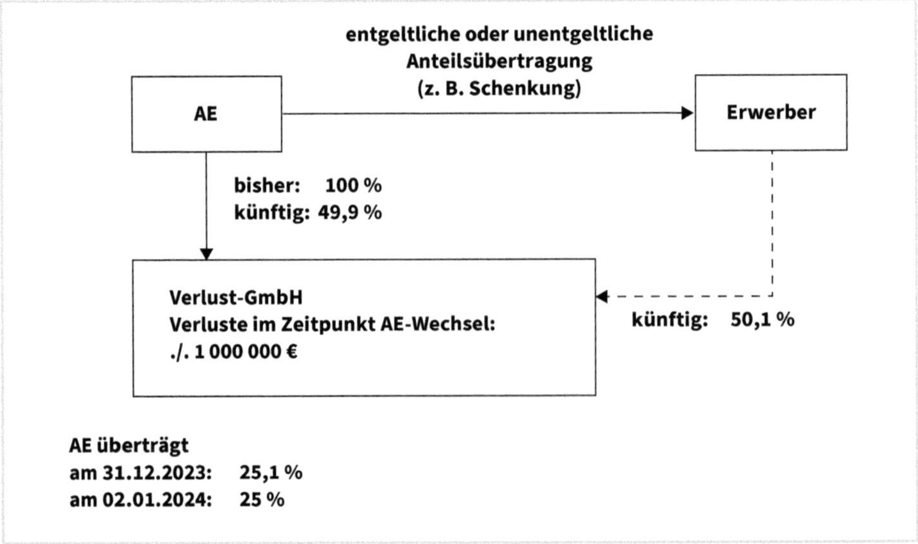

LÖSUNG Wegfall des Verlustvortrags am 02.01.2024, d.h. insgesamt vollständiger Wegfall des Verlustvortrags nach § 8c Abs. 1 Satz 1 KStG im VZ 2024 in Höhe von 100 % = 1 000 000 €. Denn bei einem schädlichen Beteiligungserwerb von über 50 % – hier in Höhe von 50,1 % – innerhalb eines Zeitraums von fünf Jahren geht der nicht genutzte Verlust vollständig verloren (verbleibender Verlustvortrag also 0 €).

6.6.2.1 Vorbemerkung

Das BMF-Schreiben vom 04.07.2008 enthielt noch keine Aussagen zur sog. Konzernklausel und zur sog. Stille-Reservenklausel, da diese Sonderregelungen erst später – ab 2010 – Eingang in das Gesetz gefunden haben (Gesetz zur Beschleunigung des Wirtschaftswachstums vom 22.12.2009 (BStBl I 2010, 2, sog. »Wachstumsbeschleunigungsgesetz«). Die Verwaltungsauffassung zu diesen Normen ist nunmehr in BMF vom 28.11.2017 BStBl I 2017, 1645 unter den Rn. 39 ff. dargestellt. Die im Entwurf vom 15.04.2014 noch enthaltenen Ausführungen zur Anwendung des § 8c KStG auf **gewerbesteuerliche Fehlbeträge** (§ 10a Satz 10 GewStG) sind nunmehr gesondert in dem gleichlautenden Ländererlass vom 29.11.2017 (BStBl I 2017, 1643) veröffentlicht.

6.6.2.2 Wesentliche Inhalte des BMF-Schreibens vom 28.11.2017

6.6.2.2.1 Anwendungsbereich (Rn. 2)

Entsprechend der bisherigen Auffassung der Finanzverwaltung wurden nun auch die vororganschaftlichen Verlustvorträge einer Organgesellschaft in den – nicht abschließenden – Katalog der Rn. 2 mit aufgenommen. Mithin umfassen die Abzugsbeschränkungen des § 8c KStG alle nicht ausgeglichenen und nicht abgezogenen negativen Einkünfte; insbesondere die Verluste nach § 2a, § 10d (Verlustvor- und -rücktrag, einschließlich der Verlustvorträge einer Organgesellschaft aus vororganschaftlicher Zeit), § 15 Abs. 4, § 15a und § 15b EStG – festgestellte verbleibende Verlustvorträge i. S. d. § 10 Abs. 3 Satz 5 AStG. Des Weiteren gilt § 8c KStG für den Zinsvortrag nach § 4h Abs. 1 Satz 5 EStG entsprechend (§ 8a Abs. 1 Satz 3 KStG).« (BMF vom 28.11.2017 BStBl I 2017, 1645 Rn. 2)

6.6.2.2.2 Schädlicher Beteiligungserwerb (Rn. 4)

Rn. 4 des BMF-Schreibens normiert, dass ein schädlicher Beteiligungserwerb unentgeltlich bzw. entgeltlich erfolgen kann. Hierunter fallen u. a. Schenkungen, die die Anwendung des § 8c KStG nicht verhindern können (da ansonsten Anteile an wertlosen Verlustgesellschaften nicht länger für einen symbolischen Euro verkauft, sondern verschenkt werden würden). Der Erwerb durch Erbfall wird grundsätzlich ebenfalls vom Normwortlaut des § 8c KStG erfasst. Die Einschränkung der Rn. 4 stellt insoweit eine Billigkeitsmaßnahme dar, die nunmehr auf die unentgeltliche Erbauseinandersetzung und die unentgeltliche vorweggenommene Erbfolge zwischen Angehörigen i. S. d. § 15 AO beschränkt wird. § 8c KStG findet auf solche Fälle auch dann keine Anwendung, wenn der Begriff »vorweggenommene Erbfolge« im Vertrag nicht vorkommt und wenn eine Anrechnung auf das spätere Erbteil – wie im Urteilsfall des FG Münster – ausgeschlossen ist.

Es ist allerdings – wie bereits bisher – darauf zu achten, dass die Übertragung nicht teilentgeltlich erfolgt (also keine Schuldübernahmen, Gleichstellungsgelder an Geschwister usw. vereinbart wurden). Ein Teilentgelt ist schädlich für die Anwendung des Ausnahmetatbestands in Rn. 4. Das FG Münster hat mit Urteil vom 04.11.2015 (EFG 2016, 412) entschieden, dass der Wortlaut des § 8c KStG auch Übertragungen im Wege einer vorweggenommenen Erbfolge erfasse. Aus den Materialien des Gesetzgebungsverfahrens ergebe sich keine andere Auslegung, da danach lediglich Erwerbe durch Erbfall oder Erbauseinandersetzung begünstigt sein sollten. Eine Gleichbehandlung von Erbfall und vorweggenommener Erbfolge sei jedoch nicht zwingend. Die eingelegte Revision wurde vom BFH durch Beschluss vom 20.07.2016 (BFH/NV 2016, 1733) als unzulässig zurückgewiesen. Die Finanzverwaltung folgt der Auffassung des FG Münster nicht. Es bleibt also dabei, dass eine unentgeltliche vorweggenommene Erbfolge (ebenso wie ein Erbfall und eine unentgeltliche Erbauseinandersetzung) nicht zu einem Anwendungsfall des § 8c KStG führt.

6.6.2.2.3 Unmittelbarer und mittelbarer Erwerb (Rn. 11)

Da § 8c KStG auf alle Körperschaften Anwendung findet (vgl. BMF vom 28.11.2017 BStBl I 2017, 1645 Rn. 1), wurde im letzten Satz der Rn. 11 »GmbH« durch »Körperschaft« ersetzt.

Mit Änderung der Konzernklausel durch das Steueränderungsgesetz 2015 fallen die Auf- bzw. Abwärtsverschmelzung nach § 8c Abs. 1 Satz 5 Nr. 1 und 2 KStG ebenfalls unter die Konzernklausel.

BEISPIEL

(aus BMF vom 28.11.2017, a. a. O. Rn. 11, Beispiel 2)

Die Gesellschafterin der Verlustgesellschaft V-GmbH ist die E-GmbH, deren Gesellschafterin ist die T-GmbH, und deren Gesellschafter sind die M1-KG und die M2-KG.

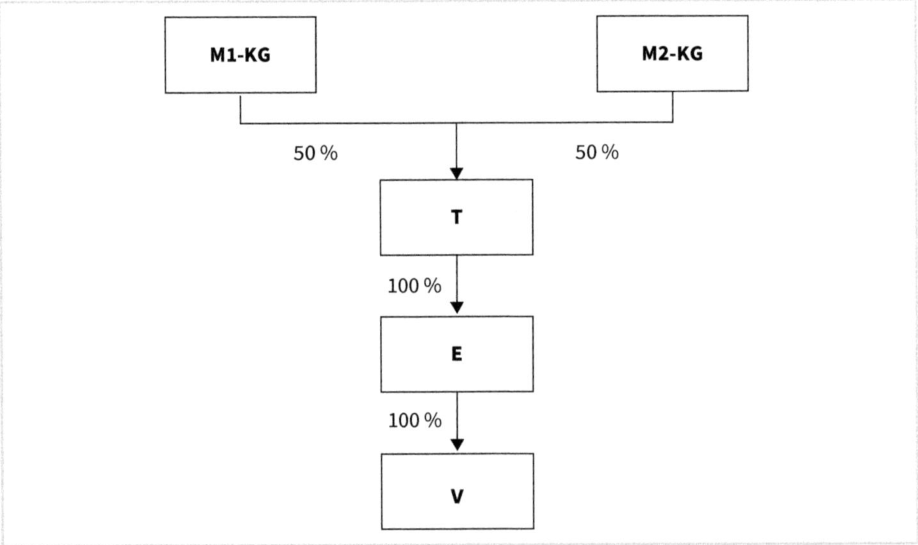

LÖSUNG Eine schädliche konzerninterne Umstrukturierung liegt u. a. vor, wenn die M1-KG auf die M2-KG verschmolzen wird oder umgekehrt bzw. die Anteile an der T-GmbH aus dem Gesamthandsvermögen der M1 in das Sonderbetriebsvermögen eines ihrer Gesellschafter übertragen werden oder umgekehrt.

Ein Formwechsel des Anteilseigners i. S. d. § 190 Abs. 1 UmwG oder ein vergleichbarer ausländischer Vorgang bewirkt keine mittelbare Übertragung der Anteile an einer nachgeordneten Körperschaft.

6.6.2.2.4 Fünfjahreszeitraum (Rn. 23)

Die neu eingefügte Rn. 23 stellt klar, dass frühere (in der Zwischenzeit übertragene) Beteiligungen nicht bei einem späteren (Wieder-)Erwerb berücksichtigt werden.

BEISPIEL

Die natürliche Person A ist im Jahr 2022 zu 60% an der Verlustgesellschaft V-GmbH beteiligt. In 2023 veräußert er die vollen 60% an B, der bereits zu 40% an der V-GmbH beteiligt war. In 2025 wiederum erwirbt A von B sämtliche Anteile (100%) an der V-GmbH.

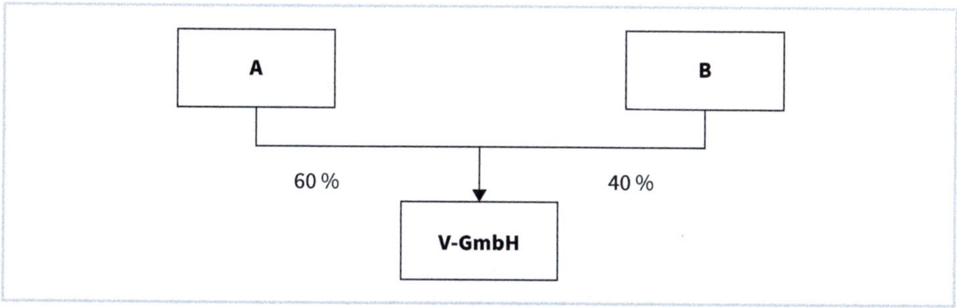

LÖSUNG Der Beteiligungserwerb in 2023 durch B (60%) führt zu einem vollständigen Verlustuntergang nach § 8c Abs. 1 Satz 2 KStG (vorbehaltlich Stille-Reserven-Klausel).

Der Beteiligungserwerb in 2025 durch A (100%) führt zu einem weiteren Anwendungsfall des § 8c Abs. 1 Satz 2 KStG. Die Tatsache, dass A bereits früher zu 60% an der V-GmbH beteiligt war, bleibt unberücksichtigt.

6.6.2.2.5 Übertragung auf nahestehende Personen (Rn. 26)

Der Kreis der nahestehenden Personen ist für Zwecke des § 8c KStG wie bei der vGA weit auszulegen.

6.6.2.2.6 Übertragung auf Erwerber mit gleichgerichteten Interessen (Rn. 28)

Nach § 8c Abs. 1 Satz 2 KStG gilt als ein Erwerber i.S.d. § 8c Abs. 1 Satz 1 und 2 KStG auch eine Gruppe von Erwerbern mit gleichgerichteten Interessen. Seit Einführung der Regelung im Jahr 2008 bestand Streit darüber, was unter einer »Erwerbergruppe« zu verstehen und wie diese abzugrenzen ist. Nach der bisherigen Auffassung der **Finanzverwaltung** waren mehrere Erwerber faktisch immer zusammenzurechnen, wenn diese in einem gewissen zeitlichen Zusammenhang die Anteile erworben haben.

Nach Auffassung des BFH (Urteil vom 22.11.2016 BStBl II 2017, 921) ist zur Annahme einer Erwerbergruppe dagegen erforderlich, dass mehrere Erwerber bei und im Hinblick auf den Erwerb von Anteilen an der Verlustgesellschaft zusammenwirken und diese Personen im Anschluss an den Erwerb (durch Stimmbindungsvereinbarungen, Konsortialverträge oder andere verbindliche Abreden) einen beherrschenden einheitlichen Einfluss bei der Verlustgesellschaft ausüben können.

Allein das gemeinsame Beherrschen der Gesellschaft durch mehrere Erwerber sieht der BFH nicht als ausreichendes Indiz für eine Erwerbergruppe an. Der BFH sieht § 8c Abs. 1 Satz 3 KStG als Missbrauchsverhinderungsregelung an, um sog. »Quartettlösungen« zu verhindern (Bezugnahme auf die Gesetzesbegründung, in der vier Gesellschafter jeweils 25% erwerben). Dazu müsse es dann aber konkrete »missbräuchliche« Absprachen geben, die im Urteilsfall nicht vorlagen. Maßgeblicher Zeitpunkt ist dabei der **Erwerbszeitpunkt**; spätestens zu diesem Zeitpunkt müssen die Erwerber Abreden also im Hinblick auf das spätere gemeinsame Beherrschen der Gesellschaft getroffen haben. Absprachen mit Blick auf die Preisfindung oder das Bewahren eines bisher vorliegenden Beteiligungsverhältnisses reichen dafür ebenso wenig aus wie die reine Möglichkeit des gemeinsamen Beherrschens.

Die **Darlegungs- und Beweislast** für das Vorliegen einer Erwerbergruppe kraft gleichgerichteter Interessen liegt grundsätzlich bei der Finanzverwaltung.

6.6.2.2.7 Zeitpunkt und Umfang des Verlustuntergangs (Rn. 32)

Die neu eingefügte Rn. 32 stellt klar, dass in den »**Mitternachtsfällen**« zunächst eine Einkommenszurechung von der Organgesellschaft zum Organträger erfolgt und erst danach § 8c KStG auf Ebene des Organträgers anzuwenden ist.

BEISPIEL

Die OT-GmbH ist alleinige Gesellschafterin und Organträgerin der OG-GmbH. Beide Gesellschaften haben ein kalenderjahrgleiches Wirtschaftsjahr. Im Wj. 2024 hat die OT-GmbH ein (eigenes) Einkommen i.H.v. 80000 €, die OG-GmbH einen Verlust i.H.v. 100000 €. Zum 31.12.2024 (24:00 Uhr) überträgt der alleinige Anteilseigner der OT-GmbH die Anteile an einen Erwerber.

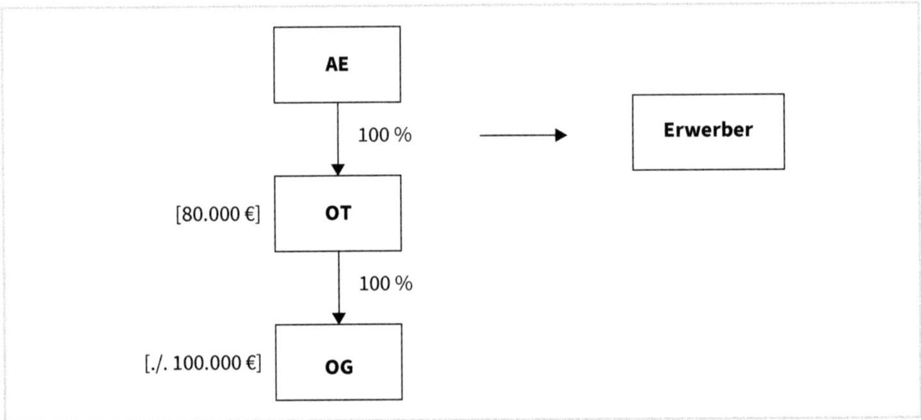

LÖSUNG Ende 2024 liegt sowohl ein unmittelbarer schädlicher Beteiligungserwerb an der OT-GmbH als auch ein mittelbarer schädlicher Beteiligungserwerb an der OG-GmbH vor.

Da der Beteiligungserwerb zum Ende des Wirtschaftsjahres erfolgt, ist zunächst das negative Einkommen der OG-GmbH (./. 100000 €) der OT-GmbH zuzurechnen. Die OT-GmbH hat damit ein Einkommen von (80000 € ./. 100000 € =) ./. 20000 €. Vorbehaltlich stiller Reserven fallen damit lediglich die ./. 20000 € auf Ebene der OT-GmbH unter § 8c Abs. 1 Satz 1 KStG.

6.6.2.2.8 Unterjähriger Beteiligungserwerb (Rn. 33, 34, 35 und 36)

Die Finanzverwaltung setzt das BFH-Urteil vom 30.11.2011 (BStBl II 2012, 360) um und lässt nunmehr auch zu, dass bei einem unterjährig stattfindenden schädlichen Beteiligungserwerb ein bis dahin erzielter Gewinn mit dem Verlustvortrag des Vorjahres verrechnet werden kann. Im Gegensatz zu Rn. 31 des Entwurfs vom 15.04.2014 wird klargestellt, dass dabei auf den bis zum schädlichen Beteiligungserwerb erwirtschafteten **G. d. E.** abzustellen ist. Zudem handelt es sich begrifflich um keinen unterjährigen Beteiligungserwerb, wenn die Übertragung **zum Ende** des Wirtschaftsjahres erfolgt.

BEISPIEL

(aus BMF vom 28.11.2017 BStBl I 2017, 1645 Rn. 34)

Die V-GmbH hat zum 31.12.2023 einen verbleibenden Verlustvortrag i. H. v. 10000000 €. Das Wirtschaftsjahr der V-GmbH entspricht dem Kalenderjahr.

Am 30.06.2024 werden 100% der Anteile der V-GmbH auf einen Erwerber übertragen (schädlicher Beteiligungserwerb). Der G. d. E. des VZ 2024 beträgt 4000000 €. Davon entfallen 1500000 € auf den Zeitraum bis zum schädlichen Beteiligungserwerb.

(Abwandlung: der G. d. E. bis zum schädlichen Beteiligungserwerb beträgt 6000000 €).

LÖSUNG Es bleibt ein Teilbetrag von 1500000 € des zum 31.12.2023 verbleibenden Verlustvortrags abziehbar. I. H. v. 8500000 € geht der Verlustvortrag nach § 8c Abs 1 Satz 2 KStG unter. Der nach Anwendung des § 8c Abs. 1 Satz 1 KStG verbleibende Verlustvortrag i. H. v. 1500000 € kann unter Beachtung der Mindestgewinnbesteuerung mit dem positiven G. d. E. des VZ 2024 verrechnet werden. Das Einkommen des VZ 2024 beträgt danach 2500000 € (= 4000000 € ./. 1500000 €).

Im Fall der **Abwandlung** bleibt ein Teilbetrag von 6000000 € des zum 31.12.2023 verbleibenden Verlustvortrags abziehbar. I. H. v. 4000000 € geht der Verlustvortrag nach § 8c Abs. 1 Satz 1 KStG unter.

Der nach Anwendung des § 8c Abs. 1 Satz 1 KStG verbleibende Verlustvortrag i. H. v. 6000000 € kann unter Beachtung der **Mindestgewinnbesteuerung** mit dem positiven G. d. E. des VZ 2024 verrechnet werden. Das Einkommen des VZ 2024 beträgt danach **1200000 €** (= 4000000 € ./. 1000000 € ./. 1800000 € [= 60% von 3000000 €]). Zum 31.12.2024 ist ein verbleibender Verlustvortrag i. H. v. **3200000 €** (1 200 000+2000000 €) gesondert festzustellen.

Die Mindestgewinnbesteuerung ist für die Ermittlung der Höhe des verbleibenden Verlustvortrags unbeachtlich. Nach der Verrechnung verbleibende Verlustvorträge können dann unter Beachtung der Mindestgewinnbesteuerung abgezogen und ggf. weiter vorgetragen werden. Nach Rn. 34 ist nunmehr eine Verrechnung mit Verlustvorträgen möglich, soweit bis zum schädlichen Beteiligungserwerb ein positiver G. d. E. erzielt wurde. Dasselbe gilt, wenn »insgesamt ein niedrigerer G. d. E. als in der Zeit bis zum schädlichen Beteiligungserwerb erzielt wird«. Unter »insgesamt niedrigerer G. d. E.« fällt auch ein im Erwerbsjahr insgesamt negativer G. d. E. (z. B. 100000 € Gewinn vor dem schädlichen Beteiligungserwerb, 200000 € Verlust nach dem schädlichen Beteiligungserwerb). Weiterhin nicht möglich ist nach Auffassung der Finanzverwaltung ein Verlustrücktrag nach einem unterjährigen schädlichen Beteiligungserwerb.

BEISPIEL

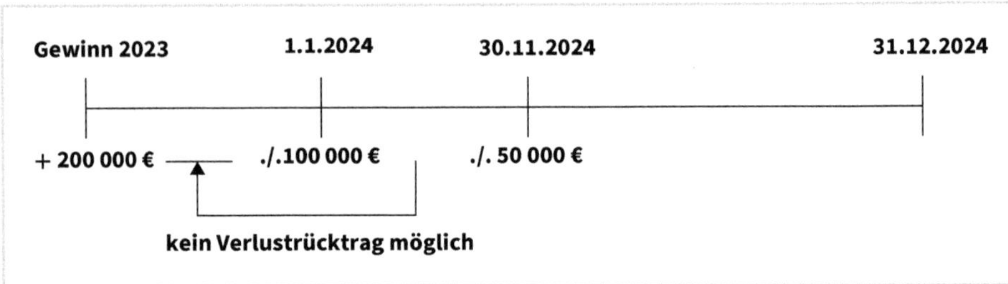

Ende November 2024 werden 51 % der Anteile an der V-GmbH übertragen.

In der Zeit von Januar bis November 2024 erzielte die V-GmbH einen Verlust (G. d. E.) i. H. v. ./. 100 000 €.

Der Gewinn/G. d. E. 2023 beträgt + 100 000 €.

LÖSUNG Nach Rn. 31 Satz 3 (»Sie [Verluste] dürfen auch nicht in vorangegangene VZ zurückgetragen werden.«) ist ein **Verlustrücktrag nicht möglich**. Hierzu gibt es aber ein Urteil des FG Münster vom 21.07.2016 (EFG 2016, 1546), wonach die Verwaltungsauffassung abzulehnen und der Verlustrücktrag in vollem Umfang zuzulassen sei. § 8c Abs. 1 KStG wolle verhindern, dass früher entstandene Verluste durch einen Beteiligungserwerb wirtschaftlich übertragen und durch personell veränderte Gesellschaften genutzt werden könnten. Bei einem Verlustrücktrag liege eine solche personelle Veränderung nicht vor, denn wirtschaftlich nutzten nur diejenigen Anteilseigner den Verlust, die ihn während ihrer Beteiligungszeit auch erwirtschaftet hätten. Wegen grundsätzlicher Bedeutung der Streitfrage hat das Finanzgericht die Revision zum BFH zugelassen. Die Revision ist mit Urteil vom 28.11.2018, I R 61/16, ohne Sachentscheidung erledigt worden.

Bislang war nach Rn. 32 des BMF-Schreibens vom 04.07.2008 eine zeitanteilige Aufteilung vorzunehmen. Die Verlustgesellschaft konnte jedoch auch eine andere, wirtschaftlich begründete Aufteilung darlegen. Die Altregelung enthielt mithin eine Art Wahlrecht. Nunmehr gilt der Grundsatz, dass eine Aufteilung nach wirtschaftlichen Kriterien zu erfolgen hat, die sich – soweit vorhanden – an einem Zwischenabschluss des Verlustträgers orientiert. Erst wenn ein solcher Zwischenabschluss nicht erstellt wird, kann die Verteilung des Jahresergebnisses geschätzt werden. Diese Vorgehensweise wurde nun durch die Rn. 35 klargestellt, wonach eine zeitanteilige Schätzung zulässig ist, wenn kein Zwischenabschluss erstellt wird.

Rn. 36

Rn. 36 enthält Ausführungen einschließlich eines ausführlichen Fallbeispiels zum unterjährigen schädlichen Beteiligungserwerb bei vom Kalenderjahr abweichendem Wirtschaftsjahr.

Rn. 37

Bei einer steuerlichen Organschaft ist die Verlustabzugsbeschränkung des § 8c KStG auf Ebene des Organträgers und auf Ebene der Organgesellschaft **getrennt anzuwenden**. Im Fall eines schädlichen Beteiligungserwerbs bei einem Organträger unterliegt daher regelmäßig auch das noch nicht zugerechnete negative Organeinkommen der Verlustabzugsbeschränkung des § 8c KStG, soweit es aufgrund eines schädlichen Beteiligungserwerbs an einem Organträger zu einem mittelbaren schädlichen Erwerb an der Organgesellschaft kommt. Die negativen Einkommen der Organgesellschaft und des Organträgers sind bei einem **unterjährigen Beteiligungserwerb jeweils vor der Einkommenszurechnung** auf Ebene der Organgesellschaft bzw. des Organträgers entsprechend der Ergebnisaufteilung i. S. d. Rn. 35 zu kürzen. Das gilt auch für ein negatives Einkommen einer Organgesellschaft aus einem laufenden vom Kalenderjahr abweichenden Wirtschaftsjahr, das die Organgesellschaft in der Zeit vom Beginn des Wirtschaftsjahres bis zum schädlichen Beteiligungserwerb erzielt hat. Für das negative Einkommen eines vom Kalenderjahr abweichenden Wirtschaftsjahres der Organgesellschaft, das vor dem schädlichen Beteiligungserwerb abgeschlossen war, gilt Rn. 32.

Mit Rn. 37 wird bei einem unterjährigen Beteiligungserwerb klargestellt, dass § 8c KStG in Organschaftsfällen für den Organträger und die Organgesellschaft **getrennt** zu prüfen ist. § 8c KStG findet auf Ebene der Organgesellschaft Anwendung, bevor die Einkommenszurechnung an den Organträger erfolgt.

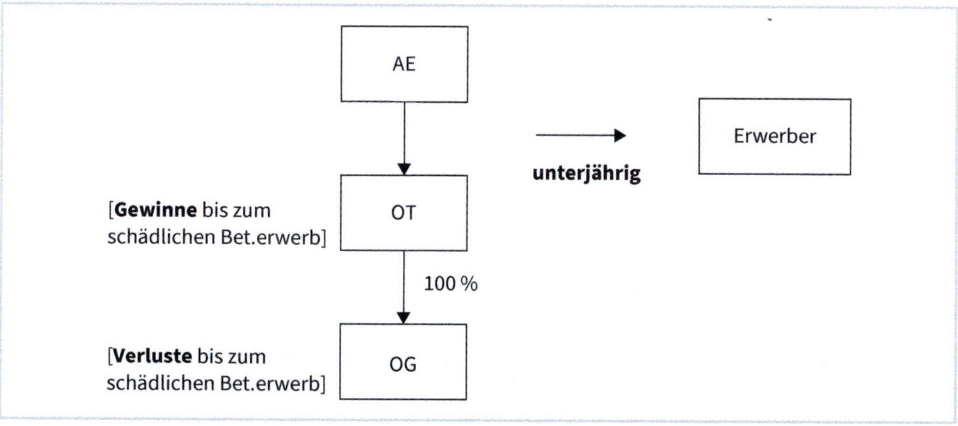

Eine **Ausnahme** besteht in den Fällen, in denen das abweichende Wj. der Organgesellschaft bereits vor dem schädlichen Beteiligungserwerb abgeschlossen war. Insoweit erfolgt zunächst eine Einkommenszurechung von der Organgesellschaft zum Organträger und erst danach ist § 8c KStG auf Ebene des Organträgers anzuwenden.

Rn. 38

Rn. 33 Satz 2 ist bei Organgesellschaften nicht anzuwenden. Aufgrund der Zurechnung des Einkommens der Organgesellschaft beim Organträger kann es bei der Organgesellschaft keine nicht genutzten Verluste aus Vorjahren geben, die für eine Verrechnung mit bis zum Zeitpunkt des schädlichen Beteiligungserwerbs entstandenen Gewinnen zur Verfügung stehen könnten. Eine Verrechnung von innerhalb der Organschaft entstandenen Gewinnen mit ggf. bestehenden vororganschaftlichen Verlusten ist nicht zulässig (§ 15 Satz 1 Nr. 1 KStG). Bei einem unterjährigen schädlichen Beteiligungserwerb auf Ebene der Organgesellschaft ist keine Verrechnung mit »eingefrorenen« vororganschaftlichen Verlustvorträgen möglich.

Soweit ein vortragsfähiger **Gewerbeverlust** einer Organgesellschaft nach Maßgabe der R 10a.4 Satz 5 GewStR 2009 auf Ebene der Organgesellschaft abgezogen werden kann, gilt die Einschränkung der Rn. 38 des BMF-Schreibens vom 28.11.2017 insoweit nicht, vielmehr ist Rn. 33 Satz 2 anzuwenden (vgl. gleichlautende Ländererlasse vom 29.11.2017, a. a. O.).

6.6.2.2.9 Konzernklausel im Sinne von § 8c Abs. 1 Satz 4 KStG

Die Auffassung der Finanzverwaltung zur Konzernklausel stellt sich im BMF-Schreiben vom 28.11.2017 (BStBl I 2017, 1645) wie folgt dar:

BEISPIEL

Anwendung der Konzernklausel bei unmittelbarem Erwerb; T 1-GmbH verkauft Anteile an Verlust-GmbH an T 2-GmbH

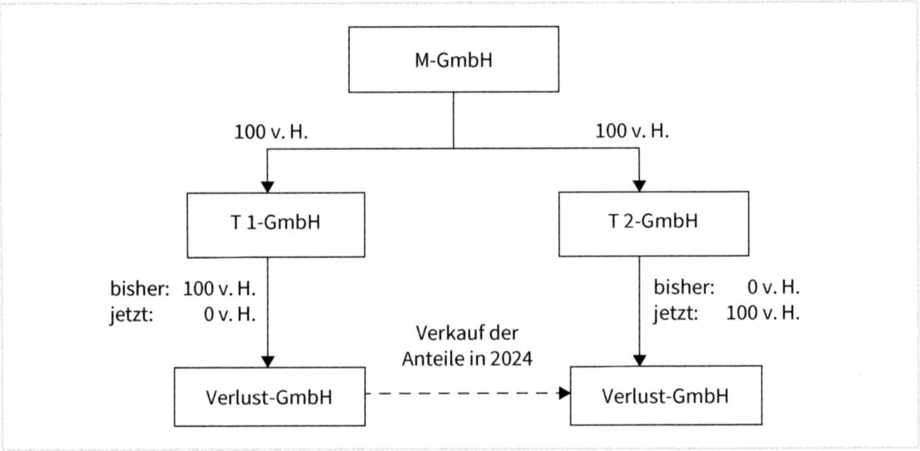

LÖSUNG Anwendung der Konzernklausel in § 8c Abs. 1 Satz 4 Nr. 3 KStG, da an der übertragenden T 1-GmbH und der übernehmenden T 2-GmbH die M-GmbH zu jeweils 100 % beteiligt ist.

BEISPIEL

Anwendung der Konzernklausel bei mittelbarem Anteilseignerwechsel; T 1-GmbH verkauft Anteile an E-GmbH an T 2-GmbH

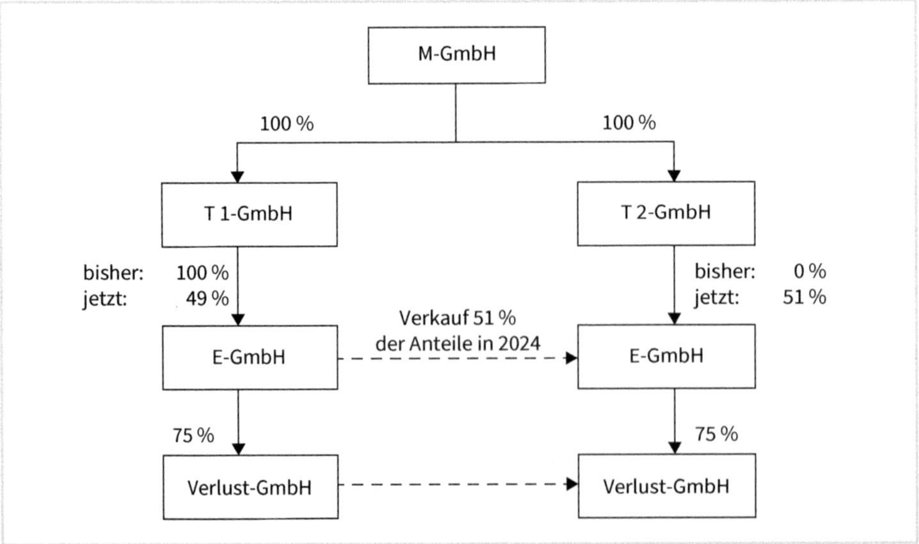

LÖSUNG Eigentlich Wegfall des verbleibenden Verlustvortrags bei der Verlust-GmbH nach § 8c Abs. 1 Satz 1 KStG i. H. v. 38,25 % (51 % von 75 %), da nach Tz. 11 BMF keine Konzernbetrachtung erfolgt.

Aber: Anwendung der Konzernklausel in § 8c Abs. 1 Satz 4 Nr. 3 KStG, da an der übertragenden T 1-GmbH und der übernehmenden T 2-GmbH die M-GmbH zu jeweils 100 % beteiligt ist. Der Verlustvortrag bleibt bei der Verlust-GmbH aufgrund der konzerninternen Umgliederung in voller Höhe erhalten.

BEISPIEL

Begründung einer Organschaft nach §§ 14, 17 KStG:

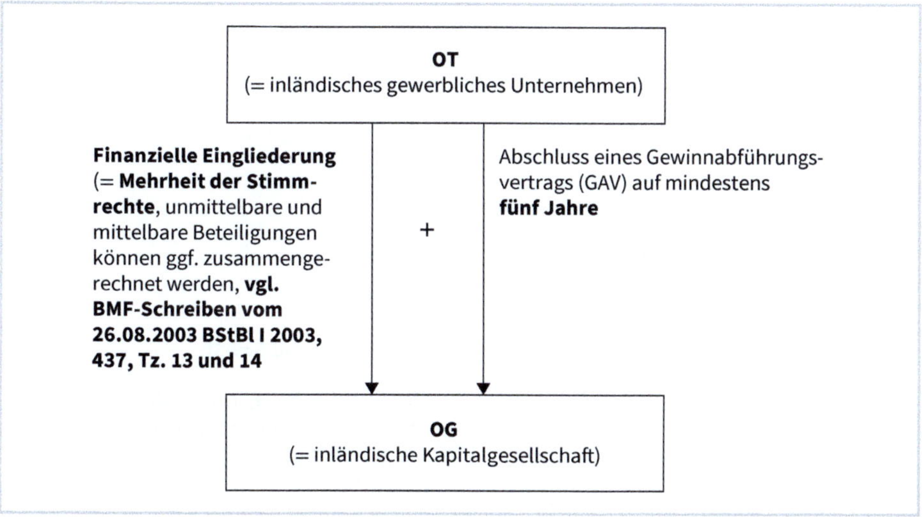

LÖSUNG Es sind die zeitlichen Voraussetzungen für eine steuerwirksame Organschaft zu beachten!

Ab VZ 2024 gilt, dass es sich mit der Erfüllung der nachfolgend aufgeführten Kriterien um eine Organschaft handelt:
- finanzielle Eingliederung ab 01.01.2024 (vgl. R 14.2 KStR),
- Abschluss GAV und Eintragung des GAV in das Handelsregister bis spätestens 31.12.2024 (vgl. Tz. 3 des BMF-Schreibens vom 10.11.2005 BStBl I 2005, 1038),
- Mindestlaufzeit GAV fünf Zeitjahre (nicht Wj. § 14 Abs. 1 Satz 1 Nr. 3 KStG).

Es gilt jedoch das Abzugsverbot für vororganschaftliche Verluste der OG.

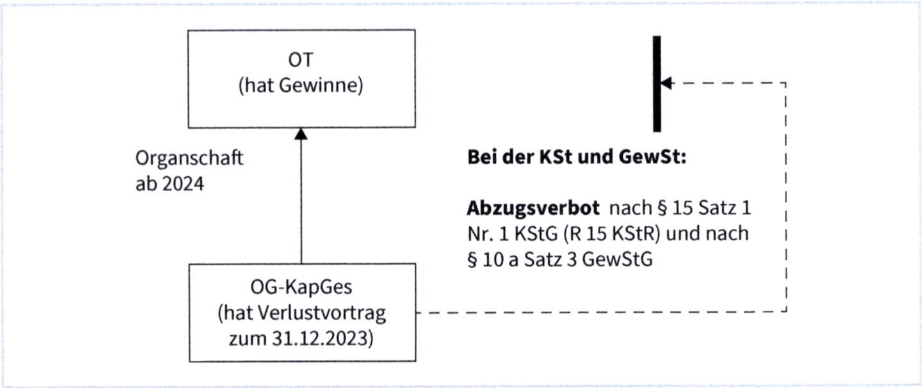

Ausnahme: kein Abzugsverbot für vororganschaftliche Verluste des OT!

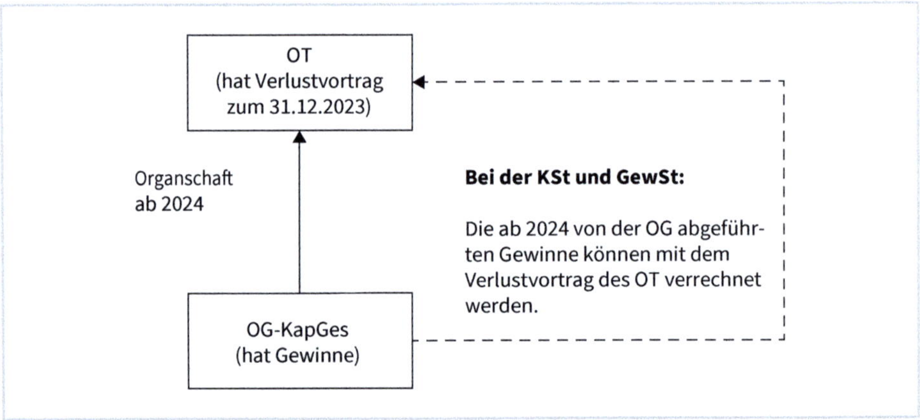

BEISPIEL

Keine schädliche Umstrukturierung i. S. d. § 8c KStG bei Verschmelzung auf Verlust-Schwestergesellschaft:

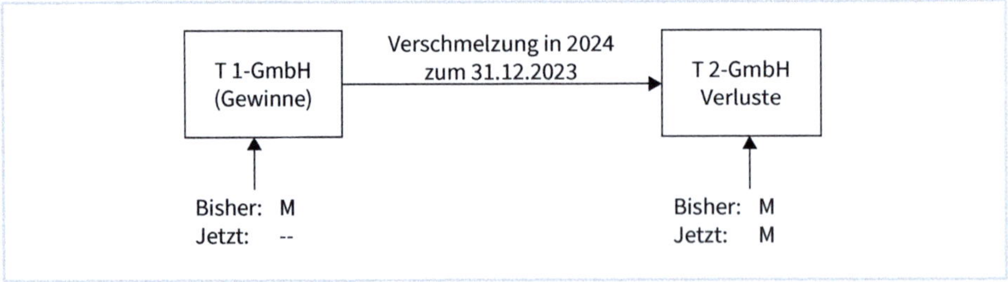

LÖSUNG Kein Untergang des verbleibenden Verlustvortrags zum 31.12.2023 nach § 10d Abs. 4 EStG bei T 2-GmbH. § 8c KStG greift nicht, da bei der T 2-GmbH (Verlustgesellschaft) kein Gesellschafterwechsel erfolgt.

Einschränkung durch § 2 Abs. 4 UmwStG: Ggf. kein Verlustausgleich im Rückwirkungszeitraum (d. h. vom 01.01.2024 bis zur Eintragung der Verschmelzung im HR) bei Verschmelzung einer Gewinn- auf eine Verlustgesellschaft.

Nach § 2 Abs. 4 Satz 3 UmwStG ist der Ausgleich oder die Verrechnung von positiven Einkünften des übertragenden Rechtsträgers im Rückwirkungszeitraum mit Verlusten des übernehmenden Rechtsträgers nicht zulässig.

Dies gilt nur dann nicht, wenn übertragender Rechtsträger und übernehmender Rechtsträger vor Ablauf des steuerlichen Übertragungsstichtags verbundene Unternehmen i. S. d. § 271 Abs. 2 HGB sind (§ 2 Abs. 4 Satz 6 UmwStG).

Im Einzelnen gilt zur Konzernklausel Folgendes:

Durch die rückwirkende Änderung der Konzernklausel durch das Steueränderungsgesetz 2015 wurde dieser Teil des BMF-Schreibens grundlegend überarbeitet.

Rn. 39

In Rn. 39 wird der Wortlaut des geänderten § 8c Abs. 1 Satz 4 KStG wiedergegeben und eine »Personenhandelsgesellschaft« als »OHG« und »KG« definiert.

Rn. 40

Aus dem Wortlaut des § 8c Abs. 1 Satz 4 KStG ist in der Literatur teilweise geschlossen worden, dass nur entgeltliche Vorgänge durch die Konzernklausel begünstigt sein könnten. Dies hätte in erster Linie unentgeltliche Vorgänge, wie die verdeckte Einlage einer Beteiligung betroffen. Mit der Rn. 40 ist nunmehr klargestellt, dass die Konzernklausel auf sämtliche Rechtsvorgänge anwendbar ist, die auch zu einem schädlichen Beteiligungserwerb i. S. d. § 8c Abs. 1 KStG führen können.

Rn. 41

Übertragender Rechtsträger« bzw. »Veräußerer« i. S. d. § 8c Abs. 1 Satz 4 KStG ist der Rechtsträger, der die Anteile an der Verlustgesellschaft **vor** der Anteilsübertragung unmittelbar oder mittelbar hält. »Übernehmender Rechtsträger« bzw. »Erwerber« i. S. d. § 8c Abs. 1 Satz 4 KStG ist der Rechtsträger, der die Anteile **nach** der Anteilsübertragung unmittelbar oder mittelbar hält. Die Begriffe »übertragender Rechtsträger« und »übernehmender Rechtsträger« werden in der Konzernklausel **normspezifisch** verwendet und sind nicht im umwandlungssteuerrechtlichen Sinn zu verstehen.

BEISPIEL

aus BMF vom 28.11.2017, Rn. 41

Die A-AG hält 100% der Anteile an der T-GmbH, die wiederum zu 100% an der Verlustgesellschaft V-GmbH beteiligt ist. Die T-GmbH wird abwärts auf die V-GmbH verschmolzen.

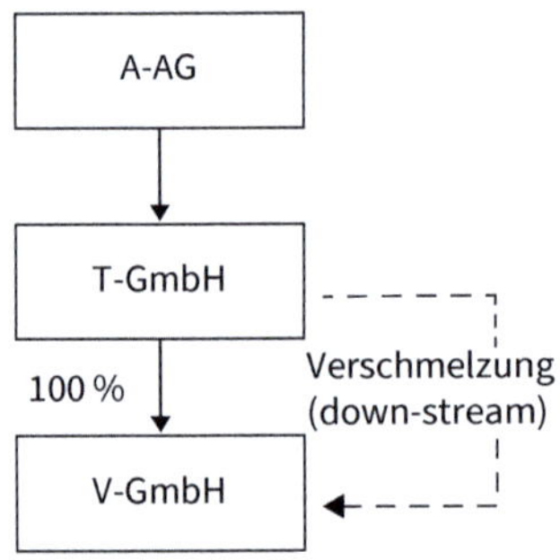

LÖSUNG Übertragender Rechtsträger der Anteile an der V-GmbH i.S.d. § 8c KStG ist hier die T-GmbH, übernehmender Rechtsträger ist die A-AG, denn sie hält anschließend die Anteile an der V-GmbH. Demgegenüber ist umwandlungssteuerlich hier die V-GmbH übernehmender Rechtsträger, denn sie übernimmt das Vermögen der T-GmbH aus der Verschmelzung.

Rn. 42

Der Begriff der Personenhandelsgesellschaft ist ein handelsrechtlicher Begriff und damit vom steuerrechtlichen Begriff der Mitunternehmerschaft zu unterscheiden.

Personenhandelsgesellschaften sind die OHG, die KG, die GmbH&Co KG (auch bei nur gewerblicher Prägung i.S.d. § 15 Abs. 3 Nr. 2 EStG); außerdem vergleichbare ausländische Gesellschaften (z.B. französische SNC). Nicht einbezogen werden andere Personengesellschaften (z.B. vermögensverwaltende GbR und Partnerschaftsgesellschaften). Bei den Personenhandelsgesellschaften ist ferner zu beachten, dass sich nach der Gesetzesbegründung (BT-Drucks. 18/4902, 47) die Beteiligung an dem übertragenden bzw. an dem übernehmenden Rechtsträger zu 100% im Gesamthandsvermögen der Personenhandelsgesellschaft befinden muss. Im Gesetzeswortlaut hat dieses Zusatzerfordernis allerdings keinen Niederschlag gefunden.

Rn. 43

Neben der obigen Einbeziehung von Personenhandelsgesellschaften war einer der Hauptgründe für die rückwirkende Änderung der Konzernklausel durch das Steueränderungsgesetz 2015, die Konzernklausel auf Fallkonstellationen zu erweitern, in denen die Konzernspitze Erwerber oder Veräußerer der Anteile einer Verlustgesellschaft ist.

BEISPIEL

Zur Verlängerung der Beteiligungskette

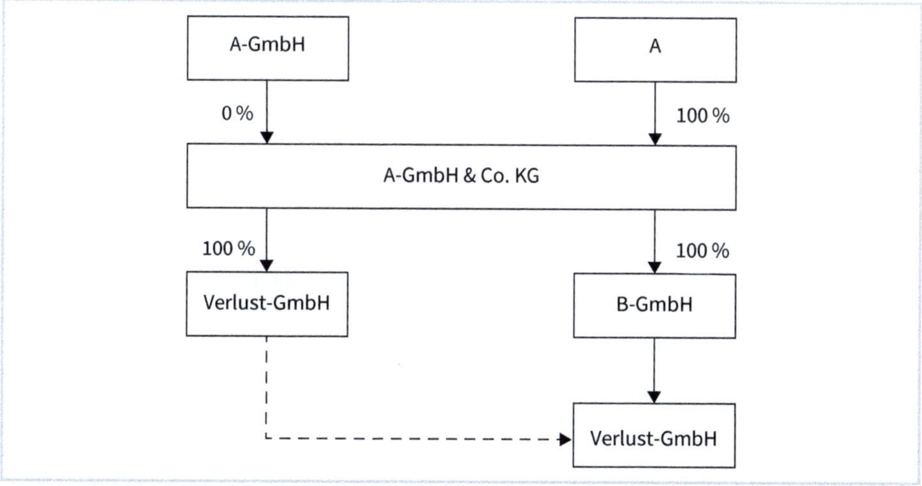

LÖSUNG Der Vorgang fällt unter § 8c Abs. 1 Satz 4 Nr. 2 KStG, da der Veräußerer (A-KG) am übernehmenden Rechtsträger (B-GmbH) zu 100 % beteiligt ist. Es liegt somit kein schädlicher Beteiligungserwerb vor.

Rn. 44

§ 8 Abs. 1 Satz 4 Nr. 3 KStG entspricht im Wesentlichen der alten Konzernklausel in der Fassung vor dem Steueränderungsgesetz 2015.

Rn. 45

Die Voraussetzungen der Konzernklausel sind auch dann erfüllt, wenn dieselbe Person zu 100 % am übertragenden und am übernehmenden Rechtsträger beteiligt ist, sie selbst zur Verlustgesellschaft jedoch keine 100 %ige mittelbare Beteiligung besitzt, sondern zusätzlich ein fremder Dritter an der Verlustgesellschaft beteiligt ist.

BEISPIEL

Aus BMF vom 28.11.2017, Rn. 45
Die natürliche Person A ist jeweils zu 100 % an der X-GmbH und an der Y-GmbH beteiligt. Die X-GmbH veräußert ihre Anteile i. H. v. 50 % an der Verlustgesellschaft V an die Y-GmbH. Ferner ist an der Verlustgesellschaft V ein fremder Dritter D zu 50 % beteiligt.

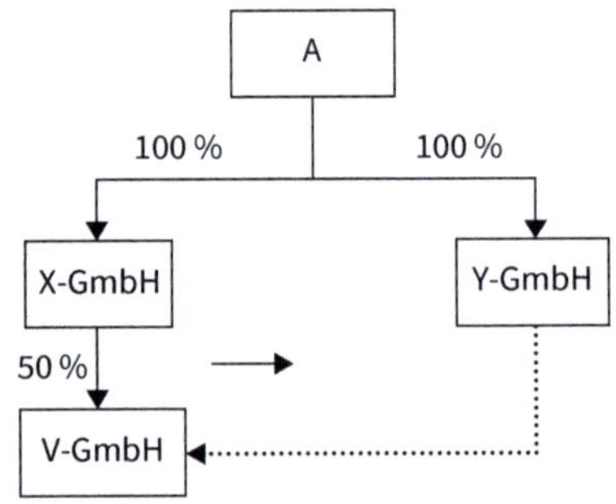

LÖSUNG A ist sowohl am übertragenden Rechtsträger X-GmbH als auch am übernehmenden Rechtsträger Y-GmbH jeweils zu 100 % beteiligt. Es liegt somit kein schädlicher Beteiligungserwerb vor. Für die Anwendung der dritten Alternative der Konzernklausel ist nicht Voraussetzung, dass A zusätzlich auch zu 100 % an der Verlustgesellschaft V (mittelbar) beteiligt sein muss.

Hinweis: Es wird klargestellt, dass auch nach Verwaltungsauffassung keine 100 %ige Beteiligung an der Verlustgesellschaft bestehen muss.

Es reicht aus, dass am übertragenden und am übernehmenden Rechtsträger eine natürliche oder juristische Person oder eine Personenhandelsgesellschaft zu 100 % unmittelbar oder mittelbar beteiligt ist.

Rn. 46

Die Konzernklausel findet hingegen **keine Anwendung**, wenn **mehr als ein Beteiligter** am übertragenden oder übernehmenden Rechtsträger vorhanden ist und durch die Zusammenrechnung von unmittelbaren und mittelbaren Beteiligungen **keine 100 %ige Beteiligung** am übertragenden und/oder übernehmenden Rechtsträger erreicht wird. Das ist z. B. der Fall, wenn übertragender oder übernehmender Rechtsträger eine Kapitalgesellschaft mit mehreren Anteilseignern (z. B. börsennotierte Gesellschaften) oder eine Personengesellschaft ist, an der nur natürliche Personen beteiligt sind.

BEISPIEL

aus BMF vom 28.11.2017, Rn. 46
Die natürlichen Personen A und B sind zu jeweils 50% an der AB-GmbH beteiligt. Diese wiederum hält eine Beteiligung an der Verlust-GmbH. Die AB-GmbH überträgt nun die Anteile an der Verlust-GmbH auf A. Der übernehmende Rechtsträger bzw. Erwerber ist A selbst (Handlungsebene).

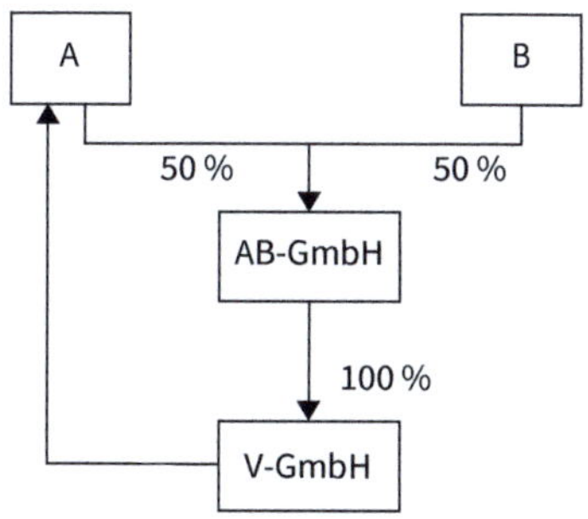

LÖSUNG A ist nicht zu 100% an dem übertragenden Rechtsträger (AB-GmbH) beteiligt. Die Voraussetzungen des § 8c Abs. 1 Satz 5 Nr. 1 KStG liegen damit nicht vor. Gleichfalls greift § 8c Abs. 1 Satz 4 Nr. 3 KStG nicht, da die Voraussetzung einer 100%igen Beteiligung am übernehmenden Rechtsträger nicht erfüllt ist (keine Zurechnungsebene vorhanden).

6.6.2.2.10 Prüfung der Konzernklausel im Zusammenhang mit der Ermittlung der schädlichen Erwerbsquote von 50%

Rn. 47

Ob für einen Anteilserwerb die Voraussetzungen für die Anwendung der Konzernklausel vorliegen, wird regelmäßig geprüft, wenn die schädliche Grenze von 50% innerhalb von fünf Jahren erstmals überschritten wird. Führen erst mehrere Erwerbe zu einem Überschreiten der Grenze von 50%, sind die Voraussetzungen der Konzernklausel für jeden der Erwerbe getrennt voneinander zu prüfen.

Rn. 48

Einzelne Beteiligungserwerbe, die die Voraussetzungen der Konzernklausel erfüllen, sind **weder bei der Ermittlung der schädlichen Grenze von 50% noch bei der Berechnung des Fünfjahreszeitraums zu berücksichtigen.** Einem solchen Beteiligungserwerb folgende und vorangegangene Erwerbe, die die Voraussetzungen der Konzernklausel nicht erfüllen, sind weiterhin in die Ermittlung der schädlichen Grenze und des Fünfjahreszeitraums einzubeziehen.

BEISPIEL

aus BMF vom 28.11.2017, Rn. 48
Es werden zum 01.01. des jeweiligen Jahres folgende Anteile einer Verlustgesellschaft durch einen Erwerber erworben:

2020:	15 % Voraussetzungen der Konzernklausel sind nicht erfüllt
2021:	20 % Voraussetzungen der Konzernklausel sind erfüllt
2022:	32,5 % Voraussetzungen der Konzernklausel sind nicht erfüllt
2023/2024:	keine weiteren Erwerbe
2025:	18 % Voraussetzungen der Konzernklausel sind nicht erfüllt

LÖSUNG

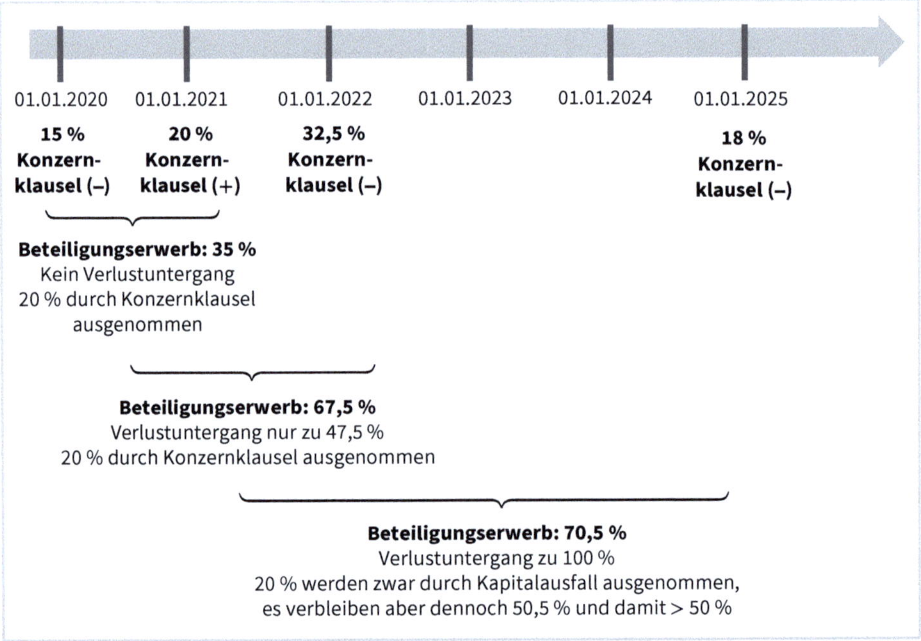

Für die Erwerbe **im ersten und zweiten Jahr** (insg. 35 %) erfolgt keine Verlustkürzung, da für den Erwerb im zweiten Jahr (20 %) die Konzernklausel anzuwenden ist. Im **dritten Jahr** wird der Verlust um 47,5 % nach § 8c Abs. 1 Satz 1 KStG gekürzt. Das entspricht der Höhe der schädlichen Beteiligungserwerbe in den Jahren 2020 und 2022. Damit endet der Fünfjahreszeitraum nach § 8c Abs. 1 Satz 1 KStG vorzeitig; der Fünfjahreszeitraum nach § 8c Abs. 1 Satz 1 KStG läuft weiter. Aufgrund des weiteren Erwerbs **im sechsten Jahr** erfolgt eine vollständige Verlustkürzung nach § 8c Abs. 1 Satz 1 KStG.

Beteiligungserwerbe, die unter die Konzernklausel fallen sind auch **keine »Zählerwerbe«**, die zu späteren Beteiligungserwerben innerhalb der 5-Jahres-Frist hinzuaddiert werden (vgl. auch Hinweis in der Rn. 18: »vorbehaltlich der Ausführungen zu Rn. 48«). Das obige Beispiel verdeutlicht die Anwendung der Konzernklausel, wenn mehrere aufeinanderfolgende Beteiligungserwerbe stattfinden.

6.6.2.2.11 »Stille-Reserven-Klausel« nach § 8c Abs. 1 Sätze 5 bis 8 KStG

Nach § 8c Abs. 1 Sätze 5 bis 8 KStG bleiben die nicht genutzten Verluste, die nach § 8c Abs. 1 Satz 1 KStG entfallen würden, erhalten, soweit sie die anteilig auf sie entfallenden im Inland steuerpflichtigen stillen Reserven nicht übersteigen. Die Bewertung der stillen Reserven ist regelmäßig durch Gegenüberstellung des auf den erworbenen Anteil entfallenden, bzw. bei einem schädlichen Beteiligungserwerb von mehr als 50% des **gesamten steuerlichen Eigenkapitals** (vgl. hierzu § 266 Abs. 3 »A. Eigenkapital« HGB) der Körperschaft und dem gemeinen Wert der erworbenen Anteile bzw. dem gemeinen Wert aller Anteile vorzunehmen. Der gemeine Wert der Anteile wird dabei in den Fällen des **entgeltlichen Erwerbs** im Regelfall dem gezahlten Entgelt entsprechen. Er kann aus dem Entgelt hochgerechnet werden, wenn z.B. wegen eines schädlichen Beteiligungserwerbs in Höhe von 60% insgesamt 100%. der Verluste nach § 8c Abs. 1 Satz 1 KStG wegfallen würden.

Lässt sich der Wert nicht aus einem Entgelt ableiten, muss bzw. kann als Nachweis für die Anwendung der Ausnahmeregelung ggf. eine **Unternehmensbewertung** vorgelegt werden.

Sind die stillen Reserven mehrstufig zu ermitteln, darf die Summe der in den untergeordneten Unternehmen ermittelten stillen Reserven die im Kaufpreis bzw. im Unternehmenswert der erworbenen Gesellschaft enthaltenen stillen Reserven nicht übersteigen.

Aufgrund der Beschränkung auf die im Falle einer Realisierung im Inland **steuerpflichtigen stillen Reserven** sind die stillen Reserven aus Beteiligungen an Kapitalgesellschaften grundsätzlich nicht zu berücksichtigen, da Gewinne aus der Veräußerung von Anteilen nach § 8b Abs. 2 KStG das Einkommen nicht erhöhen. Dasselbe gilt für diejenigen stillen Reserven, die auf **ausländische Betriebsstätten** entfallen, deren Ergebnis nach einem DBA (Art. 13 DBA) von der deutschen Besteuerung auszunehmen ist.

BEISPIEL

Für die Anwendung der »Stille-Reserve-Klausel« erfolgt nur der Ansatz im Inland steuerpflichtiger stiller Reserven

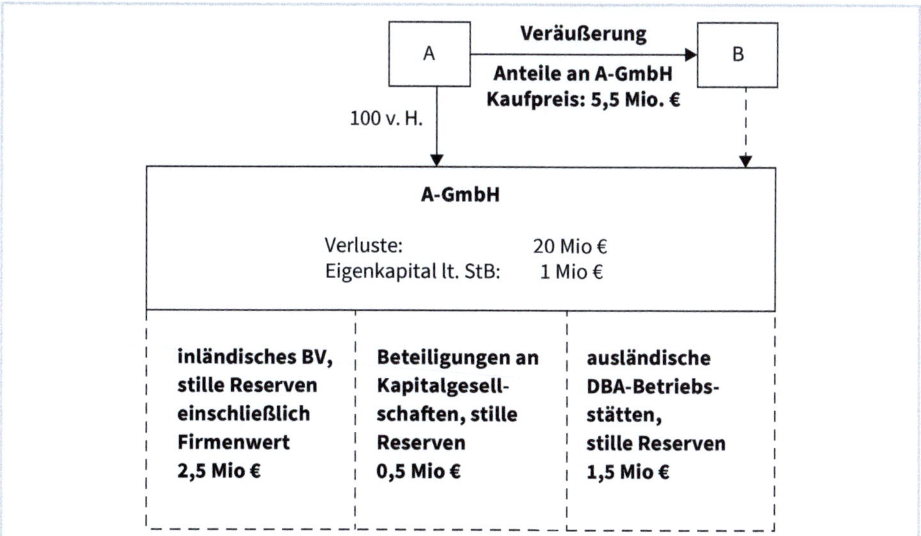

LÖSUNG Anwendung der »Stille-Reserven-Klausel« in § 8c Abs. 1 Sätze 5 bis 8 KStG

(Kaufpreis: 5500000 € ./. EK lt. StB 1000000 €)		4500000 €
Stille Reserven aus Kapitalbeteiligungen (§ 8b Abs. 2 KStG)	./.	500000 €
Stille Reserven aus ausländischer DBA-Betriebsstätte	./.	1500000 €
Verbleibender Verlustvortrag		**2500000 €**

Dabei wird unterstellt, dass der Firmenwert der A-GmbH in voller Höhe auf das inländische Betriebsvermögen entfällt.

6.6.2.2.12 »Stille-Reserven-Klausel« bei negativem Eigenkapital

Im Fall des schädlichen Beteiligungserwerbs sollen nach dem Grundgedanken der Regelung Verluste weiter erhalten bleiben, denen **stille Reserven** gegenüberstehen, soweit diese auf den Beteiligungserwerb entfallen. § 8c Abs. 1 **Satz 6** KStG stellt bislang aus Gründen der Vereinfachung für die rechnerische Ermittlung dieser stillen Reserven das maßgebliche Eigenkapital der verlusttragenden Körperschaft dem maßgeblichen **gemeinen Wert der Anteile** gegenüber. Dadurch wird vermieden, dass in allen Fällen des Beteiligungserwerbs eine **Unternehmensbewertung** durchzuführen ist. Dieses vereinfachte Verfahren führt aber nur in typischen Fällen zu zutreffenden Ergebnissen. In untypischen Fällen können sich rein rechnerisch auch »stille Reserven« ergeben, wenn eine Körperschaft **betriebswirtschaftlich** tatsächlich nicht über solche stillen Reserven in ihren Wirtschaftsgütern verfügt. Dies liegt insbesondere in den Fällen nahe, in denen die Körperschaft über negatives Eigenkapital verfügt und der gemeine Wert der Anteile darüber liegt.

Für diese Fälle sieht **Satz 7** vor, die Ermittlung der maßgeblichen stillen Reserven durch Gegenüberstellung des Eigenkapitals der Körperschaft und des gemeinen Werts der Wirtschaftsgüter des Betriebsvermögens der Körperschaft (anstelle des gemeinen Werts der Anteile) vorzunehmen. Dadurch werden nur die im Betriebsvermögen der verlusttragenden Körperschaft betriebswirtschaftlich fundiert enthaltenen stillen Reserven berücksichtigt.

BEISPIEL

Aber Einschränkung der »Stille-Reserven-Klausel« bei negativem Eigenkapital

GmbH-Bilanz zum 31.12.2023

Verlust	**700 €**	Nennkapital	100 €
		Verbindlichkeiten	600 €
	700 €		700 €

Die GmbH hat zum 31.12.2023 einen steuerlichen Verlustvortrag in Höhe von 1 000 €. Die Anteile werden in 2024 an einen Erwerber für 1 € abgetreten.

LÖSUNG Nach § 8c Abs. 1 **Satz 7** KStG ist die Ermittlung der maßgeblichen stillen Reserven durch **Gegenüberstellung des Eigenkapitals** der Körperschaft und des **gemeinen Werts der WG des BV** der Körperschaft (anstelle des gemeinen Werts der Anteile) vorzunehmen. Dadurch werden nur die im BV der verlusttragenden Körperschaft betriebswirtschaftlich fundiert enthaltenen stillen Reserven berücksichtigt:

Gemeiner Wert des BV (hier unterstellt)	./. 600 €
steuerliches Eigenkapital	./.|. 600 €
stille Reserven	**0 €**

6.6.2.2.13 Verhältnis der Konzernklausel zur Stille-Reserven-Klausel (Rn. 49)

Rn. 49 stellt das Regelungsverhältnis zwischen Konzern- und Stille-Reserven-Klausel dar. Die Besonderheit der Konzernklausel besteht darin, dass bei Vorliegen ihrer Voraussetzungen **kein »Zählerwerb«** für Zwecke des § 8c KStG vorliegt (vgl. Rn. 48).

6.6.2.2.14 Ermittlung der stillen Reserven (Rn. 50)

Nach Rn. 50 ist der gemeine Wert der Anteile anhand des für sie **gezahlten Kaufpreises** zu ermitteln. Nur wenn ein Entgelt nicht gezahlt wurde, sich das Entgelt als unangemessen herausstellt oder andere Gründe dafür vorliegen, dass der gemeine Wert nicht aus dem Entgelt abgeleitet werden kann, lässt die Verwaltungsauffassung eine Unternehmensbewertung zur Bestimmung des gemeinen Werts zu. Das BMF-Schreiben vom 28.11.2017 verweist dabei auf das BMF-Schreiben vom 22.09.2011 (BStBl I, 859), welches die Anwendung der §§ 11, 95 bis 109 und 199 ff. BewG für ertragsteuerliche Zwecke bei der Bewertung von Unternehmen und Anteilen an Kapitalgesellschaften eröffnet. Damit steht zur Ermittlung des gemeinen Wertes der Anteile mittels Unternehmensbewertung auch das vereinfachte Ertragswertverfahren zur Verfügung.

In welchen Fällen sich der Wert der Anteile aus **»anderen Gründen«** nicht aus dem Entgelt ableiten lässt, bleibt auch weiterhin offen. Als Gründe werden seitens der Literatur u. a. der sogenannte **»lucky buy«** und die Abbildung von Synergieeffekten im Kaufpreis genannt. Die Anwendungsbreite der Verwaltungsregelung wird sich dabei wohl erst anhand von Einzelfällen in der Praxis erweisen.

Rn. 51

Die Bestimmung der **im Inland steuerpflichtigen** stillen Reserven setzt regelmäßig nicht die Ermittlung der gesamten stillen Reserven einschließlich der ausländischen stillen Reserven der Körperschaft voraus. Inländische und ausländische stille Reserven sind sachgerecht zuzuordnen. Für Zwecke der Stille-Reserven-Klausel ist grundsätzlich keine Ermittlung der **ausländischen stillen Reserven** erforderlich.

Rn. 52

Stille Reserven aus Beteiligungen an Kapitalgesellschaften, die von der Verlustgesellschaft gehalten werden, bleiben vorbehaltlich der Rn. 53 bei der Ermittlung des Einkommens **unberücksichtigt** (§ 8b Abs. 2 KStG) und sind nicht in die Berechnung der stillen Reserven einzubeziehen. Stille Reserven aus Beteiligungen sind **auch nicht** in Höhe des pauschalen Abzugsverbots von Betriebsausgaben i. H. v. **5%** des Veräußerungsgewinns nach § 8b Abs. 3 Satz 1 KStG zu berücksichtigen. Sind in dem Betriebsvermögen **sperrfristbehaftete Anteile** i. S. d. § 20 UmwStG 2006 enthalten, ist ein zum Zeitpunkt des schädlichen Beteiligungserwerbs gemäß § 22 Abs. 1 UmwStG 2006 latent steuerverhafteter Einbringungsgewinn I ebenfalls nicht in die Berechnung der stillen Reserven einzubeziehen.

Rn. 53

Da Beteiligungen an Kapitalgesellschaften nach § 8b Abs. 2 KStG **steuerfrei** veräußert werden können, werden sie nicht – auch nicht in Höhe von 5% des Veräußerungsgewinns nach Maßgabe des § 8b Abs. 3 Satz 1 KStG – bei der Ermittlung der steuerpflichtigen stillen Reserven berücksichtigt. Potentiell steuerpflichtige Anteilsveräußerungen werden indes berücksichtigt (§ 8b Abs. 4 a.F., 7 oder 8 KStG). Eine »latente Steuerpflicht« aufgrund einer **Sperrfristverhaftung** nach § 22 Abs. 1 UmwStG wird indes nicht berücksichtigt, da im Fall einer Sperrfristverletzung der Einbringungsgewinn I beim Einbringenden rückwirkend im Einbringungszeitpunkt festgesetzt wird.

Rn. 54

Für Körperschaftsteuerzwecke sind Beteiligungen der Verlustgesellschaft an Personengesellschaften transparent. Anders liegt der Fall für Gewerbesteuerzwecke, da die Personengesellschaft hier selbst Steuersubjekt ist.

Die bisherigen Ausführungen zur GewSt in Rn. 54 des Entwurfs vom 15.04.2014 sind nunmehr in dem gesonderten gleich lautenden Ländererlass vom 29.11.2017, a.a.O. enthalten. Danach sind stille Reserven aus der Beteiligung der Verlustgesellschaft an einer Personengesellschaft bei der Anwendung des § 10a Satz 10 GewStG nicht zu berücksichtigen.

Rn. 55

Rn. 55 enthält besondere Regelungen für Kapitalgesellschaften i.S.d. § 8 Abs. 7 Satz 1 Nr. 2 KStG (Spartentrennung bei Eigengesellschaften, die mehrheitlich von der öffentlichen Hand gehalten werden).

a) Bei negativem Eigenkapital (§ 8c Abs. 1 Satz 7 KStG)

Rn. 56

Um nicht echte Mantelkäufe durch die Stille-Reserven-Klausel zu begünstigen, sind die stillen Reserven der Verlustgesellschaft durch eine Unternehmensbewertung zu ermitteln, wenn die Gesellschaft über ein negatives Eigenkapital verfügt.

b) Bei unterjährigem Beteiligungserwerb

Rn. 57 enthält eine **Vereinfachungsregelung**, um die stillen Reserven im Fall eines unterjährigen, schädlichen Beteiligungserwerbs vom Beginn des Wirtschaftsjahres bis zum Zeitpunkt des schädlichen Beteiligungserwerbs fortzuentwickeln.

c) Mehrstufiger Beteiligungserwerb

Rn. 58

Werden mehrstufige Beteiligungsstrukturen übertragen, ist die Stille-Reserven-Klausel für jede übertragene Beteiligung gesondert anzuwenden.

Stille Reserven der unmittelbar oder mittelbar übertragenen Verlustgesellschaften können auch durch eine Unternehmensbewertung nachgewiesen werden. Der Grundsatz, dass für jede Verlustgesellschaft gesondert zu prüfen ist, in welcher Höhe stille Reserven vorhanden sind, ist auch zu beachten, wenn eine Körperschaft unmittelbar oder mittelbar an einer Mitunternehmerschaft beteiligt ist. Eine Mitunternehmerschaft ist gewerbesteuerlich ein eigenständiges Besteuerungssubjekt, so dass stille Reserven auf Ebene der Mitunternehmerschaft bei der Anwendung des § 10a Satz 10 GewStG i.V.m. § 8c KStG auf Ebene der Körperschaft nicht berücksichtigt werden können. Vgl. gleich lautenden Ländererlass vom 29.11.2017, a.a.O.

d) Bei Organschaften
Rn. 59

Die Finanzverwaltung geht wie schon im Entwurf vom 15.04.2014 (dort noch Rn. 61 f.) auch weiter davon aus, dass stille Reserven einer Organgesellschaft nicht dem Organträger zugerechnet werden können, unabhängig davon, dass die Organgesellschaft möglicherweise den Verlustvortrag auf Ebene des Organträgers verursacht hat.

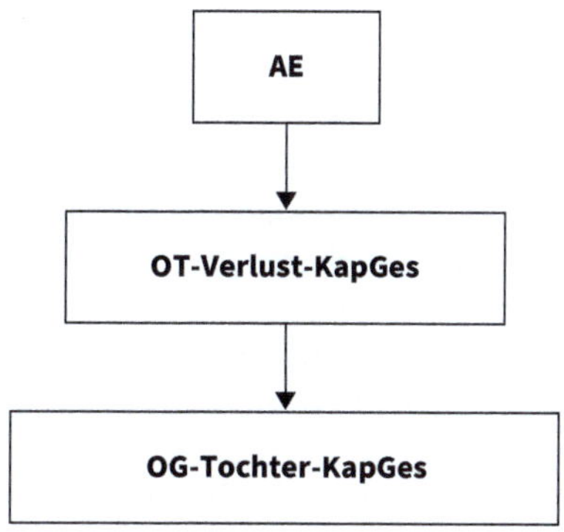

Stille Reserven im Betriebsvermögen der Organgesellschaft sind **nicht dem Organträger** zuzurechnen, sondern der Organgesellschaft selbst. Die Organgesellschaft hat ggf. vororganschaftliche Verluste, die durch die Stille-Reserven-Klausel erhalten bleiben. Damit werden Unternehmensverbünde ohne steuerliche Organschaft gegenüber Organschaften bessergestellt, da in anderen Unternehmensverbünden die Verluste einer Tochtergesellschaft festgestellt und zur Verrechnung mit stillen Reserven der Tochtergesellschaft zur Verfügung stehen. Die Rn. 61 bis 63 (hier nicht abgedruckt) regeln, in welcher Reihenfolge stille Reserven zur Nutzung von laufenden Verlusten und Verlustvorträgen (bspw. § 15 Abs. 4 und § 15a EStG) genutzt werden können.

Dabei gilt die gleiche Reihenfolge, in der im Fall der Realisierung der stillen Reserven die Verluste aufgebraucht werden würden. Rn. 63 enthält hierzu ein umfangreiches Berechnungsbeispiel. Im Gegensatz zum Entwurf vom 15.04.2014 (dort noch Rn. 63) stellt Rn. 61 nunmehr klar, dass eine doppelte Nutzung von stillen Reserven insbesondere in Fällen mit steuerlicher Rückwirkung ausgeschlossen ist.

6.7 Der unterjährige Beteiligungserwerb anhand von Fallbeispielen

6.7.1 Grundproblem und Ausgangsfall

Die meisten Anteile an Kapitalgesellschaften gehen nicht zum 31.12. oder 01.01., sondern **unterjährig** über. Die Aussagen des neuen BMF-Schreibens vom 28.11.2017 (BStBl I 2017, 1645) zu unterjährigen Beteiligungserwerben wurden gegenüber dem bisherigen BMF-

Schreiben vom 04.07.2008 (BStBl I 2008, 736) wesentlich ausgeweitet (und die bisherigen Aussagen teilweise geändert).

6.7.2 Zuordnung der Ergebnisse auf die Zeit vor und nach dem schädlichen Beteiligungserwerb

Aktuelle Auffassung der Finanzverwaltung bzgl. der Zuordnung der Ergebnisse auf die Zeit vor und nach dem schädlichen Beteiligungserwerb gem. BMF-Schreiben vom 28.11.2017 (BStBl I 2017, 1645, Rn. 35, Beispiel 1):

Sachverhalt:
Die V-GmbH hat zum 31.12.2023 einen verbleibenden Verlustvortrag i. H. v. 10000000 €. Das Wirtschaftsjahr der V-GmbH entspricht dem Kalenderjahr. Am 30.06.2024 werden 100% der Anteile der V-GmbH auf einen Erwerber übertragen (schädlicher Beteiligungserwerb). Der Gesamtbetrag der Einkünfte des VZ 2024 beträgt 4000000 €. Davon entfallen 1500000 € auf den Zeitraum bis zum schädlichen Beteiligungserwerb.

Abwandlung: Der Gesamtbetrag der Einkünfte bis zum schädlichen Beteiligungserwerb beträgt 6000000 €.

LÖSUNG Nach dem vorstehenden Absatz bleibt ein Teilbetrag von 1500000 € des zum 31.12.2023 verbleibenden Verlustvortrags abziehbar. I. H. v. 8500000 € geht der Verlustvortrag nach § 8c Abs. 1 Satz 1 KStG unter. Der nach Anwendung des § 8c Abs. 1 S. 1 KStG verbleibende Verlustvortrag i. H. v. 1500000 € kann unter Beachtung der Mindestgewinnbesteuerung mit dem positiven Gesamtbetrag der Einkünfte des VZ 2024 verrechnet werden. Das Einkommen des VZ 2024 beträgt danach 2500000 € (= 4000000 € ./. 1500000 €).

Im Fall der Abwandlung bleibt ein Teilbetrag von 6000000 € des zum 31.12.2023 verbleibenden Verlustvortrags abziehbar. I. H. v. 4000000 € geht der Verlustvortrag nach § 8c Abs. 1 Satz 1 KStG unter. Der nach Anwendung des § 8c Abs. 1 Satz 1 KStG verbleibende Verlustvortrag i. H. v. 6000000 € kann unter Beachtung der Mindestgewinnbesteuerung mit dem positiven Gesamtbetrag der Einkünfte des VZ 2024 verrechnet werden. Das Einkommen des VZ 2024 beträgt danach 1200000 € (= 4000000 € ./. 1000000 € ./. 1800000 € [= 60% von 3000000 €]). Zum 31.12.2024 ist ein verbleibender Verlustvortrag i. H. v. 3200000 € gesondert festzustellen.

Das Ergebnis des gesamten Wirtschaftsjahres ist **nach wirtschaftlichen Kriterien** aufzuteilen. Dies kann durch einen nach den Regeln eines Jahresabschlusses erstellten **Zwischenabschluss** auf den Stichtag des schädlichen Beteiligungserwerbs und getrennte Einkommensermittlungen für die Zeit vor und nach dem schädlichen Beteiligungserwerb erfolgen. Sofern ein Zwischenabschluss nicht erstellt wird, ist die Aufteilung des Ergebnisses sachlich und wirtschaftlich begründet zu schätzen (z. B. betriebswirtschaftliche Auswertung oder zeitanteilige Aufteilung).

BEISPIEL

Im Jahr 2024 hat die V-GmbH nach ihrer BWA im ersten Halbjahr einen Gewinn i. H. v. 100 000 € und im zweiten Halbjahr einen Verlust i. H. v. 100 000 € erzielt.

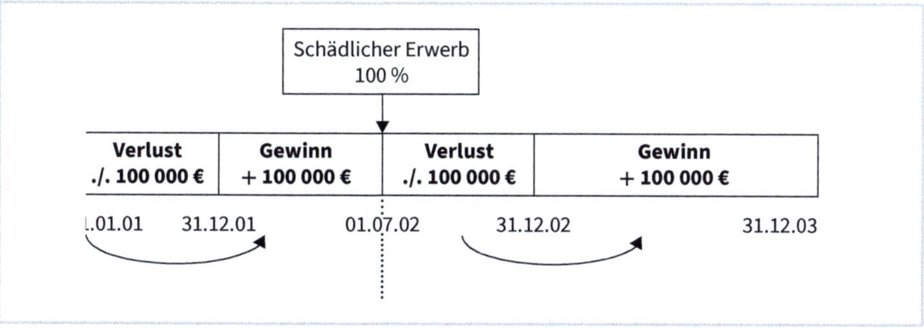

Neue Auffassung der Finanzverwaltung:
Der Gewinn von 100 000 € ist dem 1. Halbjahr 2024 zuzuordnen. Dies ist hier vorteilhaft, weil dieser Gewinn noch mit dem Verlustvortrag aus 2023 ausgeglichen werden kann. Der Verlust des 2. Halbjahres 2024 kann – unbeschadet des § 8c KStG – auf die Jahre 2025 ff. vorgetragen werden, da der Verlust nach dem 30.06.2024 und somit erst nach dem schädlichen Beteiligungserwerb entstanden ist.

6.7.3 Verlustausgleich für die Zeit bis zum schädlichen Beteiligungserwerb

Bezüglich eines unterjährigen schädlichen Beteiligungserwerbs unterliegt nach Auffassung der Finanzverwaltung auch der bis zu diesem Zeitpunkt erzielte Verlust der Verlustabzugsbeschränkung gem. § 8c KStG (BMF vom 28.11.2017 BStBl I 2017, 1645, Rn. 33). Der bis zum schädlichen Beteiligungserwerb erzielte Gewinn kann gem. der Grundsätze der Rn. 34 mit noch nicht genutzten Verlusten verrechnet werden (s. a. BFH vom 30.11.2011 BStBl II 2012, 360). Hierfür maßgeblich ist der bis zum schädlichen Beteiligungserwerb erwirtschaftete Gesamtbetrag der Einkünfte. Hingegen liegt ein unterjähriger Beteiligungserwerb nicht vor, wenn eine Übertragung zum Ende des Kalender- oder Wirtschaftsjahres erfolgt.

Abweichend bleibt der bis zum Ende des dem schädlichen Beteiligungserwerb vorangegangenen gesondert festgestellten verbleibenden Verlustvortrags abweichend von § 8c Abs. 1 Satz 1 KStG abziehbar, soweit ein positiver Gesamtbetrag der Einkünfte **bis zum schädlichen Beteiligungserwerb** erzielt wurde. Diese Regelung gilt auch, wenn innerhalb des VZ, in dem der schädliche Beteiligungserwerb erfolgt ist, ein geringerer Gesamtbetrag der Einkünfte als in der Zeit bis zum schädlichen Beteiligungserwerb erzielt wird. Die Regelungen des § 10d EStG zur Mindestgewinnbesteuerung sind bei der Ermittlung der Höhe des verbleibenden Verlustvortrags **nicht** zu beachten. Ein verbleibender Verlustvortrag kann innerhalb des VZ, in dem der schädliche Beteiligungserwerb erfolgt ist, unter Beachtung der Mindestgewinnbesteuerung gem. § 10d EStG abgezogen und ggf. weiter vorgetragen werden.

6.7.4 Beteiligungserwerb in das Vorjahr

BEISPIEL

100 % der Anteile an der V-GmbH sind zum 01.07.2024 übergegangen. Im Vorjahr (2023) ist allerdings ein positives Einkommen i. H. v. 100 000 € angefallen. Im 1. Halbjahr 2024 hat die V-GmbH einen Verlust i. H. v. 100 000 €, im 2. Halbjahr 2024 einen Gewinn i. H. v. 100 000 € erzielt. Eindeutig ist, dass der Verlust des 1. Halbjahres 2024 weder mit positiven Erträgen im 2. Halbjahr 2024 noch mit Gewinnen der Folgejahre 2025 ff. ausgeglichen werden kann. Dem steht § 8c KStG entgegen.

Kann dieser Verlust zurückgetragen werden?

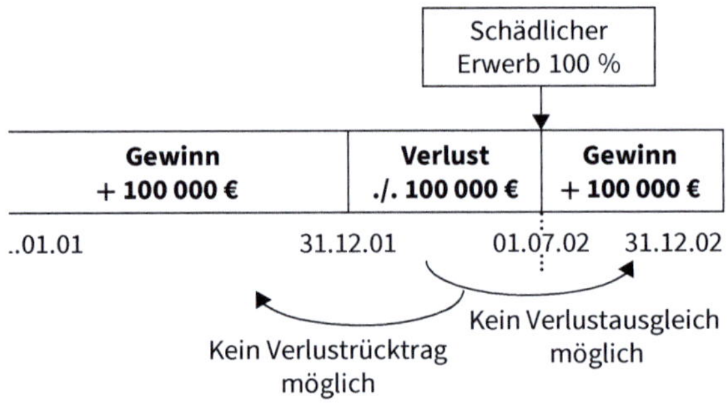

Das BMF-Schreiben vom 28.11.2017 (BStBl I 2017, 1645; Rn. 31). Verneint den Verlustrücktrag. Gegensätzlich vertritt das FG Münster in seinem Urteil vom 27.07.2016 (EFG 2016, 1546) die Rechtsauffassung, dass die Verwaltungsauffassung abzulehnen und der Verlustrücktrag in vollem Umfang zuzulassen sei. § 8c Abs. 1 KStG wolle verhindern, dass früher entstandene Verluste durch einen Beteiligungserwerb wirtschaftlich übertragen und durch personell veränderte Gesellschaften genutzt werden könnten. Bei einem Verlustrücktrag liege eine solche personelle Veränderung nicht vor, denn wirtschaftlich nutzten nur diejenigen Anteilseigner den Verlust, die ihn während ihrer Beteiligungszeit auch erwirtschaftet hätten. Wegen grundsätzlicher Bedeutung der Streitfrage hat das Finanzgericht die Revision zum BFH zugelassen. Die Revision ohne Entscheidung in der Sache erledigt worden (vgl. BFH vom 28.11.2018, I R 61/16).

6.7.5 Verlustrücktrag aus der Zeit nach dem schädlichen Beteiligungserwerb

Keine Aussagen enthält das neue BMF-Schreiben vom 28.11.2017 (BStBl I 2017, 1645) zur Zulässigkeit eines Verlustrücktrags aus der Zeit nach dem schädlichen Beteiligungserwerb. Dies hängt damit zusammen, dass der Wortlaut des § 8c KStG in der Rechtsfolge nur vor dem Erwerbszeitpunkt entstandene Verluste betrifft (»... sind insoweit die bis zum schädlichen Beteiligungserwerb nicht ausgeglichenen oder abgezogenen negativen Einkünfte [nicht genutzte Verluste] nicht mehr abziehbar.«). Somit stellt sich die Rechtslage wie folgt dar:

a) Ausgleich im Jahr des schädlichen Beteiligungserwerbs:
Ein Verlustausgleich für einen nach dem schädlichen Beteiligungserwerb entstandenen Verlust mit einem Gewinn vor dem Erwerbszeitpunkt ist möglich. Von der Beschränkung eines

rückwirkenden Verlustausgleichs ist im Gesetz nicht die Rede. Es ist vielmehr ein einheitliches Einkommen für das gesamte Jahr zu ermitteln.

BEISPIEL 4

100 % der Anteile an der V-GmbH sind zum 01.07.2024 übergegangen. Im 1. Halbjahr 2024 hat die V-GmbH einen Gewinn i. H. v. 100 000 € erzielt. Aus dem Vorjahr ist kein Verlustvortrag vorhanden. Wegen hoher Investitionen nach dem Anteilserwerb (AfA, Finanzierungskosten) ist jedoch im 2. Halbjahr 2024 einen Verlust i. H. v. 100 000 € entstanden.

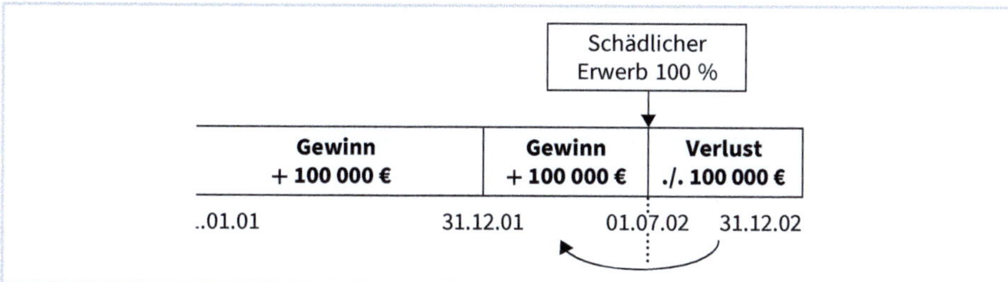

Der Verlustausgleich innerhalb des Jahres 2024 wird durch § 8c KStG nicht beschränkt. Es ist ein einheitlicher Gesamtbetrag der Einkünfte zu ermitteln, so dass das zu versteuernde Einkommen im Jahr 2024 0 € beträgt.

b) Rücktrag in das Jahr vor dem schädlichen Beteiligungserwerb:
Auch ein Verlustrücktrag aus dem Folgejahr in die Zeit vor dem schädlichen Beteiligungserwerb ist möglich.

BEISPIEL

100 % der Anteile an der V-GmbH sind zum 01.01.2024 übergegangen. Im Jahr 2024 wurde ein Verlust i. H. v. 100 000 € erzielt, nachdem in den Vorjahren jeweils Gewinne erzielt wurden (zuletzt + 100 000 € im Jahr 2023).

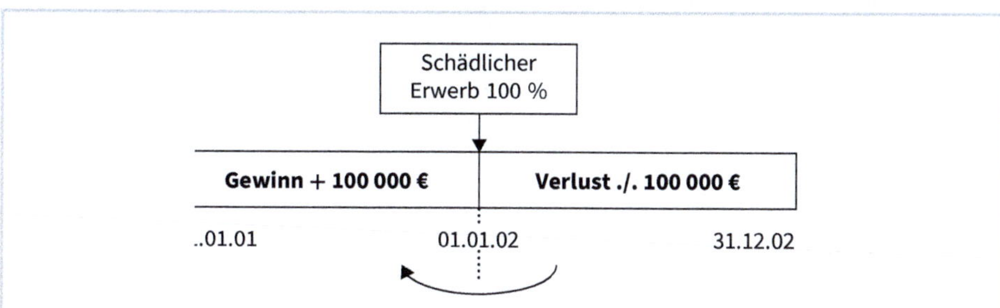

Ein Verlustrücktrag von 2024 nach 2023/2022 ist möglich; § 8c KStG enthält insoweit keine Beschränkungen.

7 Fortführungsgebundener Verlustvortrag (§ 8d KStG)

7.1 Tatbestandsvoraussetzungen und Prüfungsreihenfolge des § 8d KStG

a) Liegt ein **schädlicher Beteiligungserwerb i. S. d. § 8c Abs. 1 Sätze 1 oder 2 KStG** vor?

↓ ja

b) Ist eine **Antragstellung i. S. d. § 8d Abs. 1 Satz 5 KStG** erfolgt?

↓ ja

c) **Unterhaltung ausschließlich desselben Geschäftsbetriebes innerhalb des Beobachtungszeitraums** (§ 8d Abs. 1 Satz 1 KStG)? Dieser umfasst regelmäßig **vier Kalenderjahre** (vom Beginn des VZ des schädlichen Beteiligungserwerbs rückwärts bis zum Beginn des dritten vorangehenden VZ).

↓ ja

d) **Kein schädliches Ereignis i. S. d. § 8d Abs. 2 Sätze 1 und 2 KStG im Beobachtungs- und auch im Fortführungszeitraum:**
- Einstellung des Geschäftsbetriebs
- Ruhendstellung des Geschäftsbetriebs
- Zuführung einer andersartigen Zweckbestimmung (Branchenwechsel)
- Aufnahme eines zusätzlichen Geschäftsbetriebs
- Beteiligung an einer MU-Schaft (künftig oder schon vorher, § 8d Abs. 1 Satz 2 Nr. 2 und Abs. 2 Satz 2 Nr. 4 KStG
- Einnahme der Stellung eines Organträgers (§ 8d Abs. 2 Satz 2 Nr. 5 KStG)
- Ansatz übernommener WG unter gW (§ 8d Abs. 2 Satz 2 Nr. 6 KStG)?

↓ ja

e) **Rechtsfolgen des § 8d KStG:**

- **Zentrale Rechtsfolge des § 8d KStG ist die Nichtanwendung von § 8c KStG auf den schädlichen Beteiligungserwerb.** Nicht abziehbare Verluste bleiben somit ausgleichsfähig und ein eventueller Zinsvortrag der Verlustkörperschaft bleibt erhalten (§ 8a Abs. 1 Satz 3 KStG).
- Vgl. auch Förster/von Cölln, Die Neuregelung des § 8d KStG beim schädlichen Beteiligungserwerb, DStR 2017, S. 8ff.

7.2 Die Neuregelung des § 8d KStG im Überblick

Verwaltungsauffassung: BMF vom 18.03.2021 (BStBl I 2021, 363), Gleich lautende Ländererlasse vom 19.03.2021 (BStBl I 2021, 359)

7.2.1 Die Verlustabzugsbeschränkung nach § 8c KStG

Verfügt eine Kapitalgesellschaft über einen Verlustvortrag oder auch über einen laufenden Verlust, kann eine Anteilsübertragung einen Wegfall der Verluste mit sich bringen.

Nach § 8c KStG führt nämlich die Übertragung von **mehr als der Hälfte** der Anteile grundsätzlich zu einem **vollständigen Wegfall** des Verlustvortrags einer Kapitalgesellschaft. Bei einer Übertragung von **mehr als 25% bis 50%** der Anteile entfiel der Verlustvortrag in der Vergangenheit anteilig. Diese Fallgruppe wurde jedoch bereits mit dem JStG 2018 (rückwirkend) gestrichen:

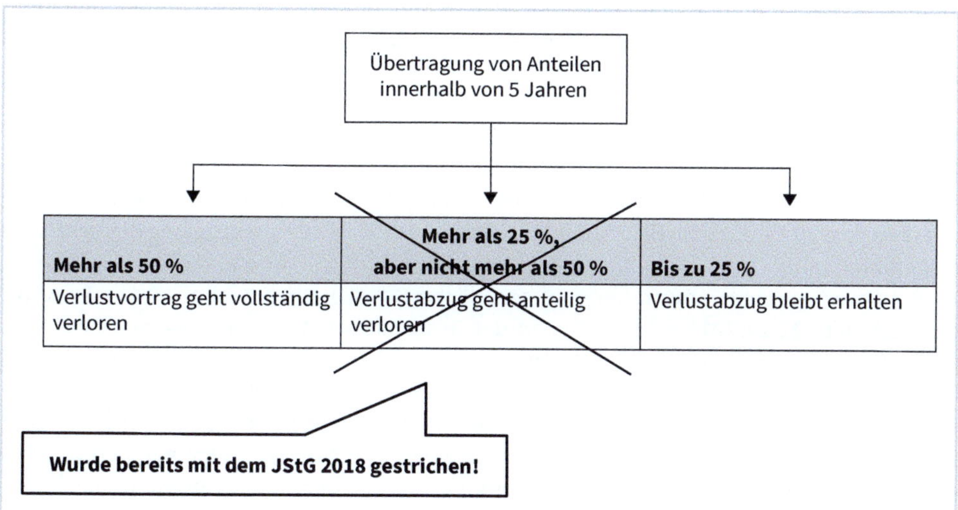

Der Gesetzgeber hat im Lauf der Jahre seit 2008 vier **Ausnahmetatbestände** ergänzt:

Sanierungsklausel (§ 8c Abs. 1a KStG)	Diese Klausel wurde bereits im Jahr 2009 geschaffen, um bei Einstieg neuer Investoren in notleidende Unternehmen die Verluste u. U. erhalten zu können (»lex Opel«). Sie ist nun wieder anwendbar.
Konzernklausel (§ 8c Abs. 1 Satz 4 KStG; früher: Satz 5)	Bestimmte konzerninterne Umstrukturierungen sind unschädlich für die Verlustnutzung.
Stille-Reserven-Klausel (§ 8c Abs. 1 Satz 5 ff. KStG; früher: Satz 6 ff.)	Eine Verlusterhaltung i. H. der stillen Reserven (ggf. anteilig) ist möglich.
Fortführungsgebundener Verlustvortrag (§ 8d KStG)	Danach können Verluste (auf Antrag) erhalten bleiben, wenn der Geschäftsbetrieb weitgehend unverändert fortgeführt wird (und weitere Voraussetzungen erfüllt werden.

Mit **BMF-Schreiben** vom 28.11.2017, BStBl I 2017, 1645, und gleich lautenden Ländererlassen vom 29.11.2017, BStBl I 2017, 1643 (GewSt-Fragen), wurde die Anweisung zur Anwendung des § 8c KStG **neu herausgegeben** und dabei vor allem um Verwaltungsregelungen zu den o.g. und bereits ab 2010 geltenden Ausnahmetatbeständen »Konzernklausel« und »Stille-Reserven-Klausel« erweitert. Aussagen zur **Auslegung von § 8d KStG** sind in dem BMF-Schreiben allerdings nicht enthalten; dazu liegt aber nun ein sog. Verbandsentwurf vor (dazu s.u.). Außerdem enthält das BMF-Schreiben **keine Aussagen zur wieder anwendbaren Sanierungsklausel**, da man bei Abfassung des BMF-Schreibens nicht von einer positiven EuGH-Entscheidung ausging.

Bereits im Jahr 2017 hat das FG Hamburg beim BVerfG die **Frage nach der Verfassungswidrigkeit der Fälle** des § 8c Abs. 1 Satz 2 KStG (a.F.; jetzt: Satz 1) vorgelegt (Vorlagebeschluss des FG Hamburg vom 29.08.2017 – 2 K 245/17, DStR 2017, 2377). Dieses Verfahren ist beim **BVerfG** unter dem Az. **2 BvL 19/17** anhängig. Beim BFH gibt es dazu noch die Revisionsverfahren I R 31/11, I R 79/11, I R 63/16 und I R 76/16, die bisher im Hinblick auf die erwartete (und nun ergangene) rückwirkende gesetzliche Neufassung des § 8c KStG ruhten. Diese Verfahren werden nun aber wohl weiterhin bis zu einer BVerfG-Entscheidung im o.g. Verfahren 2 BvL 19/17 ruhen.

7.2.2 Gesetzliche Regelungen zu § 8d KStG

Mit dem Gesetz zur Weiterentwicklung der steuerlichen Verlustverrechnung bei Körperschaften vom 20.12.2016 (BGBl I 2016, 2998, BStBl I 2017, 3) wurde die Regelung des § 8d KStG eingeführt.

Sie findet erstmals Anwendung auf schädliche Beteiligungserwerbe i.S.d. § 8c KStG, die **nach dem 31.12.2015** erfolgen, wenn der Geschäftsbetrieb der Körperschaft vor dem 01.01.2016 weder eingestellt noch ruhend gestellt war (§ 36 Abs. 6a KStG). Zielgruppe sollten **in erster Linie Start-ups** sein, bei denen für Zwecke der Unternehmensfinanzierung häufiger die Anteilseigner wechseln. Diese Start-ups können nicht auf Konzernstrukturen oder stille Reserven zurückgreifen, so dass regelmäßig der Untergang der aufgelaufenen Verluste droht. Dennoch hat § 8d KStG eine Breitenwirkung auch für »normale« Unternehmen.

Durch das Jahressteuergesetz 2020 vom 21.12.2020 (JStG 2020, BGBl I 2020, 3096, BStBl I 2021, 6) wurde der bisherige § 10a Satz 10 GewStG durch die nachfolgenden Sätze 10 bis 12 ersetzt. Hierbei handelt es sich um eine klarstellende Änderung, die in allen offenen Fällen auch vor dem EZ 2020 Anwendung findet.

7.2.3 Allgemeines zu § 8d KStG

Nach dem Vorbild einer **Schedulenbesteuerung** sieht § 8d KStG vor, dass der fortführungsgebundene Verlustvortrag nur mit späteren Gewinnen aus demselben Geschäftsbetrieb verrechnet werden darf. Es soll der Verlust-Körperschaft bzw. deren Anteilseignern nicht möglich sein, Verluste aus nacheinander oder zeitgleich betriebenen verschiedenen Geschäftsbetrieben miteinander zu verrechnen (vgl. Gesetzesbegründung, BR-Drs. 544/16, 8). Die Rechtsfolge eines schädlichen Beteiligungserwerbs, also ein Verlustuntergang nach § 8c KStG unterbleibt, wenn ein **Antrag** gestellt wird und die **Voraussetzungen** des § 8d KStG vorliegen. Die bisher nicht genutzten Verluste werden zum **fortführungsgebundenen Ver-**

lustvortrag, der in späteren Jahren vom nämlichen Geschäftsbetrieb genutzt werden kann, sofern **kein schädliches Ereignis** i. S. d. § 8d Abs. 2 KStG eintritt.

7.2.4 § 8d KStG im Einzelnen (unter Berücksichtigung des o. g. BMF-Schreibens vom 18.03.2021, a. a. O.)

7.2.4.1 Antragserfordernis (BMF, Rn. 4 bis 12)

§ 8d KStG findet nicht automatisch Anwendung, sondern bedarf eines entsprechenden Antrags. Die Körperschaft hat somit ein Wahlrecht zwischen der Anwendung der Grundregelung des § 8c KStG oder des besonderen Verlustregimes des § 8d KStG. Der Antrag kann für einen VZ nur **einheitlich für alle schädlichen Beteiligungserwerbe** gestellt werden (BMF, Rn. 4).

§ 8d KStG setzt einen **schädlichen Beteiligungserwerb** im Sinne des § 8c KStG voraus. Daher ist § 8d KStG nicht anwendbar in den Fällen der

- Konzernklausel nach § 8c Abs. 1 Satz 4 KStG,
- Sanierungsklausel nach § 8c Abs. 1a KStG und
- Rn. 4 des BMF-Schreibens vom 28.11.2017 (BStBl I 2017, 1645), also Erbfall oder unentgeltliche Erbauseinandersetzung/vorweggenommene Erbfolge zwischen Angehörigen i. S. des § 15 AO (BMF, Rn. 5).

Dagegen schließt die **Stille-Reserven-Klausel** nach § 8c Abs. 1 Sätze 5 ff. KStG einen schädlichen Beteiligungserwerb und damit auch § 8d KStG nicht aus. Reichen die stillen Reserven nicht aus, um die vorhandenen Verlustvorträge vollständig zu erhalten, kann für die verbleibenden und vom Untergang bedrohten Verluste nicht ein Antrag nach § 8d KStG gestellt werden. Es besteht jedoch insgesamt (für sämtliche vom Verlustuntergang bedrohten Verluste) ein Wahlrecht zwischen der Anwendung des § 8c Abs. 1 Sätze 5 ff. KStG und § 8d KStG (**BMF, Rn. 6**).

BEISPIEL 1 aus BMF, Rn. 6:

Für die V-GmbH wurde zum 31.12.01 ein Verlustvortrag i. H. v. 300 000 € festgestellt. Zum 1.1.02 veräußert der bisherige Alleingesellschafter V sämtliche Anteile an den Z. Die V-GmbH verfügt zu diesem Zeitpunkt über stille Reserven i. H. v. 200 000 €. Im VZ 02 erzielt die V-GmbH einen weiteren laufenden Verlust i. H. v. 50 000 €.

a) Es wird **kein Antrag** nach § 8d KStG gestellt.
b) Für den VZ 02 wird ein **Antrag** nach § 8d KStG gestellt.

a) Die Anteilsübertragung stellt einen schädlichen Beteiligungserwerb dar. Mangels Antrag nach § 8d KStG, greift die Stille-Reserven-Klausel i. H. v. 200 000 €, so dass lediglich Verluste i. H. v. 100 000 € untergehen. Zum 31.12.02 wird ein Verlustvortrag nach § 10d EStG i. H. v. 250 000 € (= 200 000 € zzgl. 50 000 € laufender Verlust 02) festgestellt.

b) Aufgrund § 8d KStG werden zum 31.12.02 die Verluste zum 31.12.01 i. H. v.

300 000 € zuzüglich des laufenden Verlusts 02 i. H. v. 50 000 € als ortführungsgebundener Verlustvortrag i. H. v. 350 000 € festgestellt.

Der Antrag ist nach § 8d Abs. 1 Satz 5 KStG **in der Steuererklärung** für die Veranlagung des **VZ** zu stellen, in den der **schädliche Beteiligungserwerb** fällt. Der Antrag kann grundsätzlich

bis zur Unanfechtbarkeit der Steuerfestsetzung oder bis zur Unanfechtbarkeit der Feststellung über den Verlustvortrag nachgeholt werden (**BMF, Rn. 7**).

Entgegen der früheren Auffassung der Finanzverwaltung handelt es sich also doch nicht um eine nicht verlängerbare Ausschlussfrist. Damit ist die Finanzverwaltung der hierzu ergangenen **FG-Rechtsprechung gefolgt** (Urteil des FG Thüringen vom 05.10.2018, Az.: 1 K 348/18, EFG 2018, 1907, die hiergegen eingelegte Revision I R 40/18 wurde seitens der Finanzverwaltung zurückgenommen; Urteil des FG Köln vom 06.02.2019, Az.: 10 V 1706/18, GmbHR 2020, 456; Urteil des FG Niedersachsen vom 28.11.2019, Az.: 6 K 356/18, EFG 2020, 735, die eingelegte Revision beim BFH I R 3/20 wurde ebenfalls zurückgenommen).

Wird in einem Änderungsbescheid erstmals ein schädlicher Beteiligungserwerb berücksichtigt, kann der Antrag nach § 8d KStG **bis zur Unanfechtbarkeit des Änderungsbescheides** gestellt werden. Ein erst nach Eintritt der Unanfechtbarkeit der Steuerfestsetzung oder der Feststellung des Verlustvortrags gestellter Antrag nach § 8d Abs. 1 Satz 5 KStG kann nur berücksichtigt werden, wenn die Steuerfestsetzung oder die Feststellung des Verlustvortrags nach §§ 129, 164, 165 oder 172 ff. AO oder nach entsprechenden Regelungen in den Einzelsteuergesetzen insoweit **korrigiert** werden kann (**BMF, Rn. 8**). Damit kann der Antrag auch noch **im Einspruchsverfahren** gestellt werden. Eine Antragstellung ist bspw. auch dann noch möglich, wenn ein Verlustuntergang nach § 8c KStG erst im Rahmen einer **späteren Betriebsprüfung** festgestellt wird.

Für den Antrag nach § 8d KStG gelten die gleichen **Formvorschriften** wie für die Steuererklärung selbst (insb. elektronische Erklärungsabgabe, § 31 Abs. 1a KStG). Ein Antrag nach § 8d KStG ist **in** der KSt-Erklärung zu stellen. Ein separater Papierantrag ist daher nicht zulässig! Die Nachholung eines Antrags erfordert die formgerechte Abgabe einer berichtigten KSt-Erklärung (**BMF, Rn. 10**). Der Antrag kann bis zum Eintritt der Unanfechtbarkeit der Steuerfestsetzung oder der Feststellung des Verlustvortrags des VZ des schädlichen Beteiligungserwerbs **zurückgenommen** werden. Für die Rücknahme des Antrags gelten die gleichen Formvorschriften wie für die Antragstellung und erfordert daher die formgerechte Abgabe einer (elektronischen) berichtigten KSt-Erklärung (**BMF, Rn. 11**). Nach Eintritt der Unanfechtbarkeit kann der Antrag nur zurückgenommen werden, so- weit die Steuerfestsetzung oder die gesonderte Verlustfeststellung korrigiert werden kann (**BMF, Rn. 12**).

Nach § 10a Satz 11 GewStG wird sichergestellt, dass ein nach § 8d Abs. 1 Satz 5 KStG gestellter Antrag **auch für die Ermittlung des GewSt-Messbetrags** gilt. Durch den neuen § 10a Satz 12 GewStG besteht in Fällen, in denen es an nicht genutzten körperschaftsteuerrechtlichen Verlusten fehlt, ein **gesondertes gewerbesteuerrechtliches Antragsrecht** für die entsprechende Anwendung des § 8d KStG auf gewerbesteuerrechtliche Fehlbeträge.

7.2.4.2 Materielle Voraussetzungen (BMF, Rn. 13 bis 48)

Die Anwendung des § 8d KStG erfordert neben der Antragstellung **kumulativ**, dass

- die Körperschaft seit einem der beiden folgenden Zeitpunkte bis zum schädlichen Beteiligungserwerb (= **Beobachtungszeitraum A) ausschließlich denselben Geschäftsbetrieb** unterhält (vgl. Tz. 4.2.1):
  a) entweder **seit ihrer Gründung** (= Abschluss notarieller Gesellschaftsvertrag) oder
  b) **seit dem Beginn des dritten VZ**, der dem VZ des schädlichen Beteiligungserwerbs vorausgeht, wenn die Gründung bereits länger zurückliegt,

und

- von dem zuvor genannten Zeitpunkt bis zum Schluss des VZ des schädlichen Beteiligungserwerbs (= **Beobachtungszeitraum B**) **kein schädliches Ereignis** im Sinne des § 8d Abs. 2 KStG stattgefunden hat

und

- **kein Ausschluss des Anwendungsbereichs** nach § 8d Abs. 1 Satz 2 KStG vorliegt.

7.2.4.2.1 Begriff des Geschäftsbetriebs (BMF, Rn. 16 bis 24)

Zentraler Anknüpfungspunkt ist der Begriff des Geschäftsbetriebs. Er ist zwingende Voraussetzung für die **vergangenheitsbezogene** Prüfung (Unterhaltung »ausschließlich desselben Geschäftsbetriebs« im Beobachtungszeitraum A sowie kein schädliches Ereignis im Beobachtungszeitraum B). Zudem ist der Geschäftsbetrieb auch **zukunftsbezogen** für Zwecke des § 8d Abs. 2 KStG (kein schädliches Ereignis zum Erhalt des fortführungsgebundenen Verlustvortrags) relevant.

Nach § 8d Abs. 1 Sätze 3 und 4 KStG »umfasst ein Geschäftsbetrieb die von einer einheitlichen Gewinnerzielungsabsicht getragenen, nachhaltigen, sich gegenseitig ergänzenden und fördernden Betätigungen der Körperschaft und bestimmt sich nach **qualitativen Merkmalen** in einer Gesamtbetrachtung. Qualitative Merkmale sind **insbesondere** die angebotenen Dienstleistungen oder Produkte, der Kunden- und Lieferantenkreis, die bedienten Märkte und die Qualifikation der Arbeitnehmer.

Diese Aufzählung der Merkmale ist nicht abschließend. Zudem müssen nicht zwangsläufig alle der genannten Merkmale vorliegen oder gleich stark ausgeprägt sein. Je nach Einzelfall können die qualitativen Merkmale **unterschiedlich zu gewichten** sein. Maßgebend ist das **Gesamtbild der Verhältnisse** (**BMF, Rn. 17**).

Der Begriff des Geschäftsbetriebs ist **normspezifisch** zu sehen. Er knüpft aber an die schon seit längerer Zeit bestehende Rechtsprechung zum gewerbesteuerlichen Begriff des **Gewerbebetriebs** und zum Erfordernis der **Unternehmensidentität** beim gewerbesteuerlichen Verlustvortrag sowie zur **Segmentierung** bei der Ermittlung der Gewinnerzielungsabsicht an (**BMF, Rn. 18**). Maßgeblich ist dabei der **wesentliche Kern der Betätigung**. Soweit die Veränderungen der qualitativen Merkmale nach dem Gesamtbild der Verhältnisse den wesentlichen Kern des Geschäftsbetriebs nicht berühren, liegt insgesamt keine (schädliche) Änderung des Geschäftsbetriebs vor (**BMF, Rn. 19**).

BEISPIEL 3 aus BMF, Rn. 19:

Die V-GmbH wird im Jahr 01 gegründet. Ziel ist die Entwicklung eines innovativen Klebstoffs. Sie beschäftigt anfangs hauptsächlich Wissenschaftler aus dem Gebiet der Polymerchemie.

Nachdem die Entwicklung des Klebstoffs erfolgreich beendet ist, eröffnet die V-GmbH im Jahr 03 Produktionsstätten und stellt neue Arbeitnehmer u. a. für die Bereiche Produktion, Marketing und Vertrieb ein. Außerdem werden die Produkte erstmals an Kunden ausgeliefert.

Im Jahr 03 liegt **derselbe Geschäftsbetrieb** i. S. d. § 8d KStG wie im Jahr 01 vor.

Im Rahmen einer dynamischen Entwicklung des Unternehmens kommt es zwar zu erheblichen Veränderungen der in § 8d Abs. 1 Satz 4 KStG aufgeführten qualitativen Merkmale (z. B. verändert sich die Qualifikation der Arbeitnehmer (technische Produktion, Marketing, Vertrieb)). Außerdem gibt es erstmalig einen Kundenkreis und es kommt ggf. zur Ausweitung des Lieferantenkreises.

Die entwickelten Klebstoffprodukte, die nunmehr vertrieben werden, geben dem Unternehmen **weiterhin das ursprüngliche Gepräge**, sodass nach allgemeiner Verkehrsanschauung **keine Änderung** des Geschäftsbetriebs vorliegt.

Der Begriff des Geschäftsbetriebs ist **tätigkeitsbezogen** zu verstehen. Eine Körperschaft hat – vorbehaltlich der Rn. 21 bis 24 – mehrere Geschäftsbetriebe, wenn sie **mehreren selbständigen** Betätigungen nachgeht. Dies richtet sich danach, ob sich die jeweiligen Betätigungen unter Berücksichtigung der qualitativen Merkmale voneinander abheben. Eine selbständige Betätigung muss nicht die Voraussetzungen eines Teilbetriebs erfüllen. Liegen mehrere Geschäftsbetriebe vor, ist der Anwendungsbereich des § 8d KStG nicht eröffnet (**BMF, Rn. 20**).

BEISPIEL 4 aus BMF, Rn. 20:

Die V-GmbH stellt Waschmaschinen sowie Schuhe her.

Für Zwecke des § 8d KStG liegen **zwei selbständige** Betätigungen in Form einer Waschmaschinenproduktion und einer Schuhproduktion vor, da sich die angebotenen Produkte, der Kunden- und Lieferantenkreis, die Qualifikation der Arbeitnehmer und die bedienten Märkte voneinander unterscheiden. Zufällige Überschneidungen im Kundenkreis führen nicht dazu, dass von einem einheitlichen Kundenkreis auszugehen ist. Die V-GmbH hat damit **mehrere** Geschäftsbetriebe, was die **Anwendung des § 8d KStG ausschließt**.

Mehrere selbständige Betätigungen können als **einheitlicher Geschäftsbetrieb** zu qualifizieren sein, wenn zwischen ihnen ein **gegenseitiger Förder- und Sachzusammenhang** gegeben ist. Ein solcher liegt regelmäßig dann vor, wenn sich die selbständigen Betätigungen gegenseitig bedingen oder sich als Haupt- und Nebentätigkeit gegenseitig fördern. Das gleichzeitige Betreiben der jeweils selbständigen Betätigungen muss zu wesentlichen Synergieeffekten führen (**BMF, Rn. 21**).

BEISPIEL 5 aus BMF, Rn. 21:

Die V-GmbH führt ein Autohaus. Zusätzlich betreibt sie in einem Nebengebäude eine Kfz-Werkstatt. Neben Kfz-Reparaturen, die nach entsprechenden Kundenaufträgen durchgeführt werden, dient die Werkstatt dem Autohaus u. a. dazu, angekaufte Fahrzeuge für den Verkauf vorzubereiten sowie Gewährleistungsverpflichtungen nachzukommen. Das Autohaus und die Werkstatt treten nach außen unter einem einheitlichen Markennamen (»Automobile V Kfz-Handel und -Reparaturen«) auf.

Für Zwecke des § 8d KStG liegen **zwei selbständige Betätigungen** vor, da sie sich unter Berücksichtigung der qualitativen Merkmale des § 8d Abs. 1 Satz 4 KStG voneinander abheben: Die angebotenen Dienstleistungen und Produkte, der Lieferantenkreis und die Qualifikation der Arbeitnehmer unterscheiden sich teils erheblich voneinander.

Der Kundenkreis überschneidet sich. Die beiden unterschiedlichen Tätigkeiten fördern und ergänzen sich gegenseitig: Die Kfz-Werkstatt erbringt wesentliche Vorbereitungs-, Service- und Ergänzungsdienstleistungen für den Autohandel während umgekehrt durch den Verkauf von Kfz die Käufer als (langfristige) Kunden der angeschlossenen Werkstatt gewonnen werden.

Aufgrund dieser **engen sachlichen Verknüpfung** und des **Förderungs- und Ergänzungszusammenhangs** bilden die beiden an sich selbständigen Betätigungen einen **einheitlichen Geschäftsbetrieb** i. S. d. § 8d KStG.

Ein **bloßer mittelbarer Zusammenhang** ist für die Annahme eines gegenseitigen Förder- und Sachzusammenhangs **nicht ausreichend**. Ein einheitlicher Geschäftsbetrieb liegt danach z. B. nicht vor, wenn eine Körperschaft mehreren nicht gleichartigen, selbständigen Betätigungen nachgeht, für die sie lediglich eine gemeinsame Verwaltung und eine einheitliche

Buchführung eingerichtet hat, aber im Übrigen keine sachlichen Verbindungen zwischen den unterschiedlichen Betätigungen bestehen (**BMF, Rn. 22**).

Werden selbständige Betätigungen **räumlich getrennt** voneinander betrieben, spricht eine **widerlegbare Vermutung** dafür, dass kein unmittelbar greifbarer Förder- und Sachzusammenhang gegeben ist (**BMF, Rn. 23**).

> **BEISPIEL 7 aus BMF, Rn. 23:**
>
> Die V-GmbH betreibt in zwei unterschiedlichen Städten zwei Restaurants unter unterschiedlichen Namen und mit unterschiedlichem Personal. Der Einkauf für beide Restaurants erfolgt getrennt.
>
> Unter Berücksichtigung der qualitativen Merkmale in einer Gesamtbetrachtung des Einzelfalls liegen bei der V-GmbH **zwei selbständige** Betätigungen vor, die jeweils einen Geschäftsbetrieb begründen. Es fehlt an einem gegenseitigen Förder- und Sachzusammenhang. Das Vorliegen mehrerer Geschäftsbetriebe steht der Anwendung des § 8d KStG entgegen.

Eine zusätzlich ausgeübte weitere Betätigung steht einem einheitlichen Geschäftsbetrieb nicht entgegen, wenn sie **wirtschaftlich nicht ins Gewicht fällt** und ihr damit nicht die Qualität eines selbständigen weiteren Geschäftsbetriebs zukommt. Zur Vereinfachung können hierbei die Grundsätze der BFH-Urteile vom 27.08.2014 (Az.: VIII R 16/11, BStBl II 2015, 996; VIII R 41/11, BStBl II 2015, 999; VIII R 6/12, BStBl II 2015, 1002) zur Bagatellgrenze bei § 15 Abs. 3 Nr. 1 EStG entsprechend angewendet wer- den. Danach fällt eine Betätigung wirtschaftlich nicht ins Gewicht, wenn die Nettoumsatzerlöse hieraus **3 % der Gesamtnettoumsatzerlöse** der Verlustkörperschaft und den **Betrag von 24.500 €** im VZ **nicht übersteigen** (**BMF, Rn. 24**).

7.2.4.2.2 Kein schädliches Ereignis im Beobachtungszeitraum B (BMF, Rn. 25 bis 45)

Innerhalb des Beobachtungszeitraums B darf kein Ereignis im Sinne des § 8d Abs. 2 KStG vorgelegen haben.

7.2.4.2.3 Ausschluss des Anwendungsbereichs (BMF, Rn. 46 bis 48)

§ 8d KStG findet nur auf Verluste Anwendung, die auf der **ununterbrochenen Ausübung** des maßgeblichen Geschäftsbetriebs beruhen. Von der Anwendung des § 8d KStG sind daher **Verluste ausgeschlossen**, die auf die Zeit **vor einer Einstellung oder Ruhendstellung** des Geschäftsbetriebs entfallen (**BMF, Rn. 46**).

> **BEISPIEL 20 aus BMF, Rn. 46:**
>
> Die V-GmbH hat zu Beginn des VZ 01 ihren Geschäftsbetrieb ruhend gestellt. Vor der Ruhendstellung bestand ein Verlustvortrag zum 31.12.00 i. H. v. 200 000 €.
>
> Zum 01.01.02 nimmt die V-GmbH denselben Geschäftsbetrieb wieder auf.
>
> Im VZ 05 werden 100 % der Anteile an der V-GmbH auf einen Erwerber übertragen, der den Geschäftsbetrieb unverändert fortführt. Der Verlustvortrag zum Ende des
>
> VZ 05 beträgt ohne Anwendung des § 8c KStG 300 000 €. Die V-GmbH stellt für den VZ 05 einen Antrag nach § 8d KStG. Es sind keine stillen Reserven vorhanden.

Die Anwendung des § 8d KStG ist auf Antrag möglich, da im Beobachtungszeitraum A ausschließlich derselbe Geschäftsbetrieb unterhalten wird. Nach § 8d Abs. 1 Satz 2 Nr. 1 KStG ist die **Anwendung des § 8d KStG für den Verlust ausgeschlossen**, der auf die Zeit **vor der Ruhendstellung** des Geschäftsbetriebs entfällt (**200 000 €**); dieser ist nach § 8c KStG zu kürzen. Auf den nach der Kürzung verbleibenden Verlust

i. H. v. 100 000 € ist § 8d KStG antragsgemäß anzuwenden.

Die **Beteiligung an einer Mitunternehmerschaft** oder die **Stellung als Organträger** zu Beginn des dritten VZ, der dem VZ des schädlichen Beteiligungserwerbs voraus- geht, steht einer Anwendung des § 8d Abs. 1 Satz 1 KStG entgegen (**BMF, Rn. 47**).

Ist eine der Antragstellung nach § 8d Abs. 1 KStG entgegenstehende **Organschaft rückwirkend nicht anzuerkennen**, kann ein Antrag gestellt werden (vgl. Rn. 7 ff.). Entsprechendes gilt für die Einbringung von Mitunternehmeranteilen in eine Kapitalgesellschaft oder den Formwechsel einer Personengesellschaft in eine Kapitalgesellschaft, wenn diese mit **steuerlicher Rückwirkung** erfolgen (**BMF, Rn. 48**).

7.2.4.3 Rechtsfolgen (BMF, Rn. 49 bis 61)

Sofern die oben unter Tz. 4.2 dargestellten Voraussetzungen des § 8d KStG vorliegen, führt ein wirksam gestellter Antrag dazu, dass

- **§ 8c KStG** auf die vom Untergang bedrohten Verluste **nicht anzuwenden** ist

und

- der **gesamte** Verlustvortrag, der **zum Schluss des VZ** des schädlichen Beteiligungserwerbs verbleibt, nach § 8d Abs. 1 Satz 6 KStG zum fortführungsgebundenen Verlustvortrag wird.

7.2.4.3.1 Umfang der Verlusterhaltung (BMF, Rn. 49 bis 55)

Nach § 8d Abs. 1 Satz 1 KStG ist auf Antrag die Verlustkürzung nach § 8c KStG bei einem schädlichen Beteiligungserwerb nicht anzuwenden. Zu beachten ist hierbei aber, dass

- dies die **Nichtanwendung der Stille-Reserven-Klausel** (§ 8c Abs. 1 Sätze 5 ff. KStG) zur Folge hat (vgl. BMF, Rn. 6),
- Verluste aus der Zeit **vor Einstellung oder Ruhendstellung** des Geschäftsbetriebs auch bei einem wirksamen Antrag **weiterhin** nach **§ 8c KStG** zu kürzen sind (vgl. BMF, Rn. 46).

Verluste eines vorherigen Geschäftsbetriebs, der **nicht** dem für die Anwendung des § 8d KStG **maßgeblichen Geschäftsbetrieb** entspricht und der vor Beginn des Beobachtungszeitraums A eingestellt wurde, sind ebenfalls nach § 8c KStG zu kürzen (**BMF, Rn. 50**).

BEISPIEL 21 aus BMF, Rn. 50:

Die V-GmbH führt seit ihrer Gründung im Jahr 01 ein Einzelhandelsgeschäft.

Der Verlustvortrag zum 31.12.05 beträgt 200 000 €. Anfang des Jahres 06 stellt sie ihr Einzelhandelsgeschäft ein und betreibt stattdessen eine Transportvermittlung.

In den Jahren 07 bis 09 erleidet die V-GmbH weitere Verluste von insg. 100 000 €. Im Jahr 10 werden 100 % der Anteile an der V-GmbH auf einen Erwerber übertragen. Stille Reserven existieren nicht. Die V-GmbH stellt für den VZ 10 einen Antrag nach § 8d KStG.

Maßgeblich für die Anwendung des § 8d KStG ist ausschließlich der Geschäftsbetrieb

»Transportvermittlung«. Nach § 8d Abs. 1 Satz 2 Nr. 1 KStG ist ein Antrag für den Verlust ausgeschlossen, der auf den eingestellten Geschäftsbetrieb »Einzelhandelsgeschäft« entfällt (200 000 €), so dass diese **Altverluste** aufgrund des schädlichen Beteiligungserwerbs **untergehen**.

Auf den Verlust i. H. v. 100 000 €, der durch die Tätigkeit »Transportvermittlung« verursacht wurde, ist § 8d KStG antragsgemäß anzuwenden.

Ist der Verlust in einer Zeit entstanden, in der die Verlustkörperschaft **mehr als einen Geschäftsbetrieb unterhalten** hat und wird seit dem Beginn des Beobachtungszeitraums A nur noch einer dieser Geschäftsbetriebe als maßgeblicher Geschäftsbetrieb nach § 8d KStG ausgeübt, ist der Verlust vor Beginn des Beobachtungszeitraums A für Zwecke des § 8d Abs. 1 Satz 2 Nr. 1 KStG jeweils den **einzelnen Geschäftsbetrieben sachgerecht zuzuordnen**. Zwischenzeitliche Verrechnungen mit Gewinnen sind entsprechend zu berücksichtigen.

Den **Nachweis** über eine konkrete Zuordnung hat die antragstellende Körperschaft zu führen. Kann ein solcher Nachweis **nicht erbracht** werden, ist im Zweifel davon auszugehen, dass der **gesamte Verlust auf den eingestellten** Geschäftsbetrieb entfällt (**BMF, Rn. 51**).

In den Fällen der Rn. 50 und 51 spricht eine widerlegbare Vermutung dafür, dass etwaige vorhandene **stille Reserven in voller Höhe** auf den nach § 8d KStG maßgeblichen **fortgeführten Geschäftsbetrieb** entfallen (**BMF, Rn. 52**).

Wenn § 8d KStG Anwendung findet, sind für die nicht ausgeglichenen negativen Einkünfte des VZ, in den der schädliche Beteiligungserwerb fällt, **zunächst die Regelungen zum Verlustrücktrag** (§ 10d Abs. 1 EStG) anzuwenden (**BMF, Rn. 53**).

BEISPIEL 22 aus BMF, Rn. 53:

Die V-GmbH erzielt im Jahr 02 einen Verlust i. H. v. 25.000 €. Zum 30.06.02 werden 100 % der Anteile an der V-GmbH an einen Erwerber veräußert. Auf die Zeit bis zum schädlichen Beteiligungserwerb entfällt ein Verlust i. H. v. 10.000 €. Der Gesamtbetrag der Einkünfte der V-GmbH im VZ 01 beträgt 20.000 €.

Die V-GmbH stellt für den VZ 02 **keinen** Antrag nach § 8d KStG.

Variante:
Die V-GmbH stellt für den VZ 02 einen **Antrag** nach § 8d KStG.

Der bis zum 30.06.02 erwirtschaftete Verlust geht nach § 8c KStG grundsätzlich vollständig unter. Ein Verlustrücktrag scheidet i. H. v. 10.000 € entsprechend der Rn. 31 des BMF-Schreibens vom 28. November 2017 (BStBl I 2017, 1645) aus.

Der auf die Zeit nach dem schädlichen Beteiligungserwerb entfallende Verlust (**15.000 €**) kann nach § 10d Abs. 1 EStG in das Vorjahr 01 **zurückgetragen** werden.

Variante:
Aufgrund des Antrags der V-GmbH findet § 8c KStG keine Anwendung. Somit kann der im Jahr 02 erwirtschaftete Verlust i. H. v. **20.000 €** nach § 10d Abs. 1 EStG in das Vorjahr 01 **zurückgetragen** werden. Zum 31.12.02 wird ein fortführungsgebundener Verlustvortrag i. H. v. 5.000 € gesondert festgestellt.

Der verbleibende nicht genutzte Verlustvortrag wird zum Schluss des VZ, in den der schädliche Beteiligungserwerb fällt, **insgesamt** zum fortführungsgebundenen Verlustvortrag (§ 8d Abs. 1 Satz 6 KStG).

Bei einem vom Kalenderjahr **abweichenden** Wirtschaftsjahr wird der nicht genutzte Verlustvortrag zum Schluss des VZ, in dem das Wirtschaftsjahr des schädlichen Beteiligungserwerbs endet, zum fortführungsgebundenen Verlustvortrag (**BMF, Rn. 54**).

§ 8d KStG sieht also **keine Beschränkung** auf die vom Untergang bedrohten Verluste vor. Auch bei einem lediglich teilweisen Untergang des Verlustabzugs (= stille Reserven führen bei Anwendung der Stille-Reserven-Klausel zu einer nur partiellen Verlustrettung), werden – bei Antragstellung nach § 8d KStG – 100 % der zum Ende des VZ des schädlichen Beteiligungserwerbs noch vorhandenen Verluste zum fortführungsgebundenen Verlustvortrag.

BEISPIEL 24:

Bei der V-GmbH findet ein schädlicher Beteiligungserwerb statt, der aufgrund vorhandener stiller Reserven lediglich zu einem 30 %-igen Verlustuntergang nach § 8c Abs. 1 KStG führt.

Ohne einen Antrag nach § 8d Abs. 1 Satz 5 KStG würden die bisher nicht genutzten Verluste der V-GmbH i. H. v. 30 % untergehen. Die restlichen 70 % könnte die V-GmbH aber ohne die drohenden Sanktionen des § 8d Abs. 2 KStG fortführen.

Sofern ein **Antrag** nach § 8d Abs. 1 Satz 5 KStG gestellt wird, fallen nicht nur 30 % der Verluste unter das besondere Verlustregime des § 8d KStG, sondern die gesamten bisher nicht genutzten Verluste der V-GmbH.

Ein späteres schädliches Ereignis i. S. d. § 8d Abs. 2 KStG würde zum vollständigen (und nicht nur zum 30 %-igen) Wegfall des bis dahin noch nicht genutzten fortführungsgebundenen Verlustvortrags führen (vorbehaltlich später vorhandener stiller Reserven).

§ 8d KStG erfasst in Fällen eines **unterjährigen** schädlichen Beteiligungserwerbs **auch die nach** dem schädlichen Beteiligungserwerb bis zum Ende des VZ noch anfallenden späteren Verluste. Soweit zum Ende des VZ, in den der schädliche Beteiligungserwerb fällt, Verluste nach § 2a, § 15 Abs. 4, § 15a, § 15b EStG sowie § 8d KStG oder ähnliche ausgleichs- oder verrechnungsbeschränkte Verluste bestehen, sind diese im Rahmen der jeweiligen gesonderten Verlustfeststellung **ebenfalls als fortführungsgebundene Verluste** gesondert auszuweisen und festzustellen (**BMF, Rn. 55**).

7.2.4.3.2 Verrechnung des fortführungsgebundenen Verlustvortrags (BMF, Rn. 56 bis 58)

Der fortführungsgebundene Verlustvortrag ist als Teil des verbleibenden Verlustvortrags zum Ende des jeweiligen VZ **gesondert auszuweisen** (§ 8d Abs. 1 Satz 7 KStG). Der fortführungsgebundene Verlustvortrag ist **kein eigenständiger**, neben dem Verlustvortrag i. S. d. § 10d Abs. 4 EStG stehender Verlustvortrag. Die Vorschriften über den Verlustrücktrag und den Verlustvortrag nach § 10d EStG, § 4 Abs. 2, § 12 Abs. 3 und § 15 Abs. 3 UmwStG sowie die **Grundsätze der Mindestgewinnbesteuerung** nach § 10d Abs. 2 EStG sind **zu beachten** (**BMF, Rn. 56**).

BEISPIEL 25 aus BMF, Rn. 56:

Bei der V-GmbH besteht zum 31.12.01 ausschließlich ein fortführungsgebundener Verlustvortrag i. S. d. § 8d KStG i. H. v. 3 Mio. €.

Im VZ 02 erzielt die V-GmbH einen positiven Gesamtbetrag der Einkünfte i. H. v. 2 Mio. €.

Nach § 10d Abs. 2 EStG findet eine Verrechnung des fortführungsgebundenen Verlustvortrags i. H. v. **1 Mio. € uneingeschränkt** statt. Darüber hinaus können 70 % des 1 Mio. € übersteigenden positiven Gesamtbetrags der Einkünfte (= **600 000 €**) mit dem verbleibenden fortführungsgebundenen Verlustvortrag verrechnet werden.

Zum 31.12.02 ist ein **verbleibender fortführungsgebundener Verlustvortrag i. H. v. 1,4 Mio. €** gesondert festzustellen.

Nach § 8d Abs. 1 Satz 8 KStG ist der gesondert ausgewiesene und festgestellte **fortführungsgebundene Verlustvortrag** vor dem nach § 10d Abs. 4 EStG gesondert festgestellten Verlustvortrag **vorrangig abzuziehen** (**BMF, Rn. 57**).

BEISPIEL 26 aus BMF, Rn. 57:

Bei der V-GmbH besteht zum 31.12.01 ein fortführungsgebundener Verlustvortrag i. S. d. § 8d KStG i. H. v. 100 000 € sowie ein übriger Verlustvortrag i. S. d. § 10d EStG i. H. v. 50 000 €.

Im VZ 02 erzielt die V-GmbH einen positiven Gesamtbetrag der Einkünfte i. H. v. 120 000 €.

Nach § 8d Abs. 1 Satz 8 KStG wird **vorrangig der fortführungsgebundene** Verlustvortrag (100 000 €) mit dem positiven Gesamtbetrag der Einkünfte verrechnet. Der danach verbleibende positive Gesamtbetrag der Einkünfte (= 20 000 €) wird mit dem verbleibenden Verlustvortrag i. S. d. § 10d EStG verrechnet.

Zum 31.12.02 ist ein **verbleibender Verlustvortrag** i. S. d. § 10d EStG i. H. v. **30 000 €** (= 50 000 € ./. 20 000 €) gesondert festzustellen. Der fortführungsgebundene Verlustvortrag ist vollständig aufgebraucht.

Eine **quotale Aufteilung** des Sockelbetrags des § 10d Abs. 2 EStG ist dabei **nicht vorzunehmen** (**BMF, Rn. 58**).

7.2.4.3.3 Organschaft (BMF, Rn. 59 bis 61)

Eine Anwendung des § 8d KStG **auf Ebene des Organträgers** ist **ausdrücklich ausgeschlossen** (§ 8d Abs. 1 Satz 2 Nr. 2 bzw. § 8d Abs. 1 Satz 1 i. V. m. Abs. 2 Nr. 5 KStG, vgl. BMF, Rn. 41). **Auf Ebene der Organgesellschaft** ist die Anwendung des **§ 8d KStG** dem Grunde nach **möglich**. Antragsberechtigt ist die Organgesellschaft (**BMF, Rn. 59**).

Sind die Voraussetzungen des § 8d KStG erfüllt, ist ein »**vororganschaftlicher**« Verlustvortrag nach § 15 Satz 1 Nr. 1 KStG als »vororganschaftlicher« fortführungsgebundener Verlustvortrag gesondert auszuweisen und festzustellen. Eine Verrechnung des »vororganschaftlichen« fortführungsgebundenen Verlustvortrags ist **erst nach Beendigung der Organschaft** und nur unter der Voraussetzung möglich, dass zwischenzeitlich kein schädliches Ereignis i. S. d. § 8d Abs. 2 KStG bei der Organgesellschaft eingetreten ist (**BMF, Rn. 60**).

Für den Verlust der Organgesellschaft, der **während des Bestehens der Organschaft im VZ des schädlichen Beteiligungserwerbs** entsteht, ist **§ 8d KStG vor** der **Zurechnung ihres**

Einkommens an den Organträger anzuwenden (vgl. BMF vom 28.11.2017, BStBl I 2017, 1645 Rn. 37 ff.).

Die Anwendung des § 8d KStG auf der Ebene der Organgesellschaft führt zur **vollständigen Suspendierung** der Regelung des § 8c Abs. 1 KStG. Ein laufender Verlust der Organgesellschaft geht in Folge des (mittelbaren) schädlichen Beteiligungserwerbs nicht unter. Dieser Verlust der Organgesellschaft wird nach den allgemeinen organschaftlichen Regelungen dem Organträger **ungekürzt zugerechnet**. Ein etwaiger verbleibender Verlustvortrag des Organträgers, der aus dem zugerechneten Verlust der Organgesellschaft resultiert, ist **nicht fortführungsgebunden**.

7.2.4.3.4 Schädliche Ereignisse und Untergang des fortführungsgebundenen Verlustvortrags nach § 8d Abs. 2 KStG (BMF, Rn. 25 bis 45 sowie Rn. 62 bis 67)

Die schädlichen Ereignisse nach § 8d Abs. 2 KStG sind in zweierlei Hinsicht von Bedeutung:

- **Innerhalb des Beobachtungszeitraums B** (= seit Gründung bzw. seit Beginn des dritten VZ vor dem VZ des schädlichen Beteiligungserwerbs bis zum Schluss des VZ des schädlichen Beteiligungserwerbs) darf kein Ereignis im Sinne des § 8d Abs. 2 KStG vorgelegen haben. Ansonsten kann ein Antrag auf Anwendung des § 8d KStG nicht wirksam gestellt werden.
- Die Einstellung des Geschäftsbetriebs oder der Eintritt eines anderen schädlichen Ereignisses i. S. d. § 8d Abs. 2 Satz 2 KStG führt zum **Untergang** des auf den Schluss des vorhergehenden VZ festgestellten **fortführungsgebundenen Verlustvortrags** (vorbehaltlich etwaiger stiller Reserven).

Zu den einzelnen **schädlichen Ereignissen** i. S. d. § 8d Abs. 2 KStG:

a) Einstellung des Geschäftsbetriebs (§ 8d Abs. 2 Satz 1 KStG), BMF, Rn. 63 ff.
b) Ruhendstellung des Geschäftsbetriebs (§ 8d Abs. 2 Satz 2 Nr. 1 KStG), BMF, Rn. 26 ff.
c) Andere Zweckbestimmung des Geschäftsbetriebs (§ 8d Abs. 2 Satz 2 Nr. 2 KStG), BMF, Rn. 31 f.
d) Aufnahme eines zusätzlichen Geschäftsbetriebs (§ 8d Abs. 2 Satz 2 Nr. 3 KStG), BMF, Rn. 33 ff.
e) Beteiligung an einer Mitunternehmerschaft (§ 8d Abs. 2 Satz 2 Nr. 4 KStG), BMF, Rn. 37 ff.
f) Begründung einer Organträgerstellung (§ 8d Abs. 2 Satz 2 Nr. 5 KStG), BMF, Rn. 41 ff.,
g) Übertragung von Wirtschaftsgütern zu einem unter dem gemeinen Wert liegenden Wert (§ 8d Abs. 2 Satz 2 Nr. 6 KStG), BMF, Rn. 43 ff.

> **Hinweis:**
>
> Neben den vorgenannten schädlichen Ereignissen führt auch ein späterer (weiterer) **Anwendungsfall des § 8c KStG** zum Untergang des bisher nicht genutzten fortführungsgebundenen Verlustvortrags, **BMF, Rn. 72 ff.**
>
> Es kann aber ein **erneuter Antrag** nach § 8d KStG gestellt werden.

8 Steuerfreie Mitgliederbeiträge (§ 8 Abs. 5 KStG)

8.1 Allgemeines

Nach § 8 Abs. 5 KStG bleiben bei der Ermittlung des Einkommens einer Personenvereinigung so genannte echte Mitgliederbeiträge außer Ansatz. Es handelt sich dabei um eine **sachliche Steuerbefreiung**. Sie steht im Prinzip allen unter das KStG fallenden Gebilden zu, und zwar rechtsfähigen wie nichtrechtsfähigen, gleichgültig, ob sie unbeschränkt steuerpflichtig sind oder nicht. Zugeschnitten ist die Vorschrift aber auf rechtsfähige und nichtrechtsfähige Vereine mit ideellen Zwecken (Idealvereine, § 21 BGB). Aber: Vereine, die gemeinnützige, mildtätige oder kirchliche Zwecke verfolgen, fallen unter die persönliche Steuerbefreiung nach § 5 Abs. 1 Nr. 9 KStG. Mitgliedsbeiträge gehören in diesen Fällen zum steuerfreien ideellen Bereich.

Dagegen werden echte Mitgliederbeiträge bei Kapitalgesellschaften, Genossenschaften und wirtschaftlichen Vereinen (§ 22 BGB) kaum vorkommen. Insbesondere Kapitalgesellschaften und Genossenschaften erhalten das erforderliche Betriebskapital nicht durch Beiträge, sondern durch gesellschaftliche Einlagen. Diese Vermögensmehrungen unterliegen allerdings ohnehin nicht der Körperschaftsteuer nach § 8 Abs. 3 Satz 3 KStG.

8.2 Voraussetzungen für die Steuerbefreiung

Echte – steuerfreie – Mitgliederbeiträge erfordern die folgenden Voraussetzungen.

8.2.1 Mitgliederbeiträge (R 8.11 Abs. 1 KStR)

Es muss sich um Leistungen handeln, die eine Personenvereinigung nur von ihren Mitgliedern erhält. Leistungen von Nichtmitgliedern können nicht nach § 8 Abs. 5 KStG befreit sein, weil es sich um Gegenleistungen für individuelle Leistungen der Personenvereinigung den Nichtmitgliedern gegenüber handelt (vgl. BFH vom 28.06.1989 BStBl II 1990, 550).

8.2.2 Erhebung aufgrund der Satzung (R 8.11 Abs. 2 KStR)

Die Mitgliederbeiträge müssen aufgrund der Satzung erhoben werden. Freiwillige Leistungen können nicht nach § 8 Abs. 5 KStG steuerfrei sein. Diese Voraussetzung ist erfüllt, wenn die Satzung Art und Höhe der Mitgliederbeiträge festlegt. Gleichermaßen ist es ausreichend, wenn die Satzung die Mitgliederbeiträge nicht ziffernmäßig festlegt, aber einen feststehenden Berechnungsmaßstab bestimmt.

BEISPIEL

Die »Privatärztliche Verrechnungsstelle e. V.« übernimmt für ihre Mitgliedsärzte den Einzug der an sie zu diesem Zweck abgetretenen Honorarforderungen. Als Vereinsbeitrag werden von den Ärzten 3% der abgetretenen Forderungen erhoben. – Es handelt sich (zwar) um einen hinreichend bestimmten Berechnungsmaßstab. Vgl. aber R 8.11 (1) Satz 3 KStR: kein echter Beitrag, daher stpfl.

8.2.3 Keine Beitragsbemessung nach einer bestimmten Leistung der Personenvereinigung oder nach dem wirtschaftlichen Vorteil für das einzelne Mitglied (R 8.11 Abs. 3 KStR)

Dient eine Personenvereinigung nur oder auch der wirtschaftlichen Förderung ihrer Einzelmitglieder, so sind die Beiträge keine bzw. insoweit keine steuerfreien Mitgliederbeiträge, wenn oder soweit es sich um Gegenleistungen (auch pauschalierte) für die Förderung durch die Personenvereinigung handelt. Dass die Personenvereinigung einen wirtschaftlichen Geschäftsbetrieb (§ 14 AO) unterhält, ist nicht erforderlich. Bei gemischten Beiträgen ist ggf. im Wege der Schätzung (§ 162 AO) in steuerfreie (echte) und steuerpflichtige (unechte) Beiträge **aufzuteilen**. Vgl. BFH vom 29.08.1973 BStBl II 1974, 60, und R 8.11 Abs. 3 Satz 2 KStR.

Für mehrere Arten von Personenvereinigungen hat die Verwaltung Grundsätze zur pauschalierten Aufteilung der gemischten Mitgliederbeiträge geschaffen (vgl. R 8.12 und R 8.13 KStR). Diese machen zeitraubende Einzelermittlungen überflüssig und dienen somit der Vereinfachung und Gleichmäßigkeit der Besteuerung.

Dient eine Personenvereinigung ausschließlich der wirtschaftlichen Förderung ihrer Mitglieder, so sind auch satzungsmäßig festgelegte (auch gleichmäßige) Beiträge keine steuerfreien Mitgliederbeiträge, sondern in voller Höhe pauschalierte Gegenleistungen für die wirtschaftliche Förderung ihrer Mitglieder.

8.3 Rechtsfolgen

Soweit die Steuerfreiheit von Mitgliederbeiträgen zu bejahen ist, bleiben sie bei der Einkommensermittlung der Personenvereinigung außer Ansatz. Dies hat zur Folge, dass Aufwendungen der Personenvereinigung in unmittelbarem oder mittelbarem Zusammenhang mit den steuerfreien Beiträgen **nicht abziehbar** sind (§ 3c Abs. 1 EStG, H 8.11 [Nichtabzugsfähigkeit des ... Aufwands] KStH).

> **BEISPIEL**
>
> Bei Genossenschaften kann das von eintretenden Genossen entrichtete einmalige Eintrittsgeld in vollem Umfang nach § 8 Abs. 5 KStG steuerfrei sein. Der mit dem Eintritt in wirtschaftlichem Zusammenhang stehende Aufwand (z. B. die Kosten der Eintragung in das Genossenschaftsregister) ist dann aber bis zur Höhe des Eintrittsgelds nicht abziehbar (R 8.11 Abs. 5 KStR).

9 Auflösung und Abwicklung (Liquidation)

9.1 Allgemeines – Bedeutung der Vorschrift

Für den Fall der Abwicklung einer unbeschränkt steuerpflichtigen Kapitalgesellschaft, Erwerbs- und Wirtschaftsgenossenschaft oder eines VVaG sieht § 11 KStG eine besondere Art der Gewinnermittlung vor, die die Erfassung des so genannten **Liquidationsgewinns** zum Zweck hat. Die Vorschrift § 11 KStG stellt sicher, dass während des Bestehens der Körperschaft noch nicht verwirklichte bzw. noch nicht versteuerte Gewinne und während des Liquidationsstadiums erzielte Gewinne aus der beschränkten Weiterführung des Unternehmens der Körperschaftsteuer unterworfen werden.

Die Regelung des § 11 KStG wird für den Fall des »Umzugs« in das Ausland ergänzt durch § 12 KStG, siehe 10. In diesem Fall sind die Grundsätze des § 11 KStG auch ohne Auflösung und Abwicklung entsprechend anzuwenden (Gedanke der »Entstrickung«). Die Abwicklung einer Kapitalgesellschaft (einer Genossenschaft, eines VVaG) kann zwar den Tatbestand einer Betriebsaufgabe (§ 16 Abs. 3 EStG) oder -veräußerung im Ganzen (§ 16 Abs. 1 Nr. 1 EStG) erfüllen. § 16 Abs. 4 EStG ist jedoch auf Liquidationsgewinne einer Kapitalgesellschaft weder bei der Ermittlung des körperschaftsteuerpflichtigen Einkommens noch bei der Ermittlung des Gewerbeertrages (§ 7 GewStG) anwendbar.

Nach Verwaltungsauffassung (R 8.1 Abs. 1 Nr. 1 KStR) und herrschender Meinung im Schrifttum ist auch § 34 EStG bei der KSt **nicht** anwendbar. Hieran hat sich u. E. auch für die Fälle des § 11 KStG durch das Urteil des BFH vom 08.05.1991 BStBl II 1992, 437 nichts geändert. Die Eigenart des § 11 KStG besteht darin, dass das im Rahmen der Abwicklung verteilte Vermögen ebenfalls als Einkommen der Gesellschaft behandelt wird. Darüber hinaus ist der Verteilungsvorgang (Verteilung des Abwicklungsendvermögens einschließlich des Abwicklungsgewinns) wie eine Vollausschüttung zu behandeln, denn eine Thesaurierung scheidet begrifflich aus.

Diese Verteilung stellt Leistungen der Gesellschaft dar, auf die die Grundsätze der Abgeltungsteuer und des Teileinkünfteverfahrens entsprechend anzuwenden sind, soweit bei den Empfängern der Art nach Einnahmen i. S. d. § 20 Abs. 1 Nr. 1 oder 2 bzw. § 20 Abs. 8 EStG vorliegen.

9.2 Anwendungsvoraussetzungen

Die **unmittelbare** Anwendung des § 11 KStG erfordert eine in § 11 KStG aufgeführte Körperschaft sowie unbeschränkte Körperschaftsteuerpflicht (subjektive Voraussetzungen) und eine Auflösung bzw. Abwicklung der in § 11 KStG aufgeführten Körperschaft (objektive Voraussetzungen).

9.2.1 Subjektive Voraussetzungen

Die Regelung des § 11 KStG gilt nur für die in § 1 Abs. 1 Nr. 1–3 KStG aufgeführten Körperschaften, nämlich Kapitalgesellschaften (vgl. B 3.1.1), also insbesondere für GmbH und AG, Erwerbs- und Wirtschaftsgenossenschaften (vgl. B 3.1.2) und den VVaG (vgl. B 3.1.3). Eine entsprechende Anwendung auf andere körperschaftsteuerpflichtige Gebilde ist nicht möglich und auch nicht erforderlich.

Weiterhin setzt die unmittelbare Anwendung des § 11 KStG unbeschränkte Steuerpflicht voraus. Bei Veränderungen bei einer inländischen Betriebstätte, mit der eine ausländische Körperschaft **beschränkt steuerpflichtig ist** (§ 2 Nr. 1 KStG) – also bei Auflösung, Verlegung in das Ausland oder Übertragung im Ganzen auf einen anderen – gilt § 11 KStG über § 12 Abs. 1 KStG allerdings grds. entsprechend. Die Liquidation der nicht unter § 11 KStG fallenden Körperschaften usw. richtet sich dagegen nach den allgemeinen einkommensteuerlichen Vorschriften (z. B. § 16 EStG).

9.2.2 Objektive Voraussetzungen

Objektive Voraussetzungen sind Auflösung und Abwicklung. Entscheidend ist dabei der Abwicklungsvorgang. Ohne Abwicklung gelten auch bei aufgelösten Gesellschaften noch weiterhin die allgemeinen Vorschriften. Die Anwendung des § 11 KStG setzt daher normalerweise auch die Abwicklung voraus. Eine Ausnahme besteht lediglich im Insolvenzfall: Unterbleibt die Abwicklung nach der Auflösung infolge Insolvenzeröffnung, greift trotzdem die Liquidationsbesteuerung ein (§ 11 Abs. 7 KStG). Nachstehende Übersicht verdeutlicht die jeweiligen Schritte des Abwicklungsvorgangs:

Besteuerungszeitraum

Auflösung	**Liquidation**	**Löschung**
• Insolvenz • Beschluss • Umwandlung	• »Versilberung« • Sperrjahr	• Handelsregister • Erlöschung
= **Handelsregister (HR)** = **in Liquidation (i. L.)**	= **Verteilung des** = **Vermögens (Schlussauskehrung)**	= **u. U. Nachtrags-Liquidator**

9.2.2.1 Auflösung

Die Auflösung einer unter § 11 KStG fallenden Körperschaft kann auf Beschluss oder anderen Gründen beruhen. Eine Auflösung durch Beschluss setzt eine eindeutige Bekundung des Auflösungswillens voraus, bedarf aber keiner besonderen Form, insbesondere keiner Eintragung in das Handelsregister (vgl. RG vom 10.12.1920 RGZ 101, 78). Im Regelfall beginnt der steuerliche Liquidationszeitraum mit dem Tage des Auflösungsbeschlusses (vgl. BFH vom 09.03.1983 BStBl II 1983, 433). Vgl. aber 9.3.1. Die Auflösung ist dem Amtsgericht mitzuteilen. Dieses bestellt einen Liquidator (Abwickler), häufig die ehemalige Geschäftsführung. Die Gesellschaft führt dann den Zusatz i. L. (in Liquidation) oder i. A. (in Auflösung). **Keine Auflösungsgründe** sind bspw. Vereinigung aller Aktien, Geschäftsanteile usw. in einer Hand oder die Einziehung eines Teils der Aktien (§§ 237–239 AktG) bzw. der Geschäftsanteile (§ 34 GmbHG) usw.

Tabellarische Übersicht der wichtigsten Auflösungsgründe

AG	GmbH	KGaA	Genossenschaft	VVaG
grundsätzlich: § 262 AktG	grundsätzlich: § 60 GmbHG	grundsätzlich: § 289 AktG i. V. m. §§ 161–171a HGB	grundsätzlich: §§ 78–78b GenG	–
Ablauf durch Gesellschaftsvertrag/Satzung nach Zeit: § 262 Abs. 1 Nr. 1 AktG	Ablauf durch Gesellschaftsvertrag/Satzung nach Zeit: § 60 Abs. 1 Nr. 2 GmbHG	Ablauf durch Gesellschaftsvertrag/Satzung nach Zeit: –	Ablauf durch Gesellschaftsvertrag/Satzung nach Zeit: § 79 GenG	Ablauf durch Gesellschaftsvertrag/Satzung nach Zeit: § 42 Nr. VAG
Auflösung durch Beschluss des Registergerichts: § 262 Abs. 3 Nr. 5 AktG	Auflösung durch Beschluss des Registergerichts: § 60 Abs. 1 Nr. 5 GmbHG	Auflösung durch Beschluss des Registergerichts: –	Auflösung durch Beschluss des Registergerichts: § 80 GenG	Auflösung durch Beschluss des Registergerichts: –
Nichtigkeit: § 275 AktG	Nichtigkeit: §§ 75–77 GmbHG	Nichtigkeit: –	Nichtigkeit: §§ 94 ff. GenG	Nichtigkeit: –

Weitere Gründe für eine Auflösung können bspw. die Eröffnung des Insolvenzverfahrens sein, vgl. § 11 Abs. 7 KStG, ein Gerichtsentscheid, eine Löschung wegen u. U. vermuteter Vermögenslosigkeit durch das Registergericht, die Unmöglichkeit des Gesellschaftszwecks oder aus anderen wichtigen Gründen bzw. durch Sitzverlegung in das Ausland.

9.2.2.2 Abwicklung

§ 11 KStG ist nur anwendbar, wenn die Auflösung der Gesellschaft mit einer Liquidation (Abwicklung) – d. h. mit einer Flüssigmachung (Versilberung) der Vermögenswerte – und ihrer Verteilung an die (Gläubiger und) Gesellschafter verbunden ist. Eine gesetzliche Ausnahme, bei der es an einer Liquidation im Rechtssinne fehlt, bildet die Auflösung infolge Eröffnung des Insolvenzverfahrens (§ 11 Abs. 7 KStG). Die Abwicklung muss tatsächlich ernsthaft durchgeführt werden.

Die Sondervorschriften des § 11 KStG gelten nur für echte Liquidationen, nicht für Scheinliquidationen. Wenn sich die Gesellschaft nach dem Auflösungsbeschluss oder sogar nach dem Eintritt in die Liquidation wieder oder weiterhin unverändert am Wirtschaftsleben beteiligt, ohne dass ein Ende abzusehen ist, ist sie nicht nach § 11 KStG, sondern nach den allgemeinen Vorschriften zu besteuern (vgl. RFH vom 02.08.1928 RStBl 1929, 532). Durch eine Scheinliquidation könnte die Gesellschaft ungerechtfertigte Vorteile erlangen (z. B. verzögerte Erhebung der Körperschaftsteuer infolge des bis zu dreijährigen Liquidationsbesteuerungszeitraums).

9.3 Liquidationsbesteuerung

9.3.1 Besteuerungszeitraum

Ermittlungszeitraum für das Einkommen ist normalerweise das Kj. (§ 7 Abs. 3 KStG), für den Gewinn aus Gewerbebetrieb das Wj. (§ 7 Abs. 4 KStG). Bei der Liquidationsbesteuerung tritt an die Stelle dieser Ermittlungszeiträume (Kj. bzw. Wj.) der Abwicklungszeitraum (Liquidationszeitraum – § 11 Abs. 1 Satz 1 KStG). Der Abwicklungszeitraum beginnt im Zeitpunkt der Auflösung und endet mit dem Abschluss der Schlussverteilung des Gesellschaftsvermögens.

Der Abwicklungszeitraum wird regelmäßig nicht mit dem Kj. übereinstimmen – weder vom Verlauf noch von der Dauer. Er kann kürzer, wird aber häufig länger als ein Kj. sein. Der Besteuerungszeitraum soll grundsätzlich **drei Jahre** nicht übersteigen (§ 11 Abs. 1 Satz 2 KStG). Gem. BMF vom 26.08.2003 BStBl I 2003, 434, Rz. 1–3 ist zu beachten, dass es im Abwicklungszeitraum keine Wj. im steuerrechtlichen Sinne gibt. Für Zwecke des § 27 KStG tritt an die Stelle des Wj. der Besteuerungszeitraum. Auf den Schluss jedes Besteuerungszeitraums ist eine Liquidationsschlussbilanz (als Steuerbilanz) aufzustellen.

Erfolgt die Auflösung im Laufe eines Wj., so kann (in sinngemäßer Anwendung des § 8b Nr. 1 EStDV) ein **Rumpfwirtschaftsjahr** vom Schluss des vorangegangenen Wj. bis zum Auflösungszeitpunkt gebildet werden (R 11 Abs. 1 Satz 3 KStR; BFH vom 17.07.1974 BStBl II 1974, 692). Die Verwaltung gewährt mithin ein Wahlrecht, während das v. g. BFH-Urteil von einem Zwang zur Bildung eines Rumpfwirtschaftsjahres ausgeht.

Fraglich ist, ob sich aus der Pflicht der Liquidatoren, auf den Beginn der Liquidation eine Eröffnungsbilanz zu erstellen (vgl. § 71 Abs. 1 GmbHG), zwingend die Bildung eines Rumpfwirtschaftsjahres ergibt. Dieses Rumpfwirtschaftsjahr reicht vom Schluss des vorangegangenen Wj. bis zum Zeitpunkt der Auflösung. Es ist nicht in den Abwicklungszeitraum einzubeziehen.

BEISPIELE

a) Am 31.12.2024 beschließt die Gesellschafterversammlung der A-GmbH die Auflösung mit Beginn des 01.01.2025. Die GmbH hatte ein mit dem Kj. übereinstimmendes Wj.
   LÖSUNG Es entsteht kein Rumpfwirtschaftsjahr. Bei der regulären Körperschaftsteuerveranlagung für das Kj. 2024 ist der Gewinn des letzten Wj. (Wj. 01.01. bis 31.12.2024) zugrunde zu legen (§ 7 Abs. 4 KStG). Der Abwicklungszeitraum beginnt am 01.01.2020. Der Gewinn des Wj. 2024 ist nicht in die Liquidationsbesteuerung einzubeziehen.
b) Der Sachverhalt entspricht Beispiel a), aber die GmbH hatte ein Wj. vom 01.10. bis 30.09. Sie hat Bilanzen auf den 30.09.2024 und 31.12.2025 erstellt.
   LÖSUNG Die Bilanzerstellung zum 31.12.2024 führt zur Bildung eines Rumpfwirtschaftsjahres vom 01.10.2024 bis zum 31.12.2024.
   Der Körperschaftsteuer-Veranlagung für den Veranlagungszeitraum 2019 sind zugrunde zu legen die Ergebnisse der Wj. 2023/2024 (01.10.2018–30.09.2024) und des Rumpfwirtschaftsjahres (01.10.2024–31.12.2024), § 7 Abs. 4 KStG. Auch in diesem Fall beginnt der Zeitraum der Liquidationsbesteuerung am 01.01.2025.

Die Einbeziehung des Zeitraums vom Schluss des vorangegangenen Wj. bis zum Zeitpunkt der Auflösung in die Liquidationsbesteuerung kann zu Liquiditätsvorteilen für die Gesellschaft i. L. führen, weil hierdurch eine so genannte **Steuerpause** entstehen kann (spätere Besteuerung des Gewinns dieses vorgeschalteten Zeitraums).

Der vorgeschaltete Zeitraum ist aber u. E. bei der Bemessung der Dreijahresfrist (vgl. § 11 Abs. 1 Satz 2 KStG, siehe hierzu auch weiter unten) nicht anzurechnen, da diese Frist auf den **tatsächlichen Auflösungszeitpunkt** abstellt. Der Liquidationszeitraum **soll** drei Jahre nicht übersteigen (§ 11 Abs. 1 Satz 2 KStG). Es handelt sich also um eine **Sollvorschrift**, deren Anwendung in das pflichtgemäße Ermessen des FA (§ 5 AO) gestellt ist.

Bei längerer Liquidation können mehrere jährliche Besteuerungszeiträume gebildet werden (vgl. § 11 Abs. 1 Satz 2 KStG, R 11 Abs. 3 Satz 1 KStR). Die besondere Besteuerung nach § 11 Abs. 2 KStG ist dabei nur für den »letzten« Besteuerungszeitraum vorzunehmen (R 11 Abs. 3 Satz 3 KStR). Dabei handelt es sich um endgültige Veranlagungen (R 11 Abs. 4 KStR). Dies gilt dann auch für die gesonderten Feststellungen nach § 27 KStG.

9.3.2 Abwicklungsgewinn

Abwicklungsgewinn ist gem. § 11 Abs. 2 KStG der Unterschiedsbetrag zwischen dem Abwicklungs-**Endvermögen** (§ 11 Abs. 3 KStG) und Abwicklungs-**Anfangsvermögen** (§ 11 Abs. 4 KStG). Beide Elemente dieser besonderen Art einer Gewinnermittlung durch Bestandsvergleich sind vor ihrer Gegenüberstellung nach § 11 Abs. 3 bzw. Abs. 4 KStG jeweils noch zu berichtigen; vgl. 9.3.2.1 bis 9.3.2.3. Daher ist das berichtigte Endvermögen dem berichtigten Anfangsvermögen gegenüberzustellen. Außerdem sind nach § 11 Abs. 6 KStG die allgemeinen Gewinnermittlungsvorschriften anzuwenden. Vgl. hierzu im Einzelnen 9.3.2.3. Im Ergebnis umfasst der Abwicklungsgewinn aufgelöste stille Reserven im Anfangsvermögen sowie im Abwicklungszeitraum erzielte Erträge unter Beachtung der körperschaftsteuerlichen Gewinn- und Einkommensermittlung.

9.3.2.1 Abwicklungsanfangsvermögen

Abwicklungsanfangsvermögen ist das Betriebsvermögen, das am Schluss des letzten dem Abwicklungszeitraum vorangegangenen Wj. vorhanden war und der Körperschaftsteuerveranlagung zugrunde gelegt worden ist (§ 11 Abs. 4 Satz 1 KStG), oder – falls – theoretisch – eine Körperschaftsteuerveranlagung für den letzten »regulären« Veranlagungszeitraum vor der Abwicklung nicht durchzuführen ist – das Betriebsvermögen, das bei der Gewinnermittlung anzusetzen gewesen wäre (§ 11 Abs. 4 Satz 2 KStG).

Es ist mithin unerheblich, ob für den letzten regulären Veranlagungszeitraum vor der Auflösung tatsächlich eine Körperschaftsteuer-Veranlagung durchzuführen ist. Es ist nicht etwa der gemeine Wert des Betriebsvermögens anzusetzen, sondern aufgrund des § 11 Abs. 4 KStG sind die Buchwerte der letzten Steuerbilanz maßgebend. Dies ist erforderlich zur Aufdeckung stiller Reserven. Dabei ist der Bilanzenzusammenhang (§ 4 Abs. 1 EStG) unbedingt zu wahren.

Zum Anfangsvermögen gehört auch der Wert eigener Anteile, die durch die Abwicklung schließlich untergehen. Da sie untergehen, sind sie im zur Verteilung gelangenden Endvermögen nicht mehr enthalten. Durch die Gegenüberstellung des Endvermögens und Anfangsvermögens ergibt sich insoweit ein Buchverlust.

Da dieser Vorgang aber gesellschaftsrechtlich bedingt ist, muss nach den allgemeinen Grundsätzen der Gewinnermittlung der Abwicklungsgewinn entsprechend erhöht werden. Dies kann durch Hinzurechnung des Werts, mit dem die Anteile im Anfangsvermögen enthalten sind, geschehen.

Das Anfangsvermögen ist um Gewinnausschüttungen, die im Abwicklungszeitraum für ein Wj. vor der Auflösung vorgenommen worden sind, zu kürzen (§ 11 Abs. 4 Satz 3 KStG). Zur Zulässigkeit solcher Gewinnausschüttungen vgl. BFH vom 12.09.1973 BStBl II 1974, 14 und BFH vom 17.07.1974 BStBl II 1974, 692. Durch diese Kürzungsvorschrift wird in technischer

Hinsicht sichergestellt, dass Vermögensminderungen durch Ausschüttungen im Abwicklungszeitraum den Liquidationsgewinn nicht schmälern.

Es kann sich auch um Gewinnausschüttungen für weiter zurückliegende Wj. handeln. Die Vorschrift hat letztlich nur klarstellende Bedeutung. Sie verwirklicht in technischer Hinsicht das Abzugsverbot für Gewinnausschüttungen als Einkommensverteilung i.S.v. § 8 Abs. 3 KStG. Wenn eine Kapitalgesellschaft erst nach dem Ende des der Auflösung vorangegangenen Veranlagungszeitraums – also im Jahr der Auflösung – errichtet und vor Ablauf ihres ersten Wj. wieder aufgelöst wird, greift die Vorschrift § 11 Abs. 4 KStG ins Leere, wenn die Gesellschaft kein Rumpfwirtschaftsjahr bildet. Denn dann fehlt es an einem »Betriebsvermögen am Schluss des dem Auflösungsjahr vorangegangenen Veranlagungszeitraums«. Für diesen Fall bestimmt § 11 Abs. 5 KStG als Surrogat (Hilfswert) die Summe der später geleisteten Einlagen (insbesondere die bei der Gründung geleisteten Einlagen). Hierbei kann es sich um gesellschaftsrechtliche Einlagen auf das Nennkapital oder ein Aufgeld oder um verdeckte Einlagen handeln. Zum Begriff der Einlagen vgl. 4.4.1 ff.

Hat die Gesellschaft dagegen ein Rumpfwirtschaftsjahr mit Ende auf den Auflösungszeitpunkt gebildet, ist wiederum § 11 Abs. 4 KStG anwendbar, so dass es der Hilfsregelung des § 11 Abs. 5 KStG nicht bedarf.

9.3.2.2 Abwicklungsendvermögen

Die Gegenüberstellung des Abwicklungs-Endvermögens mit dem Abwicklungs-Anfangsvermögen dient – der Vorschrift des § 16 EStG vergleichbar – der Aufdeckung sämtlicher stiller Reserven. Das Abwicklungs-Endvermögen ist nicht nach § 6 EStG zu bewerten. Vielmehr ist der **gemeine Wert** (§ 9 BewG) maßgebend (vgl. BFH vom 14.12.1965 BStBl III 1966, 152). Maßgebender Bewertungszeitpunkt ist der Tag der Übertragung an die Gesellschafter (vgl. BFH vom 14.12.1965 BStBl III 1966, 113).

Nach § 11 Abs. 3 KStG ist Abwicklungs-Endvermögen das zur Verteilung kommende Vermögen. Hierzu gehören nicht nur das i.R. der Schlussverteilung verteilte Vermögen (Abschlusszahlung, Schlussverteilung), sondern auch **Vorschüsse** auf das Abwicklungsergebnis. Vorschüsse sind Liquidationsraten und verdeckte Zuwendungen.

Mit verdeckten Zuwendungen ist die Gewährung von Vorteilen gemeint, die vGA wären, wenn sich die Gesellschaft nicht in Liquidation befände. Sie können z.B. in der Gewährung von Preisvorteilen für Gesellschafter bei der Veräußerung von Wirtschaftsgütern an diesen oder in verdeckten Vermögenszuwendungen (unentgeltliche Übereignung von Wirtschaftsgütern) bestehen. Solche Vermögensminderungen sind durch Hinzurechnungen zum Endvermögen auszugleichen. Abwicklungs-Endvermögen ist das insgesamt zur Verteilung kommende Vermögen abzüglich der steuerfreien Vermögensmehrungen im Abwicklungszeitraum.

Der Abzug steuerfreier Vermögensmehrungen ist rechtlich bereits aufgrund der allgemeinen Vorschriften gesichert. Insoweit hat § 11 Abs. 3 KStG nur klarstellende Funktion. Lediglich in technischer Hinsicht wird bestimmt, dass nicht der Liquidationsgewinn, sondern das Endvermögen entsprechend zu mindern ist. Steuerfreie Vermögensmehrungen sind sachlich steuerbefreite Einkünfte z.B. nach § 8b KStG, § 3 EStG oder anderen Gesetzen, z.B. § 13 InvZulG und gesellschaftliche Vermögensmehrungen (die keinen Gewinn darstellen), also Einlagen und verdeckte Einlagen.

9.3.2.3 Allgemeine Gewinnermittlungsvorschriften

Das Ergebnis des besonderen Vermögensvergleichs nach § 11 Abs. 2 bis 4 KStG ist noch nicht der der Körperschaftsteuer zu unterwerfende Liquidationsgewinn. Vielmehr sind die allgemeinen Gewinnermittlungsvorschriften anzuwenden. Die sachlichen Steuerbefreiungen und nicht der Körperschaftsteuer unterliegenden gesellschaftlichen Einlagen sind bereits nach § 11 Abs. 3 KStG aus dem Endvermögen auszuscheiden; vgl. vorstehend 9.3.2.2. Zu den allgemeinen Gewinn- bzw. Einkommensermittlungsvorschriften, die noch zu berücksichtigen sind, gehören insbesondere die Vorschriften über **abziehbare** und **nichtabziehbare** Aufwendungen (§§ 9 und 10 KStG); vgl. hierzu auch BFH vom 21.10.1981 BStBl II 1982, 177.

Auch der Verlustabzug (§ 10d EStG) ist zu berücksichtigen. Es sind daher Verluste aus den vorangegangenen regulären Veranlagungszeiträumen zu berücksichtigen (Verlustvortrag im Rahmen der betragsmäßigen Begrenzung).

BEISPIEL

Die Y-GmbH hatte als Wj. das Kj. ihre Auflösung wurde zum 01.10.2024 beschlossen. Die Liquidation war am 15.09.2026 beendet. In den Wj. (jeweils Kj.) 2022 und 2023 sowie in dem vom 01.01.–30.09.2024 gebildeten Rumpfwirtschaftsjahr wurden jeweils Verluste erzielt.

LÖSUNG Der Verlustvortrag im Liquidationszeitraum (01.10.2024–15.09.2026) ist für die Verluste der Wj. 2022 und 2023 einschließlich möglich.

Der Verlustvortrag ist nach § 10d Abs. 2 EStG zeitlich unbegrenzt möglich. Umgekehrt kann ein Liquidations**verlust** auf den **letzten** VZ **vor** der Liquidationsbesteuerung zurückgetragen werden (§ 10d Abs. 1 EStG). Einschränkungen des Verlustabzugs nach § 8c KStG sind jedoch zu beachten.

9.3.2.4 Zusammenfassung

Das Abwicklungs-Endvermögen wird wie folgt ermittelt:

Abwicklungs-Endvermögen nach § 11 Abs. 3 KStG (= zur Verteilung kommendes Vermögen)

./.	steuerfreie Einnahmen (z. B. § 8b KStG, § 3 EStG, § 13 InvZulG, DBA)
./.	Abwicklungs-Anfangsvermögen nach § 11 Abs. 4 KStG (= Betriebsvermögen in der Schlussbilanz des vorangegangenen Wirtschaftsjahres)
./.	Gewinnausschüttungen für Wirtschaftsjahre vor der Auflösung (§ 11 Abs. 4 Satz 3 KStG)
=	**steuerlicher Liquidationsgewinn** (§ 11 Abs. 2 KStG)
+	folgende Zu- und Abrechnungen nach § 11 Abs. 6 KStG, soweit nicht bereits oben berücksichtigt:
+	sämtliche Spenden
+	nicht abziehbare Ausgaben (§ 10 KStG, § 4 Abs. 5 EStG)
+	Hinzurechnung von Gewinnminderungen i. S. d. § b Abs. 3 Sätze 4 ff. KStG
+	Hinzurechnung von vGA (§ 8 Abs. 3 Satz 2 KStG)
./.	Kürzung von verdeckten Einlagen (§ 8 Abs. 3 Satz 3 KStG)
./.	abzugsfähige Spenden (§ 9 Abs. 1 Nr. 2 KStG)
./.	Verlustabzug (§ 10d EStG)
=	zu versteuerndes Einkommen des Abwicklungszeitraums
→	**KSt-Tarifbelastung i. H. v.** 15 % (§ 23 Abs. 1 KStG)

9.3.2.4.1 Hinweise zur Ermittlung des steuerlichen Abwicklungsgewinns

Das **Abwicklungsanfangsvermögen** nach § 11 Abs. 4 KStG ist das Betriebsvermögen, das am Schluss des letzten dem Abwicklungszeitraum vorangegangenen Wirtschaftsjahrs vorhanden und der KSt-Veranlagung zugrunde gelegt worden ist (= Buchwerte).

Werden im Abwicklungszeitraum Gewinnausschüttungen für vor diesem Zeitraum liegende Wirtschaftsjahre vorgenommen, ist das Abwicklungs-Anfangsvermögen um diese Gewinnausschüttungen zu kürzen (§ 11 Abs. 4 Satz 3 KStG).

Das **Abwicklungsendvermögen** nach § 11 Abs. 3 KStG ist das insgesamt zur Verteilung kommende Vermögen (= gemeiner Wert), abzüglich der steuerfreien Vermögensmehrungen, die im Abwicklungszeitraum zugeflossen sind.

Ein **Geschäfts- oder Firmenwert** ist nicht mehr vorhanden und daher nicht anzusetzen, es sei denn, er wurde veräußert. Die Bildung einer **§ 6b-Rücklage** ist nicht möglich, da die aufgelöste Gesellschaft eine Reinvestition nicht mehr vornehmen kann. Eine bisher gebildete Rücklage ist aufzulösen. Da es sich bei dem Abwicklungszeitraum um einen, wenn auch verlängerten Veranlagungszeitraum handelt, finden die Regelungen zum Verlustabzug nach § 10d EStG Anwendung. Verluste aus früheren Veranlagungszeiträumen können also in den Abwicklungszeitraum vorgetragen und ein etwaiger Verlust aus dem Abwicklungszeitraum kann in ein früheres Jahr zurückgetragen werden. Allein das Stehenlassen einer **(wertlosen) Gesellschafterforderung** im Rahmen der Liquidation soll nach neuer Auffassung der Finanzverwaltung nicht zu einem (konkludenten) Forderungsverzicht führen; d. h. eine gewinnerhöhende Ausbuchung der Verbindlichkeit erfolgt nicht (vgl. H 8.9 [Forderungsverzicht] KStH). Vgl. hierzu Verfügung der OFD Frankfurt a. M. vom 30.06.2017 GmbHR 2017, 1176 und vom 03.08.2018 DStR 2019, 560.

9.3.2.4.2 Bekanntgabe von Verwaltungsakten

Bis zur Löschung der Gesellschaft im Handelsregister sind Verwaltungsakte bei einer Liquidation dem **Liquidator** (Abwickler) bekannt zu geben (vgl. AEAO zu § 122 AO Tz. 2.8.3.1). Nach der Löschung im Handelsregister besteht die Gesellschaft rechtlich noch fort, wenn sie z. B. noch steuerliche Pflichten zu erfüllen hat (vgl. BFH vom 26.03.1980 BStBl II 1980, 587). Die Löschung im Handelsregister hat jedoch den Verlust der Geschäftsführung und Vertretungsbefugnis der bisherigen Geschäftsführer bzw. der Liquidatoren/Abwickler zur Folge. Die Gesellschaft hat also keinen gesetzlichen Vertreter mehr, an den Verwaltungsakte wirksam zugestellt werden können.

Ein Liquidationsgewinn ist zwar (grds.) einem Aufgabegewinn i. S. d. § 16 Abs. 3 EStG gleichzusetzen. Der Freibetrag nach § 16 Abs. 4 EStG ist jedoch nicht anwendbar (vgl. R 8.1 Abs. 1 Nr. 1 KStR). Hierfür ist die Tarifbelastung von **15 %** (§ 23 Abs. 1 KStG) anzusetzen.

9.3.3 Auflösung einer Organgesellschaft

Die Auflösung einer Organgesellschaft führt zum Wegfall ihres bisherigen Erwerbszwecks. Als Unternehmenszweck verbleibt lediglich die Durchführung der Abwicklung. Der Ergebnisabführungsvertrag i. S. d. § 291 AktG bezieht sich aber nur auf laufende Betriebsgewinne, nicht auf nach der Auflösung erzielte Gewinne. Daraus folgt, dass der nach der Auflösung der Organgesellschaft von ihr erzielte Gewinn nicht mehr dem Organträger zuzurechnen, sondern von der Organgesellschaft selbst zu versteuern ist (R 14.1 Abs. 1 KStR; BFH vom

18.10.1967 BStBl II 1968, 105). Erfolgt die Auflösung der Organgesellschaft im Laufe ihres Wirtschaftsjahres und bildet sie kein Rumpfwirtschaftsjahr bis zum Auflösungszeitpunkt, ist auch der Gewinn vom Beginn des letzten Wj. der Organgesellschaft bis zum Auflösungszeitpunkt nicht mehr dem Organträger zuzurechnen (vgl. BMF vom 30.12.1971 BStBl I 1972, 2 Tz. 26 und 27).

Stellt eine Organgesellschaft ohne förmlichen Auflösungsbeschluss ihre gewerbliche Tätigkeit nicht nur vorübergehend ein und veräußert sie ihr Vermögen, so fällt der während der tatsächlichen Abwicklung erzielte Gewinn nicht mehr unter die Ergebnisabführungsverpflichtung, ist also von der Organgesellschaft selbst zu versteuern (BFH vom 17.02.1971 BStBl II 1971, 411, H 14.6 [Einstellung der gewerblichen Tätigkeit] KStH).

9.3.4 Auswirkungen der Liquidation auf das steuerliche Einlagekonto (§ 27 KStG) und den Sonderausweis (§ 28 Abs. 2 KStG)

Bei der Vermögensverteilung gilt das übrige Eigenkapital als vor dem Nennkapital ausgezahlt. Soweit die Vermögensverteilung als Nennkapitalrückzahlung zu behandeln ist, wird in Höhe dieses Betrags zunächst der Sonderausweis verringert (§ 28 Abs. 2 Satz 2 KStG). Wegen des Zeitpunktes, auf den der maßgebliche Bestand des Sonderausweises zu ermitteln ist, gilt BMF vom 26.08.2003 BStBl I 2003, 434, Rz. 13 entsprechend. Insoweit gilt die Rückzahlung des Nennkapitals als Gewinnausschüttung, die bei den Anteilseignern zu kapitalertragsteuerpflichtigen Bezügen i. S. d. § 20 Abs. 1 Nr. 2 EStG führt (§ 28 Abs. 2 Satz 2 KStG). Soweit die Nennkapitalrückzahlung einen Sonderausweis übersteigt bzw. wenn ein Sonderausweis nicht besteht, führt der Rückzahlungsbetrag zu einer betragsmäßig identischen Erhöhung und Verringerung des steuerlichen Einlagekontos (§ 28 Abs. 2 Satz 1 2. HS und Satz 2 2. HS KStG). Eine Steuerbescheinigung i. S. d. § 27 Abs. 3 KStG ist den Anteilseignern insoweit **nicht** auszustellen. Vgl. BMF vom 26.08.2003 [a. a. O.], Rz. 12–15.

9.3.5 Einkünfte der Anteilseigner

9.3.5.1 Nennkapitalrückzahlung

Bei den Anteilseignern richtet sich die steuerliche Behandlung der Nennkapitalrückzahlung nach § 17 Abs. 4 EStG bzw. – soweit ein Sonderausweis vorhanden ist – nach § 20 Abs. 1 Nr. 2 Satz 2 EStG.

9.3.5.2 Aufteilung des Liquidationserlöses

Beim Anteilseigner muss der Liquidationserlös in steuerpflichtige Kapitalerträge (§ 20 Abs. 1 Nr. 2 Satz 1 EStG) und in nicht als Kapitalerträge zu behandelnde **Kapitalrückzahlungen** (§ 20 Abs. 1 Nr. 1 Satz 3 EStG) aufgeteilt werden.

Bloße Kapitalrückzahlungen liegen vor, soweit nicht zum Sonderausweis (§ 28 Abs. 1 KStG) gehörendes Eigenkapital und das steuerliche Einlagekonto (§ 27 KStG) als zurückgezahlt gilt. Anders ausgedrückt: Soweit der Liquidationserlös aus dem übrigen Eigenkapital oder dem steuerlichen Einlagekonto stammt, wird er wie ein Veräußerungserlös für den Wegfall der Anteile behandelt. Vgl. auch § 17 Abs. 4 Satz 3 EStG. Hierbei handelt es sich grundsätzlich um einen Vorgang auf der privaten Vermögensebene.

Zu Einkünften führt die Kapitalrückzahlung aber, wenn die Anteile zu einem Betriebsvermögen gehören oder eine zum Privatvermögen gehörende Beteiligung i. S. d. § 17 EStG darstellen. Bei Zugehörigkeit der Anteile zum Betriebsvermögen liegt ein laufender Gewinn oder Verlust aus § 15 EStG (usw.) i. H. d. Unterschieds zwischen der Kapitalrückzahlung und dem Buchwert der Anteile vor. Soweit das steuerliche Einlagekonto (§ 27 KStG) als verwendet gilt, ist eine Verrechnung mit dem Beteiligungsansatz vorzunehmen. Nur eine übersteigende Differenz ist gewinnwirksam (BFH vom 19.07.1994 BStBl II 1995, 362; BMF vom 09.01.1987 BStBl I 1987, 171; H 17 (5) [Rückzahlung aus Kapitalherabsetzung] EStH). Bei der Zugehörigkeit der Anteile zu einem Betriebsvermögen des Anteilseigners sind die Kapitalerträge i. S. d. § 20 Abs. 1 Nr. 2 EStG nach § 3 Nr. 40 Satz 1 Buchst. e und Satz 2 EStG zu 60 % als stpfl. Betriebseinnahmen (§ 20 Abs. 8 EStG) zu erfassen.

Handelt es sich um eine zum Betriebsvermögen gehörende 100 %ige Beteiligung, ist ein Fall des § 16 Abs. 1 Nr. 1 Satz 2 EStG verwirklicht (Fiktion einer Teilbetriebsaufgabe). Damit ist ggf. § 16 Abs. 4 EStG (Veräußerungsfreibetrag), nicht aber § 34 Abs. 1 und 3 EStG (ermäßigte Besteuerung) anwendbar, da das Teileinkünfteverfahren gilt (§ 3 Nr. 40 Satz 1 Buchst. b EStG). Es ist also auch hier eine Aufspaltung in »Beteiligungserträge« und »Veräußerungspreis« entsprechend § 17 Abs. 4 Satz 3 EStG vorzunehmen (§ 16 Abs. 1 Nr. 1 Satz 2 2. HS EStG).

Bei einer privaten Beteiligung ist der Liquidationsfall mit einer Veräußerung gleichgestellt (§ 17 Abs. 4 Satz 1 EStG). Die Einkünfte ergeben sich durch Abzug der Anschaffungskosten der Beteiligung von der Kapitalrückzahlung. Auf den stpfl. Veräußerungsgewinn sind die Vergünstigungen des § 17 Abs. 3 EStG (Veräußerungsfreibetrag), aber nicht des § 34 EStG (ermäßigte Besteuerung) anzuwenden. Der verbleibende Gewinn ist gemäß § 3 Nr. 40 Satz 1 Buchst. c EStG zu 60 % zu versteuern. Ein Verlust ist zu 60 % (§ 3c Abs. 2 EStG) ausgleichsfähig und nach § 10d EStG zu berücksichtigen. Dabei ist zu beachten, dass Einkünfte aus § 17 EStG nur insoweit vorliegen, als nicht steuerpflichtige Einnahmen aus § 20 Abs. 1 Nr. 2 Satz 1 EStG vorliegen (§ 17 Abs. 4 Satz 3 EStG). Dadurch wird häufig ein Verlust aus § 17 EStG entstehen.

9.3.5.2.1 Keine Beteiligung i. S. § 17 EStG

Liegt keine Beteiligung i. S. d. § 17 EStG vor, ist die Liquidation einer Kapitalgesellschaft keine Veräußerung der Anteile an diese Gesellschaft. Nur soweit es sich nicht um die Rückzahlung von Nennkapital handelt, ergibt sich eine Steuerpflicht der Erträge (§ 20 Abs. 1 Nr. 2 EStG).

BEISPIEL

Zur Anwendung § 17 Abs. 4 EStG = Verrechnung mit AK

Rückzahlung von Nennkapital nach Beendigung

der Liquidation im VZ 2024	100 000 €
Auskehrung des steuerlichen Einlagekontos i. S. d. § 27 KStG	200 000 €
Wertansatz nach § 17 Abs. 4 EStG	300 000 €
davon 60 % nach § 3 Nr. 4 Satz 1 Buchst. c Satz 2 EStG	180 000 €
Anschaffungskosten des Gesellschafters für seine GmbH-Anteile i. S. d. § 17 EStG z. B. insgesamt 500 000 €	
Davon 60 % nach § 3c Abs. 2 EStG	./. 300 000 €
Ausgleichsfähiger Verlust im VZ 2024 nach § 17 Abs. 4 EStG:	./. 120 000 €

Hinweis: Kürzung der AK wegen Anwendung § 3c Abs. 2 EStG

Wegen § 3c Abs. 2 Satz 7 EStG greift die Kürzung der Anschaffungskosten auch dann, wenn keine Rückzahlung des Stammkapitals und des steuerlichen Einlagekontos erfolgt.

Praxishinweis: In welchem VZ ist der Auflösungsverlust nach § 17 Abs. 4 EStG beim Anteilseigner steuerlich zu berücksichtigen?

Nach der **ständigen Rechtsprechung des BFH** ist für die Bestimmung des Realisationszeitpunkts eines Auflösungsgewinns oder Auflösungsverlusts der Zeitpunkt maßgebend, zu dem bei einer Gewinnermittlung durch Betriebsvermögensvergleich gemäß § 4 Abs. 1, § 5 EStG **nach den handelsrechtlichen Grundsätzen ordnungsmäßiger Buchführung der Gewinn oder Verlust realisiert** wäre.

Ein **Gewinn** ist erst in dem Jahr zu erfassen, in dem das auf die Beteiligung entfallende **Vermögen der Gesellschaft verteilt** wurde; ein **Verlust** kann bereits in dem Jahr erfasst werden, in dem mit einer wesentlichen Änderung des bereits feststehenden Verlusts nicht mehr zu rechnen ist (vgl. BFH vom 19.11.2019, IX R 7/19, Rz 16; vom 01.07.2014, IX R 47/13, BStBl II 2014, 786, Rz 18 und vom 13.10.2015, IX R 41/14, Rz 13; vom 10.05.2016, IX R 16/15, Rz 17; jeweils m.w.N.). Ein Auflösungsverlust steht fest, wenn der gemeine Wert des dem Steuerpflichtigen zugeteilten oder zurückgezahlten Vermögens einerseits (§ 17 Abs. 4 Satz 2 EStG) und die Liquidations- und Anschaffungskosten des Gesellschafters andererseits (§ 17 Abs. 2 Satz 1 EStG) feststehen. Gleiches gilt, wenn sicher ist, dass eine Zuteilung oder Zurückzahlung von Gesellschaftsvermögen an die Gesellschafter ausscheidet und wenn die durch die Beteiligung veranlassten Aufwendungen feststehen. Die Frage ist aus der Sicht ex ante zu beurteilen; nachträgliche Ereignisse wie der tatsächliche Ausgang eines Insolvenzverfahrens sind nicht zu berücksichtigen (BFH vom 19.11.2019, IX R 7/19, Rz 17, m.w.N.).

Bei einer A**uflösung der Gesellschaft infolge der Eröffnung des Konkurs- oder Insolvenzverfahrens** lässt sich diese Feststellung regelmäßig noch nicht treffen (Urteil des BFH vom 12.12.2000, VIII R 36/97, BFH/NV 2001, 761, unter II.3.). Etwas anderes hat der BFH in diesen Fällen **ausnahmsweise** nur dann für möglich gehalten, wenn aufgrund des Inventars und der Konkurseröffnungsbilanz des Konkursverwalters (§§ 123, 124 der Konkursordnung) oder einer Zwischenrechnungslegung (§ 132 Abs. 2 KO) ohne weitere Ermittlungen und mit an Sicherheit grenzender Wahrscheinlichkeit damit zu rechnen ist, dass das Vermögen der Gesellschaft zu Liquidationswerten die Schulden nicht mehr decken wird und ein Zwangsvergleich ausgeschlossen erscheint (BFH-Urteile vom 12.12.2000, VIII R 34/94, BFH/NV 2001, 757, unter I.2.; vom 12.12.2000, VIII R 36/97, BFH/NV 2001, 761, unter II.4.; Urteile vom 13.10.2015, IX R 41/14, Rz 17; vom 11.04.2017, IX R 24/15, BStBl II 2017, 1155, Rz 31). Entsprechendes gilt, wenn sich derartige Erkenntnisse aus dem Inventar und der Insolvenzeröffnungsbilanz (§§ 151, 153 f. der Insolvenzordnung) oder einer Zwischenrechnungslegung (§ 66 Abs. 2 InsO) des Insolvenzverwalters ergeben (BFH vom 19.11.2019, IX R 7/19, Rz 19, m.w.N.).

Bei einer Bürgschaftsübernahme des Gesellschafters setzt dies grundsätzlich voraus, dass die **Inanspruchnahme** aus der Bürgschaft erfolgt ist. Sofern ein Gesellschafter im Zeitpunkt der Entstehung des Auflösungsgewinns oder -verlustes mit seiner Inanspruchnahme aus einer Bürgschaft für die GmbH nicht oder jedenfalls nicht über einen bestimmten Betrag hinaus rechnen muss, ist seine spätere Inanspruchnahme ein nachträgliches (rückwirkendes) Ereignis, das auf den Zeitpunkt der Auflösung der GmbH zurückwirkt, so dass die ESt-Veranlagung des Entstehungsjahres nach § 175 Abs. 1 Satz 1 Nr. 2 AO zu ändern ist (vgl. BFH vom 01.07.2003 GmbHR 2003, 1378, sowie Verfügung der OFD Frankfurt/Main vom 12.02.2021, S 2244 A-21-St 519, StEd 2021, 216).

9.3.5.2.2 Kein Abzug von Refinanzierungskosten als Werbungskosten nach dem Zeitpunkt der Auflösung

Der Werbungskostenabzug beträgt in den Optionsfällen nach § 32d Abs. 2 Nr. 3 EStG und § 20 Abs. 1 Nr. 1 i.V.m. § 3c Abs. 2 EStG seit dem VZ 2009 60% der Zinsen. Auch nach bisheriger Auffassung der Finanzverwaltung konnten Schuldzinsen, die nach dem Zeitpunkt der Auflösung oder Veräußerung anfallen, weder als WK noch als nachträgliche AK im Rahmen des § 17 EStG steuerlich abgezogen werden (vgl. Info der OFD Rheinland vom 23.08.2012 GmbHR 2012, 1033). Nach Auffassung des BFH im Urteil vom 16.03.2010 BStBl II 2010, 787 können Schuldzinsen für die Anschaffung einer im Privatvermögen gehaltenen Beteiligung i.S.d. § 17 EStG, die auf Zeiträume nach Veräußerung der Beteiligung oder Auflösung der Gesellschaft anfallen, wie nachträgliche Betriebsausgaben als Werbungskosten bei den Einkünften aus Kapitalvermögen abgezogen werden (Änderung der Rechtsprechung).

Die Finanzverwaltung beruft sich insoweit auf § 32d Abs. 2 Nr. 3 EStG, die eine Option zur Anwendung der tariflichen Einkommensteuer einräumt. Nach § 32d Abs. 2 Nr. 3 Satz 2 EStG findet das Werbungskostenabzugsverbot des § 20 Abs. ■■■ EStG in diesen Fällen keine Anwendung. Wurde die Beteiligung beendet, sind nach Verwaltungsmeinung folgende Grundsätze zu beachten:

- Auflösung/Veräußerung der Beteiligung vor dem 01.01.2009
  Wurde die Beteiligung vor dem 01.01.2009 beendet, scheidet eine Anwendung der tariflichen Einkommensteuer nach § 32d Abs. 2 Nr. 3 EStG und damit auch ein Werbungskostenabzug aus.
- Auflösung/Veräußerung der Beteiligung nach dem 31.12.2008
  Wurde die Beteiligung, für die die Option ausgeübt worden ist, nach dem 31.12.2008 beendet, gelten die Voraussetzungen des § 32d Abs. 2 Nr. 3 Satz 1 EStG letztmalig für den VZ der Beendigung als erfüllt.

Die Option nach § 32d Abs. 2 Nr. 3 EStG kann letztmalig für den VZ Wirkung entfalten, in dem die Beteiligung dem Steuerpflichtigen noch als Einkunftsquelle zuzurechnen ist. Dies ist das Jahr der Veräußerung oder in Auflösungsfällen das Jahr, in dem der Veräußerungsverlust nach § 17 Abs. 4 EStG realisiert worden ist (vgl. BFH vom 19.04.2005, VIII R 45/04, BFH/NV 2005, 1545). Der Veräußerungsverlust nach § 17 EStG entsteht grds. im Zeitpunkt der Beendigung der Liquidation; auf das Jahr der Auflösung der Kapitalgesellschaft (z.B. durch Liquidationsbeschluss oder Eröffnung des Insolvenzverfahrens) kommt es regelmäßig nicht an. Ist z.B. mit Einnahmen nicht mehr zu rechnen und steht die Höhe der Anschaffungskosten fest, kann der Zeitpunkt der Verlustberücksichtigung auch bereits vor diesem Zeitpunkt liegen (z.B., wenn die Eröffnung des Insolvenzverfahrens mangels Masse abgelehnt wurde). Steht erst in einem späteren Jahr fest, dass mit einer wesentlichen Änderung des bereits feststehenden Verlustes nicht mehr zu rechnen ist, besteht die Beteiligung noch bis zu diesem (späteren) Zeitpunkt fort (z.B., wenn die Höhe der Anschaffungskosten noch ungewiss ist, weil ein Rechtsstreit bzgl. abgegebener Bürgschaftsversprechen zwischen der Bank und dem Gesellschafter noch andauert). Die Verlustberücksichtigung erfolgt in dem Zeitpunkt, in dem der Verlust hinreichend konkretisiert ist, d.h., wenn mit wesentlichen Veränderungen nicht mehr zu rechnen ist.

Der BFH hat mit Urteil vom 21.10.2014, VIII R 48/12 entschieden, dass die Option zur Regelbesteuerung i.S.d. § 32d Abs. 2 Nr. 3 EStG nicht mehr in Betracht kommt, wenn ein Auflösungsverlust i. S. d. § 17 Abs. 2 und 4 EStG auf Antrag des Steuerpflichtigen vor Abschluss der Liquidation festgestellt wird und keine Kapitalerträge aus der Beteiligung mehr fließen. Nach dem Wortlaut des § 32d Abs. 2 Nr. 3 Satz 1 EStG eröffne der Gesetzgeber die Optionsmöglichkeit zur Regelbesteuerung gezielt für Kapitalerträge i. S. d. § 20 Abs. 1 Nr. 1 und 2 EStG aus einer unternehmerischen Beteiligung an einer Kapitalgesellschaft, d. h., der Gesetzgeber gehe davon aus, dass entsprechende Erträge grundsätzlich erzielbar sind. Fehlt es an diesen Kapitalerträgen, scheide auch die Anwendung der Vorschrift aus.

9.3.6 Beispiel zur Liquidationsbesteuerung

BEISPIEL

Die im Jahre 2017 mit einem gezeichneten Kapital von 50 000 € gegründete X-GmbH (Wj. = Kj.) ist durch Beschluss des Alleingesellschafters X (unbeschränkt steuerpflichtig) gemäß § 60 Abs. 1 Nr. 2 GmbHG zum 02.01.2023 aufgelöst worden. Die Anschaffungskosten der Anteile haben 50 000 € betragen (Nennbetrag 50 000 €). Die Anteile gehören bei A zum Privatvermögen.

Laut Liquidations-Eröffnungsbilanz zum 02.01.2023 ergibt sich ein Betriebsvermögen von 250 000 € (Buchwerte). Das steuerliche Einlagekonto (§ 27 KStG) wies keinen Bestand auf.

Die Liquidation war zum 30.11.2024 beendet. Bis zu diesem Zeitpunkt wurden die Geschäfte durch einen Liquidator abgewickelt, die Gläubiger befriedigt und die Vermögenswerte veräußert. Im Liquidationszeitraum wurde keine Ausschüttung für Wj. vor der Auflösung vorgenommen. Das Abwicklungs-Endvermögen zum 30.11.2024 beträgt 400 000 € (vor Abzug der liquidationsbedingten KSt). Hierin ist die Nachzahlung einer – steuerfreien – Investitionszulage zu 16 000 € enthalten.

Als Aufwand wurden im Abwicklungszeitraum gebucht: GewSt-Vorauszahlungen (Hebesatz 400 %) 10 000 € sowie Körperschaftsteuervorauszahlungen auf den Liquidationsgewinn/die Schlussverteilung 11 000 €. Die Schlussrate wurde im Dezember des Jahres 2024 ausgezahlt. Bei der Gewerbesteuer sind keine Hinzurechnungen und Kürzungen nach §§ 8, 9 GewStG vorzunehmen. X hat einen Antrag nach § 32d Abs. 2 Nr. 3 EStG gestellt.

LÖSUNG
1. Liquidationsgewinn (§ 11 Abs. 2 KStG)
Steuerliches Abwicklungs-Endvermögen (30.11.2024):

Abwicklungs-Endvermögen		400 000 €
./. steuerfreie Einnahmen (InvZul)		./. 16 000 €
+ nichtabziehbare Aufwendungen		
KSt-Vorauszahlungen (§ 10 Nr. 2 KStG)	11 000 €	
GewSt-Vorauszahlungen (§ 4 Abs. 5b EStG)	10 000 €	
=	21 000 €	+ 21 000 €
steuerliches Abwicklungs-Endvermögen		405 000 €
Steuerliches Abwicklungs-Anfangsvermögen (02.01.2023):		250 000 €
Abwicklungsgewinn		

Steuerliches Abwicklungs-Endvermögen	405 000 €
./. steuerliches Abwicklungs-Anfangsvermögen	./. 250 000 €
Abwicklungsgewinn	155 000 €
KSt 15 %	23 250 €
GewSt 14 % (= 3,5 % × 4) × 155 000 € =	21 700 €

2. Die Rückzahlung des Stammkapitals stellt eine Kapitalrückzahlung dar.

	Einlagekonto (§ 27 KStG)	(Nenn-kapital)
Bestand 02.01.2023/30.11.2024	0 €	(50 000 €)
+ »Nullstellung« des Nennkapitals (§ 28 Abs. 2 Satz 1 KStG)	+ 50 000 €	(./. 50 000 €)
./. nicht als Leistung zu behandelnde Kapitalrückzahlung	./. 50 000 €	(–)
Bestand nach »Auskehrung«	0 €	0 €

Weitere gesonderte Feststellungen sind hier nicht durchzuführen.

Körperschaftsteuer-Veranlagung für den Liquidationszeitraum

Körperschaftsteuer	23 250 €
./. Vorauszahlungen	./. 11 000 €
Abschlusszahlung	12 250 €

GewSt

GewSt	21 700 €
./. Vorauszahlungen	./. 10 000 €
Abschlusszahlung	11 700 €

Berechnung der Schlussrate (Gesamtverteilung)

Abwicklungs-Endvermögen	400 000 €
./. KSt-Rückstellung	12 250 €
./. GewSt-Rückstellung	11 700 €
zu verteilendes Vermögen	376 050 €

b) Das zu verteilende Vermögen setzt sich wie folgt zusammen:

Auskehrung des übrigen Eigenkapitals = ausschüttbarer Gewinn (400 000 € ./. 50 000 € =) 350 000 € ./. 12 250 € KSt-Rückstellung ./. 11 700 € GewSt-Rückstellung =	326 050 €
+ Rückzahlung des Stammkapitals	50 000 €
=	376 050 €

Einkünfte des Anteilseigners (Alleingesellschafter) – 2024 –

Einnahmen gem. § 20 Abs. 1 Nr. 2 Satz 1 EStG (Hiervon sind bei der Verteilung 25 % KapSt [§ 43 Abs. 1 Nr. 1 EStG] einzubehalten.)	326 050 €
./. 40 % steuerfrei (§§ 3 Nr. 40e, 32d Abs. 2 Nr. 3 EStG)	130 420 €
stpfl. Kapitalerträge = Einkünfte aus § 20 EStG	195 630 €

Keine Einnahme aus § 20 Abs. 1 Nr. 2 EStG ist die Rückzahlung des Stammkapitals.

Auf die Einkommensteuer des Gesellschafters sind anzurechnen:

Kapitalertragsteuer 2024: 25 % von 326 050 € =	81 512 €

Da eine Beteiligung i. S. d. § 17 EStG vorliegt, führt der Wegfall der Anteile zu Einkünften aus § 17 EStG (§ 17 Abs. 4 Satz 1 EStG) – 2024 –.

»Erlös« (Vermögensverteilung, soweit sie **nicht** in der Auskehrung von ausschüttbarem Gewinn [§ 27 Abs. 1 Satz 5 KStG] besteht)	50 000 €
./. Anschaffungskosten der Anteile	50 000 €
Veräußerungsgewinn	0 €

10 Steuerentstrickung und Steuerverstrickung bei Körperschaften (§ 12 KStG)

10.1 Allgemeines

Regelungen zur Entstrickung und Verstrickung stiller Reserven in Personenunternehmen und Körperschaften befinden sich bei der ESt insbesondere in § 4 Abs. 1 Satz 3 ff., § 4 g und § 15 Abs. 1a EStG bei der KSt in § 12 KStG. Unter Entstrickung ist ein Vorgang zu verstehen, durch den stille Reserven eines zum BV gehörenden Wirtschaftsguts der deutschen Besteuerung beim Stpfl. entzogen werden. Mit § 4 Abs. 1 Satz 3, 4 EStG ist bei Personenunternehmen ein **allgemeiner Entstrickungstatbestand** eingeführt worden. Er sieht vor, dass einer Entnahme für betriebsfremde Zwecke der Ausschluss oder die Beschränkung des Besteuerungsrechts Deutschlands hinsichtlich des Gewinns aus der Veräußerung oder der Nutzung eines Wirtschaftsguts gleichsteht.

Im Bereich der KSt ist § 12 Abs. 1 KStG die Parallelvorschrift zu § 4 Abs. 1 Satz 3 EStG. Die bis zum 31.12.2021 geltende Fassung des § 12 Abs. 3 KStG fingierte ausdrücklich eine mit Steuerfolgen behaftete Liquidation der Gesellschaft gem. § 11 KStG, wenn sie ihre Geschäftsleitung oder ihren Sitz in einen nicht der EU/dem EWR angehörigen Staat verlegte. § 12 Abs. 3 KStG a. F. wurde aufgehoben durch das Gesetz zur Modernisierung des Körperschaftsteuerrechts vom 25.06.2021 (BGBl I 2021, 2050), das zum 01.01.2022 in Kraft trat. Mit der Aufhebung des § 12 Abs. 3 KStG a. F. wollte der Gesetzgeber dem Umstand gerecht werden, dass es infolge der – im selben Gesetz normierten – Erweiterung des persönlichen Anwendungsbereichs des UmwStG auch auf Körperschaften außerhalb der EU/des EWR keiner Notwendigkeit mehr bedürfe, Wegzüge von Körperschaften in Drittstaaten anders zu behandeln als Wegzüge in EU/EWR-Staaten.

Während das UmwStG, das im Grundsatz die steuerneutrale Umstrukturierung von Unternehmen bezweckt, vor Änderung durch das Gesetz zur Modernisierung des Körperschaftsteuerrechts vom 25.06.2021 in seinem Anwendungsbereich auf Gesellschaften aus EU/EWR-Staaten beschränkt war (§ 1 Abs. 2 UmwStG a. F.), wurde diese Einschränkung im Interesse einer vollständigen Globalisierung aufgehoben. Danach sollen seit dem 01.01.2022 weltweit alle Umwandlungen von Körperschaften, die einer inländischen Umwandlung i. S. d. UmwG vergleichbar sind, vom Anwendungsbereich des UmwStG erfasst sein. Danach verbleibt von der allgemeinen Entstrickungsregelung des § 12 KStG lediglich der Abs. 1, wonach die Beschränkung des Besteuerungsrechts der Bundesrepublik Deutschland hinsichtlich des Gewinns aus der Veräußerung oder der Nutzung eines Wirtschaftsguts, die Realisierung stiller Reserven auslösen soll. Eine solche Beschränkung wird oftmals eintreten beim Wegzug von Kapitalgesellschaften in einen anderen Staat, unabhängig davon, ob es sich um einen der EU/dem EWR angehörigen Staat oder einen Drittstaat handelt.

Eine **grenzüberschreitende Verlegung des Sitzes** als solche ist jedenfalls bei GmbH und AG nicht möglich. Denn diese Kapitalgesellschaften müssen ihren Sitz im Inland haben (§ 4a GmbHG, § 5 AktG). Eine »Sitzverlegung« ist daher nur möglich durch einen sog. grenzüberscheitenden identitätswahrenden Formwechsel. Wechselt eine **Kapitalgesellschaft ihre Form in eine Personengesellschaft** oder umgekehrt, greift das **UmwStG**. Die Regelungen des UmwStG gehen hierbei dem § 12 KStG vor. Im Falle eines solchen Formwechsel kommt es aber nur dann nicht zu einer Entstrickung, wenn auf Antrag die Buchwerte fortgeführt werden dürfen. Das setzt allerdings voraus, dass das Recht der Bundesrepublik Deutschland hinsichtlich der Besteuerung des Gewinns aus der Veräußerung der Wirtschaftsgüter der Gesellschaft nicht ausgeschlossen oder beschränkt wird (§ 9 Satz 1, § 3 Abs. 2 Satz 1 Nr. 2 UmwStG für den Formwechsel einer Kapital- in eine Personengesellschaft und § 25 Satz 1, § 20 Abs. 2 Satz 2 Nr. 3, Abs. 3 UmwStG für den Formwechsel einer Personen- in eine Kapitalgesellschaft). Soweit das UmwStG nicht greift (insbesondere beim Formwechsel einer inländischen in eine ausländische Kapitalgesellschaft, muss auf § 12 KStG zurück-gegriffen werden. Danach lässt sich eine Entstrickung nur dann vermeiden, wenn das Besteuerungsrecht Deutschlands nicht beschränkt wird (§ 12 Abs. 1 Satz 1 KStG).

10.2 Entstrickung bei Ausschluss des Besteuerungsrechts (§ 12 Abs. 1 KStG)

10.2.1 Allgemeines

§ 12 Abs. 1 KStG enthält einen Tatbestand der Steuerentstrickung für Körperschaften als Parallelregelung zu § 4 Abs. 1 Satz 3 EStG für natürliche Personen. § 4 Abs. 1 Satz 3 EStG kann auf Körperschaften **nicht** unmittelbar angewandt werden, da es bei diesen keine »Entnahme« gibt. § 12 Abs. 1 KStG setzt daher an die Stelle einer fiktiven Entnahme eine fiktive Veräußerung der in das Ausland verbrachten Wirtschaftsguts. Die Vorschrift regelt ansonsten diese Fälle weitgehend analog zu § 4 Abs. 1 Satz 3 EStG.

10.2.2 Persönlicher Anwendungsbereich

Unter § 12 Abs. 1 KStG fallen alle körperschaftsteuerpflichtigen Körperschaften i. S. d. § 1 Abs. 1 KStG, also grds. auch die Europäische Gesellschaft (SE) und Europäische Genossenschaft (SCE). Vgl. aber § 12 Abs. 1 Satz 1 2. HS KStG und nachfolgend 10.2.3.

10.2.3 Sachlicher Anwendungsbereich

Wird bei einer Körperschaft das **deutsche Besteuerungsrecht** hinsichtlich des Gewinns aus der Veräußerung oder Nutzung eines Wirtschaftsguts ausgeschlossen, gilt dies als Veräußerung bzw. Nutzungsüberlassung des Wirtschaftsguts zum gemeinen Wert.

Entsprechend § 4 Abs. 1 Satz 3 EStG erfasst die Vorschrift regelmäßig nur Fälle, in denen der Rechtsträger nicht wechselt, also eine »Überführung« vorliegt. Daher sind Fälle, in denen das Wirtschaftsgut auf einen anderen Rechtsträger übergeht, von der Geltung des § 12 Abs. 1 KStG i. d. R. ausgeschlossen (z. B. Verschmelzung von in Drittstaaten ansässigen Körperschaften; vgl. aber § 12 Abs. 2 KStG, § 13 UmwStG, BMF vom 10.11.2016 BStBl I 2016, 1252).

Das Wirtschaftsgut kann zum Anlage- oder zum Umlaufvermögen gehören; es kann materieller oder immaterieller Art sein, einschließlich eines Firmenwerts. Die Fälle der (grenzüberschreitenden) Umwandlung, Verschmelzung, Spaltung und Einbringung unter Beteiligung eines dem deutschen Recht unterliegenden Rechtsträgers sind im UmwStG geregelt.

Die Vorschrift erfasst nicht den Eintritt einer Steuerbefreiung nach nationalem Recht; diese Fälle richten sich nach § 13 Abs. 3 KStG.

Auch Veräußerungen und unentgeltliche Übertragungen (insbesondere verdeckte Einlagen) fallen nicht unter § 12 Abs. 1 KStG. Regelfall ist nach § 12 Abs. 1 Satz 2 KStG die Zuordnung eines bisher einer inländischen Betriebsstätte der Körperschaft zuzuordnenden Wirtschaftsguts zu einer ausländischen Betriebsstätte der Körperschaft.

10.2.4 Rechtsfolge

Rechtsfolge ist beim Ausschluss des Besteuerungsrechts für den Veräußerungsgewinn, dass eine Veräußerung des Wirtschaftsguts fingiert wird. Als Veräußerungspreis ist der Einzelveräußerungspreis anzusetzen, also der gemeine Wert. Zu versteuern ist die Differenz zwischen dem gemeinen Wert und dem Buchwert.

Beim Ausschluss des Besteuerungsrechts hinsichtlich der Nutzung des Wirtschaftsguts ist für die Besteuerung der gemeine Wert der Nutzungsüberlassung anzusetzen. Diese ist für jedes Jahr der Nutzungsüberlassung mit der erzielbaren Vergütung anzusetzen. Nach § 12 Abs. 1 KStG ist u.a. § 4 g EStG entsprechend anzuwenden. Danach ist der fiktive Veräußerungsgewinn nicht zwingend sofort in voller Höhe zu versteuern, es besteht auch hier die Möglichkeit der Bildung eines Ausgleichspostens.

10.2.5 Verstrickung bei Wegfall oder Beschränkung des Besteuerungsrechts

§ 12 Abs. 1 Satz 3 KStG regelt einen Verstrickungsvorgang, in dem ein Wirtschaftsgut vom Ausland ins Inland überführt wird. Es handelt sich um die Parallelregelung zu § 4 Abs. 1 Satz 3 Halbsatz 2 und Satz 9 EStG. Hauptanwendungsfall hierfür ist die Überführung eines Wirtschaftsguts aus einer ausländischen Anrechnungsbetriebsstätte in eine inländische Betriebsstätte. Wird hingegen ein Wirtschaftsgut aus einer Freistellungsbetriebsstätte in eine inländische Betriebsstätte überführt wird, ist nicht in § 12 Abs. 1 Satz 3 KStG, sondern § 4 Abs. 1 Satz 8 Halbsatz 2 EStG anwendbar (Einlagefiktion), der über § 8 Abs. 1 KStG auch für KSt-Subjekte gilt (vgl. Kahle/Kopp DStR 2021, 1569; Hagemann/Link IWB 2021, 471).

Im Ausland muss insofern eine Entstrickungsbesteuerung aufgrund des dort erfolgten Ausschlusses oder einer Beschränkung des Besteuerungsrechts tatsächlich stattgefunden haben. Das betreffende Wirtschaftsgut gilt sodann als zu dem Wert veräußert und wieder angeschafft, den der ausländische Staat im Rahmen seiner Entstrickungsbesteuerung zugrunde gelegt hat (Wertverknüpfung). Der gemeine Wert stellt hierbei den Höchstwert dar. Die Rechtsfolge tritt allerdings nur auf Antrag ein.

Die ausländische Steuer kann dabei in einem ersten Schritt auf die inländische Steuer angerechnet werden, die durch die fingierte Veräußerung des Wirtschaftsgutes ausgelöst wird. Im zweiten Schritt gilt das Wirtschaftsgut als wieder angeschafft, und zwar zu dem Wert, den der ausländische Staat zugrunde gelegt hat. Dadurch wird im Inland wiederum neues Abschreibungsvolumen geschaffen.

10.2.6 Steuerliche Folgen auf Ebene der Anteilseigner

Nach § 17 Abs. 5 Satz 1 EStG wird die Sitzverlegung einer Kapitalgesellschaft der Veräußerung eines Anteils i. S. d. § 17 Abs. 1 Satz 1 EStG (1 %-Beteiligung) gleichgestellt, wenn dadurch das **inländische Besteuerungsrecht** hinsichtlich des Gewinns aus der Veräußerung der Anteile ausgeschlossen oder beschränkt wird. Anstelle der Besteuerung eines Veräußerungserlöses erfolgt wiederum eine Besteuerung der Anteile zum **gemeinen Wert**. Dies gilt nicht bei Sitzverlegung einer Europäischen Gesellschaft (SE) und einer anderen Kapitalgesellschaft in einen anderen EU-Staat.

10.3 Steuerverstrickung bei Körperschaften

Wird das Vermögen einer **beschränkt steuerpflichtigen Körperschaft**, Personenvereinigung oder Vermögensmasse als Ganzes auf eine andere Körperschaft desselben ausländischen Staates durch einen Vorgang übertragen, der einer Verschmelzung i. S. d. § 2 UmwG vergleichbar ist, waren die übergehenden Wirtschaftsgüter abweichend von § 12 Abs. 1 KStG mit dem Buchwert anzusetzen, d. h. die stillen Reserven nicht aufzudecken.

Das KöMoG (BGBl I 2021, 2050) brachte die ersatzlose Aufhebung der Abs. 2 und 3, weil die dort angesprochenen Drittstaatensachverhalte in Folge der Globalisierung des UmwStG künftig keiner Spezialregelung mehr bedürfen. § 12 Abs. 2 KStG a. F. ist letztmals auf Verschmelzungen anwendbar, deren Übertragungsstichtag vor dem 01.01.2022 liegt.

11 Beginn und Erlöschen einer Steuerbefreiung (§ 13 KStG)

11.1 Allgemeines

§ 13 KStG regelt die Besonderheiten der Einkommensermittlung bei Beginn oder Erlöschen einer persönlichen Steuerbefreiung i. S. d. § 5 Abs. 1 KStG. Dabei kann es sich auch um eine partielle Steuerbefreiung handeln (§ 13 Abs. 5 KStG).

Im Falle des Beginns einer Steuerbefreiung werden die stillen Reserven, die während der Dauer der Steuerpflicht gebildet wurden, einer Schlussbesteuerung zugeführt (§ 13 Abs. 1 KStG). Dem liegt ähnlich wie bei § 12 KStG die so genannte Entstrickungstheorie zugrunde. Im umgekehrten Falle, beim Erlöschen einer Steuerbefreiung, wird durch § 13 Abs. 2 KStG sichergestellt, dass die während der steuerfreien Periode angesammelten stillen Reserven durch bzw. nach dem Wegfall der Steuerbefreiung nicht steuerpflichtig werden. Die Regelung ist insbesondere notwendig, weil sich aufgrund von Gesetzesänderungen der Kreis der steuerbefreiten Körperschaften ändern kann. Außer aufgrund von Gesetzesänderungen kann aber ein Wechsel zwischen Steuerbefreiung und Steuerpflicht auch durch andere Umstände eintreten, z. B. Änderung des Geschäftszwecks und/oder der Tätigkeit. § 13 KStG hat praktische Bedeutung für rechtsfähige Kassen i. S. d. § 5 Abs. 1 Nr. 3 KStG und für Erwerbs- und Wirtschaftsgenossenschaften i. S. d. § 5 Abs. 1 Nr. 14 KStG. Keine Besteuerung der stillen Reserven findet bei nach § 5 Abs. 1 Nr. 9 KStG befreiten Körperschaften statt (§ 13 Abs. 4 KStG) – also bei allen steuerbegünstigten Zwecken i. S. d. § 9 Abs. 1 Nr. 2 KStG.

11.2 Beginn einer Steuerbefreiung

11.2.1 Aufstellung einer Schlussbilanz (§ 13 Abs. 1 KStG)

Wird eine bisher in vollem Umfang steuerpflichtige Körperschaft von der KSt befreit, hat sie die während des Bestehens der Steuerpflicht gebildeten stillen Reserven des BV aufzudecken und der Besteuerung zuzuführen, bevor sie aus der Steuerpflicht ausscheidet (R 13.1 Abs. 1 KStR). Zu diesem Zweck hat sie auf den Zeitpunkt des Beginns der Steuerbefreiung eine Schlussbilanz aufzustellen (§ 13 Abs. 1 KStG). In dieser Schlussbilanz sind die Wirtschaftsgüter mit den Teilwerten anzusetzen (§ 13 Abs. 3 KStG). Es gilt das Aktivierungsverbot des § 5 Abs. 2 EStG (BFH vom 09.08.2000 BStBl II 2001, 71).

Die Aufstellung einer Schlussbilanz entfällt bei Körperschaften, die keine Gewinneinkünfte erzielen (da kein Betriebsvermögen vorhanden ist) und bei nach § 2 Nr. 2 KStG beschränkt Steuerpflichtigen. Mithin kommt die Vorschrift nur bei Beginn einer Steuerbefreiung nach § 5 Abs. 1 KStG in Betracht. Wurde der Gewinn bisher nach § 4 Abs. 3 EStG ermittelt, ist ein Übergang zum Betriebsvermögensvergleich (hier: auf den Zeitpunkt des Beginns der Steuerbefreiung) zu fingieren. Der Beginn der Steuerbefreiung kann u. U. im Verlauf eines Wj. eintreten. Dadurch kann sich der letzte Veranlagungszeitraum verkürzen.

11.2.2 Ansatz der Teilwerte

Durch den Ansatz der Teilwerte wird erreicht, dass die stillen Reserven unmittelbar vor Eintritt in die steuerfreie Periode besteuert werden. Es gilt der allgemeine bilanzsteuerliche Teilwertbegriff.

11.2.3 Besteuerung der stillen Reserven

Der Körperschaftsteuer unterliegt der steuerpflichtige Gewinn des letzten (Rumpf-)Wj. einschließlich der nach § 13 Abs. 1 KStG aufgedeckten stillen Reserven. Der Gewinn aus der Auflösung der stillen Reserven ist kein Veräußerungsgewinn i. S. d. § 16 EStG. Der § 16 Abs. 4 EStG ist ohnehin nicht anzuwenden (vgl. R 8.1 Abs. 1 Satz 1 KStR). Der Gewinn ist mithin voll tariflich zu versteuern. Billigkeitsmaßnahmen aus sachlichen Gründen sind nicht möglich. Lediglich Zahlungserleichterungen aus persönlichen Gründen sind im Einzelfall denkbar. Bei Genossenschaften gehört allerdings ein Gewinn i. S. d. § 13 KStG zu dem im »Mitgliedergeschäft« erwirtschafteten Überschuss und kann i. R. d. § 22 KStG als »genossenschaftliche Rückvergütung« abziehbare BA sein.

11.3 Erlöschen einer Steuerbefreiung (§ 13 Abs. 2 KStG)

Gegenstück zu § 13 Abs. 1 KStG ist die Regelung in § 13 Abs. 2 KStG für den Fall des Erlöschens einer Steuerbefreiung. Durch § 13 Abs. 2 KStG wird sichergestellt, dass die während der Dauer der Steuerbefreiung angesammelten stillen Reserven nicht steuerpflichtig werden. Vgl. R 13.2 KStR. Dies wird bewirkt durch erfolgsneutrale Aufdeckung der stillen Reserven, und zwar durch Ansatz der Teilwerte in einer Anfangsbilanz gemäß § 13 Abs. 3 KStG (vorbehaltlich der Sonderregelung § 13 Abs. 4 KStG). Die Wertansätze können von der Handelsbilanz abweichen. Somit kann sich die weitere Wertentwicklung nach Erlöschen der Steuerbefreiung auswirken, z. B. in Form von AfA und/oder Teilwert-Abschreibungen. Infolge der Aufdeckung der stillen Reserven ist die AfA-Bemessungsgrundlage entsprechend höher. Die Anfangsbilanz ist eine Steuerbilanz. Es gilt § 5 Abs. 2 EStG (BFH vom 09.08.2000 BStBl II 2001, 71).

Die Regelung gilt für alle Körperschaften usw., bei denen eine persönliche Befreiung wegfällt. Die Körperschaft muss aber Gewinneinkünfte erzielen und ihren Gewinn durch Betriebsvermögensvergleich ermitteln (vgl. R 13.2 Abs. 2 KStR). Bei Gewinnermittlung nach § 4 Abs. 3 EStG (nur möglich bei nicht nach dem HGB o. Ä. zur Buchführung Verpflichteten) ist keine Anfangsbilanz nach § 13 Abs. 2 KStG aufzustellen. Auch bei mehrfachem Wechsel zwischen Steuerfreiheit und Steuerpflicht (insbesondere bei Erwerbs- und Wirtschaftsgenossenschaften i. S. v. § 5 Abs. 1 Nr. 10 und 14 KStG) kann nicht von der jeweiligen Aufdeckung der stillen Reserven bei Wegfall sowie bei Beginn der Steuerbefreiung abgesehen werden.

11.4 Sonderregelung des § 13 Abs. 4 KStG

11.4.1 Allgemeines

Die Vorschrift beinhaltet eine Parallele zu § 6 Abs. 1 Nr. 4 Satz 4 EStG, wonach bei Zuwendungen (Spenden) von Wirtschaftsgütern aus dem Betriebsvermögen zur Förderung steuerbegünstigter Zwecke eine Entnahme zum Buchwert (also ohne Aufdeckung der stillen Reserven) möglich ist. Parallel hierzu soll auch bei Körperschaften usw., die ausschließlich und unmittelbar der Förderung der oben genannten Zwecke dienen, bei Beginn der Steuerbefreiung eine Besteuerung der bis dahin gewachsenen bzw. gelegten stillen Reserven unterbleiben.

Die Regelung gilt bei allen Körperschaften, die ausschließlich und unmittelbar steuerbegünstigten Zwecken nach § 9 Abs. 1 Nr. 2 KStG dienen. Vgl. R 13.4 KStR.

11.4.2 Beginn einer Steuerbefreiung (§ 13 Abs. 4 Satz 1 KStG)

Voraussetzung ist, dass die eintretende Steuerbefreiung auf § 5 Abs. 1 Nr. 9 KStG beruht und die Körperschaft usw. den oben genannten Zwecken ausschließlich und unmittelbar dient. Es wird also nur der oben genannte Teilbereich gemeinnütziger Zwecke von der Begünstigung erfasst.

Abweichend vom Grundsatz des § 13 Abs. 3 KStG, wonach der Teilwert maßgebend wäre, ist in den Fällen des § 13 Abs. 4 KStG bei Beginn der Steuerbefreiung der Ansatz der Wirtschaftsgüter in der Schlussbilanz mit den Buchwerten vorzunehmen. Buchwert ist der sich nach den Gewinnermittlungsvorschriften ergebende Wert. Bei der Aufstellung der Schlussbilanz handelt es sich um eine Mussvorschrift. Auf die Besteuerung der stillen Reserven wird durch § 13 Abs. 4 KStG nicht endgültig verzichtet. Die Besteuerung wird vielmehr zeitlich bis zu einer evtl. Veräußerung oder der Liquidation hinausgeschoben.

11.4.3 Erlöschen einer Steuerbefreiung (§ 13 Abs. 4 Satz 2 KStG)

Bei Erlöschen der Steuerbefreiung i. S. d. § 5 Abs. 1 Nr. 9 KStG einer in § 13 Abs. 4 KStG aufgeführten Körperschaft usw. sind die Wirtschaftsgüter in der nach § 13 Abs. 2 KStG aufzustellenden Anfangsbilanz nicht mit dem Teilwert, sondern ebenfalls mit den (fortgeführten) Buchwerten anzusetzen. Dies ist der Wert, der sich bei ununterbrochener Steuerpflicht nach den Gewinnermittlungsvorschriften ergeben hätte. Anzusetzen sind daher i. d. R. die Anschaffungs- oder Herstellungskosten, ggf. vermindert um die AfA.

Auf diese Weise wird erreicht, dass bei einer Veräußerung nach Erlöschen der Steuerbefreiung (auch) die stillen Reserven versteuert werden müssen, die während der steuerfreien Periode gebildet worden sind. Dies kann aber nur gelten, sofern das jeweilige Wirtschaftsgut vor dem Beginn der Steuerbefreiung angeschafft oder hergestellt worden ist. Denn die Vorschrift geht davon aus, dass bei Beginn der Steuerbefreiung die Voraussetzungen des § 13 Abs. 4 Satz 1 KStG erfüllt waren und später die Steuerbefreiung verloren gegangen ist. Sind die Wirtschaftsgüter aber erst nach dem Beginn der Steuerbefreiung angeschafft oder hergestellt worden, ist § 13 Abs. 4 Satz 2 KStG nicht anwendbar. Solche Wirtschaftsgüter sind nach dem Grundsatz des § 13 Abs. 3 KStG mit den Teilwerten anzusetzen.

11.5 Partielle Steuerbefreiung (§ 13 Abs. 5 KStG)

Wenn eine Steuerbefreiung nur teilweise beginnt oder endet, sind nach § 13 Abs. 5 KStG die Vorschriften § 13 Abs. 1 bis 4 KStG auf den entsprechenden Teil des BV anzuwenden. Praktische Bedeutung hat die Vorschrift im Wesentlichen bei partieller Steuerpflicht so genannter »überdotierter« Pensionskassen usw. nach § 6 KStG und der Begründung oder Aufgabe eines steuerpflichtigen wirtschaftlichen Geschäftsbetriebs durch eine ansonsten steuerbefreite Körperschaft. Ebenfalls relevant ist die Vorschrift bei der Überführung eines Betriebs oder Teilbetriebs in den steuerbefreiten Bereich einer Körperschaft. Dies gilt auch, wenn der Vorgang gleichzeitig eine Betriebsaufgabe i. S. d. § 16 EStG darstellt (BMF vom 01.02.2002 BStBl I 2002, 221).

11.6 Entstrickung und Verstrickung von Anteilen i. S. d. § 17 EStG

Gehören Anteile an einer Kapitalgesellschaft nicht zu dem BV der Körperschaft, die von der KSt befreit wird, ist § 17 EStG auch ohne Veräußerung anzuwenden, wenn die übrigen Voraussetzungen dieser Vorschrift in dem Zeitpunkt erfüllt sind, in dem die Steuerpflicht endet (§ 13 Abs. 6 KStG). Als Veräußerungspreis gilt der gemeine Wert der Anteile (§ 13 Abs. 6 Satz 2 KStG). Im (umgekehrten) Fall des Beginns der Steuerpflicht gilt der gemeine Wert der Anteile als AK der Anteile (§ 13 Abs. 6 Satz 3 KStG).

Hinweis: Diese Regelungen gelten nicht in den Fällen des § 13 Abs. 4 Satz 1 KStG, also bei gemeinnützigen Körperschaften i. S. d. § 5 Abs. 1 Nr. 9 KStG (§ 13 Abs. 6 Satz 4 KStG).

12 Besteuerung von Beteiligungen an anderen Körperschaften und Personenvereinigungen (§ 8b KStG)

Ausgewählte Literaturhinweise ▪ **Bruschke**, Die Anwendung des § 8b KStG bei Beteiligungserträgen, DStZ 2012, 813 ▪ **Duttine/Stumm**, Europarechtswidrigkeit deutscher Dividendenbesteuerung, BB 2012, 867 ▪ **Fey/Deubert,** Bedingte Anschaffungskosten für Beteiligungen im handelsrechtlichen Jahresabschluss des Erwerbers, BB 2012, 1461 ▪ **Füllbier**, Wertpapierleihgeschäfte als Missbrauch von rechtlichen Gestaltungsmöglichkeiten i. S. d. § 42 AO?, BB 2012, 1769 ▪ **Gosch**, Keine »weltweite« Kapitalertragsteuerentlastung für Inbound-Streubesitz, NWB 2012, 4043 ▪ **Grieser/Faller**, Dauerhafte Wertminderung und Teilwertabschreibung auf Aktien und Aktienfonds, DStR 2012, 727 ▪ **Haisch/Helios/Niedling**, JStG 2013 – Geplante Änderungen im Finanzierungsbereich, DB 2012, 2060 ▪ **Herzig**, Erfahrungen mit dem BilMoG aus steuerlicher Sicht, DB 2012, 1343 ▪ **Hoch**, Steuerliche Behandlung des Ausfalls aktivierter Gesellschafterdarlehen gegenüber einer Kapitalgesellschaft, DB 2012, 1113 ▪ **Hruschka**, Ausgewählte Aspekte der Betriebsprüfung, Stbg 2012, 1 ▪ **Kraft/Körner/Tüksch**, Zu den geplanten Regelungen des steuerlichen Abzugs von Finanzierungsaufwand im »Zwölf-Punkte-Plan«, DB 2012, 1592 ▪ **Kröner**, Kauf und Verkauf von Kapital- und Personengesellschften – Ein Überblick über die ertragsteuerlichen Folgen, BB 2012, 2403 ▪ **Lüdicke**, Zum BMF-Schreiben vom 23.05.2012 in diesem Heft, 552: Entlastungsberechtigung ausländischer Gesellschaften (§ 50d Abs. 3 EStG); Entscheidung des EuGH zu Streubesitzdividenden vom 20.10.2011 (C-284/09), IStR 2012, 540 ▪ **Schnitger**, Anwendung des § 8b Abs. 1 KStG beim Kapitalertragsteuerabzug – Auswirkungen der Entscheidung des EuGH vom 20.10.2011, DB 2012, 305 ▪ **Schönhaus/Broekmann**, Verfahrensfragen der Erstattung gemeinschaftsrechtswidriger Quellensteuer, NWB 2012, 623 ▪ **Schütz**, Teilwertermittlung von Beteiligungen, NWB 2012, 1420 ▪ **Schwedhelm/Olbing/Binnewies**, Aktuelles Steuerrecht rund um die GmbH zum Jahreswechsel 2012/2013, GmbHR 2012, 1269 ▪ **Schwetlik**, vGA-Problematik bei LBO-Transaktionen, StBp 2012, 80 ▪ **Benz/Jetter**, Die Neuregelung zur Steuerpflicht von Streubesitzdividenden, DStR 2013, 489 ▪ **Desens**, Kritische Bestandsaufnahme zu den geplanten Änderungen in § 8b KStG, Beihefter zu DStR 4/2013, 13 ▪ **Ebner**, Neuregelung der Besteuerung von Streubesitzdividenden, NWB 2013, 2147 ▪ **Haisch/Helios**, Steuerpflicht von Streubesitzdividenden in der Direkt- und Fondsanlage, DB 2013, 724 ▪ **Haisch/Helios/Niedling**, AmtshilfeRLUmsG: Änderungen im Finanzierungsbereich, DB 2013, 1444 ▪ **Hechtner/Schnitger**, Neuerungen zur Besteuerung von Streubesitzdividenden und Reaktion auf das EuGH-Urteil vom 20.10.2011 (Rs C-284/09), Ubg 2013, 269 ▪ **Hörster**, Neuregelungen durch das AmtshilfeRLUmsG, NWB 2013, 1967 ▪ **Intemann**, Die Neuregelung zur Steuerpflicht von Streubesitzdividenden, BB 2013, 1239 ▪ **Kusch**, Körperschaftsteuerpflicht für Dividenden aus Streubesitz, NWB 2013, 1068 ▪ **Lange/Schenkelberg**, BB-Rechtsprechungsreport KSt 2012, BB 2013, 407 ▪ **Lechner**, Aktuelle Fragen mit Aufwendungen und Beteiligungen im Betriebsvermögen, Ubg 2013, 162 ▪ **Lemaitre**, Besteuerung von Streubesitzdividenden und Erstattung von Kapitalertragsteuer, IWB 2013, 269 ▪ **Stangl**, Ausgewählte Streitpunkte des § 8b KStG, Beihefter zu DStR 4/2013, 8 ▪ **Altvater**, Gestaltungsmissbrauch durch Wertpapierleihgeschäfte bei negativer Vorsteuerrendite? DB 2014, 2008 ▪ **Ebel**, Stfreie Anteilsveräußerung und ergebniskompensatorische Sicherung, FR 2014, 410 ▪ **Förster/Thiel**, Die Besteuerung von GA, StStud 2014, 230 ▪ **Haase**, Gedanken zu Art 4 Abs 1 lit a) Mutter-Tochter-Richtlinie nF, IStR 2014, 650 ▪ **Mertens**, Beteiligung einer GmbH an anderen Kö und Pers-Vereinigungen, GmbH-St-Praxis 2014, 260 ▪ **Seer**, Die unternehmen-stlichen Pläne der B-Reg, GmbHR 2014, 505 ▪ **Teiche**, Ausl-Beteiligungen und ihre Absicherung gegen Währungsrisiken, DStR 2014, 1737 ▪ **Watrin/Eberhardt**, Problembereiche der Anlegerbesteuerung bei Kap-Investitionsgesellschaften, DB 2014, 795 ▪ **Bartelt/Geberth/Heggmair**, Erster Ref-Entw zur BEPS-Umsetzung sowie zu zahlreichen Nichtanwendungsvorschriften, DB 2016, 1335 ▪ **Benz/Böhmer**, Die Nichtanwendungsgesetze des RefE eines »Anti-BEPS-Umsetzungsgesetzes«, DB 2016, 1531 ▪ **Habammer**, Die Sperrwirkung des Art 9

OECD-MA, IStR 2016, 525 ▪ **Haug**, Erstes »BEPS-Gesetz« und die Konsequenzen für das inl StR, DStZ 2016, 850 ▪ **Herr**, Veräußerungskosten im Wandel der Rspr am Bsp von gegenläufigen Finanzinstrumenten, DStR 2016, 2786 ▪ **Hesse/Frieburg**, Änderungen des KStG und GewStG im Entw des AHRL-ÄndUmsG, GmbH-StB 2016, 271 ▪ **Krüger**, Warum ein treaty override nicht verfassungswidrig ist und die möglichen Auswirkungen des BVerfG-Beschl, DStZ 2016, 790 ▪ **Kußmaul/Kloster**, Dividendenstripping erneut im Fokus des Gesetzgebers, DK 2016, 849 ▪ **Kutt**, Aktuelle Entwicklung um die Besteuerung von VG, FR 2016, 1092 ▪ **Nielsen**, Hybridfinanzierte Finanzierungsgesellschaften zwischen Korrespondenzprinzip und Hinzurechnungsbesteuerung de lege lata, IStR 2016, 828 ▪ **Schwedhelm/Olbing/Binnewies**, Aktuelles StR rund um die GmbH zum Jahreswechsel 2016/2017, GmbHR 2016, 1233 ▪ Spengel, Dringender Handlungsbedarf bei Cum/Cum-Geschäften, DB 2016, 2988 ▪ **Binnewies/Stehnert**, Einlagenrückgewähr und Nenn-Kap-Rückzahlung durch ausl Kap-Ges, GmbH-StB 2017, 189 ▪ Briese, Zur Auflösung von Verbindlichkeiten bei Überschuldung, DStR 2017, 2832 ▪ **Desens**, Die neue Besteuerung von Sanierungserträgen, FR 2017, 981 ▪ **Förster/Hechtner**, St-Befreiung von Sanierungsgewinnen gem §§ 3a, 3c Abs 4 EStG, DB 2017, 1536 ▪ **Hagemann**, Das Verhältnis von nationalen Treaty Overrides zu DBA-Vorschriften, IWB 2017, 857 ▪ **Hagemann/Kahlenberg/Cloer**, BB-Rspr-Report IStR 2016 – Teil I, BB 2017, 2711; Höreth/Stelzer, Erstes BEPS-Umsetzungsgesetz – weit mehr, als der Titel suggeriert, DStZ 2017, 62 ▪ **Kahlenberg**, St-Freistellung und BA-Abzug von Schachteldividenden, IWB 2017, 197 ▪ **Kahlert**, Rangrücktritt nach dem IX. Zivilsenat des BGH, Wpg 2017, 602 ▪ **Kahlert/Schmidt**, Die neue St-Freiheit des Sanierungsertrags – Fragen und Antworten, DStR 2017, 1897 ▪ **Kanzler**, St-Befreiung von Sanierungsgewinnen, NWB 2017, 2260 ▪ **Loose**, BFH zur Besteuerung eines VG im Inbound-Fall, IWB 2017, 912 ▪ **Schulz-Trieglaff**, Sperrwirkung des Art 9 OECD-MA: Keine Eink-Korrektur gem § 1 AStG bei ungesicherter Darlehensgewährung? IStR 2017, 975 ▪ **Mayer/Wagner**, Bilanzierung von Verbindlichkeiten bei Rangrücktritt in der Liquidationsschluss-Bil – Fin-Verw schafft doppelt Klarheit, DStR 2017, 2025; Oser, Auflösung von Verbindlichkeiten mit Rangrücktritt in Handels- und St-Bil, DStR 2017, 1889; Oser, Pflicht zur Auflösung von Verbindlicheiten mit Rangrücktritt, DStR 2017, 2835; Schönfeld, Einlagenrückgewähr und Drittstaaten – oder: Wie Art 3 GG zum (kleinen) Bruder der EU-Grundfreiheiten wurde, IStR 2017, 486 ▪ **Weiss**, Aktuelle Rspr zu § 8b KStG, Ubg 2017, 671 ▪ **Weigell/Görlich**, Treaty Override verfassungsgemäß? IStR 2017, 772 ▪ **Weiss**, Zur Schachtelstrafe bei § 8b KStG, DK 2017, 174 ▪ **Berger/Tetzlaff**, Keine Anwendung von § 8b Abs 3 KStG bei beschr StPflicht, NWB 2018, 324 ▪ **Förster**, Ausfall von Gesellschafterdarlehen und Regressforderungen aus Bürgschaften, DB 2018, 336 ▪ **Kahlenberg**, Tw-AfA im Konzern, IWB 2018, 108 ▪ **Scholz/Köhler**, Konzernrückhalt und Nachrangigkeit in der konzerninternen Finanzierung, DStR 2018, 15 ▪ **Weber-Grellet**, BB-Rspr-Report zu 2017 veröffentlichten bil-st-rechtlichen BFH-Urt, BB 2018, 43; **Wolter/Griemla,** Neutralisation von nach § 8b Abs 3 S 3ff KStG vorgenommenen außerbilanziellen Aufwandskorrekturen bei späteren korrespondierenden Erträgen, FR 2018, 253; **Badde,** Abzugsfähigkeit von Wechselkursverlusten aus Gesellschafterdarlehen bei Vorliegen eines kompensatorischen Einzelsicherungsgeschäfts, BB 2019, 347; **Baumgartner,** »Alles beim Alten?« – Die Rspr des BFH zur Einlagenrückgewähr durch Drittstaatengesellschaften, DStR 2019, 2393; **Briese,** Zur Nutzungseinlage in Kap-Ges aus kstlicher und estlicher Sicht, DStR 2019, 236; **Buge,** Besteuerung des Carried Interest bei gew Private Equity Fonds, Ubg 2019, 432; **Cordes/Leonhardt,** Das gewstliche Schachtelprivileg im Drittstaatenfall – Bestandsaufnahme im Licht des Länder-Erl v 25.01.2019 sowie des Ref-Entw zum JStG 2019, FR 2019, 651; **Dietrich/Weber,** Ein Ende ohne Schrecken? – Einkommen-st-neutrale Behandlung von Gesellschafterdarlehen iRd Liquidation und Beendigung von Kap-Ges, DStR 2019, 966; **Ditz/Haverkamp,** Sperrwirkung des Art 9 Abs 1 OECD-MA und Treaty Override des § 1 AStG, Ubg 2019, 101; **Dötsch/Pung,** Zuordnung von Kap-Beteiligungen zu einer inl BetrSt einer Pers-Ges bei Vorhandensein ausl MU, DB 2019, 146; **Droscha/Holle,** Zinsabzug aus typisch stillen Beteiligungen (und Genussrechten) – Kein Fall einer Rechtsfortbildung! FR 2019, 6; **Drüen,** St-Befreiung eines veräußerungspreisbezogenen Währungssicherungsgewinns nach § 8b Abs 2 KStG, DB 2019, 156; **Eberhardt,** Pflicht zur Umsetzung der MT-RiLi iRd

GewSt, IStR 2019, 584; **Eichholz,** Geplante Neuregelungen für Kap-Ges – Teil I, GmbH-StB 2019, 228; **Epler/Petersen,** Endlich Rechtssicherheit bei der Sanierung, Stbg 2019, 114; **Förster/Hechtner,** Neue ges Rahmenbedingungen im Sanierungs-StR, DB 2019, 10; **Gebhardt/Krüger/Hundrieser,** Weitere Konkretisierung zur Einlagenrückgewähr aus Drittstaaten, IWB 2019, 982; **Geiger/Kurrle,** Earn-out-Klauseln iRd Veräußerung von Anteilen an einer Kap-Ges, Ubg 2019, 495; **Gishoidt,** Die ertragstliche Behandlung von Dividenden-Eink einer KGaA bei ihrem phG, FR 2019, 543; **Haase/Geils,** Forderungsverzicht der TG, DStR 2019, 486; **Haagemann,** Kehrtwende in der BFH-Rspr zur grenzüberschreitenden Konzernfinanzierung, BB 2019, 2800; **Heinsen/Adrian,** Neue Maßstäbe für den Fremdvergleich? Wpg 2019, 854; **Herbst/Kopec,** Die Schachtelstrafe bei der Veräußerung ausl Tochter-Kap-Ges, ISR 2019, 107; **Herr/Stiefel,** Europarechtliche Diskriminierung ausl Investmentfonds auch unter dem InvStG 2018? IStR 2019, 929; **Hinder/Kawka,** Übertragungsgewinn aus Aufwärtsverschmelzung im Organschaftsfall, Ubg 2019, 278; **Käshammer/Schmohl/Schuhmann,** Einlagenrückgewähr durch eine Drittstaatengesellschaft – Ausgewählte Praxisüberlegungen, IStR 2019, 858; **Kahlenberg/Kempelmann/Rieck,** Kehrtwende des BFH in Sachen Konzernrückhalt und DBA-Sperrwirkung, DB 2019, 1752; **Kahlenberg/Korff,** Zur geplanten Änderung des gewstlichen Schachtelprivilegs iRd JStG-E 2019, IStR 2019, 447; **Kanzler,** Der stfreie Sanierungsgewinn nach dem UStAVermG, NWB 2019, 626; **Klein/Rippert,** Gestaltungen zur Vermeidung der Entstrickungsbesteuerung von Kap-Ges-Anteilen im PV, IStR 2019, 439; **Knebel,** Dividendenbesteuerung ausl Pensionsfonds verstößt gegen die Kap-Verkehrsfreiheit, IStR 2019, 595; **Kollruss,** Rücknahme der gewstlichen Umsetzung der MT-RiLi durch JStG-E 2019 wirkungslos? Wpg 2019, 1354; **Lindermann,** Gestaltungsgrenzen des Dividendenstrippings nach § 42 AO im Lichte des europäischen Missbrauchsverbots, DStR 2019, 1549; **Maetz,** St-Rechtliche Behandlung grenzüberschreitender Konzerndarlehen, IStR 2019, 481; **Meinert,** Von Umtauschanleihen und Fremdwährungsabsicherungen: Endlich Klarheit bei der außerbilanziellen Berücksichtigung von Sicherungseffekten? DStR 2019, 2561; **Micker/Schwarz,** Ausl Kap-Ges inl AE – Teil I, IWB 2019, 512; **Neyer,** Zur stlichen Behandlung von Finanzierungshilfen des Gesellschafters, DB 2019, 1640; **Nürnberg,** Der Rückhalt im Konzern: Terminus ohne ges Grundlage auf Definitionssuche, DStR 2019, 1901; **Pfirrmann,** VGA: Fragen der Erdienbarkeit bei Versorgungszusagen an beherrschende Ges-GF einer GmbH, DB 2019, 984; **Pohl,** Stliche Behandlung von Sachausschüttungen, NWB 2019, 244; **Prinz,** Pers-Ges im Internationalen StR: Gestaltungsüberlegungen zur betrst-bezogenen Zuordnung von Kap-Ges-Anteilen, FR 2019, 597; **Rasch,** Die neue Sichtweise des BFH zur Sperrwirkung – was ist fremdüblich und was nicht? ISR 2019, 409; **Rennar,** Entstrickung durch Verlegung einer Kap-Ges in ein Drittland, IWB 2019, 196; **Richter/Ekinci,** Verstoßen die geplanten Änderungen des gewstlichen Schachtelprivilegs iRd JStG-E 2019 gegen die Vorgaben der MT-RiLi? DB 2019, 1987; **Ronneberger,** Der Übernahmegewinn aus Aufwärtsverschmelzung im Organschaftsfall, NWB 2019, 2573; **Schmid,** Ist die Optionsprämie Teil der AK? DStR 2019, 2674; **Schrall/Steiner/Ullmann,** Anwendbarkeit des § 1 Abs 1 AStG auf Tw-Abschr aus grenzüberschreitenden Gesellschafterdarlehen, Ubg 2019, 212; **Schrenk/Ullmann,** Stliche Behandlung von Einlagenrückzahlungen durch Drittstaatengesellschaften, DStZ 2019, 886; **Schwarz,** Forderungsverzicht der TG, DStR 2019, 483; **Schulz-Trieglaff,** Änderung der Rspr zur Sperrwirkung nach Art 9 Abs 1 OECD-MA und zum Konzernrückhalt, IWB 2019, 667; **Stein/Schwarz,** Neuorientierung der BFH-Rspr zur Fremdüblichkeit der Bedingungen von Konzerndarlehen, Ubg 2019, 403; **Steiner/Ullmann,** Fremdvergleichsprüfung bei grenzüberschreitenden Gesellschafterdarlehen nach Maßgabe des Art 9 Abs 1 OECD-MA, IStR 2019, 412; **Steiner/Ullmann,** Neuausrichtung des Fremdvergleichsmaßstabs bei grenzüberschreitenden konzerninternen Gesellschafterdarlehen, DStR 2019, 2385; **Tcherveniachki/Haverkamp,** Eink-Korrektur nach § 1 Abs 1 AStG bei gewinnmindernder Ausbuchung sowie Tw-Abschr einer unbesicherten Forderung zwischen Konzerngesellschaften, Ubg 2019, 555; **Ungemach,** Aktuelle Entwicklungen in der Rspr des BFH zur ertrag-st-rechtlichen Behandlung von Tw-Abschr auf an ausl TG gewährte unbesicherte Darlehen im DBA-Fall, DStZ 2019, 581; **van Lishaut,** Methodenfragen im Zypern-Fall (BFH v 13.06.2018 – I

R 94/15, FR 2018, 1092), FR 2019,370; **Wacker,** Ausfall grenzüberschreitender Konzerndarlehen – Neuorientierung der BFH-Rspr, FR 2019, 449; **Wacker,** Einlagenrückgewähr durch Drittstaatengesellschaften nach dem BFH-Urt v 10.04.2019 – I R 15/16, FR 2019, 907 – erste Anm, Jürgen Lüdicke gewidmet, FR 2019, 979; **Weiss,** Echte Rückzahlungen von Nenn-Kap sind nicht stbar, IWB 2019, 459; **Busch,** Die neue Rspr des BFH zur Sperrwirkung: neueste Urt und systematischer Überblick, IStR 2020, 326; **Gläser/Zöller,** Fragen zur neuen BFH-Rspr zum Rückhalt im Konzern und zu unbesichert im Konzern begebenen Darlehen, ISR 2020, 78; **Grewe/Lauscher,** Die Bedeutung von Earn out-Klauseln beim Kauf eines Unternehmens in der Corona-Krise, NWB 2020, 1426; **Haas/Wünnemann**, Aktuelle Coronakrise – notwendige kurz- und mittelfristige Maßnahmen bei den Unternehmens-St, Ubg 2020, 181; **Käshammer/Bolik,** Grenzüberschreitende Dreieckskonstellationen: § 1 AStG oder vGA? NWB 2020, 3168; **Köhler**, Aktuelle Entwicklungen der Konzernfinanzierung – Neuorientierung der Rspr dringend erforderlich, DStR 2020, 829; **Klein,** Dividendenbesteuerung bei beschr stpfl Pensionsfonds, Ubg 2020, 44; **Kleinert,** Dividenden-KapSt für beschr stpfl Investmentfonds unionsrechtskonform? IStR 2020, 210; **Leich,** Zur Unionsrechtswidrigkeit der KapSt-Erhebung auf Portfoliodividenden bei ausl AE in Verlustsituationen, IStR 2020, 121; **Loritz,** Der Übergang des wirtsch Eigentums bei Übertragung nicht börsennotierter Aktien, DStR 2020, 1287; **Oppel,** BFH schließt Direktzugriff auf Einlagekonto auch im Drittstaatensachverhalt aus, IStR 2020, 46; **Schnitger,** § 1 Abs 1 AStG als neue »Allzweckwaffe« für Verrechnungspreiskorrekturen? IStR 2020, 821; **Spengel,** St-Rechtliche Behandlung von Cum/Cum-Geschäften, DB 2020, 1919; **Vetter/Mädel/Schneidereit,** Umfang des VG nach § 8b KStG, §§ 16 und 17 EStG, DStR 2020, 2223; **Weiss,** Zum Verhältnis des § 1 Abs 1 AStG zu anderen Korrekturnormen – Zugleich Besprechung des BFH-Urt v 27.11.2019 – I R 40/19 (I R 14/16), ISR 2020, 373; **Grümmer/Schreiber,** Das »unbeschadete« Verhältnis anderer Korrekturnormen zu § 1 AStG, Ubg 2021, 70; **Köhler,** Substance oder Form – Können stfreie vGA trotzdem nicht berücksichtigt sein? ISR 2021, 37; **Müller/Lucas,** Die Symmetrie von Währungseffekten, NWB 2021, 408; **Weiss,** Zur Anrechnung ausl St auf die GewSt, IWB 2021, 246. **Kahlenberg/Radmanesh**, Einführung von Anti-Hybrid-Regelungen durch das ATADUmsG – Teil 2, IWB 2021, 891; **Köhler**, Substance oder Form – Können stfreie vGA trotzdem nicht berücksichtigt sein? ISR 2021, 37; **Mädel/Stockburger/Stößel**, Implementierung nationaler Anti-Hybrid-Normen – Kollision mit verfassungsrechtlichen Grundprinzipien und Gefahr der Doppelbesteuerung? FR 2021, 1110; **Müller/Lucas**, Die Symmetrie von Währungseffekten, NWB 2021, 408; **Reifarth-Belli/Lechtenberg**, Die sog Einlagelösung nach dem KöMoG – Mehr Fragen als Antworten für den Rechtsanwender, DStR 2021, 2222; **Wacker**, Von der Betriebsaufspaltung zum gew Beteiligungsbesitz – Anm zur grenzüberschreitenden Verflechtung nach dem BFH-Urt v 17.11.2020 – I R 72/16, FR 2021, 544, FR 2021, 505; **Weiss**, Zur Anrechnung ausl St auf die GewSt, IWB 2021, 246; **Werthebach**, Erste Anm zum Entw eines St-Oasen-Abwehr-Ges (StAbwG), IStR 2021, 338; **Behrend/Endert**, Ertragstliche Risiken im Zusammenhang mit Gemeinkosten von Holding-Kap-Ges, DStR 2022, 281; **Ditz/Heider**, Eink-Korrektur nach § 1 AStG bei Tw-Abschr auf Gesellschafterdarlehen – Einordnung des BFH-Urt v 13.01.2022 (I R 15/21), Ubg 2022, 474; **Ditz/Licht/Linnemann**, Zum Konkurrenzverhältnis zwischen vGA und § 1 AStG in Dreiecksfällen, ISR 2022, 165; **Emmrich/Brune**, Eink-Korrektur bei Tw-Abschr auf unbesicherte Konzerndarlehen, WPg 2022, 890; **Hohage**, Definitivbelastung mit KapSt in Drittstaatenfällen unionsrechtskonform? NWB 2022, 1302; **Höring**, Das StAbwG, StBp 2022, 175; **Ketteler-Eising**, Besteuerung variabler Kaufpreise mit Earn-out-Komponenten im Vergleich zu umsatz-/gewinnabhängigen Kaufpreisen als wiederkehrende Bezüge, DStR 2022, 1633; **Kollruss/Fänger/Werthebach/Willen**, Anwendung von § 44a Abs 5 EStG bei Streubesitzdividenden, WPg 2022, 367; **Korn**, Wirtsch Eigentum, Bilanzierung und Tw-Abschr bei Wertpapierdarlehen, NWB 2022, 901; **Meding/Müller/Scherer**, Stliche Qualifizierung der Ausschüttungen einer Luxemburger SICAV S.A., IStR 2022, 191; **Oppel/Wittling**, Die Hinzurechnungsbesteuerung idF des ATADUmsG, BB 2022, 1495; **Ott**, »Cash Circle« durch Gesellschaftereinlagen im Regelfall kein Gestaltungsmissbrauch, GStB 2022, 434; **Ott**, Cash Circle: Gesellschafter-Einlagen zur Erhöhung der AK einer

GmbH-Beteiligung, GmbH-St-Praxis, 2022, 281; **Pignot**, Die Nachweispflichten des § 32 Abs 5 KStG verstoßen gegen Unionsrecht, IWB 2022, 646; **Tischendorf**, Aktuelles zum Rückwirkungsverbot im StR, DB 2022, 2247; **Watermeyer**, Organschaftliche AP und Währungskursverluste bei Gesellschafterdarlehen nach dem KöMoG, WPg 2022, 997; **Bäuml**, Zur Bedeutung der KGaA für Familienunternehmen und zur stlichen Einordnung des Kpl, NWB 2023, 1765; **Behnes/Helios**, Krit Anm zum Entw des BMF-Schr zur ertragstlichen Behandlung von Genussrechts-Kap, DB 2023, 156; **Eisolt**, Stliche Auswirkungen sog stehengelassener Verbindlichkeiten bei der Liquidation einer GmbH, NWB 2023, 2504; **Feld**, Kategorisierung von Earn-Out Vereinbarungen in rückwirkende und rückwirkungslose Bestandteile, FR 2023, 647; **Förster**, Sanierungsmaßnahmen bei Kap-Ges, DStR 2023, 1041; Hackemann, Dividenden aus Ausl-Beteiligungen nach § 8 Nr 5 GewStG, WPg 2023, 212; **Ishyna**, Kursverluste bei Fremdwährungsdarlehen sind nicht von § 8b Abs 3 S 4 KStG aF erfasst, IWB 2023, 674; **Kellmann/Brüggemann**, Krit Analyse des Entw eines BMF-Schr zur ertragstlichen Behandlung von Genussrechts-Kap v 09.11.2022 – mehr Klarheit, Ubg 2023, 121; **Krüger**, Verhältnis zwischen § 1 AStG und einer vGA gem § 8 Abs 3 S 2 KStG, DStZ 2023, 214; **Lauer/Dürr**, Carry on! Alles geklärt bei der Besteuerung des Carried Interest? Ubg 2023, 435; **Liekenbrock/Liedgens**, Fremdwährungsverluste aus Gesellschafterdarlehen sind doch abzugsfähig, DB 2023, 1499; **Lohr/Göke/Bringmann**, Gesellschafterbezogene Kap-Rücklagenkonten bei einer GmbH, NWB 2023, 2029; **Moritz**, Schuldübernahme im Konzernverbund – Probates Mittel der Sanierung oder missglückte Gestaltung? DStR 2023, 1; **Ott**, Die st-neutrale verdeckte Einlage von »jungen« Anteilen in eine Kap-Ges, DB 2023, 1558; **Ott**, Gestaltungen mit Holdingstrukturen im Zusammenhang mit Veräußerungsvorgängen, GStB 2023, 258; **Rapp/Reischmann**, Stliche Zweifelsfragen beim Einsatz von Genussrechten als Finanzierungsinstrument iRv Venture Capital und Growth Investments, DStR 2023, 241; **Ronneberger**, (Auch) Umwandlungskosten folgen dem wirtsch Veranlassungsprinzip, NWB 2023, 1507; **Scheller**, Rechtstypenvergleich reformbedürftig? ISR 2023, 254; **Schwan**, Der Übergang des wirtsch Eigentums beim Verkauf von Kap-Ges, Ubg 2023, 504; **Stangl/Graßl**, Das Rangverhältnis von § 1 AStG und vE/vGA in grenzüberschreitenden Dreieckskonstellationen, DK 2023, 154; **Striefler**, Der Cash Circle: Gestaltungsmissbrauch oder stlich anzuerkennende Gestaltungs-Alt zum Verzicht auf Gesellschafterforderung, DStR 2023, 2129, 2130; **Ungemach**, Der Rechtstypenvergleich in Bezug auf ausl Gesellschaften, DStZ 2023, 654.

12.1 Konzeption des § 8b KStG

§ 8b KStG ist durch das StSenkG vom 23.10.2000 mit Wirkung vom 01.01.2001 grundlegend neu strukturiert und formuliert worden. Seit der Neufassung durch das StSenkG ist § 8b KStG mehrfach geändert worden, zuletzt geändert durch Artikel 2 des Gesetzes zur Modernisierung des Körperschaftsteuerrechts vom 25. Juni 2021 (BGBl I 2021, 2035), Geltung ab 01.01.2022.

§ 8b KStG wirkt über § 7 GewStG in das Gewerbesteuerrecht. Damit wirken die nachfolgend beschriebenen Steuerfreistellungen grundsätzlich auch für die Ermittlung des Gewerbeertrags.

§ 8b KStG ist folgendermaßen aufgebaut:

- **Abs. 1:** Steuerfreistellung von Dividendenerträgen, die Sätze 2 bis 5 regeln Einschränkungen der Steuerbefreiungen. Weitere Einschränkungen ergeben sich aus Abs. 4 (»Streubesitzdividenden«);
- **Abs. 2:** Steuerfreistellung von Gewinnen aus der Veräußerung von Kapitalbeteiligungen, die Sätze 4 und 5 enthalten Einschränkungen von der Steuerfreiheit, soweit Anteile zur Zeit des Anrechnungsverfahrens steuerwirksam abgeschrieben worden sind bzw steuerwirksam Rücklagen nach § 6b KStG oder ähnlichen Abzüge übertragen worden sind;

- **Abs. 3:** 5%iges pauschales Betriebsausgabenabzugsverbot und Nichtabziehbarkeit von Gewinnminderungen i.V.m. Kapitalbeteiligungen;
- **Abs. 4:** Steuerpflicht von Streubesitzdividenden.
- **Abs. 5:** pauschales 5%iges Abzugsverbot für Betriebsausgaben i.V.m. Gewinnausschüttungen;
- **Abs. 6:** Geltung der Abs. 1–5 auch bei Durchleitung der Bezüge, Gewinne und Gewinnminderungen durch eine zwischengeschaltete Personengesellschaft bzw. juristische Person des öffentlichen Rechts;
- **Abs. 7:** erklärt die Abs. 1–6 für Anteile, die bei Kreditinstituten und Finanzdienstleistungsinstituten dem Handelsbuch zuzurechnen sind, für nicht anwendbar;
- **Abs. 8:** Nichtanwendung des § 8b Abs. 1–7 auf Anteile, die bei Lebens- und Krankenversicherungsunternehmen den Kapitalanlagen zuzurechnen sind;
- **Abs. 9:** Nichtanwendung der Abs. 7 und 8 für Dividenden, auf die die Mutter-Tochter-Richtlinie anzuwenden ist (diese sind insoweit aber steuerfrei);
- **Abs. 10:** Nichtabziehbarkeit der Entgelte in Fällen der Wertpapierleihe und des Wertpapierpensionsgeschäfts.
- **Abs. 11:** Nichtanwendung der Absätze 1 bis 10 bei Anteilen an Unterstützungskassen.

Daneben ist in § 15 Satz 1 Nr. 2 und Satz 2 KStG die Anwendung von § 8b KStG in Organschaftsfällen geregelt.

Als spezielle sachliche Befreiungsvorschrift berührt § 8b KStG die Gewinnermittlung nicht. Etwaige Korrekturen sind außerbilanziell vorzunehmen.

12.2 Freistellung von Beteiligungserträgen (§ 8b Abs. 1 KStG)

§ 8b Abs. 1 KStG gilt sachlich für Beteiligungserträge aus dem In- und Ausland und persönlich für alle Körperschaften, Personenvereinigungen und Vermögensmassen i.S.d. §§ 1 und 2 KStG als Empfänger. Die Anwendung des § 8b Abs. 1 KStG setzt keine Mindestbehaltefrist voraus. Für nach dem 28.02.2013 zufließende Bezüge kommt es auf die Beteiligungsquote an, da nach § 8b Abs. 4 KStG Bezüge aus Streubesitzanteilen vollsteuerpflichtig sind und nur noch Bezüge aus Schachtelbeteiligungen (Beteiligung mindestens 10%) steuerfrei sind. Als Folge der Einführung dieser Steuerpflicht für Dividenden aus Streubesitzbeteiligungen findet auf Ausschüttungen eines Publikum-Investmentvermögen § 8b Abs. 1 KStG ab dem 01.03.2013 bis um 31.12.2017 keine Anwendung mehr (§ 2 Abs. 1 Satz 1 i.V.m. Abs. 2 InvStG a.F.).

Durch das InvStRefG wird ab dem 01.01.2018 bei Publikums-Investmentvermögen das sog. eingeschränkte Transparenzprinzip durch das sog. Trennungsprinzip ersetzt. Für Spezial-Investmentfonds wird das sog. eingeschränkte Transparenzprinzip geändert.

Ein Publikums-Investmentfonds ist selbst körperschaftsteuerpflichtig, § 6 InvStG. Zu den steuerpflichtigen Einkünften gehören auch inländische Dividenden, auf die § 8b KStG nicht anzuwenden ist, § 6 Abs. 6 InvStG und BMF vom 21.05.2019, BStBl I 2019, 527 Rn 6.39. Veräußerungsgewinne und ausländische Dividenden gehören jedoch nicht zu den steuerpflichtigen Einkünften. Auf der Ebene der Anleger (§ 20 InvStG) gilt für Erträge aus einem Aktienfonds (u.a. Ausschüttungen, Gewinne aus der Veräußerung oder Rückgabe) eine Teilfreistellung von 80 % und bei einem sog. Mischfonds eine Teilfreistellung von 40 %. Für Anteile i. S. d. § 8b Abs. 7 KStG bzw. für Unternehmen i. S. d. § 8b Abs. 8 KStG gilt eine Teilfreistellung von 30 % bei Aktienfonds und 15 % bei Mischfonds. § 21 InvStG regelt ein entsprechendes Teilabzugsverbot. § 8b KStG ist somit auf Anlegerebene nicht mehr einschlägig (s § 16 Abs. 3 InvStG).

Für einen Spezial-Investmentfonds gelten die vorstehenden Ausführungen vom Grundsatz her entsprechend. Besonderheiten und Voraussetzungen s. § 42 Abs. 4 und 5 InvStG.

§ 8b Abs. 1 Satz 1 KStG enthält eine abschließende Aufzählung der Tatbestände, die unter die Beteiligungsertragsbefreiung fallen:

- **§ 20 Abs. 1 Nr. 1 EStG** (Dividenden und sonstige Bezüge)
  Hierunter fallen insbes. Bezüge aus offenen Gewinnausschüttungen. Auch vGA fallen grds. bei der begünstigten (empfangenden) Körperschaft unter § 8b Abs. 1 KStG. § 8b Abs. 1 KStG erfasst auch Sachdividenden auf der Ebene der empfangenden Körperschaft sowie Ausschüttungen auf Genussrechte i. S. d. § 8 Abs. 3 Satz 2 KStG.

BEISPIEL

Eine Kapitalgesellschaft (Wj. = Kj.) erhält im Oktober 01 eine Gewinnausschüttung einer anderen inländischen Kapitalgesellschaft von 400 000 €.

LÖSUNG Die Gewinnausschüttung stellt i. H. v. 400 000 € Bezüge i. S. d. § 20 Abs. 1 Nr. 1 EStG dar, die nach § 8b Abs. 1 KStG in vollem Umfang steuerfrei bleiben.

- **§ 20 Abs. 1 Nr. 2 EStG** (Bezüge aus einer Kapitalherabsetzung oder Liquidation)
  Unter § 8b Abs. 1 KStG i. V. m. § 20 Abs. 1 Nr. 2 EStG fallen nur von der Muttergesellschaft als Anteilseigner vereinnahmte Bezüge
  nach Auflösung einer unbeschränkt steuerpflichtigen Tochter-Körperschaft, die nicht in der Rückzahlung vn echtem Nennkapital oder von Einlagen des Anteilseigners bestehen.
  auf Grund einer Kapitalherabsetzung bei der Tochter-Kapitalgesellschaft oder nach deren Auflösung, die nach § 28 Abs. 2 Satz 2 KStG als Gewinnausschüttung gelten. Das ist der Teil des herabgesetzten und an die AE zurückgezahlten Nenn-Kap, der zum Sonderausweis i. S. d. § 28 Abs 1 Satz 3 KStG gehört. Ab dem VZ 2006 gilt dies auch für Bezüge i. S. d. § 28 Abs. 2 Satz 4 KStG. Hierbei handelt es sich um eine den positiven Bestand des steuerlichen Einlagekontos übersteigende Kapitalrückzahlung
  Eine Auszahlung der Tochtergesellschaft an die Muttergesellschaft infolge Rückzahlung von »echtem« Nennkapital und von solchem, das aus Einlagen des Anteilseigners stammt, fällt unter § 8b Abs. 2 KStG.

BEISPIEL

Die A-GmbH (Nennkapital 50 000 €) wird zum 30.06.02 aufgelöst. Der Abwicklungszeitraum endet am 31.08.03. Zum 31.08.03 betragen die sonstigen Rücklagen lt. Steuerbilanz 400 000 €. Am 31.12.03 betrug das steuerliche Einlagekonto 40 000 €. Alleingesellschafterin der A-GmbH ist die X-GmbH.

LÖSUNG Das verteilte Vermögen beträgt 450 000 € (sonstige Rücklagen und Nennkapital).

Der ausschüttbare Gewinn gem. § 27 Abs. 1 Satz 5 KStG vor der Schlussverteilung beträgt 360 000 €.

Von dem verteilten Vermögen entfallen 50 000 € auf die Rückzahlung des Nennkapitals; 40 000 € gelten als Zahlung aus dem steuerlichen Einlagekonto. Beide Beträge unterliegen damit bei der X-GmbH der Steuerbefreiung des § 8b Abs. 2 KStG.

Die Auskehrung des restlichen Betrages von 360 000 € führt bei der X-GmbH zu Einnahmen i. S. d. § 20 Abs. 1 Nr. 2 EStG und fallen damit unter die Beteiligungsertragsbefreiung nach § 8b Abs. 1 KStG.

- § 20 Abs. 1 Nr. 9 EStG
  Leistungen einer Körperschaft, Personenvereinigung oder Vermögensmasse i. S. d. § 1 Abs. 1 Nr. 3 bis 5 KStG, das sind VVaG, sonstige juristische Personen des privaten Rechts sowie nichtrechtsfähige Vereine, Anstalten, Stiftungen und andere Zweckvermögen des privaten Rechts.
- § 20 Abs. 1 Nr. 10 Buchst. a EStG
  Gewinnausschüttungen eines nicht steuerbefreiten Betriebs gewerblicher Art mit eigener Rechtspersönlichkeit an die Träger-Körperschaft

Nach § 8b Abs. 1 Satz 6 KStG erstreckt sich die Beteiligungsbefreiung auch auf Einnahmen aus der Veräußerung von Dividendenscheinen und sonstigen Ansprüchen i. S. d. § 20 Abs. 2 Satz 1 Nr. 2 Buchst. a EStG sowie auf Einnahmen aus der Abtretung von Dividendenansprüchen oder sonstigen Ansprüchen i. S. d. § 20 Abs. 2 Satz 2 EStG. Demnach ist bei der veräußernden Körperschaft der Veräußerungserlös bzw. die Abtretungssumme steuerfrei. Der Erwerber des Dividendenanspruchs bzw. der Abtretungsempfänger zieht bei Dividendenzahlung lediglich eine Forderung ein.

12.2.1 Verhältnis zu Doppelbesteuerungsabkommen

Die Steuerbefreiung nach § 8b Abs. 1 KStG für ausländische Dividenden reicht weiter als die in den DBA geregelten Steuerfreistellungen, weil sie weder an Aktivitätsklauseln noch an eine Mindestbeteiligung anknüpft. Die DBA bleiben höherrangiges Recht, so dass für den Regelfall die Steuerfreiheit der ausländischen Dividenden doppelt geregelt ist, und zwar sowohl im DBA als auch im nationalen Recht. Aber auch dort, wo die DBA-Voraussetzungen nicht vorliegen, stellt § 8b Abs. 1 KStG ausländische Dividenden, ohne Voraussetzungen, steuerfrei. Demnach sind nach § 8b Abs. 1 KStG auch die ausländischen Dividenden steuerfrei, wenn ein DBA die Anrechnungsmethode vorsieht.

12.2.2 § 8b Abs. 1 KStG und Kapitalertragsteuer

Der Kapitalertragsteuerabzug wird durch § 8b Abs. 1 KStG nicht ausgeschlossen (§ 43 Abs. 1 Satz 1 EStG). Die auf Erträge i. S. d. § 8b Abs. 1 KStG einbehaltene Kapitalertragsteuer kann i. R. d. Körperschaftsteuerveranlagung in voller Höhe angerechnet werden (§ 8 Abs. 1 KStG i. V. m. § 36 Abs. 2 Nr. 2 Buchst. b EStG).

Bei beschränkt Steuerpflichtigen ohne inländisches Betriebsvermögen hat der Kapitalertragsteuereinbehalt abgeltende Wirkung (§ 32 Abs. 1 Nr. 2 KStG). Dies erscheint gerechtfertigt, da diesen Körperschaften die Steuerbefreiung nach § 8b Abs. 1 KStG zusteht.

12.2.3 Steuerpflicht nach anderen Vorschriften

Die Beteiligungsertragsbefreiung nach § 8b Abs. 1 KStG schließt eine Steuerpflicht nach anderen Vorschriften nicht aus.

12.2.4 Nicht unter § 8b Abs. 1 KStG fallende Bezüge

12.2.4.1 Einnahmen aus Wertpapierleihgeschäften

Die Einnahmen aus Wertpapierleihgeschäften (z. B. Leihgebühren, Kompensationszahlungen des Entleihers) fallen u. E. nicht unter die Beteiligungsbefreiung. Der Entleiher wird rechtlicher und wirtschaftlicher Eigentümer der entliehenen Wertpapiere. Fallen bei ihm Dividendenzahlungen an, erzielt er, der Entleiher, originär Dividendenerträge i. S. d. § 20 Abs. 5 EStG.

Ist der Entleiher eine nach § 1 oder 2 KStG steuerpflichtige Körperschaft, Personenvereinigung oder Vermögensmasse, sind die erhaltenen Dividenden bei ihr nach § 8b Abs. 1 KStG, unter Beachtung von § 8b Abs. 5 KStG, steuerfrei.

12.2.4.2 Einnahmen aus Wertpapierpensionsgeschäften

Die Ausführungen zu 12.2.4.1 gelten entsprechend. Nach Verwaltungsauffassung sind die Wertpapiere dem Pensionsnehmer zuzurechnen, da er als wirtschaftlicher Eigentümer anzusehen ist.

12.2.4.3 Leistungen aus dem steuerlichen Einlagekonto

Leistungen aus dem steuerlichen Einlagekonto i. S. d. § 27 KStG gehören, soweit sie den Buchwert der Beteiligung nicht übersteigen, nicht zu den Bezügen i. S. d. § 8b Abs. 1 KStG, sondern zu den Gewinnen i. S. d. § 8b Abs. 2 KStG (BMF vom 28.04.2003 BStBl I 2003, 292, Rz. 6).

BEISPIEL

Eine Kapitalgesellschaft (Wj. = Kj.) erhält im Oktober 04 eine Gewinnausschüttung einer anderen inländischen Kapitalgesellschaft von 400 000 €, für die lt. Steuerbescheinigung 40 000 € aus dem steuerlichen Einlagekonto stammen. Im Zusammenhang mit der Beteiligung sind der Kapitalgesellschaft 50 000 € Zinsen entstanden.

LÖSUNG Die Gewinnausschüttung stellt i. H. v. 360 000 € Bezüge i. S. d. § 20 Abs. 1 Nr. 1 EStG dar, die nach § 8b Abs. 1 in vollem Umfang steuerfrei bleiben. Nicht zu den Bezügen gehört nach § 20 Abs. 1 Nr. 1 Satz 3 EStG der Teilbetrag aus dem steuerlichen Einlagekonto (§ 27 KStG). Dieser ist erfolgsneutral als Minderung der Anschaffungskosten zu verbuchen.

(Ab VZ 2004 sind die Zinsen i. H. v. 50 000 € abzugsfähig, da § 3c Abs. 1 EStG nicht mehr anzuwenden ist. 5 % von 360 000 € = 18 000 € gelten als nicht abziehbare Betriebsausgabe, § 8b Abs. 5 KStG.)

12.2.5 Nach § 8b Abs. 1 KStG begünstigte Empfänger

§ 8b Abs. 1 KStG gilt sachlich für Beteiligungserträge aus dem In- und Ausland und persönlich für alle unbeschränkt und beschränkt körperschaftsteuerpflichtigen Empfänger. Der persönliche Anwendungsbereich des § 8b Abs. 1 KStG betrifft auch folgende Dividendenerträge:

- steuerbefreiter Körperschaften in einem steuerpflichtigen wirtschaftlichen Geschäftsbetrieb,
- eines Betriebs gewerblicher Art einer juristischen Person des öffentlichen Rechts,
- sog. doppelansässiger Kapitalgesellschaften,
- in der inländischen Betriebsstätte einer beschränkt steuerpflichtigen ausländischen Körperschaft,
- beschränkt steuerpflichtiger Körperschaften ohne inländisches Betriebsvermögen.

Nach § 8b Abs. 6 KStG gilt die Befreiung auch auf über eine zwischengeschaltete Personengesellschaft vereinnahmte Bezüge und auf Bezüge und Gewinne, die einem Betrieb gewerblicher Art einer juristischen Person des öffentlichen Rechts über andere juristische Personen des öffentlichen Rechts zufließen.

Bei Kreditinstituten und bei Finanzdienstleistungsinstituten ist § 8b Abs. 1 KStG in den dort genannten Fällen nicht anzuwenden (§ 8b Abs. 7 KStG). Dies gilt nach § 8b Abs. 8 KStG auch für die den Kapitalanlagen zuzurechnenden Anteile der Lebens- und Krankenversicherungsunternehmen. In den Fällen des § 8b Abs. 9 KStG ist auch bei Kreditinstituten, Finanzdienstleistungsinstituten, Lebens- und Krankenversicherungsunternehmen § 8b Abs. 1 KStG zu beachten (Kapitalerträge, die von der Mutter-Tochter-Richtlinie erfasst werden).

12.2.6 Nachsteuer nach § 37 Abs. 3 KStG bis 31.12.2006

Nach § 8b Abs. 1 KStG steuerfreie Gewinnausschüttungen können in den Fällen des § 37 Abs. 3 KStG bis zum 31.12.2006 eine sog. Nachsteuer auslösen (s. Ausführungen in Auflage 18). § 8b Abs. 1 Satz 2 bis 4 KStG.

12.2.7 § 8b Abs. 1 Satz 1–5 KStG

Durch die Beteiligungsertragsbefreiung nach § 8b Abs. 1 KStG wird die wirtschaftliche Doppelbesteuerung von Dividendenausschüttungen zwischen Kapitalgesellschaften vermieden. Dies gilt auch für vGA. Mit diesen Grundsätzen ist eine Freistellung einer vGA ohne vorhergehende Besteuerung des ausgeschütteten Gewinns auf der Ebene der Kapitalgesellschaft nicht zu vereinbaren.

Die Sätze 2 bis 4 verknüpfen die Gesellschafts- und Gesellschafterebene in materieller Hinsicht, sog. materielles Korrespondenzprinzip. Die Freistellung eines sonstigen Bezuges i. S. d. § 20 Abs. 1 Nr. 1 Satz 2 EStG ist daher beim Anteilseigner von der Voraussetzung abhängig, dass die vGA auf der Ebene der leistenden Kapitalgesellschaft das Einkommen gem. § 8 Abs. 3 Satz 2 KStG oder bei gebietsfremden Gesellschaften nach entsprechendem ausländischem Recht nicht gemindert hat. Eine Minderung des Einkommens liegt auch in den Fällen vor, in denen bei einer Körperschaft noch keine erstmalige Steuerfestsetzung ergangen ist.

Die Regelung ist i. Z. m. § 32a KStG zu sehen:

- § 32a Abs. 1 KStG, regelt, dass bei Aufdecken einer vGA bei der Kapitalgesellschaft auch der Steuerbescheid des Anteilseigners bzw. einer diesem nahestehenden Person geändert werden kann.
- § 32a Abs. 2 KStG regelt die Änderung des Steuerbescheids der Kapitalgesellschaft, wenn bei dem Anteilseigner eine verdeckte Einlage aufgedeckt wird.

§ 32a KStG steht wiederum i. Z. m. § 8 Abs. 3 Satz 2 ff. KStG, wonach eine verdeckte Einlage auf der Ebene der Kapitalgesellschaft nur noch dann steuerneutral ist, wenn sie auf der Ebene des Anteilseigners nicht zu einer Vermögensminderung (oder einer verhinderten Vermögensmehrung) geführt hat.

12.2.7.1 Keine Befreiung, wenn das Einkommen der leistenden Körperschaft gemindert worden ist (§ 8b Abs. 1 Satz 2 KStG)

Ist der Empfänger einer vGA eine Körperschaft, so ist der ihr gewährte Vorteil nach § 8b Abs. 1 Satz 2 KStG nur steuerbefreit, wenn die Bezüge bei der leistenden Körperschaft das Einkommen nicht gemindert haben. Andernfalls ist sie dann in voller Höhe steuerpflichtig.

Die Steuerpflicht gilt nach Ausdehnung des materiellen Korrespondenzprinzips durch das AmtshilfeRLUmsG für alle Bezüge i. S. d. § 8b Abs. 1 KStG. Vorher galt sie nur für:

- Bezüge i. S. d. § 20 Abs. 1 Nr. 1 Satz 2 EStG,
- Einnahmen i. S. d. § 20 Abs. 1 Nr. 9, 2. HS EStG,
- Einnahmen i. S. d. § 20 Abs. 1 Nr. 10 Buchst. a 2. HS EStG.

Bei diesen Einnahmen handelte es sich ausschließlich um verdeckte Gewinnausschüttungen oder wirtschaftlich vergleichbare Einnahmen.

BEISPIEL

Die M-AG ist zu 100 % an der T-GmbH beteiligt. Sie verpachtet der T-GmbH ein Wirtschaftsgut für 250 000 €; angemessen wären 150 000 €.

Die Veranlagung der T-GmbH (einschl. Pachtzahlung = BA) ist bestandskräftig und nach den Vorschriften der AO nicht mehr änderbar. Bei der M-AG wurden die Pachtzahlungen in voller Höhe als BE berücksichtigt; hier wurde für den fraglichen VZ bisher noch keine Veranlagung durchgeführt.

LÖSUNG Bei der T-GmbH kann die Einkommensminderung nicht mehr korrigiert werden. Es bleibt hier bei einer Einkommensminderung von 250 000 €.

Bei der M-AG ist die vGA nach § 20 Abs. 1 Nr. 1 Satz 2 EStG i. H. v. 100 000 € zu erfassen und nach § 8b Abs. 1 Satz 2 KStG voll steuerpflichtig. Da in den BE bereits 250 000 € (also einschl. 100 000 €) enthalten sind, erübrigt sich eine weitere Erhöhung des Einkommens.

12.2.7.2 Verdeckte Einlagen nur in Ausnahmefällen steuerneutral (§ 8b Abs. 1 Satz 3 KStG)

Durch den Artikel 3 des Gesetzes vom 25.06.2021 BGBl I S. 2056 eingefügten neuen Satz 2 wird geregelt, dass eine verdeckte Einlage auf der Ebene der Kap-Ges nur noch dann steuerneutral ist, wenn sie auf der Ebene des AE nicht zu einer Vermögensminderung (oder einer verhinderten Vermögensmehrung) geführt hat.

12.2.7.3 Keine Befreiung, wenn die verdeckte Gewinnausschüttung nach einem Doppelbesteuerungsabkommen steuerfrei ist (§ 8b Abs. 1 Satz 4 KStG)

Bei Dividenden ausländischer Kapitalgesellschaften sind zusätzlich die Vorschriften in den DBA zu beachten. Die DBA enthalten in ihrem Methodenartikel (Art. 23 OECD-MA) i. d. R. eine Verpflichtung der Bundesrepublik Deutschland zur Freistellung der Dividendeneinnahmen einer inländischen Gesellschaft (sog. DBA Schachtelprivileg), wenn die jeweilige Beteiligungsgrenze und die in einigen DBA vorgesehene Aktivitätsklausel erfüllt werden

Nach § 8b Abs. 1 Satz 4 KStG sind vGA unter den Voraussetzungen des § 8b Abs. 1 Satz 2 KStG (s. 12.2.7.1) auch dann in voller Höhe steuerpflichtig, wenn die Bezüge nach einem DBA steuerfrei (sog. treaty-override) sind. Ist die vGA bei der empfangenden Muttergesellschaft nach dem DBA-Schachtelprivileg steuerbefreit, hat die vGA aber das Einkommen der leistenden ausländischen Tochtergesellschaft gemindert, muss die vGA nach § 8b Abs. 1 Satz 2 KStG im Inland in voller Höhe besteuert werden.

12.2.7.4 Rückausnahme in Dreiecksfällen (§ 8b Abs. 1 Satz 5 KStG)

Die in § 8b Abs. 1 Satz 5 KStG geregelte Rückausnahme stellt klar, dass die Steuerfreiheit nach § 8b Abs. 1 Satz 1 KStG doch zu gewähren ist, soweit die vGA das Einkommen einer dem Anteilseigner nahestehenden Person erhöht hat und bei der nahestehenden Person § 32a KStG nicht anzuwenden ist. Hierdurch soll eine sonst wegen § 8b Abs. 1 Satz 2 KStG drohende Doppelbesteuerung vermieden werden.

Voraussetzungen für Satz 5 sind:

- Das Einkommen der leistenden Körperschaft ist gemindert.
- Das Einkommen einer dem Stpfl. Nahestehenden Person ist auf Grund der vGA erhöht (die vGA ist bei der nahestehenden Person als Einnahme erfasst worden).
- Bei der nahestehenden Person kann die Veranlagung trotz § 32a KStG nicht geändert werden (z. B. weil die nahestehende Person im Ausland ansässig ist).

BEISPIEL

Die Anteilseignerin M-GmbH mit Sitz und Geschäftsleitung im Inland ist alleinige Gesellschafterin der Kapitalgesellschaften X-1 und X-2 mit Sitz im Ausland. Das ausländische Steuerrecht kennt die steuerrechtlichen Instrumentarien der verdeckten Einlage und verdeckten Gewinnausschüttung nicht.

Die KapGes X-2 überlässt der KapGes X-1 ein Grundstück für eine Jahresmiete von 150000 €, angemessen ist eine jährliche Miete von 100000 €. Bei X-1 ist die Miete von 150000 € als BA gewinnmindernd berücksichtigt worden, bei X 2 wurde eine Betriebseinnahme von 150000 € gewinnerhöhend erfasst.

LÖSUNG Nach dem Beschluss des BFH vom 26.10.1987 BStBl II 1988, 348 läge eine vGA der Kapitalgesellschaft X-1 an die M-GmbH und eine verdeckte Einlage der M-GmbH in die Kapitalgesellschaft X-2 i. H. v. 50000 € vor, die bei Anwendung des § 8 Abs. 3 KStG das Einkommen nicht erhöht hätte.

X-2 unterliegt nicht der deutschen Steuerhoheit. Mithin ist die vGA von 50000 € an die M-GmbH bereits bei X-2 voll als Einnahme versteuert worden. Zur Vermeidung einer Doppelbesteuerung wird gem. § 8b Abs. 1 Satz 4 die Steuerfreistellung des § 8b Abs. 1 Satz 1 KStG gewährt.

12.3 Veräußerungsgewinnbefreiung (§ 8b Abs. 2 KStG)

Veräußerungsgewinne aus Beteiligungen an Kapitalgesellschaften lösen grundsätzlich die gleichen steuerlicher Wirkungen aus wie Dividendenzuflüsse. Demnach sind sie, soweit nicht § 8b Abs. 2, 3 und 4 KStG etwas anderes regelt, steuerfrei. Da es sich um eine spezielle sachliche Steuerbefreiung handelt, erfolgt die Ergebniskorrektur außerbilanziell.

Der persönliche Anwendungsbereich des § 8b Abs. 2 KStG gilt für alle Körperschaften (z. B. auch beschränkt steuerpflichtige Körperschaft ohne inländisches Betriebsvermögen, steuerpflichtige Vereine). Durch § 8b Abs. 2 KStG wird sachlich der Gewinn aus der Veräußerung einer Beteiligung an einer anderen Körperschaft steuerfrei gestellt. Das gilt sowohl für Beteiligungen an inländischen als auch an ausländischen Körperschaften, unabhängig von der Beteiligungshöhe. Ob die ausländische Gesellschaft eine aktive oder passive Tätigkeit ausübt, spielt keine Rolle.

Ausdrücklich geregelt ist außerdem die Steuerfreiheit von Gewinnen aus der Veräußerung eines Anteils an einer Organgesellschaft. Satz 2 enthält eine Legaldefinition des Begriffs »Veräußerungsgewinn« bzw. »der an dessen Stelle tretende Wert nach Abzug der Veräußerungskosten den Buchwert im Veräußerungszeitpunkt übersteigt«. Diese Definition wurde im Hinblick auf das in § 8b Abs. 3 KStG geregelte pauschale 5 %ige Betriebsausgabenabzugsverbot auf Veräußerungsgewinne erforderlich. Außerdem wird klargestellt, dass die Veräußerungskosten den nach § 8b Abs. 2 KStG steuerfreien Gewinn mindern.

§ 8b Abs. 2 KStG erfasst im Einzelnen:

- Gewinne aus der Veräußerung eines Anteils an einer Körperschaft oder Personenvereinigung, deren Leistungen beim Empfänger zu Einnahmen i. S. d. § 20 Abs. 1 Nr. 1, 2, 9 und 10 Buchst. a EStG gehören;
- Gewinne aus der Veräußerung eines Anteils an einer Organgesellschaft i. S. d. §§ 14 oder 17 KStG;
- Gewinne aus der Auflösung des Nennkapitals (Liquidationsgewinne);
- Gewinne aus der Herabsetzung des Nennkapitals;
- Gewinne aus dem Ansatz des in § 6 Abs. 1 Satz 1 Nr. 2 Satz 3 EStG bezeichneten Werts (Wertaufholungsgewinne aus Kapitalbeteiligungen);
- Gewinne aus verdeckten Einlagen.

12.3.1 Gewinne aus der Veräußerung eines Anteils an einer Körperschaft oder Personenvereinigung, deren Leistungen beim Empfänger zu Einnahmen i. S. d. § 20 Abs. 1 Nr. 1, 2, 9 und 10 Buchst. a EStG gehören

Der Begriff Veräußerungsgewinn ist in § 8b Abs. 2 Satz 2 KStG definiert. Veräußerungsgewinn ist hiernach der Betrag, um den der Veräußerungspreis oder der an dessen Stelle tretende Wert nach Abzug der Veräußerungskosten den Wert übersteigt, der sich nach den Vorschriften über die steuerliche Gewinnermittlung im Zeitpunkt der Veräußerung ergibt (Buchwert).

BEISPIEL

Die A-GmbH ist zu 100 % an der B-GmbH beteiligt. Der Buchwert der Beteiligung an der B-GmbH beträgt 50 000 €. Die A-GmbH veräußert die Beteiligung für 125 000 €. Im Zusammenhang mit der Veräußerung entstanden Beratungskosten i. H. v. 5 000 €.

LÖSUNG

Veräußerungspreis	125 000 €	
./. Buchwert	50 000 €	
./. Veräußerungskosten	5 000 €	
= Veräußerungsgewinn	70 000 €	= steuerfrei nach § 8b Abs. 2 KStG

Der Begriff Gewinn bezieht sich auf die jeweilige Anteilsveräußerung. Ob die den Anteil veräußernde Körperschaft insgesamt ein positives oder negatives zu versteuerndes Einkommen erzielt, ist für die Anwendung des § 8b Abs. 2 KStG ohne Belang.

Der BFH hat sich in seinen Urteilen vom 22.12.2010 BStBl II 2015, 668 und vom 12.03.2014 BStBl II 2015, 658 zu der Problematik von **nachträglichen Kaufpreisänderungen und Veräußerungskosten** geäußert, die vor oder nach dem Wirtschaftsjahr der Veräußerung entstanden sind. Mit Schreiben vom 24.07.2015 BStBl I 2015, 612 legte der BMF die Verwaltungsauffassung hierzu dar.

Die in einem anderen Wirtschaftsjahr entstandenen Veräußerungskosten oder Veränderungen des Kaufpreises sind bei der Ermittlung des Veräußerungsgewinns oder Veräußerungsverlusts nach den Grundsätzen des § 8b Abs. 2 Satz 2 KStG im Veranlagungszeitraum, in dem das Wirtschaftsjahr der Veräußerung der Beteiligung endet, zu berücksichtigen. Der danach ermittelte Veräußerungsgewinn oder -verlust unterliegt den allgemeinen Regelungen des § 8b KStG. In einem anderen Wirtschaftsjahr entstandene Veräußerungskosten oder nachträgliche Veränderungen des Kaufpreises für die Beteiligung erhöhen oder mindern danach die nach § 8b Abs. 2 und 3 KStG außerbilanziell vorzunehmende Einkommenskorrektur im Veranlagungszeitraum, in dem das Wirtschaftsjahr der Veräußerung endet. Soweit die Veränderung des Kaufpreises oder die Veräußerungskosten bilanziell in anderen Wirtschaftsjahren berücksichtigt wurden, ist der steuerbilanzielle Gewinn dieser Wirtschaftsjahre und der steuerbilanzielle Gewinn des Jahres, in dem die Veräußerung erfolgt ist, außerbilanziell entsprechend zu korrigieren.

Danach sind sowohl die Veranlagung für den Veranlagungszeitraum, in dem das Wirtschaftsjahr der Veräußerung endet, als auch die Veranlagungen für die Veranlagungszeiträume, in denen sich die nachträglichen Veräußerungskosten oder die Kaufpreisveränderungen steuerbilanziell ausgewirkt haben, entsprechend anzupassen.

Vor dem Wirtschaftsjahr der Anteilsveräußerung entstandene Veräußerungskosten sind bei der Veranlagung für den Veranlagungszeitraum, in dem das Wirtschaftsjahr endet, in dem sie angefallen sind, zu berücksichtigen. Die außerbilanzielle Korrektur der vor dem Wirtschaftsjahr der Anteilsveräußerung angefallenen Veräußerungskosten ist erst mit Wirksamkeit der Veräußerung vorzunehmen.

Auf einen Aufwand oder Ertrag aus einer Auf- oder Abzinsung der Kaufpreisforderungen ist § 8b KStG nicht anzuwenden.

BEISPIEL

Eine GmbH (Wj.=Kj.) veräußert im Jahr 02 die Beteiligung an einer Tochtergesellschaft (Buchwert – BW – 100000 €) zum Preis von 500000 €. Im Jahr 01 sind Veräußerungskosten – VK – (Beratungskosten) i. H. v. 20000 € angefallen. Der Kaufpreis – KP – wurde gestundet. Im Jahr 04 fällt die Kaufpreisforderung aus. (Die Abzinsung der Kaufpreisforderung ist in dem Beispiel aus Vereinfachungsgründen nicht berücksichtigt.)

LÖSUNG

Auswirkungen des Veräußerungsvorgangs auf Jahresüberschuss und Einkommen der Jahre 01 - 04				
(alle Beträge in T€)	**Gesamt 01 - 04**	**Jahr 01**	**Jahr 02**	**Jahr 04**
Veräußerungskosten 01	./. 20	./. 20		
<u>Veräußerung in 02</u> Ertrag aus KP-Forderung Ausbuchung der Beteiligung (BW) <u>Nach § 8b KStG zu berücksichtigen</u>: KP 500 BW ./. 100 VK ./. 20 Veräußerungsgewinn 380 steuerfrei gem. § 8b Abs. 2 KStG § 8b Abs. 3 Satz 1 KStG (5 %) rückwirkende außerbilanzielle Korrektur	 500 ./.100 ./.380 + 19 0	 + 20	 500 ./. 100 ./. 380 + 19 ./. 20	
Einkommen vor Kaufpreisänderung	***19***	***0***	***19***	
Aufwand aus dem Ausfall der KP-Forderung in 04 Außerbilanzielle Korrektur	./. 500 + 500			./. 500 +500
<u>Änderung in 02</u> bisher nach § 8b KStG berücksichtigte Beträge sind zu neutralisieren <u>Nach § 8b KStG sind neu zu berücksichtigen</u>: KP 0 BW ./. 100	+ 380 ./. 19		+ 380 ./. 19	
VK ./. 20 Veräußerungsverlust ./.120 (§ 8b Abs. 3 KStG) rückwirkende außerbilanzielle Korrektur	+ 120 ./. 500		+ 120 ./. 500	
Einkommen nach Änderung	**0**	**0**	**0**	**0**

Im Jahr 01 mindern die Veräußerungskosten zunächst das Einkommen.

Im Jahr 02 werden die Veräußerungskosten in die Berechnung des nach § 8b Abs. 2 Satz 2 KStG steuerfreien Veräußerungsgewinns und die Bemessungsgrundlage für die nicht abzugsfähigen Betriebsausgaben einbezogen. Sie sind zudem im Jahr 02 außerbilanziell (gewinnmindernd) zu erfassen. Korrespondierend sind die Veräußerungskosten rückwirkend im Jahr 01 ebenfalls außerbilanziell (gewinnerhöhend) auszugleichen.

Der Ausfall der Kaufpreisforderung im Jahr 04 wirkt sich auf die Berechnung des § 8b Abs. 2 Satz 2 KStG aus und führt zur nachträglichen Änderung der Veranlagung für das Jahr 02. Die Gewinnauswirkung des Forderungsausfalls ist im Jahr 04 und im Jahr 02 außerbilanziell zu korrigieren.

12.3.2 Gewinne aus der Veräußerung eines Anteils an einer Organgesellschaft i. S. d. §§ 14 oder 17 KStG

Die Veräußerungsgewinnbefreiung nach § 8b Abs. 2 KStG gilt auch, wenn ein Organträger, auf den § 8b KStG Anwendung findet, die Beteiligungen an einer Organgesellschaft verkauft. Einzubeziehen ist dabei auch der Gewinn aus der Auflösung eines passiven Ausgleichspostens, der gebildet worden ist, weil der an den Organträger abgeführte Gewinn der Organgesellschaft von dem Steuerbilanzgewinn abweicht. Organschaftliche Ausgleichsposten teilen das Schicksal der Organbeteiligung, da sie den Charakter eines Zusatzpostens zur Organbeteiligung haben.

BEISPIEL

Die X-AG veräußert die Beteiligung an ihrer 100%igen Organgesellschaft (OG) (Veräußerungspreis 1000 €, Buchwert 400 €). Aufgrund handelsrechtlicher Mehrabführungen der OG hatte die X-AG in ihrer Steuerbilanz einen passiven Ausgleichsposten i. H. v. 100 € gebildet.

LÖSUNG Aus der Veräußerung erzielt die X-AG einen Gewinn von 600 € (1000 € ./. 400 €). Dieser Gewinn erhöht sich durch die Auflösung des passiven Ausgleichspostens um weitere 100 €. Der Gesamtbetrag von 700 € fällt unter die Veräußerungsgewinnbefreiung des § 8b Abs. 2 KStG.

Durch die Einbeziehung des passiven Ausgleichspostens soll eine Nichtbesteuerung des Organeinkommens vermieden werden.

BEISPIEL

Die Y-GmbH veräußert die Beteiligung an ihrer 100%igen Organgesellschaft (OG) (Veräußerungspreis 1000 €, Buchwert 1100 €). Aufgrund handelsrechtlicher Mehrabführungen der OG hatte die Y-GmbH in ihrer Steuerbilanz einen passiven Ausgleichsposten i. H. v. 100 € gebildet.

LÖSUNG Aus der Veräußerung erzielt die X-AG einen Verlust von 100 € (1000 € ./. 1100 €). Dieser Gewinn erhöht sich durch die Auflösung des passiven Ausgleichspostens um 100 € und beträgt damit 0 €.

Mit dieser Lösung wird verhindert, dass ungerechtfertigte Veräußerungsverluste entstehen.

Lt. BMF vom 28.04.2003 (BStBl I 2003, 292 Tz. 16) fallen Gewinnminderungen aus der Auflösung entsprechender aktiver Ausgleichposten unter das Abzugsverbot des § 8b Abs. 3 KStG.

BEISPIEL

Die Z-AG veräußert die Beteiligung an ihrer 100%igen OG (Veräußerungspreis 1000 €, Buchwert 400 €). Aufgrund handelsrechtlicher Möglichkeiten der OG hatte die Z-AG in ihrer Steuerbilanz einen aktiven Ausgleichsposten i. H. v. 100 € gebildet.

LÖSUNG Aus der Veräußerung erzielt die X-AG einen Gewinn von 600 € (1000 € ./. 400 €). Der aktive Ausgleichspostens darf nicht abgezogen werden.

12.3.3 Gewinne aus der Auflösung des Nennkapitals (Liquidationsgewinne)

Bei der Ermittlung des Einkommens bleiben auch Gewinne aus der Auflösung des Nennkapitals, also der Liquidation der Gesellschaft außer Ansatz (§ 8b Abs. 2 Satz 3 i. V. m. Satz 1 KStG).

Zu unterscheiden sind folgende Fallkonstellationen:

- Die Tochtergesellschaft wird liquidiert: Bei der Muttergesellschaft fällt der Liquidationserlös unter die Steuerbefreiung des § 8b Abs. 2 KStG.
- Die Muttergesellschaft wird liquidiert und sie veräußert i. R. d. Liquidation die Beteiligung an der Tochtergesellschaft: Der Veräußerungsgewinn ist steuerfrei.
- Die Beteiligung an der Tochtergesellschaft wird im Rahmen der Liquidation an die Anteilseigner der Muttergesellschaft ausgekehrt: Hier liegt ein sog. Sachdividende vor, die steuerfrei ist.

12.3.4 Gewinne aus der Herabsetzung des Nennkapitals

Wird bei der Herabsetzung des Nennkapitals ein Gewinn erzielt, ist dieser nach § 8b Abs. 2 Satz 3 i. V. m. Satz 1 KStG steuerfrei. Wie bei der Liquidation werden auch bei der Kapitalherabsetzung einer Tochtergesellschaft nur Auskehrungen an die Muttergesellschaft erfasst, die nicht bereits zu den nach § 8b Abs. 1 KStG erfassten Bezüge i. S. d. § 20 Abs. 1 Nr. 2 EStG gehören (Rückzahlungen von nicht aus der Umwandlung von sonstigen Rücklagen stammendes Nennkapital und von Einlagen). Ein steuerfreier Gewinn entsteht, soweit der Anteil an der Kapitalbeteiligung den Buchwert dieser Kapitalbeteiligung übersteigt.

12.3.5 Gewinne aus dem Ansatz des in § 6 Abs. 1 Satz 1 Nr. 2 Satz 3 EStG bezeichneten Werts (Wertaufholungsgewinne aus Kapitalbeteiligungen)

Steuerfrei sind auch Gewinne aus einer sog. Wertaufholung i. S. d. § 6 Abs. 1 Nr. 2 Satz 3 EStG, denen eine nach § 8b Abs. 3 Satz 3 KStG steuerlich nicht zu berücksichtigende Teilwertabschreibung vorausgegangen ist.

BEISPIEL

In 01 bringt die Z-GmbH einen Teilbetrieb zu einem unter dem Teilwert liegenden Buchwert in die Y-GmbH ein. Sie erhält Anteile im Nennwert von 800 €. Im Jahr 04 schreibt sie die Beteiligung auf 400 € ab. Im Jahr 08 wird eine Wertaufholung von 200 € erforderlich.

LÖSUNG Die Teilwertabschreibung von 400 € ist nach § 8b Abs. 3 Satz 3 KStG steuerlich nicht zu berücksichtigen. Das Einkommen des Jahres 04 ist daher um 400 € zu erhöhen.

Die Wertaufholung in 08 führt zu einer Gewinnerhöhung von 200 €, die nach § 8b Abs. 2 KStG steuerfrei ist.

12.3.6 Anwendung des § 8b Abs. 2 KStG auf weitere Realisationsvorgänge

12.3.6.1 Einkommenserhöhungen durch verdeckte Gewinnausschüttungen

Einkommenserhöhungen durch vGA im Zusammenhang mit dem Verkauf von Anteilen i. S. d. § 8b Abs. 2 KStG sind begünstigt. Die Ermittlung der vGA geht der Anwendung des § 8b KStG vor.

BEISPIELE

a) Die A-AG veräußert Anteile an der B-GmbH für 500 € an ihren Anteilseigner (natürliche Person). Die Anteile an der B-GmbH haben einen Buchwert von 200 € und einen Teilwert (gemeinen Wert) von 700 €.

LÖSUNG Steuerpflichtiger Veräußerungsgewinn der A-AG:

Veräußerungspreiserlös		500 €
Buchwert		./. 200 €
ausgewiesener Veräußerungsgewinn		+ 300 €
verdeckte Gewinnausschüttung (§ 8 Abs. 3 Satz 2 KStG):		
Wert der Anteile	700 €	
Gegenleistung	./. 500 €	
außerbilanzielle Zurechnung		+ 200 €
tatsächlicher Veräußerungsgewinn		+ 500 €
steuerfrei nach § 8b Abs. 2 KStG		./. 500 €
steuerpflichtiger Veräußerungsgewinn		0 €
Bemessungsgrundlage der KapSt (§ 43a Abs. 1 Nr. 1 EStG)		200 €

b) Die Z-AG veräußert Anteile an der Y-GmbH für 400 € an ihren Anteilseigner. Die Anteile an der Y-GmbH haben Anschaffungskosten von 1000 €, einen Buchwert von 1000 € und einen Teilwert (gemeinen Wert) von 2000 €.

LÖSUNG Steuerpflichtiger Veräußerungsgewinn der Z-AG:

Veräußerungserlös		400 €
Buchwert		./. 1000 €
ausgewiesener Veräußerungsverlust		./. 600 €
verdeckte Gewinnausschüttung (§ 8 Abs. 3 Satz 2 KStG):		
Wert der Anteile	2000 €	
Gegenleistung	./. 400 €	
außerbilanzielle Zurechnung		+ 1600 €
tatsächlicher Veräußerungsgewinn		+ 1000 €
steuerfrei nach § 8b Abs. 2 KStG		./. 1000 €
steuerpflichtiger Veräußerungsgewinn		0 €
Bemessungsgrundlage der KapSt (§ 43a Abs. 1 Nr. 1 EStG)		1600 €

12.3.6.2 Begrenzung der Steuerbefreiung wegen Teilwertabschreibungen (§ 8b Abs. 2 Satz 4 KStG)

Die Steuerbefreiung greift nicht, soweit der Anteil in früheren Jahren steuerwirksam auf den niedrigeren Teilwert abgeschrieben und die Gewinnminderung nicht durch den Ansatz eines höheren Werts ausgeglichen worden ist.

Mit dieser Regelung soll eine Doppelbegünstigung verhindert werden (steuerwirksame Teilwertabschreibung und Steuerfreiheit für den Veräußerungsgewinn).

Wie lange die steuerwirksame Teilwertabschreibung zurückliegt, ist ohne Bedeutung. Erfasst werden die Fälle, in denen die Gewinnminderung bis zum Realisationszeitpunkt nicht durch eine Wertaufholung i. S. d. § 6 Abs. 1 Satz 1 Nr. 2 Satz 3 EStG ausgeglichen worden ist.

BEISPIELE

a) In 1998 hat die X-AG für umgerechnet 1,5 Mio. € eine Beteiligung an der B-GmbH erworben. Zwei Jahre später wurde eine zutreffende Teilwertabschreibung i.H.v. 150000 € vorgenommen. Im Jahr 2019 erfolgte eine Aufstockung des Buchwerts um 100000 €.

LÖSUNG Steuerwirksame Teilwertabschreibung in 2000	150000 €
Wertaufholung in 2019	100000 €
Steuerpflichtiger Teil der Wertaufholung	100000 €

b) Die Z-AG veräußert Anteile an der Y-GmbH für 400 € an ihren Anteilseigner. Die Anteile an der Y-GmbH haben Anschaffungskosten von 1000 €, einen Buchwert von 600 € (steuerwirksam abgeschrieben) und einen Teilwert (gemeinen Wert) von 2000 €.

LÖSUNG Steuerpflichtiger Veräußerungsgewinn der Z-AG:

Veräußerungserlös		400 €
Buchwert		./. 600 €
		./. 200 €
Verdeckte Gewinnausschüttung (§ 8 Abs. 3 Satz 2 KStG):		
Wert der Anteile	2000 €	
Gegenleistung	./. 400 €	
		+ 1600 €
Gewinn		1400 €
Anwendung § 8b Abs. 2 KStG:		
Steuerbefreiung	1400 €	
Teilwertabschreibung (§ 8b Abs. 2 Satz 4 KStG)	./. 400 €	
		./. 1000 €
Steuerpflichtiger Veräußerungsgewinn		400 €
Bemessungsgrundlage für die KapSt (§ 43a Abs. 1 Nr. 1 EStG)		1600 €

Die Steuerpflicht nach § 8b Abs. 2 Satz 4 KStG greift nur dann nicht ein, wenn die Teilwertabschreibung steuerlich nicht wirksam war oder die frühere Teilwertabschreibung durch eine steuerpflichtige Zuschreibung wieder rückgängig gemacht worden ist.

Bei einer Teilwertaufholung für Anteile an Körperschaften ergibt sich ein Reihenfolgeproblem, wenn vorangegangene Teilwertabschreibungen auf diese Anteile sowohl steuerwirksam (während der Geltung des Anrechnungsverfahrens) als auch steuerlich nicht abziehbar (nach Systemwechsel) vorgenommen wurden. Die Finanzverwaltung (u.a. OFD Ffm vom 22.11.2006 S 2750 a A – 8 – St 52) vertrat hier folgende Ansicht:

Für eine Verrechnung der Wertaufholung mit den vorgenommenen Teilwertabschreibungen sind vorrangig die Teilwertabschreibungen heranzuziehen, die steuerwirksam, d.h. noch im zeitlichen Geltungsbereich des Anrechnungsverfahrens vorgenommen worden sind. Soweit sich also eine während der Geltung des Anrechnungsverfahrens vorgenommene Teilwertabschreibung einkommensmindernd ausgewirkt hat, führt die Teilwertaufholung nach dem Systemwechsel in vollem Umfang zu einer Einkommenserhöhung. Sie ist in voller Höhe steuerwirksam und nicht vorrangig mit der nach dem Systemwechsel vorgenommenen, in vollem Umfang steuerlich nicht abziehbaren Teilwertabschreibung zu verrechnen.

Eine Teilwertaufholung fällt jedoch unter die Steuerbefreiung des § 8b Abs. 2 KStG, soweit sie die während der Geltung des Anrechnungsverfahrens erfolgte steuerwirksame Teilwertabschreibung übersteigt.

12.3.6.2.1 Rechtsprechung des BFH zur Problematik der Teilwertabschreibung

Mit seiner Entscheidung vom 19.08.2009 I R 2/09, BStBl II 2010, 760 hat der BFH der bisherigen Verwaltungsauffassung eine Absage erteilt. In seinem Leitsatz nimmt er hierzu wie folgt Stellung:

»Sog. Wertaufholungen gemäß § 6 Abs. 1 Nr. 2 Satz 3 EStG 2002, denen in früheren Jahren sowohl steuerwirksame als auch steuerunwirksame Abschreibungen von Anteilen auf den niedrigeren Teilwert vorangegangen sind, sind nach Maßgabe von § 8b Abs. 2 Satz 2 KStG 2002 a. F./§ 8b Abs. 2 Satz 4 KStG 2002 n. F. zunächst mit den nicht steuerwirksamen und erst danach – mit der Folge der Steuerpflicht daraus resultierender Gewinne – mit den steuerwirksamen Teilwertabschreibungen zu verrechnen.«

Im Streitfall hatte eine GmbH vor dem Systemwechsel vom Anrechnungsverfahren zum HEV bzw. Freistellungsverfahren (StSenkG vom 23.10.2000) steuerwirksame und danach steuerunwirksame Teilwertabschreibungen auf Aktien vorgenommen. Nach dem Systemwechsel erfolgten Wertaufholungen bei der GmbH.

Das FA behandelte zunächst alle Wertaufholungen (in 2002) erklärungsgemäß steuerfrei. Später vertrat das FA die Auffassung, dass im Rahmen der Wertaufholung sämtliche steuerwirksamen Teilwertabschreibungen rückgängig zu machen und die Zuschreibungen insoweit nach § 8b Abs. 2 Satz 2 KStG gewinnwirksam zu erfassen seien. Dies entsprach der damaligen Verwaltungsauffassung.

Bei der Veranlagung 2004 behandelte das FA einen Betrag von 42578 € als nach § 8b Abs. 2 Satz 1 KStG 2002 a. F./n. F. steuerfrei. Dieser Betrag setzt sich zusammen aus einem Veräußerungsgewinn i. H. v. 35643 € sowie steuerfreien Wertaufholungen i. H. v. insgesamt 6935 €. Wertaufholungen von 5689 € wurden nach § 8b Abs. 2 Satz 2 KStG 2002 a. F./§ 8b Abs. 2 Satz 4 KStG 2002 n. F. als steuerpflichtig behandelt. Bei der Einkommensermittlung für dieses Jahr erhöhte das FA außerdem nach § 8b Abs. 3 Satz 1 KStG 2002 n. F. den Gewinn i. H. v. 5 % des nach § 8b Abs. 2 KStG 2002 steuerfrei gestellten Betrags von 42578 €.

Der BFH hatte nun die Frage zu entscheiden, ob die Wertaufholungen zuerst mit den früheren, steuerwirksamen Teilwertabschreibungen (First in – First out – FiFo) oder zunächst mit den späteren Teilwertabschreibungen (Last in – First out – LiFo) zu verrechnen sind.

Der BFH entschied sich gegen die Verwaltungsauffassung. Spiegelbildlich zu steuerunwirksamen Teilwertabschreibungen sind damit zu verrechnende Wertaufholungen (zu 95 %) steuerfrei (LiFo-Methode).

Dabei stützt sich der BFH auf Wortlaut (»soweit«, nicht »sobald« oder »solange«), Systematik und Zweck des § 8b Abs. 2 Satz 2 KStG a. F. bzw. § 8b Abs. 2 Satz 4 KStG n. F., der eine weitgehend steuerfreie Wertaufholung nur ausschließen soll, »soweit« steuerfreies Wertaufholungsvolumen aufgezehrt ist und eine Realisation stiller Reserven erfolgt, die nach vorliegender Rechtslage steuerpflichtig gewesen wären.

12.3.6.2.2 Änderung der Verwaltungsauffassung

Verschiedene Bundesländer (z. B. OFD Ffm vom 25.08.2010 S 2750aA – 8 – St 52) haben ihre bisherigen Verfügungen an die neue Rechtslage angepasst. Die Fälle sind damit wie folgt zu lösen:

BEISPIEL

	Vorgang	Steuerbilanz	Korrektur nach § 8b Abs. 2, 3 Satz 3 KStG	Korrektur nach § 8b Abs. 3 Satz 1 KStG	Gewinn 2. Stufe/ Einkommen
2009	Anschaffung	1 000 000 €			
31.12.2009		1 000 000 €			
2011	TW-Abschreibung	./. 300 000 €			./. 300 000 €
31.12.2011		700 000 €			
2016	TW-Abschreibung	./. 200 000 €	200 000 €		0 €
31.12.2016		500 000 €			
2024	TW-Aufholung	450 000 €	./. 200 000 €	10 000 €	260 000 €
31.12.2024		950 000 €			

12.3.6.3 Sachdividenden

Gibt eine Kapitalgesellschaft Anteile an einer Kapitalgesellschaft an ihre Anteilseigner weiter (Sachdividende), fallen die Gewinne aus der Aufdeckung stiller Reserven unter die Veräußerungsgewinnbefreiung nach § 8b Abs. 2 KStG. Die als Sachdividende abgegebenen Anteile werden bei der Ermittlung des Einkommens mit dem gemeinen Wert angesetzt.

12.3.7 Einschränkung der Steuerbefreiung i. H. d. Übertragung einer Rücklage nach § 6b EStG oder ähnlichen Abzügen (§ 8b Abs. 2 Satz 5 KStG)

Wie unter 12.3.6.2 ausgeführt greift die Steuerbefreiung nach § 8b Abs. 2 KStG nicht, soweit der Ansatz des niedrigeren Teilwerts in vollem Umfang zu einer steuerwirksamen Gewinnminderung geführt hat und diese Gewinnminderung nicht durch eine steuerpflichtige Wertaufholung ausgeglichen worden ist.

Diese Steuerbefreiung gilt nicht, soweit der niedrigere Buchwert auf die Übertragung einer Rücklage nach § 6b EStG oder ähnliche Abzüge (z. B. § 30 BergbauRatG) zurückzuführen ist.

Diese Regelung ist erstmals ab dem VZ 2006 anzuwenden.

12.3.8 Gewinne aus verdeckten Einlagen (§ 8b Abs. 2 Satz 6 KStG)

Gewinne aus der Übertragung von Anteilen im Rahmen einer verdeckten Einlage werden nach § 8b Abs. 2 Satz 6 KStG den Gewinnen aus Veräußerungen gleichgestellt. Diese Regelung betrifft Fälle, in denen Beteiligungen an Körperschaften von einer unter § 8b KStG fallenden Körperschaft mittels verdeckter Einlage in ein anderes Betriebsvermögen überführt werden und dabei mit dem Teilwert zu bewerten sind (s. § 6 Abs. 6 Satz 2 EStG und BMF vom 28.04.2003 BStBl I 2003, 292, Rz. 20).

BEISPIEL

Die Z-AG hält eine Beteiligung an der Y-GmbH und legt diese Beteiligung verdeckt in eine andere Tochtergesellschaft ein. Der Teilwert der Einlage beträgt 250000 €, der Buchwert 50000 €.

LÖSUNG Die verdeckte Einlage führt zu einer Gewinnrealisierung auf der Ebene der Z-AG. Der Einlagegewinn von 200000 € (TW 250000 € ./. BW 50000 €) ist nach § 8b Abs. 2 KStG steuerfrei.

12.4 Pauschalierter Betriebsausgabenabzug, Nichtanwendung des § 3c EStG und nicht zu berücksichtigende Gewinnminderungen (§ 8b Abs. 3 KStG)

Durch das Korb II-Gesetz wurde § 8b Abs. 3 KStG neu gefasst; Satz 1 wurde Satz 3 und die Sätze 1 und 2 wurden neu eingefügt. Zuletzt wurden die Vorschrift durch das Gesetz zur Modernisierung des Körperschaftsteuerrechts nach Satz 5 ein neuer Satz 6 eingefügt. Die bisherigen Sätze verschieben sich entsprechend.

12.4.1 Pauschalierter Betriebsausgabenabzug (§ 8b Abs. 3 Satz 1 KStG)

Die Regelung des § 8b Abs. 3 Satz 1 KStG ist erstmals für den Veranlagungszeitraum 2004 anzuwenden.

§ 8b Abs. 3 Satz 1 KStG regelt, dass von dem jeweiligen Gewinn i. S. d. § 8b Abs. 2 Satz 1, 3 und 6 KStG jeweils 5 % als Ausgaben gelten, die nicht als Betriebsausgaben abgezogen werden dürfen. Damit werden alle in § 8b Abs. 2 KStG genannten Veräußerungs- und Realisationstatbestände erfasst, das gilt auch für Wertaufholungen im Anschluss an eine vorangegangene Teilwertabschreibung.

Da nur der »jeweilige« Gewinn gemindert werden soll, wird verhindert, dass Gewinne und Verluste aus mehreren Vorgängen saldiert werden können.

BEISPIEL

Die A-GmbH ist zu 100 % an der B-GmbH beteiligt. Der Buchwert der Beteiligung an der B-GmbH beträgt 60000 €. Die A-GmbH veräußert die Beteiligung für 125000 €. Im Zusammenhang mit der Veräußerung entstanden Beratungskosten i. H. v. 5000 €.

LÖSUNG

Veräußerungserlös	125000 €
./. Buchwert	60000 €
./. Veräußerungskosten	5000 €
Veräußerungsgewinn (steuerfrei nach § 8b Abs. 2 KStG)	60000 €

Als nichtabziehbare Betriebsausgabe gelten 5 % des Veräußerungsgewinns i. H. v. 60000 € = **3000 €**.

Per Saldo bleiben nur 95 % = **57000 €** des Veräußerungsgewinns steuerfrei.

Die Nichtabziehbarkeit der Betriebsausgaben führt bei dem obigen Beispiel nicht dazu, dass bei der Ermittlung des nach § 8b Abs. 2 KStG steuerfreien Veräußerungsgewinns, der wiederum Bezugsgröße für die Anwendung des § 8b Abs. 3 KStG ist, im Ergebnis nur Veräußerungskosten von 2000 € (=5000 € ./. 3000 €) abgezogen werden dürfen, was den Veräußerungsgewinn auf 63000 € erhöhen würde, was wiederum zur Folge hätte, dass die nicht abzugsfähigen Betriebsausgaben im Wege einer Näherungsrechnung zu ermitteln wären.

Da durch § 8 Abs. 3 Satz 1 KStG alle in § 8b Abs. 2 KStG genannten Veräußerungs- und Realisationstatbestände erfasst werden, gilt die Regelung auch für Liquidationsfälle und für Wertaufholungen im Anschluss an eine vorangegangene Teilwertabschreibung.

BEISPIELE

a) Die A-AG hat 2005 ihre Beteiligung an der B-AG um 100000 € auf 200000 € nach unten wertberichtigt. Zum 31.12.2007 erfolgt wegen des gestiegenen Teilwerts eine Zuschreibung auf 280000 €. Mit Wirkung vom 30.12.2022 wird die Beteiligung für 250000 € veräußert.
LÖSUNG Die Teilwertabschreibung war 2005 nach § 8b Abs. 3 KStG nicht abzugsfähig und außerhalb der Bilanz dem Einkommen hinzuzurechnen.
Die Zuschreibung nach § 6 Abs. 1 Satz 1 Nr. 2 Satz 3 EStG um 80000 € ist nach § 8b Abs. 2 Satz 3 KStG steuerfrei.
Nach § 8b Abs. 3 Satz 1 KStG gelten davon 5% als nichtabziehbare Betriebsausgabe (=4000 €).
Der Veräußerungsverlust im Jahr 2024 i.H.v. 30000 € darf nach § 8b Abs. 3 Satz 3 KStG das Einkommen nicht mindern.

b) Die A-GmbH (Nennkapital 50000 €) wird zum 30.06.2023 aufgelöst. Der Abwicklungszeitraum endet am 31.08.2024. Zum 31.08.2024 betragen die sonstigen Rücklagen lt. Steuerbilanz 400000 €. Am 31.12.2024 betrug das steuerliche Einlagekonto 40000 €. Alleingesellschafterin der A-GmbH ist die X-GmbH.
LÖSUNG Das verteilte Vermögen beträgt 450000 € (sonstige Rücklagen und Nennkapital).
Der ausschüttbare Gewinn gem. § 27 Abs. 1 Satz 5 KStG vor der Schlussverteilung beträgt 360000 €.
Von dem verteilten Vermögen entfallen 50000 € auf die Rückzahlung des Nennkapitals; 40000 € gelten als Zahlung aus dem steuerlichen Einlagekonto und unterliegen damit bei der X-GmbH der Steuerbefreiung des § 8b Abs. 2 KStG.
Die Auskehrung des restlichen Betrages von 360000 € führt bei der X-GmbH zu Einnahmen i.S.d. § 20 Abs. 1 Nr. 2 EStG und fallen damit unter die Beteiligungsertragsbefreiung nach § 8b Abs. 1 KStG.
Nach § 8b Abs. 5 KStG gelten 5% der Bezüge i.S.d. § 8b Abs. 1 KStG als nicht abziehbare Betriebsausgabe: 5% von 360000 € (nicht 400000 €) = 18000 €.
Zusätzlich erzielt die X-GmbH einen Liquidationsgewinn von 40000 €. Dieser ermittelt sich wie folgt:

Rückzahlung Nennkapital	50000 €	
+ Auskehrung Einlagekonto	40000 €	
Erlöse	90000 €	
./. Anschaffungskosten	50000 €	(Einzahlung Nennkapital)
./. Veräußerungskosten	0 €	
Liquidationsgewinn	40000 €	(§ 8b Abs. 2 Satz 3 KStG)

Von dem Liquidationsgewinn i.H.v. 40000 € gelten 5% = 2000 € als nicht abziehbare Betriebsausgaben (§ 8b Abs. 3 Satz 1 KStG).

12.4.2 Nichtanwendung des § 3c Abs. 1 EStG (§ 8b Abs. 3 Satz 2 KStG)

Das Abzugsverbot des § 3c Abs. 1 EStG wird durch § 8b Abs. 3 Satz 2 KStG für die dort genannten Fälle außer Kraft gesetzt.

12.4.3 Nicht zu berücksichtigende Gewinnminderungen i. V. m. einer Kapitalbeteiligung (§ 8b Abs. 3 Satz 3 KStG)

§ 8b Abs. 3 Satz 3 KStG stellt klar, dass durch Abs. 3 nur substanzbezogene Gewinnminderungen erfasst werden. Danach sind Gewinnminderungen, die in Zusammenhang mit dem in Abs. 2 genannten Anteil entstehen, bei der Ermittlung des Einkommens nicht zu berücksichtigen. Vom Abzug ausgeschlossen sind daher insbes. Teilwertabschreibungen und Verluste aus der Veräußerung der Kapitalbeteiligung. Dieses totale Abzugsverbot ist nicht von der 5 %igen Pauschalierung berührt.

Nach § 8b Abs. 3 Satz 3 KStG sind Gewinnminderungen, die in Zusammenhang mit den in Abs. 2 des § 8b KStG genannten Kapitalbeteiligungen entstehen, bei der Gewinnermittlung nicht zu berücksichtigen.

Da Veräußerungsgewinne steuerfrei sind, bleiben folgerichtig und gesetzessystematisch auch Veräußerungsverluste unberücksichtigt.

§ 8b Abs. 3 KStG ist jedoch nicht die einzige »Abzugsbegrenzungsvorschrift«, daneben ist § 8b Abs. 5 KStG zu beachten.

Ausgehend von dem in § 8b Abs. 3 Satz 3 KStG genannten Tatbestandsmerkmal »Gewinnminderungen«, sind insbes. Gewinnminderungen gemeint:

- durch Ansatz des niedrigeren Teilwerts,
- durch Veräußerung des Anteils (Veräußerungsverlust),
- bei Auflösung der Gesellschaft,
- bei Herabsetzung des Nennkapitals der Kapitalgesellschaft,
- aus der Auflösung eines aktiven Ausgleichspostens aufgrund handelsrechtlicher Minderabführungen bei Organschaft,
- im Zusammenhang mit der verdeckten Ausschüttung eines Anteils,
- bei Sachdividenden.

BEISPIEL

Veräußerungspreis der Kapitalbeteiligung		125 000 €
Buchwert der Beteiligung	./.	70 000 €
Veräußerungskosten	./.	35 000 €
Veräußerungsgewinn (steuerfrei, § 8b Abs. 2 KStG)		20 000 €

LÖSUNG Nach § 8b Abs. 3 KStG gelten 5 % von 20 000 €, also 1 000 €, als Ausgaben, die nicht als BA abgezogen werden dürfen.

Das pauschale 5 %ige Abzugsverbot wirkt sich im wirtschaftlichen Ergebnis wie eine Kürzung der vollen Steuerfreiheit von Veräußerungsgewinnen nach § 8b Abs. 2 KStG auf nur noch 95 % aus. Dies wird daran deutlich, dass einerseits die vollen Veräußerungskosten bei der Ermittlung des steuerfreien Veräußerungsgewinns abgezogen werden und dass anschließend das 5 %ige pauschale Abzugsverbot an die Nettogröße Veräußerungsgewinn anknüpft.

12.4.3.1 Ansatz des niedrigeren Teilwerts

Die Steuerfreiheit der Veräußerungsgewinne und gleichgestellter Gewinne wird nicht gewährt, soweit in der Vergangenheit eine Teilwertabschreibung (ohne spätere Zuschreibung) auf die Beteiligung vorgenommen wurde. Aufgrund von § 8b Abs. 3 Satz 3 KStG können solche Teilwertabschreibungen jedoch nur in Jahren vor der Systemumstellung (vor 2001) erfolgt sein.

Hierdurch soll verhindert werden, dass die veräußernde Körperschaft doppelt begünstigt wird; zum einen durch eine erfolgswirksame Teilwertabschreibung und zum anderen durch einen steuerbefreiten Veräußerungsgewinn.

Nichtabzugsfähig sind auch ausschüttungsbedingte Teilwertabschreibungen auf Anteile aus Streubesitz, obwohl nach dem 28.02.2013 zufließende Gewinnausschüttungen nach § 8b Abs. 4 KStG in voller Höhe steuerpflichtig sind.

BEISPIELE

a) Die A-GmbH ist zu 100 % an der B-GmbH beteiligt. Die Anschaffungskosten betrugen umgerechnet 500 000 €. Zum 31.12.2000 erfolgte eine steuerlich anerkannte Teilwertabschreibung um 200 000 € auf 300 000 € wegen einer voraussichtlich dauernden Wertminderung. Zum 30.03.2002 werden die Anteile für 800 000 € verkauft. Der Buchwert beträgt im Veräußerungszeitpunkt noch immer 300 000 €.
LÖSUNG Der Veräußerungsgewinn beträgt 500 000 € und ist i. H. v. 200 000 € durch eine vorangegangene Teilwertabschreibung beeinflusst. Er ist daher in Höhe dieser 200 000 € steuerpflichtig und i. H. v. 300 000 € nach § 8b Abs. 2 KStG steuerfrei.

b) Abwandlung des obigen Beispiels: Die Anteile werden zum 30.03.2004 (oder später) verkauft.
LÖSUNG Der Veräußerungsgewinn beträgt nach wie vor 500 000 € und ist i. H. v. 200 000 € durch eine vorangegangene Teilwertabschreibung beeinflusst. Er ist daher in Höhe dieser 200 000 € steuerpflichtig und i. H. v. 300 000 € nach § 8b Abs. 2 KStG steuerfrei.
Daneben sind 5 % des Veräußerungsgewinns i. S. d. § 8b Abs. 2 Satz 1 KStG = 15 000 € (5 % von 300 000 €) nach § 8b Abs. 3 Satz 1 KStG als nichtabziehbare Betriebsausgabe zu behandeln.

c) Abwandlung des obigen Beispiels: Der Veräußerungspreis beträgt nur 400 000 €.
LÖSUNG Es entsteht ein Veräußerungsgewinn von 100 000 €. Dieser ist voll steuerpflichtig, da er in voller Höhe durch eine vorherige Teilwertabschreibung beeinflusst ist. Ein darüber hinausgehender Ansatz der 100 000 € (Rest-Teilwertabschreibung) unterbleibt allerdings. Insoweit erfolgt keine Nachversteuerung der vorangegangenen Teilwertabschreibung.
Erfolgt die Veräußerung im Veranlagungszeitraum 2004 (oder später) ergeben sich keine Änderungen, da sich kein steuerfreier Veräußerungsgewinn i. S. d. § 8b Abs. 2 KStG ergibt.

Die obigen Lösungen gelten sinngemäß auch für Wertaufholungen nach vorangegangener steuerwirksamer Teilwertabschreibung.

Wenn die Teilwertabschreibung – wegen § 8b Abs. 3 KStG – nicht steuerwirksam war, ist die Wertaufholung ebenfalls steuerneutral vorzunehmen.

Sollten berücksichtigte Teilwertabschreibungen – nach altem Recht – und – wegen § 8b Abs. 3 KStG – nicht berücksichtigte Teilwertabschreibungen sich auf die Bewertung einer Beteiligung ausgewirkt haben und diese Beteiligung wertaufzuholen sein oder mit Gewinn verkauft werden, so sind nach derzeitiger Rechtsprechung und Verwaltungsauffassung

(s. 12.3.6.2) die Teilwertabschreibungen für die Beurteilung, ob der ausgewiesene Ertrag steuerwirksam ist oder nicht, in der umgekehrten Reihenfolge der Teilwertabschreibungen zu berücksichtigen.

BEISPIEL

Die A-GmbH ist zu 100% an der B-GmbH beteiligt. Die Anschaffungskosten betrugen umgerechnet 500000 €. Zum 31.12.2000 erfolgte eine steuerlich anerkannte Teilwertabschreibung um umgerechnet 200000 € auf 300000 €, zum 31.12.2002 eine nach § 8b Abs. 3 KStG nicht steuerwirksame Teilwertabschreibung um 200000 € auf 100000 € wegen einer voraussichtlich dauernden Wertminderung. Zum 30.03.2024 werden die Anteile für 400000 € verkauft. Der Buchwert beträgt im Veräußerungszeitpunkt noch immer 100000 €.

LÖSUNG Der Veräußerungsgewinn beträgt 300000 € und ist i.H.v. 300000 € durch die vorangegangene Teilwertabschreibungen beeinflusst. Dabei ist zunächst die letzte Teilwertabschreibung i.H.v. 200000 € in 2002 (steuerunwirksam) und dann – teilweise i.H.v. 100000 € – die Teilwertabschreibung (steuerwirksam) zu berücksichtigen. Der Veräußerungsgewinn ist daher i.H.v. 100000 € steuerpflichtig und i.H.v. 200000 € nach § 8b Abs. 2 KStG steuerfrei.

Daneben sind 5% des Veräußerungsgewinns i.S.d. § 8b Abs. 2 Satz 1 KStG=10000 € (5% von 200000 €) nach § 8b Abs. 3 Satz 1 KStG als nichtabziehbare Betriebsausgabe zu behandeln.

12.4.3.2 Gewinnminderungen im Zusammenhang mit der verdeckten Ausschüttung eines Anteils

Gewinnminderungen i.V.m. vGA soll das folgende Beispiel verdeutlichen.

BEISPIEL

Die X-AG veräußert Anteile an der A-GmbH für 400 € an ihren Anteilseigner. Die Anteile an der A-GmbH haben Anschaffungskosten von 1000 €, einen Buchwert von 1000 € und einen Teilwert (gemeinen Wert) von 600 €.

LÖSUNG

Veräußerungspreis		400 €
Buchwert		./. 1000 €
Veräußerungsverlust der M-AG		./. 600 €
verdeckte Gewinnausschüttung (§ 8 Abs. 3 Satz 2 KStG):		
Wert der Anteile	600 €	
Gegenleistung	./. 400 €	
		+ 200 €
Verlust		./. 400 €
Anwendung (§ 8b Abs. 3 KStG):		+ 400 €
steuerpflichtiger Gewinn der M-AG		0 €
Bemessungsgrundlage der KapSt (§ 43a Abs. 1 Nr. 1 EStG)		200 €

12.4.3.3 Verluste wegen Auflösung der Gesellschaft

Bei Auflösung der Körperschaft mindert sich der Gewinn der daran beteiligten Körperschaft, wenn der bei ihr anfallende Liquidationserlös geringer ist als die Anschaffungskosten bzw. der niedrigere Teilwert der Anteile.

12.4.3.4 Verluste infolge Kapitalherabsetzung

Erfolgen Zahlungen aufgrund einer Kapitalherabsetzung, mindern diese in voller Höhe die Anschaffungskosten bzw. den niedrigeren Teilwert der Anteile.

12.4.4 Gewinnminderungen bei Gesellschafterdarlehen (§ 8b Abs. 3 Sätze 4–9 KStG)

Das JStG 2008 stellt klar, dass zu den Gewinnminderungen nach § 8b Abs. 3 Satz 3 KStG auch Gewinnminderungen im Zusammenhang mit einer Darlehensforderung (z. B. Wertverluste auf Gesellschafterdarlehen) oder aus der Inanspruchnahme von Sicherheiten, die für ein Darlehen hingegeben wurden, gehören. Dabei wird auf die gesellschaftsrechtliche Veranlassung des Darlehens abgestellt. So wird klargestellt, dass die Gesellschafterfinanzierung durch Eigenkapital oder durch nicht fremdübliche Gesellschafterdarlehen hinsichtlich eventueller Gewinnminderungen gleichbehandelt wird. Daraus folgt, dass Gestaltungen, bei denen versucht wird, durch die Hingabe von Gesellschafterdarlehen die Abzugsverbote des § 8b KStG zu umgehen, nicht mehr möglich sind.

In Satz 7 der Vorschrift wird ausdrücklich geregelt, dass der Drittvergleich für alle von den Sätzen 4 und 5 erfassten Fällen geführt werden kann und dabei nur die eigenen Sicherungsmittel zu berücksichtigen sind.

12.4.4.1 Darlehensgewährung sowie Sicherheitsgestellung Gesellschafter (§ 8b Abs. 3 Satz 4 KStG)

Tatbestandsmäßige Voraussetzungen für die Anwendung des § 8b Abs. 3 Satz 4 KStG sind:

- Es liegt eine Gewinnminderung im Zusammenhang mit einem Darlehen oder aus der Inanspruchnahme von Sicherheiten, die für ein Darlehen hingegeben wurden, vor und
- der Darlehens- oder Sicherheitengeber ist oder war zu mehr als 25 % unmittelbar oder mittelbar am Grund- oder Stammkapital der Körperschaft, der das Darlehen gewährt wurde, beteiligt.

12.4.4.1.1 Gewinnminderungen im Zusammenhang mit Darlehen

§ 8b Abs. 3 Satz 4 KStG erfasst nicht sämtliche Fremdkapitalgewährungen, sondern nur die Hingabe von Darlehen. Eine Gewinnminderung liegt bei einer Darlehensgewährung insbesondere. in folgenden Fällen vor:

- Teilwertabschreibung auf das Darlehen (wenn sie dem Grunde nach zulässig ist);
- Ausfall der Forderung im Rahmen der Insolvenz oder im Rahmen einer insolvenzfreien Liquidation im Zeitpunkt der Löschung des Darlehensnehmers;
- Bei einem Forderungsverzicht liegt nach der Rspr. des GrS des BFH eine verdeckte Einlage nur i. H. d. werthaltigen Teils der Forderung vor, d. h. in Höhe des nicht werthaltigen Teils entsteht eine Gewinnminderung i. S. d. § 8b Abs. 3 Satz 4 KStG;
- Abtretung des Darlehens mit Verlust.

Im Falle der Inanspruchnahme aus hingegebenen Sicherheiten (z. B. Bürgschaft, Grundschuld) gelten die o. g. Ausführungen entsprechend. Hier entsteht in dem Zeitpunkt der Inanspruchnahme aus der Sicherheit eine Rückgriffsforderung gegen die darlehensnehmende Körperschaft. Aus dieser Rückgriffsforderung können die oben angegebenen Gewinnminderungen ebenfalls entstehen.

Nicht erfasst werden laufende Aufwendungen im Zusammenhang mit dem Darlehen, wie z. B. Refinanzierungskosten.

12.4.4.1.2 Beteiligung zu mehr als 25%

§ 8b Abs. 3 Satz 4 KStG ist nur dann anwendbar, wenn der Darlehensgeber bzw. Sicherheitengesteller zu mehr als einem Viertel an der darlehensnehmenden Körperschaft unmittelbar oder mittelbar beteiligt ist oder war. Die Regelung gilt auch dann, wenn in dem Zeitpunkt der Gewinnminderung eine mehr als 25%ige Beteiligung nicht mehr besteht. D. h., dass § 8b Abs. 3 Satz 4 KStG im Extremfall auch dann anzuwenden ist, wenn die Beteiligung an der darlehensnehmenden Körperschaft zwischenzeitlich veräußert worden ist. Nach dem Gesetzeswortlaut reicht das Bestehen einer »wesentlichen« Beteiligung zu irgendeinem Zeitpunkt aus (s. BFH vom 12.03.2014 BStBl II 2014, 85). Für die Anwendung des § 8b Abs. 3 Satz 4 KStG ist jedoch Voraussetzung, dass in dem Zeitpunkt der Darlehensgewährung bzw. der Gestellung der Sicherheit die Gesellschaftereigenschaft (wenn auch zu weniger als 25%) besteht.

Rechtsfolge des § 8b Abs. 3 Satz 4 KStG ist, dass die o. a. Gewinnminderungen außerhalb der Bilanz dem Einkommen des Anteilseigners in voller Höhe wieder hinzuzurechnen sind.

12.4.4.2 Darlehensgewährung sowie Sicherheitsgestellung durch nahestehende Person oder einen rückgriffberechtigten Dritten (§ 8b Abs. 3 Satz 5 KStG)

§ 8b Abs. 3 Satz 5 KStG erfasst auch Gewinnminderungen von dem »wesentlich« beteiligten Anteilseigner nahestehenden Personen i. S. d. § 1 Abs. 2 AStG. Dem Anteilseigner ist eine Person nahestehend, wenn:

- die Person an dem Steuerpflichtigen mindestens zu einem Viertel unmittelbar oder mittelbar beteiligt (wesentlich beteiligt) ist oder auf den Steuerpflichtigen unmittelbar oder mittelbar einen beherrschenden Einfluss ausüben kann oder umgekehrt der Steuerpflichtige an der Person wesentlich beteiligt ist oder auf diese Person unmittelbar oder mittelbar einen beherrschenden Einfluss ausüben kann oder
- eine dritte Person sowohl an der Person als auch an dem Steuerpflichtigen wesentlich beteiligt ist oder auf beide unmittelbar oder mittelbar einen beherrschenden Einfluss ausüben kann oder
- die Person oder der Steuerpflichtige imstande ist, bei der Vereinbarung der Bedingungen einer Geschäftsbeziehung auf den Steuerpflichtigen oder die Person einen außerhalb dieser Geschäftsbeziehung begründeten Einfluss auszuüben oder wenn einer von ihnen ein eigenes Interesse an der Erzielung der Einkünfte des anderen hat.

BEISPIEL

Die T-GmbH-1 gibt der T-GmbH-2 in 01 ein unverzinsliches und nicht besichertes Darlehen i. H. v. 150 000 €. Anteilseigner sowohl der T-GmbH-1 als auch der T-GmbH-2 ist zu 100% die M-GmbH. In 08 schreibt die T-GmbH-1 das Darlehen zutreffenderweise auf 1 € ab.

LÖSUNG In 08 ergeben sich bei der M-GmbH keine steuerlichen Auswirkungen, da die Forderung zivilrechtlich noch besteht und damit die vGA bei der M-GmbH noch nicht zugeflossen ist. Die Abschreibung i. H. v. 149 999 € ist bei der T-GmbH-1 nach § 8b Abs. 3 Satz 2 KStG außerbilanziell dem Einkommen wieder hinzuzurechnen. Bei der T-GmbH-2 ergeben sich keine Auswirkungen, da sie nach wie vor den Nominalbetrag schuldet.

Die Gewinnminderungen aus dem Rückgriff eines Dritten auf den »wesentlich« beteiligten Anteilseigner oder auf eine diesem nahestehende Person sind nach § 8b Abs. 3 Satz 5 2. HS KStG nicht abziehbar. Die Regelung kommt nur zum Zuge, wenn nicht bereits ein Anwendungsfall des § 8b Abs. 3 Satz 4 KStG (Inanspruchnahme von Sicherheiten, d. h. das Bestehen eines rechtlichen Anspruchs oder einer dinglichen Sicherheit) bzw. von § 8b Abs. 3 Satz 5 1. HS KStG (entsprechende Anwendung bei nahestehenden Personen) vorliegt.

12.4.4.3 Ausnahme für Währungsverluste (§ 8b Abs. 3 Satz 6 KStG)

Nach § 8b Abs. 3 Satz 6 KStG gelten Währungskursverluste nicht als Gewinnminderungen im Sinne der Sätze 4 und 5.

12.4.4.4 Gegenbeweis durch Fremdvergleich (§ 8b Abs. 3 Satz 7 KStG)

Gemäß § 8b Abs. 3 Satz 7 KStG ist für die Fälle des § 8b Abs. 3 Satz 4 KStG (Fremdkapital-Gewährung bzw. Sicherheitengestellung durch den »wesentlich« beteiligten Anteilseigner) die Möglichkeit eines Drittvergleichs vorgesehen. Entsprechendes gilt in den Fällen des § 8b Abs. 3 Satz 5 KStG (Fremdkapitalgewährung bzw. Sicherheitengestellung durch nahestehende Personen i. S. d. § 1 Abs. 2 AStG). Die Regelung des Satzes 4 bzw. 5 ist demnach nicht anzuwenden, wenn nachgewiesen wird, dass ein fremder Dritter das Darlehen unter gleichen Umständen ebenfalls gewährt oder im Krisenfall stehen gelassen hätte.

Der Drittvergleich ist auf den Zeitpunkt der Darlehensgewährung bzw. der Nichtausübung eines Kündigungsrechts zu führen. In den nachgewiesenen Fällen kommt das Abzugsverbot nicht zur Anwendung.

Eine Darlehensüberlassung ist insbesondere in den folgenden Fällen nicht als fremdüblich anzusehen:

- Das Darlehen ist unverzinslich.
- Das Darlehen ist verzinslich, es wurden aber keine Sicherheiten vereinbart.
- Das Darlehen ist verzinslich und es wurden Sicherheiten vereinbart, aber das Darlehen wird bei Eintritt der Krise der Gesellschaft nicht zurückgefordert.

Aus Billigkeitsgründen bleiben mit den nach § 8b Abs. 3 Satz 3 KStG hinzugerechneten Gewinnminderungen korrespondierende Gewinnerhöhungen aus späteren Wertaufholungen nach § 6 Abs. 1 Nr. 2 EStG in voller Höhe steuerfrei (s. Gesetzesbegründung BT-Drucks. 16/6290).

Kann der Drittvergleich erfolgreich geführt werden, ist die Gewinnminderung aus der Darlehensgewährung bzw. der Gestellung von Sicherheiten steuerlich anzuerkennen. Hintergrund ist, dass der Gesetzgeber in diesen Fällen die Gewinnminderung nicht als gesellschaftsrechtlich veranlasst ansieht.

12.4.4.5 Anwendung bei wirtschaftlich vergleichbaren Rechtshandlungen (§ 8b Abs. 3 Satz 8 KStG)

Die Sätze 4 bis 7 gelten nach § 8b Abs. 3 Satz 8 KStG für Forderungen aus Rechtshandlungen, die einer Darlehensgewährung wirtschaftlich vergleichbar sind, entsprechend. Nach der Gesetzesbegründung sollen damit z. B. Forderungen aus Lieferungen und Leistungen sowie Mietforderungen erfasst werdend (s. FG Münster vom 17.08.2016, EFG 2016, 1810). Gewinnminderung ist in diesen Fällen der Wertverlust (z. B. Abschreibung) des überlassenen Wirtschaftsguts.

Da die Forderung aus der Rechtshandlung einer schädlichen Darlehensgewährung i. S. d. § 8b Abs. 3 Satz 4 bzw. 5 KStG wirtschaftlich vergleichbar sein muss, muss die Forderung einem »wesentlich« beteiligten Anteilseigner bzw. einer diesem nahestehende Person oder einem rückgriffsberechtigten Dritten zustehen.

Auch in diesen Fällen ist der Fremdvergleich (s. 12.4.4.4) sinngemäß anzuwenden.

12.4.4.6 Wertaufholungsgewinne später steuerfrei (§ 8b Abs. 3 Satz 9 KStG)

Nach § 8b Abs. 3 Satz 9 KStG ist ein später entstehender Wertaufholungsgewinn auf die (Rückgriffs-)Forderung gegen die Körperschaft insoweit steuerfrei, als die vorangegangene Gewinnminderung nach § 8b Abs. 3 Satz 3 KStG nicht anerkannt worden ist.

Bei Anwendung des § 8b Abs. 3 Satz 9 KStG kann sich ein Reihenfolgeproblem ergeben, wenn sich die Gewinnminderung teilweise steuerlich ausgewirkt und teilweise steuerlich nicht ausgewirkt hat.

12.5 Einbringungsklausel (§ 8b Abs. 4 KStG a. F.)

§ 8b Abs. 4 KStG wurde durch das SEStEG vom 07.12.2006 aufgehoben. Nach § 34 Abs. 7 a KStG ist § 8b Abs. 4 KStG für Anteile weiter anzuwenden, die einbringungsgeboren i. S. d. § 21 UmwStG a. F. sind bzw. bei Anteilen i. S. d. § 8b Abs. 4 Satz 1 Nr. 2 KStG a. F., die auf einer Übertragung bis zum 12.12.2006 beruhen.

Da auf Einbringungen bzw. Erwerbe nach dem 12.12.2006 die neuen Einbringungsvorschriften bzw. die Regelungen des § 24 Abs. 5 UmwStG n. F. und § 16 Abs. 5 EStG n. F. anzuwenden sind und damit eine neue Siebenjahresfrist i. S. d. § 8b Abs. 4 KStG a. F. nach dem 12.12.2006 nicht mehr in Gang gesetzt werden kann, hat die Vorschrift nur für eine siebenjährige Übergangszeit Bedeutung.

§ 8b Abs. 4 KStG ergänzte § 8b Abs. 2 KStG und regelte Ausnahmen von der Steuerfreiheit von Veräußerungsgewinnen, soweit der Anteil in früheren Jahren steuerwirksam auf den niedrigeren Teilwert abgeschrieben und die Gewinnminderung nicht durch den Ansatz eines höheren Werts ausgeglichen worden ist.

Nach § 8b Abs. 4 KStG ist § 8b Abs. 2 KStG nur anzuwenden, soweit die Anteile nicht

- einbringungsgeboren i. S. d. § 21 UmwStG sind,
- durch eine Körperschaft, Personenvereinigung oder Vermögensmasse unmittelbar oder mittelbar über eine Mitunternehmerschaft von einem Einbringenden, der nicht zu den von Abs. 2 begünstigten Steuerpflichtigen gehört, zu einem Wert unter dem Teilwert erworben worden sind.

Diese Regelung gilt nicht

- wenn der in § 8b Abs. 2 KStG bezeichnete Vorgang später als sieben Jahre nach der Einbringung stattfindet oder
- soweit die Anteile nicht unmittelbar oder mittelbar auf einer Einbringung i. S. d. § 20 Abs. 1 Satz 1 oder § 23 Abs. 1 bis 3 UmwStG oder auf einer Einbringung durch einen nicht von § 8b Abs. 2 KStG begünstigten Steuerpflichtigen innerhalb der Siebenjahresfrist beruhen.

Durch § 8b Abs. 4 KStG sollen Gestaltungen unter Nutzung der Möglichkeiten der steuerneutralen Einbringung nach § 20 UmwStG verhindern. Im Einzelnen sind folgende Sperren und Rückausnahmen geregelt:

- **Sachliche Sperre (§ 8b Abs. 4 Satz 1 Nr. 1 KStG)**
  Sie betrifft die Einbringung von Betrieben, Teilbetrieben oder Mitunternehmeranteilen in eine Kapitalgesellschaft und die anschließende steuerfreie Veräußerung des Anteils an der Kapitalgesellschaft.
- **Persönliche Sperre (§ 8b Abs. 4 Satz 1 Nr. 2 KStG)**
  Die Veräußerung des eingebrachten Betriebsvermögens durch die einbringende Kapitalgesellschaft selbst könnte nicht steuerfrei erfolgen. Die Einbringungsklausel soll auch verhindern, dass die Steuerbefreiung des § 8b Abs. 2 KStG von natürlichen Personen in Anspruch genommen wird, die nicht unter den begünstigten Personenkreis fallen.
  Über die steuerneutrale Einbringung einer Kapitalbeteiligung in eine Kapitalgesellschaft und die anschließende Weiterveräußerung des Anteils durch die Kapitalgesellschaft wäre es ohne die Regelung möglich, die Versteuerung eines Veräußerungsgewinns aus dem Verkauf einer Kapitalbeteiligung im Halbeinkünfteverfahren zu umgehen.
- **Zeitliche Rückausnahme – Siebenjahresfrist**
  Es verbleibt bei der Steuerbefreiung, wenn der Vorgang i. S. d. § 8b Abs. 2 KStG später als sieben Jahre nach dem Zeitpunkt des Erwerbs der betreffenden Anteile stattfindet (nach einer Behaltefrist von sieben Jahren kann davon ausgegangen werden, dass der Sachverhalt auf eine längerfristige Umstrukturierung ausgerichtet war).
- **Sachliche Rückausnahme**
  Innerhalb der Sperrfrist ist die Veräußerung steuerfrei, wenn ein Anteil betroffen ist, der aufgrund eines Einbringungsvorgangs i. S. d. § 20 Abs. 1 Satz 2 UmwStG oder § 23 Abs. 4 UmwStG (Erwerb einer mehrheitsvermittelnden Beteiligung durch Anteilstausch) erworben worden war.
- **Ausnahme der Rückausnahme**
  Die Rückausnahme gilt nicht, wenn die i. R. d. Einbringungsvorgangs hingegebenen Anteile ihrerseits aus einer Einbringung i. S. d. § 20 Abs. 1 Satz 1 UmwStG unter dem Teilwert entstanden sind. In diesem Fall handelt es sich mittelbar wieder um die Veräußerung eines Betriebs, Teilbetriebs oder Mitunternehmeranteils und es greift daher die sachliche Sperre des § 8b Abs. 4 Satz 1 Nr. 1 KStG. Die Rückausnahme gilt ebenfalls nicht, wenn die Anteile von einem nicht durch § 8b Abs. 2 KStG begünstigten Steuerpflichtigen unter dem Teilwert erworben worden sind.

Entsteht innerhalb der Sperrfrist ein Veräußerungsverlust, ist dieser nach § 8b Abs. 3 KStG steuerlich nicht abziehbar.

12.5.1 Sachliche Sperre (§ 8b Abs. 4 Satz 1 Nr. 1 KStG)

§ 8b Abs. 4 Satz 1 Nr. 1 KStG lautet wie folgt: »Absatz 2 ist nur anzuwenden, soweit die Anteile nicht einbringungsgeboren i. S. d. § 21 UmwStG sind …«.

D. h. der Veräußerungsgewinn aus einbringungsgeborenen Anteilen i. S. d. § 21 UmwStG ist voll steuerpflichtig (§ 8b Abs. 2 KStG ist nicht anzuwenden!), es sei denn, es handelt sich um eine Rückausnahme nach § 8b Abs. 4 Satz 2 KStG.

12.5.1.1 Entstehung einbringungsgeborener Anteile

Einbringungsgeborene Anteile i. S. d. § 21 UmwStG entstehen insbes. durch

- Einbringung eines Betriebs, Teilbetriebs oder Mitunternehmeranteils nach § 20 Abs. 1 Satz 1 UmwStG zu Buch- oder Zwischenwerten;
- Einbringung einer mehrheitsvermittelnden Kapitalbeteiligung nach § 20 Abs. 1 Satz 2 UmwStG zu Buch- oder Zwischenwerten;
- Verlagerung stiller Reserven von einbringungsgeborenen Anteilen auf andere Gesellschaftsanteile aufgrund der sog. »Wertabspaltungstheorie« (§ 21 UmwStG);
- grenzüberschreitende Einbringung von Unternehmensteilen nach § 23 Abs. 1–3 UmwStG unter dem Teilwert;
- Anteilstausch durch Einbringung über die Grenze nach § 23 Abs. 4 UmwStG unter dem Teilwert (hier entfällt die Einbringungsgeborenheit, wenn innerhalb der Siebenjahresfrist des § 26 Abs. 2 Satz 1 UmwStG die übernehmende Kapitalgesellschaft die eingebrachten Anteile schädlich veräußert);
- Formwechsel nach § 25 UmwStG von einer Personengesellschaft in eine Kapitalgesellschaft;
- steuerneutralen Tausch, wenn die hingegebenen Anteile einbringungsgeboren waren (gilt bis 1998) (§ 27 UmwStG).

Die Einbringungsgeborenheit bleibt in Bezug auf die Anwendung von § 8b Abs. 4 KStG auch in folgenden Fällen erhalten:

- Umwandlung (zu Buch- oder Zwischenwerten) des Anteilseigners, der die einbringungsgeborenen Anteile hält;
- unentgeltlicher Erwerb von einbringungsgeborenen Anteilen;
- werden einbringungsgeborene Anteile zu Buch- oder Zwischenwerten in eine Kapitalgesellschaft oder Personengesellschaft eingebracht, sind die eingebrachten Anteile bei der aufnehmenden Gesellschaft weiterhin einbringungsgeborene Anteile, da die Übernehmerin in die steuerliche Rechtsstellung der Übertragerin eintritt.

Die volle Besteuerung der Gewinne aus der Veräußerung von einbringungsgeborenen Anteilen erfasst nicht nur die bis zu dem Zeitpunkt der Einbringung, sondern auch die in der Zeit zwischen Einbringung und der Veräußerung entstandenen stillen Reserven.

Die volle Steuerpflicht erfasst auch einbringungsgeborene Anteile, die vor dem 01.01.2002 entstanden sind.

12.5.1.2 Versteuerung auf Antrag und Wegfall des deutschen Besteuerungsrechts

Die Anteile fallen nicht mehr unter die Ausnahmeregelung, wenn eine Versteuerung der stillen Reserven nach § 21 Abs. 2 Satz 1 Nr. 1 UmwStG auf Antrag oder nach § 21 Abs. 2 Satz 1 Nr. 2 UmwStG wegen des Wegfalls des deutschen Besteuerungsrechts erfolgt ist.

BEISPIEL

In 1998 hat die Z-AG 100 % der Anteile an der A-GmbH im Wege der Einbringung eines Teilbetriebs zu einem unter dem Teilwert liegenden Buchwert erworben. Der Buchwert betrug 1 000 €, der Teilwert 2 000 €. Im Jahr 2002 stellt die Z-AG einen Antrag auf Versteuerung der stillen Reserven nach § 21 Abs. 2 Satz 1 Nr. 1 UmwStG. Der Teilwert der A-Anteile betrug zu diesem Zeitpunkt 2 400 €.

LÖSUNG Der Gewinn i. H. v. 1400 € (Teilwert im Zeitpunkt der Antragsbesteuerung 2400 € ./. Buchwert 1000 €) ist steuerpflichtig.

Die Steuerbefreiung des § 8b Abs. 2 KStG gilt gem. § 8b Abs. 4 Satz 1 Nr. 1 KStG nicht, weil die A-Anteile einbringungsgeboren sind. Durch die Antragsversteuerung verlieren die Anteile im Jahr 2002 aber den Charakter als einbringungsgeborene Anteile (vgl. Rz. 21.07 des BMF vom 25.03.1998 BStBl I 1998, 268) und können nachfolgend – auch vor Ablauf der Siebenjahresfrist – steuerfrei veräußert werden.

12.5.2 Persönliche Sperre (§ 8b Abs. 4 Satz 1 Nr. 2 KStG)

§ 8b Abs. 4 Satz 1 Nr. 2 KStG lautet wie folgt:

»Absatz 2 ist nur anzuwenden, soweit die Anteile nicht durch eine Körperschaft, Personenvereinigung oder Vermögensmasse unmittelbar, mittelbar oder mittelbar über eine Mitunternehmerschaft von einem Einbringenden, der nicht zu den von Absatz 2 begünstigten Steuerpflichtigen gehört, zu einem Wert unter dem Teilwert erworben worden sind.«

Sind Gegenstand des Vorgangs i. S. d. § 8b Abs. 2 KStG Anteile, die die veräußernde Kapitalgesellschaft, Personenvereinigung oder Vermögensmasse von einem nicht durch § 8b Abs. 2 KStG begünstigten Einbringenden zu einem Wert unter dem Teilwert erworben hat, ist die Steuerbefreiung nur unter den Voraussetzungen des § 8b Abs. 4 Satz 2 KStG zu gewähren. Dies gilt für Anteile, die von einem nicht durch § 8b Abs. 2 KStG begünstigten Einbringenden (i. d. R. eine natürliche Person) unmittelbar oder mittelbar erworben worden sind und wegen § 8b Abs. 6 KStG für Anteile, die über eine Mitunternehmerschaft mittelbar erworben worden sind.

Die fraglichen Anteile müssen erworben sein. Es kann daher grundsätzlich keine Rolle spielen, ob die Anteile entgeltlich oder unentgeltlich erworben wurden.

12.5.2.1 Unmittelbarer Erwerb unter dem Teilwert

Unmittelbare Erwerbe unter dem Teilwert kommen insbes. in den folgenden Fällen vor:

- Mehrheitsvermittelnde Beteiligung, die gegen Gewährung von Gesellschaftsrechten nach § 20 Abs. 1 Satz 2 UmwStG erworben worden ist. Durch die Einbringung werden die mehrheitsvermittelnden Anteile nicht zu einbringungsgeborenen Anteilen. Einbringungsgeboren sind nur die als Gegenleistung gewährten neuen Anteile an der aufnehmenden Kapitalgesellschaft. Handelt es sich bereits bei der eingebrachten Beteiligung um einbringungsgeborene Anteile, hat auch die aufnehmende Kapitalgesellschaft einbringungsgeborene Anteile;
- 100%ige Kapitalbeteiligung, die von einer natürlichen Person nach § 20 Abs. 1 Satz 2 UmwStG (aus dem BV heraus) in die Kapitalgesellschaft eingebracht worden ist;
- Beteiligung, die im Rahmen einer Einbringung eines Betriebs, Teilbetriebs oder Mitunternehmeranteils nach § 20 Abs. 1 Satz 1 UmwStG erworben worden ist;
- Beteiligung, die die Kapitalgesellschaft im Rahmen eines Formwechsels einer Personengesellschaft, an der natürliche Personen als Gesellschafter beteiligt waren, nach § 25 UmwStG erhalten hat;
- Anteile, die aufgrund des Tauschgutachtens steuerneutral erworben worden sind (bis 1998);

- steuerneutrale Einbringung von Anteilen bei Begründung einer Betriebsaufspaltung (bis 1998; BMF vom 22.01.1985 BStBl I 1985, 97).

BEISPIEL

Der Einzelunternehmer X hält eine Beteiligung an der Y-GmbH, deren Veräußerung für ihn zur Hälfte steuerpflichtig wäre. X bringt die Beteiligung nach § 20 Abs. 1 Satz 2 UmwStG zu Buchwerten in die Z-GmbH ein, da er bei der Weiterveräußerung der Y-Beteiligung die Steuerfreiheit nach § 8b Abs. 2 KStG nutzen möchte.

LÖSUNG Bei einer eventuellen Veräußerung der Y-Anteile durch die Z-GmbH wäre der Veräußerungsgewinn voll steuerpflichtig (§ 8b Abs. 4 Satz 1 Nr. 2 KStG).

12.5.2.2 Mittelbarer Erwerb (über eine Körperschaft) oder mittelbarer Erwerb über eine Mitunternehmerschaft unter dem Teilwert

Mittelbare Erwerbe unter dem Teilwert kommen insbes. in den folgenden Fällen vor:

- 100 %ige Kapitalbeteiligung die von einer natürlichen Person nach § 24 Abs. 1 UmwStG (aus dem BV heraus) in eine Personengesellschaft eingebracht worden ist, deren Mitunternehmer die Körperschaft ist;
- Beteiligung, die im Rahmen einer Einbringung eines Betriebs, Teilbetriebs oder Mitunternehmeranteils nach § 24 Abs. 1 UmwStG von der Personengesellschaft, an der die Körperschaft Mitunternehmer ist, erworben worden ist;
- Anteile, die nach dem Mitunternehmererlass erworben worden sind (bis 1998);
- steuerneutrale Realteilung einer Personengesellschaft, die Anteile hält und an der natürliche Personen als Mitunternehmer beteiligt sind (ab 1999 ist die steuerneutrale Realteilung nur noch unter den Voraussetzungen des § 16 Abs. 3 Satz 2 EStG 1999 möglich). Nach § 16 Abs. 3 Satz 2 EStG i. d. F. des UntStFG, der auf Realteilungen nach dem 31.12.2000 anzuwenden ist, können im Rahmen einer Realteilung auch wieder Einzelwirtschaftsgüter steuerneutral übertragen werden. § 16 Abs. 3 Satz 2 EStG hat bezüglich der Übertragung von Einzelwirtschaftsgütern i. R. d. § 8b Abs. 4 KStG keine Bedeutung, da bei einem (un)mittelbaren Übergang der Wirtschaftsgüter auf eine Körperschaft nach § 16 Abs. 3 Satz 4 EStG der gemeine Wert anzusetzen ist.

BEISPIEL

Einzelunternehmer U hält eine Beteiligung an der X-GmbH, deren Veräußerung für ihn steuerpflichtig wäre. U bringt die Beteiligung an der X-GmbH zum unter dem Teilwert liegenden Buchwert in die Y-GmbH ein. Die Y-GmbH bringt ihrerseits die Beteiligung an der X-GmbH zum unter dem Teilwert liegenden Buchwert in die Z-AG ein. Die Z-AG veräußert die Anteile an der X-GmbH an Dritte weiter.

Die Einbringung in eine Mitunternehmerschaft löst grundsätzlich auch die Steuerpflicht aus.

BEISPIELE

a) Einzelunternehmer U hält eine 100 %ige Beteiligung an der X-GmbH, deren Veräußerung für ihn steuerpflichtig wäre. U bringt die Beteiligung gem. § 24 Abs. 1 UmwStG zum unter dem Teilwert liegenden Buchwert in die U-KG ein, deren Mitunternehmerin die Y-GmbH ist. Die U-KG veräußert die Anteile an Dritte weiter.

LÖSUNG Für den Veräußerungsgewinn, der auf die Y-GmbH entfällt, gilt die persönliche Sperre des § 8b Abs. 4 Satz 1 Nr. 2 KStG.

b) Z bringt nicht einbringungsgeborene Anteile an der Y-GmbH in 01 steuerneutral nach § 20 Abs. 1 Satz 2 UmwStG in die X-GmbH ein.
LÖSUNG Die Anteile an der Y-GmbH sind bei der X-GmbH nicht einbringungsgeboren.

c) Sodann bringt die X-GmbH (in 01) die Anteile an der Y-GmbH steuerneutral nach § 20 Abs. 1 Satz 2 UmwStG in die W-GmbH ein.
LÖSUNG Die Anteile an der Y-GmbH sind auch bei der W-GmbH nicht einbringungsgeboren.
Die Anteile des Z an der Y-GmbH sind einbringungsgeboren.
Die Anteile der Y-GmbH an der W-GmbH sind ebenfalls einbringungsgeboren.

d) In 03 verkauft wiederum die W-GmbH die Anteile an der Y-GmbH.
LÖSUNG Da die Anteile der W-GmbH an der Y-GmbH nicht einbringungsgeboren i.S.d. § 21 UmwStG sind, ist § 8b Abs. 4 Satz 1 Nr. 1 nicht anwendbar; der Veräußerungsgewinn ist nach § 8b Abs. 4 KStG steuerpflichtig.

Die unentgeltliche Übertragung von Anteilen ist regelmäßig eine verdeckte Einlage, die i.d.R. zur Gewinnrealisierung führt. Sie ist über § 8b Abs. 2 Satz 3 KStG der Veräußerung gleichgestellt. Nur in den seltenen Ausnahmefällen, in denen dies nicht zutrifft (Bewertung der verdeckten Einlage mit den Anschaffungskosten gem. § 6 Abs. 1 Nr. 5 Satz 1 Buchst. a EStG) liegt ein Anwendungsfall des § 8b Abs. 4 Satz 1 Nr. 2 KStG vor und es ist eine Besitzzeitanrechnung beim unentgeltlichen Erwerber vorzunehmen.

12.5.3 Rückausnahmen – Steuerfreiheit (§ 8b Abs. 4 Satz 2 KStG)

§ 8b Abs. 4 Satz 2 KStG regelt Ausnahmen zu den Ausnahmen (Steuerpflicht) des § 8b Abs. 4 Satz 1 KStG. Damit sind die folgenden, in § 8b Abs. 4 Satz 2 KStG geregelten Veräußerungsvorgänge (Rückausnahmen) steuerfrei.

Der Gesetzestext von § 8b Abs. 4 Satz 2 KStG ist umständlich und schwer zu verstehen:
»Satz 1 gilt nicht,

1. wenn der in Absatz 2 bezeichnete Vorgang später als sieben Jahre nach der Einbringung stattfindet oder
2. soweit die Anteile nicht unmittelbar oder mittelbar auf einer Einbringung im Sinne des § 20 Abs. 1 Satz 1 oder § 23 Abs. 1 bis 3 des Umwandlungssteuergesetzes und auf einer Einbringung durch einen nicht von Absatz 2 begünstigten Steuerpflichtigen innerhalb der in Nummer 1 bezeichneten Frist beruhen.«

Er bedeutet im Klartext:

1. Der in § 8b Abs. 2 KStG bezeichnete Vorgang findet später als sieben Jahre nach der Einbringung statt oder
2. soweit die Anteile weder unmittelbar oder mittelbar auf einer Einbringung i.S.d. § 20 Abs. 1 Satz 1 oder § 23 Abs. 1 bis 3 UmwStG noch auf einer Einbringung durch einen nicht von Abs. 2 begünstigten Steuerpflichtigen innerhalb der in Nr. 1 bezeichneten Frist beruhen.

12.5.3.1 Siebenjahresfrist (§ 8b Abs. 4 Satz 2 Nr. 1 KStG)

Auch wenn die Tatbestände des § 8b Abs. 4 Satz 1 Nr. 1 und 2 KStG vorliegen, ist der Veräußerungsgewinn steuerfrei, wenn der in § 8b Abs. 2 KStG bezeichnete Vorgang später als sieben Jahre nach der Einbringung stattfindet. Diese Frist gilt:

- für die unter § 8b Abs. 4 Satz 1 Nr. 1 KStG (einbringungsgeborene Anteile),
- für die unter § 8b Abs. 4 Satz 1 Nr. 2 KStG (Erwerb von Anteilen von einem nicht von § 8b Abs. 2 KStG begünstigten Einbringenden unter dem Teilwert) fallenden Anteile.

Durch die Frist soll verhindert werden, dass in einem ersten Schritt ein Betrieb oder Teilbetrieb in eine Kapitalgesellschaft eingebracht wird und in einem zweiten Schritt die Anteile an der Kapitalgesellschaft steuerfrei veräußert werden können – eine direkte Veräußerung des Teilbetriebs wäre steuerpflichtig gewesen.

Außerdem soll durch die Frist verhindert werde, dass in einem ersten Schritt Anteile an einer Kapitalgesellschaft von einer natürlichen Person in eine Zwischen-Kapitalgesellschaft eingebracht werden und danach die Zwischen-Kapitalgesellschaft die eingebrachten Anteile steuerfrei veräußern kann.

Wird die Siebenjahresfrist abgewartet, ist jegliche Infizierung der Anteile durch § 8b Abs. 4 KStG erloschen; die steuerpflichtige Veräußerung von Betriebe, Teilbetrieben oder Mitunternehmeranteilen bzw. die unter das Halbeinkünfteverfahren fallende Veräußerung von Anteilen an Kapitalgesellschaft ist nicht anzuwenden, die Veräußerung ist voll steuerfrei.

12.5.3.1.1 Beginn und Ende der Siebenjahresfrist

Die Siebenjahresfrist beginnt also mit Ablauf des steuerlichen Übertragungsstichtags i. S. d. UmwStG, sie kann schon ganz oder teilweise vor Inkrafttreten des StSenkG abgelaufen sein.

Für die Berechnung der Siebenjahresfrist ist bis zur Anteilsveräußerung hinsichtlich des Fristbeginns auf den Zeitpunkt der Einbringung, auf die die veräußerten Anteile zurückzuführen sind, abzustellen.

BEISPIEL

Mit Wirkung vom 31.12.00 bringt die A-AG einen Teilbetrieb in die B-GmbH ein. Die A-AG veräußert ihre Beteiligung an der B-GmbH am 01.01.08.

LÖSUNG Da die Anteile der A-AG an der B-GmbH einbringungsgeboren i. S. d. § 21 UmwStG sind, können sie nach § 8b Abs. 4 Satz 1 Nr. 1 KStG grundsätzlich nicht steuerfrei veräußert werden.

Am 01.01.08 ist jedoch die Siebenjahresfrist abgelaufen, es liegt somit ein Fall der Rückausnahme des § 8b Abs. 4 Satz 2 Nr. 1 KStG vor, die Veräußerung der Anteile an der B-GmbH ist nach § 8b Abs. 2 KStG steuerfrei.

Der Begriff Einbringung erfasst u. E. sowohl Vorgänge i. S. d. §§ 20 und 23 UmwStG als auch Übertragungen i. S. d. §§ 6 Abs. 5 und 16 Abs. 3 Satz 2 ff. EStG.

Unter Umständen sind auch Gewinne aus der Veräußerung von Anteilen steuerpflichtig, die vor mehr als sieben Jahren erworben wurden, wenn diese Anteile nachträglich verstrickt worden sind. Zur nachträglichen Verstrickung s. 12.5.3.5.

12.5.3.1.2 Siebenjahresfrist bei der Ketteneinbringung

Bei **Ketteneinbringungen** ist die Einbringung eines Betriebs, Teilbetriebs oder Mitunternehmeranteils zu einem unter dem Teilwert liegenden Wert für den Fristbeginn maßgebend; eine neue **Siebenjahresfrist** beginnt im Falle des Erwerbs einer Beteiligung von einem nicht durch § 8b Abs. 2 KStG begünstigten Steuerpflichtigen unter dem Teilwert. Eine neue Berechnung beginnt demnach, wenn durch die nachfolgende Einbringung ein erneuter Besteuerungsvorteil entstehen würde, weil die eingebrachten Wirtschaftsgüter vom Einbringenden nicht nach § 8b Abs. 2 KStG steuerfrei veräußert werden können.

12.5.3.1.3 Spaltung oder Verschmelzung innerhalb der Siebenjahresfrist

Sind bei einer ganz oder teilweise steuerneutralen Verschmelzung oder Spaltung in dem übertragenen Vermögen Anteile i. S. d. § 8b Abs. 4 KStG enthalten, tritt die übernehmende Körperschaft gem. § 4 Abs. 2 Satz 1 bzw. § 12 Abs. 3 Satz 1 UmwStG für den Rest der Siebenjahresfrist in die steuerliche Rechtsstellung des übertragenden Rechtsträgers ein; die übertragenen Anteile verlieren nicht ihre Eigenschaft als einbringungsgeborene Anteile. Es beginnt keine neue Siebenjahresfrist.

Diese Fristenregelung müsste u. E. auch für Fälle der Verschmelzung, Auf- oder Abspaltung auf eine Personengesellschaft gelten.

12.5.3.2 Steuerlich nicht berücksichtigte Teilwertabschreibungen

Nach § 8b Abs. 3 KStG sind Gewinnminderungen, die durch Ansatz des niedrigeren Teilwerts entstehen, steuerlich nicht zu berücksichtigen. Wird die Beteiligung veräußert, erhöht sich der Veräußerungsgewinn um die steuerlich nicht berücksichtigte Teilwertabschreibung, da sie den Buchwert der Beteiligung gemindert hat. Bei Veräußerung einer Beteiligung innerhalb der Siebenjahresfrist ist der (steuerpflichtige) Veräußerungsgewinn um die steuerlich nicht berücksichtigte Teilwertabschreibung zu mindern. Entsprechendes gilt für Wertaufholungen i. S. d. § 6 Abs. 1 Nr. 2 Satz 3 EStG.

BEISPIELE

a) Die A-GmbH bringt im Jahr 01 einen Teilbetrieb zu einem unter dem Teilwert liegenden Buchwert in die B-GmbH ein. Sie erhält Anteile im Nennwert von 400 €. Im Jahr 04 schreibt sie die Beteiligung auf 200 € ab. Im Jahr 08 wird eine Wertaufholung von 100 € erforderlich.
LÖSUNG Die Teilwertabschreibung von 200 € ist nach § 8b Abs. 3 KStG steuerlich nicht zu berücksichtigen. Das Einkommen des Jahres 04 ist daher um 200 € zu erhöhen. Die Wertaufholung führt zu einer Gewinnerhöhung von 100 €, die nach § 8b Abs. 2 KStG steuerfrei ist.

b) Der Sachverhalt entspricht Beispiel a), die Wertaufholung erfolgt im Jahr 06.
LÖSUNG Die Wertaufholung führt zu einer Gewinnerhöhung von 100 €, die nicht durch § 8b Abs. 2 KStG begünstigt ist, weil sie innerhalb des Siebenjahreszeitraums erfolgt ist. Der Gewinn ist jedoch um die zuvor steuerlich nicht gewinnmindernd berücksichtigte Teilwertabschreibung zu korrigieren, so dass kein steuerpflichtiger Gewinn verbleibt.

12.5.3.3 Rückausnahme nach § 8b Abs. 4 Satz 2 Nr. 2 KStG

In § 8b Abs. 4 Satz 2 Nr. 2 KStG sind zwei Rückausnahmen von der in Abs. 4 Satz 1 enthaltenen Ausnahmeregelung zur Grundregel des § 8b Abs. 2 KStG genannt. Liegen die in Voraussetzungen vor, sind die Gewinne aus der Veräußerung der Anteile von Kapitalbeteiligungen wieder steuerfrei.

Der Gesetzestext lautet wie folgt:

»Satz 1 gilt nicht, ...

2. soweit die Anteile nicht unmittelbar oder mittelbar auf einer Einbringung im Sinne des § 20 Abs. 1 Satz 1 oder § 23 Abs. 1 bis 3 des Umwandlungssteuergesetzes und auf einer Einbringung durch einen nicht von Absatz 2 begünstigten Steuerpflichtigen innerhalb der in Nummer 1 bezeichneten Frist beruhen.«

Nach D/P/M hat es der Gesetzgeber geschafft, der Nr. 2 des § 8b Abs. 4 Satz 2 KStG geradezu kryptische Züge zu verleihen. Lt. Leip (BB 2002, 1842) ist § 8b Abs. 4 Satz 2 Nr. 2 KStG nicht mehr lesbar.

Der Gesetzestext müsste wie folgt gelesen werden:

»Satz 1 gilt nicht, ...

2. soweit die Anteile weder unmittelbar oder mittelbar auf einer Einbringung im Sinne des § 20 Abs. 1 Satz 1 oder § 23 Abs. 1 bis 3 des Umwandlungssteuergesetzes noch auf einer Einbringung durch einen nicht von Absatz 2 begünstigten Steuerpflichtigen innerhalb der in Nummer 1 bezeichneten Frist beruhen.«

Der Ausschluss von der Steuerbefreiung tritt also grundsätzlich nicht ein, wenn die Anteile aufgrund eines Einbringungsvorgangs (Anteilstausch) i. S. d. § 20 Abs. 1 Satz 2 UmwStG oder § 23 Abs. 4 UmwStG von einem von § 8b Abs. 2 KStG begünstigten Steuerpflichtigen erworben worden sind. In diesen Fällen hätte die Steuerbefreiung dem Einbringenden auch zugestanden, wenn er die Anteile unmittelbar veräußert hätte.

BEISPIEL

Die X-GmbH bringt Anteile an der C-GmbH, die nicht einbringungsgeboren sind, nach § 20 Abs. 1 Satz 2 UmwStG zu Buchwerten in die Y-AG ein. Anschließend verkauft die X-GmbH die Anteile an der Y-AG.

LÖSUNG Die Anteile an der Y-AG sind für die X-GmbH einbringungsgeborene Anteile, die nach § 8b Abs. 4 Satz 1 Nr. 1 KStG grundsätzlich nicht steuerfrei veräußert werden können. Da die X-GmbH die Anteile an der Y-AG aufgrund eines Einbringungsvorgangs i. S. d. § 20 Abs. 1 Satz 2 UmwStG erworben hat, ist eine steuerfreie Veräußerung der Anteile sofort möglich, da weder die Voraussetzungen des § 8b Abs. 4 Satz 2 Nr. 1 noch Nr. 2 KStG vorliegen.

12.5.3.4 Ausnahme von der Rückausnahme

Steuerpflicht tritt ein, wenn der Einbringung i. S. d. § 20 Abs. 1 Satz 2 UmwStG oder i. S. d. § 23 Abs. 4 UmwStG innerhalb von sieben Jahren vor der Veräußerung die Einbringung eines Betriebs, Teilbetriebs oder Mitunternehmeranteils gem. § 20 Abs. 1 Satz 1 UmwStG oder § 23 Abs. 1 bis 3 UmwStG zu einem unter dem Teilwert liegenden Wert vorausgegangen ist, dessen Veräußerung bei der Körperschaft nicht begünstigt gewesen wäre. Die Rückausnahme des § 8b Abs. 4 Satz 2 Nr. 2 KStG tritt damit nicht ein.

Die Veräußerung der nach § 20 Abs. 1 Satz 2 UmwStG erworbenen Anteile ist steuerpflichtig, da sie mittelbar auf einer Einbringung nach § 20 Abs. 1 Satz 1 UmwStG beruhen und die Veräußerung innerhalb von sieben Jahren seit dieser Einbringung liegt.

BEISPIEL

Die X-GmbH hatte im Jahr 00 einen Teilbetrieb zu einem unter dem Teilwert liegenden Buchwert von 400 € in die Y-GmbH eingebracht. Im Jahr 02 übertrug sie die Anteile an der Y-GmbH zu Buchwerten im Wege der Sachgründung auf die Z-GmbH. Im Jahr 05 veräußert die X-GmbH die Anteile an der Z-GmbH für 750 €.

LÖSUNG Der Veräußerungsgewinn von 350 € fällt nicht unter die Rückausnahme des § 8b Abs. 4 Satz 2 Nr. 2 KStG. Die Anteile an der Z-GmbH beruhen zwar auf einem Einbringungsvorgang i. S. d. § 20 Abs. 1 Satz 2 UmwStG, sind aber mittelbar durch eine (schädliche) Einbringung eines Teilbetriebs gem. § 20 Abs. 1 Satz 1 UmwStG entstanden, die noch nicht länger als sieben Jahre zurückliegt.

Zur Steuerpflicht führt es auch, wenn Gegenstand der Veräußerung Anteile i. S. v. § 20 Abs. 1 Satz 2 UmwStG (sog. mehrheitsvermittelnde Anteile) sind, die von einer nicht durch § 8b Abs. 2 KStG begünstigten Person direkt oder unter Zwischenschaltung weiterer Steuerpflichtiger in die veräußernde Körperschaft eingebracht worden sind.

BEISPIEL

Einzelunternehmer U hält eine 60%ige Beteiligung an der X-GmbH, deren Veräußerung für ihn steuerpflichtig wäre. U bringt die Beteiligung an der X-GmbH zum unter dem Teilwert liegenden Buchwert in die Y-GmbH ein. Die Y-GmbH bringt ihrerseits die Beteiligung der X-GmbH ebenfalls zu unter dem Teilwert liegenden Buchwerten in die zu diesem Zweck neu gegründete Z-GmbH ein. Die Y-GmbH veräußert die Anteile an der Z-GmbH.

LÖSUNG Die Veräußerung innerhalb der Siebenjahresfrist ist steuerpflichtig, weil die Anteile auf einer Einbringung durch eine nicht durch § 8b Abs. 2 KStG begünstigte Person beruhen.

Die Einschränkung der Rückausnahme durch § 8b Abs. 4 Satz 2 Nr. 2 KStG i. d. F. des UntStFG ist gem. § 34 Abs. 7 KStG erstmals auf Veräußerungen anzuwenden, bei denen die Übertragung des wirtschaftlichen Eigentums nach dem 15.08.2001 (Tag des Kabinettbeschlusses) erfolgt.

12.5.3.5 Nachträglich eintretende Steuerverstrickung

Die nachträgliche Verstrickung von Anteilen wird u. a. im BMF vom 25.03.1998 BStBl I 1998, 268 dargestellt:

Gehen i. R. d. Gesellschaftsgründung oder einer Kapitalerhöhung aus Gesellschaftermitteln stille Reserven von einer Sacheinlage (§ 20 Abs. 1 UmwStG) oder von einbringungsgeborenen Anteilen auf andere Anteile desselben Gesellschafters oder unentgeltlich auf Anteile Dritter über, so tritt insoweit zwar keine Gewinnverwirklichung ein; diese Anteile werden aber ebenfalls von der Steuerverstrickung nach § 21 UmwStG erfasst (vgl. die Urteile des BFH vom 08.04.1992 BStBl II 1992, 761–766, betreffend den Übergang eines Bezugsrechts ohne Entgelt; zur Behandlung nach einer zu Unrecht erfolgten Gewinnbesteuerung s. das Urteil des BFH vom 10.11.1992 BStBl II 1994, 222).

BEISPIEL

Das Stammkapital der X-GmbH soll von 50 000 € auf 100 000 € erhöht werden. Der Verkehrswert der GmbH vor Kapitalerhöhung beläuft sich auf 400 000 €. Den neu gebildeten Geschäftsanteil von nominell 50 000 € übernimmt S gegen Bareinlage von 100 000 €. Die Altanteile von ebenfalls nominell 50 000 € werden von V, dem Vater des S, gehalten, der sie gegen Sacheinlage seines Einzelunternehmens zum Buchwert erworben hatte. Die Anschaffungskosten des V nach § 20 Abs. 4 UmwStG betragen 40 000 €.

LÖSUNG Durch die Einlage steigt der Verkehrswert der GmbH auf 500000 €. Davon entfallen 50%=250000 € auf den jungen Geschäftsanteil des S, der jedoch nur 100000 € für seinen Anteil aufgewendet hat. Die Wertverschiebung ist darauf zurückzuführen, dass von den Anteilen des V 150000 € stille Reserven unentgeltlich auf den Geschäftsanteil des S übergegangen sind. Dementsprechend ist der Anteil des S zu 60% (150000 € ./. 250000 €) gem. § 21 UmwStG steuerverstrickt. Da ein (teilweise) unentgeltlicher Vorgang vorliegt, sind S anteilig die Anschaffungskosten seines Rechtsvorgängers V zuzurechnen i. H. v. 15000 € (40000 € × 150000 € ./. 400000 €), so dass sich die bei V zu berücksichtigenden Anschaffungskosten entsprechend auf 25000 € mindern.

Veräußern V und S ihre Anteile für jeweils 250000 €, so entsteht bei V ein Veräußerungsgewinn nach § 21 UmwStG von 250000 € ./. 25000 €=225000 €; bei S ergibt sich ein Veräußerungsgewinn nach § 21 UmwStG von 60% von 250000 €=150000 € ./. 15000 €=135000 €. Der gleiche Veräußerungsgewinn von 225000 €+135000 €=360000 € hätte sich ergeben, wenn V seine Anteile vor der Kapitalerhöhung zum Verkehrswert veräußert hätte.

Soweit der Geschäftsanteil des S nicht gem. § 21 UmwStG steuerverstrickt ist, richtet sich seine Behandlung nach allgemeinen Regeln. Vorliegend ergibt sich für S ein Gewinn nach § 17 EStG von 40% von 250000 € ./. 100000 € Einlage=0 €.

In diesem Fall, in dem stille Reserven aus allen Wirtschaftsgütern auf einen neuen Geschäftsanteil verlagert werden, kommt stets ausschließlich eine quotale Verteilung in Betracht. Dies gilt entsprechend, wenn stille Reserven von neuen Geschäftsanteilen auf Altanteile verlagert werden, die entweder nicht steuerverstrickt sind oder bei denen eine anfangs bestehende Steuerverstrickung durch Ablauf der Siebenjahresfrist nach § 8b Abs. 4 Satz 2 Nr. 1 KStG weggefallen ist.

BEISPIEL

Die X-GmbH hat im Jahr 01 im Rahmen einer Sachgründung durch Einbringung eines Teilbetriebs zu Buchwerten 100% der Anteile (Nennkapital 1000 €) an der Y-GmbH erworben. Im Jahr 04 bringt die X-GmbH einen weiteren Teilbetrieb mit einem Buchwert von 1000 € und Verkehrswert von 2000 € in die Y-GmbH ein und erhält dafür neue Anteile aus einer Kapitalerhöhung von nominal 1000 €. Der Verkehrswert der Anteile an der Y-GmbH beträgt ohne Berücksichtigung der weiteren Teilbetriebseinbringung zum Zeitpunkt der Kapitalerhöhung 1600 € (stille Reserven=600 €). Nach der Kapitalerhöhung im Jahr 04 hält die X-GmbH Anteile an der Y-GmbH mit einem Nennwert von 2000 €. Davon entfallen jeweils 1000 € (50%) auf die Anteile durch Sachgründung (Altanteile) und die Anteile durch Kapitalerhöhung. Die Verkehrswerte der Anteile stehen sich im Verhältnis 1600 € : 2000 € gegenüber.

Im Jahr 09 möchte die X-GmbH 50% ihrer Anteile (Nennwert 1000 €) an der Y-GmbH verkaufen.

LÖSUNG Eine nach § 8b Abs. 2 KStG steuerfreie Veräußerung der Y-Anteile, die aus der Sachgründung resultieren, ist nicht möglich, obwohl für diese Anteile im Jahr 09 die Siebenjahresfrist bereits abgelaufen ist. Die Einbringung des zweiten Teilbetriebs erfolgte nicht verhältniswahrend, so dass stille Reserven aus der zweiten Teilbetriebseinbringung auf die Altanteile überspringen. Da diese stillen Reserven nicht einzelnen Anteilen zugeordnet werden können, ist jeder Altanteil teilweise steuerverhaftet, die Veräußerung ist entsprechend teilweise steuerpflichtig.

12.6 Steuerpflicht für Ausschüttungen aus Streubesitzdividenden (§ 8b Abs. 4 KStG)

Ausgewählte Literaturhinweise **Kessler/Dietrich**, Wann ist eine Beteiligung eine Schachtelbeteiligung? DStR 2012, 2101 ▪ **Patzner/Nagler,** JStG 2013 – Die St-Freiheit von Streubesitzdividenden nach dem EuGH-Urt v 20.10.2011, C-284/09, Kommission/D, IStR 2012, 790 ▪ **Schönfeld/Häck,** Verfassungsrechtliche Zulässigkeit »unecht« rückwirkender St-Gesetze, DStR 2012, 1725 ▪ **Binnewies,** Besteuerung von Streubesitzdividenden, GmbH-StB 2013, 255 ▪ **Grefe,** Die etrag-stlichen Regelungen für Streubesitzdividenden nach Einführung des § 8b Abs 4 KStG, DStZ 2013, 573 ▪ **Haar,** StPflicht für Ausschüttungen aus Streubesitz, StStud 2013, 647 ▪ **Herlinghaus,** Rechtsfragen zur StPflicht von Streubesitzdividenden gem § 8b Abs 4 KStG nF, FR 2013, 529 ▪ **Höreth/Stelzer,** JStG 2013 alt, light und reloaded – Spielball der Politik, große Verwirrung bei den Rechtsanwendern, DStZ 2013, 218 ▪ **Kaminski,** Aktuelle stliche Änderungen 2013 – Eine Bestandsaufnahme, Stbg 2013, 145 ▪ **Köster,** Gestaltungs-Hinw zum Jahresende 2013: Hinw zur Besteuerung der Kap-Ges und ihrer Gesellschafter – ESt, KSt und ErbSt, DStZ 2013, 859 ▪ **Linn,** Das Gesetz zur Umsetzung des EuGH-Urt v 20.10.2011 in der Rs C-284/98 (Streubesitzdividenden), IStR 2013, 235 ▪ **Pflüger,** Besteuerung von Streubesitzdividenden: Gesetz sorgt für deutliche Verschärfungen, GStB 2013, 149 ▪ **Schönfeld,** Die StPflicht von Streubesitzdividenden gem § 8b Abs 4 KStG nF – dargestellt anhand von Fall-Bsp, DStR 2013, 937 ▪ **Schwedhelm/Olbing/Binnewies,** Aktuelles StR rund um die GmbH zum Jahreswechsel 2013/2014, GmbHR 2013, 1233 ▪ **Watrin/Eberhardt,** Besteuerung von Streubesitzdividenden und internationale St-Planung, IStR 2013, 814 ▪ **Watrin/Eberhardt,** Ausschüttungen im System der Hinzurechnungsbesteuerung nach der Neufassung von § 8b Abs 4 KStG, DStR 2013, 2601 ▪ **Weber-Grellet,** Die Funktion der KapSt im System der AbgeltungSt (Teil II), DStR 2013, 1412 ▪ **Wiese/Lay,** Die Besteuerung sog »Streubesitzdividenden« im KSt-Recht, GmbHR 2013, 404 ▪ **Adrian,** Beteiligungsbezogene oder isolierende Betrachtungsweise beim unterjährigen Erwerb von Kap-Ges-Anteilen? GmbHR 2014, 407 ▪ **Behrens/Renner/Faller,** Die Stichtags- und Rückbeziehungsregel bei der Besteuerung von Streubesitzdividenden, DStZ 2014, 336 ▪ **Beyme,** Ist das Teil-Eink-Verfahren für Streubesitzdividenden bei Kö anwendbar? NWB 2014, 867 ▪ **Binnewies,** Streubesitzdividenden-Regelung in § 8b Abs 4 KStG, GmbH-StB 2014, 242 ▪ **Bolik/Zöller,** Unterjähriger Hinzuerwerb von Beteiligungen iRd § 8b Abs 4 KStG, DStR 2014, 782 ▪ **Ernst,** Restriktives aus der Verwaltung zur Streubesitzregelung in § 8b Abs 4 KStG, DB 2014, 449 ▪ **Grefe,** Ertragstliche Modifikationen gewerblicher Dividenden, StStud 2014, 454 ▪ **Kamphaus/Weihmann/Sauer,** Unterjähriger Beteiligungserwerb bei Anwendung von § 8b Abs 4 KStG nF, Ubg 2014, 258 ▪ **Joisten/Vossel,** Anwendung des Teil-Eink-Verfahrens auf Streubesitzdividenden gem § 8b Abs 4 KStG? FR 2014, 794 ▪ **Köster,** Gestaltungs-Hinw zum Jahresende 2014: Hinw zur Besteuerung der Kap-Ges und ihrer Gesellschafter – ESt und KSt, DStZ 2014, 888 ▪ **Lipp,** Die Rückbeziehungsfiktion des § 8b Abs 4 KStG und die Auswirkungen auf die GewSt, NWB 2014, 2403 ▪ **Mössner,** Auslegung von § 8b Abs 4 KStG durch OFD Ffm, IStR 2014, 497 ▪ **Rathke/Ritter,** Anwendbarkeit des Teil-Eink-Verfahrens bei Kap-Ges auf Erträge aus Streubesitzbeteiligungen, DStR 2014, 1207 ▪ **Schmidtmann,** St-Planung bei Kap-Ges mittels inkongruenter GA nach dem BMF-Schr v 17.12.2013, Ubg 2014, 502 ▪ **Schwedhelm/Olbing/Biennewies,** Aktuelles StR rund um die GmbH zum Jahreswechsel 2014/2015, GmbHR 2014, 1233 ▪ **Broemel,** § 8b Abs 4 KStG und Participation Exemption Shopping – Anknüpfungspunkt der St-Gestaltung? IStR 2015, 644 ▪ **Fahrenhorst,** Gewstliche Behandlung von Dividenden, die Kö mittelbar über eine Pers-Ges-Holding beziehen, DB 2015, 2779 ▪ **Hagemann/Özkan,** Besteuerung grenzüberschreitender Streubesitzdividenden, IWB 2015, 482 ▪ **Haselmann/Albrecht,** Die angekündigte Ausweitung des § 8b Abs 4 KStG auf VG – verfassungswidrige Rückwirkung trotz »Schonfrist«, DStR 2015, 2212 ▪ **Helios/Philipp,** StPflicht von VG aus Streubesitzbeteiligungen in der Direktanlage, DK 2015, 369 ▪ **Kleinert/Lübbehüsen,** Noch nicht existente Regelungen können nicht umgangen werden, DB 2015, 1007 ▪ **Köster,** Gestaltungs-Hinw zum Jahresende 2015: Hinw zur Besteuerung der Kap-Ges und ihrer Gesellschafter – ESt und KSt, DStZ 2015,

855 ▪ **Kotten/Heinemann,** Erweiterung der StPflicht von Streubesitzbeteiligungen: Eine krit Analyse aktueller Entwicklungen, DStR 2015, 1889 ▪ **Maciejewski/Rehr,** Streubesitzdividenden bei inl Kap-Ges (leider) voll stpfl, DStR 2015, 1481) ▪ **Melkonyan/Kudert,** KStliche Streubesitzdividenden im Kontext der Hinzurechnungsbesteuerung nach §§ 7 bis 14 AStG, Ubg 2015, 132 ▪ **Ritzer/Stangl,** Geplante Änderungen des § 8b Abs 4 KStG, DStR 2015, 2203 ▪ **Rogall/Dreßler,** Ausweitung der VG-Besteuerung durch Neuregelung des § 8b Abs 4 KStG, BB 2015, 2009 ▪ **Rüsch/Moritz,** Teil-Eink-Verfahren und § 8b KStG, DStR 2015, 2305 ▪ **Köth,** KSt-Erklärung 2015, NWB 2016, 1177; Kempf/Loose, Das grds Korrespondenzprinzip – Der Versuch einer Systematisierung, DStR 2016, 2489; **Köster**, Gestaltungs-Hinw zum Jahresende 2016: Hinw zur Besteuerung der Kap-Ges und ihrer Gesellschafter – ESt und KSt, DStZ 2016, 963; **Köth**, KSt-Erklärung 2015, NWB 2016, 1177; **Haase/Dorn**, Zum Zusammenspiel zwischen kst- und gewstlichem Schachtelprivileg bei Bezug über eine gew Pers-Ges, DStR 2017, 134; **Kollruss**, Ist die dt Streubesitzdividendenbesteuerung weiterhin europarechtswidrig? Wpg 2017, 50; **Kraft,** Belastungswirkungen repatriierter Dividenden im kap-gesellschaftlichen Outbound-Beteiligungsverbund bei nicht beherrschenden Beteiligungsquoten, BB 2017, 2135; **Brühl/Weiss,** Aktuelle Entwicklungen bei der Ausnahmevorschrift des § 8b Abs 4 KStG, Ubg 2020, 339; **Rothe,** Ausgewählte Probleme des dt Konzepts zur Besteuerung von Streubesitzdividenden, FR 2020, 705; **Kneip/Schlitt,** Besteuerung von Streubesitzdividenden ist verfassungskonform, Wpg 2021, 190.

12.6.1 Allgemeines

Nach Auffassung des EuGH (EuGH vom 20.10.2011, GmbHR 2011, 1211) stellt die höhere Besteuerung von Streubesitzdividenden eine inländischen Tochter-Gesellschaft an eine ausländische Muttergesellschaft, die sich zum einen aus der Nichtanrechenbarkeit der inländischen Kapitalertragsteuer sowie der Nichtanwendbarkeit des § 8b Abs. 1 KStG und zum anderen aus der Nichtanwendbarkeit der Mutter-Tochter-Richtlinie ergibt, einen Verstoß gegen die Kapitalverkehrsfreiheit dar. Dieser Unionsverstoß wäre nur dann gerechtfertigt, wenn sich Deutschland mit dem Ansässigkeitsstaat dahingehend verständigt hätte, dass dieser die deutsche Quellensteuer in voller Höhe anrechnet oder erstattet. Dies ist aber i. d. R. nicht der Fall. Siehe auch BFH vom 11.01.2012 (BFH/NV 2012, 871).

Der Gesetzgeber hat durch das Gesetz zur Umsetzung des EuGH-Urteils vom 20.10.2011 in der Rs. C-284/09 vom 21.03.2013 (BGBl I 2013, 561) in der Weise reagiert, dass er für alle begünstigten Empfänger i. S. d. § 8b Abs. 1 KStG die Steuerfreiheit für Bezüge aus Streubesitzanteilen abgeschafft hat. Damit sind nur noch Bezüge aus Schachtelbeteiligungen steuerfrei. Hierzu wurde § 8b Abs. 4 KStG eingefügt (der bislang unbesetzt war und vorher, s. Tz. 12.5, einen völlig anderen Inhalt hatte).

12.6.2 Anwendung der Neuregelung

Die Neuregelung gilt für alle Ausschüttungen, die nach dem 28.02.2013 dem Gesellschafter zufließen. Dies gilt unabhängig davon, ob die ausschüttende oder empfangende Kapitalgesellschaft ein Wirtschaftsjahr hat, das mit dem Kalenderjahr übereinstimmt, oder ob ein abweichendes Wirtschaftsjahr vorliegt.

12.6.3 Regelungsinhalt

Beträgt die Beteiligung an der leistenden Körperschaft zu Beginn des Kj. unmittelbar weniger als 10%, sind die Bezüge i.S.d. § 8b Abs. 1 KStG abweichend von der Regelung des § 8b Abs. 1 Satz 1 KStG bei der empfangenden Körperschaft in voller Höhe stpfl. Die übrigen Regelungen des § 8b KStG, d.h. insbes. die Steuerfreiheit von Veräußerungsgewinnen (s. § 8b Abs. 2 KStG) und die Nichtabziehbarkeit von Gewinnminderungen (s. § 8b Abs. 3 KStG) gilt auch bei Streubesitzanteilen. Insoweit besteht ein Unterschied zu Streubesitzanteilen, die von § 8b Abs. 7 oder 8 KStG erfasst werden. Bei diesen sind sowohl die Dividenden als auch die Veräußerungsgewinne steuerpflichtig, Gewinnminderungen können im Gegenzug in voller Höhe steuerlich abgezogen werden. § 8b Abs. 4 KStG ist in den Fällen des § 8b Abs. 7 und 8 KStG nicht anwendbar.

Außerdem wurde im Gesetz geregelt, dass für Ausschüttungen, die aufgrund der Anwendung des § 8b Abs. 4 KStG steuerpflichtig sind, keine pauschalen nicht abziehbaren Ausgaben i.H.v. 5% nach § 8b Abs. 5 KStG zu berücksichtigen sind (§ 8b Abs. 4 Satz 7 KStG). Tatsächliche Kosten im Zusammenhang mit dem Beteiligungsbesitz blieben, wie auch bei den unter § 8b Abs. 1 KStG fallenden Ausschüttungen, voll abziehbare Betriebsausgaben.

12.6.4 Unmittelbare Beteiligung zu Jahresbeginn/unterjährig

Nach § 8b Abs. 4 Satz 1 KStG ist auf die Beteiligungshöhe zu Beginn des Kalenderjahres abzustellen, d.h. die Beteiligungsquote am 01.01. des Kalenderjahres (nicht Wj.) ist maßgebend. Die Beteiligungsverhältnisse im Zeitpunkt der Fassung des Gewinnausschüttungsbeschlusses oder der tatsächlichen Ausschüttung sind ohne Bedeutung.

Bei unterjähriger Gründung der Gesellschaft § 8b Abs 4 Satz 6 KStG ist u.E. mit der Maßgabe anzuwenden, dass von einem Erwerb zu Beginn des Kj. auszugehen ist (s. Haisch/Helios/Niedling, DB 2012, 2060 und s. Intemann, BB 2013, 1239). Zweifelnd s. Herlinghaus (FR 2013, 529).

Wenn Anteile von mindestens 10% unterjährig erworben werden, gelten sie als zu Beginn des Jahres erworben (§ 8b Abs. 4 Satz 6 KStG).

BEISPIEL

Am 25.09. erwirbt die X-GmbH eine 15%-Beteiligung am der Z-GmbH. Am 04.12. erfolgt eine Gewinnausschüttung der Z-GmbH an die X-GmbH.

LÖSUNG Die Gewinnausschüttung ist nach § 8b Abs. 1 KStG steuerfrei, da wegen der Fiktion des § 8b Abs. 4 Satz 6 KStG am 01.01. die Mindestbeteiligung von 10% besteht. Gewerbesteuerlich liegt ein Hinzurechnungsfall des § 8 Nr. 5 GewStG vor, da die Beteiligung nicht zu Beginn des Erhebungszeitraum mindestens 15% betrug (§ 9 Nr. 2a GewG); also keine Kürzung nach § 9 Nr. 2a GewStG.

Unterjährige Veräußerungen haben keinen Einfluss auf die maßgebliche Beteiligungsgrenze.

BEISPIEL

Am 26.04. erwirbt die X-GmbH eine 15%-Beteiligung an der Z-GmbH. Am 27.07. veräußert die X-GmbH 10% der Anteile. Am 25.12. erhält die X-GmbH eine Gewinnausschüttung auf den noch verbleibenden 5%-Anteil.

LÖSUNG Die Gewinnausschüttung ist nach § 8b Abs. 1 KStG steuerfrei, da aufgrund der Fiktion des § 8b Abs. 4 Satz 6 KStG am 01.01. eine Mindestbeteiligung besteht.

Im Gesetz nicht geregelt ist der Fall, in dem während des Kalenderjahres zu schon vorhandenen Anteilen noch weitere Anteile (unter 10%) hinzuerworben werden, so dass die 10%-Grenze erreicht ist.

BEISPIEL

Die X-GmbH hält 5% der Anteile an der Z-GmbH. Am 27.07. erwirbt sie 6% der Anteile an der Z-GmbH hinzu. Damit hält sie anschließend 11% der Anteile der Z-GmbH. Am 25.09. erhält die X-GmbH eine Gewinnausschüttung von der Z-GmbH.

LÖSUNG Die Gewinnausschüttung ist u.E. nach § 8b Abs. 4 KStG in voller Höhe steuerpflichtig, da am 01.01. keine Mindestbeteiligung vorlag und auch nicht mindestens 10% hinzuerworben wurden; damit ist § 8b Abs. 4 Satz 6 KStG nicht einschlägig.

Die zeitliche Zuordnung von Ausschüttungen ist weiterhin unklar, wenn eine Streubesitzbeteiligung auf eine Mindestbeteiligung aufgestockt wird.

BEISPIELE

a) Die X-GmbH hält 5% der Anteile an der Z-GmbH. Am 26.04. erwirbt sie 11% der Anteile an der Z-GmbH hinzu. Es erfolgen Gewinnausschüttungen am 01.03. und am 27.07.
LÖSUNG Beide Ausschüttungen sind steuerfrei, da aufgrund der Fiktion des § 8b Abs. 4 Satz 6 KStG bereits am 01.01. die Mindestbeteiligung von 10% vorlag.
Denkbar wäre aber auch eine Aufteilung: Die Märzausschüttung ist voll steuerpflichtig, die Juniausschüttung, soweit sie auf den 5%-Anteil entfällt, voll steuerpflichtig und soweit auf den 11%-Anteil entfallend steuerfrei. Dies entspricht der Verwaltungsauffassung (OFD Ffm vom 02.12.2013, S 2750 aA –19 – St 52).

b) Die X-GmbH hält zu Beginn des Kalenderjahres keine Beteiligung. Am 01.04.03 erwirbt sie eine Beteiligung an der Z-GmbH von 20%, am 01.07.03 eine von 4% und am 01.09.03 eine von 4%. Es erfolgt eine Gewinnausschüttung am 01.12.03.
LÖSUNG Die Regelung des § 8b Abs. 4 Satz 6 KStG ist nur auf den Erwerb der Beteiligung i.H.v. 20% am 01.04.03 anzuwenden. Am 01.07. und 01.09.03 wurden jeweils Beteiligungen von weniger als 10% erworben, sodass eine Rückbeziehung nicht in Betracht kommt. Die Erträge sind insoweit steuerfrei, als sie auf den am 01.04.03 erworbenen 20%igen Anteil entfallen und steuerpflichtig, soweit sie auf die Anteile von 4 und 7% entfallen (OFD Ffm vom 02.12.2013, S 2750 aA – 19 – St 52).

c) Die X-GmbH hält zu Beginn des Kalenderjahres keine Beteiligung. Am 01.04.03 erwirbt sie eine Beteiligung an der Z-GmbH von 5% von Veräußerer 1 und am 01.09.03 eine von 5% von Erwerber 2. Es erfolgt eine Gewinnausschüttung am 01.12.03.
LÖSUNG Nach Auffassung der Verwaltung ist die Regelung des § 8b Abs. 4 Satz 6 KStG nicht anzuwenden, da nicht in einem Erwerbsvorgang 10% erworben wurden (s. OFD Ffm vom 02.12.2013, S 2750 aA – 19 – St 52).
In seinem Urteil vom 06.09.2023, I R 16/21, hat der BFH jedoch entschieden, dass die in § 8b Abs. 4 Satz 6 des Körperschaftsteuergesetzes angeführte Beteiligungsschwelle (10% des Grund- oder Stammkapitals) auch durch einen aus Sicht des Erwerbers wirtschaftlich einheitlichen Erwerbsvorgang dann erreicht werden kann, wenn an diesem Vorgang mehrere Veräußerer beteiligt sind.

12.6.5 Mittelbare Beteiligung über eine Personengesellschaft (§ 8b Abs. 4 Sätze 4 und 5 KStG)

Entsprechend des Grundgedankens des § 8b Abs. 6 KStG werden mittelbare Beteiligungen an Kapitalgesellschaften über Personengesellschaften wie unmittelbare Beteiligungen behandelt (§ 8b Abs. 4 Satz 4 und 5 KStG). Somit kommt die Steuerfreiheit auch zum Zuge, wenn eine mittelbare Beteiligung über eine Personengesellschaft besteht. Für die Prüfung, ob die Beteiligung zu Beginn des Kalenderjahres mindestens 10% beträgt, sind die Beteiligungen der Personengesellschaften an der Kapitalgesellschaft entsprechend der Anteile aufzuteilen.

BEISPIEL

An der Z-OHG sind die A-GmbH zu 40% und die natürliche Person B zu 60% beteiligt. Die Z-OHG ist an der Y-GmbH zu 30% und an der X-GmbH mit 12% beteiligt. Am 01.06. erfolgt eine Ausschüttung der Y-GmbH von 60000 € und am 01.07. eine Ausschüttung von der X-GmbH auf die Z-OHG von 40000 €.

LÖSUNG Durch die 40%ige Beteiligung der A-GmbH (= Mitunternehmer) an der Z-OHG sind die Beteiligungen an der Y-GmbH und der X-GmbH der A-GmbH anteilig zuzurechnen (§ 8b Abs. 4 Satz 4 KStG). Hinsichtlich der Beteiligung an der Y-GmbH ist von 12% (= 40% von 30%) und hinsichtlich der Beteiligung an der X-GmbH ist von 4,8% (= 40% von 12%) auszugehen.

Die anteilige Ausschüttung der Y-GmbH von 24000 € (= 40% von 60000 €) sind wegen der mittelbaren Beteiligung von 12% steuerfrei, § 8b Abs. 1 i. V. m. Abs. 6 KStG (5% nichtabziehbare Betriebsausgabe = 1200 €, § 8b Abs. 5 KStG).

Die anteilige Ausschüttung der X-GmbH von 16000 € (= 40% von 40000 €) sind wegen der mittelbaren Beteiligung von 4,8% voll steuerpflichtig, § 8b Abs. 4 Satz 1 i. V. m. Satz 4 KStG.

12.6.6 Bemessung der Beteiligungshöhe in Umwandlungsfällen (§ 8b Abs. 4 Satz 2 KStG)

In Umwandlungsfällen ist § 13 Abs. 2 Satz 2 UmwStG nach § 8b Abs. 4 Satz 2 KStG nicht anzuwenden. Es handelt sich hierbei um Verschmelzungs-, Auf- oder Abspaltungsfälle, bei denen sich auf Anteilseigner-Ebene die Anteile an der übertragenden gegen Anteile an der übernehmenden Körperschaft austauschen und der Anteilseigner einen wirksamen Antrag auf Buchwertansatz nach § 13 Abs. 2 Satz 1 UmwStG gestellt hat. Die Regelung bedeutet, dass die Anteile der Übernehmerin nicht an die Stelle der Anteile an der Überträgerin treten, sondern es kommt bei einer Gewinnausschüttung durch die übernehmende Körperschaft auf die tatsächliche Beteiligungsquote an der Übernehmerin nach Umwandlung an.

12.6.7 Bemessung der Beteiligungshöhe in Fällen der Wertpapierleihe (§ 8b Abs. 4 Satz 3 KStG)

In Fällen der Wertpapierleihe werden die Anteile für die Anwendung des § 8b Abs. 4 KStG nicht dem Entleiher als rechtlichem und wirtschaftlichem Eigentümer, sondern dem Verleiher, also der überlassenden Körperschaft, zugerechnet, wenn es sich bei dem Verleiher um eine Körperschaft handelt (§ 8b Abs. 4 Satz 3 KStG). Damit wird die Beteiligung für Zwecke der Ermittlung der Beteiligungsgrenze nicht demjenigen zugerechnet, dem nach § 20 Abs. 5 EStG der Ertrag aus der Beteiligung zuzurechnen ist. § 8b Abs. 4 KStG regelt nur die abweichende Zurechnung der Anteile für die Ermittlung der Beteiligungsgrenze, nicht jedoch die Zurechnung der Erträge i. S. d. § 8b Abs. 1 KStG.

12.6.8 Bemessung der Beteiligungsquote für Mitglieder einer kreditwirtschaftlichen Verbundgruppe (§ 8b Abs. 4 Satz 8 KStG)

Für die Berechnung der Beteiligungsquote werden Beteiligungen von Kreditinstituten i. S. d. § 1 KWG, die selbst Mitglied einer kreditwirtschaftlichen Verbundgruppe sind, mit den anderen Mitgliedern der Verbundgruppe zusammengerechnet. Damit soll eine Besteuerung in den Verbandsstrukturen der Sparkassen und Genossenschaftsbanken vermieden werden. Anteile an anderen Kapitalgesellschaften fallen nicht unter diese Vorschrift und sind nicht zusammenzurechnen.

12.7 Pauschaliertes Betriebsausgabenabzugsverbot bei steuerfreien Dividenden (§ 8b Abs. 5 KStG)

Von den Bezügen i. S. d. § 8b Abs. 1 KStG, die bei der Ermittlung des Einkommens außer Ansatz bleiben, gelten 5 % als Ausgaben, die nicht als Betriebsausgaben abgezogen werden dürfen. Nach Satz 2 ist § 3c Abs. 1 EStG nicht anwendbar.

BEISPIEL

Die X-GmbH hält eine teilweise fremdfinanzierte Beteiligung (Kreditkosten 30 000 €) an der Y-AG. In 04 erhält sie eine Gewinnausschüttung von 100 000 €.

LÖSUNG Die Gewinnausschüttung ist steuerfrei (§ 8b Abs. 1 KStG).

Die Kreditkosten i. H. v. 30 000 € sind in vollem Umfang abzugsfähig, da § 3c Abs. 1 EStG nicht anwendbar ist (§ 8b Abs. 5 Satz 2 KStG).

5 % der Ausschüttung (= Bezüge) gelten als Betriebsausgaben, die nicht abgezogen werden dürfen (§ 8b Abs. 5 Satz 1 KStG). Außerbilanzielle Zurechnung i. H. v. 5 000 € (= 5 % von 100 000 €).

Die Höhe der tatsächlichen Betriebsausgaben spielt keine Rolle. Die Hinzurechnung der nichtabzugsfähigen Betriebsausgaben ist auch vorzunehmen, wenn keine oder nur geringfügige Kosten entstanden sind.

BEISPIEL

Die A-GmbH hält eine Beteiligung an der Y-AG, die aus eigenen Mitteln erworben wurde, so dass keine Finanzierungskosten entstanden sind. In 04 erhält sie eine Gewinnausschüttung von 100 000 €.

LÖSUNG Die Gewinnausschüttung ist steuerfrei.

5 % der Ausschüttung, also 5 000 € sind als nicht abziehbare Betriebsausgabe zu behandeln.

Eine Hinzurechnung erfolgt jedoch nur, wenn tatsächlich Gewinnausschüttungen erfolgen.

Bemessungsgrundlage für die Ermittlung des 5%igen Betriebsausgabenabzugs sind die Bezüge i.S.d. § 8 Abs. 1 KStG, die bei der Ermittlung des Einkommens außer Ansatz bleiben. Das pauschalierte Betriebsausgaben-Abzugsverbot galt zunächst nur für Bezüge i.S.d. § 8b Abs. 1 KStG aus Anteilen an einer ausländischen Gesellschaft. Durch das Korb II-Gesetz wurde § 8b Abs. 5 KStG in dem Sinne verallgemeinert, dass mit Wirkung ab dem VZ 2004 von den Bezügen i.S.d. § 8b Abs. 1 KStG, die bei der Ermittlung des Einkommens außer Ansatz bleiben, 5% als Ausgaben gelten, die nicht als Betriebsausgaben abgezogen werden dürfen. Damit gilt die Pauschalierung unabhängig davon, ob die Bezüge aus einer inländischen oder ausländischen Gesellschaft stammen. Außerdem wird durch § 8b Abs. 5 Satz 2 KStG klargestellt, dass § 3c Abs. 1 EStG nicht anzuwenden ist.

Die Regelung bedeutet in ihrer wirtschaftlichen Wirkung, dass die Dividendenfreistellung nach § 8b Abs. 1 KStG bzw. DBA von 100% auf 95% reduziert wird. Bei mehrstufigen Ausschüttungen in nicht organschaftlich verbundenen Beteiligungsstrukturen wirkt sich das 5%ige Abzugsverbot negativ aus; es kumuliert sich, da es auf jeder Ausschüttungsstufe beachtet werden muss. Organschaftliche Gewinnabführungen stellen keine Bezüge i.S.d. § 8b Abs. 5 KStG dar (BMF vom 26.08.2003 BStBl I 2003, 437, Rz. 24), das Abzugsverbot greift hier nicht.

Nach § 8b Abs. 4 Satz 7 KStG findet § 8b Abs. 5 KStG auf Streubesitzdividenden, die nach dem 28.02.2013 zugeflossen sind (s. Tz. 12.6), keine Anwendung.

12.8 Anwendung des § 8b Abs. 1–5 KStG bei Beteiligung über eine Personengesellschaft (§ 8b Abs. 6 KStG)

Nach § 8b Abs. 6 KStG gelten die Abs. 1 bis 5 KStG auch für die dort genannten Bezüge, Gewinne und Gewinnminderungen, die dem Steuerpflichtigen i.R.d. Gewinnanteils aus einer Mitunternehmerschaft zugerechnet werden, sowie für Gewinne und Verluste, soweit sie bei der Veräußerung oder Aufgabe eines Mitunternehmeranteils auf Anteile i.S.d. Abs. 2 entfallen. Die Abs. 1 bis 5 gelten für Bezüge und Gewinne, die einem Betrieb gewerblicher Art einer juristischen Person des öffentlichen Rechts über andere juristische Personen des öffentlichen Rechts zufließen, über die sie mittelbar an der leistenden Körperschaft, Personenvereinigung oder Vermögensmasse beteiligt ist und bei denen die Leistungen nicht im Rahmen eines Betriebs gewerblicher Art erfasst werden, und damit in Zusammenhang stehende Gewinnminderungen entsprechend. D.h.:

- die Steuerbefreiungen und die Abzugsbeschränkungen des § 8b KStG gelten auch, wenn die Körperschaften, Personenvereinigungen und Vermögensmassen die Bezüge, Gewinne bzw. Gewinnminderungen nicht unmittelbar, sondern nur mittelbar über eine Mitunternehmerschaft erzielen. Dies gilt auch bei mehrstufigen Mitunternehmerschaften;
- die Regelung erfasst auch Gewinne bzw. Gewinnminderungen aus der Veräußerung von Mitunternehmeranteilen, soweit zu dem Betriebsvermögen der Mitunternehmerschaft eine Beteiligung an einer Kapitalgesellschaft, Personenvereinigung oder Vermögensmasse gehört;
- § 8b Abs. 1 bis 5 KStG ist auch bei mittelbarer Beteiligung über eine vermögensverwaltende Personengesellschaft anzuwenden. Der Durchgriff durch die vermögensverwaltende Personengesellschaft folgt aus der so genannten Bruchteilsbetrachtung (§ 39 AO).

BEISPIEL

An der Y-KG ist die Z-GmbH zu 20% beteiligt. Die Y-KG wiederum hält eine 50%ige Beteiligung an der X-GmbH. Anfang 04 erhält die Y-KG eine Dividende i.H.v. 80000 € von der X-GmbH, die sie als Betriebseinnahme behandelte. Ende 04 veräußert die Y-KG die Beteiligung an der X-GmbH und erzielt einen Veräußerungsgewinn i.H.v. 400000 €. Der Gewinnanteil für 04 der Z-GmbH aus der Y-KG beträgt 200000 €.

LÖSUNG Die Steuerbefreiung nach § 8b Abs. 1 und 2 KStG ist anzuwenden, soweit die laufenden Dividendeneinnahmen und der Veräußerungsgewinn anteilig auf die Z-GmbH entfallen (= 20%).

Für die Z-GmbH ergibt sich damit folgender steuerpflichtiger Gewinnanteil:

Gewinnanteil der Z-GmbH insgesamt		200000 €
./. steuerfreie Dividende (§ 8b Abs. 1 KStG; 20% von 80000 €)	./.	16000 €
+ nabzb. BA (§ 8b Abs. 5 KStG; 5% von 16000 €)	+	800 €
./. steuerfreier Veräußerungsgewinn (§ 8b Abs. 2 KStG; 20% von 400000 €)	./.	80000 €
+ nabzb. BA (§ 8b Abs. 3 KStG; 5% von 80000 €)	+	4000 €
= stpfl. Gewinnanteil		108800 €

12.8.1 Mitunternehmerschaft i.S.d. § 8b Abs. 6 Satz 1 KStG

Durch § 8b Abs. 6 KStG werden Mitunternehmerschaften der Einkunftsarten Land- und Forstwirtschaft, Gewerbebetrieb und selbständiger Arbeit erfasst.

Die Steuerbefreiung gilt auch bei zwischengeschalteten ausländischen Personengesellschaften, sowie bei beteiligten beschränkt steuerpflichtigen Körperschaften.

12.8.2 Zurechnung von Bezügen, Gewinnen bzw. Gewinnminderungen

Die Abs. 1–5 KStG sind für alle dort genannten Bezüge, Gewinne und Gewinnminderungen i.R.d. Mitunternehmerschaft anzuwenden.

Im Ergebnis werden bei Mitunternehmerschaften in der Rechtsform einer nach § 8b Abs. 1 oder 2 KStG begünstigten Körperschaft, Personenvereinigung oder Vermögensmasse Bezüge, Gewinne und Gewinnminderungen i.S.d. Abs. 1–5, die bei einer Mitunternehmerschaft (auch bei einer mehrstöckigen) anfallen, den Mitunternehmern so zugerechnet, als seien sie selbst direkt an der Körperschaft beteiligt, die die Dividenden ausgeschüttet haben, oder deren Anteile veräußert worden sind.

Das BMF-Schreiben zu § 8b KStG [a.a.O.] enthält keine Aussagen zu der Frage, ob bei zu dem Gesamthandsvermögen der Personengesellschaft gehörenden Anteilen an einer Körperschaft

- Die Anwendung des § 8b Abs. 6 KStG eine vermögensmäßige Beteiligung der Mitunternehmer Körperschaft an der zwischengeschalteten Personengesellschaft voraussetzt und
- Nach welchem Schlüssel die auf die Mitunternehmerkörperschaft entfallenden Beträge zu ermitteln sind.

Die Anwendung von § 8b Abs. 6 KStG setzt u. E. eine vermögensmäßige Beteiligung der Mitunternehmer Körperschaft an der zwischengeschalteten Personengesellschaft voraus.

Für die Ermittlung der Beträge i. S. d. § 8b Abs. 1–5 KStG ist u. E. der allgemeine Gewinnverteilungsschlüssel ohne die Berücksichtigung von etwaigen Vorabgewinnen maßgebend. Hierfür spricht, dass nur in dieser Höhe die Mitunternehmer-Körperschaft mittelbar über die Personengesellschaft beteiligt ist.

BEISPIEL

Die Z-GmbH ist Komplementärin der der Z-GmbH & Co. KG; am Vermögen der KG ist sie jedoch nicht beteiligt. Kommanditisten zu je 50 % sind die Z-AG und die natürliche Person A. Die Z-GmbH erhält eine Haftungs- und Geschäftsführungsvergütung i. H. v. 300 000 €. Die Z-AG erhält vorab 10 % des Gewinns. Die KG erhält 150 000 € Dividende von der Y-AG. BA, die mit der Y-AG wirtschaftlich zusammenhängen, sind nicht angefallen.

LÖSUNG Da die Z-GmbH vermögensmäßig nicht an der KG beteiligt ist, fällt die Zahlung der Vergütung nicht unter § 8b Abs. 6 KStG. Die Vergütung i. H. v. 300 000 € ist voll steuerpflichtig, da es sich nicht um Bezüge oder Gewinne handelt.

Der der Z-AG zuzurechnende Gewinnanteil i. S. d. § 15 Abs. 1 Nr. 2 EStG ist bei der Veranlagung der AG um steuerfreie Dividenden i. S. d. § 8b Abs. 1 KStG i. H. v. 75 000 € (= 50 % von 150 000 €) zu kürzen. Die nabzb. BA nach § 8b Abs. 5 Satz 1 KStG betragen 3 750 € (5 % von 75 000 €).

Bei natürlichen Personen als Mitunternehmer, die ihren Mitunternehmeranteil in einem anderen Betriebsvermögen halten, gilt, dass bei ihnen über den Gewinnanteil aus Mitunternehmerschaft zuzurechnende Anteile an den Bezügen, Gewinnen und Gewinnminderungen den Regeln des § 3 Nr. 40 EStG und des § 3c Abs. 2 EStG unterliegen. Dies gilt bis VZ 2008 auch für Mitunternehmeranteile, die im Privatvermögen gehalten werden.

Nach § 8b Abs. 6 KStG sind die Steuerbefreiungsvorschriften (§ 8b Abs. 1–5 KStG) bereits im Gewinnfeststellungsverfahren zu berücksichtigen.

12.8.3 Bezüge, Gewinne und Gewinnminderungen, die einem Betrieb gewerblicher Art über eine andere juristische Person des öffentlichen Rechts zufließen (§ 8b Abs. 6 Satz 2 KStG)

Die Abs. 1 bis 5 gelten für Bezüge und Gewinne, die einem Betrieb gewerblicher Art einer juristischen Person des öffentlichen Rechts über andere juristische Personen des öffentlichen Rechts zufließen, über die sie mittelbar an der leistenden Körperschaft, Personenvereinigung oder Vermögensmasse beteiligt ist und bei denen die Leistungen nicht im Rahmen eines Betriebs gewerblicher Art erfasst werden, und damit in Zusammenhang stehende Gewinnminderungen entsprechend.

Begünstigt sind insbes. Beteiligungsstrukturen bei öffentlich-rechtlichen Kredit- und Versicherungsanstalten, z. B.:

- öffentlich-rechtliche Sparkasse,
- Giroverband,
- Landesbank.

Erhält die öffentlich-rechtliche Sparkasse Bezüge der Landesbank, sind diese nach § 8b Abs. 6 Satz 2 KStG steuerfrei. Ohne diese Regelung wäre volle Steuerpflicht gegeben, da die Abführungen des Verbandes nicht zu den Bezügen des § 8b Abs. 1 KStG gehören.

Nach Verwaltungsauffassung sind die Grundsätze des § 8b Abs. 6 Satz 2 KStG – entgegen seinem Wortlaut – entsprechend anzuwenden, wenn die in der Vorschrift genannten Bezüge und Gewinne nicht einem Betrieb gewerblicher Art einer juristischen Person des öffentlichen Rechts, sondern einer Körperschaft, Personenvereinigung und Vermögensmasse i. S. d. § 1 Abs. 1 Nr. 1, 4 und 5 KStG zufließen (BMF vom 06.08.2002 IV A 2 – S 1910 – 197/02, OFD FfM vom 11.11.2002 S 2750 a A – 7 – St II 11).

12.9 Anwendung von § 8b Abs. 7 und Abs. 1–6 KStG

ausgewählte Literturhinweise ▪ **Bindl**, Zur Anwendung von § 8b Abs. 7 Satz 2 KStG auf GmbH-Anteile, DStR 2007, 888 ▪ **Dieterlen/Dieterlen**, § 8b Abs. 7 KStG und Übertragungsvorgänge bei Mitunternehmerchaften, GmbHR 2007, 741 ▪ **Grube/Behrendt**, GmbH-Anteile sind nicht von § 8b Abs. 7 Satz 2 KStG betroffen, DStR 2007, 886 ▪ **Jensen-Nissen**, Droht Holding- und Beteiligungs-KapGes der Verlust der Steuerfreistellung nach § 8b KStG? DB 2008, 2273 ▪ **Bauschatz**, Finanzunternehmen nach § 8b Abs. 7 Satz 2 KStG, DStZ 2009, 502 ▪ **Ebner/Helios**, Zur Anwendung von § 8b Abs. 7 KStG bei Publikums- und Spezialfonds, FR 2009, 977 ▪ **Hagedorn/Matzke**, Steuerpflicht von VG bei Anteilsverkäufen durch eine Holding, GmbHR 2009, 970 ▪ **Haisch/Bindl**, Anteilsbesitz von Finanzunternehmen – Geklärte und offene Anwendungsfragen bei § 8b Abs. 7 Satz 2 KStG, Ubg 2009, 680 ▪ **Heurung/Seidel**, Steuerplanung bei Finanzunternehmen mit ausländischen GmbH-Anteilen, GmbHR 2009, 1084 ▪ **Jacob/Scheifele**, § 8b Abs. 7 Satz 2 KStG auf dem Prüfstand des BFH: Welche Auswirkungen ergeben sich für ausländische Holdinggesellschaften mit Beteiligung an inländischen (Grundstücks-)KapGes? IStR 2009, 304 ▪ **Löffler/Hansen**, Zur Reichweite von § 8b Abs. 7 Satz 2 KStG nach dem BFH-Urt. v. 14.01.2009, I R 36/08, DStR 2009, 635, DStR 2009, 1135 ▪ **Lohmann/Windhöfel**, Das Signal bei Holdings steht auf langfristiges Halten – der BFH zu § 8b Abs. 7 Satz 2 KStG, DB 2009, 1043 ▪ **Stollenwerk/Kühnemund**, Geglückte oder verunglückte Verwaltung von Finanzvermögen in der GmbH, Teil I, GmbH-StB 2009, 336 ▪ **Wagner**, Das »übermäßig« weite Verständnis des Begriffs der Finanzunternehmen i. S. d. § 8b Abs. 7 KStG durch den BFH, DK 2009, 45 ▪ **Wagner**, Die Sichtweise des FG HH im Urt. v. 26.02.2008 zur Steuerpflicht von Finanzunternehmen nach § 8b Abs. 7 KStG, DK 2009, 23 ▪ **Löffler/Tietjen**, Veräußerung von Anteilen an Immobilien-Objektgesellschaften – schädlicher »Eigenhandel« i. S. v. § 8b Abs. 7 Satz 2 KStG? DStR 2010, 586 ▪ **Stollenwerk/Kühnemund**, Geglückte oder verunglückte Verwaltung von Finanzvermögen in der GmbH, Teil 2, GmbH-StB 2010, 11 ▪ **Breuninger/Winkler**, Die Anwendung des § 8b Abs. 7 KStG i. R. v. Kapitalerhöhungen und Sacheinlagen – Chancen und Risiken, Ubg 2011, 13 ▪ **Hagen/Beckert**, Finanzunternehmen und beschränkte Verrechnung von Verlusten aus Termingeschäften – Auswirkungen der jüngeren Finanz-Rechtsprechung, Ubg 2011, 520 ▪ **Löffler/Hansen**, Veräußerung zuvor gekaufter Anteile an einer Vorratsgesellschaft als »Eigenhandel« i. S. v. § 8b Abs. 7 KStG, DStR 2011, 558 ▪ **Riegel**, Die Ausnahme vom Beteiligungsprivileg für Finanzunternehmen, Ubg 2011, 121 ▪ **Riegel/Uskenbayeva**, Besteuerung von Dividenden und Gewinnen aus Anteilsveräußerungen bei Finanzunternehmen, NWB 2011, 2375 ▪ **Rogall/Luckhaupt**, Zuordnung von Anschaffungskosten bei der Veräußerung von Anteilen an Kapitalgesellschaften, DB 2011, 1362 ▪ **Schiffers/Köster**, Gestaltungshinweis zur Unternehmensbesteuerung zum Jahreswechsel 2011/2012, DStZ 2011, 851 ▪ **Seidel/Engel**, Eigenhandelsverluste bei Finanzunternehmen, GmbHR 2011, 358 ▪ **Egner/Kohl**, Finanzunternehmen i. S. d. § 1 KWG und (gewerbliche) PE/VC-Fonds, Ubg 2012, 516 ▪ **Haisch/Bindl**, Rechtsprechungs-Update zur Besteuerung von Finanzunternehmen, Ubg 2012, 667 ▪ **Kessler/Girlich/**

Philipp, Streichung des § 8b Abs. 7 Satz 2 KStG – Korrektur eines gesetzgeberischen Kunstfehlers? DStR 2012, 2524 ▪ **Korn/Strahl**, Steuerliche Hinweise und Dispositionen zum Jahresende 2012, NWB 2012, 3909 ▪ **Jansen/Lübbehüsen**, Ausnahme vom Beteiligungsprivileg für Finanzunternehmen, BB 2012, 2595 ▪ **Seip**, Eigenhandelsabsicht von Finanzunternehmen und Steuerpflicht von Veräußerungsgewinnen, NWB 2012, 2697 ▪ **Kracht**, JStG 2013: Änderungsvorschläge des Bundesrats, finanzen.steuern kompakt 2013, 30 ▪ **Mohr/Gebhardt**, Zum Verhältnis von § 8b Abs. 7 KStG und § 17 Abs. 2 Satz 6 EStG im Kontext beschränkt steuerpflichtiger Kapitalgesellschaften, IStR 2013, 401 Ebel, Anteilsbesitz und -handel gem § 8b Abs 7 KStG, FR 2014, 500 ▪ **Gehrmann/Haufe**, Die St-Pflicht von Veräußerungsgewinnen nach § 8b Abs 7 S 2 KStG, StStud 2014, 83 **Binnewies/Zapf,** Versagung des Beteiligungsprivilegs gem § 8b Abs 7 S 2 KStG, GmbH-StB 2015, 226; **Kempf/Nitzschke,** Anwendung des § 8b Abs 7 KStG auf Finanzunternehmen aus Drittstaaten, IStR 2016, 183; **Schnittker/Steinbiß,** Gewerblichkeit oder Vermögensverwaltung bei PE/VC-Fonds – Folgerungen aus dem Urt des BFH v 24.08.2011, FR 2012, 39, FR 2016, 1069; **Hoheisel/Stroh,** Neuregelung des § 8b Abs 7 KStG, StuB 2017, 179

12.9.1 Allgemeines

Absatz 7 wurde durch das Gesetz zur Umsetzung der EU-Amtshilferichtlinie und von weiteren Maßnahmen gegen Gewinnkürzungen und -verlagerungen vom 20.12.2016 grundlegend geändert. Die Rechtslage bis VZ 2016 und ab VZ 2017 unterscheidet sich daher zum Teil erheblich. Bis VZ 2016 fanden die Abs. 1–6 keine Anwendung auf Anteile, die bei Kreditinstituten und Finanzdienstleistungsinstituten dem Handelsbuch zuzurechnen sind, bzw. dem kurzfristigen Eigenhandel dienen, § 8b Abs. 7 KStG a. F. Ab VZ 2017 finden die Abs. 1–6 keine Anwendung auf Anteile, die bei Kreditinstituten und Finanzdienstleistungsunternehmen dem Handelsbestand i. S. d. § 340e Abs. 3 HGB zuzuordnen sind, § 8b Abs. 7 KStG.

12.9.2 Rechtslage bis VZ 2016

Nach § 8b Abs. 7 KStG sind die Abs. 1 bis 6 nicht auf Anteile anzuwenden, die bei Kreditinstituten und Finanzdienstleistungsinstituten nach § 1a KWG dem Handelsbuch zuzurechnen sind. Gleiches gilt für Anteile, die von Finanzunternehmen i. S. d. KWG mit dem Ziel der kurzfristigen Erzielung eines Eigenhandelserfolges erworben werden. Satz 2 gilt auch für Kreditinstitute, Finanzdienstleistungsinstitute und Finanzunternehmen mit Sitz in einem anderen Mitgliedstaat der Europäischen Gemeinschaft oder in einem anderen Vertragsstaat des EWR-Abkommens. Anteile, die für den kurzfristigen Eigenhandel bei Kreditinstituten und Finanzdienstleistungsinstituten vorgesehen sind, sind dem Anwendungsbereich der allgemeinen Regelungen zur Dividendenfreistellung und zur Veräußerungsgewinnbefreiung entzogen. Entsprechend bleiben mit diesen Anteilen im Zusammenhang stehende Betriebsausgaben zum Abzug zugelassen. Die Dividenden und Veräußerungsgewinne sind damit voll steuerpflichtig. Andererseits können Veräußerungsverluste und Gewinnminderungen aus Teilwertabschreibungen berücksichtigt werden (BMF vom 25.07.2002 BStBl I 2002, 712).

§ 8b Abs. 7 KStG nennt zwei Fallgruppen, auf die die Abs. 1–6 des § 8b KStG nicht anzuwenden sind:

Gruppe 1: Kreditinstitute und Finanzdienstleistungsinstitute, die unter das KWG fallen und die gem. § 1a KWG ein Handelsbuch zu führen haben. Bei diesen Unternehmen sind die

Abs. 1–6 des § 8b KStG nicht auf Anteile anzuwenden, die dem Handelsbuch zuzurechnen sind;

Gruppe 2: Finanzunternehmen i. S. d. KWG, für die keine Verpflichtung zur Führung eines Handelsbuchs besteht. Bei diesen Unternehmen ist § 8b Abs. 1–6 KStG nicht auf Anteile anzuwenden, »die mit dem Ziel der kurzfristigen Erzielung eines Eigenhandelserfolges« erworben werden.

§ 8b Abs. 7 Satz 3 KStG erweitert den Anwendungsbereich der Gruppe 2 auf Institute und Unternehmen mit Sitz in einem anderen EU- oder EWR-Staat. Für Unternehmen, die nicht von § 8b Abs. 7 KStG erfasst werden, bleibt es bei den Regelungen des § 8b Abs. 1–6 KStG.

12.9.2.1 Anwendung auf Kredit- und Finanzdienstleistungsinstitute, bei denen die Anteile dem Handelsbuch zuzurechnen sind (§ 8b Abs. 7 Satz 1 KStG)

Nach dieser Regelung ist § 8b Abs. 1–6 KStG nicht anzuwenden für Anteile, die bei Kreditinstituten und Finanzdienstleistern nach § 1a KWG i. V. m. den Art. 102 bis 106 der Verordnung (EU) Nr. 575/2013 des Europäischen Parlaments und des Rates vom 26.06.2013 über die Aufsichtsforderung an Kreditinstitute und Wertpapierfirmen und zur Änderung der Verordnung (EU) Nr. 646/2012 (ABl. L 176 vom 27.06.2013, 1) oder unmittelbar nach Art. 102 bis 106 der Verordnung (EU) Nr. 575/2013 dem Handelsbuch zuzurechnen sind.

Dem Handelsbuch sind zuzurechnen:

- Finanzinstrumente, handelbare Forderungen und Anteile, die das Institut zum Zweck des Wiederverkaufs im Eigenhandel hält oder von dem Institut übernommen werden, um bestehende oder erwartende Unterschiede zwischen Kauf- und Verkaufspreisen oder Preis- oder Zinsschwankungen kurzfristig zu nutzen, damit ein Eigenhandelserfolg erzielt wird,
- Bestände und Geschäfte zur Absicherung von Marktrisiken des Handelsbuchs und damit im Zusammenhang stehende Refinanzierungsgeschäfte,
- Aus Aufgabegeschäften erworbene Durchlaufpositionen sowie
- Forderungen in Form von Gebühren, Provisionen, Zinsen, Dividenden und Einschüssen, die mit den Positionen des Handelsbuchs unmittelbar verknüpft sind.

Zum Handelsbuch gehören nicht

- Devisen,
- Rechnungseinheiten und
- Derivate i. S. d. § 1 Abs. 11 Satz 4 Nr. 5 KWG

Die Einbeziehung in das Handelsbuch hat nach institutsinternen festgelegten nachprüfbaren Kriterien zu erfolgen, die der Bundesanstalt für Finanzdienstleistungsaufsicht (BaFin) und der Deutschen Bundesbank mitzuteilen sind. Nach § 8b Abs. 7 Satz 2 KStG gilt Gleiches für Anteile, die von Finanzunternehmen i. S. d. Gesetzes über das Finanzwesen mit dem Ziel der kurzfristigen Erzielung eines Eigenhandelserfolges erworben werden. Die BaFin entscheidet in Zweifelsfällen, ob ein Unternehmen den Vorschriften des KWG unterliegt. Ihre Entscheidung bindet die Verwaltungsbehörden (§ 4 KWG).

12.9.2.2 Anteilserwerb zur kurzfristigen Erzielung eines Eigenhandelserfolgs bei Finanzunternehmen (§ 8b Abs. 7 Satz 2 KStG)

Nach § 8b Abs. 7 Satz 2 KStG gelten für Anteile, die von Finanzunternehmen i. S. d. KWG mit dem Ziel der kurzfristigen Erzielung eines Eigenhandelserfolgs erworben werden, die Abs. 1–6 nicht.

12.9.2.2.1 Finanzunternehmen

Nach § 1 Abs. 3 KWG sind **Finanzunternehmen** solche Unternehmen, die keine Institute sind und deren Haupttätigkeit darin besteht,

- Beteiligungen zu erwerben und zu halten
- Geldforderungen entgeltlich zu erwerben,
- Leasingverträge abzuschließen,
- mit Finanzinstrumenten für eigene Rechnung zu handeln,
- andere bei der Anlage in Finanzinstrumenten zu beraten (Anlageberatung),
- Unternehmen über die Kapitalstruktur, die industrielle Strategien und die damit verbundenen Fragen zu beraten sowie bei Zusammenschlüssen und Übernahmen von Unternehmen diese zu beraten und ihnen Dienstleistungen anzubieten oder
- Darlehen zwischen Kreditinstituten zu vermitteln (Geldmaklergeschäfte).

Nach dem BMF-Schreiben vom 25.07.2002 BStBl I 2002, 712, C. I. ist der Begriff des Finanzunternehmens weit auszulegen. Danach können hierunter auch Holding-, Factoring-, Leasing-, Anlageberatungs- und bestimmte Unternehmensberatungsunternehmen sowie grundsätzlich auch vermögensverwaltende Kapitalgesellschaften fallen.

Nach dem BMF-Schreiben vom 16.12.2003 BStBl I 2004, 40 fallen Private-Equity- und Venture-Capital-Gesellschaften nicht unter die Finanzunternehmen.

12.9.2.2.2 Merkmal »Ziel der kurzfristigen Erzielung eines Eigenhandelserfolgs«

Die Steuerfreiheit wird versagt, wenn Finanzunternehmen i. S. d. KWG Anteile mit dem Ziel der kurzfristigen Erzielung eines Eigenhandelserfolgs erworben haben. Diese besondere Regelung gilt für Finanzunternehmen, auf die die Regelung über das Handelsbuch nicht anzuwenden ist. Das Merkmal »Erwerb der Anteile mit dem Ziel der kurzfristigen Erzielung eines Eigenhandelserfolgs« ist immer dann erfüllt, wenn die Anteile dem Umlaufvermögen zuzuordnen sind. Das Institut ist an seine Zuordnung gebunden (s. auch BMF vom 25.07.2002 BStBl I 2002, 712, C. II.).

12.9.3 Rechtslage ab VZ 2017

Durch das Gesetz zur Umsetzung der EU-Amtshilferichtlinie und von weiteren Maßnahmen gegen Gewinnkürzungen und -verlagerungen vom 20.12.2016 wird § 8b Abs. 7 KStG neu gefasst.

12.9.3.1 Anwendung auf Kreditinstitute und Finanzdienstleistungsinstitute bei denen die Anteile dem Handelsbestand i. S. d. § 340e Abs. 3 HGB zuzurechnen sind (§ 8b Abs. 7 Satz 1 KStG)

Die Absätze 1 bis 6 des § 8b KStG sind nicht auf Anteile anzuwenden, die bei Kreditinstituten und Finanzdienstleistungsinstituten dem Handelsbestand i. S. d. § 340e Abs. 3 HGB zuzuordnen sind.

Bisher war bei Kreditinstituten und Finanzdienstleistungsinstituten für die Abgrenzung, auf welche Anteile die Regelung anzuwenden ist, auf die Zuordnung zum Handelsbuch i. S. d. KWG, also auf aufsichtsrechtliche Grundsätze, abzustellen. Künftig sind die Absätze 1 bis 6 des § 8b KStG nicht auf Anteile anzuwenden, die bei Kreditinstituten und Finanzdienstleistungsinstituten dem Handelsbestand i. S. d. HGB zuzurechnen sind. Zum Handelsbestand i. S. d. HGB zählen diejenigen Finanzinstrumente, die weder der Liquiditätsreserve noch dem Anlagebestand zuzuordnen sind (vgl. Entwurf eines Gesetzes zur Modernisierung des Bilanzrechts – BilMoG – BT-Drucks. 16/10067, 95). Dem Handelsbestand sind danach alle Finanzinstrumente zuzurechnen, die mit der Absicht einer kurzfristigen Erzielung eines Eigenhandelserfolges erworben werden (BT-Drucks. 16/12407, 92). Die Zuordnungsentscheidung zum Handelsbestand ist im Erwerbszeitpunkt und nicht erst am Bilanzstichtag zu treffen (vgl. § 247 Abs. 2 HGB). Die Zuordnung zum Eigenhandel muss nachprüfbar und in geeigneter Weise dokumentiert sein. Nach dem Rundschreiben des Bundesaufsichtsamts für das Kreditwesen 17/99 vom 08.12.1999 ist von einem grundsätzlichen Gleichlauf der bankenaufsichtsrechtlichen Abgrenzung des Handelsbuchs gegen das Anlagebuch mit der handelsrechtlichen Abgrenzung des Handelsbestands gegen Anlagevermögen und Liquiditätsreserve auszugehen. Im Grundsatz bedeutet diese Änderung daher nicht eine grundsätzliche Änderung des Anwendungsbereichs. Sie führt aber dazu, dass dort, wo ein Gleichlauf zwischen Handels- und Aufsichtsrecht nicht besteht, auf die handelsrechtlichen Grundsätze abzustellen ist. Dies betrifft z. B. die Umwidmung von Anteilen (BT-Drucks. 18/9536) aus dem Handelsbuch in das Anlagebuch bzw. Umgliederung von Anteilen aus dem Handelsbestand.

Im Gegensatz zum Aufsichtsrecht sieht § 340e Abs. 3 Satz 2 und 3 HGB im Grundsatz eine Umgliederung in und aus dem Handelsbestand nicht vor. Durch das Abstellen auf den Handelsbestand und die Verknüpfung mit den Vorschriften des HGB werden Gestaltungen zur Erzielung von steuerlichen Vorteilen minimiert. § 340e Abs. 3 Satz 4 HGB lässt eine nachträgliche Einbeziehung von Finanzinstrumenten, die bereits zum Ansatzzeitpunkt dem Handelsbestand zugeordnet worden sind, in eine Bewertungseinheit zu. Bei Beendigung der Bewertungseinheit sind die betreffenden Finanzinstrumente wieder zum beizulegenden Zeitwert in den Handelsbestand umzugliedern. Im Fall der tatsächlichen Realisation von Verlusten und Gewinnen aus der Bewertungseinheit ist zu berücksichtigen, dass die Vorgänge nicht mehr unter Bewertungs-, sondern unter Realisationsgesichtspunkten zu beurteilen sind.

Werden Grund- und Sicherungsgeschäft realisiert, können die Vorgänge konkret zugeordnet werden und die Gewinn- und Einkommensermittlungsvorschriften sowie die Vorschriften über die Verlustverrechnung sind anwendbar. Finanzinstrumente, die Teil einer Bewertungseinheit gem. § 254 HGB sind, unterliegen nicht der Bewertungsvorschrift des § 340e Abs. 3 HGB. Dies lässt aber deren erstmalige Zuordnung bei Erwerb zum Handelsbestand oder Anlagevermögen unberührt (§ 247 Abs. 2 HGB). Der unmittelbare Erwerb eines Finanzinstruments zur Absicherung von Risiken i. S. v. § 254 HGB kann gegen eine Handelsabsicht und damit gegen eine Zuordnung zum Handelsbestand sprechen.

Kreditinstitute sind Unternehmen, die Bankgeschäfte gewerbsmäßig oder in einem Umfang betreiben, der einen in kaufmännischer Weise eingerichteten Geschäftsbetrieb erfordern, § 1 Abs. 1 Satz 1 KWG. Der Begriff Bankgeschäft ist in § 1 Abs. 1 Satz 2 Nr. 1 – 12 KWG abschließend aufgezählt.

Finanzdienstleistungsinstitute sind Unternehmen, die Finanzdienstleistungen für andere gewerbsmäßig oder in einem Umfang erbringen, der einen in kaufmännischer Weise eingerichteten Geschäftsbetrieb erfordert, und kein Kreditinstitut sind, § 1 Abs. 1a KWG. Finanzdienstleistungen sind die Vermittlung von Geschäften über die Anschaffung und Veräußerung von Finanzinstrumenten (Anlagevermittlung). § 1 Abs. 1a Satz 2 Nr. 1 ff. KWG enthält eine Aufzählung dieser Finanzdienstleistungen.

12.9.3.2 Anwendung auf Finanzunternehmen (§ 8b Abs. 7 Satz 2 KStG)

Die von Finanzunternehmen erworbenen Anteile fallen bislang unter die Regelung des § 8b Abs. 7 Sätze 1 und 2 KStG, wenn sie zur kurzfristigen Erzielung eines Eigenhandelserfolgs erworben worden sind. Die Aufnahme von Finanzunternehmen in die Regelung sollte insbesondere verhindern, dass Kreditinstitute über Gestaltungen mit verbundenen Finanzunternehmen erreichen können, dass Erträge oder Veräußerungsgewinne aus Anteilen steuerfrei vereinnahmt werden können und nur verlustträchtige Anteile in dem Kreditinstitut selbst verbleiben. Es hat sich herausgestellt, dass die Regelung auf der anderen Seite aber Gestaltungen für Unternehmen, die keine Kreditinstitute sind, ermöglicht hat. Künftig fallen unter die Finanzunternehmen im Sinne dieser Vorschrift nur noch diejenigen Finanzunternehmen, an denen Kreditinstitute oder Finanzdienstleistungsinstitute unmittelbar oder mittelbar zu mehr als 50 % beteiligt sind. Die Regelung des § 8b Abs. 7 Sätze 1 und 2 KStG erhält damit die bei der Einführung der Regelung angestrebte bankenspezifische Ausrichtung. Es fallen künftig nur Finanzunternehmen aus dem Bankensektor unter die Regelung, da auch nur diese aufsichtsrechtlich zur Absicherung ihrer Geschäfte mit Aktien verpflichtet sind. Durch die Steuerpflicht der Erträge können die Verluste aus den notwendigerweise abzuschließenden Gegengeschäften steuerlich kompensiert werden.

Des Weiteren ist bei Finanzunternehmen zukünftig ebenfalls die zutreffende Zuordnung der Anteile zum Anlage- oder Umlaufvermögen im Zeitpunkt des Zugangs zum Betriebsvermögen maßgebend. Dadurch wird das unbestimmte Merkmal der »Absicht der kurzfristigen Erzielung eines Eigenhandelserfolgs« ersetzt. Für die Frage der zutreffenden Zuordnung zum Umlauf- bzw. Anlagevermögen gelten die allgemeinen handelsrechtlichen Grundsätze (§ 247 Abs. 2 HGB). Es kommt nicht darauf an, wie die Anteile tatsächlich bilanziert werden; die Regelung kann daher nicht durch eine unzutreffende Aktivierung umgangen werden. Für die Anwendung des § 8b Abs. 7 Sätze 1 und 2 KStG bei Steuerpflichtigen, auf die die Grundsätze des HGB nicht unmittelbar Anwendung finden, kommt es darauf an, ob die Anteile dem Umlaufvermögen unter Beachtung der allgemeinen handelsrechtlichen Grundsätze zuzuordnen wären. Maßgebend sind die Verhältnisse zum Zeitpunkt des Zugangs der Anteile. Werden also Anteile von einem Finanzunternehmen erworben, an dem im Zeitpunkt des Zugangs der Anteile Kreditinstitute oder Finanzdienstleistungsinstitute unmittelbar oder mittelbar zu mehr als 50 % beteiligt sind und sind diese Anteile dem Handelsbestand i. S. d. § 340e Abs. 3 HGB zuzuordnen, ist auf diese Anteile § 8b Abs. 1 Sätze 1 und 2 KStG anzuwenden. Die Rechtsfolgen des § 8b Abs. 7 Sätze 1 und 2 KStG sind für diese Anteile daher auch dann zu beachten, wenn die Beteiligung der Kreditinstitute oder Finanzdienstleistungsinstitute an dem Finanzunternehmen zu einem späteren Zeitpunkt (z. B. im Zeitpunkt der Veräußerung oder Ausschüttung) weniger als 50 % beträgt.

Umgliederungen in das bzw. aus dem Anlagevermögen sind handelsrechtlich grundsätzlich zulässig, wenn sich die Zweckbestimmung des Vermögensgegenstands ändert. Die Umgliederungen haben aber keine Auswirkungen auf die Anwendung des § 8b Abs. 7 Sätze 1 und 2 KStG, da zukünftig nur noch auf die Zuordnung im Zeitpunkt des Zugangs zum Betriebsvermögen abgestellt wird (BT-Drucks. 18/9536). Gestaltungen durch mögliche Umgliederungen werden dadurch vermieden. Die Formulierung stellt auf den Zugang der Anteile zum Betriebsvermögen ab. Damit ist sowohl der tatsächliche, entgeltliche oder unentgeltliche Erwerb gemeint. Ebenso bewirkt ein rechtlicher Vorgang, der wie ein Erwerb wirkt, einen Zugang zum Betriebsvermögen. Daher erfasst § 8b Abs. 1 Sätze 1 und 2 KStG nicht nur Anteile, die durch einen »klassischen Erwerbsvorgang« erworben werden, sondern z. B. auch Anteile, die aus Kapitalerhöhungen resultieren.

12.9.3.3 Einbeziehung in das Handelsbuch

Die Einbeziehung in das Handelsbuch hat nach Art 104 VO EU 575/2013 nach klar definierten Grundsätzen und Verfahren des Instituts zu erfolgen. Die Einhaltung dieser Grundsätze und Verfahren ist vollständig zu dokumentieren und einer regelmäßigen internen Prüfung zu unterziehen. Im Regelfall wird die Finanzverwaltung dem tatsächlichen Ansatz im Handelsbuch auch steuerlich folgen. Aus einer falschen Zuordnung können jedoch steuerliche Konsequenzen gezogen werden, d. h. der falsche Ansatz ist ggf. in der Steuerbilanz entsprechend zu korrigieren.

Wertpapiere der handelsrechtlichen Liquiditätsreserve (§ 340f Abs. 1 Satz 1 HGB) sind grundsätzlich dem Anlagebuch zuzuordnen. Sie können dem Handelsbuch zugeordnet werden, wenn die allgemeinen Zuordnungskriterien erfüllt sind und die Institute die Zuordnung intern dokumentieren.

12.10 Nichtanwendung des § 8b Abs. 1–7 KStG auf Anteile, die bei Lebens- und Krankenversicherungsunternehmen den Kapitalanlagen zuzurechnen sind (§ 8b Abs. 8 KStG)

Da nach § 8b Abs. 8 KStG die Absätze 1–7 nicht anwendbar sind, sind für Lebens- und Krankenversicherungen Beteiligungserträge und Veräußerungsgewinne aus Beteiligungen steuerfrei. Veräußerungsverluste und Teilwertabschreibungen sind steuerpflichtig.

Die Neuregelung galt erstmals für den VZ 2004, bei vom Kj. abweichenden Wj. erstmals für den VZ 2005 (§ 34 Abs. 7 Satz 8 Nr. 1 KStG).

12.10.1 Hintergrund

Zur Zeit des Anrechnungsverfahrens standen den Lebens- und Versicherungsunternehmen den abziehbaren Beitragsrückerstattungen steuerpflichtige Dividendenerträge aus der Anlage der Versichertenbeiträge in Kapital-Beteiligungen gegenüber. Nach dem Systemwechsel standen die unverändert abziehbaren Beitragsrückerstattungen den steuerfreien

Dividendenerträgen gegenüber. Diese Situation führte zu hohen steuerlichen Verlusten. Eine steuerliche Nutzung dieser Verluste wollten die fraglichen Versicherungsunternehmen durch Einbindung der Gesellschaften in eine Organschaft erreichen. Diesem Unterfangen ist der Gesetzgeber mit § 14 Abs. 2 KStG entgegengetreten. Nach dieser Vorschrift können Lebens- und Krankenversicherungen nicht Organgesellschaft sein. Zu einer Streichung des § 14 Abs. 2 KStG konnte sich der Gesetzgeber nicht entscheiden, vielmehr ist er mit Abs. 8 des § 8b KStG der Versicherungswirtschaft entgegengekommen.

Lt. Handelsblatt vom 14.10.2003 drohten den deutschen Lebensversicherungen Steuerzahlungen von 20 Mrd. € durch die Nichtberücksichtigung von Teilwertabschreibungen u. Ä. In 2002 hat die Branche in ihren Kapitalanlagen 51,1 Mrd. € Abschreibungen und stille Lasten ausgewiesen. Die daraus resultierenden Steuern und die erforderlichen Kapitalerhöhungen von ca. 50 Mrd. € konnten große Kreise der Branche nicht aufbringen, so dass es zu neuen Fällen für den Sicherungsfond Protektor AG kommen könnte. Die Einfügung des Abs. 8 stellt nach Ansicht der Bundesregierung keine Sondervergünstigung für Lebens- und Krankenversicherungen dar, da diese nahezu ihren gesamten Gewinn als Beitragsrückerstattung zugunsten ihrer Versicherten verwenden müssen.

12.10.2 Regelung des § 8b Abs. 8 Sätze 1–3 KStG

Nach dieser Vorschrift sind die Abs. 1–7 des § 8b KStG nicht auf Kapitalanteile anzuwenden, die bei Lebens- und Krankenversicherungen den Kapitalanlagen zuzurechnen sind. Der Begriff der Kapitalanlage umfasst u. E. sowohl Anteile, Beteiligungen als auch sonstige Kapitalanlagen. Der Begriff Kapitalanlage findet sich in den Formblättern zur Gliederung des Jahresabschlusses für Versicherungsunternehmen (s. RechVersV vom 08.11.1994 BGBl I 1994, 3378).

Durch die Nichtanwendung der Abs. 1–7 sind Dividenden und Veräußerungsgewinne steuerpflichtig. Auf der anderen Seite sind Veräußerungsverluste und Teilwertabschreibungen steuerlich abziehbar. Soweit jedoch in einem vorhergehenden Jahr wegen § 8b Abs. 3 KStG eine Teilwertabschreibung steuerlich nicht berücksichtigt worden ist, bleibt der spätere Veräußerungsgewinn steuerfrei (§ 8b Abs. 8 Satz 2 KStG).Gewinnminderungen, die mit den fraglichen Anteilen in Zusammenhang stehen, sind bei der Ermittlung des Einkommens nicht zu berücksichtigen, wenn das Lebens- oder Krankenversicherungsunternehmen die Anteile von einem verbundenen Unternehmen (§ 15 AktG) erworben hat, soweit sie bei dem verbundenen Unternehmen nach § 8b Abs. 2 KStG steuerfrei waren (§ 8b Abs. 8 Satz 3 KStG).

Besonderheiten ergeben sich bei sog »Spezialinvestmentfonds«. Nach der am 25.07.2019 veröffentlichten Entscheidung des BFH vom 13.02.2019, I R 21/17 sind Wertaufholungen i. R. d. § 8b Abs. 8 Satz 2 KStG i. V. m. § 8 InvStG bei Anteilen an Kapitalgesellschaften (hier: Spezialinvestmentfonds) nicht zunächst mit der zeitlich zuletzt vorgenommenen Teilwertabschreibung, sondern vielmehr vorrangig mit dem Gesamtvolumen früherer steuerunwirksamer Teilwertabschreibungen zu verrechnen. Das Gesetz regelt insoweit einen quantitativ-sachlichen Zusammenhang und keine zeitliche Verrechnungsreihenfolge (»Last in – First out«).

12.10.3 Regelung des § 8b Abs. 8 Satz 4 i. V. m. § 21 Abs. 1 Nr. 1 KStG

Nach dem VAG haben **Lebens- und Krankenversicherungsunternehmen** Rückstellungen für Beitragsrückerstattungen zu bilden. Die steuerliche Behandlung der Beitragsrückerstattungen regelt § 21 KStG. Da in die Beitragsrückerstattung auch Gewinne aus der Veräußerung von Kapitalbeteiligungen einfließen, führten bisher diese Gewinne, wenn sie steuerfrei bleiben, die Beitragsrückerstattung jedoch abziehbar ist, zu einem entsprechend höheren steuerlich zu berücksichtigenden Verlust. Bei Verlusten aus Anteilsveräußerungen kehrt sich dieser Effekt um; trotz handelsrechtlicher Verluste können dann steuerpflichtige Gewinne entstehen.

Durch § 8b Abs. 8 Satz 4 KStG werden diese Folgen beseitigt; die Anteile sind für die Ermittlung des Einkommens mit den handelsrechtlichen Werten anzusetzen, die bei der Ermittlung der Rückstellung für Beitragsrückerstattungen zu Grunde gelegt worden sind. § 21 Abs. 1 Nr. 1 KStG regelt, dass bei der Ermittlung der abziehbaren Beitragsrückerstattung vereinnahmte ausländische Dividenden, die nach einem DBA steuerfrei sind, zu kürzen sind. Ohne diese Regelung würde auch hier die oben dargestellte Wirkung eintreten, dass steuerfreie Erträge die steuerlich abziehbare Beitragsrückerstattung erhöhen.

Nach § 8b Abs. 8 Satz 5 KStG sind die Sätze 1–4 bei Pensionsfonds entsprechend anwendbar.

12.11 Nichtanwendung von § 8b Abs. 7 und 8 KStG für Bezüge i. S. d. § 8b Abs. 1 KStG, auf die die Mutter-Tochter-Richtlinie anzuwenden ist (§ 8b Abs. 9 KStG)

§ 8b Abs. 9 KStG wird durch das EURLUmsG eingefügt. Hiernach finden § 8b Abs. 7 und 8 KStG keine Anwendung für Bezüge i. S. d. § 8b Abs. 1 KStG, auf die die Mutter-Tochter-Richtlinie anzuwenden ist. Die Wirkung von § 8b Abs. 7 und 8 KStG ist im Ergebnis die, dass bei den genannten Unternehmen Dividendenerträge und Gewinne aus der Veräußerung von Kapitalbeteiligungen – entgegen § 8b Abs. 1 und 2 KStG – nicht steuerfrei, sondern steuerpflichtig sind und dass die in § 8b Abs. 3 KStG geregelten Abzugsverbote, insbesondere die für Veräußerungsverluste und Teilwertabschreibungen, nicht anwendbar sind

§ 8b Abs. 9 KStG stellt eine Rückausnahme dar, die die Nichtanwendung der Ausnahmeregelungen in Abs. 7 und 8, regelt. Dies ist vor dem Hintergrund des Art. 4 Abs. 1 der Mutter-Tochter-Richtlinie zu sehen, wonach die unter den Anwendungsbereich der Richtlinie fallenden Dividenden stets freizustellen sind. Die Rückausnahmeregelung des § 8b Abs. 9 KStG betrifft nur ausländische Dividendenerträge aus Beteiligungen an EU-Tochtergesellschaften, nicht hingegen Beteiligungserträge aus inländischen Tochtergesellschaften oder aus Tochtergesellschaften in Drittstaaten sowie Auskehrungen anlässlich der Liquidation einer EU-Auslands-Tochtergesellschaft.

§ 8b Abs. 9 KStG regelt nur eine Anwendung des § 8b Abs. 1 KStG, nicht jedoch eine Anwendung der übrigen Vorschriften (z. B. § 8b Abs. 2 KStG). Somit sind die genannten Dividendenerträge nach § 8b Abs. 1 KStG steuerfrei. Die Pauschalierung der nichtabzugsfähigen BA nach § 8b Abs. 5 KStG ist zu beachten.

12.12 Entgelte bei Wertpapierleihe und Wertpapierpensionsgeschäften (§ 8b Abs. 10 KStG)

Die Wertpapierleihe kann u. a. dazu genutzt werden, steuerliche Vorteile aus der unterschiedlichen steuerlichen Behandlung von Erträgen und Veräußerungsgewinnen aus Beteiligungen (Steuerfreiheit nach § 8b Abs. 1 und 2 KStG bzw. Steuerpflicht nach § 8b Abs. 7 und 8 KStG oder nach ausländischen Besteuerungsregeln) zu erzielen.

BEISPIEL

Die A-Bank verleiht Aktien, die sich bei ihr im Handelsbestand befinden, an die X-GmbH (Sachdarlehen). Die X-GmbH vereinnahmt später die Dividende. Die GmbH zahlt an die Bank eine Leihgebühr und eine Ausgleichszahlung für die erhaltene Dividende.

LÖSUNG Der steuerliche Vorteil liegt bei der X-GmbH als Entleiher. Die Dividende ist bei ihr nach § 8b Abs. 1 KStG steuerfrei. Nach § 8b Abs. 5 KStG gelten 5 % der Dividende als nabzb. BA.

Die Leihgebühr und die Ausgleichzahlungen können voll als BA abgezogen werden. Aus dieser Gestaltung ergibt sich insgesamt ein steuerlicher Verlust aus dem Leihgeschäft.

Für die A-Bank als Verleiher ist dieser Vorgang steuerlich neutral. Bei ihr wäre die Dividende nach § 8b Abs. 7 KStG steuerpflichtig gewesen. An ihre Stelle tritt jetzt die Ausgleichszahlung als steuerpflichtige Betriebseinnahme.

In Abwandlung des obigen Beispiels wird vereinbart, dass der Entleiher der Aktien (im Beispiel die X-GmbH) keine Kompensationszahlungen im eigentlichen Sinne zu zahlen hat, sondern im Gegenzug z. B. Schuldverschreibungen überlässt, deren Erträge dem Entleiher der Schuldverschreibung (im Beispiel der A-Bank) zustehen. Kompensationszahlungen im eigentlichen Sinne werden ausdrücklich ausgeschlossen. Für den Fall eines Ungleichgewichts der Einnahmen wird regelmäßig ein Spitzenausgleich vereinbart. Um solche Gestaltungen zu vermeiden, regelt Abs. 10, abweichend von Abs. 5, dass bei der Wertpapierleihe alle Entgelte, die der Entleiher im Zusammenhang mit der Wertpapierleihe leistet, nicht als BA abziehbar sind.

Im obigen Abwandlungsfall, in dem als Gegenleistung ertragbringende Wirtschaftsgüter überlassen werden, gelten diese Erträge, auf die der Darlehensnehmer verzichtet, von ihm als an den Darlehensgeber geleistet. Auf diese fingierte Leistung wird § 8b Abs. 1 Satz 1 KStG angewendet, so dass auch hier das Betriebsausgabenabzugsverbot greift. Diese Regelung erfasst nicht nur Anteilsüberlassungen im Darlehensweg, sondern auch andere Überlassungen (z. B. Pacht, Verwahrung). In Satz 4 wird darauf hingewiesen, dass auch Wertpapierpensionsgeschäfte i. S. d. § 340b HGB unter diese Regelung fallen.

Der pauschale Betriebsausgabenabzug der Abs. 3 und 5 ist in diesen Fällen nicht anzuwenden. Die Regelung ist nach Satz 5 auch anzuwenden, wenn die Wertpapierleihe über eine zwischengeschaltete Personengesellschaft abgewickelt wird. § 8b Abs. 10 KStG ist ab dem VZ 2007 anzuwenden, § 34 Abs. 7 Satz 9 KStG. Bei abweichendem Wj. gilt die Neuregelung erstmals für das Wj. 2006/2007.

12.12.1 Wertpapierleihe (Grundfall; § 8b Abs. 10 Satz 1 KStG)

Die Entgelte für die Überlassung der Anteile sind nach § 8b Abs. 10 Satz 1 KStG bei dem Entleiher in voller Höhe nabzb., wenn auf die Anteile bei dem Entleiher § 8b Abs. 1 KStG und bei dem Verleiher § 8b Abs. 7 oder 8 KStG anzuwenden ist bzw. bei dem Verleiher aus anderen Gründen oder auch nach ausländischen Vorschriften eine Steuerbefreiung der Bezüge aus den Anteilen nicht zu gewähren ist.

Bei einer natürlichen Person als Entleiher sind die Entgelte in voller Höhe und nicht nur zur Hälfte (bzw. ab VZ 2009 zu 60%) nabzb., da § 3c Abs. 2 Satz 3 EStG eine entsprechende Anwendung des § 8b Abs. 10 KStG vorsieht.

12.12.2 Verleiher (überlassende Körperschaft)

§ 8b Abs. 10 Satz 1 KStG ist nur dann anzuwenden, wenn beim Verleiher (überlassenden Körperschaft) auf die überlassenen Anteile

- § 8b Abs. 4 KStG oder
- § 8b Abs. 7 KStG oder
- § 8b Abs. 8 KStG anzuwenden ist oder
- aus anderen Gründen die Steuerfreistellung nach § 8b Abs. 1 und 2 KStG oder
- nach vergleichbaren ausländischen Vorschriften eine Steuerfreistellung nicht in Betracht kommt.

Es kann sich bei der überlassenden Körperschaft um eine inländische oder ausländische Körperschaft handeln. Für die Anwendung des § 8b Abs. 10 Satz 1 KStG ist jede Form der Überlassung von Anteilen ausreichend, die dazu führt, dass die Anteile der anderen Körperschaft zuzurechnen sind. Gegenstand der Überlassung müssen Anteile sein, d. h. § 8b Abs. 10 KStG ist nicht einschlägig, wenn Gegenstand des Wertpapierleihgeschäfts z. B. festverzinsliche Wertpapiere sind.

Anteile i. S. d. § 8b Abs. 4 KStG sind Streubesitzanteile (s. 12.6).

Anteile i. S. d. § 8b Abs. 7 KStG sind Anteile, die bei unbeschränkt oder beschränkt steuerpflichtigen Kredit- oder Finanzdienstleistungsinstituten dem Handelsbestand i. S. d. § 340e Abs. 3 HGB zuzurechnen sind bzw. bei Finanzunternehmen, an denen Kreditinstitute oder Finanzdienstleistungsinstitute unmittelbar oder mittelbar zu mehr als 50% beteiligt sind (s. 12.9).

Anteile i. S. d. § 8b Abs. 8 KStG sind Anteile, die bei unbeschränkt oder beschränkt steuerpflichtigen Lebens- und Krankenversicherungsunternehmen den Kapitalanlagen zuzurechnen sind (s. 12.10).

Aus anderen Gründen kommen die Steuerfreistellungen der Abs. 1 und 2 z. B. nicht zur Anwendung, wenn es sich bei dem Verleiher um eine steuerfreie Körperschaft oder juristische Person des öffentlichen Rechts handelt und die Anteile nicht in einem stpfl. wirtschaftlichen Geschäftsbetrieb bzw. in einem Betrieb gewerblicher Art gehalten werden.

Nach vergleichbaren ausländischen Vorschriften kommt eine Steuerfreistellung der Bezüge z. B. wenn die Bezüge im Ausland nach den dortigen Vorschriften steuerpflichtig sind.

12.12.2.1 Entleiher (andere Körperschaft)

Beim Entleiher, also derjenigen Körperschaft, der die Anteile überlassen werden,

- darf auf die Anteile § 8b Abs. 4, 7 oder 8 KStG nicht anwendbar sein und
- es müssen ihr die Anteile steuerlich zuzurechnen sein (§ 39 Abs. 1 Nr. 2 AO) und
- sie muss diese oder gleichartige Anteile zurückgeben.

Diese Voraussetzungen müssen beim Entleiher kumulativ vorliegen.

12.12.2.2 Rechtsfolgen bei Vorliegen der Voraussetzungen des § 8b Abs. 10 Satz 1 KStG

Beim Entleiher sind die für die Überlassung der Anteile gezahlten Entgelte steuerlich nabzb. Die Pauschalierung der nabzb. BA mit 5 % kommt nicht zur Anwendung. Die handelsrechtlich als BA berücksichtigten Entgelte sind außerbilanziell dem steuerlichen Einkommen wieder hinzuzurechnen.

12.12.3 Überlassung von Wirtschaftsgütern statt Entgelt (§ 8b Abs. 10 Satz 2 KStG)

Voraussetzung für die Anwendung des § 8b Abs. 10 Satz 2 KStG ist, dass

- der Entleiher dem Verleiher Wirtschaftsgüter überlässt und
- der Verleiher aus diesen Wirtschaftsgütern Einnahmen oder Bezüge erzielt.

Die Einnahmen des Verleihers gelten als vom Entleiher bezogen (fiktive BE). Bei diesem liegen damit i. d. R. steuerpflichtige Einnahmen vor, es sei denn, es handelt sich um Anteile i. S. d. § 8b Abs. 1 KStG. In diesem Fall erzielt der Entleiher steuerfreie Einnahmen. Gleichzeitig gelten diese Einnahmen als an den Verleiher gewährt (fiktive BA) und lösen somit das Abzugsverbot des § 8b Abs. 10 Satz 1 KStG aus. Fiktive BE und fiktive BA fallen zeitgleich in dem Zeitpunkt an, in dem beim Verleiher der Ertrag entsteht.

12.12.4 Keine Anwendung von Abs. 3 Satz 1 und 2 und Abs. 5, § 8b Abs. 1 Satz 3 KStG

§ 8b Abs. 10 Satz 3 KStG stellt klar, dass Abs. 3 Satz 1 und 2 sowie Abs. 5 des § 8b KStG (in den Fällen des § 8b Abs. 10 Satz 1 und 2 KStG) nicht anzuwenden sind.

BEISPIEL

Die Z-GmbH (Finanzunternehmen i. S. d. § 8b Abs. 7 KStG) überträgt Aktien im Rahmen einer Wertpapierleihe an die Y-GmbH, bei der § 8b KStG anwendbar ist. Die der B-GmbH aufgrund dessen zuzurechnende Dividende beträgt 10 000 €. Die Y-GmbH überlässt der Z-GmbH im Gegenzug ein festverzinsliches Wertpapier, woraus der A-GmbH im selben VZ auch Zinsen von 11 000 € zufließen.

LÖSUNG Bei der Y-GmbH gilt durch § 8b Abs. 10 Satz 2 KStG die Unterstellung, dass ihr die Erträge aus dem überlassenen Wirtschaftsgut als eigener Bezug zuzurechnen sind und gleichzeitig bei ihr in selbiger Höhe als Betriebsausgaben für die Wertpapierleihe entstehen. Daher werden über § 8b Abs. 10 KStG dem Einkommen der Y-GmbH 11 000 € wieder hinzugerechnet. Die vereinnahmte Gewinnausschüttung ist nach § 8b Abs. 1 KStG steuerfrei, worauf die Betriebsausgabenpauschalierung nicht anwendbar ist (§ 8b Abs. 10 Satz 3 KStG).

Bilanzielles Ergebnis		10 000 €	(Gewinnausschüttung)
+ fiktiver Ertrag	+	11 000 €	
./. fiktiver Aufwand	./.	11 000 €	
+ § 8b Abs. 10 KStG	+	11 000 €	
./. § 8b Abs. 1 KStG	./.	10 000 €	
zvE		11 000 €	

Per Saldo versteuert der Entleiher die aus dem weitergeleiteten Wirtschaftsgut entstandenen Einnahmen. Bei der Z-GmbH wird die vereinnahmte Leistung von 11 000 € nach allgemeinen Grundsätzen besteuert.

12.12.5 Wertpapiergeschäfte nach § 340b Abs. 2 HGB (§ 8b Abs. 10 Satz 4 KStG)

Die Sätze 1 bis 3 sind auch auf die Fälle des § 340b Abs. 2 HGB und damit auf die Fälle des sog. echten Wertpapierpensionsgeschäfts anzuwenden. In den Fällen des echten Wertpapierpensionsgeschäfts ist der Pensionsnehmer verpflichtet, die überlassenen Anteile zurückzuübertragen (in den Fällen des unechten Wertpapierpensionsgeschäfts ist der Pensionsnehmer lediglich berechtigt, die überlassenen Anteile zurück zu übertragen).

12.12.6 Ausnahme, wenn keine Einnahmen oder Bezüge erzielt werden (§ 8b Abs. 10 Sätze 5 und 6 KStG)

Werden überhaupt keine Einnahmen oder Bezüge erzielt, bleiben die für die Überlassung der Anteile gezahlten Entgelte in voller Höhe abzugsfähig, da die Sätze 1 bis 4 des § 8b Abs. 10 KStG nicht anzuwenden sind. Da Einnahmen oder Bezüge nicht vorliegen, kommt auch die Pauschalierung der nabzb. BA mit 5 % nach § 8b Abs. 3 Sätze 1 und 2 bzw. Abs. 5 KStG nicht zur Anwendung.

12.12.7 Zwischenschaltung einer Personengesellschaft (§ 8b Abs. 10 Sätze 1, 7 und 8 KStG)

Durch § 8b Abs. 10 Sätze 7 und 8 KStG soll die Umgehung des § 8b Abs. 10 KStG durch Zwischenschaltung einer Personengesellschaft verhindert werden. Nach § 8b Abs. 10 Satz 7 KStG gelten die Sätze 1 bis 6 dieses Absatzes entsprechend, wenn die Anteile an eine Personengesellschaft oder von einer Personengesellschaft überlassen werden, an der die überlassende oder die andere Körperschaft unmittelbar oder mittelbar über eine oder mehrere Personengesellschaften beteiligt ist. Die Anteile gelten in diesen Fällen nach § 8b Abs. 10 Satz 8 KStG als an die oder von der Körperschaft überlassen.

12.12.8 Ausnahme (§ 8b Abs. 10 Satz 9 KStG)

Nach Satz 9 sind die Sätze 1–8 entsprechend anzuwenden, wenn Anteile, für die die Voraussetzungen des § 8b Abs. 7 KStG erfüllt sind, von einer Personengesellschaft überlassen werden.

12.12.9 Ausnahme (§ 8b Abs. 10 Satz 10 KStG)

§ 8b Abs. 10 Sätze 1 bis 8 KStG sind nicht anzuwenden, soweit auf die überlassende Körperschaft § 2 Nr. 2 2. HS (Erweiterung der beschränkten Steuerpflicht) oder § 5 Abs. 2 Nr. 1 2. HS KStG (Ausnahmen von der Steuerbefreiung) anzuwenden ist.

12.12.10 Ausnahme (§ 8b Abs. 10 Satz 11 KStG)

Nach Satz 11 sind die Sätze 1–10 auch insoweit anzuwenden, als es sich bei den dort genannten Anteilen um Investmentanteile i. S. d. § 2 Abs. 4 InvStG handelt und soweit hieraus Einnahmen i. S. d. § 8b KStG erzielt werden.

12.13 Nichtanwendung der Abs. 1–10 bei Anteilen an Unterstützungskassen (§ 8b Abs. 11 KStG)

Absatz 11 wurde durch das Steueränderungsgesetz 2015 vom 02.11.2015 (BGBl I 2015, 1834) eingefügt. Hiernach sind die Absätze 1–10 des § 8b KStG bei Anteilen an Unterstützungskassen nicht anzuwenden.

Zuwendungen des Trägerunternehmens an Unterstützungskassen sind unter den Voraussetzungen des § 4d EStG als Betriebsausgaben abziehbar. Kommt es im Anschluss an derartige Zuwendungen beim Trägerunternehmen aus der Beteiligung an der Unterstützungskasse zulässigerweise zu Vermögensmehrungen, die den Tatbestand des § 8b Abs. 1 oder 2 KStG erfüllen, werden diese ihre Grundlage in den ursprünglichen Zuwendungen haben. Würde man § 8b KStG auf diese Mehrungen anwenden, würden damit die Betriebsausgaben, die seinerzeit bei der Zuwendung geltend gemacht wurden, nicht ausgeglichen. § 8b Abs. 11 KStG stellt diesen Ausgleich her.

12.14 Auswirkungen der Anwendung des § 8b KStG auf die Gewerbesteuer

Die Regelungen des § 8b KStG schlagen über § 7 Satz 1 GewStG, bei Mitunternehmerschaften auch über § 7 Satz 4 GewStG, gewerbesteuerlich durch. Hierbei sind jedoch § 8 Nr. 5 GewStG und § 9 Nr. 2a, Nr. 7 und Nr. 8 GewStG zu beachten.

Nach § 8 Nr. 5 GewStG werden die nach § 8b Abs. 1 KStG außer Ansatz bleibenden Gewinnanteile (Dividenden) und die diesen gleichgestellten Bezüge und erhaltenen Leistungen aus Anteilen an einer Körperschaft, Personenvereinigung oder Vermögensmasse i. S. d. KStG, soweit sie nicht die Voraussetzungen des § 9 Nr. 2 Buchst. a oder 7 GewStG erfüllen, nach Abzug der mit diesen Einnahmen, Bezügen und erhaltenen Leistungen in wirtschaftlichem Zusammenhang stehenden Betriebsausgaben, soweit diese nach § 8b Abs. 5 KStG unberücksichtigt bleiben, dem Gewinn aus Gewerbebetrieb wieder hinzugerechnet. Da nach § 8b Abs. 5 KStG 5% der Bezüge als nabzb. BA gelten, haben insgesamt nur 95% der Leistungen den Gewinn gemindert. Dementsprechend sind auch nur 95% der Leistung nach § 8 Nr. 5 GewStG hinzuzurechnen.

Ermittlungsschema:

Gewinn Kapitalgesellschaft I

+	100% der Beteiligungserträge (§ 8b Abs. 1 KStG) (= steuerfreie)
./.	5% fiktive nabzb. BA (§ 8b Abs. 5 KStG)
=	95% Hinzurechnung nach § 8 Nr. 5 GewStG

BEISPIEL

Zum Betriebsvermögen der T-GmbH gehört eine 10%ige Beteiligung an der K-GmbH. In 05 erfolgte eine Gewinnausschüttung i. H. v. 5000 € an die T-GmbH.

LÖSUNG Auf das steuerliche Ergebnis der T-GmbH hat sich die Gewinnausschüttung der K-GmbH nur mit 5% ausgewirkt, da die volle Steuerbefreiung des § 8b Abs. 1 KStG greift bzw. das pauschalierte Betriebsausgabenabzugsverbot des § 8b Abs. 5 KStG zu berücksichtigen ist. Im Gewerbeertrag nach § 7 GewStG ist die Dividendenzahlung letztlich nur mit 5 % enthalten. Der nicht enthaltene steuerfreie Betrag von 4 750 € (5 000 € ./. 5 %) ist nach § 8 Nr. 5 GewStG dem Gewinn wieder hinzuzurechnen. § 9 Nr. 2 Buchst. a GewStG ist nicht anzuwenden, da die Beteiligung nicht mindestens 15 % des Stammkapitals beträgt.

Da § 8b Abs. 5 KStG für Leistungen aus inländischen Beteiligungen erst ab dem körperschaftsteuerlichen VZ 2004 gilt, ist bei diesen Leistungen bis zum Erhebungszeitraum 2003 eine Hinzurechnung i. H. v. 100 % der Beteiligungserträge vorzunehmen. § 8 Nr. 5 GewStG ist jedoch nur anzuwenden, wenn die Voraussetzungen des § 9 Nr. 2 Buchst. a oder Nr. 7 GewStG nicht vorliegen.

Nach § 9 Nr. 2 Buchst. a GewStG sind der Summe des Gewinns und der Hinzurechnungen die Gewinne aus Anteilen an einer nicht steuerbefreiten inländischen Kapitalgesellschaft i. S. d. § 2 Abs. 2 GewStG, einer Kredit- oder Versicherungsanstalt des öffentlichen Rechts, einer Erwerbs- und Wirtschaftsgenossenschaft oder einer Unternehmensbeteiligungsgesellschaft i. S. d. § 3 Nr. 23 GewStG, wenn die Beteiligung zu Beginn des Erhebungszeitraums mindestens 15 % des Grund- oder Stammkapitals beträgt und die Gewinnanteile bei Ermittlung des Gewinns (§ 7 GewStG) angesetzt worden sind, einzubeziehen. § 9 Nr. 7 GewStG stellt auch auf die Mindestbeteiligung von 15 % seit Beginn des Erhebungszeitraums ab, jedoch muss die Beteiligungshöhe von 15 % im Erhebungszeitraum ununterbrochen bestanden haben. Ist ein Grund- oder Stammkapital nicht vorhanden, so ist die Beteiligung an dem Vermögen, bei Erwerbs- und Wirtschaftsgenossenschaften die Beteiligung an der Summe der Geschäftsguthaben, maßgebend. Zur Prüfung der Grenze sind sämtliche zum Betriebsvermögen gehörende Anteile zusammenzurechnen.

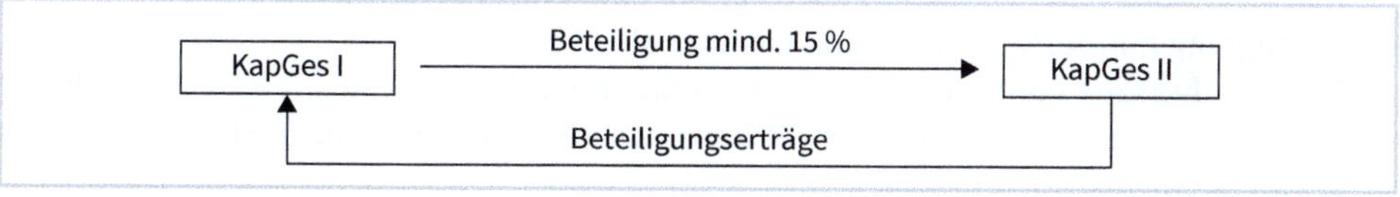

Gehören die Anteile an einer inländischen oder ausländischen Kapitalgesellschaft zum Betriebsvermögen einer Kapitalgesellschaft, bleiben die Beteiligungserträge bei der Ermittlung des Einkommens außer Ansatz (§ 8b Abs. 1 KStG), sie sind damit auch nicht im Gewerbeertrag des § 7 GewStG enthalten.

BEISPIELE

a) Im handelsrechtlichen Gewinn der K-GmbH ist eine Gewinnausschüttung der inländischen E-GmbH i. H. v. 50 000 € enthalten. Das Stammkapital der E-GmbH beträgt 500 000 €. Die K-GmbH ist seit Jahren i. H. v. 15 % an der E-GmbH beteiligt.
LÖSUNG Die Beteiligung beträgt mindestens 15 %, das Schachtelprivileg des § 9 Nr. 2 Buchst. a, bei inländischen Beteiligungen bzw. bei ausländischen Beteiligungen § 9 Nr. 7 GewStG findet Anwendung.
Der steuerliche Gewinn der K-GmbH ist nicht nach § 9 Nr. 2 Buchst. a bzw. Nr. 7 GewStG zu kürzen, da im Gewerbeertrag nach § 7 GewStG wegen der Anwendung des § 8b Abs. 1 KStG die Dividendenzahlung nicht enthalten ist.
Unbeachtlich ist die pauschale Hinzurechnung der nabzb. BA nach § 8b Abs. 5 KStG, da es sich hierbei nicht um Gewinne aus Anteilen, sondern um einen fiktiven nabzb. Betriebsausgabenbetrag handelt, § 9 Nr. 2 Buchst. a Satz 3 GewStG.

Gewinn Kapitalgesellschaft I = 0 € Beteiligungserträge (= da kein Ansatz der Gewinnanteile bei der Ermittlung des steuerlichen Gewinns, § 8b Abs. 1 KStG)

b) Varianten des Beispiels a) ergeben sich bei der Berücksichtigung von § 8 Nr. 5 i.V.m. § 9 Nr. 2 Buchst. a und Nr. 7 GewStG:

Beteiligungsertrag = 100 000 €		
mindestens 15 % an nicht steuerfreie inländische Kapitalgesellschaft (§ 9 Nr. 2 Buchst. a GewStG)	mindestens 15 % an ausländische Kapitalgesellschaft (§ 9 Nr. 7 GewStG)	unter 15 % (Voraussetzungen des § 9 Nr. 2 Buchst. a oder Nr. 7 GewStG liegen nicht vor) (§ 8 Nr. 5 GewStG)
./. 0 €	./. 0 €	+ 95 000 €

Auf die unterschiedliche Behandlung in- und ausländischer Beteiligungen durch § 8b Abs. 5 KStG bis zum VZ 2003 wird hingewiesen.

Nach § 8b Abs. 4 KStG (s. 12.6) liegt die **Beteiligungsgrenze (Streubesitzdividenden) für die Anwendung des § 8b Abs. 1 KStG** bei mindestens 10 %. Nach § 9 Nr. 2a und Nr. 7 GewStG liegt diese bei mindestens 15 %.

Es muss jetzt entschieden werden, ob die Beteiligung weniger als 10 % oder zwischen 10 und 15 % liegt:

- **Beteiligung unter 10 %**
  Wegen § 8b Abs. 4 KStG ist die Beteiligung im Gewinn i.S.d. § 7 GewStG enthalten, eine Hinzurechnung nach § 8 Nr. 5 GewStG kommt damit nicht in Betracht.
- **Beteiligung mindestens 10 %, aber weniger als 15 %**
  Die Ausschüttung bleibt nach § 8b Abs. 1 KStG steuerfrei, § 8b Abs. 4 KStG findet keine Anwendung. Damit ist § 8 Nr. 5 GewStG anzuwenden und eine Hinzurechnung von 95 % der Ausschüttung vorzunehmen.
- **Beteiligung mindestens 15 %**
  Es ist keine Kürzung vorzunehmen, weder nach § 9 Nr. 2a GewStG noch nach § 9 Nr. 7 GewStG.

12.15 § 8b KStG in Organschaftsfällen

§ 8b Abs. 1–6 KStG, nicht jedoch § 8b Abs. 7–10 KStG sind nach § 15 Satz 1 Nr. 2 Satz 1 KStG auch in Organschaftsfällen anzuwenden.

Sind in dem Organträger zuzurechnenden Organeinkommen Bezüge, Gewinne oder Gewinnminderungen i.S.d. § 8b Abs. 1–3 KStG oder mit solchen Beträgen zusammenhängende Ausgaben i.S.d. § 3c EStG enthalten, sind § 8b KStG sowie § 3 Nr. 40 und § 3c EStG bei der Ermittlung des Einkommens des Organträgers anzuwenden, § 15 Satz 1 Nr. 2 Satz 2 KStG.

BEISPIEL

Organgesellschaft

Einkommen der Organträgergesellschaft aus eigener Geschäftstätigkeit	400 000 €
Dividendenerträge	100 000 €
stpfl. Einkommen der Organgesellschaft	500 000 €

LÖSUNG Dieses Einkommen ist der Organträgergesellschaft zuzurechnen.

Organträgergesellschaft

Eigenes Einkommen		2 000 000 €
zuzurechnendes Organeinkommen		500 000 €
davon steuerfrei (§ 8b Abs. 1 KStG)	./.	100 000 €
nabzb. BA (§ 8b Abs. 5 KStG) 5 % von 100 000 €		+ 5 000 €
zu versteuerndes Einkommen des Organträgers		2 405 000 €

13 Organschaft

Ausgewählte Literaturhinweise **Benecke/Schnitger**, Wichtige Änderungen bei der körperschaftsteuerlichen Organschaft durch das UntStG 2013, IStR 2013, 143 ▪ **Dötsch/Pung**, Gesetz zur Änderung und Vereinfachung der Unternehmensbesteuerung und des steuerlichen Reisekostenrechts: Die Änderungen bei der Organschaft, DB 2013, 305 ▪ **Ronneberger**, Bestimmung organschaftlicher Ausgleichsposten, Stbg 2014, 27 ▪ **Müller/Detmering/Lieber**, Die Organschaft, 12. Aufl. 2022 ▪ **Prinz/Witt**, Steuerliche Organschaft, 3. Aufl. 2024

13.1 Grundlagen

13.1.1 Begriff und Bedeutung

Nach deutschem Steuerrecht werden miteinander verbundene Unternehmen (Konzerne) nicht als Einheit behandelt, es findet grundsätzlich eine individuelle Besteuerung der verschiedenen Unternehmen nach dem jeweils maßgeblichen Recht statt. Sofern allerdings eine steuerliche Organschaft vorliegt, kommt es regelmäßig zu einer einheitlichen, mit der eines Einheitsunternehmens vergleichbaren Besteuerung. Körperschaftsteuer-, Umsatzsteuer-, Gewerbesteuer- und Grunderwerbsteuergesetz enthalten insoweit – im Einzelnen aber durchaus unterschiedliche – Regelungen.

Eine körperschaftsteuerliche Organschaft (§§ 14 bis 19 KStG) liegt vor, wenn eine oder mehrere **rechtlich selbständige Kapitalgesellschaften** (Organ, Organgesellschaft) in ein anderes **gewerbliches Unternehmen** (Organträger) derart eingebunden sind, dass sie wirtschaftlich einen unselbständigen Teil eben dieses Unternehmens darstellen. Dies ist der Fall, wenn die jeweilige Organgesellschaft finanziell in den Organträger eingegliedert ist. Eine darüber hinaus gehende wirtschaftliche und organisatorische Eingliederung ist nicht erforderlich. Finanzielle Eingliederung bedeutet, dass der Organträger auf Grund einer beherrschenden Beteiligung auf die Willensbildung des Organs Einfluss nehmen kann.

Weitere Voraussetzung der körperschaft- und gewerbesteuerlichen Organschaft ist ein Gewinn- bzw. Ergebnisabführungsvertrag (§ 291 ff. AktG) zwischen Organ und Organträger sowie dessen tatsächliche Durchführung. Neben der Gewinnabführungsverpflichtung des Organs besteht ferner kraft Gesetzes die Verpflichtung des Organträgers zur handelsrechtlichen Verlustübernahme (§ 302 AktG).

Organgesellschaft und Organträger einer körperschaftsteuerlichen Organschaft bestehen als selbständige Steuerrechtssubjekte fort. Sie müssen zunächst nach dem für sie maßgeblichen Steuerrecht getrennt die jeweilige Bemessungsgrundlage »zu versteuerndes Einkommen« ermitteln. Das Ergebnis des Organs wird dem des Organträgers hinzugerechnet, der Gesamtbetrag bildet die Bemessungsgrundlage für die Ermittlung der festzusetzenden Steuerschuld. Je nach Rechtsform des Organträgers unterliegt das zusammengerechnete Einkommen der Einkommen- oder Körperschaftsteuer.

BEISPIEL

Zwischen Einzelunternehmer A und der A-GmbH besteht körperschaftsteuerliche Organschaft mit EAV. Die Ermittlung des zu versteuernden Einkommens soll im VZ 2024 bei A 36 700 € betragen, bei der A-GmbH 50 000 €.

LÖSUNG Das zu versteuernde Einkommen von A beträgt nach Hinzurechnung des Organeinkommens 86 700 €; die tarifliche Steuer hängt ab vom einkommensteuerlich anzuwendenden Tarif. Zu versteuerndes Einkommen und Körperschaftsteuer der A-GmbH für den VZ 2024 betragen 0 €.

Die **gewerbesteuerliche Organschaft** (§ 2 Abs. 2 Satz 2 GewStG) ist der körperschaftsteuerlichen stark angenähert, eine organisatorische und wirtschaftliche Eingliederung ist bei ihr ebenfalls nicht erforderlich. Die umsatzsteuerliche Organschaft setzt finanzielle, organisatorische und wirtschaftliche Eingliederung weiterhin voraus (Müller/Stöcker, Organschaft Rz. 891 ff.).

Anders als bei der körperschaftsteuerlichen und gewerbesteuerlichen Organschaft ist ein **Gewinnabführungsvertrag** und dessen **tatsächliche Durchführung** bei umsatzsteuerlicher und grunderwerbsteuerlicher Organschaft nicht erforderlich. Die folgenden Ausführungen betreffen grundsätzlich die körperschaftsteuerliche Organschaft.

Die Organschaft ist ein steuerliches Gestaltungsinstrument, dessen Vor- und Nachteile im Einzelfall abzuwägen sind. Ertragsteuerlich wird das von der Organgesellschaft selbständig ermittelte Einkommen dem Organträger zugerechnet und dort – zusammen mit dessen Einkommen – nach dem maßgeblichen Recht besteuert. Die Doppelbelastung mit KSt und ESt wird vermieden, Verluste der Organgesellschaft können mit Gewinnen des Organträgers verrechnet werden und umgekehrt. Ohne Organschaft wäre der Verlustabzug bei dem Unternehmen, bei dem die Verluste entstanden sind, erst in späteren Gewinnjahren möglich. Bei Personengesellschaften und natürlichen Personen als Organträgern werden Organgewinne sofort in entsprechender Höhe an Stelle von 15 % KSt (ohne Organschaft) mit ESt belastet. Nachteilig sind die zivilrechtliche Verlustausgleichsverpflichtung des herrschenden Unternehmens, eine denkbare Sicherheitsleistung nach § 303 AktG bei Beendigung des GAV sowie das Haftungsrisiko nach § 73 AO. Die nachstehende Übersicht stellt die Voraussetzungen für die KSt- und GewSt-Organschaft dar:

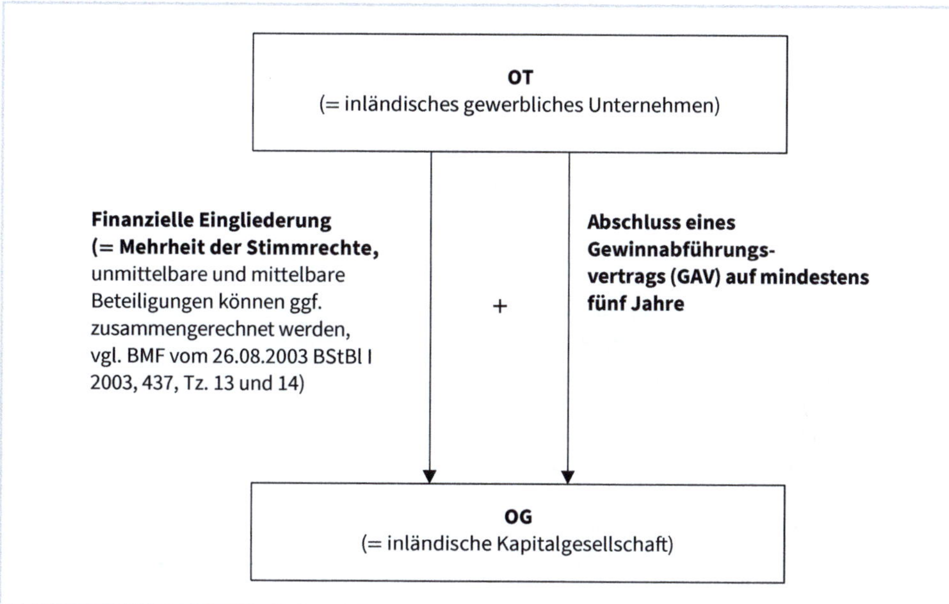

Aber: Zeitliche Voraussetzungen für eine steuerwirksame Organschaft sind zu beachten.

Eine Organschaft ab VZ 2024 liegt vor, wenn die finanzielle Eingliederung ab dem 01.01.2024 (vgl. R 14.2 KStR) erfolgt (vgl. BFH vom 10.05.2017 DB 2017, 2264); d h. der Abschluss und die Eintragung des GAV in das Handelsregister bis spätestens 31.12.2024 (vgl. BMF vom 10.11.2005 BStBl I 2005, 1038, Tz. 3) durchgeführt ist. Des Weiteren muss die Mindestlaufzeit des GAV fünf Zeitjahre betragen, d. h. einen Zeitraum von insgesamt 5 × 12 = 60 Monaten (und nicht Wirtschaftsjahre) umfasst – § 14 Abs. 1 Satz 1 Nr. 3 KStG i. V. m. BFH vom 28.11.2007 BB 2008, 1606, BFH vom 22.10.2008 DB 2009, 148 sowie BFH vom 12.01.2011 BStBl II 2011, 727).

13.1.2 Grundsätze zur körperschaftsteuerlichen Einkommensermittlung

Die Grundsätze zur körperschaftsteuerlichen Einkommensermittlung können den nachstehenden Übersichten entnommen werden:

a) Bei der Organgesellschaft (OG)

	Steuerbilanzgewinn/Steuerbilanzverlust
+	nicht abziehbare Ausgaben (z. B. nach § 10 KStG)
+	sämtliche als Betriebsausgaben gebuchten Spenden
./.	Einlagen des OT (§ 8 Abs. 3 Satz 3 KStG)
+ / ./.	keine Anwendung des § 8b KStG (Bruttomethode) nach § 15 Satz 1 Nr. 2 KStG
+	vGA an OT (§ 8 Abs. 3 Satz 2 KStG)
+	Ausgleichszahlungen nach § 16 KStG (R 16 KStR 2015)
+	Gewinnabführung an den OT oder
./.	Verlustausgleich des OT
=	Summe der Einkünfte

./.	abziehbare Spenden i. S. d. § 9 Abs. 1 Nr. 2 KStG
=	Zwischensumme
./.	dem OT zuzurechnendes Einkommen
=	eigenes Einkommen der OG (in der Regel 0 €)

Ausnahme: zvE der OG i. H. v. 20/17 der Ausgleichszahlungen nach § 16 KStG an außenstehende Anteilseigner

b) Beim Organträger (OT)

	Steuerbilanzgewinn/Steuerbilanzverlust
+	vGA bei der OT-KapGes (§ 8 Abs. 3 Satz 2 KStG)
+	nicht abziehbare Ausgaben (z. B. nach § 10 KStG)
+	sämtliche als Betriebsausgaben gebuchten Spenden
./.	steuerfreie Vermögensmehrungen (z. B. Einlagen, InvZul)
+ / ./.	Kürzungen/Hinzurechnungen nach § 8b KStG
./.	vGA von OG (R 14.6 Abs. 4 und 14.7 Abs. 2 KStR)
./.	Gewinnabführung von der OG oder
+	Verlustausgleich des OT an die OG
=	Summe der Einkünfte
./.	abziehbare Aufwendungen (insbesondere Spenden des OT)
=	Zwischensumme
+	zuzurechnendes positives Einkommen der OG oder
./.	negatives Einkommen der OG
+ / ./.	Anwendung § 8b KStG/§ 3 Nr. 40 und § 3c Abs. 2 EStG (Bruttomethode nach § 15 Satz 1 Nr. 2 KStG)
./.	Verlustabzug nach § 10d EStG
=	zu versteuerndes Einkommen des OT

BEISPIELE

a) Körperschaftsteuerliche Organschaft

Bei der Organgesellschaft (OG-GmbH):		
Steuerbilanzgewinn 2024 der OG-GmbH		0 €
Dazu: nicht abziehbare Ausgaben	+	30 000 €
Dazu: Gewinnabführung an OT	+	200 000 €
Summe der Einkünfte		230 000 €
Davon ab: dem OT zuzurechnendes Einkommen	./.	230 000 €
Zu versteuerndes Einkommen 2024 der OG		0 €
Beim Organträger (OT-AG):		
Steuerbilanzgewinn 2024 der OT-AG		700 000 €
Dazu: nicht abziehbare Ausgaben	+	300 000 €
Zwischensumme		1 000 000 €
Davon ab: Gewinnabführung von der OG-GmbH	./.	200 000 €
Summe der Einkünfte der OT-AG		800 000 €
Dazu: zuzurechnendes Einkommen der OG-GmbH	+	230 000 €
Zu versteuerndes Einkommen 2024 der OT-AG		1 030 000 €

b) Gewerbesteuerliche Organschaft

OG-GmbH:

Zu versteuerndes Einkommen der OG		0 €
dem OT im Rahmen der körperschaftsteuerlichen Einkommensermittlung zugerechnetes Einkommen	+	230 000 €
Gewinn aus Gewerbebetrieb (§ 7 GewStG)		230 000 €
Hinzurechnungen gem. § 8 GewStG (unter Berücksichtigung des Freibetrags nach § 8 Nr. 1 GewStG)	+	170 000 €
Kürzungen gem. § 9 GewStG	./.	50 000 €
Gewerbeertrag 2024		350 000 €

Der Gewerbeertrag der OG wird nur rechnerisch ermittelt. An die OG ergeht kein GewSt-Messbescheid. Der Gewerbeertrag ist beim OT zu erfassen.

OT-AG:

Gewinn aus Gewerbebetrieb (= eigenes Einkommen des OT)		800 000 €
Hinzurechnungen gem. § 8 GewStG (unter Berücksichtigung des Freibetrags nach § 8 Nr. 1 GewStG)	+	400 000 €
Kürzungen gem. § 9 GewStG	./.	100 000 €
Gewerbeertrag OT		1 100 000 €
Gewerbeertrag OG	+	350 000 €
Gewerbeertrag 2024 Organkreis		1 450 000 €

Eine Abrundung auf volle 100 € nach unten erübrigt sich. Da der OT hier die Rechtsform der GmbH hat, ist kein Freibetrag zu berücksichtigen.

Der Steuermessbetrag für den EZ 2024 beträgt demnach:

3,5 % von 1 450 000 € =	50 750 €

Dieser Steuermessbetrag wird in dem an den OT ergehenden GewSt-Messbescheid festgesetzt.

13.2 Voraussetzungen der Organschaft

13.2.1 Organträger

Das KStG schreibt für den Organträger keine besondere Rechtsform vor. Nach § 14 Abs. 1 Nr. 2 KStG kommen als Organträger in Betracht:

- unbeschränkt steuerpflichtige natürliche Personen; einer »Geschäftsleitung im Inland« bedarf es wohl nicht,
- nicht steuerbefreite Körperschaften, Personenvereinigungen oder Vermögensmassen i. S. v. § 1 Abs. 1 KStG mit Geschäftsleitung im Inland,
- Personengesellschaften gem. § 15 Abs. 1 Nr. 2 EStG mit Geschäftsleitung im Inland, wenn sie eine Tätigkeit i. S. d. § 15 Abs. 1 Nr. 1 EStG ausüben und sich die Anteile an der Organgesellschaft im Gesamthandsvermögen der Personengesellschaft befinden,
- beschränkt steuerpflichtige ausländische Unternehmen unter den Voraussetzungen von § 18 KStG.

13.2.1.1 Steuerpflicht des Organträgers

Das Organschaftsverhältnis darf den steuerlichen Zugriff auf das dem Organträger zuzurechnende Einkommen der Organgesellschaft nicht beeinträchtigen. Natürliche Personen kommen als Organträger in Betracht, wenn sie Wohnsitz oder gewöhnlichen Aufenthalt im Inland haben (§ 1 Abs. 1 und 2 EStG, §§ 8, 9 AO). Bei ausländischem Wohnsitz und ständigem ausländischen Aufenthalt genügt die fiktive Steuerpflicht gem. § 1 Abs. 3 EStG.

Für Kapitalgesellschaften **i. S. v.** § 1 Abs. 1 KStG galt bis einschließlich VZ 2000 ein doppelter Inlandsbezug (Sitz und Geschäftsleitung): Eine Kapitalgesellschaft, die lediglich wegen ihres Sitzes im Inland unbeschränkt steuerpflichtig war, konnte nicht Organträger sein. Das UntStFG beseitigte den doppelten Inlandsbezug. Seit VZ 2001 kommt es nur noch darauf an, dass sich die Geschäftsleitung im Inland befindet (§ 14 Abs. 1 Nr. 2 Satz 1 KStG i. V. m. BMF-Schreiben vom 26.08.2003, BStBl I 2003 S. 437, Tz. 1 und Tz. 6). Der Inlandssitz einer Kapitalgesellschaft, der durch Gesetz, Gesellschaftsvertrag oder Satzung bestimmt wird (»Satzungssitz«; § 11 AO), ist weder erforderlich noch (für sich allein) ausreichend. Die Geschäftsleitung (»Verwaltungssitz«) befindet sich an dem Ort, an dem der gesetzliche Vertreter faktisch die Weisungen erteilt (§ 10 AO). Der Gesetzgeber hat sich für den Verwaltungssitz als Zuordnungsmerkmal entschieden um das inländische Besteuerungsrecht bei doppelansässigen Gesellschaften zu erhalten. Nach Art. 2 OECD-MA richtet sich dieses nach dem Sitz der tatsächlichen Geschäftsleitung (Müller/Stöcker, Organschaft Rz. 52).

Der § 14 Abs. 1 Satz 1 Nr. 2 Satz 4 KStG stellt für alle an der steuerlichen Organschaft beteiligten Personen unterschiedslos darauf ab, ob die Beteiligung des Organträgers an der Organgesellschaft einer inländischen Betriebsstätte i. S. d. § 12 AO des Organträgers zuzurechnen ist. Voraussetzung für die Anerkennung der Organschaft ist, dass die Beteiligung des Organträgers an der Organgesellschaft während der gesamten Dauer der Organschaft ununterbrochen einer inländischen Betriebsstätte **i. S. d.** § 12 AO des Organträgers zuzurechnen ist und die dieser Betriebsstätte zuzurechnenden Einkünfte der inländischen Besteuerung unterliegen.

Bei Personengesellschaften ist neben der Geschäftsleitung im Inland außerdem erforderlich, dass alle Gesellschafter unbeschränkt oder beschränkt einkommen- oder körperschaftsteuersteuerpflichtig sind und mit ihren Gewinnanteilen der inländischen Steuerpflicht unterliegen.

Steuerbefreite Körperschaften, Personenvereinigungen und Vermögensmassen (z. B. nach § 5 Abs. 1 Nr. 5 oder Nr. 9 KStG), können grds. **nicht Organträger** sein, ansonsten bliebe das Organeinkommen im Ergebnis unbesteuert. Unterhält die steuerbefreite Körperschaft jedoch einen wirtschaftlichen Geschäftsbetrieb (§ 14 AO), ist sie mit diesem partiell steuerpflichtig; insoweit kann sie ein Organverhältnis begründen. Eine juristische Person des öffentlichen Rechts kann mit einem steuerpflichtigen Betrieb gewerblicher Art (§ 1 Abs. 1 Nr. 6, § 4 KStG) gleichfalls Organträger sein. In beiden Fällen muss sich die Beteiligung an der Organgesellschaft im Betriebsvermögen des Organträgers befinden.

13.2.1.2 Gewerbliches Unternehmen

Organträger kann sein, wer Inhaber eines inländischen gewerblichen Unternehmens ist (§ 14 Satz 1 KStG). Ein gewerbliches Unternehmen liegt vor, wenn konkret die Merkmale des § 2 Abs. 2 GewStG, § 15 Abs. 2 EStG erfüllt sind. Eine eigengewerbliche Tätigkeit im Sinne dieser Vorschriften ist bei Kapitalgesellschaften wegen § 8 Abs. 2 KStG nicht erforderlich (BMF vom

26.08.2003 BStBl I 2003, 437, Tz. 4). Gleiches gilt für Körperschaften mit anderen Einkünften. Eine land- und forstwirtschaftliche oder auch eine nicht-gewerblich vermögensverwaltende Kapitalgesellschaft ist kraft Rechtsform (§ 2 Abs. 2 GewStG) Träger eines gewerblichen Unternehmens gem. § 14 Abs. 1 Satz 1 KStG.

Bis einschließlich VZ 2002 konnte eine **gewerblich geprägte Personengesellschaft** i. S. v. § 15 Abs. 3 Nr. 2 EStG Organträger sein. Diese unterhält auch ohne eigengewerbliche Tätigkeit einen »fingierten« Gewerbebetrieb, der bei den Gesellschaftern zu gewerblichen Einkünften führt. Seit VZ 2003 genügt dies nicht mehr. Nach § 14 Abs. 1 Nr. 2 Satz 2 KStG i. d. F. d. StVergAbG ist eine eigengewerbliche Betätigung der Personengesellschaft i. S. v. § 15 Abs. 1 Nr. 1 EStG erforderlich. Nach Verwaltungsauffassung darf es sich hierbei nicht um eine nur geringfügige Tätigkeit handeln (BMF vom 10.11.2005 BStBl I 2005, 1038 Tz. 17). Als in diesem Sinne ausreichend wird eine Tätigkeit angesehen, die eine Umqualifizierung der übrigen Einkünfte der Personengesellschaft gem. § 15 Abs. 3 Nr. 1 EStG (Abfärbung, Infektion) herbeiführen kann. Ebenfalls ausreichend ist die Gewerblichkeit einer Besitzpersonengesellschaft bei einer Betriebsaufspaltung (BMF vom 10.11.2005 [a. a. O.] Tz. 16). Das Besitzunternehmen bezieht auch bei ausschließlich vermögensverwaltender Tätigkeit wegen der engen Verflechtung mit dem Betriebsunternehmen Einkünfte aus Gewerbebetrieb. Daher kann es sowohl als natürliche Person oder auch als Personengesellschaft Organträger sein. Die Anteile an der Betriebs-GmbH müssen sich aber bei einer Personengesellschaft als Organträger im Gesamthandsvermögen und nicht im Sonderbetriebsvermögen befinden (BMF-Schreiben vom 10.11.2005, a. a. O., Tz. 13).

Eine Holdingpersonengesellschaft muss selbst eine gewerbliche Tätigkeit ausüben, eine nur vermögensverwaltende Holding kann die Funktion eines Organträgers nur in der Rechtsform einer Kapitalgesellschaft erfüllen (BMF vom 10.11.2005 [a. a. O.] Tz. 18 ff.).

Nach dem BFH vom 24.07.2013 BStBl II 2014, 272 gilt zum Zeitpunkt der gewerblichen Betätigung Folgendes: Der BFH hält es nicht für erforderlich, dass ein Organträger in der Rechtsform einer Personengesellschaft schon zu Beginn des Wirtschaftsjahrs der Organgesellschaft gewerblich tätig ist. Vielmehr reiche es aus, wenn die Personengesellschaft im Zeitpunkt der Gewinnabführung, d. h. zum Ende des Geschäftsjahres der Organgesellschaft, gewerblich tätig sei. Damit widerspricht der BFH der im BMF-Schreiben vom 10.11.2005 (BStBl I 2005, 1038 Tz. 21) vertretenen Rechtsauffassung der Finanzverwaltung. Die Tz. 21 ist dadurch überholt; vgl. H 14.3, Zeitpunkt einer gewerblichen Betätigung des Organträgers i. S. d. § 15 Abs. 1 Satz 1 Nr. 1 EStG, KStH). Außerdem stellt der BFH in dem Urteil klar, dass eine Organträger-Personengesellschaft auch dann gewerblich tätig ist, wenn sie Besitzunternehmen im Rahmen einer Betriebsaufspaltung ist und ansonsten nur vermögensverwaltend handelt.

Der einzelne **Betrieb gewerblicher Art** von juristischen Personen des öffentlichen Rechts (§ 4 KStG) kann nur Organträger sein, wenn seine Tätigkeit als die eines Gewerbebetriebs anzusehen ist. Gemäß § 4 Abs. 1 Satz 2 KStG sind Gewinnerzielungsabsicht und Teilnahme am allgemeinen wirtschaftlichen Verkehr nicht erforderlich. § 8 Abs. 1 Satz 2 KStG stellt klar, dass auch für einen derartigen Betrieb stets ein Einkommen – ohne Anwendung der Liebhabereigrundsätze – zu ermitteln und eine Verlustverrechnung nach Maßgabe von § 8 Abs. 7 KStG möglich ist.

13.2.2 Organgesellschaft

Organgesellschaft können nur Kapitalgesellschaften sein (Europäische Gesellschaft (SE; ab 2006), Aktiengesellschaften (AG), Kommanditgesellschaften auf Aktien (KGaA) sowie Gesellschaften mit beschränkter Haftung (GmbH)), nicht aber Genossenschaften, Stiftungen oder Versicherungsvereine auf Gegenseitigkeit. Ebenso wenig kommen – weil Personengesellschaft – die GmbH (atypisch, still) oder GmbH&Co. KG als solche in Betracht (H 1.1 KStH). Die Unternehmergesellschaft i. S. v. § 5a GmbHG ist eine Unterart der GmbH, die aber anders firmieren muss (»haftungsbeschränkt«). Für sie gelten die folgenden Ausführungen entsprechend. SE, AG und KGaA einerseits und GmbH andererseits werden wegen unterschiedlicher Ausgangsvoraussetzungen in verschiedenen Vorschriften geregelt (§ 14 bzw. § 17 KStG), da der in § 14 Abs. 1 KStG angesprochene aktienrechtliche Abführungsvertrag gem. §§ 291 ff., §§ 319 ff., § 324 AktG im Recht der GmbH keine Entsprechung hat.

Die Vorgründungsgesellschaft einer Kapitalgesellschaft kann – weil Personengesellschaft – nicht Organgesellschaft sein. Anders die Vor-Gesellschaft (auch: Gesellschaft in Gründung). Sie kann Organgesellschaft sein, weil sie nach Gesellschaftsrecht mit der vollendeten Kapitalgesellschaft weitestgehend identisch ist. Zur Unterscheidung von Vorgründungs- und Vor-Gesellschaft vgl. R 1.1 KStR und H 1.1 KStH. Die steuerlichen Folgen der Organschaft treten allerdings erst in dem Wj. ein, in dem die Vor-Gesellschaft im Handelsregister eingetragen wird. Unterbleibt die Eintragung der Vor-Gesellschaft endgültig, bestand von Anfang an keine Organschaft.

Durch das Gesetz zur Änderung und Vereinfachung der Unternehmensbesteuerung und des steuerlichen Reisekostenrechts vom 20.02.2013 (BGBl I 2013, 285) erfolgte eine Aufgabe des doppelten Inlandsbezugs für Organgesellschaften (§ 14 Abs. 1 Satz 1 vor Nr. 1, Satz 1 Nr. 5, § 17 Satz 1). Danach wurde der Inlandsbezug für Organgesellschaften in allen noch nicht bestandskräftig veranlagten Fällen so geändert, dass neben der Geschäftsleitung im Inland der Sitz in einem Mitgliedstaat der Europäischen Union oder in einem Vertragsstaat des EWR-Abkommens genügt.

Aber: Durch § 14 Abs. 1 Satz 1 Nr. 5 KStG wird ausgeschlossen, dass Verluste der Organgesellschaft mehrfach berücksichtigt werden können, z. B. weil sie in verschiedenen Ländern in eine Gruppenbesteuerung einbezogen ist. Ein Fall i. S. d. § 14 Abs. 1 Satz 1 Nr. 5 KStG liegt insbesondere dann vor, wenn die negativen Einkünfte einer doppelt ansässigen Organgesellschaft im Rahmen der Besteuerung im ausländischen Staat mit positiven Einkünften eines Gruppenträgers ausgeglichen oder abgegolten werden. Eine Kapitalgesellschaft kann nicht Organgesellschaft sein, wenn sie nach § 5 Abs. 1 Nr. 3 oder Nr. 9 KStG befreit ist (Müller/Stöcker, Organschaft Rz. 42).

13.2.3 Sachliche Voraussetzungen der Organschaft

In der Vergangenheit waren bei der körperschaftsteuerlichen Organschaft finanzielle, organisatorische und wirtschaftliche Eingliederung der Organgesellschaft in das Unternehmen des Organträgers erforderlich. Seit VZ 2001 ist – nach entsprechender Änderung durch das StSenkG – nur noch die finanzielle Eingliederung erforderlich.

13.2.3.1 Finanzielle Eingliederung

Nach § 14 Nr. 1 KStG ist die Organgesellschaft finanziell eingegliedert, wenn dem Organträger die Mehrheit der Stimmrechte zusteht (R 14.2 KStR). Diese wird häufig der kapitalmäßigen Beteiligung entsprechen, es kann aber auch zu Abweichungen z. B. auf Grund der Art der Beteiligung (z. B. bei Vorzugsaktien) oder aus entsprechenden Stimmrechtsvereinbarungen kommen. Eine unter 50% liegende Beteiligung kann bei entsprechenden Mehrheitsstimmrechten durchaus zur finanziellen Eingliederung führen. Die Ausübung einer Stimmrechtsvollmacht für fremde Anteile genügt allerdings nicht.

Die Frage, wem die Anteile einschließlich der Stimmrechte zuzurechnen sind, ist nach § 39 AO zu beurteilen. Treuhänder und Sicherungseigentümer sind nicht wirtschaftliche Eigentümer, da sie im Regelfall nicht uneingeschränkt von den Stimmrechten Gebrauch machen können (Streck/Olbing, KStG Anm. 14; dort auch zur Frage der Verpfändung und des Nießbrauchs). Eigene Anteile der Organgesellschaft sind in die Maßgeblichkeitsberechnung nicht mit einzubeziehen. Soweit nach der Satzung der Organgesellschaft für Gesellschafterbeschlüsse eine einfache Mehrheit nicht ausreicht, muss der Organträger über die danach erforderliche qualifizierte Mehrheit verfügen.

BEISPIEL

Die T-GmbH hat ein Stammkapital von 100000 €. Sie hält davon 10% selbst. Die M-GmbH ist mit 50000 € an der T-GmbH beteiligt. Die Stimmrechte entsprechen der Beteiligungsquote.

LÖSUNG Die T-GmbH ist in die M-GmbH finanziell eingegliedert. Die Mehrheit der Stimmrechte beträgt mehr als 50%, da die Beteiligung der M-GmbH in Relation zu einem Stammkapital von (100000 € ./. 10000 € =) 90000 € zu setzen ist. Der T-GmbH stehen aus den eigenen Anteilen keine Rechte zu (BGH vom 30.01.1995 GmbHR 1995, 291).

Die finanzielle Eingliederung kann sich aus einer unmittelbaren und/oder einer mittelbaren Beteiligung ergeben. Die Zusammenrechnung mehrerer mittelbarer Beteiligungen oder einer unmittelbaren und einer mittelbaren Beteiligung war bis einschließlich VZ 2000 generell unzulässig (§ 14 Nr. 1 Satz 2 KStG a. F.). Das bis dahin geltende Additionsverbot ist mittlerweile entfallen, allerdings ist auch nach jetziger Rechtslage kein uneingeschränktes Zusammenrechnen statthaft. Nach § 14 Abs. 1 Satz 1 Nr. 1 Satz 2 KStG darf im Ergebnis die Beteiligung der zwischengeschalteten Gesellschaft an der Organgesellschaft nur dann hinzuaddiert werden, wenn der Organträger an dieser Gesellschaft mehr als 50% der Stimmrechte besitzt (R 14.2 Satz 2 ff. KStR). Die zwischengeschaltete Gesellschaft selbst muss aber weder Organgesellschaft noch Kapitalgesellschaft sein; es kann sich insoweit auch um eine Mitunternehmerschaft oder eine ausländische Gesellschaft handeln.

Keine Organschaft ist zwischen Schwestergesellschaften möglich, da der Organträger selbst eine Beteiligung halten muss, die die finanzielle Beteiligung vermittelt. Dies ist bei Schwestergesellschaften nicht der Fall (Dötsch in D/P/M, KStG § 14 Rz. 126; Streck/Olbing, KStG § 14 Rz. 52).

Bei der Berechnung der zu berücksichtigenden Stimmrechtsquote bei mittelbarer Beteiligung ist diese nach Verwaltungsauffassung nur insoweit zu berücksichtigen, als dies dem Anteil des Organträgers an der zwischengeschalteten Gesellschaft entspricht (R 14.2 KStR).

BEISPIELE

In den Beispielen (nach R 14.2 KStR) wird unterstellt, dass die Stimmrechtsverhältnisse den Beteiligungsverhältnissen entsprechen.

a) Die Gesellschaft M ist an der Gesellschaft E unmittelbar zu 50 % beteiligt. Über die Gesellschaft T (Beteiligung der T an E 50 %), an der die M ebenfalls zu 50 % beteiligt ist, hält M weitere 25 % der Anteile an der E.

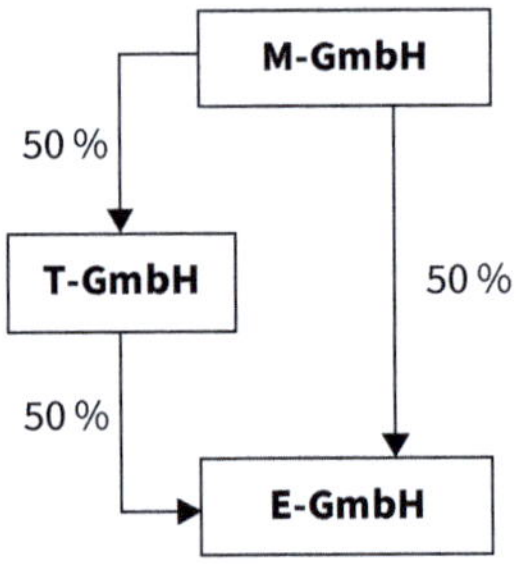

LÖSUNG Die Gesellschaft E ist in die Gesellschaft M nicht finanziell eingegliedert, weil die unmittelbare und die mittelbare Beteiligung der M an der E aufgrund der fehlenden Stimmrechtsmehrheit der M an T nicht zusammenzurechnen sind und die unmittelbare Beteiligung allein die Voraussetzung der finanziellen Eingliederung nicht erfüllt.

b) Die Gesellschaft M ist zu 20 % unmittelbar an E beteiligt. Zugleich ist M am Vermögen der Personenhandelsgesellschaft P zu 80 % beteiligt, die ihrerseits 80 % der Anteile an E hält.

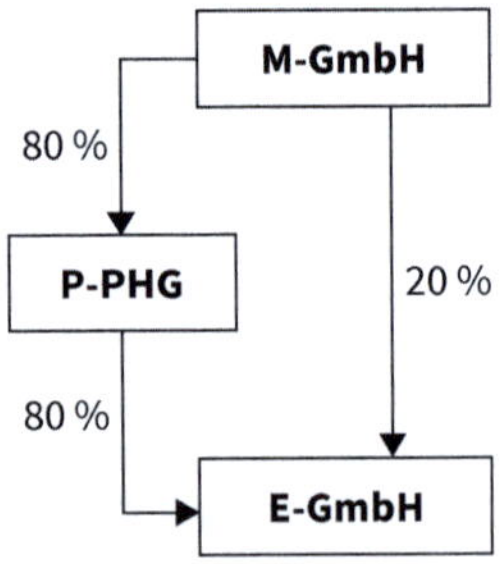

LÖSUNG Die Gesellschaft E ist in die Gesellschaft M finanziell eingegliedert, da die unmittelbare und die mittelbare Beteiligung aufgrund der Stimmrechtsmehrheit der M an P zu addieren sind (20 % + 64 %).

Werden unmittelbare und mittelbare Beteiligungsquote zusammengerechnet, ist nach Literaturmeinung die gesamte Quote, die der vermittelnden Gesellschaft zugerechnet wird, auch dem Organträger zuzurechnen. Denn dieser kann wegen der im Gesetz geforderten Mehrheitsbeteiligung an der zwischengeschalteten Gesellschaft im Ergebnis auch deren Stimmrechte insgesamt ausüben.

BEISPIEL

Die OT-AG ist mit 30% an der OG-GmbH beteiligt. Sie hält außerdem 60% der Anteile an der Z-GmbH; diese ist ihrerseits mit 30% an der OG-GmbH beteiligt. Die Beteiligungsquoten entsprechen den Stimmrechtsanteilen.

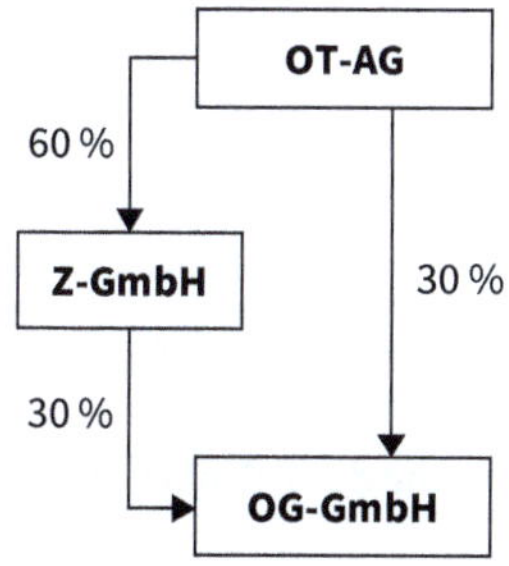

LÖSUNG Nach »durchgerechneter« Verwaltungsauffassung betragen die Stimmrechte der OT-AG lediglich 48% (30% unmittelbar plus 60% von 30% mittelbar, vgl. R 14.2 Beispiel 3 KStR 2015); somit keine finanzielle Eingliederung. Nach Literaturmeinung beträgt der gesamte Stimmrechtsanteil 60%, da die Beteiligungsquote der Z-GmbH der OT-AG voll zuzurechnen ist. Finanzielle Eingliederung liegt damit vor.

13.2.3.2 Organschaftskette

Von der mittelbaren finanziellen Eingliederung zu unterscheiden ist die Organschaftskette, bei der mehrere Organverhältnisse hintereinandergeschaltet werden. So kann beispielsweise ein Organverhältnis mit GAV zwischen einer M-GmbH und einer T-GmbH einerseits sowie der T-GmbH und einer E-GmbH andererseits begründet werden. In diesem Fall ist das Einkommen der E-GmbH der T-GmbH und deren – um das Einkommen der E-GmbH erhöhte – Einkommen der M-GmbH zuzurechnen.

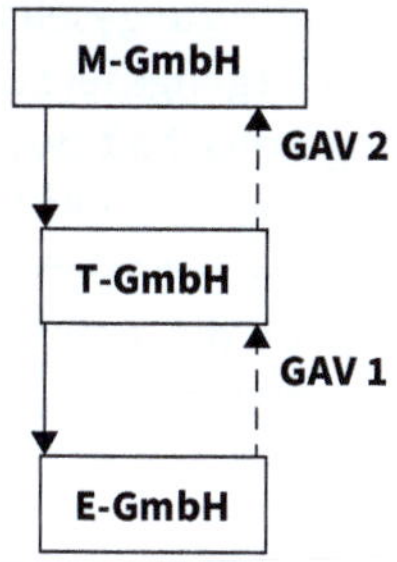

Mitunternehmerschaften i.S.v. § 15 Abs. 1 Nr. 2 EStG können ebenfalls Organträger sein. Gem. § 14 Abs. 1 Satz 1 Nr. 2 Satz 3 KStG muss die finanzielle Eingliederung der Organgesellschaft zur Organträger-Gesellschaft selbst vorliegen. Die Beteiligung an der Organgesellschaft muss dementsprechend zum Gesamthandsvermögen der Organträger-Personengesellschaft gehören, die Zugehörigkeit zum Sonderbetriebsvermögen eines Mitunternehmers genügt nicht mehr (R 14.3 KStR).

13.2.4 Die zeitlichen Voraussetzungen der Organschaft

Nach § 14 Nr. 1 und 2 KStG muss die Organgesellschaft finanziell in das Unternehmen des Organträgers eingegliedert sein. Diese Voraussetzung muss vom Beginn bis zum Ende des Wj. der Organgesellschaft ohne Unterbrechung vorliegen (R 14.4 Abs. 1 Satz 1 und 2 KStR).

BEISPIEL

Der Einzelunternehmer A erwirbt zum 01.07.2024 eine Mehrheitsbeteiligung an der T-GmbH (Wj. = Kj.). Gleichzeitig wird ein EAV abgeschlossen.

LÖSUNG Die finanzielle Eingliederung der T-GmbH ist im Wj. 2024 nicht gegeben.

Das Wj. kann auch in einem Rumpf-Wj. bestehen (R 14.4 Abs. 1 Satz 3 KStR). I. d. R. liegt in der Begründung eines Organschaftsverhältnisses ein hinreichender Grund für die Umstellung des Wj. Vgl. hierzu auch BFH vom 10.05.2017 DB 2017, 2264. Im Jahr der Begründung der Organschaft kann es ausnahmsweise zur Bildung von zwei Rumpf-Wj. in einem VZ kommen, wenn die Organgesellschaft ihr Wj. zunächst auf den Beginn des Organschaftsverhältnisses und danach auf den im Organkreis üblichen Abschlusstag umstellt. Die in diesen Fällen nach § 7 Abs. 4 Satz 3 KStG erforderliche Zustimmung der Finanzbehörde muss erteilt werden (R 14.4 Abs. 3 KStR).

Veräußert der Organträger seine Beteiligung an der Organgesellschaft zum Ende des Wj. der Organgesellschaft an ein anderes gewerbliches Unternehmen, ist davon auszugehen, dass der Organträger die Berechtigung an den Anteilen bis zum letzten Tag, 24 Uhr des Wj. der Organgesellschaft behält, und dass das andere Unternehmen diese Berechtigung am ersten Tag, 00:00 Uhr des anschließenden Wj. der Organgesellschaft erwirbt. In diesen Fällen ist deshalb die Voraussetzung der finanziellen Eingliederung der Organgesellschaft beim Veräußerer der Anteile bis zum Ende des Wj. der Organgesellschaft und beim Erwerber der Anteile vom Beginn des anschließenden Wj. der Organgesellschaft an erfüllt. Veräußert der Organträger seine Beteiligung an der Organgesellschaft während des Wj. der Organgesellschaft und stellt die Organgesellschaft mit Zustimmung des Finanzamts ihr Wj. auf den Zeitpunkt der Veräußerung der Beteiligung um, ist die finanzielle Eingliederung der Organgesellschaft beim Veräußerer der Anteile bis zum Ende des entstandenen Rumpf-Wj. der Organgesellschaft und beim Erwerber der Anteile vom Beginn des anschließenden Wj. der Organgesellschaft angegeben (R 14.4 Abs. 2 KStR).

13.3 Gewinnabführungsvertrag

Die Verpflichtung der Organgesellschaft zur Abführung des gesamten handelsrechtlichen Gewinns an den Organträger sowie die Vereinbarung von Ausgleichszahlungen an außenstehende Gesellschafter gehören zum unabdingbaren Inhalt eines GAV (§§ 291 ff. AktG). Unabhängig von vertraglicher Vereinbarung gilt außerdem – bei den Rechtsformen, auf die

§ 302 AktG unmittelbar anwendbar ist – die Verpflichtung des Organträgers zur Übernahme etwaiger handelsrechtlicher Verluste der Organgesellschaft. Damit wird im Ergebnis gewährleistet, dass die Organgesellschaft ihre Tätigkeit wirtschaftlich auf Rechnung des Organträgers ausübt. Der GAV ist nicht lediglich ein schuldrechtliches Regelwerk, sondern ein Organisationsvertrag, der – ähnlich einer Satzung – den Gesellschaftszweck am Interesse des Verbundes ausrichtet und das Gewinnbezugsrecht der Gesellschafter verändert (BFH vom 28.11.2007 BFH/NV 2008, 1270).

Das KStG unterscheidet zwischen Europäischer Gesellschaft, AG oder Kommanditgesellschaft auf Aktien (§ 14 KStG) sowie anderen Kapitalgesellschaften (§ 17 KStG). Während für die in § 14 KStG genannten Gesellschaften besondere Vorschriften des Aktienrechts unmittelbar gelten, muss für die Kapitalgesellschaft des § 17 KStG eine den §§ 291 ff. AktG entsprechende Vertragsgestaltung durch besondere Vereinbarung erfolgen. Die Frage, ob die Europäische Gesellschaft (SE) einen derartigen Vertrag überhaupt abschließen kann, erscheint zivilrechtlich nicht eindeutig geklärt. Der Steuergesetzgeber sah aber, als er die SE in den Katalog des § 14 KStG aufgenommen hat, offenbar in der Verweisung des Art. 9 Abs. 1 Buchst. c der SE-VO Nr. 2157/2001 vom 08.10.2001 eine insoweit hinreichende Rechtsgrundlage (Gosch/Neumann KStG, § 17 Rz. 3). Der GAV muss zivilrechtlich wirksam sein. Nichtige oder schwebend unwirksame Verträge entfalten keine steuerliche Wirkung.

13.3.1 Der aktienrechtliche Gewinnabführungsvertrag

Bei Organgesellschaften in der Rechtsform der Europäischen Gesellschaft, AG oder der KGaA muss der GAV den Bestimmungen des § 291 Abs. 1 AktG entsprechen. Diese verpflichten sich darin zur Abführung ihres gesamthandelsrechtlichen Gewinnes. Als GAV gilt auch ein sog, Unternehmensführungsvertrag (§ 291 Abs. 1 Satz 2 AktG), ein Teilgewinnabführungsvertrag nach § 292 Abs. 1 Nr. 2 AktG reicht für die Anwendung des § 14 KStG nicht aus. Der aktienrechtliche GAV muss nicht ausdrücklich die Verpflichtung zum Ausgleich eines Jahresfehlbetrages durch das herrschende Unternehmen enthalten. § 302 AktG begründet eine solche Verpflichtung kraft Gesetzes. Zu Gunsten außenstehender Gesellschafter muss der Vertrag zwingend regelmäßig wiederkehrende Ausgleichszahlungen vorsehen (§ 304 AktG).

Die zivilrechtliche Wirksamkeit des GAV richtet sich nach den §§ 293, 294 AktG. Der Vertrag bedarf der Schriftform (§ 293 Abs. 3 AktG). Die Hauptversammlung der künftigen Organgesellschaft muss dem Vertrag mit der qualifizierten Mehrheit von mindestens 75 % des vertretenen Grundkapitals zustimmen. Dies gilt auch für Änderungen des GAV. Der Beschluss ist notariell zu beurkunden. Ist der künftige Organträger ebenfalls eine Kapitalgesellschaft, muss auch dessen Gesellschafterversammlung zustimmen. Der GAV ist zur Eintragung in das Handelsregister des Sitzes der Organgesellschaft anzumelden. Er wird (zivilrechtlich) erst mit Eintragung im Handelsregister wirksam (§ 294 AktG). Der Antrag auf Eintragung im Handelsregister genügt für sich gesehen nicht, selbst wenn der Eintragung keine Hinderungsgründe entgegenstehen.

Grundlage der Gewinnabführung ist die Handelsbilanz. Der Höchstbetrag der handelsrechtlich zulässigen Gewinnabführung ergibt sich aus § 301 AktG. Die Vorschrift gilt auch im GmbH-Konzern (§ 17 Satz 2 Nr. 1 KStG). Nach § 301 AktG darf höchstens der – ohne die Gewinnabführung entstehende – Jahresüberschuss (§ 266 Abs. 3 A HGB), vermindert um Verlustvorträge (aus vorvertraglicher Zeit) und Zuführungen zu gesetzlicher und freier Rücklage sowie zzgl. von Entnahmen aus in vertraglicher Zeit gebildeten Rücklagen, abgeführt werden. Gewinnrücklagen oder Gewinnvorträge, die bereits vor Inkrafttreten des GAV vorhanden sind, dürfen nicht aufgelöst und abgeführt, sondern nur an alle Gesellschafter ausgeschüttet werden (R 14.5 Abs. 4 KStR 2015).

Gewinnrücklagen (§ 272 Abs. 3 HGB), die während der Geltungsdauer des GAV gebildet wurden, dürfen dagegen wieder aufgelöst und an den Organträger abgeführt werden. Dies ergibt sich unmittelbar aus § 301 Satz 2 AktG. Kapitalrücklagen (§ 272 Abs. 2 HGB) können nach BFH vom 08.08.2001 BStBl II 2003, 921, auch wenn sie in organschaftlicher Zeit gebildet und wieder aufgelöst wurden, nur ausgeschüttet werden. Die Verwaltung übernimmt diese Auffassung mit BMF vom 27.11.2003 BStBl I 2003, 647. Gewinne aus der Auflösung vorvertraglicher stiller Reserven gehören zum Jahresüberschuss; sie sind ohne Einschränkung an den Organträger abzuführen.

Kein Verstoß gegen §§ 301, 302 AktG liegt vor, wenn die Organgesellschaft vorvertragliche Gewinnrücklagen auflöst und den entsprechenden Bilanzgewinn außerhalb des GAV an ihre Anteilseigner ausschüttet (R 14.5 Abs. 4 Satz 4 KStR). Ebenso sind die Auflösung und Ausschüttung vorvertraglicher Kapitalrücklagen zulässig.

Die für SE, AG und KGaA bestehende gesetzliche Verpflichtung, bei Vorliegen eines GAV den Jahresfehlbetrag der Organgesellschaft auszugleichen (§ 302 AktG), kann vertraglich nicht abbedungen werden. Der Organträger muss während der Vertragslaufzeit entstehende Verluste ausgleichen, soweit diese nicht schon durch Auflösung von in vertraglicher Zeit gebildeten Rücklagen ausgeglichen wurden. Vorvertragliche Verluste der Organgesellschaft sind vorrangig aus den in vertraglicher Zeit erzielten Gewinnen der Organgesellschaft zu tilgen. Steuerlich ist darin eine Einlage des Organträgers zu sehen (R 14.5 Abs. 5 Nr. 1 KStR).

Bei AGs, die nach §§ 319 ff. AktG eingegliedert sind, gelten die §§ 293–296, 298–303 AktG nicht (§ 324 AktG). Dies bedeutet insbesondere, dass die eingegliederte AG keine gesetzlichen Rücklagen bilden muss. Vorvertragliche Gewinnrücklagen und Kapitalrücklagen unterliegen nicht dem Abführungsverbot; sie können zugunsten des an den Organträger abzuführenden Gewinns aufgelöst werden. Es gibt für die Gewinnabführung keinen Höchstbetrag.

13.3.2 Gewinnabführungsvertrag anderer Kapitalgesellschaften

Für die GmbH (= andere Kapitalgesellschaft; § 17 i. V. m. § 1 Abs. 1 Nr. 1 KStG fehlen besondere handelsrechtliche Bestimmungen über den GAV. Das GmbHG enthält keine den §§ 291 ff. AktG vergleichbaren Vorschriften. Im Hinblick auf § 17 Satz 2 Nr. 1 KStG erscheint eine den aktienrechtlichen Vorschriften entsprechende Regelung der Gewinnabführung geboten. Die bloße Bezugnahme im Vertrag auf § 301 AktG ist zulässig, eine dem § 302 AktG entsprechende Verlustübernahmeverpflichtung ist erforderlich. Der Vertrag ist – anders als bei SE, AG und KGaA – nicht unwirksam, wenn er keine Vereinbarung von Ausgleichszahlungen an außenstehende Gesellschafter enthält. Zu weiteren Einzelheiten vgl. 13.3.3.

Der GAV muss zivilrechtlich wirksam sein. Gegebenenfalls bedarf es einer Befreiung vom Verbot des Selbstkontrahierens (Einzelgewerbetreibender als Organträger ist auch alleiniger Gesellschafter-Geschäftsführer der Organgesellschaft GmbH). Die Befreiung ist eintragungspflichtig im Handelsregister.

Der Vertrag als solcher bedarf nicht der notariellen Beurkundung, bloße Schriftform genügt. Nach BGH vom 24.10.1988 DB 1988, 2623 wird ein zwischen zwei GmbHs abgeschlossener GAV wirksam, wenn die Gesellschafterversammlung sowohl der beherrschten als auch der herrschenden Gesellschaft dem Vertrag zustimmt und sein Bestehen in das Handelsregister der beherrschten Gesellschaft eingetragen wird. Lediglich der Zustimmungsbeschluss der Gesellschafterversammlung der beherrschten Gesellschaft bedarf der notariellen Beurkundung und seiner Eintragung in das Handelsregister der beherrschten Gesellschaft (R 17 Abs. 1 KStR).

13.3.3 Steuerrechtliche Erfordernisse des Gewinnabführungsvertrages

13.3.3.1 Allgemeines

Nach geltender Rechtslage (§ 14 Abs. 1 Satz 1 Nr. 3 und Abs. 1 Satz 2 KStG) treten die Rechtsfolgen der Organschaft erstmals für das Kj. ein, in dem das Wj. der Organgesellschaft endet, in dem der GAV wirksam wird. Dies ist regelmäßig mit der Eintragung im Handelsregister der Fall (R 14.5 Abs. 1 KStR).

Der GAV muss auf mindestens fünf Jahre (Zeitjahre) abgeschlossen und während seiner gesamten Geltungsdauer durchgeführt werden (§ 14 Satz 1 Nr. 3 KStG). Der Zeitraum beginnt mit dem Anfang des Wj., für das die Wirksamkeit des GAV erstmals eintritt (R 14.5 Abs. 2 KStR). Für die Berechnung der Mindestlaufzeit muss der Vertrag einen konkreten End-Zeitpunkt enthalten, die Vereinbarung einer Laufzeit auf unbestimmte Zeit genügt nicht. Wird die Eintragung im Handelsregister erst gegen Ende eines Wj. beantragt, erfolgt die Eintragung aber erst im Folgejahr, ist die ertragsteuerliche Anerkennung der Organschaft im Erstjahr zu versagen.

BEISPIEL

Der GAV wird am 25.10.2024 für die Zeit vom 01.01.2024 bis 31.12.2028 abgeschlossen. Die Eintragung im Handelsregister erfolgt erst im Jahr 2025.

LÖSUNG Der Vertrag wird nicht schon im Wj. 2024 wirksam, sondern erst in 2025. Wegen der Befristung des Vertrages bis zum 31.12.2028 scheitert die Anerkennung der Organschaft, weil der Fünfjahreszeitraum nicht eingehalten wird. Zur Wahrung der erforderlichen Mindestlaufzeit von fünf Jahren ist die Änderung der konkreten Laufzeit des Vertrages erforderlich. Dabei ist zu beachten, dass Änderung und Zustimmung der Gesellschafterversammlung der erneuten Eintragung im Handelsregister bedürfen.

Praxishinweise: Der BFH entschied mit Urteil vom 10.05.2017 (DStR 2017 S. 2112), dass eine Organgesellschaft auch unter Geltung der umwandlungssteuerrechtlichen Rückwirkungsfiktion nicht »vom Beginn ihres Wirtschaftsjahrs an ununterbrochen« (§ 14 Abs. 1 Satz 1 Nr. 1 Satz 1 KStG) in den Organträger finanziell eingegliedert ist, wenn die Anteile an der Organgesellschaft im Rückwirkungszeitraum (unterjährig) von einem Dritten auf den Organträger übergehen. Der BFH wies jedoch zusätzlich darauf hin, dass der Umstand, dass die Organschaft im ersten Jahr mangels durchgängiger finanzieller Eingliederung »verunglückt« war, die steuerliche Anerkennung in den Folgejahren nicht hindert. Die finanzielle Eingliederung müsse nicht während der gesamten Mindestlaufzeit des Ergebnisabführungsvertrags gegeben sein, um das Erfordernis, den Vertrag im Rahmen der Mindestvertragslaufzeit »während seiner gesamten Geltungsdauer« durchzuführen (§ 14 Abs. 1 Satz 1 Nr. 3 Satz 1 KStG), zu erfüllen. Ein zeitweiliges Fehlen der finanziellen Eingliederung führe lediglich dazu, dass die steuerrechtlichen Folgen der Organschaft für diejenigen Jahre, in denen die gesetzlichen

Anerkennungsvoraussetzungen tatsächlich nicht vorgelegen haben, zu versagen seien (partielle Versagung). In den übrigen Jahren sei die Organschaft anzuerkennen. Insoweit hat der BFH die Sache mangels Spruchreife an das FG zurückverwiesen.

Nach Ablauf des Fünfjahreszeitraums kann das Vertragsverhältnis für jeweils mindestens ein Jahr verlängert werden. Wurde der Vertrag einmal beendet, ist bei einem Neuabschluss die Mindestlaufzeit erneut zu beachten (R 14.5 Abs. 2 KStR). Zur tatsächlichen Durchführung und zu den Rechtsfolgen bei vorzeitiger Beendigung des GAV (vgl. 13.3.4). Für die steuerrechtliche Anerkennung des GAV bei anderen Kapitalgesellschaften gelten nach § 17 KStG. § 14 Abs. 1 Satz 1 Nr. 3 und Abs. 1 Satz 2 KStG dieselben Grundsätze wie bei AGs. Die vertraglich vorgesehene Gewinnabführung darf den in § 301 AktG genannten Betrag nicht überschreiten (§ 17 Satz 2 Nr. 1 KStG). Damit wird insbes. die Abführung von Erträgen aus der Auflösung vorvertraglicher Gewinnrücklagen (§ 272 Abs. 3 HGB) ausgeschlossen. Abzuführen ist grds. der um etwaige Verlustvorträge aus der Zeit vor Abschluss des GAV geminderte Jahresüberschuss. Entgegen früherer Rechtslage muss die Begrenzung der Gewinnabführung nicht ausdrücklich in den Vertrag aufgenommen werden. Sie ist lediglich beim Vollzug des GAV zu beachten (R 17 Abs. 2 KStR). Einer eigenen Vereinbarung bedarf hingegen die Verlustübernahme entsprechend den Vorschriften des § 302 AktG in seiner jeweils gültigen Fassung (§ 17 Satz 2 Nr. 2 KStG und 13.3.3.2.2).

13.3.3.2 »Kleine« Organschaftsreform in 2013

Durch die »kleine« Organschaftsreform im Gesetz zur Änderung und Vereinfachung der Unternehmensbesteuerung und des steuerlichen Reisekostenrechts vom 20.02.2013 (BGBl I 2013, 285) wurden seinerzeit wichtige Änderungen bei der Organschaftsbesteuerung vorgenommen.

13.3.3.2.1 Heilung fehlerhafter Bilanzansätze im handelsrechtlichen Jahresabschluss bei »verunglückter Organschaft«

Der Regelung in § 14 Abs. 1 Satz 1 Nr. 3 KStG wurden folgende Sätze angefügt:

»Der Gewinnabführungsvertrag gilt auch als durchgeführt, wenn der abgeführte Gewinn oder ausgeglichene Verlust auf einem Jahresabschluss beruht, der fehlerhafte Bilanzansätze enthält, sofern der Jahresabschluss wirksam festgestellt ist, die Fehlerhaftigkeit bei Erstellung des Jahresabschlusses unter Anwendung der Sorgfalt eines ordentlichen Kaufmanns nicht hätte erkannt werden müssen und ein von der Finanzverwaltung beanstandeter Fehler spätestens in dem nächsten nach dem Zeitpunkt der Beanstandung des Fehlers aufzustellenden Jahresabschlusses der Organgesellschaft und des Organträgers korrigiert und das Ergebnis entsprechend abgeführt oder ausgeglichen wird, soweit es sich um einen Fehler handelt, der in der Handelsbilanz zu korrigieren ist. Die Voraussetzung des Satzes 4 Buchstabe b gilt bei Vorliegen eines uneingeschränkten Bestätigungsvermerks nach § 322 Absatz 3 des Handelsgesetzbuches oder der Bescheinigung eines Steuerberaters oder Wirtschaftsprüfers über die Erstellung eines Jahresabschlusses mit umfassenden Beurteilungen als erfüllt.«

Eine Heilungsmöglichkeit besteht lediglich für fehlerhafte Bilanzansätze im handelsrechtlichen Jahresabschluss. Zu einem fehlerhaften Bilanzansatz der Abführungsverpflichtung kommt es insbesondere auch dann, wenn ein Jahresüberschuss ohne vorherigen Ausgleich vororganschaftlicher Verluste abgeführt wird.

BEISPIEL

Zwischen der M-GmbH (OT) und der T-GmbH (OG) besteht seit 2024 eine Organschaft. Die M-GmbH erzielt Gewinne, die T-GmbH verfügt zum 31.12.2023 über Verlustvorträge (sowohl bilanziell als auch steuerlich). Die steuerlichen Verlustvorträge der OG sind während des Bestehens der Organschaft »eingefroren« (R 15 KStR i.V.m. § 15 Satz 1 Nr. 1 KStG und § 10a Satz 3 GewStG).

Aber: Nach dem BFH-Urteil vom 21.10.2010 DStR 2010, 2505 ist ein Ergebnisabführungsvertrag nicht tatsächlich durchgeführt, wenn der Jahresüberschuss der Organgesellschaft entgegen § 301 AktG nicht mit einem vororganschaftlichen Verlustvortrag verrechnet, sondern in voller Höhe an den Organträger abgeführt wird. Nach Auffassung des BFH gilt dies unabhängig von der Höhe des Verlustvortrags. Eine Bagatellregelung für geringfügige Verstöße gibt es nicht. Ein derartiger Fehler innerhalb der ersten fünf Jahre einer Organschaft führte nach BFH-Meinung dazu, dass die Organschaft rückwirkend nicht anerkannt wird.

Frühere Rechtsfolgen: Seit Abschluss des Gewinnabführungsvertrags durchgeführte Gewinnabführungen und Verlustübernahmen werden als verdeckte Gewinnausschüttungen und verdeckte Einlagen besteuert. Zudem findet keine Gewinn- oder Verlustverrechnung zwischen den beteiligten Gesellschaften mehr statt. Bei einer Organschaft zwischen Kapitalgesellschaften bedeutet das:

- Bei der M-GmbH führt eine Übernahme des Verlustes der T-GmbH nicht zu Aufwand, sondern zu einer Erhöhung der Anschaffungskosten der Beteiligung an der T-GmbH.
- Gewinnabführungen sind als verdeckte Gewinnausschüttungen bei der M-GmbH nach § 8b Abs. 1 und 5 KStG zu 95 % steuerfrei, sofern diese eine Kapitalgesellschaft ist.
- Bei der T-GmbH führt eine Verlustübernahme der M-GmbH zu einer außerbilanziellen Abrechnung des Ertrags nach § 8 Abs. 3 Satz 3 KStG und zu einer Erhöhung des steuerlichen Einlagekontos i.S.d. § 27 KStG.
- Eine Gewinnabführung an die M-GmbH begründet bei der T-GmbH eine verdeckte Gewinnausschüttung, so dass der entstandene Aufwand außerbilanziell nach § 8 Abs. 3 Satz 2 KStG hinzuzurechnen ist.

Die Praxis hatte sich in der Vergangenheit teilweise damit beholfen, in diesen Fällen nachträglich – sofern möglich – sämtliche handelsrechtlichen Jahresabschlüsse der Organgesellschaft und des Organträgers zu berichtigen. Durch die Gesetzesänderung wird mittlerweile eine Korrektur in laufender Rechnung (Handelsbilanz) ermöglicht.

Aktuelle Rechtslage: Es kommt mittlerweile nach § 14 Abs. 1 Satz 1 Nr. 3 Sätze 4 ff. KStG eine Heilungsmöglichkeit in der laufenden Bilanzierung (OG: s. Forderung zum Verlustausgleich; OT: s. Verbindlichkeit zum Verlustausgleich). Dadurch wird die fehlerhafte Gewinnabführung geheilt. Die »**Heilung**« in § 14 Abs. 1 Satz 1 Nr. 3 KStG kommt jedoch nicht in Betracht, wenn der Fehler unter Anwendung der Sorgfalt eines ordentlichen Kaufmanns hätte erkannt werden müssen. Eine solche Sorgfalt ist zu bejahen (d.h. »Heilung« ist möglich), wenn zum Jahresabschluss oder zu einem Konzernabschluss, indem der handelsrechtliche Jahresabschluss einbezogen worden ist oder auch bei der freiwilligen Prüfung des Jahresabschlusses ein uneingeschränkter Bestätigungsvermerk gem. § 322 Abs. 3 HGB erteilt worden ist. Dasselbe gilt bei Vorliegen der Bescheinigung eines Steuerberaters oder Wirtschaftsprüfers über die Erstellung eines Jahresabschlusses mit umfassenden Beurteilungen.

Die Heilung ist zudem ausgeschlossen, wenn der abgeschlossene Ergebnisabführungsvertrag zivilrechtlich nichtig ist. Nach § 14 Abs. 1 Satz 2 KStG setzt die Organschaft einen wirksamen EAV voraus. Der EAV muss lt. BGH in das Handelsregister der OG eingetragen werden, um wirksam zu sein. Ein zivilrechtlich nichtiger EAV, der nach den Grundsätzen der fehlerhaften Gesellschaft so lange als wirksam behandelt wird, bis sich einer der Vertragspartner auf die Nichtigkeit beruft, ist für steuerliche Zwecke nicht anzuerkennen (vgl. BMF vom 31.10.1989 BStBl I 1989, 430).

Außerdem ist eine Heilung ausgeschlossen, wenn die steuerlichen Anforderungen an einen EAV nicht beachtet werden. Hierzu gehört exemplarisch die Nichteinhaltung der fünfjährigen Mindestlaufzeit (vgl. R 14.5 Abs. 2 KStR) oder wenn bei einer OT-Personengesellschaft die Anteile an der OG nicht im Gesamthandsvermögen der Personengesellschaft gehalten werden (vgl. BMF vom 10.11.2005 BStBl I 2005, 1038 und R 14.3 Satz 1 KStR). Ebenfalls zählen das Fehlen eines wichtigen Grundes bei vorzeitiger Beendigung des Gewinnabführungsvertrags (vgl. R 14.5 Abs. 6 KStR) und bei fehlender Vereinbarung einer Verlustübernahmeregelung »entsprechend § 302 AktG«, wenn eine GmbH Organgesellschaft ist (vgl. R 17 Abs. 3 KStR). In diesen Fällen ist – wie bisher – eine spätere Heilung ausgeschlossen.

13.3.3.2.2 Erforderlicher Inhalt der Verlustübernahmeverpflichtung für Gesellschaften, die nicht unter das AktG fallen

Organgesellschaften, die nicht unter das AktG fallen (insbesondere Gesellschaften mit beschränkter Haftung), müssen mittlerweile die Verlustübernahmeverpflichtung durch einen dynamischen Verweis auf die Regelung des § 302 AktG im Ergebnisabführungsvertrag vereinbaren.

Folgende drei Fallgruppen sind in der Praxis diesbezüglich zu unterscheiden:

1. **Fallgruppe 1: Altverträge mit Vollverweis auf die »Vorschriften des § 302 AktG« (aber ohne Dynamik)**
   Die Organträgerin ist entsprechend den Vorschriften des § 302 AktG verpflichtet, jeden während der Vertragsdauer sonst entstehenden Jahresfehlbetrag auszugleichen, soweit dieser nicht dadurch ausgeglichen wird, dass den anderen Gewinnrücklagen Beträge entnommen werden, die während der Vertragsdauer in sie eingestellt worden sind.
   Nach dem BFH-Beschluss vom 15.09.2010 (BStBl II 2010, 935) ist es nicht ernstlich zweifelhaft, dass mit dieser Vertragsklausel eine Verlustübernahme entsprechend den Vorschriften des § 302 AktG vereinbart wird. Dem folgt die Finanzverwaltung (vgl. BMF vom 19.10.2010 BStBl I 2010, 836). Dabei ist zu beachten, dass in der Fallgruppe 1 eine Anpassung bestehender EAV nicht erforderlich ist.
2. **Fallgruppe 2: Altverträge ohne Vollverweis auf § 302 AktG und z. B. mit Fehlen der Verjährungsregelung des § 302 Abs. 4 AktG** (BMF vom 16.12.2005 BStBl I 2006, 12)
   Nach der Übergangsregelung in § 34 Abs. 10 b Sätze 2 ff. KStG bestand bis zum 31.12.2014 die Möglichkeit einer steuerunschädlichen Anpassung. Vgl. auch BFH vom 24.07.2013 BStBl II 2014, 272 das diese Heilungsmöglichkeit bestätigt hat. Bei dieser Änderung von Altverträgen musste aber zwingend eine dynamische Verweisung – vgl. hierzu Fallgruppe 3 – aufgenommen werden. Wurde ein Altvertrag, der die bisherigen Vorgaben nicht erfüllt, bis zum 31.12.2014 angepasst, muss keine neue Fünfjahresfrist beachtet werden; die Änderung gilt nicht als Neuabschluss (§ 34 Abs. 10 b Satz 4 KStG).

3. **Fallgruppe 3: Neuverträge nach Inkrafttreten des Gesetzes vom 20.02.2013 (GÄuVdUR)**
   Für Neuverträge, die seit dem 27.02.2013 abgeschlossen oder geändert werden, ist das Erfordernis einer dynamischen Verweisung zwingend zu beachten; ein »undynamischer« Verweis (also allein auf § 302 AktG) ist dann nicht mehr ausreichend und steht der steuerlichen Anerkennung der Organschaft entgegen.
   Formulierungsvorschlag: »Die Vorschriften des § 302 AktG in ihrer jeweils gültigen Fassung gelten entsprechend.«
   Auch ein Abschreiben des Gesetzestextes des § 302 AktG im GAV ist nach der gesetzlichen Änderung nicht mehr ausreichend (vgl. auch die Regelung in R 17 Abs. 3 KStR).

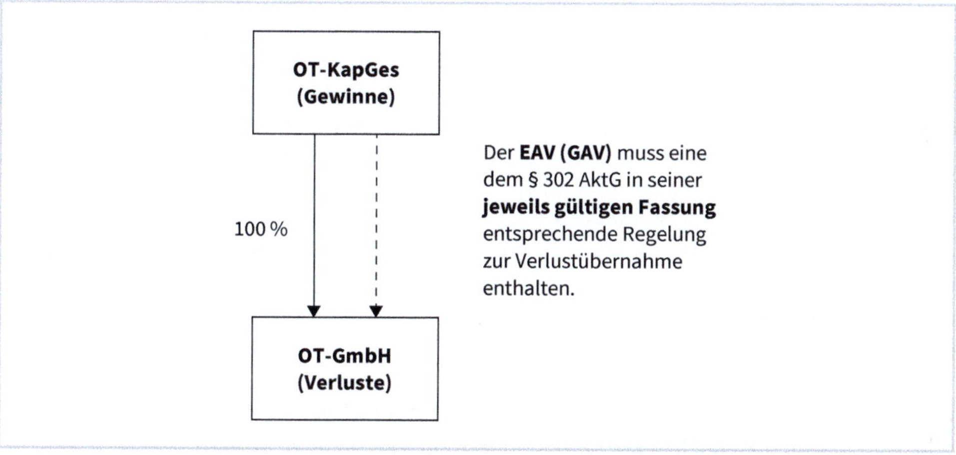

Für **Neuverträge**, die seit 27.02.2013 abgeschlossen werden, ist die Neuregelung zwingend. Entsprechendes gilt, wenn ein Altvertrag (aus anderen Gründen) geändert wird; dann muss auch die Verlustübernahmeklausel angepasst werden. **Altverträge**, die nicht den bisherigen Vorgaben entsprechen, konnten noch bis Ende des Jahres 2014 angepasst werden; diese Anpassung heilt dann rückwirkend den Fehler in allen offenen Jahren. Diese Änderung gilt dann nicht als Neuvertrag; es ist also keine neue fünfjährige Mindestlaufzeit erforderlich. Ansonsten war eine Anpassung von solchen **Altverträgen**, die den bisherigen Anforderungen entsprechen, nicht erforderlich.

Überblick zu den einzelnen Fallgestaltungen:

Neuverträge seit 27.02.2013	Altverträge, die die bisherigen Voraussetzungen des § 17 KStG erfüllen	Altverträge, die die bisherigen Voraussetzungen des § 17 KStG nicht erfüllen
Dynamische Verweisung zwingend erforderlich	Keine Anpassung erforderlich (Ausnahme: Vertrag wird aus anderem Grund geändert)	Aufnahme einer dynamischen Verweisung war bis 31.12.2014 erforderlich; der Fehler wird dann rückwirkend in allen offenen Jahren geheilt

Praxishinweise: Die in **Altverträgen** gesetzlich vorgeschriebene Heilungsmöglichkeit hätte bis zum 31.12.2014 erfolgen müssen (§ 34 Abs. 10b Satz 2 KStG). Die Nichtbeanstandungsregelung im BMF-Schreiben vom 16.12.2005 BStBl I 2006, 12 für vor dem 01.01.2006 abgeschlossene GAV, die noch keinen Verweis auf § 302 Abs. 4 KStG haben, bindet den BFH nicht. Siehe hierzu BFH vom 10.05.2017 BStBl II 2019, 278. Mit Urteil vom 10.05.2015 BStBl II 2019, 278 hat der BFH entschieden, dass Ergebnisabführungsverträge von Organschaften i. S. d. § 17 KStG nur dann die Voraussetzungen des § 17 Satz 2 Nr. 2 KStG a. F. erfüllen, wenn der Gewinnabführungsvertrag bei wörtlicher Wiedergabe des § 302 AktG auch die Regelung des § 302 Abs. 4 AktG enthält. In Alt-Fällen war ein fehlender Verweis bzw. eine fehlende Wiedergabe des § 302 Abs. 4 AktG im Gewinnabführungsvertag bisher nicht zu beanstanden (BMF vom 16.12.2005 BStBl I 2006, 12). Dies galt auch unter Berücksichtigung des § 34 Abs. 10b KStG i. d. F. des AIFM-StAnpG.

Nach dem BMF-Schreiben vom 03.04.2019 (BStBl I 2019, 467) gilt zur Anwendung der Grundsätze des vorgenannten BFH-Urteils aus Gründen des Vertrauensschutzes Folgendes:

Ergebnisabführungsverträge, die keinen Verweis auf die entsprechende Anwendung von § 302 Abs. 4 AktG enthalten, aber von der Billigkeitsregelung des BMF-Schreibens vom 16.12.2005 (BStBl I 2006, 12) umfasst waren, stehen der Anerkennung der Organschaft nicht entgegen, wenn diese bis zum Ablauf des 31.12.2019 an die Regelung des § 17 Abs. 1 Satz 2 Nr. 2 KStG (dynamischer Verweis) angepasst werden. In diesen Fällen liegt nach § 17 Abs. 2 KStG i. V. m. § 34 Abs. 10b KStG i. d. F. des AIFM-StAnpG **kein Neuabschluss** vor; die Mindestlaufzeit des § 14 Abs. 1 Satz 1 Nr. 3 Satz 1 KStG beginnt **nicht von neuem zu laufen**. Eine Anpassung kann unterbleiben, wenn das Organschaftsverhältnis vor dem 01.01.2020 beendet wird.

13.3.3.2.3 Geminderte Verlustübernahmeverpflichtung, weil Kapitalrücklagen zum Ausgleich eines Jahresfehlbetrages verwendet wurden

a) Verwaltungsanweisung: Verfügung der OFD NRW vom 11.07.2018 (DStR 2018, 1869)

Geminderte Verlustübernahmeverpflichtung durch die vertragliche Möglichkeit, Kapitalrücklagen zum Ausgleich eines sonst entstehenden Jahresfehlbetrages zu verwenden

Nach der Neufassung des § 17 Satz 2 Nr. 2 KStG durch das Gesetz zur Änderung und Vereinfachung des Unternehmenssteuerrechts und des steuerlichen Reisekostenrechts vom 20.02.2013 kann ein Organschaftsverhältnis zu einer Kapitalgesellschaft in der Rechtsform einer GmbH nur anerkannt werden, wenn eine Verlustübernahme durch Verweis auf die Vorschriften des § 302 AktG in seiner jeweils gültigen Fassung vereinbart wird (sog. »dynamischer Verweis«). Für Gewinnabführungsverträge die bereits vor Inkrafttreten dieses Gesetzes abgeschlossen worden waren, bestand aber keine Verpflichtung zur Anpassung, wenn die Verträge den Anforderungen des bisherigen § 17 KStG entsprachen. Die Unternehmen hatten die Möglichkeit, Verträge die den bisherigen Anforderungen nicht genügten, durch Aufnahme des Verweises auf die Vorschriften des § 302 AktG in seiner jeweils gültigen Fassung bis zum 31.12.2014 anzupassen (§ 34 Abs. 10b KStG).

b) Praxishinweise

Der BFH entschied mit Urteil vom 10.05.2017 (DStR 2017, 2112), dass eine Organgesellschaft auch unter Geltung der umwandlungssteuerrechtlichen Rückwirkungsfiktion nicht »vom Beginn ihres Wirtschaftsjahrs an ununterbrochen« (§ 14 Abs. 1 Satz 1 Nr. 1 Satz 1 KStG) in den Organträger finanziell eingegliedert ist, wenn die Anteile an der Organgesellschaft im

Rückwirkungszeitraum (unterjährig) von einem Dritten auf den Organträger übergehen. Der BFH wies zusätzlich darauf hin, dass der Umstand, dass die Organschaft im ersten Jahr mangels durchgängiger finanzieller Eingliederung »verunglückt« war, die steuerliche Anerkennung in den Folgejahren nicht hindert. Die finanzielle Eingliederung müsse nicht während der gesamten Mindestlaufzeit des Ergebnisabführungsvertrags gegeben sein, um das Erfordernis, den Vertrag im Rahmen der Mindestvertragslaufzeit »während seiner gesamten Geltungsdauer« durchzuführen (§ 14 Abs. 1 Satz 1 Nr. 3 Satz 1 KStG), zu erfüllen. Ein zeitweiliges Fehlen der finanziellen Eingliederung führe lediglich dazu, dass die steuerrechtlichen Folgen der Organschaft für diejenigen Jahre, in denen die gesetzlichen Anerkennungsvoraussetzungen tatsächlich nicht vorgelegen haben, zu versagen seien (partielle Versagung). In den übrigen Jahren sei die Organschaft anzuerkennen. Insoweit hat der BFH die Sache mangels Spruchreife an das FG zurückverwiesen.

13.3.3.2.4 Steuerliche Folgen bei Nichtanerkennung der Organschaft (z. B. wegen fehlenden dynamischen Verweises auf § 302 AktG)

Zu den steuerlichen Folgen siehe Schaubild in 13.5.

13.3.3.2.5 Wichtiger Grund für die vorzeitige Kündigung eines Gewinnabführungsvertrags

Zur Anerkennung einer Organschaft ist ein Gewinnabführungsvertrag mit einer Mindestlaufzeit von fünf Jahren erforderlich (§ 14 Abs. 1 Satz 1 Nr. 3 Satz 1 KStG). Eine Kündigung aus **wichtigem Grund** innerhalb der Fünfjahresfrist ist jedoch zulässig und berührt die Anerkennung der Organschaft für die vorherigen Jahre nicht (§ 14 Abs. 1 Satz Nr. 3 Satz 2 KStG; R 14.5 Abs. 6 Satz 1 KStR). Wird dahingegen aus einem unwichtigen Grund gekündigt, führt dies innerhalb der Fünfjahresfrist zu einem rückwirkenden Wegfall der Organschaft.

Eine vorzeitige Kündigung des Gewinnabführungsvertrags birgt durch die unklare Situation hinsichtlich der Abgrenzung zwischen wichtigen und unwichtigen Kündigungsgründen ein gewisses Risiko. Deshalb sollte eine vorzeitige Kündigung des Gewinnabführungsvertrags aus wichtigem Grund innerhalb der Fünfjahresfrist nur nach Abstimmung mit der Finanzverwaltung (Erteilung einer verbindlichen Auskunft durch das zuständige Finanzamt) vorgenommen werden.

In R 14.5 Abs. 6 Satz 2 ff. KStR sind in einer **nicht abschließenden Aufzählung** folgende Gründe als wichtiger Grund angeführt:

- Veräußerung der Organbeteiligung durch den Organträger,
- Einbringung der Organbeteiligung durch den Organträger,
- Verschmelzung, Spaltung oder Liquidation des Organträgers,
- Verschmelzung, Spaltung oder Liquidation der Organgesellschaft.

Die Beendigung des Gewinnabführungsvertrags innerhalb der fünfjährigen Mindestlaufzeit darf allerdings nach R 14.5 Abs. 6 Satz 3 KStR nicht bereits bei Vertragsabschluss festgestanden haben. Dies gilt dann nicht (= Unterausnahme), wenn die Beendigung des Gewinnabführungsvertrags durch Verschmelzung, Spaltung oder Liquidation der Organgesellschaft erfolgt. Nach Rn. Org.12 UmwSt-Erlass wird ein Formwechsel des Organträgers nicht als wichtiger Grund für die Kündigung des Gewinnabführungsvertrags anerkannt.

Mit der Problematik der vorzeitigen Kündigung aus wichtigem Grund hat sich der BFH in seinem Urteil vom 13.11.2013 BStBl II 2014, 486, beschäftigt. Gegenstand des Rechtsstreits war die Anerkennung der Organschaft trotz Aufhebung des Gewinnabführungsvertrags innerhalb von zwei Jahren nach dessen Abschluss. Die Organträgerin verkaufte im Urteilsfall nach der Aufhebung des Gewinnabführungsvertrags ihre Anteile an der Organgesellschaft an eine Holding-GmbH, der beide Gesellschaften angehörten (Obergesellschaft des deutschen Teilkonzerns). Die Muttergesellschaft des Gesamtkonzerns hat ihren Sitz in Großbritannien. Nach Angaben der bisherigen Organträgerin erfolgte die Umstrukturierung, um eine ansonsten drohende Anwendung der Regeln zu den »controlled foreign companies« (CFC-rules) bei der Besteuerung der Konzernmuttergesellschaft in Großbritannien zu vermeiden.

In diesem Urteil hat der BFH das Vorliegen eines wichtigen Grunds i. S. v. § 14 Abs. 1 Satz 1 Nr. 3 Satz 2 KStG verneint. Anders als im Zivilrecht könne der wichtige Grund, der eine Aufhebung des Gewinnabführungsvertrags rechtfertigen soll, nicht im Belieben der Parteien stehen. Gehe es einer Partei oder den Parteien darum, die Rechtsfolgen der Organschaft mittels Vertragsaufhebung zeitlich zu begrenzen, weil der Gewinnabführungsvertrag aus Sicht der Parteien seinen Zweck der Konzernverlustverrechnung erfüllt hat, liege kein wichtiger Grund im Steuerrechtssinne vor.

Ergebnis: An der Möglichkeit der vorzeitigen Kündigung aus wichtigem Grund ändert das o. g. Urteil nichts. Eine Kündigung aus wichtigem Grund wird somit weiterhin steuerlich anerkannt. In R 60 Abs. 6 Satz 2 KStR 2004 war früher die Veräußerung der Organbeteiligung als wichtiger Grund aufgeführt. Dies ist auch in R 14.5 Abs. 6 KStR 2022 noch so. Wird die Organbeteiligung an einen **fremden Dritten** verkauft, gilt dies also auch weiterhin.

Bei einer konzerninternen Veräußerung werden mittlerweile jedoch die Gründe für die Veräußerung geprüft werden, damit ein Verkauf der Beteiligung nicht mehr genutzt werden kann, um einen Gewinnabführungsvertrags innerhalb der Fünfjahresfrist zu beenden. Liegen dann nur steuerliche Gründe vor, wird die Veräußerung nicht mehr als wichtiger Grund i. S. v. § 14 Abs. 1 Satz 1 Nr. 3 Satz 2 KStG anerkannt werden. Kann jedoch ein wirtschaftlicher Grund (der dann nicht im Steuerrecht liegen darf) vorgebracht werden, dürfte dies wohl auch weiterhin als wichtiger Grund angesehen werden.

Zur Einbringung als wichtigen Grund für die vorzeitige Beendigung eines GAV vgl. Hessisches FG vom 28.05.2015 EFG 2015; 2100 (rkr.). Danach ist die Einbringung einer Organgesellschaft in eine Tochtergesellschaft des Organträgers **nicht stets ein wichtiger Grund** i.S d. § 14 Abs. 1 Satz 1 Nr. 3 Satz 2 KStG für die vor Ablauf von fünf Jahren erfolgte Beendigung des GAV. Ein derartiger wichtiger Grund liegt nach Auffassung des Hessischen FG vor, wenn die Einbringung im Zuge einer **betriebswirtschaftlich begründeten** (hier der Spartenbildung dienenden) **konzernweiten Umstrukturierung erfolgt** und zugleich ernsthaft beabsichtigt ist, ab dem folgenden Wj. Organschaften zwischen der Organgesellschaft und der aufnehmenden Gesellschaft einerseits und zwischen der aufnehmenden Gesellschaft und dem bisherigen Organträger andererseits zu begründen.

13.3.4 Durchführung des Gewinnabführungsvertrages

Der GAV bedarf während der gesamten Vertragsdauer der **tatsächlichen Durchführung** (§ 14 Abs. 1 Satz 1 Nr. 3 KStG). Während das Handelsrecht lediglich Höchstgrenzen für die Gewinnabführung bestimmt (§§ 301, 302 AktG), muss steuerrechtlich grds. der gesamte Gewinn (d.h. der handelsrechtlich zulässige Höchstbetrag; vgl. oben 13.3.1) abgeführt werden. Eine geringere Abführung ist nur innerhalb der zulässigen Rücklagenbildung statthaft (R 14.5 Abs. 3 Satz 3 und Abs. 5 Nr. 3 KStR). Tatsächliche Geldbewegungen sind nicht erforderlich. Es genügt, wenn entsprechende Forderungen und Schulden ausgewiesen und in angemessener Frist getilgt werden.

Das **FG Köln** hat in seinem Urteil vom 21.06.2022 (10 K 1406/18, DStRK 2023, 63) entschieden, dass ein GAV nur dann tatsächlich durchgeführt ist, wenn die durch den G**AV begründeten Verpflichtungen innerhalb angemessener Zeit beglichen** werden. Das FG hat die Revision gegen sein Urteil zugelassen. Das Revisionsverfahren wird unter dem Az. I R 37/22 beim BFH geführt. Im Streitfall hat das Finanzamt den GAV nicht anerkannt und im Rahmen einer Betriebsprüfung beanstandet, dass die an den Organträger (OT) abzuführenden Gewinne nicht tatsächlich an diesen abgeführt wurden. Für die Jahre 2008 bis 2012 wurden diese jeweils nur auf einem Konto »Verbindlichkeiten gegen Gesellschafter« gebucht; ein Geldfluss ist nicht erfolgt. Erst im Jahr 2017 wurde eine Aufrechnung vereinbart. Demnach mangele es nach Auffassung der Finanzverwaltung an einem Vollzug des GAV. Diese Auffassung hat das FG Köln in seinem o.g. Urteil bestätigt.

Für die **Definition des Zeitrahmens** für die Begleichung der Abführungsverpflichtung in »angemessene Zeit« finden sich in der Literatur und der bisherigen Rechtsprechung enorme Spannbreiten. Neumann in Gosch (4. Auflage 2020, § 14 Rn. 318c) nennt drei Monate nach Feststellung der Bilanz der Organgesellschaft (OG) als »an-gemessene Zeit«. Das FG Hamburg spricht im Urteil vom 19.05.2015 (6 K 236/12, Der Konzern 2015, 558) von einer unmittelbaren zeitlichen Nähe zur Aufstellung der Bilanz der OG. Im Kommentar Dötsch/Pung/Möhlenbrock wird dahingegen davon ausgegangen, dass ein Ausgleich der Forderungen und Verbindlichkeiten aus dem GAV erst bei Beendigung des Vertrages genüge (Pung in Dötsch/Pung/Möhlenbrock, Die Körperschaftsteuer, Stand Juni 2022, KStG § 14 Tz. 518). Vgl. hierzu auch Weiss, »FG Köln: Tatsächliche Durchführung des GAV erfordert zeitnahen Ausgleich von Forderungen«, DStRK 2023, 63. Die Entscheidung des BFH im Revisionsverfahren I R 37/22 bleibt abzuwarten.

Auch der BFH hatte sich in seinem Urteil vom 02.11.2022 (I R 37/19, BStBl 2023, 409) zu dem Ergebnis, dass der im Streitfall geschlossene GAV im Jahr 2013 nicht tatsächlich durchgeführt worden ist. Die tatsächliche Durchführung des GAV setze voraus, dass die Gewinne der OG tatsächlich durch Zahlung oder Verrechnung an den OT abgeführt werden (vgl. auch BFH vom 05.04.1995, Az.: I R 156/93, BFH/NV 1995, 69). »Verrechnung« sei in diesem Zusammenhang dahin zu verstehen, dass es sich um eine einer tatsächlichen Zahlung gleichstehende Aufrechnung handeln muss; die reine Buchung der Forderung ohne Erfüllungswirkung sei dagegen nicht ausreichend (vgl. auch BFH-Beschluss vom 26.04.2016, I B 77/15, BFH/NV 2016, 1177).

Nicht ausdrücklich entschieden sei bisher, zu welchem Zeitpunkt die tatsächliche Zahlung/Verrechnung erfolgen müsse. »Während ein Teil der Literatur der Auffassung ist, dass dies innerhalb eines angemessenen Zeitraums nach Schluss des entsprechenden Wirtschaftsjahres geschehen muss, lässt ein anderer Teil der Literatur eine tatsächliche Zahlung/Verrechnung innerhalb eines angemessenen Zeitraums nach Ende der Organschaft ausreichen (zum Streitstand Brandis/Heuermann/Krumm, § 14 KStG Rz. 138; Brink in Schnitger/Fehrenbacher, KStG, 2. Aufl., § 14 Rz. 482; Neumann in Gosch, 4. Aufl. 2020, § 14 KStG Rz. 318c, jeweils m.w.N.)«.

Die tatsächliche Durchführung des GAV (§ 14 Abs. 1 Satz 1 Nr. 3 Satz 1 KStG) beziehe sich jedoch nicht nur auf den Schlusspunkt des Ausgleichs aller aus dem GAV resultierenden Forderungen und Verbindlichkeiten. Vielmehr werde der GAV laut BFH nur dann durchgeführt, wenn er während der gesamten Geltungsdauer tatsächlich »gelebt« wird; schon vor dem Zeitpunkt der tatsächlichen Zahlung/Verrechnung muss also objektiv erkennbar sein, dass sowohl der OT als auch die OG ihre zivilrechtlichen Vertragspflichten aus dem GAV erfüllen werden. Daraus folge, dass die entsprechenden Forderungen/Verbindlichkeiten auch in den Jahresabschlüssen gebucht werden müssen.

Im Streitfall erfolgte im Jahr 2013 keine Einbuchung von Forderungen bzw. Verbindlichkeiten auf Ebene des OT oder der OG. Da es im Streitfall bereits an der bilanziellen Erfassung fehlte, hat der BFH den Zeitrahmen für die tatsächliche Durchführung nicht näher konkretisiert.

Auch eine **Heilung nach § 14 Abs. 1 Satz 1 Nr. 3 Satz 4 KStG komme nicht in Betracht**. Der Anwendungsbereich dieser Vorschrift sei nach dessen Wortlaut auf fehlerhafte Bilanzansätze mit einer Wirkung auf den abgeführten Gewinn oder ausgeglichenen Verlust beschränkt und beziehe sich auf die Höhe des abzuführenden Gewinns oder auszugleichenden Verlusts. Nicht erfasst sei dagegen der fehlerhafte Ausweis eines in der OG verbleibenden Gewinns oder Verlusts durch den unterlassenen Ausweis einer Forderung (Verlustausgleichsanspruch) oder einer Verbindlichkeit (Gewinnabführungsverpflichtung) der OG auf der Grundlage des GAV.

Komme es während der Mindestvertragslaufzeit von fünf Jahren zur Nichtdurchführung des Gewinnabführungsvertrags, führe dies nicht nur zu einer Unterbrechung der körperschaftsteuerrechtlichen Organschaft für einzelne Veranlagungszeiträume, sondern insgesamt zu einer (rückwirkenden) Nichtanerkennung der körperschaft-steuerrechtlichen Organschaft. Im Streitfall wurde somit aufgrund der Nichtdurchführung des GAV im Jahr 2013 rückwirkend ab dem Jahr 2009 die Organschaft nicht anerkannt (Mindestvertragslaufzeit 2009 bis 2013). Dass die für die Durchführung des GAV erforderlichen Maßnahmen (Buchung der Forderungen/Verbindlichkeiten sowie deren Erfüllung) erst in den Jahren ab 2014 und damit nach Ablauf der Mindestvertragslaufzeit vorzunehmen waren, ändere daran nichts. Das Kriterium der tatsächlichen Durchführung beziehe sich nicht auf die inner-halb eines bestimmten Zeitraums vorzunehmenden Maßnahmen, sondern auf diejenigen Maßnahmen, die zur Durchführung des GAV für den Zeitraum der Mindestvertragslaufzeit erforderlich seien (vgl. BFH vom 02.11.2022, Rn. 28 m.w.N).

Die **Stundung** der zum Bilanzstichtag fällig werdenden Forderung oder Verpflichtung aus dem Abführungsvertrag ist grds. schädlich. Der Verstoß gegen die Verzinsungspflicht eines Verlustausgleichsanspruchs (§§ 352 f. HGB) bzw. der Verzicht hierauf berührt die Anerkennung der Organschaft nicht, insoweit liegt eine vGA der Organgesellschaft an den Organträger vor mit dem Charakter einer vorweggenommenen Gewinnabführung (BMF vom 15.10.2007 BStBl I 2007, 765).

Die Gewinnabführung ist vor allem in folgenden Fällen steuerlich als nicht durchgeführt anzusehen (R 14.5 Abs. 3 ff. KStR):

- Nichtabführung des gesamten, tatsächlich erzielten Gewinns oder Nichtübernahme eines Verlustes; Abführung nur eines Teilgewinns oder Übernahme nur eines Teilverlustes; Verzicht auf Gewinnabführung oder Verlustausgleich, unzulässige Rücklagenbildung; beispielhaft zu nennen sind in diesem Zusammenhang die **unterlassene Verrechnung vorvertraglicher Verluste,** die handelsrechtlich geboten ist (unabhängig davon, dass ein

steuerlicher Verlustabzug unzulässig wäre; vgl. 13.3.1) und ferner die Aufrechnung des Organträgers mit einer nicht werthaltigen Forderung gegenüber der Organgesellschaft in vermeintlicher Erfüllung der Verlustübernahmeverpflichtung.
- Abführung oder Verlustverrechnung mit vorvertraglichen Gewinnvorträgen oder Rücklagen; ebenso die Verrechnung von nichtabziehbaren Aufwendungen der Organgesellschaft über vorvertragliche Rücklagen.
- Nichtordnungsmäßigkeit der Buchführung oder Nichtigkeit des Jahresabschlusses der Organgesellschaft nur, wenn nicht mehr sichergestellt ist, dass der gesamte Gewinn abgeführt wird.
- Verletzung der Fünfjahresbindung; Aufhebung des Vertrages oder Kündigung ohne wichtigen Grund.

Von besonderer Bedeutung ist die Rücklagenbildung. Die Bildung unzulässiger Gewinnrücklagen ist nach den oben dargestellten Grundsätzen schädlich, da die Organgesellschaft den ganzen Gewinn abführen muss. Sie darf jedoch nach § 14 Abs. 1 Nr. 4 KStG Beträge aus dem Jahresüberschuss insoweit in Rücklagen einstellen, als dies bei vernünftiger kaufmännischer Beurteilung wirtschaftlich begründet ist. Solche Gründe können z.B. in einer geplanten Betriebsverlegung, Werkserneuerung oder Kapazitätsausweitung bestehen. Auch die Verbesserung der Kapitalstruktur kann bei Vorliegen besonderer Risiken im Einzelfall die Bildung einer Gewinnrücklage rechtfertigen (R 14.5 Abs. 5 Nr. 3 Satz 3 KStR).

§ 14 Abs. 1 Nr. 4 KStG betrifft nur Gewinnrücklagen nach § 272 Abs. 3 HGB, weil nur diese aus dem Jahresüberschuss gebildet werden. Die Vorschrift ist nicht anwendbar auf stille Rücklagen, die durch Abschreibungen im Hinblick auf steuerrechtlich zulässige Sonderabschreibungen entstehen. Sie betrifft ferner nicht die Zuführung zu Sonderposten mit Rücklageanteil i. S. d. § 247 Abs. 3 und § 273 HGB wie z. B. Rücklagen nach § 6b EStG (R 14.5 Abs. 5 Nr. 3 Satz 4 KStR). Zuführungen zur gesetzlichen Rücklage i. S. d. § 300 AktG, die die gesetzlich vorgeschriebenen Beträge nicht übersteigen, sind zulässig. Für satzungsmäßige Rücklagen (§ 266 Abs. 3 A III Nr. 3 HGB) gilt § 14 Nr. 4 KStG uneingeschränkt. Diese Rücklagen können der gesetzlichen Rücklage nach § 300 AktG nicht gleichgestellt werden.

Verdeckte Gewinnausschüttungen der Organgesellschaft – sei es an den Organträger, sei es an Minderheitsgesellschafter – stellen die Durchführung des EAV grundsätzlich nicht in Frage. Eine vGA gegenüber dem Organträger hat den Charakter einer vorweggenommenen Gewinnabführung. Eine vGA gegenüber einem außenstehenden Minderheitsgesellschafter ist wie eine Ausgleichszahlung nach § 16 KStG zu behandeln (R 14.6 Abs. 4 KStR).

Zu der Frage, ob Gewinne i. S. d. § 253 Abs. 2 HBG, die nach § 253 Abs. 6 HGB einer Ausschüttungssperre unterliegen, auch **abführungsgesperrt** sind, vertritt die Finanzverwaltung in dem BMF-Schreiben vom 23.12.2016 (BStBl I 2017, 41) folgende Auffassung: Gewinne, die auf der Anwendung des § 253 HGB beruhen, sind vollständig an den Organträger abzuführen. Eine analoge Anwendung der Ausschüttungssperre kommt nicht in Betracht. Unter den Voraussetzungen des § 14 Abs. 1 Satz 1 Nr. 4 KStG kann jedoch der Abstockungsgewinn in eine Rücklage eingestellt werden, wenn dies im Einzelfall bei vernünftiger kaufmännischer Beurteilung wirtschaftlich begründbar ist.

Wird der EAV in einem Wj. nicht durchgeführt, ist hinsichtlich der Rechtsfolgen zu unterscheiden. Wurde der Vertrag noch nicht fünf aufeinanderfolgende Jahre durchgeführt, ist die Organschaft von Anfang an als unwirksam anzusehen. Ist der Vertrag in den ersten fünf

Jahren durchgeführt worden, ist die steuerliche Unwirksamkeit erst ab dem Jahr gegeben, in dem die Durchführung nicht anerkannt wird (R 14.5 Abs. 8 KStR). Die Organgesellschaft ist in den unwirksamen Jahren nach den allgemeinen körperschaftsteuerlichen Grundsätzen zu veranlagen. Soll die Organschaft später wieder anerkannt werden, bedarf es erneut einer fünfjährigen Laufzeit und entsprechender Durchführung des Vertrages.

13.3.5 Die Beendigung des Gewinnabführungsvertrages

Die vorzeitige Beendigung des Gewinnabführungsvertrages vor Ablauf der fünfjährigen Bindungsfrist ist grds. schädlich (§ 14 Abs. 1 Nr. 3 KStG). Der Ergebnisabführungsvertrag ist von Anfang an steuerrechtlich unwirksam. Zu den Folgen siehe 13.5. Die vorzeitige Beendigung ist aber unschädlich, wenn die Kündigung oder anderweitige Aufhebung durch einen wichtigen Grund gerechtfertigt ist (§ 14 Abs. 1 Nr. 3 Satz 2 KStG). In diesem Fall bleibt der Ergebnisabführungsvertrag für die Jahre, in denen er durchgeführt wurde, wirksam. Ein wichtiger Grund liegt vor, wenn zu vermuten ist, dass der andere Vertragsteil seine nach dem Ergebnisabführungsvertrag bestehenden Verpflichtungen nicht erfüllen kann (§ 297 Abs. 1 AktG). Wichtige Gründe sind in der Veräußerung oder Einbringung der Organbeteiligung durch den Organträger, in der Umwandlung, Verschmelzung oder Liquidation des Organträgers oder der Organgesellschaft zu sehen (R 14.5 Abs. 6 KStR). Eine Kündigung aus wichtigem Grund sollte möglichst zum Ende des Wj. der Organgesellschaft erfolgen, da das Merkmal der finanziellen Eingliederung während des gesamten Wj. vorliegen muss. **Aber:** Der konzerninterne Verkauf einer Organgesellschaft ist kein wichtiger Grund für die Beendigung eines Ergebnisabführungsvertrag (EAV).

Ein EAV muss grundsätzlich auf mindestens fünf Zeitjahre abgeschlossen und tatsächlich durchgeführt werden. Die vorzeitige Beendigung des EAV vor Ablauf der 5-jährigen Mindestlaufzeit führt regelmäßig dazu, dass die ertragsteuerliche Organschaft von Beginn an nicht anerkannt wird. Unschädlich ist die Kündigung des EAV jedoch, wenn hierfür ein **wichtiger Grund** vorliegt.

Der BFH folgt in seinem Urteil vom 13.11.2013 (BStBl II 2014, 486) der Vorinstanz und legt den Begriff des »wichtigen Grunds« im steuerrechtlichen und nicht im zivilrechtlichen Sinn aus. Nach Ansicht des BFH liegt in der **konzerninternen Veräußerung** einer Organgesellschaft, die eine nur mit dem Ziel des Verbrauchs von Verlustvorträgen der Organträgerin gegründete Organgesellschaft nach dem Verbrauch der Verlustvorträge (vor Ablauf der Mindestlaufzeit) wieder beendet, kein wichtiger Grund. Tragende Begründung war für den BFH aber nicht die Frage, ob die Beteiligungsveräußerung als solche oder außerorganschaftliche steuerliche Ziele als wichtige Gründe anzusehen sind, sondern dass der EAV im Rahmen einer atypischen Konzernstruktur faktisch unter die auflösende Bedingung des vollständigen Verlustverbrauchs gestellt wurde. Im vorliegenden Fall scheiterte die ertragsteuerliche Anerkennung der Organschaft nicht bereits daran, dass die Organgesellschaft nach Abschluss des auf die Dauer von fünf (zwölfmonatigen) Wj. abgeschlossenen EAV ihr Wj. umgestellt und entsprechend ein Rumpf-Wj. eingeführt hat.

13.3.6 Gewinnabführungsvertrag bei Auflösung der Organgesellschaft

Eine Gesellschaft ist aufgelöst, wenn ein **Auflösungstatbestand** erfüllt ist. Die Auflösungsgründe einer Kapitalgesellschaft sind in den §§ 262 ff. AktG bzw. §§ 60 ff. GmbHG enthalten.

Die Auflösung durch Gesellschafterbeschluss sowie durch Eröffnung des Insolvenzverfahrens seien beispielhaft erwähnt. Mit der Auflösung tritt die Gesellschaft in die Abwicklungsphase. Die Auflösung der Organgesellschaft hat zur Folge, dass sie eine auf Erwerb ausgerichtete Tätigkeit nicht mehr ausübt. Ein an den Organträger abzuführender Gewinn fällt nicht mehr an. Der Abwicklungsgewinn unterliegt nicht der vertraglichen Gewinnabführungsverpflichtung, er ist von der Organgesellschaft selbst zu versteuern. Zahlungen der Organgesellschaft an den Organträger nach der Auflösung sind Abschlagszahlungen auf den Liquidationserlös.

Gleiches gilt, wenn die Organgesellschaft ihre Tätigkeit ohne förmlichen Auflösungsbeschluss einstellt. Ein sich aus der Veräußerung des Gesellschaftsvermögens ergebender Gewinn unterliegt ebenfalls nicht der Abführungsverpflichtung. Wird die Gesellschaft im Laufe des Wj. aufgelöst, beginnt die Abwicklung steuerlich mit dem Anfang des Wj., in das die Auflösung fällt. Die Auffassung ist handelsrechtlich umstritten. Die Gesellschaft kann aber ein Rumpf-Wj. auf den Zeitpunkt der Auflösung bilden (R 11 Abs. 1 KStR). Der Gewinn des Rumpf-Wj. unterliegt dann noch der organschaftlichen Gewinnabführung. Ein bei Umwandlung einer Organgesellschaft entstehender Übertragungsgewinn unterliegt nicht der Abführungsverpflichtung.

13.4 Rechtsfolgen der körperschaftsteuerlichen Organschaft

13.4.1 Grundsätze

Die Einkommen von Organgesellschaft und Organträger werden zunächst unter Berücksichtigung von §§ 15, 16 KStG getrennt ermittelt, dann auf der Ebene des Organträgers (zwingend, also unabhängig von einem Antrag oder Verzicht) zusammengerechnet und nach dem maßgeblichen Recht (ESt oder KSt) besteuert (steuerliche Ergebniskonsolidierung). Das dem Organträger zuzurechnende Einkommen (nicht der Betrag der handelsrechtlichen Gewinnabführung) wird bei der Organgesellschaft auf der Rechenstufe zwischen Summe der Einkünfte und Gesamtbetrag der Einkünfte abgezogen und dem Organträger ebenfalls auf dieser Stufe hinzugerechnet (R 7 KStR 2015). Auch die Organgesellschaft hat eine KSt-Erklärung abzugeben. Die festzusetzende KSt-Schuld beträgt hier in der Regel 0 €. Ausnahmsweise – nämlich bei Ausgleichszahlungen bzw. verdeckten Gewinnausschüttungen gegenüber außenstehenden Gesellschaftern der Organgesellschaft (§ 16 KStG; R 14.6 Abs. 4 Satz 4 KStR) – kommt es zur Festsetzung eines konkreten Steuerbetrages.

BEISPIEL

(Grundmodell)

handelsrechtlicher Jahresüberschuss einer Organgesellschaft vor Gewinnabführung	80 000 €
Jahresüberschuss nach Gewinnabführung (./. 80 000 €)	0 €
dem Organträger zuzurechnendes Einkommen (+ 80 000 €)	80 000 €
von Organgesellschaft zu versteuerndes Einkommen	0 €

Das Einkommen der Organgesellschaft ist dem Organträger in dem Veranlagungszeitraum zuzurechnen, in dem es die Organgesellschaft bezogen hat (R 14.7 KStR). Das gilt auch bei abweichenden Wirtschaftsjahren von Organgesellschaft und Organträger (§ 4a EStG). Nicht maßgeblich ist das Ende des Wj. des Organträgers. Insoweit wird – mit Billigung der Rechtsprechung – das Ergebnis herangezogen, das für die Organgesellschaft auch ohne Organschaft gelten würde.

BEISPIEL

Wj. des Organträgers: 01.08. bis 31.07., Wj. der Organgesellschaft: 01.11. bis 31.10.; welchem Veranlagungszeitraum ist das auf dem Wj. 01.11.2023 bis 31.10.2024 beruhende Organeinkommen zuzuordnen?

LÖSUNG VZ 2024 zusammen mit dem auf dem Organträgereinkommen 2024 aus dem Wj. 01.08.2023 bis 31.07.2024.

Zur Behandlung von **Vorauszahlungen im Organkreis** im Zusammenhang mit dieser Sachbehandlung vgl. G 1.

13.4.2 Ermittlung des Einkommens der Organgesellschaft

13.4.2.1 Allgemeiner Überblick

Die Einkommensermittlung bei Organgesellschaft und Organträger richtet sich nach §§ 7 ff. KStG in Verbindung mit den maßgeblichen Vorschriften des Einkommenssteuerrechts. § 15 KStG schließt die Anwendung von § 10d EStG, von § 26 KStG unter bestimmten Voraussetzungen und das auf DBA beruhende internationale Schachtelprivileg aus. Die Aufzählung ist erschöpfend (Müller/Stöcker, Organschaft Rz. 481), im Übrigen vgl. nachfolgend 13.4.2.2.

Das handelsbilanzielle Ergebnis der Organgesellschaft nach Ergebnisabführung beträgt in der Regel 0 €. In Höhe des Jahresüberschusses ist eine entsprechende Verpflichtung zur Gewinnabführung zu passivieren, bei einem Fehlbetrag eine Ausgleichsforderung gegenüber dem Organträger zu aktivieren. Gewinnabführung und Verlustübernahme sind dem Grunde nach gesellschaftsrechtlich veranlasst, sie dürfen sich nicht auf das zu versteuernde Einkommen auswirken (§ 8 Abs. 3 KStG). Ein in der Gewinn- und Verlustrechnung ausgewiesener Ertrag oder Aufwand ist außerbilanziell zu korrigieren. Im Ergebnis wird das Einkommen des Organs so gestellt als habe eine Gewinnabführung oder Verlustübernahme nicht stattgefunden (R 14.6 Abs. 1 KStR). Die Bildung einer Gewinnrücklage (§ 272 Abs. 3 HGB; § 14 Abs. 1 Nr. 4 KStG) führt in Höhe des Rücklagebetrages zu einer Verringerung der Gewinnabführung. Zur Vermeidung einer Nicht-Versteuerung ist dieser Betrag dem Organeinkommen hinzuzurechnen.

Rechtsgeschäfte zwischen Organgesellschaft und Organträger müssen wie unter fremden Dritten abgewickelt und steuerlich beurteilt werden. Auch im Organkreis sind daher **verdeckte Gewinnausschüttungen** (§ 8 Abs. 3 Satz 2 KStG) und **verdeckte Einlagen** (§ 8 Abs. 3 Satz 3 KStG) möglich. Der BFH hat z. B. mit Urteil vom 24.10.2018 DStR 2019, 797, entschieden, dass Aufwendungen einer OG aufgrund einer Haftungsinanspruchnahme für KSt-Schulden des OT nach § 73 AO nicht unter das Abzugsverbot des § 10 Nr. 2 KStG fallen. Sie sind vielmehr als **vGA** zu qualifizieren. Hat die Organgesellschaft eine vGA an den Organträger bewirkt, ist das Einkommen der Organgesellschaft um den Betrag der vGA zu erhöhen, u. U. sind beim Organträger **fiktive Betriebsausgaben** abzuziehen. Bei einer verdeckten Einlage ist eine Kürzung um den handelsrechtlichen Ertrag geboten sowie eine Erfassung beim steuerlichen Einlagekonto (§ 27 KStG).

Enthält das Einkommen der Organgesellschaft steuerfreie Einkünfte, kommt die Anwendung von § 8b Abs. 5 KStG und § 3c Abs. 1 und 2 EStG in Betracht. Wird die Steuerfreiheit unabhängig von der Rechtsform gewährt, wird bereits das dem Organträger zuzurechnende Einkommen entsprechend bereinigt (z.B. nach DBA freigestellte Betriebsstätteneinkünfte). Sind die Befreiungen rechtsformabhängig (§ 8b Abs. 1 KStG; § 3 Nr. 40 EStG), wird darüber erst auf der Ebene des Organträgers entschieden.

Steuervergünstigungen der Organgesellschaft (§ 6b EStG; InvZulG) sind nicht auf den Organträger übertragbar. Fehlende Tatbestandsmerkmale können auch nicht vom Organträger hergeleitet werden.

Nichtabziehbare Aufwendungen des Organs sind bei der Einkommensermittlung der Organgesellschaft anzusetzen, sie erhöhen das dem Organträger zuzurechnende Einkommen.

Spenden der Organgesellschaft sind bei der Ermittlung des Organeinkommens zu berücksichtigen. Der Höchstbetrag nach § 9 Abs. 1 Nr. 2 KStG ist allein nach den Verhältnissen des Organs zu ermitteln. Spenden der Organgesellschaft, die den Höchstbetrag übersteigen, können daher nicht beim Organträger abgezogen werden, auch wenn dieser seinen Höchstbetrag noch nicht ausgeschöpft hat. Einkommen in diesem Zusammenhang ist das dem Organträger zuzurechnende Einkommen ohne Berücksichtigung der Gewinnabführung oder Verlustübernahme sowie das von der Organgesellschaft selbst zu versteuernde Einkommen i.S.v. § 16 KStG. Als Summe der gesamten Umsätze i.S.v. § 9 Abs. 1 Nr. 2 KStG gelten auch im Fall einer umsatzsteuerlichen Organschaft jeweils nur die eigenen Umsätze von Organgesellschaft bzw. Organträger (R 9 Abs. 5 Satz 3 KStR). Die getrennte Höchstbetragsberechnung kann infolge der sog. Bruttomethode bei der Organgesellschaft zu einem zu hohen Spendenabzug führen.

Einkommensermittlung der Organgesellschaft

	Jahresüberschuss/-fehlbetrag lt. Handelsbilanz (i.d.R.=0)
+/./.	steuerbilanzielle Korrekturen (§ 60 Abs. 2 EStDV)
=	Gewinn/Verlust lt. Steuerbilanz
+	Nabzb. Ausgaben; Hinzurechnung von Ausgleichszahlungen (§ 4 Abs. 5 Satz 1 Nr. 9 EStG)
./.	steuerfreie Einnahmen mit Ausnahme von nach § 8b Abs. 1–6 KStG, z.B. verdeckte Einlage des OT i.S.d. § 8 Abs. 3 Satz 3 KStG, § 4 Abs. 7 UmwStG und nach DBA steuerfreien Einnahmen/Dividenden (§ 15 Satz 1 Nr. 2 KStG)
+/./.	sonstige Korrekturen der Einkünfte (z.B. vGA an OT i.S.d. § 8 Abs. 3 Satz 2 KStG, nach AStG oder § 15a EStG)
=	Zwischensumme
+	an Organträger auf Grund eines EAV abgeführter Gewinn
./.	vom Organträger zum Ausgleich eines Jahresfehlbetrages geleisteter Betrag
=	Zwischensumme
./.	eigener Spendenabzug bei der Organgesellschaft i.S.d. § 9 Abs. 1 Nr. 2 KStG
=	Organeinkommen für Zurechnung gem. § 14 Nr. 1 Satz 1 KStG
+/./.	dem Organträger zuzurechnendes positives/negatives Einkommen der Organgesellschaft
+	vom Organträger geleistete Ausgleichszahlung (§ 16 Satz 2 KStG)
=	zu versteuerndes Einkommen der Organgesellschaft (Regelfall=0 €; ausnahmsweise Ansatz i.H.v. 20/17 für an außenstehende Gesellschafter geleistete Ausgleichszahlungen oder vGA)

Zur steuerlichen Erfassung des Einkommens der Organgesellschaft beim Organträger vgl. im Einzelnen 13.4.3.

13.4.2.2 Die Beschränkung des Verlustabzugs (§ 15 Satz 1 Nr. 1 KStG)

§ 15 Satz 1 Nr. 1 KStG schließt für vorvertragliche Verluste der Organgesellschaft die steuerliche Berücksichtigung während des Bestehens der Organschaft aus. Derartige Verluste können weder direkt beim Organträger noch bei der Ermittlung des ihm zuzurechnenden Organeinkommens berücksichtigt werden. Der Rücktrag von in vertraglicher Zeit entstandenen Verlusten der Organgesellschaft ist während des Bestehens der Organschaft auf vorangegangene (vorvertragliche) Veranlagungszeiträume der Organgesellschaft ebenfalls unzulässig. Nicht statthaft ist ferner die Verlustverrechnung mit eigenem Einkommen des Organs (z. B. bei Ausgleichszahlungen nach § 16 KStG). Erst nach Beendigung der Organschaft darf eine Verrechnung bei der ehemaligen Organgesellschaft wieder erfolgen. Auf der Ebene des Organträgers gelten die allgemeinen Vorschriften demgegenüber auch während der Organschaft weiter. U.a. können Verluste der Organgesellschaft aus vertraglicher Zeit mit vorvertraglichen Gewinnen des Organträgers durch Rücktrag ausgeglichen werden. Verluste, die nach Beendigung der Organgesellschaft bei der früheren Organgesellschaft entstehen, dürfen jedoch nicht auf organschaftliche Zeiträume und damit auf das Einkommen des Organträgers zurückgetragen werden.

Der Ausgleich eines vorvertraglichen Verlustes der Organgesellschaft durch den Organträger stellt steuerrechtlich eine Einlage des Organträgers in die Organgesellschaft dar (R 15 KStR), die zu nachträglichen Anschaffungskosten der Beteiligung an der Organgesellschaft führt. Zu Verlustverrechnung vor Gewinnabführung des Jahresüberschusses und zu Folgen eines Verstoßes hiergegen vgl. oben 13.3.1 und 13.3.4. Im Rahmen der Einkommensermittlung bei der Organgesellschaft ist der abgezogene Verlust wieder hinzuzurechnen (Dötsch/Witt in D/P/M, KStG § 14 Rz. 181).

Der steuerliche Wertansatz der Beteiligung des Organträgers an der Organgesellschaft bleibt unverändert, obwohl sich durch den handelsrechtlichen Verlustausgleich im Ergebnis das Vermögen der Organgesellschaft und damit der Wert der Beteiligung des Organträgers erhöht. Um eine doppelte steuerliche Erfassung im Fall einer späteren Veräußerung der Beteiligung zu vermeiden, ist in der Steuerbilanz des Organträgers ein aktiver Ausgleichsposten einkommensneutral zu bilden. Im Fall der Veräußerung der Beteiligung ist dieser Posten einkommenswirksam aufzulösen (vgl. R 14.8 Abs. 2 und 3 KStR). Vgl. unten 13.4.5.

13.4.2.3 Bruttomethode gemäß § 15 Satz 1 Nr. 2 KStG

Nach § 15 Satz 1 Nr. 2 KStG sind § 8b Abs. 1–6 KStG, § 4 Abs. 6 UmwStG und (nach § 15 Satz 2 KStG) das DBA-Schachtelprivileg bei der Ermittlung des Organeinkommens nicht anzuwenden, weil sich die Befreiung nach der Rechtsform des Organträgers richtet. Dividendenerträge, Gewinne und Verluste aus der Veräußerung von Kapitalbeteiligungen und damit zusammenhängende Ausgaben werden auf der Ebene der Organgesellschaft (zunächst bilanziell) erfasst. Es erfolgt außerbilanziell weder eine Kürzung um steuerfrei zu stellende Einkommensteile noch eine Erhöhung um nabzb. Betriebsausgaben (Bruttomethode). Erst bei der Ermittlung des Organträgereinkommens sind § 8b KStG bzw. § 3 Nr. 40 und § 3c EStG nach § 15 Satz 1 Nr. 2 Satz 2 KStG auf die dort näher bezeichneten Einnahmen oder Ausgaben anzuwenden. Letztlich wird bei der steuerlichen Behandlung derartiger Vorgänge auf den Organträger abgestellt.

BEISPIEL

Nach BMF vom 26.08.2003 BStBl I 2003, 437 Rz. 26:

Zwischen dem gewerblichen Einzelunternehmen des B und der A-GmbH besteht eine körperschaftsteuerlich anzuerkennende Organschaft. Die 100%ige Beteiligung an der A-GmbH gehört bei B zum Betriebsvermögen. Die A-GmbH erzielt aus der Beteiligung an der X-AG (≥ 10%) Dividendeneinnahmen i. H. v. 10 000 €, damit zusammenhängende Betriebsausgaben sind i. H. v. 1 000 € angefallen.

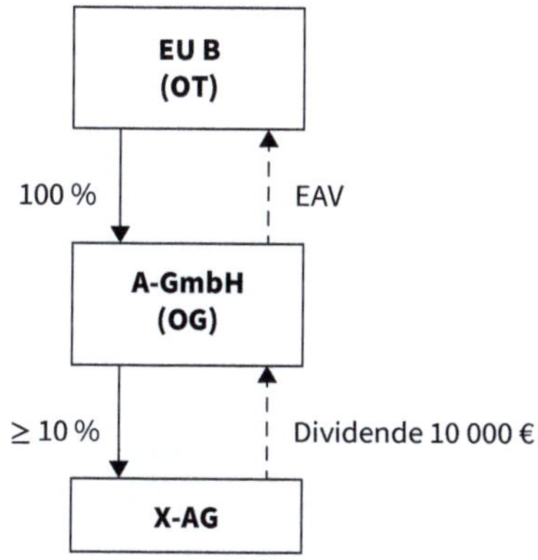

LÖSUNG Das zuzurechnende Einkommen der Organgesellschaft (A-GmbH) beträgt (10 000 € ./. 1 000 € =) 9 000 €. Von diesem Betrag werden beim Organträger B gem. § 15 Satz 1 Nr. 2 Satz 2 KStG die nach § 3 Nr. 40 Satz 2 EStG steuerfreien Bezüge i. H. v. 4 000 € abgezogen und nach § 3c Abs. 2 EStG 40% der damit zusammenhängenden Betriebsausgaben i. H. v. 400 € hinzugerechnet. Das dem Organträger B verbleibende zuzurechnende Einkommen beträgt 5 400 €.

Ist der Organträger eine Körperschaft, ist bei ihm nach § 8b KStG das ihm zuzurechnende Organeinkommen um die nach § 8b Abs. 1 bzw. Abs. 2 KStG steuerfreien Dividendenerträge bzw. Gewinne aus der Veräußerung von Kapitalbeteiligungen zu kürzen, um die nach § 8b Abs. 5 KStG nabzb. Ausgaben bzw. um die nach § 8b Abs. 3 KStG Satz 3 nabzb. Gewinnminderungen zu erhöhen (Dötsch/Pung, DB 2003, 1977). Die nabzb. BA betragen im Zusammenhang mit Beteiligungserträgen nach § 8b Abs. 1 KStG oder Veräußerungsgewinnen nach § 8b Abs. 2 KStG pauschal 5% der jeweiligen Erträge (§ 8b Abs. 3 und 5 KStG).

Fremdfinanzierungsaufwendungen, die die Organgesellschaft für einen Beteiligungserwerb getätigt hat, stehen im Zusammenhang mit den nach § 8b Abs. 1 KStG steuerfreien Beteiligungserträgen. Sie unterliegen dem Abzugsverbot des § 3c Abs. 1 EStG. **Aber:** § 8b Abs. 1 bis 6 KStG ist aber erst bei der Ermittlung des Einkommens des Organträgers anzuwenden (BMF vom 26.08.2003 [a. a. O.] Rz. 23). Fremdfinanzierungsaufwendungen des Organträgers für die Finanzierung des Erwerbs der Organbeteiligung sind in voller Höhe abzb. (BMF vom 26.08.2003 [a. a. O.] Rz. 24). Die Aufwendungen stehen im Zusammenhang mit Gewinnabführungen und nicht mit nach § 8b steuerfreien Einnahmen; die Frage eines Abzugsverbotes stellt sich nicht. Bei einer Personengesellschaft als Organträger werden steuerfreie Beteiligungserträge der Organgesellschaft bei den Gesellschaftern rechtsformabhängig wie in den oben dargestellten Beispielen behandelt. Allerdings ist für die einheitliche und gesonderte Gewinnfeststellung die Bruttomethode nicht ausdrücklich vorgeschrieben. Zur Anwendung des § 8b Abs. 4 KStG nach dem Gesetz zu den Streubesitzdividenden vom 21.03.2013 (BGBl I 2013, 561) bei Beteiligungen von weniger als 10 % gilt Folgendes:

In Organschaftsfällen werden Beteiligungen der Organgesellschaft und des Organträgers (trotz der sog. Bruttomethode des § 15 Satz 1 Nr. 2 KStG) nicht zusammengerechnet (§ 15 Satz 1 Nr. 2 Satz 4 KStG). Ist eine Organgesellschaft unter 10 % an einer anderen Kapitalgesellschaft beteiligt, gilt zwar weiterhin die Bruttomethode, auf Ebene des Organträgers ist dann aber § 8b Abs. 4 KStG anzuwenden. Es wird dann also auch in diesem Fall keine Steuerbefreiung gewährt.

BEISPIEL

Die T-GmbH ist Organgesellschaft der M-AG. Sowohl die T-GmbH als auch die M-AG halten jeweils 7 % der Anteile an der E-GmbH. Im April 2024 erhalten sie jeweils eine Dividende von der E-GmbH für ihren 7 %-Anteil i. H. v. 300 000 €.

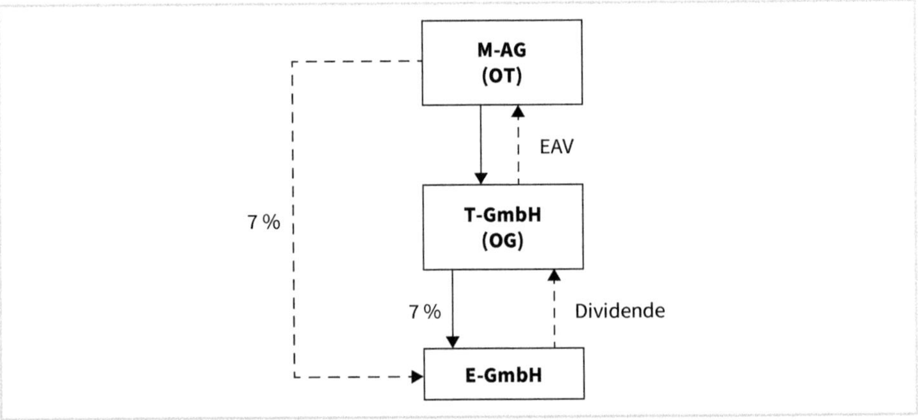

LÖSUNG Beide Beteiligungen fallen unter § 8b Abs. 4 KStG. Trotz der Zusammenfassung der beiden Gesellschaften über die Organschaft und unabhängig von der Bruttomethode des § 15 Satz 1 Nr. 2 KStG kommt eine Zusammenrechnung der beiden Beteiligungen nicht in Betracht. Auf Ebene der T-GmbH war für deren Dividende bereits nach bisherigen Regeln (Bruttomethode) keine Steuerbefreiung zu gewähren. Auf Ebene der M-AG gab es dann aber dennoch auch für diese Dividende die Steuerbefreiung nach § 8b Abs. 1 KStG. Auch für die eigene Dividende der M-AG kommt nun aber eine Steuerbefreiung nicht mehr in Betracht.

Aber: Die Dividenden unterliegen auch der GewSt-Pflicht. Eine Hinzurechnung nach § 8 Nr. 5 GewStG ist dafür aber nicht mehr erforderlich. Die Steuerpflicht nach § 8b Abs. 4 KStG schlägt ohne weitere Korrektur auf die GewSt durch.

13.4.2.4 § 7a GewStG für Organschaftsfälle: Bruttomethode auch bei der Gewerbesteuer

a) Problemstellung und BFH-Rechtsprechung
Mit Urteil vom 17.12.2014 BStBl II 2015, 1052 hat der BFH über die Frage entschieden, ob die 5%-Pauschale des § 8b Abs. 5 KStG gewerbesteuerlich für Beteiligungserträge einer Organgesellschaft (OG) auf Ebene des Organträgers (OT) zur Anwendung kommen kann. Aus Sicht des BFH kommt eine Korrektur nach § 8b Abs. 5 KStG bei einer von einer OG vereinnahmten Gewinnausschüttung aus Schachteldividenden auf Ebene des OT – entgegen der bisherigen Verwaltungsauffassung – nicht in Betracht. Grundsätzlich ist das Urteil in allen offenen Fällen bis 2016 anzuwenden. Die Behandlung der sog. »Aufwandsfälle« war bisher allerdings streitig. Für Erhebungszeiträume seit 2017 wurde das Gesetz geändert.

b) Übersicht zur Behandlung von Schachteldividenden (Beteiligung > 15%) in Organschaftsfällen

	KSt	GewSt
Organgesellschaft	Keine Steuerbefreiung → Die Dividende ist in dem dem OT zuzurechnenden Einkommen in voller Höhe enthalten (Bruttomethode)	Bruttomethode schlägt grds. auch auf die GewStG durch, aber Kürzung nach § 9 Nr. 2a oder 7 GewStG (ohne 5%-Pauschale) → Die Dividende ist im zuzurechnenden Gewerbeertrag **nicht** enthalten (Keine Bruttomethode beim gewerbesteuerlichen Schachtelprivileg).
Organträger	Die Steuerbefreiung des § 8b Abs. 1 KStG (mit 5%-Pauschale) wird auf der Ebene des **OT** gewährt; im zusammengefassten KSt-Einkommen des OT ist die Dividende also mit **5%** enthalten.	Die Dividende ist weder im zugerechneten Gewerbeertrag der OG noch im eigenen Gewerbeertrag des OT enthalten. Nach bisheriger Verwaltungsauffassung war dennoch eine Korrektur um die 5%-Pauschale vorzunehmen.

c) Die aktuelle Rechtslage
Änderungsgesetz: BEPS-UmsG I

Die Gesetzesänderung erfolgte als Reaktion auf die BFH-Rechtsprechung, denn auch der BFH hält die Ungleichbehandlung von Fällen mit und ohne Organschaft nicht für gerechtfertigt. Dem ist der Gesetzgeber im Rahmen des BEPD-UmsG I mit der Einfügung von § 7a GewStG nachgekommen.

Zeitliche Anwendung: Nach § 36 Abs. 2b GewStG gilt die Neuregelung seit 01.01.2017. Für Altjahre gilt die o. g. BFH-Rechtsprechung.

Wirkungsweise von § 7a GewStG:

1. Stufe: Mit der Neuregelung wird zunächst die Anwendung § 9 Nr. 2a, 7 oder 8 GewStG auf Ebene der Organgesellschaft gesetzlich ausgeschlossen.

2. Stufe: Dafür kommt dann § 15 Satz 1 Nr. 2 Satz 2 ff. KStG und in Folge § 8 Nr. 1 und 5 sowie § 9 Nr. 2a, 7 oder 8 GewStG in einer 2. Stufe (ebenfalls noch bei der Organgesellschaft) zur Anwendung. Faktisch wird damit die Bruttomethode vollumfänglich auch für die GewSt festgeschrieben (Folge, wenn Organträger eine Kapitalgesellschaft ist: Die 5%-Pauschale kommt auch gewerbesteuerlich zur Anwendung).

BEISPIEL

Zur Anwendung des § 7a GewStG
Die M-GmbH ist zu 100% an der T-GmbH beteiligt. Die T-GmbH bezieht in 2023 eine Dividende i. H. v. 100000 € von ihrer Tochtergesellschaft X-GmbH (Beteiligung 100%). Vereinfachungshalber wird angenommen, dass im EHZ keine weiteren Geschäftsvorfälle vorlagen.

a) Ohne ertragsteuerliche Organschaft

b) Bei Vorliegen einer ertragsteuerlichen Organschaft (M-GmbH = Organträger, T-GmbH = Organgesellschaft)

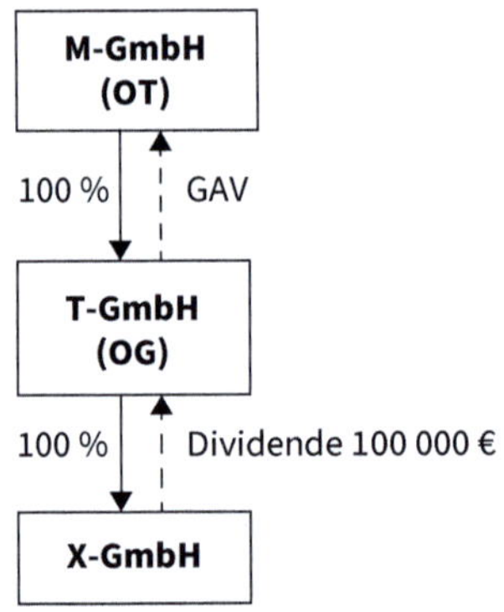

LÖSUNG

Ermittlung des Gewerbeertrags der T-GmbH	Keine Organschaft	Organschaftsfall
KSt		
Bilanz Ertrag	100 000 €	100 000 €
Außerbilanzielle Korrektur § 8b Abs. 1 KStG § 8b Abs. 5 KStG	./. 100 000 € +5.000 €	§ 15 Satz 1 Nr. 2 Satz 1 KStG: Keine Anwendung § 8b KStG
KSt-Einkommen/zuzurechnendes Einkommen=**Gewinn § 7 GewStG**	**5 000 €**	**100 000 €**
GewSt		
Kürzung § 9 Nr. 2a GewStG	entfällt Dividende bereits gekürzt 5 %-Pauschale darf nicht gekürzt werden (Satz 4)	§ 7a Abs. 1 Satz 1 GewStG keine Anwendung § 9 Nr. 2a GewStG
(vorl. Gewerbeertrag)	**5 000 €**	**100 000 €**
§ 7a Abs. 2 Satz 1 GewStG § 8b Abs. 1 KStG § 8b Abs. 5 KStG § 9 Nr. 2a GewStG		./. 100.000 € +5.000 € **§ 9 Nr. 2a GewStG entfällt** Dividende bereits gekürzt 5 %-Pauschale darf nicht gekürzt werden (Satz 4)
Gewerbeertrag/Zurechnungsbetrag Organgesellschaft	**5 000 €**	**5 000 €**

Aber: Keine Auswirkung des § 7a GewStG auf Veräußerungsgewinne und -verluste
Sind im Gewinn nach § 7 GewStG auch Gewinne bzw. Verluste aus der Veräußerung von Beteiligungen an anderen Körperschaften enthalten, ändert sich an der bisherigen Vorgehensweise nichts. Es liegt insbesondere kein Anwendungsfall des § 7a GewStG vor.

Im Grundsatz hatte der BFH in seiner Entscheidung vom 17.12.2014 BStBl II 2015, 1052 bestätigt, dass § 15 Satz 1 Nr. 2 Satz 2 ff. KStG über § 7 GewStG auf Ebene des Organträgers auch auf den dem Organträger mitgeteilten Gewerbeertrag der Organgesellschaft Anwendung findet. Im Urteilsfall schied eine Anwendung des § 8b KStG lediglich deshalb aus, weil die Dividenden aufgrund der zuvor vorgenommenen Kürzung nach § 9 Nr. 2a GewStG nicht mehr im Gewerbeertrag der Organgesellschaft enthalten waren.

Eine Kürzung für Veräußerungsgewinne und Verluste aus Beteiligungen sieht das GewStG hingegen nicht vor. Daher bleibt es insoweit auch bei der bisherigen Vorgehensweise, wonach § 8b KStG bzw. § 3 Nr. 40 EStG auf den Gewerbeertrag der Organgesellschaft erst nach der **Bruttomethode** auf Ebene des **Organträgers** anzuwenden ist.

13.4.2.5 Zinsschranke (§ 4h EStG) und Organschaft (§ 15 Satz 1 Nr. 3 KStG)

I. R. d. UntStRefG 2008 wurde die Gesellschafter-Fremdfinanzierung bei Kapitalgesellschaften durch umfassende Umgestaltung von § 8a KStG und Neueinführung eines § 4h EStG grundlegend geändert. An die Stelle der bisherigen Umqualifizierung überhöhter Zinsaufwendungen in verdeckte Gewinnausschüttungen tritt nunmehr eine allgemeine steuerliche Begrenzung des Zinsausgabenabzugs (»Zinsschranke«). Unabhängig von der Mittelherkunft

(Gesellschafter- oder Fremddarlehen) sind »Vergütungen für Fremdkapital« (§ 4h Abs. 3 EStG) ggf. vom sofortigen Abzug ausgeschlossen. Die Regelung gilt für Einzelunternehmen, Personengesellschaften und Kapitalgesellschaften. Sie berührt auch die Organschaft, wobei deren steuerliche Vorzüge grds. aber nicht beeinträchtigt werden sollen. § 8a KStG wurde neu gefasst. Durch Wachstumsbeschleunigungsgesetz 2009 und Bürgerentlastungsgesetz 2009 wurden verschiedene Ergänzungen vorgenommen.

Nach § 15 Satz 1 Nr. 3 KStG ist § 4h EStG auf die Organgesellschaft nicht anzuwenden. Sie gelten erst auf der Ebene des Organträgers. Bei der Einkommensermittlung des Organträgers sind die gesamten Zinsaufwendungen und Zinserträge des Organkreises heranzuziehen. Organträger und Organgesellschaft gelten als ein Betrieb (§ 15 Satz 1 Nr. 3 Satz 2 KStG).

Nach § 4h Abs. 1 EStG sind die Zinsaufwendungen eines Betriebes im Jahr ihrer Entstehung **i. H. d.** in diesem Jahr angefallenen Zinserträge abzb. Darüberhinausgehende Aufwendungen können nur noch bis zur Höhe des verrechenbaren EBITDA (= earnings before interests, taxes, depreciation and amortization) abgezogen werden. Dieses beträgt 30 % des nach § 4h Abs. 1 Satz 2 EStG korrigierten Einkommens. Dies geschieht nach folgendem Schema:

Steuerliches Einkommen
+ Zinsaufwand
./. Zinserträge
+ Abschreibungen (§ 7 EStG)
+ Abzug gem. § 6 Abs. 2 EStG (GWG)
+ Aufwand gem. § 6 Abs. 2a EStG (Auflösung von Sammelposten)
= EBITDA

Die im Entstehungsjahr vom Abzug ausgeschlossenen Zinsen können im Wege eines – gesondert festzustellenden – Zinsvortrages in künftigen Wj. außerbilanziell vor dem allgemeinen Verlustvortrag als BA berücksichtigt werden (§ 4h Abs. 1 Satz 2 i. V. m. § 10d Abs. 4 EStG). Der Zinsvortrag teilt das Schicksal des Betriebs. Im Falle einer Betriebsaufgabe, Betriebsumwandlung, -übertragung oder Liquidation gehen nicht verbrauchte Zinsvorträge verloren. Das Ausscheiden einer Gesellschaft steht der Aufgabe eines Teilbetriebs gleich (§ 4h Abs. 5 EStG). § 4h Abs. 2 Satz 1 EStG enthält mehrere Ausnahmen und Rückausnahmen von der Zinsschrankenregelung:

Das Abzugsverbot gilt nicht, wenn Zinsaufwendungen abzüglich Zinserträge 3 000 000 € (Freigrenze!) betragen (§ 4h Abs. 2 Satz 1 Buchst. a EStG). Die Erhöhung ist dauerhaft, sie ist erstmals auf Wirtschaftsjahre anzuwenden, die nach dem 31.12.2009 enden. Bei nicht oder nur teilweise konzernzugehörigen Betrieben/Körperschaften gilt die Beschränkung des Zinsabzugs auf 30 % des maßgeblichen Einkommens nicht (§ 4h Abs. 2 Satz 1 Buchst. b EStG), wenn nicht mehr als 10 % des Nettozinsaufwands einer Körperschaft auf Darlehen entfallen, die von einer in § 8a Abs. 2 KStG genannten Person gewährt wurden. Bei mehr als 10 % des Nettozinsaufwands gilt wieder die Zinsschranken-Grundregel. § 4h Abs. 3 Satz 5 EStG fasst den maßgeblichen Konzernbegriff weit. Dieser erstreckt sich nicht nur auf Betriebe, die nach dem jeweiligen Rechnungslegungsstandard in den Konzernabschluss einzubeziehen sind, sondern auch auf solche, die ohne einen tatsächlich vorliegenden handelsrechtlichen Konzernabschluss in einen solchen einbezogen werden könnten (Dötsch/Witt in D/P/M, KStG § 15 Rz. 45). Der Organkreis bildet für sich gesehen keinen Konzern i. S. v. § 4h Abs. 2b EStG, es liegt ein (einziger) Betrieb vor (§ 15 Satz 1 Nr. 3 Satz 2 KStG).

Die Begrenzung des Zinsabzugs greift ferner nicht, wenn bei konzernzugehörigen Betrieben/Körperschaften die Eigenkapitalquote der betreffenden Konzerngesellschaft zum vorangegangenen Abschlussstichtag gleich hoch oder höher ist als die des Konzerns insgesamt (»Escape-Klausel«; § 4h Abs. 2 Satz 1 Buchst. c EStG). Das Unterschreiten der Eigenkapitalquote des Konzerns wird bis zu zwei Prozentpunkten hingenommen. § 8a Abs. 3 KStG schränkt diese Klausel wieder ein.

I. R. d. körperschaftsteuerlichen Einkommensermittlung, ist der maßgebliche Gewinn i. S. v. § 4h Abs. 1 EStG durch das maßgebliche Einkommen zu ersetzen. Körperschaftsteuerliche Einkommenserhöhungen insbesondere infolge von verdeckten Gewinnausschüttungen werden damit in die Verhältnisprüfung von Zinsergebnis und steuerlichem EBITDA mit einbezogen (§ 8a Abs. 1 Satz 1 und 2 KStG).

13.4.3 Steuerliche Erfassung des Einkommens der Organgesellschaft beim Organträger

13.4.3.1 Grundsatz der Einkommenseinheit

Nach § 14 KStG ist das Einkommen der Organgesellschaft, soweit sich aus § 16 KStG nichts anderes ergibt, dem Organträger zuzurechnen. Die getrennt ermittelten Einkommen von Organgesellschaft und Organträger werden auf der Ebene des Organträgers zu einer steuerlichen Einheit zusammengefasst. Dies führt zwangsläufig zu einem Verlustausgleich zwischen dem Einkommen von Organgesellschaft und Organträger. Wenn das Organeinkommen einer natürlichen Person direkt oder über eine Personengesellschaft dem Organträger zuzurechnen ist, ändert sich die Steuerart. Das zuzurechnende Einkommen unterliegt (ebenfalls) der Einkommensteuer. Bei einer Personengesellschaft (Mitunternehmerschaft) als Organträger ist das zuzurechnende Einkommen der Organgesellschaft als eigenständige Besteuerungsgrundlage neben dem Gewinn der Mitunternehmerschaft auszuweisen und als solche gesondert und einheitlich festzustellen (vgl. BFH vom 14.04.1992 BStBl II 1992, 817).

Die Ermittlung des Einkommens des Organträgers erfolgt wie das der Organgesellschaft nach den allgemeinen Vorschriften der §§ 7 ff. KStG.

Der Ertrag aus der Gewinnabführung oder einer Verlustübernahme ist beim Organträger in der Bilanz auszuweisen (§ 277 Abs. 3 HGB). Er aktiviert den Anspruch auf die Gewinnabführung bzw. passiviert eine Verbindlichkeit zur Verlustübernahme. Gegenstand der steuerlichen Erfassung beim Organträger ist jedoch nicht die handelsrechtliche Ergebnisabführung, sondern das steuerliche Einkommen der Organgesellschaft. Zur Vermeidung einer doppelten steuerlichen Berücksichtigung muss die handelsrechtliche Ergebnisabführung bei der Ermittlung des eigenen Einkommens des Organträgers daher rechnerisch rückgängig gemacht werden (R 14.6 Abs. 1 Satz 2; R 7 KStR). Aufwand bzw. Ertrag aus der Bildung bzw. Auflösung von Ausgleichsposten sind zu neutralisieren.

Das Einkommen der Organgesellschaft ist dem Organträger für denjenigen VZ zuzurechnen, in dem die Organgesellschaft dieses Einkommen ohne die Zurechnungsvorschriften der §§ 14 ff. KStG (= ohne Organschaft) selbst zu versteuern hätte. Das gilt auch bei unterschiedlichen Bilanzstichtagen von Organgesellschaft und Organträger (§ 4a Abs. 1 und 2 i. V. m. § 7 Abs. 4 KStG), selbst wenn der Bilanzstichtag der Organgesellschaft dem des Organträgers innerhalb desselben Kalenderjahres zeitlich nachfolgt (H 14.7 KStH).

BEISPIEL

Der Organträger hat ein abweichendes Wj. vom 01.06.2023 bis 31.05.2024 Das Wj. der Organgesellschaft entspricht dem Kj. Die Organgesellschaft erzielt im Jahr 2024 ein Einkommen von 100 000 €.

LÖSUNG Das Einkommen der Organgesellschaft ist – wie dies auch ohne Organschaft der Fall wäre – im VZ 2024 zu erfassen. Zusammen mit dem Einkommen des Organträgers aus dem Wj. 01.06.2023 bis 31.05.2024 ergibt dies das auf der Ebene des Organträgers zu versteuernde Gesamteinkommen des VZ 2024. Handelsrechtlich entsteht die Gewinnabführungsverpflichtung allerdings erst mit dem Ende des Wj. der Organgesellschaft zum 31.12.2024. In der Bilanz des Organträgers wird der entsprechende Anspruch erst zum Ende des Wj. 2025/2026 ausgewiesen.

Die dargestellte Rechtslage wirkt sich auf die Entrichtung der Körperschaftsteuervorauszahlungen aus, wenn der Organträger der KSt unterliegt. Nach § 31 Abs. 2 KStG sind bei einem vom Kj. abweichenden Wj. die Vorauszahlungen für den VZ bereits während des Wj. zu leisten, das im VZ endet. Dies hat zur Folge, dass der Organträger für das ihm zuzurechnende Einkommen der Organgesellschaft früher Vorauszahlungen leisten muss, als dies bei der Organgesellschaft ohne Organschaft der Fall wäre.

Grundschema zur Ermittlung des Organträger-Einkommens

	Steuerbilanzgewinn/Steuerbilanzverlust
+	vGA bei OT-KapGes (§ 8 Abs. 3 Satz 2 KStG)
+	nicht abziehbare Ausgaben (z. B. nach § 10 KStG)
+	sämtliche als Betriebsausgaben gebuchten Spenden
./.	steuerfreie Vermögensmehrungen (z. B. Einlagen, InvZul)
+ / ./.	Kürzungen/Hinzurechnungen nach § 8b KStG
./.	**vGA von OG (R 14.6 Abs. 4 und R 14.7 Abs. 2 KStR)**
./.	**Gewinnabführung von der OG oder**
+	**Verlustausgleich des OT an die OG**
+ / ./.	Neutralisierung von Aufwand/Ertrag aus Bildung/Auflösung von Ausgleichsposten (R 14.8 KStR)
=	Summe der Einkünfte
./.	abziehbare Aufwendungen (insbesondere Spenden des OT)
=	Zwischensumme
+	**zuzurechnendes positives Einkommen der OG oder**
./.	**negatives Einkommen der OG**
+ / ./.	**Anwendung § 8b KStG/§ 3 Nr. 40 und § 3c Abs. 2 EstG (Bruttomethode nach § 15 Satz 1 Nr. 2 KStG)**
./.	Verlustabzug nach § 10d EStG
=	**zu versteuerndes Einkommen des OT**

13.4.3.2 Einzelfragen

13.4.3.2.1 Rückstellung für zu übernehmende Verluste der Organgesellschaft

Der Organträger muss in der Handelsbilanz eine Rückstellung für drohende Verluste aus schwebenden Geschäften bilden. Die Rückstellung kann aber steuerlich nicht anerkannt werden (BFH vom 26.01.1977 BStBl II 1977, 441; H 17.7 KStH). Eine Rückstellungsbildung allein wegen eines zu erwartenden Verlusts bei der Organgesellschaft steht nicht im Einklang mit dem Grundsatz der Einkommenseinheit. Die Einkommen von Organgesellschaft und Organträger werden zwar getrennt ermittelt, maßgeblich ist aber das zu erwartende Gesamtergebnis, das sich aus der Zusammenfassung der beiden Teileinkommen ergibt. Wegen der phasengleichen Einkommenszurechnung besteht für eine Verlustrückstellung kein Bedarf.

13.4.3.2.2 Teilwertabschreibung auf Organbeteiligung

Die Abschreibung der Beteiligung des Organträgers an der Organgesellschaft auf den niedrigeren Teilwert ist grds. möglich (§ 253 Abs. 2 Satz 3 HGB). Tatsächlich kommt diese Möglichkeit aber steuerlich nur noch bei natürlichen Personen oder Personengesellschaften als Organträger in Frage, wobei dort § 8b Abs. 6 KStG zu beachten ist. Für Körperschaften als Organträger untersagt § 8b Abs. 3 KStG eine Teilwertabschreibung. Bei natürlichen Personen und Personengesellschaften ist eine Teilwertabschreibung aber nicht schon deshalb gerechtfertigt, weil die Organgesellschaft ständig mit Verlusten abschließt (R 14.8 Abs. 3 Satz 2 KStR). Dies wird damit begründet, dass durch die Verlustübernahme, zu der der Organträger verpflichtet ist, die Substanz der Organgesellschaft und damit der Wert der Beteiligung erhalten bleibt (Müller/Stöcker, Organschaft Rz. 566 m.w.N.).

13.4.3.2.3 Spendenabzug

Für die Berechnung des Spendenhöchstbetrages nach § 9 Nr. 2 KStG bei der Ermittlung des eigenen Einkommens des Organträgers bleibt das ihm zuzurechnende Einkommen der Organgesellschaft außer Betracht. Auf die Ausführungen oben zu 13.4.2.1 wird hingewiesen.

13.4.3.2.4 Verdeckte Gewinnausschüttungen und verdeckte Einlagen

Da Organgesellschaft und Organträger zivilrechtlich und steuerrechtlich weiterhin selbständig bleiben, sind im Rahmen eines gegenseitigen Leistungsaustauschs auch verdeckte Gewinnausschüttungen (§ 8 Abs. 3 Satz 2 KStG) oder verdeckte Einlagen (§ 8 Abs. 3 Satz 3 KStG) denkbar. Eine vGA der Organgesellschaft an den Organträger erhöht das dem Organträger zuzurechnende Einkommen, andererseits ist sie als vorweggenommene Gewinnabführung auch im Organträgereinkommen enthalten. Die doppelte Erfassung der vGA soll durch direkte Kürzung beim Organträgereinkommen vermieden werden (R 14.7 Abs. 2 Satz 1 KStR).

BEISPIEL

Die Organgesellschaft verkauft an den Organträger Waren für 50000 €, für die einem fremden Dritten 100000 € berechnet worden wären. Der Organträger veräußert die Waren noch in demselben Jahr für 120000 €.

LÖSUNG Die Organgesellschaft hat i.H.v. 50000 € eine vGA getätigt. Das Einkommen der OG ist um diesen Betrag zu erhöhen und dem Organträger zuzurechnen. Dieser hat durch Verkauf der Waren einen Gewinn von 70000 € realisiert; von diesem Gewinn beruhen 50000 € auf dem unangemessen niedrigen Einkaufspreis. Zur Vermeidung einer doppelten Erfassung ist die vGA (50000 €) nach R 14.7 Abs. 2 KStR aus dem eigenen Einkommen des Organträgers auszuscheiden. Werden die Waren nicht im Jahr des Erwerbs veräußert, sondern erst später, muss der (Steuer-)Bilanzansatz der Waren einkommensneutral auf 100000 € erhöht werden.

Die dargestellten Rechtsfolgen gelten auch, wenn die vGA an den Organträger durch die »unentgeltliche« Übertragung immaterieller Wirtschaftsgüter bewirkt wird. Der Organträger hat in diesem Fall das auf ihn übertragene Wirtschaftsgut in der Steuerbilanz mit dem gemeinen Wert zu aktivieren. Die gebotene Trennung zwischen gesellschaftlichem und betrieblichem Bereich hat Vorrang vor dem Aktivierungsverbot des § 5 Abs. 2 EStG. Um die ertragsteuerliche Doppelbelastung im Organkreis zu vermeiden, muss auch hier eine Korrektur des Einkommens erfolgen (BFH vom 20.08.1986 [a. a. O.]).

13.4.4 Ausnahmen vom Grundsatz der Einkommenseinheit

Der Grundsatz der Einkommenseinheit wird bei Ausgleichszahlungen und **vGA** an außenstehende Gesellschafter (Minderheitsgesellschafter) durchbrochen. In diesen Fällen versteuert die Organgesellschaft eigenes Einkommen selbst.

13.4.4.1 Ausgleichszahlungen (§ 16 KStG)

Mit der Verpflichtung zur Abführung des gesamten Gewinnes verlieren die nicht zum Organkreis gehörenden Minderheitsgesellschafter der Organgesellschaft den aus der Beteiligung resultierenden Dividendenanspruch. Ausgleichszahlungen sollen die Beeinträchtigung der (durch Art. 14 GG geschützten) vermögensrechtlichen Stellung der **außenstehenden Gesellschafter** auffangen (BVerfG vom 27.04.1999 BB 1999, 1778; »garantierte Dividenden«). Sie werden i. d. R. von der Organgesellschaft geleistet, können aber auch vom Organträger erbracht werden (§ 16 Satz 2 KStG). Sofern die Organgesellschaft eine SE, AG oder KGaA ist, ergibt sich die Verpflichtung zur Leistung von Ausgleichszahlungen aus § 304 AktG. Ein EAV, der keine Ausgleichszahlungen vorsieht, ist bei diesen Rechtsformen bereits zivilrechtlich nichtig (§ 304 Abs. 3 Satz 1 AktG) und damit steuerlich unbeachtlich. Ist der festgelegte Ausgleich (lediglich) unangemessen hoch, bleibt der Vertrag wirksam, der angemessene Betrag wird gerichtlich festgesetzt (§ 304 Abs. 3 Satz 3 AktG). Bei der GmbH bedürfen Ausgleichszahlungen der ausdrücklichen Vereinbarung. Der Vertrag ist aber, auch wenn eine solche fehlt, dennoch wirksam.

Ausgleichszahlungen werden in § 304 Abs. 1 AktG als auf die Nennbeträge der Anteile bezogene (wiederkehrende) Geldleistungen definiert. Für die Bemessung der Ausgleichszahlung geht § 304 Abs. 2 AktG grundsätzlich von einem festen Betrag aus, der sich an bisheriger Ertragslage und künftigen Ertragsaussichten der Organgesellschaft orientiert. Nach gängiger Verwaltungspraxis konnte der Anspruch aber auch variabel in Abhängigkeit zum Gewinn der herrschenden Gesellschaft ausgestaltet werden. Die Ausrichtung am Ergebnis der Organgesellschaft war nicht zulässig. Nach BFH vom 04.03.2009 (BStBl II 2010, 407) ist eine variable Ausgestaltung generell nicht statthaft. Die Verwaltung wendet dieses Urteil derzeit nicht an.

Ausgleichszahlungen sind ihrem Wesen nach **Einkommensverwendung**, sie dürfen das Einkommen im Organkreis nicht mindern (§ 4 Abs. 5 Nr. 9 EStG). Das von der Organgesellschaft zu versteuernde Einkommen setzt sich zusammen aus Ausgleichszahlung und darauf lastender Körperschaftsteuer. Bei dem seit VZ 2008 geltenden Steuersatz von 15 % verteilt sich ein Gewinn von 100 (vor Steuer) auf 85 (Ausgleichszahlung) und 15 (Körperschaftsteuer). Das der KSt unterliegende Einkommen der Organgesellschaft beträgt 100/85 (= **20/17**) der Ausgleichszahlung. Die Frage, ob die Organgesellschaft oder der Organträger die Ausgleichszahlungen entrichtet, wirkt sich auf die Höhe des steuerlichen Einkommens, das im Organkreis zu erfassen ist, nicht aus. Leistet die Organgesellschaft zu Lasten ihres Gewinns, verringert sich das dem Organträger zuzurechnende Einkommen um 20/17 der Ausgleichszahlungen. Leistet die Organgesellschaft trotz eines steuerlichen Verlusts, erhöht sich insoweit das dem Organträger zuzurechnende negative Einkommen. Erbringt der Organträger die Ausgleichszahlungen, vermindert sich dessen Einkommen um diesen Betrag, das eigene Einkommen der Organgesellschaft erhöht sich entsprechend (R 16 Abs. 2 KStR).

Aus Sicht der Minderheitsgesellschafter handelt es sich bei Ausgleichszahlungen um Gewinnanteile i. S. v. § 20 Abs. 1 Nr. 1 EStG. Rechtsformabhängig kommt es bei ihm zu einer Befreiung von 95 % (§ 8b Abs. 1 und 5 KStG) bzw. 40 % (§ 3 Nr. 40 d EStG) der erhaltenen Leistungen.

BEISPIEL

Die Organgesellschaft erbringt im VZ 2024 Ausgleichszahlungen i. H. v. 6 800 €; weitere nabzb. Ausgaben sind nicht angefallen.

Einkommen Organgesellschaft (OG)			
Jahresüberschuss			0 €
+ als BA abgezogene Verpflichtung aus GAV			100 000 €
+ als BA abgezogene Ausgleichszahlung (§ 4 Abs. 5 Nr. 9 EStG)			6 800 €
+ KSt für Ausgleichszahlung (3/17 von 6 800 =)			1 200 €
Einkommen der OG			108 000 €
von der OG zu versteuernde Ausgleichszahlungen (17/17)	6 800 €		
+ KSt (3/17)	1 200 €	./.	8 000 €
insgesamt (20/17 von 6 800 €)			
dem OT zuzurechnendes Einkommen			**100 000 €**
Einkommen Organträger (OT)			
Jahresüberschuss			165 000 €
./. im Jahresüberschuss enthaltener Gewinnabführung der OG		./.	100 000 €
+ zuzurechnendes Einkommen der OG			100 000 €
zu versteuerndes Einkommen des OT			**165 000 €**

Der **Organträger** erbringt Ausgleichszahlungen i. H. v. 6800 €; es sind keine weiteren nabzb. Ausgaben zu berücksichtigen.

Einkommen Organgesellschaft			
Jahresüberschuss			0 €
+ vals BA abgezogener Gewinnabführung			100 000 €
+ KSt für Ausgleichszahlungen			1 200 €
+ vom OT geleistete Ausgleichszahlungen			6 800 €
Einkommen der OG			108 000 €
Von der OG zu versteuernde			
Ausgleichszahlungen (vom OT entrichtet)	6 800 €		
+ KSt für Ausgleichszahlungen	1 200 €		
von der OG zu versteuern (20/17 von 6 800 €)	8 000 €	./.	8 000 €
dem OT zuzurechnendes Einkommen			**100 000 €**
Einkommen Organträger			
Jahresüberschuss			165 000 €
+ Ausgleichszahlungen (§ 4 Abs. 5 Nr. 9 EStG)			6 800 €
./. im Jahresüberschuss enthaltene Gewinnabführung der OG		./.	100 000 €
+ zuzurechnendes Einkommen der OG			100 000 €
./. bei der OG zu erfassendes Einkommen		./.	6 800 €
zu versteuerndes Einkommen des OT			**165 000 €**

Zu gewinnabhängigen Ausgleichszahlungen an außenstehende Anteilseigner gilt Folgendes: Im Urteil vom 04.03.2009 BStBl II 2010, 407 vertritt der BFH die Auffassung, dass eine Vereinbarung von Ausgleichszahlungen des beherrschenden Unternehmens an einen außenstehenden Aktionär der beherrschenden Gesellschaft der steuerrechtlichen Anerkennung eines Gewinnabführungsvertrags entgegensteht, wenn neben einem bestimmten Festbetrag ein zusätzlicher Ausgleich in jener Höhe vereinbart wird, um die der hypothetische Gewinnanspruch des Außenstehenden ohne die Gewinnabführung den Festbetrag übersteigen würde. Abweichend davon hatte die Finanzverwaltung bisher auch Vereinbarungen zugelassen, in denen sich ein an einen Minderheitsgesellschafter gezahlter Zuschlag auf einen festen Mindestbetrag an dem Gewinn der Organgesellschaft orientiert, sofern der feste Mindestbetrag den Mindestausgleich des § 304 Abs. 2 Satz 1 AktG nicht unterschreitet (BMF vom 13.09.1991 StEd 1991, 348).

Nach **Auffassung der Finanzverwaltung** (BMF vom 20.04.2010 BStBl I 2010, 372) sind die Rechtsgrundsätze des Urteils über den entschiedenen Einzelfall hinaus nicht anzuwenden. Das Urteil steht nicht im Einklang mit § 14 Abs. 1 Satz 1 KStG und den Grundsätzen des § 304 AktG. Nach § 304 Abs. 2 Satz 1 AktG ist dem außenstehenden Aktionär als fester Ausgleich mindestens der Betrag zuzusichern, den er nach der bisherigen Ertragslage und den künftigen Ertragsaussichten der Gesellschaft voraussichtlich als durchschnittlichen Gewinnanteil erhalten hätte. Darüberhinausgehende (feste oder variable) Ausgleichszahlungen sind nicht ausgeschlossen, da § 304 Abs. 2 Satz 1 AktG im festen Zahlungsbetrag nur das Minimum des aktienrechtlich vorgeschriebenen Ausgleichs vorsieht. Der BFH hat mit Urteil vom 10.05.2017 DStR 2017, 2429 nochmals seine Auffassung bestätigt, wonach die Vereinbarung von variablen Ausgleichszahlungen an einen außenstehenden Anteilseigner der Anerkennung einer ertragsteuerlichen Organschaft entgegensteht, wenn neben einem bestimmten Festbetrag ein zusätzlicher Ausgleich gewährt wird, dessen Höhe sich am Ertrag der Organgesellschaft bemisst (und damit die Ausgleichszahlung dem Gewinnanteil des außenstehenden Anteilseigners ohne Organschaft entspricht).

Durch das UStAVermG vom 11.12.2018 (BGBl I 2018, 2338) in § 14 Abs. 2 KStG eine Regelung zu variablen Ausgleichszahlungen an außenstehende Anteilseigner im Rahmen einer ertragsteuerlichen Organschaft neu aufgenommen. Die Neuregelung des § 14 Abs. 2 KStG ist in allen offenen Fällen anzuwenden. Zudem gibt es bis VZ 2021 einen Bestandsschutz für Altfälle sowie eine Sonderregelung, dass bestehende GAV's auf Grund dieser gesetzlichen Regelung vorzeitig gekündigt werden können (Kündigung aus wichtigem Grund).

Inzwischen liegt auch ein **BMF-Schreiben vom 04.03.2020** (BStBl I 2020, 256) zu den Anwendungsfragen zu § 14 Abs. 2 KStG vor. Die Finanzverwaltung sieht es für die Anwendung des § 14 Abs. 2 KStG für unerheblich an (Rz. 2 des Schreibens), ob die Ausgleichszahlungen von dem OT oder der OG geleistet werden (zustimmend vgl. Brühl/Weiss, BB 2020, 1436; kritisch Dötsch in D/P/M, § 14 KStG Rz. 679/4, der bei Leistung durch den OT keine Anwendung des § 14 Abs. 2 KStG sieht, da in diesem Fall die OG ihren ganzen Gewinn abführt). Der Anwendungsbereich des § 14 Abs. 2 KStG wird durch die Finanzverwaltung auch als eröffnet gesehen, wenn die Vereinbarung zu Ausgleichszahlungen keine Festbetragskomponente i. S. d. § 304 Abs. 2 Satz 1 AktG enthält; es wird dann der mindestens zugesicherte Betrag i. S. d. § 304 Abs. 2 Satz 1 AktG mit null angenommen (zustimmend Dötsch in D/P/M, § 14 KStG Rz. 679/7).

Bezugsgröße für den fiktiven Gewinnanteil des Außenstehenden soll nach Verwaltungsansicht stets der Gesamtgewinn der Organgesellschaft sein (Rz. 6 des Schreibens). Hierbei soll ausschließlich der Gewinnanteil, der dem Anteil am gezeichneten Kapital entspricht, als Grundlage für den Höchstbetrag der Ausgleichszahlungen dienen. Ein Einfluss durch die vertragliche Vereinbarung einer disquotalen Gewinnverteilung wird abgelehnt (Rz. 7 des Schreibens), ebenso die Berücksichtigung von Orientierung des Ausgleichs an Spartengewinnen (kritisch hierzu Brühl/Weiss, BB 2020, 1436, 1438).

Die Finanzverwaltung geht bei der Ermittlung des Höchstbetrags nach § 14 Abs. 2 Satz 2 KStG von einer **Stand-alone-Betrachtung** aus (Rz. 9 des Schreibens). Ausgangspunkt ist der vom handelsrechtliche Jahresüberschuss vor Gewinnabführung, der um Beträge bereinigt wird, die bei einer Ausschüttung ohne Bestehen der Organschaft nicht zur Verfügung gestanden hätten.

Falls die an außenstehende Gesellschafter insgesamt geleistete Ausgleichszahlungen den nach § 14 Abs. 2 KStG zulässigen Höchstbetrag nicht übersteigen, greift die gesetzliche Fiktion und der ganze Gewinn gilt als abgeführt i.S.d. § 14 Abs. 1 Satz 1 KStG. Liegen die weiteren Voraussetzungen vor, ist die Organschaft für diesen Veranlagungszeitraum anzuerkennen und die Organgesellschaft hat nach § 16 KStG in Höhe von 20/17 der Ausgleichszahlungen ein eigenes Einkommen zu versteuern (Rz. 14 des Schreibens). Wird der nach § 14 Abs. 2 KStG zulässige Höchstbetrag überstiegen, steht dies der steuerlichen Anerkennung der Organschaft entgegen (Rz. 15 des Schreibens).

Die Frage, ob auch vGA an außenstehende Gesellschafter den Beschränkungen des § 14 Abs. 2 KStG unterliegen, wurde in dem Schreiben nicht aufgegriffen. Da der Minderheitsgesellschafter mit der vGA einen über die eigentliche Ausgleichszahlung hinausgehenden Betrag erhält, erscheint es sinnvoll, die vGA in den Anwendungsbereich des § 14 Abs. 2 KStG einzubeziehen (vgl. Dötsch in D/P/M, § 14 KStG Rz. 679/5; Jauch DK 2019, 220, 224; differenzierend Hasbach, DB 2020, 806, 812).

13.4.4.2 Verdeckte Gewinnausschüttungen

VGA an außenstehende Gesellschafter der Organgesellschaft sind wie Ausgleichszahlungen i.S.d. § 16 KStG zu behandeln (R 14.6 Abs. 4 Satz 4 KStR). Sie sind daher ebenfalls von der Zurechnung zum Organträgereinkommen ausgenommen.

13.4.5 Die Einlagelösung bei Mehr- bzw. Minderabführungen

13.4.5.1 Mehr- und Minderabführungen

Mehr- bzw. Minderabführungen beruhen auf Abweichungen zwischen dem handelsrechtlich abzuführenden Gewinn und dem steuerlichen Bilanzergebnis (§ 14 Abs. 4 Satz 6 KStG). Bei **Minderabführungen** ist die handelsrechtliche Gewinnabführung niedriger als der steuerliche Gewinn, weil ein Teil des Gewinns bei der Organgesellschaft verbleibt. Sie beruhen u.a. auf der (zulässigen) Einstellung von Beträgen aus dem Jahresüberschuss in eine Gewinnrücklage (§ 272 Abs. 3 HGB, § 14 Abs. 1 Nr. 4 KStG), auf der Verrechnung des Jahresüberschusses mit vorvertraglichen Verlusten (§ 301 Satz 1 AktG) oder auf von der Handelsbilanz abweichenden Bewertungen von Aktiv- oder Passivposten in der Steuerbilanz (BMF vom 26.08.2003 BStBl I 2003, 437 ff. Rz. 40). Umgekehrt beruhen **Mehrabführungen** auf der Auflösung von Gewinnrücklagen oder einer von der Handelsbilanz abweichenden Bewertung von Aktiv- oder Passivposten in der Steuerbilanz (BMF vom 26.08.2003 BStBl I 2003, 437 Rz. 41). Es wird im Vergleich zum zuzurechnenden Einkommen ein höherer Gewinn an den Organträger abgeführt.

Nach ursprünglicher Verwaltungsübung war in diesen Fällen – ohne entsprechende gesetzliche Grundlage – in der **Steuerbilanz des Organträgers** ein besonderer – bei **Minderabführungen aktiver** oder bei **Mehrabführungen passiver** – **Ausgleichsposten** zu bilden. Das JStG 2008 legitimierte dieses Vorgehen in Gestalt des § 14 Abs. 4 KStG. Sie betrifft Mehr- oder Minderabführungen, die in organschaftlicher Zeit verursacht sind. Dötsch/Pung (DB 2007, 2672) präzisieren die Definition dahingehend, dass nämlich organschaftliche Mehr- oder Minderabführungen vorliegen, »wenn der Jahresüberschuss bzw. -fehlbetrag (vor Ergebnisübernahme) der Organgesellschaft, der Ausgangswert für die Ermittlung des dem Organträger zuzurechnenden Organeinkommens ist, von der Gewinnabführung bzw. von der Verlustübernahme abweicht«.

Ein passiver organschaftlicher Ausgleichsposten war danach für eine Mehrabführung nach § 14 Abs. 4 KStG zu bilden und soll grundsätzlich gewährleisten, dass ein handelsrechtlich abgeführter, aber steuerlich noch nicht zugerechneter, Gewinn spätestens bei Veräußerung der Organbeteiligung beim Organträger besteuert wird.

13.4.5.2 Sog. Einlagelösung nach § 14 Abs. 4 KStG i. d. F. des KöMoG

13.4.5.2.1 Änderungen durch das KöMoG

Mit der Neufassung des **§ 14 Abs. 4 KStG** durch das KöMoG vom 25.06.2021 (BGBl I 2021, 2050) wurde ein Wechsel der steuerlichen Rechtsfolgen von **organschaftlichen Mehr- und Minderabführungen** vorgenommen. An die Stelle der bisherigen steuerlichen Ausgleichsposten tritt die sogenannte **Einlagelösung**. Weiterhin wurden die Regelungen zum Übergang von der Ausgleichsposten- zur Einlagelösung in § 34 Abs. 6e Satz 7 ff. KStG im Zuge des Jahressteuergesetzes 2022 (vom 16.12.2022, BGBl I 2022, 2294) durch die Einführung eines Angleichungsfaktors ergänzt.

Zur Anwendung der Neuregelung und zur Übergangsregelung hat das **BMF** mit **Schreiben vom 29.09.2022**, BStBl I 2022, 1412, Stellung genommen.

Wortlaut des neuen § 14 Abs. 4 KStG i. d. F. des KöMoG:

> »(4) [1]**Minderabführungen** der Organgesellschaft, die ihre Ursache in organschaftlicher Zeit haben, sind als **Einlage** durch den Organträger in die Organgesellschaft zu behandeln.
>
> [2]**Mehrabführungen** der Organgesellschaft, die ihre Ursache in organschaftlicher Zeit haben, gelten als **Einlagenrückgewähr** der Organgesellschaft an den Organträger.
>
> [3]Minder- oder Mehrabführungen im Sinne der Sätze 1 und 2 liegen insbesondere vor, wenn der an den Organträger abgeführte Gewinn von dem Steuerbilanzgewinn der Organgesellschaft abweicht und diese Abweichung in organschaftlicher Zeit verursacht ist.
>
> [4]Minder- und Mehrabführungen nach den Sätzen 1 und 2 gelten in dem Zeitpunkt als erfolgt, in dem das Wirtschaftsjahr der Organgesellschaft endet.«

Durch die Neufassung des § 14 Abs. 4 KStG sowie die Anpassungen des § 27 KStG sollen Mehrabführungen künftig als **Rückzahlungen aus dem steuerlichen Einlagekonto** (Einlagenrückgewähr) und Minderabführungen als **Einlagen** behandelt werden. Es kommt zu einer **unmittelbaren Minderung oder Erhöhung** des **Beteiligungswerts** an der Organgesellschaft in der Steuerbilanz des Organträgers.

Erstmalig anwendbar ist § 14 Abs. 4 KStG auf Mehr- und Minderabführungen, die **nach** dem **31.12.2021** erfolgen (§ 34 Abs. 6e KStG). Hinsichtlich des Zeitpunkts der Mehr- und Minderabführungen ist auf das **Ende des Wirtschaftsjahres** der **Organgesellschaft a**bzustellen.

Hinweise:

Noch **bestehende Ausgleichsposten mussten** beim Organträger in der Steuerbilanz für das erste Wirtschaftsjahr, das nach dem 31.12.2021 endet, **aufgelöst** werden. Aktive Ausgleichsposten erhöhen und passive mindern dabei den **Beteiligungswert** an der Organgesellschaft in der **Steuerbilanz des Organträgers**. Soweit ein passiver Ausgleichsposten die Summe aus dem aktiven Ausgleichsposten und dem Buchwert der Beteiligung des Organträgers an der Organgesellschaft in der Steuerbilanz übersteigt, liegt ein **Beteiligungsertrag** vor, auf den die §§ 3 Nr. 40, 3c EStG bzw. § 8b KStG anwendbar sind.

Der zuvor beschriebene Beteiligungsertrag kann **auf Antrag** in eine **Rücklage** eingestellt

13.4.5.2.2 Bisherige Rechtslage: Aktive und passive Ausgleichsposten für Mehr- bzw. Minderabführungen – Überblick

Aufgrund des Ergebnisabführungsvertrages ist die Organgesellschaft während des Bestehens der Organschaft grds. zur **Abführung** ihres **Handelsbilanzgewinns** an den Organträger verpflichtet (vgl. § 301 AktG). Im Falle eines **Verlustes** der Organgesellschaft ist der Organträger hingegen zum **Ausgleich des handelsrechtlichen Verlustes** verpflichtet (vgl. § 302 AktG).

Weicht der an den Organträger abgeführte Gewinn (bzw. ausgeglichene Verlust) von dem Steuerbilanzgewinn der Organgesellschaft ab, kommt es demzufolge zu **Mehr- oder Minderabführungen.**

Die Regelung zur Bildung und Auflösung besonderer **Ausgleichsposten** beim Organträger ist **für Mehr- und Minderabführungen** anzuwenden, die **bis** einschließlich **31.12.2021** erfolgen (vgl. R 14.8 Abs. 1 Satz 1 KStR 2022).

13.4.5.2.2.1 Aktive Ausgleichsposten für Minderabführungen

Zu **Minderabführungen** kommt es, wenn der **Steuerbilanzgewinn** der Organgesellschaft den an den Organträger **abgeführten** (handelsbilanziellen) **Gewinn** (§ 301 AktG) **übersteigt.** Minderabführungen können ihre Ursache **z. B.** in der Bildung von höheren Rückstellungen in der Handelsbilanz gegenüber der Steuerbilanz haben (z. B. Bildung einer Drohverlustrückstellung in der Handelsbilanz, Passivierungsverbot nach § 5 Abs. 4a EStG in der Steuerbilanz; Ertrag aus der Auflösung einer § 6b- Rücklage in der Steuerbilanz), durch **Einstellungen** von Teilen des Jahresüberschusses in die gesetzliche oder **in die Gewinnrücklage** (vgl. § 14 Abs. 1 Satz 1 Nr. 4 KStG) oder durch den Ausgleich vorvertraglicher Verluste. Bei der **Organgesellschaft** wird bei einer Minderabführung, die ihre Ursache in organschaftlicher Zeit hat, deren **steuerliches Einlagekonto erhöht** (vgl. § 27 Abs. 6 KStG).

Im Rahmen der Zurechnung des vom **Organträger zu versteuernden Einkommens** ist **auch** das **steuerliche Mehrergebnis** der Organgesellschaft zu berücksichtigen, auch wenn dieser steuerliche Mehrgewinn nicht an den Organträger abgeführt wurde.

Im Falle der Veräußerung der Anteile an der Organgesellschaft käme es somit tendenziell zu einer Doppelbesteuerung. In **Höhe der Minderabführung** (Mehrergebnis laut Steuerbilanz, welches vom Organträger bereits versteuert wurde) ist deshalb in der **Steuerbilanz beim Organträger innerbilanziell ertragswirksam** ein **aktiver steuerlicher Ausgleichsposten** zu bilden, der **außerbilanziell** wieder **neutralisiert** wird. Die **Bildung** des aktiven steuerlichen Ausgleichspostens ist somit im Ergebnis **erfolgsneutral**. Durch den aktiven Ausgleichsposten wird sichergestellt, dass nach einer **Veräußerung** der Organbeteiligung die bei der Organgesellschaft so gebildeten Rücklagen nicht noch einmal beim Organträger steuerrechtlich erfasst werden (vgl. R 14.8 Abs. 1 Satz 3 KStR 2015, entspricht R 14.8 Abs. 2 Satz 3 KStR 2022 zur Rechtslage bis VZ 2021). Die **Beendigung des Gewinnabführungsvertrages** führt hingegen noch **nicht zur Auflösung** der Ausgleichsposten.

Wird die **Beteiligung** an der Organgesellschaft **veräußert**, ist der **Ausgleichsposten erfolgswirksam aufzulösen** und neutralisiert somit den erhöhten Teil des Veräußerungsgewinns. Der **aktive** Ausgleichsposten **wirkt** somit ***wie* nachträgliche An- schaffungskosten** auf die Beteiligung an der Organgesellschaft.

Löst die Organgesellschaft die **Rücklagen**, die zuvor zu einer Minderabführung ge- führt haben, zugunsten des an den Organträger abzuführenden Gewinns **später auf**, ist der **aktive Ausgleichsposten** beim Organträger wiederum **erfolgsneutral aufzulösen** (vgl. R 14.8 Abs. 1 Satz 4 KStR 2015, entspricht R 14.8 Abs. 2 Satz 4 KStR 2022 zur Rechtslage bis VZ 2021). Im **Übrigen** gilt aber grds. ein **Saldierungsverbot** für aktive und passive Ausgleichsposten.

13.4.5.2.2.2 Passive Ausgleichsposten für Mehrabführungen

Zu **Mehrabführungen** kommt es, wenn der an den Organträger **abgeführte** (handelsbilanzielle) **Gewinn** (§ 301 AktG) den **Steuerbilanzgewinn** der Organgesellschaft **übersteigt** (z.B. durch Auflösung obiger Gewinnrücklagen oder aufgrund von sonstigen Abweichungen der Handelsbilanz von der Steuerbilanz, z.B. durch Bildung einer § 6b-Rücklage in der Steuerbilanz der Organgesellschaft; vgl. R 14.8 Abs. 3 KStR 2022 zur bisherigen Rechtslage).

In diesem Falle ist beim **Organträger** ein **passiver Ausgleichsposten** zu bilden. Hier besteht ansonsten die **Gefahr** der **Nichtbesteuerung** bei Veräußerung der Organbeteiligung.

Die o.g. Ausführungen zur Bildung und Auflösung von Ausgleichsposten bei Minderabführung gelten im Falle der Mehrabführung sinngemäß. Die **Bildung** des passiven Ausgleichspostens in der Steuerbilanz des Organträgers ist **erfolgsneutral** (innerbilanziell Aufwand, der außerbilanziell wieder neutralisiert wird). Bei **Veräußerung** der Organbeteiligung ist der passive Ausgleichsposten erfolgswirksam **aufzulösen** und **erhöht** somit den **Veräußerungsgewinn des Organträgers**. Bei der **Organgesellschaft** wird bei einer Mehrabführung das **steuerliche Einlagekonto vermindert**.

13.4.5.2.2.3 Hintergrund für die Einführung der Einlagelösung durch das KöMoG

Die bisherige Konzeption der Ausgleichsposten war u.a. wegen des mit der Bildung und Anpassung der Ausgleichsposten verbundenen Aufwands **rechtspolitischer Kritik** ausgesetzt. In der **Literatur** wurde daher vielfach die sog. **Einlagelösung favorisiert** (vgl. u.a. Dötsch/Pung in Festschrift G. Frotscher, 2013, 51, 72 ff.).

Ausweislich der **Gesetzesbegründung zum KöMoG** wird vor allem auf die (vermeintliche) **Einfachheit** der **Einlagelösung** verwiesen. Unverändert schwierig bleibt aber auch im neuen System die Frage, ob eine Mehr- oder Minderabführung ihre Ursache in vororganschaftlicher oder in organschaftlicher Zeit hat. Ist Ersteres der Fall, greift § 14 Abs. 3 KStG und die Mehrabführung gilt als Gewinnausschüttung an und die Minderabführung als Einlage durch den Organträger. Nur dann, wenn die Ursache in organschaftlicher Zeit liegt, kommt nach § 14 Abs. 4 KStG nunmehr die Einlagelösung statt des bisherigen Ausgleichspostenkonzepts zur Anwendung.

Vermutlich dürfte der Gesetzgeber aber wohl eher die **Verhinderung** der mit den Ausgleichsposten einhergehenden **Gestaltungsmöglichkeiten** im Blick gehabt haben (vgl. Schwalm DStR 2021, 980 f.; Brandis/Heuermann, § 14 KStG, Rz. 263), wie u.a. das nachfolgende Beispiel verdeutlicht.

BEISPIEL:

Zwischen der OT-KG und der OG-GmbH besteht eine ertragsteuerrechtliche **Organschaft**. Im Jahr 2021 **gliedert** die **OG-GmbH** ihren **Betrieb in die E-GmbH** aus. Die Ausgliederung erfolgt **handelsrechtlich** zum **gemeinen Wert** unter Aufdeckung der stillen Reserven i.H.v. **1 Mio. €** und **steuerlich** zum **Buchwert** nach § 20 UmwStG. Im Rahmen der Ergebnisabführung an die OT-KG kommt es somit zu einer handelsrechtlichen **Mehrabführung** i.H.v. 1 Mio. €.

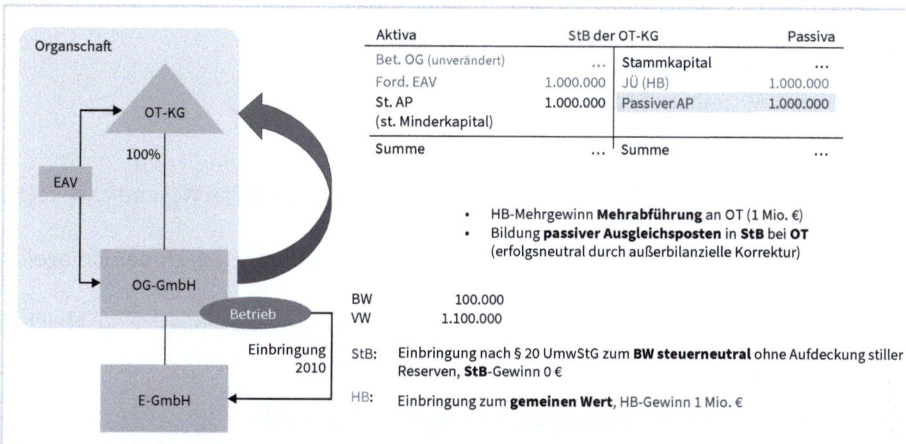

LÖSUNG Da **steuerrechtlich** durch die Ausgliederung zum **Buchwert** kein Gewinn bei der OG-GmbH realisiert wird und insoweit auch **kein Gewinn von** der **OT-KG zu versteuern** ist, ist i.H.d. abgeführten handelsrechtlichen Mehrgewinns in der **Steuerbilanz** bei der **OT-KG** ein **passiver Ausgleichsposten i.H.v. 1 Mio. €** zu bilden. Der Ansatz für die Beteiligung an der OG-GmbH bleibt in der Steuerbilanz der OT-KG unverändert, selbst wenn der passive Ausgleichsposten den Beteiligungsansatz übersteigt.

Über diesen abgeführten handelsrechtlichen Mehrgewinn **könnten** die **Gesellschafter der OT-KG** – zumindest unter Beachtung der 7-jährigen Sperrfristregelungen (§ 22 UmwStG) – **verfügen**, ohne dass dies zu (unmittelbaren) steuerlichen Konsequenzen bei den Gesellschaftern der OT-KG führen würde.

Der **passive Ausgleichsposten** würde **erst** im Falle der **Veräußerung** der Beteiligung an der Organgesellschaft (oder eines gleich gestellten Vorgangs) **gewinnerhöhend aufgelöst** und zu einem höheren Veräußerungsgewinn führen. Solange die Beteiligung an der OG-GmbH jedoch nicht veräußert wird, führt die Verfügung über den abgeführten Mehrgewinn für die Gesellschafter der OG-KG insoweit nicht zu steuerpflichtigen Einkünften. Infolge des Ausgleichspostenkonzepts konnte mithin über den Gewinnabführungsvertrag handelsrechtlicher Gewinn von der Ebene der Organgesellschaft auf die Ebene des Organträgers verlagert werden, der dort auf lange Zeit unversteuert bleiben konnte (Steuerstundungseffekt). Aus Sicht der Finanzverwaltung war dies vor allem bei Organträger-Personengesellschaften problematisch, bei denen die unversteuert auf die Ebene des Organträgers gelangten Gewinne – als Entnahmen – unversteuert sogar noch weiter auf die Ebene der Gesellschafter gelangen konnte.

Solche und ähnliche **Gestaltungen** sollen **durch** die Einführung der **Einlagelösung verhindert** werden. Mehrabführungen führen künftig zu einer Minderung des Beteiligungsansatzes und soweit dieser dadurch negativ wird, zu steuerpflichtigen Einkünften bei den Gesellschaftern der OT-KG.

13.4.5.2.3 BMF-Schreiben zur Einlagelösung nach § 14 Abs. 4 KStG i. d. F. des KöMoG vom 29.09.2022, BStBl I 2022, 1412

Das BMF nimmt in dem Schreiben zur neu eingeführten Einlagelösung zu folgenden **Themen** Stellung:

- Zeitliche Anwendung der Neuregelung
- Behandlung von Minder- und Mehrabführungen
- Steuerliche Auswirkungen durch die Einlagelösung
- Übergangsregelung mit Rücklage nach § 34 Abs. 6e KStG
- Steuerliches Einlagekonto (§ 27 KStG)
- Sonderfall: Mittelbare Organschaft
- Sonderfall: Kettenorganschaft

Im Zusammenhang mit der Einführung der sog. Einlagelösung sind im Wesentlichen folgende **zwei Aspekte** zu unterscheiden:

- die steuerliche Behandlung der Minder- und Mehrabführungen nach der Einlagelösung und
- die steuerlichen **Übergangsregelungen** für **bisherige** aktive oder passive **Ausgleichsposten** beim Organträger.

13.4.5.2.3.1 Zeitliche Anwendung der Neuregelung (Rz. 1 BMF)

§ 14 Abs. 4 sowie § 27 Abs. 1 Satz 3 und Abs. 6 des KStG i. d. F. des KöMoG sind **erstmals** auf **Minder- und Mehrabführungen** anzuwenden, die **nach dem 31.12.2021 verursacht** werden. Hinsichtlich des Zeitpunkts der Minder- und Mehrabführungen ist dabei auf das **Ende** des **Wirtschaftsjahres der Organgesellschaft** (OG) abzustellen (§ 34 Abs. 6e Satz 6 KStG). D. h. **erstmals** für Mehr- bzw. Minderabführungen

- des **Wj. 2022**, wenn Wj. = Kj. bei der OG;
- bei abweichendem Wj. 2021/2022 der OG zum Ende des Wj. 2021/2022.

Beim **Organträger** (OT) sind noch **bestehende Ausgleichsposten** für organschaftliche Minder- und Mehrabführungen, die nach Maßgabe des § 14 Abs. 4 KStG a. F. ge- bildet wurden, in dem **Wirtschaftsjahr aufzulösen**, das nach dem 31.12.2021 endet (§ 34 Abs. 6e Satz 7 KStG). D. h. **Auflösung** der Ausgleichsposten beim **OT**

- im **Wj. 2022**, wenn Wj. = Kj. bei OT;
- bei abweichendem Wj. 2021/2022 des OT zum Ende des Wj. 2021/2022.

13.4.5.2.3.2 Behandlung von Minder- und Mehrabführungen nach neuem Recht beim OT (Rz. 2 ff. BMF)

In organschaftlicher Zeit verursachte **Minderabführungen** sind **wie** eine **Einlage** durch den OT in die OG zu behandeln. Der **Beteiligungsbuchwert** der OG beim OT ist daher entsprechend **zu erhöhen**.

In organschaftlicher Zeit verursachte **Mehrabführungen** sind **wie** eine **Einlagen- rückgewähr** der OG an den OT zu behandeln. Der **Beteiligungsbuchwert** der OG beim OT ist daher entsprechend **zu verringern.**

Einlage und Einlagenrückgewähr sind **nicht auf** das **Verhältnis** der Beteiligung des OT am Nennkapital der OG **begrenzt.** Auch wenn die OG nicht zu 100 % in das Unternehmen des OT eingegliedert ist, gelten die neuen Grundsätze zu Minder- oder Mehrabführungen uneingeschränkt.

BEISPIEL 1:

Die A-GmbH (OT) hält eine Beteiligung i. H. v. **80 %** an der B-GmbH (OG) zum Buchwert von 80. Die Voraussetzungen einer ertragsteuerlichen **Organschaft** sind erfüllt.

Im Jahr **01** kommt es bei der B-GmbH zu einer **Mehrabführung** von **20.** Dies führt zu einer **Verringerung** des **Beteiligungsbuchwerts** der B-GmbH in der Steuerbilanz der

A-GmbH **um 20 auf 60.**

Im Jahr **02** kommt es bei der B-GmbH zu einer **Minderabführung** von **40.** Dies führt zu einer **Erhöhung des Beteiligungsbuchwerts** der B-GmbH in der Steuerbilanz der

A-GmbH **um 40 auf 100.**

Die in organschaftlicher Zeit verursachten **Minderabführungen** sind als Einlage durch den OT in die OG zu behandeln (**Einlagefiktion**; vgl. § 14 Abs. 4 Satz 1 KStG). Die im Falle einer **Minderabführung** vorzunehmende **Erhöhung** des **Beteiligungsbuchwerts** stellt beim **OT** einen **einkommensneutralen** Vorgang dar. Der sich aus der buchtechnischen Erhöhung des Beteiligungsbuchwerts in der **Steuerbilanz** ergebende **Ertrag** ist **außerbilanziell** zu korrigieren.

Die **außerbilanzielle Korrektur** ergibt sich zwar nicht unmittelbar aus dem Gesetz. Letztlich kann der Fall aber **nicht anders** behandelt werden **als** eine mit dem steuerlichen Zurechnungsbetrag **deckungsgleiche Gewinnabführung und** einer **anschließenden Einlage** des OT in die OG. In diesem Fall hätte der OT den steuerlichen Zurechnungsbetrag zu versteuern und die **Einlage wäre erfolgsneutral.** Da beim **Einlagemodell** diese Ergebnisneutralität nicht innerhalb des Betriebsvermögensvergleichs herbeigeführt werden kann, **bedarf** es daher einer **außerbilanziellen Korrektur** (vgl. Dötsch/Pung/Möhlenbrock, § 14 Rz. 1128, 1111; Brandis/Heuermann, § 14 Rz. 285). Zum Zugang im steuerlichen Einlagekonto i. H. d. Minderabführung bei der OG s. u.

Die im Falle einer **Mehrabführung** vorzunehmende **Verringerung des Beteiligungsbuchwerts** ist **einkommensneutral bis** zu einem Beteiligungsbuchwert von **0** möglich. Der durch die buchtechnische Minderung des Beteiligungsbuchwerts entstandene **Aufwand** ist **außerbilanziell zu korrigieren.**

Die Bilanzierung eines **negativen Buchwerts** in der Steuerbilanz des OT **infolge** einer **Mehrabführung ist ausgeschlossen** (Rz. 9 BMF).

Übersteigen die **Mehrabführungen** die Summe aus **Beteiligungsbuchwert** und Minderabführungen, ist **außerbilanziell** entsprechend den Ausführungen in § 34 Abs. 6e Satz 9 und 10 KStG in Höhe des **übersteigenden Betrages** ein **veräußerungsähnlicher Ertrag** aus der Beteiligung aus der OG zu berücksichtigen. Auf diesen veräußerungsähnlichen Ertrag sind die Regelungen des **§ 8b** Abs. 2, 3, 7 und 8 KStG (wenn OT=Körperschaft) **bzw. § 3 Nr. 40 Buchst. c und § 3c Abs. 2 EStG** anzuwenden (wenn OT=Personengesellschaft mit einkommensteuerpflichtigen Gesellschaftern). Zur Minderung des steuerlichen Einlagekontos bei der OG s. u.

BEISPIEL 2 (Fortführung von Beispiel 1):

Im Jahr **03** kommt es zu einer **Mehrabführung** der B-GmbH (OG) an die A-GmbH (OT) von **130**. Dies führt grundsätzlich zu einer **Verringerung** des **Beteiligungsbuchwerts** in der Steuerbilanz des OT **um 130**.

Nach dem **Beispiel 1** betragen die **Anschaffungskosten** der Beteiligung **100**. Da ein negativer Beteiligungsbuchwert infolge einer Mehrabführung innerhalb der Bilanz **ausgeschlossen** ist, **verringert** sich der Beteiligungsbuchwert in der Steuerbilanz der A-GmbH von 100 **auf 0**. Der **übersteigende Betrag** von **30** stellt bei der **A-GmbH** einen **veräußerungsähnlichen Ertrag** dar, der unter Anwendung des **§ 8b Abs. 2 und 3 KStG** i. H. v. **5 %** der Besteuerung unterliegt.

Anm.: Nach **früherem Recht** wäre beim OT in der Steuerbilanz ein **passiver Ausgleichsposten** zu bilden, während der Beteiligungsansatz unverändert blieb. Dies führte selbst dann zu keinen steuerpflichtigen Erträgen des OT, wenn der passive Ausgleichsposten den Beteiligungsansatz überstieg.

13.4.5.2.3.3 Rücklage für bisherige Ausgleichsposten – Übergangsregelung nach § 34 Abs. 6e KStG (Rz. 11 f. BMF)

Im Rahmen des **Wechsels** von der **Ausgleichspostenmethode zur Einlagelösung** liegt nach der **Übergangsregelung** des § 34 Abs. 6e Satz 13 und 14 KStG ein **veräußerungsähnlicher Ertrag** vor, **soweit** der **passive** Ausgleichsposten die Summe aus Beteiligungsbuchwert und dem aktiven Ausgleichsposten übersteigt.

Nach der bis zum 31.12.2021 geltenden Rechtslage wurden die **Ausgleichsposten entsprechend dem Verhältnis der Beteiligung des OT am Nennkapital** der OG gebildet. Nach der ab dem VZ 2022 geltenden Regelung führen die Mehr- und Minderabführungen hingegen unabhängig von der Beteiligungshöhe zu einer Einlagenrückgewähr bzw. zu Einlagen. Diese unterschiedlichen Regelungen für die Bildung (altes Recht) und die Auflösung (neues Recht) von Ausgleichsposten können bei Beteiligungen des OT von weniger als 100 % zu unerwünschten steuerlichen Folgen führen.

Daher wurde mit dem JStG 2022 ein **Angleichungsfaktor** vorgesehen, der mit den aktiven und passiven Ausgleichsposten zu multiplizieren ist. Für die Berechnung dieses Angleichungsfaktors ist die **durchschnittliche Beteiligungshöhe der letzten fünf Wirtschaftsjahre** während einer bestehenden Organschaft zugrunde zu legen. Besteht die Organschaft noch keine fünf Wirtschaftsjahre, ist der entsprechend kürzere Zeitraum zu berücksichtigen.

BEISPIEL 3:

Die OT-GmbH ist seit 2012 zu 80 % an der OG-GmbH beteiligt, das Organschaftsverhältnis besteht seit 2012. Das Wirtschaftsjahr entspricht jeweils dem Kalenderjahr. In der Steuerbilanz der OT-GmbH befinden sich zum 31.12.2021 aktive Ausgleichsposten i. H. v. 200.

LÖSUNG Da die OT-GmbH innerhalb der letzten 5 Wirtschaftsjahre zu 80 % an der OG-GmbH beteiligt war, ist als Angleichungsfaktor der **Kehrwert aus dieser Beteiligungsquote** zu bilden. Dieser beträgt **1/0,8**. Der Angleichungsfaktor ist mit den aktiven Ausgleichsposten von 200 zu multiplizieren. Im Rahmen des Übergangs ist der **aktive Ausgleichsposten** in der Bilanz der OT-GmbH folglich **auf 250 zu erhöhen**. Um diese 250 ist der Beteiligungsbuchwert der OG-GmbH in der Bilanz der OT-GmbH zu erhöhen und der Ausgleichsposten ist zugleich aufzulösen.

BEISPIEL 4:

Die OT-GmbH ist seit 2018 mit wechselnder Beteiligungsquote an der OG-GmbH beteiligt, die Organschaft besteht seit 2018. Das Wirtschaftsjahr der Gesellschaften ist gleich dem Kalenderjahr. Die Beteiligungshöhen variieren wie folgt: 2018: 60 %; 2019: 85 %; 2020: 75 %; 2021: 60 %.

In der Steuerbilanz der OT-GmbH befinden sich zum 31.12.2021 aktive Ausgleichsposten i. H. v. 200.

LÖSUNG Die **durchschnittliche Beteiligungsquote** der OT-GmbH an der OG-GmbH inner- halb der letzten vier Wirtschaftsjahre beträgt **70 %** ([60 %+85 %+75 %+60 %] / 4). Als Angleichungsfaktor ist der **Kehrwert** aus der durchschnittlichen Beteiligungsquote der letzten 4 Jahre zu bilden. Dieser beträgt **1/0,7**. Der Angleichungsfaktor ist mit den aktiven Ausgleichsposten von 200 zu multiplizieren. Im Rahmen des Übergangs ist der **aktive Ausgleichsposten** in der Bilanz der OT-GmbH folglich **auf 285,71 zu erhöhen**. Um diese 285,71 ist der Beteiligungsbuchwert der OG-GmbH in der Bilanz der OT-GmbH zu erhöhen und der Ausgleichsposten ist zeitgleich aufzulösen.

Einlagen im Laufe des Jahres **erhöhen** den **Beteiligungsbuchwert vor Verrechnung mit** der **Rücklage.**

Auf den **veräußerungsähnlichen Ertrag** findet **§ 8b Abs. 2, 3,** 7 und 8 KStG **bzw. § 3 Nr. 40 Buchst. c** und § 3c Abs. 2 EStG Anwendung (vgl. § 34 Abs. 6e Satz 14 KStG). Dieser veräußerungsähnliche Ertrag kann in der **Steuerbilanz des OT** in eine den **Gewinn mindernde Rücklage** nach **§ 34 Abs. 6e Satz 11 ff. KStG** eingestellt und der durch den Übergang zur Neuregelung entstehende **Gewinn** dadurch über **10 Jahre verteilt** werden.

Der **Übergang** zur Einlagelösung löst somit **keine Erträge** beim OT aus (d. h. auch die Frage einer den Gewinn mindernden Rücklage stellt sich nicht), **wenn** in der Steuerbilanz des OT im Zeitpunkt des Übergangs

- **keine passive Ausgleichsposten** (aus früheren Mehrabführungen) gebildet wurden (z. B. nur aktive Ausgleichsposten vorhanden sind)
- **oder** vorhandene **passive** Ausgleichsposten die Summe aus Beteiligungsbuchwert und aktiven Ausgleichsposten **nicht übersteigt**.

13.4.5.2.3.3.1 Bildung der Rücklage nach § 34 Abs. 6e KStG (Rz. 13 ff. BMF)

Wird das **Wahlrecht** zur Bildung einer **Rücklage** in Anspruch genommen, ist diese in der Steuerbilanz des **Wirtschaftsjahres** zu bilden, das **nach** dem **31.12.2021 endet**.

Die Bildung der Rücklage ist **bis zur Höhe** des **Ertrags** aus dem Übergang zur Einlagelösung zulässig. Eine Bildung in **geringerer** Höhe ist **möglich**.

Im Falle der **Bildung einer Rücklage** finden **Begünstigungsvorschriften** des § 8b Abs. 2, 3, 7 und 8 KStG bzw. § 3 Nr. 40 Buchst. c und § 3c Abs. 2 EStG in Höhe des in die Rücklage eingestellten Ertrags **zunächst keine Anwendung** (§ 34 Abs. 6e Satz 16 KStG; d. h. Einstellung des Bruttoertrags in die Rücklage; Anwendung der Begünstigungsvorschriften erst bei Auflösung der Rücklage).

Eine Rücklage kann auch dann gebildet werden, wenn das Wirtschaftsjahr der OG zum 31.12.2021 endet, das Wirtschaftsjahr des OT hingegen später. Gleiches gilt, wenn die Organschaft bereits vor dem 31.12.2021 beendet wurde. Während nach bisherigem Recht die passiven steuerlichen Ausgleichsposten trotz Beendigung der Organschaft bis zur Veräußerung der Organbeteiligung fortgeführt werden konnten, führt die Neuregelung zwingend zur Auflösung der Ausgleichsposten und damit ggfs. zu steuerpflichtigen Erträgen beim Organträger.

Ist eine **Personengesellschaft OT**, so ist die **Rücklage** nach § 34 Abs. 6e Satz 15 KStG **in** der **Gesamthandsbilanz** der Personengesellschaft zu bilden. Das **Wahlrecht** zur Bildung der Rücklage ist **gesellschaftsbezogen** (und nicht gesellschafterbezogen) auszuüben (Rz. 24 BMF).

13.4.5.2.3.3.2 Auflösung der Rücklage nach § 34 Abs. 6e Sätze 17 ff. KStG (Rz. 18 ff. BMF)

Die Rücklage ist im **Wirtschaftsjahr der Bildung** sowie in den **folgenden neun Wirtschaftsjahren** zu **jeweils einem Zehntel** gewinnerhöhend **aufzulösen** (§ 34 Abs. 6e Satz 17 KStG). Ein Wahlrecht in Bezug auf den Zeitraum der Auflösung besteht nicht.

Die **jährlichen Auflösungsbeträge** der Rücklage unterliegen nach **§ 8b Abs. 2, 3, 7** und 8 KStG bzw. **§ 3 Nr. 40 Buchst. a** und § 3c Abs. 2 EStG als veräußerungsähnliche Erträge jeweils der Besteuerung (§ 34 Abs. 6e Satz 16 KStG).

Die **Rücklage** ist **vollumfänglich aufzulösen** (§ 34 Abs. 6e Satz 18 KStG)

- im Falle einer **Veräußerung der Beteiligung** des OT an der OG,
- bei einem der Veräußerung gleichgestellten Vorgang (z.B. durch Entnahme),
- bei einer **teilweisen Veräußerung** ist die Rücklage entsprechend **anteilig** aufzulösen,
- bei verdeckter Einlage der Beteiligung an der OG (da einer Veräußerung gleichgestellt),
- bei **Auflösung** der **OG**,
- bei Umwandlungen und Formwechsel des Organträgers (stellen ertragsteuerlich Veräußerungsvorgänge dar, vgl. Rn. 00.02 UmwSt-Erlass, BMF-Schreiben vom 11.11.2011, BStBl I 2011, 1314).

Bei **Beendigung** der **Organschaft** ist die **Rücklage nicht aufzulösen**.

13.4.5.2.3.4 Minder- und Mehrabführungen – Folgen für steuerliches Einlagekonto bei der OG (Rz. 25 f. BMF)

Minderabführungen erhöhen und **Mehrabführungen mindern** das steuerliche **Einlagekonto** einer OG, wenn sie ihre Ursache in organschaftlicher Zeit haben.

Mehrabführungen mindern dabei das steuerliche Einlagekonto **vorrangig vor anderen** Leistungen (§ 27 Abs. 6 Satz 2 KStG) und führen zu einem **Direktzugriff** auf dessen Bestand (§ 27 Abs. 1 Satz 3 KStG). Mehrabführungen **können** zum Entstehen oder zu einer Erhöhung eines **negativen Bestands** des steuerlichen Einlagekontos führen (§ 27 Abs. 1 Satz 4 2. Halbsatz KStG).

> **BEISPIEL 5 (Fortführung von Beispiel 2):**
>
> Zum Bilanzstichtag am 31.12.02 weist die B-GmbH (OG) ein steuerliches Eigenkapital von 200 und ein Nennkapital von 50 aus. Der auf den 31.12.02 festgestellte Bestand des **steuerlichen Einlagekontos** beträgt **50**. Folglich beläuft sich der zu diesem Zeitpunkt er- mittelte **ausschüttbare Gewinn** auf **100**.
>
> Die im Jahr **03** entstandene **Mehrabführung** von **130** führt in dieser Höhe, unabhängig von der Höhe des maßgeblichen ausschüttbaren Gewinns, zu einer **Minderung** des steuerlichen **Einlagekontos**. Der Bestand des steuerlichen Einlagekontos ist **um 130** zu mindern und beträgt zum 31.12.03 ./. 80 (negativ), sofern in 03 keine Einlagen getätigt wurden.

13.4.5.2.3.5 Sonderfälle: Mittelbare Organschaft und Kettenorganschaft (Rz. 27 ff. BMF)

Eine **mittelbare Organschaft** im Sinne des BMF-Schreibens liegt vor, wenn sich die **finanzielle Eingliederung** der Organgesellschaft in den Organträger entweder

- **ausschließlich** durch eine mittelbare Beteiligung über eine **Zwischengesellschaft**
- oder
- durch **Addition** einer **unmittelbaren und einer mittelbaren** Beteiligung über eine Zwischengesellschaft

ergibt:

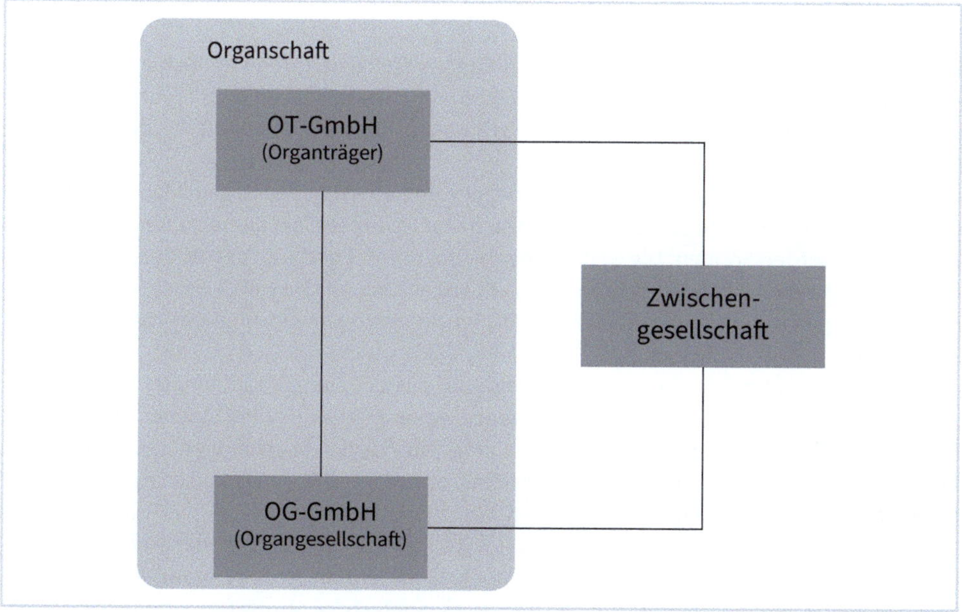

Im Falle einer mittelbaren Organschaft sind die **bilanziellen Folgen** der **Einlagen** so- wie der **Einlagenrückgewähr** aufgrund einer organschaftlich verursachten Minder- oder Mehrabführung **auf jeder Beteiligungsstufe**, unabhängig vom Bestehen einer Organschaft mit der Zwischengesellschaft, **bilanztechnisch nachzuvollziehen.**

Bei einer finanziellen Eingliederung **ausschließlich** über die **mittelbare Beteiligung** (**Zwischengesellschaft**) sind in organschaftlicher Zeit verursachte **Minderabführungen** wie eine Einlage durch den OT in die OG zu behandeln (Rz. 32 BMF).

- Sie führen zu einer **Erhöhung** sowohl des **Beteiligungsbuchwerts** der OG bei der **Zwischengesellschaft** als **auch** des Beteiligungsbuchwerts der Zwischengesellschaft **beim OT**.
- Zudem ist das **steuerliche Einlagekonto** sowohl bei der **OG** als **auch** bei der **Zwischengesellschaft**, sofern diese eine Körperschaft i. S. d. § 27 KStG ist, entsprechend zu erhöhen.

Entsprechend ist bei mittelbaren Beteiligungen zu verfahren, wenn **Mehrabführungen** wie eine **Einlagenrückgewähr** der Organgesellschaft an den Organträger zu behandeln. Die Folgen sind auch hier auf jeder Beteiligungsstufe bilanztechnisch nachzuvollziehen (Rz. 33 f. BMF).

Zudem nimmt das BMF-Schreiben auch ausführlich zu Minder- und Mehrabführungen in den Fällen Stellung, in denen sich die finanzielle Eingliederung über eine **Addition** von **unmittelbarer und mittelbarer Beteiligung** ergibt. In diesen Fällen sind Minder- und Mehrabführungen auf beide Beteiligungsstränge im Verhältnis der Höhe der unmittelbaren und mittelbaren Beteiligungen aufzuteilen (vgl. Rz. 35 f. BMF).

13.4.6 Die Anwendung besonderer Tarifvorschriften

Das zusammengerechnete Einkommen von Organgesellschaft und Organträger wird grds. nach den Verhältnissen des Organträgers besteuert. Dies bedeutet, dass dieses der Steuerart (KSt oder Einkommensteuer) und den Tarifvorschriften unterliegt, die für den Organträger gelten.

§ 19 KStG betrifft die Frage, inwieweit bei der Besteuerung des Organträgers Tarifermäßigungen und Steuerabzugsbeträge, die an sich die Organgesellschaft betreffen, in Anspruch genommen werden können. Die Bedeutung der Vorschrift hat durch den Abbau von Ermäßigungstatbeständen in der Vergangenheit stark abgenommen. Sie will die noch vorhandenen Begünstigungen durch Weitergabe an den Organträger so weit wie möglich erhalten. Im Einzelnen gelten folgende Grundsätze:

Nicht geregelt ist in § 19 KStG die Behandlung steuerfreier Einnahmen der Organgesellschaft. Diese werden grds. an den Organträger weitergeleitet (Müller/Stöcker, Organschaft Rz. 600 ff.). Zur Behandlung im Zusammenhang mit Ausgleichszahlungen vgl. 13.4.4.1 a.E. Der Spendenabzug fällt nicht unter § 19 KStG, er wird bei Organgesellschaft und -träger eigenständig durchgeführt.

Nach dem Grundgedanken des § 19 Abs. 1 KStG kann der Organträger bestimmte Vergünstigungen in Anspruch nehmen, wenn diese konkret in der Person der Organgesellschaft verwirklicht sind. Allerdings werden nur solche Ermäßigungs- bzw. Abzugsbeträge weitergeleitet, die unter Berücksichtigung der konkreten Rechtsform des Organträgers auch unmittelbar zum Tragen kämen. Der Organträger kann sich durch Zwischenschaltung einer Organgesellschaft keine Vergünstigungen verschaffen, die er nicht selbständig auch außerhalb des Organkreises erwerben könnte. Besondere Tarifvorschriften i. S. v. § 19 Abs. 1 KStG sind § 26 Abs. 1 KStG (Anrechnung von ausländischer Steuer direkt auf die inländische Steuerschuld), § 12 AStG (Anrechnung von ausländischer Steuer auf den Hinzurechnungsbetrag nach §§ 7 ff. AStG).

Unterliegt der Organträger der ESt (natürliche Person), kann eine Tarifermäßigung für das Organeinkommen nur gewährt werden, wenn sie ihrer Art nach auch der Organträger beanspruchen könnte (§ 19 Abs. 2 KStG). Enthält das zugerechnete Einkommen der Organgesellschaft einen Veräußerungsgewinn i. S. d. § 16 EStG, z. B. aus der Veräußerung eines Teilbetriebs, kann ein Organträger auch in Gestalt einer natürlichen Person oder einer Personengesellschaft dafür die Tarifermäßigung des § 34 EStG nicht beanspruchen (BFH vom 22.01.2004 BStBl II 2004, 515; Streck/Olbing, § 19 KStG Rz. 10; R 19 Abs. 2 KStR). Bei einer Mitunternehmerschaft als Organträger ist der § 19 Abs. 1 und Abs. 2 KStG anteilig auf die einzelnen Mitunternehmer anzuwenden (§ 19 Abs. 4 KStG). Für einen beschränkt stpfl. Organträger gilt § 19 Abs. 1–2 KStG ebenfalls (§ 19 Abs. 3 KStG).

Fällt beim Organträger keine Steuerschuld an, z.B. weil ein positives Einkommen der Organgesellschaft mit einem negativen eigenen Einkommen des Organträgers ausgeglichen wird, geht eine mögliche Tarifermäßigung verloren. Dies gilt auch dann, wenn die Organgesellschaft wegen Ausgleichszahlungen ein eigenes Einkommen zu versteuern hat. Umgekehrt führt § 19 KStG zu einem Steuerabzug beim Organträger, wenn die Organgesellschaft ein negatives Einkommen erzielt hat und bei ihr eine Tarifermäßigung ohne Organschaft überhaupt nicht wirksam werden könnte. Bei der Besteuerung des Organträgers sind unabhängig von den nach § 19 KStG weitergegebenen Tarifermäßigungen auch solche Vergünstigungen zu gewähren, die in der Person des Organträgers unmittelbar vorliegen.

Nach § 19 Abs. 5 KStG sind zu Lasten der Organgesellschaft einbehaltene Steuerabzugsbeträge auf die Einkommensteuer- oder die Körperschaftsteuerschuld des Organträgers anzurechnen, selbst wenn die Organgesellschaft eigenes Einkommen versteuern muss (§ 16 KStG). Es handelt sich vorwiegend um abzugspflichtige Kapitalerträge gem. § 43 EStG. Anrechenbare ausländische Quellensteuer fällt nicht unter Abs. 5, sondern unter § 19 Abs. 1–4 KStG. Bei einer Personengesellschaft als Organträger erfolgt die Anrechnung anteilig auf die jeweilige Steuerschuld der Gesellschafter. Maßgeblich ist dabei der für die Personengesellschaft geltende Gewinnverteilungsschlüssel.

13.5 Rechtsfolgen bei verunglückter Organschaft

Eine verunglückte Organschaft liegt vor, wenn wegen Fehlens einzelner Voraussetzungen der §§ 14, 17 KStG ein Organverhältnis nicht anerkannt werden kann, obwohl die Beteiligten die handels- und steuerrechtlichen Konsequenzen bereits gezogen haben. Die steuerliche Nichtanerkennung kann darauf beruhen, dass die Eingliederungsvoraussetzungen von Anfang an nicht vorlagen oder aber später weggefallen sind, der AV inhaltlich nicht die geforderten Voraussetzungen erfüllt oder aber nicht durchgeführt wird oder aber ohne wichtigen Grund vor Ablauf der fünfjährigen Mindestlaufzeit beendigt wird (§ 14 Abs. 1 Nr. 3 KStG). Vgl. 13.3.5 und 13.3.6. Bei einem Verstoß während der Mindestlaufzeit entfallen die Rechtsfolgen der Organschaft von Anfang an. Bereits bestandskräftig durchgeführte Veranlagungen von Organgesellschaft und Organträger sind gegebenenfalls gem. § 175 Satz 1 Nr. 2 AO zu korrigieren. Nach Ablauf der Mindestlaufzeit ergeben sich steuerliche Auswirkungen nur für das betreffende Jahr des Verstoßes. Sollten in den Folgejahren die Voraussetzungen der Organschaft wiederum vorliegen, beginnt die Mindestdauer von fünf Jahren neu zu laufen (R 14.5 Abs. 8 Satz 1 Nr. 2 KStR; Müller/Stöcker, Organschaft Rz. 823).

Bei einer verunglückten Organschaft müssen die (vermeintliche) **Organgesellschaft** und der (vermeintliche) **Organträger** jeweils das eigene Einkommen nach den allgemeinen Vorschriften versteuern. Die tatsächlich vollzogene Gewinnabführung bzw. Verlustübernahme kann nicht mit steuerlicher Wirkung rückgängig gemacht werden (Müller/Stöcker, Organschaft Rz. 811 ff.). Die Gewinnabführung ist ein Vorgang, der seine Ursache im Gesellschaftsverhältnis hat. Sie ist eine Form der Gewinnverteilung, die aber in keinem Zusammenhang mit einer offenen Ausschüttung steht. Da sie sich auf die Höhe des Organeinkommens ausgewirkt hat, liegt, wenn die Organschaft nicht anerkannt wird, insoweit eine **verdeckte Gewinnausschüttung** vor. Der Betrag der Gewinnabführung ist dem Einkommen der Organgesellschaft hinzuzurechnen und entsprechend zu versteuern. Der gegen den Organträger gerichtete Anspruch auf Rückgewähr des abgeführten Gewinns stellt eine **verdeckte Einlage** dar, die Rückzahlung eine nicht in das Nennkapital gehende Einlage, die im Einlagekonto nach § 27 KStG zu erfassen ist.

Hat der (vermeintliche) Organträger einen Verlust der (vermeintlichen) Organgesellschaft übernommen, erhöhte dies handelsrechtlich den Ertrag der Organgesellschaft. Bei der Ermittlung des stpfl. Einkommens der Organgesellschaft ist die Verlustübernahme als verdeckte Einlage des Organträgers zu behandeln, d. h. es ist außerbilanziell nach § 8 Abs. 3 Satz 3 KStG eine entsprechende Kürzung vorzunehmen. Auf der Ebene des Organträgers sind die Gewinnabführungen der Organgesellschaft wie andere Gewinnausschüttungen als Beteiligungsertrag zu erfassen. Sie sind bei natürlichen Personen Einnahmen i. S. d. § 20 Abs. 1 Nr. 1 i. V. m. § 3 Nr. 40 Satz 2 EStG. Die vom Organträger übernommenen Verluste führen bei ihm zu nachträglichen Anschaffungskosten der Beteiligung an der Organgesellschaft, die zu aktivieren sind. Bei einer Kapitalgesellschaft gilt § 8b KStG. Die Rechtsfolgen einer missglückten Organschaft ergeben sich auch in folgenden Fällen:

- Mindestlaufzeit von fünf Zeitjahren nicht eingehalten, vgl. R 14.5 Abs. 2 KStR,
- Vorzeitige Beendigung des Gewinnabführungsvertrags ohne wichtigen Grund, vgl. R 14.5 Abs. 6 KStR
- Beteiligung an der Organgesellschaft gehören nicht zum Gesamthandsvermögen der Organträger-Personengesellschaft. Zumindest die Anteile, die die Mehrheit der Stimmrechte an der OG vermitteln, müssen jedoch im GHV gehalten werden, vgl. R 14.3 Satz 1 KStR und BMF vom 10.11.2005 BStBl I 2005, 1038, Rn. 13.

13.6 Gesonderte Feststellung des Organeinkommens

In § 14 KStG wurde mit Wirkung seit 2014 gesetzgeberisch der Abs. 5 ergänzt. Dies beruhte vor allem auf dem BFH-Urteil vom 28.01.2004 BStBl II 539. Nach Auffassung des BFH entfachten die Bescheide der Organgesellschaft keine Bindungswirkung auf Ebene des Organträgers (vgl. hierzu auch BFH vom 06.03.2008 BStBl II 2008, 663). Die Mitteilung der Besteuerungsgrundlagen der Organgesellschaft für Zwecke der Besteuerung des Organträgers erfolgte bisher formlos. Einwendungen gegen die Höhe des dem Organträger zugerechneten Einkommens der Organgesellschaft konnten deshalb nur durch die Anfechtung der Bescheide des Organträgers geltend gemacht werden. § 175 Abs. 1 Nr. 1 KStG konnte für den KSt-Bescheid des Organträgers nicht angewendet werden. Daneben traten auch Problemfälle auf, wenn die Organgesellschaft wiederum an einer Personengesellschaft beteiligt war.

BEISPIEL

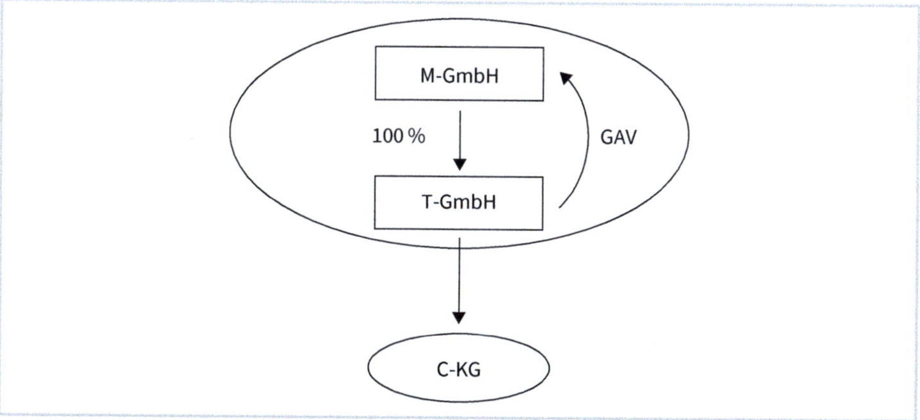

Der Bescheid der M-GmbH (Organträger) für das Jahr 2024 unterliegt bereits der erhöhten Bestandskraft. Für die Personengesellschaft C-KG erfolgt eine geänderte gesonderte und einheitliche Gewinnfeststellung für das Jahr 2024. Danach entfällt auf die T-GmbH (Organgesellschaft) ein um 300000 € höherer Gewinnanteil als bisher festgestellt wurde. Dieser erhöht das zuzurechnende Einkommen der Organgesellschaft T-GmbH beim Organträger (M-GmbH) um 300000 €. Fraglich war in diesem Fall bisher, ob der Bescheid der M-GmbH aufgrund des Organschaftsverhältnisses ebenfalls nach § 175 Abs. 1 Nr. 1 AO geändert werden kann, da sich durch den höheren Gewinnanteil das zuzurechnende Einkommen erhöht.

LÖSUNG Nach Ansicht des BFH vom 06.03.2008 (a.a.O.) entfaltet der Gewinnfeststellungsbescheid der Tochter-Personengesellschaft nur gegenüber der Organgesellschaft Bindungswirkung, da nur die Organgesellschaft Mitunternehmerin an der Personengesellschaft ist. Eine Weiterreichung der Wirkungen des Feststellungsbescheids der Tochter-Personengesellschaft über die Organgesellschaft auf den Organträger ist nach Auffassung des BFH (a.a.O.) nicht möglich. Der Körperschaftsteuerbescheid der Organgesellschaft hat nicht die Wirkung eines Grundlagenbescheids für den Organträger.

Aber: Aufgrund der geltenden Rechtslage in § 14 Abs. 5 Satz 1 KStG i.V.m. § 175 Abs. 1 Satz 1 Nr. 1 AO wird das dem Organträger zuzurechnende Einkommen der Organgesellschaft und damit zusammenhängende Besteuerungsgrundlagen gegenüber dem Organträger und der Organgesellschaft gesondert und einheitlich festgestellt.

Die Feststellung beinhaltet damit auch die grundlegende Feststellung, dass eine steuerlich anzuerkennende Organschaft vorliegt, denn nur dann ist eine Rechtsgrundlage für die gesonderte und einheitliche Feststellung gegeben. Das bedeutet, dass nun das Finanzamt der Organgesellschaft über das Vorliegen der Organschaft entscheidet. Denn zuständig für diese Feststellungen ist gem. § 14 Abs. 5 Satz 4 KStG das Finanzamt, das für die Einkommensbesteuerung der Organgesellschaft zuständig ist. Die Erklärung zu der gesonderten und einheitlichen Feststellung soll mit der Körperschaftsteuererklärung der Organgesellschaft verbunden werden. Da die Feststellung nicht nur gesondert, sondern auch einheitlich gegenüber beiden Beteiligten erfolgt, entfaltet sie Bindungswirkung sowohl für die Organgesellschaft als auch für den Organträger.

Gegenstand der gesonderten und einheitlichen Feststellung sind:

- das dem Organträger zuzurechnende Einkommen der Organgesellschaft,
- damit zusammenhängende andere Besteuerungsgrundlagen und
- die von der Organgesellschaft gezahlten und beim Organträger anrechenbaren Steuern.

Hinweis: Gewerbesteuerlich gilt nach § 2 Abs. 2 Satz 2 GewStG die Beteiligung an einer Organgesellschaft als Betriebsstätte des Organträgers. Die Höhe des Gewerbeertrags der Organgesellschaft wird deshalb nach wie vor (nur) nachrichtlich mitgeteilt. Für die GewSt ist auch in Zukunft kein Feststellungsverfahren vorgesehen. Allerdings ist gewerbesteuerlich eine Änderungsmöglichkeit über den § 35b Abs. 1 GewStG gegeben, wenn der ESt- bzw. KSt-Bescheid geändert wird. Zur zeitlichen Anwendung gilt Folgendes: Nach § 34 Abs. 9 Nr. 9 KStG ist § 14 Abs. 5 KStG erstmals für Feststellungszeiträume anzuwenden, die nach dem 31.12.2013 beginnen. Damit greift die Regelung seit 2014.

13.7 Grundbeispiel zur Organschaft mit Gewinnabführung

BEISPIEL

Sachverhalt:
Die Mutter-GmbH (Organträger) ist zu 100 % an der Tochter-GmbH (Organgesellschaft) beteiligt. Bei beiden Gesellschaften sind Wj. und Kj. identisch. Das Organschaftsverhältnis mit GAV besteht seit einigen Jahren.

Organgesellschaft:

Aktiva	Handelsbilanz = Steuerbilanz zum 31.12.2024		Passiva
		Stammkapital	100 000 €
		sonstige Verbindlichkeiten	50 000 €
Anlage-/Umlaufvermögen	200 000 €	Verpflichtung aus GAV	50 000 €
	200 000 €		200 000 €

In den Aufwendungen des Jahres 2024 sind steuerlich nabzb. Aufwendungen i. H. v. 1 000 € enthalten.

Organträger:

Aktiva	Vorläufige Steuerbilanz zum 31.12.2024		Passiva
		Stammkapital	600 000 €
Sachanlagen	1 000 000 €	Gewinnrücklage	400 000 €
Beteiligung an Tochter-GmbH	100 000 €	vorläufiger Jahresüberschuss	150 000 €
Anspruch aus GAV	50 000 €	KSt-Rückstellung	0 €
übriges Umlaufvermögen	700 000 €	sonstige Verbindlichkeiten	700 000 €
	1 850 000 €		1 850 000 €

In den Aufwendungen des Jahres 2024 sind 20 000 € KSt-Vorauszahlungen und 9 000 € sonstige nabzb. Ausgaben enthalten.

LÖSUNG

Organgesellschaft:
Einkommensermittlung

Bilanzgewinn	0 €
nabzb. Ausgaben	1 000 €
abzuführender Gewinn	50 000 €
Summe	51 000 €
dem Organträger zuzurechnendes Einkommen	./. 51 000 €
zu versteuerndes Einkommen und festzusetzende KSt-Schuld 2024	0 €

Organträger:

Einkommensermittlung und KSt-Tarifbelastung

Vorläufiger Jahresüberschuss	150 000 €
KSt-Vorauszahlungen 2024	20 000 €
nabzb. Ausgaben	9 000 €
=	179 000 €
im Jahresüberschuss enthaltene Gewinnabführung des Organs	./. 50 000 €
=	129 000 €
zuzurechnendes Einkommen des Organs	51 000 €
zu versteuerndes Einkommen 2024	180 000 €
KSt-Tarifbelastung 15 %	27 000 €

KSt-Schuld 2024 und KSt-Rückstellung

KSt-Tarifbelastung = festzusetzende KSt-Schuld 2024	27 000 €
KSt-Vorauszahlungen	./. 20 000 €
KSt-Rückstellung	7 000 €

Endgültiger Jahresüberschuss 2024

Vorläufiger Jahresüberschuss	150 000 €
KSt-Rückstellung	./. 7 000 €
endgültiger Jahresüberschuss	143 000 €

13.8 Rückwirkende Organschaftsbegründung bei Umstrukturierungen

Es stellt sich die Frage, ob im Falle einer rückwirkenden Umwandlung auch eine Organschaft mit steuerlicher Rückwirkung begründet werden kann. Die folgenden Fälle sind zu unterscheiden.

13.8.1 Eine durch übertragende Umwandlung aus einer Personengesellschaft entstandene Kapitalgesellschaft kann rückwirkend Organgesellschaft sein

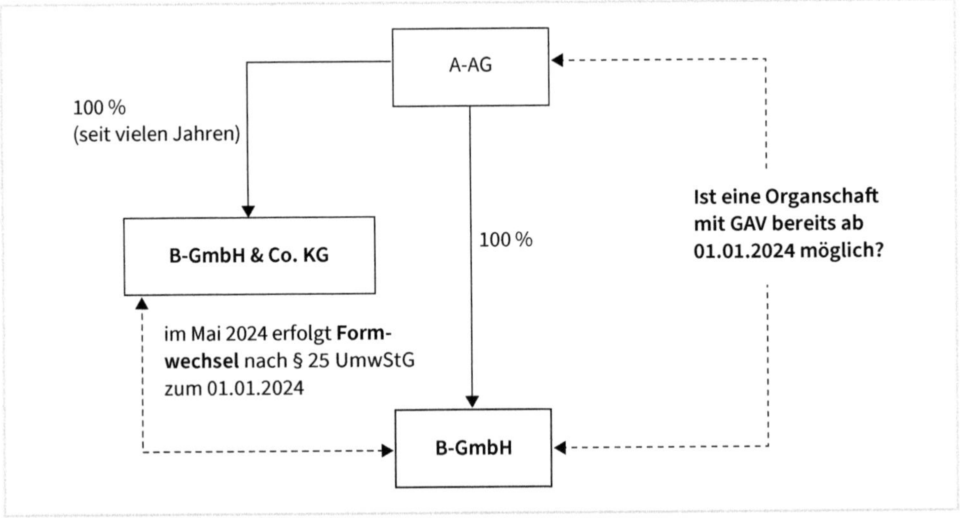

BEISPIEL

Eine AG ist seit Jahren Alleingesellschafterin einer GmbH&Co. KG. Diese wird im Mai 2024 rückwirkend zum 01.01.2024 im Wege des Formwechsels in eine GmbH umgewandelt. Dadurch soll bereits mit Wirkung ab 2024 eine Organschaft zwischen der AG und der GmbH begründet werden.

LÖSUNG Vom BFH wurde das Organschaftsverhältnis mit Wirkung ab dem 01.01.2024 anerkannt. Die Rückbeziehungsfiktion des § 20 Abs. 5 Satz 1 UmwStG gilt nach Auffassung des BFH zumindest für die rückwirkende (fiktive) Behandlung der B-GmbH&Co. KG als Kapitalgesellschaft (B-GmbH) bereits ab dem 01.01.2024. Die Eingliederungsvoraussetzungen des § 17 Abs. 1 i.V.m. § 14 KStG (finanzielle Eingliederung ab dem 01.01.2024) müssen dagegen – wie im vorliegenden Sachverhalt – tatsächlich vorliegen.

13.8.2 Rückwirkende Begründung einer Organschaft auch bei Ausgliederung eines Teilbetriebs nach § 20 UmwStG

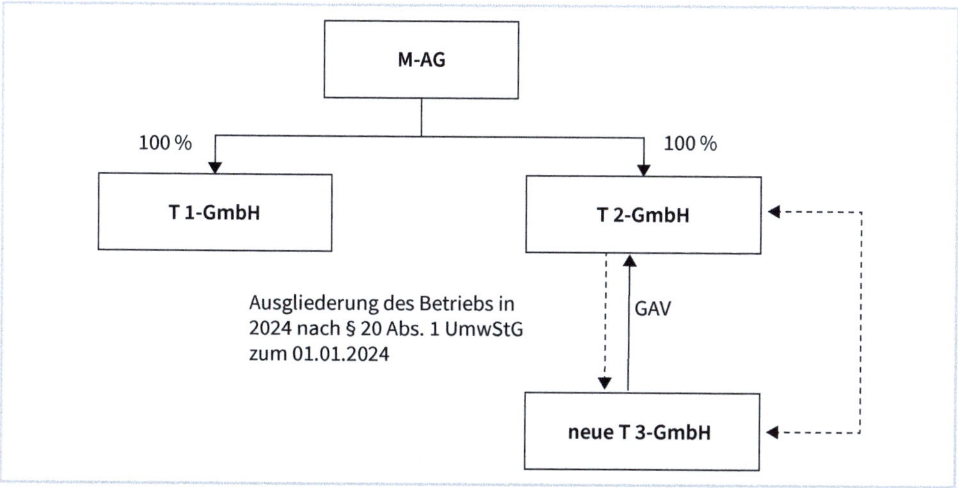

BEISPIEL

Ausgliederung eines Betriebs bzw. Teilbetriebs
Die beiden Kapitalgesellschaften T 1-GmbH und T 2-GmbH sind seit Jahren 100 %-ige Tochtergesellschaften der M-AG (Muttergesellschaft). Der Betrieb der T 2-GmbH soll in 2024 nach § 20 UmwStG rückwirkend zum 01.01.2024 in die neue T 3-GmbH ausgegliedert werden. Ebenfalls rückwirkend zum 01.01.2024 (alle Gesellschaften haben Wirtschaftsjahr=Kalenderjahr) soll eine körperschaftsteuer- und gewerbesteuerliche Organschaft zwischen der T 2-GmbH (als Organträgerin) und der neuen T 3-GmbH (als Organgesellschaft) begründet werden.

LÖSUNG Fraglich ist, ob im Hinblick auf die Fiktionsregelung der §§ 2, 20 Abs. 5 UmwStG die Voraussetzungen der finanziellen Eingliederung bereits ab 01.01.2024 vorliegen. Im vorliegenden Fall lagen die Voraussetzungen für die finanzielle Eingliederung am 01.01.2024 zwar zwischen der Muttergesellschaft und der T 2-GmbH vor, nicht aber im Verhältnis der T 2-GmbH zur neuen T 3-GmbH. Die rückwirkende Ausgliederung eines Betriebs in eine neugegründete Tochtergesellschaft genügte nach bisheriger Auffassung der Finanzverwaltung nicht.

Aber: Nach dem BFH-Urteil vom 28.07.2010 BStBl II 2011, 528 ist die rückwirkende Begründung einer körperschaftsteuerlichen Organschaft nach Ausgliederung eines Teilbetriebs zur Neugründung und nach Anteilseinbringung möglich. Nach Auffassung des BFH stellt die vorherige Teilbetriebseigenschaft die »stärkste Form der Eingliederung« überhaupt dar. In den Rn. Org. 02 und Org. 13 des UmwSt-Erlasses vom 11.11.2011 (BStBl I 2011. 1314) wird diese Auffassung bestätigt.

13.8.3 Keine rückwirkende Begründung einer Organschaft bei Anteilstausch i. S. d. § 21 UmwStG

Der **BFH** hat mit dem Urteil vom 28.07.2010 BStBl II 2011, 528 die rückwirkende Begründung einer Organschaft anerkannt und sich dabei vorrangig auf die **Fußstapfentheorie** (Gedanke der Gesamtrechtsnachfolge) bezogen. Nach Auffassung des BFH kommt es auf die Frage, ob die finanzielle Eingliederung zurückwirkt, überhaupt nicht an. Entscheidend ist, dass der übernehmende Rechtsträger in Umwandlungsfällen in die Rechtsstellung des übertragenden Rechtsträgers eintritt.

Von der **Finanzverwaltung** wird jedoch eine rückwirkende Organschaft nur dann anerkannt, wenn sich aus § 2 UmwStG oder § 20 Abs. 5 und 6 UmwStG eine Rückwirkung ergibt. Nachteilig ist dies vor allem in Fällen des **Anteilstausches.** Ein Anteilstausch nach § 21 Abs. 1 Satz 2 UmwStG (Einbringung einer Mehrheitsbeteiligung in eine Tochtergesellschaft) kann nicht mit steuerlicher Rückwirkung erfolgen. § 21 UmwStG hat nämlich keine eigenständige Rückwirkungsregelung und verweist auch nicht auf § 20 Abs. 5 und 6 UmwStG (vgl. auch Rn. 21.17 UmwSt-Erlass). Bei einem Anteilstausch ist somit im Jahr der Einbringung nach Verwaltungslinie keine Organschaft möglich.

BEISPIEL

Anteilstausch nach § 21 UmwStG
Die M-GmbH bringt ihren 100%-Anteil an der E-GmbH im August 2024 gegen Gewährung von Gesellschaftsrechten (Anteilstausch i. S. d. § 21 UmwStG) in ihre neu gegründete 100% – Tochtergesellschaft T-GmbH ein (Ausgliederung nach § 123 Abs. 3 UmwG).

Anschließend wird sowohl zwischen der T-GmbH und der E-GmbH als auch zwischen der M-GmbH und der T-GmbH ein GAV abgeschlossen.

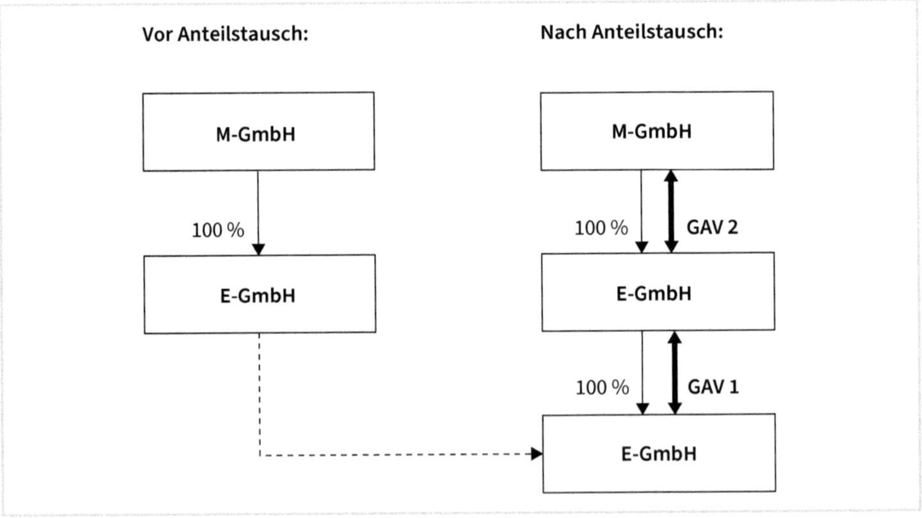

Können die beiden Organschaften bereits im Jahr 2024 anerkannt werden?

LÖSUNG
Organschaft zwischen der T-GmbH und der E-GmbH (GAV 1)
Im Einzelnen: Nach Rn. Org. 15 UmwSt-Erlass kann diese Organschaft frühestens ab dem Beginn des auf die Einbringung folgenden Wirtschaftsjahres anerkannt werden (also ab 2025). Wegen der fehlenden Rückwirkungsmöglichkeit des § 21 UmwStG wird also auch die finanzielle Eingliederung nicht zurückbezogen. Dass die T-GmbH bei der Ausgliederung als partielle Gesamtrechtsnachfol-

gerin in die Fußstapfen der bisherigen Anteilseignerin (M-GmbH) tritt, reicht nach Verwaltungsauffassung nicht für eine rückwirkende Anerkennung der finanziellen Eingliederung aus.

Aber: Einbringung eines Teilbetriebs und einer Mehrheitsbeteiligung in die T-GmbH

Anders wäre die Rechtslage, wenn die Einbringung des Anteils an der E-GmbH zusammen mit einem aktiven Teilbetrieb erfolgt wäre. Es würde sich dann um eine Einbringung nach § 20 UmwStG handeln, für die die Rückwirkungsfiktion in § 20 Abs. 5 und 6 UmwStG gilt (vgl. Rn. Org. 14 UmwSt-Erlass). In diesem Fall ist eine rückwirkende Organschaft ab 2024 zwischen T-GmbH und E-GmbH möglich.

Im **BFH-Urteil vom 11.07.2023** (I R 40/20, DStR 2023, 2613) war vom BFH zu klären, ob im Falle eines Anteilstauschs bei einer unterjährigen Einbringung auch im Wirtschaftsjahr der Einbringung eine Organschaft zwischen der übernehmenden und der erworbenen Gesellschaft begründet werden kann. Die Vorinstanz (FG Düsseldorf) hatte mit Urteil vom 29.09.2020 (6 K 2704/17 K, EFG 2020, 1782) entschieden, dass das Vorliegen einer finanziellen Eingliederung bejaht werden könne, da nicht die steuerliche Rückwirkung, sondern die **umwandlungssteuerrechtliche Rechtsnachfolge des Übernehmers entscheidend** wäre.

Bei der Einbringung unter dem gemeinen Wert gelte § 12 Abs. 3 Halbsatz 1 und § 4 Abs. 2 Satz 3 UmwStG über den Verweis nach § 23 Abs. 1 UmwStG und folglich trete der Übernehmer in die Rechtsstellung des Überträgers ein. Der BFH hat die Rechtsauffassung der Vorinstanz mit o.g. Urteil vom 11.07.2023 bestätigt. Das FG habe danach zu Recht die Fortführung der finanziellen Eingliederung bei Einbringung der Anteile an der Organgesellschaft (OG) nach § 21 UmwStG i.R.d. **sog. Fußstapfentheorie** angenommen. Dass der umwandlungssteuerliche Übertragungsstichtag im Fall des Anteilstauschs nicht auf den Beginn des Wirtschaftsjahres der OG zurückbezogen werden kann, sei hierfür unerheblich (Bestätigung und Fortentwicklung der Urteile vom 28.07.2010, I R 89/09, BStBl II 2011, 528, und vom 28.07.2010, I R 111/09, BFH/NV 2011, 26).

Die umwandlungssteuerliche Rechtsnachfolge in die finanzielle Eingliederung setzt nach Ansicht des BFH nicht voraus, dass beim übertragenden Rechtsträger sämtliche Voraussetzungen einer körperschaftsteuerrechtlichen Organschaft erfüllt waren.

Organschaft zwischen der M-GmbH und der T-GmbH (GAV 2)
Diese Ebene ist im UmwSt-Erlass nicht geregelt. Die finanzielle Eingliederung zur T-GmbH hat jedoch während des gesamten Wirtschaftsjahres der T-GmbH bestanden (auch wenn es sich wegen Gründung der T-GmbH im laufenden Jahr 2024 nur um ein Rumpf-Wirtschaftsjahr handelt). Die Anerkennung der Organschaft auf dieser Ebene ab 2024 ist damit kein Problem; eine Rückwirkungsfrage stellt sich hier nicht. Voraussetzung für die steuerliche Anerkennung bereits ab dem Erstjahr 2024 ist jedoch, dass der GAV noch im Laufe dieses Jahres abgeschlossen (auf fünf Zeitjahre!) und in das Handelsregister eingetragen wird.

Hinweis: Organschaft zwischen der M-GmbH und der E-GmbH
Rn. Org. 16 UmwSt-Erlass lässt es auch zu, zwischen der M-GmbH und der E-GmbH durch Abschluss eines GAV eine Organschaft zu begründen. Die E-GmbH war nämlich zunächst unmittelbar und dann mittelbar in die M-GmbH finanziell eingegliedert. Damit liegt für das gesamte Wirtschaftsjahr 2019 eine finanzielle Eingliederung vor. Allerdings lässt Rn. Org. 16 UmwSt-Erlass diese Rechtsfolge nach ihrem Wortlaut nur zu, wenn bereits vor dem Anteilstausch eine Organschaft zwischen der M-GmbH und der E-GmbH bestand (also ein GAV abgeschlossen war).

Weitere Revisionsentscheidungen des BFH zum Thema finanzielle Eingliederung bei Umwandlungsvorgängen (Verschmelzungen)

Im BFH-Urteil vom 11.07.2023 (I R 21/20, DB 2023, 2862) bestand zwischen der B-GmbH (bisherige Organträgerin, OT) und der A-GmbH (OG) ursprünglich eine Organschaft. Im März 2015 erwarb die X-OHG die Anteile an der Organträgerin (B-GmbH), die im November 2015 rückwirkend zum April 2015 auf die X-OHG verschmolzen wurde. Die A-GmbH (Wj. = 1.1. bis 31.12.) machte für das gesamte Jahr 2015 die finanzielle Eingliederung als OG in die neue OT (X-OHG) geltend. Das FA lehnte dies ab.

Nach Ansicht des BFH fällt die finanzielle Eingliederung einer OG mit kalendergleichem Wirtschaftsjahr nicht deshalb weg, weil die bisherige OT rückwirkend auf einen unterjährigen Übertragungsstichtag (vorliegend April 2015) und damit nicht auf den Beginn des Wirtschaftsjahrs der OG auf ihre als neue OT auftretende Anteilseignerin verschmolzen wird, die erst im Verlauf desselben Kalenderjahrs die Anteile an der bisherigen OT erworben hat (entgegen Rn. Org. 02 Satz 2 UmwSt-Erlass, BMF vom 11.11.2011, BStBl I 2011, 1314). Maßgeblich ist nach Ansicht des BFH auch hier nicht der steuerliche Umwandlungsstichtag, sondern die spezielle Regelung des UmwStG zur Fußstapfentheorie, die für die Verschmelzung einen umfassenden Eintritt des übernehmenden Rechtsträgers (X-OHG) in die Rechtsstellung des übertragenden Rechtsträgers (B-GmbH) vorsehe (§ 12 Abs. 3 i. V. m. § 4 Abs. 2 Satz 3 UmwStG).

Gegenstand der gesonderten und einheitlichen Feststellung des § 14 Abs. 5 Satz 1 KStG sind das dem OT zuzurechnende Einkommen und »damit zusammenhängende andere Besteuerungsgrundlagen«. Nach Ansicht des BFH umfasst dies – zumindest »incidenter« – auch die Statusfrage zum Bestehen bzw. Nichtbestehen einer körperschaftsteuerrechtlichen Organschaft (BFH a. a. O., Rz. 21 f.).

In der **weiteren Entscheidung des BFH vom 11.07.2023** (I R 36/20, DStR 2023, 2607) hat der BFH die finanzielle Eingliederung im Falle der **Verschmelzung des OT auf einen anderen Rechtsträger** auch bei abweichendem Wirtschaftsjahr der OG i.E. ebenfalls bejaht. Der zivilrechtliche Anspruch auf Gewinnabführung richtet sich hier allein danach, wer am Ende des Wirtschaftsjahres der OG nach dem Gewinnabführungsvertrag anspruchsberechtigter OT ist. Diesem ist das Einkommen der OG in vollem Umfang zuzurechnen (BFH a. a. O., Rz. 41). In der Entscheidung stellte der BFH auch klar, dass die Nichteinhaltung der Mindestvertragslaufzeit (grds. fünf Zeitjahre) für die steuerrechtliche Anerkennung unschädlich ist, wenn der Gewinnabführungsvertrag vor Ablauf der Mindestvertragslaufzeit) durch sog. Konfusion (hier: Verschmelzung der OG mit dem OT) erlischt. Dies stellt einen »wichtigen Grund« i. S. d. Vorschrift des § 14 Abs. 1 Satz 1 Nr. 3 Satz 2 KStG dar.

Teil D Tarif

1 Steuersatz

1.1 Überblick über die verschiedenen Körperschaftsteuersätze im Teileinkünfteverfahren

Die Körperschaftsteuerschuld ergibt sich durch Anwendung des maßgeblichen KSt-Satzes auf das nicht abgerundete zu versteuernde Einkommen (§ 23 Abs. 1 KStG). Die Vorschrift wurde in der Vergangenheit mehrfach geändert.

Tabellarische Übersicht über die tariflichen Steuersätze seit 2001:

Veranlagungszeitraum	2001–2002	2003	2004–2007	seit 2008
Tarifliche Steuer bezogen auf das zu versteuernde Einkommen	25 %	26,5 %	25 %	15 %

Im Teileinkünfteverfahren gilt ein einheitlicher Steuersatz. Der verminderte Körperschaftsteuersatz i. H. v. **15 %** gilt seit dem VZ 2008 und wurde bislang nicht mehr geändert. Korrespondierend mit dem Steuersatz im KStG beträgt der Abzugssatz bei beschränkt steuerpflichtigen Körperschaften ebenfalls 15 % (§ 50a Abs. 3 Satz 4 und Abs. 7 Satz 2 EStG).

Tarifliche KSt-Ermäßigungen sind **im Teileinkünfteverfahren** von der tariflichen KSt abzuziehen. Die tarifliche Steuer ist der Betrag, der sich nach Anwendung des maßgeblichen Steuersatzes auf die Bemessungsgrundlage ergibt. Derartige Ermäßigungstatbestände enthalten vor allem § 26 Abs. 1 KStG (Anrechnung ausländischer Quellensteuer bei fehlendem Doppelbesteuerungsabkommen) und § 12 AStG. **S. auch R 7.2 KStR zur Ermittlung der festzusetzenden und verbleibenden KSt.**

Verfahrensrechtlich ist zwischen dem Steuerfestsetzungsteil und dem Erhebungsbereich zu unterscheiden. Das maßgebliche Resultat des Körperschaftsteuerbescheides ist die festzusetzende Steuerschuld (§ 155 AO). Die Berücksichtigung ausländischer Quellensteuer nach § 26 Abs. 1 KStG ist Teil des Steuerfestsetzungs- und nicht des Erhebungsverfahrens. Die Anrechnung von Abzugssteuern und Vorauszahlungen (§ 36 Abs. 2 EStG) ist dagegen Gegenstand eines eigenen Verfahrens, in dem das Soll aus der Steuerfestsetzung mit dem Ist in Form von bereits auf das Soll erbrachten Leistungen verglichen wird. Das sich hieraus ergebende Resultat ist Gegenstand eines weiteren Bescheides (sonstiger Steuerverwaltungsakt §§ 118, 130 AO). Dort wird eine Aussage darüber getroffen, inwieweit der geschuldete Steuerbetrag durch Vorleistungen bereits erfüllt ist. Dementsprechend kommt es zu einer Nachholung oder Erstattung.

1.2 Weitere Anwendung des Einheitssteuersatzes

Der Einheitssteuersatz von 15 % gilt auch bei beschränkter Steuerpflicht, bei inländischen Betriebsstätten ausländischer Körperschaften und für Betriebe gewerblicher Art von juristischen Personen des öffentlichen Rechts (§ 4 KStG). Bei Werbesendungen von juristischen Personen des öffentlichen Rechts werden die daraus erzielten Einnahmen pauschal mit 16 % der Entgelte i. S. v. § 10 Abs. 1 UStG aus Werbesendungen angesetzt (§ 8 Abs. 1 Satz 2 KStG) und dann dem Einheitssteuersatz unterworfen.

2 Berechnungsschema zur Körperschaftsteuer (R 7.2 KStR)

	Anwendung des Steuersatzes von 15 % auf das zu versteuernde Einkommen (§ 23 Abs. 1)
=	tarifliche Steuer
./.	Tarifermäßigungen (z. B. ausländische Steuern gem. § 26 Abs. 1 KStG; § 12 AStG)
=	**Tarifbelastung und festzusetzende KSt-Schuld**
./.	einbehaltene KapSt (§ 36 Abs. 2 Nr. 2 EStG)
=	**verbleibende KSt-Schuld**

Teil E Steuerermäßigung bei ausländischen Einkünften

1 Besteuerung ausländischer Einkünfte (§ 26 KStG, §§ 34c und 34d EStG, Abkommen zur Vermeidung der Doppelbesteuerung, Außensteuergesetz)

Ausgewählte Literaturhinweise **Debatin/Wassermeyer,** DBA, Loseblattkommentar ▪ Flick/Wassermeyer/Baumhoff, Außensteuerrecht, Loseblattkommentar ▪ **Zielke**, Internationale St-Planung nach der UntStRef 2008, DB 2007, 2781 ▪ **Haase**, St-Anrechnung bei divergierender Eink-Zurechnung und Qualifikationskonflikten, IStR 2010, 45 ▪ **Mutscher**, Anwendungsbereich der fiktiven St-Anrechnung im UmwStG, IStR 2010, 820 ▪ **Eglmaier**, Erwiderung zu Kessler/Dietrich (IStR 2011, 108): Anrechnung ausl QuellenSt auf die dt GewSt, IStR 2011, 951 ▪ **Eglmaier**, Nochmals: Keine Anrechnung ausl QuellenSt auf die dt GewSt – Duplik zu Kessler/Dietrich, IStR 2011, 955 ▪ Kessler/Dietrich, Den Worten sollten Taten folgen: die Umsetzung eines DBA, IStR 2011, 108 ▪ **Kessler/Dietrich**, Von schlafenden Hunden – zugleich Erwiderung zu Eglmaier, IStR 2011, 953 ▪ **Becker/Loose**, Zur Anrechnung ausl QuellenSt auf die GewSt, IStR 2012, 57 ▪ **Kessler/Dietrich**, Grenzen der Anrechnung, PiStB 2012, 219 ▪ **Holthaus**, Ausdehnung des St-Erl für Champions League&Co. durch die Hintertür ohne Rechtsgrundlage, IStR 2013, 468 ▪ **Desens**, Der neue Anrechnungshöchstbetrag in § 34c Abs 1 S 2 EStG – ein unionsrechts- und verfassungswidriges, fiskalisches Eigentor, IStR 2015, 77 ▪ **Reese/Hehlmann**, Die Berücksichtigung mittelbarer Aufwendungen bei der Ermittlung des Anrechnungshöchstbetrags nach § 34c Abs 1 S 4 EStG, IStR 2015, 461 ▪ **Sülflow-Schworck**, Die neue Berechnung des Anrechnungshöchstbetrags nach § 34c Abs 1 EStG, IStR 2015, 802; **Ebel**, Anrechnungsbegrenzung des § 34c Abs 1 S 4 EStG – Regelungsreichweite eines fiskalisch motivierten Systembruchs, FR 2016, 241;**Kamphaus/Nitzschke**, Ermittlung des Anrechnungshöchstbetrages bei St-Anrechnung durch den OT, IStR 2017, 96;**Pohl**, Anrechnung und Abzug ausl St im Organkreis, BB 2017, 1825.

1.1 Überblick

Nach § 26 Abs. 1 KStG soll durch Steueranrechnung ausländischer Steuer ein Bestandteil im System der Vermeidung von Doppelbesteuerung geregelt werden. In Verbindung mit § 34c EStG und § 50 Abs. 3 EStG soll das Zusammenwirken dieser Vorschriften, also dem Anrechnungsverfahren für Körperschaftsteuersubjekte im deutschen Steuerrecht verankert werden.

Ausländische Quellensteuern auf aus dem Ausland bezogene Dividenden können allerdings nicht mehr zur Anrechnung gebracht werden, weil die Dividenden generell (außer Streubesitzdividenden § 8b Abs. 4 KStG) bei der Ermittlung der Einkünfte außer Ansatz bleiben (§ 8b Abs. 1 KStG).

1.2 Steuerermäßigung nach § 26 KStG

§ 26 Abs. 1 KStG wird für die Steueranrechnung einer der deutschen Körperschaftsteuer entsprechenden ausländischen Steuer auf die deutsche Körperschaftsteuer angewendet.

Die Steueranrechnung nach § 26 KStG setzt keinen Antrag voraus. Es handelt sich um die Anrechnung ausländischer Steuern vom Einkommen, zu denen eine unbeschränkt steuerpflichtige Körperschaft, Personenvereinigung oder Vermögensmasse im Ausland herangezogen wurde oder die für ihre Rechnung einbehalten worden sind.

1.3 Keine Anwendung von § 26 KStG bei Freistellung durch ein DBA oder sonstige Freistellungen

Doppelbesteuerungsabkommen gehen grundsätzlich nationalem Recht vor. Bei Vorhandensein von Doppelbesteuerungsabkommen ist § 26 KStG nicht anwendbar, wenn und soweit für die in Betracht kommenden Einkünfte eine Freistellung angeordnet wird.

Andere Steuermäßigungen (z. B. § 8b KStG) gelten vorbehaltlich § 26 Abs. 1 Satz 2 und Abs. 2 KStG entsprechend, d. h. bei Steuerfreiheit aus anderen Gründen ist § 26 KStG ebenfalls nicht anwendbar.

2 Methoden der Vermeidung bzw. Milderung der Doppelbesteuerung

Die unbeschränkte KSt-Pflicht bezieht sich auf alle Einkünfte. Vom Grundsatz her unterliegen daher auch ausländische Einkünfte der deutschen KSt. Abgesehen von § 8b KStG ist für die Einbeziehung in die inländische KSt-Veranlagung zu prüfen, ob die ausländischen Einkünfte im Ausland besteuert wurden und wenn ja, in welchem Umfang.

Die Methode der Vermeidung ist die Freistellungsmethode, die Methode der Milderung ist die Anrechnungsmethode. Daneben ist die sog. Zugriffbesteuerung von Zwischengesellschaften zu beachten (§§ 7–13 AStG).

2.1 Freistellungsmethode

Ist in einem Doppelbesteuerungsabkommen (DBA) die Freistellungsmethode vereinbart, werden die ausländischen Einkünfte in die inländische KSt-Bemessungsgrundlage nicht mit einbezogen. Für diese Einkünfte fällt ausschließlich die Steuerlast des ausländischen Staates an. In den DBA ist i. d. R. die Freistellung von

- Betriebsstätteneinkünften,
- Erträgen aus Schachtelbeteiligung (i. d. R. Beteiligungsbesitz von mindestens 10 %) geregelt.

Die Erträge aus Beteiligungen sind jedoch, unabhängig von DBA-Regelungen nach § 8b Abs. 1 KStG (außer aus Streubesitz, § 8b Abs. 4 KStG) unter Berücksichtigung von § 8b Abs. 5 KStG im Inland steuerfrei.

BEISPIEL

PC-GmbH mit Geschäftsleitung und Sitz in Erfurt erzielt im Wj. (=Kj.) 05 einen Jahresüberschuss von 1 Mio. €. Folgende Geschäftsvorfälle haben sich in 05 ausgewirkt:

Eine Gewinnausschüttung i. H. v. 20000 € von einer in Katar ansässigen Kapitalgesellschaft, an der die PC-GmbH zu 20 % beteiligt ist.

Die Gewinnausschüttung hat einem Quellensteuerabzug (income tax) i. H. v. 20 % unterlegen.

Die PC-GmbH hat die Quellensteuer i. H. v. 4000 € als BA gebucht, die Gewinnausschüttung i. H. v. 20000 € wurde als BE verbucht.

LÖSUNG

Jahresüberschuss		1000000 €
Nichtabziehbare Aufwendungen (ausl. Steuer), § 10 Nr. 2 KStG	+	4000 €
Steuerfreie Dividende, § 8b Abs. 1 KStG	./.	20000 €
Nabzf. BA, § 8b Abs. 5 KStG, 5 % von 20000 €	+	1000 €
SdE/GdE/zvE		985000 €
Festzusetzende Steuer, § 23 KStG, 15 % von 985000 €		147750 €

2.2 Direkte Steueranrechnung (§ 26 Abs. 1 KStG)

Die Anrechnungsmethode hat in den Fällen Bedeutung, in denen die ausländischen Einkünfte nicht nach einem DBA von der deutschen Besteuerung freigestellt sind. Sie kommt in der direkten Form sowohl in den DBA als auch im nationalen Recht vor (§ 26 Abs. 1 KStG, § 34c Abs. 1 EStG). Die Durchführung der Anrechnungsmethode bedeutet, dass die – nach inländischem Recht ermittelten – ausländischen Einkünfte in die Bemessungsgrundlage der KSt einbezogen werden, dass aber andererseits die ausländische Steuer auf die KSt angerechnet wird.

Bei der Steueranrechnung, die keinen Antrag voraussetzt, handelt es sich um die Anrechnung ausländischer Steuern vom Einkommen, zu denen eine unbeschränkt steuerpflichtige Körperschaft, Personenvereinigung oder Vermögensmasse im Ausland herangezogen wurden oder für ihre Rechnung einbehalten worden sind, auf die deutsche Einkommensteuer.

Zu beachten ist, dass die ausländische Steuer der deutschen Einkommensteuer/Körperschaftsteuer entsprechen muss. Siehe hierzu Verzeichnis im Anhang 12 II des Einkommensteuer-Handbuchs.

BEISPIEL

Einkünfte aus einer ausländischen Betriebsstätte		580000 €
Abzüglich ausländische Steuer vom Einkommen	./.	60000 €
Nettozufluss im Inland		520000 €
KSt 15 % von 520000 €		78000 €
Anrechnung der ausländischen Ertragsteuer	./.	60000 €
verbleibende KSt		18000 €

Die Anrechnung der ausländischen Steuer ist der Höhe nach begrenzt. Bei der Ermittlung der auf die ausländischen Einkünfte entfallenden deutschen KSt ist die Tarifbelastung zugrunde zu legen. Sie ist gem. § 34c Abs. 1 EStG höchstens bis zu dem Betrag zulässig, der der deutschen KSt auf die betreffenden ausländischen Einkünfte entspricht. Abweichend von § 34c Abs. 1 Satz 2 EStG ist die auf die ausländischen Einkünfte entfallende deutsche Körperschaftsteuer in der Weise zu ermitteln, dass die sich bei der Veranlagung des zu versteuernden Einkommens, einschließlich der ausländischen Einkünfte, ohne Anwendung der § 37 und § 38 KStG ergebende deutsche Körperschaftsteuer im Verhältnis dieser ausländischen Einkünfte zur Summe der Einkünfte aufgeteilt wird. Der Höchstbetrag berechnet sich nach folgender Formel:

$$\frac{\text{Ausländische Einkünfte}}{\text{Summe der Einkünfte}} \times \begin{array}{l}\text{tarifliche Körperschaftsteuer}\\ \text{(15 \% – höchstens anrechenbare Körperschaftsteuer)}\end{array}$$

BEISPIEL

Eine inländische AG erzielt folgende Einkünfte:

Einkünfte aus einer ausländischen Betriebsstätte		200 000 €
abzüglich ausländische Ertragsteuer	./.	60 000 €
Nettozufluss im Inland		140 000 €
inländische Einkünfte		240 000 €
Einkommen damit insgesamt (200 000 € + 240 000 €)		440 000 €
davon KSt nach § 23 Abs. 1 KStG = 15 %		66 000 €
./. anrechenbare ausländische Steuer nach § 26 Abs. 1 KStG = 60 000 € höchstens 200 000 € : 440 000 € × 66 000 € = 30 000 €	./.	30 000 €
Festzusetzende KSt		36 000 €

Die inländische C-GmbH erzielt in 05 einen Jahresüberschuss von 1 Mio €. Sie hat von einer in Katar ansässigen KapGes, an der die C-GmbH zu 20 % beteiligt ist, eine Gewinnausschüttung i. H. v. 20 000 € erhalten. Die Gewinnausschüttung hat einem Quellensteuerabzug (income tax) i. H. v. 20 % unterlegen.

Außerdem hat die C-GmbH Zinserträge i. H. v. 40 000 € für ein Darlehen erhalten, das sie vor Jahren dem X mit Geschäftsleitung und Sitz in Peru gewährt hatte. Die Zinsen haben einem Quellensteuerabzug (impuesto a la renta) i. H. v. 7 000 € unterlegen. Die jeweiligen Bruttoerträge wurden als Betriebseinnahme bei der C-GmbH erfasst.

LÖSUNG Weder mit Katar noch mit Peru besteht ein DBA (siehe Anhang 12 I, Einkommensteuerhandbuch). Bei der income tax und der impuesto a la renta handelt es sich um ausländische Steuern, die der deutschen Einkommensteuer/Körperschaftsteuer entsprechen (siehe Anhang 12 II 1, Einkommensteuer-Handbuch).

Die Beteiligungserträge aus Katar unterliegen wegen § 8b Abs. 1 KStG nicht der inländischen KSt, es ist daher auch keine Anrechnung der ausländischen Steuer vorzunehmen. Hinsichtlich der Einkünfte aus Peru kann eine Anrechnung der ausländischen Ertragsteuern vorgenommen werden.

Jahresüberschuss		1 000 000 €
Gewinnausschüttung Katar (§ 8b Abs. 1 KStG)	./.	20 000 €
Nabzb. BA (§ 8b Abs. 5 KStG) 5 % von 20 000 €	+	1 000 €
SdE/GdE/zvE		981 000 €
Tarifliche KSt, 15 % von 981 000 €		147 150 €

Ermittlung der anrechenbaren ausländischen Steuer:

147 150 € : 981 000 € × 40 000 € = 6 000 €

Tarifliche KSt		147 150 €
Anrechenbare ausländische Steuer, max. 6 000 €	./.	6 000 €
Festzusetzende KSt		141 150 €

2.3 Abzug ausländischer Steuern von der Bemessungsgrundlage für die deutsche Körperschaftsteuer (§ 26 Abs. 2 Satz 2 KStG, § 34c Abs. 2 und 3 EStG)

Bei **ausländischen Steuern, die der deutschen ESt oder KSt entsprechen**, kann die Körperschaft **wählen**, ob sie diese nach § 26 Abs. 1 KStG auf die deutsche Steuer anrechnen oder nach § 26 Abs. 2 Satz 2 KStG i. V. m. § 34c Abs. 2 EStG bei der Ermittlung der Einkünfte abziehen will, soweit sie auf ausländische Einkünfte entfällt, die nicht steuerfrei sind. Die Abzugsmethode ist in Gewinnjahren i. d. R. ungünstiger als die Anrechnung. Im Verlustfall wird sie günstiger, weil die Anrechnungsmethode ins Leere geht, bei der Abzugsmethode aber der rück- oder vortragsfähige Verlust erhöht wird.

Nach § 26 Abs. 2 Satz 2 KStG i. V. m. § 34c Abs. 3 EStG sind ebenfalls von der Bemessungsgrundlage für die deutsche KSt abzuziehen:

- eine ausländische Steuer vom Einkommen, die nicht angerechnet werden kann, weil sie nicht der deutschen ESt oder KSt entspricht,
- eine ausländische Steuer vom Einkommen, welche nicht in dem Staat erhoben wird, aus dem die Einkünfte stammen (Drittstaatensteuer),
- eine ausländische Steuer vom Einkommen auf Einkünfte, die nicht als ausländische Einkünfte i. S. d. § 34d EStG anzusehen sind.

BEISPIEL

Steuerpflichtige ausländische Einkünfte		100 000 €
./. darin enthaltene, nicht der deutschen KSt entsprechende ausländische Steuern (Abzug gem. § 34c Abs. 3 EStG)	./.	20 000 €
zu versteuern		80 000 €
KSt 15 %		12 000 €

2.4 Eingeschränkte Berücksichtigung negativer Einkünfte mit Bezug zu Drittstaaten i. S. d. § 2a Abs. 1 EStG

§ 2a Abs. 1 und 2 EStG schränkt den Verlustausgleich und den Verlustabzug für Drittstaatenverluste ein. Es handelt sich dabei um Verluste aus Drittstaaten, mit denen ein DBA nicht abgeschlossen ist oder mit denen zwar ein DBA besteht, dieses jedoch für die unter § 2a Abs. 1 EStG fallenden Einkünfte nicht die Freistellungs-, sondern die Anrechnungsmethode vorsieht. § 2a Abs. 1 EStG umschreibt in sieben Fallgruppen die negativen Einkünfte aus Quellen und Tätigkeiten mit Bezug zu Drittstaaten, die nach Auffassung des Gesetzgebers in besonderem Maße »unerwünschte« Verlustzuweisungen mit sich bringen.

Ganz unberücksichtigt bleiben diese ausländischen Verluste jedoch nicht, weil § 2a Abs. 1 EStG einen gesonderten, auf diese Einkünfte beschränkten Verlustabzug vorsieht. Die negativen ausländischen Einkünfte dürfen danach mit ausländischen Einkünften der jeweils selben Art aus demselben Staat ausgeglichen werden. Soweit ein Ausgleich nicht möglich ist, mindern die negativen ausländischen Einkünfte die positiven ausländischen Einkünfte der jeweils selben Art, die der Steuerpflichtige in den folgenden Veranlagungszeiträumen aus demselben Staat erzielt. § 10d Abs. 4 EStG gilt sinngemäß.

Durch eine Erweiterung der Aktivitätsklausel in § 2a Abs. 2 EStG für das Beteiligungshalten wird die Holdingtätigkeit nicht nur bei so genannten Landes- und Funktionsholdings begünstigt, vorausgesetzt, die Beteiligungen bestehen an aktiv tätigen Gesellschaften. Die hiermit im Zusammenhang stehende Finanzierungstätigkeit wird ebenfalls begünstigt. § 2a Abs. 2 a EStG umreißt die fraglichen Drittstaaten wie folgt:

»Bei der Anwendung der Absätze 1 und 2 sind

1. als Drittstaaten die Staaten anzusehen, die nicht Mitgliedstaaten der Europäischen Union sind;
2. Drittstaaten-Körperschaften und Drittstaaten-Kapitalgesellschaften solche, die weder ihre Geschäftsleitung noch ihren Sitz in einem Mitgliedstaat der Europäischen Union haben.

Bei Anwendung des Satzes 1 sind den Mitgliedstaaten der Europäischen Union die Staaten gleichgestellt, auf die das Abkommen über den Europäischen Wirtschaftsraum anwendbar ist, sofern zwischen der Bundesrepublik Deutschland und dem anderen Staat auf Grund der Amtshilferichtlinie gemäß § 2 Abs. 2 des EU-Amtshilfegesetzes oder einer vergleichbaren zwei- oder mehrseitigen Vereinbarung Auskünfte erteilt werden, die erforderlich sind, um die Besteuerung durchzuführen.«

2.5 Berichtigung von Einkünften bei internationalen Verflechtungen (§ 1 AStG)

Internationale Konzerne gestalten ihre internen Geschäftsbeziehungen vielfach in der Weise, dass in hoch besteuernden Ländern möglichst kein oder nur ein niedriger Gewinn, in niedrig besteuernden Ländern jedoch ein möglichst großer Teil des Gesamtkonzerngewinns entsteht. Derartige Gewinnverlagerungen sind zwar auch bei einem Unternehmen mit nur einer ausländischen Tochtergesellschaft möglich, die Gefahr von Verlagerungen besteht aber in erhöhtem Maße bei multinationalen Unternehmen, da deren Verhältnisse wegen der Vielzahl der beteiligten Staaten oft nur unzureichend aufgedeckt werden können.

Ziel des § 1 AStG ist es, solche Gewinnverlagerungen nicht anzuerkennen. Nach § 1 AStG ist der Geschäftsverkehr zwischen verbundenen Unternehmen im In- und Ausland so zu gestalten wie zwischen fremden Dritten. § 1 AStG schreibt eine Gewinnberichtigung bei der inländischen Gesellschaft vor, wenn z. B. durch besondere Preisgestaltungen bei Geschäftsbeziehungen mit einer »nahestehenden Person« im Ausland Bedingungen vereinbart werden, die von denen abweichen, die voneinander unabhängige Dritte unter gleichen oder ähnlichen Verhältnissen vereinbart hätten.

§ 1 Abs. 1 Satz 1 AStG nennt folgende Tatbestandsmerkmale:
- Geschäftsbeziehung zum Ausland, s. § 1 Abs. 4 AStG,
- Nahestehende Person,
- Einkunftsminderung durch unter fremden Dritten unübliche Vereinbarungen.

2.5.1 Geschäftsbeziehung zum Ausland

Lt. § 1 Abs. 4 AStG ist eine solche Geschäftsbeziehung jede schuldrechtliche Beziehung, die keine gesellschaftsvertragliche Vereinbarung ist.

Nach dem BFH-Urteil vom 29.11.2000, BStBl II 2002, 720 konnten Rechtsbeziehungen, die eine nahestehende Person erst begründen, keine Geschäftsbeziehung sein, da sie das Verhältnis zwischen Gesellschaft und Gesellschafter regeln.

Durch die Formulierung »jede schuldrechtliche Beziehung, die keine gesellschaftsvertragliche Vereinbarung ist« hat der Gesetzgeber die Geschäftsbeziehung auf alle Rechtsbeziehungen ausgedehnt. Ausgenommen sind damit nach Verwaltungsauffassung nur noch offene Einlagen und Rechtsbeziehungen, die die Gesellschafterstellung begründen oder verändern (siehe BMF vom 14.05.2004, Anwendungsschreiben zum AStG, Tz. 1.4).

2.5.2 Nahestehende Person

Nahestehende Personen können sowohl natürliche als auch juristische Personen sein.

§ 1 AStG setzt einen Steuerpflichtigen voraus, der im Inland entweder als natürliche Person nach § 1 EStG oder als Körperschaft, Personenvereinigung und Vermögensmasse nach §§ 1 bis 3 KStG unbeschränkt oder beschränkt einkommen- oder körperschaftsteuerpflichtig ist.

Dem Steuerpflichtigen ist eine Person nahestehend durch folgende Merkmale:
- **Wesentliche Beteiligung.** Eine wesentliche Beteiligung liegt vor, wenn der Steuerpflichtige zu mindestens 25 % mittelbar oder unmittelbar an der Person beteiligt ist.
- **Beherrschender Einfluss.** Ein beherrschender Einfluss kann auf rechtlicher oder tatsächlicher Grundlage erfolgen. Er kann auf beteiligungsähnlichen Rechten, Verträgen (Unternehmensverträgen i. S. d. §§ 291, 292 AktG, Eingliederungsverträgen i. S. d. § 319 AktG u. Ä., auf der unmittelbaren oder mittelbaren Beteiligung derselben Personen an der Geschäftsleitung oder der Kontrolle zweier Unternehmen beruhen.
- **Besondere Einflussmöglichkeiten** oder ein Nahestehen wird bereits durch die bloße Möglichkeit der Einflussnahme begründet, eine tatsächliche Einflussnahme ist nicht Voraussetzung.
- **Interessenidentität.** Ein Nahestehen durch Interessenidentität liegt z. B. vor, wenn sich das eigene geschäftliche oder persönliche Interesse der oder des Steuerpflichtigen auf die zur Berichtigung anstehenden Einkünfte selbst bezieht.

2.5.2.1 Nachrangige Anwendung des § 1 AStG

§ 1 AStG ist nachrangig anzuwenden, vGA oder verdeckte Einlagen sind ggf. vorrangig zu korrigieren.

BEISPIEL

Die inländische Mutter-AG (M-AG) überlässt ihrer ausländischen Tochtergesellschaft (T) ein zinsloses Darlehen.

LÖSUNG Das zvE der M-AG ist um den entgangenen Zins zu niedrig. Da der Zinsvorteil kein einlagefähiges Wirtschaftsgut darstellt, ist insoweit eine Einkommenskorrektur bei M-AG im Wege einer Erhöhung der Anschaffungskosten auf Beteiligung durch Einlage nicht möglich. Da die Einkünfte der M aber durch Vereinbarungen, die unter fremden Dritten unüblich sind, gemindert ist, kann das zvE um den entgangenen Gewinn nach § 1 AStG erhöht werden.

2.5.2.2 Bemessungsgrundlage für die Korrektur

Die anzuwendende Vorschrift kann zu unterschiedlichen Korrekturen der Höhe nach führen – ausgehend vom jeweiligen Bewertungsmaßstab:

vGA	>	gemeiner Wert
verdeckte Einlage	>	Teilwert
§ 1 AStG	>	Fremdvergleichspreis

Führt die Anwendung des Fremdvergleichspreises zu weitergehenden Berichtigungen, sind diese neben den Rechtsfolgen der anderen Vorschriften durchzuführen (§ 1 Abs. 1 Satz 4 AStG).

BEISPIEL

Die inländische M-AG verkauft eine Maschine für 2 Mio. € an eine 100%ige Tochtergesellschaft T im Ausland. Die Herstellungskosten beliefen sich auf 2200000 €. Die T verkauft die Maschine für 4 Mio. €. an fremde Dritte. Die Vertriebskosten der T belaufen sich auf 200000 €. Der angemessene Gewinnzuschlag beträgt 15%.

LÖSUNG Der Fremdpreis wird wie folgt ermittelt:

Rechnungspreis	4000000 €
üblicher Gewinnaufschlag	600000 €
Vertriebskosten	200000 €
Fremdpreis	3200000 €

Die Veräußerung erfolgt somit zu 1200000 € unter dem Fremdpreis, damit ist der Tatbestand der verdeckten Einlage erfüllt. Bemessungsgrundlage der verdeckten Einlage ist der Teilwert. Dieser entspricht hier den Herstellungskosten.

Der Korrekturbetrag für die verdeckte Einlage ermittelt sich wie folgt:

	HK	2200000 €
./.	Erlös	2000000 €
=	Korrektur wg vE	200000 €

Neben der wegen der verdeckten Einlage zusätzlich vorzunehmenden Erhöhung der Anschaffungskosten-Beteiligung ist in Höhe des übersteigenden Betrags eine Korrektur nach § 1 AStG vorzunehmen. § 1 AStG stellt auf den Fremdpreis i. H. v. 3200000 € ab, der Verkaufspreis lag somit 1200000 € unter dem Fremdpreis, 200000 € wurden bereits über die verdeckte Einlage korrigiert, so dass nach § 1 Abs. 1 Satz 4 AStG eine zusätzliche Korrektur i. H. v. 1000000 € zu erfolgen hat.

2.5.2.3 § 1 Abs. 1 AStG und EU-Recht

Mit Urteil vom 31.05.2018 hat der EuGH in der Rs. Hornbach Baumarkt AG zu § 1 AStG entschieden, dass er eine Beschränkung der Niederlassungsfreiheit sieht, diese aber grundsätzlich gerechtfertigt sein kann (EuGH vom 31.05.2005, C-382/16, Hornbach Baumarkt AG, DStR 2018, 1221).

Der BMF hat hierzu in seinem Schreiben vom 06.12.2018, IV B 5 – S 1341/11/10004–09 wie folgt Stellung genommen:

»Der EuGH hat mit Urteil vom 31. Mai 2018 in der Rechtssache C-382/16 »Hornbach Baumarkt« entschieden, dass eine Regelung wie die des § 1 AStG dem gebietsansässigen Steuerpflichtigen die Möglichkeit des Nachweises einräumen müsse, dass Bedingungen aus wirtschaftlichen Gründen vereinbart wurden, die sich aus seiner Stellung als Gesellschafter der gebietsfremden Gesellschaft ergeben. Im vorliegenden Fall war eine Tochtergesellschaft für die Erweiterung ihres Geschäftsbetriebs auf die Zuführung von Kapital angewiesen. In einem solchen Fall könnten wirtschaftliche Gründe die Überlassung von Kapital durch die Muttergesellschaft unter nicht fremdüblichen Bedingungen rechtfertigen (Rn. 54).

Demzufolge hat eine Korrektur nach § 1 Absatz 1 Satz 1 AStG zu unterbleiben, soweit der Steuerpflichtige sachbezogene, wirtschaftliche Gründe nachweisen kann, die eine vom Fremdvergleichsgrundsatz abweichende Vereinbarung erfordern, um die sonst bedrohte wirtschaftliche Existenz der Unternehmensgruppe als solcher oder der dem Steuerpflichtigen nahestehenden Person zu sichern (sanierungsbedingte Maßnahme). Sanierungsbedingte Maßnahmen zielen darauf ab, die Überschuldung oder Zahlungsunfähigkeit zu vermeiden und den Fortbestand der nahestehenden Person bzw. der Unternehmensgruppe zu sichern. Das Erfordernis einer sanierungsbedingten Maßnahme, insbesondere Sanierungsbedürftigkeit und Sanierungsfähigkeit der nahestehenden Person oder der Unternehmensgruppe, ist vom Steuerpflichtigen nachzuweisen.

Der EuGH bezieht sich dabei auf die Niederlassungsfreiheit (Rn. 26 ff.), weshalb die Entscheidung nicht auf Drittstaatenfälle anwendbar ist.«

3 Weiterführende Literatur

Zur Weiterführung und Vertiefung der Thematik »Besteuerung ausländischer Einkünfte«, wird auf Band 14 dieser Reihe »Internationales Steuerrecht« verwiesen.

Teil F Das steuerliche Einlagekonto (§ 27 KStG), Kapitalerhöhung und -herabsetzung (§ 28 KStG), Kapitalveränderungen bei Umwandlungen (§ 29 KStG)

1 Das steuerliche Einlagekonto (§ 27 KStG)

1.1 Sinn und Zweck

§ 27 KStG enthält Regelungen über das sog. steuerliche Einlagekonto. Die Vorschrift wird ergänzt durch § 28 KStG im Hinblick auf Veränderungen des Nennkapitals und damit einhergehenden Änderungen im steuerlichen Einlagekonto und § 29 KStG, der sich mit Veränderungen des Nennkapitals in Umwandlungsfällen befasst, die Auswirkungen auf das steuerliche Einlagekonto haben können.

Die Notwendigkeit des steuerlichen Einlagekontos ergibt sich aus der Intention des Gesetzgebers, Einlagen des Gesellschafters in die Gesellschaft im Falle der Rückgewähr – etwa in Form einer Gewinnausschüttung – nicht der Besteuerung beim Anteilseigner zu unterwerfen.

Es handelt sich allerdings nicht um eine Steuerbefreiung, vielmehr liegen begrifflich **keine Einnahmen i.S.d. § 20 Abs. 1 Nr. 1 EStG** vor (**vgl. Satz 3 der Vorschrift**). Dies betrifft Körperschaften und natürliche Personen im Grundsatz gleichermaßen, allerdings wird bei Körperschaften die mangelnde Einnahmequalität durch die sachliche Steuerfreistellung von Bezügen i.S.d. § 20 Abs. 1 Nr. 1 EStG gem. § 8b Abs. 1 KStG verdrängt (**Ausnahme:** Steuerpflicht für Streubesitzdividenden in § 8b Abs. 4 KStG). Wegen diesbezüglicher Besonderheiten (Anwendung des § 8b Abs. 2 KStG statt § 8b Abs. 1 KStG) vgl. auch BMF vom 28.04.2003 BStBl I 2003, 292 Rz. 6 sowie C 9.2.4.3.

Um ermitteln zu können, inwieweit eine nicht steuerbare Einlagenrückgewähr vorliegt, bedarf es des Festhaltens der Einlagen auf der Ebene der Körperschaft. Die entsprechenden Beträge werden im steuerlichen Einlagekonto aufgezeichnet. Allerdings betrifft dies nur Einlagen, die **nicht** in das Nennkapital geleistet worden sind, also insbesondere **offene Einlagen in die Kapitalrücklage** (gem. § 272 Abs. 2 Nr. 4 HGB in Form einer Zuzahlung in das Eigenkapital) und **verdeckte Einlagen** (z.B. in Form der Übertragung einer werthaltigen Forderung auf die Gesellschaft ohne entsprechende oder mit geringwertigerer Gegenleistung; Buchung bei der Gesellschaft: Forderung an a.o. Ertrag). Aber: Es wird nicht »an Einlagekonto« gebucht. Beim steuerlichen Einlagekonto handelt es sich also nicht um ein Buchführungskonto.

Einlagen in das Nennkapital – also etwa bei Neugründung einer GmbH oder anlässlich einer Kapitalerhöhung – werden nicht auf dem steuerlichen Einlagekonto erfasst, obwohl auch die Auskehrung von Nennkapital anlässlich einer Kapitalherabsetzung oder im Rahmen der Liquidation nicht zu steuerbaren Einkünften i.S.d. § 20 EStG führen (vgl. § 20 Abs. 1 Nr. 2 EStG). Etwas anderes gilt nur dann, wenn die Nennkapitalauskehrung zugleich zu einer Verringerung des sog. Sonderausweises i.S.d. § 28 KStG führt (vgl. dazu 2).

Für die Besteuerung der Körperschaft selbst spielt das steuerliche Einlagekonto keine Rolle. **Aber:** Soweit eine Rückgewähr von Einlagen anzunehmen ist, entfällt für die Gesellschaft die Verpflichtung zum Einbehalt von KapSt gem. § 43 Abs. 1 Nr. 1 EStG, da – wie oben ausgeführt – keine steuerpflichtigen Einnahmen i.S.d. § 20 EStG vorliegen. Die Frage des Kapitalertragsteuerabzugs ist aber eine Frage der Besteuerung des Anteilseigners, denn die KapSt ist ein Vorab auf dessen ESt (KSt).

1.2 Wer muss ein steuerliches Einlagekonto führen und weshalb?

Das steuerliche Einlagekonto ist gem. § 27 Abs. 1 Satz 1 KStG zunächst nur von Kapitalgesellschaften zu führen, die unbeschränkt körperschaftsteuerpflichtig sind. Das sind insbes. AG, GmbH, Unternehmergesellschaft (haftungsbeschränkt) und KGaA und die Europäischen Gesellschaften.

Nach § 27 Abs. 7 KStG werden die Regelungen der Abs. 1 bis 6 des § 27 KStG dann aber auch für diejenigen anderen unbeschränkt steuerpflichtigen Körperschaften für anwendbar erklärt, die Leistungen i. S. d. § 20 Abs. 1 Nr. 1, 9 und 10 EStG gewähren können.

Ausgehend von der Möglichkeit, Leistungen i. S. d. § 20 Abs. 1 **Nr. 1** EStG erbringen zu können, sind die nachfolgend genannten Körperschaften zur Führung eines steuerlichen Einlagekontos verpflichtet.

Körperschaften, die Leistungen i. S. d. § 20 Abs. 1 Nr. 1 EStG erbringen können, sind
- Kapitalgesellschaft (insbes. Europäische Gesellschaften, AG, KGaA, GmbH, UG),
- Genossenschaften,
- Realgemeinden und wirtschaftliche Vereine, soweit sie Mitgliedschaftsrechte gewähren, die einer kapitalmäßigen Beteiligung vergleichbar sind.

Nach der Ergänzung des § 1 Abs. 1 Nr. 1 KStG um das Wort »insbesondere« durch das SEStEG unterliegen auch ausländische unbeschränkt steuerpflichtige Kapitalgesellschaften unmittelbar der Verpflichtung zur Führung eines steuerlichen Einlagekontos i.S.d. § 27 Abs. 1 Satz 1 KStG.

Grund der Verpflichtung zur Führung eines steuerlichen Einlagekontos ist die Tatsache, dass insbesondere bei den Kapitalgesellschaften die Gewährung von Einlagen der Anteilseigner in die Kapitalgesellschaft und deren Rückgewähr in Form von z.B. Gewinnausschüttungen anerkannt ist und praktiziert wird. Es besteht also die Notwendigkeit, die nicht in das Nennkapital geleisteten Einlagen der Gesellschafter gesondert festzuhalten, um deren Rückgewähr von der Besteuerung ausnehmen zu können.

Kapitalgesellschaften, die lediglich der beschränkten Körperschaftsteuerpflicht unterliegen, führen kein steuerliches Einlagekonto (vgl. BMF vom 04.06.2003 BStBl I 2003, 366, Tz. 3). Allerdings ist seit der Ergänzung des § 27 KStG durch das SEStEG um einen Abs. 8 auch bei Körperschaften und Personenvereinigungen, die in einem anderen Mitgliedstaat der EU unbeschränkt steuerpflichtig sind, eine nicht steuerbare Einlagenrückgewähr möglich. Technisch wird diese allerdings ohne Führung eines steuerlichen Einlagekontos ermittelt.

1.3 Erstmalige Ermittlung des steuerlichen Einlagekontos

Bislang gliederungspflichtige Körperschaften, also insbesondere Kapitalgesellschaften aber auch andere Körperschaften, die Leistungen i. S. d. § 20 Abs. 1 Nr. 1 EStG 1997 erbringen konnten, hatten unter der Geltung des Anrechnungsverfahrens ihr VEK zu gliedern. Ein dabei u. U. gesondert festzustellender Teilbetrag war das sog. EK 04. War ein EK 04 zum Schluss des Anrechnungsverfahrens vorhanden (i. d. R. zum 31.12.2000), so wurde dieses EK 04 mit den anderen Teilbeträgen des VEK der sog. Umgliederung nach § 36 KStG unterworfen.

In § 39 Abs. 1 KStG ist geregelt, dass ein sich nach § 36 Abs. 7 KStG ergebender **positiver** Endbestand beim EK 04 als Anfangsbestand des steuerlichen Einlagekontos i. S. d. § 27 KStG zu erfassen ist.

1.4 Fortschreibung des steuerlichen Einlagekontos

Das steuerliche Einlagekonto ist jährlich fortzuentwickeln. Ausgangsgröße ist der Endbestand zum Schluss des vorangegangenen Wirtschaftsjahres, vermehrt und vermindert um die Zu- und Abgänge des Wj. (§ 27 Abs. 1 Satz 2 KStG). Wegen der Einzelheiten vgl. die in 1.9 enthaltene Zusammenstellung der denkbaren Zu- und Abgänge.

1.5 Anfangsbestand des steuerlichen Einlagekontos in sonstigen Fällen

1.5.1 Fälle des § 156 Abs. 2 AO

Das Finanzamt kann gem. § 156 Abs. 2 AO in bestimmten Fällen von der Steuerfestsetzung absehen. Dies ist insbesondere dann möglich, wenn die Einziehung der Steuer keinen Erfolg haben wird. In entsprechenden Fällen unterbleibt nach BMF vom 04.06.2003 BStBl I 2003, 366, Tz. 8 auch die Feststellung des steuerlichen Einlagekontos(vgl. auch R 31.1 Abs. 1 Satz 4 KStR).

Ein Absehen von der Feststellung des steuerlichen Einlagekontos scheidet allerdings bei solchen Kapitalgesellschaften aus, die Komplementäre einer GmbH & Co. KG sind (R 31.1 Abs. 1 Satz 5 KStR).

Findet in späteren Jahren erstmals eine KSt-Veranlagung statt, so ist auch das steuerliche Einlagekonto festzustellen. Dabei ist als Bestand 0 € anzusetzen, es sei denn, die Körperschaft weist einen abweichenden Wert nach (R 31.1 Abs. 3 KStR).

1.5.2 Bei Wechsel von der beschränkten zur unbeschränkten Körperschaftsteuerpflicht

Nach § 27 Abs. 2 Satz 3 KStG ist beim Eintritt in die unbeschränkte Steuerpflicht der Bestand der nicht in das Nennkapital geleisteten Einlagen gesondert festzustellen. Der festgestellte Betrag **gilt** als Bestand des steuerlichen Einlagekontos zum Schluss des vorangegangenen

Wj. Die Regelung umfasst sowohl Fälle ohne zuvor bestehende Steuerpflicht als auch Fälle vorhergehender beschränkter Steuerpflicht. Nach der Gesetzesbegründung sollen von der Regelung auch Fälle der Neugründung inländischer Körperschaften erfasst werden, etwa im Falle einer Einbringung nach § 20 UmwStG. Hier ist dann der Betrag im Einlagekonto zu erfassen, um den das eingebrachte Vermögen das Nennkapital übersteigt, soweit es in eine Kapitalrücklage eingestellt wird.

1.6 Feststellung des steuerlichen Einlagekontos

Das steuerliche Einlagekonto ist gem. § 27 Abs. 1 Satz 1 KStG zum Ende eines jeden Wj. gesondert festzustellen. In Jahren, in denen das Wj. umgestellt wird, kann es also zu zwei Feststellungen des steuerlichen Einlagekontos kommen, obwohl nur eine KSt-Veranlagung durchgeführt wird, in der die Ergebnisse aller im Kalenderjahr endenden Wj. zusammengefasst werden (§ 7 KStG).

1.6.1 Feststellung des steuerlichen Einlagekontos in Liquidationsfällen

Nach BMF vom 26.08.2003 BStBl I 2003, 434, Tz. 1 tritt für Zwecke der Feststellungen nach § 27, 37 und 38 KStG an die Stelle des Wj. der Besteuerungszeitraum. Auf den Schluss eines jeden Besteuerungszeitraums ist eine Steuerbilanz zu erstellen (vgl. C 9.3.1). In sinngemäßer Anwendung von § 27 Abs. 1 Satz 1 KStG und § 27 Abs. 2 Satz 1 KStG ist bei Liquidation auf den Schluss eines jeden Besteuerungszeitraums auch das steuerliche Einlagekonto festzustellen. Die letzte Feststellung erfolgt in jedem Fall auf den Zeitpunkt, auf den auch die Schlussbilanz zu erstellen ist (BMF vom 26.08.2003 BStBl I 2003, 434, Tz. 3).

1.6.2 Bindungswirkung der Feststellung

Der Bescheid über die gesonderte Feststellung des steuerlichen Einlagekontos ist Grundlagenbescheid (§ 171 Abs. 10 AO) für die Feststellung des steuerlichen Einlagekontos zum Schluss des folgenden Wj. (§ 27 Abs. 2 Satz 2 KStG).

Einwendungen gegen die Höhe des Anfangsbestands des steuerlichen Einlagekontos müssen also immer gegen den Feststellungsbescheid zum Schluss des vorangegangenen Wj. erhoben werden, da der dort festgestellte Betrag die Fortentwicklung des steuerlichen Einlagekontos im Folgejahr bindet.

In der Praxis ist der Feststellungsbescheid nach § 27 KStG mit den Feststellungen nach den §§ 28 und 38 KStG auf einem Vordruck (Anlage KSt 1F) verbunden.

1.7 Steuererklärungspflicht betreffend das steuerliche Einlagekonto

Nach § 27 Abs. 2 Satz 4 KStG ist für die gesonderte Feststellung des steuerlichen Einlagekontos eine Feststellungserklärung abzugeben. Für Feststellungserklärungen gelten nach § 181 Abs. 1 AO die Regeln über die Durchführung der Besteuerung sinngemäß. Insbesondere ist die Feststellungserklärung eine Steuererklärung, womit § 149 ff. AO zu beachten ist.

Die Feststellungserklärung ist gem. § 150 Abs. 1 AO nach amtlich vorgeschriebenem Vordruck abzugeben. Dies ist für das steuerliche Einlagekonto die Anlage zur gesonderten Feststellung des steuerlichen Einlagekontos Vordruck KSt 1 F sowie für Körperschaften, die Leistungen i. S. d. § 20 Abs. 1 Nr. 10 Buchst. b EStG erbringen können (vgl. 1.10.2.2.1) der Vordruck KSt 1 Fa.

Die Feststellungserklärung ist nach § 27 Abs. 2 Satz 5 KStG vom gesetzlichen Vertreter (§ 34 AO) eigenhändig zu unterschreiben. Die Vertretung einer AG obliegt dem Vorstand (§ 78 AktG), bei der GmbH ist es der Geschäftsführer (§ 35 GmbHG). Für andere Rechtsformen ist die jeweils maßgebliche Vorschrift zu beachten. Nicht ausreichend ist die Unterschrift eines Prokuristen (§ 48 ff. HGB) oder steuerlichen Beraters, da diese nicht gesetzliche Vertreter sind.

Nach § 31 Abs. 1a KStG ist die Erklärung zur gesonderten Feststellung von Besteuerungsgrundlagen nach amtlich festgelegtem Datensatz zu übermitteln. In Fällen unbilliger Härten bleibt es weiterhin zulässig, die Erklärung nach amtlich vorgeschriebenem Vordruck abzugeben. Vgl. hierzu auch H 31.2 (Verpflichtung zur elektronischen Übermittlung von Steuererklärungen, Bilanzen sowie Gewinn- und Verlustrechnungen), KStH 2015.

1.8 Anwendung des § 129 AO bei unterlassener Feststellung

Bei der Besteuerung von Kapitalgesellschaften werden Einlagen der Gesellschafter nicht als Zugänge im steuerlichen Einlagekonto erklärt. Der Feststellungsbescheid nach § 27 Abs. 2 KStG wird bestandskräftig ohne Vorbehalt der Nachprüfung.

Eindeutig ist zunächst, dass eine Nachholung des Zugangs im ersten offenen (Feststellungs-)Jahr nicht möglich ist. Zugänge erhöhen das Einlagekonto im Jahr des Zuflusses (vgl. BMF vom 04.06.2003, Rn. 10). Bilanzberichtigungsgrundsätze gelten nicht, da das Einlagekonto außerbilanziell geführt wird. Demnach muss das ursprüngliche Einlagejahr geändert werden können. Besteht kein Vorbehalt der Nachprüfung i. S. v. § 164 AO (mehr), kommt eine Änderung in den meisten Fällen regelmäßig nur nach § 129 AO in Betracht (offenbare Unrichtigkeit).

Ein Fehler ist dann »offenbar« i. S. v. § 129 AO, wenn er auf der Hand liegt, durchschaubar, eindeutig oder augenfällig ist, er sich für einen unvoreingenommenen Dritten also ohne Weiteres aus der Steuererklärung, deren Anlagen sowie aus den in den Akten befindlichen Unterlagen für das betreffende Veranlagungsjahr ergibt (AEAO, Nr. 3 zu § 129 AO). Dabei muss es sich allerdings um einen Fehler des Finanzamts handeln. Einen Fehler des Steuerpflichtigen muss das Finanzamt also erkennbar übernommen haben.

Die Rechtsprechung dazu ist einerseits umfangreich. Dies deutet darauf hin, dass es sich bei »vergessenen« Zugängen im Einlagekonto durchaus um ein »Massenphänomen« handelt. Andererseits ist die Rechtsprechung uneinheitlich bis widersprüchlich und sehr einzelfallgeprägt. Offensichtlich ist, dass § 129 AO bei der rechtlich einfachen Zuführung zur Kapitalrücklage leichter zur Anwendung kommen kann als in rechtlich komplexen Umwandlungsfällen (vgl. Vordruck Anlage KSt 1 F).

Der BFH hat mit Urteil vom 08.12.2021 (I R 47/18) entschieden, dass auch fehlende Angaben beim steuerlichen Einlagekonto eine offenbare Unrichtigkeit i. S. d. § 129 Satz 1 AO sein können.

Streitig war, ob der Bescheid über die gesonderte Feststellung von Besteuerungsgrundlagen gemäß § 27 Abs. 2 und § 28 Abs. 1 Satz 3 KStG zu ändern ist. Die Klägerin hatte den Bestand des steuerlichen Einlagekontos in der entsprechenden Steuererklärung fehlerhaft erklärt, was unter Heranziehung des in Papierform eingereichten Jahresabschlusses erkennbar unrichtig war. Hierfür stellte das FG vor allem auf die Erläuterung der Kapitalrücklage im Jahresabschluss ab. Dass ein unvoreingenommener Dritter die Angabe des steuerlichen Einlagekontos mit 0 € als zutreffend ansehen könnte, war ausgeschlossen. Gleichwohl lehnte das FG München (Urteil vom 17.09.2018, Az. 7 K 2805/17) wie zuvor das Finanzamt eine Berichtigung nach § 129 AO und mit der Begründung ab, dass die richtige Höhe der erbrachten Einzahlungen in die Kapitalrücklage aus der Bilanz nicht ohne Weiteres erkennbar gewesen sei.

Auch wenn für § 129 Satz 1 AO ein mechanisches Versehen erforderlich ist, das einem Schreib- oder Rechenfehler ähnelt, bedeutet dies nach Auffassung des BFH nicht, dass auch der zutreffende Wert ohne weitere Prüfungen erkennbar sein muss. Allein der Umstand, dass zur Bestimmung der zutreffenden Höhe des steuerlichen Einlagekontos nicht die mechanische Übernahme der im Jahresabschluss angegebenen Kapitalrücklage ausreiche, sondern auf einer zweiten Stufe noch weitere Sachverhaltsermittlungen zur tatsächlichen Höhe des steuerlichen Einlagekontos erforderlich seien, schließe eine offenbare Unrichtigkeit i. S. d. § 129 Satz 1 AO nicht aus.

Zumindest in denjenigen Fällen, in denen die offenbare Unrichtigkeit auf der versehentlichen Nichtangabe eines Werts in der Steuererklärung beruht, sei § 129 Satz 1 AO bereits dann anwendbar, wenn für jeden unvoreingenommenen Dritten klar und deutlich erkennbar ist, dass die Nichtangabe fehlerhaft ist (Anschluss an das BFH-Urteil vom 22.05.2019, Az. XI R 9/18, BStBl II 2020, 37). Entsprechendes müsse gelten, wenn (nur) die Angabe einer Endsumme mit EUR 0 erfolgt und dies erkennbar unrichtig ist. Zu berücksichtigen sei, dass die Klägerin in der elektronischen Steuererklärung lediglich Angaben zur Höhe des Endbestands des steuerlichen Einlagekontos zum Schluss des laufenden sowie zum Schluss des vorhergehenden Wirtschaftsjahrs gemacht hat. Zu weiteren Fragen, insbesondere zur Entwicklung des Einlagekontos, hat sie keine Angaben gemacht.

Seit dem Jahr 2017 gibt es – ergänzend zu § 129 AO – noch die neue Korrekturvorschrift des § 173a AO. Danach sind Steuerbescheide aufzuheben oder zu ändern, soweit dem Steuerpflichtigen bei Erstellung seiner Steuererklärung Schreib- oder Rechenfehler unterlaufen sind und er deshalb der Finanzbehörde bestimmte, nach den Verhältnissen zum Zeitpunkt des Erlasses des Steuerbescheids rechtserhebliche Tatsachen unzutreffend mitgeteilt hat. Damit ist anders als bei § 129 AO zumindest das Problem »aus der Welt«, dass nur Fehler des Finanzamts berichtigungsfähig sind. Andererseits stellt sich aber die neue Frage, dass in § 173a AO »ähnliche Fehler« nicht genannt sind (anders als in § 129 AO). Nach Ansicht der Finanzverwaltung fallen »ähnliche Fehler« nicht unter die Korrekturvorschrift. Bei einem nicht erklärten Zugang im Einlagekonto wird es sich aber in aller Regel nicht um einen Schreib- oder Rechenfehler handeln.

In Beraterkreisen wird darüber hinaus diskutiert, ob man den Bestand im Einlagekonto in aktueller Zeit wieder »künstlich« herstellen kann. In der Fachliteratur wird dazu der Erwerb eigener Anteile als Lösungsweg vorgeschlagen. Durch das BMF-Schreiben vom 27.11.2013, BStBl I 2013, 1615, ist dieser Weg grundsätzlich eröffnet worden. Danach führt ein Erwerb eigener Anteile durch eine GmbH insoweit zwar zu einem Abgang im steuerlichen Einlagekonto, als der dabei von der Gesellschaft entrichtete Kaufpreis das anteilige Stammkapital des erworbenen Anteils (= Betrag der nominellen Kapitalherabsetzung) übersteigt. Aufgrund des nicht erfassten Zugangs im Einlagekonto besteht aber in den fraglichen Fällen ja kein Bestand im Einlagekonto (und im Übrigen wäre das Einlagekonto nur insoweit zu vermindern, als kein ausschüttbarer Gewinn zur Verfügung steht). Der Erwerb eigener Anteile ist nämlich wie eine Kapitalherabsetzung zu behandeln (Rz. 9 des o. g. BMF-Schreibens).

Werden die fraglichen Anteile von der Gesellschaft dann aber später wieder an einen Gesellschafter veräußert, erhöht sich das steuerliche Einlagekonto in der Differenz des erhaltenen Kaufpreises zum nominellen Anteilswert unabhängig davon, ob sich zuvor bei der vorherigen Hereinnahme der eigenen Anteile ein Abgang im Einlagekonto ergeben hatte. Die Veräußerung eigener Anteile wird nämlich wie eine Kapitalerhöhung behandelt (Rz. 13 des o. g. BMF-Schreibens).

Praxishinweis: Bei den jährlichen Feststellungserklärungen ist darauf zu achten, alle Zugänge im steuerlichen Einlagekonto zutreffend zu erfassen. Dies gilt nicht zuletzt und besonders für Umwandlungsfälle. Sollte gleichwohl ein Zugang vergessen worden sein (mit Bestandskraft des Einlagejahres), ist auf eine Änderung nach § 129 AO hinzuwirken. Dabei geht es vor allem darum, einen denkbaren Rechtsfehler argumentativ zu bestreiten. Andererseits muss der Fehler für das Finanzamt aber auch erkennbar gewesen sein, da § 129 AO nur für Fehler des Finanzamts eine Berichtigung vorsieht.

1.9 Veränderungen des steuerlichen Einlagekontos

Zu- und Abgänge i. S. d. § 27 Abs. 1 Satz 2 KStG ergeben sich aus einer Vielzahl von Sachverhalten. Insbesondere denkbar sind **Zugänge** auf Grund folgender Sachverhalte:

- Gesellschaftereinlage,
- Bar- oder Sachgründung sowie Einbringung nach § 20 UmwStG,
- Erhöhungsbetrag i. S. d. § 23 Abs. 2 und 3 UmwStG,
- organschaftliche Minder- und Mehrabführungen gem. § 27 Abs. 6 KStG,
- vororganschaftliche Minderabführungen gem. § 14 Abs. 3 Satz 2 KStG,
- Nennkapitalherabsetzung (§ 28 Abs. 2 Satz 1 2. HS KStG),
- Umwandlungsvorgang i. S. d. § 29 KStG.

Abgänge sind u. a. auf Grund folgender Sachverhalte denkbar:

- Leistungen der Körperschaft (§ 27 Abs. 1 Satz 3 KStG),
- Verwendungsfestschreibung (§ 27 Abs. 1 Satz 5 KStG),
- Sonderfälle der Verrechnung mit dem steuerlichen Einlagekonto,
- Nennkapitalerhöhung (§ 28 Abs. 1 Satz 1 KStG),
- Anwendung des § 28 Abs. 3 KStG,
- Umwandlungsvorgang i. S. d. § 29 KStG.

Ermittlungsschema für das steuerliche Einlagekonto:

	Endbestand Ende des vorherigen Wirtschaftsjahres (Anfangsbestand)
./.	Abgänge im laufenden Wirtschaftsjahr (= **Leistungen**, die mit dem steuerlichen Einlagekonto zu verrechnen sind; **§ 27 Abs. 1 Satz 3 KStG**)
+	Zugang bei **Herabsetzung des Nennkapitals** (außerhalb einer Umwandlung) bzw. bei Auflösung der Körperschaft (§ 28 Abs. 2 Satz 1 KStG)
./.	Abgang bei **Rückzahlung von Nennkapital** (§ 28 Abs. 2 Satz 3 KStG)
+	Zugänge im laufenden Wirtschaftsjahr (= nicht in das Nennkapital geleistete **offene und verdeckte Einlagen**; § 27 Abs. 1 Satz 1 KStG)
+ / ./.	Zugang/Abgang aus organschaftlichen **Minder- und Mehrabführungen** nach § 27 Abs. 6 KStG
./.	Verringerung aufgrund **Kapitalerhöhung aus Gesellschaftsmitteln** (durch Umwandlung von Rücklagen, § 28 Abs. 1 KStG)
./.	Abgang aufgrund Verminderung Sonderausweis und des steuerlichen Einlagekontos nach § 28 Abs. 3 KStG
=	**Endbestand des steuerlichen Einlagekontos zum Schluss des Wirtschaftsjahres**

1.9.1 Einlagen

Nach § 27 Abs. 1 Satz 1 KStG hat jede Kapitalgesellschaft die nicht in das Nennkapital geleisteten Einlagen auf einem besonderen Konto auszuweisen. Dies ist erforderlich, damit im Auskehrungsfall festgestellt werden kann, ob die Gesellschafter ihre frühere Einlage zurückgewährt bekommen (Verwendung des steuerlichen Einlagekontos) oder aber eine Ausschüttung von Gewinnen der Gesellschaft erfolgt. Im ersten Fall erzielt der Anteilseigner wegen § 20 Abs. 1 Nr. 1 **Satz 3** EStG nicht steuerbare Einkünfte, im zweiten Fall erzielt er Einkünfte, die der Abgeltungsteuer nach § 32d Abs. 1 EStG oder optional – auf Antrag – nach § 32d Abs. 2 Nr. 3 EStG der Teileinkünftebesteuerung unterliegen.

Auf dem steuerlichen Einlagekonto sind insbesondere Einlagen und wirtschaftlich vergleichbare Vermögensmehrungen der Kapitalgesellschaften (wegen § 27 Abs. 7 KStG auch anderer Körperschaften) zu erfassen. Dies sind u. a.:

- ein sog. Ausgabeaufgeld (Agio) bei Aktien (§ 272 Abs. 2 Nr. 1 HGB),
- Zuzahlungen der Gesellschafter gegen Gewährung eines Vorzugs (§ 272 Abs. 2 Nr. 3 HGB),
- andere Zuzahlungen i. S. d. § 272 Abs. 2 Nr. 4 HGB,
- Nachschüsse i. S. d. § 26 GmbHG,
- verdeckte Einlagen,
- »Eintrittsgelder« bei Genossenschaften.

Nach BMF vom 04.06.2003 BStBl I 2003, 366, Tz. 26 erhöhen Einlagen das steuerliche Einlagekonto erst bei **Zufluss**. Diese Verwaltungsentscheidung geht auf das zum Anrechnungsverfahren ergangene Urteil des BFH vom 29.05.1996 BStBl II 1997, 92 zurück, wonach Einlagen nicht bereits dann das EK 04 erhöhen, wenn lediglich eine Einlageforderung zu aktivieren ist. So auch das spätere Urteil des BFH vom 31.03.2004 BFH/NV 2004, 1423.

BEISPIEL

Eine G-GmbH erhält von ihrem alleinigen Gesellschafter A am 30.09.2023 die verbindliche Zusage, dieser werde der Gesellschaft im Wege der Einlage einen Geldbetrag i. H. v. 100 000 € zuführen. Die tatsächliche Zahlung durch Überweisung auf das Gesellschaftskonto erfolgt am 01.04.2024. Das Wj. der G-GmbH endet jeweils am 31.12. eines Jahres.

LÖSUNG Zum 31.12.2023 ist die Zusage des A als Vermögensgegenstand zu aktivieren. Die Buchung am 30.09.2023 lautet: Forderung an Kapitalrücklage 100000 €.

Unter Außerachtlassung der BFH-Rechtsprechung wäre die Einlageforderung bereits in 2023 auf dem steuerlichen Einlagekonto zu erfassen gewesen, da sich die Vermögensmehrung in der Bilanz der G bereits niedergeschlagen hat.

Mit dem BFH ist bei gleichbleibender Buchung in 2023 die Einlage allerdings **erst in 2024** auf dem steuerlichen Einlagekonto zu erfassen, da erst durch die tatsächliche Zahlung am 01.04.2024 ein Zufluss der Einlage zu verzeichnen ist.

Hierbei gilt es, Folgendes zu beachten:

- Im Laufe des Wj. erbrachte Einlagen stehen nach **§ 27 Abs. 1 Satz 3 KStG** für eine Verrechnung mit Leistungen des gleichen Wj. noch **nicht** zur Verfügung, da es für die Verrechnung immer auf den **vorangegangenen** Bilanzstichtag ankommt.
- Die Zugänge auf dem steuerlichen Einlagekonto werden **nicht gesellschafterbezogen**, sondern **gesellschaftsbezogen** erfasst. Es ist also durchaus denkbar, dass die Einlagen nur von einem bestimmten Gesellschafter stammen (der aufgrund der Einlage nachträgliche Anschaffungskosten i. S. d. § 17 EStG erhält), die Rückzahlung dieser Einlagen später jedoch anteilig mehreren Gesellschaftern zuzurechnen ist.

1.9.2 Fälle der Bar- bzw. Sachgründung und Einbringungsfälle gemäß § 20 UmwStG

Bei der Bar- bzw. Sachgründung einer Kapitalgesellschaft muss das Nominalkapital der Gesellschaft festgelegt werden. Bei einer GmbH sind dies mindestens 25000 €, bei einer AG mindestens 50000 € und bei einer UG mindestens 1 €.

Soweit bei einer Bar- bzw. Sachgründung oder bei einer Einbringung gem. § 20 UmwStG das in der Eröffnungsbilanz ausgewiesene Eigenkapital das Nennkapital übersteigt, ist der Differenzbetrag als Zugang beim steuerlichen Einlagekonto zu erfassen.

BEISPIEL 1

Aus BMF vom 04.06.2003 BStBl I 2003, 366, Tz. 6:

N bringt sein Einzelunternehmen zu Buchwerten in die neu gegründete G-GmbH steuerlich zum 01.01.2024 ein. Das Eigenkapital des Einzelunternehmens beträgt zum steuerlich relevanten Stichtag (§ 20 Abs. 7 Satz 1 UmwStG) 500000 €.

A erhält anlässlich der Einbringung Anteile an der G-GmbH i. H. v. nominal 100000 €. Der das Nennkapital übersteigende Betrag von (500000 € ./. 100000 € =) 400000 € wird in der Eröffnungsbilanz der G-GmbH zum 01.01.2024 mit 150000 € der Kapitalrücklage und mit 250000 € einer Darlehensverbindlichkeit zugewiesen.

LÖSUNG Das Eigenkapital der steuerlichen Eröffnungsbilanz beträgt 250000 €. Der das Nennkapital übersteigende Betrag von 150000 € ist zum 01.01.2024 als Zugang beim steuerlichen Einlagekonto zu erfassen. Dieser gesondert festgestellte Bestandteil gilt als Bestand des steuerlichen Einlagekontos am Ende des vorangegangenen Wj., d. h. zum 31.12.2023 (§ 27 Abs. 2 Satz 3 HS 2 KStG). **Dies bedeutet Folgendes:** eine offene Gewinnausschüttung/verdeckte Gewinnausschüttung in 2024 ist nach § 27 Abs. 1 Satz 3 KStG bis zur Höhe von 150000 € zwingend mit dem steuerlichen

Einlagekonto zu verrechnen, denn zum 31.12.2023 besteht noch kein ausschüttbarer Gewinn zum 31.12.2023.

BEISPIEL 2

Sonstige Gegenleistungen nach § 20 Abs. 2 Satz 2 Nr. 4 UmwStG

A bringt im Jahr 2024 sein Einzelunternehmen im Wege der Einzelrechtsnachfolge durch Sacheinlage in eine neu gegründete GmbH zum 01.01.2024 gegen Gewährung von Gesellschaftsrechten ein (vgl. nachstehende Übersicht).

LÖSUNG

Das Einzelunternehmen hat ein Eigenkapital i. H. v. …		
… 400 000 €	**… 800 000 €**	**… 2 500 000 €**
Zulässige Gegenleistung: 1. 25 % des Buchwerts = 100 000 € oder 2. 500 000 €, maximaler Buchwert des eingebrachten Betriebsvermögens.	Zulässige Gegenleistung: 1. 25 % des Buchwerts = 200 000 € oder 2. 500 000 €, maximaler Buchwert des eingebrachten Betriebsvermögens.	Zulässige Gegenleistung: 1. 25 % des Buchwerts = 625 000 € oder 2. 500 000 €, maximaler Buchwert des eingebrachten Betriebsvermögens.
Variante 1 günstiger (maximal 400 000 € als sonstige Gegenleistung zulässig).	**Variante 2 günstiger** (maximal 500 000 € als sonstige Gegenleistung zulässig).	**Variante 1 günstiger** (maximal 625 000 € als sonstige Gegenleistung zulässig).
Abzüglich eines Stammkapitals von 25 000 € verbleibt eine maximale Darlehenssumme von 375 000 €.	Abzüglich eines Stammkapitals von 25 000 € ist der verbleibende Betrag i. H. v. 275 000 € der Kapitalrücklage zuzuschreiben.	Abzüglich eines Stammkapitals von 25 000 € ist der verbleibende Betrag i. H. v. 1 850 000 € der Kapitalrücklage zuzuschreiben.
Anderenfalls muss ein Ausgleichsposten gebildet werden.*	Zugang im steuerlichen Einlagekonto (§ 27 KStG) i. H. v. 275 000 €.	Zugang im steuerlichen Einlagekonto (§ 27 KStG) i. H. v. 1 850 000 €.
* vgl. UmwSt-Erlass (BMF vom 11.11.2011 BStBl I 2011, 1314), Rn. 20.09.		

1.9.3 Erhöhungsbetrag i. S. d. § 23 Abs. 2 und 3 UmwStG

Als Einlage ist auch ein Erhöhungsbetrag i. S. d. § 23 Abs. 2 und 3 UmwStG im steuerlichen Einlagekonto zu berücksichtigen. In Einbringungsfällen nach § 20 UmwStG kann die übernehmende Gesellschaft das eingebrachte Betriebsvermögen mit einem unter dem gemeinen Wert liegenden Wert – mindestens dem Buchwert – ansetzen, wenn die Voraussetzungen des § 20 Abs. 2 Satz 2 UmwStG vorliegen. Dieser Wert gilt als Veräußerungspreis des Einbringenden und zugleich als Anschaffungskosten der erhaltenen Anteile. Veräußert der Einbringende innerhalb von sieben Jahren nach der Einbringung die erhaltenen Anteile (§ 22 Abs. 1 Satz 1 UmwStG) oder erfüllt diese Person eine der Voraussetzungen des § 22 Abs. 1 Satz 6 Nr. 1 bis 6 UmwStG, so ist der Veräußerungsgewinn teilweise als sog. **Einbringungsgewinn I** rückwirkend im Jahr der Einbringung von der einbringenden Person zu versteuern. In diesem Fall kann die übernehmende Gesellschaft auf Antrag den nachweislich versteuerten Einbringungsgewinn I als Erhöhungsbetrag ansetzen (§ 23 Abs. 2 und 3 UmwStG). Dieser erhöht z. B. (anteilig) die AfA der einzelnen im Rahmen der Einbringung übernommenen Wirtschaftsgüter.

Nach § 23 Abs. 2 Satz 1 2. HS UmwStG bleibt der Erhöhungsbetrag ohne Auswirkung auf den Gewinn, er ist als Einlage aus dem Einkommen auszuscheiden und erhöht das steuerliche Einlagekonto entsprechend (vgl. Rn. 23.07 UmwSt-Erlass vom 11.11.2011 BStBl I 2011, 1314).

BEISPIEL

Sacheinlage Einzelunternehmen in eine GmbH zum 01.01.2023 nach § 20 UmwStG zum Buchwert von 18 000 €, Stammkapital 25 000 € (stille Reserven sind im Firmenwert vorhanden).

Aktiva	**Steuerbilanz GmbH zum 01.01.2023**		**Passiva**
Betriebsvermögen	18 000 €	Stammkapital	25 000 €
Ausgleichsposten (Rn. 20.20 BMF)	**7 000 €**		
	25 000 €		25 000 €

In 2024 wird aufgrund einer Anteilsveräußerung eine rückwirkende Besteuerung eines Einbringungsgewinns I nach § 22 Abs. 1 UmwStG im VZ 2023 i. H. v. 20 000 € ausgelöst.

LÖSUNG Die übernehmende GmbH kann im **VZ 2024** unter den Voraussetzungen des § 23 Abs. 2 UmwStG eine Buchwertaufstockung i. H. v. insgesamt 20 000 € vornehmen.

1. Schritt:
Buchung in der Bilanz zum 31.12.2024:

Firmenwert	20 000 €	an	Ausgleichsposten	7 000 €
(BW-Aufstockung)			Ertrag	13 000 €

2. Schritt:
Außerbilanzmäßige Abrechnung im Rahmen der Einkommensermittlung für den VZ 2024 i. H. v. 13 000 €.
3. Schritt:
Zugang beim steuerlichen Einlagekonto zum 31.12.2024 nach § 27 KStG i. H. v. 13 000 €.

1.9.4 Leistungen, für die das steuerliche Einlagekonto als verwendet gilt

Sinn und Zweck des steuerlichen Einlagekontos besteht darin, bei einer Leistung (insbesondere) einer Kapitalgesellschaft an den Anteilseigner ermitteln zu können, ob es sich um eine solche Leistung handelt, die zu Einnahmen i. S. v. § 20 Abs. 1 Nr. 1 und 2 EStG führt, oder aber ob es sich um eine nicht steuerbare Einlagenrückgewähr i. S. d. § 20 Abs. 1 Nr. 1 Satz 3 EStG handelt. Vgl. dazu auch 1.1. Wegen der Bedeutung bei anderen Rechtsformen vgl. 1.10.

Im Anrechnungsverfahren war auf Grund der Regelung in § 28 Abs. 3 KStG 1999 eine Verwendungsreihenfolge der Teilbeträge des VEK für die Verrechnung nach § 28 Abs. 2 KStG 1999 vorgegeben. Danach erfolgte die Verwendung des Teilbetrags EK 04 i. d. R. erst nach allen anderen Teilbeträgen.

An dieser Entscheidung hat der Gesetzgeber festhalten wollen. Entsprechendes ergibt sich aus der amtlichen Gesetzesbegründung (BT-Drucks. 14/2683, 125), in der es im besonderen Teil zu § 27 Abs. 1 KStG heißt: »Für die Rückgewähr verdeckter Einlagen ist wie bisher eine Verwendungsreihenfolge vorgesehen. Leistungen der Gesellschaft dürfen erst dann mit dem steuerlichen Einlagekonto verrechnet werden, wenn keine anderen Rücklagen vorhanden sind.«

Zur Umsetzung dieser gesetzgeberischen Entscheidung ist der **ausschüttbare Gewinn** geschaffen worden.

1.9.4.1 Ausschüttbarer Gewinn

Um sicherstellen zu können, dass das steuerliche Einlagekonto erst dann zur Verrechnung von Leistungen zur Verfügung steht, wenn rechnerisch alle anderen Rücklagen verbraucht worden sind, bedurfte es einer Ableitung aus der Bilanz der leistenden Gesellschaft.

Nach **§ 27 Abs. 1 Satz 5 KStG** ist der ausschüttbare Gewinn wie folgt zu ermitteln:

Eigenkapital der Steuerbilanz	
./.	gezeichnetes Kapital
./.	Bestand des steuerlichen Einlagekontos
=	**ausschüttbarer Gewinn**

Die jeweiligen Rechengrößen sind auf den Schluss des **vorangegangenen** Wj. zu berücksichtigen. Soll also für eine Leistung **in 2024** ermittelt werden, ob das steuerliche Einlagekonto als verwendet gilt, so sind bei kalenderjahrgleichem Wj. die Steuerbilanz **per 31.12.2023** und das zu diesem Zeitpunkt festgestellte steuerliche Einlagekonto maßgebend.

Vergleich: Einlagenrückgewähr

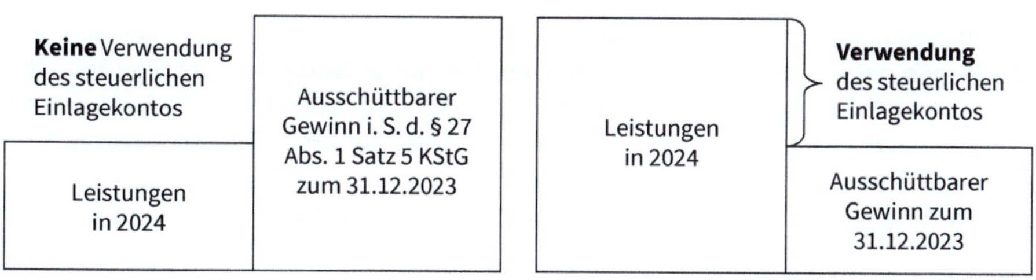

Für die Frage, ob das steuerliche Einlagekonto für Leistungen (insbesondere offene und verdeckte Gewinnausschüttungen sowie Vorabausschüttungen) verwendet wird, ist auf die Bestände zum Ende des vorangegangenen Wirtschaftsjahres abzustellen. Leistungen der Kapitalgesellschaft mindern das steuerliche Einlagekonto nur, soweit die Summe der im Wirtschaftsjahr erbrachten Leistungen den auf den Schluss des vorangegangenen Wirtschaftsjahrs ermittelten ausschüttbaren Gewinn übersteigen (Einlagenrückgewähr nach § 27 Abs. 1 Satz 3 KStG). Vom BFH wurde mit Urteil vom 08.06.2011, I R 69/10, GmbHR 2011, 1108 und vom 30.01.2013, I R 35/11, BStBl II 2013, 560 diese Verwaltungsauffassung – und zwar auch für den Fall einer Vorabausschüttung für ein laufendes Wirtschaftsjahr – ausdrücklich bestätigt.

Auch bei Auflösung und Rückzahlung einer Kapitalrücklage (Buchung: Kapitalrücklage an Bank) gem. § 272 Abs. 2 Nr. 4 HGB kommt ein Direktzugriff auf das steuerliche Einlagekonto ebenfalls **nicht** in Betracht. Denn nach § 27 Abs. 1 Satz 3 KStG gilt die Differenzrechnung (= **gesetzliche Reihenfolge**) für sämtliche Leistungen, unabhängig von ihrer handelsrechtlichen Einordnung. Eine Ausnahme gilt nur für den Fall einer ordentlichen Kapitalherabsetzung (Rückzahlung Nennkapital) i. S. d. § 28 Abs. 2 Sätze 2 und 3 KStG (vgl. auch BFH vom 08.06.2011 I R 69/10, GmbHR 2011, 1108, und vom 30.01.2013 I R 35/11, BStBl II 2013, 560).

BEISPIEL

Eine GmbH mit Wj. = Kj. hat im Jahr 2023 einen Jahresüberschuss von 100 000 € erzielt. In 2024 wurde ein Verlust von 30 000 € erwirtschaftet. Ebenfalls in 2024 haben die Gesellschafter eine Einlage in die Kapitalrücklage i. H. v. 40 000 € geleistet. Dementsprechend ist zum 31.12.2024 das steuerliche Einlagekonto mit 40 000 € festgestellt worden. Das Nennkapital beträgt 25 000 €.

Die Bilanz zum 31.12.2024 weist folgende Zahlen aus:

Aktiva			Passiva
Bank	135 000 €	Nennkapital	25 000 €
		Kapitalrücklage	40 000 €
		Bilanzgewinn	70 000 €
Summe	135 000 €		135 000 €

LÖSUNG Nach dem obigen Berechnungsschema ergibt sich folgender ausschüttbarer Gewinn zum 31.12.2024:

Eigenkapital der Steuerbilanz		135 000 €
gezeichnetes Kapital	./.	25 000 €
Bestand des steuerlichen Einlagekontos	./.	40 000 €
ausschüttbarer Gewinn		**70 000 €**

Anhand dieses (einfachen) Beispiels wird deutlich, dass der ausschüttbare Gewinn der Teil der Rücklagen der Bilanz ist, der **aus erwirtschafteten Gewinnen** stammt. Der Teil, der der Gesellschaft von den Anteilseignern auf Grund gesellschaftsrechtlicher Vereinbarungen – hier Einlage in die Kapitalrücklage – zugeführt wurde, gehört nicht zum ausschüttbaren Gewinn i. S. d. § 27 Abs. 1 Satz 5 KStG.

Für die Ermittlung des ausschüttbaren Gewinns ist auf die Zahlen der Steuerbilanz abzustellen.

Ist der ausschüttbare Gewinn negativ, so ist er mit 0 € zu berücksichtigen. Wegen der Gründe vgl. 1.9. 4. 6.

1.9.4.1.1 Eigenkapital der Steuerbilanz

Das Eigenkapital der Steuerbilanz umfasst die Passivseite der Bilanz, soweit es sich nicht um Fremdkapital handelt. Danach ist das Eigenkapital der Steuerbilanz die Summe aus gezeichnetem Kapital, Kapitalrücklagen, Gewinnrücklagen, Gewinn- bzw. Verlustvortrag und Jahresüberschuss bzw. Jahresfehlbetrag.

Die Ermittlung dieser Rechengröße ist in der Theorie einfach, in der Praxis werden sich allerdings in einer nicht unerheblichen Zahl von Fällen erhebliche Probleme ergeben. Da das Eigenkapital anhand der Steuerbilanz zu ermitteln ist und in der Praxis eine solche überwiegend neben der Handelsbilanz nicht erstellt wird bzw. die Ansätze der erstellten Bilanz nicht in allen Positionen den steuerlichen Vorgaben entsprechen werden, ist es für eine zutreffende Ermittlung des Eigenkapitals der Steuerbilanz erforderlich, diesen Wert in einer Nebenrechnung zu bestimmen. Dies betrifft insbesondere den häufig unzutreffenden Ausweis der Steuerrückstellungen aber natürlich auch den Ansatz aller anderen Bilanzpositionen. Zu denken ist dabei insbesondere an den Ansatz von Beteiligungen an Personengesellschaften, die in der Bilanz regelmäßig mit den Anschaffungskosten ausgewiesen werden, während die steuerlich erforderlichen Anpassungen häufig nicht dargestellt werden.

1.9.4.1.2 Gezeichnetes Kapital

Das gezeichnete Kapital ist bei einer AG und einer KGaA das Grundkapital (§ 6 AktG), bei einer GmbH das Stammkapital (§ 5 GmbHG), bei Genossenschaften in entsprechender Anwendung die Summe der Geschäftsguthaben (§ 7 GenG); vgl. dazu BMF vom 04.06.2003 BStBl I 2003, 366, Tz. 19. Auf die Höhe der tatsächlichen Einzahlungen auf das gezeichnete Kapital kommt es nicht an. Ausstehende Einlagen in das Nennkapital etwa einer GmbH sind also nicht abzusetzen.

Bei denjenigen Körperschaften, die kein gezeichnetes Kapital haben aber gleichwohl zu Führung eines steuerpflichtigen Einlagekontos verpflichtet sind, ist das gezeichnete Kapital mit 0 € anzusetzen.

1.9.4.1.3 Bestand des steuerlichen Einlagekontos

Der Bestand des steuerlichen Einlagekontos richtet sich nach dem Feststellungsbescheid zum Schluss des vorangegangenen Wj. Bei noch nicht durchgeführter Feststellung ist auf den sich aus der Erklärung ergebenden Betrag zurückzugreifen. Wenn der Bestand des steuerlichen Einlagekontos negativ ist, so ist bei der Ermittlung des ausschüttbaren Gewinns ein Betrag von 0 € zu berücksichtigen. Wegen der Gründe vgl. 1.9. 4. 7.

1.9.4.2 Leistungen, die zur Verwendung des steuerlichen Einlagekontos führen können

Nach § 27 Abs. 1 Satz 3 KStG kann sich das steuerliche Einlagekonto mindern, wenn die Kapitalgesellschaft Leistungen erbringt. Eine Leistung in diesem Sinne ist jede Auskehrung der Gesellschaft, die ihre Ursache im Gesellschaftsverhältnis hat.

Nach § 27 KStG gilt die Leistungsverrechnung mit dem steuerlichen Einlagekonto unabhängig von der handelsrechtlichen Einordnung der Leistung uneingeschränkt. Ebenso kann das steuerliche Einlagekonto durch die Verrechnung von Leistungen **nicht negativ werden** (§ 27 Abs. 1 Satz 4 KStG).

Zu den Leistungen gehören insbesondere Gewinnausschüttungen aller Art, also solche, die auf einem den gesellschaftsrechtlichen Vorschriften entsprechenden Beschluss beruhen (sog. ordentliche Gewinnausschüttungen), und zwar sowohl für abgelaufene Wj. als auch Vorabausschüttungen, aber auch sog. andere Gewinnausschüttungen, insbesondere auf Grund von vGA.

Unter den Leistungsbegriff fallen aber z. B. auch Zinsen nach § 21a GenG, Ausgleichszahlungen nach § 304 AktG (vgl. § 16 KStG) und organschaftliche Mehrabführungen, soweit sie auf Geschäftsvorfällen beruhen, die ihre Ursache in vorvertraglicher Zeit haben (§ 14 Abs. 3 Satz 1 KStG).

1.9.4.3 Zeitpunkt der Verrechnung von Leistungen mit dem steuerlichen Einlagekonto

Leistungen sind dann mit dem steuerlichen Einlagekonto zu verrechnen, wenn sie erfolgt bzw. erbracht worden sind. Dies ergibt sich zum einen aus § 27 Abs. 3 Satz 1 KStG, in dem vom »**Erbringen**« von Leistungen die Rede ist, zum anderen aus der Verwendung des Wortes »**erfolgen**« in § 37 Abs. 2 Satz 1 und § 38 Abs. 2 Satz 1 KStG (vgl. H 27 [Abflusszeitpunkt] KStH).

Dies entspricht auch der vom BFH vertretenen Rechtsansicht (BFH vom 09.12.1987 BStBl II 1988, 460).

BEISPIEL

Beschließt eine Kapitalgesellschaft im Wj. = Kj. 2024 eine Gewinnausschüttung für das abgelaufene Wj. 2018 i. H. v. 100 000 € und zahlt sie diesen Betrag auch in 2024 an die Anteilseigner aus, so ist die Differenzrechnung i. S. d. § 27 Abs. 1 Satz 3 KStG und ggf. eine Verrechnung mit dem steuerlichen Einlagekonto vollständig im Jahr 2024 vorzunehmen. Maßgebend dafür ist der ausschüttbare Gewinn zum 31.12.2023.

Zahlt die Gesellschaft allerdings in 2024 nur 40 000 € an die Anteilseigner aus und den Rest in 2025, so ist in 2024 nur der Teilbetrag von 40 000 € mit dem ausschüttbaren Gewinn per 31.12.2023 zu verrechnen, der Restbetrag von 60 000 € ist in 2025 mit dem ausschüttbaren Gewinn per 31.12.2024 zu verrechnen.

Für die Frage der Verwendung des steuerlichen Einlagekontos ist also darauf abzustellen, ob eine **Leistung erbracht** worden ist. Dies ergibt sich aus den Formulierungen in § 27 Abs. 1 Satz 3, § 37 Abs. 2 Satz 1 und § 38 Abs. 1 Satz 4 KStG, wo jeweils auf erbrachte Leistungen bzw. (§ 37 KStG) erfolgte Gewinnausschüttungen abgestellt wird **(s. H 27 [Abflusszeitpunkt] KStH).**

Danach ist bei einer offenen Gewinnausschüttung nicht der Zeitpunkt der Beschlussfassung maßgebend, sondern es kommt auf den Zeitpunkt an, zu dem die entsprechenden Mittel aus dem Vermögen der Körperschaft **abfließen**. Auf den Zuflusszeitpunkt beim Anteilseigner kommt es nicht an, ebenso wenig auf den Zeitpunkt, in dem für Zwecke der KapSt der Zufluss beim Anteilseigner unterstellt wird (§ 44 Abs. 2 EStG).

Basierend auf der einschlägigen Rechtsprechung nennt H 27 [Abflusszeitpunkt] KStH für verschieden Szenarien folgende Zeitpunkte, in denen eine Gewinnausschüttung erfolgt ist bzw. eine Leistung als erbracht gilt:

- bei einer Gewinnausschüttung der Zeitpunkt, in dem die entsprechenden **Mittel abgeflossen** sind, etwa durch Barzahlung, Überweisung oder Scheckhingabe (BFH vom 28.06.1989 BStBl II 1989, 854);
- bei einer **verhinderten Vermögensmehrung** der Zeitpunkt, in dem sich die Vermögensmehrung nach allgemeinen Grundsätzen gewinnerhöhend ausgewirkt hätte (BFH vom 23.06.1993 BStBl II 1993, 801);
- bei **Umwandlung eines Dividendenanspruchs** in eine Darlehensforderung der Zeitpunkt, in dem der Schuldgrund ein anderer ist (Abfluss durch Novation, Schuldumschaffung, BFH vom 09.12.1987 BStBl II 1988, 460);
- bei der **Gutschrift** des Dividendenanspruchs **auf einem Verrechnungskonto** der Zeitpunkt der Gutschrift, zu dem die Gesellschafter über das Verrechnungskonto frei verfügen können (BFH vom 11.07.1973 BStBl II 1973, 806);
- bei der Durchführung des sog. **Schütt-aus-hol-zurück-Verfahrens** ist die Gewinnausschüttung grundsätzlich im Zeitpunkt ihrer Beschlussfassung erfolgt. Dies gilt jedenfalls dann, wenn in dem Gewinnausschüttungsbeschluss zugleich vorbehaltlos die Wiedereinlage der entsprechenden Mittel vereinbart worden ist;
- bei **Aufrechnung** (§ 387 BGB) eines Dividendenanspruchs mit einer bestehenden Verbindlichkeit ist der Zeitpunkt der Aufrechnungserklärung maßgebend. Zivilrechtlich wirkt die Aufrechnung zwar auf den Zeitpunkt zurück, in dem sich die Forderungen erstmals zur

Aufrechnung geeignet gegenüberstehen (§ 389 BGB), für steuerliche Zwecke folgt man diesem Rückbezug jedoch nicht (so im Ergebnis wohl FG Nürnberg vom 18.04.1989 EFG 1989, 535).

1.9.4.4 Die Verrechnung von Leistungen

Die Verrechnung von Leistungen mit dem steuerlichen Einlagekonto ist einfach. § 27 Abs. 1 Satz 3 KStG bestimmt dazu, dass Leistungen nur dann das steuerliche Einlagekonto mindern, soweit die Summe der im Wj. erbrachten Leistungen den **auf den Schluss des vorangegangen Wj.** ermittelten ausschüttbaren Gewinn übersteigt.

Diese sog. **Differenzrechnung** lässt sich schematisch wie folgt veranschaulichen (ermittelt jeweils zum Schluss des vorangegangenen Wj.).

Summe der im Wj. erbrachten Leistungen				100
Eigenkapital der Steuerbilanz		200		
gezeichnetes Kapital	./.	50		
Bestand des steuerlichen Einlagekontos	./.	80		
ausschüttbarer Gewinn		70	./.	70
Verwendung des steuerlichen Einlagekontos i. H. v.				**30**

BEISPIEL

Betragen die Leistungen 7000 € und der ausschüttbare Gewinn 5000 € (Eigenkapital lt. Steuerbilanz 32000 €, gezeichnetes Kapital 25000 €, Bestand des steuerlichen Einlagekontos zum Schluss des vorangehenden Wj. 2000 €), so gelten 2000 € der erbrachten Leistung als aus dem steuerlichen Einlagekonto stammend.

Summe der im Wj. erbrachten Leistungen				7000 €
Eigenkapital der Steuerbilanz		32000 €		
gezeichnetes Kapital	./.	25000 €		
Bestand des steuerlichen Einlagekontos	./.	2000 €		
ausschüttbarer Gewinn		5000 €	./.	5000 €
Verwendung des steuerlichen Einlagekontos i. H. v.				**2000 €**

In Worten ausgedrückt bedeutet die Differenzrechnung, dass eine Verwendung des steuerlichen Einlagekontos immer dann und insoweit erfolgt, als das übrige Eigenkapital (ohne Nennkapital) nicht ausreicht, die Leistung zu finanzieren.

Eine Verwendung des steuerlichen Einlagekontos ist immer nur insoweit möglich, als dass nach Abzug des verwendeten Betrags mindestens ein Bestand von 0 € verbleibt (**vgl.**

§ 27 Abs. 1 Satz 4 KStG). Durch die Differenzrechnung kann **sich niemals ein Negativbestand** beim steuerlichen Einlagekonto ergeben.

Aber: Eine Abkehr von der Differenzrechnung ist allerdings immer dann erforderlich, wenn die sog. Festschreibung der Verwendung eingreift (§ 27 Abs. 5 KStG), die das Ergebnis der Differenzrechnung überlagert.

ÜBERSICHT Differenzrechnung nach § 27 Abs. 1 Satz 3 KStG

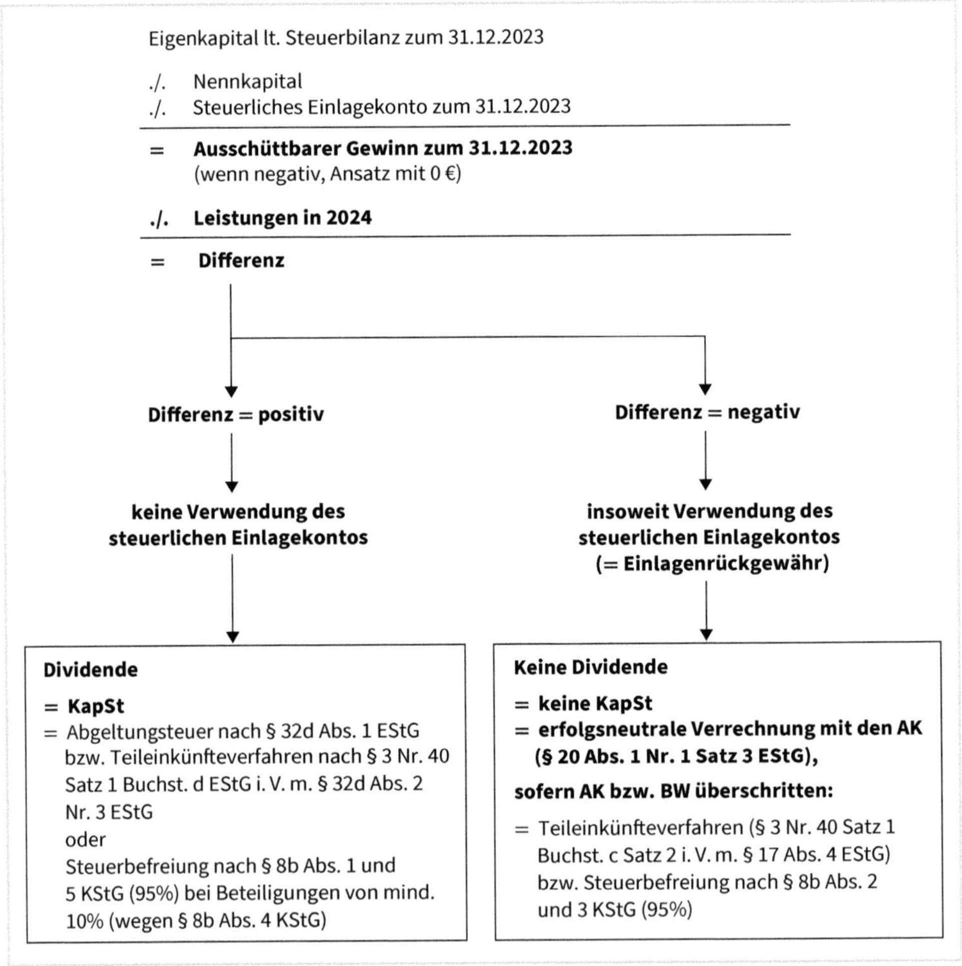

BEISPIEL 1

Zur Differenzrechnung nach § 27 Abs. 1 Satz 3 KStG

Steuerbilanz GmbH zum 31.12.2023

	Nennkapital	50 000 €
	Rücklagen	95 000 €
	im Fall 1:	75 000 €
	im Fall 2:	50 000 €
	im Fall 3:	

Das steuerliche Einlagekonto zum 31.12.2023 beträgt

im Fall 1: 20 000 €
im Fall 2: 20 000 €
im Fall 3: 60 000 €

Es erfolgt eine Gewinnausschüttung (= Leistung) an die Anteilseigner in 2024 i. H. v. 70 000 €. Die Anteile sind Privatvermögen und es liegen Beteiligungen i. S. d. § 17 EStG vor.

	Fall 1	**Fall 2**	**Fall 3**
EK lt. Steuerbilanz zum 31.12.2023	145 000 €	125 000 €	100 000 €
./. Nennkapital	./. 50 000 €	./. 50 000 €	./. 50 000 €
./. Einlagekonto	./. 20 000 €	./. 20 000 €	./. 60 000 €
= ausschüttbarer Gewinn zum 31.12.2023	**75 000 €**	**55 000 €**	**./. 10 000 €** **Ansatz mit 0 €**
./. OGA in 2024 (Leistungen)	./. 70 000 €	./. 70 000 €	./. 70 000 €
= Differenz	**+ 5 00 €**	**./. 15 000 €**	**./. 70 000 €**
Steuerliche Folgen im VZ 2024:	**Keine Verwendung des Einlagekontos,** Einnahmen nach § 20 Abs. 1 Nr. 1 EStG und – im Optionsfall nach § 32d Abs. 2 Nr. 3 EStG – Teileinkünfteverfahren nach § 3 Nr. 40 Satz 1 Buchst. d EStG (**42 000 € sind also steuerpflichtig, 60 % von 70 000 €**).	**Einlagerückzahlung i. H. v. 15 000 €**, die mit den AK i. S. d. § 17 EStG zu verrechnen ist. Einnahmen nach § 20 EStG nur i. H. v. 55 000 €, **steuerpflichtig sind im Optionsfall also 33 000 € (60 % von 55 000 €).**	Die Einlagerückzahlung kann nicht höher sein als der **Bestand des steuerlichen Einlagekontos zum 31.12.2023 i. H. v. 60 000 €.** Insoweit erfolgt eine Verrechnung mit den AK. Der **übersteigende Betrag von 10 000 €** unterliegt bei den AE im Optionsfall dem Teileinkünfteverfahren. **Steuerpflichtig sind also 6 000 €.**

BEISPIEL 2

Zur Verringerung AK i. S. d. § 17 EStG
Der Gesellschafter erhält in 2024 eine Gewinnausschüttung i. H. v. 200 000 €, für die nach § 27 Abs. 1 Satz 3 KStG in voller Höhe das vorhandene steuerliche Einlagekonto verwendet wird. Die Steuerbescheinigung der leistenden GmbH (**vgl. § 27 Abs. 3 KStG und BMF vom 03.12.2014 BStBl I 2015, 1586**) wird deshalb wie folgt ausgefüllt:

»Leistungen aus dem steuerlichen Einlagekonto (§ 27 KStG) = 200 000 €«

Die Anschaffungskosten des Gesellschafters für seine GmbH-Anteile i. S. d. § 17 EStG betragen insgesamt 300 000 €.

LÖSUNG Im vorliegenden Fall verringern sich wegen § 20 Abs. 1 Nr. 1 **Satz 3** EStG im VZ 2024 lediglich die Anschaffungskosten des Gesellschafters i. S. d. § 17 EStG um 200 000 € auf 100 000 €. Kapitalertragsteuer ist nicht zu erheben. Unmittelbare steuerliche Auswirkungen ergeben sich dadurch bei ihm nicht.

BEISPIEL 3

Fall des § 17 Abs. 4 EStG, wenn AK überschritten
Der Gesellschafter erhält in 2024 eine Gewinnausschüttung aus dem steuerlichen Einlagekonto i. H. v. 400 000 €; die Anschaffungskosten auf seine GmbH-Anteile i. S. d. § 17 EStG betragen insgesamt 300 000 €.

LÖSUNG Nach § 17 Abs. 4 Satz 1 EStG i. V. m. § 3 Nr. 40 Satz 1 Buchst. c Satz 2 EStG ist in diesem Fall im VZ 2024 das Teileinkünfteverfahren wie folgt anzuwenden:

Gewinnausschüttung in 2024 aus dem steuerlichen Einlagekonto i. S. d. § 27 KStG	400 000 €
davon Ansatz mit 60 %	**240 000 €**
Anschaffungskosten insgesamt	300 000 €
davon nach § 3c Abs. 2 EStG 60 %	**./. 180 000 €**
Steuerpflichtiger Gewinn § 17 Abs. 4 EStG	**60 000 €**

Aber: keine Berücksichtigung Freibetrag nach § 17 Abs. 3 EStG
Nach Auffassung der Finanzverwaltung kommt in den Fällen des § 17 Abs. 4 EStG der Freibetrag nach § 17 Abs. 3 EStG **nicht** in Betracht. Ebenso FG Sachsen-Anhalt vom 27.04.2023, EFG 2024, 563.

BEISPIEL 4

Anteile im Betriebsvermögen=Verringerung BW der Beteiligung bei Leistung aus dem steuerlichen Einlagekonto
Sachverhalt:

Gesellschafter M

Fall 1: **M = natürliche Person (Besitzunternehmen)**
Fall 2: **M = M-GmbH**

im BV: Anteile an T-GmbH
Buchwert zum 31.12.2023: 80 000 €

Beteiligung ↓ **T-GmbH**

↑ **Leistung in 2024 in Höhe von 200 000 € aus dem steuerlichen Einlagekonto (§ 27 Abs. 1 Satz 3 KStG)**

Der Gesellschafter M bucht in der Bilanz zum 31.12.2024 wie folgt:

Bank 200 000 €	an	**Beteiligung T-GmbH**	**80 000 €**
		Ertrag	**120 000 €**

LÖSUNG:

Fall 1: Besitzunternehmen M

außerbilanzielle Abrechnung nach § 3 Nr. 40 Satz 1 Buchst. a EStG (40 %)	./. 48 000 €
steuerpflichtig im VZ 2024 bei der ESt und der GewSt (vgl. H 9.3 GewStH)	72 000 €

Fall 2: M-GmbH

außerbilanzielle Einkommenskorrektur	
§ 8 b Abs. 2 KStG	./. 120 000 €
§ 8 b Abs. 3 Satz 1 KStG (5 % von 120 000 €)	+ 6 000 €
steuerpflichtig im VZ 2024 bei der KSt und der GewSt	**6 000 €**

Wichtig: In den Fällen des **§ 8b Abs. 2 KStG** kommt die Ausnahmeregelung in **§ 8b Abs. 4 KStG nicht in Betracht** (vgl. BMF vom 28.04.2003, Erlasse zu § 8b Abs. 3, Tz. 6).

1.9.4.5 Verrechnung mehrerer Leistungen in einem Wirtschaftsjahr

Es ist denkbar, dass eine Kapitalgesellschaft in einem Wj. mehrere Ausschüttungen beschließt und die entsprechenden Mittel zur Auszahlung gelangen.

Hier stellt sich die Frage, ob die Ausschüttungen **in einer Summe, oder aber einzeln** – also z.B. in chronologischer Reihenfolge – zu verrechnen sind. Die Beantwortung dieser Frage ist für das Ausstellen der Steuerbescheinigung nach § 27 Abs. 3 KStG von entscheidender Relevanz (vgl. 1.9.4.9).

BEISPIEL

Eine GmbH schüttet 100 000 € am 30.03.2024 an ihre Gesellschafter aus, am 15.06.2024 erfolgt eine weitere Ausschüttung i. H. v. 60 000 €.

Zum 31.12.2023 beträgt
- das Eigenkapital der Steuerbilanz 320 000 €,
- das Nennkapital 150 000 € und
- das steuerliche Einlagekonto 120 000 €.

LÖSUNG Ermittlung des ausschüttbaren Gewinns

Eigenkapital lt. Steuerbilanz		320 000 €
abzüglich Nennkapital	./.	150 000 €
abzüglich steuerliches Einlagekonto	./.	120 000 €
= ausschüttbarer Gewinn		50 000 €

Der ausschüttbare Gewinn beträgt 50 000 €.

1.9.4.5.1 Darstellung dreier Möglichkeiten zur Verrechnung mehrerer Gewinnausschüttungen in einem Wirtschaftsjahr

Im Folgenden werden drei Lösungsmöglichkeiten zur Verrechnung mehrerer Gewinnausschüttungen in einem Wj. vorgestellt.

a) Verrechnung der Leistungen in einer Summe und quotale Verwendung des steuerlichen Einlagekontos

Die Verrechnung der Leistungen in einer Summe und die quotale Verwendung des steuerlichen Einlagekontos ist wie folgt vorzunehmen:

Summe der Leistungen		160 000 €
abzüglich ausschüttbarer Gewinn	./.	50 000 €
Betrag, für den das steuerliche Einlagekonto als verwendet gilt		**110 000 €**

Das nach der Verrechnung verbleibende steuerliche Einlagekonto beträgt 120 000 € ./. 110 000 € = 10 000 €.

b) Einzelne Verrechnung der Leistungen in chronologischer Reihenfolge

Die einzelne Verrechnung der Leistungen in chronologischer Reihenfolge ist wie folgt vorzunehmen:

Leistung zum 30.03.2024		100 000 €
abzüglich ausschüttbarer Gewinn	./.	50 000 €
Betrag, für den das steuerliche Einlagekonto als verwendet gilt		**50 000 €**

Das nach Verrechnung der ersten Gewinnausschüttung verbleibende steuerliche Einlagekonto beträgt 120 000 € ./. 50 000 € = 70 000 €.

Leistung zum 15.06.2024		60 000 €
abzüglich ausschüttbarer Gewinn	./.	50 000 €
Betrag, für den das steuerliche Einlagekonto als verwendet gilt		**10 000 €**

Das nach Verrechnung der zweiten Gewinnausschüttung verbleibende steuerliche Einlagekonto beträgt 70000 € ./. 10000 € = 60000 €.

c) Einzelne Verrechnung der Leistungen in chronologischer Reihenfolge mit modifiziertem ausschüttbaren Gewinn

Die einzelne Verrechnung der Leistungen in chronologischer Reihenfolge mit modifiziertem ausschüttbaren Gewinn ist wie folgt vorzunehmen:

Leistung zum 30.03.2024		100000 €
abzüglich ausschüttbarer Gewinn	./.	50000 €
Betrag, für den das steuerliche Einlagekonto als verwendet gilt		**50000 €**

Das nach Verrechnung der ersten Gewinnausschüttung verbleibende steuerliche Einlagekonto beträgt 120000 € ./. 50000 € = 70000 €.

Nach Verrechnung der ersten Gewinnausschüttung stehen der Gesellschaft für Leistungen an die Anteilseigner nur noch entsprechend geminderte Mittel zur Verfügung. Das Eigenkapital einer entsprechend fiktiven Bilanz betrüge nur noch (320000 € ./. 100000 € =) 220000 €.

Nach Verrechnung der ersten Gewinnausschüttung ist das steuerliche Einlagekonto ebenfalls (fiktiv) entsprechend der ermittelten Verwendung gemindert. Es steht nur noch ein Betrag von (120000 € ./. 50000 € =) 70000 € zur Verfügung.

Daraus ermittelt sich für die Verrechnung der folgenden Gewinnausschüttung ein modifizierter ausschüttbarer Gewinn nach folgender Berechnung:

Eigenkapital lt. fiktiver Steuerbilanz		220000 €
abzüglich Nennkapital	./.	150000 €
abzüglich fiktives steuerliches Einlagekonto	./.	70000 €
modifizierter ausschüttbarer Gewinn		0 €

Der modifizierte ausschüttbare Gewinn beträgt 0 €.

Die Verrechnung der zweiten Gewinnausschüttung mit diesem modifizierten ausschüttbaren Gewinn führt zu folgendem Ergebnis:

Leistung zum 15.06.2024		60000 €
abzüglich ausschüttbarer Gewinn	./.	0 €
Betrag, für den das steuerliche Einlagekonto als verwendet gilt		**60000 €**

Das nach Verrechnung der zweiten Gewinnausschüttung verbleibende steuerliche Einlagekonto beträgt 70000 € ./. 60000 € = 10000 €.

1.9.4.5.2 Verwendung des steuerlichen Einlagekontos in Abhängigkeit verschiedener Berechnungsvarianten

Je nach dargestellter Berechnungsvariante ergibt sich für die Verwendung des steuerlichen Einlagekontos Folgendes:

a) Variante 1 – Quotale Verrechnung

Bei dieser Methode wird die für die Summe aller zu verrechnenden Leistungen ermittelte Verwendung des steuerlichen Einlagekontos im Verhältnis der Einzelleistungen zu dieser Summe aufgeteilt.

Danach ergibt sich für die erste Gewinnausschüttung i. H. v. 100 000 € eine Verwendung des steuerlichen Einlagekontos von 100 000 € × 110 000 € : 160 000 € =	68 750 €
Auf die zweite Gewinnausschüttung entfällt anteilig eine Verwendung des steuerlichen Einlagekontos i. H. v. 60 000 € × 110 000 € : 160 000 € =	41 250 €
In der Summe werden verwendet	**110 000 €**

b) Variante 2 – Chronologische Verrechnung

Bei dieser Methode wird für jede einzelne Leistung eines Wj. die Differenzrechnung gem. § 27 Abs. 1 Satz 3 KStG durchgeführt. Nach den obigen Berechnungen ergibt sich folgende Verwendung des steuerlichen Einlagekontos:

Für die erste Gewinnausschüttung i. H. v. 100 000 € ergibt sich eine Verwendung des steuerlichen Einlagekontos i. H. v.	50 000 €
Für die zweite Gewinnausschüttung i. H. v. 60 000 € ergibt sich eine Verwendung des steuerlichen Einlagekontos i. H. v.	10 000 €
In der Summe werden verwendet	**60 000 €**

c) Variante 3 – Chronologische Verrechnung mit modifiziertem ausschüttbaren Gewinn

Bei dieser Methode wird für jede einzelne Leistung eines Wj. die Differenzrechnung gem. § 27 Abs. 1 Satz 3 KStG durchgeführt. Der ausschüttbare Gewinn der zweiten und weiterer Leistungen wird dabei unter Berücksichtigung zuvor verrechneter Leistungen angepasst:

Für die erste Gewinnausschüttung i. H. v. 100 000 € ergibt sich eine Verwendung des steuerlichen Einlagekontos i. H. v.	50 000 €
Für die zweite Gewinnausschüttung i. H. v. 60 000 € ergibt sich eine Verwendung des steuerlichen Einlagekontos i. H. v.	60 000 €
In der Summe werden verwendet	**110 000 €**

1.9.4.5.3 Bewertung der verschiedenen Verrechnungsmethoden

Die Varianten 1 und 3 führen in der Summe zum selben Ergebnis, bezogen auf die einzelne Leistung differieren alle drei Methoden voneinander.

Variante 1 (quotale Verrechnung) wird von der Finanzverwaltung praktiziert und auch von uns für zutreffend erachtet. Sie entspricht auch der Vorgehensweise unter Geltung des Anrechnungsverfahrens, die der BFH vom 14.03.1990 BStBl II 1990, 651 für die Frage der zeitlichen Zuordnung der KSt-Änderung bestätigt hat. Dort hatte der BFH entschieden: »Führt die Verrechnung [zweier Ausschüttungen mit demselben VEK] sowohl zu einer Körperschaftsteuer-Minderung als auch zu einer Körperschaftsteuer-Erhöhung, so sind beide Beträge anteilig entsprechend dem Verhältnis der Ausschüttungen zueinander auf die Veranlagungszeiträume 1981 und 1982 aufzuteilen.«

Für diese Rechtsauffassung spricht auch, dass in § 27 Abs. 1 Satz 3 KStG von der **Summe der im Wj. erbrachten Leistungen** die Rede ist. Zur Zuordnung von Leistungen des steuerlichen Einlagekontos gemäß § 27 KStG bei Anteilserwerb zu verschiedenen Zeitpunkten – mit unterschiedlichen AK –, vgl. OFD Frankfurt a. M., Vfg. vom 10.12.2018, DStR 2019, 106.

Gegen die Varianten 2 und 3 (chronologische Verrechnung) spricht, dass in § 27 Abs. 1 Satz 3 KStG von der Summe der den ausschüttbaren Gewinn übersteigenden Leistungen die Rede ist. Dagegen wird bei den Varianten 2 und 3 für jede Leistung einzeln geprüft, ob die Differenzrechnung zu einer Verwendung des steuerlichen Einlagekontos führt. Anhand des Beispiels zu Variante 2 ist dabei zu erkennen, dass die Einzelverrechnung der Leistungen in der Summe zu einer verringerten Verwendung des steuerlichen Einlagekontos führt, da jeweils ein Teil der Ausschüttung benötigt wird, um die Größe »ausschüttbarer Gewinn« aufzuwiegen. Entsprechend geringer ist der den ausschüttbaren Gewinn übersteigende Teil der Leistung.

Dieses Manko wird in Variante 3 durch die Modifizierung des ausschüttbaren Gewinns ausgeglichen, allerdings spricht gegen diese Variante bereits der Wortlaut des Gesetzes, nach dem der ausschüttbare Gewinn eine feststehende und keine variable Größe ist.

1.9.4.6 Verrechnung von Leistungen bei einem negativen ausschüttbaren Gewinn

Es ist denkbar, dass der ausschüttbare Gewinn negativ ist. Dies kann dann der Fall sein, wenn das Eigenkapital der Steuerbilanz wegen aufgelaufener Verluste negativ ist. Für die Differenzrechnung nach § 27 Abs. 1 Satz 3 KStG ist der ausschüttbare Gewinn dann mit **0 €** anzusetzen.

BEISPIEL

Eine GmbH mit Wj.=Kj. hat im Jahr 2023 einen Jahresfehlbetrag von ./. 200 000 € erwirtschaftet. Zur teilweisen Abdeckung des Verlustes haben die Gesellschafter noch in 2023 eine Einlage i. H. v. 40 000 € geleistet. Dementsprechend ist zum 31.12.2023 das steuerliche Einlagekonto mit 40 000 € festgestellt worden. Das Nennkapital beträgt 25 000 €.

Die Bilanz zum 31.12.2023 weist folgende Zahlen aus:

Aktiva			Passiva
Bank	65 000 €	Nennkapital	25 000 €
Bilanzverlust	200 000 €	Kapitalrücklage	40 000 €
		Verbindlichkeiten	200 000 €
Summe	265 000 €	Summe	265 000 €

Zum 31.12.2023 ergibt sich folgender ausschüttbarer Gewinn:

Eigenkapital der Steuerbilanz	./.	135 000 €
gezeichnetes Kapital	./.	25 000 €
Bestand des steuerlichen Einlagekontos	./.	40 000 €
ausschüttbarer Gewinn	./.	**200 000 €**

Sofern die GmbH in 2024 eine Gewinnausschüttung i. H. v. 60 000 € vorgenommen hat, ergäbe sich eigentlich folgende Differenzrechnung nach § 27 Abs. 1 Satz 3 KStG:

Leistung		60 000 €
ausschüttbarer Gewinn	./.	200 000 €
Betrag, für den das steuerliche Einlagekonto als verwendet gilt		260 000 €

In einem solchen Fall ist bei der Verrechnung einer Gewinnausschüttung mit dem steuerlichen Einlagekonto der ausschüttbare Gewinn mit **0 €** anzusetzen, da es anderenfalls zu sinnwidrigen Ergebnissen kommt (vgl. BMF vom 04.06.2003 BStBl I 2003, 366, Tz. 14).

Bei wortgetreuer Anwendung der Differenzrechnung im Beispielsfall ergibt sich ein Ergebnis, das mit der Bilanzwirklichkeit nicht in Einklang zu bringen ist. Die Differenzrechnung ist daher in einschränkender Lesart so anzuwenden, dass der ausschüttbare Gewinn mindestens mit 0 € anzusetzen ist.

LÖSUNG Im Beispielsfall ergibt sich dann folgende Berechnung:

Leistung		60 000 €
ausschüttbarer Gewinn	./.	0 €
Betrag, für den das steuerliche Einlagekonto als verwendet gilt		(60 000 €)
höchstens jedoch nach § 27 Abs. 1 Satz 4 KStG der tatsächliche Bestand zum 31.12.2023		**40 000 €**

1.9.4.7 Verrechnung von Leistungen bei negativem Bestand des steuerlichen Einlagekontos

Aus verschiedenen Gründen (vgl. 1.9.4.10, 1.9.4.11 und 1.9.4.12) kann das steuerliche Einlagekonto ausnahmsweise auch **negativ** werden. Ist in einem solchen Fall der ausschüttbare Gewinn wegen der Verrechnung einer erbrachten Leistung zu ermitteln, so ist bei dieser Ermittlung der Bestand des steuerlichen Einlagekontos zum Schluss des vorangegangenen Wj. **nicht mit dem Negativbestand, sondern gleichwohl mit 0 €** zu berücksichtigen. Vgl. auch BMF vom 04.06.2003 BStBl I 2003, 366, Tz. 14, 21.

1.9.4.8 Verrechnung von Leistungen bei bestehender Einlageforderung

Nach BMF vom 04.06.2003 BStBl I 2003, 366, Tz. 26 erhöhen Einlagen das steuerliche Einlagekonto erst bei Zufluss (vgl. dazu 1.9.1).

Dies führt bei der Verrechnung einer Leistung mit dem steuerlichen Einlagekonto zu einem Ergebnis, das von dem auf Grund des Bilanzbildes zu erwartendem Ergebnis erheblich abweicht.

BEISPIEL

Eine G-GmbH erhält von ihrem alleinigen Gesellschafter A am 30.09.2023 die verbindliche Zusage, dieser werde der Gesellschaft im Wege der Einlage einen Geldbetrag i. H. v. 100 000 € zuführen. Die tatsächliche Zahlung durch Überweisung auf das Gesellschaftskonto erfolgt am 01.04.2024. Das Wj. der G-GmbH endet jeweils am 31.12. eines Jahres.

Zum 31.12.2023 ist die Zusage des A als Vermögensgegenstand zu aktivieren. Die Buchung am 30.09.2018 lautete:

Forderung an Kapitalrücklage 100 000 €.

Vereinfacht ergibt sich folgende Bilanz zum 31.12.2023:

Aktiva			Passiva
Bank	25 000 €	Nennkapital	25 000 €
Forderung Gesellschafter	100 000 €	Kapitalrücklage	100 000 €
	125 000 €		125 000 €

Aber: Bei gleichbleibender Buchung in 2023 ist die Einlage allerdings erst in 2024 auf dem steuerlichen Einlagekonto zu erfassen, da erst durch die tatsächliche Zahlung am 01.04.2019 ein Zufluss der Einlage zu verzeichnen ist. Sofern die GmbH 100 000 € in 2024 ausschütten wollte, ergäbe sich folgende Differenzrechnung i. S. d. § 27 Abs. 1 Satz 3 KStG:

In diesem Fall betrüge der ausschüttbare Gewinn (125 000 € Eigenkapital lt. Steuerbilanz abzüglich 25 000 € Nennkapital und abzüglich 0 € steuerliches Einlagekonto =) 100 000 €.

Die Gewinnausschüttung überstiege den ausschüttbaren Gewinn nicht, so dass beim Anteilseigner mangels Verwendung des steuerlichen Einlagekontos die gesamte Gewinnausschüttung zu steuerpflichtigen Einnahmen i. S. d. § 20 Abs. 1 Nr. 1 Satz 1 EStG führen würde.

Anhand des vorstehenden Beispiels ist zu erkennen, dass ein **bloßes Einlageversprechen** zwar das Eigenkapital in der Steuerbilanz erhöht, sich aber daraus nicht eine andere Ermittlung des ausschüttbaren Gewinns ergibt, die zu einer Verwendung des steuerlichen Einlagekontos für Leistungen führt, da Einlagen nur dann auf dem steuerlichen Einlagekonto erfasst werden, wenn sie tatsächlich geleistet worden sind.

1.9.4.9 Steuerbescheinigung

Auch das Teileinkünfteverfahren kommt ohne das Instrument der Steuerbescheinigung nicht aus. Ursache dafür ist, dass die Tatsache der Verwendung des steuerlichen Einlagekontos auf der Seite der eine Leistung erbringenden Körperschaft zum Anteilseigner transportiert werden muss, damit im Rahmen dessen Veranlagung eine Besteuerung insoweit unterbleibt, als eine Leistung aus dem steuerlichen Einlagekonto stammt **(§ 20 Abs. 1 Nr. 1 Satz 3 EStG)**. Ggf. ergeben sich auch Konsequenzen für die Anwendung des § 17 EStG bzw. für den Buchwertansatz der Beteiligung bei bilanzierenden Anteilseignern.

Das Gesetz regelt dazu in § 27 Abs. 3 und 4 KStG das Prozedere des Ausstellens einer Steuerbescheinigung.

Das BMF wird durch § 27 Abs. 3 Satz 1 KStG i. V. m. § 33 Abs. 2 Nr. 1 KStG ermächtigt, das amtliche Muster der Steuerbescheinigung im Einvernehmen mit den obersten Finanzbehörden der Länder zu bestimmen. Davon hat das BMF Gebrauch gemacht und mit dem **amtlichen Muster II** im BMF-Schreiben vom 03.12.2014 (BStBl I 2014, 1586) ein Muster der Steuerbescheinigung veröffentlicht.

Nach § 27 Abs. 3 KStG ist eine Kapitalgesellschaft (über § 27 Abs. 7 KStG auch andere Körperschaften) verpflichtet, für eigene Leistungen, die nach § 27 Abs. 1 Satz 3 KStG als Abgang auf dem steuerlichen Einlagekonto zu berücksichtigen sind eine Steuerbescheinigung zu erteilen.

Das bedeutet, dass Leistungen, die nach Durchführung der Differenzrechnung (vgl. 1.9.4.4) zu einer vollständigen oder teilweisen Verwendung des steuerlichen Einlagekontos führen, zu bescheinigen sind. Kommt es nach der Durchführung der Differenzrechnung zu keiner Verwendung des steuerlichen Einlagekontos, so ist das Ausstellen einer Steuerbescheinigung **nach § 27 KStG entbehrlich**, da dies nur bei Verwendung des steuerlichen Einlagekontos vorgesehen ist.

Weiter ist wegen § 45a EStG in jedem Fall eine entsprechende Steuerbescheinigung für Zwecke der KapSt auszustellen. Wegen der Einzelheiten dazu, vgl. BMF vom 19.05.2022 (BStBl I 2022, 742). Für die Berichtigung der KapSt-Bescheinigung nach § 45a Abs. 2 EStG sind die Regelungen des § 45a Abs. 5 und 6 EStG zu beachten, hinsichtlich der Haftung Abs. 7 der Vorschrift.

Die Bescheinigung nach § 27 Abs. 3 KStG muss enthalten:

- den Namen und die Anschrift des Anteilseigners,
- die Höhe der Leistungen, soweit das steuerliche Einlagekonto gemindert wurde,
- den Zahlungstag.

Eine Unterschrift ist nicht erforderlich, wenn die Bescheinigung in einem maschinellen Verfahren erstellt wurde und der Aussteller erkennbar ist.

Da der Zahlungstag in der Steuerbescheinigung angegeben werden muss, kann die Bescheinigung erst nach diesem Tag erstellt werden.

Sind in einem Veranlagungszeitraum mehrere Leistungen unter Verwendung des steuerlichen Einlagekontos bewirkt worden, so ist **für jede Leistung** (und jeden Anteilseigner) eine **gesonderte Bescheinigung** zu erteilen.

Deswegen kommt es bei mehreren Leistungen in einem Veranlagungszeitraum entscheidend darauf an, nach welcher Methode die gesamte Verwendung des steuerlichen Einlagekontos auf die Einzelleistungen verteilt wird.

Zutreffend ist, alle Leistungen eines Wj. in einer Summe mit dem steuerlichen Einlagekonto zu verrechnen und die sich ergebenden Verwendung des steuerlichen Einlagekontos im Verhältnis der Leistungen zueinander auf diese aufzuteilen. Vgl. insoweit die Ausführungen unter 1. 9. 4. 5. Im Interesse einer zutreffenden Bescheinigung der Verwendung des steuerlichen Einlagekontos erscheint es angebracht, entsprechende Bescheinigungen erst dann auszustellen, wenn das Wj., in dem Leistungen erbracht worden sind, abgelaufen ist.

Die Bescheinigung ist den Anteilseignern auszustellen. Wer als Anteilseigner gilt, ist in § 20 Abs. 5 EStG geregelt. Danach ist Anteilseigner, wem die Anteile gem. § 39 AO im Zeitpunkt des Gewinnverteilungsbeschlusses zuzurechnen sind. Das ist in der Regel der zivilrechtliche Eigentümer (§ 39 Abs. 1 AO), kann aber auch eine dritte Person sein. Im Gesetz ausdrücklich geregelt ist die anderweitige Zurechnung für Fälle des Nießbrauchs und des Bestehens eines Pfandrechts (§ 20 Abs. 5 Satz 3 EStG).

Wegen der Bescheinigung einer Einlagenrückgewähr durch Körperschaften oder Vermögensmassen, die in einem anderen Mitgliedstaat der EU unbeschränkt steuerpflichtig sind, vgl. 1.11.

1.9.4.10 Festschreibung der bescheinigten Verwendung des steuerlichen Einlagekontos, Haftung bei unzutreffend ausgestellter Bescheinigung, Berichtigung von Steuerbescheinigungen

Sinn und Zweck der Sonderregelung in § 27 Abs. 5 KStG ist es, die Verringerung des steuerlichen Einlagekontos auf Seiten der leistenden Körperschaft und der steuerlichen Behandlung auf der Anteilseignerseite miteinander in Einklang zu bringen und dieses Gleichgewicht auch im Falle von später berichtigt erteilten Steuerbescheinigungen aufrecht zu erhalten. Darüber hinaus wird nunmehr die Erhebung von KapSt in zutreffender Höhe – ggf. im Haftungswege – sichergestellt.

1.9.4.10.1 Festschreibung bei zu niedriger Bescheinigung der Minderung des Einlagekontos

§ 27 Abs. 5 **Satz 1** KStG regelt für den Fall einer zu niedrigen Bescheinigung der Minderung des steuerlichen Einlagekontos (durch eine Leistung i. S. d. § 27 Abs. 1 Satz 3 KStG), dass die der Bescheinigung zugrunde gelegte Verwendung **unverändert** bleibt.

Dies bedeutet auf der Seite der leistenden Körperschaft die Festschreibung einer zu geringen Minderung des steuerlichen Einlagekontos, gleichzeitig eine entsprechend höher einzubehaltende KapSt.

Für den Anteilseigner, der die Anteile im Privatvermögen hält, ergibt sich insoweit eine höhere Einnahme i. S. d. § 20 Abs. 1 Nr. 1 EStG, die im Wege der Abgeltungsteuer nach § 32d Abs. 1 EStG bzw. im Optionsfall nach § 32d Abs. 2 Nr. 3 EStG dem Teileinkünfteverfahren nach § 3 Nr. 40 EStG unterliegt. Die entsprechend höher bescheinigte KapSt wird im Optionsfall nach § 32d Abs. 2 Nr. 3 EStG auf die festzusetzende ESt angerechnet.

Ist Anteilseigner eine Körperschaft, so erzielt auch diese höhere Einnahmen i. S. d. § 20 Abs. 1 Nr. 1 EStG, die bei ihr nach § 8b Abs. 1 KStG steuerfrei zu stellen sind (**Ausnahme:** Streubesitzdividende i. S. d. § 8b Abs. 4 KStG). In Höhe des zu geringen Ausweises der Einlagekontenverwendung ist der Buchwert der Beteiligung abzustocken, es ergibt sich insoweit also eine geringere gewinnneutrale Vereinnahmung der Dividende, da in Höhe der Verwendung des steuerlichen Einlagekontos »Bank an Beteiligung« zu buchen ist. Die entsprechend höher bescheinigte KapSt wird ebenfalls auf die festzusetzende KSt angerechnet.

BEISPIEL

Eine KapGes bescheinigt ihrem Anteilseigner anlässlich einer Gewinnausschüttung i. H. v. 3 000 €, dass die Ausschüttung i. H. v. 1 000 € aus dem steuerlichen Einlagekonto erfolgt. Zutreffend wäre eine Bescheinigung der Minderung des Einlagekontos i. H. v. 2 000 € gewesen.

LÖSUNG Ungeachtet der zu niedrigen Bescheinigung der Minderung des steuerlichen Einlagekontos ist das Einlagekonto der leistenden Gesellschaft i. R. d. Feststellung nach § 27 Abs. 1 Satz 2 KStG nur um 1 000 € zu verringern (§ 27 Abs. 5 Satz 1 KStG). Dieser Betrag ist auch der Besteuerung des Anteilseigners hinsichtlich der Höhe einer nicht steuerbaren Einlagenrückgewähr zugrunde zu legen. Der eigentlich zutreffend zu bescheinigende Betrag i. H. v. 2 000 € bleibt auf beiden Seiten unberücksichtigt.

1.9.4.10.2 Fiktion einer bescheinigten Einlagerückgewähr i. H. v. 0 €

Wie in Fällen zu verfahren ist, in denen die Verwendung des steuerlichen Einlagekontos **gar nicht** – also auch nicht explizit mit 0 € – bescheinigt wurde, ist durch § 27 Abs. 5 **Satz 2** KStG eindeutig geregelt.

Im Regelfall erteilt die leistende Körperschaft unmittelbar nach Erbringen einer Leistung eine Steuerbescheinigung an den Anteilseigner. Ggf. wird die Steuerbescheinigung auch erst nach Ablauf des Wj. der Leistung erteilt (vgl. 1.9.4.9). Anhand der dabei bescheinigten Verwendung des steuerlichen Einlagekontos werden u. a. die Folgerungen hinsichtlich der Festschreibung der Verwendung des Einlagekontos gezogen.

Um auch in den Fällen, in denen eine Steuerbescheinigung (noch) nicht erteilt wurde, eine verlässliche Rechengröße zu erlangen, sieht § 27 Abs. 5 Satz 2 KStG vor, dass die bescheinigte Einlagenrückgewähr mit 0 € anzunehmen ist, wenn eine Steuerbescheinigung bis zur Bekanntgabe des erstmaligen Bescheids über die gesonderte Feststellung des steuerlichen Einlagekontos für das Wj., in dem die Leistung erbracht wurde, nicht erteilt wurde. Für die Anwendung des § 27 Abs. 5 Satz 2 KStG ist auf die »**jeweilige Leistung**« und nicht auf die Summe aller Leistungen abzustellen.

Im Ergebnis dieser Regelung verbleibt der leistenden Körperschaft genügend Zeit, sich über die steuerlich relevanten Umstände – etwa die Höhe des ausschüttbaren Gewinns – ein verlässliches Bild zu verschaffen, da es in aller Regel erst dann zu einer Bekanntgabe des Feststellungsbescheids kommt, wenn die betroffene Körperschaft ihre entsprechende Feststellungserklärung dem Finanzamt eingereicht hat.

Für den Anteilseigner ist demzufolge die gesamte Leistung Einnahme i. S. d. § 20 Abs. 1 Nr. 1 EStG, ohne dass diese ganz oder zum Teil eine nicht steuerbare Einlagenrückgewähr darstellt.

BEISPIEL

Eine Kapitalgesellschaft bewirkt im Wj. 2024 eine Gewinnausschüttung i. H. v. 1000 € an ihren Anteilseigner. Das steuerliche Einlagekonto zum 31.12.2023 wurde i. H. v. 2000 € gesondert festgestellt. Nach der Differenzrechnung des § 27 Abs. 1 Satz 3 KStG mindert diese Leistung i. H. v. 700 € das steuerliche Einlagekonto. Die Kapitalgesellschaft erteilt keine Steuerbescheinigung an den Anteilseigner. In 2024 erlässt das Finanzamt auf Basis der eingereichten Steuererklärungen u. a. den erstmaligen Bescheid über die gesonderte Feststellung des steuerlichen Einlagekontos.

LÖSUNG Grundsätzlich wäre das steuerliche Einlagekonto zum 31.12.2024 um 700 € vermindert i. H. v. 1300 € gesondert festzustellen, da die Kapitalgesellschaft insoweit eine Leistung erbracht hat, die das steuerliche Einlagekonto mindert.

Allerdings gilt nach § 27 Abs. 5 Satz 2 KStG der Betrag der Einlagenrückgewähr als mit 0 € bescheinigt, da die Kapitalgesellschaft bis zur Bekanntgabe des Bescheids über die gesonderte Feststellung des steuerlichen Einlagekontos eine Steuerbescheinigung nicht erteilt hat.

Demzufolge unterbleibt eine Verringerung des steuerlichen Einlagekontos aufgrund der Leistung und es ist unverändert mit 2000 € gesondert festzustellen. Der Anteilseigner erzielt steuerpflichtige Einnahmen i. S. d. § 20 Abs. 1 Nr. 1 EStG i. H. v. 2000 €, die nach § 8b Abs. 1 i. V. m. Abs. 4 KStG bzw. nach § 32d Abs. 1 oder § 3 Nr. 40 EStG zu erfassen sind.

Hinweis: Nach dem BFH-Beschluss vom 11.07.2018, I R 30/16, DStR 2018, 2569, bestehen gegen die Ausgestaltung des § 27 Abs. 5 Satz 1 bis 3 KStG keine verfassungsrechtlichen Bedenken. Der BFH bestätigt damit das Urteil vom 11.02.2015, I R 3/14, BStBl II 2015, 816.

1.9.4.10.3 Keine Berichtigung oder erstmalige Erteilung einer Steuerbescheinigung bei zu geringer Bescheinigung der Minderung des Einlagekontos

§ 27 Abs. 5 KStG soll einen Gleichklang zwischen steuerlicher Behandlung auf Seiten der leistenden Körperschaft und der Anteilseignerebene sicherstellen. Dies macht es erforderlich, dass die einmal vollzogene steuerliche Behandlung nicht durch spätere Ereignisse außerhalb der Finanzamtssphäre eine Veränderung erfährt, die das »festgeschriebene« Ergebnis verändert.

Daher sieht § 27 Abs. 5 **Satz 3** KStG vor, dass in Fällen des § 27 Abs. 5 Sätze 1 und 2 KStG – also bei zu geringer Bescheinigung der Verwendung des steuerlichen Einlagekontos oder bei fingierter Bescheinigung der Verwendung desselben i. H. v. 0 € – eine bereits erteilte Steuerbescheinigung nicht berichtigt, bzw. eine erstmalige Steuerbescheinigung nicht mehr erteilt werden darf.

Ohne diese Regelung wäre es möglich, später eine Steuerbescheinigung mit höherem Ausweis der Verwendung des steuerlichen Einlagekontos zu erteilen, ohne dass das Finanzamt der leistenden Körperschaft hiervon erfährt. In der Folge bliebe es bei der ungeminderten Feststellung des steuerlichen Einlagekontos, während auf der Anteilseignerseite die erstmalige oder berichtigte Steuerbescheinigung mit Ausweis der Verwendung des steuerlichen Einlagekontos in der dortigen Veranlagung zur Berücksichtigung von nicht steuerbaren Einnahmen i. S. d. § 20 Abs. 1 Nr. 1 Satz 3 EStG führen würde.

In späteren Jahren wäre es dann möglich, das noch bestehende Einlagekonto – dann zutreffend – zur Erbringung einer Einlagenrückgewähr zu verwenden, so dass der Anteilseigner im Ergebnis unzutreffend zweimal nicht steuerbare Einnahmen erzielen würde.

1.9.4.10.4 Haftung für die Kapitalertragsteuer bei zu hohem Ausweis der Minderung des Einlagekontos

Für den Fall eines zu hohen Ausweises der Minderung des steuerlichen Einlagekontos in erteilten Steuerbescheinigungen geht das Gesetz einen anderen Weg.

§ 27 Abs. 5 **Satz 4** KStG sieht für diesen Fall vor, dass für den überhöht ausgewiesenen Betrag der Einlagenrückgewähr die darauf entfallende KapSt durch Haftungsbescheid gegenüber der leistenden Körperschaft geltend zu machen ist. Dabei ist die Exkulpationsregelung des § 44 Abs. 5 Satz 1 2. HS EStG nicht anzuwenden. Diese schließt eine Haftung aus, wenn der Schuldner der KapSt nachweist, dass er seine Pflichten bezüglich des Einbehaltens der KapSt weder vorsätzlich noch grob fahrlässig verletzt hat. Die Haftungsregelung des § 27 Abs. 5 Satz 4 KStG ist damit verschuldensunabhängig.

Nach FG Berlin vom 25.05.2004 EFG 2004, 1551 ist der Anspruch gegenüber der Körperschaft geltend zu machen, für deren Leistung Steuerbescheinigungen erstellt wurden. Eine Inanspruchnahme des Geschäftsführers o.Ä. kommt in aller Regel nicht in Betracht.

Wird die Minderung des steuerlichen Einlagekontos in einer Steuerbescheinigung zu hoch ausgewiesen, so führt dies auf der Anteilseignerseite zur Berücksichtigung einer überhöhten Einlagenrückgewähr und von zu geringen steuerpflichtigen Einnahmen i. S. d. § 20 Abs. 1 Nr. 1 EStG. Dieses unzutreffende Ergebnis wird durch die Inanspruchnahme der leistenden Körperschaft für die zu wenig einbehaltene KapSt korrigiert, als die im Haftungswege nacherhobene KapSt im Ergebnis die Besteuerung auf der Anteilseignerebene insoweit ersetzt. Die Regelung führt in der Gesamtbetrachtung zu keiner Besteuerung in exakt zutreffender Höhe. Sie hat insoweit einen pauschalen Charakter.

Die im Haftungswege nacherhobene KapSt ist beim Anteilseigner grundsätzlich nicht anrechenbar, da dies eine berichtigte Steuerbescheinigung der leistenden Körperschaft voraussetzt. Damit hat die nacherhobene KapSt – anders als üblich – eine abgeltende Wirkung und führt somit pauschal zu einer zutreffenden Gesamtsteuerbelastung.

BEISPIEL

Eine Kapitalgesellschaft bewirkt im Wj. 2024 eine Gewinnausschüttung i.H.v. 10000 € an ihren Anteilseigner. Ein steuerliches Einlagekonto zum 31.12.2023 besteht nicht. Nach § 27 Abs. 1 Satz 3 KStG mindert die Leistung i.H.v. 10000 € demnach das steuerliche Einlagekonto nicht. Gleichwohl erteilt die Kapitalgesellschaft ihrem Anteilseigner eine Steuerbescheinigung, in der die Leistung i.H.v. 4000 € als aus dem steuerlichen Einlagekonto stammend bescheinigt wird.

LÖSUNG Das Finanzamt der Kapitalgesellschaft nimmt diese für die nicht angemeldete und abgeführte KapSt auf den Betrag von 4000 € nach § 27 Abs. 5 Satz 4 KStG durch Haftungsbescheid in Anspruch. Das Verschulden der Kapitalgesellschaft oder deren Geschäftsführung sind dabei unbeachtlich. Der Betrag der Inanspruchnahme beträgt 25 % von 4000 € gleich 1000 €.

Da es bei der fehlerhaften Steuerbescheinigung verbleibt, ist die nacherhobene KapSt nicht i. R. d. Veranlagung des Anteilseigners auf dessen Steuer anrechenbar.

1.9.4.10.5 Berichtigung einer Steuerbescheinigung bei zu hoher Bescheinigung der Minderung des Einlagekontos

Anders als bei zu geringer Bescheinigung der Minderung des steuerlichen Einlagekontos ist bei einem zu hohen Ausweis die Berichtigung der Bescheinigung nach § 27 Abs. 5 **Satz 5** KStG zulässig, aber nicht zwingend erforderlich.

Wird eine Steuerbescheinigung mit zu hohem Ausweis der Minderung des steuerlichen Einlagekontos nicht berichtigt, so verbleibt es bei den in 1.9.4.10.4 dargestellten steuerlichen Folgen.

Im Falle einer Berichtigung der Steuerbescheinigung ergeben sich folgende Auswirkungen:

- Der Ausweis der Verwendung des steuerlichen Einlagekontos erfolgt nunmehr in zutreffender Höhe.
- Die leistende Kapitalgesellschaft kann ihre KapSt-Anmeldung berichtigen und die bislang nicht abgeführte KapSt entrichten. Durch eine berichtigte KapSt-Anmeldung entfällt die Haftungsinanspruchnahme der Kapitalgesellschaft, da Haftungsansprüche gegenüber Steueransprüchen subsidiär sind.

Hier ergibt sich nun das Problem, dass das die angemeldete KapSt nicht mehr im Zeitpunkt der Dividendenzahlung vom Zahlbetrag einbehalten werden kann, da die Zahlung bereits erfolgt ist. Da es sich auch nicht um einen Fall des § 44 Abs. 1 Satz 7 EStG (Anforderung der Mittel zur Abführung der KapSt bei Sachdividenden) handelt, kann die abzuführende KapSt ggf. auch nicht beim Anteilseigner eingefordert werden. In diesem Fall wird die Körperschaft die abzuführende KapSt aus eigenen Mitteln aufbringen müssen, was in der Folge ggf. zur Annahme einer **vGA** führt. Die nunmehr zutreffend angemeldete und abgeführte KapSt kann dann in der berichtigten Steuerbescheinigung ausgewiesen werden und führt beim Anteilseigner zu einer entsprechend höheren Anrechnung bei gleichzeitig höheren Einnahmen i. S. d. § 20 Abs. 1 Nr. 1 EStG.

1.9.4.10.6 Anpassung der Feststellung des steuerlichen Einlagekontos an die der Haftungsinanspruchnahme zugrunde liegende Einlagenrückgewähr

Durch die Haftungsinanspruchnahme der leistenden Körperschaft (vgl. 1.9.4.10.5) erfolgt gedanklich eine Korrektur dergestalt, dass die bislang unzutreffend zu hoch bescheinigte Einlagenrückgewähr nunmehr zutreffend geringer erfolgt. Dies umfasst zwingend zugleich die Annahme entsprechend höherer Leistungen, die nicht aus dem steuerlichen Einlagekonto stammen.

In der Folge ist es also erforderlich, das steuerliche Einlagekonto, welches durch die überhöhte Bescheinigung der Einlagenrückgewähr in zu großem Umfang gemindert wurde, den zutreffenden Gegebenheiten anzupassen.

Eine entsprechende gesetzliche Regelung dafür enthält § 27 Abs. 5 **Satz 6** KStG. Danach ist die gesonderte Feststellung desjenigen Wj., in dem die Leistung erfolgt ist, an das zutreffende Ergebnis anzupassen. Der erforderliche Umfang der Korrektur ergibt sich mittelbar aus der Haftungsinanspruchnahme wegen KapSt, die insoweit erfolgt, wie keine Leistungen erbracht wurden, die mit dem steuerlichen Einlagekonto zu verrechnen waren.

> **BEISPIEL**
>
> Eine Kapitalgesellschaft bewirkt im Wj. 2024 eine Gewinnausschüttung i. H. v. 10 000 € an ihren Anteilseigner. Der Bestand des steuerlichen Einlagekontos zum 31.12.2023 beträgt 4 000 €. Nach der Formel des § 27 Abs. 1 Satz 3 KStG soll die Leistung i. H. v. 10 000 € das steuerliche Einlagekonto um 1 000 € mindern. Gleichwohl erteilt die Kapitalgesellschaft ihrem Anteilseigner eine Steuerbescheinigung, in der die Leistung i. H. v. 2 000 € als aus dem steuerlichen Einlagekonto stammend bescheinigt wird.

Das steuerliche Einlagekonto wird zunächst erklärungsgemäß mit 2000 € (Bestand 31.12.2023: 4000 € ./. Verwendung für Leistung i. H. v. 2000 €) zum 31.12.2024 gesondert festgestellt. Der Fehler wird anlässlich einer späteren Überprüfung des Sachverhalts aufgedeckt.

LÖSUNG Das Finanzamt der Kapitalgesellschaft nimmt diese für die nicht angemeldete und abgeführte KapSt auf den Betrag von 1000 € nach § 27 Abs. 5 Satz 4 KStG durch Haftungsbescheid in Anspruch. Der Betrag der Inanspruchnahme beträgt 25 % von 1000 € gleich 250 €.

Das steuerliche Einlagekonto wurde bislang um einen Betrag von 2000 € an Leistungen gemindert, die aus dem steuerlichen Einlagekonto stammten. Nunmehr muss die Feststellung gem. § 27 Abs. 5 Satz 6 KStG an die Haftungsinanspruchnahme angepasst werden. Diese erfolgte i. H. v. 250 € für Leistungen i. H. v. 1000 €, so dass das steuerliche Einlagekonto nunmehr berichtigt um 1000 € höher mit 3000 € gesondert festzustellen ist.

Unklar ist die formale Qualität der Regelung in § 27 Abs. 5 Satz 6 KStG hinsichtlich der Frage, ob es sich dabei um eine eigenständige Änderungsvorschrift für die gesonderte Feststellung handelt. Die Verwendung der Worte »Die Feststellung … ist … anzupassen« ist eher untechnischer Natur, da in den Regelungen der AO zur Änderung bzw. Berichtigung von Verwaltungsakten regelmäßig die Begriffe »Aufhebung«, »Änderung« oder »Berichtigung« verwendet werden. Naheliegender erscheint u. E., in der Haftungsinanspruchnahme im Hinblick auf die gesonderte Feststellung des steuerlichen Einlagekontos ein rückwirkendes Ereignis i. S. d. § 175 Abs. 1 Satz 1 Nr. 2 AO zu sehen, und die Änderung der Feststellung auf diese Norm zu stützen.

In der steuerlichen Beratungspraxis von Kapitalgesellschaften ergeben sich vor allem die nachstehend dargestellten Gefahren im Umgang mit dem steuerlichen Einlagekonto i. S. v. § 27 KStG.

	Zugänge im Einlagekonto wurden nicht erklärt	**Für Leistungen bis zur erstmaligen Feststellung wurde keine Steuerbescheinigung erteilt**	**Für Leistungen wurde kein Abgang aus dem steuerlichen Einlagekonto erklärt**
Feststellung	Ist der Feststellungsbescheid (§ 27 Abs. 2 KStG) für das Jahr der Einlage (Zuflussjahr) materiell bestandskräftig, kann ein Zugang nicht mehr nachgeholt werden (allenfalls über eine Berichtigung nach § 129 AO; hierzu ist die Rechtsprechung aber sehr uneinheitlich und einzelfallgeprägt).	Festschreibung einer Verwendung mit 0 € (§ 27 Abs. 5 Satz 2 KStG).	Nichtfeststellung des Abgangs im Einlagekonto hat Bindungswirkung für den Anteilseigner*.
Folgen	Künftige Ausschüttungen können insoweit nicht aus dem Einlagekonto erfolgen.	Keine (steuerfreie) Einlagenrückgewähr möglich; dies gilt auch dann, wenn der Feststellungsbescheid AO-rechtlich noch geändert werden könnte.	Keine (steuerfreie) Einlagenrückgewähr möglich.

	Zugänge im Einlagekonto wurden nicht erklärt	Für Leistungen bis zur erstmaligen Feststellung wurde keine Steuerbescheinigung erteilt	Für Leistungen wurde kein Abgang aus dem steuerlichen Einlagekonto erklärt
Wichtig	Beim Gesellschafter erhöhen sich die Anschaffungskosten des Anteils dennoch, da diese nicht gesondert festgestellt werden.	Bestand im Einlagekonto steht für spätere Ausschüttungen noch zur Verfügung.	Bestand im Einlagekonto steht für spätere Ausschüttungen noch zur Verfügung.
* vgl. BFH vom 28.01.2015, I R 70/13, BFHE 249, 118			

Der BFH hat im Übrigen erneut die Verwaltungsauffassung bestätigt, dass ein **unterjähriger Zugang im Einlagekonto** nicht im selben Jahr für eine Einlagenrückgewähr verwendet werden kann.

Zusammenfassung: Die Leistung aus dem steuerlichen Einlagekonto i. S. v. § 27 KStG ist ein geeignetes Instrument, um an den Anteilseigner eine steuerfreie Einlagenrückgewähr vorzunehmen. Allerdings ergeben sich im Zusammenhang mit dieser Vorschrift für den Steuerpraktiker zahlreiche steuerliche »Fallstricke«. Um diese zu vermeiden, sind detaillierte Kenntnisse über die möglichen Gefahren beim steuerlichen Einlagekonto erforderlich.

Übersicht Verwendungsfestschreibung nach § 27 Abs. 5 KStG

Die Verwendung des Einlagekontos wurde zu niedrig bescheinigt	Die Verwendung des Einlagekontos wurde zu hoch bescheinigt
Mögliche Ursachen: • Die KapGes ging bei Ausschüttung von einem zu hohen ausschüttbaren Gewinn aus (z. B. Reduzierung der bilanziellen Rücklagen durch Bp). **Mögliche Ursachen:** • Die KapGes ging davon aus, dass kein Bestand im Einlagekonto vorhanden sei (z. B. Erhöhung des Einlagekontos durch Bp). • Rechenfehler, Versehen usw.	**Mögliche Ursachen:** • Die KapGes ging bei Ausschüttung von einem zu niedrigen ausschüttbaren Gewinn aus (z. B. Erhöhung der bilanziellen Rücklagen durch Bp). **Mögliche Ursachen:** • Die Körperschaft ging von einem zu hohen Bestand im Einlagekonto aus (z. B. Streichung von bisher erklärten Zugängen im Einlagekonto durch Bp oder Verwendung in Vorjahren durch von den Bp festgestellte vGA). • Rechenfehler, Versehen.

Die Verwendung des Einlagekontos wurde zu niedrig bescheinigt	**Die Verwendung des Einlagekontos wurde zu hoch bescheinigt**
Rechtsfolgen: • **Verwendungsfestschreibung tritt ein (die zu niedrig bescheinigte Verwendung bleibt also unverändert).** • Dies gilt z. B. für vGA-Fälle im Rahmen einer BP, d. h., wenn bis zum Erlass des erstmaligen Feststellungsbescheids überhaupt **keine Einlagerückgewähr bescheinigt** wurde; dann gilt der Betrag der Einlagerückgewähr nämlich mit 0 € bescheinigt (§ 27 Abs. 5 **Satz 2** KStG). Vgl. hierzu auch BFH vom 10.06.2009 (BStBl II 2009, 974), BFH vom 11.02.2015 (BStBl II 2015, 816) sowie Vfg. der OFD Münster vom 27.11.2009 (DB 2009, 2691). • Eine **Berichtigung** oder erstmalige Erteilung von Steuerbescheinigungen ist in diesen Fällen nach § 27 Abs. 5 **Satz 3** KStG **nicht zulässig.**	**Rechtsfolgen:** • **Keine Verwendungsfestschreibung** (§ 27 Abs. 5 **Satz 4** KStG). • Die auf den überhöht ausgewiesenen Betrag der Einlagerückgewähr entfallende **KapSt** ist durch **Haftungsbescheid** geltend zu machen (Haftung ist unabhängig vom Verschulden). • Allerdings können die Steuerbescheinigungen **berichtigt** werden (§ 27 Abs. 5 **Satz 5** KStG). In diesem Fall hat der AE keine steuerfreien Einnahmen nach § 20 Abs. 1 Nr. 1 Satz 3 EStG (**keine Verringerung seiner AK**), sondern steuerpflichtige Kapitalerträge. • Wird ein Haftungsbescheid erlassen, muss die **gesonderte Feststellung des steuerlichen Einlagekontos** nach § 27 Abs. 5 **Satz 6** KStG an die der KapSt-Haftung zugrunde gelegte Einlagerückgewähr **angepasst** werden. **D. h. in diesem Fall verringert sich das steuerliche Einlagekonto nicht.**

1.9.4.11 Direktzugriff auf das steuerliche Einlagekonto – kein Abzug von Leistungen, die zu einem negativen Einlagekonto führen

In bestimmten Fällen wird ein direkter Zugriff auf das steuerliche Einlagekonto zugelassen. Dies bedeutet, dass für einzelne fest umschriebene Vorfälle ein Abzug von »Leistungen« direkt vom steuerlichen Einlagekonto erfolgte, ohne dass das Ergebnis der Differenzrechnung zu beachten ist.

Im Einzelnen gilt Folgendes:

1.9.4.11.1 Forderungsverzicht gegen Besserungsversprechen

Jeder Gesellschafter einer Kapitalgesellschaft ist grundsätzlich frei, seine Gesellschaft mit Eigen- oder Fremdkapital zu finanzieren. Führt er seiner Gesellschaft Fremdkapital zu, so ist dies grundsätzlich auch steuerlich zu beachten und entsprechend durch die Buchung »Bank an Verbindlichkeiten« zu bilanzieren.

Wird die Gesellschaft notleidend, so kommt es in der Praxis häufig zu Hilfeleistungen der Gesellschafter. Bestehen Forderungen des Gesellschafters gegenüber seiner Gesellschaft, so ist es denkbar, dass dieser zur Stärkung seiner Gesellschaft auf seine Forderung gegenüber dieser verzichtet.

Dies führt, da der Anlass dieses Verzichts regelmäßig gesellschaftsrechtlich und nicht betrieblich veranlasst ist, zu einer **verdeckten Einlage**. Diese ist auf dem steuerlichen Einlagekonto im Wj. des Verzichts erhöhend zu berücksichtigen.

Im Wirtschaftsleben ist es üblich, den Verzicht auf die Darlehensforderung nicht endgültig, sondern quasi unter Vorbehalt auszusprechen. Dies wird auch Verzicht gegen Besserungsversprechen genannt. Dies meint das Wiederaufleben der Forderung, wenn die wirtschaftliche Situation der Gesellschaft sich soweit verbessert hat, dass sie die Darlehensverbindlichkeit wieder bedienen kann, ohne sogleich wiederum in Schwierigkeiten zu geraten.

Die Besserungsklausel ändert nichts daran, dass im Verzichtszeitpunkt steuerlich eine Einlage anzunehmen ist, die das steuerliche Einlagekonto **i.H.d. Teilwerts der Forderung** (= Werthaltigkeit, vgl. H 8.9 [Forderungsverzicht] KStH) erhöht, da für die Dauer der Krise Eigenkapital anzunehmen ist.

Kommt es später zum Eintritt derjenigen Bedingung, an die das Wiederaufleben der Darlehensverpflichtung anknüpft, so stellt sich die Frage, wie dieses Ereignis steuerlich zu würdigen ist.

Nach einer Entscheidung des BFH vom 30.05.1990 BStBl II 1991, 588 ist im Falle eines Forderungsverzichts gegen Besserungsversprechen davon auszugehen, dass der spätere Eintritt des Besserungsfalles gleichbedeutend ist mit der Rückgängigmachung der ursprünglichen Einlage, woraus sich dann zwangsläufig ergibt, dass es sich **nicht** um eine Ausschüttung handelt.

Liegt die Rückgängigmachung einer Einlage vor, so ist dies auf dem steuerlichen Einlagekonto entsprechend und zugleich direkt, also ohne den Weg über die Verrechnung einer Leistung, durch entsprechenden Abzug nachzuvollziehen.

Die Finanzverwaltung hat sich der Sichtweise des BFH angeschlossen (vgl. BMF vom 04.06.2003 BStBl I 2003, 366, Tz. 29).

Im Falle des Wiederauflebens der Verbindlichkeit (Eintritt des Besserungsfalls) erfolgt ein Direktzugriff auf das steuerliche Einlagekonto, da die Wiedereinbuchung der Verbindlichkeit keine Leistung i.S.d. § 27 Abs. 1 Satz 3 KStG) darstellt; das steuerliche Einlagekonto kann dadurch auch **negativ** werden **(vgl. auch H 8.9 [Forderungsverzicht gegen Besserungsschein] KStH).**

1.9.4.11.2 Rückzahlung von Nachschüssen

Ebenfalls zu einer Sonderregelung des Zugriffs auf das steuerliche Einlagekonto kommt es, wenn Nachschüsse i.S.d. § 26 GmbHG zurückgewährt werden.

Ein Nachschuss i.S.d. § 26 GmbHG beruht auf gesellschaftsvertraglicher Bestimmung, nach der sich die Gesellschafter verpflichten, über die Einzahlung auf das Stammkapital hinaus weitere Einzahlungen zu leisten.

Sind entsprechende Nachschüsse geleistet worden, so können diese zurückgewährt werden, wenn sie nicht zur Abdeckung eines Verlustes am Stammkapital benötigt werden (§ 30 Abs. 2 GmbHG).

Die tatsächliche Leistung eines Nachschusses führt zur Erhöhung des steuerlichen Einlagekontos, da es sich um eine Einlage handelt.

Im Falle der Rückzahlung eines solchen Nachschusses war aber nach BMF vom 04.06.2003 BStBl I 2003, 366, Tz. 29 – jedenfalls bis einschl. VZ 2005 – der entsprechende Betrag direkt vom steuerlichen Einlagekonto, d.h. ohne Prüfung, ob die Differenzrechnung des § 27 Abs. 1 Satz 3 KStG ebenfalls zu einer Verwendung des steuerlichen Einlagekontos führt, abzuziehen.

Seit dem VZ 2006 ist anders zu verfahren. Dies beruht auf der Formulierung in § 27 Abs. 1 Satz 3 KStG: »... **unabhängig von ihrer handelsrechtlichen Einordnung** ...«. Da es sich bei der Rückzahlung von Nachschüssen unzweifelhaft um Leistungen der Gesellschaft handelt, sind diese nunmehr nach den normalen Regeln mit dem steuerlichen Einlagekonto zu verrechnen, so dass – je nach dessen Bestand – die Leistungen nicht zwingend solche aus dem steuerlichen Einlagekonto darstellen. Ein Direktzugriff auf das steuerliche Einlagekonto ist insoweit also **nicht** mehr möglich. Vgl. auch BFH-Urteil vom 08.06.2011 I R 69/10, BFH/NV 2011, 1921. Darüber hinaus ist ausgeschlossen, dass das Einlagekonto wegen der Rückzahlung von Nachschüssen **negativ** werden kann (§ 27 Abs. 1 Satz 4 Halbsatz 1 KStG).

1.9.4.12 Minder- und Mehrabführungen bei Organschaft

Nach § 27 Abs. 6 KStG erhöhen bei einer körperschaftsteuerlichen Organgesellschaft Minderabführungen das steuerliche Einlagekonto und Mehrabführungen mindern es, wenn sie ihre Ursache in organschaftlicher Zeit haben.

1.9.4.12.1 Definition der Minder- und Mehrabführung

Was eine Minder- oder Mehrabführung ist, definiert das Gesetz nicht. Allerdings enthält **§ 14 Abs. 4 Satz 6 KStG** eine Umschreibung von Minder- und Mehrabführungen. Danach liegen solche vor, wenn der an den Organträger abgeführte Gewinn vom Steuerbilanzgewinn der Organgesellschaft abweicht und der Grund dieser Abweichung in organschaftlicher Zeit zu suchen ist.

Solche Abweichungen liegen z. B. vor, wenn

- die Organgesellschaft Beträge aus dem Jahresüberschuss in eine Rücklage einstellt. Dies ist handelsrechtlich zugelassen und hindert auch für steuerliche Zwecke nicht an der Annahme eines wirksamen Organschaftsverhältnisses (§ 14 Abs. 1 Nr. 4 KStG),
- der Organträger an die Organgesellschaft einen Ertragszuschuss leistet, der handelsrechtlich als Ertrag, steuerlich jedoch als verdeckte Einlage zu behandeln ist. Der Zuschuss ist als Teil des Jahresüberschusses im gleichen Wj. an den Organträger abzuführen, in der Steuerbilanz jedoch neutral zu behandeln.

1.9.4.12.2 Steuerliche Behandlung organschaftlicher Minder- und Mehrabführungen

Nach § 27 Abs. 6 KStG erhöhen Minderabführungen das steuerliche Einlagekonto, Mehrabführungen mindern es, soweit sie ihre Ursache in organschaftlicher Zeit haben.

Im Falle der Rücklagenbildung bei der Organgesellschaft führt diese nicht ihren gesamten Gewinn an den Organträger ab, gleichwohl wird aber (vorbehaltlich des § 16 KStG) das gesamte organschaftliche Einkommen dem Organträger zugerechnet (§ 14 Abs. 1 Satz 1 KStG). Die Organgesellschaft bewirkt also eine Minderabführung. Im Ergebnis versteuert der Organträger ein Organeinkommen, dem eine entsprechende Vermögensmehrung nicht gegenübersteht. Denn die Rücklagenbildung wirkt sich zwar auf den Handelsbilanzgewinn aus, führt allerdings nicht zu einer Verringerung des Einkommens, da die Rücklagenbildung steuerlich irrelevante Gewinnverwendung ist.

Gedanklich lässt sich der Vorgang in zunächst eine vollständige Gewinnabführung und eine nachfolgende Einlage des Organträgers zur Rücklagenbildung bei der Organgesellschaft zerlegen. **Diese Einlage wird daher als organschaftliche Minderabführung gem. § 27 Abs. 6 KStG im steuerlichen Einlagekonto erfasst.**

Dementsprechend liegt im Fall der Rücklagenauflösung eine **Mehrabführung** vor. Die Rücklagenauflösung erhöht den Bilanzgewinn der Handelsbilanz, führt aber nicht zu einem Mehr an zuzurechnendem Einkommen. In der Folge erhält der Organträger eine um den Betrag der Rücklagenauflösung erhöhte Gewinnabführung, ohne dass zugleich ein entsprechend erhöhtes Einkommen zuzurechnen wäre. Gedanklich erhält der Organträger seine Einlage, die zuvor im steuerlichen Einlagekonto als Minderabführung erfasst wurde, wieder zurück, so dass diese Rückgewähr spiegelbildlich als organschaftliche Mehrabführung vom steuerlichen Einlagekonto gem. § 27 Abs. 6 KStG abzuziehen ist.

Durch den Abzug einer Mehrabführung vom steuerlichen Einlagekonto kann dieses auch negativ werden, insbesondere dann, wenn nach einer vorhergehenden Minderabführung der Bestand des dadurch gebildeten steuerlichen Einlagekontos durch anderweitige Vorgänge verbraucht wurde (BMF vom 04.06.2003 BStBl I 2003, 366 Tz. 28). Nach § 27 Abs. 1 Satz 4 KStG Halbsatz 2 werden Minderungen durch § 27 Abs. 6 KStG ausdrücklich von dem Verbot des Negativwerdens des Einlagekontos ausgenommen.

Wegen der Grundsätze der sog. Einlagelösung nach § 14 Abs. 4 KStG im Falle organschaftlicher Minder- und Mehrabführungen vgl. C 13.4.5.

1.9.4.12.3 Weitere Ursachen einer Minder- bzw. Mehrabführung

Neben den zuvor genannten Ursachen gibt es weitere Sachverhalte, die zu Minder- bzw. Mehrabführungen führen können. Diese sind dadurch gekennzeichnet, dass sie ebenfalls zu Abweichungen zwischen dem handelsrechtlich abzuführenden Gewinn (bzw. der Verlustübernahme durch den Organträger) und dem steuerlich zuzurechnenden Einkommen führen.

Dies sind

- Abweichungen von Bilanzansätzen in der Handels- und Steuerbilanz, z. B. bei der Aktivierung von Ingangsetzungskosten in der Handelsbilanz gem. §§ 269, 282 HGB,
- Ausgleich eines vororganschaftlichen Verlustes bei der Organgesellschaft (§ 301 AktG),
- nicht abziehbare Betriebsausgaben,
- steuerfreie Einnahmen.

Letztendlich stellt eine Minder- oder Mehrabführung die Differenz zwischen der tatsächlich erfolgten Gewinnabführung (Verlustübernahme) nach der Handelsbilanz und der sich nach der Steuerbilanz rechnerisch ergebenden Abführungsverpflichtung (Verlustübernahme) dar.

Da die Minder- oder Mehrabführung das Ergebnis einer bilanziellen Betrachtung ist, kommt es hier – anders als bei den Einlagen in 1.9.1 – nicht auf einen eventuellen Geldfluss an. Allein die bilanziell begründete Differenz bewirkt zum Bilanzstichtag eine Minder- oder Mehrabführung, und zwar auch dann, wenn später evtl. entsprechende Geldflüsse zu verzeichnen wären.

1.9.4.12.4 Minder- und Mehrabführung in organschaftlicher Zeit

Über die in 1.9.4.12.3 genannten Beschränkungen hinaus greifen die Regeln der §§ 14 Abs. 4, 27 Abs. 6 Satz 1 KStG nur für solche Minder- und Mehrabführungen, die ihre Ursache **in organschaftlicher Zeit** haben.

Anhand des oben bereits verwendeten Falls der Rücklagenbildung und -auflösung bei der Organgesellschaft lässt sich die Abgrenzung zwischen organschaftlicher und vororganschaftlicher Zeit gut veranschaulichen.

BEISPIELE

a) Besteht im Jahr 2023 ein Organschaftsverhältnis und bildet die Organgesellschaft zulässigerweise eine Gewinnrücklage, so führt dies zu einer Minderabführung, die Auflösung und Abführung dieser Rücklage im Jahr 2024 zu einer Mehrabführung.

Eine GmbH schließt mit steuerlicher Wirkung ab dem 01.01.2023 einen Gewinnabführungsvertrag mit ihrer Muttergesellschaft ab. In 2023 erzielt die GmbH einen Jahresüberschuss vor Gewinnabführung i. H. v. 75 000 €, wovon sie zulässigerweise einen Teilbetrag von 25 000 € in eine Gewinnrücklage einstellt.

Aktiva		Bilanz der GmbH zum 31.12.2023		Passiva
Aktiva	50 000 €	Nennkapital		25 000 €
		Gewinnrücklage		25 000 € 0 €
		vorläufiger Jahresüberschuss	75 000 €	
		Einstellung Gewinnrücklage	./. 25 000 €	
		Gewinnabführung	./. 50 000 €	
		endgültiger Jahresüberschuss	0 €	
	50 000 €			50 000 €

LÖSUNG Ermittlung des Einkommens der Organgesellschaft und des der Organträgerin zuzurechnenden Einkommens

Der Gewinn lt. Steuerbilanz beträgt bei der Organgesellschaft 25 000 €, das ist der Gewinn nach Gewinnabführung, aber vor Gewinnverwendung, hier also der Einstellung eines Teils des Gewinns in die Gewinnrücklage.

Gewinn lt. Steuerbilanz		25 000 €
Betrag der Gewinnabführung	+	50 000 €
dem Organträger zuzurechnendes Einkommen 2023	./.	75 000 €
Einkommen 2023 der Organgesellschaft		0 €

Bei Vergleich des handelsbilanziellen und des steuerlichen Ergebnisses fällt auf, dass die Organträgerin zwar nur eine Gewinnabführung i. H. v. 50 000 € erhält, gleichwohl aber das ihr zuzurechnende Einkommen der Organgesellschaft 75 000 € beträgt, da steuerlich die Einstellung in die Gewinnrücklage nicht übernommen wird. Dies führt im Ergebnis zu einer Steuerbelastung des Organträgers für Vermögen, welches ihr im Wege der Gewinnabführung tatsächlich nicht zugute gekommen ist.

Hier setzt die Vorschrift des § 27 Abs. 6 KStG an, die für steuerliche Zwecke einen Ausgleich des handelsrechtlichen Ergebnisses vorsieht. Im Beispielsfall ist das Ergebnis der handelsrechtlichen Gewinnabführung geringer als die steuerliche Einkommenszurechnung, so dass eine **Minderabführung** vorliegt.

Dies führt nach § 27 Abs. 6 KStG zu einer Erhöhung des steuerlichen Einlagekontos bei der Organgesellschaft.

Grund für diese gesetzliche Regelung ist der Gedanke, dass man den Sachverhalt der Gewinnabführung steuerlich in mehrere Einzelschritte zerlegt und eine entsprechend getrennte Bewertung vornimmt:

3. Zunächst erfolgt gedanklich die Abführung des gesamten Gewinns i. H. v. 75000 € an die Organträgerin, dementsprechend wird dieser auch das gesamte Einkommen der Organgesellschaft steuerlich zugerechnet.
4. In einem zweiten Schritt gewährt die Organträgerin der Organgesellschaft einen Teil der Gewinnabführung – hier 25000 € – zurück, damit diese die Gewinnrücklage bilden kann. Vergleichbar einer Einlage der Organträgerin in die Organgesellschaft erhöht sich bei der Organgesellschaft das steuerliche Einlagekonto um den Betrag der gebildeten Gewinnrücklage.

b) **Fortführung des Beispiels:**

Die GmbH erzielt in 2024 einen laufenden Jahresüberschuss i. H. v. 30000 € und löst zu dessen Gunsten die zuvor gebildete Gewinnrücklage wieder auf. Handelsrechtlich unterliegt der Betrag der aufgelösten Gewinnrücklage der Gewinnabführung (§ 301 AktG).

Bilanz der GmbH zum 31.12.2024

Aktiva		**Passiva**		
Aktiva	25000 €	Nennkapital		25000 €
		Gewinnrücklage		0 €
		vorläufiger Jahresüberschuss	30000 €	0 €
		Auflösung Gewinnrücklage	+25000 €	
		Gewinnabführung	./. 55000 €	
		endgültiger Jahresüberschuss	0 €	
	25000 €			25000 €

LÖSUNG Ermittlung des Einkommens der Organgesellschaft und des der Organträgerin zuzurechnenden Einkommens

Der Gewinn lt. Steuerbilanz beträgt bei der Organgesellschaft ./. 25000 €, das ist der Gewinn nach Gewinnabführung aber vor Gewinnverwendung, hier also der Auflösung der Gewinnrücklage.

Gewinn lt. Steuerbilanz	./.	25000 €
Betrag der Gewinnabführung	+	55000 €
dem Organträger zuzurechnendes Einkommen 2024	./.	30000 €
Einkommen 2024 der Organgesellschaft		0 €

Bei Betrachtung des sich jetzt ergebenden Ergebnisses ist die Situation umgekehrt zu der im Jahr 2023.

Während die Organträgerin eine Gewinnabführung i. H. v. 55000 € erhält, wird ihr steuerlich nur ein Einkommen von 30000 € zugerechnet.

Die steuerliche Belastung der Organträgerin entspricht damit nicht der tatsächlich erfolgten Vermögensmehrung in der Bilanz, die auf Grund der aufgelösten und abgeführten Gewinnrücklage um 25000 € höher ist als der laufende Jahresüberschuss.

Die Versteuerung der entsprechenden Beträge hat allerdings schon im Jahr 2023 stattgefunden, weil dort die Einstellung in die Gewinnrücklage nicht auf das steuerlich zuzurechnende Einkommen durchgeschlagen ist. Entsprechend versteuert der Organträger im Jahr der Auflösung und Abführung der Gewinnrücklage nur den laufenden Jahresüberschuss, der sich ohne Berücksichtigung der Rücklagenauflösung ergibt.

Auch hier schafft § 27 Abs. 6 KStG den erforderlichen Ausgleich, im Vergleich zu dem Beispielsjahr 2023 allerdings mit umgekehrten Vorzeichen.

Im Beispielsfall ist das Ergebnis der handelsrechtlichen Gewinnabführung höher als die steuerliche Einkommenszurechnung, so dass eine **Mehrabführung** vorliegt.

Dies führt nach § 27 Abs. 6 KStG zu einer Minderung des steuerlichen Einlagekontos bei der Organgesellschaft. Der Grund der Minderung des steuerlichen Einlagekontos ergibt sich auch hier, wenn man die Gewinnabführung für steuerliche Zwecke in mehrere Einzelvorgänge zerlegt:

1. Zunächst erfolgt gedanklich die Abführung des laufenden Jahresüberschusses i. H. v. 30 000 € an die Organträgerin, dies entspricht dem Einkommen, welches der Organträgerin auch steuerlich zugerechnet wird.
2. Über die Abführung des laufenden Jahresüberschusses i. H. v. 30 000 € hinaus erhält die Organträgerin aber zusätzlich noch den Betrag aus der Auflösung der Gewinnrücklage. Insoweit wird ihr aber nicht auch ein entsprechender Betrag an Einkommen zugerechnet.
   Hier fingiert § 27 Abs. 6 KStG, dass die Organgesellschaft ihrer Organträgerin die zuvor gewährte Einlage zurückerstattet, so dass entsprechend das steuerliche Einlagekonto der Organgesellschaft zu verringern ist.

Modifiziert man das vorstehende Beispiel dergestalt, dass die Gewinnrücklage bereits vor Begründung des Organschaftsverhältnisses gebildet wurde – also z. B. im Jahr 2022 – und wird die Gewinnrücklage ebenfalls im Jahr 2023 zu Gunsten des Jahresüberschusses aufgelöst, so ist die Situation eine andere.

Die Auflösung der Rücklage beruht jetzt nicht mehr auf einer Rücklagenbildung während der Zeit des Bestehens des Organschaftsverhältnisses. Daher gilt für die Auflösung dieser Rücklage nicht mehr § 27 Abs. 6 KStG, da die Vorschrift sich nur auf in **organschaftlicher** Zeit gebildete Rücklagen bezieht. Die steuerlichen Folgen **vororganschaftlicher** Mehr- und Minderabführungen ergeben sich aus **§ 14 Abs. 3 KStG.**

Für die Beantwortung der Frage, ob eine organschaftliche Abführungsdifferenz oder eine solche mit Ursache in vororganschaftlicher Zeit vorliegt, ist die Ursachen zeitlich zuzuordnen.

So ist bei Abweichungen von Bilanzansätzen in der Handels- und Steuerbilanzmaßgebend, ob bei Aktivierung dieser Kosten bereits ein steuerlich anzuerkennendes Organschaftsverhältnis bestand. Wird im Rahmen einer steuerlichen Außenprüfung bezüglich eines abnutzbaren Wirtschaftsguts in der Steuerbilanz eine andere Nutzungsdauer oder Abschreibungsmethode als in der Handelsbilanz berücksichtigt, so ist auf den Zeitpunkt abzustellen, in dem das Wirtschaftsgut angeschafft und erstmalig zu aktivieren war. Liegt dieser Zeitpunkt vor Abschluss eines Gewinnabführungsvertrags, so sind Abführungsdifferenzen aufgrund der Abweichungen bei der Höhe der AfA während der steuerlichen Organschaft der vororganschaftlichen Zeit zuzuordnen.

1.9.4.12.5 Erhöhung des steuerlichen Einlagekontos bei Minderabführungen auf Grund vorvertraglicher Geschäftsvorfälle

In § 27 Abs. 6 KStG ist geregelt, dass bei einer Organgesellschaft das steuerliche Einlagekonto um Minderabführungen erhöht und um Mehrabführungen mindert, wenn diese ihre Ursache **in organschaftlicher Zeit** haben.

Daneben enthält § 14 Abs. 3 Satz 2 KStG die Regelung, das Minderabführungen, die ihre Ursache **in vororganschaftlicher Zeit** haben, als Einlage durch den Organträger in die Organgesellschaft zu behandeln sind.

Bezüglich des steuerlichen Einlagekontos ergeben sich bei Minderabführungen demnach dieselben Folgen, unabhängig von der Frage, ob die Ursache der Abführungsdifferenz in organschaftlicher oder vororganschaftlicher Zeit zu suchen ist. Im Übrigen ist die steuerliche Behandlung unterschiedlich.

In der Praxis häufig anzutreffen sind vororganschaftliche Minder- bzw. Mehrabführungen im Zusammenhang mit der Abschreibung von Wirtschaftsgütern, die vor Begründung des Organschaftsverhältnisses angeschafft wurden, deren Nutzungsdauer aber in die Zeit des Bestehens des Gewinnabführungsvertrags hineinreicht.

Wird – etwa durch eine steuerliche Außenprüfung – in solchen Fällen die Abschreibungsmethode oder die Nutzungsdauer des Wirtschaftsguts anderweitig ermittelt, so hatte dies Auswirkungen auf die Steuerbilanzen der folgenden Wj. Gleichzeitig blieb aber die Höhe der Gewinnabführung bzw. Verlustübernahme unverändert, da diese sich unverändert nach der handelsbilanziellen Abschreibungsmethode richtet.

BEISPIEL

Die T-GmbH ist seit 01.01.2023 körperschaftsteuerliches Organ der M-AG. In 2021 hat T ein WG mit Anschaffungskosten i. H. v. 100 000 € erworben. In den Handels- und Steuerbilanzen wurde bei einer betriebsgewöhnlichen Nutzungsdauer von fünf Jahren eine jährliche AfA i. H. v. 20 000 € berücksichtigt.

Anlässlich einer steuerlichen Außenprüfung wird festgestellt, dass für steuerliche Zwecke von einer Nutzungsdauer von zehn Jahren auszugehen ist, die jährliche AfA also 10 000 € beträgt. In den Jahren 2021 bis 2025 ergibt sich somit jeweils ein um 10 000 € höherer Gewinn, während in den Jahren 2026 bis 2030 jeweils zusätzlich 10 000 € AfA zu berücksichtigen sein werden.

LÖSUNG
Ergebnis vor Außenprüfung:
Beträgt der Gewinn der T vor der Gewinnabführungsverpflichtung ohne die o. g. AfA 50 000 €, so ergibt sich in 2023 nach Berücksichtigung der AfA ein abzuführender Gewinn von (50 000 € ./. 20 000 € =) 30 000 €. Dieser Gewinn wurde an die M abgeführt. Das der M zuzurechnende Einkommen beträgt ebenfalls 30 000 €.

Ergebnis nach Außenprüfung:
Auf Grund der geringeren AfA betragen der Gewinn lt. Steuerbilanz und das zuzurechnende Einkommen nunmehr (50 000 € ./. 10 000 € =) 40 000 €.

Die handelsrechtlich vorgenommene Gewinnabführung erfährt allerdings keine entsprechende Änderung und beträgt weiterhin 30 000 €. Es ergibt sich somit eine Minderabführung von 10 000 €.

zuzurechnendes Einkommen		40 000 €
abzgl. Betrag der Gewinnabführung	./.	30 000 €
Minderabführung		**10 000 €**

Da das die AfA auslösende Anschaffungsgeschäft in der Zeit vor der Geltung der steuerlichen Organschaft erfolgte, liegt eine **vororganschaftlich verursachte Minderabführung** vor. Diese ist nach § 14 Abs. 3 Satz 2 KStG als Einlage der M im steuerlichen Einlagekonto der T in 2023 zu erfassen.

1.9.4.12.6 Ermittlung der Minder- und Mehrabführungen

Wegen der in 1.9.4.12.3 genannten Besonderheiten bei der Ermittlung der organschaftlichen Minder- und Mehrabführungen i. S. d. § 27 Abs. 6 KStG außer Ansatz zu lassender, nicht abziehbarer Ausgaben und steuerfreier Einnahmen ist die genaue Betragsermittlung nicht immer einfach. Es bietet sich daher an, anhand des nachfolgend dargestellten Schemas vorzugehen:

a)		Einkommen der Organgesellschaft vor Zurechnung beim Organträger (eigenes Einkommen + zuzurechnendes Einkommen etwaiger Organgesellschaften)
b)	./.	An außenstehende Anteilseigner zu leistende Ausgleichszahlung (§ 4 Abs. 5 Nr. 9 EStG)
c)	+ / ./.	Saldo der außerbilanziell vorgenommenen Gewinn- bzw. Einkommenskorrekturen (z. B. nach § 8b KStG, § 3c EStG, nicht abziehbare Betriebsausgaben, sonstige steuerfreie Einnahmen, nicht jedoch verdeckte Einlagen des Organträgers)
d)	+	Spendenabzug
		Zwischensumme
e)	./.	Gewinnabführung an den Organträger zzgl. an den Organträger geleistete verdeckte Gewinnausschüttungen
f)	+	Vom Organträger zum Ausgleich eines sonst entstehenden Jahresfehlbetrag zu leistender Betrag
		Zwischensumme
g)	+	Mehrabführung als Folgewirkung von Geschäftsvorfällen in vorvertraglicher Zeit (§ 14 Abs. 3 KStG)
h)	./.	Minderabführung als Folgewirkung von Geschäftsvorfällen in vorvertraglicher Zeit (§ 14 Abs. 3 KStG)
i)	=	**Ergebnis:** **wenn positiv:** Betrag ist **Minderabführung, Hinzurechnung zum steuerlichen Einlagekonto** **wenn negativ:** Betrag ist **Mehrabführung, Abzug vom steuerlichen Einlagekonto**

BEISPIEL

Eine Organgesellschaft bewirkt in 2023 eine vGA i. H. v. 30 000 € an ihren Organträger und leistet an außenstehende Anteilseigner eine Ausgleichszahlung von insgesamt 85 000 €.

Die Gewinnabführung lt. Handelsbilanz beträgt 70 000 €, die wegen der Ausgleichszahlung als Aufwand verbuchte KSt 15 000 €.

Daraus ergibt sich folgendes verkürztes Bilanzbild:

Aktiva				Passiva
sonstige Aktiva	50 000 €	Nennkapital	200 000 €	50 000 €
		Jahresüberschuss	./ .30 000 €	0 €
		(vor Ausgleichszahlung,	./. 85 000 €	
		KSt und Gewinnabführung)		
		Aufwand, der zur vGA führt	./. 15 000 €	
		Ausgleichszahlung	./. 70 000 €	
		KSt		
		Gewinnabführung		
		Jahresüberschuss	0 €	
	50 000 €			50 000 €

LÖSUNG Das Einkommen der Organgesellschaft vor der Hinzurechnung beim Organträger ermittelt sich wie folgt:

Jahresüberschuss	0 €
Gewinnabführung	70 000 €
Ausgleichszahlung	85 000 €
nicht abziehbare Betriebsausgaben (KSt)	15 000 €
vGA an Organträger	30 000 €
Einkommen vor Zurechnung	200 000 €

Nach dem vorstehenden Schema ermittelt sich eine mögliche Minder- bzw. Mehrabführung wie folgt:

a)	Einkommen der Organgesellschaft vor Zurechnung beim Organträger		200 000 €
b)	An außenstehende Anteilseigner zu leistende Ausgleichszahlung (§ 4 Abs. 5 Nr. 9 EStG)	./.	85 000 €
c)	Saldo der außerbilanziell vorgenommenen Gewinn- bzw. Einkommenskorrekturen (nicht abziehbare Betriebsausgaben, hier KSt)	./.	15 000 €
	Zwischensumme		100 000 €
e)	Gewinnabführung an den Organträger zzgl. an den Organträger geleistete verdeckte Gewinnausschüttungen (70 000 € + 30 000 €)	./.	100 000 €
i)	**Ergebnis**		**0 €**

An dem Ergebnis – **es liegt weder eine Minder- noch eine Mehrabführung vor** – ist zu erkennen, dass Minder- und Mehrabführungen nicht dadurch entstehen können, dass in der Steuerbilanz der Organgesellschaft Aufwendungen enthalten sind, die – z. B. nach § 10 KStG – außerbilanziell zu einer Gewinn- bzw. Einkommenskorrektur führen. Dies gilt auch hinsichtlich etwaiger Ausgleichszahlungen nach § 4 Abs. 5 Nr. 9 EStG/§ 16 KStG und der darauf entfallenden KSt.

BEISPIEL

Eine Organgesellschaft bewirkt in 2023 eine vGA i. H. v. 30 000 € an ihren Organträger und leistet an außenstehende Anteilseigner eine Ausgleichszahlung von insgesamt 85 000 €.

Die Verlustübernahme durch die Organträgerin lt. Handelsbilanz beträgt 130 000 €, die wegen der Ausgleichszahlung als Aufwand verbuchte KSt 15 000 €. Darüber hinaus wurden erfolgswirksam 40 000 € sonstige nicht abziehbare Betriebsausgaben und 30 000 € steuerfreie Investitionszulage verbucht.

Daraus ergibt sich folgendes verkürztes Bilanzbild:

Aktiva		Passiva		
		Nennkapital		50 000 €
		Jahresüberschuss (vor Ausgleichszahlung, KSt, Gewinnabführung, Investitionszulage und sonstigen nicht abziehbaren Betriebsausgaben)	10 000 €	0 €
sonstige Aktiva	50 000 €	Aufwand, der zur vGA führt	./. 30 000 €	
		Ausgleichszahlung	./. 85 000 €	
		KSt	./. 15 000 €	
		sonstige nicht abziehbare Betriebsausgaben	./. 40 000 €	
		steuerfreie Investitionszulage	+ 30 000 €	
		Verlustübernahme	+ 130 000 €	
		Jahresüberschuss	0 €	
	50 000 €			50 000 €

LÖSUNG Das Einkommen der Organgesellschaft vor der Hinzurechnung beim Organträger ermittelt sich wie folgt:

Jahresüberschuss		0 €
Verlustübernahme	./	130 000 €
Ausgleichszahlung		85 000 €
nicht abziehbare Betriebsausgaben (KSt)		15 000 €
vGA an Organträger		30 000 €
sonstige nicht abziehbare Betriebsausgaben		40 000 €
steuerfreie Investitionszulage	./.	30 000 €
Einkommen vor Zurechnung		10 000 €

Nach dem vorstehenden Schema ermittelt sich eine mögliche Minder- bzw. Mehrabführung wie folgt:

a)	Einkommen der Organgesellschaft vor Zurechnung beim Organträger		10 000 €
b)	an außenstehende Anteilseigner zu leistende Ausgleichszahlung (§ 4 Abs. 5 Nr. 9 EStG)	./.	85 000 €
c)	Saldo der außerbilanziell vorgenommenen Gewinn- bzw. Einkommenskorrekturen (nicht abziehbare Betriebsausgaben (KSt) i. H. v. 15 000 €, sonstige nicht abziehbare Betriebsausgaben i. H. v. 40 000 €, steuerfreie Investitionszulage i. H. v. ./. 30 000 €)	./.	25 000 €
	Zwischensumme	./.	100 000 €
e)	Gewinnabführung an den Organträger zzgl. an den Organträger geleistete verdeckte Gewinnausschüttungen (hier nur vGA)	./.	30 000 €
f)	Vom Organträger zum Ausgleich eines sonst entstehenden Jahresfehlbetrag zu leistender Betrag	+	130 000 €
i)	**Ergebnis**		**0 €**

Auch an diesem Ergebnis ist zu erkennen, dass Minder- und Mehrabführungen nicht dadurch entstehen können, dass in der Steuerbilanz der Organgesellschaft Aufwendungen enthalten sind, die – z. B. nach § 10 KStG – außerbilanziell zu einer Gewinn- bzw. Einkommenskorrektur führen.

ÜBERSICHT Direktzugriff auf das steuerliche Einlagekonto in Sonderfällen

Fall	Direktzugriff möglich?
Offene oder verdeckte Gewinnausschüttung	Zugriff auf das steuerliche Einlagekonto nur, wenn und soweit am Ende des Vorjahres kein ausschüttbarer Gewinn vorhanden war (**kein Direktzugriff**); das steuerliche Einlagekonto kann durch Ausschüttungen nach § 27 Abs. 1 **Satz 4 KStG nicht negativ** werden. Eine »**Durchbrechung**« der Reihenfolge setzt also voraus, dass die offene Gewinnausschüttung im »**richtigen**« **Jahr** erfolgen muss. Vgl. das nachfolgende Beispiel.
Rückzahlung von Nachschüssen i. S. d. § 26 GmbHG	Zugriff auf das steuerliche Einlagekonto nur, wenn und soweit am Ende des Vorjahres kein ausschüttbarer Gewinn vorhanden war (**kein Direktzugriff**); das steuerliche Einlagekonto kann **nicht negativ** werden. Rz. 29 des BMF-Schreibens vom 04.06.2003 BStBl I 2003, 366 ist insoweit überholt. Vgl. auch BFH vom 06.06.2011 I R 69/10, BFH/NV 2011, 1921.
Forderungsverzicht gegen Besserungsschein (soweit der Anspruch bei Verzicht werthaltig war) und die Verbindlichkeit später wieder auflebt (**Eintritt des Besserungsfalles**)	**Direktzugriff** auf das steuerliche Einlagekonto, da die Wiedereinbuchung der Verbindlichkeit keine Leistung i. S. d. § 27 Abs. 1 Satz 3 KStG darstellt; das steuerliche Einlagekonto kann dadurch **auch negativ** werden (vgl. Rz. 29 des BMF vom 04.06.2003, a. a. O.).
Rückzahlung von Nennkapital nach Kapitalherabsetzung (**ordentliche Kapitalherabsetzung**)	**Direktzugriff** auf das steuerliche Einlagekonto, soweit ein etwaiger Sonderausweis überschritten wird (**§ 28 Abs. 2 Satz 3 KStG**, Rz. 40 des BMF vom 04.06.2003, a. a. O.). Das steuerliche Einlagekonto kann dadurch **nicht negativ** werden; für ggf. übersteigenden Betrag gilt Ausschüttungsfiktion nach § 28 Abs. 2 Satz 4 KStG.
Organschaftliche Mehrabführungen	**Direktzugriff** auf das steuerliche Einlagekonto (**§ 27 Abs. 6 KStG**); das steuerliche Einlagekonto kann dadurch **auch negativ** werden (vgl. Rz. 28 des BMF vom 04.06.2003, a. a. O.).

BEISPIEL

Kein Direktzugriff bei Vorabdividende

Bilanzgewinn, Gewinnrücklagen zum 31.12.2022 (= **ausschüttbarer Gewinn zum 31.12.2022**):	**0 €**
Steuerliches Einlagekonto zum 31.12.2022: (Kapitalrücklage)	**500 000 €**
AK des Gesellschafters i. S. d. § 17 EStG:	525 000 €
Jahresüberschuss 2023 (= **ausschüttbarer Gewinn zum 31.12.2023**):	**500 000 €**

Steuerliche Folgen

Vorabdividende in 2023 von 500 000 €

Keine steuerpflichtige Dividende, sondern **steuerfreier Zufluss** beim AE, da ausschüttbarer Gewinn zum 31.12.2022 0 € beträgt und deshalb **Verwendung des steuerlichen Einlagekontos zum 31.12.2022** erfolgt.

Verringerung AK i. S. d. § 17 EStG um 500 000 €.

Offene Gewinnausschüttung in 2024 von 500 000 €

Dividende unterliegt Sondersteuersatz von 25% = 125 000 € (§ 32d Abs. 1 EStG), sofern nicht nach § 32d Abs. 2 Nr. 3 EStG zum Teileinkünfteverfahren optiert wurde.
Es erfolgt keine Verwendung des steuerlichen Einlagekontos (ausschüttbarer Gewinn zum 31.12.2023 = 500 000 €).

1.9.4.13 Kein Direktzugriff auf das steuerliche Einlagekonto bei Auflösung von Kapitalrücklagen; keine verfassungsrechtlichen Bedenken

Der BFH hat in seinem Urteil vom 11.02.2015 (I R 3/14, BStBl II 2015, 816) entschieden, dass es **keinen Direktzugriff** auf das steuerliche Einlagekonto gibt, wenn die Leistung der Kapitalgesellschaft auf die **Auflösung von Kapitalrücklagen** zurückgeht. Dagegen bestehen laut BFH auch **keine verfassungsrechtlichen Bedenken.**

Daneben bestünden laut BFH auch gegen die **Verwendungsfestschreibung** in § 27 Abs. 5 Satz 2 und 3 KStG keine Bedenken. Die in § 27 Abs. 5 KStG gesetzlich versagte Berichtigungsmöglichkeit der Steuerbescheinigung hält der BFH für **verfassungsgemäß.** Dies entspricht auch der Entscheidung mit Urteil vom 24.02.2015, VIII R 50/1, BFH/NV 2015, 1603.

In dem **Urteilsfall** (I R 3/14) betrug das festgestellte steuerliche Einlagekonto am 31.12.2008 ca. 25 000 €. Der ausschüttbare Gewinn betrug ca. 8 000 €. Im Jahr 2009 beschloss die Gesellschafterversammlung die Kapitalrücklage (25 000 €) an den alleinigen Gesellschafter zurückzuzahlen. In der im Jahr 2010 eingereichten Steuererklärung wurde der Bestand des Einlagekontos zum 31.12.2009 jedoch weiterhin mit ca. 25 000 € erklärt. Dem wurde mit Bescheid vom 09.09.2010 entsprochen. Der Bescheid erging unter dem Vorbehalt der Nachprüfung.

Mit Schreiben vom 30.11.2010 beantragte die Klägerin den Feststellungsbescheid nach § 164 AO dahin zu ändern, dass das Einlagekonto mit 0 € festgestellt wird. Dem Antrag war eine Steuerbescheinigung beigefügt, die jedoch nachweislich nach Bekanntgabe des Feststellungsbescheids erstellt wurde und auf der Leistungen aus dem steuerlichen Einlagekonto i. H. v. 25 000 € ausgewiesen waren. Der Änderungsantrag wurde seitens des Finanzamtes unter Hinweis auf § 27 Abs. 5 Sätze 2 und 3 KStG (Verwendungsfestschreibung) abgelehnt.

Damit bleibt es dabei, dass ein Direktzugriff auf das Einlagekonto nur in den nachfolgend aufgeführten Fällen möglich ist:

- Mehrabführungen bei Organschaft (Einlagekonto kann negativ werden),
- Rückzahlung von Nennkapital,
- Wiederaufleben einer Forderung nach einem Forderungsverzicht gegen Besserungsschein (Einlagekonto kann negativ werden).

1.9.4.14 Ausnahmsweise Direktzugriff auf das steuerliche Einlagekonto nach Rückzahlung des Nennkapitals i. S. d. § 28 Abs. 2 Satz 2 KStG

In einem anderen Urteil vom 21.01.2014 (I R 31/13, DB 2015, 651) hat der BFH außerdem entschieden, dass **ausnahmsweise ein Direktzugriff** auf das steuerliche Einlagekonto möglich ist, wenn eine **Rückzahlung des Nennkapitals i.S.v. § 28 Abs. 2 Satz 2 KStG** (nach einer Nennkapitalherabsetzung) vorgenommen wird.

Voraussetzung hierfür ist allerdings, dass die entsprechende Leistung der Kapitalgesellschaft darauf gerichtet ist, den Herabsetzungsbetrag auszuzahlen. Als Indiz sind hierfür der **Herabsetzungsbeschlusses** und die **tatsächlichen Umstände des Einzelfalls** heranzuziehen.

Praxishinweis: Deshalb sollten Kapitalrückzahlungen nach einer Kapitalherabsetzung **von vornherein vereinbart** und auch **tatsächlich zeitnah durchgeführt** werden.

In dem **Urteilsfall** wurde zunächst das Nennkapital der GmbH um 16 Mio. € auf 1 Mio. € herabgesetzt. Der Herabsetzungsbetrag wurde in die Kapitalrücklage eingestellt. Weil sich herausstellte, dass eine Kapitalherabsetzung i.H.v. 12 Mio. € ausreichend gewesen wäre (die Kapitalherabsetzung war notwendig, um handelsrechtlich keinen Konzernabschluss erstellen zu müssen), wurde ca. ein Jahr später die Rückzahlung i. H. v. 4 Mio. € aus der Kapitalrücklage beschlossen. Streitig war deshalb die Abgrenzung einer Auskehrung aus dem steuerlichen Einlagekonto nach § 27 KStG (Verwendungsreihenfolge) von einer Nennkapitalrückzahlung nach § 28 Abs. 2 KStG (Direktzugriff). Unter Würdigung der Gesamtumstände des Einzelfalles sah der BFH im Urteilsfall allerdings einen ausreichenden Zusammenhang zwischen Herabsetzungsbeschluss und Auskehrungsbeschluss.

1.9.4.15 Materiell-rechtliche Bindungswirkung der Feststellung des Einlagekontos

In dem BFH-Urteil vom 28.01.2015 (I R 70/13, DB 2015, 1322) bestätigt der BFH die **Bindung des Gesellschafters an die Feststellungen des steuerlichen Einlagekontos**. Denn die Regelung des § 20 Abs. 1 Nr. 1 Satz 3 EStG, nach der Bezüge aus Anteilen an einer Körperschaft nicht zu den Einnahmen aus Kapitalvermögen gehören, soweit für diese das steuerliche Einlagekonto i. S. d. § 27 KStG als verwendet gilt, knüpfe tatbestandlich an die im Bescheid nach § 27 Abs. 2 KStG ausgewiesenen Bestände des steuerlichen Einlagekontos an (Bestätigung des Senatsurteils vom 19.05.2010, I R 51/09, BStBl II 2014, 937).

In dem Urteilsfall war ein Bestand im steuerlichen Einlagekonto vorhanden, es wurde allerdings **kein entsprechender Abgang** im Einlagekonto im Jahr der Leistung **erklärt** und damit nicht festgestellt. Der (falsche) Feststellungsbescheid der Körperschaft entfaltet auch Bindungswirkung auf Ebene des Anteilseigners und hier kann keine steuerfreie Einlagenrückgewähr angenommen werden.

Praxishinweise:

- **Es sollte unbedingt darauf geachtet** werden, dass **Abgänge** (Leistungen, die das Einlagekonto aufgrund der Verwendungsreihenfolge vermindern) **im Jahr der Leistung** erklärt und festgestellt werden. Nur dann kann auf Ebene des Anteilseigners eine (steuerfreie) Einlagenrückgewähr stattfinden.
- Hierfür ist außerdem die **Erteilung einer Steuerbescheinigung gem. § 27 Abs. 3 KStG** i.V.m. **§ 27 Abs. 5 Satz 2 KStG** Voraussetzung.
- Daneben sollte unbedingt darauf geachtet werden, dass **Zugänge** (offene und verdeckte Einlagen) **im Jahr der Einlage** im steuerlichen Einlagekonto erfasst werden. Eine **spätere**

Nachholung des Zugangs in einem (offenen) Folgejahr ist **häufig nicht mehr möglich.** Eine Berichtigung nach § 129 AO ist nicht sicher möglich (der BFH hat zwar mit Urteil vom 08.12.2021, I R 47/18, eine offenbare Unrichtigkeit bei Übermittlung für möglich gehalten, wenn für jedermann erkennbar wird, dass die Erklärung zum steuerlichen Einlagekonto fehlerhaft ist; ob dies allerdings auch in den Fällen der E-Bilanz gilt, ist weiter offen; vgl. allgemein hierzu Ott, StuB 2022, 822).

- Eine **(steuerfreie) Einlagenrückgewähr** i. S. v. § 20 Abs. 1 Nr. 1 Satz 3 EStG ist auf Ebene des Gesellschafters **nicht möglich**, wenn auf Ebene der Kapitalgesellschaft (wenn auch unzutreffend) **kein Bestand im steuerlichen Einlagekonto** festgestellt wurde.

1.9.5 Veränderungen des steuerlichen Einlagekontos bei der Kapitalerhöhung bzw. -herabsetzung

Wegen der Veränderungen des steuerlichen Einlagekontos bei der Kapitalerhöhung bzw. -herabsetzung vgl. 2.

1.9.6 Veränderungen des steuerlichen Einlagekontos in Umwandlungsfällen

Wegen der Veränderungen des steuerlichen Einlagekontos von Körperschaften in Umwandlungsfällen vgl. 3.

1.10 Anwendung des § 27 KStG bei anderen Körperschaften als Kapitalgesellschaften (§ 27 Abs. 7 KStG)

Nach § 27 Abs. 7 KStG sind die Vorschriften des § 27 Abs. 1–6 KStG sinngemäß auch auf solche Körperschaften und Personenvereinigungen anzuwenden, die Leistungen i. S. d. § 20 Abs. 1, 9 und 10 EStG erbringen können. Wegen der Körperschaften, die Leistungen i. S. d. § 20 Abs. 1 Nr. 1 EStG erbringen, ohne Kapitalgesellschaft zu sein (z. B. Genossenschaften), vgl. 1.2 ff.

1.10.1 Körperschaften, die Leistungen i. S. d. § 20 Abs. 1 Nr. 9 EStG erbringen können

Nach § 20 Abs. 1 Nr. 9 EStG sind Einnahmen i. S. dieser Vorschrift Leistungen derjenigen steuerpflichtigen Körperschaften, Personenvereinigungen bzw. Vermögensmassen, deren unbeschränkte Steuerpflicht sich aus § 1 Abs. 1 Nr. 3 bis 5 KStG ergibt. Weitere Voraussetzung ist, dass die Leistungen sich wirtschaftlich als mit einer Gewinnausschüttung i. S. d. § 20 Abs. 1 Nr. 1 EStG vergleichbar darstellen.

Unter die Vorschrift des § 20 Abs. 1 Nr. 9 EStG fallen Leistungen der VVaG (§ 1 Abs. 1 Nr. 3 KStG), der sonstigen juristischen Personen des privaten Rechts (§ 1 Abs. 1 Nr. 4 KStG), z. B. eines rechtsfähigen Vereins oder einer rechtsfähigen Stiftung und Leistungen von nichtrechtsfähigen Vereinen, Anstalten, Stiftungen und anderen Zweckvermögen des privaten Rechts (§ 1 Abs. 1 Nr. 5 KStG). Ein denkbarer Fall wäre z. B. der eines Vereins, der seinen Gewinn an die Mitglieder verteilt.

Immer dann, wenn auf der Anteilseignerseite die Erfassung von Einnahmen aus einem körperschaftlich organisierten Subjekt möglich ist, schließt sich die Frage an, ob die Einnahme sich als Rückgewähr einer Einlage des Anteilseigners darstellt. In diesem Fall soll nach der Vorstellung des Gesetzgebers eine Besteuerung nicht erfolgen (vgl. 1.1).

Während dieser Gedanke in Bezug auf das Verhältnis von Kapitalgesellschaft und Anteilseigner noch offenkundig nachvollziehbar ist, ist dessen Projektion auf die hier betroffenen Körperschaften etc. schwierig.

Ein denkbarer Fall wäre z. B. die Rückgewähr eines bei der Aufnahme z. B. in einen Verein oder einen VVaG geleisteten »Eintrittsgeldes« beim Austritt aus demselben.

Die Vorschrift des § 20 Abs. 1 Nr. 9 EStG dürfte hinsichtlich der Frage, ob es sich um eine Leistung aus dem steuerlichen Einlagekonto handelt, nur geringe praktische Bedeutung haben, da Fälle, die zu einem steuerlichen Einlagekonto führen können, nur schwer vorstellbar sind. Grundsätzlich zur Anwendbarkeit bei einer Stiftung des privaten Rechts vgl. Orth, DStR 2001, 325.

1.10.2 Körperschaften, die Leistungen i. S. d. § 20 Abs. 1 Nr. 10 EStG erbringen können

§ 20 Abs. 1 Nr. 10 EStG betrifft zunächst nur **BgA** i. S. d. § 4 KStG. Ein BgA wird insbesondere deswegen besteuert, weil die öffentliche Hand in privatwirtschaftlicher Weise tätig wird und somit in Konkurrenz zu privatwirtschaftlich organisierten Unternehmen tritt. Die Besteuerung dieser Tätigkeiten ist erforderlich, um der öffentlichen Hand nicht einen ungerechtfertigten Steuer- und zugleich Wettbewerbsvorteil zu verschaffen.

Das Prinzip des Teileinkünfteverfahrens, das auch die Regelung des § 20 Abs. 1 Nr. 9 und 10 EStG umfasst, beruht auf einer Doppelbelastung des Gewinns der Körperschaft. Sie setzt sich zusammen aus der 15 %igen Körperschaftsteuer und der Einkommensteuer des Anteilseigners auf 60 % (§ 3 Nr. 40 EStG) der Dividende, die er im Ausschüttungsfall erhält.

Bei der Besteuerung von BgA ergibt sich nun das Problem, dass zwar der Gewinn auf seiner Ebene mit 15 % besteuert wird, eine »Ausschüttung« an die Trägerkörperschaft als Anteilseigner bei dieser nicht zu steuerpflichtigen Einnahmen führt. Die Trägerkörperschaft ist mit diesen Einnahmen nicht steuerpflichtig, da sich die Vereinnahmung im vermögensverwaltenden bzw. hoheitlichen – und damit steuerlich irrelevanten Bereich – vollzieht.

Um gleichwohl zu einer vergleichbaren Gesamtbelastung im vorstehenden Sinne zu kommen, wurden mit § 20 Abs. 1 Nr. 10 EStG neue Einnahmetatbestände geschaffen. Diese dienen allerdings nicht der Erfassung der Einnahmen beim Empfänger der »Ausschüttungen« des BgA i. R. einer Veranlagung, sondern vielmehr der Schaffung einer Grundlage, auf der KapSt nach § 43 ff. EStG einbehalten werden kann.

Diese KapSt beträgt nach § 43a Abs. 1 Nr. 2 EStG 15 % und kann, da die Einnahmen nicht im Rahmen einer Veranlagung erfasst werden, auch nicht angerechnet werden (§ 36 Abs. 2 Nr. 2 Satz 1 EStG). Eine Abstandnahme vom Steuerabzug (§ 44a EStG) bzw. die Erstattung der KapSt (§ 44b EStG) ist ausgeschlossen. Im Ergebnis wird die KapSt definitiv. Zusammen mit der KSt i. H. v. 15 % ergibt sich somit eine Gesamtertragsteuerbelastung (ohne GewSt) von 30 %, was der gesetzgeberischen Vorstellung von der Belastung von Unternehmensgewinnen im Wesentlichen entspricht.

Bei § 20 Abs. 1 Nr. 10 EStG ist zunächst zwischen den Buchst. a und b der Vorschrift zu unterscheiden.

Ein BgA kann hinsichtlich seiner rechtlichen Qualität in zweierlei Formen auftreten. Zum einen kann er **mit eigener Rechtspersönlichkeit** ausgestattet sein, dies ist z. B. bei Anstalten des öffentlichen Rechts, bei Zweckverbänden und bei öffentlich-rechtlichen Stiftungen der Fall. So ist etwa eine Landesbank in der Rechtsform einer Anstalt des öffentlichen Rechts ein BgA. Weiter kann ein BgA aber auch dann anzunehmen sein, wenn er **ohne eigene Rechtspersönlichkeit** ausgestattet ist. Dies ist z. B. dann der Fall, wenn eine Behörde eine Kantine betreibt oder einen Kantinenbetrieb verpachtet.

1.10.2.1 Betriebe gewerblicher Art mit eigener Rechtspersönlichkeit

Nach § 20 Abs. 1 Nr. 10 Buchst. a EStG sind Einnahmen i. S. d. § 20 EStG auch Leistungen eines nicht von der Körperschaftsteuer befreiten BgA i. S. d. § 4 KStG **mit** eigener Rechtspersönlichkeit, wenn die Leistungen zu Einnahmen führen, die wirtschaftlich mit Gewinnausschüttungen i. S. d. § 20 Abs. 1 Nr. 1 EStG vergleichbar sind.

So kann etwa eine Landesbank ihren erzielten Gewinn an die Trägerkörperschaft in Gestalt eines Bundeslandes abführen. Dies ist ein einer Gewinnausschüttung vergleichbarer Vorgang und fällt unter die Vorschrift des § 20 Abs. 1 Nr. 10 Buchst. a EStG. Wegen weiterer Einzelheiten zur Anwendung des § 20 Abs. 1 Nr. 10 EStG vgl. BMF vom 09.01.2015 BStBl I 2015, 111. Nach § 20 Abs. 1 Nr. 10 Buchst. a 2. HS EStG ist § 20 Abs. 1 Nr. 1 Satz 2 EStG entsprechend anzuwenden. Danach gehören auch vGA zu den Einnahmen aus Kapitalvermögen. Bezogen auf BgA mit eigener Rechtspersönlichkeit bereitet diese Regelung keinerlei Probleme. Die Trägerkörperschaft des BgA und der BgA selbst stehen wie Kapitalgesellschaft und Gesellschafter zueinander, so dass die dort geltenden Rechtsgrundsätze ohne praktische Schwierigkeiten auch hier anwendbar sind.

1.10.2.2 Betriebe gewerblicher Art ohne eigene Rechtspersönlichkeit

Nach § 20 Abs. 1 Nr. 10 Buchst. b EStG können auch bei einem BgA **ohne** eigene Rechtspersönlichkeit Einnahmen i. S. d. § 20 EStG vorliegen. Hier ist zunächst zu beachten, dass zwischen der Trägerkörperschaft des BgA und dem BgA selbst Personenidentität besteht. Der BgA ist lediglich eine Einrichtung innerhalb der juristischen Person des öffentlichen Rechts, die sich aus dieser wirtschaftlich heraushebt und die sonstigen Voraussetzungen des § 4 KStG erfüllt. Aus der Personenidentität folgt, dass Vorgänge, die Gewinnausschüttungen einer Kapitalgesellschaft an ihre Anteilseigner vergleichbar sind, nicht vorkommen können, da eine Gewinnausschüttung den Vermögenstransfer von einem Rechtsträger zu einem anderen Rechtsträger bedeutet. Für den oben erwähnten Kapitalertragsteuerabzug fingiert das Gesetz daher einen Einnahmetatbestand, der auf der Vorstellung beruht, den Transfer aus der Sphäre »BgA« in die Sphäre »hoheitlicher Bereich« **wie** eine Ausschüttung zu behandeln. Zum Verständnis ist an dieser Stelle ein Vergleich mit einem Einzelunternehmen und der Entnahme von Mitteln für private Zwecke des Unternehmers hilfreich.

Die **Anwendung des § 20 Abs. 1 Nr. 10 Buchst. b EStG** betrifft folgende Fälle:

a) Gewinnverwendung

Erwirtschaftet ein BgA einen Gewinn, so kann dieser entsprechend den – von Bundesland zu Bundesland unterschiedlichen – haushaltsrechtlichen Regelungen in Rücklagen – etwa für spätere Investitionen – eingestellt werden. Hinsichtlich des nicht in Rücklagen eingestellten Gewinns fingiert bzw. unterstellt das Gesetz einen Gewinntransfer aus dem BgA in den hoheitlichen Bereich der Trägerkörperschaft. Dies entspricht dem wirtschaftlichen Gehalt einer Gewinnausschüttung. Entsprechendes gilt für Beträge aus der Auflösung von Rücklagen zu Zwecken **außerhalb** des BgA. Eine Auflösung z. B. zum Verlustausgleich ist ein Zweck innerhalb des BgA.

Betreibt z. B. eine Behörde eine Kantine und vereinnahmt den dort erzielten Gewinn im allgemeinen Haushalt, so ist § 20 Abs. 1 Nr. 10 Buchst. b EStG anwendbar. Wird der Gewinn allerdings wegen einer im nächsten Jahr anstehenden größeren Investition buchhalterisch in eine Rücklage eingestellt, so findet der erforderliche Vermögenstransfer in den hoheitlichen Bereich nicht statt. § 20 Abs. 1 Nr. 10 Buchst. b EStG ist nicht anwendbar.

Weitere Voraussetzung ist, dass der Gewinn entweder durch Betriebsvermögensvergleich (§ 4 Abs. 1 Satz 1 EStG) ermittelt wird, oder aber die Umsätze i. S. d. UStG einschließlich steuerfreier Umsätze – aber ohne Umsätze i. S. d. § 4 Nr. 8 bis 10 UStG – mehr als 350 000 € betragen oder aber der Gewinn des Wj. mehr als 30 000 € beträgt.

Wegen weiterer Einzelheiten zur Anwendung des § 20 Abs. 1 Nr. 10 EStG vgl. BMF vom 09.01.2015 BStBl I 2015, 111.

b) Verdeckte Gewinnausschüttung

Diejenigen BgA, die Leistungen i. S. d. § 20 Abs. 1 Nr. 10 Buchst. b EStG erbringen können, werden hinsichtlich ihres Verhältnisses zu ihrer Trägerkörperschaft im Wesentlichen so behandelt, wie es bei einer Kapitalgesellschaft im Verhältnis zu ihren Gesellschaftern geschieht.

Daraus ergibt sich, dass Leistungsbeziehungen zwischen dem BgA und der Trägerkörperschaft für steuerliche Zwecke anerkannt werden, obgleich solche Vereinbarungen tatsächlich rechtswirksam nicht getroffen werden können. Wegen der steuerlichen Anerkennung von Verträgen zwischen der Trägerkörperschaft und dem BgA vgl. auch H 8.2 [Miet- oder Pachtverträge bzw. Vereinbarungen] KStH.

Der BFH formuliert dazu in seinem Urteil vom 24.04.2002 BStBl II 2003, 412 unter 1. a) der Urteilsgründe, dass »Minderungen des Betriebsvermögens eines BgA zu Gunsten des übrigen Vermögens seiner Trägerkörperschaft bei der Gewinnermittlung nach den Grundsätzen zu beurteilen [sind], die für Leistungen einer Kapitalgesellschaft an ihren Alleingesellschafter gelten. Es wird somit bei der Gewinnermittlung fingiert, der BgA sei ein selbständiges Steuerrechtssubjekt in der Rechtsform einer Kapitalgesellschaft und die Trägerkörperschaft sei deren Alleingesellschafterin«.

Demnach kann ein BgA im Verhältnis zu seiner Trägerkörperschaft z. B. eine verdeckte Gewinnausschüttung durch überhöhte Pachtzahlungen für ein überlassenes Wirtschaftsgut bewirken.

Wegen der generellen Anwendbarkeit der Regelungen zur vGA bei BgA vgl. H 8.5 [Betriebe gewerblicher Art] KStH.

c) Gewinn i. S. d. § 22 Abs. 4 UmwStG

Ebenfalls zu den Einnahmen i. S. d. § 20 Abs. 1 Nr. 10 Buchst. b EStG gehört der Gewinn i. S. d. § 22 Abs. 4 UmwStG. Hintergrund dieser Regelung ist folgender:

Ein BgA kann nach § 20 Abs. 1 UmwStG einen Betrieb, Betriebsteil oder einen Mitunternehmeranteil in eine unbeschränkt steuerpflichtige Kapitalgesellschaft einbringen. Nach § 20 Abs. 2 Satz 1 UmwStG darf die Kapitalgesellschaft das eingebrachte Betriebsvermögen mit dem Buchwert oder einem höheren Wert – höchstens dem gemeinen Wert – ansetzen. Der Wert, mit dem die Kapitalgesellschaft das eingebrachte Betriebsvermögen ansetzt, ist maßgebend für die Ermittlung des Veräußerungsgewinns bei dem einbringenden BgA und gilt zugleich als Anschaffungskosten für die Anteile an der Kapitalgesellschaft.

Im Fall der Einbringung von Unternehmensteilen in eine Kapitalgesellschaft zum Buch- oder Zwischenwert gem. § 20 UmwStG hat der einbringende BgA rückwirkend im Jahr der Einbringung einen sog. Einbringungsgewinn I zu versteuern, wenn die erhaltenen Anteile innerhalb eines Zeitraums von sieben Jahren nach dem Einbringungszeitpunkt veräußert werden (§ 22 Abs. 1 Satz 1 UmwStG).

Entsprechendes gilt, wenn die einbringende Kapitalgesellschaft die in § 22 Abs. 3 UmwStG geforderten Nachweise nicht erbringt. Nachzuweisen ist, wem die auf Grund der Einbringung erhaltenen Anteile steuerlich zuzurechnen sind. Der Nachweis ist jeweils unaufgefordert bis zum 31.05. der auf die Einbringung folgenden (sieben) Jahre zu erbringen. Wird der Nachweis nicht erbracht, so gelten die Anteile als am Tag nach der Einbringung oder dem entsprechenden Kalendertag in späteren Jahren nach vorherigem Nachweis als veräußert. Der ggf. zu versteuernde Einbringungsgewinn I verringert sich für jedes ab dem Einbringungszeitpunkt abgelaufene Kalenderjahr um ein Siebtel (§ 22 Abs. 1 Satz 3 UmwStG).

Die besondere Nennung dieses Gewinns in § 20 Abs. 1 Nr. 10 Buchst. b EStG ist erforderlich, weil bei einer Betriebseinbringung der BgA nicht fortbesteht. Der Betrieb wird nunmehr von der separat nach § 1 Abs. 1 Nr. 1 KStG zu besteuernden Kapitalgesellschaft fortgeführt. Das bloße Halten einer Kapitalbeteiligung durch eine juristische Person des öffentlichen Rechts begründet keinen BgA, sondern vollzieht sich im hoheitlichen Bereich (Vermögensverwaltung). Kommt es später zur Veräußerung dieser Kapitalgesellschaft, so entsteht der Gewinn weder in einem BgA der nach § 4 Abs. 1 Satz 1 EStG seinen Gewinn ermittelt, noch in einem BgA der die o.g. Umsatz- oder Gewinngrenzen überschreitet. Ohne die gesonderte Nennung des § 22 Abs. 4 UmwStG wäre also die Besteuerung des entsprechenden Gewinnes durch Kapitalertragsteuerabzug nicht sichergestellt. Dies ist jedoch erforderlich, um den bisherigen gebilligten Aufschub der Versteuerung der stillen Reserven des ursprünglich eingebrachten (Teil-)Betriebs zu beenden.

d) Rundfunkanstalten

Bei den öffentlich-rechtlichen Rundfunkanstalten wird das Einkommen aus der Durchführung von Werbesendungen mit 16 % der Entgelte i. S. d. § 10 Abs. 1 UStG besteuert (§ 8 Abs. 1 Satz 2 KStG). Nach § 20 Abs. 1 Nr. 10 Buchst. b Satz 3 EStG gelten drei Viertel dieses Einkommens als in den hoheitlichen Bereich überführt und unterliegen demzufolge dem KapSt-Abzug. Die Regelung dient durch ihre Pauschalierung der Vereinfachung.

e) Wirtschaftliche Geschäftsbetriebe bei steuerbefreiten Körperschaften, Personenvereinigungen und Vermögensmassen

Nach § 20 Abs. 1 Nr. 10 Buchst. b Satz 4 EStG sind die Sätze 1 und 2 der Vorschrift entsprechend anzuwenden auf wirtschaftliche Geschäftsbetriebe der von der Körperschaftsteuer befreiten Körperschaften, Personenvereinigungen und Vermögensmassen.

Die entsprechende Anwendung bedeutet, dass der Gedanke des Gewinntransfers aus dem steuerpflichtigen Bereich in den hoheitlichen Bereich hier dergestalt umzusetzen ist, dass eine Einnahme i. S. d. § 20 Abs. 1 Nr. 10 Buchst. b EStG vorliegt, wenn Gewinne aus dem wirtschaftlichen Geschäftsbetrieb in den steuerbegünstigten Bereich überführt werden. Dies ist z. B. dann der Fall, wenn der im wirtschaftlichen Geschäftsbetrieb entstandene Gewinn durch Verwendung für den steuerbegünstigten Zweck der Körperschaft von einer Sphäre in die andere überführt wurde. Die Berücksichtigung von Gewinnrücklagen erfolgt hier ebenso wie bei den BgA.

Eine wesentliche Einschränkung in der Praxis erfährt die Regelung durch § 44a Abs. 7 EStG, wonach bei Steuerpflichtigen, die nach § 5 Abs. 1 Nr. 9 KStG (Gemeinnützigkeit) von der KSt befreit sind, die Vornahme des Kapitalertragsteuerabzugs entfällt. Da das steuerliche Einlagekonto bei den Steuerpflichtigen, die unter § 20 Abs. 1 Nr. 10 Buchst. b EStG fallen, nur wegen des Kapitalertragsteuerabzugs geführt wird, wird in der Praxis bei den gemeinnützigen Körperschaften auf die Führung und Feststellung des steuerlichen Einlagekontos verzichtet. Die Feststellung wäre ohne jede steuerliche Relevanz.

In Betracht kommt die Feststellung des steuerlichen Einlagekontos, demzufolge nur bei denjenigen Körperschaften, Personenvereinigungen und Vermögensmassen, die nach anderen Vorschriften als § 5 Abs. 1 Nr. 9 KStG steuerbefreit sind. Das sind z. B. Berufsverbände (§ 5 Abs. 1 Nr. 5 KStG) oder politische Parteien (§ 5 Abs. 1 Nr. 7 KStG).

1.10.3 Ermittlung des Anfangsbestandes beim steuerlichen Einlagekonto

Gemäß § 20 Abs. 1 Nr. 10b Satz 5 i. V. m. Nr. 1 Satz 3 EStG ist die Rückgewähr von Einlagen nicht kapitalertragsteuerpflichtig. Daher ist eine Trennung der Einlagen von den restlichen Eigenkapitalanteilen des BgA (z. B. Gewinnrücklagen, Gewinnvortrag) notwendig. Dies ist der Grund warum auch Betriebe gewerblicher Art ein steuerliches Einlagekonto i. S. d. § 27 KStG führen.

Auf dem Einlagekonto hat der BgA am Schluss jedes Wirtschaftsjahres die von seiner Trägerkörperschaft geleisteten Einlagen auszuweisen. Der Anfangsbestand des Einlagekontos leitet sich aus dem bilanziellen Eigenkapital im Zeitpunkt des Systemwechsels ab. Ist das Wirtschaftsjahr gleich dem Kalenderjahr, war dies das Kapital zum 31.12.2000. Bilanziert der BgA ist dies grundsätzlich das bilanzielle Eigenkapital abzüglich des Nennkapitals bzw. eines vergleichbaren Werts. Zu einer Verwendung des steuerlichen Einlagekontos kommt es nur insoweit, als »Leistungen« des BgA (insbesondere die nicht in den Rücklagen zugeführten Gewinne) den auf den Schluss des vorangegangenen Wirtschaftsjahres ermittelten ausschüttbaren Gewinn i. S. d. § 27 Abs. 1 Satz 5 KStG übersteigen.

Zur Vermeidung einer unangemessen hohen steuerlichen Gesamtbelastung des körperschaftsteuerlichen Gewinns unter Einbeziehung der Nachbelastung auf Grund eines Gewinntransfers hat das BMF mit Schreiben vom 09.01.2015 BStBl I 2015, 111, Tz. 13, 25 für Fälle des § 20 Abs. 1 Nr. 10 EStG geregelt, dass Alteinlagen und Altrücklagen als Anfangsbestand des steuerlichen Einlagekontos zu berücksichtigen sind. Kommt es nunmehr zur Verwirklichung des Tatbestands des § 20 Abs. 1 Nr. 10 EStG, so wird für den Teil des Gewinns, der auf Alteinlagen bzw. -rücklagen beruht, eine KapSt nicht erhoben, da nach § 20 Abs. 1 Nr. 10 Buchst. a 2. HS EStG bzw. § 20 Abs. 1 Nr. 10 Buchst. b Satz 5 EStG § 20 Abs. 1 Nr. 1 Satz 3 EStG entsprechend anzuwenden ist, d. h., soweit das steuerliche Einlagekonto als verwendet gilt, liegen keine Einnahmen i. S. d. § 20 EStG vor.

Altrücklagen sind Rücklagen, die unter Geltung des körperschaftsteuerlichen Anrechnungsverfahrens besteuert worden sind, Alteinlagen sind Einlagen, die der Körperschaft in dieser Zeit zugeführt wurden.

Dem Wortlaut des erwähnten Schreibens des BMF nach gilt dies allerdings nur für Fälle des § 20 Abs. 1 Nr. 10 EStG. Weshalb Fälle der Nr. 9 nicht unter diese Regelung fallen sollen, ist nicht erkennbar. Die zu Grunde liegende Problematik ist dieselbe.

1.10.4 Veränderungen des steuerlichen Einlagekontos

Von den bei Kapitalgesellschaften möglichen Zu- und Abgängen beim steuerlichen Einlagekonto kommen bei den Körperschaften und Personenvereinigungen, die Leistungen i. S. d. § 20 Abs. 1 Nr. 9 und 10 EStG erbringen können, nur einige in Betracht. Von praktischer Bedeutung sind dabei insbesondere

- der Zugang auf Grund von Einlagen;
- der Abgang auf Grund von Leistungen der Körperschaft (§ 27 Abs. 1 Satz 3 KStG).

1.10.4.1 Einlagen bei sonstigen Körperschaften und Personenvereinigungen

Einlagen sind insbesondere für BgA von Schrifttum und Rechtsprechung anerkannt. Wenn für die Anwendung der Regeln über die vGA der BgA im Verhältnis zu seiner Trägerkörperschaft so behandelt wird, wie es bei einer Kapitalgesellschaft im Verhältnis zu den Anteilseignern der Fall ist, dann muss dies hinsichtlich des umgekehrten Vermögenstransfers – von der Trägerkörperschaft zum BgA – entsprechend gelten.

1.10.4.2 Leistungen von sonstigen Körperschaften und Personenvereinigungen

Wie unter 1.10.3 ausgeführt, ist bei der steuerlichen Qualifizierung der Leistungen i. S. d. § 20 Abs. 1 Nr. 9 und 10 EStG zu prüfen, ob das steuerliche Einlagekonto als verwendet gilt. Ist dies der Fall, so ist das Einbehalten und Abführen von KapSt hinfällig, da dies nur bei steuerpflichtigen Leistungen erforderlich ist.

Es stellt sich daher die Frage, wie in diesen Fällen die Verwendung des steuerlichen Einlagekontos zu ermitteln ist.

1.10.4.2.1 Verwendung des steuerlichen Einlagekontos für Leistungen i. S. d. § 20 Abs. 1 Nr. 9 und 10 Buchst. a EStG

Bei den Körperschaften und Personenvereinigungen, die Leistungen i. S. d. § 20 Abs. 1 Nr. 9 und 10 **Buchst. a** EStG erbringen können, handelt es sich insbesondere um Vereine, VVaG und BgA **mit** eigener Rechtspersönlichkeit. Die Frage der Verwendung des steuerlichen Einlagekontos richtet sich bei diesem Personenkreis wie bei den Kapitalgesellschaften nach der Summe der im Wj. erbrachten Leistungen und der Höhe des ausschüttbaren Gewinns.

Insoweit gelten die Ausführungen in 1.9.4.4 entsprechend. Übersteigt die Summe der im Wj. erbrachten Leistungen den ausschüttbaren Gewinn, so gilt insoweit das steuerliche Einlagekonto als verwendet. Wegen der Ermittlung des ausschüttbaren Gewinns vgl. 1.9. 4. 1.

Allerdings ist bei den hier betroffenen Körperschaften und Personenvereinigungen zu beachten, dass bei der Ermittlung des ausschüttbaren Gewinns das abzuziehende Nennkapital in aller Regel mit 0 € anzusetzen ist. Dies liegt daran, dass z. B. ein Verein über keine dem Stammkapital einer GmbH vergleichbare Größe verfügt, da ein Verein mitgliedschaftlich organisiert ist und daher eine kapitalmäßige Beteiligung nicht besteht. Eine Ausnahme soll allerdings bei denjenigen BgA mit eigener Rechtspersönlichkeit bestehen, die über eine dem Nennkapital vergleichbare Größe verfügen (vgl. etwa § 10 Abs. 2 des Hessischen bzw. des Berliner Eigenbetriebsgesetzes).

1.10.4.2.2 Verwendung des steuerlichen Einlagekontos für Leistungen i. S. d. § 20 Abs. 1 Nr. 10 Buchst. b EStG

Bei den Körperschaften und Personenvereinigungen, die Leistungen i. S. d. § 20 Abs. 1 Nr. 10 **Buchst. b** EStG erbringen können, handelt es sich insbesondere um BgA **ohne** eigene Rechtspersönlichkeit sowie um die näher in 1.10.2.2.1 beschriebenen Gewinntransfers von wirtschaftlichen Geschäftsbetrieben steuerbefreiter sonstiger Körperschaften in den steuerbefreiten Bereich.

Die Frage der Verwendung des steuerlichen Einlagekontos ist bei den hier betroffenen Körperschaften und Personenvereinigungen anders zu beantworten als bei Kapitalgesellschaften. Dies liegt in der Besonderheit der zu betrachtenden Leistungen begründet, bei denen es sich um eine reine Fiktion für steuerliche Zwecke handelt. Eine Leistung im steuerlichen Sinne bedeutet ansonsten regelmäßig den Transfer von Vermögen eines Rechtsträgers auf einen anderen, diese Voraussetzung ist bei denjenigen Steuerpflichtigen, die Leistungen i. S. d. § 20 Abs. 1 Nr. 10 Buchst. b EStG erbringen können nicht gegeben (vgl. auch 1.10.2.2).

Entsprechend der Regelung für die Verwendung des steuerlichen Einlagekontos bei Kapitalgesellschaft (vgl. 1.9.4) gilt auch hier, dass das steuerliche Einlagekonto erst dann als verwendet gilt, wenn andere Mittel als die aus Altrücklagen und Einlagen nicht mehr ausreichen, um die Leistung zu finanzieren. Vorrangig gelten also diejenigen Mittel als verwendet, die aus Gewinnen stammen, die unter Geltung des Halb- bzw. Teileinkünfteverfahrens seit 2001 erwirtschaftet wurden.

Nach BMF vom 09.01.2015 BStBl I 2015, 111 sind die Leistungen i. S. d. § 20 Abs. 1 Nr. 10 Buchst. b EStG auf ihre Verwendung hinsichtlich eines ggf. vorhandenen steuerlichen Einlagekontos dergestalt zu überprüfen, dass der Gewinnverwendung durch den BgA bzw. den wirtschaftlichen Geschäftsbetrieb entscheidende Bedeutung zukommt.

Wird in einem Wj. nach **handelsbilanziellen** Grundsätzen ein Gewinn erwirtschaftet, so kann dieser Gewinn ganz oder teilweise in eine Gewinnrücklage eingestellt werden. In diesem Fall wird der Gewinn nicht für Zwecke außerhalb des BgA bzw. wirtschaftlichen Geschäftsbetriebs verwandt, so dass eine Leistung an die Trägerkörperschaft bzw. ein Vermögenstransfer in den steuerbefreiten Bereich nicht angenommen werden kann.

Wird allerdings der Gewinn nicht in eine Rücklage eingestellt oder ist die Rücklagenbildung – bei BgA – nach haushaltsrechtlichen Bestimmungen unzulässig, so gilt für steuerliche Zwecke der Gewinn als in den Bereich der Trägerkörperschaft bzw. des steuerbefreiten Bereichs der Körperschaft überführt. Für diese Leistung ist die KapSt i. H. v. 15 % (§ 43a Abs. 1 Nr. 2 EStG) einzubehalten, soweit nicht das steuerliche Einlagekonto als verwendet gilt.

Die entsprechende Prüfung ist dergestalt vorzunehmen, dass seit dem Systemwechsel einerseits die sog. Neurücklagen festzuhalten sind und das steuerliche Einlagekonto zu führen ist.

Die Bezugnahme auf das Ergebnis der Handelsbilanz ist geboten, da die Handelsbilanz diejenigen Beträge ausweist, die der BgA bzw. der wirtschaftliche Geschäftsbetrieb der Trägerkörperschaft bzw. dem steuerfreien Bereich »zur Verfügung stellen« kann, also die Gewinne, die verwendungsfähig sind (BMF vom 09.01.2015 BStBl I 2015, 111, Tz. 25).

a) Ermittlung der Neurücklagen

Die sog. Neurücklagen sind keine Größe, die dem EStG oder KStG entnommen sind, es handelt sich vielmehr um eine Rechengröße, mit deren Hilfe die Finanzverwaltung ermittelt, ob für eine Leistung i.S.d. § 20 Abs. 1 Nr. 10 Buchst. b EStG das steuerliche Einlagekonto als verwendet gilt.

Hinter dem etwas unglücklich gewählten Begriff der Neurücklagen verbirgt sich die fortgeschriebene Summe der handelsbilanziellen Gewinne und Verluste, die der BgA bzw. der wirtschaftliche Geschäftsbetrieb seit dem Systemwechsel erzielt hat, und die nicht für Leistungen an die Trägerkörperschaft bzw. den steuerpflichtigen Bereich der Körperschaft als verwendet gelten, die also in Gewinnrücklagen gebunden sind. Wird der Gewinn im Einzelfall durch Einnahme-Überschuss-Rechnung gem. § 4 Abs. 3 EStG ermittelt, so ist der Gewinn für Zwecke der Erhebung der KapSt nach § 43 Abs. 1 Nr. 7c EStG i.V.m. § 20 Abs. 1 Nr. 10 Buchst. b EStG nach Bilanzierungsgrundsätzen zu schätzen (BMF vom 09.01.2015 BStBl I 2015, 111, Tz. 27).

BEISPIEL

Erwirtschaftet ein BgA im kalenderjahrgleichen Wj. 2023 einen handelsbilanziellen Gewinn von 100000 €, so betragen die Neurücklagen zum 31.12.2023 100000 €.

Beträgt das Ergebnis der Handelsbilanz jedoch ./. 50000 €, so betragen auch die Neurücklagen ./. 50000 €.

Wird im zweiten Fall im Wj. 2024 ein Gewinn von 70000 € erzielt, so betragen zum 31.12.2024 die Neurücklagen (./. 50000 € + 70000 € =) 20000 €.

b) Gewinnverwendung

Die Finanzverwaltung ging hinsichtlich des Zeitpunks des Erbringens einer Leistung hinsichtlich des in der Handelsbilanz ausgewiesenen Gewinns in Anlehnung an die Fälligkeit der KapSt nach § 44 Abs. 6 EStG davon aus, dass die Gewinnverwendung grundsätzlich mit der Bilanzaufstellung erfolgt (BMF vom 09.01.2015 BStBl I 2015, 111, Tz. 39, 40). Dies galt auch hinsichtlich der vGA.

Nach dem BFH-Urteil vom 11.07.2007 BStBl II 2007, 841 enthält § 20 Abs. 1 Nr. 10 Buchst. b EStG jedoch eine Ausschüttungsfiktion, die dazu führt, dass der Gewinn des BgA, der nicht den Rücklagen zugeführt wird, als von der Trägerkörperschaft in demselben Jahr bezogen wird, in dem ihn auch der BgA erwirtschaftet. Dies gilt unabhängig davon, wann für den als ausgeschüttet geltenden Betrag die KapSt fällig wird.

BEISPIEL

Wird also in dem Beispiel in 1.10.4.2.2, dort a) der Gewinn des Jahres 2023 i.H.v. 100000 € bei der Bilanzfeststellung in 2024 nicht in Rücklagen eingestellt, so gilt er als noch in 2023 an die Trägerkörperschaft überführt. Zutreffend wären daher die Neurücklagen zum 31.12.2023 bereits gemindert um 100000 € mit 0 € zu ermitteln. In der Praxis wird der entsprechende Abzug allerdings als erster Rechenschritt bei der Ermittlung des steuerlichen Einlagekontos und der Neurücklagen zum 31.12.2024 vorgenommen.

c) Leistungsverrechnung

Für die Prüfung der Verwendung des steuerlichen Einlagekontos kommt es darauf an, ob die Neurücklagen ganz oder teilweise ausreichen, um die Leistungen i.S.d. § 20 Abs. 1 Nr. 10 Buchst. b EStG abzudecken. Anders als bei den Leistungen i.S.d. § 20 Abs. 1 Nr. 1 EStG wird dabei nicht auf die Höhe des ausschüttbaren Gewinns abgestellt. Vielmehr ist nur zu prüfen, in welcher Höhe nach »Verbrauch« der Neurücklagen das steuerliche Einlagekonto zur Finanzierung der Leistung herangezogen werden muss, allerdings entspricht das Ergebnis wiederum der Leistungsverrechnung, wie sie bei Kapitalgesellschaften und anderen Körperschaften vorzunehmen ist, die Leistungen erbringen, die zu Einnahmen i. S. d. § 20 Abs. 1 Nr. 1 EStG führen.

BEISPIEL

Eine Gemeinde stattet ihren BgA in 2022 zur Anschubfinanzierung mit Einlagen i. H. v. 100000 € aus. In 2023 erzielt der BgA einen Gewinn von 20000 €, der nicht in Rücklagen eingestellt wird. In 2024 wird ein Verlust von 70000 € erwirtschaftet, gleichzeitig stellt das Finanzamt eine vGA in 2023 i. H. v. 30000 € fest.

			steuerliches Einlagekonto	Neurücklagen
Bestand zum 31.12.2021			0 €	0 €
Einlage			+ 100000 €	
Bestand zum 31.12.2022			100000 €	0 €
vGA des Jahres 2023		30000 €		
vorrangige Verwendung der Neurücklagen	./.	0 €		./. 0 €
verbleiben		30000 €		
Verwendung des Einlagekontos/Erhöhung der Neurücklagen	./.	30000 €	./. 30000 €	+ 30000 €
Zwischensumme			70000 €	30000 €
Gewinn 2023, gilt als ausgeschüttet		20000 €		
vorrangige Verwendung der Neurücklagen	./.	20000 €		./. 20000 €
Zwischensumme		0 €	70000 €	10000 €
Gewinn 2023, erhöht die Neurücklagen				+ 20000 €
Bestand 31.12.2023			70000 €	30000 €
Verlust 2024				./. 70000 €
Bestand 31.12.2024			70000 €	./. 40000 €

Da die Verrechnung des nicht in Rücklagen eingestellten Gewinns zutreffend in dem Jahr vorgenommen werden muss, in dem er erzielt wurde, wird er, was rechnerisch zum selben Ergebnis führt, mit den Beständen zum Ende des jeweiligen Wj. verrechnet, im Beispiel nach dem Bestand per 31.12.2023. Allerdings werden zuerst die vGA verrechnet, da diese gedanklich vor dem Gewinn des Wj., der mit dessen Ablauf entsteht, bewirkt wird. Erst danach erfolgt die Erhöhung der Neurücklagen aufgrund des Gewinns des Jahres 2023.

Wird ein Teil oder der gesamte Gewinn zulässigerweise in eine Rücklage eingestellt, so liegen insoweit keine kapst-pflichtigen Leistungen vor. Insoweit tritt im Folgejahr auch nicht die anderenfalls zwangsläufige Minderung der Neurücklagen ein. Diese stehen dann rechnerisch z. B. zur Verrechnung für eine vGA zur Verfügung. Die Neurücklagen sind allerdings nur eine rechnerische Größe, die lediglich ermittelt werden. Eine gesonderte Feststellung kommt insoweit daher nicht in Betracht.

Bei der Verrechnung von vGA ist die Besonderheit zu beachten, dass soweit eine vGA mit dem steuerlichen Einlagekonto zu verrechnen ist, in gleicher Höhe ein Zugang bei den Neurücklagen zu erfassen ist (vgl. vorstehendes Beispiel).

Dies hat seine Ursache in der Überlegung, dass die Verminderung der Neurücklagen auf Grund der Verrechnung der vGA **nicht** mit einer Verringerung des bilanziellen Eigenkapitals der Körperschaft einhergeht, da die Einkommenskorrektur nach § 8 Abs. 3 Satz 2 KStG außerhalb der Steuerbilanz im Rahmen der Einkommensermittlung erfolgt.

In dem Beispiel verfügt der BgA zum 31.12.2022 über ein Eigenkapital von

Einlage	+	100000 €
Gewinn 2023	+	20000 €
Gewinnverwendung	./.	20000 €
Verlust 2024	./.	70000 €
Eigenkapital zum 31.12.2024		30000 €

1.11 Einlagenrückgewähr bei nicht unbeschränkt steuerpflichtigen Körperschaften (§ 27 Abs. 8 KStG)

1.11.1 Allgemeines

§ 27 Abs. 8 KStG weitete die Regelungen zur Einlagenrückgewähr ursprünglich auf Körperschaften und Personenvereinigungen aus, die in einem anderen Mitgliedsstaat der Europäischen Union (EU) unbeschränkt steuerpflichtig sind. Hintergrund der Regelung ist die anderenfalls drohende EU-rechtswidrige Ungleichbehandlung der Rückzahlung von Einlagen in- bzw. EU-ausländischer Körperschaften. Vor der Ergänzung des § 27 KStG nur bei inländischen Körperschaften die Einlagenrückgewähr als Leistung aus dem steuerlichen Einlagekonto nicht steuerbar (§ 20 Abs. 1 Nr. 1 Satz 3 EStG).

Die Finanzverwaltung hat auf Bundesebene beschlossen, dass § 27 KStG auf Fälle der Rückzahlung von Einlagen durch **Kapitalgesellschaften in Drittstaaten** nicht anwendbar sein soll. Die Behandlung als Einlagenrückgewähr komme nicht in Betracht, da die leistende Gesellschaft ein Einlagekonto nicht zu führen habe und die Sonderregelung des § 27 Abs. 8 KStG nach ihrem Wortlaut für Drittstaatengesellschaften nicht gelte. Die Zahlung sei daher auch dann als (steuerpflichtige) Leistung i. S. des § 20 Abs. 1 Nr. 1 EStG zu behandeln, wenn es sich eindeutig um eine Rückzahlung von Einlagen handle.

Der BFH hatte bereits mit Urteil vom 13.07.2016, VIII R 47/13, DB 2016 S. 2392, entschieden, dass § 20 Abs. 1 Nr. 1 Satz 3 EStG unionsrechtskonform dahingehend auszulegen ist, dass eine Einlagenrückgewähr auch von einer Gesellschaft getätigt werden kann, die in einem Drittstaat ansässig ist und für die kein steuerliches Einlagekonto i. S. des § 27 KStG geführt wird. Entsprechend hat der BFH im Verfahren VIII R 73/13 mit Urteil vom 13.07.2016 entschieden. Mit dem aktuellen Urteil vom 10.04.2019, I R 15/16, DB 2019, 2052, hat der BFH seine o. g. Linie bestätigt und folgende Leitsätze veröffentlicht:

1. *Auch nach der ab 2006 geltenden Rechtslage können Leistungen aus dem Vermögen von in einem Drittstaat ansässigen Gesellschaften, für die kein steuerliches Einlagekonto i. S. des § 27 KStG geführt wird, als Einlagenrückgewähr zu qualifizieren sein (Bestätigung des BFH-Urteils vom 13.07.2016 – VIII R 47/13, DStR 2016 S. 2395).*
2. *Zwar ist die Höhe des ausschüttbaren Gewinns einer Drittstaatengesellschaft nach dem jeweiligen ausländischen Handels- und Gesellschaftsrecht zu ermitteln (Bestätigung*

der Rechtsprechung; Senatsurteil v. 20.10.2010 – I R 117/08, DStRE 2011 S. 412; BFH vom 13.07.2016 – VIII R 73/13, DStRE 2016 S. 1416); seine Verwendung und damit auch die (nachrangige) Rückgewähr von Einlagen unterliegt jedoch der gesetzlichen Verwendungsfiktion des § 27 Abs. 1 Satz 3 und 5 KStG (insoweit Fortentwicklung der Rechtsprechung).

Damit ist die Lage aus Sicht des BFH klar. Aus dem Leitsatz 2 (und der Urteilsbegründung) ergibt sich dabei erstmals, dass in Drittstaatenfällen für die Berechnung des ausschüttbaren Gewinns das ausländische Handels- und Gesellschaftsrecht maßgeblich ist (und nicht die dortige Steuerbilanz), die auch in Inlandsfällen geltende Verwendungsreihenfolge (§ 27 Abs. 1 Satz 3 und 5 KStG) maßgeblich ist und es in diesen Fällen aber kein vorgeschaltetes Feststellungsverfahren gibt (über die Einlagenrückgewähr ist hier also auf der Ebene des Anteilseigners zu entscheiden).

Durch das JStG 2022 ist es zu einer gesetzlichen Regelung gekommen. Nunmehr fällt unter den persönlichen Anwendungsbereich des § 27 Abs. 8 KStG jede Körperschaft oder Personenvereinigung, die nicht der unbeschränkten Steuerpflicht im Inland unterliegt. Damit sind nicht nur (wie bisher) EU-Staaten, sondern auch Drittstaaten und EWR-Staaten erfasst. Das kurz zuvor ergangene BMF-Schreiben vom 21.04.2022 (BStBl I 2022, 647) ist dadurch in weiten Teilen überholt.

Neben der Einlagenrückgewähr sind auch die **Kapitalveränderungen bei Umwandlungen nach § 29 KStG** von der Neuregelung betroffen.

Für die Ermittlung der Einlagenrückgewähr sind die sonst auch anzuwendenden Regelungen des § 27 Abs. 1 bis 6 und der §§ 28 und 29 KStG maßgebend (§ 27 Abs. 8 Satz 2 KStG).

Anders als bei inländischen Körperschaften wird das steuerliche Einlagekonto allerdings nicht laufend fortgeschrieben und gesondert festgestellt. Vielmehr wird bei Bedarf der Anteil einer Leistung, der im Inlandsfall aus dem steuerlichen Einlagekonto stammen würde, selbst gesondert festgestellt (§ 27 Abs. 8 Satz 3 KStG).

Der Antrag ist bis zum Ende des zwölften Monats, der auf das Ende des Wirtschaftsjahres folgt, in dem die Leistung erfolgt ist nach amtlich vorgeschriebenem Vordruck zu stellen (§ 27 Abs. 8 Satz 4 KStG). Zuständig für die gesonderte Feststellung ist das örtlich zuständige Finanzamt nach § 20 AO (etwa bei bereits bestehender beschränkter Steuerpflicht), ansonsten – dies dürfte der überwiegend anzutreffende Fall sein – das Bundeszentralamt für Steuern (BZSt; § 27 Abs. 8 Satz 5 KStG).

Dem Antrag auf die gesonderte Feststellung der Einlagenrückgewähr im Sinne des § 27 Abs. 8 KStG sind grundsätzlich folgende Angaben und Unterlagen inklusive einer Übersetzung in deutscher Sprache vorzulegen:

- Bescheinigung der ausländischen Steuerbehörde über die unbeschränkte Steuerpflicht des Antragstellers für den beantragten Zeitraum. Sofern dies nicht möglich ist, kann der Nachweis auch durch Vorlage eines Steuerbescheides der ausländischen Steuerbehörde für den beantragten Zeitraum mit deutscher Übersetzung erbracht werden, sofern aus diesem die unbeschränkte Steuerpflicht des Antragstellers ausdrücklich hervor geht.
- Angaben über die beschränkte Körperschaftsteuerpflicht des Antragstellers in Deutschland unter: – Angabe über Vermögen und Tätigkeiten in Deutschland zur Prüfung der Zuständigkeit nach § 27 Abs. 8 Sätze 5 und 6 KStG;
- aktueller Handelsregisterauszug;

- eine Firmenübersicht, aus der sich ergibt, wie die einzelnen Firmen entstanden und miteinander verbunden sind. Aus der Übersicht muss erkennbar sein, wie lange die einzelnen Firmen bestanden haben (z. B. in Form eines Organigramms);
- Höhe des Anteils des inländischen Anteilseigners; – ggf. Vertretungsvollmacht nach § 80 AO und Empfangsvollmacht;
- eigene Entwicklung der verschiedenen Bestandteile des Eigenkapitals ab dem Zeitpunkt, ab dem Einlagen erbracht wurden, deren Rückzahlung geltend gemacht wird, frühestens seit dem 01.01.1977.

Damit sind die Hürden nach Ansicht der Finanzverwaltung recht hoch. Gelingt eine solche Darstellung nicht und erfolgt dementsprechend eine gesonderte Feststellung der Einlagenrückgewähr nicht, so gilt diese als steuerpflichtige Gewinnausschüttung, die zu Einnahmen i. S. d. § 20 Abs. 1 Nr. 1 bzw. 9 EStG gehört (§ 27 Abs. 8 Satz 9 KStG).

Wird die Einlagenrückgewähr hingegen gesondert festgestellt, so hat die EU-ausländische Körperschaft in der nach § 27 Abs. 3 KStG zu erteilenden Steuerbescheinigung das Aktenzeichen des BZSt bzw. des zuständigen Finanzamts anzugeben (§ 27 Abs. 8 Satz 8 KStG). Dies soll die Überprüfung der Angaben im Rahmen der Berücksichtigung der Einlagenrückgewähr bei den inländischen Anteilseignern der Antragstellerin ermöglichen.

1.11.2 Vordruck

Folgender Vordruck ist zu verwenden: **KSt 1 F – 27 (8): Antrag auf Feststellung der als Leistung i. S. d. § 27 Abs. 8 Satz 1 KStG zu berücksichtigenden Beträge.**

Zur Feststellung des steuerlichen Einlagekontos muss ein Antrag auf Feststellung der als Leistung i. S. d. § 27 Abs. 8 Satz 1 KStG zu berücksichtigenden Beträge (KSt 1 F – 27 [8]) gestellt werden.

Der bisherige Vordruck wurde überarbeitet. Neben redaktionellen Änderungen wurden im Rahmen der Überarbeitung keine wesentlichen Änderungen vorgenommen. Der Antrag ist im Formularcenter des BMF abrufbar. Einzelheiten zur Antragstellung können unter folgendem Link abgerufen werden: http://www.bzst.de/DE/Steuern_National/Feststellung_ELR_27Abs 8KStG/Antragstellung/antragstellung_node.html.

1.11.3 Einlagerückgewähr durch Kapitalgesellschaften in Drittstaaten

Wie oben dargestellt, hatte der BFH in früherer Rechtsprechung Einlagerückzahlungen ausländischer Gesellschaften als solche akzeptiert, wenn die Einlagen zuvor in das Nennkapital oder die Kapitalrücklage eingestellt waren. Nach der Änderung in § 27 Abs. 8 KStG gelten nunmehr für EU/EWR- und für Drittstaatenkapitalgesellschaften dieselben Regeln. (BFH vom 14.10.1992 – I R 1/91, BStBl II 1993, 189, und vom 27.04.2000 –I R 58/99, BStBl II 2001, 168.

2 Kapitalerhöhung und -herabsetzung, Sonderausweis (§ 28 KStG)

2.1 Kapitalerhöhung im Handelsrecht

Eine Kapitalerhöhung bedeutet die Erhöhung des Nennkapitals durch formalen Beschluss. Dabei sind zwei Formen der Kapitalerhöhung zu unterscheiden, die auch zu teilweise unterschiedlichen steuerlichen Folgen führen.

Die möglichen Formen der Kapitalerhöhung sind:

Kapitalerhöhung gegen Einlagen	**Bareinlagen**	**Sacheinlagen**
	§§ 182, 202 AktG, § 55 GmbHG	§§ 183, 205 AktG, § 56 GmbHG
Kapitalerhöhung aus Gesellschaftsmitteln	**AG, KGaA**	**GmbH**
	§§ 207–220 AktG	§§ 57c–57o GmbHG

2.1.1 Kapitalerhöhung aus Einlagen

Bei der **Kapitalerhöhung aus Einlagen** (**sog. effektive Kapitalerhöhung**) wird der Kapitalgesellschaft neues Eigenkapital zugeführt, nicht hingegen bei der Kapitalerhöhung aus Gesellschaftsmitteln.

2.1.2 Kapitalerhöhung aus Gesellschaftsmitteln

Da das Nennkapital einer Kapitalgesellschaft weniger leicht entzogen werden kann als ihre Rücklagen, dient eine **Kapitalerhöhung aus Gesellschaftsmitteln** (**sog. nominelle Kapitalerhöhung**) der wirtschaftlichen Stärkung der Kapitalgesellschaft durch Hebung ihrer Kreditfähigkeit und Sicherung der Gläubiger. Der Kapitalgesellschaft werden zwar keine zusätzlichen Mittel zugeführt, aber das vorhandene Vermögen wird stärker an die Gesellschaft gebunden und der Zugriff der Gesellschafter erschwert.

Für eine Kapitalerhöhung aus Gesellschaftsmitteln **können nur Kapital- und Gewinnrücklagen** einschließlich der gesetzlichen Rücklage verwendet werden, die in der Bilanz bereits als solche ausgewiesen sind. Die Umwandlung von laufendem Bilanzgewinn ist nicht möglich (§ 57c GmbHG, §§ 207, 208 AktG). Gewinnrücklagen können grundsätzlich in voller Höhe für eine Kapitalerhöhung aus Gesellschaftsmitteln verwendet werden. Die Kapitalrücklage und die innerhalb der Gewinnrücklagen auszuweisende gesetzliche Rücklage dagegen sind nur eingeschränkt umwandlungsfähig (§ 208 Abs. 1 AktG). Zweckbestimmte Rücklagen können nur umgewandelt werden, soweit dies mit der Zweckbestimmung vereinbar ist – z. B. wenn die Verwendung der Rücklage zu einem aktivierungsfähigen Wirtschaftsgut führen würde (§ 208 Abs. 2 AktG, § 57d Abs. 3 GmbHG). Enthält die Bilanz Gegenposten zum Eigenkapital (z. B. Verlustvorträge), vermindern sich die umwandlungsfähigen Rücklagen entsprechend (§ 57d Abs. 2 GmbHG, § 208 Abs. 2 AktG). Schuldrechtliche Forderungen und damit keine Gegenposten zum Eigenkapital sind jedoch eigene Anteile und noch nicht eingezahlte Einlagen.

Nach ausdrücklicher gesetzlicher Vorschrift dürfen Sonderposten mit Rücklagenanteil und Beträge, die aus Pensionsrückstellungen nach Versicherungsneuregelungsgesetzen frei geworden sind, nicht in Nennkapital umgewandelt werden (§ 208 Abs. 2 AktG, § 57d Abs. 2 GmbHG bzw. § 2 Abs. 2 KapErhG). Sonderposten mit Rücklagenanteil sind Rücklagen, die bei ihrer Auflösung versteuert werden müssen, also z. B. Rücklagen nach § 6b EStG oder Rücklagen für Ersatzbeschaffung i. S. v. R 6.6 EStR. Da eine Kapitalerhöhung aus Gesellschaftsmitteln eine **Satzungsänderung** bei der Kapitalgesellschaft darstellt, enthalten AktG und GmbHG zusätzliche handelsrechtliche Voraussetzungen. Danach muss z. B. die der Kapitalerhöhung zugrunde liegende Jahresbilanz mit dem uneingeschränkten Bestätigungsvermerk eines Wirtschaftsprüfers (bei der GmbH auch eines vereidigten Buchprüfers) versehen sein. Der Bilanzstichtag darf **höchstens acht Monate** (§ 209 Abs. 1 AktG und § 57e GmbHG) vor der Anmeldung des Beschlusses beim Registergericht liegen. Durch die Eintragung des Kapitalerhöhungsbeschlusses im Handelsregister wird die Kapitalerhöhung wirksam. Die neuen Anteilsrechte stehen den Gesellschaftern im Verhältnis ihrer Anteile am bisherigen Nennkapital zu (§ 57j GmbHG, § 212 AktG). Wenn die bisherigen Anteile zu einem Betriebsvermögen gehören, ist die Kapitalerhöhung nicht als handelsbilanzmäßiger Zugang zu behandeln (§ 57o GmbHG, § 220 AktG). Diese handelsrechtliche Regelung entspricht der steuerlichen Behandlung nach § 3 KapErhStG.

2.2 Kapitalerhöhung im Steuerrecht

Steuerrechtlich vollzieht sich eine Kapitalerhöhung grundsätzlich im Bereich der Vermögenssphäre, d. h., eine Kapitalerhöhung führt durch die Ausgabe neuer Anteile nicht zu einkommensteuerpflichtigen Einkünften.

Für steuerliche Zwecke wird – wie im Handelsrecht – bei Kapitalgesellschaften das Eigenkapital unterteilt in Nennkapital (Grund- oder Stammkapital) und sonstiges Eigenkapital. Das Nennkapital ist das gesellschaftsvertraglich bzw. satzungsmäßig festgelegte Eigenkapital, während das übrige Eigenkapital sich im Wesentlichen aus Rücklagen und dem Bilanzgewinn zusammensetzt.

Die Unterscheidung ist auch im Steuerrecht erforderlich, da im Ertragsteuerrecht unterschieden wird zwischen der Auskehrung von Nennkapital und der Auskehrung von sonstigem Eigenkapital. Die Auskehrung des Nennkapitals führt beim Anteilseigner nicht zu steuerbaren Einnahmen i. S. d. § 20 Abs. 1 Nr. 2 EStG. Insoweit kann vielmehr eine Steuerpflicht nach § 17 Abs. 4 EStG in Betracht kommen. Die Auskehrung des übrigen Eigenkapitals führt hingegen zu steuerpflichtigen Einnahmen i. S. d. § 20 Abs. 1 Nr. 2 EStG.

Für steuerliche Zwecke ist es daher von Bedeutung, die ausgekehrten Erträge entweder der Quelle »**Nennkapital**« oder aber »**übriges Eigenkapital**« zuordnen zu können.

Besondere Bedeutung kommt der Unterscheidung zu, wenn die Kapitalgesellschaft ihr Nennkapital erhöht.

Bei einer Kapitalerhöhung ist für steuerliche Zwecke wie im Handelsrecht zwischen einer Kapitalerhöhung durch Einlagen und einer Kapitalerhöhung aus Gesellschaftsmitteln zu unterscheiden.

2.2.1 Kapitalerhöhung gegen Einlagen

Bei der Kapitalerhöhung gegen Gewährung von Einlagen führt der Gesellschafter seiner Kapitalgesellschaft Geld- oder Sachmittel zu, die – sofern kein Aufgeld bezahlt wird – dem Nennkapital zugeschrieben werden.

Steuerlich vollzieht sich diese Form der Nennkapitalerhöhung in der ertragsteuerlich irrelevanten Vermögenssphäre. Die im Falle der späteren Nennkapitalherabsetzung mögliche Auskehr desjenigen Nennkapitals, das aus Einlagen gebildet wurde, führt beim Anteilseigner nicht zu einer anteiligen Veräußerung der Anteile an der Kapitalgesellschaft i.S.d. § 20 Abs. 2 EStG. Während die Finanzverwaltung früher der Auffassung war, dass der Auskehrungsbetrag die AK der Anteile mindert und auch zu negativen AK führen kann (vgl. BMF vom 18.01.2016 BStBl I 2016, 85, Rz. 92 sowie H 20.2 [Einlagenrückgewähr] EStH), ist sie nunmehr im BMF-Schreiben vom 20.12.2022 (BStBl I 2023, 46 in Rn. 92 zu folgender Sichtweise gelangt:

»Die Herabsetzung des Nennkapitals einer Kapitalgesellschaft ist keine anteilige Veräußerung der Anteile an der Kapitalgesellschaft im Sinne des § 20 Absatz 2 EStG. Wird der Herabsetzungsbetrag nicht an die Anteilseigner ausgekehrt, ergibt sich keine Auswirkung auf die Anschaffungskosten der Anteile. Im Auskehrungsfall mindert der Auskehrungsbetrag die Anschaffungskosten der Anteile, soweit er nicht auf einen Sonderausweis nach § 28 Absatz 1 Satz 3 KStG entfällt. Zahlungen aus einer Kapitalherabsetzung oder Zahlungen aus dem steuerlichen Einlagekonto können je nach Einstandskurs auch zu negativen Anschaffungskosten führen (BFH-Urteil vom 20. April 1999 – VIII R 44/96, BStBl 1999 II S. 698). Soweit der Auskehrungsbetrag auf einen Sonderausweis nach § 28 Absatz 1 Satz 3 KStG entfällt, ist der Herabsetzungsbetrag als Einkünfte aus Kapitalvermögen nach § 20 Absatz 1 Nummer 2 Satz 2 EStG zu behandeln; eine Minderung der Anschaffungskosten für die Anteile an der Kapitalgesellschaft tritt insoweit nicht ein.«

2.2.2 Kapitalerhöhung aus Gesellschaftsmitteln – Sonderausweis

Bei einer Kapitalerhöhung aus Gesellschaftsmitteln, also durch Umwandlung von Kapital- oder Gewinnrücklagen, ist die Situation eine andere. Die für die Kapitalerhöhung verwendete Rücklage resultiert entweder aus Gewinnen der Kapitalgesellschaft (Gewinnrücklage) oder aber aus Einlagen der Gesellschafter (Kapitalrücklage). Beiden ist gemeinsam, dass sie im Falle der Auskehrung an die Anteilseigner bei diesen grundsätzlich steuerpflichtige Erträge i.S.d. § 20 Abs. 1 Nr. 1 EStG darstellen und aus Sicht der Kapitalgesellschaft zugleich eine Leistung i.S.d. § 27 KStG darstellen. Etwas anderes gilt nur, wenn die Leistungen zur Verwendung des steuerlichen Einlagekontos führen.

Durch die Kapitalerhöhung aus Gesellschaftsmitteln wird das übrige Eigenkapital zu Gunsten des Nennkapitals gemindert. Zugleich wird es für den Auskehrungsfall der Besteuerung beim Anteilseigner entzogen, da – wie oben ausgeführt – die Auskehrung von Nennkapital nicht zu steuerpflichtigen Erträgen führt.

Ohne eine gegensteuernde Regelung könnte über den Umweg einer Kapitalerhöhung jegliche eigentlich steuerpflichtige Auskehrung von Gewinn in die Auskehrung von Nennkapital umgewandelt werden.

BEISPIEL

Aktiva — **Bilanz einer GmbH zum 31.12.2023 vor einer Kapitalerhöhung aus Gesellschaftsmitteln** — **Passiva**

Bank	130000 €	Nennkapital	25000 €
		Gewinnrücklage	75000 €
		Gewinn	30000 €
	130000 €		130000 €

In 2024 beschließen die Gesellschafter der GmbH, das Nennkapital der Gesellschaft durch teilweise Umwandlung der Gewinnrücklage um 25000 € zu erhöhen. Die Kapitalerhöhung wird noch in 2024 in das Handelsregister eingetragen. Weitere Geschäftsvorfälle in 2024 waren nicht zu verzeichnen.

Aktiva — **Bilanz der GmbH zum 31.12.2024 nach der Kapitalerhöhung** — **Passiva**

Bank	130000 €	Nennkapital	50000 €
		Gewinnrücklage	50000 €
		Gewinn	30000 €
	130000 €		130000 €

LÖSUNG Anhand der Bilanz zum 31.12.2023 ist zu erkennen, dass vor der Kapitalerhöhung im Falle einer Auskehrung i.H.d. gesamten Vermögens i.H.v. 130000 € (dies ist rechtlich nicht zulässig und soll hier nur der Verdeutlichung dienen) 25000 € aus dem Nennkapital stammen würden. Insoweit lägen keine steuerpflichtigen Erträge vor (§ 20 Abs. 1 Nr. 2 EStG). Steuerpflichtig wären Einnahmen i.H.v. 105000 €.

Nach den Zahlen der Bilanz zum 31.12.2024 ergäbe sich im Falle der Auskehrung sämtlichen Vermögens, dass nunmehr 50000 € aus dem Nennkapital stammen würden und nur noch i.H.v. 80000 € steuerpflichtige Einnahmen i.S.d. § 20 Abs. 1 Nr. 1 EStG vorlägen.

I.H.d. Nennkapitals, welches aus der Umwandlung von Gewinnrücklagen entstanden ist, sollen nach dem Willen des Gesetzgebers im Auskehrungsfall weiterhin steuerpflichtige Einnahmen anzunehmen sein.

Um dieses Ergebnis zu verhindern, ist in § 28 Abs. 1 Satz 4 KStG festgelegt, dass Nennkapital aus der Umwandlung von Rücklagen gesondert festgehalten wird, damit dieses im Auskehrungsfall auch beim Anteilseigner zu einer Besteuerung führt. Die korrespondierende einkommensteuerliche Regelung befindet sich in § 20 Abs. 1 Nr. 2 Satz 2 EStG.

Kommt es i.R. einer Nennkapitalherabsetzung oder bei Auflösung (vgl. 2.11) zur Auskehrung von Nennkapital, so ist durch das Festhalten der früher in Nennkapital umgewandelten Rücklagen bekannt, in welchem Umfang die Nennkapitalauskehrung beim Anteilseigner gem. § 28 Abs. 2 Satz 2 KStG zu Erträgen i.S.d. § 20 Abs. 1 Nr. 2 EStG führen muss.

Der Bestand dieses Teils des Nennkapitals wird nach der Legaldefinition in **§ 28 Abs. 1 Satz 3 KStG Sonderausweis** genannt.

2.2.2.1 Feststellung, Bindungswirkung, Steuererklärung

Soweit das Nennkapital Beträge enthält, die aus der Umwandlung von sonstigen Rücklagen herrühren, ist dieser Teil des Nennkapitals als Sonderausweis gesondert festzuhalten und festzustellen. Dies gilt nicht für Nennkapitalteile, die auf Grund von Einlagen der Gesellschafter entstanden sind.

Für den Sonderausweis und dessen Feststellung gelten nach § 28 Abs. 1 Satz 4 KStG die Regelungen zum steuerlichen Einlagekonto in § 27 Abs. 2 KStG entsprechend. Dies sind die

Regelungen über die Feststellung als solche, über die Grundlagenfunktion des Feststellungsbescheides und über die Steuererklärungspflicht. Insoweit gelten die Ausführungen in 1.7, 1.7.1 und 1.8 entsprechend. Die Feststellung des Sonderausweises erfolgt wie beim steuerlichen Einlagekonto jeweils auf den Schluss eines jeden Wj.

2.2.2.2 Körperschaften, bei denen ein Sonderausweis auftreten kann

Da § 28 KStG die Umwandlung von Gewinnrücklagen in Nennkapital und die Nennkapitalherabsetzung anspricht, kann ein Sonderausweis nur bei Körperschaften auftreten, die über ein Nennkapital verfügen. Dies sind die AG, KGaA und die GmbH.

Bei einer Genossenschaft besteht das Eigenkapital in Form der Geschäftsguthaben der Genossen zwar aus einer dem Nennkapital ähnlichen Größe, allerdings ist bei dieser eine Nennkapitalerhöhung aus Gesellschaftsmitteln nicht vorgesehen, so dass auch ein Sonderausweis nicht entstehen kann.

2.2.3 Nennkapitalerhöhung und Sonderausweis

Bei einer Nennkapitalerhöhung durch Umwandlung von Rücklagen ist § 28 Abs. 1 KStG einschlägig. Allerdings kommt es dabei nicht automatisch zur Bildung eines Sonderausweises. Dies ist vielmehr abhängig davon, ob der Gesellschaft zugleich ein positives steuerliches Einlagekonto zur Verfügung steht.

2.2.4 Vorrangige Verwendung des steuerlichen Einlagekontos

Bei der Nennkapitalerhöhung durch Umwandlung von Rücklagen ist zunächst zu prüfen, ob insoweit vorrangig das steuerliche Einlagekonto als verwendet gilt. Dies ergibt sich aus § 28 Abs. 1 Satz 1 KStG. Dabei ist nach § 28 Abs. 1 Satz 2 KStG der Bestand **zum Schluss des Wj.** maßgebend, **in dem** die Rücklagen in Nennkapital umgewandelt werden.

Lediglich die Veränderungen des steuerlichen Einlagekontos auf Grund einer Umwandlung, bei der die Gesellschaft übertragender Rechtsträger ist, werden noch nach der Nennkapitalerhöhung berücksichtigt, da dies ein Vorgang ist, der auch zum Untergang der Gesellschaft führen kann und somit denklogisch als letzter Schritt vor der Feststellung zum Schluss des Wj. erfolgen muss.

In der Praxis bedeutet dies, dass eine Einlage der Gesellschafter in die Kapitalrücklage nach einer bereits durchgeführten Nennkapitalerhöhung aus Gesellschaftsmitteln – aber noch im selben Wj. – noch relevant ist hinsichtlich der Prüfung, inwieweit für die Kapitalerhöhung das steuerliche Einlagekonto als verwendet gilt.

Der Gedanke, dem die Regelung in § 28 Abs. 1 Satz 1 KStG folgt, ist die größtmögliche Vermeidung eines Sonderausweises. Dieser Gedanke findet sich auch in § 29 KStG (Behandlung von Nennkapitalveränderungen in Umwandlungsfällen, vgl. 3) wieder.

a) Kapitalerhöhung aus Gesellschaftsmitteln (Umwandlung von Rücklagen i. H. d. steuerlichen Einlagekontos)

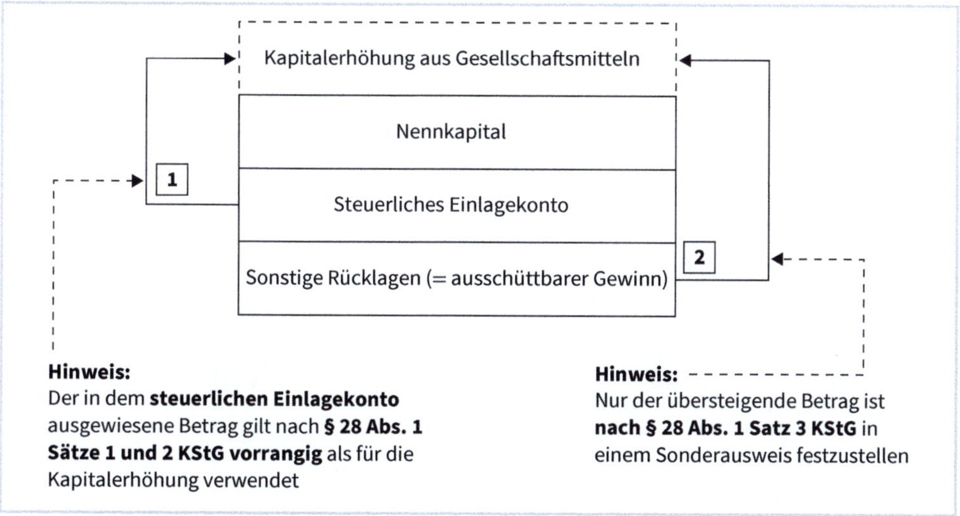

b) Ordentliche Kapitalherabsetzung

Ordentliche Kapitalherabsetzung mit Auszahlung an den AE	
kein Sonderausweis vorhanden Steuerliche Folgen beim AE: Nach **§ 28 Abs. 2 Satz 3 KStG** führt die Rückzahlung, soweit **kein Sonderausweis** entstanden ist, beim AE nicht zu Bezügen i. S. d § 20 Abs. 1 Nr. 2 EStG. Nur **Verringerung seiner AK i. S. d. § 17 EStG**, ggf. Fall des § 17 Abs. 4 EStG, soweit die Rückzahlung vom positiven Bestand des steuerlichen Einlagekontos abgezogen wird.	**Sonderausweis vorhanden** Steuerliche Folgen beim AE: Nach **§ 28 Abs. 2 Sätze 1 und 2 KStG** gilt für die Kapitalherabsetzung vorrangig ein Sonderausweis als verwendet. Die Rückzahlung führt beim AE zu **steuerpflichtigen Kapitaleinnahmen nach § 20 Abs. 1 Nr. 2 EStG**; eine Minderung der AK für die Anteile tritt insoweit nicht ein.

BEISPIEL

Steuerfreie »Ausschüttung« des steuerlichen Einlagekontos

Stammkapital	200 000 €
Ausschüttbarer Gewinn zum 31.12.2023	**1 000 000 €**
Steuerliches Einlagekonto zum 31.12.2023 (vor Kapitalerhöhung)	**1 000 000 €**
AK des AE für seine GmbH-Anteile i. S. d. § 17 EStG	1 200 000 €

Im Mai 2023 erfolgt eine **Kapitalerhöhung aus Gesellschaftsmitteln i. H. v. 1 000 000 € (= Bestand des steuerlichen Einlagekontos zum 31.12.2023)**. Bilanzmäßig liegt ein Passivtausch vor (Rücklagen an Stammkapital). Im Juni 2024 wird nach Ablauf des Sperrjahres (§ 58 GmbHG) eine **ordentliche Kapitalherabsetzung in dieser Höhe (1 000 000 €) und Auszahlung an den Anteilseigner** vorgenommen (Buchung: Stammkapital 1 Mio. € an Bank 1 Mio. €).

LÖSUNG Für die Kapitalerhöhung aus Gesellschaftsmitteln **i. H. v.** 1000000 € in 2023 gilt nach **§ 28 Abs. 1 Sätze 1 und 2 KStG das steuerliche Einlagekonto zum 31.12.2023 vorrangig** als verwendet (**hier also 1000000 €**). Das steuerliche Einlagekonto verringert sich dadurch zum 31.12.2023 auf 0 €.

Ein **Sonderausweis nach § 28 Abs. 1 Satz 3 KStG** entsteht hier durch die Kapitalerhöhung **nicht**.

Kapitalerhöhung aus Gesellschaftsmitteln in 2023		1000000 €
steuerliches Einlagekonto zum 31.12.2023	./.	1000000 €
Differenz = Sonderausweis		**0 €**

Entwicklung des steuerlichen Einlagekontos:

31.12.2023 (vor Kapitalerhöhung)		1000000 €
Kapitalerhöhung (§ 28 Abs. 1 Sätze 1 und 2 KStG)	./.	1000000 €
31.12.2023		0 €
Zugang aufgrund Kapitalherabsetzung in 2024 **(§ 28 Abs. 2 Satz 1 2. HS KStG**	+	1000000 €
Rückzahlung des Nennkapitals an den AE in 2024 **(§ 28 Abs. 2 Satz 3 KStG)**	./.	1000000 €
Bestand zum 31.12.2024		**0 €**

Die Kapitalrückzahlung in 20249 führt beim AE **nicht zu steuerpflichtigen Bezügen i. S. d. § 20 Abs. 1 Nr. 2 EStG**, da im Beispielsfall ein **Sonderausweis nach § 28 Abs. 1 Satz 3 KStG** nicht entstanden ist. Der Abzug vom steuerlichen Einlagekonto nach § 28 Abs. 2 Satz 3 KStG **verringert lediglich die AK des AE i. S. d. § 17 EStG um 1000000 €. Ein Fall des § 17 Abs. 4 EStG liegt insoweit nicht vor. Die Rest-AK des AE betragen 200000 € (1200000 € ./. 1000000 €).**

Ist vorliegend ein Gestaltungsmissbrauch i. S. v. § 42 AO anzunehmen? § 28 Abs. 1 Satz 3 KStG regelt den gesetzlichen Gestaltungsmissbrauch in der Form des Sonderausweises. Sofern sich kein solcher ergibt, liegt nach der hier vertretenen Auffassung kein Gestaltungsmissbrauch vor.

2.2.4.1 Keine Konkurrenz der Nennkapitalerhöhung zur Verwendung des steuerlichen Einlagekontos für andere Leistungen

Da für sonstige Leistungen einer Kapitalgesellschaft bei der Prüfung der Verwendung des steuerlichen Einlagekontos auf den Bestand zum Schluss des vorangegangenen Wj. abzustellen ist, für eine Nennkapitalerhöhung aber der Bestand zum Schluss des laufenden Wj. maßgebend ist, kann es nicht zu einem konkurrierenden Zugriff beider Sachverhalte auf denselben Bestand des steuerlichen Einlagekontos kommen.

Wird in einem Wj. sowohl eine Kapitalerhöhung aus Gesellschaftsmitteln wirksam als auch eine sonstige Leistung an die Anteilseigner erbracht, so genießt unabhängig von dem tatsächlichen Geschehensablauf in zeitlicher Hinsicht die sonstige Leistung den Vorrang. Nur ein evtl. verbleibender Betrag im steuerlichen Einlagekonto kann noch im Rahmen der Nennkapitalerhöhung verbraucht werden.

2.2.4.2 Es besteht kein steuerliches Einlagekonto

Besteht bei einer Kapitalgesellschaft zum Ende des Wj., in dem eine Kapitalerhöhung durch Umwandlung von Rücklagen erfolgt, **kein** steuerliches Einlagekonto, so gilt, dass für die Kapitalerhöhung **Gewinnrücklagen** verwendet werden, die im Ausschüttungsfalle zu steuerpflichtigen Erträgen i. S. d. § 20 Abs. 1 Nr. 1 EStG führen würden.

Dieses steuerliche Ergebnis auf der Anteilseignerseite soll durch eine Kapitalerhöhung nicht beseitigt werden können, so dass insoweit ein Sonderausweis zu bilden ist.

BEISPIEL

Bilanz einer GmbH zum 31.12.2023 vor einer Kapitalerhöhung aus Gesellschaftsmitteln

Aktiva		Passiva	
Bank	130 000 €	Nennkapital	25 000 €
		Gewinnrücklage	75 000 €
		Gewinn	30 000 €
	130 000 €		130 000 €

In 2024 beschließen die Gesellschafter der GmbH, das Nennkapital der Gesellschaft durch teilweise Umwandlung der Gewinnrücklage um 25 000 € zu erhöhen. Die Kapitalerhöhung wird noch in 2024 in das Handelsregister eingetragen. Weitere Geschäftsvorfälle in 2024 waren nicht zu verzeichnen.

Bilanz der GmbH zum 31.12.2024 nach der Kapitalerhöhung

Aktiva		Passiva	
Bank	130 000 €	Nennkapital	50 000 €
		Gewinnrücklage	50 000 €
		Gewinn	30 000 €
	130 000 €		130 000 €

LÖSUNG Die Entwicklung des (hier nicht vorhandenen) steuerlichen Einlagekontos und des Sonderausweises stellen sich folgendermaßen dar:

	Vorspalte	Steuerliches Einlagekonto	Sonderausweis
Bestand 31.12.2023		0 €	0 €
Betrag der Nennkapitalerhöhung	25 000 €		
Verwendung eines positiven steuerlichen Einlagekontos	./. 0 €	./. 0 €	
verbleiben als aus sonstigen Rücklagen stammend	25 000 €		**+ 25 000 €**
Bestand 31.12.2024		0 €	25 000 €

Der i. H. v. 25 000 € entstehende Sonderausweis führt im Falle einer späteren Herabsetzung und Auskehrung des Nennkapitals beim Anteilseigner zu steuerpflichtigen Einnahmen i. S. d. § 20 Abs. 1 Nr. 2 EStG.

2.2.4.3 Ein steuerliches Einlagekonto ist vorhanden

Steht der Gesellschaft zum Schluss des Wj. der Kapitalerhöhung durch Umwandlung von Rücklagen allerdings ein positives steuerliches Einlagekonto zur Verfügung, so verfährt das Gesetz anders.

In diesem Fall unterstellt das Gesetz **vorrangig** die Verwendung des steuerlichen Einlagekontos für die Kapitalerhöhung **(§ 28 Abs. 1 Satz 1 KStG)**, also vor Verwendung der Gewinnrücklagen.

Dem liegt die Vorstellung zu Grunde, dass die Gesellschafter der Kapitalgesellschaft zunächst Einlagen (z. B. in die Kapitalrücklage) zugeführt haben. Durch die Kapitalerhöhung aus Gesellschaftsmitteln werden nunmehr diese Einlagen in das übrige Eigenkapital (gedanklich) in Einlagen in das Nennkapital umqualifiziert.

Entsprechend verringert sich das steuerliche Einlagekonto. Insoweit ist die Feststellung eines Sonderausweises nicht erforderlich, da das Nennkapital weiterhin nur solche Beträge enthält, die ihm durch Einlagen der Anteilseigner zugeführt wurden (§ 28 Abs. 1 Satz 3 KStG).

Eine Verwendung des positiven steuerlichen Einlagekontos über 0 € hinaus ist nicht möglich, d. h., die Nennkapitalerhöhung kann nicht zu einem negativen steuerlichen Einlagekonto führen.

BEISPIEL

Bilanz der G-GmbH zum 31.12.2023 vor einer Kapitalerhöhung aus Gesellschaftsmitteln

Aktiva		Passiva	
Bank	130 000 €	Nennkapital	25 000 €
		Kapitalrücklage	30 000 €
		Gewinnrücklage	45 000 €
		Gewinn	30 000 €
	130 000 €		130 000 €

In 2024 beschließen die Gesellschafter der G-GmbH, das Nennkapital der Gesellschaft durch teilweise Umwandlung der Gewinnrücklage um 25 000 € zu erhöhen. Die Kapitalerhöhung wird noch in 2024 in das Handelsregister eingetragen. Die Kapitalrücklage beruht auf einer Einlage der Anteilseigner, die im steuerlichen Einlagekonto enthalten ist. Weitere Geschäftsvorfälle in 2024 waren nicht zu verzeichnen.

Bilanz der G-GmbH zum 31.12.2024 nach der Kapitalerhöhung

Aktiva		Passiva	
Bank	130 000 €	Nennkapital	50 000 €
		Kapitalrücklage	30 000 €
		Gewinnrücklage	20 000 €
		Gewinn	30 000 €
	130 000 €		130 000 €

LÖSUNG Die Entwicklung des steuerlichen Einlagekontos und des Sonderausweises stellen sich folgendermaßen dar:

	Vorspalte	Steuerliches Einlagekonto	Sonderausweis
Bestand 31.12.2023		30 000 €	0 €
Betrag der Nennkapitalerhöhung	25 000 €		
Verwendung eines positiven steuerlichen Einlagekontos	./. 25 000 €	./. 25 000 €	
verbleiben als aus sonstigen Rücklagen stammend	0 €		+ 0 €
Bestand 31.12.2024		5 000 €	0 €

Betrüge bei gleichem Bilanzbild das steuerliche Einlagekonto nur 15 000 €, so ergäben sich folgende festzustellenden Beträge:

	Vorspalte	Steuerliches Einlagekonto	Sonder-ausweis
Bestand 31.12.2023		15 000 €	0 €
Betrag der Nennkapitalerhöhung	25 000 €		
Verwendung eines positiven steuerlichen Einlagekontos	./. 15 000 €	./. 15 000 €	
verbleiben als aus sonstigen Rücklagen stammend	10 000 €		+ 10 000 €
Bestand 31.12.2024		0 €	10 000 €

2.2.5 Auswirkungen der Kapitalerhöhung auf die Einkommensbesteuerung der Kapitalgesellschaft und ihrer Anteilseigner

Bei der **Kapitalgesellschaft** wirkt sich die Nennkapitalerhöhung als gesellschaftsrechtlicher Vorgang nicht auf das zu versteuernde Einkommen aus. Es handelt sich um einen einkommensneutralen Vorgang auf der Vermögensebene. Das gilt gleichermaßen für die Kapitalerhöhung durch Einlagen und die Kapitalerhöhung aus Gesellschaftsmitteln.

Beim **Anteilseigner** gilt grundsätzlich das Gleiche wie bei der Kapitalgesellschaft. Die steuerliche Behandlung der Kapitalerhöhung aus Gesellschaftsmitteln ist im KapErhStG geregelt. Nach **§ 1 KapErhStG** gehört der Wert der neuen Anteilsrechte bei den Gesellschaftern nicht zu den steuerpflichtigen Einkünften. Der Erwerb der neuen Anteile unterliegt somit weder der ESt bzw. KSt noch der GewSt (vgl. H 20.2 [Freianteile] EStH). Die Steuerfreiheit bei den Gesellschaftern tritt jedoch nur ein, wenn die Erhöhung des Nennkapitals nach den Vorschriften des handelsrechtlichen Kapitalerhöhungsgesetzes durchgeführt worden ist. Liegen die Voraussetzungen für die Anerkennung einer Kapitalerhöhung aus Gesellschaftsmitteln nicht vor, ist der Erwerb der neuen Anteile dem Grundsatz nach steuerpflichtig (BFH vom 27.03.1979 BStBl II 1979, 560). Ein Verstoß gegen die Vorschriften des Kapitalerhöhungsgesetzes wird allerdings durch die Eintragung des Kapitalerhöhungsbeschlusses im Handelsregister geheilt. Die Eintragung ist konstitutiv und deshalb als rechtsgestaltende Maßnahme des Registergerichts auch für die steuerrechtliche Beurteilung bindend (BFH vom 10.10.1973 BStBl II 1974, 32). Aus der Eintragung des Beschlusses im Handelsregister muss allerdings hervorgehen, dass es sich um eine Kapitalerhöhung aus Gesellschaftsmitteln handelt.

Ist eine handelsrechtlich und steuerrechtlich anzuerkennende Kapitalerhöhung aus Gesellschaftsmitteln gegeben, werden nach **§ 3 KapErhStG** die **bisherigen Anschaffungskosten** auf die alten und neuen Anteile nach dem Verhältnis der Nennbeträge verteilt. Die Anschaffungskosten, die der Anteilseigner für die Altanteile aufgebracht hat, stellen damit die Anschaffungskosten für die nunmehr in seinem Besitz befindlichen alten und neuen Anteilsrechte dar.

BEISPIELE

a) Ein Aktionär hatte vor der Kapitalerhöhung aus Gesellschaftsmitteln eine Aktie über 100 € zu 150 € erworben. Nach einer Kapitalerhöhung 1 : 1 erhält er eine zusätzliche Aktie von 100 €.
LÖSUNG Die Anschaffungskosten beider Aktien betragen nach § 3 KapErhStG damit je 75 €.

b) Bei einer Ein-Mann-GmbH mit ihrem Stammkapital von 25 000 € wird das Stammkapital um weitere 25 000 € auf 50 000 € erhöht.

LÖSUNG Da die Anschaffungskosten für die ursprünglichen Anteile 25000 € betragen haben, entfallen auf 50000 € Stammanteile jetzt ebenfalls Anschaffungskosten von 25000 €. Nach § 3 KapErhStG haben 1000 € Stammanteile nach der Kapitalerhöhung somit Anschaffungskosten von 500 €.

2.3 Nennkapitalherabsetzung und Sonderausweis

Bei einer Nennkapitalherabsetzung sind Fälle zu unterscheiden, in denen i. R. d. Herabsetzung das Nennkapital an die Anteilseigner zurückgezahlt wird oder aber in der Gesellschaft verbleibt. Darüber hinaus ist zu prüfen, ob die Gesellschaft zum Zeitpunkt der Nennkapitalherabsetzung über einen festgestellten Sonderausweis i. S. d. § 28 Abs. 1 Satz 3 KStG verfügt. Aus dem Zusammenspiel dieser Faktoren ergeben sich unterschiedliche steuerliche Folgerungen.

Formen der Kapitalherabsetzung sind:

Ordentliche Kapitalherabsetzung	§§ 222–228 AktG, § 58 GmbHG
Vereinfachte Kapitalherabsetzung	§§ 229–236 AktG, § 58a–58f GmbHG
Kapitalherabsetzung durch Einziehen von Anteilen	§§ 237–239 AktG, § 58 GmbHG

2.3.1 Ordentliche Kapitalherabsetzung

Bei einer ordentlichen Kapitalherabsetzung wird das Nennkapital einer Kapitalgesellschaft durch eine Verringerung des Nennbetrags der Anteile oder durch die Zusammenlegung von Anteilen herabgesetzt (vgl. § 222 Abs. 4 AktG).

Die ordentliche Kapitalherabsetzung ist nicht zwangsläufig mit einer Auszahlung an die Anteilseigner verbunden, diese ist aber zulässig.

2.3.2 Vereinfachte Kapitalherabsetzung

Eine vereinfachte Kapitalherabsetzung (§§ 229 AktG, 58a GmbHG) ist nur zulässig:
- zum Ausgleich von Wertminderungen,
- zur Abdeckung von Verlusten,
- zur Einstellung von Beträgen in die Kapitalrücklage.

Nicht zulässig ist bei der vereinfachten Kapitalherabsetzung die Auszahlung an die Anteilseigner.

Der Vorgang wirkt sich weder auf die Einkommensermittlung der Gesellschaft noch auf die des Anteilseigners aus.

Zu den Auswirkungen der vereinfachten Kapitalherabsetzung auf den Sonderausweis und das steuerliche Einlagekonto vgl. 2.4 ff.

2.3.3 Kapitalherabsetzung durch Einziehung von Anteilen

Nach den §§ 237–239 AktG und § 34 GmbHG können die AG und die GmbH eigene Anteile oder Anteile, die die Gesellschafter an ihr besitzen, unter bestimmten gesellschaftsrechtlichen Voraussetzungen einziehen.

Einer der beiden möglichen Wege ist es, dass die Kapitalgesellschaft die **Anteile zunächst von den Anteilseignern erwirbt und anschließend einzieht.** Die Einziehung muss grundsätzlich nach den Regeln der ordentlichen Kapitalherabsetzung erfolgen (§ 237 Abs. 2 i. V. m. § 222 AktG, § 34 GmbHG). In diesem Fall wird das Nennkapital um den Nennwert der eingezogenen Anteile herabgesetzt. Nach § 237 Abs. 3 AktG, § 34 GmbHG brauchen bei der Einziehung die Vorschriften über die ordentliche Kapitalherabsetzung **nicht** befolgt zu werden, wenn Aktien, deren Nennbetrag bzw. Ausgabebetrag voll eingezahlt ist, der Gesellschaft unentgeltlich zur Verfügung gestellt oder zu Lasten des Bilanzgewinns oder der freien Rücklagen eingezogen werden. In diesem Fall wickelt sich die Einziehung nach den Prinzipien der vereinfachten Kapitalherabsetzung ab; das Nennkapital weicht von der Summe der Nennwerte der einzelnen Anteile ab.

Der zweite Weg der Einziehung ist die **Einziehung ohne vorherigen Erwerb** durch die Kapitalgesellschaft. Diese kann – nach den gleichen Regeln wie für die Einziehung im Anschluss an den Erwerb – entgeltlich oder unentgeltlich erfolgen. Bei entgeltlicher Einziehung ist die gezahlte Vergütung als Anschaffungskosten der Beteiligung zu werten.

Wenn die Kapitalgesellschaft ihre eigenen Anteile vom ausscheidenden Anteilseigner erwirbt, führt dies bei den **verbleibenden Anteilseignern** grundsätzlich nicht zu steuerpflichtigen Kapitalerträgen (BFH vom 14.05.1969 BStBl II 1969, 501), ebenso nicht die spätere Einziehung dieser Anteile (vgl. z. B. BFH vom 28.01.1966 BStBl III 1966, 245). Die mit den untergegangenen Anteilen verbundenen Rechte und Pflichten wachsen den verbleibenden Anteilseignern anteilig zu (BFH vom 17.03.1970 BStBl II 1970, 498).

Auch beim **ausscheidenden Anteilseigner** liegen keine steuerpflichtigen Kapitalerträge i. S. d. § 20 Abs. 1 Nr. 1 oder 2 EStG vor. Der ausscheidende Anteilseigner erzielt einen Gewinn bzw. Verlust aus der Aufgabe der Gesellschaftsanteile, der bei Anteilen im Privatvermögen gemäß § 17 oder § 20 Abs. 2 Nr. 1 EStG zu versteuern ist (vgl. auch Vfg. der OFD Hannover vom 18.10.1982 DB 1982, 2644). Nur wenn die Kapitalgesellschaft die Anteile zu einem unangemessen hohen Preis erwirbt, liegt in dem unangemessenen Teil des Kaufpreises nach den allgemeinen Grundsätzen eine verdeckte Gewinnausschüttung vor. Vgl. hierzu im Einzelnen BMF-Schreiben vom 27.11.2013 (BStBl I 2013, 1615).

2.4 Vorrangige Minderung des Sonderausweises

Nach **§ 28 Abs. 2 Satz 1 1. HS KStG mindert** sich im Falle einer Kapitalherabsetzung (gleich welcher Art) **zunächst ein bestehender Sonderausweis**, ggf. bis auf 0 €. Dabei ist der zum Schluss des vorangegangenen Wj. festgestellte Sonderausweis maßgebend. Auf die Frage, ob die Nennkapitalherabsetzung zu einer Auskehrung an die Anteilseigner führt oder im Rahmen einer vereinfachten Kapitalherabsetzung (§§ 229 AktG, 58a GmbHG) die Mittel in der Gesellschaft verbleiben, kommt es insoweit nicht an.

BEISPIEL

Eine GmbH hat in früheren Jahren ihr Nennkapital durch Umwandlung von Gewinnrücklagen erhöht. Der daraus resultierende Sonderausweis gem. § 28 Abs. 1 Satz 3 KStG beträgt 40 000 € zum 31.12.2023. Im Rahmen einer vereinfachten Kapitalherabsetzung in 2024 wird das Nennkapital um 20 000 € herabgesetzt und entsprechend die Kapitalrücklage erhöht.

Aktiva	Bilanz zum 31.12.2023 vor der Nennkapitalherabsetzung		Passiva
Aktiva	200 000 €	**Nennkapital** (davon originär 100 000 € und 40 000 € aus der Umwandlung von Gewinnrücklagen)	**140 000 €**
		Bilanzgewinn	60 000 €
	200 000 €		200 000 €

Aktiva	Bilanz zum 31.12.2024 nach der Nennkapitalherabsetzung		Passiva
Aktiva	200 000 €	**Nennkapital** (davon originär 100 000 € und 20 000 € aus der Umwandlung von Gewinnrücklagen)	**120 000 €**
		Kapitalrücklage	**20 000 €**
		Bilanzgewinn	60 000 €
	200 000 €		200 000 €

LÖSUNG Die Ermittlung des Sonderausweises stellt sich wie folgt dar:

	Vorspalte	Sonderausweis
Bestand zum 31.12.2023		40 000 €
Betrag der Kapitalherabsetzung	20 000 €	
vorrangige Verringerung des Sonderausweises (§ 28 Abs. 2 Satz 1 1. HS KStG)	./. 20 000 €	./. 20 000 €
verbleiben	0 €	
Bestand zum 31.12.2024		**20 000 €**

Der Grund für die vorrangige Minderung des Sonderausweises liegt in dessen Sinn und Zweck. Solange auf Grund einer Kapitalerhöhung aus Gesellschaftsmitteln sichergestellt werden muss, dass die Auskehrung der durch den Sonderausweis repräsentierten Mittel im Wege einer Nennkapitalherabsetzung beim Anteilseigner zu steuerpflichtigen Einkünften führt, muss in entsprechender Höhe ein Sonderausweis den maßgeblichen Betrag festhalten.

2.5 Nachrangige Erhöhung des steuerlichen Einlagekontos

Im Rahmen einer Nennkapitalherabsetzung bei zugleich bestehendem Sonderausweis kann die Situation eintreten, dass die Kapitalherabsetzung den Betrag des bestehenden Sonderausweises übersteigt. Für diesen Fall schreibt **§ 28 Abs. 2 Satz 1 2. HS KStG** vor, dass hinsichtlich des den Sonderausweis übersteigenden Betrags das steuerliche Einlagekonto zu erhöhen ist. Entsprechend ist auch dann zu verfahren, wenn ein Sonderausweis nicht vorhanden ist.

Zunächst ist ein bestehender Sonderausweis wie in 2.4 beschrieben zu verringern. Für den übersteigenden Betrag gilt der in 2.2.4.3 zur Kapitalerhöhung dargestellte Gedanke mit umgekehrten Vorzeichen. Die bislang zu beachtende Bindung der Einlagen der Anteilseigner in das Nennkapital wird i. H. d. den Sonderausweis übersteigenden Kapitalherabsetzung aufgelöst. Die entsprechenden Einlagen werden in solche »umgewandelt«, über die die Kapitalgesellschaft frei verfügen kann.

Da die Rückgewähr von Nennkapital – soweit ein Sonderausweis nicht tangiert ist – nach § 20 Abs. 1 Nr. 2 EStG nicht zu steuerpflichtigen Einnahmen führt, ist auch für den Fall der Nennkapitalherabsetzung eine Besteuerung des Anteilseigners im Auskehrungsfall entbehrlich. Dies wird dadurch erreicht, dass die entsprechenden Beträge das steuerliche Einlagekonto erhöhen. Diejenigen Leistungen, die unter Verwendung des steuerlichen Einlagekontos erbracht werden, führen ebenfalls nicht zu steuerbaren Einnahmen beim Anteilseigner (§ 20 Abs. 1 Nr. 1 Satz 3 EStG).

Die Erhöhung des steuerlichen Einlagekontos ist in dem Wj. vorzunehmen, in dem die Kapitalherabsetzung wirksam wird. Das ist das Wj., in dem die entsprechende Eintragung im Handelsregister erfolgt. Die Erhöhung des steuerlichen Einlagekontos erfolgt unabhängig von einer ggf. später erfolgenden Auskehrung des herabgesetzten Nennkapitals an die Anteilseigner (BMF vom 04.06.2003 BStBl I 2003, 466, Tz. 38).

BEISPIEL

Eine GmbH hat in früheren Jahren ihr Nennkapital durch Umwandlung von Gewinnrücklagen auf 140 000 € erhöht. Der daraus resultierende Sonderausweis gem. § 28 Abs. 1 Satz 3 KStG beträgt 40 000 € zum 31.12.2023. Im Rahmen einer vereinfachten Kapitalherabsetzung in 2024 wird das Nennkapital um 60 000 € herabgesetzt und entsprechend die Kapitalrücklage erhöht.

Aktiva		**Bilanz zum 31.12.2023 vor der Nennkapitalherabsetzung**	**Passiva**
Aktiva	200 000 €	**Nennkapital** (davon originär 100 000 € und 40 000 € aus der Umwandlung von Gewinnrücklagen)	**140 000 €**
		Bilanzgewinn	60 000 €
	200 000 €		200 000 €

Aktiva		**Bilanz zum 31.12.2024 nach der Nennkapitalherabsetzung**	**Passiva**
Aktiva	200 000 €	**Nennkapital**	**80 000 €**
		(davon originär 80 000 €)	
		Kapitalrücklage	**60 000 €**
		Bilanzgewinn	60 000 €
	200 000 €		200 000 €

LÖSUNG Die Ermittlung des steuerlichen Einlagekontos und des Sonderausweises stellen sich wie folgt dar:

		Vorspalte		steuerliches Einlagekonto		Sonderausweis
Bestand zum 31.12.2023				0 €		40 000 €
Betrag der Kapitalherabsetzung		60 000 €				
vorrangige Verringerung des Sonderausweises (§ 28 Abs. 2 Satz 1 1. HS KStG)	./.	40 000 €			./.	40 000 €
verbleiben		20 000 €				
Gutschrift im steuerlichen Einlagekonto (§ 28 Abs. 2 Satz 1 2. HS KStG)	./.	20 000 €	+	20 000 €		
verbleiben		0 €				
Bestand zum 31.12.2024				**20 000 €**		**0 €**

Nach § 28 Abs. 2 Satz 1 2. HS KStG erfolgt jedoch bei einer Kapitalherabsetzung die Gutschrift hinsichtlich des den Sonderausweis übersteigenden Teils der Nennkapitalherabsetzung nur dann auf dem steuerlichen Einlagekonto, wenn die Einlage in den entsprechenden Teil des Nennkapitals auch tatsächlich geleistet ist. Nach BMF vom 04.06.2003 BStBl I 2003, 366 Tz. 37 und 39 ist darüber hinaus auch die Minderung des Sonderausweises nur dann vorzunehmen, wenn die Nennkapitalherabsetzung den eingezahlten Teil des Nennkapitals betrifft.

Mit anderen Worten: Verringert sich im Rahmen einer Nennkapitalherabsetzung der Betrag der ausstehenden Einlagen in das Nennkapital, so wird in Höhe dieser Verringerung weder der Sonderausweis herabgesetzt, noch kommt es insoweit zu einer sonst möglichen Erhöhung des steuerlichen Einlagekontos nach § 28 Abs. 2 Satz 1 2. HS KStG.

2.5.1 Keine Erhöhung des steuerlichen Einlagekontos

Das steuerliche Einlagekonto soll durch eine Nennkapitalherabsetzung dann nicht erhöht werden, wenn die Einzahlungsverpflichtung des Anteilseigners bezüglich des herabgesetzten Teils des Nennkapitals noch nicht erfüllt war. Der Gedanke bei der Erhöhung des steuerlichen Einlagekontos i. R. d. Nennkapitalherabsetzung ist der, dass die Einlagen des Anteilseigners in das Nennkapital durch die Herabsetzung in Einlagen in die Kapitalrücklage der Gesellschaft umdefiniert werden. Diese Überlegung führt jedoch nur dann zu einem zutreffenden Ergebnis, wenn der Anteilseigner seine Einlage zuvor auch tatsächlich erbracht hat.

BEISPIEL

Eine GmbH verfügt zum 31.12.2023 über ein Nennkapital von 120 000 €. Ein Sonderausweis besteht nicht. Die eingeforderten ausstehenden Einlagen in das Nennkapital betragen 20 000 €. Das Nennkapital soll um 50 000 € herabgesetzt werden, die eingeforderten ausstehenden Einlagen betragen danach noch 10 000 €.

Aktiva	Bilanz zum 31.12.2023 vor der Nennkapitalherabsetzung		Passiva
Ausstehende Einlagen	20 000 €	Nennkapital	120 000 €
sonstige Aktiva	180 000 €	Bilanzgewinn	80 000 €
	200 000 €		200 000 €

Aktiva	Bilanz zum 31.12.2024 nach der Nennkapitalherabsetzung		Passiva
Ausstehende Einlagen	10 000 €	Nennkapital	70 000 €
sonstige Aktiva	180 000 €	Bilanzgewinn	80 000 €
		Kapitalrücklage	40 000 €
	190 000 €	Summe	190 000 €

LÖSUNG Die Ermittlung des steuerlichen Einlagekontos stellt sich wie folgt dar:

	Vorspalte	steuerliches Einlagekonto
Bestand zum 31.12.2023		0 €
Betrag der Kapitalherabsetzung	50 000 €	
Verringerung der ausstehenden Einlagen in das Nennkapital	./. 10 000 €	
verbleiben	40 000 €	
Gutschrift im steuerlichen Einlagekonto	./. 40 000 €	+ 40 000 €
verbleiben	0 €	
Bestand zum 31.12.2024		**40 000 €**

Das steuerliche Einlagekonto wird nur um 40 000 € erhöht, da im Hinblick auf 10 000 € die Einzahlungsverpflichtung des Anteilseigners noch nicht erfüllt war.

2.5.2 Keine Minderung des Sonderausweises

Die Ursache für die Regelung in Tz. 37 des genannten BMF-Schreibens vom 04.06.2003 BStBl I 2003, 366 betreffend die Ausnahme bei der Verringerung des Sonderausweises ist folgende:

Umfasst das Nennkapital auch einen Teil, der aus umgewandelten Gewinnrücklagen besteht, so entfällt der nicht eingezahlte Teil des Nennkapitals auf den Teil des Nennkapitals, der nicht durch die Umwandlung von Gewinnrücklagen entstanden ist. Hinsichtlich der umgewandelten Gewinnrücklagen ist denklogisch ein »nicht eingezahlter« Teil ausgeschlossen.

BEISPIEL

Eine GmbH verfügt zum 31.12.2023 über ein Nennkapital von 120 000 €. Davon resultieren 40 000 € aus einer früheren Umwandlung von Gewinnrücklagen. Die eingeforderten ausstehenden Einlagen in das Nennkapital betragen 20 000 €. Das Nennkapital soll um 50 000 € herabgesetzt werden. Danach betragen die ausstehenden Einlagen 0 €.

Aktiva	Bilanz zum 31.12.2023 vor der Nennkapitalherabsetzung		Passiva
Ausstehende Einlagen	20 000 €	Nennkapital	120 000 €
sonstige Aktiva	180 000 €	Bilanzgewinn	80 000 €
	200 000 €		200 000 €

Aktiva	Bilanz zum 31.12.2024 nach der Nennkapitalherabsetzung		Passiva
Ausstehende Einlagen	0 €	Nennkapital	70 000 €
sonstige Aktiva	180 000 €	Kapitalrücklage	30 000 €
		Bilanzgewinn	80 000 €
	180 000 €		180 000 €

LÖSUNG Die Ermittlung des steuerlichen Einlagekontos und des Sonderausweises stellen sich wie folgt dar:

		Vorspalte		steuerliches Einlagekonto		Sonder-ausweis
Bestand zum 31.12.2023				0 €		40 000 €
Betrag der Kapitalherabsetzung		50 000 €				
vorrangige Verringerung des Sonderausweises (§ 28 Abs. 2 Satz 1 **1. HS** KStG)	./.	40 000 €			./.	40 000 €
allerdings nicht, soweit die Einzahlungsverpflichtung des Anteilseigners entfällt	+	20 000 €			+	20 000 €
verbleiben		30 000 €				
Gutschrift im steuerlichen Einlagekonto (§ 28 Abs. 2 Satz 1 2. HS KStG)	./.	30 000 €	+	30 000 €		
Bestand zum 31.12.2024				**30 000 €**		**20 000 €**

I. H. v. 20 000 € ist die Einzahlungsverpflichtung des Anteilseigners entfallen, so dass insoweit der Sonderausweis, der nur auf aus der Umwandlung »eingezahlter« Gewinnrücklagen entfallen kann, nicht gemindert werden darf. I. H. v. 30 000 € erhöht sich das steuerliche Einlagekonto, da von der Nennkapitalherabsetzung i. H. v. 50 000 € (abzüglich der nicht eingezahlten 20 000 €) 30 000 € auf eingezahltes Nennkapital entfallen.

2.6 Nennkapitalrückzahlung nach Kapitalherabsetzung

2.6.1 Nennkapitalherabsetzung führt zu einer Minderung des Sonderausweises

Ordentliche Kapitalherabsetzung mit Auszahlung an den Anteilseigner – steuerliche Folgen für den Anteilseigner	
Kein Sonderausweis vorhanden	**Sonderausweis vorhanden**
Nach **§ 28 Abs. 2 Satz 3 KStG** führt die Rückzahlung, soweit **kein Sonderausweis** entstanden ist, beim Anteilseigner **nicht** zu Bezügen i. S. d. § 20 Abs. 1 Nr. 2 EStG; es kommt nur zur **Verringerung seiner AK i. S. d. § 17 EStG**, ggf. Fall des § 17 Abs. 4 EStG, soweit die Rückzahlung vom positiven Bestand des steuerlichen Einlagekontos abgezogen wird.	Nach **§ 28 Abs. 2 Sätze 1 und 2 KStG** gilt für die Kapitalherabsetzung **vorrangig ein Sonderausweis** als verwendet. Die Rückzahlung führt beim Anteilseigner zu **steuerpflichtigen Kapitaleinnahmen nach § 20 Abs. 1 Nr. 2 EStG**; eine Minderung der AK für die Anteile tritt insoweit nicht ein. Vgl. auch **Rz. 92** des BMF-Schreibens zur Abgeltungsteuer vom 18.01.2016 (BStBl I 2016, 85)

Wird im Zuge einer ordentlichen Nennkapitalherabsetzung das herabgesetzte Nennkapital an die Anteilseigner zurückgezahlt, so erzielt der Anteilseigner Einnahmen i. S. d. § 20 Abs. 1 Nr. 2 EStG, denn die Auszahlung beruht auf einer Nennkapitalherabsetzung, die zu einer Minderung des Sonderausweises geführt hat (**§ 28 Abs. 2 Satz 2 1. HS KStG**). Dies ist im Ergebnis folgerichtig, denn ohne die vorangehende Kapitalerhöhung, die zur Bildung des Sonderausweises geführt hat, wäre eine entsprechende Gewinnausschüttung an den Anteilseigner ebenfalls mit der Erzielung von Einnahmen – § 20 Abs. 1 Nr. 1 EStG – verbunden gewesen. Vgl. auch BMF vom 09.10.2012 BStBl I 2012, 953, Rz. 92.

2.6.2 Nennkapitalrückzahlung bei fehlendem Sonderausweis bzw. Nennkapitalrückzahlung übersteigt den Sonderausweis

Es ist der Fall denkbar, dass im Rahmen einer Nennkapitalrückzahlung die Auskehrung an die Anteilseigner den Bestand des Sonderausweises übersteigt. Dies ist etwa dann der Fall, wenn eine Nennkapitalerhöhung aus Gesellschaftsmitteln erfolgte, und die spätere Nennkapitalherabsetzung den gebildeten Sonderausweis betragsmäßig übersteigt, oder aber ein Sonderausweis nicht vorhanden ist.

Für den Teil der Nennkapitalrückzahlung, der dem bestehenden Sonderausweis entspricht, gilt das unter 2.6.1 Gesagte. Für den den Sonderausweis übersteigenden Teil der Nennkapitalauskehrung ist nach **§ 28 Abs. 2 Satz 3 KStG das steuerliche Einlagekonto zu mindern**.

Dies beruht auf der Überlegung, dass nach Verbrauch des Sonderausweises das Nennkapital nur noch solche Beträge enthält, die die Anteilseigner in das Nennkapital eingezahlt haben. Umgewandelte Gewinnrücklagen, die zur Bildung des Sonderausweises geführt haben, sind nach der Verringerung des Sonderausweises bis auf 0 € nicht mehr vorhanden.

Ein darüber hinaus gehender Betrag ist vom positiven Bestand des steuerlichen Einlagekontos abzuziehen (§ 28 Abs. 2 Satz 3 KStG). Die über den Sonderausweis hinausgehende Nennkapitalrückzahlung stellt im Ergebnis demnach die Rückgewähr von Einlagen der Anteilseigner dar, soweit ein steuerliches Einlagekonto vorhanden ist.

Reicht das steuerliche Einlagekonto für den Abzug nach vorstehendem Absatz aus, so liegt nach **§ 28 Abs. 2 Satz 4 KStG** insoweit wiederum eine **Gewinnausschüttung** vor, die beim Anteilseigner zu Einnahmen i. S. v. § 20 Abs. 1 Nr. 2 EStG führt. Dieses Ergebnis ist konsequent, denn auch wenn gesellschaftsrechtlich Nennkapital ausgekehrt wird, kann nach dem Mechanismus des § 28 KStG nur dann eine nicht steuerbare Einlagenrückgewähr vorliegen, solange noch ein positiver Bestand des steuerliche Einlagekontos zum Verbrauch vorhanden ist. Anderenfalls liegt eine Leistung vor, die nicht aus dem steuerlichen Einlagekonto stammt und demzufolge zu besteuern ist.

BEISPIEL

Eine GmbH hat ein Nennkapital i. H. v. 100000 €. Im Rahmen einer Kapitalherabsetzung i. H. v. 30000 € werden 20000 € an die Anteilseigner ausgekehrt. Ein Sonderausweis ist nicht vorhanden.

Aktiva	Bilanz zum 31.12.2023 vor der Nennkapitalherabsetzung		Passiva
Aktiva	250000 €	Nennkapital	100000 €
		Bilanzgewinn	150000 €
	250000 €		250000 €

Aktiva	Bilanz zum 31.12.2024 nach der Nennkapitalherabsetzung		Passiva
Aktiva	230000 €	Nennkapital	70000 €
		Kapitalrücklage	10000 €
		Bilanzgewinn	150000 €
	230000 €		230000 €

LÖSUNG Die Ermittlung des steuerlichen Einlagekontos stellt sich wie folgt dar:

		Vorspalte		steuerliches Einlagekonto
Bestand zum 31.12.2023				0 €
Betrag der Kapitalherabsetzung		30 000 €		
Gutschrift im steuerlichen Einlagekonto (§ 28 Abs. 2 Satz 1 2. HS KStG)	./.	30 000 €	+	30 000 €
verbleiben/Zwischensumme		0 €		30 000 €
Rückzahlung des Nennkapitals (die nicht auf der Minderung eines Sonderausweises beruht, **§ 28 Abs. 2 Satz 3 KStG**)			./.	20 000 €
Bestand zum 31.12.2024				10 000 €

2.7 Keine Differenzrechnung für Verwendung des steuerlichen Einlagekontos bei Nennkapitalrückzahlung

Nach **BMF vom 04.06.2003 BStBl I 2003, 366, Tz. 40 i.V.m. § 28 Abs. 2 Satz 3 KStG** ist das steuerliche Einlagekonto im Rahmen einer Nennkapitalherabsetzung durch die Auskehrung der Mittel an die Anteilseigner allerdings nur dann **unmittelbar zu verringern, wenn die Auskehrung des Nennkapitals bereits in dem entsprechenden Herabsetzungsbeschluss vorgesehen war.** Eine Kapitalherabsetzung, bei der die Mittelauskehrung nicht von Anbeginn bereits vorgesehen war, unterfällt nicht dem Regelungsgehalt des § 28 Abs. 2 Satz 3 KStG. Wird das Nennkapital zunächst nur herabgesetzt (vereinfachte Kapitalherabsetzung gem. § 229 AktG, § 58a GmbHG) und wird die Auskehrung an die Anteilseigner erst später eigenständig beschlossen, so handelt es sich um eine Leistung der Gesellschaft, die nach den allgemeinen Regeln mit dem steuerlichen Einlagekonto zu verrechnen ist.

2.8 Keine Steuerbescheinigung für Verwendung des steuerlichen Einlagekontos bei Nennkapitalrückzahlung

Nach BMF vom 04.06.2003 BStBl I 2003, 366, Tz. 23 ist für die Auskehrung von herabgesetztem Nennkapital, die zu einem Abzug beim steuerlichen Einlagekonto führt, keine Steuerbescheinigung auszustellen. Dies hat seine Ursache in der Tatsache, dass eine später anderweitige »Verrechnung« mit dem steuerlichen Einlagekonto ausgeschlossen ist, da der Abzug nach § 28 Abs. 2 Satz 3 KStG immer unmittelbar – also ohne Vergleich mit dem ausschüttbaren Gewinn – erfolgt.

2.9 Auswirkungen der Kapitalherabsetzung auf die Einkommensbesteuerung der Kapitalgesellschaft und ihrer Anteilseigner

Bei der **Kapitalgesellschaft** wirkt sich die Kapitalherabsetzung als gesellschaftsrechtlicher Vorgang nicht auf deren Einkommen aus. Es handelt sich um einen einkommensneutralen Vorgang auf der Vermögensebene.

Beim **Anteilseigner** werden die Auskehrungen anlässlich einer Kapitalherabsetzung gemäß § 20 Abs. 1 Nr. 1 und 2 sowie § 17 Abs. 4 EStG **aufgespalten** in

- **Einkünfte aus Kapitalvermögen;** hierzu rechnen alle Auskehrungen der Kapitalgesellschaft, die auf der **Verringerung des Sonderausweises** nach § 28 Abs. 2 Satz 2 KStG beruhen;
- die **verbleibende Auskehrung,** also die Auskehrung **von »echtem« Nennkapital und** von Beträgen aus dem **steuerlichen Einlagekonto.** Ist der Anteilseigner wesentlich beteiligt i. S. d. § 17 EStG, ist diese verbleibende Auskehrung als maßgeblicher Veräußerungspreis den (anteiligen) Anschaffungskosten der Anteile gegenüberzustellen, wodurch sich ein Veräußerungsgewinn oder -verlust nach **§ 17 Abs. 4 EStG** ergibt. In den übrigen Fällen mindert der Auskehrungsbetrag die Anschaffungskosten der Anteile nach derzeitiger Ansicht der Finanzverwaltung nicht mehr (vgl. BMF vom 20.12.2022, BStBl I 2023, 46 Rz. 92; anders noch BMF vom 18.01.2016 BStBl I 2016, 85, Rz. 92 sowie H 20.2 [Einlagenrückgewähr] EStH 2018).

BEISPIEL

Kapitalerhöhung mit anschließender Kapitalherabsetzung
Es kommt zu einer Kapitalerhöhung aus Gesellschaftsmitteln bei einer GmbH (Wj.=Kj.) im VZ 2023 i. H. v. 200 000 € (von 50 000 € um 200 000 € auf 250 000 €).

Steuerliches Einlagekonto zum 31.12.2023 (§ 28 Abs. 1 Satz 2 KStG und BMF vom 04.06.2003 BStBl I 2003, 366, Tz. 35)	80 000 €
Sonstige Rücklagen zum 31.12.2022	320 000 €

Verwendungsreihenfolge für Kapitalerhöhung in 2023:

1. Schritt	Steuerliches Einlagekonto i. H. v. § 28 Abs. 1 Sätze 1 und 2 KStG	80 000 €
2. Schritt	Sonstige Rücklagen i. H. v.	120 000 €

Dadurch entsteht ein Sonderausweis nach § 28 Abs. 1 Satz 3 KStG von 120 000 €.

Oder:

Kapitalerhöhung aus Gesellschaftsmitteln in 2023	200 000 €
Steuerliches Einlagekonto zum 31.12.2023 (§ 28 Abs. 1 Satz 2 KStG)	./. 80 000 €
Differenz = Sonderausweis zum 31.12.2023	**120 000 €**

Im VZ 2024 erfolgt eine Kapitalherabsetzung i. H. v. 200 000 €.

LÖSUNG Die Verwendungsreihenfolge für die Kapitalherabsetzung ergibt sich wie folgt:

1. Schritt:
Verwendung des Sonderausweises von 120 000 € = »Gewinnausschüttung« (vgl. § 28 Abs. 2 Sätze 1 und 2 KStG)

a) **Steuerliche Auswirkungen bei der GmbH:**
Einbehaltung und Abführung von KapSt i. H. v. 25 % des Sonderausweises von 120 000 € (§§ 43 Abs. 1 Nr. 1, 43a Abs. 1 Nr. 1 EStG und Tz. 31 BMF vom 04.06.2003, BStBl I 2003, 366 sowie BMF vom 20.12.2022, BStBl I 2023, 46, Rz. 92.

b) **Steuerliche Auswirkungen beim Gesellschafter**
Steuerliche Kapitaleinnahme nach § 20 Abs. 1 Nr. 2 EStG i. H. d. Sonderausweises von 120000 €; vgl. § 28 Abs. 2 Satz 2 KStG.
Auf Antrag nach § 32d Abs. 2 Nr. 3 EStG (Optionsfall) erfolgt die Anwendung des § 3 Nr. 40 Satz 1 Buchst. e EStG (steuerpflichtig sind im VZ 2024 also 60 % von 120000 € = 72000 €); Anrechnung KapSt.

2. Schritt:
Verwendung des steuerlichen Einlagekontos i. H. v. 80000 € = »Veräußerung«

a) **Steuerliche Auswirkungen bei der GmbH:**
Entwicklung des steuerlichen Einlagekontos

Bestand zum 31.12.2023 (vor Kapitalerhöhung)		80000 €
Kapitalerhöhung (§ 28 Abs. 1 Satz 1 KStG)	./.	80000 €
31.12.2023 (= 01.01.2024) vor Kapitalherabsetzung		0 €
Kapitalherabsetzung in 2024 (§ 28 Abs. 2 Satz 1 2. HS KStG »Zugang für eine logische Sekunde«; BMF vom 04.06.2003 BStBl I 2003, 366, Tz. 39)		80000 €
Verringerung aufgrund Auszahlung des Nennkapitals an die Gesellschafter (§ 28 Abs. 2 Satz 3 KStG)	./.	80000 €
Bestand zum 31.12.2024		0 €

Hinweis: Satz 3 des § 28 Abs. 2 KStG »deckelt« die Verringerung des steuerlichen Einlagekontos auf null. Nach § 28 Abs. 2 Satz 4 KStG gilt eine den positiven Bestand des steuerlichen Einlagekontos übersteigende Kapitalrückzahlung als Gewinnausschüttung, die beim Anteilseigner zu Bezügen i. S. d. § 20 Abs. 1 Satz 1 Nr. 2 Satz 2 EStG führt.

b) **Steuerliche Auswirkungen beim Gesellschafter:**
Die Rückzahlung des Betrags von 80000 € aus dem steuerlichen Einlagekonto führt beim Gesellschafter nicht zu steuerpflichtigen Kapitaleinnahmen i. S. d. § 20 EStG (vgl. § 20 Abs. 1 Nr. 1 Satz 3 und Nr. 2 Satz 2 EStG).
Die Rückzahlung ist mit den Anschaffungskosten des Gesellschafters für seine GmbH-Anteile i. S. d. § 17 EStG zu verrechnen; diese verringern sich dadurch entsprechend. Nur soweit durch die Kapitalrückzahlung die vollen Anschaffungskosten überschritten werden, würde dies im VZ 2024 zu einem steuerpflichtigen Veräußerungsgewinn i. S. d. § 17 Abs. 4 EStG führen.

Übersicht Steuerliche Auswirkungen einer »Rückgewähr« aus dem steuerlichen Einlagekonto/Nennkapitalrückzahlung

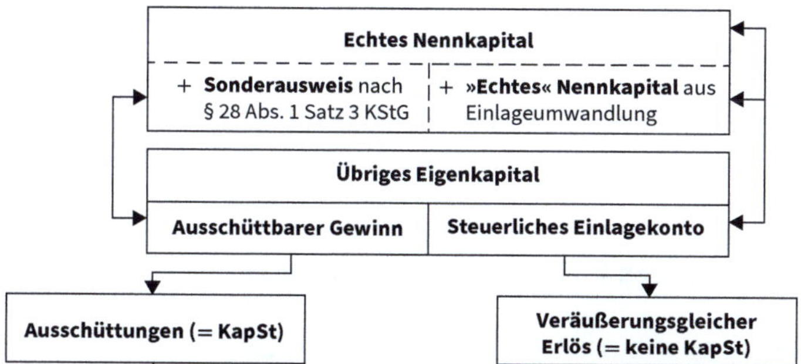

Anteile im PV	Anteile im BV	AE ist Körperschaft
§ 20 Abs. 1 Nr. 1 Satz 1 i. V. m. § 3 Nr. 40 Satz 1 Buchst. d EStG; ↓ **Sondersteuersatz nach § 32 d Abs. 1 EStG bzw. Teileinkünfteverfahren wie folgt:** ↓ **60 %** steuerpflichtig, sofern Antragstellung nach § 32 d Abs. 2 Nr. 3 EStG.	§ 15 i. V. m. § 3 Nr. 40 Satz 2 EStG; ↓ **Teileinkünfteverfahren:** ↓ **60 %** steuerpflichtig, § 32 d Abs. 1 i. V. m. § 20 Abs. 8 EStG.	**Steuerfreistellung nach § 8 b Abs. 1 KStG, wenn Beteiligung mindestens 10 % (wegen § 8 b Abs. 4 KStG)** ↓ Steuerbefreiung im Ergebnis zu **95** % (wegen § 8 b Abs. 5 Satz 1 KStG).

Anteile i. S. d. § 17 EStG im PV	AE ist n. P.: Anteile im BV	AE ist Körperschaft
• Keine Einnahmen aus Kapitalvermögen (**§ 20 Abs. 1 Nr. 1 Satz 3 EStG**). • **Einlage- bzw. Kapitalrückzahlung** ist zunächst mit den AK der Beteiligung zu verrechnen (**erfolgsneutral**). • Für **übersteigenden Betrag Fall des § 17 Abs. 4** i. V. m. § 3 Nr. 40 Satz 1 Buchst. c Satz 2 EStG; ↓ **Teileinkünfteverfahren:** **60 % steuerpflichtig.**	• **Einlage- bzw. Kapitalrückzahlung** ist nach dem BMF-Schreiben vom 09.01.1987 (BStBl I, 171) zunächst **erfolgsneutral** mit dem BW der Beteiligung zu verrechnen. • Ein **übersteigender Betrag ist gewinnerhöhende Betriebseinnahme,** die nach § 3 Nr. 40 Satz 1 Buchst. a EStG dem **Teileinkünfteverfahren** wie folgt unterliegt: ↓ **60 %** steuerpflichtig	**Einlage- bzw. Kapitalrückzahlung** unterliegt **Steuerbefreiung nach § 8 b Abs. 2 KStG,** soweit sie den BW der Beteiligung übersteigt (vgl. **Tz. 6** des BMF-Schreibens vom 28.04.2003 BStBl I, 292). ↓ Die Steuerbefreiung beträgt wegen **§ 8 b Abs. 3 Satz 1 KStG** im Ergebnis aber nur **95 %**

Hinweis: »Rückgewähr« des steuerlichen Einlagekontos fällt nicht unter die Kürzung nach § 9 Nr. 2a GewStG.

Leistungen (»Rückgewähr«) aus dem steuerlichen Einlagekonto fallen beim Gesellschafter (Anteile im Betriebsvermögen) nicht unter die Kürzung nach § 9 Nr. 2a GewStG (vgl. H 9.3 [Ausschüttungen, für die Beträge des steuerlichen Einlagekontos als verwendet gelten] GewStH).

Eine Hinzurechnung nach § 8 Nr. 5 GewStG kommt deshalb insoweit ebenfalls nicht in Betracht.

2.10 Anwendung des § 28 KStG bei Umwandlung

Zur Anwendung des § 28 KStG in Umwandlungsfällen vgl. 3.

2.11 Anwendung des § 28 KStG bei Auflösung

Im Rahmen der sog. Liquidationsbesteuerung nach § 11 KStG (vgl. C 9) kann es zu verschiedenen Leistungen an die Anteilseigner kommen. Dies sind zum einen Abschlagszahlungen auf den Liquidationserlös und die Schlussauskehrung bei Beendigung der Liquidation. Für beide Arten von Auskehrung ist – wie bei jeder Leistung – zu prüfen, ob für sie das steuerliche Einlagekonto als verwendet gilt, ob eine Nennkapitalauskehrung vorliegt und ob es sich dabei um eine Auskehrung von Nennkapital handelt, welches zur Bildung eines Sonderausweises geführt hat (zu den Einzelheiten vgl. auch BMF vom 26.08.2003 BStBl I 2003, 434).

2.11.1 Anwendung des § 28 KStG im Rahmen der Liquidationsbesteuerung

§ 28 Abs. 2 KStG ist seinem Wortlaut folgend auch in Fällen der Auflösung einer Körperschaft anzuwenden. Der Zeitpunkt der Auflösung ist bei einer GmbH der Zeitpunkt des Gesellschafterbeschlusses über die Auflösung derselben. In diesem Moment gilt nach § 28 Abs. 2 Satz 1 KStG das Nennkapital als auf 0 € herabgesetzt. Insoweit gelten die Ausführungen unter 2.4 ff. entsprechend. Danach ist zunächst vorrangig ein ggf. bestehender Sonderausweis zu mindern (§ 28 Abs. 2 Satz 1 1. HS KStG), das dann noch verbleibende Nennkapital führt zu einer Erhöhung des steuerlichen Einlagekontos, soweit es eingezahlt war (§ 28 Abs. 2 Satz 1 2. HS KStG).

Soweit es zur Minderung eines Sonderausweises kommt, erzielt der Anteilseigner bezogen auf den ausgekehrten Betrag Einnahmen i. S. d. § 20 Abs. 1 Nr. 2 EStG (vgl. § 28 Abs. 2 Satz 2 KStG).

2.11.2 Abschlagszahlungen auf den Liquidationserlös

Nach BMF vom 26.08.2003 BStBl I 2003, 434 Tz. 12 gilt das übrige Eigenkapital als vor dem Nennkapital ausgezahlt. Dies entspricht der außerhalb einer Liquidation geltenden Reihenfolge, wonach grundsätzlich nur sonstiges Eigenkapital ausgekehrt werden kann.

Während der Liquidation kann es zu mehreren Besteuerungszeiträumen kommen (BMF vom 26.08.2003 BStBl I 2003, 434 Tz. 1–3 sowie BFH vom 18.09.2007 BStBl II 2008, 319). Soweit in mehreren Besteuerungszeiträumen Auskehrungen an die Anteilseigner erfolgen, ist für jeden Besteuerungszeitraum gesondert zu entscheiden, ob es sich um eine Nennkapitalrückzahlung oder eine Auskehrung von sonstigem Eigenkapital handelt.

BEISPIEL

Der Besteuerungszeitraum umfasst die Jahre 2022 bis 2024:

Am 31.12.2021 betragen

a) das Nennkapital 50 000 € und
b) die Summe aus Bilanzgewinn und Rücklagen 70 000 €.

LÖSUNG Eine Auskehrung von 70 000 € am 31.12.2022 wäre **keine** Auskehrung von Nennkapital, da genügend übriges Eigenkapital vorhanden ist.

Erleidet die Gesellschaft allerdings in 2023 einen Verlust i. H. v. 40 000 €, so ist bei Zugrundelegung des Ergebnisses des gesamten Besteuerungszeitraums die Leistung i. H. v. 70 000 € aufzuteilen. I. H. v. 30 000 € würde sie aus Bilanzgewinn und Rücklagen stammen (vorrangige Auskehrung von übrigem Eigenkapital), während i. H. v. 40 000 € eine Nennkapitalrückzahlung anzunehmen wäre.

Die Unterscheidung erlangt Bedeutung beim Ausstellen von Steuerbescheinigungen hinsichtlich der Frage der Verwendung des steuerlichen Einlagekontos und der Verwendungsfestschreibung (vgl. 1.9.4.11). Um zu einem zutreffenden Ergebnis zu gelangen, sollte eine Steuerbescheinigung daher erst dann ausgestellt werden, wenn der jeweilige Besteuerungszeitraum abgelaufen und das Ergebnis bekannt ist.

Die Unterscheidung zwischen Nennkapitalrückzahlung und Auskehrung des übrigen Eigenkapitals ist weiter von Bedeutung für die Frage der Auswirkungen auf das steuerliche Einlagekonto. Handelt es sich um eine Auskehrung von übrigem Eigenkapital, so liegt eine Leistung i. S. d. § 27 KStG vor, die mit dem steuerlichen Einlagekonto **zum Schluss des vorangegangenen Wj. (Besteuerungszeitraums)** zu verrechnen ist (vgl. BMF vom 26.08.2003 BStBl I 2003, 434 Tz. 13). Dabei gelten für die Ermittlung des ausschüttbaren Gewinns die unter 1.9.4.1 dargestellten Regeln. Der Anteilseigner erzielt Einnahmen i. S. d. § 20 Abs. 1 Nr. 2 EStG, soweit nicht das steuerliche Einlagekonto als verwendet gilt.

Bei einer Auskehrung aus dem Nennkapital ist gem. § 28 Abs. 2 Satz 1 1. HS KStG zunächst ein ggf. vorhandener Sonderausweis zu verrechnen. Bei einer darüber hinausgehenden Auskehrung erhöht sich das steuerliche Einlagekonto und verringert sich auf Grund der Auskehrung sogleich entsprechend (§ 28 Abs. 2 Satz 1 2. HS KStG i. V. m. § 28 Abs. 2 Satz 3 KStG). Diese Verringerung des steuerlichen Einlagekontos ist nicht zu bescheinigen (vgl. 2.8). Soweit eine Auskehrung von Nennkapital vorliegt, hinsichtlich dessen ein Sonderausweis zu mindern war, erzielt der Anteilseigner Einnahmen i. S. d. § 20 Abs. 1 Nr. 2 EStG, ansonsten liegt eine nicht steuerbare Einlagenrückgewähr vor.

2.11.3 Schlussauskehrung bei Liquidation

Mit der Schlussrate nach Beendigung der Liquidation wird das restliche noch vorhandene Vermögen der aufgelösten und abgewickelten Gesellschaft an die Anteilseigner verteilt. Der entsprechend zur Verfügung stehende Betrag ergibt sich aus der Liquidationsschlussbilanz.

Steuerlich ist auch hier von Interesse, ob für die Schlussauskehrung das steuerliche Einlagekonto als verwendet gilt oder ob eine Nennkapitalauskehrung vorliegt und ob es sich dabei um eine Auskehrung von Nennkapital handelt, welches zur Bildung eines Sonderausweises geführt hat.

Die Verrechnung der Schlussauskehrung erfolgt – anders als bei allen anderen Leistungen – nicht mit dem steuerlichen Einlagekonto bzw. dem ausschüttbaren Gewinn zum Schluss des vorangegangenen Wj. bzw. Besteuerungszeitraums. Dies hat seine Ursache darin, dass ansonsten Gewinne bzw. Verluste innerhalb des letzten Besteuerungszeitraums zwar die Höhe der Schlussauskehrung beeinflussen, nicht aber den zur Verrechnung heranzuziehenden ausschüttbaren Gewinn. Um am Ende des steuerlichen Bestands einer Körperschaft dieses Problem aufzulösen, wird unterstellt (BMF vom 26.08.2003 BStBl I 2003, 434 Tz. 13), dass die Schlussauskehrung nach der Erstellung der Liquidations-Schlussbilanz ausgezahlt wird und deren Verrechnung dann mit dem Bestand des steuerlichen Einlagekontos und dem ausschüttbaren Gewinns zum Zeitpunkt der Erstellung der Schlussbilanz verrechnet wird (also letztendlich doch wieder mit dem Bestand zum Schluss des vorangegangenen Wj. bzw. Besteuerungszeitraums).

BEISPIEL

Eine GmbH wird mit Ablauf des 31.12.2023 aufgelöst und anschließend abgewickelt. Am 31.12.2024 ist die Abwicklung beendet und das Vermögen steht zur Auskehrung an die Anteilseigner bereit. Auf den 31.12.2024 wird die Schlussbilanz erstellt.

Zum 31.12.2023 betragen das steuerliche Einlagekonto 24000 € und der Sonderausweis 0 €. Das Nennkapital beträgt 150000 €.

Im Laufe des Jahres 2024 haben die Gesellschafter eine Abschlagszahlung auf den Liquidationserlös i. H. v. 105000 € erhalten, die nicht als Nennkapitalauskehrung zu qualifizieren ist. Das Eigenkapital der Steuerbilanz beträgt 275000 € zum 31.12.2023, zum 31.12.2024 beträgt es 395000 €. Dementsprechend können als Schlussauskehrung 395000 € ausgezahlt werden. Davon entfallen 150000 € auf das Nennkapital, so dass aus dem sonstigen Eigenkapital 245000 € ausgekehrt werden.

LÖSUNG Zunächst ist die Abschlagszahlung mit dem steuerlichen Einlagekonto und dem ausschüttbaren Gewinn zum 31.12.2023 zu verrechnen. Anschließend erfolgt die Verrechnung der Schlussauskehrung mit dem ausschüttbaren Gewinn gemäß der Liquidationsschlussbilanz. Danach ergibt sich folgende Berechnung:

	Vorspalte 1	Vorspalte 2	Steuerliches Einlage-konto
Bestand 31.12.2023			24 000 €
Abschlagszahlung		105 000 €	
Eigenkapital per 31.12.2023	275 000 €		
Nennkapital per 31.12.2023	./. 150 000 €		
Bestand des steuerlichen Einlagekontos per 31.12.2023	./. 24 000 €		
ausschüttbarer Gewinn per 31.12.2023	**101 000 €**	./. 101 000 €	
Verwendung des steuerlichen Einlagekontos		4 000 €	./. 4 000 €
Bestand per 31.12.2024			**20 000 €**
Schlussauskehrung aus dem Nennkapital (die Minderung eines Sonderausweises nach § 28 Abs. 2 Satz 1 1. HS KStG kommt mangels Vorhandenseins eines solchen nicht in Betracht; keine weiteren Auswirkungen auf das steuerliche Einlagekonto)		150 000 €	
Schlussauskehrung aus dem sonstigen Eigenkapital		245 000 €	
Eigenkapital lt. Schlussbilanz	395 000 €		
Nennkapital	./. 150 000 €		
Bestand des steuerlichen Einlagekontos zum Stichtag der Schlussbilanz	./. 20 000 €		
ausschüttbarer Gewinn zum Stichtag der Schlussbilanz	**225 000 €**	./. 225 000 €	
Verwendung des steuerlichen Einlagekontos		20 000 €	./. 20 000 €
verbleiben			0 €

2.12 Anwendung des § 28 Abs. 3 KStG

Nach § 28 Abs. 3 KStG verringert sich zum Schluss eines Wj. der Bestand des Sonderausweises um den positiven Bestand des steuerlichen Einlagekontos bis auf 0 €. In gleichem Umfang mindert sich das steuerliche Einlagekonto.

Dies hat seine Ursache in der gesetzgeberischen Intention, einen Sonderausweis möglichst zu vermeiden bzw. gering zu halten.

Durch die Verrechnung des Sonderausweises mit einem positiven Bestand des steuerlichen Einlagekontos werden gedanklich Einlagen des Anteilseigners in das Nennkapital »umgebucht«. Soweit die Gesellschaft über einen Sonderausweis verfügt, bedeutet dies, dass das Nennkapital Beträge enthält, die aus der Umwandlung von Gewinnrücklagen stammen. Zugleich verfügt die Gesellschaft auf Grund des positiven Bestandes des steuerlichen Einlagekontos über Einlagen des Anteilseigners, die **nicht** in das Nennkapital geleistet wurden. Die Regelung des § 28 Abs. 3 KStG fingiert nunmehr, dass diese Einlagen in solche in das Nennkapital umgewandelt werden. Die insoweit bislang das Nennkapital repräsentierenden Gewinnrücklagen werden nicht mehr benötigt, so dass der Sonderausweis entsprechend verringert werden kann. Gleichermaßen ist das steuerliche Einlagekonto zu verringern, um insoweit zu verhindern, dass das steuerliche Einlagekonto weiterhin zur Generierung nicht steuerbarer Einnahmen i. S. d. § 20 Abs. 1 Nr. 1 Satz 3 EStG genutzt werden kann.

BEISPIEL

	Sonstige Rücklagen (nicht gesondert festgehalten)	**Steuerliches Einlagekonto** (gesondert festgestellt)	**Nenn-kapital**	**Sonderausweis gem. § 28 Abs. 1 Satz 3 KStG** (gesondert festgestellt)
	€	€	€	€
Bestände zum 31.12.2022	100 000	40 000	300 000	0
1. Schritt:				
Kapitalerhöhung aus Gesellschaftsmitteln in 20238	./. **30 000**	./. **40 000**	+ **70 000**	+ **30 000**
Bestände zum 31.12.2023	70 000	0	370 000	30 000
2. Schritt: **Zugänge zum Einlagekonto im VZ 2024** (z. B. werthaltiger Forderungsverzicht des Gesellschafters, Buchung: s. Verbindlichkeiten an Ertrag 20 000 €)	+ 20 000	+ **20 000**		
Zwischensumme	90 000	20 000	370 000	30 000
Umgliederung gem. § 28 Abs. 3 KStG		./. **20 000**		./. **20 000**
Bestände zum 31.12.2024	90 000	0	370 000	10 000

Zur **zeitlichen Reihenfolge** gilt Folgendes:

Sofern in einem Wirtschaftsjahr bei bestehendem Sonderausweis eine Nennkapitalherabsetzung mit Rückzahlung und eine nicht auf das Nennkapital geleistete Einlage der Gesellschafter zusammentreffen, dann ist zuerst die Kapitalherabsetzung abzuwickeln, denn § 28 Abs. 2 Satz 1 KStG bezieht sich auf den Schluss des vorangegangenen Wirtschaftsjahres.

Die Verringerung des Sonderausweises und des steuerlichen Einlagekontos durch die »Umgliederung« der Einlage ist ein später liegender Rechenvorgang. § 28 Abs. 3 KStG bezieht sich nämlich auf den Sonderausweis zum Schluss des Wirtschaftsjahres der Einlage.

BEISPIEL

	Steuerliches Einlagekonto	Nenn-kapital	Sonderaus-weis gem. § 28 Abs. 1 Satz 3 KStG
	€	€	€
Bestände zum 31.12.2023	0	250 000	80 000
1. Schritt: (§ 28 Abs. 2 Satz 1 KStG) **Kapitalherabsetzung und Rückzahlung an die AE in 2024** (führt beim AE zu Bezügen i. S. d. § 20 Abs. 1 Nr. 2 EStG)		./. 50 000	./. 50 000
Zwischenstand	0	200 000	30 000
Einlagen des AE in 2024	+ 100 000		
2. Schritt: (BMF vom 04.06.2003 a. a. O., Tz. 44) **Umgliederung gem. § 28 Abs. 3 KStG**	./. 30 000		./. 30 000
Bestände zum 31.12.2024	70 000	200 000	0

3 Kapitalveränderungen bei Umwandlungen (§ 29 KStG)

3.1 Allgemeines

3.1.1 Sinn und Zweck der Vorschrift

§ 29 KStG ist überschrieben mit »Kapitalveränderungen bei Umwandlungen«. Umwandlungsvorgänge unter Beteiligung von insbesondere Kapitalgesellschaften können Auswirkungen auf deren Nennkapital haben. Wie in 2 ausgeführt, führen Veränderungen des Nennkapitals – je nach Konstellation – zu unterschiedlichen Veränderungen des steuerlichen Einlagekontos gem. § 27 KStG und ggf. auch des sog. Sonderausweises gem. § 28 KStG.

Sinn und Zweck des § 29 KStG ist nunmehr, die Regelungen bei Kapitalveränderungen außerhalb von Umwandlungsvorgängen auf solche i. R. v. Umwandlungsvorgängen zu übertragen.

Wegen Gesamtbeispielen zur Verschmelzung einer Tochter- auf die Muttergesellschaft, einer Mutter- auf die Tochtergesellschaft und der Verschmelzung von Schwestergesellschaften sowie zur Abspaltung vgl. 3.5 und 3.6.

3.1.2 Aufbau der Vorschrift

In den einzelnen Absätzen werden folgende Inhalte geregelt:

- § 29 Abs. 1 KStG regelt, dass in Umwandlungsfällen das Nennkapital der übertragenden Kapitalgesellschaft als in vollem Umfang nach § 28 Abs. 2 Satz 1 KStG herabgesetzt gilt (vgl. dazu 3.2).
- § 29 Abs. 2 KStG regelt die Zurechnung des steuerlichen Einlagekontos bei der übernehmenden Körperschaft und definiert Ausnahmen von dieser Grundregel (vgl. dazu 3.3).

- § 29 Abs. 3 KStG trifft Aussagen zum Übergang des steuerlichen Einlagekontos in Fällen der Auf- oder Abspaltung (vgl. dazu 3.6).
- § 29 Abs. 4 KStG sieht vor, dass nach Anwendung der Absätze 2 und 3 für das Nennkapital der beteiligten Kapitalgesellschaft § 28 Abs. 1 und 3 KStG anzuwenden ist (vgl. dazu 3.3.5).
- § 29 Abs. 5 KStG erklärt die Absätze 1 bis 4 sinngemäß für andere Körperschaften anwendbar, soweit diese Leistungen i. S. d. § 20 Abs. 1 Nr. 9 und 10 EStG erbringen können (vgl. dazu 3.4).
- § 29 Abs. 6 KStG regelt für übertragende Körperschaften, dass deren steuerliches Einlagekonto für Zwecke des § 29 KStG in entsprechender Anwendung des § 27 Abs. 8 KStG (vgl. 1.11) zu ermitteln ist, soweit bislang ein Einlagekonto nicht festzustellen war.

Aus dem Gesetzesaufbau ergibt sich für übernehmende und übertragende Kapitalgesellschaft ein Ablaufschema hinsichtlich der Veränderungen des steuerlichen Einlagekontos und des Sonderausweises, das nachfolgend für den Fall der **Verschmelzung** schematisch dargestellt ist. Die Finanzverwaltung hat hierzu im UmwSt-Erlass vom 11.11.2011 (BStBl I 2011, 1314) in Rn. K. 01 bis K. 19 Stellung genommen.

Es ergeben sich folgende Auswirkungen:

		Übertragende Kapitalgesellschaft	**Übernehmende Kapitalgesellschaft**
1.	**Fiktive Nennkapitalherabsetzung**	Erhöhung des steuerlichen Einlagekontos; Wegfall des Sonderausweises	Bei der Übernehmerin im Falle der Abwärtsverschmelzung; Erhöhung des steuerlichen Einlagekontos; Wegfall des Sonderausweises
2.	**Hinzurechnung beim Übernehmer**	Abzug bei der übertragenden Kapitalgesellschaft kann vorgenommen werden, diesem kommt wegen des Erlöschens der Gesellschaft aber keinerlei Bedeutung mehr zu (anders aber bei der Abspaltung)	Hinzurechnung des nach 1. erhöhten steuerlichen Einlagekontos der übertragenden Kapitalgesellschaft (§ 29 Abs. 2 Satz 1 KStG)
2a.	**Keine Hinzurechnung bei Aufwärtsverschmelzung**		Keine Hinzurechnung nach 2. in Höhe einer Beteiligung der übernehmenden an der übertragenden Kapitalgesellschaft (§ 29 Abs. 2 Satz 2 KStG)
3.	**Kürzung bei Abwärtsverschmelzung**		Kürzung des steuerlichen Einlagekontos der Übernehmerin entsprechend der Beteiligung der übertragenden an der übernehmenden Kapitalgesellschaft (§ 29 Abs. 2 Satz 3 KStG)

		Übertragende Kapitalgesellschaft	**Übernehmende Kapitalgesellschaft**
4a.	**Im Falle einer Nennkapitalerhöhung im Rahmen der Umwandlung: Nennkapitalanpassung**		Abbildung der Nennkapitalerhöhung durch Verringerung des steuerlichen Einlagekontos (§ 28 Abs. 1 Satz 1 KStG); ggf. Bildung eines Sonderausweises (§ 28 Abs. 1 Satz 3 KStG)
4b.	**Im Falle der Abwärtsverschmelzung: Neubildung des Nennkapitals**		Neubildung des gesamten Nennkapitals durch Verringerung des steuerlichen Einlagekontos (§ 28 Abs. 1 Satz 1 KStG); ggf. Bildung eines Sonderausweises (§ 28 Abs. 1 Satz 3 KStG)

BEISPIELE

Fall 1: § 29 Abs. 2 Satz 1 KStG: Seitwärtsverschmelzung von Schwestergesellschaften

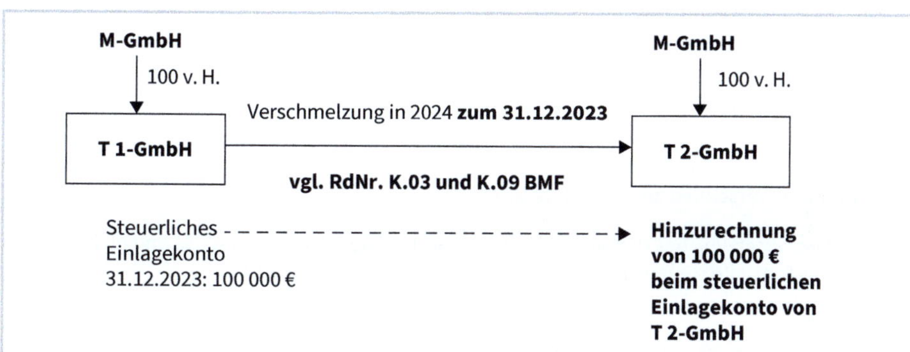

Fall 2: § 29 Abs. 2 Satz 2 KStG: Aufwärtsverschmelzung Tochter- auf Muttergesellschaft

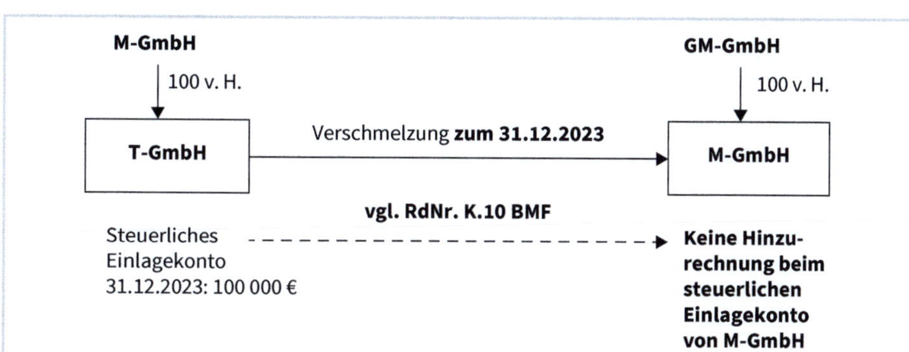

Fall 3: § 29 Abs. 2 Satz 3 KStG: Abwärtsverschmelzung Mutter- auf Tochtergesellschaft

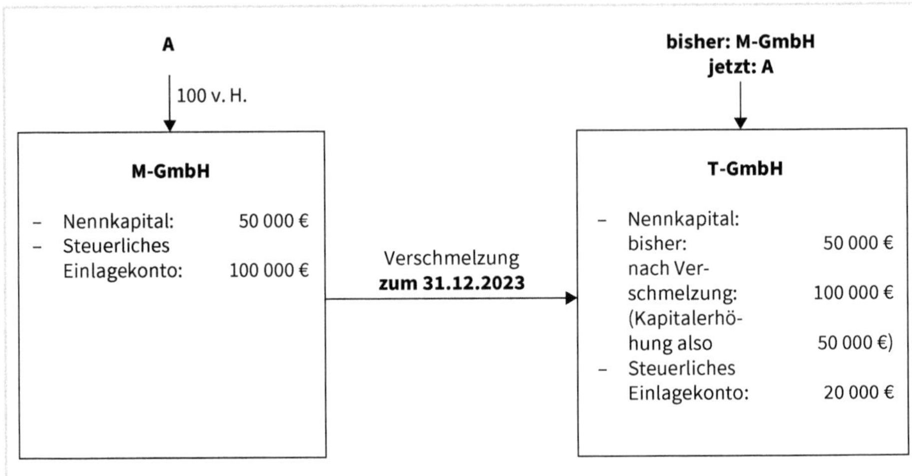

LÖSUNG Nach BMF vom 11.11.2011 (BStBl I 2011, 1314) **Rn. K.13** ist das steuerliche Einlagekonto der übernehmenden T-GmbH wie folgt zu ermitteln:

	Steuerliches Einlagekonto T-GmbH:
Bestand vor Verschmelzung am 31.12.2023	20 000 €
1. Schritt: Fiktive Herabsetzung des Nennkapitals der T-GmbH auf null (§ 29 Abs. 1 KStG) und gleichzeitig Zugang beim steuerlichen Einlagekonto (§ 28 Abs. 2 Satz 1 KStG)	+ 50 000 €
	70 000 €
2. Schritt: Verringerung des steuerlichen Einlagekontos im Verhältnis Beteiligung M-GmbH an T-GmbH (hier also: 100 %, vgl. § 29 Abs. 2 Satz 3 KStG)	./. 70 000 €
	0 €
3. Schritt: Fiktive Herabsetzung des Nennkapitals der **M-GmbH** auf null (§ 29 Abs. 1 KStG) und gleichzeitig Zugang beim steuerlichen Einlagekonto (**§ 28 Abs. 2 Satz 1 KStG**). Dieses beträgt jetzt **150.000 €** (100.000 € + 50.000 €)	
4. Schritt: Das erhöhte Einlagekonto der M-GmbH von 150.000 € wird dem steuerlichen Einlagekonto der T-GmbH hinzugerechnet (§ 29 Abs. 2 Satz 1 KStG)	+ 150 000 €
	150 000 €
5. Schritt: Fiktive Erhöhung des im 1. Schritt auf null herabgesetzten Nennkapitals der T-GmbH auf den Stand nach der Verschmelzung (Nennkapital nach Kapitalerhöhung: 100.000 €); vgl. § 29 Abs. 4 KStG i. V. m. § 28 Abs. 1 KStG	./. 100 000 €
Bestand steuerliches Einlagekonto von T-GmbH nach der Verschmelzung am 31.12.2023	**50 000 €**

3.2 Nennkapitalherabsetzung bei der übertragenden Kapitalgesellschaft gemäß § 29 Abs. 1 KStG

Nach § 29 Abs. 1 KStG gilt in Umwandlungsfällen i. S. d. § 1 UmwG das Nennkapital der übertragenden Kapitalgesellschaft als in vollem Umfang nach § 28 Abs. 2 Satz 1 KStG herabgesetzt.

Danach gilt die Vorschrift für Umwandlungsvorgänge, die sich als

1. Verschmelzung,
2. Spaltung (Aufspaltung, Abspaltung, Ausgliederung),
3. Vermögensübertragung oder
4. Formwechsel

darstellen.

Es ist zu beachten, dass die Nennkapitalherabsetzung nur für steuerliche Zwecke – also fiktiv – erfolgt. Tatsächlich bleibt das satzungsmäßige Nennkapital unverändert. Bei einem Formwechsel von einer in eine andere Kapitalgesellschaft macht die Anwendung der Regelung allerdings keinen Sinn.

3.2.1 Sinn und Zweck der fiktiven Nennkapitalherabsetzung

Auf die fiktiv vorzunehmende Nennkapitalherabsetzung ist § 28 Abs. 2 Satz 1 KStG anzuwenden. Danach wird zunächst ein evtl. vorhandener Sonderausweis gemindert; soweit das Nennkapital höher ist als der Sonderausweis ergibt sich aus dem überschießenden Betrag ein Zugang zum steuerlichen Einlagekonto (Einzelheiten vgl. 2.4).

Da die Nennkapitalherabsetzung bis auf 0 € geht, muss sich in Höhe des eingezahlten Mindestnennkapitals immer ein Zugang zum steuerlichen Einlagekonto ergeben, denn das Mindestkapital muss der Gesellschaft durch Einlagen der Anteilseigner zugeführt worden sein und es muss zumindest teilweise auch tatsächlich eingezahlt worden sein (vgl. § 7 Abs. 2 GmbHG).

Nach diesem Rechenschritt ergibt sich für steuerliche Zwecke eine Kapitalgesellschaft, die über ein Nennkapital von 0 € verfügt. Der Teil des Nennkapitals, der aus der Umwandlung von Gewinnrücklagen entstanden ist, ist durch die fiktive Herabsetzung des Nennkapitals ebenfalls fiktiv wieder zu Gewinnrücklagen geworden; die Einlagen der Anteilseigner in das Nennkapital sind durch die fiktive Herabsetzung zu Einlagen in das übrige Eigenkapital geworden. Soweit das Nennkapital eingezahlt war, erhöht sich das steuerliche Einlagekonto.

Nach Anwendung von § 29 Abs. 1 KStG kann die Kapitalgesellschaft nicht mehr über einen Sonderausweis verfügen, das steuerliche Einlagekonto ist erhöht.

Dies hat zur Folge, dass im Rahmen eines Umwandlungsvorganges ein Sonderausweis niemals auf die übernehmende Körperschaft übergehen kann. Das erhöhte steuerliche Einlagekonto steht (ganz oder teilweise) für den Übergang auf die übernehmende Kapitalgesellschaft zur Verfügung.

BEISPIELE

a) Eine GmbH überträgt im Wege der Verschmelzung ihr gesamtes Vermögen auf eine andere Kapitalgesellschaft. Das steuerliche Einlagekonto beträgt 20 000 € zum 31.12.2023, steuerlicher Übertragungsstichtag ist der 31.12.2024.

Aktiva	Bilanz der Überträgerin vor Verschmelzung zum 31.12.2024		Passiva
Aktiva	70 000 €	Nennkapital	50 000 €
		Kapitalrücklage	20 000 €
	70 000 €		70 000 €

LÖSUNG Nach § 29 Abs. 1 KStG ist das steuerliche Einlagekonto der Übertragerin wie folgt zu entwickeln:

	Vorspalte	Steuerliches Einlagekonto
Bestand 31.12.2023		20 000 €
Nennkapital der Übertragerin am Übertragungsstichtag	50 000 €	
Gutschrift beim steuerlichen Einlagekonto	./. 50 000 €	+ 50 000 €
verbleiben	0 €	
Bestand zum 31.12.2024		70 000 €

Nach Anwendung des § 29 Abs. 1 KStG ist die übertragende Kapitalgesellschaft so gestellt, als hätte sie – dies ist tatsächlich nicht möglich – ihr gesamtes Nennkapital auf 0 € herabgesetzt.

b) Wie vorstehend, aber die GmbH verfügt zusätzlich über einen festgestellten Sonderausweis von 10 000 € und 5 000 € ausstehende Einlagen in das Nennkapital.

Aktiva	Bilanz der Überträgerin vor Verschmelzung zum 31.12.2024		Passiva
Aktiva	65 000 €	Nennkapital	50 000 €
ausstehende Einlagen	5 000 €	Kapitalrücklage	20 000 €
	70 000 €		70 000 €

LÖSUNG Nach § 29 Abs. 1 KStG ist das steuerliche Einlagekonto der Übertragerin wie folgt zu entwickeln:

	Vorspalte	Steuerliches Einlagekonto	Sonderausweis
Bestand 31.12.2023		20 000 €	10 000 €
Nennkapital der Übertragerin am Übertragungsstichtag	50 000 €		
Abzug des Sonderausweises	./. 10 000 €		./. 10 000 €
ausstehende Einlagen in das Nennkapital	./. 5 000 €		
Zwischensumme	35 000 €		
Gutschrift beim steuerlichen Einlagekonto	./. 35 000 €	+ 35 000 €	
verbleiben	0 €		
Bestand zum 31.12.2024		55 000 €	0 €

Nach Anwendung des § 29 Abs. 1 KStG ist auch hier die übertragende Kapitalgesellschaft so gestellt, als hätte sie ihr gesamtes Nennkapital auf 0 € herabgesetzt. Allerdings ist das steuerliche Einlagekonto – wie bei einer echten Nennkapitalherabsetzung – nicht erhöht worden, soweit ein Sonderausweis zu mindern war und soweit das Nennkapital tatsächlich nicht eingezahlt war (entsprechende Gründe vgl. 2.5.1).

Zu den **Auswirkungen einer Verschmelzung nach §§ 11 ff. UmwStG auf den Eigenkapitalausweis** enthält die Vorschrift des **§ 29 KStG** Sonderregelungen zur Behandlung des Eigenkapitalausweises in Umwandlungsfällen. Es ergeben sich folgende Prüfungsschritte:

- **1. Schritt: Fiktive Nennkapitalherabsetzung**
  Gem. **§ 29 Abs. 1 KStG** gilt im Falle einer Verschmelzung das Nennkapital der übertragenden Kapitalgesellschaft nach **§ 28 Abs. 2 Satz 1 KStG** als auf 0 € herabgesetzt (fiktive Nennkapitalherabsetzung).

Im Zuge der Nennkapitalherabsetzung ist zunächst ein etwaiger Sonderausweis bis auf null zu verringern. Dadurch werden frühere Kapitalerhöhungen durch Umwandlung von Gewinnrücklagen in Nennkapital rückgängig gemacht.
Nach der Minderung des Sonderausweises verbleibt ausschließlich Nennkapital, das durch Einlagen der Gesellschafter finanziert wurde. Dieser Betrag wird dem steuerlichen Einlagekonto des übertragenden Rechtsträgers gutgeschrieben.

- **2. Schritt: Erhöhung des steuerlichen Einlagekontos**
  Gem. **§ 29 Abs. 2 KStG** ist der nach § 29 Abs. 1 KStG ermittelte Bestand des steuerlichen Einlagekontos dem steuerlichen Einlagekonto der übernehmenden Körperschaft hinzuzurechnen. Die Hinzurechnung erfolgt auf den Schluss des Wirtschaftsjahrs, in das der steuerliche Übertragungsstichtag fällt (UmwSt-Erlass vom 11.11.2011 BStBl I 2011, 1314, Rn. K. 09). Damit wird sichergestellt, dass Einlagen auch nach dem Übergang auf die übernehmende Körperschaft steuerfrei zurückgewährt werden können.
  Vorgehensweise:
  - Auch wenn bei einem Sidestep-Merger (Seitwärtsverschmelzung) der Übernahmegewinn in die Kapitalrücklage eingestellt wird, gilt § 29 KStG, nicht § 27 KStG (Rn. K. 09 UmwSt-Erlass).
  - Im Fall eines Upstream- oder eines Downstream-Mergers (Aufwärts- oder Abwärtsverschmelzung) wird die Hinzurechnung des steuerlichen Einlagekontos durch **§ 29 Abs. 2 Sätze 2 und 3 KStG eingeschränkt**. Andernfalls würden steuerliche Einlagekonten von Mutter- und Tochtergesellschaften doppelt erfasst.
  - Bei einem Upstream-Merger **unterbleibt** die Hinzurechnung eines Bestands des steuerlichen Einlagekontos der übertragenden Kapitalgesellschaft, **soweit die übernehmende Kapitalgesellschaft an der Übertragerin beteiligt ist** (Rn. K. 10 UmwSt-Erlass).
  - Bei einem Downstream-Merger ist der Bestand des steuerlichen Einlagekontos der Übernehmerin vor der Hinzurechnung **zu kürzen, soweit die Übertragerin an der Übernehmerin beteiligt ist** (Rn. K. 12 UmwSt-Erlass).
  - Der für die Kürzung nach § 29 Abs. 2 KStG maßgebliche Bestand des steuerlichen Einlagekontos ist der Bestand, der sich nach Anwendung des § 29 Abs. 1 KStG ergibt.
- **3. Schritt: Kapitalerhöhung bei der Übernehmerin**
  Im Anschluss ist bei der Übernehmerin eine Kapitalerhöhung durchzuführen, sofern die Anteilseigner der Übertragerin mit neuen Anteilen an der Übernehmerin abgefunden werden sollen. Diese Kapitalerhöhung folgt den allgemeinen Regeln.

BEISPIEL

Die Übernehmerin-GmbH ist zu 60 % an der Übertragerin-GmbH beteiligt. Die Übertragerin wird auf Übernehmerin verschmolzen. Der steuerliche Eigenkapitalausweis vor Verschmelzung stellt sich wie folgt dar:

	Nennkapital	Steuerliches Einlagekonto	Sonderausweis
ÜT-GmbH	100	0	80
ÜN-GmbH	150	70	0

Welche Auswirkungen ergeben sich auf den Bestand des steuerlichen Einlagekontos bei der ÜN-GmbH aufgrund der Verschmelzung (ohne eine etwaige Kapitalerhöhung)?

LÖSUNG

Upstream-Merger	**Nennkapital**	**Steuerliches Einlagekonto**	**Sonderausweis**
ÜT-GmbH			
Bestand vor Verschmelzung	100	0	80
Kapitalherabsetzung	./. 100		
Minderung Sonderausweis			./. 80
Gutschrift steuerliches Einlagekonto		+ 20	
Zwischensumme	0	20	0
ÜN-GmbH			
Bestand vor Verschmelzung	150	70	0
Erhöhung steuerliches Einlagekonto		+ 20	
Kürzung § 29 Abs. 2 Satz 2 KStG (60 %)		./. 12	
Schlussbestand	150	78	0

Nach UmwSt-Erlass, Rn. K. 02, gilt die Regelung des § 29 KStG allerdings nicht in Fällen einer Ausgliederung i. S. d. § 123 Abs. 3 UmwG. Unter einer **Ausgliederung** versteht man die Übertragung von Vermögen auf einen anderen Rechtsträger gegen Gewährung von Anteilen oder Mitgliedschaftsrechten an den übertragenden Rechtsträger. Im Ergebnis werden Wirtschaftsgüter gegen Beteiligungsrechte ausgetauscht.

Grund für diese Ausnahme ist die Annahme, dass die Anwendung des § 29 KStG zu keiner betragsmäßigen Änderung des steuerlichen Einlagekontos führen könne.

Dies ist im Regelfall zutreffend, kann aber im Fall eines negativen steuerlichen Einlagekontos der übertragenden Kapitalgesellschaft Auswirkungen haben.

Verfügt die ausgliedernde Gesellschaft über ein negatives steuerliches Einlagekonto, so wird dieser Bestand durch die fiktive Nennkapitalherabsetzung ganz oder teilweise ausgeglichen. Bei der später vorzunehmenden fiktiven Nennkapitalanpassung nach § 29 Abs. 4 KStG i. V. m. § 28 Abs. 1 KStG steht durch die vorangegangene Verrechnung im steuerlichen Einlagekonto nicht mehr derjenige Betrag zur Verfügung, der das steuerliche Einlagekonto erhöht hat. Infolgedessen entsteht ein Sonderausweis nach § 28 Abs. 1 Satz 3 KStG, so dass im Ergebnis sehr wohl eine betragsmäßige Veränderung zu verzeichnen ist.

3.2.2 Nennkapitalherabsetzung bei der übernehmenden Kapitalgesellschaft im Falle der Abwärtsverschmelzung

Nach UmwSt-Erlass, Rn. K. 13, ist die in § 29 Abs. 1 KStG für übertragende Rechtsträger vorgesehene fiktive Nennkapitalherabsetzung auch für übertragende Körperschaften durchzuführen, wenn ein Fall einer sog. Abwärtsverschmelzung vorliegt. Unter einem solchen Umwandlungsvorgang versteht man die Verschmelzung einer Muttergesellschaft auf ihre Tochtergesellschaft. Bei dieser Art der Vermögensübertragung handelt es sich um keine Umwandlung i. S. d. UmwG, gleichwohl aber um einen Anwendungsfall des § 29 Abs. 1 KStG.

3.3 Übergang des steuerlichen Einlagekontos bei Verschmelzung (§ 29 Abs. 2 KStG)

Nach § 29 Abs. 2 KStG geht das steuerliche Einlagekonto in Verschmelzungsfällen i. S. d. § 2 UmwG auf die übernehmende Körperschaft über, sofern diese unbeschränkt steuerpflichtig ist.

Damit scheidet ein Übergang auf beschränkt steuerpflichtige Körperschaften aus, die allerdings ohnehin kein steuerliches Einlagekonto führen. Allerdings kann die übernehmende Körperschaft steuerbefreit sein, ebenso die Organgesellschaft.

3.3.1 Hinzurechnungsbeschränkung bei der Aufwärtsverschmelzung

Handelt es sich bei der Verschmelzung um eine solche von der Tochter- auf die Muttergesellschaft, so ist § 29 Abs. 2 Satz 2 KStG zu beachten. Danach unterbleibt die Hinzurechnung des steuerlichen Einlagekontos der übertragenden Tochtergesellschaft bei der übernehmenden Muttergesellschaft in dem Maße, wie die Muttergesellschaft an der Tochtergesellschaft beteiligt ist. Hält also die Muttergesellschaft 100 % der Anteile der Tochtergesellschaft, so geht das steuerliche Einlagekonto der Tochtergesellschaft nach § 29 Abs. 2 Satz 1 KStG zunächst grds. auf die Muttergesellschaft über, die Hinzurechnung scheitert dann aber an der Sonderregelung des **§ 29 Abs. 2 Satz 2 KStG**.

Die Ursache dieser Regelung ist in ansonsten möglichen Gestaltungen zu suchen. Zur Verdeutlichung dazu ein Beispiel:

BEISPIEL

Die Muttergesellschaft M-GmbH verfügt über einen hohen Bilanzgewinn. Würde die M-GmbH diese Gewinne an ihre Anteilseigner ausschütten, so würden diese unstreitig steuerpflichtigen Erträge i. S. d. § 20 Abs. 1 Nr. 1 EStG erzielen.

Anstelle der Gewinnausschüttung gründet die M-GmbH eine 100 %ige Tochtergesellschaft T-GmbH. Diese verfügt lediglich über das notwendige Stammkapital von 25 000 €.

In einem zweiten Schritt legt die M-GmbH ihr gesamtes frei verfügbares Vermögen in die T-GmbH ein. Dies ist zulässig und führt bei der T-GmbH zu einer entsprechenden Erhöhung des steuerlichen Einlagekontos.

In einem dritten Schritt verschmilzt die T-GmbH auf die M-GmbH. Nach § 29 Abs. 2 Satz 1 KStG geht das steuerliche Einlagekonto der T-GmbH auf die M-GmbH über.

Im Ergebnis verfügt die M-GmbH nach der Verschmelzung wieder über genau das Vermögen, welches sie zuvor auf die T-GmbH im Wege der Einlage übertragen hatte. Allerdings besteht steuerlich der Unterschied, dass zunächst das Vermögen in Form des Bilanzgewinns im Ausschüttungsfall zu steuerpflichtigen Erträgen bei den Anteilseignern geführt hätte. Nach der Verschmelzung ist das gleiche Vermögen bilanziell in einer Kapitalrücklage gebunden, die im steuerlichen Einlagekonto festgehalten ist. Die Auskehrung der entsprechenden Mittel würde demnach zu nicht steuerbaren Erträgen nach § 20 Abs. 1 Nr. 1 Satz 3 EStG führen.

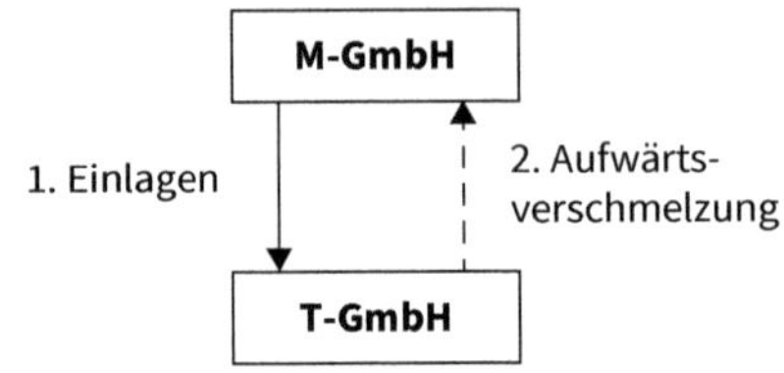

LÖSUNG Da der Gesetzgeber dies Gestaltungsvariante erkannt hat, wird die oben beschriebene Gestaltung dadurch unterbunden, dass nach § 29 Abs. 2 Satz 2 KStG der regelmäßig vorgesehene Übergang der steuerlichen Einlagekontos bei Verschmelzungen von Tochter- auf Muttergesellschaften unterbleibt. Damit wird vermieden, dass aus Gewinnrücklagen durch Einlage und Rückübertragung durch Umwandlung Kapitalrücklagen werden, die im steuerlichen Einlagekonto aufgezeichnet sind. Im Beispielsfall würde das steuerliche Einlagekonto der übertragenden T-GmbH letztendlich überhaupt nicht bei der M-GmbH zugerechnet werden, da diese zu 100 % an der T-GmbH beteiligt war.

Besteht die Beteiligung der Muttergesellschaft nicht zu 100 % so unterbleibt die Hinzurechnung nur in der Höhe, die dem Beteiligungsverhältnis entspricht.

3.3.2 Kürzung bei der Abwärtsverschmelzung

Liegt eine Verschmelzung der Mutter- auf die Tochtergesellschaft vor, so ist bei der übernehmenden Tochtergesellschaft das eigene steuerliche Einlagekonto zu kürzen, soweit die Muttergesellschaft an der Tochtergesellschaft beteiligt ist **(§ 29 Abs. 2 Satz 3 KStG)**. Danach geht das steuerliche Einlagekonto der übertragenden Muttergesellschaft auf die Tochtergesellschaft über (§ 29 Abs. 2 Satz 1 KStG). Hält also die Muttergesellschaft 100 % der Anteile der Tochtergesellschaft, so wird das steuerliche Einlagekonto der Tochtergesellschaft zunächst auf 0 € gekürzt und danach das steuerliche Einlagekonto der Muttergesellschaft hinzugerechnet. Die Ursache dieser Regelung ist in ansonsten möglichen Gestaltungen zu suchen. Zur Verdeutlichung auch hier ein Beispiel:

BEISPIEL

Die Muttergesellschaft M-GmbH verfügt über einen hohen Bilanzgewinn. Würde die M-GmbH diese Gewinne an ihre Anteilseigner ausschütten, so würden diese unstreitig steuerpflichtigen Erträge i. S. d. § 20 Abs. 1 Nr. 1 EStG erzielen.

Anstelle der Gewinnausschüttung gründet die M-GmbH eine 100 %ige Tochtergesellschaft T-GmbH. Diese verfügt lediglich über das notwendige Stammkapital von 25 000 €.

In einem zweiten Schritt legt die M-GmbH ihr gesamtes frei verfügbares Vermögen in die T-GmbH ein. Dies ist zulässig und führt bei der T-GmbH zu einer entsprechenden Erhöhung des steuerlichen Einlagekontos.

In einem dritten Schritt verschmilzt die M-GmbH auf die T-GmbH. Ohne die Regelung des § 29 Abs. 2 Satz 3 KStG bliebe das steuerliche Einlagekonto der T-GmbH unverändert bestehen.

Im Ergebnis verfügt die T-GmbH nach der Verschmelzung wieder über genau das Vermögen, welches zuvor der M-GmbH zuzurechnen war. Dies war insbesondere der Wert der Beteiligung an der

T-GmbH, welcher auf Grund der zum Beteiligungsansatz hinzuzuaktivierenden Einlage sehr hoch war.

Durch die Verschmelzung ist bei bilanzieller Betrachtung wiederum eine Gesellschaft geschaffen worden, die sich von der zuvor bestehenden M-GmbH de facto nicht unterscheidet.

Allerdings besteht steuerlich auch hier der Unterschied, dass zunächst das Vermögen in Form des Bilanzgewinns im Ausschüttungsfall zu steuerpflichtigen Erträgen bei den Anteilseignern geführt hätte. Nach der Verschmelzung ist das gleiche Vermögen bilanziell in einer Kapitalrücklage gebunden, die im steuerlichen Einlagekonto festgehalten ist. Die Auskehrung der entsprechenden Mittel würde demnach zu nicht steuerbaren Erträgen nach § 20 Abs. 1 Nr. 1 Satz 3 EStG führen.

Der Fall unterscheidet sich im Ergebnis nicht von der in 3.3.1 dargestellten Variante.

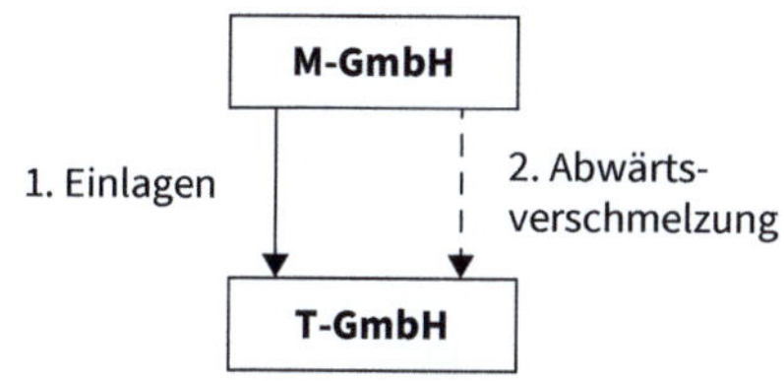

LÖSUNG In Fällen der Abwärtsverschmelzung wird das steuerliche Einlagekonto der übernehmenden Tochtergesellschaft insoweit gekürzt, als die übertragende Muttergesellschaft an ihr beteiligt war. Damit wird auch hier vermieden, dass aus Gewinnrücklagen durch Einlage und Übertragung durch Umwandlung Kapitalrücklagen werden, die im steuerlichen Einlagekonto aufgezeichnet sind. Im Beispielsfall würde das steuerliche Einlagekonto der übernehmenden T-GmbH auf 0 € gekürzt werden, da die M-GmbH zu 100 % an der T-GmbH beteiligt war.

Auch hier gilt, dass bei nicht 100 %iger Beteiligung die Kürzung nur entsprechend der Beteiligungsquote vorgenommen wird (vgl. Beispiel in 3.5.2).

3.3.3 Keine Beschränkung bei Verschmelzungen ohne bestehendes Beteiligungsverhältnis

Nach § 29 Abs. 2 Satz 2 und 3 KStG ist eine Kürzung des übernommenen steuerlichen Einlagekontos bzw. des eigenen steuerlichen Einlagekontos immer dann vorgesehen, wenn die übernehmende und die übertragende Körperschaft aneinander beteiligt sind.

Für den Fall, dass die umwandlungsbeteiligten Körperschaften nicht aneinander beteiligt sind, bedarf es einer Kürzung des steuerlichen Einlagekontos aus den in 3.3.1 und 3.3.2 dargestellten Gründen nicht (vgl. Beispiel in 3.5.3).

3.3.4 Keine Aussage im Gesetz zum steuerlichen Einlagekonto der übertragenden Körperschaft in Verschmelzungsfällen

Das KStG enthält zu der Frage der Entwicklung des steuerlichen Einlagekontos der Übertragerin in Verschmelzungsfällen keinerlei Aussage. Allerdings bedarf es einer entsprechenden Regelung auch nicht. Im Fall der Verschmelzung geht der übertragende Rechtsträger unter. Es ist daher ohne Bedeutung, ob das steuerliche Einlagekonto im Rahmen der letztmaligen Feststellung desselben die Beträge, die auf die Übernehmerin übergehen, noch enthält oder aber die Feststellung mit 0 € erfolgt. In beiden Fällen ergibt sich für die Feststellung bei der Übernehmerin keine Bindungswirkung, da die Feststellung nicht Grundlagenfunktion i. S. d. § 171 Abs. 10 AO für die Feststellung bei der Übernehmerin entfaltet.

Dies entspricht der Situation bei einer Aufspaltung, bei der die übertragende Körperschaft ebenfalls untergeht. Bei einer Abspaltung wird hingegen das steuerliche Einlagekonto vermindert, da hier die übertragende Körperschaft fortbesteht und im Rahmen der Feststellung daher der Teil des abgehenden steuerlichen Einlagekontos aus der Feststellung ausgeschieden werden muss.

3.3.5 Nennkapitalanpassung nach Umwandlungsvorgang (§ 29 Abs. 4 KStG)

Nach § 29 Abs. 4 KStG ist nach der Übernahme des steuerlichen Einlagekontos unter Beachtung der Beschränkungen in § 29 Abs. 2 Satz 2 und 3 KStG für die Anpassung des Nennkapitals aller umwandlungsbeteiligten Kapitalgesellschaften § 28 Abs. 1 und 3 KStG anzuwenden.

Die Ausdehnung auf alle umwandlungsbeteiligten Körperschaften hat Bedeutung in Fällen der Abspaltung, bei denen die Nennkapitalanpassung sowohl bei der fortbestehenden Gesellschaft, von der Vermögen abgespaltet wurde, als auch bei der (den) übernehmenden Gesellschaft(en) vorzunehmen ist.

Bei anderen Übertragungsarten, bei denen die übertragende Gesellschaft untergeht, kann das Nennkapital nur bei der (den) übernehmenden Gesellschaft(en) angepasst werden. Die dabei anzuwendenden Regelungen entsprechen denen bei einer Kapitalerhöhung außerhalb einer Umwandlung.

Der Verweis auf die Anwendung des § 28 Abs. 3 KStG in Umwandlungsfällen ist nur für übernehmende Körperschaften von Bedeutung. Bei einer übertragenden Körperschaft wird nach § 29 Abs. 1 KStG zunächst immer das Nennkapital fiktiv auf 0 € herabgesetzt, so dass danach ein Sonderausweis nicht mehr bestehen kann. Danach kann sich das steuerliche Einlagekonto allenfalls vermindern, da bei übertragenden Körperschaften eine Hinzurechnung zum steuerlichen Einlagekonto ausgeschlossen ist. Die bei Fortbestehen des übertragenden Rechtsträgers vorzunehmende Nennkapitalanpassung führt zunächst zu einer Verringerung des steuerlichen Einlagekontos, ggf. bis zu 0 €. Sofern danach noch nicht das gesamte Nennkapital abgebildet wurde, kommt es zur Bildung eines Sonderausweises, der aber nicht mehr mit einem bestehenden positiven steuerlichen Einlagekonto verrechnet werden kann. Wäre ein solches vorhanden, wäre der Sonderausweis insoweit nicht gebildet worden.

Bei einer übernehmenden Körperschaft kann die Regelung hingegen dann zur Anwendung kommen, wenn nicht wegen einer Anwendung des § 29 Abs. 1 KStG bei Abwärtsumwandlungen eine fiktive Nennkapitalherabsetzung vorgenommen wurde.

Allerdings wird regelmäßig auch außerhalb von Umwandlungen § 28 Abs. 3 KStG vor der Feststellung von steuerlichem Einlagekonto und Sonderausweis angewandt.

3.4 Anwendung des § 29 KStG bei Körperschaften, die keine Kapitalgesellschaften sind

Die Regelungen des § 29 Abs. 1–4 KStG sind nach Abs. 5 der Vorschrift für all diejenigen Körperschaften sinngemäß anzuwenden, die Leistungen i. S. d. § 20 Abs. 1 Nr. 1, 9 und 10 EStG bewirken können.

Hinsichtlich der Regelung des § 29 Abs. 1 und 4 KStG (fiktive Nennkapitalherabsetzung und Nennkapitalanpassung) hat dies Relevanz für Körperschaften, die über eine dem Nennkapital vergleichbare Größe verfügen. Das sind insbesondere die Genossenschaften und auch diejenigen BgA, bei denen eine entsprechende Kapitalausstattung vorhanden ist. In der Praxis dürfte die Regelung nur geringe Bedeutung erlangen.

3.5 Beispiele

3.5.1 Beispiel zur Verschmelzung der Tochter- auf die Muttergesellschaft

BEISPIEL

Die Tochtergesellschaft T-GmbH wird in 2024 mit steuerlicher Wirkung zum 31.12.2023 auf ihre Muttergesellschaft M-GmbH verschmolzen. Die M-GmbH hält 100 % der Anteile an der T-GmbH.

Aktiva	Bilanz der T-GmbH zum 31.12.2023 vor Verschmelzung		Passiva
Aktiva	110 000 €	Nennkapital	50 000 €
		Kapitalrücklage	20 000 €
		Bilanzgewinn	30 000 €
		Verbindlichkeiten	10 000 €
	110 000 €		110 000 €

Die Kapitalrücklage beruht auf einer Gesellschaftereinlage, die im steuerlichen Einlagekonto erfasst wurde.

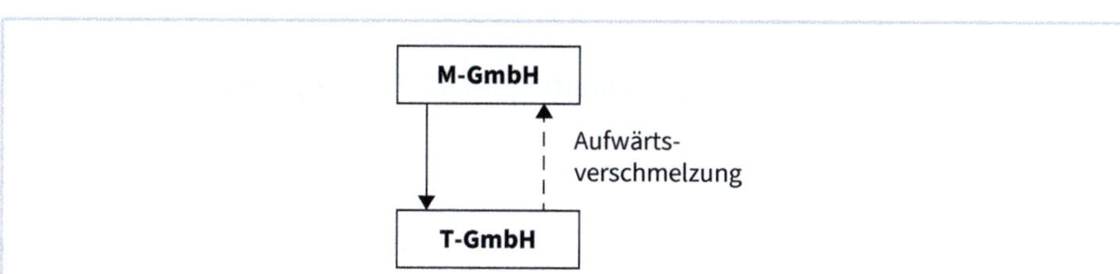

LÖSUNG Entwicklung des steuerlichen Einlagekontos der T-GmbH

		Vorspalte		steuerliches Einlagekonto
Bestand zum 31.12.2022				20 000 €
Nennkapital		50 000 €		
fiktive Nennkapitalherabsetzung (§ 29 Abs. 1 KStG)	./.	50 000 €	+	50 000 €
Bestand zum 31.12.2023				70 000 €

Aktiva	Bilanz der M-GmbH zum 31.12.2023 vor Verschmelzung		Passiva
Beteiligung T-GmbH	70 000 €	Nennkapital	60 000 €
sonstige Aktiva	90 000 €	Kapitalrücklage	30 000 €
		Bilanzgewinn	20 000 €
		Verbindlichkeiten	50 000 €
	160 000 €		160 000 €

Die Kapitalrücklage beruht auf einer Gesellschaftereinlage, die im steuerlichen Einlagekonto erfasst wurde.

Aktiva	Bilanz der M-GmbH zum 31.12.2023 nach Verschmelzung		Passiva
Aktiva	200 000 €	Nennkapital	60 000 €
		Kapitalrücklage	30 000 €
		Bilanzgewinn	50 000 €
		Verbindlichkeiten	60 000 €
	200 000 €		200 000 €

LÖSUNG Entwicklung des steuerlichen Einlagekontos der M-GmbH

	Vorspalte	steuerliches Einlagekonto
Bestand zum 31.12.2022		30 000 €
übernommenes steuerliches Einlagekonto der T-GmbH	70 000 €	
Hinzurechnung des steuerlichen Einlagekontos der T-GmbH auf Grund der 100 %igen Beteiligung der M-GmbH an der T-GmbH unterbleibt (§ 29 Abs. 2 Satz 2 KStG)	./. 70 000 €	
verbleiben als Zugang bei der M-GmbH	0 €	+ 0 €
verbleiben	0 €	
Bestand zum 31.12.2023		30 000 €

Das steuerliche Einlagekonto i. H. v. 30 000 € entspricht der verbleibenden Kapitalrücklage in der Bilanz der M-GmbH nach der Verschmelzung. Eine Kapitalerhöhung i. R. d. Umwandlung ist bei der übernehmenden M-GmbH nach § 54 Abs. 1 Nr. 1 UmwG nicht zulässig, da die neuen Anteile zu eigenen Anteilen der M-GmbH werden würden.

3.5.2 Beispiel zur Verschmelzung der Mutter- auf die Tochtergesellschaft

BEISPIEL

Die Muttergesellschaft M-GmbH wird in 2024 mit steuerlicher Wirkung zum 31.12.2023 auf ihre Tochtergesellschaft T-GmbH verschmolzen. Die M-GmbH hält 100 % der Anteile an der T-GmbH.

Aktiva	Bilanz der M-GmbH zum 31.12.2023 vor Verschmelzung		Passiva
Beteiligung T-GmbH	70 000 €	Nennkapital	60 000 €
sonstige Aktiva	90 000 €	Kapitalrücklage	30 000 €
		Bilanzgewinn	20 000 €
		Verbindlichkeiten	50 000 €
	160 000 €		160 000 €

Die Kapitalrücklage beruht auf einer Gesellschaftereinlage, die im steuerlichen Einlagekonto erfasst wurde.

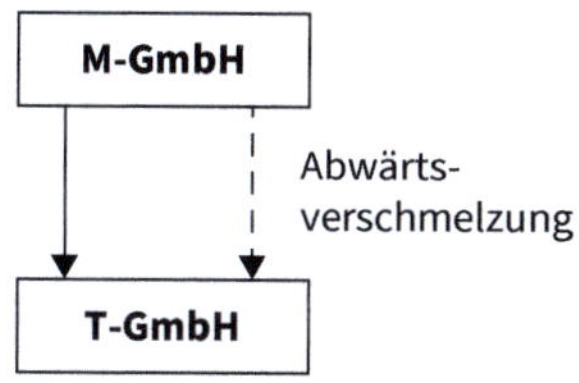

LÖSUNG

a) **Entwicklung des steuerlichen Einlagekontos der M-GmbH**

		Vorspalte		steuerliches Einlagekonto
Bestand zum 31.12.2022				30 000 €
Nennkapital		60 000 €		
fiktive Nennkapitalherabsetzung (§ 29 Abs. 1 KStG)	./.	60 000 €	+	60 000 €
Bestand zum 31.12.2023				90 000 €

Bilanz der T-GmbH zum 31.12.2023 vor Verschmelzung

Aktiva		**Passiva**	
Aktiva	110 000 €	Nennkapital	50 000 €
		Kapitalrücklage	20 000 €
		Bilanzgewinn	30 000 €
		Verbindlichkeiten	10 000 €
	110 000 €		110 000 €

Die Kapitalrücklage beruht auf einer Gesellschaftereinlage, die im steuerlichen Einlagekonto erfasst wurde.

Bilanz der T-GmbH zum 31.12.2023 nach Verschmelzung

Aktiva		**Passiva**	
Aktiva	200 000 €	Nennkapital	70 000 €
		Kapitalrücklage	20 000 €
		Bilanzgewinn	50 000 €
		Verbindlichkeiten	60 000 €
	200 000 €		200 000 €

Im Rahmen der Verschmelzung erhöht die T-GmbH ihr Nennkapital um 20 000 € auf 70 000 €.

b) **Einlagekontenentwicklung entsprechend UmwSt-Erlass, Rn. K. 13,**
Entwicklung des steuerlichen Einlagekontos der T-GmbH

	Vorspalte	steuerliches Einlagekonto
Bestand zum 31.12.2022	20 000 €	20 000 €
Nennkapital	50 000 €	
fiktive Nennkapitalherabsetzung (§ 29 Abs. 1 KStG)	./. 50 000 €	+ 50 000 €
Zwischensumme	0 €	70 000 €
Kürzung des eigenen steuerlichen Einlagekontos gem. § 29 Abs. 2 Satz 3 KStG entsprechend der 100 %igen Beteiligung der M-GmbH an der T-GmbH		./. 70 000 €
Zwischensumme		0 €
Übernahme des steuerlichen Einlagekontos der M-GmbH (§ 29 Abs. 2 Satz 1 KStG)		+ 90 000 €
Zwischensumme		90 000 €
Anpassung des steuerlichen Einlagekontos an das Nennkapital		
Nennkapitalerhöhung bei der T-GmbH	70 000 €	
Verwendung des steuerlichen Einlagekontos (§ 29 Abs. 4 KStG i. V. m. § 28 Abs. 1 Satz 1 KStG)	./. 70 000 €	./. 70 000 €
verbleiben	0 €	
Bestand zum 31.12.2023		20 000 €

Entsprechend UmwSt-Erlass, Rn. K. 13, wurde bei dieser Lösung zunächst das Nennkapital auch bei der übernehmenden KapGes fiktiv auf 0 € herabgesetzt. Dementsprechend wird nach § 29 Abs. 2 Satz 3 KStG ein größerer Betrag aus dem steuerlichen Einlagekonto gekürzt, im Beispiel 100 % von 70 000 €.

Anschließend ist das steuerliche Einlagekonto der Übertragerin (M-GmbH) bei der Übernehmerin hinzuzurechnen (§ 29 Abs. 2 Satz 2 KStG).

Zum Schluss erfolgt die Abbildung der Nennkapitalanpassung im steuerlichen Einlagekonto mit entsprechender Kürzung desselben. Im Ergebnis wird jetzt das steuerliche Einlagekonto zutreffend (entsprechend der in der Bilanz ausgewiesenen Kapitalrücklage) i. H. v. 20 000 € festgestellt.

3.5.3 Beispiel zur Verschmelzung von Schwester-Kapitalgesellschaften

BEISPIEL

Eine Kapitalgesellschaft verschmilzt in 2024 ihre beiden 100 %igen Tochtergesellschaften miteinander. Die Tochtergesellschaft T1-GmbH wird dabei auf die Tochtergesellschaft T2-GmbH verschmolzen. Steuerlicher Übertragungsstichtag ist dabei der 31.12.2023.

Aktiva	Bilanz der T1-GmbH zum 31.12.2023 vor Verschmelzung		Passiva
Aktiva	180 000 €	Nennkapital	50 000 €
		Kapitalrücklage	40 000 €
		Bilanzgewinn	30 000 €
		Verbindlichkeiten	60 000 €
	180 000 €		180 000 €

Die Kapitalrücklage beruht auf einer Gesellschaftereinlage, die im steuerlichen Einlagekonto erfasst wurde.

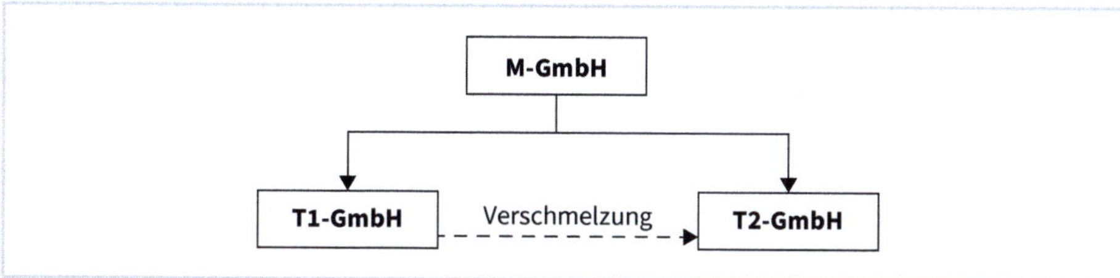

LÖSUNG

a) Entwicklung des steuerlichen Einlagekontos der T1-GmbH

		Vorspalte		steuerliches Einlagekonto
Bestand zum 31.12.2022				40 000 €
Nennkapital		50 000 €		
fiktive Nennkapitalherabsetzung (§ 29 Abs. 1 KStG)	./.	50 000 €	+	50 000 €
Bestand zum 31.12.2023				90 000 €

Bilanz der T2-GmbH zum 31.12.2023 vor Verschmelzung

Aktiva		Passiva	
Aktiva	160 000 €	Nennkapital	60 000 €
		Kapitalrücklage	30 000 €
		Bilanzgewinn	20 000 €
		Verbindlichkeiten	50 000 €
	160 000 €		160 000 €

Die Kapitalrücklage beruht auf einer Gesellschaftereinlage, die im steuerlichen Einlagekonto erfasst wurde.

Bilanz der T2-GmbH zum 31.12.2023 nach Verschmelzung

Aktiva		Passiva	
Aktiva	340 000 €	Nennkapital	80 000 €
		Kapitalrücklage	100 000 €
		Bilanzgewinn	50 000 €
		Verbindlichkeiten	110 000 €
	340 000 €		340 000 €

Im Rahmen der Verschmelzung erhöht die M-GmbH ihr Nennkapital um 20 000 € auf 80 000 €.

b) Entwicklung des steuerlichen Einlagekontos der T2-GmbH

		Vorspalte		steuerliches Einlagekonto
Bestand zum 31.12.2022				30 000 €
Übernommenes steuerliches Einlagekonto der T1-GmbH (§ 29 Abs. 2 Satz 1 KStG), eine Kürzung findet mangels Beteiligungsverhältnisses nicht statt			+	90 000 €
Anpassung des steuerlichen Einlagekontos an das Nennkapital				
Nennkapitalerhöhung bei der T2-GmbH		20 000 €		
Verwendung des steuerlichen Einlagekontos (§ 29 Abs. 4 KStG i. V. m. § 28 Abs. 1 Satz 1 KStG)	./.	20 000 €	./.	20 000 €
verbleiben		0 €		
Bestand zum 31.12.2023				100 000 €

Das steuerliche Einlagekonto i. H. v. 100 000 € entspricht der verbleibenden Kapitalrücklage in der Bilanz der T2-GmbH nach der Verschmelzung. Die Erhöhung um 70 000 € rührt aus dem übernommenen steuerlichen Einlagekonto i. H. v. 90 000 € abzüglich des für die Nennkapitalerhöhung verbrauchten Teils i. H. v. 20 000 € her.

3.6 Das steuerliche Einlagekonto bei Auf- oder Abspaltung

Der Maßstab für die Zuordnung des steuerlichen Einlagekontos bei der übernehmenden Körperschaft richtet sich nach § 29 Abs. 3 KStG.

Der Anwendungsbereich der Vorschrift ist auf Auf- und Abspaltungen i. S. d. § 123 Abs. 1 und 2 UmwG beschränkt. Die Ausgliederung fällt nicht unter den Anwendungsbereich des § 29 Abs. 3 KStG.

Liegt eine Auf- oder Abspaltung vor, so ist das steuerliche Einlagekonto der übertragenden Körperschaft der bzw. den übernehmenden Körperschaften zuzuordnen.

Der Maßstab, anhand dem die Zuordnung vorgenommen wird, ist im Gesetz vorgegeben. Vorrangig ist das steuerliche Einlagekonto anhand des sich aus einem sog. Spaltungsplan nach § 126 Abs. 1 Nr. 3, § 136 UmwG ergebenden Verhältnisses aufzuteilen (§ 29 Abs. 3 Satz 1 KStG). Vgl. auch UmwSt-Erlass, Rn. K. 17.

Weicht das Umtauschverhältnis der Anteile von dem Verhältnis der übergehenden Vermögensteile zum vor der Spaltung vorhandenen Gesamtvermögen ab, so ist für die Zuordnung des steuerlichen Einlagekontos das Verhältnis der gemeinen Werte des übergehenden Vermögens zum gemeinen Wert des Gesamtvermögens vor der Spaltung maßgebend.

Bei der oder den übernehmenden Körperschaften sind für die Entwicklung des steuerlichen Einlagekontos nach § 29 Abs. 3 Satz 3 KStG die Regelungen des § 29 Abs. 2 und 3 KStG entsprechend anzuwenden. Danach ist insbesondere das (anteilige) steuerliche Einlagekonto der übertragenden Rechtsträgers bei dem Übernehmer hinzuzurechnen (§ 29 Abs. 2 Satz 1 KStG).

Die Anwendung der Regelungen über die Beschränkung der Hinzurechnung des steuerlichen Einlagekontos der Übertragerin (§ 29 Abs. 2 Satz 2 KStG) greift allerdings dann nicht, wenn der Übernehmer im Rahmen der Spaltung erst entsteht. In diesem Fall konnte vor der Spaltung keine Beteiligung der Übernehmerin an der Übertragerin bestehen. Gleiches gilt für die Anwendung des § 29 Abs. 2 Satz 3 KStG.

Besteht allerdings vor der Spaltung ein Beteiligungsverhältnis zwischen übertragendem und übernehmendem Rechtsträger, so sind die Mechanismen der genannten Regelungen entsprechend anzuwenden (vgl. nachstehende Beispiele).

BEISPIEL

Aktiva	Bilanz der A-GmbH zum 31.12.2023 vor Abspaltung		Passiva
Bank	80 000 €	Nennkapital	25 000 €
Wirtschaftsgüter Teilbetrieb I	200 000 €	Kapitalrücklage	200 000 €
Wirtschaftsgüter Teilbetrieb II	300 000 €	Bilanzgewinn	75 000 €
		Verbindlichkeiten Teilbetrieb I	80 000 €
		Verbindlichkeiten Teilbetrieb II	200 000 €
	580 000 €		580 000 €

Zum 31.12.2023 wird der Teilbetrieb I (entsprechende Aktiva und Passiva) auf die neu gegründete N-GmbH abgespalten. Das Nennkapital der N-GmbH soll 120 000 € betragen. Die Kapitalrücklage der A-GmbH beruht auf einer Einlage der Anteilseigner und ist auf dem steuerlichen Einlagekonto zum 31.12.2022 erfasst worden.

Aktiva	Bilanz der A-GmbH zum 31.12.2023 nach Abspaltung		Passiva
Beteiligung N-GmbH	120 000 €	Nennkapital	25 000 €
Bank	80 000 €	Kapitalrücklage	200 000 €
Wirtschaftsgüter Teilbetrieb II	300 000 €	Bilanzgewinn	75 000 €
		Verbindlichkeiten Teilbetrieb II	200 000 €
	500 000 €		500 000 €

Auf die N-GmbH sind 200 000 € Aktiva und 80 000 € Passiva übertragen worden. Per Saldo ergibt sich ein übertragenes Vermögen von 120 000 €. Das entspricht dem Nennkapital der N-GmbH.

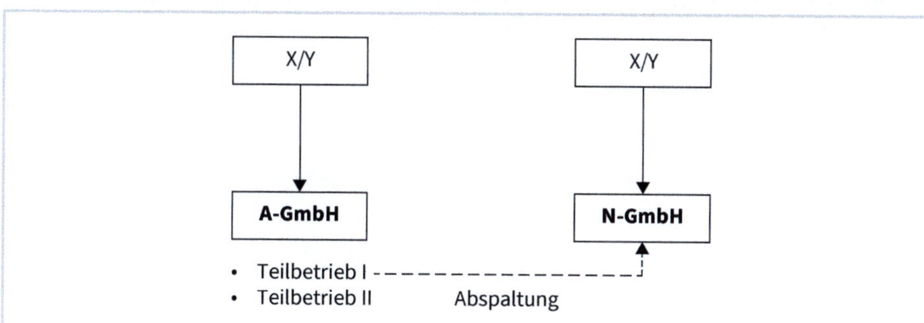

LÖSUNG

a) Entwicklung des steuerlichen Einlagekontos der A-GmbH zum 31.12.2023

	Vorspalte	steuerliches Einlagekonto
Bestand zum 31.12.2022		200 000 €
Nennkapital	25 000 €	
fiktive Nennkapitalherabsetzung (§ 29 Abs. 1 KStG)	./. 25 000 €	+ 25 000 €
Zwischensumme		225 000 €
Verringerung des steuerlichen Einlagekontos (§ 29 Abs. 3 Satz 1 KStG); Vermögen der A-GmbH vor Spaltung 300 000 €, nach Spaltung 180 000 €; übertragenes Vermögen 120 000 €; Abgang beim steuerlichen Einlagekonto 225 000 € × 120 000 € : 300 000 € = 90 000 €		./. 90 000 €
Zwischensumme		135 000 €
Nennkapitalanpassung		
Nennkapital	25 000 €	
Verwendung des steuerlichen Einlagekontos	./. 25 000 €	./. 25 000 €
verbleiben	0 €	
Bestand 31.12.2023		110 000 €

Zunächst wird bei der Übertragerin nach § 29 Abs. 1 KStG eine fiktive Nennkapitalherabsetzung durchgeführt. Das dadurch um 25 000 € erhöhte steuerliche Einlagekonto ist dann Basis für die Zuordnung des steuerlichen Einlagekontos zur übernehmenden N-GmbH. Der Anteil des übergehenden steuerlichen Einlagekontos bemisst sich dabei nach dem Verhältnis des übertragenen Vermögens (200 000 € Aktiva ./. 80 000 € Passiva = 120 000 € Vermögensverringerung) zu dem ursprünglichen Vermögen (580 000 € Aktiva ./. 280 000 € Passiva = 300 000 €). Das steuerliche Einlagekonto der übertragenden A-GmbH verringert sich auf Grund der Abspaltung um 90 000 €.

Nach § 29 Abs. 4 KStG ist nach dem Abzug des übergehenden steuerlichen Einlagekontos das Nennkapital unter Anwendung der Vorschriften des 28 Abs. 1 und 3 KStG fiktiv neu zu bilden. Wegen der zu Beginn der Berechnung vorgenommenen fiktiven Nennkapitalherabsetzung auf 0 € beträgt das Nennkapital der A-GmbH für steuerliche Zwecke fiktiv 0 €. Daher ist es erforderlich, i. H. d. gesamten tatsächlich vorhandenen Nennkapitals § 28 Abs. 1 KStG anzuwenden. In der Folge kommt es daher zur Verringerung des steuerlichen Einlagekontos um 25 000 €, da dies der Betrag des vorhandenen Nennkapitals ist.

Bilanz der N-GmbH zum 31.12.2023 nach Abspaltung

Aktiva		Passiva	
Wirtschaftsgüter Teilbetrieb I	200 000 €	Nennkapital	120 000 €
		Verbindlichkeiten Teilbetrieb I	80 000 €
	200 000 €		200 000 €

b) Entwicklung des steuerlichen Einlagekontos der N-GmbH zum 31.12.2023

	Vorspalte	steuerliches Einlagekonto	Sonderausweis
Bestand zum 31.12.2022		0 €	0 €
Übernahme des anteiligen steuerlichen Einlagekontos der A-GmbH (§ 29 Abs. 3 Satz 1 KStG)		+ 90 000 €	
Zwischensumme		90 000 €	0 €
Nennkapitalanpassung			
Nennkapital	120 000 €		
Verwendung des steuerlichen Einlagekontos (§ 28 Abs. 1 Satz 1 KStG)	./. 90 000 €	./. 90 000 €	
verbleiben	30 000 €	0 €	
Verwendung sonstiger Rücklagen (§ 28 Abs. 1 Satz 3 KStG)	./. 30 000 €		+ 30 000 €
Bestand 31.12.2023		0 €	+ 30 000 €

Bei der übernehmenden N-GmbH beginnt die Entwicklung des steuerlichen Einlagekontos mit 0 €, da es sich um eine neu entstandene Gesellschaft handelt. Zunächst ist dann das übergehende steuerliche Einlagekonto der A-GmbH i. H. v. 90 000 € hinzuzurechnen, anschließend ist nach § 29 Abs. 4 KStG i. V. m. § 28 Abs. 1 KStG das Nennkapital i. H. v. 120 000 € zu bilden. Dafür gilt vorrangig das steuerliche Einlagekonto i. H. v. 90 000 € als verwendet. Hinsichtlich des verbleibenden Teilbetrags von 30 000 € kommt es zur Bildung eines Sonderausweises nach § 28 Abs. 1 Satz 3 KStG.

Teil G Entstehung, Veranlagung und Erhebung von Körperschaftsteuer

1 Entstehung von Körperschaftsteuer

Die KSt-Schuld entsteht grundsätzlich gem. § 38 AO. § 30 KStG unterscheidet für den körperschaftsteuerlichen Entstehungszeitpunkt zwischen Steuerabzugsbeträgen, Vorauszahlungen und veranlagter Steuer.

Soweit die Körperschaft steuerabzugspflichtige Einkünfte erzielt, entsteht die KSt in Form von **Steuerabzugsbeträgen** grundsätzlich im Zeitpunkt des Zuflusses der Einkünfte (§ 11 EStG, § 30 Nr. 1 KStG). Hauptsächlich handelt es sich dabei um inländische Kapitalerträge, für die Kapitalertragsteuer nach § 43 ff. EStG einzubehalten ist. Für die Frage der Entstehung der KSt kommt es nicht auf den in § 44 Abs. 2 EStG benannten Zeitpunkt an. Vielmehr ist insoweit der Zeitpunkt der Erlangung der wirtschaftlichen Verfügungsmacht maßgeblich (§ 11 EStG). Damit fallen Entstehungszeitpunkt von Abzugsteuer und zu veranlagender Steuer auseinander. Einbehaltung und Fälligkeit der KapSt richten sich nach § 44 EStG.

Für **Vorauszahlungen** entsteht die KSt-Schuld mit Beginn des Kalendervierteljahres (nicht mit Beginn des Monats), in dem die Vorauszahlungen zu entrichten sind (§ 30 Nr. 2 1. Alt. i. V. m. § 31 Abs. 1 und 2 KStG und § 37 Abs. 1 EStG). Entstehungszeitpunkte sind jeweils der 01.01., 01.04., 01.07 und 01.10. eines Kj., während der Fälligkeitseintritt jeweils zum 10.03., 10.06., 10.09. und 10.12. erfolgt. Nach wohl überwiegender Meinung ist die Entstehung zumindest dem Grunde nach unabhängig von der Festsetzung durch Vorauszahlungsbescheid.

Wird die Steuerpflicht **erst im Laufe eines Kj.** begründet, entsteht die Steuerschuld frühestens zu diesem Zeitpunkt (§ 30 Nr. 2 2. Alt. KStG). Das ist mit Eintritt in die unbeschränkte Steuerpflicht durch Neubeginn, bei Beendigung einer Steuerbefreiung oder Entstehung einer partiellen Steuerpflicht (beispielsweise durch einen wirtschaftlichen Geschäftsbetrieb einer gemeinnützigen Körperschaft) der Fall. Der Vorauszahlungsanspruch entsteht für dieses Kalendervierteljahr zum Zeitpunkt der Begründung, weitere Vorauszahlungen fallen jeweils zum Beginn der nächsten Kalendervierteljahre an (§ 30 Nr. 2 KStG).

BEISPIEL

Beginn der Steuerpflicht am 28.04.2024.

LÖSUNG Vorauszahlungen entstehen zum 28.04.2024, zum 01.07.2024 und zum 01.10.2024.

Bei **Organschaftsverhältnissen** ist in die Bemessung der vom Organträger zu entrichtenden Vorauszahlungen das Einkommen der Organgesellschaft, das dem Organträger zuzurechnen ist, einzubeziehen. Anders als im Einkommensteuerrecht sind bei der KSt bei einem vom Kj. abweichenden Wj. die Vorauszahlungen auf die KSt-Schuld bereits während des Wj. zu entrichten, das erst im VZ endet, für den die Vorauszahlungen festgesetzt werden (§ 31 Abs. 2 KStG). Bei einem körperschaftsteuerpflichtigen Organträger muss dieser u. U. im Hinblick auf das Einkommen der Organgesellschaft früher Vorauszahlungen leisten, als dies bei der Gesellschaft ohne Zugehörigkeit zu einem Organkreis der Fall wäre (vgl. generell zur Zurechnung im Organkreis C 13.4.3.1).

BEISPIEL

Das Wj. des Organträgers (Kapitalgesellschaft) endet am 30.04., das der Organgesellschaft am 31.12. Der Organträger hat die Beteiligung an der Organgesellschaft zum 31.12.2023 erworben und das Organverhältnis zum 01.01.2024 begründet.

LÖSUNG Die vom Organträger bis zum 30.04.2024 zu leistenden Vorauszahlungen beziehen sich auf die Steuerschuld 2024 aus dem eigenen Einkommen des Organträgers (Ergebnis des Wj. 01.05.2023 bis 30.04.2024) und dem der Organgesellschaft (Wj. 01.01. bis 31.12.2024).

Ist das eigene Einkommen des Organträgers positiv, das der Organgesellschaft voraussichtlich jedoch negativ, kann im Einzelfall die Vorauszahlungspflicht bereits früher entfallen als ohne Anwendung der §§ 14, 31 Abs. 2 KStG (Müller/Stöcker, a. a. O.).

Die Anpassung der Vorauszahlungen kann mit amtlich vorgeschriebenem Vordruck vom Stpfl. beantragt werden. Nach § 31 Abs. 1 a KStG ist die KSt-Erklärung elektronisch zu übermitteln. In bestimmten Härtefällen (§ 150 Abs. 8 AO) kann darauf aber auf Antrag verzichtet werden.

Die **veranlagte KSt** entsteht mit Ablauf des VZ, soweit sie nicht für Steuerabzugsbeträge und Vorauszahlungen bereits früher entstanden ist (§ 30 Nr. 3 KStG). »Veranlagte Steuer« ist die festgesetzte Steuer. Die auf § 30 Nr. 1 und 2 KStG beruhenden Entstehungszeitpunkte bestehen unverändert fort. § 30 Nr. 3 KStG betrifft i. d. R. Abschlusszahlungen, die sich auf Grund der Veranlagung ergeben (wobei die Festsetzung für die Entstehung nicht konstitutiv ist). Entstehungszeitpunkt ist der 31.12. des jeweiligen VZ. Ist der Ermittlungszeitraum nicht deckungsgleich mit dem VZ (z. B. bei einem abweichenden Wj.), gilt der Gewinn als in dem Kj. bezogen, in dem der abweichende Ermittlungszeitraum endet (§ 7 Abs. 4 Satz 2 KStG). Die restliche Steuer in Form der Nachzahlung entsteht zum Jahresende.

BEISPIEL

Die GmbH hat ein abweichendes Wj. (01.04.–31.03.2023/2024).

LÖSUNG Der Ermittlungszeitraum endet am 31.03.2024; die veranlagte Reststeuer (ohne schon früher entstandene Steuerabzugsbeträge und Vorauszahlungen) entsteht zum 31.12.2024.

Von der Entstehung der Steuerschuld ist die **Fälligkeit** zu unterscheiden (§ 220 Abs. 1 AO), die im Regelfall eine Steuerfestsetzung voraussetzt. Entstehungszeitpunkt und Fälligkeitseintritt sind u. a. für Festsetzungsverjährung (§§ 169 ff. AO), Aufrechnung (§ 226 AO), Verzinsung (§§ 233a AO), Haftung (§ 191 AO) und Rückstellungsbildung in der Handelsbilanz von Bedeutung. Abschlusszahlungen werden regelmäßig innerhalb eines Monats nach Bekanntgabe des Steuerbescheids fällig (§ 36 Abs. 4 EStG).

2 Veranlagung und Erhebung von Körperschaftsteuer

§ 31 Abs. 1 Satz 1 KStG verweist wegen der Verpflichtung zur Abgabe von Steuererklärungen, wegen der Durchführung der Veranlagung und der Erhebung von KSt sowie Zuschlagsteuern (SolZ) auf EStG, EStDV und AO. § 31 Abs. 1 Satz 2 ordnet die Rundung der sich ergebenden Steuerbeträge auf volle Eurobeträge an. § 31 Abs. 2 KStG betrifft die Vorauszahlungspflicht bei abweichendem Wj.

Für die Durchführung der Besteuerung einschließlich der Entrichtung der KSt (und Zuschlagsteuern) sind **die Vorschriften des EStG und der EStDV** entsprechend anzuwenden (§ 8 Abs. 1, § 31 Abs. 1 KStG). Die bei der KSt-Veranlagung nach Verwaltungsansicht zu beachtenden einkommensteuerlichen Vorschriften sind im Einzelnen in **R 7 KStR** aufgelistet. Die Veranlagung erfolgt nach Ablauf des VZ (= Kj.) auf der Grundlage des Einkommens, das die Körperschaft in diesem Zeitraum erzielt hat.

Die Pflicht zur Abgabe einer KSt-Erklärung ergibt sich aus der sinngemäßen Anwendung von § 25 Abs. 3 Satz 1 EStG, 56 Abs. 2 EStDV und § 149 f. AO. Sie gilt i. d. R. für unbeschränkt steuerpflichtige Körperschaften und für Körperschaften, die nach § 2 Nr. 1 KStG mit ihren inländischen Einkünften beschränkt körperschaftsteuerpflichtig sind. Sie kann im Einzelfall auch durch Aufforderung seitens der Finanzverwaltung begründet werden (§ 149 Abs. 1 Satz 2 AO). Den Steuererklärungen sind bestimmte Unterlagen beizufügen (§ 150 Abs. 4 AO), insbesondere Bilanz, Gewinn- und Verlustrechnung, Anhang, Lagebericht und Prüfungsbericht (vgl. § 60 EStDV). Die Erklärungsabgabe kann erzwungen werden (§§ 328 ff. AO), es können Schätzungsbescheide ergehen (§ 162 AO).

VZ ist auch bei Körperschaften grundsätzlich **das Kj.** (§ 25 EStG). Ein besonderer Besteuerungszeitraum ergibt sich bei der Liquidation von unbeschränkt steuerpflichtigen Kapitalgesellschaften, Erwerbs- oder Wirtschaftsgenossenschaften und Versicherungsvereinen auf Gegenseitigkeit (§ 11 Abs. 1 KStG). Dieser beginnt i. d. R. mit dem Wj., in das die Auflösung fällt und endet mit dem Abschluss der Liquidation (R 11 Abs. 2 KStR). Er soll zur Vermeidung ungerechtfertigter Stundungseffekte drei Jahre nicht überschreiten (§ 11 Abs. 1 Satz 2 KStG). Geringfügige Überschreitungen sind unbeachtlich. Dauert die Abwicklung erheblich länger, wird zunächst ein dreijähriger Besteuerungszeitraum gebildet, danach finden wieder jährliche Veranlagungen statt. Die besondere Gewinnermittlung nach § 11 Abs. 2 KStG ist nur für den letzten Besteuerungszeitraum vorzunehmen (R 5.2 Abs. 3 KStR).

Veranlagt wird die festzusetzende Steuer in Form der tariflichen Steuer abzüglich von Ermäßigungen (§ 8 Abs. 1 KStG, § 2 Abs. 6 EStG). Die Berücksichtigung von Vorauszahlungen, Abzugsbeträgen und anzurechnender KSt gehört verfahrensmäßig nicht mehr zur Festsetzung, sondern zum Erhebungsteil (§§ 218 AO).

Bei Umstellungen des Wj. kann danach bei Körperschaften (anders als im Einkommensteuerrecht) keine Lücke bei der Erhebung von Vorauszahlungen entstehen.

Einkünfte, bei denen die KSt mit dem Steuerabzug abgegolten ist, werden nicht in das Veranlagungsverfahren einbezogen, der Abzug von Betriebsausgaben/Werbungskosten entfällt (§ 8 Abs. 6 KStG). § 32 Abs. 1 KStG enthält zwei verschiedene Tatbestände, bei denen der Steuerabzug Abgeltungswirkung hat:

1. § 32 Abs. 1 Nr. 1 KStG betrifft Einkünfte von nach § 5 Abs. 1 KStG befreiten Körperschaften, die nach § 5 Abs. 2 Nr. 1 KStG von der Befreiung ausgenommen sind.

2. Nach § 32 Abs. 1 Nr. 2 KStG ist für Einkünfte die KSt bei einer nach § 2 KStG beschränkt steuerpflichtigen Körperschaft abgegolten, soweit für diese Einkünfte nach § 49 Abs. 1 Nr. 5 EStG KapSt zu erheben oder für Einkünfte nach § 50a Abs. 4 EStG ein Steuerabzug vorzunehmen ist.

Die KSt ist durch den Steuerabzug nicht abgegolten (§ 32 Abs. 2 KStG), soweit der Steuerpflichtige als Gläubiger der Kapitalerträge wegen der Steuerabzugsbeträge in Anspruch genommen werden kann (§ 44 Abs. 5 EStG oder § 50a Abs. 5 EStG).

§ 32 Abs. 2 enthält in den Nr. 1–4 Ausnahmen von Abs. 1:

- Nr. 1: Im Jahre eines Wechsels der Steuerpflicht sind auch die beschränkt steuerpflichtigen Einkünfte zu veranlagen (vergleichbar § 2 Abs. 7 Satz 3 EStG).
- Nr. 2: Einkünfte, die nach § 50a Abs. 1 EStG dem Steuerabzug unterliegen, sind bei einem entsprechenden Antrag zur KSt zu veranlagen (§ 50 Abs. 2 Satz 2 Nr. 5 EStG). Das Veranlagungswahlrecht besteht nach Abs. 4, wenn Sitz und Ort der Geschäftsleitung der beschränkt Steuerpflichtigen sich in einem EU-/EWR-Staat befinden.
- Nr. 3 und 4 beinhalten Sonderfälle.

3 Besteuerung kleiner Körperschaften (R 31.1 KStR)

Die Festsetzung von Steuern kann nach § 156 Abs. 2 AO unterbleiben, wenn die Kosten der Festsetzung und Einziehung außer Verhältnis zu dem Steuerbetrag stehen. Nach R 31.1 KStR kann deshalb bei **kleinen Körperschaften, die keinen Freibetrag nach den §§ 24 und 25 KStG beanspruchen können**, eine KSt-Veranlagung unterbleiben. Als kleine Körperschaften werden Körperschaften angesehen, bei denen das **Einkommen** im Einzelfall offensichtlich **500 € nicht übersteigt**. R 31.1 KStR erwähnt beispielhaft kleine Erwerbs- und Wirtschaftsgenossenschaften. Die Anwendung der Bagatellregelung wird aber auch z. B. für kleinere GmbH bejaht (z. B. steuerbefreite GmbH mit partieller Steuerpflicht). Bei der **Komplementär-GmbH** einer GmbH & Co. KG ist sie **nicht** anzuwenden, weil der Gewinnanteil der GmbH bereits in der gesonderten Feststellung des Gewinns der Personengesellschaft ermittelt wird.

Auf Antrag der Körperschaft ist eine Veranlagung durchzuführen (R 31.1 Abs. 2 KStR).

Bei der erstmaligen gesonderten Feststellung nach § 27 KStG ist davon auszugehen, dass das in der Steuerbilanz ausgewiesene Eigenkapital ausschließlich aus ausschüttbarem Gewinn (§ 27 Abs. 1 Satz 4 KStG) und gezeichnetem Kapital besteht. Die Körperschaft kann aber nachweisen, dass es aus Einlagen stammt (R 31.1 Abs. 3 KStR).

4 Unmittelbare Steuerberechtigung und Zerlegung

Der Anspruch auf **KSt für ein Kj. steht dem Bundesland zu,** in dem die Körperschaft am 10.10. dieses Jahres oder an dem sonstigen in dieses Kj. fallenden Stichtag der Personenstandsaufnahme den **Ort der Geschäftsleitung** hat (§ 1 Abs. 1 des ZerlG). Ist ein Steuerbetrag einem Land zugeflossen, dem der Steueranspruch nicht zusteht, ist er, wenn er mehr als 25000 € beträgt, an das steuerberechtigte Land zu überweisen. Die Überweisung wird nicht vorgenommen, wenn der zu überweisende Betrag nach §§ 2–6 ZerlG zu zerlegen ist. Bei Körperschaften mit einer – nach Abzug von Steueranrechnungsbeträgen und anzurechnenden KSt – verbleibenden KSt von mehr als 500000 €, die in mehreren Bundesländern Betriebsstätten oder Teile von Betriebsstätten unterhalten, ist die KSt unter entsprechender Anwendung der §§ 29 bis 31 und 33 GewStG auf die beteiligten Bundesländer zu zerlegen (§ 2 Abs. 1 ZerlG). Nach § 6 Abs. 7 ZerlG haben die Körperschaften für jeden VZ eine Zerlegungserklärung abzugeben.

Teil H Solidaritätszuschlag ab 1995

Ausgewählte Literaturhinweise **Dötsch,** Föderales Konsolidierungsprogramm: Der neue Solidaritätszuschlag zur KSt, DB 1993, 1440 ▪ **Dötsch,** SolZ zur KSt ab 1995, GmbHR 1994, 592 ▪ **Reuter,** Auswirkungen des neuen SolZ auf AG und Aktionär, AG 1994, 487 ▪ **Geiger,** Der SolZ bei KapGes und ihren Anteilseignern ab 1995, INF 1994, 554 ▪ **Tillich/Schaufenberg,** Berechnung des SolZ bei Ausschüttungen aus KapGes unter Beachtung des neuen Tarifs, DB 1999, 1718 ▪ **Heinstein,** Realisierung des Guthabens aus KSt und SolZ nach § 37 Abs. 5 KStG, DStR 2008, 381

1 Allgemeines

Das SolZG sieht keine Begrenzung seiner Laufzeit vor. Es wurde zuletzt neu gefasst durch SolzG 1995 in der Fassung der Bekanntmachung vom 15.10.2002 BGBl I 2002, 4130; zuletzt geändert durch Artikel 4, Zweites Gesetz zur steuerlichen Entlastung von Familien sowie zur Anpassung weiterer steuerlicher Regelungen (Zweites Familienentlastungsgesetz – 2. FamEntlastG) Gesetz vom 01.12.2020 (BGBl I 2020, 2616) und Art 4 und 5 Gesetz zum Ausgleich der Inflation durch einen fairen Einkommensteuertarif sowie zur Anpassung weiterer steuerlicher Regelungen (Inflationsausgleichsgesetz – InflAusG) vom 09.12.2022 (BGBl I 2022, 2230).

Nach § 1 SolZG wird der SolZ als Ergänzungsabgabe zur ESt und KSt erhoben. Er ist damit eine selbständig zu erhebende Steuer (Art. 106 Abs. 1 Nr. 6 GG), die aus technischen Gründen an die ESt bzw. KSt anknüpft. Seine Verwaltung erfolgt im Auftrag des Bundes durch die Landesfinanzbehörden (Art. 108 Abs. 2 Satz 1 und Abs. 3 Satz 1 GG).

2 Abgabepflichtige Personen

Der SolZ wird nach § 2 Nr. 1 SolZG von einkommensteuerpflichtigen natürlichen Personen, die nach § 1 EStG steuerpflichtig sind, erhoben und nach § 2 Nr. 2 SolZG von natürlichen Personen, die nach § 2 AStG erweitert beschränkt steuerpflichtig sind und nach § 2 Nr. 3 SolZG von allen unbeschränkt und beschränkt steuerpflichtigen Körperschaften, Personenvereinigungen und Vermögensmassen.

3 Bemessungsgrundlage

3.1 Solidaritätszuschlag auf die veranlagte Steuer

Soweit eine Veranlagung zur Est oder zur KSt vorzunehmen ist, bemisst sich der SolZ nach der für den Veranlagungszeitraum berechneten Est oder festgesetzten KSt.

Die Bemessungsgrundlage muss positiv sein (§ 3 Abs. 1 Nr. 1 SolZG), weil ansonsten ein negativer SolZ festgesetzt werden müsste.

Das SolZG wurde anlässlich des Systemwechsels vom Anrechnungsverfahren zum Halbeinkünfteverfahren nicht geändert. Daher sind die in § 3 Abs. 1 Nr. 1 SolZG enthaltenen Worte »vermindert um die anzurechnende oder vergütete Körperschaftsteuer« ohne Bedeutung.

Nach § 3 Abs. 3 SolzG ist der Solidaritätszuschlag von einkommensteuerpflichtigen Personen nur zu erheben, wenn die Bemessungsgrundlage nach § 3 Abs. 1 Nr. 1 und 2, vermindert um die Einkommensteuer nach § 32d Abs. 3 und 4 EStG, in den Fällen des § 32a Abs. 5 und 6 EStG 972 € (bis 2020), 33 912 € (VZ 2021-22), 35 086 € (VZ 2023) und 36 260 € (ab VZ 2024) in anderen Fällen 972 € (bis VZ 2020), 16 956 € (VZ 2021-22), 17 543 € (VZ 2023) und 18 130 € (ab VZ 2024) übersteigt.

Für Körperschaften wurde jedoch auch ab 2024 keine Freigrenze eigeführt.

3.2 Solidaritätszuschlag auf die Körperschaftsteuervorauszahlungen

Soweit Vorauszahlungen auf die ESt oder KSt zu leisten sind, bemisst sich der SolZ nach den Vorauszahlungen auf die Steuer (§ 3 Abs. 1 Nr. 2 SolZG).

Die Vorauszahlungen auf den SolZ werden damit parallel zu den Vorauszahlungen auf die KSt, auf die sie entfallen, erhoben und angerechnet.

Nach BFH vom 17.04.1996 BStBl II 1996, 619 ist die Festsetzung von KSt-Vorauszahlungen Grundlagenbescheid für die Festsetzung des SolZ.

3.3 Solidaritätszuschlag auf Kapitalertragsteuer

Ist KapSt oder Zinsabschlagsteuer einzubehalten, bemisst sich der SolZ nach der zu erhebenden KapSt (in DBA-Fällen nach der ggf. begrenzten KapSt). Ein SolZ ist nach § 3 Abs. 1 Nr. 5 SolZG nicht auf die nach § 43b EStG zu bemessende KapSt zu erheben. Erfolgt ein Steuerabzug nach § 50a EStG, ist der SolZ auf den zu erhebenden Steuerabzug festzusetzen (§ 3 Abs. 1 Nr. 6 SolZG). Dem Steuerabzug unterliegen nach § 50a EStG bei beschränkt Steuerpflichtigen Aufsichtsratsvergütungen gem. § 50a Abs. 1 Nr. 4 EStG und Vergütungen gem. § 50a Abs. 4 EStG. In § 50a Abs. 5 Sätze 1 und 2 EStG ist als maßgeblicher Zeitpunkt der Entstehung und der Pflicht zur Erhebung der Steuer der Zeitpunkt des Zufließens beim Gläubiger bestimmt.

4 Zuschlagssatz

Nach § 4 SolZG beträgt der SolZ ab dem VZ 1998 5,5 % (bis VZ 1997 7,5 %) der Bemessungsgrundlage.

Er beträgt nicht mehr als 11,9 % des Unterschiedsbetrages zwischen der Bemessungsgrundlage, vermindert um die Einkommensteuer nach § 32d Abs. 3 und 4 EStG und der nach § 3 Abs. 3–5 SolZG jeweils maßgebenden Freigrenze. Bruchteile in Cent bleiben außer Ansatz.

Der Solidaritätszuschlag auf die Einkommensteuer nach § 32 Abs. 3 und 4 EStG beträgt ungeachtet § 4 Satz 2 SolZG 5,5 %.

5 Anrechnung des auf die einbehaltene Kapitalertragsteuer entfallenden Solidaritätszuschlags beim Anteilseigner

Der auf die einbehaltene KapSt entfallende SolZ wird auf den beim Anteilseigner festzusetzenden SolZ angerechnet.

6 Doppelbesteuerungsabkommen

In § 5 SolZG ist geregelt, dass sich Ermäßigungen der Steuern vom Einkommen, die sich aufgrund eines DBA ergeben, zuerst auf den SolZ auswirken sollen.

In Abkommen zur Vermeidung der Doppelbesteuerung ist häufig vorgesehen, dass Steuern vom Einkommen, z. B. eine im Weg des Quellensteuerabzugs erhobene KapSt, ermäßigt werden. Nach einigen DBA dürfen inländische Einkünfte nur bis zu bestimmten Prozentsätzen (sogar abweichend vom EStG) mit Steuern vom Einkommen belastet werden. Entspricht im konkreten Einzelfall die Belastung mit inländischer ESt dem Höchstprozentsatz nach dem DBA oder überschreitet sie ihn, bleibt es bei der inländischen ESt oder sie wird auf den im DBA festgelegten Höchstprozentsatz ermäßigt. Liegt die Steuerbelastung einschließlich SolZ über dem Höchstprozentsatz laut DBA, wird zunächst der SolZ und – falls dies nicht ausreicht – auch die KapSt bis zu diesem Höchstprozentsatz gekürzt.

Eine anteilige Kürzung der KapSt und des SolZ würde zu einer Schmälerung des den Ländern (und Gemeinden) zufließenden Steueraufkommens allein durch die Einführung des ausschließlich dem Bund zustehenden SolZ führen. Um dies zu vermeiden, ordnet § 5 SolZG an, dass sich die Ermäßigung zunächst auf den SolZ auswirken soll. Dies hat zur Folge, dass der SolZ im Einzelfall ganz oder teilweise nicht erhoben werden kann.

BEISPIEL

Ein beschränkt Steuerpflichtiger erzielt inländische Kapitalerträge i. H. v. 15 000 €. Die KapSt beträgt 3 750 € (= 25 %) und der darauf entfallende SolZ 206,25 € (5,5 %). Das fragliche DBA legt eine maximale Steuerbelastung von 15 % fest.

LÖSUNG

a) Berechnung ohne § 5 SolZG

KapSt		3 750,00 €
+ 5,5 % SolZ		206,25 €
		3 956,25 €
abzüglich 15 % von 15 000 €	./.	2 250,00 €
Erstattung an den Stpfl. durch das Bundeszentralamt für Steuern		1 706,25 €

Um diesen Betrag wird auch das Bund-/Länderaufkommen anteilig gekürzt.

b) Berechnung mit § 5 SolZG

Auch hier werden 1 706,25 € durch das Bundeszentralamt für Steuern erstattet. Der SolZ von 206,25 € geht aber vorab in voller Höhe zu Lasten des Bundes, während nur 1 500 € nach dem Bund-/Länderschlüssel verteilt werden.

§ 5 SolZG wendet sich demnach nicht an den Stpfl., sondern, wenn auch versteckt, in zweifacher Hinsicht an die Verwaltung. Einmal wird das Bundeszentralamt für Steuern gehalten, KapSt und SolZ ganz oder teilweise zu erstatten, zum anderen wird die Verteilung des Steueraufkommens zugunsten der Länder geregelt.

7 Vergütungs- und Erstattungsverfahren durch das Bundeszentralamt für Steuern

Im SolZG sind keine Regelungen zur Behandlung des auf die KapSt entfallenden SolZ für die Fälle, in denen der Anteilseigner nicht zur ESt oder KSt veranlagt wird, sondern beim Bundeszentralamt für Steuern die Erstattung von KapSt beantragt, enthalten.

Nach § 51a EStG und § 36 Abs. 2 Nr. 2 EStG ist der anrechenbare SolZ, also der SolZ auf die KapSt, auch nach § 44b EStG durch das Bundeszentralamt für Steuern erstattungsfähig.

8 Verfahrensvorschriften

Die Verfahrensvorschriften zur Erhebung und Festsetzung des SolZ finden sich nicht im SolZG selbst, sondern in § 51a EStG, der über § 31 Abs. 1 KStG auch bei der KSt gilt.

Die Festsetzung der ESt bzw. KSt ist Grundlagenbescheid für die Festsetzung des SolZ (so zum SolZG 1991/92 BFH vom 09.11.1994 BStBl II 1995, 305, im Ergebnis ebenso zum SolZG 1995 BFH vom 17.04.1996 BStBl II 1996, 619).

Der SolZ zur KSt entsteht entsprechend § 30 Nr. 3 KStG mit Ablauf des VZ und ist nach dessen Ablauf festzusetzen.

Auf den SolZ sind anzurechnen:

- die für den Veranlagungszeitraum entrichteten Vorauszahlungen auf den SolZ (§ 51a Abs. 1, 4 EStG i. V. m. analoger Anwendung des § 36 Abs. 2 Nr. 1, § 37 EStG),
- der in Fällen des Steuerabzugs (KapSt) erhobene SolZ (§ 51a Abs. 1 EStG i. V. m. analoger Anwendung des § 36 Abs. 2 Nr. 2, § 43 Abs. 1 EStG).

Nach § 51a Abs. 3 EStG ist der SolZ in Fällen, in denen die ESt bzw. KSt beim Steuerabzug vom Kapitalertrag als abgegolten gilt, ebenfalls abgegolten. Entsprechendes gilt, wenn Einkünfte bei der Veranlagung außer Betracht bleiben.

Teil I Das Halb-/Teileinkünfteverfahren auf der Ebene des Anteilseigners

Ausgewählte Literaturhinweise **Bareis,** Das Halbeinkünfteverfahren im Systemvergleich, StuW 2000, 133 ▪ **Dötsch/Pung,** Steuersenkungsgesetz: Die Änderungen bei der KSt und bei der Anteilseigner-Besteuerung, Beil. 10/2000 zu DB 34/2000 ▪ **Eisgruber,** Unternehmenssteuerreform 2001: Das Halbeinkünfteverfahren auf der Ebene der Körperschaft, DStR 2000, 1493 ▪ **Bolik,** Der Halbabzug im Halbeinkünfteverfahren, BB 2001, 811 ▪ **Förster,** Ausgewählte Fragen bei der Veräußerung von Anteilen an Kapitalgesellschaften, Stbg 2001, 657 ▪ **Nacke/Intemann,** Ausgewählte Probleme des Halbeinkünfteverfahrens, DB 2002, 756 ▪ **Neyer,** Zur Reichweite des Halbeinkünfteverfahrens – Gewerbesteuer, GmbHR 2002, 153 ▪ **Sell,** § 3 Nr. 40 Buchst. a/§ 3c Abs. 2 EStG wohl nicht im Gleichklang mit § 8b Abs. 2 und 3 KStG, DB 2004, 2290 ▪ **Binnewies,** Halbeinkünfteverfahren und Kirchensteuer, AG 12/2005, 473 ▪ **Thömmes,** Abzugsbeschränkungen nach § 8b KStG und dem Halbeinkünfteverfahren, IStR 20/2005, 685 ▪ **Benecke,** Verdeckte Gewinnausschüttung oder verdeckte Einlage – Eingeschränkte Anwendung des Halbeinkünfteverfahrens, NWB 41/2006 Beratung aktuell, 34293 ▪ **Dinkelbach,** Anwendung des Halbeinkünfteverfahrens auf Optionsrechte auf Anteile an Kapitalgesellschaften, DB 31/2006, 1642 ▪ **Wagner,** Die Teilnahme von Investmenterträgen am Halbeinkünfteverfahren, DStZ 8/2006, 257 ▪ **Förster,** SEStEG: Rechtsänderungen im EStG, DB 2007, 72 ▪ **Lehr,** Halbeinkünfteverfahren – Gesellschafter-Aufwendungen/Anteils-Finanzierungen: Steuerliche Abzugsbeschränkungen auf dem verfassungsrechtlichen Prüfstand, GmbH-Stpr 1/2007, 11 ▪ **Häuselmann,** Steuerliche Änderungen durch JStG 2008 vom 08.11.2007, BB 1/2008, 20 ▪ **Homburg,** Das Halbeinkünfteverfahren und die Kirchensteuer, FR 2008, 153 ▪ **Neumann/Stimpel,** Wesentliche Änderungen für KapGes und deren Gesellschafter durch das JStG 2008, GmbHR 2008, 57 ▪ **Pöhland,** Finanzierung des konzerninternen Anteilserwerbs vor dem Hintergrund des JStG 2007, GmbHR 2007, 243 ▪ **Schmidt/Wänger,** Änderungen bei der Abgeltungssteuer durch das JStG 2008, NWB F 3, 14939 ▪ **Strahl,** Beratungsrelevante Aspekte rund um das JStG 2008, KÖSDI 2008, 15896 ▪ **Strahl,** Eilige Selbstberichtigungen und andere Änderungen des URefG 2008 durch das JStG 2008, DStR 2008 ▪ **Geuenich,** Neue Maßnahmen zur Bekämpfung der grenzüberschreitenden. Steuerhinterziehung, NWB 2009, 2396 ▪ **Wagner,** Die verwirrende Rspr. des BFH zur steuerlichen Beurteilung der Veräußerung von Bezugsrechten auch vor dem Hintergrund der Abgeltungsteuer, DStR 2009, 626 ▪ **Schmidt/Renger,** Die Folgewirkungen der BVerfG-Beschlusses vom 07.07.2010 für die Besteuerung von Wertzuwächsen, DStR 2011, 693 ▪ **Haisch/Helios/Niedling,** AmtshilfeRLUmsG: Änderungen im Finanzierungsbereich, DB 2013, 1444 ▪ **Hörster,** Neuregelungen durch das AmtshilfeRLUmsG, NWB 2013, 196 ▪ **Ortmann-Babel/Bolik/Griesfeller,** Ein JStG namens AmtshilfeRLUmsG: Alter Wein in neuen Schläuchen, DB 2013, 1319 ▪ **Paintner,** Das AmtshilfeRLUmsG im Überblick, DStR 2013, 1629 ▪ **Gragert/Wißborn,** Die Schattenseiten von steuerfreien Teileinkünften, NWB 2011, 973 ▪ **Gragert/Wißborn,** Teilabzugsverbot nach § 3c Abs. 2 EStG, NWB 2013, 3936 ▪ **Cremer,** Steuerliche Behandlung von Dividenden, NWB Nr. 39 vom 26.09.2016, Beilage 3/2016, 16 ▪ **Weber-Grellet,** Besteuerung des Carried Interest (§ 18 Abs. 1 Nr. 4 EStG), DStR 2018, 992

1 Konzeption des Halb-/Teileinkünfteverfahrens

Die Gewinne von Kapitalgesellschaften unterliegen bei der Gesellschaft der KSt. Werden diese Gewinne ausgeschüttet, unterliegen sie beim Gesellschafter zusätzlich (also doppelt besteuert) der Einkommensteuer. Mit der Substitution des Anrechnungsverfahren durch das Halb-/Teileinkünfteverfahren entfiel für den Anteilseigner einer Kapitalgesellschaft die Möglichkeit, die von der Kapitalgesellschaft gezahlte KSt bei Dividendenausschüttungen als Anrechnungsguthaben geltend zu machen. Ausgangspunkt ist die Vorstellung, der Körperschaft wohne eine eigene Leistungsfähigkeit inne, die zu einer definitiven Belastung auf der Ebene der Gesellschaft führen müsse. Im Halb-/Teileinkünfteverfahren wird versucht, eine steuerliche Unterscheidung zwischen Unternehmen und Gesellschafter herzustellen. Daher wird das Unternehmen als eigenständiges Steuerobjekt betrachtet und definitiv besteuert und belastet.

Um die Doppelbelastung der Ausschüttungen durch KSt auf der einen Seite, und ESt auf der anderen Seite abzumildern, werden sie beim Halb-/Teileinkünfteverfahren beim Anteilseigner nur zur Hälfte/zum Teil in die Bemessungsgrundlage für die persönliche ESt einbezogen. Hierdurch wird die ertragsteuerliche Vorbelastung des Gewinns durch die definitive KSt beim Anteilseigner in pauschalierter Form berücksichtigt, was zu unterschiedlichen ertragsteuerlichen Gesamtbelastungen in Abhängigkeit vom individuellen Einkommensteuersatz führt.

1.1 Bis VZ 2008 vom Halbeinkünfteverfahren betroffene Einkünfte

Das Halbeinkünfteverfahren (bis VZ 2008) galt für einmalige und laufende Einkünfte aus Beteiligungen i. S. d. § 20 Abs. 1 Nr. 1 Satz 1 EStG, das sind insbes.

- Aktien,
- GmbH-Anteile,
- Beteiligungen an Erwerbs- und Wirtschaftsgenossenschaften,
- Genussscheine mit Recht am Gewinn und Liquidationserlös einer Kapitalgesellschaft.

Unerheblich ist es, ob es sich um in- oder ausländische Beteiligungen handelt und ob sich die Beteiligungen im Betriebs- oder Privatvermögen befinden.

Nicht unter das Halbeinkünfteverfahren fallen z. B.

- stille Beteiligungen,
- festverzinsliche Wertpapiere,
- Finanzinnovationen,
- Options- und Termingeschäfte.

§ 3 Nr. 40 EStG enthält in den Buchst. a–j die zur Hälfte steuerbefreiten Vermögensmehrungen, Veräußerungspreise, Bezüge etc.

Zur Hälfte steuerfrei sind demnach:

§ 3 Nr. 40 Buchst. a EStG	**Betriebsvermögensmehrungen oder Einnahmen aus der Veräußerung oder Entnahme** von Anteilen an Körperschaften, Personenvereinigungen und Vermögensmassen, deren Leistungen beim Empfänger zu Einnahmen i. S. d. § 20 Abs. 1 Nr. 1 und 9 EStG gehören, oder an einer Organgesellschaft i. S. d. §§ 14 oder 17 KStG oder aus deren Auflösung oder Herabsetzung von deren Nennkapital oder aus Ansatz des niedrigeren Teilwerts i. S. d. § 6 Abs. 1 Nr. 2 Satz 3 EStG;

§ 3 Nr. 40 Buchst. b EStG	**der Veräußerungspreis i. S. d. § 16 Abs. 2 EStG** von Anteilen an Körperschaften, Personenvereinigungen und Vermögensmassen bei Beteiligungen im Zusammenhang mit Betriebsveräußerungen und -aufgaben;
§ 3 Nr. 40 Buchst. c EStG	**der Veräußerungspreis oder der gemeine Wert i. S. d. § 17 Abs. 2 EStG;**
§ 3 Nr. 40 Buchst. d EStG	**die Bezüge** i. S. d. § 20 Abs. 1 Nr. 1 und die **Einnahmen** i. S. d. § 20 Abs. 1 Nr. 9 EStG. Ab VZ 2014 gilt das materielle Korrespondenzprinzip (§ 32a KStG) für alle Einnahmen i. S. d. § 3 Nr. 40 Buchst. d EStG;
§ 3 Nr. 40 Buchst. e EStG	**die Bezüge i. S. d. § 20 Abs. 1 Nr. 2 EStG;**
§ 3 Nr. 40 Buchst. f EStG	**die besonderen Entgelte oder Vorteile** i. S. d. § 20 Abs. 3, die neben den oder anstelle der in § 20 Abs. 1 Nr. 1 und Abs. 2 Satz 1 Nr. 2 Buchst. a EStG bezeichneten Einnahmen gewährt werden;
§ 3 Nr. 40 Buchst. g EStG	**die Gewinne aus der Veräußerung von Dividendenscheinen** und sonstigen Ansprüchen i. S. d. § 20 Abs. 2 Satz 1 Nr. 2 Buchst. a EStG;
§ 3 Nr. 40 Buchst. h EStG	**die Gewinne aus der Abtretung von Dividendenansprüchen** oder sonstigen Ansprüchen i. S. d. § 20 Abs. 2 Satz 1 Nr. 2 Buchst. a i. V. m. § 20 Abs. 2 Satz 2 EStG;
§ 3 Nr. 40 Buchst. i EStG	**die von einer von der KSt befreiten Körperschaft usw. stammenden Bezüge i. S. d. § 22 Nr. 1 Satz 2 EStG;**
§ 3 Nr. 40 Buchst. j EStG	**die Veräußerungspreise i. S. d. § 23 Abs. 3 EStG a. F.** bei der Veräußerung von Anteilen an Körperschaften usw., deren Leistungen beim Empfänger zu den Einnahmen i. S. d. § 20 Abs. 1 Nr. 1 EStG gehören (aufgehoben mit Wirkung VZ 2009).

1.2 Teileinkünfteverfahren statt Halbeinkünfteverfahren ab VZ 2009

Das Halbeinkünfteverfahren wird ab dem VZ 2009 (s. § 52a Abs. 3 Satz 1 EStG i. d. F. des URefG 2008) durch das sog. Teileinkünfteverfahren ersetzt. Ab VZ 2009 sind nicht mehr 50 % der Einnahmen i. S. d. § 3 Nr. 40 EStG, sondern nur noch 40 % der Einnahmen i. S. d. § 3 Nr. 40 EStG steuerfrei; die Vorschrift des § 3c Abs. 2 EStG wurde entsprechend angepasst. Hiernach sind Betriebsvermögensminderungen, Betriebsausgaben etc., die im Zusammenhang mit den nur zu 60 % besteuerten Einnahmen stehen, zu 60 % abzugsfähig.

1.2.1 Anwendung des Teileinkünfteverfahrens nur bei betrieblichen Einkunftsarten (§ 3 Nr. 40 Satz 2 EStG)

Das Teileinkünfteverfahren gilt bei laufenden Einkünften nur im BV, aber nicht im Privatvermögen.

Nach § 3 Nr. 40 Satz 2 EStG i. d. F. des URefG 2008 ist § 3 Nr. 40 Satz 1 Buchst. d bis h EStG nur i. V. m. § 20 Abs. 8 EStG anzuwenden. Bisher regelte § 3 Nr. 40 Satz 2 EStG, dass die hälftige Steuerfreistellung nach § 3 Nr. 40 Satz 1 Buchst. d bis h EStG auch dann gilt, wenn es sich nicht um Einkünfte aus Kapitalvermögen, sondern um betriebliche Einkünfte bzw. um Einkünfte aus Vermietung und Verpachtung handelte. Ab VZ 2009 gilt die Steuerfreistellung i. H. v. 40 % nur noch in den Fällen, in denen es sich bei den Einnahmen um solche aus

- Land- und Forstwirtschaft,
- Gewerbebetrieb,

- selbständiger Arbeit oder
- Vermietung und Verpachtung

handelt.

Das Teileinkünfteverfahren gilt dem Grunde nach also nur im betrieblichen Bereich. Von wohl eher theoretischer Natur ist der Fall von Einnahmen i. S. d. § 3 Nr. 40 Satz 1 Buchst. d bis h EStG i. R. d. Einkünfte aus Vermietung und Verpachtung. Daneben gilt das Teileinkünfteverfahren, wenn nach § 32d Abs. 2 Nr. 3 EStG, unter den dort genannten Voraussetzungen, zu diesem optiert worden ist.

1.2.2 Keine Anwendung des Teileinkünfteverfahrens bei laufenden Einnahmen im Privatvermögen

Fallen die Einnahmen im Privatvermögen an, ist § 3 Nr. 40 Satz 1 Buchst. d bis h EStG ab dem VZ 2009 nicht mehr anzuwenden. Nunmehr unterliegen diese Einnahmen der Abgeltungsteuer (s. § 43 Abs. 5 EStG).

Von den Kosten wird nur noch der Sparer-Pauschbetrag i. H. v. 1.000 € (ab VZ 2023; bis VZ 2022=801 €) angesetzt. Tatsächliche Werbungskosten können nicht mehr abgezogen werden (s. § 20 Abs. 9 EStG). Keine Anwendung von Satz 1 Buchst. a, b und d–h (auf Anteile, die bei Kreditinstituten und Finanzdienstleistungsinstituten dem Handelsbuch zuzurechnen sind bzw. dem kurzfristigen Eigenhandel dienen bis VZ 2016, § 3 Nr. 40 Satz 3 und 4 EStG a. F.), ab VZ 2017 auf Anteile, die bei Kreditinstituten und Finanzdienstleistungsunternehmen dem Handelsbestand i. S. d. § 340e Abs. 3 HGB zuzuordnen sind, § 3 Nr. 40 Satz 3 EStG)

1.2.3 Allgemeines

§ 3 Nr. 40 Satz 3 und 4 EStG wurde durch das Gesetz zur Umsetzung der EU-Amtshilferichtlinie und von weiteren Maßnahmen gegen Gewinnkürzungen und -verlagerungen vom 20.12.2016 grundlegend geändert und zu Satz 3 zusammengefasst. Die Rechtslage bis VZ 2016 und ab VZ 2017 unterscheidet sich daher zum Teil erheblich.

1.2.3.1 Rechtslage bis VZ 2016

Nach § 3 Nr. 40 Satz 1 Buchst. a, b und d–h nicht auf Anteile anzuwenden, die bei Kreditinstituten und Finanzdienstleistungsinstituten nach § 1a KWG dem Handelsbuch zuzurechnen sind. Gleiches gilt für Anteile, die von Finanzunternehmen i. S. d. Gesetzes über das Kreditwesen mit dem Ziel der kurzfristigen Erzielung eines Eigenhandelserfolges erworben werden. Satz 2 gilt auch für Kreditinstitute, Finanzdienstleistungsinstitute und Finanzunternehmen mit Sitz in einem anderen Mitgliedstaat der Europäischen Gemeinschaft oder in einem anderen Vertragsstaat des EWR-Abkommens. Anteile, die für den kurzfristigen Eigenhandel bei Kreditinstituten und Finanzdienstleistungsinstituten vorgesehen sind, sind dem Anwendungsbereich der allgemeinen Regelungen zur Dividendenfreistellung und zur Veräußerungsgewinnbefreiung entzogen. Entsprechend bleiben mit diesen Anteilen im Zusammenhang stehende Betriebsausgaben zum Abzug zugelassen. Die Dividenden und Veräußerungsgewinne sind damit voll steuerpflichtig. Andererseits können Veräußerungsverluste und Gewinnminderungen aus Teilwertabschreibungen berücksichtigt werden (BMF vom 25.07.2002 BStBl I 2002, 712).

§ 3 Nr. 40 Satz 3 und 4 EStG nennen zwei Fallgruppen, auf die Satz a, b und d–h nicht anzuwenden ist:

Gruppe 1: Kreditinstitute und Finanzdienstleistungsinstitute, die unter das KWG fallen und die gem. § 1a KWG ein Handelsbuch zu führen haben. Bei diesen Unternehmen sind § 3 Nr. 40 Satz 1 Buchst. a, b und d–h EStG nicht auf Anteile anzuwenden, die dem Handelsbuch zuzurechnen sind;

Gruppe 2: Finanzunternehmen i. S. d. KWG, für die keine Verpflichtung zur Führung eines Handelsbuchs besteht. Bei diesen Unternehmen ist § 3 Nr. 40 Satz 1 Buchst. a, b und d–h EStG nicht auf Anteile anzuwenden, »die mit dem Ziel der kurzfristigen Erzielung eines Eigenhandelserfolges« erworben werden.

§ Nr. 40 Satz 4 KStG erweitert den Anwendungsbereich der Gruppe 2 auf Institute und Unternehmen mit Sitz in einem anderen EU- oder EWR-Staat. Für Unternehmen, die nicht von Nr. 40 Satz 3 und 4 EStG erfasst werden, bleibt es bei den Regelungen des § 3 Nr. 40 Satz 1 Buchst. a, b und d–h EStG.

1.2.3.1.1 Anwendung auf Kredit- und Finanzdienstleistungsinstitute, bei denen die Anteile dem Handelsbuch zuzurechnen sind (§ 3 Nr. 40 Satz 3 EStG)

Nach dieser Regelung ist § 3 Nr. 40 Satz 1 Buchst. a, b und d–h EStG nicht anzuwenden für Anteile, die bei Kreditinstituten und Finanzdienstleistern nach § 1a KWG i. V. m. den Art. 102 bis 106 der Verordnung (EU) Nr. 575/2013 des Europäischen Parlaments und des Rates vom 26.06.2013 über die Aufsichtsforderung an Kreditinstitute und Wertpapierfirmen und zur Änderung der Verordnung (EU) Nr 646/2012 (ABI. L 176 vom 27.06.2013, 1) oder unmittelbar nach Art. 102 bis 106 der Verordnung (EU) Nr. 575/2013 dem Handelsbuch zuzurechnen sind.

Dem Handelsbuch sind zuzurechnen:

- Finanzinstrumente, handelbare Forderungen und Anteile, die das Institut zum Zweck des Wiederverkaufs im Eigenhandel hält oder die von dem Institut übernommen werden, um bestehende oder zu erwartende Unterschiede zwischen Kauf- und Verkaufspreisen oder Preis- oder Zinsschwankungen kurzfristig zu nutzen, damit ein Eigenhandelserfolg erzielt wird,
- Bestände und Geschäfte zur Absicherung von Marktrisiken des Handelsbuchs und damit im Zusammenhang stehende Refinanzierungsgeschäfte,
- aus Aufgabegeschäften erworbene Durchlaufpositionen sowie
- Forderungen in Form von Gebühren, Provisionen, Zinsen, Dividenden und Einschüssen, die mit den Positionen des Handelsbuchs unmittelbar verknüpft sind.

Zum Handelsbuch gehören **nicht**

- Devisen,
- Rechnungseinheiten und
- Derivate i. S. d. § 1 Abs. 11 Satz 4 Nr. 5 KWG.

Die Einbeziehung in das Handelsbuch hat nach institutsintern festgelegten, nachprüfbaren Kriterien zu erfolgen, die der Bundesanstalt für Finanzdienstleistungsaufsicht (BaFin) und der Deutschen Bundesbank mitzuteilen sind. Nach § 3 Nr. 40 Satz 3 KStG gilt Gleiches für Anteile, die von Finanzunternehmen i. S. d. Gesetzes über das Finanzwesen mit dem Ziel der kurzfristigen Erzielung eines Eigenhandelserfolges erworben werden. Die BaFin entscheidet in Zweifelsfällen, ob ein Unternehmen den Vorschriften des KWG unterliegt. Ihre Entscheidung bindet die Verwaltungsbehörden (§ 4 KWG).

1.2.3.1.2 Anteilserwerb zur kurzfristigen Erzielung eines Eigenhandelserfolgs bei Finanzunternehmen (§ § 3 Nr. 40 Satz 3 EStG)

Nach § 3 Nr. 40 Satz 3 EStG gilt für Anteile, die von Finanzunternehmen i. S. d. KWG mit dem Ziel der kurzfristigen Erzielung eines Eigenhandelserfolgs erworben werden, § 3 Nr. 40 Satz 1 Buchst. a, b und d–h EStG nicht.

Nach § 1 Abs. 3 KWG sind **Finanzunternehmen** solche Unternehmen, die keine Institute sind und deren Haupttätigkeit darin besteht

- Beteiligungen zu erwerben und zu halten,
- Geldforderungen entgeltlich zu erwerben,
- Leasingverträge abzuschließen,
- mit Finanzinstrumenten für eigene Rechnung zu handeln,
- andere bei der Anlage in Finanzinstrumenten zu beraten (Anlageberatung),
- Unternehmen über die Kapitalstruktur, die industriellen Strategien und die damit verbundenen Fragen zu beraten sowie bei Zusammenschlüssen und Übernahmen von Unternehmen diese zu beraten und ihnen Dienstleistungen anzubieten oder
- Darlehen zwischen Kreditinstituten zu vermitteln (Geldmaklergeschäfte).

Nach dem BMF-Schreiben vom 25.07.2002 BStBl I 2002, 712, C. I. ist der Begriff des Finanzunternehmens weit auszulegen. Danach können hierunter auch Holding-, Factoring-, Leasing-, Anlageberatungs- und bestimmte Unternehmensberatungsunternehmen sowie grundsätzlich auch vermögensverwaltende Kapitalgesellschaften fallen. Nach dem BMF-Schreiben vom 16.12.2003 BStBl I 2004, 40 fallen Private-Equity- und Venture-Capital-Gesellschaften nicht unter die Finanzunternehmen.

Die Steuerfreiheit wird versagt, wenn Finanzunternehmen i. S. d. KWG Anteile mit dem **Ziel der kurzfristigen Erzielung eines Eigenhandelserfolgs** erworben haben. Diese besondere Regelung gilt für Finanzunternehmen, auf die die Regelung über das Handelsbuch nicht anzuwenden ist. Das Merkmal »Erwerb der Anteile mit dem Ziel der kurzfristigen Erzielung eines Eigenhandelserfolgs« ist immer dann erfüllt, wenn die Anteile dem Umlaufvermögen zuzuordnen sind. Das Institut ist an seine Zuordnung gebunden (s. auch BMF vom 25.07.2002 BStBl I 2002, 712, C. II.).

1.2.3.2 Rechtslage ab VZ 2017

Durch das Gesetz zur Umsetzung der EU-Amtshilferichtlinie und von weiteren Maßnahmen gegen Gewinnkürzungen und -verlagerungen vom 20.12.2016 wird § 3 Nr. 40 Satz 3 und 4 neu gefasst und zu Satz 3 zusammengefasst.

§ 3 Nr. 40 Satz 1 Buchst. a, b und d–h EStG ist **nicht auf Anteile anzuwenden, die bei Kreditinstituten und Finanzdienstleistungsinstituten dem Handelsbestand i. S. d. § 340e** Abs. 3 HGB zuzuordnen sind.

Bisher war bei Kreditinstituten und Finanzdienstleistungsinstituten für die Abgrenzung, auf welche Anteile die Regelung anzuwenden ist, auf die Zuordnung zum Handelsbuch i. S. d. Kreditwesengesetzes, also auf aufsichtsrechtliche Grundsätze, abzustellen. Künftig ist § 3 Nr. 40 Satz 1 Buchst. a, b und d–h EStG nicht auf Anteile anzuwenden, die bei Kreditinstituten und Finanzdienstleistungsinstituten dem Handelsbestand i. S. d. Handelsgesetzbuchs zuzurechnen sind. Zum Handelsbestand i. S. d. Handelsgesetzbuchs zählen diejenigen Finanzinstrumente, die weder der Liquiditätsreserve noch dem Anlagebestand zuzuordnen sind (vgl. Entwurf eines Gesetzes zur Modernisierung des Bilanzrechts – BilMoG – BT-Drucks. 16/10067, 95). Dem Handelsbestand sind danach alle Finanzinstrumente zuzurechnen, die mit der Absicht einer kurzfristigen Erzielung eines Eigenhandelserfolges erworben werden (BT-Drucks. 16/12407, 92). Die Zuordnungsentscheidung zum Handelsbestand ist im Erwerbszeitpunkt und nicht erst am Bilanzstichtag zu treffen (vgl. § 247 Abs. 2 HGB). Die Zuordnung zum Eigenhandel muss nachprüfbar und in geeigneter Weise dokumentiert sein. Nach dem Rundschreiben des Bundesaufsichtsamts für das Kreditwesen 17/99 vom 08.12.1999 ist von einem grundsätzlichen Gleichlauf der bankenaufsichtsrechtlichen Abgrenzung des Handelsbuchs gegen das Anlagebuch mit der handelsrechtlichen Abgrenzung des Handelsbestands gegen Anlagevermögen und Liquiditätsreserve auszugehen. Im Grundsatz bedeutet diese Änderung daher nicht eine grundsätzliche Änderung des Anwendungsbereichs. Sie führt aber dazu, dass dort, wo ein Gleichlauf zwischen Handels- und Aufsichtsrecht nicht besteht, auf die handelsrechtlichen Grundsätze abzustellen ist. Dies betrifft z. B. die Umwidmung von Anteilen (BT-Drucks. 18/9536) aus dem Handelsbuch in das Anlagebuch bzw. die Umgliederung von Anteilen aus dem Handelsbestand.

Im Gegensatz zum Aufsichtsrecht sieht § 340e Abs. 3 Satz 2 und 3 HGB im Grundsatz eine Umgliederung in und aus dem Handelsbestand nicht vor. Durch das Abstellen auf den Handelsbestand und die Verknüpfung mit den Vorschriften des HGB werden Gestaltungen zur Erzielung von steuerlichen Vorteilen minimiert. § 340e Abs. 3 Satz 4 HGB lässt eine nachträgliche Einbeziehung von Finanzinstrumenten, die bereits zum Ansatzzeitpunkt dem Handelsbestand zugeordnet worden sind, in eine Bewertungseinheit zu. Bei Beendigung der Bewertungseinheit sind die betreffenden Finanzinstrumente wieder zum beizulegenden Zeitwert in den Handelsbestand umzugliedern. Im Fall der tatsächlichen Realisation von Verlusten und Gewinnen aus der Bewertungseinheit ist zu berücksichtigen, dass die Vorgänge nicht mehr unter Bewertungs-, sondern unter Realisationsgesichtspunkten zu beurteilen sind. Werden Grund- und Sicherungsgeschäft realisiert, können die Vorgänge konkret zugeordnet werden und die Gewinn- und Einkommensermittlungsvorschriften sowie die Vorschriften über die Verlustverrechnung sind anwendbar. Finanzinstrumente, die Teil einer Bewertungseinheit gem. § 254 HGB sind, unterliegen nicht der Bewertungsvorschrift des § 340e Abs. 3 HGB. Dies lässt aber deren erstmalige Zuordnung bei Erwerb zum Handelsbestand oder Anlagevermögen unberührt (§ 247 Abs. 2 HGB). Der unmittelbare Erwerb eines Finanzinstruments zur Absicherung von Risiken i. S. v. § 254 HGB kann gegen eine Handelsabsicht und damit gegen eine Zuordnung zum Handelsbestand sprechen.

Kreditinstitute sind Unternehmen, die Bankgeschäfte gewerbsmäßig oder in einem Umfang betreiben, der einen in kaufmännischer Weise eingerichteten Geschäftsbetrieb erfordern, § 1 Abs. 1 Satz 1 KWG. Der Begriff Bankgeschäft ist in § 1 Abs. 1 Satz 2 Nr. 1–12 KWG abschließend aufgezählt.

Finanzdienstleistungsinstitute sind Unternehmen, die Finanzdienstleistungen für andere gewerbsmäßig oder in einem Umfang erbringen, der einen in kaufmännischer Weise eingerichteten Geschäftsbetrieb erfordert, und kein Kreditinstitut sind, § 1 Abs. 1a KWG. Finanzdienstleistungen sind die Vermittlung von Geschäften über die Anschaffung und Veräußerung von Finanzinstrumenten (Anlagevermittlung). § 1 Abs. 1a Satz 2 Nr. 1 ff. KWG enthält eine Aufzählung dieser Finanzdienstleistungen.

Die von **Finanzunternehmen** erworbenen Anteile fallen bislang unter die Regelung des § 3 Nr. 40 Satz 3 und 4 EStG a.F., wenn sie zur kurzfristigen Erzielung eines Eigenhandelserfolgs erworben worden sind. Die Aufnahme von Finanzunternehmen in die Regelung sollte insbesondere verhindern, dass Kreditinstitute über Gestaltungen mit verbundenen Finanzunternehmen erreichen können, dass Erträge oder Veräußerungsgewinne aus Anteilen steuerfrei vereinnahmt werden können und nur verlustträchtige Anteile in dem Kreditinstitut selbst verbleiben. Es hat sich herausgestellt, dass die Regelung auf der anderen Seite aber Gestaltungen für Unternehmen, die keine Kreditinstitute sind, ermöglicht hat. Künftig fallen unter die Finanzunternehmen im Sinne dieser Vorschrift nur noch diejenigen Finanzunternehmen, an denen Kreditinstitute oder Finanzdienstleistungsinstitute unmittelbar oder mittelbar zu mehr als 50% beteiligt sind. Die Regelung des § 3 Nr. 40 Satz 3 EStG erhält damit die bei der Einführung der Regelung angestrebte bankenspezifische Ausrichtung. Es fallen künftig nur Finanzunternehmen aus dem Bankensektor unter die Regelung, da auch nur diese aufsichtsrechtlich zur Absicherung ihrer Geschäfte mit Aktien verpflichtet sind. Durch die Steuerpflicht der Erträge können die Verluste aus den notwendigerweise abzuschließenden Gegengeschäften steuerlich kompensiert werden.

Des Weiteren ist bei Finanzunternehmen zukünftig ebenfalls die zutreffende Zuordnung der Anteile zum Anlage- oder Umlaufvermögen im Zeitpunkt des Zugangs zum Betriebsvermögen maßgebend. Dadurch wird das unbestimmte Merkmal der »Absicht der kurzfristigen Erzielung eines Eigenhandelserfolgs« ersetzt. Für die Frage der zutreffenden Zuordnung zum Umlauf- bzw. Anlagevermögen gelten die allgemeinen handelsrechtlichen Grundsätze (§ 247 Abs. 2 HGB). Es kommt nicht darauf an, wie die Anteile tatsächlich bilanziert werden; die Regelung kann daher nicht durch eine unzutreffende Aktivierung umgangen werden. Für die Anwendung des § 3 Nr. 40 Satz 3 EStG bei Steuerpflichtigen, auf die die Grundsätze des HGB nicht unmittelbar Anwendung finden, kommt es darauf an, ob die Anteile dem Umlaufvermögen unter Beachtung der allgemeinen handelsrechtlichen Grundsätze zuzuordnen wären. Maßgebend sind die Verhältnisse zum Zeitpunkt des Zugangs der Anteile. Werden also Anteile von einem Finanzunternehmen erworben, an dem im Zeitpunkt des Zugangs der Anteile Kreditinstitute oder Finanzdienstleistungsinstitute unmittelbar oder mittelbar zu mehr als 50% beteiligt sind und sind diese Anteile dem Handelsbestand i.S.d. § 340e Abs. 3 HGB zuzuordnen, ist auf diese Anteile § 8b Abs. 1 Sätze 1 und 2 KStG anzuwenden. Die Rechtsfolgen des § 3 Nr. 40 Satz 3 EStG sind für diese Anteile daher auch dann zu beachten, wenn die Beteiligung der Kreditinstitute oder Finanzdienstleistungsinstitute an dem Finanzunternehmen zu einem späteren Zeitpunkt (z.B. im Zeitpunkt der Veräußerung oder Ausschüttung) weniger als 50% beträgt.

Umgliederungen in das bzw. aus dem Anlagevermögen sind handelsrechtlich grundsätzlich zulässig, wenn sich die Zweckbestimmung des Vermögensgegenstands ändert. Die Umgliederungen haben aber keine Auswirkungen auf die Anwendung des § 3 Nr. 40 Satz 3 EStG, da zukünftig nur noch auf die Zuordnung im Zeitpunkt des Zugangs zum Betriebsvermögen abgestellt wird (BT-Drucks. 18/9536). Gestaltungen durch mögliche Umgliederungen werden dadurch vermieden. Die Formulierung stellt auf den Zugang der Anteile zum Betriebsvermögen ab. Damit ist sowohl der tatsächliche, entgeltliche oder unentgeltliche Erwerb gemeint. Ebenso bewirkt ein rechtlicher Vorgang, der wie ein Erwerb wirkt, einen Zugang zum Betriebsvermögen. Daher erfasst § 3 Nr. 40 Satz 3 EStG nicht nur Anteile, die durch einen »klassischen Erwerbsvorgang« erworben werden, sondern z.B. auch Anteile, die aus Kapitalerhöhungen resultieren.

1.2.3.3 Einbeziehung in das Handelsbuch

Die Einbeziehung in das Handelsbuch hat nach Art 104 VO EU 575/2013 nach klar definierten Grundsätzen und Verfahren des Instituts zu erfolgen. Die Einhaltung dieser Grundsätze und Verfahren ist vollständig zu dokumentieren und einer regelmäßigen internen Prüfung zu unterziehen. Im Regelfall wird die Finanzverwaltung dem tatsächlichen Ansatz im Handelsbuch auch steuerlich folgen. Aus einer falschen Zuordnung können jedoch steuerliche Konsequenzen gezogen werden, d. h. der falsche Ansatz ist ggf. in der Steuerbilanz entsprechend zu korrigieren. Wertpapiere der handelsrechtlichen Liquiditätsreserve (§ 340f Abs. 1 Satz 1 HGB) sind grundsätzlich dem Anlagebuch zuzuordnen. Sie können dem Handelsbuch zugeordnet werden, wenn die allgemeinen Zuordnungskriterien erfüllt sind und die Institute die Zuordnung intern dokumentieren.

1.2.4 Anwendung des Teileinkünfteverfahrens für Beteiligungserträge aus Beteiligungen an Unterstützungskassen (§ 3 Nr. 40 Satz 4 EStG n. F.)

Für Zuwendungen eines Trägerunternehmens an eine Unterstützungskasse sieht § 4d EStG einen vollen Betriebsausgabenabzug vor. Führt eine solche Zuwendung der Unterstützungskasse zu einer Vermögensmehrung beim Trägerunternehmen, ist nach § 3 Nr. 40 Satz 4 EStG die Anwendung des Teileinkünfteverfahrens ausgeschlossen, da sonst die Vermögensmehrung nur zu 60 % steuerpflichtig wäre, während dem Trägerunternehmen ein voller Betriebsausgabenabzug gewährt worden ist.

1.2.5 Anwendung des Teileinkünfteverfahrens bei Veräußerungsgewinnen i. S. d. § 17 EStG

Die Einschränkung des sog. Teileinkünfteverfahrens auf betriebliche Einkünfte und auf Einkünfte aus Vermietung und Verpachtung gilt nur für die Einnahmen i. S. d. § 3 Nr. 40 Buchst. d ff. EStG, also für laufende Einnahmen. Für private Veräußerungsgewinne i. S. d. § 17 EStG bleibt es bei der Anwendung des Teileinkünfteverfahrens (s. § 3 Nr. 40 Buchst. c EStG).

1.3 Auswirkungen auf andere Vorschriften

1.3.1 Abzugsverbot nach § 3c Abs. 2 EStG

Korrespondierend zum Halb-/Teileinkünfteverfahren ist das hälftige (ab VZ 2009 das 40 %ige) Abzugsverbot nach § 3c Abs. 2 EStG zu beachten. Während § 3 Nr. 40 EStG die Hälfte (ab VZ 2009 40 %) der dort genannten Einnahmen steuerfrei stellt, regelt § 3c Abs. 2 Satz 1 EStG ein hälftiges (ab VZ 2009 ein 40 %iges) Abzugsverbot für die damit zusammenhängenden Ausgaben. Betriebsvermögensminderungen, Betriebsausgaben, Veräußerungskosten oder Werbungskosten, die mit den dem § 3 Nr. 40 EStG zugrunde liegenden Betriebsvermögensmehrungen oder Einnahmen in wirtschaftlichem Zusammenhang stehen, dürfen unabhängig davon, in welchem VZ die Betriebsvermögensmehrungen oder Einnahmen anfallen, bei der Ermittlung der Einkünfte nur zu 60 % abgezogen werden. Entsprechendes gilt, wenn bei der Ermittlung der Einkünfte der Wert des BV oder des Anteils am BV oder die Anschaffungs-

oder Herstellungskosten oder der an deren Stelle tretende Wert mindernd zu berücksichtigen sind.

Die Regelung des § 3c Abs. 2 Satz 1 EStG ist auch für Betriebsvermögensminderungen oder Betriebsausgaben im Zusammenhang mit einer Darlehensforderung oder aus der Inanspruchnahme von Sicherheiten anzuwenden, die für ein Darlehen hingegeben wurden. Dies gilt dann, wenn das Darlehen oder die Sicherheit von einem Steuerpflichtigen gewährt wird, der zu mehr als einem Viertel unmittelbar oder mittelbar am Grund- oder Stammkapital der Körperschaft, der das Darlehen gewährt wurde, beteiligt ist oder war, § 3c Abs. 2 Satz 2 EStG. Dies gilt wiederum nicht, wenn nachgewiesen wird, dass auch ein fremder Dritter das Darlehen bei sonst gleichen Umständen gewährt oder noch nicht zurückgefordert hätte; dabei sind nur die eigenen Sicherungsmittel der Körperschaft zu berücksichtigen, § 3c Abs. 2 Satz 3 EStG. Die Sätze 2 und 3 des § 3c Abs. 2 EStG gelten entsprechend für Forderungen aus Rechtshandlungen, die einer Darlehensgewährung wirtschaftlich vergleichbar sind. Gewinne aus dem Ansatz des nach § 6 Abs. 1 Nr. 2 Satz 3 EStG maßgeblichen Werts bleiben bei der Ermittlung der Einkünfte außer Ansatz, soweit auf die vorangegangene Teilwertabschreibung Satz 2 angewendet worden ist, § 3c Abs. 2 Satz 5 EStG.

Der BFH hat mit seinen beiden Urteilen vom 18.04.2012, X R 5/10 (BStBl II 2013, 785) und X R 7/10 (BStBl II 2013, 791) entschieden, dass § 3c Abs. 2 EStG auf Substanzverluste von im Betriebsvermögen gehaltenen Darlehensforderungen, wie bei Teilwertabschreibungen oder Forderungsverzichten, unabhängig davon keine Anwendung findet, ob die Darlehensgewährung selbst gesellschaftsrechtlich veranlasst ist oder war, denn Darlehensforderungen sind selbständige Wirtschaftsgüter, die von der Kapitalbeteiligung als solcher zu unterscheiden sind. Darüber hinaus hat der BFH mit Urteil vom 28.02.2013, IV R 49/11 (BStBl II 2013, 802) entschieden, dass das Teilabzugsverbot des § 3c Abs. 2 EStG in Betriebsaufspaltungsfällen grundsätzlich für laufende Aufwendungen bei Wirtschaftsgütern (z.B. Maschinen, Einrichtungsgegenständen oder Gebäuden) anzuwenden ist, soweit das betreffende Wirtschaftsgut verbilligt an die Betriebskapitalgesellschaft überlassen wird. Trotz dieser grundsätzlichen Anwendbarkeit des Teilabzugsverbots gilt dieses nach Ansicht des BFH gleichwohl nicht für solche laufenden Aufwendungen, die sich auf die Substanz der dem Betriebsvermögen zugehörigen und zur Nutzung an die Betriebskapitalgesellschaft überlassenen Wirtschaftsgüter beziehen; das Teilabzugsverbot gilt hier insbes. nicht für Absetzungen für Abnutzung (AfA) und für Erhaltungsaufwendungen in Bezug auf die überlassenen Wirtschaftsgüter.

1.3.2 Auffassung des BMF zur Anwendung der BFH-Rechtsprechung (BStBl I 2013, 1269), Rechtslage bis 31.12.2014

1.3.2.1 Aufwendungen für die Überlassung von Wirtschaftsgütern an eine Kapitalgesellschaft, an der der Überlassende beteiligt ist

Für die Frage, ob die laufenden Aufwendungen, die im Zusammenhang mit der Überlassung von Wirtschaftsgütern an Kapitalgesellschaften, an der der Überlassende beteiligt ist (insbes. in Fällen einer Betriebsaufspaltung), entstehen, ganz oder gem. § 3c Abs. 2 EStG nur anteilig als Betriebsausgaben abgezogen werden können, ist der Veranlassungszusammenhang mit voll oder nach § 3 Nr. 40 EStG nur teilweise zu besteuernden Betriebsvermögensmehrungen maßgeblich. Laufende Aufwendungen, beispielsweise im Fall der Überlassung von Grundstücken, stellen insbes. Aufwendungen für Strom, Gas, Wasser, Heizkosten, Gebäudereinigungskosten, Versicherungsbeiträge und Finanzierungskosten dar.

Erfolgt die **Überlassung** der im Betriebsvermögen gehaltenen Wirtschaftsgüter an die (Betriebs-)Kapitalgesellschaft vollentgeltlich, d.h. **zu fremdüblichen Konditionen**, ist § 3c Abs. 2 EStG nicht anwendbar, weil die Aufwendungen in erster Linie mit den vereinbarten Miet- oder Pachtzinsen und nicht mit den erwarteten Beteiligungserträgen (Gewinnausschüttungen/Dividenden und Gewinnen aus einer zukünftigen Veräußerung oder Entnahme des Anteils) in Zusammenhang stehen.

Erfolgt die **Überlassung** der im Betriebsvermögen gehaltenen Wirtschaftsgüter an die (Betriebs-)Kapitalgesellschaft dagegen **aus gesellschaftsrechtlichen Gründen unentgeltlich oder teilentgeltlich**, d.h. zu nicht fremdüblichen Konditionen, ist insoweit grundsätzlich § 3c Abs. 2 EStG anzuwenden, weil in diesem Fall die Aufwendungen ganz oder teilweise mit den aus der (Betriebs-)Kapitalgesellschaft erwarteten Einkünften des Gesellschafters, nämlich den Beteiligungserträgen in Form von Gewinnausschüttungen/Dividenden und den Gewinnen aus einer zukünftigen Veräußerung oder Entnahme des Anteils zusammenhängen. Werden Wirtschaftsgüter teilentgeltlich überlassen, ist eine Aufteilung in eine voll entgeltliche und eine unentgeltliche Überlassung vorzunehmen. Die Aufteilung muss dabei im Verhältnis der vereinbarten Konditionen zu den fremdüblichen Konditionen unter ansonsten gleichen Verhältnissen vorgenommen werden. Die fehlende Fremdüblichkeit und damit die Teilentgeltlichkeit beruhen im Regelfall auf einem zu niedrigen Pachtentgelt. Als Aufteilungsmaßstab ist in diesen Fällen grundsätzlich das Verhältnis des tatsächlich gezahlten Pachtentgelts zum fremdüblichen Pachtentgelt heranzuziehen (vgl. BFH vom 28.02.2013, IV R 49/11, BStBl II 2013, 802 und vom 17.07.2013, X R 17/11, BStBl II 2013, 817).

Das Teilabzugsverbot des § 3c Abs. 2 EStG gilt dagegen nicht für solche **laufenden Aufwendungen**, die sich auf die **Substanz der dem Betriebsvermögen zugehörigen**, zur Nutzung an die (Betriebs-)Kapitalgesellschaft **überlassenen Wirtschaftsgüter beziehen**; das Teilabzugsverbot gilt hier insbes. nicht für AfA und für Erhaltungsaufwendungen (vgl. BFH vom 28.02.2013, IV R 49/11, BStBl II 2013, 802). **Finanzierungskosten** bezüglich der überlassenen Wirtschaftsgüter wie etwa Zinsaufwendungen können allerdings kein substanzbezogener Aufwand sein, da in vollem Umfang steuerpflichtige Substanzgewinne insoweit nicht vorliegen können. Der Finanzierungsaufwand z.B. für ein Grundstück, das an die (Betriebs-) Kapitalgesellschaft überlassen wird, unterliegt damit bei einer teilentgeltlichen oder unentgeltlichen Überlassung dem Teilabzugsverbot des § 3c Abs. 2 EStG.

1.3.2.2 Substanzverluste und Substanzgewinne sowie sonstige Aufwendungen bezüglich im Betriebsvermögen gehaltener Darlehensforderungen

Ein Darlehen, das einer Kapitalgesellschaft gewährt wird, an der der Darlehensgeber beteiligt ist, kann dem Betriebsvermögen des Darlehensgebers zuzuordnen sein. Die Beteiligung an der Kapitalgesellschaft und die Darlehensforderung stellen jeweils selbstständige Wirtschaftsgüter dar, die getrennt auszuweisen und einzeln zu bewerten sind.

§ 3c Abs. 2 EStG findet auf **Substanzverluste von im Betriebsvermögen gehaltenen Darlehensforderungen** wie bei Teilwertabschreibungen oder Forderungsverzichten unabhängig davon keine Anwendung, ob die Darlehensgewährung selbst gesellschaftsrechtlich veranlasst ist oder war, denn Darlehensforderungen sind selbständige Wirtschaftsgüter, die von der Kapitalbeteiligung als solcher zu unterscheiden sind. Deshalb sind Substanzverluste getrennt nach den für das jeweilige Wirtschaftsgut zur Anwendung kommenden Vorschriften zu beurteilen. Da Substanzgewinne aus einer Wertsteigerung oder Veräußerung einer im Betriebsvermögen gehaltenen Darlehensforderung voll steuerpflichtig sind, kann umgekehrt das Teilabzugsverbot des § 3c Abs. 2 EStG auch nicht Substanzverluste von Darlehensforderungen erfassen (vgl. BFH vom 18.04.2012, X R 5/10, BStBl II 2013, 785 und X R 7/10, BStBl II 2013, 791).

Liegen in späteren Wirtschaftsjahren die Voraussetzungen für den niedrigeren Teilwert nicht mehr vor, ist für die zunächst auf den niedrigeren Teilwert abgeschriebene Darlehensforderung eine **Wertaufholung** gem. § 6 Abs. 1 Nr. 2 Satz 3 EStG vorzunehmen. Diese Wertaufholung ist in vollem Umfang steuerpflichtig, weil die vorausgehende Wertminderung ihrerseits nicht dem Teilabzugsverbot des § 3c Abs. 2 EStG unterfiel.

Finanzierungskosten bezüglich der gewährten Darlehensforderungen wie etwa Zinsaufwendungen können allerdings kein substanzbezogener Aufwand sein, da in vollem Umfang steuerpflichtige Substanzgewinne insoweit nicht vorliegen können. Der Finanzierungsaufwand für ein Darlehen unterliegt damit bei einer teilentgeltlichen oder unentgeltlichen Darlehensgewährung dem Teilabzugsverbot des § 3c Abs. 2 EStG.

Nach dem Grundsatz der Abschnittsbesteuerung ist für jeden Veranlagungszeitraum zu prüfen, ob und ggf. durch welche Einkunftsart oder Einnahmen die geltend gemachten Aufwendungen (vorrangig) veranlasst sind (vgl. BFH vom 28.02.2013, IV R 49/11, BStBl II 2013, 802). Insoweit kann es zu einem steuerrechtlich zu berücksichtigenden **Wechsel des Veranlassungszusammenhangs** kommen. Der für die unter 1.3.2.1 und 1.3.2.2 vorzunehmende Einordnung maßgebliche Veranlassungszusammenhang hinsichtlich des überlassenen Wirtschaftsguts oder des gewährten Darlehens kann sich demnach ändern. Das ist z. B. dann der Fall, wenn sich mit dem Abschluss einer Vereinbarung über den künftigen Verzicht auf Erhebung eines marktüblichen Miet- oder Pachtzinses ein Übergang von einer voll entgeltlichen Überlassung zu einer voll unentgeltlichen Überlassung vollzieht.

Werden die Pachtentgelte zunächst zu fremdüblichen Bedingungen vereinbart, verzichtet der Verpächter aber zu einem späteren Zeitpunkt auf noch nicht entstandene (künftige) Pachtforderungen ganz oder teilweise, ist darauf abzustellen, ob der Verzicht betrieblich (durch das Pachtverhältnis) veranlasst ist oder auf dem Gesellschaftsverhältnis beruht. Ein (teilweiser) Verzicht ist z. B. dann betrieblich veranlasst, wenn die vergleichbaren marktüblichen Pachtentgelte generell gesunken sind und fremde Dritte eine Pachtanpassung vereinbart hätten oder wenn der Verzicht im Rahmen von Sanierungsmaßnahmen, an denen auch gesellschaftsfremde Personen teilnehmen, zeitlich befristet ausgesprochen wird (vgl. BFH vom 28.02.2013, IV R 49/11, BStBl II 2013, 802). War der Verzicht des Verpächters dagegen durch das Gesellschaftsverhältnis veranlasst, weil ein fremder Dritter den vereinbarten Verzicht weder in zeitlicher Hinsicht noch der Höhe nach akzeptiert hätte, sondern weiterhin auf der Zahlung des vereinbarten Pachtentgelts bestanden hätte oder ansonsten das Pachtverhältnis beendet hätte, unterliegen die mit der Nutzungsüberlassung zusammenhängenden Aufwendungen nach dem Wechsel des Veranlassungszusammenhangs in voller Höhe – bei teilweisem Verzicht anteilig – dem Teileinkünfteverfahren (vgl. BFH vom 28.02.2013, IV R 49/11, BStBl II 2013, 802). Entsprechendes gilt, wenn bei einer Darlehensgewährung (s. 1.3.2.2) ganz oder teilweise auf künftige Darlehenszinsen verzichtet wird.

1.3.2.3 Rückgriffsforderung aus einer Bürgschaftsinanspruchnahme

In der Praxis erfolgt insbes. in den Fällen einer Betriebsaufspaltung häufig eine Gestellung von Sicherheiten des Besitzunternehmens in Form einer Bürgschaftserklärung für die Verbindlichkeiten der Betriebsgesellschaft. Für die Aufwendungen im Zusammenhang mit der Bürgschaftsinanspruchnahme sind die unter 1.3.2.1 bis 1.3.2.3. dargestellten Grundsätze sinngemäß anzuwenden. Entsprechendes gilt bei der Gestellung anderer Sicherheiten.

1.3.2.4 Besonderheiten bei einnahmelosen Kapitalbeteiligungen

Nach § 3c Abs. 2 Satz 2 EStG ist für die Anwendung des § 3c Abs. 2 Satz 1 EStG die Absicht zur Erzielung von Betriebsvermögensmehrungen oder Einnahmen i. S. d. § 3 Nr. 40 EStG ausreichend. Fehlt es vollständig an Einnahmen, ist § 3c Abs. 2 Satz 1 EStG für Veranlagungszeiträume ab 2011 anzuwenden und der angefallene Erwerbsaufwand deshalb nur teilweise abziehbar. Die Grundsätze des BFH-Urteils vom 25.06.2009 (IX R 42/08, BStBl II 2010, 220), wonach das Teilabzugsverbot des § 3c Abs. 2 EStG auf Erwerbsaufwendungen im Falle von vollständig einnahmelosen Beteiligungen keine Anwendung findet, sind für Veranlagungszeiträume bis einschließlich 2010 zu beachten.

Bei der Beurteilung der Frage, ob eine Kapitalbeteiligung einnahmelos ist, sind Einnahmen aus der Zeit des Anrechnungsverfahrens außer Acht zu lassen. Der BFH hat seine diesbezügliche Entscheidung vom 06.04.2011 (BStBl II 2011, 814) damit begründet, dass ein Systembruch zwischen Anrechnungsverfahren einerseits und Halb-/Teileinkünfteverfahren andererseits bestehe, und jeglicher Kombination zwischen beiden Verfahren eine Absage erteilt. Das Urteil ist zwar zu Einkünften nach § 17 EStG ergangen, die Begründung trifft jedoch bei allen Einkunftsarten zu, so dass die Rechtsfolgen auch bei im Betriebsvermögen gehaltenen Beteiligungen eintrete (s. OFD Frankfurt/M vom 27.09.2018, A – 007 – St 213).

1.3.3 Rechtslage ab 01.01.2015

Für Wirtschaftsjahre, die nach dem 31.12.2014 beginnen, ist die gesetzliche Neuregelung des § 3c Abs. 2 Sätze 2–6 EStG zu beachten. Nach § 3c Abs. 2 Satz 2 EStG sind Betriebsvermögensminderungen oder Betriebsausgaben im Zusammenhang mit einer Darlehensforderung oder der Inanspruchnahme aus einer hierfür gegebenen Sicherheit bei einem Steuerpflichtigen, der zu mehr als einem Viertel unmittelbar oder mittelbar am Grund- oder Stammkapital der Körperschaft, der das Darlehen gewährt wurde, beteiligt ist, nur zu 60 % abzugsfähig. Damit wird ab diesem Zeitpunkt abweichend von dem vorstehenden BMF-Schreiben vom 23.10.2013 auch die Substanz entsprechender Darlehen vom Abzugsverbot des § 3c Abs. 2 EStG erfasst.

Zudem wird durch § 3c Abs. 2 Satz 3 EStG die Nachweispflicht für die Fremdüblichkeit dem Steuerpflichtigen auferlegt. Durch § 3c Abs. 2 Satz 6 EStG wird darüber hinaus sichergestellt, dass das Teilabzugsverbot auch für die Betriebsvermögensminderungen, Betriebsausgaben (inkl. substanzbezogener Aufwendungen wie AfA, Erhaltungsaufwendungen) oder Veräußerungskosten im Zusammenhang mit der Überlassung von Wirtschaftsgütern an eine Kapitalgesellschaft gilt, an der der Überlassende zu mehr als 25 % unmittelbar oder mittelbar beteiligt ist oder war, wenn diese Überlassung aus gesellschaftsrechtlichen Gründen zu nicht fremdüblichen Konditionen erfolgt (z. B. Überlassung von Wirtschaftsgütern im Rahmen einer Betriebsaufspaltung), s. OFD Frankfurt/M. vom 27.09.2018, S 2128 A – 007 – St 213.

1.3.4 Verhältnis zur Kapitalertragsteuer

Der KapSt-Abzug, der ungeachtet des § 3 Satz 1 Nr. 40 EStG erhoben wurde (s. § 43 Abs. 1 Satz 3 EStG), kann i. R. d. Veranlagung in voller Höhe angerechnet werden (s. § 36 Abs. 2 Nr. 2 Satz 1 EStG). Bei beschränkt stpfl. AE ist die ESt i. d. R. durch den KapSt-Abzug abgegolten (s. § 50 Abs. 2 Satz 1 EStG).

1.3.5 Folgen des Halb-/Teileinkünfteverfahrens für außerordentliche Einkünfte i. S. d. § 34 EStG

Als außerordentliche Einkünfte kommen nach § 34 Abs. 2 Nr. 1 EStG nur Veräußerungsgewinne i. S. d. §§ 14, 14 a Abs. 1, der §§ 16 und 18 Abs. 3 EStG, mit Ausnahme des stpfl. Teils der Veräußerungsgewinne, die nach § 3 Nr. 40 Buchst. b i. V. m. § 3c Abs. 2 teilweise steuerbefreit sind, in Betracht. Hierdurch wird eine Doppelbegünstigung durch die teilweise Freistellung durch § 3 Nr. 40 EStG und durch eine ermäßigte Besteuerung nach § 34 EStG derselben Einnahmen/Einkünfte vermieden. Greift also das Halb-/Teileinkünfteverfahren für Veräußerungs- und Entnahmegewinne, ist § 34 EStG nicht auf den stpfl. Teil anzuwenden. Für den Veräußerungspreis i. S. d. § 16 Abs. 2 EStG bedeutet dies, dass er nur insoweit begünstigt ist, als er nicht auf Anteile an Kapitalgesellschaften entfällt.

1.3.6 Anrechnung ausländischer Steuer (§ 34c EStG)

Ausländische Quellensteuern (Kapitalertragsteuern), die auf die in Deutschland nach § 3 Nr. 40 Buchst. d EStG zur Hälfte/zum Teil steuerpflichtige ausländische Dividenden entfallen, sind im Rahmen der Höchstgrenze des § 34c Abs. 1 EStG insgesamt und nicht nur anteilig anrechenbar.

1.4 Verfahrensproblem bei Personengesellschaften

Gem. §§ 179, 180 Abs. 1 Nr. 2 Buchst. a AO ist der auf den einzelnen Mitunternehmer entfallende stpfl. Anteil u. E. verbindlich im Verfahren zur einheitlichen und gesonderten Feststellung i. S. d. Nettomethode festzustellen. Dies widerspricht zwar der derzeitigen Verwaltungsauffassung, die sich lediglich an der Verwendung der fraglichen Vordrucke (Anlage FE bzw. Gewerbesteuererklärung) orientiert. Dieses Bruttoverfahren funktioniert insbes. dann nicht, wenn die Steuerbefreiung nach § 3 Nr. 40 EStG und nach § 8b KStG auf die Gewerbesteuerberechnung der Personengesellschaft durchschlägt.

Der BFH hat sich mit seinem Urteil vom 09.08.2006 (BStBl II 2007, 838) jedoch eindeutig für die Nettomethode entschieden. In einem weiteren Urteil vom 18.07.2012 (X R 28/10, BStBl II 2013, 444) führt der BFH aus, dass die Einkünfte, die dem Halb- oder Teileinkünfteverfahren unterliegen, in voller Höhe (»brutto«) festgestellt werden können, sofern aus den weiteren Feststellungen des Bescheids für einen verständigen Empfänger zweifelsfrei erkennbar ist, dass zur Ermittlung der steuerpflichtigen Einkünfte unter Anwendung der §§ 3 Nr. 40, 3c Abs. 2 EStG ein zusätzlicher Rechenschritt notwendig ist.

2 Tatbestände des § 3 Nr. 40 EStG

2.1 Tatbestände des § 3 Nr. 40 Buchst. a EStG

2.1.1 Veräußerung von Anteilen an einer Kapitalgesellschaft, die zum Betriebsvermögen gehören

Die Veräußerung von Anteilen an einer Kapitalgesellschaft, die zu einem inländischen BV einer Personengesellschaft oder eines Einzelunternehmens gehören, ist grundsätzlich stpfl. und erhöht den laufenden Gewinn des Unternehmens. Nach § 3 Nr. 40 Satz 1 Buchst. a EStG wird der Erlös, der bei der Veräußerung erzielt wird, i. H. v. 40 % (bis VZ 2008 zur Hälfte) steuerfrei gestellt. Der Gesetzgeber ließ sich von dem Gedanken leiten, dass eine Anteilsveräußerung mit einer Totalausschüttung zu vergleichen sei. Die teilweise Steuerfreistellung soll die steuerliche Vorbelastung durch die Definitivbesteuerung der Kapitalgesellschaft auf der Ebene des Anteilseigners ausgleichen.

Da es sich um ein Halb-/Teileinkünfteverfahren handelt, sind die mit der Veräußerung in Zusammenhang stehenden Aufwendungen (Betriebsvermögensminderungen, Betriebsausgaben, Veräußerungskosten) nach § 3c Abs. 2 EStG nur anteilig abzugsfähig.

Zur Ermittlung des Veräußerungsgewinns wird in einem ersten Schritt der erzielte Kaufpreis anteilig steuerfrei gestellt. Danach werden der Buchwert der Beteiligung und die Veräußerungskosten abgezogen, wobei der Abzug nach § 3c Abs. 2 EStG auf den stpfl. Teil beschränkt ist.

BEISPIEL

A verkauft im **VZ 2024** seine bisher im BV seines Einzelunternehmens gehaltene Beteiligung an der Z-GmbH, die mit einem Buchwert von 100 000 € bilanziert ist, zu einem Preis von 200 000 €. Veräußerungskosten sind i. H. v. 10 000 € entstanden.

LÖSUNG

Veräußerungspreis	200 000 €	
Steuerfrei 40 % nach § 3 Nr. 40 Buchst. a EStG	./. 80 000 €	
Stpfl. Teil		120 000 €
Buchwert	100 000 €	
Abzugsfähig 60 % nach § 3c Abs. 2 EStG	./. 60 000 €	./. 60 000 €
Nicht abzugsfähig	40 000 €	
Veräußerungskosten	10 000 €	
Abzugsfähig 60 % nach § 3c Abs. 2 EStG	./. 6 000 €	./. 6 000 €
Nicht abzugsfähig	4 000 €	
Stpfl. Veräußerungsgewinn		54 000 €

Hinweis: Die Steuerpflicht erstreckt sich auch auf die Gewerbesteuer.

Die Begünstigung tritt auch dann ein, wenn Anteile an einer Organgesellschaft i. S. d. §§ 14 oder 17 KStG veräußert werden (§ 3 Nr. 40 Buchst. a und b Satz 1 EStG).

2.1.2 Entnahme von Anteilen an einer Kapitalgesellschaft, die zum Betriebsvermögen gehören (§ 4 Nr. 40 Buchst. a Satz 1 EStG)

Auch die Entnahme von Anteilen an einer Kapitalgesellschaft wird nach § 3 Nr. 40 Buchst. a EStG begünstigt. Die Ermittlung des Entnahmegewinns erfolgt nach den allgemeinen Grundsätzen.

BEISPIEL

Der Einzelunternehmer B hat seit Jahren Aktien der Y-AG mit einem Buchwert von 80 000 € aktiviert. In **2024** überführt er die Aktien, die zu diesem Zeitpunkt einen Börsenkurs von 120 000 € verzeichnen, in sein Privatvermögen.

LÖSUNG

Teilwert (§ 6 Abs. 1 Nr. 4 Satz 1 EStG) = Kurswert		120 000 €		
Steuerfrei 40 % nach § 3 Nr. 40 Buchst. a EStG	./.	48 000 €		
Stpfl. Teil				72 000 €
Buchwert		80 000 €		
Abzugsfähig 60 % nach § 3c Abs. 2 EStG	./.	48 000 €	./.	48 000 €
Nicht abzugsfähig		32 000 €		
Stpfl. Entnahmegewinn				24 000 €

2.1.3 Teilwertabschreibungen/Zuschreibungen

I. R. d. Teileinkünfteverfahrens sind Erlöse aus der Veräußerung von zum BV gehörenden Anteilen an Kapitalgesellschaften sowie Erträge in Zusammenhang mit einer Zuschreibung i. S. v. § 6 Abs. 1 Nr. 2 Satz 3 EStG (sog. Wertaufholung) gem. § 3 Nr. 40 Buchst. a Satz 1 EStG anteilig steuerfrei.

Teilwertabschreibungen auf die Anteile sowie der bei Veräußerung der Anteile gewinnmindernd auszubuchende Buchwert der Anteile sind gem. § 3c Abs. 2 Satz 1 EStG nur anteilig abzugsfähig.

BEISPIEL

A bilanziert in seinem Einzelunternehmen Anteile an der A-GmbH (Wj. = Kj.). Der Bilanzansatz der Anteile entwickelt sich wie folgt:

Anschaffungskosten 1997		150 000 €
Teilwertabschreibung 2009	./.	50 000 €
Wertaufholung 2014	+	30 000 €
Buchwert bei Veräußerung am 30.08.2024		130 000 €
Veräußerungserlös		160 000 €

LÖSUNG

2009: Die Teilwertabschreibung in 2009 ist zu 60 % abzugsfähig = 30 000 € (§ 3c Abs. 2 EStG).

2014: Die Wertaufholung in 2014 ist zu 40 % steuerfrei = 12 000 € (§ 3 Nr. 40 Buchst. a Satz 1 EStG).

2024: Ermittlung des Veräußerungsgewinns:

Veräußerungserlös		160 000 €
Steuerfrei 40 % von 160 000 € nach § 3 Nr. 40 Buchst. a EStG	./.	64 000 €
Buchwert 60 % von 130 000 € nach § 3c Abs. 2 EStG	./.	78 000 €
Stpfl. Veräußerungsgewinn		18 000 €

Soweit jedoch vor dem Systemwechsel; sofern die Kapitalgesellschaft, deren Anteile abgeschrieben werden, steuerlich voll abzugsfähige Teilwertabschreibungen auf die Anteile vorgenommen worden sind, die auch nicht durch eine nachfolgende voll stpfl. Wertaufholung rückgängig gemacht worden sind (steuerliches Wertaufholungsgebot ab 1999), ist eine Sonderregelung zu beachten. Nach § 3 Nr. 40 Buchst. a Satz 2 EStG ist der Ertrag aus der Wertaufholung bzw. der Veräußerungserlös bis zur Höhe der in der Vergangenheit vorgenommenen Teilwertabschreibung in voller Höhe (und nicht nur anteilig) stpfl.

BEISPIELE

a) A bilanziert in seinem Einzelunternehmen Anteile an der A-GmbH (Wj. = Kj.). Der Bilanzansatz der Anteile entwickelt sich wie folgt:

Anschaffungskosten 1997		150 000 €
Teilwertabschreibung 1998	./.	50 000 €
Wertaufholung 2014	+	30 000 €
Buchwert bei Veräußerung am 30.08.2024		130 000 €
Veräußerungserlös		140 000 €

LÖSUNG

1998: Die Teilwertabschreibung ist voll abzugsfähig ./. 50 000 €.

2014: Der Ertrag aus der Wertaufholung 2014 i. H. v. 30 000 € ist wegen der vorangegangenen gewinnmindernden Teilwertabschreibung voll stpfl. (§ 3 Nr. 40 Buchst. a Satz 2 EStG).

Veräußerungsgewinn 2024

Veräußerungserlös		140 000 €		
Stpfl. wegen vorheriger Teilwertabschreibung nach § 3 Nr. 40 Buchst. a Satz 2 EStG	./.	20 000 €		20 000 €
Zwischensumme		120 000 €		
Steuerfrei 40 % von 120 000 €		48 000 €		
Stpfl.				72 000 €
Buchwert 60 % von 130 000 € nach § 3c Abs. 2 Satz 1 EStG			./.	78 000 €
Stpfl. Veräußerungsgewinn				14 000 €

b) B bilanziert in seinem Einzelunternehmen Anteile an der A-GmbH (Wj. = Kj.). Der Bilanzansatz der Anteile entwickelt sich wie folgt:

Anschaffungskosten 1997		150 000 €
Teilwertabschreibung 2009	./.	50 000 €
Wertaufholung 2014	+	30 000 €
Buchwert bei Veräußerung am 30.08.2022		130 000 €
Veräußerungserlös		140 000 €

LÖSUNG
2009: Die Teilwertabschreibung ist im VZ 2009 zu 60% abzugsfähig=30000 € (§ 3c Abs. 2 Satz 1 EStG).
2014: Die Wertaufholung ist im VZ 2014 ist zu 40% steuerfrei=12000 € (§ 3 Nr. 40 Buchst. a Satz 1 EStG).
Veräußerungsgewinn 2024

Veräußerungserlös		140000 €
Steuerfrei 40 % nach § 3 Nr. 40 Buchst. a Satz 1 EStG	./.	56000 €
Stpfl.		84000 €
Buchwert 60 % nach § 3c Abs. 2 Satz 1 EStG	./.	78000 €
Stpfl. Veräußerungsgewinn		6000 €

2.1.3.1 Reihenfolgeproblem

Bei einer Teilwertaufholung für Anteile an Körperschaften während der Geltung des Teileinkünfteverfahrens ergibt sich ein Reihenfolgeproblem, wenn vorangegangene Teilwertabschreibungen auf diese Anteile sowohl steuerwirksam (während der Geltung des Anrechnungsverfahrens) als auch steuerlich nicht bzw. nur anteilig nicht abzb. (i. R. d. Halb-/Teileinkünfteverfahrens) vorgenommen wurden. Hierzu vertrat die Verwaltung (u. a. OFD Frankfurt vom 22.11.2006 S 2750 a A – 8 – St 52) die nachfolgend dargestellte Auffassung:

»Teilwertaufholungen sind im Anwendungsbereich der Vorschriften des § 3 Nr. 40 Satz 1 Buchst. a Satz 2 EStG und des § 8b Abs. 2 Satz 4 KStG einheitlich wie folgt zu beurteilen:

Für eine Verrechnung der Wertaufholung mit den vorgenommenen Teilwertabschreibungen sind vorrangig die Teilwertabschreibungen heranzuziehen, die steuerwirksam, d. h. noch im zeitlichen Geltungsbereich des Anrechnungsverfahrens vorgenommen worden sind. Soweit sich also eine während der Geltung des Anrechnungsverfahrens vorgenommene Teilwertabschreibung einkommensmindernd ausgewirkt hat, führt die Teilwertaufholung im Halbeinkünfteverfahren in vollem Umfang zu einer Einkommenserhöhung. Sie ist in voller Höhe steuerwirksam und nicht vorrangig mit der im Halbeinkünfteverfahren vorgenommenen, zur Hälfte bzw. in vollem Umfang steuerlich nicht abziehbaren Teilwertabschreibung zu verrechnen. Eine Teilwertaufholung fällt jedoch unter die Steuerbefreiung nach § 3 Nr. 40 Satz 1 Buchst. a EStG bzw. § 8b Abs. 2 KStG, soweit sie die während der Geltung des Anrechnungsverfahrens erfolgte steuerwirksame Teilwertabschreibung übersteigt.«

2.1.3.2 Rechtsprechung des BFH und Änderung der Verwaltungsauffassung

Mit seiner Entscheidung vom 19.08.2009 I R 2/09, BStBl II 2010, 760 hat der BFH der bisherigen Verwaltungsauffassung eine Absage erteilt (s. hierzu die Ausführungen unter C 9.3.6.2.1). Verschiedene Bundesländer (z. B. OFD Ffm vom 25.08.2010 S 2750aA – 8 – St 52) haben ihre bisherigen Verfügungen an die neue Rechtslage angepasst. Die Fälle sind damit wie folgt zu lösen:

BEISPIEL

	Vorgang	Steuerbilanz	Korrektur nach § 3 Nr. 40 Buchst. a, § 3c Abs. 2 EStG	Steuerlicher Gewinn
1995	Anschaffung	1 000 000 €		
31.12.1995		1 000 000 €		
1997	TW-Abschreibung	./. 300 000 €		./. 300 000 €
31.12.1997		700 000 €		
2002	TW-Abschreibung	./. 200 000 €	+ 100 000 €	./. 100 000 €
31.12.2002		500 000 €		
2010	Wertaufholung	+ 450 000 €	./. 80 000 €	370 000 €
31.12.2010		950 000 €		

2.1.4 Teileinkünfteverfahren bei vorangegangenen Abzügen nach § 6b EStG bzw. ähnlichen Abzügen (§ 3 Nr. 40 Buchst. a Satz 3 EStG)

Die Teilbefreiung gilt nach § 3 Nr. 40 Satz 1 Buchst. a Satz 3 EStG nicht, soweit der niedrigere Buchwert auf die steuerwirksame Übertragung einer Rücklage nach § 6b EStG oder ähnliche Abzüge (z. B. nach § 30 BergbauRatG) zurückzuführen ist.

BEISPIEL

Einzelunternehmer X erwirbt in 1999 eine Beteiligung an der Y-GmbH für 200 000 €. Sofort nach dem Erwerb nimmt er noch in 1999 einen steuerlich zutreffenden und voll steuerwirksamen Abzug nach § 6b EStG i. H. v. 80 000 € vor. In 2024 veräußert er die Beteiligung.

Anschaffungskosten 1999	200 000 €
Abzug nach § 6b EStG in 1999	./. 80 000 €
Buchwert bei Veräußerung im 2024	120 000 €
Veräußerungserlös	220 000 €

LÖSUNG

Veräußerungserlös	220 000 €		
Abzug nach § 6b EStG	80 000 €	stpfl.	80 000 €
	140 000 €	60 % stpfl.	84 000 €
Buchwert 120 000 € × 60 %			./. 72 000 €
Stpfl. Veräußerungsgewinn			92 000 €

Nach § 52 Abs. 1 EStG i. d. F. des StÄndG 2007 ist § 3 Nr. 40 Satz 1 Buchst. a Satz 3 EStG erstmals ab dem VZ 2007 anzuwenden.

2.1.5 Liquidation und Kapitalherabsetzung

Betriebsvermögensmehrungen aus der Auflösung des Unternehmens sowie aus der Herabsetzung des Nennkapitals sind nur anteilig zu erfassen (§ 3 Nr. 40 Buchst. a EStG).

2.1.6 Veräußerung von Beteiligungen an ausländischen Gesellschaften

Das Teileinkünfteverfahren begünstigt auch die Veräußerung von Beteiligungen an ausländischen Gesellschaften. Voraussetzung ist, dass die ausländische Gesellschaft ihrer inneren Struktur nach mit einer deutschen Kapitalgesellschaft im Wesentlichen zu vergleichen ist.

Jedoch ist zuvor zu prüfen, ob der Veräußerungsgewinn überhaupt der Besteuerung unterliegt. Nach Art. 7 OECD-Musterabkommen steht das Besteuerungsrecht einem ausländischen Staat zu, falls die Beteiligung zum BV einer ausländischen Betriebsstätte gehört. Die Beteiligung kann aber nur der ausländischen Betriebsstätte zugerechnet werden, wenn sie ihr gedient hat. Ist dies nicht der Fall, wird die Beteiligung dem inländischen Stammhaus zugeordnet (BMF vom 24.12.1999 BStBl I 1999, 1076 und Änderungen durch BMF vom 25.08.2009, IV B 5 – S 1341/07/10004, BStBl I 2009, 888 und vom 20.11.2000, IV B 4 – S 1300–222/00, BStBl I 2000, 1509). Wird die Beteiligung dem inländischen Stammhaus zugerechnet, ist der Veräußerungserlös im Inland grundsätzlich stpfl., unterliegt aber nach § 3 Nr. 40 Buchst. a Satz 1 EStG dem Teileinkünfteverfahren.

2.1.7 Verdeckte Einlage von Anteilen

Die verdeckte Einlage einer Kapital-Beteiligung in eine andere Kapitalgesellschaft, ohne dass der Einlegende dafür Anteile an der aufnehmenden Kapitalgesellschaft erhält, wird vom BFH (s. BFH vom 18.12.1990 BStBl II 1991, 512) nicht als Tausch und damit nicht als Veräußerungsvorgang angesehen. Dennoch führt die verdeckte Einlage bei dem abgebenden Betrieb zu einer Gewinnrealisierung und damit zur Anwendung des § 3 Nr. 40 Satz 1 Buchst. a EStG, weil eine außerbetriebliche Veranlassung zu bejahen und damit steuerlich eine Entnahme anzunehmen ist.

2.2 Tatbestände des § 3 Nr. 40 Buchst. b EStG

2.2.1 Veräußerung von Anteilen an einer Kapitalgesellschaft, die zum Betriebsvermögen gehören, in Zusammenhang mit Betriebsveräußerungen (§ 3 Nr. 40 Buchst. b Satz 1 EStG)

Nach § 3 Nr. 40 Satz 1 Buchst. b EStG werden 40 % (bis VZ 2008 50 %) des Veräußerungspreises i. S. d. § 16 Abs. 2 EStG steuerfrei gestellt, soweit er auf die Veräußerung eines Betriebs, Teilbetriebs oder auf eine in einem Mitunternehmeranteil enthaltene Kapitalbeteiligung entfällt. Auch die Erlöse aus einer mittelbaren Veräußerung einer Kapitalbeteiligung werden somit vom Teileinkünfteverfahren erfasst. § 34 Abs. 2 Nr. 1 EStG regelt, dass Veräußerungsgewinne, die unter § 3 Nr. 40 Buchst. b EStG i. V. m. § 3c Abs. 2 EStG fallen, nicht nochmals begünstigt werden. Ab VZ 2009 wird durch § 3 Nr. 40 Satz 1 Buchst. b EStG der Veräußerungserlös auch insoweit zu 40 % freigestellt, als er auf die (mittelbare) Veräußerung eines Anteils an einer Körperschaft entfällt, deren Leistungen beim Empfänger zu Einnahmen i. S. d. § 20 Abs. 1 Nr. 1 und Nr. 9 EStG gehören. Die Begünstigung tritt auch dann ein, wenn Anteile an einer Organgesellschaft i. S. d. §§ 14 oder 17 KStG veräußert werden, § 3 Nr. 40 Buchst. b Satz 1 EStG.

BEISPIEL

An der X-GmbH&Co. KG ist C zu 100 % (als Kommanditist) beteiligt. Die KG wiederum ist an der Y-GmbH zu 60 % beteiligt (Buchwert 75 000 €, Teilwert 100 000 €). In 04 veräußert C seinen Mitunternehmeranteil (Buchwert 450 000 €) für 750 000 € an D.

LÖSUNG Die Veräußerung des Mitunternehmeranteils fällt unter § 16 Abs. 1 Nr. 2 EStG.

Der Veräußerungsgewinn nach § 16 Abs. 2 EStG beträgt 300 000 € (750 000 € ./. 450 000 €).

Die realisierten stillen Reserven der Y-GmbH betragen 25 000 €, die unter das Teileinkünfteverfahren fallen. Davon ist der stpfl. Teil i. H. v. 15 000 € voll (ohne § 34 EStG) zu versteuern.

Der verbleibende Veräußerungsgewinn i. H. v. 275 000 € (300 000 € ./. 25 000 €) wird nach § 34 Abs. 1 EStG besteuert.

Veräußerungsgewinn		300 000 €
Steuerfrei 40 % von 25 000 €	./.	10 000 €
Laufender Gewinn (ohne § 34 EStG) 60 % von 25 000 €	./.	15 000 €
Nach § 34 Abs. 1 EStG begünstigter Veräußerungsgewinn		275 000 €

Sollte C das 55. Lebensjahr vollendet haben, wäre § 16 Abs. 4 EStG und § 34 Abs. 3 EStG zu berücksichtigen, soweit die Befreiungen/Begünstigungen anteilig auf den nicht nach § 3 Nr. 40 Buchst. b EStG steuerbefreiten Teil entfallen.

Nach § 3 Nr. 40 Buchst. a Satz 2 EStG sind Gewinne aus der Veräußerung von Anteilen an Kapitalgesellschaften insoweit vom Teileinkünfteverfahren ausgeschlossen und der vollen Versteuerung unterworfen, als in früheren Jahren steuerlich wirksame **Teilwertabschreibungen** vorgenommen und diese nicht durch eine Wertaufholung wieder ausgeglichen worden sind.

§ 3 Nr. 40 Buchst. b EStG enthält eine solche Regelung nicht.

2.2.2 Veräußerung oder Entnahme von Anteilen an einer Kapitalgesellschaft, die zum Betriebsvermögen gehören, bei Betriebsaufgabe (§ 3 Nr. 40 Buchst. b Satz 2 EStG)

Nach Satz 2 des § 3 Nr. 40 Buchst. b EStG greift das Teileinkünfteverfahren auch in den Fällen des § 16 Abs. 3 EStG. Bei der Aufgabe eines Betriebs, Teilbetriebs Mitunternehmeranteils oder Anteils des persönlich haftenden Gesellschafters einer KGaA ist der Aufgabeerlös insoweit steuerfrei, als er auf einen Anteil an einer Körperschaft entfällt.

Das Teileinkünfteverfahren ist auch anzuwenden, soweit der Aufgabeerlös auf Anteile an einer Körperschaft entfällt. Dies ist u. a. in folgenden Fällen denkbar:

a) Beendigung der Betriebsverpachtung

Eine Betriebsaufgabe i. S. d. § 16 Abs. 3 EStG liegt auch vor, wenn die Voraussetzungen des Verpächterwahlrechts nicht mehr gegeben sind oder wenn der Verpächter die Betriebsaufgabe erklärt.

b) Beendigung einer Betriebsaufspaltung

Fällt die persönliche oder sachliche Verflechtung im Rahmen einer Betriebsaufspaltung weg, endet diese und führt zu einer Betriebsaufgabe i. S. d. § 16 Abs. 3 EStG. Soweit der Aufgabeerlös auf Anteile an einer Körperschaft (i. d. R. Anteile an der Betriebsgesellschaft) entfällt, unterliegt er dem Teileinkünfteverfahren.

BEISPIEL

Im Rahmen einer Betriebsaufspaltung hat B seit Jahren ein Grundstück (wesentliche Betriebsgrundlage) an die B-GmbH verpachtet (alle Voraussetzungen einer Betriebsaufspaltung sollen vorliegen). In 01 überträgt B seine Anteile an der B-GmbH auf seinen Neffen N, nicht jedoch das Grundstück.

LÖSUNG Mit der Übertragung der Anteile auf N ist die personelle Verflechtung nicht mehr gegeben, die Betriebsaufspaltung endet. Aus der gewerblichen Verpachtung wird eine private Vermögensverwaltung. Sowohl das Grundstück als auch die Anteile an der B-GmbH sind wegen der Betriebsaufgabe ins Privatvermögen zu überführen.

Die Entnahme des Grundstücks unterliegt nicht dem Teileinkünfteverfahren, jedoch sind die §§ 16 und 34 EStG anzuwenden.

Der Aufgabeerlös der GmbH ist nach § 3 Nr. 40 Buchst. b Satz 2 EStG i. V. m. § 3c Abs. 2 EStG anteilig steuerfrei. Auf den verbleibenden stpfl. Teil ist § 34 EStG nicht anzuwenden.

c) Betriebsverlegung ins Ausland

Die Einschränkung bzw. der Verlust des deutschen Besteuerungsrechts führt zur Entnahmebesteuerung nach § 4 Abs. 1 Satz 3 EStG. Dies gilt auch in den Fällen, in denen der Betrieb ins Ausland verlegt wird.

d) Realteilung

Die Realteilung einer Mitunternehmerschaft zu Buchwerten ist nach § 16 Abs. 3 Satz 2 ff. EStG grundsätzlich zulässig. Ist jedoch bei einer Realteilung, bei der einzelne Wirtschaftsgüter übertragen worden sind, rückwirkend der gemeine Wert anzusetzen, wenn innerhalb der in § 16 Abs. 3 Satz 3 EStG genannten dreijährigen Sperrfrist Grund und Boden, Gebäude oder andere übertragene wesentliche Betriebsgrundlagen veräußert werden.

2.2.3 Teileinkünfteverfahren bei vorangegangenen Abzügen nach § 6b EStG bzw. ähnlichen Abzügen (§ 3 Nr. 40 Buchst. b Satz 3 EStG)

Nach § 3 Nr. 40 Satz 1 Buchst. b Satz 3 EStG ist § 3 Nr. 40 Satz 1 Buchst. a Satz 3 EStG entsprechend anzuwenden. Soweit also der Gewinn i. S. d. § 16 Abs. 2 oder 3 EStG auf Anteile an Körperschaften, Personenvereinigungen oder Vermögensmassen entfällt, deren Leistungen bei dem Empfänger zu Einnahmen i. S. d. § 20 Abs. 1 Nr. 1 und 9 EStG führen, ist das Teileinkünfteverfahren insoweit nicht zu gewähren, als der Buchwert der Beteiligung wegen der steuerwirksamen Übertragung einer Rücklage nach § 6b EStG oder ähnlichen Abzügen geringer als die Anschaffungskosten der Beteiligung ist (s. 2.1.4).

Nach § 52 Abs. 1 EStG i. d. F. des StÄndG 2007 ist § 3 Nr. 40 Satz 1 Buchst. b Satz 3 EStG erstmals ab dem VZ 2007 anzuwenden.

2.3 Tatbestände des § 3 Nr. 40 Buchst. c EStG

2.3.1 Veräußerungspreis i. S. d. § 17 EStG

Nach § 3 Nr. 40 Buchst. c Satz 1 EStG ist der anteilige Veräußerungspreis oder gemeine Wert i. S. d. § 17 Abs. 2 EStG steuerfrei. Auch in Fällen der Auflösung von Kapitalgesellschaften oder der Kapitalherabsetzung i. S. d. § 17 Abs. 4 EStG ist das Teileinkünfteverfahren anzuwenden (§ 3 Nr. 40 Buchst. c Satz 1 EStG). Auch hier sind die Anschaffungskosten nach § 3c Abs. 2 EStG nur anteilig zu berücksichtigen.

Ab dem VZ 2009 ist § 17 EStG gegenüber § 20 Abs. 2 EStG vorrangig, so dass jede Anteilsveräußerung, die die Beteiligungsgrenzen des § 17 Abs. 1 EStG erreicht, unabhängig von der Haltedauer der Anteile, von § 17 EStG erfasst wird und damit unter das Teileinkünfteverfahren fällt.

Das Teileinkünfteverfahren beschränkt sich damit nicht nur auf betriebliche Veräußerungsgeschäfte, sondern erfasst auch die im Privatvermögen des Anteilseigners erzielten Gewinne aus der Veräußerung von Anteilen an Kapitalgesellschaften. Eine doppelte Begünstigung wird dadurch vermieden, dass für die genannten Veräußerungsgewinne neben der anteiligen Befreiung nach § 3 Nr. 40 Buchst. c EStG die Steuerermäßigung nach § 34 EStG nicht zu gewähren ist.

BEISPIEL

Der Alleingesellschafter C der C-GmbH veräußert in 09 seine Beteiligung (AK 375 000 €) für 435 000 € an D.

LÖSUNG

Veräußerungspreis	435 000 €	
Steuerfrei 40 % nach § 3 Nr. 40 Buchst. c EStG	174 000 €	
Stpfl.		261 000 €
AK	375 000 €	
Abzb. 60 %	225 000 €	./. 225 000 €
Nabzb. 40 % nach § 3c Abs. 2 EStG	150 000 €	./. 36 000 €
Freibetrag nach § 17 Abs. 3 EStG		./. 9 060 €
Stpfl. Veräußerungsgewinn		26 940 €

Hinweis: Der Freibetrag des § 17 Abs. 3 EStG ist in voller Höhe abzuziehen, da weder § 3 Nr. 40 Buchst. c noch § 3c Abs. 2 EStG eine Kürzung des Freibetrages vorsieht. Dies gilt auch für eine evtl. Kürzung des Freibetrags nach § 17 Abs. 3 Satz 2 EStG. Die Einführung des Halbeinkünfteverfahrens führte damit faktisch zu einer Verdoppelung des Freibetrags.

Auch Veräußerungsverluste können nur anteilig berücksichtigt werden, da auch hier die Anschaffungskosten unter Berücksichtigung von § 3c Abs. 2 EStG abgezogen werden dürfen.

Bei teilentgeltlichen Veräußerungen ist das Teileinkünfteverfahren auf den entgeltlichen Teil anzuwenden.

2.3.2 Auflösung und Kapitalherabsetzung i. S. d. § 17 Abs. 4 EStG

Die Regelung des § 3 Nr. 40 Buchst. c EStG betrifft nur die Auskehrung aus dem »echten« Nennkapital und dem steuerlichen Einlagekonto. Die Auskehrung anderer Rücklagen führt beim Anteilseigner zu Bezügen i. S. d. § 20 Abs. 1 Nr. 2 EStG. Eine Anwendung von § 3 Nr. 40 Satz 1 EStG scheidet damit aus.

2.4 Tatbestände des § 3 Nr. 40 Buchst. d EStG

Zu den Bezügen i. S. d. § 20 Abs. 1 Nr. 1 EStG, und damit durch das Teileinkünfteverfahren begünstigt, sind insbes. Dividenden aus inländischen oder ausländischen Kapitalgesellschaften.

Dazu gehören u. a.:

- offene Gewinnausschüttungen – Beteiligungen im Privatvermögen,
- offene Gewinnausschüttungen – Beteiligungen im BV,
- verdeckte Gewinnausschüttungen,
- Vorabausschüttungen.

2.4.1 Beteiligungen im Privatvermögen

Fallen die Einnahmen im Privatvermögen an, ist § 3 Nr. 40 Buchst. d EStG **ab dem VZ 2009 nicht mehr anzuwenden** (§ 3 Nr. 40 Satz 2 EStG). Diese Einnahmen unterliegen der Abgeltungsteuer (s. § 43 Abs. 5 EStG).

Auf Antrag des Stpfl. können die nach § 20 EStG ermittelten Kapitaleinkünfte den Einkünften i. S. d. § 2 EStG hinzugerechnet und der tariflichen ESt unterworfen werden, wenn dies zu einer niedrigeren ESt führt (Günstigerprüfung). Der Antrag kann für den jeweiligen VZ nur einheitlich für sämtliche Kapitalerträge gestellt werden. Bei zusammenveranlagten Ehegatten kann der Antrag nur für sämtliche Kapitalerträge beider Ehegatten gestellt werden (§ 32d Abs. 6 EStG).

An Kosten wird dann nur noch der Sparer-Pauschbetrag i. H. v. 1.000 € bzw. im Falle der Zusammenveranlagung von Ehegatten 2.000 € (ab VZ 2023; bis VZ 2022 801 €/1.602 €) berücksichtigt. Die tatsächlichen Werbungskosten können nicht mehr abgezogen werden (§ 20 Abs. 9 EStG).

Aufteilungsproblematik bei Werbungskosten:
Entsprechend den bisherigen Rechtsgrundsätzen bei der Ermittlung der Einkünfte aus Kapitalvermögen ist unter Kapitalvermögen jede einzelne Kapitalanlage zu verstehen. Werbungskosten, die durch die einzelnen Kapitalanlagen veranlasst sind, sind der jeweiligen Kapitalanlage zuzuordnen.

Werbungskosten, die sich nicht unmittelbar zuordnen lassen (z. B. Depotgebühren, Kosten der Erträgnisaufstellung, Beratungsgebühren, Entgelte für Vermögensverwaltungsdienstleistungen), sind auf die Gruppe der Kapitalanlagen, deren Kapitalerträge dem Halbeinkünfteverfahren unterliegen, und auf die Gruppe der übrigen Kapitalanlagen aufzuteilen. Die Zuordnung zu diesen beiden Gruppen ist unabhängig davon vorzunehmen, ob außerdem nicht zu besteuernde Erträge erzielt werden.

Bei der Abgrenzung der Kapitalanlagegruppe, die zu Halbeinkünften führt, ist für den Übergangszeitraum darauf abzustellen, ob zum Stichtag der Gebührenberechnung Erlöse aus der Veräußerung der jeweiligen Wertpapiere dem Halbeinkünfteverfahren unterliegen.

Bei der Aufteilung der Werbungskosten ist in der Regel die vertraglich vereinbarte Gebührenregelung zugrunde zu legen. Dies gilt sowohl für die Bemessungsgrundlage (z. B. bestandsorientierte Gebühr) als auch für die sich daraus ergebende Gebührenerhebung (z. B. stichtagsbezogen, unterjährig). Ist eine einwandfreie Zurechnung der Werbungskosten nicht möglich, kann eine sachgerechte Aufteilung auch durch Schätzung erfolgen; als Maßstab ist grundsätzlich der Kurswert zum Abrechnungsstichtag zugrunde zu legen.

Bei der Zuordnung von Anteilen an Investmentfonds, zu deren Fondsvermögen Kapitalanlagen gehören, die dem Halbeinkünfteverfahren unterliegen, ist zum jeweiligen Stichtag eine Aufteilung der vom Stpfl. gehaltenen Anteile entsprechend der Zusammensetzung des jeweiligen Fondsvermögens in die zwei Gruppen von Kapitalanlagearten vorzunehmen. Ist dem Stpfl. die Zusammensetzung des Fondsvermögens nicht bekannt, erfolgt die Aufteilung auf die zwei Gruppen nach dem Verhältnis der voll zu besteuernden Erträge zu den Erträgen, die dem Teileinkünfteverfahren unterliegen.

BEISPIEL

Zum Stichtag 31.12. werden insgesamt 240 € (0,8 % p. a. des Kurswertes des Depots von 30 000 €) für Kosten und Gebühren erhoben. Der Bestand des Depots setzt sich zusammen aus:

Festverzinslichen Anleihen	10 000 €
Hochzinsanleihen	6 000 €
Aktien	6 000 €
Anteilscheinen an einem Wertpapierfonds	8 000 €

In der Ausschüttung des Wertpapierfonds sind stpfl. Erträge i. H. v. 80 € enthalten (davon entfallen 30 € auf Erträge, die dem Halbeinkünfteverfahren unterliegen, und 50 € auf sonstige stpfl. Erträge).

LÖSUNG Gruppierung der Kapitalanlagen:

	Gruppe 1(Halbeinkünfteverfahren)	**Gruppe 2(übrig)**
Festverzinsliche Anleihen		10 000 €
Hochzinsanleihen		6 000 €
Wertpapierfonds (Bei den Anteilscheinen an dem Wertpapierfonds entfallen 3/8 auf Kapitalanlagen, deren Erträge dem Halbeinkünfteverfahren unterliegen, und 5/8 auf übrige Kapitalanlagen.)	3 000 €	5 000 €
Aktien	6 000 €	
Insgesamt	9 000 €	21 000 €

Aufteilung der Kosten und Gebühren:

$$\frac{9000\text{ € (Anteil, der auf Gruppe 1 entfällt)}}{30000\text{ € (Gesamtwert des Depots)}} = \frac{3}{7} \text{ von } 240 = 72\text{ €}$$

Der auf die Gruppe 1 entfallende Betrag i. H. v. 72 € ist nur zur Hälfte abziehbar.

Letztlich sind insgesamt 204 € (168 € voll und 72 € zur Hälfte) Werbungskosten abziehbar.

Lassen sich Werbungskosten nicht unmittelbar der einzelnen Kapitalanlage zuordnen, und betragen sie im Kj. nicht mehr als 500 €, ist aus Vereinfachungsgründen einer nach dem vorgenannten Verfahren vorgenommenen Aufteilung des Stpfl. zu folgen; der Betrag von 500 € erhöht sich bei Ehegatten, die nach § 26b EStG zusammen zur ESt veranlagt werden, auf insgesamt 1000 € (vgl. BMF vom 12.06.2002 BStBl I 2002, 647).

2.4.2 Beteiligungen im Betriebsvermögen

Über § 3 Nr. 40 Satz 2 EStG i. V. m. § 20 Abs. 8 EStG gilt § 3 Nr. 40 Buchst. d EStG auch, wenn die Ausschüttung aus einer im BV gehaltenen Kapitalbeteiligung erfolgt. Dementsprechend ist auch hier § 3c Abs. 2 EStG anzuwenden (bei Beteiligungen im BV von Kapitalgesellschaften s. § 8b KStG).

BEISPIEL

K ist Aktionär der H-AG. Seine Anteile, die er im BV seines Einzelunternehmens hält, hat er teilweise kreditfinanziert. Die Schuldzinsen für die Finanzierung belaufen sich auf jährlich 5000 € und wurden als Betriebsausgabe behandelt. In 2024 erhält er eine Bardividende von 8000 €.

LÖSUNG

BE 8000 € ./. steuerfrei nach § 3 Nr. 40 Buchst. d EStG (40 %) 3200 € = stpfl. BE 4800 €

BA 5000 € + nabzb. nach § 3c Abs. 2 EStG (40 %) 2000 € = abzb. BA 3000 €

2.4.2.1 Gewerbesteuerliche Problematiken

Das Teileinkünfteverfahren schlägt über § 7 GewStG gewerbesteuerlich durch. Hierbei sind § 8 Nr. 5 GewStG (ab EHZ 2001 anzuwenden) und § 9 Nr. 2 Buchst. a und Nr. 7 GewStG zu beachten.

Nach § 8 Nr. 5 GewStG werden die nach § 3 Nr. 40 Buchst. d EStG außer Ansatz bleibenden Gewinnanteile (Dividenden) und die diesen gleichgestellten Bezüge und erhaltenen Leistungen aus Anteilen an einer Körperschaft, Personenvereinigung oder Vermögensmasse i. S. d. KStG, soweit sie nicht die Voraussetzungen des § 9 Nr. 2a oder 7 erfüllen, nach Abzug der mit diesen Einnahmen, Bezügen und erhaltenen Leistungen in wirtschaftlichem Zusammenhang stehenden Betriebsausgaben, soweit sie nach § 3c des EStG (und § 8b Abs. 5 KStG) unberücksichtigt bleiben, hinzugerechnet.

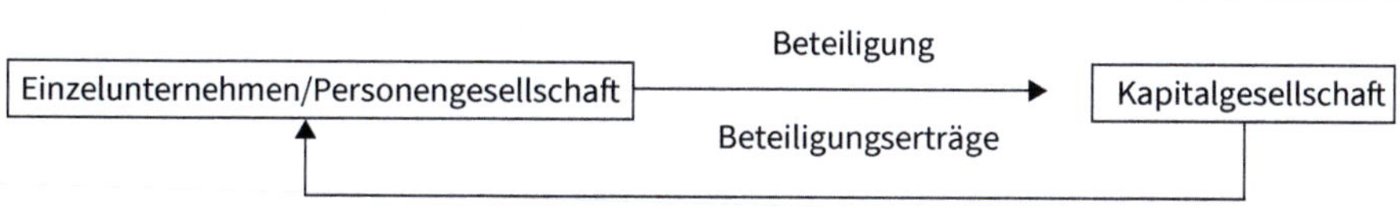

steuerlicher Gewinn Einzelunternehmen/Personengesellschaft
+ 40 % der Beteiligungserträge, § 3 Nr. 40 Buchst. d EStG (= steuerfreier Teil)

BEISPIEL

Zum BV des Einzelunternehmers T gehört eine 5%ige Beteiligung an der inländischen K-GmbH. In 09 hatten sich 5000 € (brutto) Gewinnausschüttung auf den Gewinn des Einzelunternehmens ausgewirkt.

LÖSUNG Auf das Ergebnis des Einzelunternehmens haben sich 3000 € gewinnerhöhend ausgewirkt (Bruttodividende 5000 €, davon 40% = 2000 € steuerfrei nach § 3 Nr. 40 Buchst. d EStG). Dieser steuerfreie Betrag ist nach § 8 Nr. 5 GewStG dem Gewinn wieder hinzuzurechnen, da die Beteiligung nicht mindestens 15% beträgt (§ 9 Nr. 2 Buchst. a GewStG).

§ 8 Nr. 5 GewStG ist jedoch nur anzuwenden, wenn die Voraussetzungen des § 9 Nr. 2 Buchst. a oder Nr. 7 GewStG nicht vorliegen.

Nach § 9 Nr. 2 Buchst. a GewStG sind der Summe des Gewinns und der Hinzurechnungen die Gewinne aus Anteilen an einer nicht steuerbefreiten inländischen Kapitalgesellschaft i. S. d. § 2 Abs. 2 GewStG, einer Kredit- oder Versicherungsanstalt des öffentlichen Rechts, einer Erwerbs- und Wirtschaftsgenossenschaft oder einer Unternehmensbeteiligungsgesellschaft i. S. d. § 3 Nr. 23 GewStG, wenn die Beteiligung zu Beginn des Erhebungszeitraums mindestens 15% des Grund- oder Stammkapitals beträgt und die Gewinnanteile bei Ermittlung des Gewinns (§ 7 GewStG) angesetzt worden sind. Ist ein Grund- oder Stammkapital nicht vorhanden, so ist die Beteiligung an dem Vermögen, bei Erwerbs- und Wirtschaftsgenossenschaften die Beteiligung an der Summe der Geschäftsguthaben, maßgebend.

Gehören die Anteile an einer Kapitalgesellschaft zum BV eines Einzelunternehmers oder einer Personengesellschaft, gehören auch alle Beteiligungserträge zu den Betriebseinnahmen des jeweiligen Unternehmens.

Sind die Voraussetzungen des § 9 Nr. 2 Buchst. a GewStG erfüllt, muss gekürzt werden. Beträgt die Beteiligung zu Beginn des Erhebungszeitraumes mindestens 15% (bis EHZ 2007 mind. 10%). Um die 10/15%-Grenze zu prüfen, sind sämtliche zum BV gehörenden Anteile zusammenzurechnen. Wurden die Gewinnanteile bei der Ermittlung des Gewinns angesetzt, ist eine Kürzung (Schachtelprivileg) um den stpfl. Teil vorzunehmen.

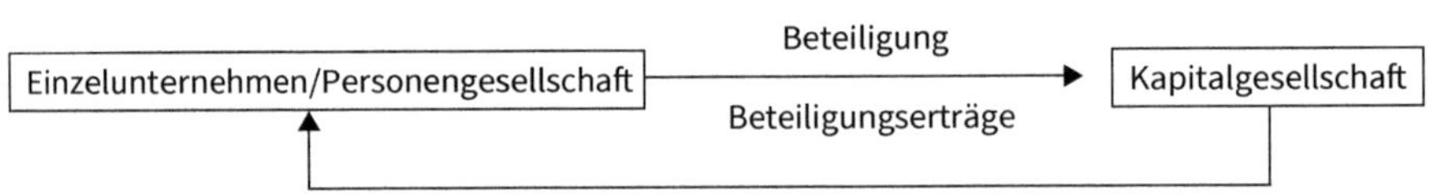

steuerlicher Gewinn Einzelunternehmen/Personengesellschaft (wenn Beteiligung an Kapitalgesellschaft mind. 15%) ./. 60% der Beteiligungserträge (= stpfl. Teil)

BEISPIEL

Im Gewinn des Einzelunternehmers K ist eine Gewinnausschüttung der inländischen E-GmbH i. H. v. 20% (= anteiliges Kapital) von 35 000 € enthalten. Das Stammkapital der E-GmbH beträgt 500 000 €.

LÖSUNG Auf das steuerliche Ergebnis des Einzelunternehmens haben sich 60% von 20% von 35000 € = 4200 € ausgewirkt. Gewerbesteuerlich ist der Gewinn des Einzelunternehmens um die stpfl. Anteile der Gewinnausschüttung i. H. v. 4200 € (60% von 20% von 35000 €) der E-GmbH zu kürzen (§ 9 Nr. 2 Buchst. a GewStG).

Gehören die Anteile an einer ausländischen Kapitalgesellschaft zum BV eines Einzelunternehmens, einer Personengesellschaft oder einer Kapitalgesellschaft, gehören auch alle Beteiligungserträge zu den Betriebseinnahmen des jeweiligen Unternehmens. Sind die Voraussetzungen des § 9 Nr. 7 GewStG erfüllt, muss gekürzt werden, wenn die Beteiligung zu Beginn des Erhebungszeitraumes mindestens 15% beträgt (bis EHZ 2007 mind. 10%). Um die 10/15%-Grenze zu prüfen, sind sämtliche zum BV gehörenden Anteile zusammenzurechnen. Wurden die Gewinnanteile bei der Ermittlung des Gewinns angesetzt, ist eine Kürzung (Schachtelprivileg) um den stpfl. Teil vorzunehmen.

ÜBERSICHT Ansatz der Gewinnanteile bei der Ermittlung des Gewinns

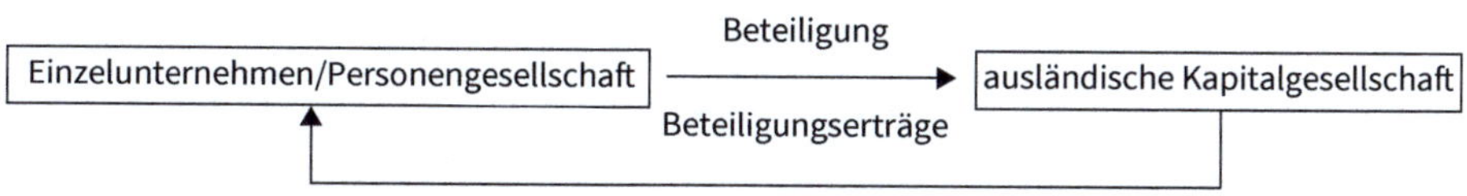

steuerlicher Gewinn Einzelunternehmen/Personengesellschaft
(wenn Beteiligung an ausländischer Kapitalgesellschaft mind. 15%)
./. 60 % Beteiligungserträge (= stpfl. Teil)

BEISPIEL

Varianten des § 8 Nr. 5 i.V.m. § 9 Nr. 2 Buchst. a und Nr. 7 GewStG in Fällen, in denen der Anteilseigner ein Einzelunternehmer oder eine Personengesellschaft ist:

Bis EHZ 2007:

Beteiligungsertrag = 100 000 €

Beteiligung mind. 10% an nicht steuerfreier inländischer KapGes	**Beteiligung mind. 10% an ausländischer KapGes**	Beteiligung unter 10% (Voraussetzungen des § 9 Nr. 2 Buchst.a bzw. Nr. 7 GewStG liegen nicht vor)
§ 9 Nr. 2 Buchst. a GewStG	§ 9 Nr. 7 GewStG	§ 8 Nr. 5 GewStG
./. 50 000 €	**./. 50 000 €**	+ 50 000 €

Nur EHZ 2008:

Beteiligungsertrag = 100 000 €

Beteiligung mind. 15% an nicht steuerfreier inländischer KapGes	**Beteiligung mind. 15% an ausländischer KapGes**	Beteiligung unter 15% (Voraussetzungen des § 9 Nr. 2 Buchst. a bzw. Nr. 7 GewStG liegen nicht vor)
§ 9 Nr 2 Buchst. a GewStG	§ 9 Nr. 7 GewStG	§ 8 Nr. 5 GewStG
./. 50 000 €	**./. 50 000 €**	+ 50 000 €

Ab EHZ 2009:

Beteiligungsertrag = 100 000 €

Beteiligung mind. 15% an nicht steuerfreier inländischer KapGes	**Beteiligung mind. 15% an ausländischer KapGes**	Beteiligung unter 15% (Voraussetzungen des § 9 Nr. 2 Buchst. a bzw. Nr. 7 GewStG liegen nicht vor)
§ 9 Nr. 2 Buchst. a GewStG	§ 9 Nr. 7 GewStG	§ 8 Nr. 5 GewStG
./. 60 000 €	**./. 60 000 €**	+ 40 000 €

2.4.2.2 Gewerbesteuerliche Auswirkungen des § 3c Abs. 2 EStG

§ 3c Abs. 2 EStG wirkt sich auch auf die Ermittlung des Gewerbeertrags aus.

BEISPIEL

Teileinkünfteverfahren ab EHZ 2009

T hält in seinen Einzelunternehmen Aktien der G-AG (unter 15 %) und erzielt daraus in 09 eine Dividende von 30 000 €. Durch die Finanzierung des Aktienkaufs sind T in 09 Finanzierungskosten von 20 000 € entstanden.

LÖSUNG Da die Finanzierungskosten mit den dem Teileinkünfteverfahren unterliegenden Kapitalerträgen (§ 3 Nr. 40 Buchst. d EStG) in wirtschaftlichem Zusammenhang stehen, sind diese nur zu 60 % abzugsfähig (§ 3c Abs. 2 EStG).

Die Hinzurechnung nach § 8 Nr. 5 GewStG ist wie folgt zu ermitteln:

Steuerfreie Kapitalerträge (§ 3 Nr. 40 Buchst. d EStG) 40 % von 30 000 €	12 000 €
./. nabzb. Betriebsausgaben (§ 3c Abs. 2 EStG) 40 % von 20 000 €	8 000 €
Hinzurechnung nach § 8 Nr. 5 GewStG	4 000 €

2.4.3 Bezüge aus dem steuerlichen Einlagekonto

Bei natürlichen Personen als Anteilseigner sind folgende Varianten denkbar:

a) Beteiligung im Privatvermögen und nicht von § 17 EStG zu erfassen:
   - Die Einlagerückzahlungen sind keine stpfl. Kapitalerträge (§ 20 Abs. 1 Nr. 1 Satz 3 EStG).
   - Die Einlagerückzahlungen führen nicht zu einem nach § 17 Abs. 4 EStG zu versteuernden veräußerungsgleichen Gewinn.

b) Beteiligung im Privatvermögen und von § 17 EStG zu erfassen:
   - Die Einlagerückzahlungen sind keine stpfl. Kapitalerträge (§ 20 Abs. 1 Nr. 1 Satz 3 EStG).
   - Der die Anschaffungskosten übersteigende Betrag der Einlagenrückzahlung führt zu einem veräußerungsgleichen Gewinn nach § 17 Abs. 4 EStG, der bei dem Anteilseigner nach § 3 Nr. 40 Buchst. c EStG dem Teileinkünfteverfahren unterliegt (s. BFH vom 19.07.1994 BStBl II 1995, 362).
   - Die Einlagerückzahlung führt zu einer Verringerung der AK der Kapitalbeteiligung.

c) Beteiligung im BV:
   - Die Einlagenrückzahlung führt zu einer Minderung des Buchwerts der Kapitalbeteiligung und zwar unabhängig von der Höhe des Teilwerts (s. BFH vom 16.03.1994 BStBl II 1994, 527). Soweit die Einlagenrückzahlung den (ggf. anteiligen) Buchwert der Beteiligung übersteigt, unterliegt er nach § 3 Nr. 40 Buchst. a EStG dem Teileinkünfteverfahren.

2.4.4 Einnahmen i. S. d. § 20 Abs. 1 Nr. 9 EStG

Der Tatbestand des § 20 Abs. 1 Nr. 9 EStG erfasst Einnahmen aus Leistungen von nicht von der KSt befreiten Körperschaften, Personenvereinigungen oder Vermögensmassen i. S. d. § 1 Abs. 1 Nr. 3–5 KStG; das sind:

- Versicherungs- und Pensionsvereine auf Gegenseitigkeit,
- sonstige juristische Personen des privaten Rechts,
- nichtrechtsfähige Vereine, Anstalten, Stiftungen und andere Zweckvermögen des privaten Rechts.

Leistungen dieser juristischen Personen stellen, soweit sie nicht bereits zu den Bezügen nach § 20 Abs. 1 Nr. 1 EStG gehören, Einnahmen aus Kapitalvermögen für die hinter ihr stehenden Personen dar. Diese Leistungen sind einer Gewinnausschüttung vergleichbar.

Da der Gewinn auf der Ebene der Körperschaft bereits mit 15 % besteuert wird, mildert die Anwendung des Teileinkünfteverfahrens auf der Ebene des Anteilseigners die Besteuerung. Ab dem VZ 2009 unterliegen nicht nur die laufenden Bezüge, sondern auch die Veräußerungsgewinne dem Teileinkünfteverfahren.

2.4.5 Besonderheiten bei verdeckten Gewinnausschüttungen (§ 3 Nr. 40 Buchst. d Sätze 2 und 3 EStG), Allgemeines

Durch die Einfügung der Sätze 2 und 3 (materielles Korrespondenzprinzip) in § 3 Nr. 40 Satz 1 Buchst. d EStG durch das JStG 2007 werden die Ebene des Anteilseigners und die Ebene der Kapitalgesellschaft verknüpft. Die Vorschrift soll das Entstehen von sog. »weißen Einkünften« verhindern.

Die Sätze 2 und 3 des § 3 Nr. 40 Satz 1 Buchst. d EStG sind auf vGA anzuwenden, die nach dem 18.12.2006 zufließen. Es kommt somit auf den Zeitpunkt des Zuflusses beim Anteilseigner an, d. h. auf den Zeitpunkt, in dem der Anteilseigner wirtschaftlich über die vGA verfügen kann. Nicht entscheidend ist der Zeitpunkt der Vermögensminderung bei der die vGA leistenden Körperschaft oder der Zeitpunkt der Einbuchung einer Forderung des die vGA empfangenden Anteilseigners. Hat sich der Betrag bereits erfolgswirksam in der Bilanz des Anteilseigners ausgewirkt, kommt es u. U. zu einer rückwirkenden Anwendung der neuen Vorschriften.

2.4.5.1 Keine Teileinkünftebesteuerung einer verdeckten Gewinnausschüttung, wenn das Einkommen der leistenden Körperschaft gemindert worden ist (§ 3 Nr. 40 Buchst. d Satz 2 EStG)

Nach § 3 Nr. 40 Satz 1 Buchst. d Satz 2 EStG ist die anteilige Steuerfreistellung für Bezüge i. S. d. § 20 Abs. 1 Nr. 1 EStG und die Einnahmen i. S.d § 20 Abs. 1 Nr. 9 EStG nur zu gewähren, soweit sie das Einkommen der leistenden Körperschaft nicht gemindert haben.

Voraussetzung für die anteilige Steuerfreistellung beim Anteilseigner ist, dass das Einkommen bei der leistenden Körperschaft durch die vGA nicht gemindert worden ist. Das Einkommen der leistenden Körperschaft ist nicht gemindert, wenn die den Einnahmen zu Grunde liegende vGA auf der Ebene der Kapitalgesellschaft nach § 8 Abs. 3 Satz 2 KStG dem Einkommen hinzugerechnet worden ist.

2.4.5.2 Teileinkünftebesteuerung bei verdeckten Gewinnausschüttungen, wenn sich das Einkommen einer nahestehenden Person erhöht hat (§ 3 Nr. 40 Buchst. d Satz 3 EStG)

Nach § 3 Nr. 40 Satz 1 Buchst. d Satz 3 EStG ist § 3 Nr. 40 Satz 1 Buchst. d Satz 2 EStG nicht anzuwenden, soweit die vGA das Einkommen einer dem Stpfl. nahestehenden Person erhöht hat und § 32a KStG auf die Veranlagung dieser nahestehenden Person nicht anzuwenden ist.

Nach der in Satz 3 des § 3 Nr. 40 Satz 1 Buchst. d EStG geregelten Rückausnahme ist die 40 %ige Steuerfreistellung nach § 3 Nr. 30 Satz 1 Buchst. d Satz 1 EStG trotz der bei der leistenden Körperschaft eingetretenen Einkommensminderung zu gewähren, soweit die vGA das Einkommen einer dem Stpfl. nahestehenden Person erhöht hat und diese Einkommenserhöhung auch nicht nach § 32a KStG rückgängig gemacht werden kann.

Der Satz 3 soll nach der Gesetzesbegründung (s. BT-Drucks. 16/3368, 16) insbes. in sog. Dreieckskonstellationen eine Doppelbesteuerung vermeiden.

2.5 Tatbestand des § 3 Nr. 40 Buchst. e EStG

Bezüge i. S. d. § 20 Abs. 1 Nr. 2 EStG unterliegen nach § 3 Nr. 40 Buchst. e EStG dem Teileinkünfteverfahren.

§ 20 Abs. 1 Nr. 2 EStG erfasst solche Bezüge, die nach der Auflösung einer Körperschaft, Personenvereinigung oder aufgrund einer Kapitalherabsetzung entstehen, und die nicht in der Rückzahlung von Nennkapital oder des steuerlichen Einlagekontos bestehen. Das Teileinkünfteverfahren greift nur bei Beteiligungen, die im Privatvermögen gehalten werden. Wird die Beteiligung im BV gehalten, geht § 3 Nr. 40 Buchst. a EStG vor.

2.6 Tatbestand des § 3 Nr. 40 Buchst. f EStG

Das Teileinkünfteverfahren erfasst auch besondere Entgelte oder Vorteile i. S. d. § 20 Abs. 3 EStG, die neben den in § 20 Abs. 1 Nr. 1 (Dividenden) und Abs. 2 Satz 1 Nr. 2 Buchst. a EStG (Einnahmen aus der Veräußerung von Dividendenscheinen) bezeichneten Einnahmen oder an deren Stelle gewährt werden.

2.7 Tatbestand des § 3 Nr. 40 Buchst. g EStG

§ 3 Nr. 40 Buchst. g EStG befreit den anteiligen Gewinn aus der Veräußerung von Dividendenscheinen und sonstigen Ansprüchen i. S. d. § 20 Abs. 2 Satz 1 Nr. 2 Buchst. a EStG. Hierbei handelt es sich um die Veräußerung von Dividendenansprüchen unter Zurückbehaltung des Stammrechts. Veräußert also ein Anteilseigner nur die Dividendenscheine oder sonstige Ansprüche, die mit der Beteiligung zusammenhängen, ohne die Aktien, so ist das Entgelt als Einnahme i. S. d. § 20 Abs. 2 Satz 1 Nr. 2 EStG zu erfassen.

Die Versteuerung des Veräußerungsgewinns bezüglich der Dividendenscheine tritt an die Stelle der Dividendenbesteuerung i. S. d. § 20 Abs. 2 Nr. 1–3 EStG. Demzufolge ist die Dividendenzahlung weder beim Anteilseigner noch beim Erwerber der Dividendenscheine ein zweites Mal zu versteuern.

BEISPIEL

In 09 veräußert Z die Dividendenscheine (die Aktien sind dem Einkünftebereich V+V zuzuordnen) für die Jahre 09–11 für 70 000 € an Y.

Die tatsächlich in den jeweiligen Folgejahren zugeflossenen Dividenden betragen:

- für 09 18 000 €
- für 10 15 000 €
- für 11 0 €

LÖSUNG

Kapitalerträge des Z i. R. d. Einkunftsart V+V:

§ 21 i. V. m. § 20 Abs. 1 Nr. 1, Abs. 2 Buchst. a, Abs. 8 EStG		70 000 €
davon steuerfrei (§ 3 Nr. 40 Buchst. g EStG)	./.	28 000 €
stpfl. Kapitalerträge des Z		42 000 €

Bei Z ist keine Anrechnung der KapSt anzurechnen, denn der Veräußerungserlös unterliegt nicht der KapSt.

Behandlung bei Y:

Y hat die Dividendenforderung entgeltlich erworben. Der Dividendenanspruch stellt für ihn einen bloßen Forderungseinzug dar (BFH vom 11.12.1968 BStBl II 1969, 188 und vom 12.12.1969 BStBl II 1970, 212).

Wird der Dividendenanspruch zusammen mit dem Stammrecht veräußert, teilt der dafür erzielte Veräußerungserlös das steuerliche Schicksal des Veräußerungserlöses für das Stammrecht. Bei Anteilen im Privatvermögen richtet sich die Besteuerung nach den Regeln des § 17 EStG.

2.8 Tatbestand des § 3 Nr. 40 Buchst. h EStG

Unter das Teileinkünfteverfahren fallen auch die Einnahmen aus der Abtretung von Dividendenansprüchen oder sonstigen Ansprüchen i. S. d. § 20 Abs. 2 Satz 1 Nr. 2 Buchst. a i. V. m. § 20 Abs. 2 Satz 2 EStG. Da dieser Fall anders gelagert ist als die Fälle unter 2.7 (dort wird nicht abgetreten, sondern veräußert), tritt hier die Einnahme aus der Abtretung an die Stelle der Dividende. Es ist damit folgerichtig, dass auch hier das Teileinkünfteverfahren anzuwenden ist.

2.9 Tatbestand des § 3 Nr. 40 Buchst. i EStG

§ 3 Nr. 40 Buchst. i EStG befreit die anteiligen Einkünfte i. S. d. § 22 Nr. 1 Satz 2 EStG, soweit diese von einer nicht der KSt befreiten Körperschaft, Personenvereinigung oder Vermögensmasse stammen.

2.10 Tatbestand des § 3 Nr. 40 Buchst. j EStG

§ 3 Nr. 40 Satz 1 Buchst. j EStG wurde durch das URefG 2008 **ab dem VZ 2009 aufgehoben** (§ 52a Abs. 3 Satz 1 EStG).

Näheres siehe S. 576 ff., Auflage 19 dieser Reihe.

2.11 Tatbestand des § 3 Nr. 40a EStG

Nach § 3 Nr. 40a EStG sind 40 % der Vergütungen i. S. d. § 18 Abs. 1 Nr. 4 EStG zu 40 % steuerfrei. Solche Vergütungen sind Einkünfte aus selbständiger Arbeit die ein Beteiligter an einer vermögensverwaltenden Gesellschaft oder Gemeinschaft, deren Zweck im Erwerb, Halten und in der Veräußerung von Anteilen an Kapitalgesellschaften besteht, als Vergütung für Leistungen zur Förderung des Gesellschafts- oder Gemeinschaftszwecks erzielt, wenn der Anspruch auf die Vergütung unter der Voraussetzung eingeräumt worden ist, dass die Gesellschafter oder Gemeinschafter ihr eingezahltes Kapital vollständig zurückerhalten haben, wobei § 15 Abs. 3 EStG ist nicht anzuwenden.

Hier soll der carried interest dem Teileinkünfteverfahren unterworfen werden. Der carried interest ist die erfolgsabhängige Vergütung, die die Initiatoren einer Wagniskapital-GmbH & Co. KG (wie Venture/Capital/Privat Equity Fonds) über ihre Fondsquote hinaus erhalten. Der Gegenstand dieser KGs ist der Ankauf und der Verkauf von Anteilen an nicht börsennotierten Kapitalgesellschaften. Wenn der Veräußerungsgewinn dieser Anteile über einem Mindestmaß liegt, erhalten die Fonds-Initiatoren eine Vergütung für ihre Beiträge. Diese Zahlungen sollen den Einsatz ihrer Beiträge wie Branchenwissen, Kontakte, Erfahrungen usw. vergüten. Dieser carried interest wird von § 18 Abs. 1 Nr. 4 EStG erfasst und wird nach § 3 Nr. 40a EStG zu 40 % freigestellt. Aufwendungen der Initiatoren, sog. carry holder, unterliegen § 3c EStG Abs. 2 Satz 1 HS 1 EStG und sind nur zu 60 % abziehbar.

3 Kapitalertragsteuer bis VZ 2008

Näheres siehe S. 578 ff., Auflage 19 dieser Reihe.

4 Kapitalertragsteuer ab VZ 2009

Ausgewählte Literaturhinweise **Ronig**, Einzelfragen zur Abgeltungsteuer, DB 2010, 128 ▪ **Rhodius/Lofing,** Kapitalertragsteuer und Abgeltungsteuer verstehen, 2. Auflage, Wiesbaden 2013 ▪ **Weber-Grellet,** Die Funktion der Kapitalertragsteuer im System der Abgeltungsteuer, DStR 2013, 1357, 1412 ▪ **Intemann**, Veräußerung obligationsähnlicher Genussrechte, NWB 2013, 3756

Verwaltungsanweisungen BMF vom 18.01.2016, IV C 1 – S 2252/08/10004 :017, BMF vom 12.04.2018, IV C 1 – S 2252/08/10004 :021, BMF vom 19.02.2021 – IV C 1 – S 2252/19/10003:007.

4.1 Pflicht zum Kapitalertragsteuerabzug

Die abzugspflichtigen Kapitalerträge sind in § 43 EStG abschließend aufgeführt. Der Kapitalertragsteuer unterliegen z. B. Dividenden und verdeckte Gewinnausschüttungen. § 43 Abs. 1 Nr. 6 EStG regelt, dass der Kapitalertragsteuerabzug nicht nur auf inländische, sondern auch auf ausländische Kapitalerträge anzuwenden sind.

4.2 Grundsätzliches

Gewinnausschüttungen von Körperschaften an ihre Anteilseigner unterliegen der Kapitalertragsteuer (§ 43 Abs. 1 Nr. 1 und Nr. 1a EStG). Diese wird von der Kapitalgesellschaft (also an der Quelle – Quellensteuer) einbehalten und an das Finanzamt für Rechnung des Anteilseigners abgeführt. Bei der ESt oder KSt des Anteilseigners wird diese dann auf die persönliche Steuerschuld des Anteilseigners angerechnet. Überzahlungen führen zu Erstattungen. Das gilt auch für die Besteuerung von Dividenden im Teileinkünfteverfahren.

Für Dividenden nach dem Teileinkünfteverfahren beträgt die KapSt 25 % der vollen Dividende.

Die Kapitalertragsteuer und der Zinsabschlag sind besondere Erhebungsformen der ESt oder KSt. Sie sind wie eine Einkommen-/Körperschaftsteuer-Vorauszahlung anzusehen, die durch den Schuldner der Kapitalerträge für Rechnung des Gläubigers einbehalten und abgeführt werden muss (Sicherung durch Erhebung an der Quelle).

Bei Zinsen, die dem Zinsabschlag unterliegen, obliegt diese Verpflichtung des Steuerabzugs der die Zinsen auszahlenden Stelle. Der Kapitalertragsteuer und dem Zinsabschlag unterliegen die vollen Kapitaleinnahmen; eine Freigrenze gibt es nicht. Unerheblich ist, dass die Ausschüttungen möglicherweise beim Empfänger im Teileinkünfteverfahren versteuert werden oder bei einer Kapitalgesellschaft nach § 8b KStG steuerfrei sind (§ 43 Abs. 1 Satz 3 EStG). Bemessungsgrundlage für den SolZ ist die einbehaltene Kapitalertragsteuer bzw. der Zinsabschlag.

Für den Steuerabzug ist es unerheblich, ob die Kapitalerträge beim Gläubiger zu den Einkünften aus Land- und Forstwirtschaft, Gewerbebetrieb, selbständiger Arbeit, aus Kapitalvermögen, oder aus Vermietung und Verpachtung gehören (§ 43 Abs. 4 EStG). Wird der Gläubiger der Kapitalerträge mit den Kapitaleinnahmen, von denen die vorgenannten Steuerabzüge vorgenommen worden sind, nicht zur ESt oder KSt veranlagt, gelten die vorgenommenen Steuerabzugsbeträge die ESt oder KSt ab. Diese Abgeltung gilt durch die Reform der Besteuerung von Kapitaleinkünften des Privatvermögens durch das URefG 2008 ab VZ 2009 grds. für die Besteuerung der Kapitaleinkommen (sog. Abgeltungsteuer).

4.3 Kapitalerträge mit Steuerabzug (§ 43 EStG) – Aufzählung der Kapitalerträge

§ 43 Abs. 1 Nr. 1 EStG zählt die dem Kapitalertragsteuerabzug zu unterwerfenden Kapitalerträge auf. Die Ergänzung in § 43 Abs. 1 Satz 1 1. HS EStG um die ausdrückliche Einbeziehung ausländischer Kapitalerträge bei Kapitalerträgen nach Nr. 6 (ausländische Kapitalerträge i. S. d. § 43 Abs. 1 Satz 1 Nr. 1 und Nr. 1a EStG) und Nrn. 8–12 (Stillhalterprämien, Veräußerungsgewinne, Gewinne aus bestimmten Termingeschäften, Gewinne aus der Übertragung von Rechtspositionen) regelt, dass nicht nur im Fall inländischer, sondern auch ausländischer Kapitalerträge grds. ein Steuerabzug vorzunehmen ist.

Der Kapitalertragsteuerabzug wird bei ausländischen Kapitalerträgen (§ 43 Abs. 1 Satz 1 Nr. 6 EStG) nicht vom Schuldner der Kapitalerträge, sondern von der auszahlenden Stelle vorgenommen (§ 43a Abs. 3 Satz 1 EStG). Die auszahlende Stelle hat bereits bei der Erhebung der inländischen Kapitalertragsteuer die auf die Dividende entfallende ausländische Quellensteuer zu berücksichtigen.

In § 43 Abs. 1 Satz 4 EStG ist geregelt, dass die Übertragung eines von einer auszahlenden Stelle verwahrten oder verwalteten Wirtschaftsguts i. S. d. § 20 Abs. 2 EStG auf einen anderen Gläubiger grds. als Veräußerung dieses Wirtschaftsguts gilt. Dies gilt nach Satz 5 nicht, wenn der Steuerpflichtige der auszahlenden Stelle unter Benennung der unten genannten Daten mitteilt, dass es sich um eine unentgeltliche Übertragung handelt. Die auszahlende Stelle hat in diesen Fällen folgende Daten dem für sie zuständigen Betriebsstättenfinanzamt bis zum 31. Mai des jeweiligen Folgejahres nach amtlich vorgeschriebenem Datensatz auf elektronischem Weg nach Maßgabe der Steuerdaten-Übermittlungsverordnung in der jeweils geltenden Fassung mitzuteilen:

1. Bezeichnung der auszahlenden Stelle,
2. das zuständige Betriebsstättenfinanzamt,
3. das übertragene Wirtschaftsgut, den Übertragungszeitpunkt, den Wert zum Übertragungszeitpunkt und die Anschaffungskosten des Wirtschaftsguts,
4. Name, Geburtsdatum, Anschrift und Identifikationsnummer des Übertragenden,
5. Name, Geburtsdatum, Anschrift und Identifikationsnummer des Empfängers sowie die Bezeichnung des Kreditinstituts, der Nummer des Depots, des Kontos oder des Schuldbuchkontos,
6. soweit bekannt, das persönliche Verhältnis (Verwandtschaftsverhältnis, Ehe, Lebenspartnerschaft) zwischen Übertragendem und Empfänger.

Abgesehen von Fällen, in denen Gewinne von Betrieben gewerblicher Art i. S. d. § 4 KStG ohne eigene Rechtpersönlichkeit und von wirtschaftlichen Geschäftsbetrieben zufließen (§ 20 Abs. 1 Nr. 10 Buchst. b EStG), ist ein Kapitalertragsteuerabzug nicht vorzunehmen, wenn Gläubiger und Schuldner der Kapitalerträge oder die auszahlende Stelle im Zuflusszeitpunkt dieselbe Person sind (§ 43 Abs. 2 Satz 1 EStG). Dieses Bankenprivileg wurde durch § 43 Abs. 2 Satz 2 EStG auf die Fälle des Abs. 1 Satz 1 Nr. 5 bis 7 und 8 bis 12 EStG ausgeweitet, wenn der Gläubiger der Kapitalerträge ein inländisches Kredit-, Finanzdienstleistungs- oder Wertpapierinstitut nach Abs. 1 Satz 1 Nr. 7 Buchst. b EStG.

§ 43 Abs. 5 EStG ist die Kernregelung der Abgeltungsteuer. Er bestimmt, dass die ESt mit dem Steuerabzug abgegolten ist, soweit der Gläubiger nicht nach § 44 Abs. 1 Satz 10 und 11 und Abs. 5 EStG in Anspruch genommen werden kann. Er bestimmt auch, dass die Abgeltung in den Fällen des § 32d Abs. 2 EStG (dort sind die Ausnahmeregelungen von der Abgeltungsteuer geregelt) sowie für Kapitalerträge, die zu den Einkünften aus Land- und Forstwirtschaft, aus Gewerbebetrieb, aus selbständiger Arbeit oder aus Vermietung und Verpachtung gehören, nicht gilt.

Nach § 43 Abs. 5 Satz 3 EStG kann der Gläubiger der Kapitalerträge beantragen, die Kapitalerträge, soweit sie der Abgeltungsteuer unterliegen, nach § 32d EStG in die besondere Besteuerung von Kapitalerträgen insbesondere einzubeziehen.

4.4 Bemessung der Kapitalertragsteuer (§ 43a EStG)

In § 43a Abs. 1 Satz 1 EStG sind die Steuersätze der Kapitalertragsteuer geregelt. Der allgemeine Steuersatz beträgt 25 % (Steuersätze bis VZ 2008 von 20 %, 25 % und 30 %; § 43a Abs. 1 Satz 1 Nr. 1 EStG). Eine Ausnahme gibt es nur für die Fälle des § 43 Abs. 1 Satz 1 Nr. 7b und 7c EStG (Leistungen bzw. Gewinn von Betrieben gewerblicher Art mit oder ohne eigene Rechtspersönlichkeit). Hierfür beträgt der Steuersatz 15 % (§ 43a Abs. 1 Satz 1 Nr. 2 EStG).

§ 43a Abs. 1 Satz 2 und 3 EStG enthält die Regelung für den Fall der Kirchensteuerpflicht.

Bemessungsgrundlage für den Kapitalertragsteuerabzug sind die vollen Kapitalerträge ohne Abzug (§ 43 Abs. 2 Satz 1 EStG). In Veräußerungs- und Einlösungsfällen sowie in allen ab dem VZ 2009 hinzukommenden Veräußerungstatbeständen bemisst sich der Steuerabzug nach dem Unterschiedsbetrag zwischen den Einnahmen aus der Veräußerung nach Abzug der Aufwendungen, die im unmittelbaren sachlichen Zusammenhang mit dem Veräußerungsgeschäft stehen, und den Anschaffungskosten (§ 20 Abs. 4 EStG). Hierdurch soll erreicht werden, dass bei Erhebung der Kapitalertragsteuer und bei Ermittlung des Kapitalertrags im Veranlagungsverfahren die gleichen Regelungen angewandt werden.

§ 43a Abs. 2 Satz 3, 5 und 6 EStG regelt die Ermittlung des Kapitalertrags bei Depotwechsel und identischem Gläubiger sowie den Nachweis der Anschaffungsdaten.

§ 43a Abs. 2 Satz 7 EStG regelt den Kapitalertragsteuerabzug bei fehlenden Anschaffungsdaten. In diesem Fall ist der Veräußerungsgewinn mit 30 % der Einnahmen aus der Veräußerung oder Einlösung anzusetzen, § 43a Abs. 2 Satz 7 EStG. Werden Wirtschaftsgüter i. S. d. § 20 Abs. 2 EStG, wie z. B. Aktien, GmbH-Anteile usw., die von einer auszahlenden Stelle verwahrt oder verwaltet werden, auf einen anderen Gläubiger übertragen, gilt dies nach § 43 Abs. 1 Satz 4 EStG als Veräußerung. Für die Bemessung der Kapitalertragsteuer gilt in diesen Fällen der Börsenpreis zum Zeitpunkt der Übertragung als Einnahme aus der Veräußerung. Zur Ermittlung des Börsenpreises ist der niedrigste am Vortag der Übertragung im regulierten Markt notierte Kurs anzusetzen. Liegt am Vortag eine Notierung nicht vor, so werden die Wirtschaftsgüter mit dem letzten innerhalb von 30 Tagen vor dem Übertragungstag im regulierten Markt notierten Kurs angesetzt; Entsprechendes gilt für Wertpapiere, die im Inland in den Freiverkehr einbezogen sind oder in einem anderen Staat des Europäischen Wirtschaftsraums zum Handel an einem geregelten Markt i. S. d. Artikels 1 Nr. 13 der Richtlinie 93/22/EWG des Rates vom 10.05.1993 über Wertpapierdienstleistungen (ABl. EG Nr. L 141, 27) zugelassen sind. Liegt ein Börsenpreis nicht vor, bemisst sich die Steuer nach 30 % der Anschaffungskosten, § 43a Abs. 2 Satz 9 und 10 EStG. § 43a Abs. 3 EStG enthält weitere Berechnungsvorschriften. So folgt § 43 Abs. 3 Satz 1 EStG der Anweisung, dass die auszahlende Stelle die ausländischen Steuern nach Maßgabe des § 32d Abs. 5 EStG zu berücksichtigen hat.

Nach § 43a Abs. 4 Satz 1 EStG gelten die Absätze 2 und 3 entsprechend für die das Bundesschuldbuch führende Stelle oder eine Landesschuldenverwaltung als auszahlende Stelle. Besonderheiten siehe § 43a Abs. 4 Satz 2 EStG.

4.5 Entrichtung der Kapitalertragsteuer (§ 44 EStG)

Schuldner der Kapitalertragsteuer ist in den Fällen des § 43 Abs. 1 Satz 1 Nr. 1 bis 7b und 8 bis 12 sowie Satz 2 EStG der Gläubiger der Kapitalerträge (§ 44 Abs. 1 EStG). Der Schuldner der Kapitalerträge haftet für die Einbehaltung und Abführung der Kapitalertragsteuer (§ 44 Abs. 5 EStG). Der Schuldner der Kapitalerträge ist verpflichtet, den Steuerabzug in dem Zeitpunkt vorzunehmen, in dem die Kapitalerträge dem Gläubiger zufließen (§ 44 Abs. 1 EStG). Dies ist nach § 11 Abs. 1 EStG (der auch hier anzuwenden ist) der Zeitpunkt, zu dem der Stpfl. über den Betrag wirtschaftlich verfügen kann. Einzelheiten über den Zufluss regelt § 44 Abs. 2 und 3 EStG.

Zur Durchführung der Kapitalertragsteueranrechnung hat der Schuldner der Kapitalerträge dem Gläubiger eine Bescheinigung auszustellen, in der u.a. die Höhe der Kapitalerträge und die des Steuerabzugs angegeben sind (§ 45a Abs. 2 EStG, BMF vom 23.05.2022, IV C 1 – S 2401/19/10001 :006 und 13.04.2024, IV C 1 – S 2401/19/10001 :009).

4.6 Abstandnahme vom Steuerabzug (§ 44a EStG)

Vom Steuerabzug kann nur in den Fällen des § 43 Abs. 1 Nr. 1, 2, 3–7 und 8 bis 12 sowie Satz 2 EStG Abstand genommen werden.

a) Verzicht auf Erhebung der Kapitalertragsteuer (§ 44a Abs. 1 bis 3 EStG)
Der Verzicht auf die Erhebung der Kapitalertragsteuer von Kapitalerträgen i.S.d. § 43 Abs. 1 Satz 1 Nr. 1 bis 12 sowie Satz 2 EStG ist möglich, wenn anzunehmen ist, dass für zum Zeitpunkt des Zufließens unbeschränkt stpfl. natürliche Personen die Kapitalerträge, der Sparer-Pauschbetrag (§ 20 Abs. 9 EStG) oder eine Einkommensteuerveranlagung nicht in Betracht kommen.

Voraussetzung für die Abstandnahme vom Steuerabzug ist, dass dem zum Steuerabzug Verpflichteten im Zeitpunkt der Zahlung ein Freistellungsauftrag oder eine Nichtveranlagungsbescheinigung vorliegen (§ 44a Abs. 2 EStG).

Der Freistellungsauftrag muss nach § 44a Abs. 2 Satz 1 Nr. 1 EStG vom Stpfl. dem zum Steuerabzug Verpflichteten nach amtlich vorgeschriebenem Muster erteilt sein. Bis zu dem im Freistellungsauftrag genannten Betrag ist vom Steuerabzug abzusehen. Ab VZ 2023 beträgt der Sparer-Pauschbetrag 1 000 € und bei Ehegatten, die zusammen veranlagt werden, 2 000 € (§ 20 Abs. 9 Satz 1 EStG). Von VZ 2009–2022 waren es 801 €/1 602 €.

Ein Freistellungsauftrag kann nur erteilt werden, wenn der Gläubiger der Kapitalerträge seine Identifikationsnummer (§ 139b AO) und bei gemeinsamen Freistellungsaufträgen auch die Identifikationsnummer des Ehegatten mitteilt. Ein Freistellungsauftrag ist ab dem 01.01.2016 unwirksam, wenn der Meldestelle i.S.d. § 45d Abs. 1 Satz 1 EStG keine Identifikationsnummer des Gläubigers der Kapitalerträge und bei gemeinsamen Freistellungsaufträgen auch keine des Ehegatten vorliegen, § 44a Abs. 2a Satz 2 EStG. Die Meldestelle i.S.d. § 45d Abs. 1 Satz 1 EStG kann die Identifikationsnummer beim Bundeszentralamt für Steuern anfragen, sofern der Gläubiger der Kapitalerträge nicht widerspricht. Gleiches gilt für die Identifikationsnummer des Ehegatten bei gemeinsamen Freistellungsaufträgen, sofern dieser nicht widerspricht. In der Anfrage dürfen nur die in § 139b Abs. 3 AO genannten Daten des Gläubigers der Kapitalerträge und bei gemeinsamen Freistellungsaufträgen die des Ehegatten angegeben werden, soweit sie der Meldestelle bekannt sind.

Die Nichtveranlagungsbescheinigung (§ 44a Abs. 2 Satz 1 Nr. 2 EStG) wird auf Antrag vom Wohnsitzfinanzamt des Stpfl. unter dem Vorbehalt des Widerrufs erteilt, wenn anzunehmen ist, dass für den Stpfl. eine Veranlagung nicht in Betracht kommt. Sie kann die im Freistellungsauftrag möglichen Beträge übersteigen, wenn anzunehmen ist, dass insgesamt kein stpfl. Einkommen erzielt wird. Ihre Geltungsdauer darf höchstens drei Jahre betragen. Der Stpfl. ist verpflichtet, die Nichtveranlagungsbescheinigung dem Finanzamt zurückzugeben, sobald er erkennt, dass die Voraussetzungen für die Erteilung weggefallen sind.

b) Kein Kapitalertragsteuerabzug nach § 44a Abs. 4, 4a und 4b EStG

Bei der Beziehung von Kapitalerträgen i. S. d. § 43 Abs. 1 Satz 1 Nr. 4–7 und 8–12 sowie Satz 2 EStG durch von der KSt befreite inländische Körperschaften, Personenvereinigungen oder Vermögensmassen oder inländische juristische Personen des öffentlichen Rechts ergibt sich nach § 44a Abs. 4 EStG die Möglichkeit, vom Kapitalertragsteuerabzug abzusehen. Nach § 44a Abs. 4a EStG ist Abs. 4 entsprechend auf Personengesellschaften i. S. d. § 212 Abs. 1 SGB V anzuwenden (Bundesverbände, Deutsche Rentenversicherung Knappschaft-Bahn-See, Verbände der Ersatzkassen). Dabei tritt die Personengesellschaft an die Stelle des Gläubigers der Kapitalerträge.

Werden Kapitalerträge i. S. d. § 43 Abs. 1 Satz 1 Nr. 1 EStG von einer Genossenschaft an ihre Mitglieder gezahlt, ist ein Steuerabzug unter den in § 44a Abs. 4b EStG genannten Voraussetzungen nicht vorzunehmen.

c) Kein Kapitalertragsteuerabzug nach § 44a Abs. 5 EStG

Bei Kapitalerträgen i. S. d. § 43 Abs. 1 Satz 1 Nr. 1, 2, 5–7 und 8–12 sowie Satz 2 EStG, die einem unbeschränkt oder beschränkt einkommensteuerpflichtigen Gläubiger zufließen, ist der Steuerabzug nicht vorzunehmen, wenn die Kapitalerträge Betriebseinnahmen des Gläubigers sind und die Kapitalertragsteuer bei ihm auf Grund der Art seiner Geschäfte auf Dauer höher wären als die gesamte festzusetzende ESt oder KSt. Dies ist durch eine Bescheinigung des für den Gläubiger zuständigen Finanzamts nachzuweisen.

d) Kapitalerträge i. S. d. § 20 Abs. 1 Nr. 9 und 10 EStG, § 44a Abs. 7 EStG

Ist der Gläubiger eine inländische Körperschaft, Personenvereinigung oder Vermögensmasse i. S. d. § 5 Abs. 1 Nr. 9 KStG oder eine Stiftung des öffentlichen Rechts, die ausschließlich und unmittelbar gemeinnützigen oder mildtätigen Zwecken dient, oder eine juristische Person des öffentlichen Rechts, die ausschließlich und unmittelbar kirchlichen Zwecken dient, so ist der Steuerabzug bei Kapitalerträgen i. S. d. § 43 Abs. 1 Satz 1 Nr. 1, 2, 3, und 7a bis 7c EStG nicht vorzunehmen.

Voraussetzung für die Anwendung ist, dass der Gläubiger durch eine Bescheinigung des für seine Geschäftsleitung oder seinen Sitz zuständigen Finanzamts nachweist, dass er eine Körperschaft, Personenvereinigung oder Vermögensmasse nach § 44a Abs. 7 Satz 1 EStG ist.

e) Abstandnahme nach § 44a Abs. 8 EStG

Ist der Gläubiger eine nach § 5 Abs. 1 mit Ausnahme der Nr. 9 KStG oder nach anderen Gesetzen von der KSt befreite Körperschaft, Personenvereinigung oder Vermögensmasse oder eine inländische juristische Person des öffentlichen Rechts, die nicht in § 44a Abs. 7 EStG bezeichnet ist, so ist der Steuerabzug bei Kapitalerträgen i. S. d. § 43 Abs. 1 Satz 1 Nr. 1, 2, 3 und 7a EStG nur i. H. v. drei Fünfteln vorzunehmen. Voraussetzung ist, dass der Gläubiger durch eine Bescheinigung des für seine Geschäftsleitung oder seinen Sitz zuständigen Finanzamts nachweist, dass er eine Körperschaft, Personenvereinigung oder Vermögensmasse im Sinne des Satzes 1 ist.

f) Abstandnahme nach § 44a Abs. 8a EStG

Die zu Abs. 8 genannten Regelungen gelten entsprechend für Personengesellschaften i. S. d. 212 Abs. 1 SGB V. Hierbei tritt die Personengesellschaft an die Stelle des Gläubigers der Kapitalerträge.

g) Abstandnahme nach § 44a Abs. 9 EStG

§ 44a Abs. 9 EStG passt die Regelung ab dem VZ 2009 einer Gleichbehandlung mit inländischen Körperschaften für ausländische Körperschaften an. Im Einzelfall kann sich eine weitergehende Entlastung aus einem Doppelbesteuerungsabkommen ergeben. Die Entlastung erfolgt umfassend durch nachträgliche Erstattung durch das Bundeszentralamt für Steuern.

4.7 Erstattung der Kapitalertragsteuer (§ 44b EStG)

Die Vorschrift des § 44b EStG regelt die Erstattungsmöglichkeiten der Kapitalertragsteuer im Detail. Sie sieht die Erstattung der einbehaltenen und abgeführten Kapitalertragsteuer auf Antrag des zum Kapitalertragsteuerabzugs-Verpflichteten, also des Entrichtungspflichtigen i. S. d. § 33 Abs. 1 AO, vor. Dieser wird auch ausdrücklich zum Erstattungsberechtigten erklärt, § 44b Abs. 5 Satz 2 EStG.

Nach Ablauf eines Kalenderjahres hat der zum Steuerabzug Verpflichtete die im vorangegangenen Kalenderjahr abgeführte Steuer auf Ausschüttungen eines Investmentfonds zu erstatten, soweit die Ausschüttungen nach § 17 des Investmentsteuergesetzes nicht als Ertrag gelten, § 44b Abs. 1 EStG.

Ist bei Gläubigern nach § 44a Abs. 7 Satz 1 Nr. 1 EStG gemäß § 44a Abs. 10 Satz 1 Nr. 2 EStG Kapitalertragsteuer einbehalten und abgeführt worden, wird auf Antrag durch das Finanzamt, in dessen Bezirk sich die Geschäftsleitung oder der Sitz des Gläubigers befindet, die Kapitalertragsteuer erstattet, wenn der Gläubiger die Voraussetzungen nach § 36a Abs. 1 bis 3 EStG erfüllt, § 44b Abs. 2 EStG

Ist Kapitalertragsteuer einbehalten oder abgeführt worden, obwohl eine Verpflichtung hierzu nicht bestand, oder hat der Gläubiger dem nach § 44 Abs. 1 EStG zum Steuerabzug Verpflichteten die Bescheinigung nach § 43 Abs. 2 Satz 4 EStG, den Freistellungsauftrag, die Nichtveranlagungs-Bescheinigung oder die Bescheinigungen nach § 44a Abs. 4 oder 5 EStG erst zu einem Zeitpunkt vorgelegt, zu dem die Kapitalertragsteuer bereits abgeführt war, oder nach diesem Zeitpunkt erst die Erklärung nach § 43 Abs. 2 Satz 3 Nr. 2 EStG abgegeben, ist auf Antrag des nach § 44 Abs. 1 EStG zum Steuerabzug Verpflichteten die Steueranmeldung (§ 45a Abs. 1 EStG) insoweit zu ändern; stattdessen kann der zum Steuerabzug Verpflichtete bei der folgenden Steueranmeldung die abzuführende Kapitalertragsteuer entsprechend kürzen. Erstattungsberechtigt ist der Antragsteller. Solange noch keine Steuerbescheinigung nach § 45a EStG erteilt ist, hat der zum Steuerabzug Verpflichtete das Verfahren nach Satz 1 zu betreiben, § 44b Abs. 5 EStG. Dies gilt jedoch nicht in den Fällen des § 44b Abs. 6 EStG.

Werden Kapitalerträge i. S. d. § 43 Abs. 1 Satz 1 Nr. 1 und 2 EStG durch ein inländisches Kredit-, Finanzdienstleistungs- oder Wertpapierinstitut i. S. d. § 43 Abs. 1 Satz 1 Nr. 7 Buchst. b EStG, das die Wertpapiere, Wertrechte oder sonstigen Wirtschaftsgüter unter dem Namen des Gläubigers verwahrt oder verwaltet, als Schuldner der Kapitalerträge oder für Rechnung des Schuldners gezahlt, kann das Kredit-, Finanzdienstleistungs- oder Wertpapierinstitut die einbehaltene und abgeführte Kapitalertragsteuer dem Gläubiger der Kapitalerträge bis zur Ausstellung einer Steuerbescheinigung, längstens bis zum 31. März des auf den Zufluss der Kapitalerträge folgenden Kalenderjahres, unter den folgenden Voraussetzungen erstatten:

- dem Kredit-, Finanzdienstleistungs- oder Wertpapierinstitut wird eine Nichtveranlagungs-Bescheinigung nach § 44a Abs. 2 Satz 1 Nr. 2 EStG für den Gläubiger vorgelegt,
- dem Kredit-, Finanzdienstleistungs- oder Wertpapierinstitut wird eine Bescheinigung nach § 44a Abs. 5 EStG für den Gläubiger vorgelegt,
- dem Kredit-, Finanzdienstleistungs- oder Wertpapierinstitut wird eine Bescheinigung nach § 44a Abs. 7 Satz 2 EStG für den Gläubiger vorgelegt und eine Abstandnahme war nicht möglich oder
- dem Kredit-, Finanzdienstleistungs- oder Wertpapierinstitut wird eine Bescheinigung nach § 44a Abs. 8 Satz 2 EStG für den Gläubiger vorgelegt und die teilweise Abstandnahme war nicht möglich; in diesen Fällen darf die Kapitalertragsteuer nur in Höhe von zwei Fünfteln erstattet werden.

Das erstattende Kredit-, Finanzdienstleistungs- oder Wertpapierinstitut haftet in sinngemäßer Anwendung des § 44 Abs. 5 EStG für zu Unrecht vorgenommene Erstattungen; für die Zahlungsaufforderung gilt § 219 Satz 2 AO entsprechend. Das Kredit-, Finanzdienstleistungs- oder Wertpapierinstitut hat die Summe der Erstattungsbeträge in der Steueranmeldung gesondert anzugeben und von der von ihm abzuführenden Kapitalertragsteuer abzusetzen. Wird dem Kredit-, Finanzdienstleistungs- oder Wertpapierinstitut ein Freistellungsauftrag erteilt, der auch Kapitalerträge im Sinne des Satzes 1 erfasst, oder führt das Institut einen Verlustausgleich nach § 43a Abs. 3 Satz 2 EStG unter Einbeziehung von Kapitalerträgen im Sinne des Satzes 1 aus, so hat es bis zur Ausstellung der Steuerbescheinigung, längstens bis zum 31. März des auf den Zufluss der Kapitalerträge folgenden Kalenderjahres, die einbehaltene und abgeführte Kapitalertragsteuer auf diese Kapitalerträge zu erstatten, § 44b Abs. 6 EStG.

Eine Gesamthandsgemeinschaft kann für ihre Mitglieder i. S. d. § 44a Abs. 7 oder Abs. 8 EStG eine Erstattung der Kapitalertragsteuer bei dem für die gesonderte Feststellung ihrer Einkünfte zuständigen Finanzamt beantragen. Die Erstattung ist unter den Voraussetzungen des § 44a Abs. 4, 7 oder Abs. 8 EStG und in dem dort bestimmten Umfang zu gewähren, § 44b Abs. 7 EStG.

4.8 Ausschluss der Erstattung von Kapitalertragsteuer (§ 45 EStG)

Grundsätzlich ist die Erstattung der Kapitalertragsteuer an den Anteilseigner auszubezahlen, wenn er auch die Dividende erhält. Eine Auszahlung oder Anrechnung an einen anderen als den Anteilseigner, also an den Empfänger der Dividende ist nicht möglich, wenn es sich beim Anteilseigner und Anspruchsinhaber der Kapitalerträge um zwei verschiedene Personen handelt. Für Erwerber der Dividendenscheine ist die Erstattung der Kapitalertragsteuer lt. Sonderregelung in § 45 Satz 2 EStG möglich. Für Erwerber von Zinsscheinen ist keine Erstattung möglich § 45 Satz 3 EStG.

4.9 Anmeldung und Bescheinigung der Kapitalertragsteuer (§ 45a EStG)

Die Anmeldung der einbehaltenen Kapitalertragsteuer ist dem Finanzamt innerhalb der in § 44 Abs. 1 oder Abs. 7 EStG bestimmten Frist nach amtlich vorgeschriebenem Vordruck auf elektronischem Weg zu übermitteln; die auszahlende Stelle hat die Kapitalertragsteuer auf die Erträge i. S. d. § 43 Abs. 1 Satz 1 Nr. 1a EStG jeweils gesondert für das Land, in dem sich der Ort der Geschäftsleitung des Schuldners der Kapitalerträge befindet, anzugeben. Dies gilt entsprechend, wenn ein Steuerabzug nicht oder nicht in voller Höhe vorzunehmen ist. Der Grund für die Nichtabführung ist anzugeben. Auf Antrag kann das Finanzamt zur Vermeidung unbilliger Härten auf eine elektronische Übermittlung verzichten; in diesem Fall ist die Kapitalertragsteuer-Anmeldung von dem Schuldner, der den Verkaufsauftrag ausführenden Stelle, der auszahlenden Stelle oder einer vertretungsberechtigten Person zu unterschreiben.

4.10 Kapitalertragsteuer und Doppelbesteuerungsabkommen

Die Grundsätze zur Befreiung oder Erstattung von Kapitalertragsteuer aufgrund von Doppelbesteuerungsabkommen bleiben unberührt.

4.11 Meldung an das Bundeszentralamt für Steuern (§ 45d EStG)

Wer nach § 44 Abs. 1 EStG und § 7 InvStG zum Steuerabzug verpflichtet ist, hat dem Bundeszentralamt für Steuern nach Maßgabe des § 93c AO neben den in § 93c Abs. 1 AO genannten Angaben folgende Daten zu übermitteln:

- bei den Kapitalerträgen, für die ein Freistellungsauftrag erteilt worden ist,
  - die Kapitalerträge, bei denen vom Steuerabzug Abstand genommen worden ist oder bei denen Kapitalertragsteuer auf Grund des Freistellungsauftrags gem. § 44b Abs. 6 Satz 4 EStG oder gem. § 7 Abs. 5 Satz 1 InvStG erstattet wurde,
  - die Kapitalerträge, bei denen die Erstattung von Kapitalertragsteuer beim Bundeszentralamt für Steuern beantragt worden ist,

- die Kapitalerträge, bei denen auf Grund einer Nichtveranlagungsbescheinigung einer natürlichen Person nach § 44a Abs. 2 Satz 1 Nr. 2 EStG vom Steuerabzug Abstand genommen oder eine Erstattung vorgenommen wurde.

Bei einem gemeinsamen Freistellungsauftrag sind die Daten beider Ehegatten zu übermitteln.

Außerdem darf das Bundeszentralamt für Steuern den Sozialleistungsträgern die Daten nach Abs. 1 mitteilen, soweit dies zur Überprüfung des bei der Sozialleistung zu berücksichtigenden Einkommens oder Vermögens erforderlich ist oder der Betroffene zustimmt.

Ein inländischer Versicherungsvermittler i. S. d. § 59 Abs. 1 des Versicherungsvertragsgesetzes hat das Zustandekommen eines Vertrages i. S. d. § 20 Abs. 1 Nr. 6 EStG zwischen einer im Inland ansässigen Person und einem Versicherungsunternehmen mit Sitz und Geschäftsleitung im Ausland nach Maßgabe des § 93c AO dem Bundeszentralamt für Steuern mitzuteilen. Dies gilt nicht, wenn das Versicherungsunternehmen eine Niederlassung im Inland hat oder das Versicherungsunternehmen dem Bundeszentralamt für Steuern bis zu diesem Zeitpunkt das Zustandekommen eines Vertrages angezeigt und den Versicherungsvermittler hierüber in Kenntnis gesetzt hat. Neben den in § 93c Abs. 1 AO genannten Daten sind folgende Daten zu übermitteln:

- Name und Anschrift des Versicherungsunternehmens sowie Vertragsnummer oder sonstige Kennzeichnung des Vertrages,
- Laufzeit und garantierte Versicherungssumme oder Beitragssumme für die gesamte Laufzeit,
- Angabe, ob es sich um einen konventionellen, einen fondsgebundenen oder einen vermögensverwaltenden Versicherungsvertrag handelt.

Ist mitteilungspflichtige Stelle das ausländische Versicherungsunternehmen und verfügt dieses weder über ein Identifikationsmerkmal nach den §§ 139a bis 139c AO noch über eine Steuernummer oder ein sonstiges Ordnungsmerkmal, so kann abweichend von § 93c Abs. 1 Nr. 2 Buchst. a AO auf diese Angaben verzichtet werden. Der Versicherungsnehmer gilt als Steuerpflichtiger i. S. d. § 93c Abs. 1 Nr. 2 Buchst. c AO. § 72a Abs. 4 und § 203a AO finden keine Anwendung.

Teil J Komplexer Übungsfall

1 Sachverhalt

Die Wagner Teigwaren-GmbH (W-GmbH, Wirtschaftsjahr=Kalenderjahr) hat ihren Sitz und die Geschäftsleitung in Stuttgart. Satzungszweck der GmbH ist die Herstellung und der Vertrieb von Teigwaren aller Art. Das Stammkapital der W-GmbH beträgt 100 000 €; als Gesellschafter sind an der GmbH beteiligt:

- Werner Wagner (WW) mit 60 % = 60 000 €
- Antonia Wagner (AW) mit 40 % = 40 000 €

AW ist die Schwester von WW. AW und WW halten ihre GmbH-Anteile im Privatvermögen (AK GmbH-Anteile WW: 210 000 €, AK GmbH-Anteile AW: 140 000 €). Sie sind beide langjährige Gesellschafter-Geschäftsführer der GmbH und im Gesellschaftsvertrag (mit Eintragung im Handelsregister) vom Selbstkontrahierungsverbot nach § 181 BGB befreit.

Die vorläufige **Steuerbilanz der W-GmbH zum 31.12.2023** stellt sich wie folgt dar:

Aktiva	**Bilanz zum 31.12.2023**		**Passiva**
Anlage- und Umlaufvermögen	10 000 000 €	Stammkapital	100 000 €
		Kapitalrücklage	245 000 €
		Verlustvortrag 2022	./. 800 000 €
		Jahresüberschuss 2023	1 200 000 €
		Rückstellungen und Verbindlichkeiten	9 255 000 €
	10 000 000 €		10 000 000 €

Das zuständige Finanzamt hat bei der W-GmbH zum 31.12.2022 folgende Beträge gesondert festgestellt:

Steuerliches Einlagekonto (§ 27 Abs. 2 Satz 1 KStG)	250 000 €
Verbleibender Verlustvortrag (§ 8 Abs. 1 KStG i. V. m. § 10 d Abs. 4 Satz 1 EStG)	455 522 €

Es ergeben sich noch folgende zusätzliche Angaben zum Sachverhalt:

1.1 Aufwendungen/Erträge lt. Gewinn- und Verlustrechnung

In der Gewinn- und Verlustrechnung zum 31.12.2023 sind u.a. folgende Beträge (**Aufwand=./., Ertrag=+**) verbucht:

• KSt-Vorauszahlungen 2023	./. 100 000 €
• Solidaritätszuschlag zu den KSt-Vorauszahlungen	./. 5 500 €
• GewSt-Vorauszahlungen 2023	./. 78 400 €
• GewSt-Nachzahlung für 2007 (nach erfolgter Betriebsprüfung)	./. 4 380 €
• Zinsen nach § 233a AO zur KSt	./. 320 €

Die W-GmbH hat in 2023 die Nachzahlungszinsen zur KSt 2017 i. H. v. 637 € mit den Erstattungszinsen zur KSt 2018 i. H. v. 317 € saldiert.

• Pauschale Aufsichtsratsvergütungen i. H. v. 18000 €	./.	18000 €
Außerdem hat der Aufsichtsrat bei einem Sachverständigen ein Gutachten zu einer Haftungsfrage im Zusammenhang mit verunreinigten Maultaschen in Auftrag gegeben. Die Rechnung des Sachverständigen i. H. v. 7000 € zuzüglich USt 1330 € wurde von der W-GmbH in 2023 bezahlt und zutreffend gewinnmindernd gebucht.	./.	7000 €
• Stundungszinsen aufgrund Stundung der GewSt-Vorauszahlungen 2019	./.	1560 €
• Verspätungszuschlag zur Lohnsteuer August 2023	./.	350 €
• Angemessene Bewirtungsaufwendungen, die besonders aufgezeichnet sind	./.	8000 €

Buchung:

Bewirtungsaufwand	8000 €			
Vorsteuer (sonst. Forderung)	1520 €	an	Bank	9520 €

• Geschenkaufwand (besonders aufgezeichnet) ./. 30000 €

Geschenkaufwendungen an Geschäftsfreunde der W-GmbH von jeweils ca. 200 € wurden in der Gewinn- und Verlustrechnung zum 31.12.2023 wie folgt verbucht:

Geschenkaufwand	30000 €			
sonst. Forderung (Vorsteuer)	5700 €	an	Bank	35700 €

- Im Rahmen der in 2024 stattfindenden Betriebsprüfung beantragte die W-GmbH hierfür die Pauschalbesteuerung nach § 37b EStG.

• Vorabausschüttung für 2023 ./. 40000 €

Die Gesellschafter WW und AW haben am 05.10.2023 eine Vorabausschüttung i. H. v. 40000 € beschlossen, die bei Auszahlungen an die Gesellschafter unter gleichzeitiger Einbehaltung und Abführung der Kapitalertragsteuer und des SolZ an das zuständige Finanzamt am 06.10.2023 wie folgt verbucht worden ist:

Aufwand Vorabdividende	40000 €	an	Bank	40000 €

In den von der W-GmbH an WW und AW ausgestellten Steuerbescheinigungen wurden insgesamt folgende Beträge bescheinigt:

Kapitalerträge i. S. d. § 20 Abs. 1 Nr. 1 Satz 1 EStG				40000 €
KapSt (25 % von 40000 €)				10000 €
SolZ zur KapSt (5,5 % von 10000 €)				550 €
Leistungen aus dem steuerlichen Einlagekonto (§ 27 KStG)				0 €
Bank	9000 €	an	Forderung	7400 €
		an	Ertrag 1	600 €

1.2 Dividende von der Y-AG

Die W-GmbH hält seit 05.03.2023 eine Beteiligung i. H. v. 20 % an der **Y-AG** (Wirtschaftsjahr=Kalenderjahr) in Frankfurt. Die Anschaffungskosten dieser Beteiligung betragen 500000 €. Aus dieser Beteiligung wurde der W-GmbH am 28.08.2023 eine Dividende i. H. v. 241975 € auf ihrem betrieblichen Bankkonto gutgeschrieben. Aus der von der Y-AG ausgestellten Steuerbescheinigung ergeben sich folgende Angaben:

- Kapitalerträge i. S. d. § 20 Abs. 1 Nr. 1 Satz 1 EStG 220 000 €
- Anrechenbare Kapitalertragsteuer 55 000 €
- Anrechenbarer Solidaritätszuschlag zur KapSt 3 025 €
- Leistungen aus dem steuerlichen Einlagekonto i. S. d. § 27 KStG 80 000 €

Die W-GmbH hat diesen Vorgang in der Gewinn- und Verlustrechnung zum 31.12.2023 wie folgt verbucht:

Bank	241 975 €			
Steueraufwand	58 025 €	an	Beteiligungserträge	300 000 €

Bei der W-GmbH sind im VZ 2023 Beteiligungsaufwendungen im Zusammenhang mit der Y-AG i. H. v. 3 000 € angefallen (Depotgebühren und Bürobedarf, keine Finanzierungskosten), die gewinnmindernd verbucht worden sind.

1.3 Erstattung der Geldbuße

Das Bundeskartellamt hat gegen die W-GmbH im VZ 2017 eine Geldbuße i. H. v. 80 000 € wegen einer Preisabsprache mit einem Konkurrenzunternehmen beim Verkauf von Eiernudeln verhängt, die seinerzeit gewinnmindernd verbucht worden ist. Nach einem Rechtsstreit hat das Kartellamt in 2023 die Höhe der Geldbuße reduziert. Der Erstattungsbetrag i. H. v. 30 000 € wurde in der Gewinn- und Verlustrechnung zum 31.12.2023 als Ertrag verbucht. Es handelt sich dabei um den Teil der Geldbuße, der in 2017 vom Bundeskartellamt der Gewinnabschöpfung ohne Berücksichtigung der hierauf entfallenden Steuern vom Einkommen und Ertrag zugrunde gelegt wurde.

1.4 Beteiligung an der Nudel-KG

Die W-GmbH hält eine Beteiligung i. H. v. 50 % an der Nudel-KG (N-KG, Wirtschaftsjahr = Kalenderjahr) in München. Die N-KG ist wiederum seit vielen Jahren mit 20 % an der Pasta-GmbH (P-GmbH) in Altötting beteiligt (Beteiligung im Gesamthandsvermögen), die Teigwaren nach italienischer Machart herstellt. Die P-GmbH hat am 20.05.2023 eine Dividende i. H. v. 100 000 € (unter Einbehalt von KapSt i. H. v. 25 000 € und SolZ i. H. v. 1 375 €) an die N-KG überwiesen (Gutschrift: 73 625 €).

Die Leistung der P-GmbH erfolgte nicht aus dem steuerlichen Einlagekonto i. S. d. § 27 KStG.

Gemäß der Erklärung zur einheitlichen und gesonderten Gewinnfeststellung der N-KG ergibt sich für die W-GmbH folgender zutreffender Anteil am Gewinn für 2023:

Gewinnanteil lt. Gesamthandsbilanz	220 000 €
Ergebnis aus der Ergänzungsbilanz	./. 20 000 €
Insgesamt	200 000 €

Dieser Gewinnanteil aus der Beteiligung an der N-KG wurde bei der W-GmbH bisher noch nicht verbucht.

1.5 Wertaufholung Beteiligung X-GmbH

Seit dem Jahr 2013 ist die W-GmbH mit 30% an der X-GmbH (Wirtschaftsjahr=Kalenderjahr) mit Sitz in München beteiligt, die ebenfalls im Teigwarenbereich tätig ist. In der Bilanz zum 31.12.2022 war diese Beteiligung mit 70000 € aktiviert. In 2023 wurde für die Beteiligung an der X-GmbH eine Wertaufholung nach § 6 Abs. 1 Nr. 2 Satz 3 i.V.m. Nr. 1 Satz 4 EStG vorgenommen, da der Wert der Beteiligung an der X-GmbH in 2023 auf 150000 € angestiegen ist. Die W-GmbH hat deshalb zum 31.12.2023 wie folgt gebucht:

Beteiligung X-GmbH	80000 €	an	a.o. Ertrag	80000 €

Die ursprünglichen Anschaffungskosten für die Anteile an der X-GmbH im Jahr 2013 betrugen 200000 €. In der Bilanz zum 31.12.2014 wurde eine Teilwertabschreibung i.H.v. 80000 € auf 120000 € vorgenommen, welche vom Finanzamt im Rahmen der Einkommensermittlung nicht berücksichtigt wurde. Zum 31.12.2015 erfolgte eine weitere Teilwertabschreibung auf einen Buchwert von 70000 €. In der Bilanz zum 31.12.2015 wurde diese Teilwertabschreibung i.H.v. 50000 € zwar offen ausgewiesen, allerdings erfolgte in der KSt-Erklärung 2015 insoweit keine außerbilanzmäßige Korrektur. Vom Finanzamt wurde dies auch nicht beanstandet. Die KSt-Veranlagungen für 2014 und 2015 sind bestandskräftig.

1.6 Pensionszusagen AW und WW

Bei der W-GmbH haben sich im Zusammenhang mit den gegenüber AW und WW erteilten Pensionszusagen im VZ 2023 folgende Auswirkungen ergeben:

1.6.1 Pensionsverzicht durch AW

Die Gesellschafter-Geschäftsführerin AW hat im Juni 2023 ihren Pensionsanspruch von bisher monatlich 3000 € auf jetzt monatlich 1000 € verringert. Dieser teilweise Verzicht auf ihre Pensionsansprüche erfolgte von AW ausschließlich aus privaten Gründen, da sich die W-GmbH zu diesem Zeitpunkt nicht mehr in einer wirtschaftlichen Krisensituation befand. Im Gegenteil: Die Gewinnsituation entwickelte sich aufgrund des Verkaufs neuer Produkte von italienischer Pasta sowie im Maultaschen- und Spätzle-Bereich mittlerweile glänzend.

Die Pensionszusage i.H.v. monatlich 3000 € wurde AW mit Vollendung des 45. Lebensjahres auf das 65. Lebensjahr erteilt. Im Zeitpunkt der Verzichtserklärung im Juni 2023 hat AW das 55. Lebensjahr vollendet.

Die Änderung der Pensionszusage hat in der Steuerbilanz zum 31.12.2023 aufgrund der erforderlichen Neuberechnung der Pensionsrückstellung nach § 6a EStG zu einem Ertrag i.H.v. 240000 € geführt, da die Pensionsrückstellung von bisher 360000 € auf 120000 € reduziert werden musste (Buchung: Pensionsrückstellung AW 240000 € an a.o. Ertrag 240000 €). Der Teilwert (Barwert) des gesamten Pensionsanspruchs von AW i.H.v. 3000 € monatlich beläuft sich zu diesem Zeitpunkt auf insgesamt 330000 € und ist in voller Höhe werthaltig.

1.6.2 Eintritt Besserungsfall bei Pensionszusage von WW

WW hat im VZ 2011 in der Krise der W-GmbH zur Abwendung der Insolvenz auf seine Pensionsansprüche verzichtet. Der Pensionsverzicht von WW erfolgte gegen Besserungsschein; die Besserungsvereinbarung wurde vom Finanzamt seinerzeit steuerlich anerkannt. Die W-GmbH hat in der Bilanz zum 31.12.2016 die Pensionsrückstellung von WW i. H. v. 220 000 € gewinnerhöhend als Ertrag ausgebucht.

Im Dezember 2023 sind die vertraglichen Voraussetzungen für den Eintritt des Besserungsfalls erfüllt. WW ist zu diesem Zeitpunkt 62 Jahre alt; seine ursprüngliche Pensionszusage wurde ihm auf das 62. Lebensjahr erteilt.

WW teilt dem Steuerberater der W-GmbH im Dezember 2023 trotz dessen Hinweis auf die mittlerweile vorliegenden Besserungsvoraussetzungen mit, dass er seinen Pensionsanspruch nun doch nicht geltend machen will und es vielmehr beim ursprünglichen Verzicht im Jahr 2016 belassen werde. Vom Steuerberater wurde deshalb – entgegen seiner ursprünglichen Planung – die Pensionsrückstellung in der Bilanz zum 31.12.2023 nicht mit dem sich nach § 6a Abs. 3 EStG ergebenden Wert i. H. v. 280 000 € gewinnmindernd eingebucht, sondern weisungsgemäß eine Bilanzierung unterlassen.

Der Teilwert der Pensionsanwartschaft von WW beläuft sich im Dezember 2023 auf 300 000 € (= versicherungsmathematischer Anwartschaftsbarwert) und ist auch im Hinblick auf den Jahresüberschuss 2023 voll werthaltig.

1.7 Maßnahmen zur Stärkung der W-GmbH

Im Januar 2023 haben WW und AW aufgrund des bilanziellen Verlustvortrags zum 31.12.2022 vorsorglich folgende Maßnahmen zur Stärkung der W-GmbH beschlossen:

1.7.1 Rangrücktritt von WW

WW hat eine langjährige Darlehensforderung an die W-GmbH i. H. v. 30 000 €. Er vereinbart am 12.01.2023 mit der W-GmbH, dass er mit seiner Forderung im Rang hinter allen anderen Gläubigern zurücktritt und die GmbH die Verbindlichkeit nur aus einem Liquidationsüberschuss oder aus sonstigem freien Vermögen zurückzahlen muss.

In der Handels- und Steuerbilanz zum 31.12.2023 ist die Verbindlichkeit weiterhin mit 30 000 € passiviert.

1.7.2 Rangrücktritt von AW

Auch AW hat eine langjährige Darlehensforderung an die W-GmbH i. H. v. 40 000 €. Von ihr wird ebenfalls am 12.01.2023 mit der W-GmbH folgende Vereinbarung getroffen:

»AW tritt mit ihrer Forderung i. H. v. 40 000 € im Rang hinter allen anderen Gläubigern zurück. Die W-GmbH muss diese Verbindlichkeit nur dann zurückzahlen, wenn sie eine Tilgung aus künftigen Gewinnen vornehmen kann.«

Zum 31.12.2023 ist auch diese Verbindlichkeit in der Handels- und Steuerbilanz weiterhin mit 40000 € bilanziert. Der Teilwert dieser Forderung beträgt zum Zeitpunkt des Rangrücktritts 0.

1.8 Geschäftsführerbezüge von WW und AW

WW und AW erhalten in 2023 aufgrund ihrer Anstellungsverträge aus dem Jahr 2022 neben einem angemessenen Festgehalt i. H. v. jeweils 180000 € auch eine Gewinntantieme i. H. v. jeweils 10% des handelsrechtlichen Jahresüberschusses (nach Ertragsteuern und nach Tantieme). Die Gewinntantieme für 2023 beträgt deshalb jeweils 120000 € (10% von 1200000 €) und wurde in der Bilanz zum 31.12.2023 i. H. v. insgesamt 240000 € gewinnmindernd als Tantiemerückstellung verbucht. Die Auszahlung der Gewinntantieme an WW und AW erfolgt lt. Tantiemevereinbarung am 31.05. des Folgejahres, d. h. in 2024. Die Gesamtausstattung der Vergütungen von WW und AW sind der Höhe nach angemessen. Auch das Verhältnis zwischen Festgehalt und Gewinntantieme wird vom Finanzamt im Hinblick darauf, dass bei der W-GmbH die Prognose über die Gewinnentwicklung sehr schwankend ist, nicht beanstandet.

Darüber hinaus wurde am 31.10.2023 zwischen den Gesellschaftern WW und AW sowie der W-GmbH einvernehmlich vereinbart, dass beide für 2023 am 01.12.2023 ein der Höhe nach angemessenes Weihnachtsgeld i. H. v. jeweils zwei Monatsgehältern (2 × 15000 € = 30000 €) erhalten sollen. Der Betrag von insgesamt 60000 € wurde bei Auszahlung an AW und WW am 01.12.2023 gewinnmindernd über Gehaltsaufwand verbucht.

Die Anstellungsverträge von AW und WW enthalten u. a. die Klausel, dass die Geschäftsführer je nach wirtschaftlicher Lage des Unternehmens bis zu drei zusätzliche Monatsgehälter als Weihnachtsgeld erhalten können. Die endgültige Festsetzung obliegt aber der Beschlussfassung durch die Gesellschafterversammlung.

1.9 Geldauszahlung an Sohn von WW

Der Sohn von WW benötigte im Juli 2023 dringend Geld, um mit seiner Partnerin eine lang ersehnte Italienreise unternehmen zu können. Er will auch vor Ort prüfen, ob der Werbeslogan der W-GmbH (»Wir sind nudelmäßig die besseren Italiener!«) zutreffend ist. Mit dem Einverständnis seines Vaters WW und seiner Tante AW ließ er sich deshalb von der W-GmbH zu Lasten der Kapitalrücklage einen Betrag i. H. v. 5000 € auszahlen (Buchung: Kapitalrücklage 5000 € an Kasse 5000 €). Eine spätere Rückzahlung dieses Betrags an die W-GmbH ist derzeit nicht vorgesehen.

2 Aufgabe

1. Ermitteln Sie das zu versteuernde Einkommen 2023 und die Körperschaftsteuerschuld sowie den Solidaritätszuschlag für 2023 der W-GmbH.

Außerdem sind die sich daraus ergebenden Steuerrückstellungen (KSt, SolZ, **nicht**: GewSt) sowie der endgültige Jahresüberschuss der W-GmbH laut Steuerbilanz zum 31.12.2023 zu berechnen.

Die gesonderte Feststellung des steuerlichen Einlagekontos der W-GmbH nach § 27 KStG zum 31.12.2023 ist ebenfalls vorzunehmen.

2. Nehmen Sie im Sachverhalt 6 und 8 auch zu den einkommensteuerlichen Auswirkungen von WW und AW Stellung. Gehen Sie davon aus, dass nur WW einen Antrag nach § 32d Abs. 2 Nr. 3 EStG gestellt hat.
3. Gehen Sie im Sachverhalt 2 auch auf die gewerbesteuerliche Behandlung der Dividende von der Y-AG ein.
4. Auf schenkungsteuerliche Fragen ist **nicht** einzugehen.

Teil K Lösung zum komplexen Übungsfall

Die W-GmbH ist nach § 1 Abs. 1 Nr. 1 KStG unbeschränkt körperschaftsteuerpflichtig, da sich ihr Sitz und die Geschäftsleitung in Stuttgart befinden. Die KSt bemisst sich nach § 7 Abs. 1 KStG nach dem zu versteuernden Einkommen. Die GmbH erzielt ausschließlich Einkünfte aus Gewerbebetrieb (§ 8 Abs. 2 KStG).

1 Ermittlung des zu versteuernden Einkommens für 2023

Ausgangsgröße: Jahresüberschuss 2023 lt. StB **1200000 €**

Zu Sachverhalt 1: nicht abziehbare Ausgaben

• **KSt-Vorauszahlungen 2023** (§ 10 Nr. 2 KStG)	+ 100000 €
• **SolZ zur KSt 2023** (§ 10 Nr. 2 KStG)	+ 5500 €
• **GewSt-Vorauszahlungen 2023** (§ 8 Abs. 1 KStG i. V. m. § 4 Abs. 5 b EStG)	+ 78400 €
• **GewSt-Nachzahlung für 2007** (nach § 52 Abs. 12 Satz 7 EStG a. F. gilt das Abzugsverbot nach § 4 Abs. 5 b EStG erst für die GewSt seit dem EZ 2008)	
• **Zinsen nach § 233a AO zur KSt** Es greift das Abzugsverbot nach § 10 Nr. 2 KStG i. V. m. R 10.1 Abs. 2 KStR; eine Saldierung mit den Erstattungszinsen ist nicht zulässig, da diese steuerpflichtige Betriebseinnahmen bleiben. Die Nachforderungs- und Erstattungszinsen beruhen hier nicht auf ein und demselben Ereignis.	+ 637 €
• Die **Aufsichtsratsvergütungen** sind nach **§ 10 Nr. 4 KStG** i. V. m. R 10.3 KStR i. H. v. 50 % nicht abzugsfähig (50 % von 18000 €).	+ 9000 €

Aber: Die Aufwendungen für das **Gutachten des Sachverständigen** unterliegen **nicht** dem hälftigen Abzugsverbot nach § 10 Nr. 4 KStG. Diese sind vielmehr in voller Höhe als Betriebsausgabe abziehbar, **vgl. H 10.3 [Sachverständige] KStH.**

• **Stundungszinsen zur GewSt** (Abzugsverbot nach § 4 Abs. 5b EStG gilt)	+ 1560 €
• **Verspätungszuschlag zur LSt** (§ 10 Nr. 2 KStG gilt nicht, da LSt Betriebssteuer ist; dasselbe gilt für die Nebenleistungen zu dieser Steuer)	–
• **Bewirtungskosten** (30 % von 8000 €, § 8 Abs. 1 KStG i. V. m. § 4 Abs. 5 Satz 1 Nr. 2 EStG)	+ 2400 €
Von der W-GmbH wurde die hierauf entfallende Vorsteuer richtig als sonstige Forderung verbucht (das Abzugsverbot greift nach **§ 15 Abs. 1a Satz 2 UStG** insoweit nicht). Eine Hinzurechnung nach § 10 Nr. 2 KStG für nicht abziehbare Vorsteuer ist deshalb nicht erforderlich. § 4 Abs. 7 EStG greift nicht.	
• **Nicht abziehbarer Geschenkaufwand (§ 8 Abs. 1 KStG i. V. m. § 4 Abs. 5 Satz 1 Nr. 1 EStG)**	+ 30000 €

Überhang: **1427497 €**

Die auf den Geschenkaufwand über jeweils 35 € entfallende Vorsteuer ist nach **§ 15 Abs. 1a Satz 1 UStG** nicht abziehbar und muss deshalb in der GuV-Rechnung als Aufwand behandelt werden. **Die Ausnahmeregelung in § 15 Abs. 1a Satz 2 UStG greift insoweit nicht.** Das Abzugsverbot nach § 4 Abs. 7 EStG kommt jedoch nicht zur Anwendung.

Buchung in der StB:

a. o. Aufwand 5 700 € an Vorsteuer (sonstige Forderung) 5 700 € ./. 5 700 €

Aber: Vorsteuer ist nach **§ 10 Nr. 2 KStG** nicht abziehbar, deshalb erfolgt wieder eine außerbilanzmäßige Hinzurechnung. + 5 700 €

- **Pauschalbesteuerung nach § 37b EStG** Bemessungsgrundlage für die Pauschalbesteuerung sind nach § 37b Abs. 1 Satz 2 EStG die Aufwendungen einschließlich der Umsatzsteuer (BMF, BStBl I 2015, 468 Tz. 26). Die Pauschalsteuer beträgt also 30 % von 35 700 € = 10 710 €.

Aber: Eine Rückstellung ist erst in dem Wirtschaftsjahr möglich, in dem der Antrag auf Pauschalbesteuerung gestellt wird, **d. h. in der Bilanz zum 31.12.2024.** Soweit die Pauschalsteuer – wie hier – auf **nicht abzugsfähige** Geschenkaufwendungen entfällt, ist sie steuerlich nicht abzugsfähig und muss ebenfalls nach § 4 Abs. 5 Satz 1 Nr. 1 EStG außerbilanziell hinzugerechnet werden.

- **Vorabausschüttung für 2023** Nach **§ 8 Abs. 3 Satz 1 KStG** ist es für die Ermittlung des Einkommens ohne Bedeutung, ob das Einkommen verteilt wird. Die gewinnmindernd gebuchte Vorabausschüttung ist deshalb bei der Einkommensermittlung für den VZ 2023 wieder außerbilanzmäßig hinzuzurechnen. Bei der KapSt und dem SolZ zur KapSt handelt es sich **nicht um eine Anrechnungsteuer der W-GmbH.** Diese betreffen vielmehr die Gesellschafter **WW und AW.** Außerdem ist zu prüfen, ob für die Vorabausschüttung (Leistung) eine Verwendung des steuerlichen Einlagekontos i. S. d. § 27 KStG in Betracht kommt (vgl. die nachstehenden Ausführungen unter 2). + 40 000 €

Außerbilanzmäßige Abrechnung der Gewinnerhöhung im Zusammenhang mit der Aktivierung des KSt-Guthabens (**§ 37 Abs. 7 Satz 1 KStG**)

Zu Sachverhalt 2: Dividende von der Y-AG

Eine Ausschüttung aus dem steuerlichen Einlagekonto ist gem. **§ 20 Abs. 1 Nr. 1 Satz 3 EStG** keine Einnahme i. S. d. § 20 Abs. 1 Nr. 1 EStG. **Diese Einlagenrückgewähr vermindert vielmehr den Buchwert der Beteiligung bis auf 0 €** (vgl. H 20.2[Einlagenrückgewähr] EStH). **Nur ein darüber hinausgehender Betrag führt zu einem Veräußerungsgewinn.**

Der Vorgang hätte also in der Bilanz zum 31.12.2023 wie folgt verbucht werden müssen:

Bank	241 975 €	an	**Beteiligungserträge**	220 000 €	
Steueraufwand (KapSt, SolZ)	58 025 €		**Beteiligung Y-AG**	80 000 €	1 467 497 €

Soweit die Einlagenrückgewähr i. H. v. 80 000 € bisher als Beteiligungsertrag gebucht worden ist, ist der Jahresüberschuss 2023 um 80.000 € zu kürzen, da die Minderung des Buchwerts der Beteiligung an der Y-AG ein erfolgsneutraler Vorgang ist.

Buchung:

Beteiligungserträge	80 000 €	an	Beteiligung Y-AG	80 000 €)

Gewinnminderung in der Bilanz also:

./. **80 000 €**

Im Rahmen der **außerbilanziellen** Einkommensermittlung 2023 sind noch folgende Korrekturen erforderlich:

- Die Steueranrechnungsbeträge (KapSt, SolZ) sind als Aufwand gebucht. **Hinzurechnung gem. § 10 Nr. 2 KStG** + 58 025 €
- Soweit die Dividende i. H. v. 220 000 € aus dem ausschüttbaren Gewinn entnommen wird und nicht das steuerliche Einlagekonto der Y-AG als verwendet gilt, erfolgt eine **Steuerfreistellung nach § 8b Abs. 1 Satz 1 KStG.** + 220 000 €

Aber: Prüfung Ausnahmefall des § 8b Abs. 4 KStG
Nach § 8b Abs. 4 **Satz 1** KStG kommt die Steuerbefreiung nach § 8b Abs. 1 KStG **nicht** zur Anwendung, wenn die Beteiligung **zu Beginn des Kalenderjahres** unmittelbar weniger als 10 % des Grund- oder Stammkapitals betragen hat. Dies ist hier eigentlich der Fall.
Wichtig: Rückausnahme nach § 8b Abs. 4 Satz 6 KStG
Nach § 8b Abs. 4 **Satz 6** KStG gilt für Zwecke des § 8b Abs. 4 KStG der Erwerb einer Beteiligung von mindestens 10 % **als zu Beginn des Jahres** erfolgt.
Ergebnis:
Körperschaftsteuerlich greift hier die sachliche Steuerbefreiung nach § 8b Abs. 1 KStG.

- Nach **§ 8b Abs. 5 Satz 1 KStG** gelten jedoch **5 % von 220 000 € = 11 000 €** als nicht abzugsfähige Betriebsausgaben und müssen wieder außerbilanziell hinzugerechnet werden. **+ 11 000 €**
- Die gewinnmindernd verbuchten Beteiligungsaufwendungen i. H. v. 3 000 € sind in voller Höhe abzugsfähig, denn nach **§ 8b Abs. 5 Satz 2 KStG** ist § 3c Abs. 1 EStG insoweit nicht anzuwenden. Die »Abgeltung« erfolgt über die Hinzurechnung der abziehbaren Betriebsausgabe i. H. v. 5 % von 220 000 € = 11 000 €.
- **Gewerbesteuerliche Auswirkungen**
  Die Voraussetzungen des **§ 9 Nr. 2a GewStG** liegen hier im EZ 2023 noch **nicht** vor.
  Es handelt sich zwar um eine Kapitalbeteiligung i. S. d. § 9 Nr. 2a GewStG (Beteiligung i. H. v. mindestens 15 %).

Aber: Die Beteiligung muss bereits **zum Beginn des EZ** bestanden haben. Dies ist hier **nicht der Fall** (Erwerb am 05.03.2023) und hat deshalb eine gewerbesteuerliche **Hinzurechnung nach § 8 Nr. 5 GewStG** wie folgt zur Konsequenz:

Gewinn aus Gewerbebetrieb i. S. d. § 7 GewStG (aus diesem Vorgang):	11 000 €	
Hinzurechnung nach § 8 Nr. 5 GewStG (95 % von 220 000 €)	**+ 209 000 €**	
Gewerbeertrag (aus diesem Vorgang)	**+ 220 000 €**	
Überhang		**1 236 522 €**

Zu Sachverhalt 3: Erstattung der Geldbuße

Die in 2017 gezahlte Geldbuße war grundsätzlich eine nicht abziehbare Betriebsausgabe nach **§ 4 Abs. 5 Nr. 8 Satz 1 EStG**; die Ausnahmeregelung in **Satz 4** kam jedoch zum Ansatz, da die **Gewinnabschöpfung »brutto«, d. h. ohne Berücksichtigung** der hierauf entfallenden Ertragsteuern erfolgte. Dies bedeutet, dass der Erstattungsbetrag i. H. v. 30 000 € im VZ 2023 eine **steuerpflichtige Betriebseinnahme** ist und **nicht** nach Satz 3 der Vorschrift bei der Einkommensermittlung wieder außerbilanzmäßig abzurechnen ist (**§ 4 Abs. 5 Nr. 8 Satz 4 2. HS EStG**).

Zu Sachverhalt 4: Beteiligung an der Nudel-KG

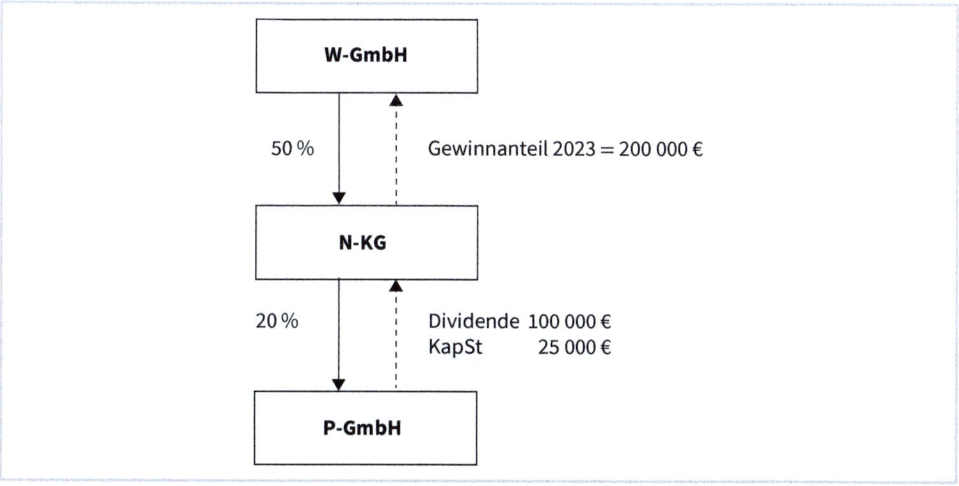

Schritt 1: Innerbilanzielle Korrekturen
Die Beteiligung der W-GmbH an der N-KG ist als Spiegelbild des Kapitalkontos der W-GmbH bei der Personengesellschaft (Gesamthands-, Sonder-, Ergänzungsbilanzen) zu führen (»**Spiegelbildtheorie**«).

Buchung in der Steuerbilanz zum 31.12.2023:

Beteiligung N-KG	200000 €	an	Beteiligungsertrag	200000 €

Gewinnauswirkung:

+200000 €
(Erhöhung des Jahresüberschusses)

Schritt 2: Prüfung einer außerbilanziellen Korrektur aufgrund sachlicher Steuerbefreiung in § 8b Abs. 1, 4 und 6 KStG
Im Gewinnanteil von 200000 € ist eine anteilige Dividende i. H. v. 50000 € (100000 € × 50%) enthalten. Zu prüfen ist, ob die Steuerbefreiung nach § 8b Abs. 1 KStG unter Berücksichtigung der **Regelung in § 8b Abs. 4 KStG für Streubesitzdividenden** greift.

Nach § 8b Abs. 4 Satz 4 KStG sind Beteiligungen über eine Mitunternehmerschaft der Mitunternehmerin **anteilig** zuzurechnen.

Hier: 50% von 20%=10%

Überhang **1236522 €**

Diese Beteiligung gilt nach § 8b Abs. 4 **Satz 5** KStG für die Anwendung des § 8b Abs. 4 KStG als **unmittelbare** Beteiligung.

Ergebnis:

Die W-GmbH erfüllt die Mindestbeteiligungsvoraussetzung von 10% an der P-GmbH. Über **§ 8b Abs. 6 Satz 1 KStG** ist für den Dividendenanteil der W-GmbH (im Rahmen ihres Gewinnanteils an der N-KG) die sachliche Steuerbefreiung nach § 8b Abs. 1 und 5 KStG wie folgt zu gewähren:

Außerbilanzmäßige Korrekturen:

• § 8b Abs. 1 i. V. m. Abs. 6 KStG	./.	50 000 €
• § 8b Abs. 5 KStG		
• 5 % von 50 000 €	+	2 500 €
	./.	**47 500 €**

Gewinnauswirkung im Sachverhalt 4 insgesamt:

• Erfassung Gewinnanteil an N-KG **(innerbilanziell)**	**+ 200 000 €**	
• Anwendung § 8b KStG **(außerbilanziell)**	**./. 47 500 €**	
	+ 152 500 €	**+ 152 500 €**

Hinweis zur Gewerbesteuer: Bei der Ermittlung des Gewerbeertrags der W-GmbH sind nach **§ 9 Nr. 2 GewStG** die Gewinnanteile aus der Beteiligung an der N-KG zu kürzen, wenn sie – wie hier – bei der Ermittlung des Gewinns angesetzt worden sind.

Zu Sachverhalt 5: Wertaufholung Beteiligung X-GmbH

Die Wertaufholung in 2023 ist grundsätzlich nach **§ 8b Abs. 2 Satz 3 KStG** steuerfrei. Nach **§ 8b Abs. 2 Satz 4 KStG** kommt allerdings die Steuerbefreiung **nicht** zur Anwendung (**d. h. der Wertaufholungsgewinn ist doch steuerpflichtig**), soweit sich in früheren Jahren durch steuerwirksamen Ansatz des niedrigeren Teilwerts des Anteils eine bei der Einkommensermittlung **berücksichtigte Gewinnminderung ergeben hat** und diese **Teilwertabschreibung** nicht bereits wieder durch eine (steuerpflichtige) Zuschreibung nach § 6 Abs. 1 Nr. 2 Satz 3 EStG ausgeglichen worden ist. Durch die Regelung des § 8b Abs. 2 Satz 4 KStG soll eine **Doppelbegünstigung verhindert** werden (steuerwirksamer Abzug der Teilwertabschreibung und Steuerfreiheit des späteren Wertaufholungsgewinns). Sofern – wie hier – **mehrere Teilwertabschreibungen** mit unterschiedlichen steuerlichen Folgen vorgenommen wurden, gilt die sog. »**Last-in-first-out-Reihenfolge**« aufgrund der BFH-Rechtsprechung (BFH vom 19.08.2009, BStBl II 2010, 760 sowie H 8b [Wertaufholungen bei vorangegangenen Teilwertabschreibungen] KStH).

Überhang: **1389022 €**

Der Beteiligungsbuchwert an der X-GmbH hat sich wie folgt entwickelt:

AK 2013	200 000 €	
TW-AfA 2014 (nicht steuerwirksam)	./. 80 000 €	1
Buchwert zum 31.12.2014	120 000 €	
TW-AfA 2015 (steuerwirksam wegen fehlerhafter Behandlung)	./. 50 000 €	2
Buchwert zum 31.12.2015 bis 31.12.2022	70 000 €	
Wertaufholung in 2023	+ 80 000 €	3
Buchwert zum 31.12.2023	**150 000 €**	

Der bilanzielle Wertaufholungsgewinn in 2023 i. H. v. 80 000 € ist deshalb unter Berücksichtigung der »**Last-in-first-out-Reihenfolge**« nach der BFH-Rechtsprechung steuerlich wie folgt zu behandeln:

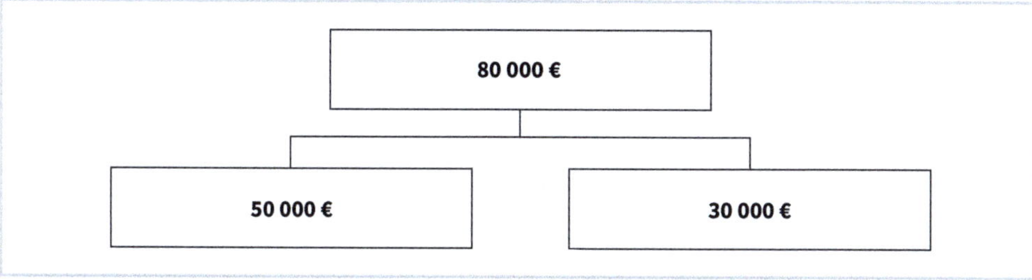

entfallen auf die **zweite steuer wirksame Teilwert-AfA in 2015**

- **§ 8b Abs. 2 Satz 4 KStG: keine Steuerbefreiung nach § 8b KStG; somit voll steuerpflichtig** (es erfolgt insoweit keine außerbilanzmäßige Abrechnung)

entfallen auf die **erste nicht steuerwirksame Teilwert-AfA in 2014**

- **§ 8b Abs. 2 Satz 3 KStG: steuerfrei;** allerdings gelten **5 % von 30 000 €** als nicht abzugsfähige Betriebsausgabe (§ 8b Abs. 3 Satz 1 KStG) ./. **30 000 €** **+ 1 500 €**

Zu Sachverhalt 6: Pensionszusagen von AW und WW

Zu 6.1: Verzicht von AW auf Anwartschaftsbarwert

verdeckte Einlage ./. 55 000 €

- Ein Verzicht auf ein werthaltiges Pensionsanwartschaftsrecht ist hinsichtlich des **bereits erdienten** Pensionsanspruchs (»**past-service**«) gesellschaftsrechtlich veranlasst und führt als **verdeckte Einlage** beim Gesellschafter zu einem entsprechenden **Zufluss von Arbeitslohn** (vgl. H 8.9 [Verzicht auf Pensionsanwartschaftsrechte] KStH).

Überhang **1 305 522 €**

- **Nur soweit der Verzicht auf künftig entstehende Versorgungsansprüche beschränkt wird (sog. »future-service«)**, liegt nach dem BMF-Schreiben vom 14.08.2012 (BStBl I 2012, 874) **keine verdeckte Einlage** vor und führt auch **nicht zum Zufluss von Arbeitslohn bei der Gesellschafter-Geschäftsführerin AW.**

Aber: Eine verdeckte Einlage liegt nur **insoweit** vor, als die **neue Pensionszusage** den sog. **s/t-Anwartschaftsbarwert** von AW **unterschreitet**. Dieser kann wie folgt ermittelt werden:

Pensionszusage 3 000 € × 10
(tatsächlich geleistete Dienstjahre ab Zusageerteilung) **= 1 500 € ***
20 (maximal mögliche Dienstjahre ab Zusageerteilung) *** (= s/t-Anwartschaftsbarwert)**

Dies ergibt einen Verzicht auf den Anwartschaftsbarwert (= verdeckte Einlage) in folgender Höhe:

Anwartschaftsbarwert	1 500 €
Neue Pensionszusage	./. 1 000 €
Differenz = verdeckte Einlage	**500 €**

Der **Teilwert der verdeckten Einlage** berechnet sich wie folgt:

$$\frac{\text{Barwert Pensionsanspruch } 330\,000\text{ €} \times 500\text{ €}}{3\,000\text{ €}} = 55\,000\text{ €}$$

Steuerliche Folgen (1/6 des Teilwerts)

- **Zugang beim steuerlichen Einlagekonto nach § 27 KStG zum 31.12.2023 = 55000 €.**
- Der sich nach **§ 6a EStG** ergebende Wert der Pensionsrückstellung muss jedoch in der Handels- und Steuerbilanz aufgrund der Herabsetzung der Pensionszusage von AW angepasst werden. Dies führt zu einem **steuerpflichtigen Ertrag i. H. v. 240000 €**, der nur in Höhe der verdeckten Einlage von **55000 € außerbilanzmäßig nach § 8 Abs. 3 Satz 3 KStG** abzurechnen ist.

Einkommensteuerliche Auswirkungen bei AW

- Zufluss von Arbeitslohn nach § 19 EStG im VZ 2023 aufgrund des Verzichts auf den Anwartschaftsbarwert i. H. v. **55000 €**
- Erhöhung ihrer AK i. S. d. § 17 EStG für ihre Beteiligung an der W-GmbH i. H. v. **55000 €. Vgl. H 8.9 [Verzicht auf Pensionsanwartschaftsrechte] KStH.**

Überhang**1305522 €**

Zu 6.2: Verdeckte Einlage von WW aufgrund Pensionsverzicht nach Eintritt Besserungsfall

Es ergeben sich folgende steuerliche Auswirkungen:

1. Schritt: Pensionsverzicht gegen Besserungsschein im VZ 2016

Gewinnerhöhende Ausbuchung der Pensionsrückstellung in der Bilanz zum 31.12.2016.

2. Schritt: Eintritt des Besserungsfalls im VZ 2023

Aufgrund des Eintritts des Besserungsfalls ist eine **gewinnmindernde Einbuchung** der Pensionsrückstellung in der Bilanz zum 31.12.2023 mit dem sich nach § 6a Abs. 3 EStG ergebenden Wert i. H. v. 280000 € erforderlich.

Gewinnminderung in der Bilanz also:	**./. 280000 €**

Das Nachholverbot nach § 6a Abs. 4 EStG kommt **nicht** zur Anwendung, da es sich **nicht um eine neue Pensionszusage** von WW handelt. D. h. für WW ist eine neue Erdienbarkeitsfrist nicht erforderlich. Der Umstand, dass WW zu diesem Zeitpunkt bereits 62 Jahre alt ist, spielt keine Rolle!

3. Schritt: Verdeckte Einlage aufgrund Pensionsverzicht

Für die Nicht-Geltendmachung und für die Nicht-Bilanzierung des Pensionsanspruchs von WW liegen ausschließlich **gesellschaftsrechtliche Gründe** von WW vor, die als Pensionsverzicht eine **verdeckte Einlage in Höhe des Teilwerts seiner Pensionsanwartschaft i. H. v. 300000 €** zur Folge haben. Denn es handelt sich um einen einlagefähigen Vermögensvorteil (Wegfall Passivposten), der in dieser Höhe auch **werthaltig** ist (vgl. H 8.9 [Einlagefähiger Vermögensvorteil] KStH).

Die GmbH muss den Vorgang in der **Bilanz zum 31.12.2023** wie folgt verbuchen:

Pensionsrückstellung	280000 €				
Aufwand	**20000 €**	**./. 20000 €**	an	**Ertrag**	**300000 € + 300000 €**

Nach dem BFH-Urteil vom 15.10.1997 (BStBl II 1998, 305) ist die Pensionsrückstellung zunächst **um 20000 € gewinnmindernd** auf den Teilwert der Pensionsanwartschaft »aufzustocken«. Aufgrund des Pensionsverzichts von WW ist die Pensionsrückstellung anschließend **gewinnerhöhend über Ertrag (300000 €)** auszubuchen.

Aber:

Außerbilanzmäßige Abrechnung der verdeckten Einlage nach § 8 Abs. 3 Satz 3 KStG ./. **300 000 €**
Die verdeckte Einlage i. H. v. 300 000 € ist zum 31.12.2023 bei der W-GmbH auch als Zugang bei der Ermittlung des steuerlichen Einlagekontos nach § 27 KStG zu berücksichtigen.

Einkommensteuerliche Auswirkungen bei WW

- Zufluss von Arbeitslohn nach § 19 EStG: (Anwendung § 34 Abs. 1 EStG) **+ 300 000 €**
- Erhöhung der AK i. S. d. § 17 EStG für seine Anteile an der W-GmbH **+ 300 000 €**

Überhang **1 005 522 €**

Zu Sachverhalt 7: Rangrücktritte von WW und AW
Zu 7.1: Rangrücktritt von WW; keine Ausbuchung Verbindlichkeit
Der einfache Rangrücktritt mit Besserungsabrede von WW fällt **nicht** unter die Anwendung des **§ 5 Abs. 2 a EStG**, da die Verbindlichkeit **auch aus dem freien Vermögen** zu tilgen ist (BMF vom 08.09.2006 BStBl I 2006, 497 und BFH vom 30.11.2011, Az: I R 100/10, BStBl II 2012, 332). Die Verbindlichkeit bleibt danach also sowohl in der HB als auch in der StB zum 31.12.2023 passiviert.

Zu 7.2: Rangrücktritt von AW; Ausbuchung Verbindlichkeit
Die **einfache Rangrücktrittsvereinbarung** von AW führt hier zur **Anwendung des § 5 Abs. 2 a EStG** und damit zur **gewinnerhöhenden Ausbuchung** in der StB zum 31.12.2023 über a. o. Ertrag i. H. v. 40 000 €, denn die Verbindlichkeit ist nur aus **künftigen Gewinnen** zu tilgen. Der BFH hat mit Urteil vom 30.11.2011, a. a. O., diese Verwaltungslinie bestätigt.

Es ergeben sich folgende steuerliche Auswirkungen **innerhalb der StB** **+ 40 000 €**

D. h. es erfolgt eine gewinnerhöhende Ausbuchung der Verbindlichkeit über Ertrag.

Aber: Keine außerbilanzmäßige Abrechnung nach § 8 Abs. 3 Satz 3 KStG, da hier mangels Werthaltigkeit (**Teilwert 0**) keine verdeckte Einlage vorliegt. Im Falle der Werthaltigkeit ist jedoch nach dem BFH-Urteil vom 15.04.2015, BStBl II 2015, 769 eine verdeckte Einlage anzunehmen.

Zu Sachverhalt 8: vGA Geschäftsführerbezüge

- **vGA Gewinntantieme WW und AW + 160 000 €**

Nach den BFH-Urteilen vom 17.12.2003 (BStBl II 2004, 524) und vom 18.09.2007 (BStBl II 2008, 314) müssen für die Ermittlung einer Gewinntantieme, die an den in der Handelsbilanz ausgewiesenen Jahresüberschuss anknüpft, die unter **der Verantwortung der Gesellschafter-Geschäftsführer** angefallenen **Jahresfehlbeträge** lt. Handelsbilanz ebenfalls in die Bemessungsgrundlage der Tantieme einbezogen werden. D. h. es kann nur der **»Nettogewinn«** (**Jahresüberschuss vermindert um den Verlustvortrag**) zugrunde gelegt werden, wenn die tantiemeberechtigten Gesellschafter-Geschäftsführer – **wie hier** – für den Verlust verantwortlich sind. Dabei müssen die **Jahresfehlbeträge vorgetragen und durch künftige Jahresüberschüsse ausgeglichen werden**; eine vorhergehende Verrechnung mit einem bestehenden Gewinnvortrag lt. Handelsbilanz darf in der Regel nicht vorgenommen werden (vgl. auch H 8.8 [Verlustvorträge] KStH).

Hinweis: Verhältnis Festgehalt zu Gewinntantieme
Der Umstand, dass das **Verhältnis Festgehalt und Gewinntantieme** nicht innerhalb der Grenzen der sog. **Regelvermutung 75% bzw. 25%** liegt, ist **unschädlich**. Nach den Grundsätzen des BMF-Schreibens vom 15.02.2002 (BStBl I 2002, 219) kann dann abgewichen werden, wenn – wie im vorliegenden Fall – die Ertragslage der Kapitalgesellschaft **starken Schwankungen** unterliegt (vgl. auch H 8.8 [Grundsätze] KStH).

Überhang: **1045522 €**

Die Gewinntantieme ist deshalb nach der BFH-Rechtsprechung wie folgt zu berechnen:

Jahresüberschuss 2023	1200000 €
Verlustvortrag aus 2022	./. **800000 €**
verbleiben als BMG	+ **400000 €**
davon Anteil WW **10%**	40000 €
davon Anteil AW **10%**	40000 €
insgesamt	80000 €
Gewinntantieme bisher	./. 240000 €
Differenz = vGA Vorteilsgewährung	**160000 €**

Die vGA i. H. v. 160000 € ist nach § 8 Abs. 3 Satz 2 KStG im Rahmen der Einkommensermittlung für den VZ 2023 außerbilanzmäßig hinzuzurechnen.

Aber: Eine Leistung i. S. d. § 27 KStG liegt erst in 2024 vor, da die vGA »Tantieme« erst am 31.05.2024 abfließt (vgl. H 27 [Abflusszeitpunkt] KStH).

- **vGA Weihnachtsgeld WW und AW + 50000 €**

Bei beherrschenden Gesellschafter-Geschäftsführern (WW und AW haben **gleichgerichtete Interessen, AW ist im Übrigen auch eine nahestehende Person des beherrschenden Gesellschafters WW**) müssen Vereinbarungen **im Voraus klar und eindeutig** abgeschlossen werden.

Im Hinblick auf die Klausel im Anstellungsvertrag liegt eine **klare und eindeutige Vereinbarung** über die Sondervergütung »Weihnachtsgeld« erst mit dem **Gesellschafterbeschluss vom 31.10.2023** vor. Denn bis dahin stand die Höhe des Weihnachtsgelds unter dem **Vorbehalt** einer anderweitigen Festsetzung durch die Gesellschafterversammlung (vgl. auch H 8.8 [Zustimmungsvorbehalt] KStH).

Die vGA berechnet sich wie folgt:

2 × 30000 € × 10/12 = 50000 €, da bis 31.10.2023 keine klare Vereinbarung vorliegt.

Die vGA führt i. H. v. 50000 € nach § 8 Abs. 3 Satz 2 KStG zur außerbilanzmäßigen Einkommenskorrektur im VZ 2023. Gleichzeitig liegt in dieser Höhe in 2023 auch eine Leistung i. S. d. § 27 KStG vor (Abfluss am 01.12.2023).

Einkommensteuerliche Auswirkungen:

a) Bei WW:
Umqualifizierung der Einkünfte, der ESt-Bescheid 2023 ist ggf. nach **§ 32a Abs. 1 KStG** zu ändern:

- § 19 EStG ./. 25 000 €
- Eigentlich Fall des § 20 Abs. 1 Nr. 1 **Satz 2** EStG i. V. m. § 3 Nr. 40 Satz 1 Buchst. d EStG (Optionsfall nach § 32d Abs. 2 Nr. 3 EStG i. V. m. § 3 Nr. 40 Satz 1 Buchst. d EStG) Ansatz von 25 000 € × 60 % = 15 000 €

Hier aber:

- Die Leistung erfolgt **nicht aus dem ausschüttbaren Gewinn, sondern aus dem steuerlichen Einlagekonto** (vgl. nachstehend unter II.). Dies bedeutet, dass WW Einnahmen i. S. d. **§ 20 Abs. 1 Nr. 1 Satz 3 EStG** i. H. v. 25 000 € erzielt, die lediglich zu einer Verringerung seiner AK i. S. d. § 17 EStG von diesem Betrag führen.

Überhang	1 255 522 €

b) Bei AW:
Es erfolgt ebenfalls eine Umqualifizierung ihrer Einkünfte, ggf. Änderung des ESt-Bescheids für 2023 nach § 32a Abs. 1 KStG. § 19 EStG: ./. 25 000 €

- Eigentlich Fall des § 20 Abs. 1 Nr. 1 **Satz 2** EStG i. V. m. § 32d Abs. 1 und Abs. 3 EStG (Anwendung Sondersteuersatz i. H. v. 25 % im Rahmen der ESt-Veranlagung 2023).

Hier aber:

- Ebenfalls **Leistung aus dem steuerlichen Einlagekonto** (vgl. nachstehend unter 2). Auch AW hat Einnahmen i. S. d. **§ 20 Abs. 1 Nr. 1 Satz 3 EStG** i. H. v. 25 000 € erzielt, die nur zu einer Verringerung ihrer AK i. S. d. § 17 EStG um diesen Betrag führen.

Zu Sachverhalt 9: vGA »Geldauszahlung«
Die »Geldauszahlung« an den Sohn als nahestehende Person von WW stellt **keine vGA i. S. d. § 8 Abs. 3 Satz 2 KStG** dar. Es liegt zwar eine **Vermögensminderung** i. H. v. 5 000 € vor, diese hat sich aufgrund der **Verbuchung über die Kapitalrücklage nicht auf den Unterschiedsbetrag i. S. d. § 4 Abs. 1 Satz 1 EStG ausgewirkt** (vgl. R 8.5 Abs. 1 KStR). Gleichwohl handelt es sich um eine Leistung i. S. d. § 27 KStG i. H. v. 5 000 € (vgl. H 27 KStH). Bei WW sind deshalb auch Einnahmen aus Kapitalvermögen nach § 20 Abs. 1 Nr. 1 Satz 2 EStG i. H. v. 5 000 € zu erfassen. Die Überprüfung des Werbeslogans reicht nicht aus, um hier eine betriebliche Veranlassung der Reise zu begründen. Eine evtl. spätere Rückzahlung wäre eine verdeckte Einlage (vgl. H 8.9 [Rückgewähr einer vGA] KStH).

Zu allgemeine Angaben:
Berücksichtigung Verlustvortrag nach § 8 Abs. 1 KStG i. V. m. § 10d EStG:

• **Unbeschränkter Verlustvortrag aus 2022 nach § 10d Abs. 2 EStG (keine Begrenzung des Verlustvortrags aufgrund Mindestbesteuerung)**	**./. 455 522 €**
• Die Verlustabzugsbeschränkung nach **§ 8c KStG** kommt hier **nicht** zur Anwendung (es liegt im VZ 2023 kein schädlicher Beteiligungserwerb vor).	
Zu versteuerndes Einkommen 2023	800 000 €

2 Prüfung der Einlagenrückgewähr in 2023 nach § 27 Abs. 1 Satz 3 KStG (Differenzrechnung)

Leistungen in 2023:		
Nr. 1	Vorabausschüttung	40 000 €
Nr. 8	vGA Gewinntantieme WW und AW (**Abfluss erst in 2024**)	
Nr. 8	vGA Weihnachtsgeld WW und AW	+ 50 000 €
Nr. 9	vGA »Geldauszahlung«	+ 5 000 €
insgesamt		**95 000 €**
EK lt. Steuerbilanz zum 31.12.2022 (100 000 € + 245 000 € + 5 000 (SV 9), ./. 800 000 €)		./. 450 000 €
Stammkapital		./. 100 000 €
Steuerliches Einlagekonto zum 31.12.2022		./. 250 000 €
Ausschüttbarer Gewinn zum 31.12.2022		**./. 800 000 €**
da negativ, Ansatz mit		**0 €**
Leistungen in 2023		./. 95 000 €
Differenz = negativ		**./. 95 000 €**

D. h. insoweit erfolgt für die **gesamten Leistungen** in 2023 i. H. v. 95 000 € eigentlich eine Verwendung des steuerlichen Einlagekontos zum 31.12.2022 (§ 27 Abs. 1 Satz 3 KStG). Dies hat eigentlich zur Folge, dass bei WW und AW in 2023 **keine Dividenden** vorliegen, sondern nach **§ 20 Abs. 1 Nr. 1 Satz 3 EStG** jeweils eine erfolgsneutrale Verrechnung mit den AK i. S. d. § 17 EStG erfolgt.

Aber: Verwendungsfestschreibung!
Die W-GmbH hat für die **Vorabausschüttung i. H. v. 40 000 €** an WW und AW KapSt einbehalten und eine **Verwendung des steuerlichen Einlagekontos i. H. v. 0 €** bescheinigt.

Rechtsfolgen:
Nach § 27 Abs. 5 Sätze 1 und 3 KStG tritt insoweit eine Verwendungsfestschreibung ein (d. h. die zu niedrig bescheinigte Verwendung bleibt unverändert). WW und AW müssen deshalb die Vorabausschüttung im VZ 2023 als Einkünfte aus Kapitalvermögen nach **§ 20 Abs. 1 Nr. 1 Satz 1** EStG versteuern (Anteil WW: 24 000 €, Anteil AW: 16 000 €).

3 Ermittlung der KSt-Schuld 2023 und der Steuerrückstellungen für 2023 (KSt/SolZ)

1. KSt-Schuld 2023 KSt-Tarifbelastung 2023 15 % von 800 000 € = (§ 23 Abs. 1 KStG) = festzusetzende KSt	**120 000 €**
anzurechnende KapSt (55 000 €, Sachverhalt 2, und 12 500 € Sachverhalt 4)	./. 67 500 €
verbleibende KSt	**52 500 €**
KSt-Vorauszahlungen 2023	./. 100 000 €
KSt-Forderung 2023	**47 500 €**
2. SolZ 2023 (5,5 % von 120 000 €)	**6 600 €**
anzurechnender SolZ (3 025 €, Sachverhalt 2, und 687 €, Sachverhalt 4)	./. 3 712 €
verbleibender SolZ	**2 888 €**
Vorauszahlungen auf den SolZ	./. 5 500 €
SolZ-Forderung	**2 612 €**

4 Endgültiger Jahresüberschuss 2023 lt. Steuerbilanz

Jahresüberschuss 2023 bisher		1 200 000 €
• Aufwand nicht abziehbare Vorsteuer (Sachverhalt 1)	./.	5 700 €
• Verringerung Beteiligungsertrag (Sachverhalt 2)	./.	80 000 €
• Erhöhung Gewinnanteil an der N-KG (Beteiligungsertrag, Sachverhalt 4)	+	2 000 000 €
• Aufwand aus Einbuchung Pensionsrückstellung WW (nach Eintritt Besserungsfall, Sachverhalt 6.2)	./.	280 000 €
• Aufwand aus der »Aufstockung« der Pensionsrückstellung auf den Teilwert der Pensionsanwartschaft (Sachverhalt 6.2)	./.	20 000 €
• Ertrag aus Ausbuchung Pensionsrückstellung (verdeckte Einlage WW, Sachverhalt 6.2)	+	300 000 €
• Wegfall Verbindlichkeit AW (Rangrücktritt AW, Sachverhalt 7.2)	+	40 000 €
• KSt-Forderung	+	47 500 €
• SolZ-Forderung	+	2 612 €
Endgültiger Jahresüberschuss 2023		**1 404 412 €**

5 Gesonderte Feststellung des steuerlichen Einlagekontos zum 31.12.2023 (§ 27 Abs. 2 Satz 1 KStG)

Bestand zum 31.12.2022: 250000 €

1. Verringerung des Einlagekontos aufgrund Verwendung für Leistungen in 2023 (§ 27 Abs. 1 Satz 3 KStG)

Leistungen in 2023 aus dem Einlagekonto **95000 € ./. Vorabausschüttung 40000 € = 55000 €**, da insoweit nach **§ 27 Abs. 5 Satz 1 KStG** die zu niedrig bescheinigte Verwendung unverändert bleibt und eine Berichtigung nicht zulässig ist, vgl. die vorstehenden Ausführungen unter 2.	./.	55000 €
Zwischensumme		195000 €
2. Zugänge aufgrund verdeckter Einlagen		
• **Sachverhalt 6.1:** Pensionsverzicht AW	+	55000 €
• **Sachverhalt 6.2:** Pensionsverzicht WW	+	300000 €
Bestand des steuerlichen Einlagekontos zum 31.12.2023		**550000 €**

Stichwortverzeichnis